बेनीपुरी ग्रंथावली-3

साहित्यिक और वैचारिक निबंध, 'हिमालय' तथा
'नई धारा' के संपादकीय एवं विद्यापति पदावली

बेनीपुरी ग्रंथावली
3

सामग्री संकलन
जितेन्द्र कुमार बेनीपुरी

संपादक
सुरेश शर्मा

राधाकृष्ण

ISBN : 978-81-7119-424-7

बेनीपुरी ग्रंथावली-3

पहला संस्करण : 1998
पहली आवृत्ति : 2013

मूल्य : ₹ 7200
(आठ खंडों का पूरा सेट)

प्रकाशक
राधाकृष्ण प्रकाशन प्राइवेट लिमिटेड
7/31, अंसारी मार्ग, दरियागंज, नई दिल्ली-110 002
शाखाएँ : अशोक राजपथ, साइंस कॉलेज के सामने, पटना-800 006
पहली मंजिल, दरबारी बिल्डिंग, महात्मा गांधी मार्ग, इलाहाबाद-211 001
वेबसाइट : www.radhakrishnaprakashan.com
ई-मेल : info@radhakrishnaprakashan.com

मुद्रक
बी.के. ऑफसेट
नवीन शाहदरा, दिल्ली-110 032

BENIPURI GRANTHAVALI-3
Edited by Dr. Suresh Sharma

पेरिस यात्रा में सांस्कृतिक प्रतिनिधि मंडल के साथियों के साथ.

पटना के 'शीतल भवन' की एक साहित्यिक गोष्ठी में शिवपूजन सहाय, दिनकर, उदयराज सिंह, नलिन विलोचन शर्मा और अनूप लाल मंडल.

दिनकर और मथुरा बाबू के साथ बेनीपुर के मकान में.

भूमिका

ग्रंथावली के तीसरे खंड में बेनीपुरी के साहित्यिक-वैचारिक निबन्ध तथा साहित्य और भाषा से सम्बद्ध सम्पादकीय दिए जा रहे हैं। ये सम्पादकीय उन्होंने 'हिमालय' और 'नई धारा' के लिए लिखे थे। परिशिष्ट में बेनीपुरी द्वारा संपादित 'विद्यापति पदावली' दी जा रही है।

बेनीपुरी के साहित्यिक और वैचारिक निबंध संग्रहों के नाम हैं : 'हवा पर', 'मशाल', 'नई नारी' तथा 'वंदे वाणी विनायकौ'। 'हवा पर' पुस्तक 1949 में किताब महल इलाहाबाद से छपी थी। पुस्तक में चार निबन्ध और एक नाटक था। ग्रंथावली के इस खंड में इनमें से तीन साहित्यिक निबन्ध—'मैं कैसे लिखता हूँ', 'बिहार के लोकगीत' तथा 'मैथिली साहित्य' लिए जा रहे हैं। पुस्तक की शेष सामग्रियों में रेडियो नाटक 'शकुंतला' ग्रंथावली के दूसरे खंड में नाटकों के साथ है। संग्रह का एक और निबन्ध 'जेल के वे दिन' को संस्मरणवाले चौथे खंड में संकलित किया गया है। 1949 में 'मशाल' शीर्षक निबन्ध संग्रह भी किताब महल से ही प्रकाशित हुआ। पुस्तक में कुल चौदह निबन्ध थे। लेकिन ग्रंथावली के इस खंड में पुस्तक के अन्तर्गत सिर्फ सात निबन्ध शामिल हैं। बाकी सात निबन्ध उन पुस्तकों में ही रहने दिए गए हैं जहाँ से लेकर बेनीपुरीजी ने 'मशाल' में शामिल किया था। ये पुस्तकें ग्रंथावली के विभिन्न खंडों में समाहित हैं। जो निबन्ध 'मशाल' के निबन्धों के साथ प्रकाशित नहीं हो रहे हैं उनमें 'नींव की ईंट' तथा 'पुरुष और परमेश्वर', 'गेहूँ और गुलाब' संकलन में है। इसी तरह कुछ निबंध 'लाल तारा' में संकलित हैं। उनके नाम हैं : 'आँधी में चलो', 'कस्मै देवाय हविषा विधेम', 'इन्कलाब जिन्दाबाद', 'कुछ क्रान्तिकारी विचार' तथा 'नई संस्कृति की ओर'। ये दोनों ही पुस्तकें ग्रंथावली के पहले खंड में शामिल हैं। इसलिए ये निबन्ध वहीं मिलेंगे। 'नई संस्कृति की ओर' शीर्षक से ही बेनीपुरी ने बाद में एक और निबन्ध लिखा जो 'वंदे वाणी विनायकौ' पुस्तक के अन्तर्गत इसी खंड में शामिल है। ऐसा इसलिए किया गया क्योंकि पहली बार जिन पुस्तकों में ये निबंध संकलित हुए हैं उन पुस्तकों का स्वरूप यथावत बरकरार रहे। 'मशाल' की भूमिका में बेनीपुरी लिखते हैं : "भिन्न विषयों पर भिन्न-भिन्न प्रेरणाओं से मेरे मन में जो विचार-चित्र उठे मैं उसी को कलमबंद करता गया और अन्ततः जो उसके रूप तैयार हुए वे आपके सामने प्रस्तुत हैं। निबन्ध के जो परंपरागत स्वरूप हैं उनसे ये निबन्ध पृथक् पड़ते हैं। वे रेखाचित्र भी नहीं हैं। क्या इन्हें विचार-चित्र कहा जा सकता है ?" शिल्पगत भिन्नता के कारण बेनीपुरी अपने इन निबन्धों को विचार-चित्र नाम देना चाहते हैं। इसका अर्थ सिर्फ इतना है कि ये निबन्ध विचारप्रधान तो हैं लेकिन ऐंद्रिक भाषा के कारण चित्रात्मक भी हैं। इसीलिए वे इसे 'विचार-चित्र' कहना चाहते हैं। यह कहने में कोई हिचक नहीं होनी चाहिए कि बेनीपुरी के अधिकांश निबन्ध विचार-चित्र हैं। इस चित्रात्मकता की वजह से ही उनके वैचारिक निबन्ध रचना का आनंद देते हैं। बेनीपुरी की भाषागत ऐंद्रिकता और चित्रात्मकता ही उन्हें कलम का जादूगर बनाती है।

'वंदे वाणी विनायकौ' पुस्तक आत्माराम एंड संस से 1957 में प्रकाशित हुई थी। इसमें बेनीपुरी के 25 साहित्यिक सांस्कृतिक निबन्ध हैं। इनमें से दो-तिहाई निबन्ध 'नई धारा' के संपादकीय के रूप में छपे थे। ऐसे लेखों के नीचे 'नई धारा' में उनकी प्रकाशन तिथि का उल्लेख कर दिया गया है। बेनीपुरी की साहित्यिक और सांस्कृतिक विचारधारा को समझने की यह प्रतिनिधि पुस्तक है जो उन्होंने अपने जीवन काल में स्वस्थ रहते हुए तैयार की।

पुस्तक की भूमिका में वे लिखते हैं : ''मेरे साहित्यिक निबंधों का यह पहला संग्रह है। अपने साहित्यिक जीवन के सिलसिले में मेरे मन में कुछ प्रश्न उठते रहे, कुछ समस्याएँ आती रहीं। उन प्रश्नों के उत्तर; उन समस्याओं के समाधान ढूँढ़ने के क्रम में जो विचार मेरे मन में उठे उन्हें लिपिबद्ध करता गया हूँ।'' इसी प्रक्रिया में लिखे निबंधों से यह पुस्तक तैयार हुई। 'वंदे वाणी विनायकौ' के लेख उनकी कला संस्कृति विषयक विचारधारा का सार प्रस्तुत करते हैं। बेनीपुरी ने पुस्तक का नाम रामचरित मानस के प्रथम श्लोक के आधार पर रखा है। 'वंदे वाणी विनायकौ' इस श्लोक का अंतिम हिस्सा है :

> वर्णानामर्थसंघानां रसानां छन्दसामपि।
> मंगलानां च कर्त्तारौ वन्दे वाणी विनायकौ।

अर्थात अक्षरों, अर्थ समूहों, रसों, छंदों और मंगलकारिणी सरस्वती और गणेश की मैं वंदना करता हूँ।

बेनीपुरी इस श्लोक के अंतिम टुकड़े 'वंदे वाणी विनायकौ' की नई व्याख्या करते हैं। पुस्तक की भूमिका में वे लिखते हैं : ''मानस के प्रथम वंदना श्लोक में मुझे नाम मिल गया। वंदे वाणी विनायकौ--वाणी को वंदना, विनायक को वंदना या वाणी-विनायक को वंदना। हमारी वाणी अब विनायकत्व करे यही है मेरी कामना ! विनायकों के फेरे में हम बहुत रहे। हम वाणी के पुत्र स्वयं सोचें—हम कहाँ हैं, हमें क्या करना है, हम साहित्य को किस दिशा में ले जाएँ ?''

तुलसी के श्लोक के इस टुकड़े के आधार पर बेनीपुरी ने साहित्य और राजनीति के रिश्ते को स्पष्ट करने की कोशिश की है। वे साहित्य को राजनीति का पिछलग्गू नहीं बल्कि उसका बराबरी का सहयोगी मानते हैं। इसीलिए वे कहते हैं कि साहित्य की दिशा स्वयं साहित्यकार तय करेंगे, राजनीतिज्ञ नहीं। बेनीपुरी के कागज-पत्रों के बीच मुझे एक पन्ना मिला जिसमें उन्होंने 'साहित्य और राजनीति' शीर्षक एक लेख लिखने की योजना बनाई है। यह लेख संभवतः लिखा नहीं जा सका। लेकिन लेख के लिए लिखे गए नोट्स के आधार पर साहित्य और राजनीति के रिश्ते के बारे में बेनीपुरी की राय स्पष्ट हो जाती है। अपने नोट में वे कहते हैं कि ''राजनीति समाज की सबसे बड़ी चहल-पहल है, उससे साहित्य अलग कैसे रह सकता है ?'' दूसरी बात यह कि साहित्य चूँकि 'मंगलानां च कर्त्तारौ' अर्थात् मंगलकारी है इसलिए समाज से उसकी दूरी नहीं हो सकती। उनका कहना है कि साहित्य की दो मुख्य प्रेरणाएँ हैं—संघर्ष और प्रेम। उनके अनुसार इनमें 'संघर्ष का स्रोत राजनीति' ही है। राजनीति को इतनी अधिक महत्ता देने के बावजूद बेनीपुरी उससे साहित्य को निर्धारित किए जाने के पक्षधर नहीं हैं। उनका कहना है कि आज की राजनीति ऐसा रुख अख्तियार कर रही है कि उसे रोका नहीं जा सका तो हम 'गगन' या 'अन्तस्तल' के गीत नहीं गा सकेंगे। उनकी मान्यता है कि रचनाकार के लिए दलगत राजनीति बंधन है। लिखते हैं : ''किसान मजदूरों के गीत गाइए, जब उनके लिए अनुभव करते हों, न कि पार्टी को खुश रखने के लिए !''

स्वयं दलीय राजनीति में रहने के बावजूद बेनीपुरी ने दलनिरपेक्ष साहित्य की वकालत की। स्वयं अपनी रचनाओं में उन्होंने आरोपित ढंग से राजनैतिक विचारधारा लादने की कोशिश नहीं की। यह अलग बात है कि उनकी रचनाओं में उनकी समाजवादी विचार-दृष्टि गहरे अन्तर्निहित है।

'वंदे वाणी विनायकौ' संग्रह से 'दो ताज' शीर्षक निबन्ध हटा दिया गया है क्योंकि वह ग्रंथावली के इसी खंड में 'मशाल' नामक पुस्तक में संकलित है।

'नई नारी' पुस्तक 1949 में इलाहाबाद से छपी थी। मूल्य था डेढ़ रुपए। बेनीपुरी ने इस पुस्तक के अन्तर्गत इतिहास और पुराणों में वर्णित स्वाधीनचेता भारतीय नारियों का परिचय दिया है। उनके चरित्र की व्याख्या द्वारा नैतिकता के पुराने मानदंडों को चुनौती दी है। इस विचारोत्तेजक पुस्तक में हजारों साल से पिसती हुई नारी की स्थिति का विश्लेषण भी किया गया है। अतीत के नारी-चरित्रों की नई व्याख्या उन्हें नए दृष्टिकोण से देखने के लिए प्रेरित करती है। भूमिका में बेनीपुरी ने पुस्तक का उद्देश्य स्पष्ट किया है : ''हमारे देश में शोषितों-पीड़ितों में सिर्फ किसान मजदूर ही नहीं हैं, हमारी माताएँ और बहनें, पत्नियाँ और बेटियाँ भी हमारे शोषण और उत्पीड़न का कम शिकार नहीं हैं। नारियों के बारे में हमारी कितनी मूढ़ धारणाएँ हैं जिन्हें दूर किए बगैर हम मानवता की सृष्टि और विकास नहीं कर सकते। इसी उद्देश्य से मैंने कतिपय निबन्ध लिखे, उन्हें 'नई नारी' में पाठकों के सामने प्रस्तुत किया जा रहा है।'' 'नई नारी' में अभिव्यक्त बेनीपुरी के क्रान्तिकारी विचारों से 50 वर्ष पूर्व काफी तहलका मचा था।

'अत्र-तत्र' बेनीपुरी के जीवन में प्रकाशित पुस्तक नहीं है। 1975 में इसे उनके पुत्र महेन्द्र कुमार बेनीपुरी ने प्रकाशित किया। महेन्द्रजी लिखते हैं : ''इस अत्र-तत्र में आलेखों का पुस्तकाकार क्रम बेनीपुरीजी द्वारा उन्हीं की लिपि में निर्धारित है।'' अर्थात् बेनीपुरी ने अपने जीवन में ही इस पुस्तक की योजना बनाई थी। इसके कुछ निबन्ध तो यात्राओं से जुड़े हैं। कुछ में पुरानी सांस्कृतिक और साहित्यिक परम्पराओं का स्मरण है। इस पुस्तक से 'यूरोप की नई दुलहिन' शीर्षक लेख हटा दिया गया है। यह लेख उनकी यात्रा-पुस्तक 'उड़ते चलो उड़ते चलो' में संकलित है। यात्रा-पुस्तक ग्रंथावली के चौथे खंड में शामिल है। पुस्तक से 'मीरा नाची रे' शीर्षक निबन्ध भी हटा दिया है क्योंकि 'गेहूँ और गुलाब' के अन्तर्गत वह ग्रंथावली के पहले खंड में संकलित है।

ग्रंथावली के इस खंड में पुस्तकों के बाद 'नई धारा' में प्रकाशित उनके दो असंकलित स्वतंत्र लेख तथा दो पुस्तक-समीक्षाएँ दी जा रही हैं। इनमें से एक पुस्तक-समीक्षा दिनकर की पुस्तक 'संस्कृति के चार अध्याय' पर है। बेनीपुरी ने 'नई धारा' में सम्पादकीय रूप में यह समीक्षा लिखी थी।

इस खंड में अन्त में 'हिमालय' और 'नई धारा' के संपादकीय संकलित हैं। 1946 में बेनीपुरी ने आचार्य शिवपूजन सहाय के साथ पटना से 'हिमालय' का सम्पादन किया। इसके अंकों में बेनीपुरी ने 'हमारी साहित्यिक प्रगति' के अन्तर्गत अपने हस्ताक्षर से अनेक सम्पादकीय लिखे। अधिकांश सम्पादकीय हिन्दी के तत्कालीन वर्तमान और भविष्य को लेकर हैं। ग्रंथावली में 'हिमालय' के सम्पादकीय लेखों के बाद नई धारा के सम्पादकीय लेख दिए जा रहे हैं।

1950 में बेनीपुरी साहित्यिक पत्र 'नई धारा' के सम्पादक बने। तब से लगभग एक दशक तक वे इस पत्र के सक्रिय सम्पादक रहे। 1959 के अन्त में वे पक्षाघात के शिकार हुए और इसी के साथ 'नई धारा' सम्बन्धी उनकी सक्रियता का अन्त हो गया। प्रसिद्ध कथाकार राजा राधिकारमण प्रसाद सिंह के सहयोग से 'नई धारा' का पहला अंक अप्रैल 1950 में निकला। बेनीपुरी ने पहले अंक के सम्पादकीय में लिखा : ''नई धारा को साहित्य और संस्कृति की नवीनतम प्रवृत्तियों की प्रतिनिधि पत्रिका बनाने की आकांक्षा है।'' अगले नौ वर्षों तक बेनीपुरी अपने इस उद्देश्य को पूरा करने के लिए प्रयत्नशील रहे। 'हमें यह कहना है' कालम के अन्तर्गत प्रायः हर अंक में उन्होंने अनेक विषयों पर सम्पादकीय लिखे। राजनीति में आकंठ डूबे रहने पर भी उन्होंने इस पत्र के सम्पादकीय साहित्य और भाषा से सम्बन्धित ही रखे। अपने सम्पादकीय लेखों के अन्तर्गत उन्होंने दोटूक शैली में यथार्थवादी साहित्य की वकालत

की। सरकार की गलत भाषानीति तथा साहित्यिक संस्थाओं के पतन पर प्रहार किया। 'नई धारा' का अपना अन्तिम सम्पादकीय उन्होंने मार्च 1959 में लिखा।

इस खंड के परिशिष्ट के अन्तर्गत विद्यापति की पदावली भी दी जा रही है। बेनीपुरी ने 1925 में इसका सम्पादन किया था। शब्दार्थ लिखे थे। पदावली के पहले संस्करण की भूमिका के अन्त में बेनीपुरी ने उसके लिखे जाने के स्थान और तिथि का उल्लेख किया है : बेनीपुर (मुजफ्फरपुर) पौष, 1982 वि. (अर्थात् 1925)। किताब पुस्तक भंडार से आचार्य रामलोचन शरण ने छापी थी। विद्यापति की पदावली के संकलन, सम्पादन और शब्दार्थ-लेखन की प्रेरणा-स्रोत आचार्य रामलोचन शरण ही थे। कलकत्ता से वे नगेन्द्रनाथ गुप्त द्वारा बंगला में सम्पादित विद्यापति की पदावली लाए थे। उसमें उन्होंने विद्यापति के महत्त्वपूर्ण पदों को चिन्हित किया था। इसी प्रति को आधार बनाकर बेनीपुरी ने 'विद्यापति पदावली' का सम्पादन और शब्दार्थ-लेखन किया। उस समय नगेन्द्रनाथ गुप्त के अलावा बाबू ब्रजनंदन सहाय द्वारा सम्पादित पदावली भी प्रकाशित हो चुकी थी। लेकिन बेनीपुरी ने पदावली की भूमिका में इन संकलनों को अपर्याप्त मानते हुए लिखा : "विद्यापति ने कितने पद बनाए थे इसका पूरा पता अभी नहीं चला है। श्री नगेन्द्रनाथ गुप्त ने 945 पदों का संग्रह प्रकाशित किया था। बाबू ब्रजनंदन सहायजी का संग्रह इससे बहुत छोटा है, तथापि उसमें कुछ ऐसे पद हैं जो नगेन्द्रनाथ गुप्त वाले संस्करण में नहीं हैं। सहायजी के नए पदों में नचारियों की ही प्रधानता है। किन्तु अभी तक विद्यापति के बहुत से अनूठे पद अप्रकाशित ही हैं।" इन अनूठे पदों की खोज के लिए भी बेनीपुरी ने प्रयास किए थे। उनकी लिखी विद्यापति की जीवनी में एक 'सूचना' छपी है जिसमें मैथिली प्रेमियों से एक अपील की गई है। उसमें कहा गया है : "अभी तक विद्यापति के बहुत से ऐसे पद, जिन्हें स्त्रियाँ विवाह के अवसर पर गाती हैं, एवं बहुत सी नचारियाँ अप्रकाशित हैं। मैं मिथिला देशवासी मैथिली के प्रेमियों से...साग्रह अनुरोध करता हूँ कि वे कृपाकर ऐसे पदों को हिन्दी पुस्तक भंडार लहेरियासराय के पते से भेज दें।" हिन्दी क्षेत्र में लोक कंठ से विद्यापति के पदों को संकलित करने की यह पहली कोशिश थी। हिंदी में विद्यापति की तलाश के इस पहले प्रयास के बाद अनेक कोशिशें हुईं। विद्यापति के पद ढूँढ़े गए। अन्ततः 1961 में बिहार राष्ट्रभाषा परिषद् से प्रकाशित 'विद्यापति पदावली' का पहला खंड प्रकाशित हुआ। इस वृहद् योजना की प्रेरणा के बारे में 'आमुख' के अंतर्गत गंगानंद सिंह ने लिखा : "आज से कई वर्ष पूर्व जब मैंने श्रीरामवृक्ष बेनीपुरी द्वारा सम्पादित विद्यापति पदावली की भूमिका लिखी थी, तभी मेरे ध्यान में यह बात आई कि महाकवि विद्यापति के पदों का एक वृहद् सुसम्पादित संस्करण प्रकाशित होता, जिसमें विशुद्ध पाठ और सुबोध टीका रहती। मेरा यह सपना बहुत दिनों तक सपना ही रहा।"

लेकिन उनका यह सपना अंततः पूरा हुआ। क्योंकि बेनीपुरी की विद्यापति पदावली की प्रेरणा से विद्यापति का वृहद् संकलन निकालने का काम अनेक दशकों में सम्पन्न कर लिया गया। विभिन्न विद्वानों के सहयोग से परिषद् ने तीन खंडों में विद्यापति की पदावली सम्पादित करवाकर प्रकाशित की। लगभग 1324 पृष्ठों में विद्यापति के संपूर्ण पदों को समेटने का प्रयास किया गया है। पहले भाग में नेपाल में प्राप्त विद्यापति के पदों का संग्रह है। दूसरे भाग में मिथिला में उपलब्ध पदों का संकलन है तथा तीसरे भाग में बंगाल में उपलब्ध रचनाएँ सम्पादित हैं। इस आयोजन से लगभग चार दशक पूर्व अकेले बेनीपुरी द्वारा विद्यापति की रचनाओं का संकलन और सम्पादन एक ऐतिहासिक घटना है। विद्यापति पदावली का जो विस्तृत रूप आज उपलब्ध है उनके स्रोत हैं : नेपाल दरबार पुस्तकालय में प्राप्त नेपाल पदावली, दरभंगा के रामभद्रपुर से प्राप्त रामभद्रपुर पदावली, तरौनी गाँव के लोकनाथ झा के घर से

प्राप्त तरौनी पदावली तथा लोचन कृत 'राजतरंगिणी' में शामिल विद्यापति के 51 पद। इसके अलावा लोक कंठ द्वारा बंगाल में पहुँचे विद्यापति के पद संशोधित रूप में वैष्णव पदावली में भरे पड़े हैं।

बेनीपुरी जब पदावली का सम्पादन कर रहे थे तो उन्हें इनमें से अधिकांश स्रोतों की जानकारी थी। यह बात और है कि उन सारे स्रोतों से जुड़ी सामग्रियाँ उस समय उन्हें उपलब्ध नहीं थीं। फिर भी उन्होंने नगेन्द्रनाथ गुप्त की पदावली को आधार बनाकर इन स्रोतों का काफी हद तक इस्तेमाल कर लिया है। गंगानंद सिंह ने परिषद् से प्रकाशित पदावली की भूमिका में लिखा है : ''विद्यापति पदावली के अधिकांश संस्करणों का मूल स्रोत है स्वर्गीय नगेन्द्रनाथ गुप्त द्वारा प्रकाशित संस्करण। उन्होंने ही सर्वप्रथम स्वर्गीय चंदा झा के सहयोग से तरौनी पांडुलिपि, नेपाल पांडुलिपि और अन्यत्र प्राप्त पदों को प्रकाशित किया। उन्हीं की प्रकाशित पदावली के आधार पर पीछे अनेक विद्वानों ने विद्यापति के पदों के संग्रह प्रकाशित किए जिनमें प्रमुख हैं श्री ब्रजनंदन सहाय ब्रजवल्लभ, श्रीरामवृक्ष बेनीपुरी आदि। गुप्तजी के बाद रामभद्रपुर की प्राचीन पांडुलिपि प्राप्त हुई, जिसे शिवनंदन ठाकुर ने प्रकाशित किया।'' बेनीपुरी जिस समय पदावली का सम्पादन कर रहे थे उस समय तक 'रामभद्रपुर पदावली' उन्हें उपलब्ध नहीं थी इसलिए उनका उपयोग वे नहीं कर पाए।

मुझे बेनीपुरी द्वारा सम्पादित पदावली का 1925 में प्रकाशित पहला संस्करण अपने परिवार में ही साहित्यानुरागी चाचा श्री सत्यनारायण सिंह जी से प्राप्त हुआ। इस संस्करण में 'विशेष सूचना' शीर्षक से बेनीपुरी ने एक टिप्पणी लिखी है। वह बाद के संस्करणों में नहीं है। दिनेश्वरलाल आनंद द्वारा पुनर्प्रस्तुत संस्करण में भी उसे नहीं रखा गया है। ग्रंथावली में वह टिप्पणी पदावली के साथ दी जा रही है। बेनीपुरी ने विद्यापति पदावली की लंबी भूमिका 'विद्यापति का परिचय' शीर्षक से लिखी है। हिंदी में पहली बार उन्होंने विद्यापति के जीवन और साहित्य पर विस्तृत और प्रामाणिक वृत्तान्त लिखा। आज भी विद्यापति को समझने के लिए बेनीपुरी-लिखित यह भूमिका मील के पत्थर की तरह है। हमने ग्रंथावली के इस खंड की पृष्ठ संख्या बढ़ जाने के कारण यह भूमिका जीवनी खंड (पाँचवाँ खंड) में ले ली है। 1925 में बेनीपुरी ने यही भूमिका, लगभग जस की तस विद्यापति की जीवनी के रूप में अलग से छपवाई थी। जीवनी खंड में आ जाने के बाद उसे तीसरे खंड में देना सिर्फ दुहराव ही होता ! इसलिए पदावली के पाठक बेनीपुरी-लिखित भूमिका के लिए कृपया पाँचवाँ खंड पलटने का कष्ट करें।

बेनीपुरी द्वारा संपादित पदावली में कुल 265 पद हैं। विद्यापति ने विभिन्न भावों या मनःस्थितियों पर योजनाबद्ध ढंग से पद नहीं लिखे थे। पदावली के अलग-अलग सम्पादकों ने इन पदों को विभिन्न कोटियों में बाँटने के प्रयास किए हैं। बेनीपुरी लिखते हैं : ''पदावली के प्राचीन संस्करणों को देखने से पता चलता है कि विद्यापति ने पदों की रचना विषय विभाग के अनुसार नहीं की थी। बिहारी के ही समान विद्यापति भी जब उमंग में आते थे, रचना कर डालते थे। पीछे लोगों ने उन्हें अलग-अलग विभाग कर सजा लिया।'' बेनीपुरी सम्पादित पदावली में विषय-वस्तु के आधार पर पदों के विभाग इस प्रकार हैं : राधा की वंदना, देवी की वंदना, वयःसंधि, नख-सिख, दूती, सद्यःस्नाता, प्रेम-प्रसंग के अन्तगंत श्रीकृष्ण प्रेम, राधा का प्रेम, कृष्ण की दूती, राधा की दूती, सखी शिक्षा के अन्तर्गत राधा को शिक्षा, श्रीकृष्ण को शिक्षा, नोक झोंक, मिलन, सखी-संभाषण, कौतुक, अभिसार, छलना, मान, मानभंग, विदग्ध विलास, वसंत विरह, कृष्ण का विरह, भावोल्लास, प्रार्थना और नचारी, जानकी वंदना, गंगा स्तुति, कृष्ण कीर्तन; विविध के अन्तर्गत व्यथा प्रेम, शिवसिंह का युद्ध दृष्ट कूट, बाल-विवाह,

परकीया तथा विद्यापति की मृत्यु।

विद्यापति ने इन काव्य-विषयों को आधार बनाते हुए समग्र मानव जीवन को अपनी कविता में जगह दी है। यौवन का सौन्दर्य और वार्द्धक्य का वैराग्य दोनों ही उनकी कविताओं में है। युद्ध के उद्घोष और सामाजिक विसंगतियों पर भी उनका ध्यान गया है। बेनीपुरी ने पदावली में विद्यापति की सम्पूर्ण काव्य प्रवृत्तियों के प्रतिनिधित्व करनेवाले पद चुने हैं। इन पदों में मनुष्यों की भावनाओं का बेहद सूक्ष्म चित्रण है। विद्यापति के काव्य पर सिर्फ इतनी चर्चा करना कि वे भक्त कवि थे या शृंगारी उनके कवि के साथ अन्याय है। सच तो यह है कि वे प्रेम और प्रकृति के महान कवि हैं।

बेनीपुरी ने पदावली सम्पादित करके पहली बार हिन्दी पाठकों के समक्ष विद्यापति को समग्रता में प्रस्तुत किया। यह उनका ऐतिहासिक योगदान है। पदावली की भूमिका के रूप में उन्होंने विद्यापति के जीवन और उनके समय के बारे में पहली बार इतनी खोजपूर्ण टिप्पणी लिखी। विद्यापति के पदों का शब्दार्थ लिखते हुए उन्होंने मैथिली शब्दों का सिर्फ हिन्दी अनुवाद भर नहीं किया है। जगह-जगह उन्होंने अनेक संकेत भी दिए हैं जिससे विद्यापति के काव्य की व्यंजना स्पष्ट हो सके। कई स्थलों पर विद्यापति के काव्य-भाव से मिलते-जुलते संस्कृत श्लोकों के भी उद्धरण दिए हैं। इससे विद्यापति के काव्य मर्म तक पहुँचना सहज हो जाता है।

–सुरेश शर्मा

अनुक्रम

हवा पर

[1949 ई.]

मैं कैसे लिखता हूँ ?

कुर्सी-टेबल पर लिखना मुझे पसन्द नहीं। चौकी हो, उस पर गद्दा हो, साफ चादर हो, तकिया हो जिसे मैं छाती से चिपकाए रहूँ, इस तरह अधलेटे-अधलेटे लिखना मुझे पसन्द है। बँधी कॉपियों में मेरी प्रतिभा जैसे बँध जाती है : पैड हो और वह भी बिना रूल का तो और अच्छा। बन्धन में रहना या लकीरों पर चलना मुझे कभी पसन्द नहीं आया है। लिखते समय मेरे विचारों और मेरी लेखनी में जैसे होड़-सी लग जाती है—विचार जैसे चेल्हवा मछली—तड़पती, उछलती, चमकती; लेखनी जैसे जाल—छोटे घेरे का, कच्चे सूत का। जाल में आने के पहले ही, माँझी को ललचाकर, जैसे मछली निकल भागना चाहती हो। किन्तु, माँझी उसे छोड़े तो कैसे ? इसलिए बहुत तेज लिखता हूँ—व्याकरण तक की सुधि मुझे नहीं रहती है उस समय। पीछे गोद-गाद कर लिया करता हूँ। इस तेज रफ्तारी के कारण जब तक होल्डर रोशनाई से लिखता रहा, बड़ी दिक्कत होती थी। अब शेफर-फाउन्टेनपेन से लिखा करता हूँ—सर-सर, सर-सर। और, लिखते समय सामने-सामने सिगरेट का टिन हो और पान के कुछ बीड़े ! मैं कहा करता हूँ, माँ-भारती को धुआँ पसन्द है। पहले वह यज्ञाग्नि के धुएँ पर पधारती थीं, अब इस बीसवीं सदी में उन्हें सिगरेट का धुआँ भाने लगा है। आप विश्वास न करें, किन्तु जब सिगरेट का धुआँ गिर्दाब बनाता हुआ ऊपर उठता है, तब मैं देखता हूँ, मेरी वीणापाणि उस पर थिरकती हुई पधार रही हैं। और जब पान के बीड़े मुँह में घुलते हैं, तो मालूम होता है, हृदय की सारी अनुभूतियाँ पिघलकर मेरी लेखनी की राह से कागज पर मूर्तरूप धारण करती जा रही हैं !

अच्छी चीजें या तो मैंने भोर में लिखी हैं, या निस्तब्ध रात्रि में। यों तो रात में मैं देर तक जगता हूँ—मेरा कहना है, जब आधी रात के बाद तारीख बदल जाए, तब सोओ। एक तारीख को सोओ और दूसरी को जगो—दो-दो दिनों का एकसाथ सोना; राम राम ! किन्तु देर तक जगने के बाद भी जब सोने जाता हूँ, दिमाग कुछ देर तक उधेड़बुन में रहता है और कभी-कभी उसी समय बिछावन छोड़कर कुछ लिखने लगता हूँ। डर लगता है, कॉलरिज के 'कुबला खाँ' की तरह, कल होते-होते कहीं इस चित्र को भूल न जाऊँ या यह अधूरा ही न रह जाए। भोर में देर से उठता हूँ और डटकर 'जल-खई' खाकर लिखने बैठ जाता हूँ और एक-सुर में तीन-चार घंटे तक लिखता जाता हूँ। किन्तु, यह अपने कलाकार बेनीपुरी के बारे में कह रहा हूँ, पत्रकार बेनीपुरी के तो दफ्तर के होहल्ले में, जब टेबुल के इर्द-गिर्द तरह-तरह के लोग बैठे हैं और कान में मशीन की घर्र-घर्र आ रही है, लिखा करता है। और, ज्यों ही कुछ 'चीज' तैयार हुई, मित्रों के सुनाए बगैर जैसे मेरा पेट फूलने लगता है ! निकट जो रहा, उसे ही सुना देता हूँ। कभी-कभी उच्चकोटि की कलाकृति एक ही साँस में किसी भोंदू मित्र को सुनाकर कैसी तृप्ति की साँस ली है मैंने !

मौसम के हिसाब से मुझे बरसात पसन्द है। जाड़े में जैसे प्रतिभा सिकुड़ जाती है और गर्मी में फैलकर बिखर-सी जाती है ! जब सारा बदन रजाई में रहना चाहिए, तो हाथ निकालकर कौन कलम घिस-घिस करे और जब पसीने से कागज गीला होता जाए तो उस पर स्याही कौन पोते ! बसन्त की रंगीनी में मैं सबकुछ भूल जाता हूँ और शरद की रजतिमा मुझमें अजीब मुह्यता ला देती है। बस, मैं अपने फौर्म में रहता हूँ, तो बरसात में। ईशा ने कहा था—'बादल से चले आते हैं अजमूँ मेरे आगे !' मैं यों कह सकता हूँ—बादल पे चेले आते हैं मजमूँ मेरे

आगे ! कालिदास का 'मेघदूत' असाढ़ में शुरू हुआ था; मेरी 'अम्बपाली' सावन में और उसकी दो पृष्ठ की भूमिका के लिए तीन सावन की प्रतीक्षा करनी पड़ी थी मुझे।

जब मैं गति में होता हूँ, तो मेरे हृदय और मस्तिष्क दोनों गति में होते हैं—पल-पल बदलनेवाली दृश्यावली और परिस्थितियाँ जैसे मेरी प्रतिभा को पंख दे देती हैं ! अपनी सभी सुन्दर कलाकृतियों की रूपरेखाएँ सफ़र में ही तैयार की हैं मैंने—चाहे जब मैं रेल पर हूँ, या मोटर में, साइकिल पर या बैलगाड़ी पर ! गंगा पार करते समय जब-जब एकाध घंटे के लिए जहाज़ पर रहा हूँ, किसी-न-किसी सुन्दर चीज़ की कल्पना मैंने की ही है ! कहा जाता है, बर्नार्ड शॉ अपने नाटक दोतल्ले बस के ऊपर बैठकर क्षिप्त लिपि में लिखा करते हैं। क्षिप्त लिपि मैं नहीं जानता; फिर ऐसे मौक़ों पर इतना भावनाविभोर रहता हूँ कि काग़ज़ क़लम निकालने का जी भी नहीं करता। हाँ, निश्चित स्थान पर पहुँचकर कभी-कभी कुछ नोट कर लिया करता हूँ और फिर निश्चिन्त होने पर उसमें रंग भरता हूँ। किन्तु ज़्यादातर तो उसे अपने मस्तिष्क के किसी कोने में ही डाले रखता हूँ और जब उस पर लेखनी उठाता हूँ, तो आश्चर्य से पाता हूँ, मेरे मस्तिष्क ने मेरे धरोहर को कितना सुरक्षित रखा था। पैदल चलते समय भी मेरे मन में तरह-तरह की बातें उठा करती हैं और यदि मैं बम्बई या कलकत्ता में होता, तो कब न किसी गाड़ी के नीचे कुचलकर मर गया होता ! मैं जो बड़े शहरों से घबड़ाता हूँ और पटना की गलियाँ मुझे पसन्द हैं, तो शायद इसी आत्म-रक्षा की भावना से ही !

पहले किसी खास प्रसंग, घटना या दृश्य से स्फुरण पाकर ही मैं लिखता था; किन्तु अब तो लिखना मेरी आदत में शुमार हो चुका है। कुछ न लिखूँ, तो एक अभाव अनुभव करने लगता हूँ—जैसे कोई नेता बिना कुछ बोले, बिना कुछ सन्देश दिए या उपदेश दिए—रह नहीं सकता; उसी तरह की मेरी हालत तब हो जाती है, जब मैं कुछ लिखता नहीं। और मेरे मस्तिष्क में भिन्न-भिन्न यात्राओं में संचित किए इतने धरोहर रखे हैं कि मैं सात जन्म लिखा करूँ, तब भी वे शायद खाली न हों। मुझे उन पर तरस आती है जिन बेचारों को लिखने के लिए विषय ढूँढ़ने पड़ते हैं, या मिलते ही नहीं। मेरा रोना तो यह है कि आह, मेरे मस्तिष्क में इतनी चीज़ें भरी पड़ी हैं—मुझे फुरसत नहीं मिलती कि मैं उन्हें क़लमबन्द करूँ। लगभग 65 पुस्तकें लिख जाने के बाद भी कम-से-कम पचास छोटे-बड़े स्केच, दो दर्जन कहानियाँ और एकांकी, एक दर्जन नाटक और आधे दर्जन उपन्यास मेरे मस्तिष्क में खाँव-खाँव मचाए रहते हैं।

क्षिप्त वेग से लिखने के कारण शब्दों के चुनने या मुहावरों के बनाने की ओर मैंने कभी ध्यान नहीं दिया। लेकिन, तो भी, अनायास ऐसे शब्द और ऐसे मुहावरे आ जाया करते हैं, जिन्हें देखकर मैं स्वयं आश्चर्य में पड़ जाया करता हूँ। विचारों की भी यही हालत है। मैं हाथ में क़लम लेकर लिखना शुरू कर देता हूँ, और नए-नए विचार नए-नए मुहावरों और शब्दों में सजधजकर, मेरी क़लम की नोक से उतरने लगते हैं ! वे विचार मेरे दिमाग़ में कहाँ थे—वे कहाँ से आकर मस्तिष्क के किस निभृति कोने में जा बैठे थे ? या वे उसी टकसाल में ढले हैं—बाहर सोने-चाँदी के ठप्पे-मात्र थे, टकसाल में जाकर गोल-गोल, सुन्दर-सुन्दर, नए बेलबूटों से सजे और नई क़ीमत की छाप लेकर निकल आए हैं ! हाँ, लगता है, जैसे उन्हें कभी देखा हो—सपनों की सुन्दरियों की तरह—अवगुंठनवती, कुहेलिकामयी ! जैसे वे स्वप्न-सुन्दरियाँ घूँघट हटाकर मेरे सामने आकर आज मुझी पर मुस्करा रही हों ! सच कहता हूँ, अपनी रचनाओं ने मुझे कम विस्मित नहीं किया है !

स्केच, नाटक, कहानी या उपन्यास लिखने के समय मन ही मन एक ढाँचा बनाया जरूर; लेकिन जब समाप्त किया, वे उन ढाँचों से बहुत दूर पड़ गए थे। उनके पात्र या पात्रियाँ जैसे मुझसे अपनी बात लिखवा रहे हों ! मानो वे मुझसे कहते हों, जब तक मैं तुम्हारे मस्तिष्क

के गर्भ में पलता रहा, तुम्हारा रहा; अब जब बाहर आया, तो मुझे अपना विकास आप करने दो। मेरे एक मित्र ने एक बार कहा था, मैं अपने बच्चों के लिए उनका Your most obedient father हूँ। अपनी रचनाओं के प्रति भी मैं वैसा ही आज्ञाकारी पिता हूँ। मेरी बुधिया, मेरा बलदेव सिंह, मेरी अम्बपाली, मेरी संघमित्रा, वही नहीं हैं जिनकी कल्पनामूर्तियाँ मैंने पहले तैयार कर रखी थीं। नहीं, ये मेरी मानसिक सन्तानें आप बढ़ी हैं, आप बनी हैं। मैंने उनकी वृद्धि में भी मदद-भर कर दी है !

'अम्बपाली' में जब अरुणध्वज की मृत्यु के बाद मधूलिका जाने लगी और बोली—'मैं चली अम्बे; मैंने इसकी ज़िन्दगी ढोई, अब तू लाश ढो'—'हाँ, जो ज़िन्दगी नहीं ढोता उसे लाश ढोनी पड़ती है अम्बे !' तो मैं सच कहता हूँ, यह लिख जाने के बाद मैं स्वयं विस्मय-विमुग्ध बन गया था ! मधूलिका, यह भोली लड़की, मैंने तो इसका निर्माण किया था 'अम्बपाली' के चरित में रंग भरने के लिए। अरे, यहाँ आकर तो यह खुद एक चरित बन गई और तब से सारा नाटक उसके इस कथन पर ही चक्कर काटता रहा ! और जब अम्बपाली ने कहा—'मधु, आह, तू जान पाती कि मैंने ज़िन्दगी भी लाश ही की तरह ढोई है !' तब तो मुझे ऐसा लगा कि कलाकार एक यंत्रमात्र होता है—उसकी कलाकृतियाँ उसे जैसा चाहें नचा सकती हैं। नट चला था कठपुतलियाँ नचाने; कठपुतलियों ने उसे ही नचा छोड़ा।

यह बात मैंने लेखों के बारे में भी पाई है। मैंने जो अच्छे लेख लिखे—सम्पादकीय टिप्पणियाँ तक—जिन्हें प्रान्त के कोने-कोने के नौजवान रहे हुए हैं, वे भी कुछ इसी तरह लिख गए। थोड़ी देर सोचा, एक शीर्षक ठीक किया, फिर लिखना शुरू किया—बस, उस शीर्षक के इर्द-गिर्द एक स्तूप-सा तैयार होता जाता है। सोच-समझकर मैंने उसकी नींव-भर डाली थी; सारी इमारत तो आप ही आप तैयार हुई। हाँ, मैं मानता हूँ, असली चीज़ नींव ही है—किन्तु नींव ही इमारत नहीं है, यह भी तो यह प्रगट सत्य है।

कलाकार और कलाकृति के बीच के इस एक दूसरे को प्रभावित करनेवाले सम्बन्ध की मनोवैज्ञानिक जाँच-पड़ताल कुछ कम मनोरंजक वस्तु नहीं है। फ्रायड ने सपनों का विश्लेषण कर बड़ा नाम कमाया है—विश्लेषण के इस क्षेत्र की ओर भी मनोवैज्ञानिकों का ध्यान जाना चाहिए।

मेरी एक अपनी शैली है और वह शैली बहुत ही ज़ोरदार है, ऐसा प्रायः कहा जाता है। श्रद्धेय मैथिलीशरण गुप्तजी ने एक बार कहा था—गणेशजी (स्वर्गीय गणेशशंकर विद्यार्थी) के बाद आप ही की भाषा में मैंने वह ज़ोर पाया। सोचना यह है कि वह ज़ोर गणेशजी की भाषा में कहाँ से आया था; और फिर वह मेरी भाषा में कहाँ से आ गया ! शैली जीवन से पृथक् कोई वस्तु नहीं है। गणेशजी की शैली का स्रोत उनका बलिदानी जीवन है; मेरी शैली का स्रोत मेरा तूफानी जीवन रहा है ! मेरी शैली में जो प्रवाह है, गति है, ज़ोर है, वह मेरी ज़िन्दगी में है। वकालत या प्रोफ़ेसरी की कुर्सी पर बैठकर आप उसे पा नहीं सकते; सिर्फ सम्पादक बन जाने या थोड़ी उर्दू पढ़ लेने से भी वह कहाँ प्राप्त हो सकता है ? मैंने अपना यौवन तूफानों में बिताया है इसलिए आप मेरी शैली में हवा के वे झोंके पाते हैं जो बड़े-बड़े वृक्षों को उखाड़ दें, बिजली की वह चमक देखते हैं, जो आँखों को चकाचौंध में डाल दे। मैं मानता हूँ, उसमें गर्द-गुबार भी है—वहाँ आपका बूढ़ा व्याकरण पनाह माँगता है; वहाँ लँगड़े मुहावरे लुढ़कते दीखते हैं—किन्तु, इसमें मेरा क्या क़सूर ? गति और गर्द साथ-साथ चलते हैं ! झरने का जल आपको पसन्द न हो, तो कुएँ का पीजिए—बहुत से पनाले भी हैं !

मेरी परेशानी तो यह रही है कि अपने भीतर के तूफ़ान को मैं काग़ज़ पर सही-सही उतार न सका। आँधी हवा का झोंका बनकर रह गई; बिजली चिनगारी में समा गई। आह, हमारे शब्दों में कितनी हीनता है, कितना अभाव है। वे अब तक न विचारों को सही रूप में

प्रगट कर पाते हैं; न भावनाओं को। मस्तिष्क का कमल जिह्वा पर आते-आते कनेर बन जाता है। किन्तु बोलने के समय तो कुछ काम भी चल जाता है—शब्दों की हीनता को हम चेहरे की भाव-भ्रंगिमा से, हाथों के इशारे से, स्वर के उतार-चढ़ाव से कुछ-कुछ ढँकने की कोशिश करते हैं; कुछ सफलता भी मिलती है इसमें। लेकिन काग़ज़ पर स्याही से उतरकर हमारे विचार, हमारी भावनाएँ सारी आग, सारी रंगीनी खो देती हैं ! उजले तुनुक काग़ज़ पर ज्वालामुखी का विस्फोट प्रगट करना; काली स्याही से इन्द्रधनुष की रंगीनियाँ चित्रित करना ! कितना कठिन ! इसीलिए कलाकार नए शब्द गढ़ता है, नए मुहावरे बनाता है, व्याकरण उसके आड़े आता है तो उसे आसमान में फेंक देता है ! आप उसे गालियाँ देते रहिए; उसने जिस किसी भी उपाय से एक नया चित्र—सही चित्र—बना लिया, तो वह अपने को धन्य समझता है, समझा करेगा !

जैसा कह चुका हूँ, लिखने के समय मैं शब्दों पर ध्यान नहीं देता। अनायास जो शब्द आते हैं, मैं लेता जाता हूँ। और, मैं अपने शब्दों की वफ़ादारी का क़ायल हूँ—जैसा प्रसंग, वैसे ही शब्द आ जाते हैं ! जहाँ ज़रूरत की ज़रूरत होती है; वहाँ आवश्यकता झाँकने की भी गुस्ताखी नहीं करती ! और जहाँ आवश्यकता की आवश्यकता है, वहाँ ज़रूर मुझसे बहुत दूर खड़ी होती है ! शहरों के शब्दों के बनावटी रूप पर मैंने गाँवों के बोलों के भोलेपन को हमेशा तरजीह दी है ! ग्रामीण शब्दों और मुहावरों का मैंने प्रचुर प्रयोग किया है ! गाँव के वे अछूते, सूधे, सुथरे शब्द—कितनी जान है उनमें, कितना ज़ोर है उनमें—वे कितने सुन्दर हैं, वे कितने बलवान हैं ! एक-एक शब्द—एक पूरे चित्र का प्रतिनिधित्व करता है ! एक-एक मुहावरा—एक पूरी दुनिया छिपी है उसमें ! किन्तु जिनके पैर में महावर लगे हैं, वे देहातों में जाएँ कैसे—इसीलिए एक तरफ़ पुराण के पन्ने उलटे जा रहे हैं; दूसरी तरफ़ कुरान की आयतें कोट की जा रही हैं ! भाषा को भी क्या अखाड़ा बना रखा है यारों ने !

एक मित्र ने एक बार कहा था—बेनीपुरी के फुलिस्टाप और कौमा बोलते हैं ! क्या सच ? कहीं कौमा और फुलिस्टाप बोलते हैं ? लेकिन मैं कहूँ, अगर नहीं बोलते हैं, तो उन्हें बोलना चाहिए। बोलने के समय जो काम हम चेहरे की भावभंगिमा से लेते हैं, लिखने के समय वे ही काम हमें विराम-चिन्हों से देना है। हिन्दी में इनकी संख्या सिर्फ पाँच-छः हैं; हास्य और विस्मय के लिए सिर्फ एक चिन्ह। उनकी संख्या बढ़ानी होगी; लेकिन जब तक ऐसा नहीं होता, जो चिन्ह हैं, उनका प्रयोग तो होना ही चाहिए। मैं लिखते समय इन चिन्हों से खूब काम लेता हूँ और मैंने देखा है इनके प्रयोग से चीज़ें चमक उठती हैं।

फिर जिस तरह मैं बड़े-बड़े पेचीदे वाक्यों से भागता हूँ, उसी तरह बड़े-बड़े पैराग्राफ से। एक शब्द का भी मैंने वाक्य लिखा है—हाँ, एक शब्द एक पूरे चित्र को दे सकता है, जो एक वाक्य का काम है। यों ही एक पंक्ति के पैराग्राफों की भी मेरी रचना में भरमार है। छोटे-छोटे शब्द, छोटे-छोटे वाक्य, छोटे-छोटे पैराग्राफ—देखने में सुन्दर, पढ़ने में आसान, समझने में कोई दिक़्क़त नहीं। नावक के तीर छोटे होते हैं, किन्तु घाव गम्भीर करते हैं ! नावक के एकमात्र अधिकारी बिहारीलाल ही नहीं थे; शायद ज़माना कहेगा, किसी ज़माने में कोई बेनीपुरी भी था।

बिहार के लोक-गीत

पहले जंगल गूँजा, तब गाँव गूँजे, नगर का कोलाहल तो सबसे पीछे आया। पहले प्रकृति गूँजी, तब नारी ने गाया, पुरुष की तान जो पीछे शुरू हुई। पहले वन गीत तब ग्राम गीत—अन्त में दरबारों और नगरों का काव्य गीत। आज का युग दरबारों का है, नगरों का है—फलतः काव्य

गीत की भरमार है। किन्तु मानव मन सिंह ठवनि का अनुसरण करता है। चलता है चलता है, रुककर पीछे देखता है, सिंहावलोकन करता है, फिर चल देता है।

हम जहाँ पर पहुँच चुके हैं, पीछे मुड़कर देखने की हममें स्वभावतः इच्छा हो रही है। एक तलहटी हमने पार कर ली, दूसरी पर पैर बढ़ाने के पहले हम मुड़कर सारी चीज़ों को देख रहे हैं।

हमारे पीछे का विस्तृत मैदान। वह नदी का कछार, कछार की बगल में वह कुटिया। पेड़ पर कोयल गा रही है, कुटिया में चक्की गा रही है ! अपना तानपूरा एक ओर रखकर हम एक बार जी भरकर सुन लेना चाहते हैं इन्हें।

विद्यापति–सूरदास–तुलसी–मीरा–प्रसाद–महादेवी–इन सबके बावजूद हम लोक-गीतों के अनाम रचयिताओं की ओर आकृष्ट हो रहे हैं !

सिर्फ पूरा प्रेम ही हमें लोक-गीतों की ओर आकृष्ट नहीं कर रहा है। व्यक्तिवाद से ऊबकर हमारा ध्यान पूरे समाज की ओर जा रहा है। लोक-गीत बिल्कुल ही सामाजिक रचनाएँ हैं। सम्पूर्ण समाज की वे सृष्टि हैं। कोई भी गीत किसी खास व्यक्ति के बनाए हुए हैं–श्लोक गीतों के बारे में ऐसा हम कह नहीं सकते।

इन सामाजिक रचनाओं में समाज की सामूहिक अनुभूतियों और प्रवृत्तियों का ऐसा सुन्दर चित्रण हुआ है, जैसा आप व्यक्तियों द्वारा रचे काव्य-गीतों में पा नहीं सकते। व्यक्ति और समाज में जो अन्तर है, वही है लोक-गीत और काव्य-गीत में।

काव्य-गीत में कारीगरी की अधिकता आप पा सकते हैं–वर्ग और शब्द, नपे-तुले स्वर और ताल बँधे-बँधाए अलंकार की वह लता, झंकार की भरमार।

लोक-गीतों में हृदय के उद्‌गार ही उद्‌गार होते हैं। न कोई निश्चित छन्द, न कोई निश्चित सुर। भाव और भाषा का वैसा प्रवाह होता है उनमें कि कण्ठ से निकलते ही हृदय में घर कर लेते हैं वे ?

काव्य-गीत गंगा से निकाली गई शारदा नहर है, लोक-गीत स्वयं गंगा है। हर-हर प्रवाहिनी शुभ्र-तोया पाप-ताप विनाशिनी।

नलों और नालों में नहानेवाले हम लोगों का मन रह-रहकर गंगा में नहाने के लिए तड़पे तो आश्चर्य क्यों ?

बिहार का भंडार लोक-गीतों से भरापूरा है। इतना बड़ा भंडार शायद ही एक प्रान्त में संग्रहीत हो।

लोक-गीत का स्वर-मध्यम लोक-भाषा होता है। मैदानी हिस्से में तीन प्रमुख लोकभाषाएँ हैं–मैथिली, भोजपुरी और मगही। बिहार के पहाड़ी हिस्से–छोटा नागपुर और संथाल परगना–में भी तीन प्रमुख भाषाएँ हैं–उराव, मुंडा और संथाली। इन आधी दर्ज़न प्रमुख लोक-भाषाओं के अतिरिक्त भी कई स्थानीय बोलियाँ हैं जो संकुचित क्षेत्र में बोली जाने पर भी महत्त्वपूर्ण स्थान रखती हैं।

मैथिली, भोजपुरी, मगही–तीनों के लोक-गीत बहुत ही विशद और रंगीन हैं। मैथिली और भोजपुरी के लोक-गीतों के तो अच्छे-अच्छे संग्रह भी निकल चुके हैं। किन्तु अभी तक मगही गीतों का कोई संग्रह नहीं निकल पाया, यह खेद की बात है।

किन्तु, यहाँ भी एक विचित्र बात हम देखते हैं। यद्यपि मैथिली, भोजपुरी और मगही के तीनों क्षेत्र प्राकृतिक दृष्टि से भी अलग बँटे हुए हैं, उनकी बोलियों में भी काफ़ी अन्तर है किन्तु तीनों के गीतों में अजीब साम्य है–सिर्फ भाव में नहीं, भाषा में भी।

बहुत से ऐसे गीत हैं, जो मिथिला, भोजपुर और मगह तीनों में थोड़े से भेद के साथ

प्रचलित हैं। अभी मैं हिन्दी साहित्य सम्मेलन द्वारा प्रकाशित 'भोजपुरी ग्राम गीत' में बेटी की विदा का यह करुण गीत पढ़ रहा था—

बाबा के रोवले गंगा बढ़ियली, आमा के रोवले अजोर।
भइया के रोवले चरण धोती भींजे, भउजी नयनवा में लोर।।
अम्मा कहेंली बेटी नित उठ आव, बाबा कहेले छव मास।
भइया कहेंले बहिन काजे परोजन, भउजी कहेली दूर जाव।।

तो मेरी रानी, जो टेठ सीताजी की जन्म-स्थली सीता मढ़ी की है, इन्हीं गीतों को बोल उठी—

बाबा के कनवे गंगा बहि गेलन, अम्मा के कनवे भींजए पटोर।
भइया के कनवे चनन धोति भीजिगेल, भउजी के हृदय कठोर।।
आमा कहेए बेटी नीते बोलाएव, बाबा कहेए छओ मास।
भइया कहेए बहिनी काजे परोजन, भउजी कहए दुर जाव।।

और साथी रजी की बहिन जो मगह की है पुराने मुसलमान खानदान की है, इसी गीत को सिर्फ थोड़े परिवर्तन के साथ दुहरा रही है।

यों ये लोक-गीत न सिर्फ धरती और भाषा की परिखाओं को लाँघ जाते हैं किन्तु धर्म और मजहब की आहीनी किलेबन्दी को पार कर जाने में इन्हें कोई दिक्कत नहीं होती।

पहाड़ी बोलियों के लोक-गीतों की भी यही हालत है। उराँव, मुंडा, और सौंताली बोलियाँ बहुत ही विभेद रखती हैं, तीनों जातियों के रीत रशम में भी काफ़ी अन्तर है किन्तु उनके लोक-गीतों में भी बहुत ही साम्य पाए जाते हैं। पलामू में गाए जानेवाले उड़ाव का यह सरहुल गीत—

केकंड़े ने तुम्हें काट लिया है लकड़ी,
कौन तुम्हारी दवा दारू करेगा ?
तुम्हारा जोड़ी यहाँ नहीं है,
कौन तुम्हारी दवा दारू करेगा ?
केकंड़े से काटी गई लकड़ी,
कौन इसकी मरहम पट्टी करेगा ?
इसका पति भूटान गया,
कौन इसकी मरहम पट्टी करेगा ?

थोड़े ही परिवर्तन के साथ सिंहभूम के मुंडो और दुमका के सौंतालों द्वारा भी गाए जाते हैं।

अभी बिहार के लोक-गीतों का पूरा और प्रामाणिक संग्रह नहीं होने पाया है। यदि राँची से रक्सौल और बौंसी से बक्सर तक के लोक-गीतों का संग्रह कर उन्हें छः बड़ी-बड़ी शानदार जिल्दों में प्रकाशित कर दिया जाए तो बिहार का गौरव लोक-गीतों के क्षेत्र में भी स्थापित हो जाए। बिहार में लोक राज्य स्थापित हो चुका है। लोक-गीतों के संकलन, सम्पादन और प्रकाशन की ओर अब तक उसका ध्यान नहीं जा सका है यह खेद की बात है। अब इस ओर उपेक्षा नहीं होनी चाहिए!

चलिए इन लोक-गीतों की एक झलक भी हम देख लें ! मिथिला से ही शुरू कीजिए।

तिरहुत निवासियों को अपने गीत पर कुछ अभिमान भी है। लोकोक्ति है–

कोकटी धोती पटुआ साग, तिरहुत गींत बड़े अनुराग।
भाव भरल तन तरुनी रूप, एतर्ष तिरहुत होइछ अनुपम।।

'तिरहुत गीत बड़े अनुराग'–हाँ तिरहुत के गीतों में अनुराग का रंग बहुत गहरा है। अनुराग की परिणति होती है वियोग में। कृष्ण गोकुल छोड़कर मधुपुर चले गए। किसी ने कल्पना भी नहीं की थी कि माधव हमें छोड़कर चले जाएँगे ? यदि इसकी खबर होती उन्हें रेशम की डोर में बाँध रखती। रेशम की डोर तो टूट जा सकती थी। नहीं, मैं उन्हें अपने आँचल में बाँध रखती। खैर, आँचल उस दिन काम नहीं आया, आज काम आवे। मैं उसे फाड़कर काग़ज़ बनाऊँगी और उस पर प्रेम-सन्देश लिख भेजूँगी। कुशल-मंगल लिखूँगी किन्तु बीच में ? बीच में वियोग की कथा–

जब माधो चललन मधुपुर नगरिया,
छोड़ी देल सकल समाज, आहे सखिया।
एहो हम जनितो पिया मधुपुर जयता,
बाँध तो मैं रेशम के डोर, आहे सखिया।
रेशम बँधनवा टूटिए फटि जएतई,
बँधि तो मैं अँचरा लगाये, आहे सखिया।
अँचरा के फारी फारि कागदा बनइ तौं,
लिखितों में पिया के सन्देश, आहे सखिया।
काते कुते लिखितों दुनों के कुशलिया,
बीच में पिया के वियोग अहे सखिया।

यदि मिथिला अनुराग प्रधान है, तो भोजपुर शौर्य्य प्रधान। और भोजपुरी शौर्य्य के सबसे बड़े प्रतीक तो हैं विद्रोही वीरकुँअरसिंह। लोक-गीत उनकी वीर कथा को अन्तिम परिणति में करुणा के साँचे में ढालता है–

लिखि-लिखि पतियाँ भेजलन कुँवरसिंह, ए सुन अमरसिंह भावे हो राम !
चमड़ा के टोंटवा दाँत से हो काटे, कि छतरी के धरम नसाये हो राम।
बाबू कुँवरसिंह और अमरसिंह दोनों अपने हैं भाय, हो राम।
बतियाँ के कारण बाबू कुँवरसिंह, फिरंगी से रार बढ़ाय, हो राम।
दानापुर में सजइलन हो कम्पू कोइलवर में रहे छाय, हो राम।
लाख गोला तोहँक गतिके मरिहौं छोड़ वरहरया के राज, हो राम।
रोवत बाड़े बाबू कुँवरसिंह मुखवा पर धर के रूमाल, हो राम।
लागल लड़इया हम तो वयसमें अब कवन होइहें हवाल, हो राम !

और अब मगह के एक लोक-गीत में दुल्हे पर पड़नेवाली चाँदनी का दृश्य देखिए–

आज सुहानी रात चन्दा तुम उगियो। मौरी पर उगियो, कोंदे पर उगियो जोड़े पर उगियो, चादर पर उगियो।

आज सुहानी।।

मोज़े पर उगियो, मेंहद पर उगियो, घोड़े पर उगियो, चाबुक पर उगियो, दुल्हे पर

उगियो, दुल्हन पर उगियो,
आज सुहानी रात।।

हाँ ! हाँ ! आज की रात साधारण रात नहीं है। यह सुहानी रात—चाँद तुम्हें सिर्फ़ नीले आसमान पर ही उगना नहीं है। वहाँ सिवा एक विशाल शून्य के और क्या धरा है ! आओ, इस धरा पर उगो—धरा के शृंगार इस दुल्हे पर उगो—उसके मौर पर उगो, जोड़े पर उगो, चादर पर उगो, मोजे पर उगो, मेंहदी पर उगो ! घोड़े पर उगो, उसके हाथ की चाबुक पर उगो और जब दुल्हे पर उगा, तो फिर दुल्हन पर क्यों नहीं उगो ! अरे, आज की रात जो सुहावनी है !

और अन्त में चलिए राँची के जंगल में ! आज हमारा राष्ट्र जिस शोक में है, शायद उसी का चित्रण यह वन-गीत कर रहा है—

पेड़ पर है लाल चिड़िया,
तीर लगे, चिड़िया, गिरीं,
पेड़ स्तब्ध है !
जंगल में हैं बारहसिंगे और हिरनों पर गोली चली, हिरनें मरीं,
जंगल का सिर झुक गया ! नदी की धारा में मछलियाँ हैं,
ज़हर की लता डाल दीं, मछलियाँ मर गईं
धारा गँदली हो गई !

लेकिन सिर्फ रोने-धोने से क्या होता है; अब हमें वह बोझ ढोना ही है। हजारीबाग के जंगल से वह आवाज़ आ रही है।

हे बाबू—हे हो,
हे भैया—हे हो,
थोड़ा और—हे हो,
मन से खीचो—हे हो,
भैया मेरे—हे हो,
थोड़ा थोड़ा—हे हो,
हे बाबू—हे हो,
बाबू की जय—हे हो,
भैया की जय—हे हो,
बोलो बोलो—हे हो
ले लिया है—हे हो !!

मैथिली साहित्य

राष्ट्रभाषा हिन्दी के अन्तर्गत जितनी प्रान्तीय भाषाओं का समावेश किया जाता है, उनमें मैथिली सबसे पुरानी, सबसे मधुर और सबसे अधिक लोकप्रिय है। 'पृथ्वीराज रासो' के रचनाकाल के विषय में सन्देह होने के बाद हिन्दी के सर्वप्रथम प्रामाणिक महाकवि तो विद्यापति ही रह जाते हैं, जिनकी रचना मैथिली में हुई। हिन्दी गद्य की प्रथम पुस्तक के रूप में हम जिसे पेश कर

सकते हैं, वह विद्यापति के पितामह ज्योतिरीश्वर ठाकुर का 'वर्ण रत्नाकर' है, जिसका रचनाकाल तेरहवीं सदी है। हिन्दी का प्रथम नाटक 'पारिजात हरण' मिथिला ने ही हमें दिया है। मैथिली की सरसता तो सर्वस्वीकृत बात है। दिल्ली-मेरठ की रूखी-सूखी धरती और मिथिला की सरसश्यामला भूमि में जो अन्तर है, वही अन्तर हिन्दी और मैथिली में है। अपनी सरसता में यह बँगला को भी मात देती रही है। मैथिली पदावली महाप्रभु चैतन्यदेव का कंठहार रही और विश्वकवि रवीन्द्रनाथ ठाकुर (भानु सिंह—पदावली के रूप में) मैथिली में रचना करने का लोभ संवरण नहीं कर सके। वृन्दावन से कामाख्या और वाराह क्षेत्र से पुरुषोत्तम क्षेत्र तक मैथिली साहित्य सदियों से आदर पाता रहा है।

उत्तर और गर्वोन्नत हिमालय; दक्षिण ओर घहराती गंगा; पूरब और पश्चिम कोशी और गंडक का तरल प्रवाह—इसके अन्दर की भूमि ही आज मिथिला के नाम से अभिहित होती है। यही भूमि वैदिककाल की त्रिभुक्ति (तिरहुत) है, पौराणिक काल के जनकों की भूमि यही है और ऐतिहासिक काल के विदेहों और लिच्छवियों के प्रजातन्त्र की क्रीड़ाभूमि भी यही रही है। प्रकृति ने हमेशा से इस भूमि को सुन्दरता और प्रचुरता का वरदान दे रखा है। छः ऋतुओं का स्पष्ट क्रम आपको यहीं दृष्टिगोचर होगा,—फूलों से भरा बसन्त, फलों से लदा ग्रीष्म, हिमालय से टकराकर कड़कती हुई बरसात, कुमुदों और काशों से शुभ्र बनी शरद, गुदगुदाता हुआ हेमन्त और कँपकँपाता हुआ शिशिर आप यहाँ पाएँगे। ग्रीष्म में भी चार गज ज़मीन आप बिना हरियाली के नहीं पा सकते—वृक्षों, शश्यों, नालों, सरोवरों से पूरित यह पावन धरित्री अपने अधिवासियों के लिए हमेशा सोना उगलती रही है। न अन्न की कमी, न फल की, न दूध-दही की, न मांस-मछली की ! (हाँ, मछली मिथिला की खास चीज़ है ! हमारे महामहोपाध्याय भी बिना उसके भोग नहीं लगा सकते !) इस प्रचुरता और सुन्दरता में कविता और संगीत की सृष्टि न हो, तो क्या हो ? कविता और संगीत की प्रतिक्रिया के रूप में न्याय और दर्शन का भी यहाँ चरम विकास हुआ है—किन्तु, उसे आप प्रतिक्रिया का ही रूप समझें। मिथिला की आत्मा तो कविता और संगीत में है और मिथिला ने कविता और संगीत को हमेशा एक सिक्के के दो पहलू के रूप में लिया है।

ज्यों ही संस्कृत का दबदबा खत्म हुआ और देशी भाषाओं का विकास शुरू हुआ, मिथिलावासी जी-जान से उसका भंडार भरने में तुल गए। संस्कृत के दुर्गम व्याकरण के नियम और कर्णकटु शब्द उनकी कोमलतम भावनाओं के प्रदर्शन के लिए शायद उपयुक्त नहीं जँचे। विद्यापति अपने ज़माने के संस्कृत के महान् पंडितों में थे। उनका परिवार मिथिला के महापंडितों में गिना जाता था। विद्यापति ने संस्कृत में अनेक ग्रन्थ लिखे। किन्तु, जब हृदय की कोमल भावनाओं के लिए माध्यम की तलाश शुरू हुई, तो देशी भाषा ही उपयुक्त जँची; वह कहते हैं—

सक्कयवाणी बहुअ न भावई, पाहुँ अरस को मम्म न पावइ।
देसिल वअना सब जन मिठ्ठा, तँ तैसन जम्पओ अवहट्ठा।।

संस्कृत भाषा एक तो सबको भाती नहीं, फिर रस में मर्म की अभिव्यक्ति उसमें शक्य नहीं; इधर देशी भाषा सबको मीठी लगती है, इसलिए मैंने उसे ही अपनाया है। और, वह भाषा धन्य है जिसे विद्यापति ऐसा कोई मर्मी कवि प्रारम्भ में ही मिल गया ? फलतः हम देखते हैं चौदहवीं सदी से आज तक छः सौ वर्षो से यह भाषा जीवित है, जाग्रत है। इसे नए-नए कवि मिलते रहे हैं, नए-नए कलाकार मिलते रहे हैं और इसका भंडार दिन-दिन बढ़ता ही जाता है।

मेरी यह पुरानी शिकायत रही है कि हिन्दीवालों ने विद्यापति को वह स्थान नहीं दिया जिसके वह उपयुक्त अधिकारी हैं। हिन्दी का नवरत्न कौन कहे, पंचरत्न की भी मैं नहीं कल्पना कर सकता, जिसमें विद्यापति नहीं हों। विद्यापति हिन्दी के सर्वश्रेष्ठ गीतकार हैं। सूरदास से दो सौ साल पहले आकर उन्होंने हिन्दी को वह दिया, जो कोई दूसरा दे न सका और दे भी सकेगा, यह कौन कहे ?

सखि हे, हमर दुखक नहीं ओर,
इभर वादर माह भादर सून मन्दिर मोर।

इन पंक्तियों पर कई बार कवीन्द्र रवीन्द्र सिर धुनते रहे ! लेकिन, हमने उसका मर्म नहीं जाना !

सखि हे, कि पूछसि अनुभव मोय,
से हे पिरीत अनुराग बखानइत तिले-तिले नूतन होय।

और

सकल शरीर कुसुम तुअ, सिरजल किअ तुअ हृदय पषाने !

ऐसी शतशः विदग्ध वाणियों से जिनकी पदावली जगमग है; उपमाओं, उत्प्रेक्षाओं, रूपकों की जिनकी रचनाएँ खान हैं, अपनी सरस कोमल कान्त पदावली के कारण जो अपने युग में ही अभिनव जयदेव कहलाए, महाप्रभु गौरांग जिनके गीतों को गा-गाकर घंटों भावविभोर रहा करते थे और सर ग्रियर्सन ने जिनके गीतों को सोलमन के गीत से तुलना की है—उनका सम्यक् आदर नहीं करके हमने अपनी लघुता, अनभिज्ञता और अरसिकता का ही परिचय दिया है।

मैथिली की प्रमुख रचनाएँ गीत के रूप में लिखी गई हैं। जो परिपाटी विद्यापति ने चलाई, वह आज तक चली जा रही है। मैथिली के प्रमुख गीतकारों में विद्यापति के बाद गोविन्ददास हैं। जिस तरह विद्यापति को पहले बंगाली लोग बंग निवासी बताते थे, उसी तरह गोविन्ददास को भी। गोविन्ददास के गीतों में शब्द-विन्यास, भाव गाम्भीर्य और भाषा का लालित्य दर्शनीय है, हाँ, विद्यापति की तरह उनमें प्रसादगुण नहीं है। 'पारिजात-हरण' नाटक के रचयिता उमापति उपाध्याय को भी महाकवि का पद प्राप्त था और उनके गीत भी मिथिला में अध्यावधि प्रचलित हैं—

हरि सन प्रेम आस हम लाओल, पाओल परिभव ठामे;
जलधर छाँहरि तर हम सुतलहुँ आतप भेल परिणामें।
सखि हे मन जनु करिअ मलाने;
अपन करम फल हम उपभोगवत तोहँ किअ तेजह पराने !

कृष्ण से प्रेम की आशा लगाना वैसा ही हुआ जैसा बादल के नीचे सोना—नतीज़े में यह धूप धूप ! कैसी अनूठी सूझ है। पं. हर्षनाथ झा को मिथिलावासी विद्यापति और उमापति के सम्प्रदाय का अन्तिम महाकवि मानते हैं। उषाहरण नाटक और माधवानन्द नाटक में जो आपने मैथिली गीत लिखे हैं, वे संगीत-काव्य के उत्तमोत्तम उदाहरणों में से हैं। केदार राग में आप गाते हैं—

चललि सयनगृह सुन्दरि सजनी,
नील वसन तनु साजि।

कनकलता जनि बैसल सजनी,
अविरल मधुकर राजि।
खटिक बिन्दु अरु सिन्दूर सजनी,
विन्दु विराजित भाल।
जनि पंकजदल रवि शशि सजनी,
उदित भेल एक काल !
ललित दसन रुचि अनुपम सजनी,
अधर नवलदल राज।
जनि बंधूक कुसुंमतर सजनी,
विकसित कुंद समाज।

यों ही नायिका का पूरा नखसिख वर्णन अपने इस गीत में हर्षनाथ ने किया है। हर्षनाथ ने ब्रजभाषा में भी कविता की है। महाकवि मनबोध के 'कृष्णजन्म' से मैथिली का प्रबन्ध काव्य में प्रारम्भ होता है, जिसका चरम विकास कवीश्वर चन्दा झा कृत मिथिला–रामायण में हुआ है और जिसका आधुनिक प्रतिनिधि कवि पं. बदरीनाथ झा है। आपका 'एकावली परिणय' आधुनिक मैथिली का सर्वश्रेष्ठ काव्य माना जाता है।

विद्यापति के आश्रयदाता मिथिला के राजा शिवसिंह ने कवियों के प्रश्रय देने की जो प्रथा चलाई, वह मिथिला में सदा कायम रही। मिथिलाधीशों ने हमेशा कवियों को प्रोत्साहित किया है। यही नहीं, आधुनिक दरभंगा राज्य के संस्थापक महाराजा महेश ठाकुर ने कुछ रचनाएँ भी मैथिली में की थीं और महाराजा महिनाथ ठाकुर की एक रचना भी मैथिली को उपलब्ध है।

मिथिला के कर्णाट राजा जब नेपाल के पहाड़ों में भागे, तो उनके साथ मैथिली भी उस पहाड़ी उपत्यका में गई और चौदहवीं, पन्द्रहवीं एवं सोलहवीं सदी में वहाँ बहुत से नाटक मैथिली में लिखे गए जिन्हें बंगाली विद्वानों ने 'नेपाले बंगला नाटक' का नाम दिया। यों ही कुछ मैथिल विद्वान आसाम की ओर गए, वहीं जा बसे और वहाँ नाटकों की रचना की, जिनमें आसामी भाषा की भी पुट है। ऐसे नाटकों का एक संग्रह 'अंकिया नाटक' के नाम से प्रकाशित हुआ है।

किन्तु, मैथिली का साहित्य सिर्फ वह साहित्य नहीं है जो दरबारों में रचा गया और काग़ज़ पर लिखा गया। मैथिली साहित्य का मधुरतम अंश जो वह है तो खेतों, खलिहानों, आँगनों और मंडपों में रचा गया और हज़ारों-लाखों कंठों और जिह्वाओं का आश्रय पाकर मिथिला के कोने-कोने को आप्यायित किया करता है। उन अलिखित काव्यों और संगीतों में मिथिलावासियों की शतशः आकांक्षाएँ और अभिलाषाएँ, वीरताएँ और मनुहारें परिलक्षित हैं। लोरिक, सलहेस, बिहुला, सोंठी के ऐसे अलिखित काव्य हैं जो कई-कई दिनों तक लगातार गाए जाने पर ही समाप्त होते हैं। फिर हर ऋतु, हर उत्सव, हर पर्व के हज़ारों गीत हैं। सोहर है, साँझरि है, नचारी है, झूमर है, फाग है, चैतावर है, चौमासे हैं, बारहमासे हैं, श्याम चकेवा हैं, जट जटिन हैं, चाचर है, बिरहा है—कहाँ तक गिनाए जाएँ।

विवाह से सम्बन्ध रखनेवाले गीतों का जैसा जखीरा मैथिली में है, वैसा तो किसी भी साहित्य में मुश्किल से प्राप्त होगा। मिथिला का विवाह भी साधारण विवाह नहीं है। जहाँ दुल्हे को, कम-से-कम सवा महीना, ससुराल में रहना ज़रूरी है और इस पाँच सप्ताहों में एक दिन भी वैसा नहीं जाता जब विवाह की कोई विधि नहीं होती हो और हर विधि के लिए जहाँ अलग-अलग गीत हैं और एक-एक के लिए कई-कई गीत हैं, वहाँ के गीतों के भारी भंडार

का अनुमान आप सहज ही लगा सकते हैं। लड़की की विदाई की करुण-बेला को भी संगीत में ढाल देने की योग्यता मैथिली के गीतों में ही आप पा सकेंगे !

धिया हे, रहब सबहक प्रिय जाय;
एतए छलहुँ सभ के अति प्रिय भेलि
नेनपन देखि जुड़ाय
ओतए रहब सभ के अनुचरि भेलि
भेंटत ओतए नहिं माय

बेटी, वहाँ सबकी प्यारी बनकर रहना। (मैं) यहाँ थी, सबकी प्यारी थी, (मेरा) बचपना देखकर सब खुश थे। वहाँ तो सबकी दासी बनकर रहना है। वहाँ माँ नहीं मिलेगी।

नेनपन सँ हम कतक सिखाओल,
बहुत बुझाय बुझाय।
जइतहि ओतए रहब तहिना भेल,
जनु दिअ नाम हँसाय।।

बचपन से हमने कितना सिखलाया, बहुत तरह से समझा-बुझाकर। वहाँ जाकर वहीं की होकर रहना—नाम मत हँसाना, (ओ बेटी)

बाजि सकी नहिं, बहुत कहब की,
आब कहल नहीं जाय।
सेवा सभक करब तत्पर भय,
लेब हम तुरत अनाय।।

बोल नहीं सकती, बहुत क्या कहूँ, अब कहा नहीं जाता। सबकी सेवा तत्पर होकर करना, मैं तुरत बुला लूँगी।

छोड़थि पैर नहीं, माय कहथि नहि,
गदगद कंठ सुखाय।
भन विन्ध्यनाथ वियोग काल में,
कानब एक उपाय।।

(बेटी) पैर नहीं छोड़ रही; (माँ) बोल नहीं रही। गद्गद कंठ सूख रहे हैं। विन्ध्यनाथ कहते हैं, वियोग के समय रोना ही एकमात्र उपाय रह जाता है !

बेटी की विदाई के वक्त, आँखों में आँसू और गद्गद कंठ से गाए गए ऐसे पदों को सुनकर मालूम पड़ता है जैसे सारा वायुमंडल आँसुओं से भरा है और पृथ्वी का कण-कण रो रहा है !

अन्त में एक बात—

आज फिर सवाल उठ खड़ा हुआ है, हिन्दी क्षेत्र की इन प्रान्तीय भाषाओं के बारे में क्या हो ? कुछ लोग हैं जो चाहते हैं कि इन भाषाओं के आधार पर ही फिर से हिन्दी क्षेत्र के प्रान्तों का संगठन हो और इन भाषाओं को ही शिक्षा का माध्यम बनाया जाए। मैथिली की ओर से तो इसका पूरा दावा है। किन्तु, मैं इसका पक्षपाती नहीं। इसके अनुसार बिहार में कम-से-कम तीन प्रान्त होंगे, यू.पी. में आधे दर्जन प्रान्त और सी.पी. भी कई हिस्सों में

बँटेगा। इन प्रान्तों में दो पुश्त से शिक्षा का माध्यम हिन्दी रही है और उसने बहुत-सी भिन्नताओं को नष्ट कर हमें एकात्मता दी है। हाँ, मैं चाहता हूँ कि हिन्दी के पाठ्य-ग्रन्थों में इन प्रान्तीय भाषाओं के भी कुछ अंश दिए जाएँ। प्राचीन-साहित्य के नाम पर जब हम पाठ्य-ग्रन्थों में विद्यापति को स्थान देते हैं; तो मेरी समझ में नहीं आता कि क्यों उसमें दिनकर, मनोरंजन के साथ ही बद्रीनाथ झा जी या ईशनाथ झा की कविता के नमूने नहीं दिए जाएँ ? गोविन्ददास, उमापति, हर्षनाथ, मनबोध और चन्दा झा की रचनाओं को बिहार के पाठ्य-ग्रन्थों में स्थान नहीं दिया जाना तो मुझे अनर्थ जँचता है। राष्ट्रभाषा के रूप में हिन्दी जीए; तो लोकभाषा के रूप में मैथिली को भी जीवित रहने का हक़ है।

मशाल

[1949 ई.]

भूमिका

भिन्न-भिन्न विषयों पर, भिन्न-भिन्न प्रेरणाओं से मेरे मन में जो विचार उठे, मैं उन्हें उसी क्रम में कलमबन्द करता गया और अन्ततः उनके जो रूप तैयार हुए, वे आपके सामने प्रस्तुत हैं।

निबन्ध का जो परम्परागत स्वरूप है, उससे ये पृथक् पड़ते हैं। ये रेखाचित्र भी नहीं हैं। क्या इन्हें विचार-चित्र कहा जा सकता है।

यह 'मशाल' अपनी ज्योति से कुछ नए लोगों के लिए किसी नए पथ का निर्देश कर सकी, तो मेरा परिश्रम सफल। बस।

पटना
30.1.49

–रामवृक्ष बेनीपुरी

मशाल

मशाल—ज्योति का प्रतीक।

—वह ज्योति जो हमारी मुट्ठी में हो !

हाँ, मशाल मनुष्य की उस विजय की सूचना है, जब उसने पंच-प्रकृतियों—क्षिति, जल, पावक, बसन्त, समीर—में सबसे भयानक पावक, अग्नि—पर कब्जा किया, उसे मुट्ठी में लिया और विधाता को चुनौती दी !

विधाता को—चुनौती !

लो, ओ विधाता, दिन बनाकर तुम्हें सन्तोष नहीं हुआ, तो तुमने रात बनाई—प्रकाश तुम्हारे लिए काफी नहीं था, तुमने अंधकार बनाया। अंधकार बनाया और हमें उसमें भटकने, तड़पने, बिलबिलाने, चिल्लाने को छोड़ दिया। हम चिल्लाते रहे—तमसो मा ज्योतिर्गमय ! और तुम—तुम कभी तारे की झिल-मिल, चाँद की चकमक, बिजली की लुक-छिप और जुगनू की भुक-भुक के बहाने हमारे पर मुस्कराते रहे, हँसते रहे ! ओहो, ठहाके मारते रहे ! किन्तु अब ? अब हमारे हाथ में यह मशाल—यह ज्योतिर्लिंग—है, अब ? बोलो, लजाते क्यों हो ! बुड्ढे !

नहीं बोलते, तो सुनो—

अब, हम इस ज्योतिर्पुंज को हाथ में लेकर तुम्हारी अंजनबसना कुहू निशा में भी अपना रास रचाएँगे।

तुम्हारे अंधकार की सेना हमारे इस प्रकाशपुंज को देखते ही इस तरह पलायित होगी, जिस तरह शिकरे के पर की फटफटाहट सुनते ही पक्षी समूह !

यही नहीं, जहाँ तुम्हारे तारे, बिजली, जुगनू की कौन बात, बारह कला चाँद और सोलह कला सूरज—वह जिसे भुवनभास्कर कहलाने का घमंड है—हार मानेगा, व्यर्थ सिद्ध होगा, वहाँ भी हमारा मशाल जगमग करेगा, ज्योति का बाजार लगाएगा ! हम इसे अपने हाथ में लेकर भयंकर भूधर की तमिस्रामयी हृदय-स्थली—भयंकर गुफा—में ही प्रवेश नहीं करेंगे, पृथ्वी की छाती फोड़कर उसकी धुकधुकी की भी गिनती करेंगे !

धन्य है हमारी मशाल—धन्य हैं हम, इसके स्रष्टा।

× × ×

मशाल—ज्योति का प्रतीक।

गैस और विद्युत की दुनिया में रहने, रमनेवालो ! ज़रा अपनी कल्पना को पीछे ले जाओ, तब तुम्हें मशाल का महत्त्व मालूम पड़े !

कल्पना करो, उस ज़माने की जब पहले-पहल मानव इस धराधाम पर अवतरित हुआ होगा !

उसने देखी होगी उषा की लालिमा—पखेरुओं के कंठ-से-कंठ मिलाकर वह भी अभिनन्दन कर उठा होगा। उसने देखा होगा दुपहरिया का दिपदिपाता प्रकाश-पुंज—किसी वृक्ष की छाया तले बैठे वह एकटक उसे देखता और उसकी चकाचौंध से चमत्कृत होता रहा होगा ! फिर, उसने देखी होगी सन्ध्या—वही लालिमा, वही पक्षियों का कल-गान। लेकिन, इस लालिमा को देखते ही वह सहम उठा होगा—

क्यों ?

रात आ रही है रात ! वह अन्धकार की जननी।

अन्धकार—कितना बड़ा आतंक उसके लिए। वही अन्धकार, जब बाघ-सिंह दहाड़ेंगे, दिग्गज चिग्घाड़ेंगे, अजदहे फुत्कारेंगे। फिर यदि उस अन्धकार में कभी आँधी-तूफान, झड़-वर्षा का सामना हो गया, तब तो, उसके लिए मानो प्रलय की घड़ी पहुँची। कल्पना करो, वह उस समय कैसे थर-थर काँपता होगा, उसका छोटा-सा प्राण उसकी विशाल दानवी देह में किस तरह व्याकुल हो उठता होगा। अजी, मनोवैज्ञानिकों से पूछो, उस अन्धकार युग का कितना आतंक अब तक तुम पर बना हुआ है, ओ विद्युत की जगमग में रहनेवाले जीवो ! अब तक बना हुआ है और न जाने कब तक बना रहेगा !!

हाँ ज़रा अपनी कल्पना को पीछे ले जाओ, तब अपनी मुट्ठी की इस छोटी-सी चीज़ की महत्ता की इयत्ता समझ में आए !

तब।

× × ×

अन्धकार ही तो नहीं; पंच-प्रकृतियों में से यह सबसे प्रबल 'पावक' भी क्या उसके लिए कम आतंक, कम विभीषिका का कारण रहा होगा !

वृषादित्य के तरल ताप से तप्त, किसी घने वृक्ष की छाया में बैठा, वह अपनी जेठ की दुपहरिया गवाँ रहा होगा—शरीर पसीने से नहलाया, नसें ढीली पड़ीं, रह-रहकर आँखें झिप जातीं ! लू ! हवा में मृग-मरीचिका नहीं, मालूम होता असंख्य गेहुँअन फन काढ़े डोल रहे हों—वही रंग वही परिणाम ! गेहुअन का काटा शायद बचे भी, किन्तु, इसका छुआ ?—फिर भला, इस बेचारे मानव को छाया छोड़कर दूसरा चारा ही क्या रहा होगा !

कि, इतने ही में—इतने ही में चट्-चट् की आवाज़ से वह चौंक पड़ा होगा।

अरे, यह कैसा बादल जो ज़मीन से आकाश की ओर लगातार बढ़ रहा है। कुछ चिरायन-सी गन्ध है—इन बादलों के बीच रह-रहकर रोशनी का अम्बार है—यह ज्वाला ! अब तो ज्वाला ही ज्वाला ! पेड़-पौधे, जीव-जन्तु जो सामने आते सबको उदरस्थ करती यह बार-बार आकाश को भी निगलने को ऊपर उचकती, उचलती है।

चट्चट्-चट्चट्, धूधू-धूधू, हाहा-हूहू !

समूची वनस्थली में भगदड़ मच गई है। सभी जीव-जन्तु प्राण लेकर भाग रहे हैं। हाथी-सिंह, बाघ-गाय, भेड़िये-भेड़, नेवले-साँप, बाज-बटेर, सब भागे जा रहे हैं—एकसाथ ! सबको अपनी ज्ञान की फ़िक्र है, दूसरे की जान की कौन पूछे। किन्तु, क्या भागने में भी ये सफल हो रहे हैं। पशु उसकी चपेट में तो आ ही जाते हैं, उड़ती चिड़ियें ज्वाला, धुआँ-गर्मी से बेहोश हो पके फल से गिरते और भस्म होते।

मानव, मानव—जिसे दो ही पैर हैं और पर भी नहीं, वह मानव क्या करे, कहाँ जाए मानव ?

ओहो, वह कैसा होगा दिन, जब मानव ने इस प्रलयंकारी पावक को, अपनी बुद्धि-बल से, मुट्ठी में पकड़ा होगा ! जिस दिन मशाल बनी, दुनिया की सबसे बड़ी क्रान्ति उसी दिन हुई।

सभ्यता का प्रारम्भ भी उसी दिन से हुआ !

जला हुआ बन खेत हुआ, खेत में घर बना, घर में मशाल जली। छप्पन-भोग, चौंसठ-कला, चौरासी-आसन, कहाँ तक उनकी गिनती की जाए जो उसके इर्द-गिर्द आप-ही-आप आ जुटे !

अपने आसपास सभ्यता का पसारा देखो—"समुझत बनै, जाइ नहिं बरनी !"

× × ×

मशाल—ज्योति का प्रतीक !

वह ज्योति जो हमारी मुट्ठी में हो !

खर-पात की एक लम्बी-सी पुलिया—चकमक पत्थर के दो छोटे-से टुकड़े !

लकड़ी का एक लम्बा डंडा—चरबी जिसके सिरे पर लपेटी हुई हो। किसी टेम से छुआ लो और जलाते रहो—आनन्द मनाते रहो !

फिर 'तूल' और 'स्नेह'। दियासलाई की छोटी-सी पेटी !

किन्तु अब ?

अब तो धात का चमचमाता एक छोटा-सा गुल्ला—जेब में रखे रहो और जब चाहो, बटन दबाओ—भुक् !

बेचारा अन्धकार—

उसकी गुजर कहाँ ? कहाँ उसकी वह शान, कहाँ उसकी यह फ़ज़ीहत !

× × ×

किन्तु, क्या सचमुच मानव ने अन्धकार पर विजय प्राप्त कर ली ?

मरडौक—गैस के आविष्कर्त्ता—और एडिसन—बिजली-बत्ती के आविष्कर्ता—के वंशधर क्या सचमुच अन्धकार से मुक्ति पा गए ?

यदि यही बात है, तो यूरोप का वह क्रान्तिकारी विचारक, मरते समय, उस दिन क्यों चिल्ला पड़ा था—

"Light, more light" प्रकाश—अधिक प्रकाश !

कितनी शताब्दियों—नहीं सहस्राब्दियों—पहले जो 'तमसो मा ज्योतिर्गमय' की चीख उठी थी, क्या वही आज इस 'प्रकाश, अधिक प्रकाश' के रूप में नहीं प्रकट हो रही है ?

भाषाएँ दो थीं—भाव एक। मानव दो—हृदय एक !

× × ×

प्रकाश और अन्धकार के संघर्ष—जंगोजहद—का इतिहास बहुत पुराना है, और स्पष्ट है, उसका अन्तिम अध्याय आज भी नहीं लिखा गया !

एक बात ज़रूर है कि प्रकाश का विजय-क्षेत्र दिन-दिन विस्तार पा रहा है लेकिन, यह भी उतना ही सत्य है कि ज्यों-ज्यों अन्धकार का क्षेत्र सीमित, परिमित होता जा रहा है, त्यों-त्यों वह सघन, सघनतर होता जाता है—एक जगह सिमटकर वह पीन-पीनतर होता जाता है !

जो सेना विस्तृत क्षेत्र में बिखरी-सी थी, वह परिमित क्षेत्र में आकर संगठित, सुसज्जित हो गई है !

अब जहाँ अन्धकार है, वहाँ वह पहले से भी ज़्यादा भयानक, वीभत्स और मारक है ! यही नहीं, प्रकाश के हम आविष्कारकों से उसकी शत्रुता बढ़ गई है। वह हमें अब ज़रा भी क्षमा नहीं कर सकता—बदला चुकाने को सदा उद्यत !

और, वह कहाँ नहीं है ?—वह तो चिराग की तलेटी में भी है।

हमारे पीछे तो वह छाया बनकर पड़ी है !!

और-तो-और, हमने अभी तक कोई ऐसी गैस हंडिका का बिजली-बत्ती नहीं बनाई, जो हमारे हृदयों में भी प्रकाश पहुँचा दे !

मालूम होता है, बाहर का सभी अन्धकार सिमटकर हमारे अन्तरतम में डेरा डाले जा रहा है। कभी वहाँ एक टिम-टिम-सा दीख भी पड़ता था, लेकिन अब उसका अस्तित्व भी नहीं मालूम होता !

जब 'हिय की आँखें' मुँद गईं, तो ये चर्मचक्षु क्या करें, बेचारे !

हाँ, हम आज आँख रहते भी अन्धे हो चले हैं ! अन्धकार में टटोल रहे हैं, भटक रहे हैं !

हम अपने ही अंग की एक नस को काटकर खून चूसते हैं—खून चूसते हैं, प्रसन्न होते हैं, आनन्द मनाते हैं ! हम अपनी ही तलवार अपनी छाती में घुसेड़ते हैं और कल्पना करते हैं, यह मारा ! क्यों यह हमारी आँखों की ज्योति के सूचक हैं ? या, हमारे अन्धेपने के ?

उफ्—कैसा भीषण दृश्य ! चारों ओर शोषण, उत्पीड़न, मारकाट, खून-खराबी, तड़पन, छटपटाहट, आह-ऊह, चीख-पुकार ! और इसके बीच में हमारी रंगरलियाँ, ये रासलीलाएँ, यह होलिकोत्सव, यह अट्टहास ! मानव ! मानव ! सचमुच तू आँख रहते अन्धा हो चला है !

अन्धकार में भटक रहा है !

मानव, अन्धकार-विजेता, आज, निस्सन्देह, तू अन्धकार से पूर्ण पराजित हो रहा है !

फिर क्यों न तू चिल्लाए—प्रकाश, अधिक प्रकाश !

फिर क्यों न तुझे वह अपनी पुकार याद आए—तमसो मा ज्योतिर्गमय !

× × ×

मशाल—ज्योति का प्रतीक !

इस प्रकाश के युग में, आज भी, हमें मशाल की ज़रूरत है।

हमारे हर रोम-कूप से ध्वनि-प्रतिध्वनि हो रही है—मशाल ! मशाल !

हमें वह मशाल चाहिए जो हमारे चिराग़ के नीचे के अन्धकार को दूर कर दे; हमारी काली-कलूटी छाया को हमारे निकट से सदा के लिए खदेड़ दे; जो हमारे हृदय में—अन्तरतम में—अपनी निर्धूम, सतत ज्योतित टेम जला दे !

चिराग़ के नीचे का अन्धकार !—उफ्, कभी आपने इस अन्धकार को देखने की कोशिश की है ? उसकी रोशनी में गुलछर्रे उड़ानेवाले, आपने कभी यह जानने की कोशिश की है कि जिसके सिर पर आपका यह चि़राग जल रहा है, वह डंडा किस तरह काले अधजले तेल से चप-चप और धूल-धक्कड़ से बदसूरत बन रहा है और उसके नीचे कितने शहीद परवानों के अम्बार लगे हैं !

आपकी छाया—काली-कलूटी छाया; आपकी हर हरकत के चलते-फिरते कारटून बनानेवाली, आपकी मुँह चिढ़ानेवाली यह छाया यह तो पल-पल इतनी बड़ी होती जा रही है कि शक है, आपके पूरे अस्तित्व को ही न कहीं ढाँप ले ! अरे, बहुत अंशों में तो ढाँप चुकी। ज़रा आईना देखिए, आपके पाउडर-पुते चेहरे के भीतर से उस छाया की छाँह झाँक रही है कि नहीं ?

और, आपका हृदय, अन्तरतम !—हाँ वह 'अन्तर' जिसमें केवल 'तम ही तम' हो ! उसका तम-तोम अब अमा-निशीथ को भी मात देने चला है !

इसीलिए, तो कहता हूँ, आज हमें फिर मशाल की आवश्यकता आन पड़ी है।

हमें वह मशाल चाहिए जो हमारे चिराग़ के नीचे के अन्धकार को दूर कर दे, हमारी काली-कलूटी छाया को हमारे निकट से सदा के लिए खदेड़ दे, जो हमारे हृदय में—अन्तरतम में अपनी निर्धूम-सतत ज्योतित टेम जला दे !

निर्धूम—सतत ज्योतित !

खरयात, तेल-चर्बी, बल्ब या बैटरी की जिसे ज़रूरत न हो—ज़रूरत हो भी, तो उस एक कतरे की जो इस साढ़े तीन हाथ के ढाँच को ढोए जा रहा है !

एक कतरे की !—गरमागरम हृदय-रक्त की ! वह एक कतरा जो आप-ही-आप बल उठे

और दीप, देह और दिल सबको सरापा नूर कर दे—जगमग ! झलमल !! जहाँ देखो प्रकाश-ही-प्रकाश !

हाँ; हमें वह मशाल चाहिए—

या नहीं,

या नहीं, तो, जो हमारे इस झूठे प्रकाश-पुंज में—गैस-हंडिका में, बिजली-बत्ती में और ये अपने नकली प्रकाश डालकर जिन्हें चकमक झकझक बनाती हैं उन संगमरमरी अट्टालिकाओं में, उनके छाड़-फानूसों में, मखमल और रेशम में, चाँदी और सोने में, स्नो और पाउडर में और उनसे धवलित चेहरों में अपनी टेम छुलाकर...

अपनी टेम छुलाकर—

धू धू धू धू—धू धू धू धू—हा हा हा हा— हू हू हू हू

बस, एक बार दुनिया पूर्ण प्रकाश देख ले, फिर शाश्वत अन्धकार ही सही !

इस अन्धकार और प्रकाश की आँखमिचौनी से वह कहीं सुन्दर होगा !

शहीदों की चिताओं पर

"मातृ-मन्दिर में हुई पुकार,
चढ़ा दो हमको हे भगवान !"

हाँ, माता ने पुकार की।

माता ने—बन्दिनी माता ने। जिसके पैरों में बेड़ियाँ थीं, हाथों में कड़ियाँ थीं। जिसकी आँखों में आँसू थे, जिसकी पुकार में गुहार थी।

बन्दिनी माँ पुकार रही थीं, गुहार रही थीं। किन्तु किसे फुर्सत थी सुनने की ? सब अपने में भूले थे, सबको अपनी पड़ी थी।

बड़े-बड़े विद्वान्—दिग्गज विद्वान् ! बड़े-बड़े बलवान्—कलियुगी भीम ! माँ बन्दिनी थी, किन्तु वन्ध्या न थी। विद्वानों, बलवानों, कवियों, कलाकारों, वैज्ञानिकों, दार्शनिकों से अब भी गोद भरी थी उसकी।

किन्तु किसे फुर्सत थी, उसकी पुकार सुनने की ? गुहार सुनने की ?

विद्वान् अनुसन्धान में लगे थे। बलवानों को आपसी ज़ोर-आज़माई से ही फुर्सत नहीं थी। कवि दिवा-स्वप्न देख रहे थे, कलाकार रँगमेज़ी में लगे थे। वैज्ञानिकों को प्रयोगशाला ने उलझा रखा था और दार्शनिकों का 'तत्वमसि' का मसला हल नहीं हो पाता था।

आँसुओं से माँ का आँचल भीगा जा रहा था; पुकार से उसका गला रुँधा जा रहा था !

"ओ मेरे बेटो, कहाँ हो, ओ मेरे बेटो ! किधर देख रहे हो ? क्या कर रहे हो ?

अरे, ये मेरी बेड़ियाँ ? और यह मेरा बुढ़ापा ! तुम क्या कर रहे हो ? क्या सुन रहे हो ?

क्या मेरा उद्धार न करोगे ! क्या मैं यों ही तड़प-तड़पकर मर जाऊँ ? क्या इसीलिए दूध पिलाया था ? क्या इन्हीं दिनों के लिए तुम्हें गोद खिलाया था ?

तुम बेटे हो मेरे ? तो फिर क्यों नहीं सुनते ?

किन्तु कौन सुने ? फुर्सत किसे थी ? विद्वानों का तत्त्वान्वेषण समाप्त नहीं हो रहा था, बलवान अखाड़े पर डंड पेल रहे थे, कवियों का दिवा-स्वप्न टूट नहीं रहा था, कलाकारों का कल्पना-लोक विस्तृत ही होता जाता था, वैज्ञानिकों को प्रयोगशाला छोड़ती नहीं थी और

दार्शनिक इस जगतीजगत के झमेले में अपने को क्यों लगाएँ।

और, माँ पुकार रही थी, गुहार रही थी, रो रही थी, चीख रही थी।

कि लोगों ने देखा—वह कोई बढ़ रहा है।

कोई बढ़ रहा है ! पागल-सी सूरत, भोलेपन की मूरत। आँखों में प्रमाद की-सी छाया। किन्तु पैरों में, चाल में एक अजीब दृढ़ता !

वह बढ़ा, बढ़ा; बढ़ते गया—बढ़ते गया !

× × ×

"सफलता पाई अथवा नहीं
उन्हें क्या ज्ञान दे चुके प्राण,
विश्व को चाहिए उच्च विचार ?
नहीं, केवल अपना बलिदान।"

जब वह चला, किसी ने कहा—पागल ! किसी ने कहा—बददिमाग !!

अरे गुस्ताख़ है, गुस्ताख़ ! जहाँ बिजली-बत्ती भी बुझ जाए, वहाँ यह चिराग़ जलाने की जुर्रत करने चला है ?

रुको—आग में मत कूदो। तुम आदमी हो, पतंगा क्यों बनते हो ?

किन्तु इन बातों पर उसने मुस्करा दिया ? वह बढ़ता गया !

"नाथ ! कहाँ चले मुझे छोड़कर नाथ ?

भैया, भैया ! कहाँ जा रहे हो, हमें छोड़कर !

बेटा ! उफ़, कितनी तपस्या के बाद तुम्हें पाया। मेरी गोदी क्यों सूनी कर रहे हो, बेटा ?

मित्र, ज़रा हमारी ओर भी तो ध्यान दो !"

अब हँसी की जगह उसके चेहरे पर करुणा थी ! किन्तु वह बढ़ता गया।

दम्भी शासन ने उसे ललचाया !

दम्भी शासन ने उसे धमकाया !

दम्भी शासन ने अपना खूनी पंजा बढ़ाया।

ललचाया, धमकाया, खूनी पंजा बढ़ाया ! खूनी पंजा—मृत्यु का खूनी पंजा।

दुनिया चीख उठी—आह, आह ! प्रकृति चीख उठी—आह, आह !

हवा काँपी, जमीन काँपी, हृदय कँपे।

किन्तु वह बढ़ता गया—दृढ़ चरण, सम गति, हृदय में उल्लास, चेहरे पर आनन्द की लहरियाँ।

"नाथ !···

भैया !···

बेटा !···

मित्र !···"

कान में यह क्या साँय-साँय की आवाज़ ? क्षण भर के लिए वह चौंका, वह रुका ! कान में यह क्या साँय-साँय की आवाज़ ?

किन्तु, इसी समय फिर उसके कानों में भनक आई—"ओ मेरे बेटो ! अरे, ये मेरी बेड़ियाँ···"

"आया माँ, आया !" वह चिल्लाया, वह बढ़ा ! सामने सनसनाती गोलियाँ; उसने सीना खोल दिया ! सामने फाँसी का तख्ता; वह उछलकर चढ़ गया !

खून की कुछ बूँदें जमीन पर गिरीं !

एक कीमती जान घुटकर चल बसी !

नीचे दुनिया रो रही थी, ऊपर वह तराने लगाते जा रहा था। नीचे स्वजनों और परिजनों की हिचकियाँ ! ऊपर किन्नरियों के नृत्य, परियों के पंखों की फटफटाहट।

बुढ़िया माँ ने देखा, उसकी जंजीर की एक कड़ी कट चुकी है।

× × ×

"ऐ शहीद ! उठने दे
अपना फूलों भरा जनाज़ा !"

शहीद का जनाज़ा–वह फूलों से भरा उठना ही चाहिए !

जिसने अपने को देश पर, आदर्श पर कुर्बान कर दिया, उसके प्रति अपना अन्तिम सम्मान भी तो हम प्रकट कर लें।

किन्तु, क्या ऐसा हो पाता है ?

कितने ऐसे शहीद हुए, जिन्हें यह अन्तिम सम्मान भी प्राप्त हो सका ?

जिन्होंने उन्हें शहीद बनाया, उन्होंने यह भी कोशिश की कि उनकी लाश तक किसी को नसीब न होने पाए।

उनकी जान लेकर भी उन्हें सब्र न हुआ, उनकी लाश की दुर्गत कराने से भी वे बाज़ नहीं आए !

फिर, शहीद न्यौता देकर तो मरने जाते नहीं–प्रायः उन्होंने ऐसी जगहों पर प्राणार्पण किया, जहाँ उनका अपना कोई नहीं था।

सन् सत्तावन के शहीदों के कारुणिक निधन पर बाग़ी बादशाह 'जफर' ने आँसू बहाए थे–

न दबाया जेरे चमन उन्हें,
न दिया किसी ने कफ़न उन्हें,
किया किसने यार दफ़न उन्हें,
बे ठिकाना उनका मज़ार है।

सत्तावन के शहीदों की यह परम्परा हमारे देश में हमेशा कायम रही !

कूका-विद्रोह के शहीदों का कहीं मज़ार है ?

1905 से 1915 तक के बम-पिस्तौल-युग में जिन शहीदों ने कनाडा से अमृतसर और बंगाल से कुस्तनतुनिया तक अलौकिक कारनामे दिखाए, क्या उनका नामोनिशान भी हम कहीं पा रहे हैं, आज !

1921 से 1942 तक के गाँधी-युग के अनेक शहीदों का भाग्य भी कुछ दूसरा नहीं रहा !

सरदार भगतसिंह को किस चमन में दफ़नाया गया ? सरदार नित्यानन्द को क्या कफ़न भी दिया जा सका ?

आज़ाद हिन्द-फौज के जिन सैनिकों ने अपने खून से शौनान से मणिपुर तक की भूमि को सींचा, उनकी चिताएँ कहाँ जलाई गईं ? बयालीस के बाद जिन बाग़ियों ने देश के कोने-कोने में शहादत की धूनी रमाई, उनका ठौर-ठिकाना भी क्या आज मिल सकता है ?

जब हम युद्ध में होते हैं, हमें पीछे देखने की फुरसत कहाँ रहती है ?

जब हम युद्ध से बाहर होते हैं, आगे की तैयारियाँ या निर्माण की समस्याएँ ही हमें इस

तरह आ दबोचती हैं कि चाहकर भी हम पीछे देख नहीं पाते।

ज़िन्दों के मसले हम पर इस तरह हावी हो जाते हैं, कि मुर्दों की ओर कौन ध्यान दे ?

आह, ओ शहीद !

हाय, ओ शहीद !

× × ×

शहीदों की चिताओं पर
जुड़ेंगे हर बरस मेले,
वतन पर मरनेवालों का
यही बाकी निशाँ होगा।

तो भी यह कहा गया है।

क्या यह झूठ है ? क्या ऐसा इसलिए कहा गया है कि कुछ बेवकूफ़ आगे बढ़कर जान दे दें ? या किसी भावी शहीद ने अपने को आत्मवंचना में रखने के लिए ये पंक्तियाँ लिख दी थीं ?

आज हम आज़ाद हैं, खूब मेले लगा रहे हैं। किन्तु शहीदों की चिताओं पर एक भी मेला जुटते आज तक कहीं देख सका ?

किसी ने यह पता लगाने की कोशिश की कि वे कौन थे ? उनकी चिताएँ कहाँ-कहाँ पर जलीं ?

आत्मवंचना ! विश्वप्रपंच !!

किन्तु ऐसा मत कहो, ऐसा मत कहो !

सत्य का सूर्य प्रायः बादल से ढँकता है। किन्तु, बादल बादल है, सूर्य सूर्य।

शहादत सत्य है; फानूस की दीप-शिखा की तरह विस्मृति की धुँधलाइट से घिरी शहादत और भी सुन्दर लगती है।

अलग-अलग घर से दीये आते हैं, देवस्थान पर पहुँचकर उनकी भिन्नता नष्ट हो जाती है, वे सब एक दीप से अभिहित होते हैं !

तुम किसी शहीद का नाम भुला दो, उसकी बलि-भूमि की भी याद तुम्हें न रहे—किन्तु शहादत को तुम भूल नहीं सकते, शहीद भुलाए नहीं जा सकते !

जब-जब शहीदों की चर्चा होगी, हमारी आँखें गीली हो उठेंगी।

जब-जब शहीदों की चर्चा होगी, हमारे हृदय उच्छ्वसित हो उठेंगे।

जब-जब शहीदों की चर्चा होगी, हमारे सिर आप ही आप झुक जाएँगे !

रक्त के बने हम प्राणी, रक्त-दान को हम नहीं भूल सकते !

धन्य हैं, वे जो रक्तदान देकर अमर हो गए !

उनका स्थान सदा वहीं होगा जहाँ अमरों का अधिवास है।

जहाँ जरा नहीं है, जड़ता नहीं है, ज्वर नहीं है, जाड़ा नहीं है।

जहाँ सदा बसन्त है, अक्षय स्वास्थ्य है, निर्धूम चेतना है, शाश्वत यौवन है।

जहाँ क्षुद्रता न है, विस्मृति न है।

हमारे शहीद वहाँ पहुँच चुके हैं, जहाँ से वे हमारी स्मृति-लघुता पर मुस्करा रहे होंगे; हमें अनेक क्षुद्र स्वार्थों में उलझे देख सिहर-सिहर उठते होंगे !

वे पृथ्वी पर आए थे, किन्तु अमरों के वंश से थे।

इसलिए पृथ्वी के पाप ताप उन्हें न दबोच सके, और पहला मौका पाते ही हमें

मरने-जलने को छोड़कर वे चलते बने !

उनकी स्मृति ही उनकी चिता है। वह चिता मानव-मन में हमेशा धू-धू करके जलती रहेगी और उनके आस-पास सदा मेले जुड़ते रहेंगे।

मेले—जहाँ पत्नी के आँसू होंगे !

मेले—जहाँ माता की उसाँसें होंगी !

मेले—जहाँ बहनों के सूखे चेहरे होंगे !

मेले—जहाँ मित्रों के मुरझाए मन होंगे !

मेले—जहाँ हर आदमी के हाथों में श्रद्धांजलि की मालाएँ होंगी, हाथ में माला; आँखों में आँसू—

"वतन पर मरनेवालों का यही बाक़ी निशाँ होगा।"

नई संस्कृति की ओर

हिन्दोस्तान आज़ाद हो गया। आज़ाद हिन्दोस्तान का ध्यान एक नए समाज के निर्माण की ओर केन्द्रित हो रहा है।

यह नया समाज कैसा हो—उसका मूल आधार कैसा हो, उसका विकास किस प्रकार किया जाए—हिन्दुस्तान का हर देश-भक्त इन प्रश्नों पर सोच-विचार कर रहा है।

समाज को अगर एक वृक्ष मान लिया जाए तो अर्थनीति उसकी जड़ है; राजनीति आधार, विज्ञान आदि उसके तने हैं और संस्कृति उसके फूल।

इसलिए नए समाज की अर्थनीति या राजनीति आदि पर ही हमें ध्यान देना नहीं है बल्कि उसकी संस्कृति की ओर सबसे अधिक ध्यान देना है; क्योंकि मूल और तने की सार्थकता तो उसके फूल में ही है।

फिर इन तीनों का सम्बन्ध परस्पर इतना गहरा है कि आप इन्हें अलग-अलग कर भी नहीं सकते। नई अर्थनीति और राजनीति के साथ एक नई संस्कृति का विकास हमारी आँखों के सामने हो रहा है—भले ही हम उसे देख न पाएँ या उसकी ओर से अपनी आँखें मूँद लें।

अन्य क्षेत्रों में हमारी पंच-वार्षिक, दश-वार्षिक योजनाएँ आ रही हैं, किन्तु क्या यह आश्चर्य की बात नहीं है कि संस्कृति के विकास में प्रगति देने के लिए एक भी व्यापक योजना हमारे सामने नहीं आ रही है !

गत पचास वर्षों के राजनीतिक-आर्थिक संघर्षों ने हमारे दिमाग को इतना भोथरा बना दिया है कि संस्कृति की सुकुमार दुनिया हमारी पथराई आँखों के सामने आकर भी नहीं आ पाती।

गेहूँ हमारी आँखों पर इस कदर छाया हुआ है कि गुलाब को हम देखकर भी नहीं देख पाते।

गेहूँ के सवाल को हल कीजिए, और ज़रूर हल कीजिए, किन्तु किसलिए ? आदमी सिर्फ चारा या दाना खानेवाला जानवर नहीं है। गेहूँ तक आदमी और जानवर में फर्क नहीं था—आदमी को आदमी बनाया गुलाब ने।

समाज की सारी साधनाओं की परिणति उसकी संस्कृति में है। जड़ में खाद-पानी दीजिए; तीनों की रक्षा कीजिए; किन्तु नज़र रखिए फूल पर !

फूल पर, गुलाब पर, संस्कृति पर !

नए समाज की वह हर योजना अधूरी है, जिसमें नई संस्कृति के लिए स्थान नहीं।

× × ×

सूरज डूबने जा रहे थे, उन्होंने कहा—कौन मेरे पीछे इस संसार को आलोक देगा !

चाँद थे, सितारे थे—सब चुप रहे। छोटा-सा मिट्टी का दीया। उसने बढ़कर कहा—देवता, यह भारी बोझा मेरे दुर्बल कन्धों पर !

कवि गुरु रवीन्द्रनाथ ठाकुर की यह एक कड़ी है।

जब राजनीतिज्ञ, अर्थशास्त्री दूसरी बड़ी-बड़ी योजनाओं में लगे हैं; ओ कलाकारो चलो, हम अपनी परिमित शक्ति से इस क्षेत्र में कुछ काम कर दिखाएँ।

आखिर यह क्षेत्र भी तो हमारा ही है। गुलाब की खेती के माली तो हमीं हैं; फूलों के संसार के भौरे तो हमीं हैं। हम न करेंगे तो करेगा कौन ?

हमारी यह गुलाब की दुनिया, फूलों की दुनिया—रंगों की दुनिया, सुगन्धों की दुनिया—इतनी सुकुमार, इतनी नाजुक दुनिया है कि कहीं अर्थशास्त्रियों के हथौड़े और राजनीतिज्ञों के कुल्हाड़े उसका सर्वनाश न कर दें या प्रेमचन्द के शब्दों में—'रक्षा में हत्या' न हो जाय।

इसलिए, हमें ही यह करना है ! उन्हें कुछ दूर-दूर ही रखना है।

नई संस्कृति—नए समाज के लिए नई संस्कृति ! किन्तु इसका मतलब यह नहीं कि हम पुरानी संस्कृति के निन्दक या शत्रु हैं। पुरानी संस्कृति की सर ज़मीन ही पर तो नई संस्कृति की अट्टालिका खड़ी करनी है हमें !

पुरानी संस्कृति से हम प्रेरणा लेंगे। पाठ लेंगे वह हमारी विरासत है, हम उसे क्यों छोड़ेंगे ?

किन्तु पुरानी संस्कृति नष्ट हो रही है; क्योंकि उसमें सड़न आ गई है—घुन लगा हुआ है। इसलिए नई संस्कृति की रूप-रेखा नई होगी ही; नए साधनों को अपनाने से भी हम न हिचकेंगे।

हमारा उद्देश्य होगा, संस्कृति और जीवन के सांस्कृतिक पहलू का इस प्रकार विकास करना कि हमारा सामाजिक जीवन स्वतन्त्रता, समता और मानवता के आधार पर पुनर्संगठित हो और वह सौन्दर्य एक आनन्द को पूर्ण रूप से कर सके।

हाँ स्वतन्त्रता, समता, मानवता ! नई संस्कृति के आधार तो यही हो सकते हैं !

किन्तु इनका अर्थ हम सिर्फ राजनीतिक और आर्थिक अर्थ में नहीं लगाते। तीसरा शब्द मानवता हमारे उद्देश्य को स्पष्ट और पुष्ट कर देता है !

हम सारी दासताओं से—सारी विषमताओं से मानवों को मुक्त कर उनके परस्पर के सम्बन्ध को विशुद्ध मानवता पर प्रतिष्ठित करना चाहते हैं। क्योंकि हम मानते हैं कि तभी आदमी अपने जीवन में सौन्दर्य और आनन्द की उपलब्धि कर पाएगा।

सौन्दर्य आनन्द ! नई संस्कृति को इसी ओर चलना है, बढ़ना है !

आज के समाज में कुरूपता ही कुरूपता है, पीड़ाओं की विविधता है, बहुलता है। हम इसे सुन्दर बनाएँगे—हम इसे सुखी बनाएँगे।

लेखकों को, कवियों को, पत्रकारों को हम इकट्ठा करेंगे कि वे परस्पर विचार-विनिमय करके जनता के जीवन के अभावों और अभियोगों का सही चित्रण करें और साहित्य को उस पथ से ले चलें जिसके द्वारा जनता स्वतन्त्र और पूर्ण जीवन का उपभोग कर सके।

इतना ही नहीं—जो कलाकार नाटक, संगीत, नृत्य और चित्रकारी में लगे हैं, उन्हें भी एकत्र करेंगे और उन्हें प्रोत्साहित करेंगे कि वे अपनी कलाकृतियों में जनता की इच्छाओं और

आकांक्षाओं को प्रतिफलित होने दें और सामाजिक जीवन को सौन्दर्यमय बनाकर उसे आनन्द से परिपूरित करें।

इस तरह हम उन सभी कलाकारों का आह्वान कर रहे हैं जो अपनी लेखनी, कूची, वाणी या यन्त्रों द्वारा समाज को 'सत्यं' 'शिवं' 'सुन्दरम्' की ओर ले जाने में लगे हैं किन्तु एक व्यापक संगठन नहीं होने के कारण जिनकी साधनाएँ इच्छित फल नहीं दे पा रही हैं।

इनका संगठन करके हम शहरों और गाँवों में ऐसे सांस्कृतिक केन्द्र खोलना चाहते हैं जिनमें उनकी कलाकृतियों का प्रदर्शन हो सके और जहाँ से नई संस्कृति का सन्देश भिन्न-भिन्न साधनों द्वारा हम देश के कोने-कोने में फैला सकें।

× × ×

हम बार-बार जनता पर ज़ोर दे रहे हैं—क्योंकि हमने देखा है और दुख के साथ अनुभव किया है कि आज की संस्कृति कुछ आभिजात्य लोगों तक ही सीमित और परिमित है।

नया समाज जनता का समाज होगा; नई संस्कृति को भी जनता की संस्कृति होनी है।

नए समाज का भविष्य महान है; नई संस्कृति का भविष्य महान है।

अब तक की संस्कृति मानवता के सैकड़े एक का भी सही प्रतिनिधित्व नहीं कर पाती थी, सौ में सौ का प्रतिनिधित्व करेगी, वह कितनी बड़ी चीज़ होगी—कल्पना कीजिए।

कितनी बड़ी चीज़, कितनी रंग-बिरंगी चीज़ !

सौ में सौ की इच्छा, आकांक्षा, हर्ष-उल्लास, मिलन-विरह, शौर्य-बलिदान, दया-क्रोध, पीर-रुदन का वह चित्रण और उनकी ही कलम या कूची वाणी या यन्त्र द्वारा।

सदियों से अवरुद्ध निर्झरणी जब एकाएक शैल शृंग से फूट पड़ेगी, युगों से पिंजर-बद्ध विहगी जन वन-विटपी की फुनगी पर, तोलते हुए कलरव कर उठेगी।

कल्पना कीजिए, खुश होइए और आइए हमारे इस सदुयोग में हाथ बटाइए।

कुछ क्रान्तिकारी विचार

[बर्नार्ड शॉ के क्रान्तिकारियों के जेबीकोश से]

क्रान्तिकारी वह है जो तत्कालीन सामाजिक विधान को परित्याग कर नए की परीक्षा करना चाहता है।

जो ज़िन्दगी में ख़ासा महत्त्व प्राप्त करते हैं, वे सब के सब क्रान्तिकारी की हैसियत से ज़िन्दगी शुरू करते हैं। जो जितना महान होता है, वह ज्यों-ज्यों बूढ़ा होता है, उतना ही क्रान्तिकारी होता जाता है; यद्यपि लोग उसे कट्टरपन्थी समझने लगते हैं, क्योंकि सुधार के प्रचलित तरीकों पर से उसका विश्वास उठता जाता है।

जो आदमी तत्कालीन समाज के विधान को समझते हुए भी अपनी तीस साल की उम्र के अन्दर क्रान्तिकारी नहीं है, तो समझो वह पूरा आदमी नहीं है।

× × ×

जिसमें ताकत है, वह करता है। जिसमें ताकत नहीं, वह उपदेश देता है।

विद्वान् आदमी उस आलसी का नाम है, जो अध्ययन के ज़रिये वक्त बरबाद करता है। उसके झूठे ज्ञान से बचो; उसके ज्ञान से अज्ञान अच्छा।

ज्ञान तक पहुँचने की एक सड़क है—सतत कार्य।

× × ×

जो आदमी अपनी भाषा का मर्मज्ञ नहीं है; वह दूसरी भाषा सीख नहीं सकता।

× × ×

जिस तरह मृत्यु की क्षति-पूर्ति नहीं की जा सकती, उसी तरह कैद की भी क्षति-पूर्ति नहीं हो सकती।

मुजरिम कानून के हाथों नहीं मरता है—वह आदमी ही के हाथों मारा जाता है।

फाँसी की तख़्ते पर की गई हत्या सब हत्याओं से बुरी है; क्योंकि यह हत्या समाज की स्वीकृति से की जाती है !

जुर्म वह खुदरा माल है, जिसके थोक माल का नाम है—कानून।

जब तक जेलखाना कायम है, तब तक यह सवाल फिजूल है कि हममें से कौन उसके बारिकों में है।

ज़रूरत सिर्फ यह नहीं है कि हम फाँसी पाए हुए मुजरिम को हटा दें। अब ज़रूरत यह है कि इस फाँसी पाए हुए समाज को ही हम हटा दें।

× × ×

प्रूधो ने कहा था—धन चोरी का माल है। इस विषय पर इससे ज्यादा सही बात कभी नहीं कही गई।

× × ×

उस आदमी से डरो जिसका भगवान आसमान पर रहता है।

× × ×

पाप से बचने का नाम पुण्य नहीं है। पुण्य वह है जिसमें पाप की ओर प्रवृत्ति नहीं जाय।

× × ×

ज़िन्दगी का ज़्यादा से ज़्यादा उपयोग करने की कला का ही नाम किफायतशारी है।

× × ×

बेवकूफ राष्ट्रों में प्रतिभाशील व्यक्ति देवता बना दिया जाता है—उसकी पूजा सब करते हैं; किन्तु उसके रास्ते पर कोई नहीं चलता।

× × ×

आनन्द और सौन्दर्य सहकारी पैदावार हैं।

खुशी और खूबसूरती सीधे बेवकूफी तक पहुँचाती है।

सुन्दरी नारी से आजीवन आनन्द पाने की कामना ठीक वैसी ही है, जैसा हमेशा मुँह में शराब भरे रखकर उसका मज़ा पाने की चेष्टा करना।

बड़ा-से-बड़ा आनन्द ज़्यादा देर तक उपयोग किए जाने पर असहनीय पीड़ा पैदा करता है।

जिसके दाँत में दर्द होता है, वह समझता है कि सभी अच्छे दाँतवाले सुखी हैं। गरीबी से परेशान आदमी धनियों के बारे में ठीक ऐसा ही सोचता है।

आदमी के पास उसकी ज़रूरत से ज़्यादा जितनी ही चीज़ें इकट्ठी होती हैं, उतना ही वह चिन्ता से चूर होता जाता है।

कुरूप और दुःखी संसार में धनी आदमी सिर्फ भद्दापन और तकलीफ़ ही ख़रीद सकता है।

बदशकली और बदबख़्ती से बचने के लिए धनी उन्हें और भी बढ़ा देता है। महलों की एक-एक गज रौनक झोंपड़ियों की विभीषिका को बीघों में बढ़ा देती है।

× × ×

आज के ज़माने में भला आदमी वह है जो बिना उपजाए ही उपभोग करे।

आधुनिक भद्रता के मानी है परोपजीविता।

भले आदमी के लिए देश का दुश्मन होना ज़रूरी है। लड़ाई में वह अपने देश की रक्षा के लिए नहीं लड़ता; बल्कि इसलिए लड़ता है कि कहीं उसके बदले कोई विदेशी उसके देश को नहीं लूटे। इन लड़ाकू लोगों को देश-भक्त कहना वैसा ही है, जैसे हड्डी के लिए लड़नेवाले कुत्ते को पशुओं का हितैषी समझना।

यदि आप शिक्षा में, कानून में और शिकार में विश्वास करते हैं, तो सिर्फ थोड़ा धन मिल जाने से ही आप भले आदमी बन जाएँगे।

× × ×

आदमी अनुभव के अनुपात में नहीं, अनुभव ग्रहण करने के अनुपात में बुद्धिमान होता है।

सिर्फ अनुभव से ही बुद्धि आती, तो राजधानी की सड़कों के रोड़े सबसे ज़्यादा बुद्धिमान होते।

× × ×

जवानी के सौ खून माफ हैं—लेकिन जवानी अपने को नहीं माफ करती। बुढ़ापा अपने को माफ कर देता है, लेकिन उसे माफ नहीं किया जाता।

जहाँ ज्ञान नहीं है, वहाँ अज्ञान विज्ञान का नाम पाता है।

स्वामित्व की उपार्जित भावना प्राकृतिक भावनाओं से ज़्यादा मज़बूत होती है।

उस आदमी से होशियार रहना, जो तुम्हारे घूँसे का जवाब नहीं देता। वह न तुम्हें क्षमा करता है और न तुम्हें यह मौका देता है कि अपने को क्षमा कर लो।

दो भूखे आदमी एक भूखे आदमी से दुगुने भूखे नहीं हो सकते, लेकिन दो शैतान आदमी एक शैतान आदमी से दस गुना ज़्यादा ज़हरीले हो सकते है।

विनाश को तभी अपनाया जाता है, जब वह उन्नति का बुर्का पहन लेता है।

सामाजिक समस्याओं पर माथापच्ची करना फिजूल है—ग़रीबों की एक ही समस्या है, वह है गरीबी; धनियों की एक ही समस्या है, वह है बेकारी !

वर्गविहीन जातिविहीन

गाँधीजी ने कहा था कि वह इस देश में एक वर्गविहीन और जातिविहीन समाज की स्थापना करना चाहते हैं। उस विश्ववंद्य महात्मा ने इस एक वाक्य में हिन्दोस्तान की सारी समस्याओं का निदान बता दिया था। आइए, हम इस ऋषि सूत्र की थोड़ी व्याख्या कर देखें।

संसार में पहले वर्ग नहीं था। सभी आदमी हिल-मिलकर रहते थे। सब मिलकर मेहनत करते थे, सब मिलकर उपभोग करते थे। बैठे रहकर खाने का हक उन्हें ही था, जो बूढ़े थे या बीमार थे। स्वस्थ मानव परिश्रम न करे, यह सोचा भी नहीं जा सकता था। उन दिनों सब हिल-मिलकर शिकार करते, कन्द-मूल संग्रह करते, मछली मारते, फिर सब मिलकर पकाते-खाते। इससे निवृत्त होने के बाद सभी गाते, बजाते—आनन्द और मौज करते। परिश्रम भी सार्वजनिक था, मनोरंजन भी सार्वजनिक था।

किन्तु, धीरे-धीरे समाज में व्यक्तिगत सम्पत्ति की भावना बढ़ी। कृषि ने उस भावना को पुष्ट किया, व्यापार ने काले साँप को पंख दे दिए। व्यक्तिगत सम्पत्ति के विकास के साथ ही

आदमी वर्गों में बँटने लगा। एक वर्ग वह, जिसने उत्पादन के साधनों पर कब्जा किया और दूसरा वर्ग वह; जो लाचार किया गया उन साधनों पर, सिर्फ पेट पालने की कीमत भर में मेहनत करने के लिए ! स्वेच्छापूर्वक आदमी ने यह ज़िल्लत क़बूल नहीं की। युद्ध में पकड़े गए या खरीदे गए दासों से ही पहले यह काम लिया गया। किन्तु धीरे-धीरे ऐसे दिन आए कि सिर्फ एक मुट्ठी लोग स्वतन्त्र रह गए और बाकी सब के सब कृतदास बन गए। एक मुट्ठी लोग–जिनके हाथ में उत्पादन के सारे साधन आ गए और उन्होंने पूरे समाज का शोषण प्रारम्भ कर दिया।

इस शोषण के कितने रूप रहे हैं। इस शोषण के खिलाफ कितने विद्रोह हुए हैं। कार्ल मार्क्स ने बताया सभ्य संसार का इतिहास वर्गयुद्ध का इतिहास है। सारा संसार वर्गों में बँटा हुआ है और दोनों में आए दिन लड़ाइयाँ होती रहती हैं। संसार का कल्याण इस बात में कि ये लड़ाइयाँ बन्द हों। ये लड़ाइयाँ तभी बन्द हो सकती हैं, जब समाज में वर्ग नहीं रहे। इसलिए मानव समाज और संसार की मंगल-कामना चाहनेवाले हर आदमी का यही कर्त्तव्य होगा कि वह फिर से एक वर्गविहीन समाज की संस्थापना करने में ही अपने सारे प्रयत्नों को उत्सर्ग करे ?

आज का जो हमारा समाज है, वह वर्गीय समाज का निकृष्टतम रूप है। समाज में इतना विभेद कभी नहीं देखा गया। समाज के सिर्फ एक फीसदी लोगों के हाथ में समाज की सारी सम्पदा इकट्ठी हो गई है। वे गुलछर्रे उड़ाते हैं, मौज करते हैं, रंगीनियाँ बिखेरते फिरते हैं। सैकड़े निन्यानवे लोग भूख, फटेहाली, बीमारी, अज्ञान और अकाल मृत्यु के शिकार हैं। विषमता ने सारी नैतिकता की नींव हिला दी है–इतना झूठ, बेईमानी और दुराचारिता शायद ही कभी देखी गई हो !

समाज में इतनी हिंसा भी कभी नहीं देखी गई। वर्ग-युद्ध इतना भयानक कभी नहीं था। शोषितों के महा-समुद्र में ज्वार ही ज्वार है। वह शोषकों के जहाज़ को निगलने के लिए रह-रहकर उमड़ उठता है। शोषक भी अपने जहाज़ को बचाने के लिए कम प्रयत्नशील नहीं हैं। रोज़ ही मुठभेड़–हड़ताल, लाठी-चार्ज, गिरफ्तारियाँ। पुलिस, फौज, वकील, न्यायाधीश ! शोषक;–शोषितों के इस संघर्ष के कारण दुनिया की प्रगति रुक-सी गई है। विज्ञान ने जो उन्नति की है, उसे काम में लाया जाए, तो प्रतिदिन सिर्फ एक घंटा काम करके मानव समाज उन सभी सुखों का उपभोग कर सकता है, जिसकी कल्पना उसने देवताओं के समाज में ही की थी ! नन्दन-कानन, पुष्पक-विमान, कामधेनु, कल्पवृक्ष सभी उसके पास आ गए हैं। किन्तु वर्ग-संघर्ष ने उसके पैरों में जंजीरें डाल रखी हैं। अमृत-कलश उसके सामने है, किन्तु वह बढ़ नहीं पाता–वह छटपट कर रहा है।

मानवता को इस जंजीर से मुक्त करना ही है। वर्ग-भेद का नाश करना आवश्यक है। एक वर्गहीन समाज स्थापित करना आवश्यक है। सभी सुरुचिसम्पन्न व्यक्तियों की यही आकांक्षा होनी चाहिए। फिर आधुनिक संसार के सर्वोत्तम व्यक्ति गाँधीजी की भी यही आकांक्षा हो, तो आश्चर्य क्या ?

किन्तु, हिन्दुस्तान में वर्ग के साथ ही एक और भीषण रोग है; वह है जाति-विभेद का। वर्ग-भेद का ही एक रूप है यह जाति-भेद। किन्तु, एक ही जगह से निकली दो नदियों में से एक जा गिरी है अरब-सागर में, दूसरी वंगीय सागर में। अब जाति-भेद एक स्वतन्त्र संस्था ही बन गया है। वर्ण-व्यवस्था चाहे समाज को सुचारु रूप से चलाने के लिए कायम की गई हो या वर्ग-भेद को अर्धभौतिक रूप देने के लिए–किन्तु, अब यह इतनी बुरी चीज़ हो गई है कि ऐसे लोग भी इसके दुश्मन हैं, जो वर्ग-भेद के उपासक हैं। क्योंकि यह जाति-भेद

उन लोगों के विकास में भी बाधक हो रहा है। चार वर्गों में सबसे उत्तम ब्राह्मण ! जब तक समाज विकास के निम्नस्तर में था, पुरोहित ही समाज के नेता थे,—पुरोहित का अर्थ भी नेता ही होता है। किन्तु, समाज उस स्तर से ऊपर उठा, तो क्षत्रियों ने ब्राह्मणों के नेतृत्व को चुनौती दी। बौद्धधर्म इस चुनौती का सही प्रतिनिधित्व करता है। धर्मोपदेश का एकाधिकार ब्राह्मणों के हाथ से छीनकर क्षत्रियों ने अपने हाथों में लिया। बौद्ध धर्म के प्रमुख प्रचारक क्षत्रिय ही रहे। उन्होंने उन ब्राह्मणों का भी तिरस्कार नहीं किया, जिन्होंने उनका नेतृत्व स्वीकार किया और ठुपालि जैसे शूद्र को भी अपने नेतृत्व में हिस्सा देकर सारे जन-समाज को अपनी ओर कर लिया।

क्षत्रियों के बाद वैश्यों का प्रभुत्व हमारे यहाँ भी स्थापित होता। बौद्धधर्म में श्रेष्ठि-पुत्रों और श्रेष्ठि-कन्याओं की प्रमुखता हम देखते हैं। किन्तु, लगभग एक हज़ार सालों तक बाहरी आक्रमणों और प्रत्याक्रमणों के कारण भारतीय समाज का विकास रुका रहा। विदेशी आधिपत्य ने क्षत्रियों और वैश्यों दोनों के अभ्युत्थान को पीछे ढकेल दिया। किन्तु, विकास की गति कब तक रुकी रहती ? अंग्रेज़ों के आगमन के साथ ही व्यापारियों की प्रभुता का श्रीगणेश अपने देश में होना ही था। आज हमारे देश में वैश्यों का दौर शुरू हो गया है—वैश्यों का—पूँजीपति और महाजनों का। और, इस दौर के साथ ही श्रमिकों का अभ्युदय भी अनिवार्य था। आज देश में श्रमिक जाति भी सिर उठाने लगी है।

जब तक वर्ण-व्यवस्था है, पूँजीपतियों को समाज में सर्वोच्च आसन नहीं मिल सकता—जैसा कि इग्लैंड आदि में मिल गया है। बड़े-बड़े सेठों को दरिद्र ब्राह्मणों के निकट सिर झुकाना होता है। इसलिए पूँजीपति भी जाति-भेद के दुश्मन हो रहे हैं। और श्रमिक तो इस वर्ण-व्यवस्था को तोड़ना चाहेंगे ही; क्योंकि यद्यपि वे ही समाज की असल रीढ़ हैं, तो भी इस व्यवस्था ने समाज में उनका सबसे निम्न स्थान दे रखा है।

जाति-भेद का वर्तमान रूप भी वर्गभेद के रूप से कम घिनौना नहीं है। इसने मानवता को ऐसे टुकड़े में बाँटा है, जिसके लिए कोई भी तर्क नहीं दिया जा सकता। मूर्ख से मूर्ख लोग भी प्रणम्य हैं, क्योंकि उन्होंने ब्राह्मण या क्षत्रियकुल में जन्म लिया है। मानवता के एक चौथाई हिस्से को तो समाज में वह भी स्थान नहीं जो कुत्तों को मिला है। वे अछूत हैं, अस्पृश्य हैं। जाति-जाति में तो छुआछूत की दीवारें खड़ी हैं ही; एक जाति के अन्तर्गत भी अनेक भेद-भाव हैं। इस जाति-भेद ने समूचे समाज को बाराबाँट बना रखा है। जब तक जाति-भेद है, एक सुपुष्ट राष्ट्र का निर्माण नहीं किया जा सकता। इसका भी जितना जल्द उच्छेद हो, देश और समाज के लिए कल्याण का मार्ग उतना ही प्रशस्त हो जाए।

इधर इस जाति-भेद ने एक और घृणित रूप ले लिया है ! इस जाति-भेद का प्रयोग कुछ स्वार्थी लोग राजनीति के मामलों में करने लगे हैं। चुनावों के अवसरों पर मिनिस्ट्री बनाने या स्थानीय बोर्डों के अध्यक्षों के निर्वाचन के समय उसका भद्दा से भद्दा रूप सामने आता है। इसने तो कोढ़ में खाज पैदा कर दी है और अब अधिक दिनों तक इस कोढ़ को बर्दाश्त नहीं किया जा सकता।

नौजवानों को इस ओर सबसे आगे कदम बढ़ाना है। जाति और वर्ण के भेद-भाव को प्रगट करनेवाले चिन्हों का उन्मूलन के साथ विवाह आदि में भी इस बन्धन को तोड़ना है। नामों के साथ जाति-सूचक आस्पद भी हटा ही देना चाहिए। राजनीति में जो जाति-भेद लाते हैं, उनका बहिष्कार तो कोढ़ियों की तरह करना चाहिए।

हिन्दुस्तान के लिए वह शुभ दिन होगा, जब गाँधीजी की कल्पना के अनुसार यहाँ एक वर्गविहीन और जातिविहीन समाज स्थापित हो जाए। सारा मानव-समाज एक कुटुम्ब के रूप

में परिणत हो जाएगा, जिसमें सभी सुखी होंगे, सभी निरापद होंगे, सभी सबका कल्याण चाहेंगे, किसी को तनिक भी दुःख नहीं होगा।

क्रान्तिकारी कृष्ण

कृष्ण, आज इस कारागार में भी हम तुम्हारी जन्म-तिथि मना रहे हैं—तुम्हारे यश का कीर्तन कर रहे हैं, कविताएँ बना रहे हैं, लेख लिख रहे हैं। किन्तु मुझे शक होता है तुम्हें यह सब आयोजन पसन्द पड़ेगा कि नहीं; क्योंकि तुम प्राचीनता के अन्ध अनुकरण के कट्टर दुश्मन थे, नवीनता के अनन्य उपासक थे—तुम क्रान्तिकारी थे।

लोग युगों से इन्द्र की पूजा करते थे—मेघराज के चरणों में अपनी श्रद्धांजलि अर्पित कर उनसे अन्न-जल पाने की आशा रखते थे। तुमने कहा—"क्यों, इन्द्र की पूजा क्यों ? जिसको कभी तुमने देखा नहीं, जिसके बारे में तुम कुछ निश्चित जानते नहीं, उसकी पूजा ? केवल उसके 'धनुष' की रंगीनियों पर मुग्ध होकर, या उसकी चंचला, असि से डरकर ? वह तो मूर्खता है, कायरता है। इससे तो इस पर्वत का पूजना अच्छा, जो तुम्हारी गौओं को घास और तुम्हें फल-फूल देता है। गोली मारो उस कोरी कल्पना के देवता को, पूजो प्रत्यक्ष देवता को"। बस, इन्द्र की पूजा खतम हो गई, गोवर्द्धन पूजा गया—पानी के देवता हो गए—प्रत्यक्षवाद का दमामा बज उठा।

इतना ही नहीं; उस समय इसी प्रकार के अन्य वैदिक यज्ञों का दौर-दौरा था। लोग यज्ञ-जापों को ही सबकुछ समझते थे—कोई हवन पर ज़ोर देता था, कोई इन्द्रियों के अस्वाभाविक नियन्त्रण को ही सबकुछ समझता था, कोई खाना-पीना छोड़कर निराहार तपस्या में लीन रहता था। कोई साँस को मस्तक पर चढ़ाकर योग साध रहा था (गीता अध्याय 4)। तुमसे भला यह पाखंड कब देखा जाता। तुमने कड़ककर कहा—'इन वैदिक पचड़ों में क्यों फँसो'—'अरे ज्ञान यज्ञ ही सबसे बड़ा यज्ञ है। अपने को पहचानो, समयानुसार अपना कर्त्तव्य निश्चित करो और उसमें पिल पड़ो—कहाँ स्वर्ग, कहाँ नरक ? एक शरीर छोड़ोगे, दूसरा तैयार मिलेगा—सिला-सिलाया नए कपड़े की तरह बगाबग ! कहाँ स्वर, कहाँ जीव—तुम आत्मा हो, अजर हो, अमर हो; यह तुम्हारा सखा ही ईश्वर है, अनादि है, अनन्त है। बस हम और तुम—और दोनों दुनिया मुट्ठी में। कैसा पुरुषार्थ। सब झंझटों से छुट्टी !

यों उस समय के विचार-प्रवाह को ही तुमने पलट दिया—जो धारा 'स्वर्ग' की तलाश में भटक रही थी, उसे हृदय की ओर मोड़ दो। यह जानते हुए भी कि वेद को लोग ईश्वरीय रचना मानते हैं; तुमने बेधड़क कह दिया—त्रैगुण्या विषया, वेदा निस्त्रै गुण्यो भवार्जुन कितना बड़ा साहस—सिवाय क्रान्तिकारी के ऐसा साहस किसमें होगा।

किन्तु केवल प्रचलित विचार-प्रवाह को ही बदलना क्रान्तिकारी का काम नहीं होता—'थियोरी' के साथ वह 'ऐक्शन' पर भी पूरा ध्यान देता है। वह जहाँ कहीं अत्याचार देखता है; भिड़ जाता है—लड़ पड़ता है। और इसमें वह अपने-पराये किसी की परवाह नहीं करता—वह अपने स्वजन को मार सकता है। किसी के हाथों उसके गुरु पितामह आदि की हत्या करा सकता है। यहाँ तक कि अपने बेटे-पोते भी अनाचार की ओर बढ़ें, तो उनका नाश निर्विकार रूप में देख सकता है। मथुरा, कुरुक्षेत्र और द्वारका की रक्तरंजित भूमि इसकी साक्षी है।

यों, मेरे कृष्ण ! जिसने तुम्हारे जीवन को गौर से अध्ययन किया है, तुम्हें क्रान्ति के

रंग में सराबोर पाया, शायद तुम्हारे 'भक्त' इसको सुनना भी पसन्द न करें, किन्तु तुम उन्मुक्त प्रेम (free love) के भी कट्टर समर्थक थे। प्रेम ऐसे पवित्र स्वर्गीय चीज़ को जंजीरों में बाँधना तुम्हें कैसे पसन्द हो सकता था ? गोकुल की रास-लीला, मथुरा का दासी प्रेम, रुक्मिणी-उद्धार और अपनी बहिन सुभद्रा को अर्जुन के साथ भगा देने में तुम्हारा हाथ—इसके पक्के उदाहरण हैं, भले ही कोई इस ओर से आँख मूँद ले।

किन्तु 'फ्री लभ' का प्रचारक होते हुए भी क्रान्तिकारी विषयी नहीं हो सकता—अपनी भोग-भावना को कर्म-साधना का बाधक वह नहीं बनने दे सकता। प्राण-प्रिया गोपिकाओं के प्रेम को तुमने कर्त्तव्य की वेदी पर बलि दे दिया। आह ! इतनी बड़ी 'ट्रेज्डी' का सदमा केवल क्रान्तिकारी का हृदय ही बर्दाश्त कर सकता है।

और, त्याग—यह तो क्रान्तिकारी जीवन की सबसे बड़ी विशेषता है। कंस का संहार कर या उसके कितने ही राजाओं का नाश कर, तुम चाहते, तो एक अच्छा साम्राज्य अपने लिए कायम कर सकते थे। किन्तु सब वैभवों को ठुकरा दिया। हम तुम्हारे नाम पर यह आयोजन कर रहे हैं, कांग्रेस कमेटी के मन्त्रित्व तक के लिए सब दुष्कर्म करने को तैयार रहते हैं—प्रोपैगंडा करते हैं, मोटर दौड़ाकर वोटर इकट्ठा करते हैं, एक दूसरे के सिर फोड़ने को तैयार रहते हैं। कृष्ण ! इस पवित्र दिन को थोड़ा हममें त्याग भर दे।

तुम्हारा उदय हुआ—कारागार में, झंझा और झकोरो के बीच। तुम्हारा अस्त हुआ—एकाकी विजन में व्याध के शराधान से। उदय के समय भय के मारे किसी के होंठ पर हँसी न देखी गई, अस्त के तुम्हारे शव के निकट कोई रोनेवाला भी न था !!

यही तो है क्रान्तिकारी का जीवन !!!

हजारीबाग जेल;
कृष्णाष्टमी 1940

जीवन और मरण

मैंने अपने एक नाटक में लिखा है—जीना एक कला है। दूसरे नाटक में लिखने जा रहा हूँ—मरना भी एक कला है।

हाँ, जीवन और मरण दोनों ही कला हैं।

और, कला क्या है ?

कला वह सुन्दर उपादान है, जिसकी सृष्टि मानव द्वारा होती है। इन्द्रधनुष सुन्दर है, किन्तु वह कला नहीं है। किसी नन्दलाल घोष या किसी रवीन्द्रनाथ का कूची या कलम से उतरने पर ही इन्द्रधनुष की प्रतिकृति कला हो जाती है। मानव-कृति से परे की चीज़ कला नहीं कहला सकती।

जब हम कहते हैं, जीना कला है, तो हम मानते हैं कि आदमी का प्रयत्न उसमें लगा है और वह प्रयत्न सौन्दर्य की ओर उन्मुख है। सौन्दर्य यहाँ छोटे अर्थ में नहीं लिया गया है—इन्द्रधनुष की रंगीनियों में ही सौन्दर्य नहीं है; काली भयावनी रात में भी सौन्दर्य है और यदि उसके बीच जुगनू चमक जाते हैं तो सौन्दर्य की इकाई पर अगणित शून्य पड़ते जाते हैं वह दस गुना, सौ गुना, हजार गुना बढ़ जाता है।

जीना कला तब है, जब वह सौन्दर्य की ओर अग्रसर हो रहा है। सुन्दर ही सत्य है। सुन्दर जीवन—सच्चा जीवन तभी है।

किन्तु अन्य कलाओं की तरह जीने की कला भी सीखनी पड़ती है—सिर्फ सिद्धान्त रूप में नहीं, कार्य रूप में !

यह लकीर इस तरह खींचो, यहाँ यह रंग दो, रंग और लकीर में यह तारतम्य रखो—सिर्फ ऐसे सिद्धान्त सुनने से कला नहीं आती। कला अभ्यास खोजती है, सतत प्रयोग खोजती है, पहले बताए रास्ते पर चलना पड़ता है; किन्तु कला की उत्कृष्टता तब सिद्ध होती है जब अपने लिए रास्ता बनाने की योग्यता प्राप्त हो जाती है।

जीने की कला पर भी यही लागू है। जीवन के जितने कलाकार हैं, उनकी ओर देखिए, तो बात स्पष्ट हो जाए।

हमारी इस दुनिया के जीवन के सबसे बड़े कलाकार हैं गाँधीजी। गाँधीजी के जीवन पर ही हम एक दृष्टि डालें !

छोटा-सा बच्चा, एक राज्य के दीवान के आँगन को दीवाना बनाता-सा। कुछ भोंदू कुछ बदमाश। जूठी बीड़ियों पर ललचना; अखाद्य भोजन पर लार टपकाना। बाप मर रहा; आप बीबी से रंगरलियाँ मचा रहा। किन्तु, जीवन में एक धक्का ! चौंकता है, नहीं यह जीना जीना नहीं। जीना तो कला है। इस कला का अभ्यास कला शुरू करना है। पहले आधुनिक युग के जीवन के महान् कलाकारों का पदानुसरण करता है—इमर्सन, टालस्टाय, थूरो। अभ्यास से आत्मबल प्राप्त होता है—फिर आप रास्ता निकालता है। सत्य, अहिंसा, निग्रह; अपरिग्रह जीवन की कला के नए-नए 'पैटर्न' तैयार करने लगता है। आज संसार उसकी कला की ओर आश्चर्य से देख रहा है !

अभ्यास, सतत अभ्यास ! प्रयोग, सतत प्रयोग—कला की निपुणता का रहस्य यह है। आप अगर सच्चे अर्थ में जीना चाहते हैं, जीवन को कला के साँचे में ढालना चाहते हैं तो यही रास्ता आपके लिए भी खुला है।

किन्तु जीवन की मंज़िल बहुत बड़ी है; जीने की कला भी बहुत पेचीदी है। इसमें धीरज चाहिए, संयम चाहिए। यदि इस धीरज संयम का अभाव आपमें हो, तो मरने की कला सीखिए।

घबड़ाइए मत; मरण उतना भयानक नहीं है, जितना आप समझ रहे हैं। यह कुसंस्कार का फल है। जो संस्कार आपको अन्धकार से डराता है, वही संस्कार आपको मृत्यु से भयभीत करता है। अन्धकार को आप जीत रहे हैं, मृत्यु को भी आप जीत लेंगे।

इस जीत-हार में देर हो सकती है, पर मृत्यु को तो आज भी कला बना दे सकते हैं आप।

मृत्यु के एक आधुनिक महान् कलाकार को ही लेकर देखिए, तो बातें साफ हों। एक नाम तो बताइए, जिसने मरने को कला के रूप में परिणत कर दिया हो। बताइए—देर क्यों हो रही है ? अजी, भगतसिंह का नाम जल्द क्यों नहीं ले लेते हैं ! क्या आप उसे भूल रहे हैं ?

हाँ, भगतसिंह—मृत्यु के कलाकारों में एक जगमगाता रत्न ! वह भी जीना चाहता था, जीने की कला का वह विद्यार्थी था। किन्तु उसने देखा, वह कला लम्बी है, उलझनों से भरी है। फिर पाया, बगल में ही एक कला ओर है जिसकी ज़रूरत देश महसूस कर रहा है किन्तु उस ओर बढ़ने की हिम्मत बहुत कम लोगों को होती है ! पंजाब प्रतिहिंसा की आग में जला जा रहा था; हिन्दोस्तान आत्मग्लानि के खारे समुद्र में डूबा जा रहा था। इस आग-पानी के कुचक्र को सबसे बड़ी कुर्बानी देकर ही तोड़ा जा सकता था—। वह बढ़ा।

लाहौर की गलियों में मारा-मारा फिरनेवाला एक अर्द्धशिक्षित उतावला नौजवान एक ही दिन में समूचे राष्ट्र के यौवन और बलिदान का प्रतीक बन गया। जीवन कला का असफल

विद्यार्थी मृत्यु कला का आचार्यत्व प्राप्त कर गया ! गाँधीजी मरकर अमर हैं, भगतसिंह मरकर अमर हो गया। जो अमरता अनन्य साधना के बाद मिलती, वह मृत्यु की क्षणिक उपासना से प्राप्त हो गई !

जीना कला है, मरना कला है। जीना कला तब है जब साधना से उसे सुन्दरतम् और विस्तृतम बनाया जाए; मरना कला तब है जब मृत्यु का आह्वान एक विशेष अवसर पर एक विशेष उद्देश्य से किया जाए और हँसते-हँसते उसे वरण किया जाए।

कला का प्रमाण है अमरता। वही जीवन कला है, जिसमें अमरता निहित है। वही मरण कला है जो अमरता प्रदान करती है।

जिसमें कला नहीं, वह जीवन तुच्छ। जिसमें कला नहीं, वह मरण हेय। तुच्छ से बचो, हेय से बचो। सौन्दर्य की ओर बढ़ो, महानता की ओर बढ़ो, अमरता की ओर बढ़ो—जीवन और मरण का सन्देश यही है।

दो ताज

गुप्त काल के बाद मुगल-ज़माना भारतीय इतिहास का स्वर्ण युग है। उस मुगल-ज़माने में दो ताज रचे गए—एक पत्थरों का, दूसरा अक्षरों का।

पत्थरों के ताज का रचयिता एक भूस्वामी था और अक्षरों के ताज का रचयिता एक गो-स्वामी। दोनों की प्रेरणा में स्त्री थी—एक में स्त्री से आसक्ति, दूसरे में विरक्ति। (फ्रायड बताता है, आसक्ति और विरक्ति एक ही सिक्के के दो रुख हैं) ! भू-स्वामी (शाहजहाँ) ने अपने अनुचरों से कहा—फैल जाओ मेरे द्वारा शासित इस विस्तृत भू-खण्ड में और दूसरे राज्यों में भी, और जहाँ से, जिस कीमत पर भी, जो सुन्दर सुडौल पत्थर मिले, उन्हें चुन लाओ। गो-स्वामी (इन्द्रियों के प्रभु) के पास अपनी ज्ञानेन्द्रियों के सिवा दूसरे अनुचर कहाँ ? उसने साधना द्वारा उन्हें प्रेरित किया कि जहाँ कहीं भी सत्यं, शिवं सुन्दरम् प्राप्त हो, उन्हें सगृहीत करो।

एक तरफ पृथ्वी का कोना-कोना ढूँढ़ डाला गया; दूसरी तरफ 'नाना पुराण निगमागम' के अतिरिक्त 'क्वचिदन्यतः' भी ले लिया गया। पत्थरों के ताज का निर्माण यमुना-किनारे शुरू हुआ और अक्षरों के ताज का श्रीगणेश सरजू-किनारे।

समय पाकर दोनों ताज तैयार हुए—यमुना-किनारे 'महल' बना; सरजू-किनारे 'मानस'। ये दोनों ताज—'महल' और 'मानस'—भारत की वैसी कलाकृतियाँ हैं, जिनके समक्ष 'पुरुष' को ही नहीं, 'काल' को भी सर नगूँ होने को बाध्य होना पड़ेगा। मानता हूँ, पत्थरों के ताज की कद्र तुरंत हुई, उसका लोहा तुरंत मान लिया गया और आज संसार के कोने-कोने से लोग उसे देखने को आते हैं और 'न भूतो न भविष्यति' कहकर उसके सामने सिर झुकाते और चलते बनते हैं। लेकिन इसका कारण कला की उच्चता या हीनता नहीं है, बल्कि इसका भेद छिपा है—पत्थरों और अक्षरों में !

पत्थर की खूबसूरती साधारण आँखों से भी देखी जा सकती है। मूर्त सौन्दर्य पर अज्ञात के चर्मचक्षु भी अपलक हो जाते हैं। किन्तु, अक्षर के अन्दर जो खूबसूरती है—उसके देखने के लिए तो 'हिये की आँखें' ही चाहिए ! काली-काली टेढ़ी-टेढ़ी लकीरों के अन्दर जो शतशः इन्द्रधनुष छिपे हैं, उन्हें देखने-परखने के लिए तो कुछ योग्यता की आवश्यकता है ! 'महल' सब देख सकते हैं, देखते हैं; 'मानस' का अवगाहन कितनों ने किया, कहाँ तक किया !

पर हमें यह भी याद रखना है, पत्थर नश्वर है—वह धूप, वर्षा—समय के प्रहार—का शिकार है। किन्तु, अक्षर (अ-क्षर), अजर है, अमर है, बल्कि ज्यों-ज्यों समय बीतता है, उसका रंग और भी उमड़ता, निखरता जाता है ! तीन सौ वर्षों में ही 'महाल' के कितने रंग उड़ गए; हो सकता है, ज़माने का एक ही ज़बर्दस्त थपेड़ा उसके धुर्रे उड़ा डाले।

किन्तु, ज्यों-ज्यों वर्ष बीतते जाते हैं, शताब्दियाँ बीतती जाती हैं, 'मानस' की गहराई बढ़ती जाती है, अवगाहनार्थियों की भीड़ बढ़ती जाती है। भारत के कोने-कोने से ही नहीं, लंदन और बर्लिन से ही नहीं, मास्को और लेनिनग्राद् से भी उसकी प्रशस्ति के पूत मन्त्र सुनाई पड़ने लगे हैं। वह दिन दूर नहीं जब संसार की श्रेष्ठतम कलाकृतियों में वह आदर का स्थान पाएगा।

हमारी कामना है, भारत के ये दोनों ताज अमर हों—पत्थरों के ताज और अक्षरों के ताज; यमुना-किनारे पर बना 'ताजमहल' सरजू-किनारे पर प्रारम्भ किया गया 'रामचरित मानस'। और जय हो इन दोनों के रचयिताओं की—शाहजहाँ की, गोस्वामी तुलसीदास की; क्योंकि ये दो भारत के सर्वश्रेष्ठ कलाकारों में हैं, और वे भारत की सर्वश्रेष्ठ कलाकृतियों में।

तमसो मा ज्योतिर्गमय !

[गाँधीजी के बलिदान पर]

भारत का, संसार का, इतिहास का सबसे बड़ा आदमी चल बसा !

हिमालय तिरोहित हो गया; हिन्द महासागर सूख गया। अनवरत अश्रुप्रवाह से कोटि-कोटि आँखें उस महासागर को भरना चाह रही हैं; कोटि-कोटि कण्ठ चीत्कारों से उस हिमालय को एक बार फिर आकाश को चूमने के लिए आह्वान कर रहे हैं। किन्तु, सारे प्रयत्न व्यर्थ जा रहे हैं।

हमारी धरती सूनी है, सारा आकाश सूना है। हमारी वह हालत है, जो एकाएक सूर्य के टूट गिरने से कभी अखिल भुवन की हो सकती है।

हम जो कुछ हैं, हमारा देश आज जो कुछ है, उसके निर्माण का श्रेय उसका है। धूल के कणों में उसने ज्योति दी—उन्हें चमकना सिखलाया। मुर्दा राष्ट्र को उसने मन्त्र-बल से खड़ा किया, उसे लड़ना सिखलाया। लड़ना सिखाया; लड़ते-लड़ते मरना और विजय पाना सिखलाया। महान् अशोक के बाद आसेतु हिमालय पर चक्रवर्ती धर्मराज स्थापित करने का स्वप्न उसी ने देखा।

उसने हमें सिर्फ स्वतन्त्र देश ही नहीं दिया, उस देश को वेश दिया, भूषा दी, भाषा दी। व्यक्तिगत चरित्र का एक कोड दिया; राष्ट्रगत जीवन का एक स्टैण्डर्ड दिया।

आज का जो हिन्दुस्तान है, वह गाँधी का हिन्दुस्तान है। गाँधी का यह हिन्दुस्तान उसके पवित्र रक्त से स्नान कर अमर हो—देवता, अगर हम तुम्हारे आशीर्वाद के पात्र रह गए हों, तो वही वरदान हो !

× × ×

भारत का, संसार का, इतिहास का सबसे बड़ा आदमी चल बसा !

चल बसा !

काश, यही हो पाता।

गाँधी बूढ़ा था, उसे जाना था। वह जाता, हम उसके बेटे रोते ! उस दिन भी रोते !

किन्तु, हम पर तो पितृहन्ता का कलंक लगना था। जिसने हमारे लिए इतना किया, अपने उस राष्ट्रपिता को हमने शान्ति की मौत भी मरने नहीं दिया !

गाँधी पर गोली !—एक नहीं, दो नहीं, तीन-तीन ! ये तीन गोलियाँ—तीनों काल पर; तीनों लोक पर चलाई गई गोलियाँ निकलीं ये।

हम कहीं के नहीं रहे, हम कहीं के नहीं रहे।

इतिहास हम पर थूकेगा ! संसार हम पर हिकारत की निगाह डालेगा !—यह पाखण्डी देश, अपनी सभ्यता की इतनी शेखी बघारता था; अपने एक सन्त को भी नहीं जीने दिया इसने !

यह मत कहो कि एक पागल ने उसे मार डाला ! एक महान् अपराध हम कर चुके हैं; दूसरा करेंगे, तो हमारे लिए जहन्नुम में भी जगह नहीं मिलेगी !

गोड्से। वह नारकीय जीव !—किन्तु हमारे-तुम्हारे हृदयों में बसे ईर्ष्या-द्वेष, हिंसा-प्रतिहिंसा और प्रभुत्व की आकांक्षा का प्रतीक था वह—यदि हम आज भी इसे समझ नहीं पाते, तो हम गए ! हमें कोई बचा नहीं सकता।

गोड्से को हमने पाल रखा था ! हमने उसे नज़रअन्दाज़ किया, बढ़ावा दिया और सत्य का तक़ाज़ा है कि हम कहें—हमने उसे किन्हीं घृणित कार्यों के लिए ही दूध पिला-पिलाकर पोसा था।

अब, जब "इस घर को आग लग गई, घर के चिराग़ से" तो शोर मचा रहे हैं, आँसू गिरा रहे हैं ! इस ढोंग को इस पवित्र और करुण अवसर पर भी तो हम दूर करें !

यदि इतना नहीं किया; तो याद रखो, हमारी-तुम्हारी भी वही हालत होगी, जो ईसा को फाँसी देनेवाली कौम की हुई और हो रही है।

यहूदियों के पास क्या नहीं है—धन, विद्या, बुद्धि, कला, विज्ञान—किस क्षेत्र में उनका बोलबाला नहीं ? किन्तु, सब होने पर भी इस विशाल संसार में एक इञ्च ज़मीन भी ऐसी नहीं, जिसे वे अपनी शरण-स्थली बता सकें। सावधान हिन्दुस्तान; सावधान ओ गाँधी के हम बेटो !

× × ×

गाँधी, बापू, तुम अमर हो। अपनी अमरता पर तुमने अपने पवित्र रक्त की मुहर लगा दी ! कोई भी विनाशक शक्ति इस अमरता की ओर आँख उठाकर भी नहीं देख सकती !

इस धराधाम पर बड़े-बड़े लोग आए—बुद्ध, ईसा महम्मद, मार्क्स ! किन्तु, तुम इन सबमें निराले थे ! निराले थे तुम; और निराली थी तुम्हारी राह।

बुद्ध की करुणा, ईसा का बलिदान, महम्मद की हक़परस्ती और मार्क्स का अनुसंधान—सबका समन्वय हुआ था तुम्हारे अलौकिक व्यक्तित्व में !

वह पुश्त धन्य है, जिसने तुम्हें धरती पर चलते-फिरते देखा; आँधी उठाते और तूफान बरषा करते देखा; आँधियों और तूफ़ानों में भी मुस्कराते देखा और फिर एक मुस्कान-भरी चितवन में शान्ति की असंख्य किरणें बिखेरते देखा।

तुम इतने बड़े थे, इतने निराले थे कि हम तुम्हें समझ नहीं सके; समझ भी नहीं सकते थे !

किन्तु, तुम नहीं रहे—तुम्हारे चरण-चिन्ह तो हमारी आँखों के सामने अब भी चमकते नज़र आ रहे हैं।

वे चरण-चिन्ह हमारा पथ-प्रदर्शन करेंगे !

उन्हें देखते हुए हम आगे बढ़ेंगे और संसार में एक ऐसा समाज बनायेंगे, जिसमें हिंसा

न हो, युद्ध न हो; जिसमें छोटे-बड़े का भेदभाव न हो; जिसमें दरिद्रता न हो, विलासिता न हो। जहाँ सब समान हों, सब भाई-भाई हों ! जहाँ प्रेम हो, सत्य हो, शान्ति हो !

राष्ट्र-पिता, तुम अमर थे, अमर हो गए ! हम अपराधी अनाथ बच्चों को आशीर्वाद देते जाओ कि इस पवित्र आदर्श पर हम बढ़ते चलें, बढ़ते चलें।

बापू, आज चारों ओर अन्धकार ही अन्धकार है—उपनिषद् के ऋषियों के शब्दों में हम तुमसे प्रार्थना कर रहे हैं—

तमसो मा ज्योतिर्गमय।

नई नारी

[1949 ई.]

नारी की नई पौध को
जो रोशनी के बिना पीली पड़ती जा रही है

नई नारी

हमारे देश के शोषितों और पीड़ितों में सिर्फ़ किसान, मज़दूर ही नहीं हैं; हमारी माताएँ और बहनें, पत्नियाँ और बेटियाँ भी हमारे शोषण और उत्पीड़न की कम शिकार नहीं हैं।

नारियों के बारे में हमारी कितनी मूढ़ धारणाएँ हैं, कितनी भ्रान्तियाँ और त्रुटियाँ हैं, जिन्हें दूर किए बगैर हम अपने देश में नई मानवता क़ी सृष्टि और विकास कर नहीं सकते।

मानवता के इस प्रश्न पर हम ग़ौर करें—इसी उद्देश्य से मैंने जो कतिपय प्रबन्ध लिखे, उन्हें 'नई नारी' के रूप में पाठकों के सामने प्रस्तुत किया जा रहा है।

इन प्रबन्धों में मैं बातें कुछ तीखी कह गया हूँ—लेकिन इस सम्बन्ध में जैसी जड़ता दिखाई पड़ती है, उसके लिए आवश्यकता थी कि एक ज़बरदस्त झिंझोर दी जाए कि गहरी नींद में सोए आदमी को जो झकझोरकर जगाता है, वह सख़्त-सुस्त सुनाता ही है—यह भी जानता हूँ।

—श्रीरामवृक्ष बेनीपुरी

पटना

30.1.49

नई नारी

नई नारी,
हाँ, नई नारी,
देखो, वह अन्तरिक्ष पर अवतीर्ण हुई है,
नई नारी,
घूँघट को जिसने उलट दिया है,
पर्दे को जिसने फाड़ फेंका है,
प्राचीरों को जिसने ध्वस्त-पस्त कर डाला है,
बन्धनों को जो चूर-चूर कर चुकी है,
देखो, नई नारी, वह खड़ी है !

नई नारी, वह खड़ी है,
पुरुषों से अपनी जगह माँगती हुई,
समाज से न्याय वसूल करती हुई,
संसार को चुनौती देती हुई
"आज तक मुझसे आँखें लड़ाया किए
अब आओ, मुझसे हाथ मिलाओ—"
देखो, वह नई नारी सामने अन्तरिक्ष पर जगमग कर रही है !

नई नारी,
जगमग कर रही है,
झलमल कर रही है,
जो कल तक चम्पक-वरणी थी,
वह आज विद्युत् बदनी बनी है !
ललाट पर बिजली कौंधती है,
आँखों से विद्युत्-धारा निकल रही है,
भुजाएँ विद्युत-मालाएँ हैं,
अँगुलियाँ विद्युत-शलाकाएँ !
प्रशस्त उन्नत वक्षस्थल; बिजलियों का केन्द्रस्थल !
मूर्ख, जिसे आज तक तुम कनक-लता कहते रहे,
देखो, वह नख से शिख तक साक्षात् विद्युत-लता है !
वह झलमल कर रही है,
जगमग कर रही है,
शक्ति का केन्द्र; प्रकाश का पुंज !

यन्त्र-चालिका; जगत प्रकाशिका
अज्ञान-वश उसे छूने को मत दौड़ो,

अतीत की कनक-लता नहीं,
वर्तमान की विद्युत-लता है यह !
रहे, यहाँ अज्ञान-आलिंगन का अर्थ है
मृत्यु-आलिंगन !
रुको, बचो, ओ महामूर्खो !

आलिंगन !
ये चार मधुर मदिर अक्षर !
इन चार अक्षरों में तुमने बाँधा उसे।
आँखों में लालसा, होंठों पर कम्पन,
दोनों काँपते हाथ फैला दिए तुमने !,
वह काँपी, वह सहमी,
वह सहमी, वह सरकी,
तुमने झपटकर छाती से लगा लिया।
उसने अंग ढीले किए,
तुम्हारी फौलादी भुजाएँ कसती गईं,
कसती गईं,
कसती गईं,
पीड़ा से उसने सिसकी ली,
सिसकी में तुमने मज़ा पाया—
"जाके सी-सी करवे में सुधा सी सी सी ढरकि जात"
वह प्रेमविभोर आँखें मूँदे खड़ी थी,
तुम बन्धनों के सृजन में लगे थे।
आँखें खुलीं तो उसने पाया—
जिसे भुजपाश समझा था, वह नाग-फाँस है !
अंग-अंग को जकड़ रखा है जिसने—
न स्वेच्छा से पैर बढ़ा सकती है, न हाथ उठा सकती है,
कोई ठंडा-ठंडा वेष्टन उसके गले को रुँधे हुए है—
वह बोल भी नहीं सकती !
बोले तो वह कैसे ?
कंठ में गाढ़ा वेष्टन,
सिर पर विकराल फण,
वह फुफ्कार रहा है—
ज़बान पर शब्द मत ला,
आँखों में आँसू मत ला,
भवों से मुस्कुराए जा, ललाट से हँसे जा
नहीं तो—
यह फण,
यह फुफकार !
आलिंगन की भूखी नारी नाग-फाँस में जकड़ी थी !
आलिंगन बन्धन बन गया !

पाश हो या फाँस,
एक दिन टूटता ही है !
टूटता ही है,
किन्तु टूटते-टूटते डालनेवाले को भी ले डूबता है !
हनुमान का ब्रह्मपाश टूटा,
        और जल गई सोने की लंका,
राम का नाग-फाँस दूर हुआ,
        और दूर हुआ संसार को रुलानेवाला रावण !
वह देखो, बन्धन-विहीन नारी,
                                        नई नारी,
        देखो, इस नारी का उन्नत मस्तक
        देखो, इस नारी की उन्मुक्त ग्रीवा
        देखो, इस नारी की स्वच्छन्द भुजाएँ
        देखो, इन नारी का स्वतन्त्र पद-चालन,
कहाँ पाश, कहाँ फाँस ?
        लेकिन जल रही है तुम्हारी सोने की लंका !
        सोने की लंका,
        जो राक्षसों की नगरी बन गई थी !
        राक्षसों की—राक्षसता की !
वह जल रही है, जल रही है !
जिसे समुद्र का अगाध जल नहीं बुझा सका
        उसका आँसुओं की कुछ बूँदें क्या कर लेंगी ?
लंका जलेगी,
सीता स्वतन्त्र होकर रहेगी,
सीता—नारी,
नारी,
उफ री नारी !
आह री नारी !
        तुमने दूध पिलाया,
        तुम्हें ज़हर का घूँट दिया गया।
तुमने आत्मार्पण किया,
        तुम्हारे अर्पण को मरण में परिणत किया गया !
तुम्हारे कोमल अंग,
        फूल को निठुर पैरों से रौंदा गया !
अधरों के विद्रुम !
        बन्दरों ने उसे छिन्न-भिन्न कर दिया !
गालों के गुलाब,
        वहशियों ने उसे पुर्जे-पुर्जे उड़ाया !
बदमाशों ने तुम्हारी आँखों में मद की कल्पना की,
        और वह मद पीकर तुम्हें ही पी जाने को उद्यत हुए !

नस-नस चूस ली,
अब रक्त कहाँ ?
किन्तु मदोन्मत्त हड्डी को क्यों छोड़ें ?
तुम्हारा मुखचन्द्र !
अरे, राहुओं ने द्वितीया को ही उसे ग्रस लिया।
अरे रे राहुओ,
देखो, किसका 'केतु' फहरा रहा है ?
वह कौन खड़ी है ?
नारी ?
नहीं, नई नारी !

नई नारी,
नई नारी, नई भूषा !
क्यों ये लम्बे-लम्बे बाल ?
जो पीछे रहकर उलझन पैदा करें,
आगे रहकर आँखों को बन्द करें ?
माथे पै बिन्दी,
आँखों में सुर्मा,
लबों पे सुर्खी—
छीः, वह कठपुतली कब तक बनी रहे ?
धानी साड़ी,
पियाज़ी चोली,
फिरोज़ी ओढ़नी—
उफ़—यह तितली की बहन नहीं ?
प्रकृति की श्रेष्ठतम रचना है यह,
मानवता की श्रद्धामयी पुत्री है यह !
नई भूषा,
नया कर्तृत्व !
कोमलांगी बनकर बहुत खो चुकी, रो चुकी,
अब यह कठोरता से नाता जोड़ेगी !
भवों के कमान शिकार करने को निकल
खुद शिकार बन गई थी,
अब इसके हाथ कमान का कमाल सीखेंगे !
आँखों से मेंह बरसाना,
दाँतों की बिजली चमकाना—
क्या कहने हैं ?
अब यह मेघों में बिचरेगी,
बिजली से आँख-मिचौनी करेगी !
कल्पना और भावना की उड़ान—
यह आकाश के बदले पाताल चली गई थी;

अब यह सपक्ष आकाश में भ्रमण करेगी,
और स-यन्त्र पाताल को फोड़ अपनी प्यारी सीता को
पुनर्जीवित करेगी !

उसकी प्यारी सीता,
उसकी सारी पवित्रताओं की प्रतिमूर्ति सीता !
अब किसी रजक का मजाल नहीं ज़बान हिलाए
उसकी शान पर !
किसी राम के प्रजारंजन की ढोंग यह चलने नहीं देगी,
देखो, वह अन्तरिक्ष पर अवतीर्ण हुई है नई नारी !
नई नारी !
जगमग कर रही है,
झलमल कर रही है !

मालिनी के तट पर

उन दिनों हमारे देश में जंगल-ही-जंगल था और जंगलों में ही मंगल मनते थे।

ऐसे ही एक जंगल में एक छोटी-सी नदी बहती थी—नाम था उसका मालिनी ! मालिनी—उसके किनारे फूल ही फूल थे; क्या इन फूलों को सीचने-सेवने के कारण ही उसका नाम तत्वस ऋषियों ने मालिनी रख दिया था ?

हाँ, उस नदी के तट पर ऋषियों के आश्रमों की भरमार थी। ऋषि-मुनि इस मालिनी में प्रातःसन्ध्या स्नान करते, सन्ध्या-वन्दन करते, उसके तट पर तपस्या की ज़िन्दगी बिताते।

इन्हीं में एक ऋषि थे—कण्व ऋषि। ऋषि ? नहीं, नहीं, महर्षि।

जिसे महाकवि कालिदास ने अमर बना दिया; उस महर्षि कण्व को आप जानते हैं या नहीं, यह प्रश्न आपसे पूछना भी हिमाकत है।

तो, यह महर्षि कण्व इस मालिनी नदी के तट पर एक छोटी-सी घास-फूस की कुटिया बनाकर रहते। सन्ध्या-वन्दन, पूजन-अर्चन, तप-व्रत, शास्त्र चिन्तन। जंगल के फल-मूल, मालिनी का पानी। कोई चिन्ता नहीं, कोई द्विधा नहीं, फिर, बच्चा न बच्ची, नींद लगे अच्छी !

किन्तु एक दिन जब महर्षि मालिनी के तट पर सन्ध्या-भ्रमण कर रहे थे कि अचानक उन्होंने एक फेंकी हुई बच्ची पाई। बच्ची को आश्रम में लाकर पालने लगे। बच्ची बढ़ती गई और अपने कलरव से उस मनहूस आश्रम को गुलजार बनाने लगी। महर्षि ठहरे विद्या का क्या पूछना ! उन्होंने उस बच्ची को खूब पढ़ाया-लिखाया—वेद पढ़ाते, शास्त्र पढ़ाते।

देखते-देखते वह लड़की दूज के चाँद की तरह बढ़ती हुई अपनी ज्योत्स्ना से मालिनी के तट पर वन-वीथियों को जगमग करने लगी। अपने रूप से, गुण से, शील से, स्वभाव से वह ऋषि-कन्याओं की सरताज बन गई। उनको लेकर कभी वह वन कुंजों में सामगान करती, कभी कमर पर घड़े रखकर वन-पुष्पों को सींचती।

उसका नाम याद है न ! शकुन्तला !

शकुन्तला अब पूर्णयौवना थी—दूज का चाँद अब पूर्णचन्द्र बन गया था !

पूर्णयौवना शकुन्तला—एक दिन सखियों के साथ उस मालिनी के जल को घड़े में ले-लेकर वन-वाटिका के पुष्पों और लताओं को सींच रही थी।

बसन्त ऋतु ? मालिनी की तटभूमि फलों का देश बनी हुई थी। जहाँ नज़र दौड़ाइए, फूल ही फूल। फूलों पर पराग, पराग पर भौंरे।

लेकिन एक शरारती भौंरे को क्या सूझा कि वह शकुन्तला के मुँह पर भनभन करता हुआ मँडराने और नाचने लगा। क्या उसने शकुन्तला के चेहरे को फूल ही समझ लिया था।

'साथियो, मुझे इस दुष्ट से बचाओ।' बार-बार भौंरे को चेहरे के इर्द-गिर्द से उड़ाने की चेष्टा में असफल होकर वह चिल्ला उठी।

ठीक उसी समय एक दूसरा दुष्ट आ जाता है, जो इस फूल का यथार्थ भौंरा बन जाता है।

दुष्ट ! नहीं, नहीं, आर्य-नृप-भूषण दुष्यन्त।

किस्सा कोताह ! बसन्त उस मादकता में, उस मालिनी-तट की वन-वीथी में दुष्यन्त शकुन्तला पर अनुरक्त होता है, शकुन्तला दुष्यन्त पर रीझ उठती है। ऋषि-कन्याएँ, शकुन्तला की सखियाँ, एक निभृत निकुंज में उनके लिए पुष्प-सेज सजा देती हैं। दोनों एक-दूसरे को आत्मार्पण करते हैं।

जब महर्षि कण्व को यह खबर मिली है, वह बहुत प्रसन्न होते हैं और शकुन्तला को आशीर्वादों की झड़ी में दुष्यन्त की राजधानी भेज देते हैं।

हमारा इतिहास बताता है, हमारी इस पुण्यभूमि का नामकरण उसी सुसन्तान के ही नाम पर हुआ जो मालिनी-तट पर उस केलि-कुंज के आत्मार्पण का प्रसाद मात्र था।

भरत—भारत !

अपने देश के सर्वश्रेष्ठ कवि की उस स्वर्गिक रचना को जो इस आत्मार्पण को नाटकीय रूप देती है, पढ़कर कौन ऐसा है जो आनन्दविह्वल नहीं हो उठता ?

'अभिज्ञान शाकुन्तलम"—हमारा सर्वश्रेष्ठ नाटक, 'शकुन्तला'—हमारी आदर्श प्रेम-देवी, उसका पुत्र—हमारा सबसे बड़ा 'हीरो'।

अब आप पूछ सकते हैं यह पुरानी चर्चा आज तुमने फिर क्यों छेड़ी ? क्या तुम्हारे पास कोई नई सामग्री नहीं ? जो हमारे सामने पेश करो। झूठमूठ समय क्यों बर्बाद कर रहे हो, हमारा और अपना भी।

माफ कीजिए, कलियुग की एक-एक करुण घटना मुझे घसीटकर सत्ययुग में ले गई है।

अब जंगल कटकर गाँव बस गए हैं न ? किन्तु उस गाँव का नाम कैसे बताऊँ और कैसे बताऊँ उस नदी का नाम जो उस गाँव को सींचती-सँवारती है।

इस नटी के तट पर, इस गाँव में घास-फूस की एक झोंपड़ी थी जिसे कुटिया कहलाने का गौरव भी प्राप्त नहीं था। क्योंकि इसमें कोई ऋषि-महर्षि नहीं, एक गृहस्थ ब्राह्मण रहते थे। ब्राह्मण देवता की एक कन्या थी, अपनी कन्या, कहीं पाली-पोसी नहीं।

बुढ़ापे में इस कन्या को पाकर ब्राह्मण-दम्पति कितना खुश हुए थे ! उनका सूना आँगन गुलजार बन गया था।

ब्राह्मणी चल बसी तो बूढ़े ब्राह्मण ने ही माता का स्थान लिया। ब्राह्मण का अपना वात्सल्य पाकर वह लड़की भी दूज के चाँद की तरह-तरह देखते-देखते पूर्ण चन्द्र बन गई।

लेकिन ब्राह्मण उसे न वेद पढ़ा सके, न शास्त्र। मुश्किल से वह खड़िया पकड़ पाई।

उसकी जवानी और ब्राह्मण पर दिवानगी सवार हुई। बेटी की शादी की चिन्ता में वह इधर-उधर मारे-मारे फिरने लगे। उस नदी के तट पर, उस झोंपड़ी के नजदीक कोई पुष्प-वाटिका तो थी नहीं कि वह सींचती, किन्तु कितने भौरे उसके आसपास चक्कर काटने लगे। वही बसन्त ऋतु ! एक दिन वह खेतों की ओर निकली। समूची धरती फूलों पर रंग-बिरंगी चादर ओढ़े थी। बसन्ती वायु ने बरबस उसकी फटी चादर अलग कर दी।

शकुन्तला की तरह वह वेदशास्त्र पढ़ी नहीं थी। सत्ययुग का धर्ममय युग भी नहीं था। तपोवन का शान्त वातावरण भी नहीं। वह क्या करे ? यदि उसके पैर इस कलयुगी चिकनी मिट्टी पर फिसल गए ?

गाँव के एक नवजवान दुष्यन्त की वह आधुनिक शकुन्तला हो गई।

लेकिन वह कण्व का आश्रम नहीं था, मालिनी वहाँ कल-कल नहीं करती थी।

सखियों ने कानाफूसी की; समूचे गाँव में हो-हल्ला मचा। बेचारा ब्राह्मण देवता ! काटो तो खून नहीं !

यहाँ भी किस्सा कोताह ! एक दिन दारोगाजी ने कुएँ से एक स्त्री की लाश निकलवाई। डाक्टर ने पोस्टमार्टम किया। पाँच महीने का नर बच्चा उसके पेट से निकला–मुर्दा, मरा हुआ।

गाँव ने एक स्वर से कहा–भ्रष्टा ! ब्राह्मण देवता उसके पहले ही कहीं चल दिए थे; किसी ने उन्हें फिर नहीं देखा !

जब इस पुण्यभूमि में, महा आदर्श प्रवण विद्वानों द्वारा शकुन्तला का चरित्र पढ़ा, सुना जाता देखता हूँ, तब-तब सोचता हूँ–अच्छी बात हुई कि शकुन्तला हमारे युग में पैदा नहीं हुई।

नहीं तो क्या होता, कल्पना कीजिए।

एक तो अनाथ शिशु के रूप में उसे पड़ा हुआ देखकर शास्त्रवेत्ता कण्व वहाँ से राम-राम करते, संसार के पापों को मन्त्र-पाठ से ढँपते, भाग खड़े होते।

अगर अपार करुणावश घर भी ले आते तो क्या उसे बेटी की तरह पालते ? उससे धुनी की लकड़ियाँ चुनवाते, आश्रम को गोबर से लिपवाते, भर-भर दिन पानी भरवाते और एक टुकड़ा रूखा-सूखा देकर जिन्दा लाश की तरह इशारे पर दौड़ाते।

मान लीजिए, बेटी ही की तरह रखते और लिखाते-पढ़ाते। तब उस दिन क्या होता ?

बेचारे सोचे होते–बेटी के लिए अच्छा दूल्हा लाऊँगा, मंडप सजाऊँगा, स्वजन-परिजन को आमन्त्रित करूँगा, भज्ञाग्नि प्रज्वलित होगी, मन्त्रोच्चार होगा, मंगल ध्वनि होगी–

कि इतने ही में ये सखियाँ प्रेमी-प्रेयसी के लिए पुष्पसेज बिछाने के बदले दौड़ती-दौड़ती उनके निकट पहुँचतीं और आँखें फाड़-फाड़कर उनसे यह पापकथा···।

और कण्वजी महाराज अपना डंडा उठाकर दौड़ते !

मान लीजिए, तब तक दुष्यन्त, अपनी खोपड़ी के भाग्य से, निकल पड़ा होता और शकुन्तला भी अपने कपड़े सँभाल बहाने कर दिए होती।

लेकिन उस जंगल में गर्भनिरोध की कला तो पहुँची नहीं होती, एक भंडा फूटता ही।

और क्या इसी तरह शकुन्तला की लाश भावी भारत के साथ मालिनी नदी में एक दिन उतराती हुई नहीं मिलती ?

हाँ, कण्वजी को आश्रम छोड़कर भागना नहीं पड़ता–क्योंकि शायद उस घोर वन में दारोगाजी नहीं पहुँच पाते। लेकिन इस घटना का कितना बड़ा ऐतिहासिक महत्त्व होता !

हमारे देश का नाम कुछ दूसरा ही होता और उस यथा नाम देश में कालिदास शायद

जन्म लेते लेकिन 'अभिज्ञान शाकुन्तलम्' कहाँ लिखा जाता जिसे पढ़कर जर्मन कवि गेटे चिल्ला उठता—

सुन्दर ! परप सुन्दर !!

सीता और द्रौपदी

आज हमारी बहनें सदियों की सुषुप्ति के बाद फिर जगी हैं और दुनिया को उत्सुकता की नज़रों से देखतीं, उसमें अपने लिए जगह खोज रही हैं।

हाँ, वे जगह खोज रही हैं—क्योंकि आज घर में हमें रहते हुए भी वे बेघरबार की हैं। गृहस्वामिनी का सुन्दर नाम पाकर भी वे घर की गुलाम-मात्र रह गई हैं। परिवार में उनका कोई स्वतन्त्र स्थान नहीं, समाज में उनकी कोई स्वाधीन सत्ता नहीं। कभी वे अर्धांगिनी रही हों, आज वे अंग की छाया ही रह गई हैं—छाया, जो अंग के संचालन का अनुसरण करे, अगर अंग के दाँत चमकते हैं, तो उसका मुँह भी खुल जाए, लेकिन उसमें कालिमा की ही प्रचुरता सदा-सर्वदा रहनी चाहिए।

और, वे ज्यों ही जगह खोजने लगती हैं, हमारे समाज के सूत्रधारों के मुँह से आवाज़ निकलती है—आगे क्या देखती हो, पीछे देखो। देखो, हमारे इतिहास को, हमारे वेद-पुराण को, हमारी आर्य-संस्कृति, हमारी आर्य सभ्यता को। आर्य सभ्यता—दुनिया में इतनी पुरानी सभ्यता कहीं की है, किसी की है ? धन्य हैं हम; धन्य है हमारी सभ्यता !

अच्छा जनाब, मान लिया आपकी सभ्यता बड़ी पुरानी, बन्दनीया, अनुसरणीया। लेकिन, पुरानी सभ्यता का पीठ पर जो भारी बोझा का कूबड़ होता है, उसकी ओर आपका ध्यान कभी गया है ? अगर आपने उस ओर ध्यान दिया होता, तो क्या आप ऐसी बातें कर सकते ?

आपके दो महान इतिहास ग्रन्थ हैं—रामायण और महाभारत। एक के रचयिता हैं—आदिकवि बाल्मीकि; दूसरे के—आचार्य प्रवर महर्षि व्यास। रामायण और महाभारत ने अपने रचयिताओं की प्रतिभा के प्रसाद से वह प्रसिद्धि और लोकप्रियता प्राप्त कर ली है, जो वेद-शास्त्रों को भी नसीब नहीं हुई। वेद की सर्वांग पूर्ण प्रतियाँ जर्मनी में भले ही हों, शास्त्रों के टुकड़े पंडितों के बेठनों के भार को भले ही बढ़ावें, लेकिन हर हिन्दू के घर को सुशोभित करनेवाले तो ये ही दो ग्रन्थ-रत्न हैं।

और, इन दो ग्रन्थों ने दो महिला-आदर्श हमारे सामने रखे हैं—सीता और द्रौपदी।

हमारी ये बहनें, जो उत्सुक आँखों से आगे की ओर अपनी जगह खोज रही हैं, आपके द्वारा बरबस पीछे की ओर देखने को मजबूर किए जाने पर, इन दो आदर्शों पर अपनी नज़रें गड़ाएँगी, यह स्वाभाविक है। और इन दो में से अपने लिए एक आदर्श चुनने को वे लाचार हो जाएँ, तो आप उन्हें दोष तो नहीं दे सकते और न आप उन पर इसका दबाव ही डाल सकते हैं कि इनमें से अमुक को ही चुनो। अब इन दो नारी आदर्शों को देखिए।

सीता !

कितना श्रुतिमधुर नाम ! सीता कहते ही मानो सिता-मिश्री झड़ने लगती है।

मिथिला के वायुमंडल में, हिमालय के अंचल में, पली यह रमणी-शिरोमणि ! गोरी, सुकुमारी। सौन्दर्य और माधुर्य की खान, महाज्ञानी जनक की विदुषी पुत्री। उसके शौर्य और बल की एक ही झलक मिलती है; बचपन की झलक; लेकिन, वही उसकी इस सम्बन्ध की गरिमा की पताका सातवें आसमान पर फहरा देती है ! जिस धनुष को तोड़ने के लिए तीनों

लोक के 'देव-दनुज-धरि मनुज-शरीरा' और इस पृथ्वी के भी 'विपुल वीर आए रणवीरा' लेकिन सिवा एक के कोई जिस धनुष को 'तिल भर भूमि न कर सके छुड़ाई' उसी धनुष को सुकुमारी बालिका सीता ने बहुत ही बचपन में, हँसी-हँसी में उठाकर अपने ज्ञानी बाप को विस्मय-विमुग्ध कर दिया था। बाप ने प्रतिज्ञा की कि जो इस धनुष को उठाएगा, वह सीता को वरेगा ! 'देश-देश के भूपति नाना' आए, उन्हीं में आए राम।

सीता ने प्रथम दिन में ही अपने को राम पर न्योछावर किया और राम ने धनुष तोड़कर उसके प्रेम पर मुहर लगा दी।

वह सपने देखती होगी, इस राजकुमार के साथ मैं कभी महारानी बनूँगी। लेकिन राजसिंहासन के बदले राम ने बनवास का रास्ता लिया। बेचारी सीता, सास के रोकने और राम के समझाने पर भी राम के साथ हो लीं। जंगल-जंगल मारी-मारी फिरती रही। अपने पैरों में गड़े कुशकंटकों की भी परवाह नहीं कर, आगे-आगे चलनेवाले राम के तलुवों को देखती, उनके पदचिन्हों को बचाती, चली की। जब राम थककर बैठते, अपने आँचल से पंखे करती। जब राम सोते, उनके पैर पलोटती।

एक दिन, दो दिन नहीं, एक वर्ष, दो वर्ष नहीं, बारह वर्ष—पूरे एक युग तक सीता ने अपनी भरी जवानी जंगल के जंजालों में काट दी। सभी दुख-कष्ट के बावजूद उसे सान्त्वना यही रही कि वह अपने पतिदेव के चरणों के निकट है।

लेकिन, यह भी नियति से नहीं देखा गया। उसके सौन्दर्य-दीपक का लंकापति रावण पतंग बना और ? वह अपनी सोने की नगरी के साथ जल मरा, लेकिन, उसने सीता को भी विरहाग्नि में कम नहीं जलाया।

अशोकवाटिका की सीता ! दुनिया के इतिहास और कला की वह करुण मूर्ति है, जिसकी समता संसार में बहुत ही कम मिल सकती है।

लंका जली, रावण मरा। सीता के आनन्द का क्या कहना ? अशोकवाटिका में, उस दिन कितने दिनों बाद उसने आईना देखा, शृंगार किया। माथे पर सिन्दूर की लालिमा लिए वह राम के सामने आई। किन अरमानों के साथ, किन कामनाओं के साथ ? सोचती होगी, राम देखते ही उठ खड़े होंगे; दौड़ पड़ेंगे, हृदय से लगाएँगे, विजय-सिंहासन में बिठाएँगे। लेकिन ! लेकिन यह क्या ? राम की भवें टेढ़ी हैं, चेहरा खिंचा है। रूक्ष स्वरों में सीता को हुक्म हुआ—अपने सतीत्व की परीक्षा के लिए तुम्हें अग्निस्नान करना होगा।

मेरे सतीत्व पर आशंका ! क्या जलन से आग की दाह अधिक है ? लपकती, दहकती, धधकती आग में सीता कूद पड़ी और हँसती-मुस्कुराती निकल पड़ी।

आज का विज्ञान शंका करे, लेकिन मुझे तो पुरानी कहानी दुहरानी है।

अग्नि-पूता सीता अयोध्या आईं। स्वर्ण-सिंहासन पर बैठीं। दरबार में स्वर्ण सिंहासन, प्रासाद में पुष्प-शय्या ! पुण्य-शय्या के पुष्पों ने घर को सौरभ से भर दिया; और वे लक्षण दीखे कि सीता की गोद भी भरनेवाली है।

सीता का सौभाग्य क्या इस भार को बर्दाश्त कर सकेगा ? चिन्तित, शंकित, सीता दिन-रात राम का मुख देखा करती है कि एक दिन प्यारे देवर लक्ष्मण उसे रथ पर चढ़ाकर जंगल की सैर कराने ले जाते हैं। जंगल की सैर !—हाँ, हाँ, ज़रा पुरानी चीज़ें देख लूँ, ज़रा मन तो बहल जाए। देवर, वही न है पतित पावनी गंगा; यही न है वह ऋषि कुटीर। पेड़-पत्ते, पशु-पक्षी सब तो वही हैं देवर, लेकिन, कितने अधिक अच्छे लगते हैं सब। ठीक ही तो मन के आनन्द से संसार आनन्दमय दीखता है।

सीता चहकती है, लक्ष्मण का मन रोता है ! और जब लक्ष्मण ने राम का हुक्म सुनाया

कि चरित्र पर शंका की गई है, अतः आप राजमहल के योग्य नहीं समझी गईं, यहीं जंगल में आपको छोड़ देना है—तब, सीता के मुँह से आवाज़ तक नहीं निकली। चरित्र पर शंका—सीता मूर्च्छित ? और, मूर्च्छित सीता को जंगली जानवरों के भाग्य छोड़ भाई का भक्त लक्ष्मण अयोध्या के महल की ओर चल पड़ा।

मूर्च्छा टूटती है, सीता रोती है, विसूरती है; फिर मूर्च्छित होकर गिर पड़ती है ! उसका रुदन—समूचा जंगल विषादमय बन जाता है—पेड़-पत्ते रोते हैं।

मुनिवर वाल्मीकि कहीं से भटक पड़ते हैं वहाँ। अपने आश्रम में आश्रय देते हैं सीता को। समय पाकर दो बच्चे उसकी गोद को भरते और ऋषि के आश्रम को गुलज़ार कर देते हैं।

"मैया, मेरे पिता का नाम !"

तोतली वाणी सुनकर सीता रो पड़ती है। लेकिन, वह इस प्रश्न को आगे नहीं बढ़ने देती। बेटे पूछेंगे—तुम्हें क्यों घर से निकाल दिया गया, तो क्या कहूँगी ? मेरे सतीत्व पर शंका ! उफ़···

लेकिन, पूत सपूत निकले।

अश्वमेध यज्ञ कर चक्रवर्ती बनने का स्वप्न देखनेवाले राम का मुकुट सीता के चरणों पर लोटा !

"अरे वह मुकुट ? कहाँ पाया तुमने ?"

पाया नहीं, मैया, छीना ! और देखो यह घोड़ा चक्रवर्ती बनने चला था ! और यह बन्दर ! हनुमान, बेचारे बन्दी बने थे।

"उफ़, हाय रे, तुमने मुझे विधवा बनाया !"

सीता, पतिपरायण सीता, सतीसीमन्तिनी सीता, एक बार फिर रो पड़ी, मूर्च्छित हुई। वाल्मीकि दौड़े आए। वृत्तान्त सुना, पता लगाया। घायल मूर्च्छित राम को अपने कमंडलु के जल के छींटों से होश में लाए।

फिर, किस्सा कोताह !—

अयोध्या में धूमधाम है। सीता आ रही हैं, सीता ! बारह वर्ष पर घूरे का भी भाग्य लौटता है। सीता के भी भाग्य लौटे हैं। सीता आ रही हैं, उनके दो लाल आ रहे हैं। राम के साथ, उनकी बगल में, आज सीता फिर स्वर्ण-सिंहासन को सुशोभित करेंगी।

राज-दरबार ! स्वर्ण सिंहासन पर राम। चारों ओर महा भीड़भाड़ !

वह सीता आईं ! आँखें में आँसू—हृदय में उच्छ्वास ! सीता स्वर्ण सिंहासन की ओर बढ़ीं।

बढ़ीं कि एक कोने में कुछ जन-रव !

राम की भवों में फिर बल, चेहरे पर फिर शिकन, सीता सन्न !

वाल्मीकि से देखा न गया, बोले, राम, आप सीता को निस्संकोच ग्रहण करें, मैं शपथ खाता हूँ, सीता निष्कलंकिनी है !

"सीता निष्कलंक···?"

इधर सीता ने कहा—'माँ, धरती, अब अपनी गोद में जगह दें।'

कहानी है—धरती फटी, सीता उसी में समा गईं। सीताजी ज़िन्दगी भर राम ही पर सुरत लगाए रही, जिसने स्वतः वनवास लिया, जो राक्षसों के बीच भी अपनी टेक निभा सकी, जिसने अग्नि-परीक्षा में अपने को खरा साबित किया, वही सीता—प्रताड़िता, निष्कासिता की तरह जंगलों में जवानी कटी जिनकी और जब बुढ़ापा आ रहा था, कलंक से व्यथित हो पृथ्वी में

समा जाना पड़ा उसे !

पृथ्वी में समा गई कहिए, या विज्ञान की भाषा में 'कोलैप्स' कर गई कहिए—कोई भी नारी इतनी बड़ी व्यथा बर्दाश्त कर नहीं सकती !

एक ओर है यह सीता—एक पुरुष पर लौ लगानेवाली, एक पुरुष पर ज़िन्दगी न्योछावर करनेवाली ! ज़िन्दगी भर जिसने एक बार भी मुँह नहीं खोला, एक बार भी भर्त्सना की क्या बात, उफ़ तक भी नहीं की, जो चुपचाप आँसुओं को पीती रही, उसाँसों में जीती रही। और इतने पर भी जिसकी ज़िन्दगी यों कटी यों खत्म हुई ! दूसरी ओर है द्रौपदी ! द्रौपदी, पांचाल की पुत्री !

जो मिथिला और पांचाल की ज़मीन और आवोहवा में फर्क, वही इन दो महिलाओं के चरित और स्वभाव में भेद !

द्रुपद राजा की पुत्री। कृष्णा नाम से पुकारी जाती—क्या अपने साँवले रंग के कारण ? दबंगपन की देवी। बचपन से ही सिरचढ़ी।

जहाँ सीता, पिता की पुष्पवाटिका में धनुषभंग से पहले, राम पर अपने को न्योछावर कर चुकी; वहाँ द्रौपदी मत्स्यवेध के लिए आए एक-एक राजकुमार को देखती, लेकिन, एक सच्ची दुनियादारिन की तरह, एक-एक को तौलती, परखती और जब तक मत्स्यवेध न हो पाया, तब तक किसी एक पर अपने को केन्द्रित करने की यौवन-सुलभ गलती तो वह कर नहीं सकती थी।

अर्जुन ने कौशल दिखलाया, परीक्षा में उत्तीर्ण हुआ, द्रौपदी ने खुशी-खुशी उसके गले में माला डाली। लेकिन, भाग्य उसके साथ एक दूसरा ही खेलवाड़ करना चाहता था।

द्रौपदी एक अर्जुन की नहीं, पाँच पांडव की बीवी, ज़बरदस्ती बना दी गई !

लेकिन, क्या द्रौपदी इससे विचलित हुई ? क्या वह रोई ? चिल्लाई ? प्रेम और हृदय भावन की दुहाई दी ? नहीं। उसने भाग्य से ललकारकर कहा—तुमने मुझसे खेलवाड़ किया है, मैं अब तुम्हें अपना खेल दिखलाती हूँ।

वह पाँच पांडवों को एक ही रस्सी में नाथकर ज़िन्दगी भर नचाती रही !

कभी अर्जुन हिचके, तो भीम से मनमाना करवाया।

कभी युधिष्ठिर को डाँटा, तो सहदेव को उभारा। सुन्दर नकुल को तो नकुल की तरह वह खेलाती रही।

सीता के लिए ही लंका कांड हुआ, लेकिन, उसका प्रारम्भ या तो रावण ने किया या राम ने। लेकिन महाभारत की सोलह आने ज़िम्मेदारी द्रौपदी पर है। उसी ने दुर्योधन से वह अपमानजनक उपहास किया, उसी के चीरहरण ने आग में घी का काम किया। बनवान और अज्ञातवास में वही खोज-खोजकर पाँचों भाइयों को लड़ने के लिए प्रेरित करती रही। रानी की तरह शान से हुकूमत करते ही ज़िन्दगी उसकी कटी।

कभी वियोग के आँसू उसे नहीं गिराने पड़े, कभी किसी अशोकवन में दिन-रात नहीं रोना पड़ा।

मौका आया, अपने बेटों की तड़पती लाशें भी उसने निर्मम होकर देखीं और अपराधी की आजिज़ी पर पसीजकर उसने जीवन-दान भी दे दिया !

वह एक रानी होना चाहती थी। इतने नर-संहार करके-कराके भी उसने अपनी मुराद पूरी की। इन्द्रप्रस्थ और हस्तिनापुर के स्वर्ण सिंहासन उसके चरण-रज से धूसरित होते रहे। भारत भर के नरपतियों के राजमुकुट उसके श्रीचरणों पर झुकते रहे।

पाँच-पाँच व्यक्तियों से उसने प्रेम निभाया, इनमें से भी जिससे उनका मन भरा, उससे

खास व्यवहार रखा। लेकिन, किसी धोबी की क्या बात, बड़े से बड़े आदमी की ज़बान भी उसके खिलाफ खुली ?

जो ज़बान खुलती, उसे वह कटवा नहीं लेती !

तीन लोक के ईश श्रीकृष्ण उसकी मुट्ठियों में थे। वह राधा को भूल सकते थे, किन्तु द्रौपदी की पुकार उन्हें जहाँ चाहे खींच ला सकती थी।

द्रौपदी ज़िन्दगी भर तूफ़ान रचाती रही ! और उसी तूफ़ान के बीच आनन्द और रंगरेलियाँ मचाती रही ! और अन्त में जब पतिदेवों ने कहा—हम हिमालय में चलकर गलेंगे, वह भी सानन्द उनके साथ हो ली कि स्वर्ग पहुँचने में भी उनका प्रदर्शन किया !

यों सीता और द्रौपदी दोनों ही एक सभ्यता की पुत्री, एक पत्नी, लेकिन, दोनों में कितना अन्तर ! एक की ज़िन्दगी, एक पर निर्भर रहकर रोते कटी; एक, ज़िन्दगी को पाँच पर न्योछावर करके मौज उड़ाती रही !

हमारी नई नारियाँ जब पीछे देखें, तो अपने लिए इनमें से किसको आदर्श चुनें ?

और, अपनी इच्छानुसार इन दो में से किसी एक को वे आदर्श बनावें, तो आप उन्हें दोष दे नहीं सकते !

यह तो हो सकता है कि आप उन्हें आगे तो देखने देंगे ही नहीं, पीछे देखो तो अमुक ही ओर देखो, इसके लिए लाचार करें। अगर आप ऐसा करते हैं, तो, यों क्यों नहीं कह देते—नारियो, हम तुम्हें गुलाम रखेंगे, अपनी मर्ज़ी के अनुसार चलाएँगे, तुम चुपचाप चलो, या··· या बाबा तुलसीदास के अनुसार 'तारण के अधिकारी' बनो !

बस झोंटा पकड़कर उन्हें पीटिए—आदर्श, सभ्यता, संस्कृति की बात छोड़िए !

पंचकन्या

बचपन की बात है। हमें गँवई गुरूजी पढ़ाया करते थे। गुरूजी के माँ-बाप ने नाम रखा था, बुद्धिनाथ लाल। लेकिन, वह 'बुद्धू' गुरूजी के ही नाम से पुकारे जाते थे। बुद्धू गुरूजी, उस ज़माने में गुरुओं की तरह धार्मिक प्रवृत्ति के जीव थे। हमें पहाड़ा, ड्योढ़ा और हिसाब-किताब पढ़ाने के साथ-साथ कितने ही धार्मिक श्लोक भी रटाया करते थे। संस्कृत के पंडित वह नहीं थे, अतः उनके श्लोकों में पदभंग, व्याकरण दोष हों, यह आश्चर्य की बात नहीं। लेकिन उनके वे श्लोक आज भी हृदय पर जिस स्पष्टता से अंकित हैं, उतनी स्पष्टता से कालिदास या तुलसीदास के उत्तमोत्तम पद भी क्या खाकर अंकित होंगे ?

बुद्धू गुरूजी ने भोर-भोर जगाकर बिछावन पर बैठते ही जिन कई श्लोकों को पढ़ने का आदेश किया था, उनमें एक यह है—

'अहल्या द्रौपदी तारा कुन्ती मन्दोदरी तथा।
पंचकन्या स्मेरन्नित्यं महापातक नाशनम्।।'

यह श्लोक कहाँ का है, इसमें व्याकरण की कितनी गलतियाँ हैं, इन बातों पर जाने की ज़रूरत नहीं। ध्यान सिर्फ इस बात पर देना है कि यह श्लोक कितनी सदियों से भारतीय बच्चे, जवान, बूढ़े भोर-भोर जपते आए हैं। इनमें आई पाँच स्त्रियाँ, जिन्हें 'कन्या' कहकर ही सम्बोधित किया गया है, इतनी पवित्र समझी जाती रही हैं कि जिनके स्मरण से ही छोटे पापों की क्या बात, महापाप तक नाश हो जाएँ। न जाने कितने आदमियों ने ब्राह्ममुहूर्त्त की पवित्र

बेला के कितने मंगलमय क्षणों को इन नामों के जाप में ही गुज़ार दिए जिनके नाम इतने महापाप-नाशन, इतने पतित-पावन समझे गए, धन्य हैं वे स्त्रियाँ और धन्य है हमारी भारत-भूमि जिसने ऐसी कन्याओं, स्त्रियों को जन्म दिया !

अब क्या यह मुनासिब नहीं है कि हम ग़ौर से देखें, ये पंचकन्याएँ कौन थीं, इनका कैसा उदात्त चरित रहा है ? इनके कैसे उज्ज्वल कर्तृत्व रहे हैं ? जिनके कारण ये प्रातःस्मरणीय समझी गईं ?

सबसे पहले अहल्या !

सीता की जन्मभूमि मिथिला की ही यह कन्या-रत्न दरभंगा जिले के कमतौल-स्टेशन के निकट—ठीक वहीं जिसकी बगल में हिन्दी कोकिल अभिनव जयदेव विद्यापति का जन्म हुआ था, अहल्या-स्थान नामक एक प्राचीन स्थान है। वहाँ आज भी एक मेला लगता है और इस मेले में आज भी आप अहल्या की बहनों—सौन्दर्य की प्रतिमाओं के दर्शन कर सकते हैं, अपनी प्रेमांजलि अर्पित कर सकते हैं।

अहल्या, अत्यन्त सुन्दरी ! उस-सी सुन्दरी पृथ्वी में कौन कहे, स्वर्ग में भी नहीं थी। हाँ, हाँ, स्वर्ग में भी नहीं थी—अप्सराओं के देश, स्वर्ग में भी नहीं थी।

अतीव सुन्दरी अहल्या ब्याही गई, दार्शनिक गौतम से—कैसा विधि-विधान !

गौतमजी दिन-रात दार्शनिक चिन्ता में मस्त। यह पृथ्वी कैसे बनी, यह आकाश क्या है ? सत्य क्या है ? हम अपने जीवन में उसे कैसे उतारें ? दर्शन से सूक्ष्म न्याय पर। पत्ते पर घी है, या घी पर पत्ता ! धुआँ है, तो वहाँ आग भी होगी। यों ही उनका दिमाग स्थूल जगत से दूर, सूक्ष्म काल्पनिक जगत में विचरा करता। दिन-भर ऐसी ही कल्पनाएँ, रात-भर इन्हीं के सपने !

अहल्या के सौन्दर्य की ओर देखने की उन्हें फुरसत कहाँ ? और, सौन्दर्य भी तो क्षणिक, नश्वर, असत्य चीज़ है—उस पर वह अपना कीमती वक्त क्यों बरबाद करें ?

सौन्दर्य क्षणिक भले ही हो और उस पर उनका दार्शनिक दिमाग ध्यान न दे, लेकिन 'सौन्दर्य का सत्य' एक दिन ज़मीन को कौन कहे, स्वर्ग को भी अपने नज़दीक खींच ही लाया। दिन का सूरज अपने घोड़ों की टाप से उड़े गर्द-गुबार में कुछ नहीं देख पाए, लेकिन हिमानी पर मृग-रथ का चालक चन्द्रमा मृगनयनी के कटाक्ष वाणों से मूर्छित होकर आसमान से ज़मीन पर आ रहा ? यही नहीं, मेनका, रंभा आदि शत-सहस्र अप्सराओं के नृत्य-गीत, भावभंगी के बावजूद स्वयं इन्द्राणी के भुजपाश से चुपके निकलकर, देवराज, इन्द्र को भी स्वर्ग से पृथ्वी पर उतरने को मजबूर होना पड़ा !

गौतमजी कुटिया में पड़े-पड़े न्याय-सूत्रों को सुलझाते रहे, उनके आँगन में ज़मीन-आसमान, पृथ्वी-आकाश एक होते रहे !

एक दिन ऋषिजी की आँखें खुलीं और अपने पर ग्लानि करने, अपना अपराध समझने और उसे सुधारने के बदले, ऋषि-सुलभ क्रोध में उन्होंने इन्द्र के अंग भंग किए, चन्द्रमा में दाग लगाया और अहल्या को पत्थर बना दिया। इन्द्र अब भी क्षति-पूर्ति नहीं कर सके, चन्द्रमा आज तक धब्बा लिए घूमता है, लेकिन अहल्या—

ऋषि के शाप के बावजूद, दुनिया की नज़र में पतिता होकर भी, अपनी सौन्दर्य-राशि से स्वर्ग को पृथ्वी पर उतारने और मानव की देव पर श्रेष्ठता सिद्ध करने के कारण 'स्त्री' से 'कन्या' बनकर आज तक इस पाप-तापमय जगत के प्रत्येक व्यक्ति की जिह्वा पर है—प्रातःस्मरणीय है।

कन्या नं. 2—द्रौपदी !

पाँच पांडवों–युधिष्ठिर, अर्जुन, भीम, सहदेव, नकुल की सौभाग्यवती पत्नी ! जो एक साथ ही पाँच पतियों को सन्तुष्ट रखे, भला उससे बढ़कर नारी-रत्न और कौन हो सकता है ? निस्सन्देह द्रौपदी भी बन्दनीय, प्रातःस्मरणीय है।

तारा–दो हैं।

एक देवगुरु वृहस्पति की धर्मपत्नी और एक वानर-राज बालि की अर्धांगिनी। वानर-राज बालि की अर्धांगिनी ने उसकी मृत्यु के बाद अगर कोई दूसरा अर्द्धांग खोज लिया हो, किसी सुकंठ सुग्रीव के कंठ लगी हो, तो आश्चर्य की क्या बात ? वानर-राज की पत्नी–जिन बंदरियों को हम देखा करते हैं, उनकी ही तो कोई बड़ी बहन रही होगी ! आश्चर्य है कि इसे भी पंचकन्या में गिना गया।

तो क्या वहाँ जो दूसरी तारा देवगुरु की धर्मपत्नी हैं, उनकी ओर निर्देश है ?

ज़रा इन्हें भी तो देखें !

अगर गौतम को दर्शन-न्याय से फुरसत नहीं थी, तो देवगुरु को देवताओं को धर्मपथ पर चलाने से। स्वर्ग में विधि-निषेध का आदेश करने और देवकुमारों को सुशिक्षित बनाने में ही बेचारे मगन। उनकी उम्र भी कुछ बड़ी रही होगी। बेचारी युवती तारा के रिक्त-हृदय का हाहाकार अन्तर से उठता और शून्य में विलीन हो जाता ! कोई उस पर ध्यान देनेवाला नहीं था।

उसी समय देवगुरु की पाठशाला में एक किशोर–नहीं नौजवान देवकुमार अध्ययन करने आया। कितना सुन्दर ! उसका चेहरा–उससे निकली ज्योति से रात्रि का अन्धकार दूर हो जाता ! हाँ, ऐसी चमक थी उसमें, ऐसी ज्योत्स्ना छिटकती थी उससे। वह कौन था–वह साक्षात् चन्द्रमा था।

[याद रखिए, इसी चन्द्रमा ने पीछे आसमान से उतरकर अहल्या के आँगन का ही नहीं, हृदय का अन्धकार दूर करने का पेशा किया था]

तारा ने चन्द्रमा को देखा। देखा और मोहित हुई। उस समय चन्द्रमा प्रेम के अखाड़े का नया खिलाड़ी था। वह घबड़ाया–गुरु की पत्नी से प्रेम अरे, पाप !

पाप या महापाप ! कहानी यों है–गुरुदेव की इस धर्मपत्नी और इस सुन्दर शिष्य में वह छनी कि बुध नामक एक पुत्र तक इनके संयोग के फल से उत्पन्न हुआ।

महापाप, महापुण्य बन गया। तारा का नाम भी महापातक-नाशनम् !

कन्या नं. 4–कुन्ती !

जब पतोहू द्रौपदी की गिनती पंचकन्यायों में होती है, तो फिर सास भी उस श्रेणी में क्यों नहीं आए ? सास, पतोहू से कम किस बात में ? पतोहू बेचारी तो लाचारी में पड़ गई, नहीं डाल दी गई। और किसके द्वारा ? सास ने पतोहू को भी कोई फल समझ लिया और कहा, पाँचों भाई भोगो। बेटे माँ की बात टालते कैसे ? पतोहू ने भी सिर झुका दिया।

लेकिन, सास कुन्ती बचपन में बड़ी धार्मिक स्वभाव की। दुनिया में जो सबसे अधिक तेजपुंज और चमकीला है, उसी सूर्य देवता की उपासना में तल्लीन। बचपन बीता, जवानी आई। पूजा-उपासना बढ़ती गई। नदी किनारे शान्त-एकान्त जगह में हाथ में श्रद्धांजलि लेकर एकटक सूरज की ओर देखा करती। सूरजदेव भी पसीज गए, उपासना पर या उपासनापूत उसके शुभ्र सौन्दर्य पर ? कहानी है, एक दिन अपने रथ को आसमान में ही छोड़, पैदल-पैदल, वह पृथ्वी पर आए और नदी-कूल के उस शान्त-एकान्त वातावरण में उन्होंने कुन्ती के गले मे बाँहें डाल दीं !

कुमारी कुन्ती ने प्रथम-प्रथम पुरुष-भुजपाश का अनुभव किया। उसके हाथ की अंजलि

ज़मीन पर गिर गई। उसके अंग-अंग में पुलक जागे। उपासना प्रेमोपासना में बदल गई। उपासनाजनित रूक्षता प्रेममयी स्निग्धता में परिणत हुई। कुन्ती अब भी उपासना के लिए नदी तीर आती लेकिन अब माला उसके हाथ में नहीं गले में होती। वह स्वयं किसी गले की पुष्पमाला बन चुकी थी। किसकी ? सूर्यदेव की ?

कुछ दिन यों ही बीते। लेकिन यह क्या ? अब उसके शरीर में कुछ अजीब लक्षण दीख रहे हैं। चेहरा पीला पड़ रहा है। भोजन-पान से उसे विरक्ति हो रही है। वह अपने पेट में किसी नन्हें जीव के चलने-फिरने का अनुभव कर रही है। उफ़, यह क्या है ? वह कुल-परिवार, घर-द्वार से अपने को छिपाने लगी।

और नौ महीने के बाद वह नन्हा-सा जीव एक पूरा मानव रूप में जब उसके गर्भ से निकला, कुमारी कुन्ती न चीखी, न चिल्लाई—उसे लेकर उसी नदी-तट पर निर्मम, निष्ठुर, नरहन्ता की तरह फेंक आई।

यों, जिसने कुमारीपने में ही नेह के नाते जोड़े थे, उसकी शादी हुई पांडु ऐसे पांडुरोग पीड़ित, एक दुर्बल, मरीज़ राजकुमार से। क्या इसे सिर्फ़ तकदीर का खेल कहकर सन्तोष कर लिया जाए ? नहीं, कुन्ती अपने को मरुभूमि नहीं बनावेगी, न सिद्ध होने देगी ? पेड़ में फूल लगे हैं, तो फल भी आने चाहिए। निर्जन जंगल में खिलने और झड़ पड़ने में कुछ कविता भले ही तो, उसमें जीवन की सार्थकता नहीं। कुमारीपने में भी वह एक देवता को अपने पास खींच सकी थी, अभी आसमान में कितने देव पड़े हैं ! आगे कहानी यों बताती है—कुन्ती ने धर्मराज को, वायुराज को स्वर्ग से पृथ्वी पर घसीटा और अपने लिए युधिष्ठिर, अर्जुन और भीम ऐसे पुत्र पैदा किए। यही नहीं, अपनी सौत को भी उसने इस पथ का पार्थिक बनाया और सहदेव नकुल ऐसे पुत्र उन्हें देवताओं से दिलाए !

कुमारीपने में ही देवोपासना; धर्मपत्नी बनकर भी देवोपासना ? भला देवताओं की इस चिर प्रेमिका की गिनती पंचकन्या में क्यों नहीं हो ?

अन्त में मन्दोदरी !

मन्दोदरी, राक्षसी थी न ? अतः उसका नाम अन्त में ही आना चाहिए। मन्दोदरी रावण की धर्म-पत्नी और उसकी मृत्यु के बाद विभीषण की प्रणयिनी। निस्सन्देह, पंचकन्या की पवित्र नाम-माला मन्दोदरी के बिना पूरी हो नहीं सकती थी।

पंचकन्याओं की इस नाम-मालिका को देखने से यह प्रश्न बार-बार उठता है, हमारे ऋषि-मुनियों ने शत-सहस्त्र भारतीय रमणी-रत्नों में से, जिसमें कितनी ही अपने सती-साध्वीपने के लिए संसार में प्रसिद्ध हैं, क्यों इन पाँच महिलाओं को ही चुना, जिनके चरित्र के धब्बे, आधुनिक दृष्टि से देखने पर, न धोए जा सकते हैं, न छिपाए जा सकते हैं। क्या उस समय सतीत्व का कोई मूल्य नहीं था ? या सतीत्व की कोई दूसरी ही परिभाषा थी ?

या, उस ज़माने में स्त्रियों के जीवन का मूल्य किसी दूसरे बटखरे से कूटा जाता था ? शायद सवाल यह न था कि आप किसके संग क्या करती हैं, पर सवाल यह था कि आप क्या हैं और संसार को, मानवता को आपने क्या दान दिया है ?

ज़रा उल्टी दिशा से ही देखें। यह मन्दोदरी जिसने मेघनाथ ऐसा पुत्र पैदा किया, इन्द्र को जिसने पाला, लक्ष्मण को धराशायी बनानेवाला, मर्यादा-पुरुषोत्तम राम को सौ-सौ आँसू रुलानेवाला—भला वह मन्दोदरी संसार की महिला-मणि क्यों न समझी जाए ? समूची रामायण में राक्षस वंश में सबसे प्रोज्वल चरित किसी का है तो मेघनाथ का। उस मेघनाथ की जननी मन्दोदरी की उपेक्षा करना तो वीरपूजा की भावना पर कुठाराघात करना था। अतः हमारे वीरपूजक पूर्वजों ने इस वीर-जननी के प्रति श्रद्धांजलि अर्पित करके अपनी असीम गुण-ग्राहकता

का ही परिचय दिया है।

कुन्ती के वे प्रतापी पुत्र, जिनके बिना महाभारत रचा नहीं जा सकता था। एक ओर कर्ण, दूसरी ओर अर्जुन-भीम ! उफ़, वीरता का कैसा अपूर्व संयोग। युधिष्ठिर ऐसे धर्मात्मा भी तो उसी की कोख से जन्मे थे, अर्जुन-भीम-युधिष्ठिर और कर्ण की माँ को वे प्रातःस्मरणीया समझे, तो आश्चर्य क्या ?

अंगद की माँ तारा भी क्यों न पूजी जाए, जिसके पद-भार को लंकापति तक नहीं उठा सका ? अगर देवगुरु को ही लीजिए तो तारा और चन्द्रमा बुध ऐसे जाज्वल्यमान पुत्र पैदा हुआ, जो नौ नक्षत्रों में एक होकर आज भी आकाशमंडल को जगमग कर रहा है।

द्रौपदी स्वयं वीर नारी थी; पाँचों पांडवों की प्रेमिका। और अहल्या जिसके सौन्दर्य ने स्वर्गाधीश इन्द्र को पृथ्वी पर घसीटा, आकाश के चाँद को ज़मीन पर उतारा, जिसने मानवता के पैरों के निकट देवत्व को झुकने, घुटने टेकने के लिए, बाध्य किया, उस अहल्या को भोर में नहीं स्मरण करना तो प्रकृति की इतनी बड़ी विभूति का अपमान करना होता !

हमारे ऋषि हमसे ज्यादा उदार, ज्यादा दूरदर्शी, ज्यादा पारखी थे। तुच्छ बातों पर उनका ध्यान न था। वे ऊँचे थे, ऊँचा देखते थे। हम पतित हो गए हैं, इसलिए हमारी नज़र सिर्फ बुराई पर, छोटी बातों पर ही रहती है।

ज़ंजीरें और दीवारें

उस दिन एक बहन अपने भाई से मिलने जेल में आई। बहन ने अभी-अभी जवानी के दरवाज़े पर पैर रखा है। अभी दुनिया को नज़दीक से देखने का उसे मौका नहीं मिला। हाँ, नई रोशनी की एक झलक जो इस सुसंस्कृत परिवार पर पड़ी है, उसका नतीजा यह हुआ है कि उसने कुछ अंशों में परदे हटा दिए हैं, उसके आँचल का पल्ला दाहिनी ओर न जाकर बाईं ओर से जाता है और गर्दन का घेरा, दूसरे कन्धे से नीचे, सामने लटक आता है। घूँघट की गुंजाइश कहाँ ? फिर आँचल सिर पर जाकर उसकी काली केशराशि और गौर मुखमंडल की शोभा का व्याघात क्यों बने ?

बहन के पैर में चप्पल, हाथ में दो-दो, हाँ सिर्फ दो-दो धानी चूड़ियाँ, और ललाट के ऊपर के हिस्से में, जहाँ से बालों को दो हिस्सों में करके माँग काढ़ी गई है, सिन्दूर की दीप्त लालिमा, जो बहन के लहलहाते सौभाग्य की सूचना दे रही थी। बहन का वह सौभाग्य भाई के लिए कितना आनन्दप्रद था।

बहन ने सुना, उसका इन्कलाबी भाई जेल गया है, वह दौड़ी-दौड़ी आई थी, मिलने, भाई को देखने, शायद उसका 'दर्शन' भी करने। जब भाई से जेलर के कमरे में उसने भेंट की, लपककर उसके चरण छुए। भाई कृतार्थ हुए, अपने रूमाल से उसके प्रेमाश्रुओं को पोंछ, गद्गद हो गए। दोनों आमने-सामने कुर्सी पर बैठे। बहुत बातें हुईं। बहन कुछ आश्चर्य से भाई को देख रही थी, भाई इसे समझ रहे थे। उसने सोचा होगा, उसके इन्कलाबी भाई के हाथ में, कमर में, पैर में लोहे के कुछ भारी बन्धन होंगे, शरीर नंग-धरंग होगा और उसके भैया कितने सूख गए होंगे ? इधर भाई साहब सूखने के बदले कुछ चिकने हो गए थे, वह बाबू-ऐसा लकालक लिबास पहने थे—कहाँ की बेड़ी, कहाँ की हथकड़ी ? यह कैसी ?

संयोग की बात ! उसी समय कुछ झन-झन की आवाज़ हुई। बहन ने मुड़कर उस ओर देखा। एक पुराना मुजरिम जा रहा था, उसकी वैसी ही सूरत और हालत थी, जिसकी उसने

कल्पना कर रखी थी ! पैर में डंडा-बेड़ी, जो चलते समय 'झन-झन' कर उठती, हाथ में आहिनी कड़ियाँ। कमर में अधजँघिया, देह पर बिना बाँहों का काली धारी का कुर्ता। सिर पर काली टोपी। उसका रूप देखकर ही वह चौंक गई, घबड़ा गई। भाई ने देखा—तब से उसका चेहरा विषण्ण है। उसका चहकना गायब है। वह बोलती है, बोलती है और अचानक रुक जाती है। भाई ने हँसकर कहा—क्यों, घबड़ा रही है क्या तू ? उसने झट से कहा—'नहीं, नहीं।' लेकिन भाई ने बहन के मुख से उसके मन की भावना बाहर करा ही ली। बाहर जेल की ऊँची काली दीवारें देखकर घबड़ाई थी, भीतर की जंजीरों ने उसे घबरा दिया है। उफ़—ये दीवारें, ये जंजीरें—उसके मुँह से अनायास ये शब्द निकले !

बहन गेट से बाहर गई, भाई फिर भीतर आया। कहा नहीं जा सकता, बाहर के प्रपंचों और धूमधाम में बहन उस दिन की बातें भूल गई या नहीं किन्तु भाई के हृदय में 'ये दीवारें, ये जंजीरें' तब से जब-तब झन-झन कर उठती हैं। हाँ, उस झनझन में न बहन का भय कम्पन होता है, न भाई का प्रबोधन। बल्कि उसका सुर, ताल, लय सबकुछ दूसरा ही—बिलकुल पृथक् होता है। वह सोचा करता है—

ये दीवारें, ये जंजीरें ! दीवारें कितनी ऊँची, कितनी काली, कितनी डरावनी। किसी भी स्त्री का कोमल हृदय इसे देखकर विचलित हुए बिना नहीं रह सकता। अगर बहन डरी, भयभीत हुई, तो अचरज क्या ? और ये आदमी, जंजीरें—उफ़ मानवता को किस बेदर्दी से जकड़ रखा है उन्होंने। इनकी झन-झन आवाज़ नहीं है, मानव हृदय की चीख है, जो लोहे की ज़बान से निकल रही है ! किसी भी सहृदय रमणी के जीवन-तारों को झनझना देने की इनमें क्षमता है। बहन, बहन नहीं होती, अगर वह इनके असर से अछूती रह जाती !

सचमुच भयावनी चीज़ें हैं—ये दीवारें, ये जंजीरें। लेकिन, ज़रा इसकी तुलना तो करें, उन जंजीरों और दीवारों से, जिनके अन्दर हमारी बहनें 'सानन्द' बिचरती, जिन्हें 'धारण' कर वे फूली नहीं समाती हैं।

पत्थर की ये दीवारें—निस्सन्देह ही बड़ी पोखता ! ऐसी मज़बूत दीवारें कहाँ मिल सकती हैं ? लेकिन, इतिहास बताता है, कितनी ही बार ये दीवारें ढह चुकी हैं—ताश के घर की तरह भहरा चुकी हैं। बाहरवालों के क्रोध और भीतरवालों की कराह ने उनके पत्थर को चूर-चूर कर दिया है, इनकी ईंट से ईंट बजा दी है। और ये जंजीरें—जिनके हाथों में ये जंजीरें झूल चुकी हैं, उन्हीं हाथों में हुकूमत के लगाम आए हैं, उन पर हज़ार-हज़ार पुष्पमालाएँ अर्पित की गई हैं ! ये दीवारें, ये जंजीरें—भीषण हैं, भयावह हैं। लेकिन इनकी नींव ही से नई मानवता पैदा हुई है, इन्हीं की झंकार में संसार का नया राग गाया गया है। इस तरह ये दीवारें, ये जंजीरें—अपनी विभीषिकाओं के बावजूद नमस्य हैं, प्रणम्य हैं !

लेकिन, ये दीवारें, जिनके अन्दर हमारी यह बहन कैद होने जा रही है, या इसकी लक्ष-लक्ष, कोटि-कोटि बहनें जिसके अन्दर सड़ रही हैं; उफ़ कैसी भयानक हैं वे दीवारें ! जेल की इन दीवारों के अन्दर इसका सबसे ज्यादा ख्याल रखा जाता है कि रोशनी खुलेआम जा सके, उन्मुक्त वायु पहुँच सके, कहीं शील या सीड़ न रहे—सफाई का तो पूछना ही क्या ? जगह-जगह पेड़-पौधे फूल-पत्ते लगे होते हैं। फिर इन दो घरों के अन्दर रहने की अवधि होती है। जिनके बाद फिर पूर्ण स्वधीनता। लेकिन इन दीवारों का क्या पूछना ? जिनके अन्दर शत-सहस्र भारतीय रमणियाँ सड़ रही हैं। चारों ओर ऐसे घर जिसमें खिड़की के नाम पर दीवाल के ऊपरी हिस्से में, प्रायः छप्पर से छूते हुए, छोटे-छोटे दरबे, जिनसे रोशनी क्या आएगी, क्या हवा पहुँचेगी ? हाँ जहाँ कबूतरों ने भले ही अपने घोंसले बना रखे हों, या घर की फालतू चीज़ें रख दी गई हों। ऐसे घरों से घिरा बीच का आँगन—जहाँ दुपहरिया के इधर-उधर ही

थोड़ी देर के लिए रोशनी पहुँच पाती है। और उन्मुक्त हवा के लिए तो इसमें गुंजाइश कहाँ ? चारों ओर से घिरा छोटा-सा यह स्थान—हवा कहाँ, किस ओर से आवे-जावे इसमें ? शील और सीड़ से आँगन और घर सभी चप-चप। हवा-रोशनी भले ही न आने पाए, गोबर और चिकनी मिट्टी से लिपाई-पोताई हमेशा होती रहेगी। फिर क्यों न बीमारियाँ बारह मास अखाड़ा बना सकें ? इन्हें इस छोटी-सी जगह में कहाँ पेड़-पौधे ? कहाँ फूल-पत्ते ? अगर तुलसी चौरे पर एकाध अधमरी तुलसी का पौधा हो गया, तो गनीमत। न स्नान के लिए कोई निश्चित जगह, न शौचादि के लिए कोई पक्की व्यवस्था ! आँगन से पानी के निकास के लिए बनी हुई मोरी से हमेशा दुर्गन्ध उड़ती, उसमें पिल्लू खद-खद करते।

हाँ, यह सही है कि इस चहारदीवारी का फाटक न तो फौलाद का बना है, न उसके दरवाज़े पर हमेशा बन्दूकधारी सन्तरी पहरा देते रहते हैं ! लेकिन क्या मजाल कि इसमें बाहर पैर भी रखे जाएँ—हाँ, जवानी में नैहर के नाम पर या बुढ़ापे में तीर्थ यात्रा के लिए कभी-कभी 'पैरोल' पर जाने का, कुछ दिनों का मौका ही मिले, किन्तु ज़िन्दगी भर इन दीवारों के अन्दर ही सड़ा करो। जवानी को घरों में गवाँ दो, बिना धूप के, बिना हवा के। तुरत ही आने और हमेशा बने रहनेवाले बुढ़ापे में इस तंग आँगन में ज़रा घूम-फिर लो। और क्या चाहिए तुम्हें ? किन्तु खबरदार, इन दीवारों के बाहर मत झाँको, क्योंकि तुम कुल-वधू हो, तुम्हारे खानदान का नाम बहुत लम्बा है, तुम शरीफ घराने की हो। दीवारें, दीवारें, दीवारें ! दीवारों के अन्दर तुम्हारा जन्म हुआ, दीवारों के अन्दर तुम पलीं, दीवारों के अन्दर ही ज़िन्दगी गुजारो ! हाँ हम एक प्रतिज्ञा करते हैं—जब तुम मरोगी, तो सारी कसर इसकी पूरी कर देंगे हम। तुम्हें घर से बाहर, सुनसान बियावान में, नदी किनारे के उस स्थान में, खुलेआम खोद-खादकर जला देंगे। हम पर विश्वास करो, हम तुमसे वादा करते हैं, यह हमारी प्रतिज्ञा है।

खैर ये तो हुई हमारी बहनों को आजन्म कैद में रखनेवाली प्रकट दीवारें। किन्तु इनके अतिरिक्त जो कितनी अलंघ दीवारें हैं ! नाना तरह की प्रथाओं और रूढ़ियों की वे उत्तुंग दीवारें !

तुम तुरन्त-तुरन्त ससुराल आई हो। नैहर में जो कुछ भी थोड़ी स्वाधीनता थी, उसका सपना भी छोड़ो। आँगन रूपी जेल में नहीं, किसी कोठरी रूपी जेल में तुम्हें दिन-रात रहना है। तो भी, तुम्हारे मन में एक आकांक्षा तो होगी ही। जिसके नाम पर, जिनके लिए यह आजीवन कैद खुशी-खुशी तुमने ग्रहण की—उन्हें भर नजर देखा करूँ, उनके साथ रहूँ, उनकी संगत का सुख लूटूँ। नहीं, तुम ऐसा भी नहीं कर सकतीं ? दिन-रात में कुछ निश्चित समय है; उसमें तुम्हें इसकी इजाजत मिलेगी। लेकिन, इजाजत—इजाजत है; इसमें ज़रा भी इजाफा करने का भी तुम्हें हक नहीं।

एक पूरा 'पेनल' और 'प्रोसीजियर' कोड है, जिसके अनुसार प्यारी बहनो, तुम्हें चलना है। तुम्हें किससे बोलना चाहिए, किससे नहीं, किससे मुँह खोलना चाहिए, किससे नहीं। कैसे खाना चाहिए, कैसे सोना चाहिए। सबके बँधे-बँधाए नियम हैं, जिन्हें तुम्हें बरतना है। इनमें ज़रा भी व्याघात हुआ कि तुम गईं। चारों ओर तुम्हारी बदनामी, चारों ओर कानाफूसी। तुम्हारी ज़िन्दगी, हराम ! सास तुम्हारी इस विशाल जेल की सर्वमान्य जेलर हैं और ननद जमादार। उनकी यह ड्यूटी है कि तुम्हें इन दीवारों के अन्दर ही रखें और इन नियमों की पाबन्दी करावें। तुम उन पर नाराज़ मत हो, उन बेचारियों का क्या दोष ? वे खुद इन पाबन्दियों को भुगत चुकीं या भुगतेंगी। लेकिन, उन पर जो ज़िम्मेदारी है, उन्हें कैसे न निबाहें वे ! निबाहना ही होगा उन्हें। वे भी स्वाधीन नहीं हैं, नहीं हैं !

ये दीवारें इतनी विस्तृत ऊँची और रंग-बिरंगी हैं कि उनका वर्णन कहाँ तक किया जाए ?

अब ज़रा जंजीरों को देखिए !

जिस समय उस मुजरिम की कड़ियाँ चीख उठी थीं, भाई ने देखा था, उसकी चकित-विस्मित बहन की दो चूड़ियाँ भी खनखना पड़ी थीं ? ये चूड़ियाँ क्या हैं—क्या बहन ने इस पर विचार किया है ? उन कड़ियों और चूड़ियों में कोई सम्बन्ध है—क्या उसने ज़रा भी सोचा है ?

कहाँ वे कड़ियाँ ? फौलाद की काली-कलूटी कड़ियाँ और, कहाँ काँच की ये नेत्र रंजन चूड़ियाँ ! एक ज़बरदस्ती हाथों में डाली गई हैं और दूसरी स्वयं अपनी पसन्द से पहनी गई हैं। एक 'अपराध' की सूचक हैं, दूसरी 'प्रेम' की। भला दोनों में क्या सम्बन्ध ?

अच्छा साहब, आपकी ही बात सही। एक अपराध की सूचक, दूसरी प्रेम की। एक ज़बरदस्ती डाली गई है, दूसरी अपनी पसन्द से पहनी गई है। किन्तु ज़रा यह तो बताइए कि जब यह अपनी पसन्द से पहनने की ही चीज़ है, तो फिर ऐसी नेत्र रंजन चीज़ से उन लक्ष-लक्ष बहनों को भरी जवानी में वंचित क्यों कर दिया गया है, जिन्हें आप 'विधवा' कहते हैं। क्या विधवाओं में प्रेम नहीं रह जाता ? क्या उनमें पसन्द करने की भावना नहीं रह जाती है ? कोई ऐसा मनोविज्ञानी है जो बतावे, पति के मरते ही विधवाओं का प्रेम भी मर जाता है, या उनमें कोई ऐसा अहसास नहीं रह जाता है कि वे समझ सकें—कौन चीज़ अच्छी, कौन बुरी ?

मानिए, न मानिए ! चूड़ियाँ हो या कड़ियाँ, काँच की हों या लोहे की—हैं दोनों ही बन्धन की सूचक। बन्धन की—गुलामी की ? एक आदमी पर आदमी की गुलामी की, दूसरी औरत पर मर्द की गुलामी की। पशुओं के खरीदार अपने खरीदे हुए पशु के गले में धागे बाँध देते हैं, पहचान के लिए ! तुम अब किसी की बीवी बन चुकीं या बननेवाली हो—इसलिए डाल लो हाथ में चूड़ियाँ ! और संयोग, अब वह चल बसा, तो फोड़ो इन चूड़ियों को। तुम्हें इसके पहनने का हक नहीं ? तुम अभागिनी, ऐसी खूबसूरत चीज़ अपने हाथ में रखने का तुम्हें हक है ?

खूबसूरत चीज़ ! गुलामी की पराकाष्ठा उस दिन हो जाती है, जब गुलाम अपने बन्धनों को शृंगार समझने लगता है। हमारी बहनों का पतन पराकाष्ठा तक पहुँच गया है !

तो क्या तुम चाहते हो, हमारी बहनों की ये गोल-गोल पतली-पतली, गोरी-गोरी कलाइयाँ यूँ ही छूँछी, उरिया नंगी रहें ? तुम अपने को कलाकार कहते हो ! उफ़, कैसे रुचिभ्रष्ट, बदज़ौक हो तुम ? खुदा भगवान न मानो, प्रकृति को ही पूजो। बताओ क्या प्रकृति ने ये सुन्दर कलाइयाँ शृंगार-हीन रखने को बनाई हैं।

उस दिन मुजरिम ने भी इसी तरह हँसते हुए कहा, बाबू यह मर्दों की कलाई है, फौलाद की बनी। इनकी शोभा ये फौलादी कड़ियाँ ही हैं !

हम सुलह करने को तैयार हैं। बहनों के लिए अगर अपनी कोमल कलाइयों में चूड़ियाँ पहनाना लाज़िमी समझा जाए, तो भाइयों को भी अपनी मर्दानगी दिखाने के लिए फौलादी कड़ियाँ डालकर उन्हें झनझनाते, खनखनाते चलना लाजिमी करार दिया जाए !

नहीं तो इन चूड़ियों का सम्बन्ध 'पति' से हटा देना चाहिए। यह बहनों की रुचि पर छोड़ा जाए कि वे चूड़ियाँ पहनें या नहीं पहनें। चूड़ियाँ पहनें या कलाई-घड़ियाँ बाँधें ?

अगर हम अपनी गुलामी की जंजीरें तोड़ना चाहते हैं, तो अपनी बहनों के हाथ-पाँव को तो उनसे मुक्त करें !

लेकिन, आप ऐसा क्यों करेंगे ? आज़ादी भीख माँगने से नहीं मिलती। न आपको मिली न बहनों को मिलेगी ! आपने लड़ाइयाँ लड़ी हैं, बहनों को भी कुर्बानियाँ देनी पड़ेंगी, इस आज़ादी के लिए।

वेश्या बनाम सती

इधर दो-एक मनचले युवकों ने वेश्या का पाणिग्रहण किया है। कुछ समाज-सुधारक इस पर बेहद खुशी ज़ाहिर कर रहे हैं। उस दिन एक सज्जन ने इस प्रसंग पर चर्चा करते हुए लिखा था—यदि अपत्नीक युवक इस प्रकार साहस दिखाएँ तो पाँच लाख वेश्याओं की समस्या हल होने में देर न लगे।

मुझे ऐसे उद्‌गारों को पढ़कर हँसी आती है। यथार्थ बात तो यह है कि ये खयाली पुलाव स्पष्ट सोचने की शक्ति के अभाव के परिणाम हैं। वेश्याओं की समस्या न इतनी सरल है, और न इतनी सुगमता से हल होनेवाली है। देश में पाँच लाख अपत्नीक युवकों का अभाव नहीं। किन्तु समाज की जो मनोवृत्ति है, इस प्रसंग पर उसके जैसे गन्दे विचार हैं, उनको देखते हुए ऐसी आशा करना कि ऐसे लोग मिल जाएँगे, सर्वथा भ्रामक है। और एक क्षण के लिए मान लीजिए कि ऐसे लोग मिल गए और आज जितनी वेश्याएँ हैं, कल से कुल-वधू के रूप में हमारे घरों को सुशोभित करने लगें, तो क्या इतने ही से हमारी समस्या हल हो गई। क्या कोई भी ऐसे स्वप्न-दर्शी सज्जन हैं जो विश्वास दिलाएँगे कि अब से कोई कुल-वधू वेश्या-वृत्ति की ओर प्रवृत्त नहीं होगी ? यदि कोई हाँ कहने का दुस्साहस करे तो मैं उनसे स्पष्ट कह दूँ, स्वप्न-दर्शी महाराज, आप इस समस्या को समझे ही नहीं, कुछ दिन और सोचने की कोशिश कीजिए।

वेश्याओं की समस्या महान स्त्री-समस्या का एक प्रमुख अंग है। जब तक हम स्त्री-समस्या को नहीं समझ सकेंगे, तब तक यह समस्या भी समझ में नहीं आ सकती। और, अब, जब कि भारत एक नवीन समाज की स्थापना करने जा रहा है, यह आवश्यक है कि हम उस समस्या को—महान स्त्री-समस्या को—अच्छी तरह समझने का प्रयत्न करें।

अपनी शारीरिक कमज़ोरियों के कारण स्त्रियाँ सदा ही पुरुषों की गुलाम रही हैं। मानवी इतिहास के प्रारम्भिक युगों में कुछ समय तक स्त्रियों को पुरुषों ने अपनी बराबरी का हक दिया था। वैदिक युग में—जो आधुनिक ऐतिहासिकों के कथनानुसार भी मानव जाति का प्रारम्भिक युग है—हम स्त्रियों को, अधिकांश में, बराबरी का हक उपयोग करते हुए पाते हैं। पुरानी बाइबिल की कहानियों में भी स्त्रियों को प्रायः इसी रूप में चित्रित किया गया है। स्त्रियों को बराबरी का यह हक आदि-युग के पुरुषों ने उनके सौन्दर्य पर मुग्ध होकर दिया था, या उनकी प्रखर-मेधाशक्ति का लोहा मानकर, कहा नहीं जा सकता। किन्तु वे इस गौरव पद पर ज्यादा दिनों तक अधिषित नहीं रह सकीं।

कुछ लोग स्त्री-समाज के अधःपतन का प्रारम्भ व्यक्तिगत सम्पत्ति के विकास से जोड़ते हैं। गर्भाधान आदि के कारण स्त्रियाँ हमेशा अपनी जीविका अर्जित करने में अक्षम सिद्ध हुईं; पुरुषों पर उन्हें अवलम्बित होना पड़ा, फलतः उन्हें उनका दासत्व स्वीकार करने को बाध्य होना पड़ा। पुरुषों ने उनकी कमज़ोरियाँ ताड़ लीं। अब वे या तो पुरुषों के मनोरंजन की सामग्री या उनकी दासियाँ रह गईं। रामायण या महाभारत में, या ग्रीकों या रोमनों की कहानियों में, इस प्रवृत्ति का हम अच्छा प्रदर्शन पाते हैं। तब एक-एक पुरुष, दस-बीस की कौन कहे, सैकड़ों-हज़ारों स्त्रियों का 'पूजनीय' पति बन सकता था। हाँ यदि पुरुष चाहें तो पाँच-पाँच मिलकर भी एक स्त्री का उपभोग कर सकते थे। सुनते हैं, रामायण का काल महाभारत से पहले का है। रामायण में जहाँ दशरथ आदि की लज्जास्पद कहानियाँ हैं, वहाँ राम ऐसे लोग भी थे, जो कम से कम अपनी स्त्रियों को काम-वासना की सामग्री नहीं समझते थे। लेकिन महाभारत में स्त्रियों का वह रहा-सहा अधिकार उठ गया दीखता है। जब हम स्त्री-समस्या को

सामने रखकर महाभारत के दो प्रधान नायक—श्रीकृष्ण या अर्जुन का चरित्र देखते हैं, तो शर्म से हमारा सिर नीचा हो जाता है। इन घटनाओं पर विश्लेषणात्मक दृष्टि डालने से यही पता चलता है कि धीरे-धीरे स्त्रियाँ अपना गौरव और प्रभुत्व खोती गई हैं। उनका जो स्थान वैदिक युग में था, वह रामायण में न रहा, और जो रहा-सहा सम्मान रामायण काल में बचा था, वह महाभारत काल में ही धुल-पुँछ गया।

इस प्रकार क्रमशः स्त्रियाँ अपने स्थान से गिरती हुई, वर्तमान अवस्था में पहुँची हैं। आज संसार भर में कुछ असभ्य समाजों को छोड़कर (जहाँ कि इस समय भी उनका वैदिक कालोपम सम्मान और अधिकार है) स्त्रियाँ पुरुषों की गुलाम के रूप में ज़िन्दगी बिता रही हैं। चाहे यूरोप की बात लीजिए या अमेरिका की; चीन की चर्चा कीजिए या ईरान की; मिश्र हो या भारत—सभी जगह उनकी यही हालत है। कहीं उनकी गुलामी ने अत्यन्त विकट रूप धारण कर लिया है, कहीं उन्हें थोड़ी सहूलियत मिली है, किन्तु आप जहाँ-कहीं भी देखें, गुलामी उनके सुन्दर ललाट पर लिखी है। कभी-कभी भ्रमवश हम मान लेते हैं कि यूरोप-अमेरिका की स्त्रियाँ स्वतन्त्र हैं, किन्तु वह बिल्कुल गलत बात है। हाँ, पुरुष समाज से बगावत करके उन्होंने थोड़े से 'सुधार' ज़रूर प्राप्त कर लिए हैं, किन्तु जैसे मान्टेगु चेन्सफोर्ड सुधार-प्राप्त भारत, स्वतन्त्र भारत नहीं कहला सकता था; वैसे ही वहाँ की स्त्रियाँ भी स्वतन्त्र नहीं समझी जा सकती हैं।

एक बार जिसको हम गुलाम बनाते हैं, हमारी इच्छा होती है कि वह सदा हमारी गुलामी करता रहे। यही मनुष्य स्वभाव है—मैं अपवाद की बात नहीं करता। पुरुष भी स्त्रियों को सदा गुलाम बनाए रखना चाहें तो इसमें आश्चर्य क्या ? किन्तु यह भी सर्वस्वीकृत सिद्धान्त है कि पशुबल के भरोसे ही, केवल लाठी के जोर से ही, आप किसी को सदा गुलाम नहीं रख सकते हैं। अतः गुलामी की जंजीर को मजबूत बनाने के लिए सबसे अधिक आवश्यकता इस बात की है कि गुलाम के दिमाग और हृदय पर आप ऐसी छाप बिठा दें कि वह अपने को सदा आपसे नीच-पतित समझे, आपकी सेवा करना अपना परम-धर्म जाने, यही नहीं अपनी सारी साधनाओं का केन्द्र आपको ही माने। जहाँ-जहाँ गुलामी फैली, वहाँ-वहाँ गुलाम बनानेवालों ने इसी गुर का प्रयोग किया है। भारत में हम यह दृश्य देख चुके हैं; यूरोप में भी ऐसा ही हुआ था। पुरुषों ने भी इस सिद्धान्त को मान लिया। अतः उन्होंने शास्त्रों में, धर्म-पुस्तकों में ऐसे वचन गढ़-गढ़कर घुसा दिए जिससे स्त्रियाँ अपने को पतित समझें, अपने पति को ही अपनी मुक्ति का आधार मानें, उनके प्रति सदा वफादार बनी रहें, आदि-आदि। चालाकी हो, तो ज़रा गहरी। जहाँ स्त्रियों को हज़ारों ढंग से इस तरह के उपदेश दिए गए, वहाँ जब-तब यह भी कहा गया कि पति भी पत्नी का सब प्रकार से सम्मान करे, उनका आदर करे आदि-आदि। यानी जहाँ पग-पग पर गुलाम को कहा गया कि तू अपने मालिक को ही सब कुछ समझ, तू उसके लिए जी, तू उसके लिए मर, तू अधम है, पतित है—पतित है, बुद्धिहीन है, दोषों की खान है; अतः सदा अपने 'मालिक' का ही भरोसा कर, वही तुझे तारेगा, वह तेरा उद्धार करेगा, आदि-आदि; वहाँ गुलाम के मालिक को भी चलते-चलते दो-चार शब्द कह दिए गए कि तू भी इसकी जरूरतों को देख, इसके हौसलों को पूरा करने की कोशिश कर, तू इसका सम्मान कर, आदि-आदि। हमारे शास्त्रों में ऐसे वाक्य भरे पड़े हैं। मनु ने एक जगह कह दिया—यत्र नार्यस्तु पूज्यन्ते रमन्ते तत्र देवता। पुरुष सदा इस श्लोक को स्त्रियों के प्रति अपने सम्मान-भाव के सूचक रूप में पेश करते हैं, किन्तु इसी मनु ने यह विधान दिया है स्त्रियाँ कभी भी स्वतन्त्र न रखी जाएँ, बचपन में माँ-बाप उनकी निगरानी करें, यौवन में पति उन पर शासन करे, और बुढ़ापे में पुत्र उनकी देखभाल करे। कोई भी स्वाभिमानी महिला ऐसी पुस्तक को जला डालना चाहेगी, जिसमें उसकी जाति को सदा गुलामी में रखने का इतना बड़ा

जाल रचा गया हो। हमारे तुलसी बाबा ने तो कमाल किया है। 'अधम ते अधम अधम अतिनारी', 'तीय अधर बुधि', 'नारी स्वभाव सत्य कवि कहहीं। अवगुण आठ सदा उर रहहीं'—आदि उद्‌गारों के द्वारा जब उन्हें सन्तोष नहीं हुआ तो यह 'मार्शल लॉ' जारी कर दिया कि 'ढोल गँवार, शूद्र पशु नारी, ये सब ताड़न के अधिकारी'। भला इस गुस्ताखी का भी कोई ठिकाना है ? खैर, यह तो हुई स्त्रियों की समाज में स्थिति; अब उनका कर्तव्य पतिदेव के बारे में क्या है, यह भी हमारे बाबा से पूछिए। वह कहते हैं—"वृद्ध, रोग-वश, जड़, धनहीना; अन्ध बधिर, क्रोधी, अतिदीना, ऐसे हुँ पति कर किए अपमाना, नारी पाव जमपुर दुख नाना।" माशाल्लाह। न जाने बाबा का यह सदुपदेश किसी पढ़ी-लिखी युवती की नज़रों से गुजरा है कि नहीं। निस्सन्देह यदि उसमें थोड़ी भी रहस्य रसिकता होगी, तो खूब हँसे बिना नहीं रहेगी। किन्तु वह हँसा करे। आज इस प्रकार के साहित्य को पढ़कर ही उसकी समूची जाति गुलामी का टीका अपने मस्तक पर लगाए सानन्द घूमती है ? भारतीय स्त्रियाँ अपने सुन्दर ललाट पर सिन्दूर का बिन्दु लगाती हैं—क्या यह गुलामी का टीका नहीं है ?

इस प्रकार के 'सतियों के समाज' में वेश्याएँ कैसे निकलीं, समाजशास्त्रियों के लिए यह प्रश्न बड़ी गम्भीरता से सोचने का है। वेश्याएँ आज से नहीं हैं, प्राचीनतम साहित्य में भी उनकी चर्चा है। यही नहीं, पवित्रतम स्थानों में भी उनकी कल्पना की गई है—स्वर्ग, जन्नत, हेवेन सब जगह इनका बोलबाला है। अप्सरा, हूर, फेयरी आदि रूपों में ये परलोक में भी हमारी प्रतीक्षा कर रही हैं। आखिर इनकी उत्पत्ति कैसे हुई ?

दो प्रमुख मत हैं। एक का कहना है कि स्त्रियों में जो अलौकिक सौन्दर्यशालिनी हुईं उन पर किसी एक का आधिपत्य रहना न्याय की दृष्टि से और समाज के कल्याण के विचार से भी उचित नहीं समझा गया। सम्भव था इन्हें समाज के भीतर किसी एक की होकर रहने से मार-पीट, खून-खराबी और फलतः, महान अशान्ति फैल जाती। अतः जहाँ सारी गुलाम जाति बाँट ली गई, वहाँ कुछ सार्वजनिक उपयोग के लिए भी छोड़ दी गईं। इनके यहाँ सबकी पैठ थी। ये सबकी चीज़ें थीं, चूँकि समाज ने ही इनकी रचना की थी, अतः इसके बदले इन्हें थोड़ी सामाजिक प्रतिष्ठा भी दे रखी थी और पवित्रतम स्थानों में भी इनकी पैठ कर दी थी। अनुपम सौन्दर्य के कारण सभी इनसे सहवास की इच्छा रखते थे। यहाँ तक कि परलोक में ऐसे सौन्दर्य की कल्पना करते। वैशाली के प्रजातन्त्र में एक नियम था कि सबसे सुन्दरी युवती होगी, उसकी शादी न होगी, उसे राज्यनर्तकी के रूप में ही रहना होगा। सुप्रसिद्ध ऐतिहासिक नारी अम्बपाली ऐसी ही स्त्री थी, यह तथ्य उपर्युक्त मत की पुष्टि करता है। दूसरा मत कुछ विद्रोहवादी-सा है। सम्भव है; कुछ लोग इससे भड़कें। किन्तु सत्य को कब तक छिपाया जा सकता है ? इस मत के अनुसार वेश्याएँ वे विद्रोही स्त्रियाँ हैं जिन्होंने पुरुषों की गुलामी के टीके को पोंछकर अपने को पूर्ण स्वतन्त्र कर लिया। अब चूँकि उन्होंने विद्रोह किया, अतः पुरुष समाज इनकी सामाजिक स्थिति को बुरी से बुरी बताने लगा। जैसे आज तक की सरकारें अपने विद्रोहियों को समाज का शत्रु, उच्छृंखल और अबारा नामों से पुकारती हैं, उसी तरह से पुरुषों ने भी इन्हें पतिता, भ्रष्टा, कलंकिनी, राक्षसी, समाज की बैरिन आदि नामों से पुकारा और आज तक पुकारते जा रहे हैं। इधर जिन्होंने गुलामी कबूल कर ली उन्हें सती, साध्वी आदि शुभनामों से सम्बोधित किया जैसा कि आज भी सरकार के खुशामदी टट्टू, रायबहादुर, राजबहादुर, सर आदि नामों से पुकारे जाते हैं। यदि हम गौर से सोचें तो यह पता चलेगा कि इन दोनों कथनों में बहुत कुछ तथ्य है। हो सकता है कि कुछ अंशों में दोनों ही सत्य हों और इन दोनों प्रकार की प्रवृत्तियों के ही संयोग से इनकी सृष्टि हुई हो। आज एक ओर देवालयों में इनकी पैठ और दूसरी ओर इनकी निन्दा के इतने शब्द इस कथन की सत्यता का समर्थन करते हैं।

किन्तु इनकी उत्पत्ति चाहे जिन सामाजिक कारणों से हुई हो, इसमें शक नहीं कि जिस तरह बेकारी की समस्या आजकल के पैदावार के पूँजीवादी ढंग की असफलता का सूचक है, उसी तरह ये समस्याएँ हमारे सामाजिक संगठन की कुव्यवस्था के ज्वलन्त प्रमाण हैं। और जिस प्रकार बेकारी की समस्या हमारी पूर्ण आर्थिक समस्या का एक अंग है और बिना उस पर सम्पूर्ण रूप से विचार किए यह हल नहीं हो सकती, उसी प्रकार यह वेश्याओं की समस्या महान स्त्री-समस्या का एक अंगमात्र है और इसके समाधान के लिए भी उस सम्पूर्ण समस्या पर विचार करना अत्यन्त आवश्यक है।

गुलामी को स्थायी बनाने के लिए आप चाहे जितना प्रयत्न करें किन्तु इसका नाश अवश्यम्भावी है–यह भी एक निश्चित बात है। जिस तरह अन्य प्रकार की गुलामियों का अन्त हुआ, उसी प्रकार इस गुलामी का भी अन्त निकट आ रहा है। यह बीसवीं शताब्दी सामाजिक क्रान्तियों की शताब्दी है। इस समय संसार के हर देश में सामाजिक क्रान्तियों की धूम है। युग-युग की कड़ियाँ टूट रही हैं। निचली सतह में सड़नेवाले प्राणियों की करवट से बड़े-बड़े प्रासाद ढह रहे हैं। पीड़ितों, पददलितों का बोलबाला है। यूरोप अपनी सामाजिक शक्तियों के लिए विख्यात है ही, एशिया में इसके लक्षण स्पष्ट दीख रहे हैं। मुसलमानी दुनिया अपनी कट्टरपन्थी के लिए बहुत मशहूर है। किन्तु एशिया की सामाजिक क्रान्ति का पथ-प्रदर्शन टर्की ने किया है। सामाजिक क्रान्ति की अग्नि में स्त्रियों की गुलामी भी जलने ही वाली है। समय के प्रभाव को कोई रोक नहीं सकता।

समय के प्रवाह के मूल में कुछ और भी कारण हैं जिनसे यह स्पष्ट सूचित होता है कि यह गुलामी भी खतम ही होनेवाली है। स्त्री-शिक्षा का व्यापक प्रसार और नवीन वैज्ञानिक उन्नति, इन कारणों में मुख्य हैं।

इधर संसार के प्रायः सभी देशों में स्त्री-शिक्षा का प्रचार बढ़ रहा है। स्त्रियाँ शिक्षित हों, यह अब प्रायः हर पुरुष चाहता है। क्यों ? इस प्रश्न का उत्तर देना ज़रा कठिन है। मेकाले ने जिस उद्देश्य से भारतीयों को अंग्रेज़ी शिक्षा देने की सिफारिश की थी, वही उद्देश्य इन स्त्रियों को पढ़ाने-लिखाने का भी है ? या इस उद्देश्य में विशुद्ध निःस्वार्थभाव है ? मेरे ऐसा आदमी, जो ऐतिहासिक भौतिकवाद का अनुयायी है, इस अन्तिम बात को स्वीकार कर नहीं सकता। मेकाले ने हमें अंग्रेज़ी पढ़ाने की सिफारिश की थी क्योंकि वह सोचता था कि अंग्रेज़ी पढ़-लिखकर हम अच्छे क्लर्क हो सकेंगे, या यों कहिए कि अंग्रेज़ी राज्य के स्तम्भ साबित होंगे। यों ही हमने स्त्रियों को पढ़ाना-लिखाना शुरू किया है तो इसलिए कि वे सहूलियत के साथ गृह-प्रबन्ध और हमारा मनोरंजन कर सकें–यानी वे सुशील गृहिणी बन सकें। किन्तु, जिस प्रकार मेकाले का उद्देश्य विफल हुआ, उसी तरह हमारा उद्देश्य भी विफल हो रहा है। अंग्रेज़ी शिक्षा ने जहाँ बहुत से क्लर्क और अंग्रेज़ी राज्य के स्तम्भ पैदा किए, वहाँ उसने गाँधी और जवाहर की भी सृष्टि की है। यों ही हमारी स्त्री-शिक्षा ने जहाँ बहुत सुशीला गृहणियों की सृष्टि की है, वहीं उसने कुछ ऐसी विद्रोही स्त्रियों की भी सृष्टि की है, जो अपनी वर्तमान परिस्थिति को अच्छी तरह समझ गई हैं और इससे उद्धार पाने के लिए व्यापक प्रयत्न कर रही हैं। इनकी विद्रोही वाणी न केवल यूरोप और अमेरिका में गूँज रही है किन्तु, पर्दे के अन्तराल को फाड़कर हमारे घरों में भी प्रवेश कर रही है और वह दिन दूर नहीं, जब हमें इनका लोहा मानने को बाध्य होना पड़ेगा।

स्त्रियों की इस गुलामी का प्रधान कारण उनकी शारीरिक कमज़ोरियाँ रही हैं। किन्तु इधर जो वैज्ञानिक उन्नति हुई, उसने उनकी इन शारीरिक कमज़ोरियों को नगण्य बना दिया है। स्त्रियों की शारीरिक कमज़ोरियों में सबसे प्रमुख थी उनकी गर्भधारण की योग्यता। सहवास

का सुख तो दोनों लूटते हैं किन्तु गर्भ का बोझ बेचारी अबला को ही उठाना पड़ता है। उचित तो यह था कि इस भार-वहन की योग्यता के कारण, जिस पर कि सारी सृष्टि निर्भर है, हम स्त्रियों की पूजा करते। किन्तु उसके बदले हम और भी जंजीरें कसने लगे। हमारे पास नहीं रहोगी, तो जाओगी कहाँ ? गर्भ के समय तुम्हारा पालन-पोषण कौन करेगा ? तुम्हारे बच्चे को पालेगा-पोसेगा कौन ? फलतः, स्त्रियों ने इसी में कल्याण समझा कि किसी पुरुष का पल्ला पकड़े रहें, जो इस अत्यन्त और अनिवार्य आवश्यकता की फ़ज़ीहत से उन्हें बचावें। किन्तु, विज्ञान ने उनकी इस कमज़ोरी को दूर कर दिया है। अब सन्तान निग्रह के ऐसे तरीके निकल गए हैं जिनका प्रयोग कर वे इस बवाल से जान सफलतापूर्वक बचा सकती हैं। साथ ही विज्ञान ने कलों, यन्त्रों--की सृष्टि कर अब उनके लिए ऐसी सुविधा कर दी है कि शारीरिक दृष्टि से कमज़ोर होने पर भी वे जीवन-यापन के सभी काम उनकी सहायता से मज़े में कर सकती हैं। अब स्त्रियाँ केवल कपड़े बुनने, सीने, टाइप आदि का काम करके ही स्वतन्त्र जीवन नहीं बिता सकतीं, वरन् वे हल चलाती हैं, मोटर हाँकती हैं, वायुयान उड़ाती हैं। यहाँ तक कि युद्ध के काम में भी उनकी शारीरिक शक्तिहीनता कुछ ज्यादा विघ्न नहीं डालती। इस प्रकार विज्ञान ने उन्हें हर तरह से स्वतन्त्र कर दिया है और वे अब पुरुषों को अँगूठा दिखाकर स्वतन्त्र जीवन व्यतीत कर सकती हैं और कर रही हैं।

इस प्रकार स्त्रियों की स्वतन्त्रता, या उनकी गुलामी का अन्त, निश्चित और ध्रुव है। चूँकि गुलामी का अन्त होता है, अतः हम गुलामी के चिन्ह आदि भी नष्ट होंगे। आप जिसे सतीत्व कहते हैं वह क्या है ? वह है गुलामी का दमामी पट्टा। ज़मीन का दमामी बन्दोबस्त टूट रहा है फिर शरीर का दमामी बन्दोबस्त कैसे टिका रहेगा ?

किन्तु मेरे उपर्युक्त कथन से यदि आप यह निष्कर्ष निकालें कि मैं विवाह-सम्बन्ध का विरोधी हूँ, तो यह आप गलत समझते हैं। प्रकृति ने पुरुष और स्त्री को कुछ ऐसे पूरक रूप में बनाया है कि एक के बिना दूसरे की गुज़र ही नहीं है। अतः दोनों को किसी न्यायपूर्ण और उचित सम्बन्ध सूत्र में गूँथना ही पड़ेगा। और यह सम्बन्ध जितना ही अधिक स्थायी होगा, दोनों की सुख-शान्ति उतनी ही अधिक सुरक्षित रहेगी। किन्तु इस सम्बन्ध में तब तक स्थायित्व नहीं आ सकता जब तक कि उसमें समानता पहली शर्त न हो। अपनी रज़ामन्दी से की गई समानता की नींव पर स्थापित मैत्री-सम्बन्ध को हम आज भी मनुष्य समाज की सबसे बड़ी चीज़ पाते हैं। सच्चे मित्र एक-दूसरे के लिए क्या नहीं करते ? कौन-सी तकलीफ नहीं उठाते ? किन्तु क्या इसके लिए मित्रों में किसी इक़रारनामे की ज़रूरत होती है ? यों ही पुरुष पारस्परिक रज़ामन्दी से, समानता से प्रशस्त पुनीत आधार पर वैवाहिक सम्बन्ध स्थापित करेंगे और उन्हें आजन्म निभाने का भी प्रयास करेंगे। किन्तु उस समय स्त्री पुरुष की 'अनुचरी' नहीं होगी वह 'सहचरी' होगी। ऐसा नहीं होगा कि आप तो चार-चार शादियाँ करें, इससे भी तुष्टि न हो तो वेश्यालयों की सैर किया करें, किन्तु अपनी पत्नी को एकान्तनिष्ठा से आपकी भव्य मूर्ति की मानसिक आराधना करने को कहें । आप बुढ़ापे में भी एक स्त्री के मरते ही दूसरी के लिए छटपटाएँ और महीना बीतते-न-बीतते एक छोकरी घर में लाकर मौज उड़ावें। उधर जवानी में होने पर भी अपनी बहू को सतीत्व के नाम पर जन्म भर रोने का सदुपदेश दें। ये सब अनाचार और दुराचार अब चलने के नहीं। आप अपने लिए जिस अधिकार को चाहते हैं, स्त्रियों को भी वही अधिकार देना पड़ेगा। आज भी स्त्रियों ने वह अधिकार ले लिया है--किन्तु चोरी-छिपे ! फ़र्क यही है कि आप खुले-आम, छाती खोलके, वेश्यालयों में जाते हैं किन्तु वह गंगा-स्नान के बहाने या आपके महल में ही आपको चकमा देकर इसका बदला आपसे चुकाती है। आप बेशर्म होकर जब बुढ़ापे में भी एक छोकरी को घर ला बिठाते हैं तो वह भी लाज

धोकर किसी कोठे पर खुलेआम जा बैठती है।

वेश्याओं की समस्या—वेश्याओं की समस्या—का शोर है ? किन्तु तह तक सोचने की फुरसत नहीं है। हम मामूली मलहम से 'कारबंकल' जैसे घातक फोड़े को आराम करना चाहते हैं, यह असम्भव है। आप स्त्रियों को समानाधिकार दीजिए, फिर यह समस्या आपसे आप हल हो जावेगी, बाबा तुलसीदास के सतीत्व की कल्पना तब तक आपके दिमाग में है, तब तक स्त्रियाँ वेश्याएँ बनेंगी ही। इस समस्या की पाँच लाख वेश्याओं के विवाह भले ही आप करा दें, पाँच वर्ष के बाद फिर इनकी गिनती लाखों की तादाद में होगी। मेरी व्यक्तिगत जानकारी में दो स्त्रियाँ वेश्या हुई हैं। एक कुलीन घर की कन्या थी। उसका पति गँजेड़ी था। वह इस स्त्री को इतना पीटता था कि वह नैहर भाग आई। नैहर आकर उसने पुनः ससुराल जाने से इनकार कर दिया। बहुत रोई, बहुत आजिजी प्रकट की। किन्तु नैहरवालों ने उसकी प्रार्थना पर कान नहीं दिया। फल यह हुआ कि वह भागकर वेश्या बन गई। दूसरी लड़की छोटी जाति की थी किन्तु अत्यन्त सुन्दरी। उसकी शादी कर दी गई थी एक नितान्त कुरूप और निर्धन पुरुष से। वह भाग खड़ी हुई। क्यों न भागती ? पूर्णिमा का चन्द्रमा श्राध के काले चूल्हे से सम्बन्ध नहीं निभा सकता।

निर्धनता—हाँ, यह भी वेश्याओं की स्थिति का एक प्रधान कारण है। जब कि उससे कुरूप स्त्रियाँ जो उसके निकट बन्दरी लगती हैं, नाना प्रकार के आभूषणों से लदी, मौज और विलास के जीवन व्यतीत करती हैं, तो फिर उसके दिल में भी अपने इन सुन्दर अंगों को सजाने और आराम से रखने की इच्छा उगे, तो आश्चर्य क्या ? यह नितान्त मानवोचित है।

यदि आप वेश्याओं की समस्या हल करना चाहते हैं तो उन उपायों की शरण लीजिए, जिन उपायों की शरण लेकर रूस ने आज अपने विस्तृत देश से इस कलंकपूर्ण प्रथा को आमूल नष्ट कर दिया है। बात तो यह है कि स्त्रियों को आप गुलामी से एकदम मुक्त कर दें और उन्हें अपने ही समान सब अधिकार प्रदान करें। उन्हें पूर्ण समानता के पद पर अधिष्ठित किए बिना आपका काम अब चल भी नहीं सकता। आप उन्हें यह पद नहीं देंगे तो वे स्वयं यह अधिकार प्राप्त कर लेंगी जिसके लक्षण आज चारों ओर दीख रहे हैं। अतः समय रहते आप सुबुद्धि से काम लीजिए और यूरोप और अमेरिका आदि में जो स्त्री-पुरुष संघर्ष चल रहा है, उससे अपने देश को बचाइए। स्त्रियों को समान अधिकार देकर आप उस स्रोत को ही बन्द कर देंगे, जहाँ से वेश्याओं की उत्पत्ति हुई है। तब बात रह जाएगी इन पाँच लाख वेश्याओं की। इनके लिए भी रूस ही आपको राह बताएगा। आर्थिक विषमता को दूर कर उस वर्ग का नाश ही कर दीजिए, जिनके धन पर ये वेश्याएँ पलती हैं। सेठों और राजा बाबुओं की बड़ी कोठियाँ ही इन वेश्याओं के लिए चारा-पानी जुटानेवाली संस्थाएँ हैं; क्या इसको समझाने की ज़रूरत होगी। इन कोठियों का यथोचित सुधार करने से वेश्याएँ भी सुधर जाएँगी। ठीक उसी तरह जिस तरह पानी सूखते ही धान सूख जाता है। समाजवाद जहाँ इन कोठियों का सुधार करेगा वहाँ 'मेहनत नहीं, तो रोटी नहीं' का सिद्धान्त जारी कर वेश्याओं में जो बची-खुची रहेगी, उन्हें वह सम्मान जीवन व्यतीत करने को बाध्य करेगा।

आशा है, इस समस्या पर लोग ग़ौर करेंगे। खासकर मैं भी अपील करूँगा कि ये लोग वेश्याओं से विवाह करने के बदले इस समस्या पर निर्भीक चित्त से विचार करें और इसके कारणों और कार्य पर विचार कर इस निन्दनीय और नारकीय प्रथा का समूल नाश करने में अपने को बर्बाद कर देने का भी स्वप्न देखें। देश में इस समय सपत्नीक युवकों की ज़रूरत नहीं है। आज भी काफी से ज्यादा लोग विवाहित हैं। ज़रूरत तो ऐसे लोगों की है जो जीवन के गहन उद्देश्य की पूर्ति के लिए जटिल परिस्थितियों का सामना करने को तैयार हों।

नारी-जागरण और विवाह-बन्धन

संसार में इस समय जो चहुँमुखी जागृति की लहर फैल रही है, उसका प्रभाव नारी-समाज पर भी पड़ा है। पड़ना अनिवार्य था। जिस प्रकार शरीर के किसी अंग में हुई थोड़ी-सी भी हलचल का असर समूचे शरीर में थोड़ा-बहुत हुए बिना नहीं रहता—पैर की उँगली में छोटा-सा काँटा चुभता है तो माथा झनझना उठता है, पेट में ज़रा-सा दर्द हुआ कि सिर से पैर तक ऐंठन शुरू हुई—उसी प्रकार समाज के किसी भी अंग में जो हलचल होगी, उसका प्रभाव समाज के हर अंग पर कुछ-न-कुछ ज़रूर पड़ेगा। फिर स्त्रियाँ तो समाज का आधा अंग ठहरीं।

यों ही इस नारी-जागरण का प्रभाव भी नारियों से सम्बन्ध रखनेवाले हर एक कार्य-क्षेत्र में ज़रूर पड़ेगा। यह जागरण भी एकांगी नहीं हो सकता। धार्मिक, सामाजिक, आर्थिक, राजनीतिक—सभी क्षेत्रों में जाग्रत नारी-वर्ग अपने लिए उपयुक्त स्थान की खोज करेगा, कर रहा है। क्योंकि आप जीवन को एक-दूसरे से बिलकुल अलग विभागों में नहीं बाँट सकते। जागृति की जाह्नवी की धारा लहरा देगी।

विवाह नारी-जीवन में एक प्रमुख स्थान रखता है। देखना है, इस नारी-जागरण का प्रभाव विवाह-सम्बन्ध में क्या पड़ता है।

जो लोग किसी सर्वसूत्रधारी जगन्नियन्ता पर विश्वास रखते हैं, उनके लिए दुनिया की सभी समस्याएँ स्वयं-सिद्ध हैं। 'भगवान् की इच्छा'—बस, इन कुछ अक्षरों में ही उनके लिए सभी प्रश्नों के उत्तर निहित हैं। किन्तु जो वैज्ञानिक हैं, उनका पथ इतना सुगम नहीं है। प्रत्येक समस्या की वैज्ञानिक छानबीन करना और एक लम्बे विश्लेषण के बाद ही किसी निर्णय पर पहुँचना, उनका कर्तव्य होता है। यही कारण है कि जहाँ पहले प्रकार के सज्जन विवाह को ईश्वर की प्रेरणा से हुआ एक 'पवित्र सम्बन्ध' कहके ही सन्तोष कर ले सकते हैं, वहाँ दूसरे तरह के सज्जनों ने, जिज्ञासु-भाव से, इस सम्बन्ध में कितनी खोज की है और आज भी अपने प्रयत्न में दत्तचित्त हैं। उन लोगों के प्रयत्न से विवाह विषयक साहित्य एक बड़े पैमाने पर तैयार हो चुका है, जो अपनी अन्य उपयोगिताओं के साथ मनोरंजक भी कम नहीं है। अभागा हिन्दुस्तान अपनी राजनीतिक मुक्ति के लिए ही अपनी अधिकांश शक्ति व्यय कर रहा है; फलतः अन्य विषयों पर सोचने-विचारने का उसे समय ही कहाँ मिलता है। किन्तु जो देश स्वतन्त्र हैं, उनके मनीषियों के सामने जो दो-चार प्रमुख प्रश्न हैं, उनमें से एक है यही विवाह सम्बन्धी प्रश्न। एक विख्यात विद्वान के मतानुसार तो दुनिया में इस समय दो ही प्रश्न प्रमुख हैं—स्त्री-पुरुष समस्या और समाजवाद। यही कारण है कि आज पाश्चात्य देशों में इन दो विषयों पर ही ज़्यादातर निबन्ध, पुस्तकें आदि निकलती हैं।

स्त्री और पुरुष की शारीरिक बनावट ही कुछ ऐसी है कि वे एक-दूसरे के अपेक्षित रहेंगे ही। साफ शब्दों में यों कहा जा सकता है कि बिना इसका पारस्परिक संयोग हुए सृष्टि का क्रम चल ही नहीं सकता। किन्तु यह संयोग किन नियमों के आधार पर हो, यही देखना है। अब यह सर्वस्वीकृत सिद्धान्त हो चला है कि हमारे व्यवहार में भौतिक परिस्थितियों का सबसे अधिक प्रभाव पड़ता है—सदाचार, कानून, राज्य, आदि सभी व्यवस्थाएँ भौतिक परिस्थितियों का अनुसरण करती हैं। यही कारण है कि हर देश के लोगों के आचार-विचार में अन्तर आता है। यही नहीं, समय-समय पर भौतिक परिस्थितियों के बदलने के कारण, एक ही देश में इन विषयों की धारणाओं में काफी परिवर्तन होते रहते हैं। स्त्री-पुरुष के पारस्परिक सम्बन्ध की स्थापना में भी तत्कालीन और तत्स्थानीय भौतिक परिस्थितियों का प्रभाव पड़ा—भिन्न-भिन्न देश और समय में भिन्न-भिन्न रूप इसने ग्रहण किए। किन्तु सब जगह और सब काल में

एक बात समान रूप से थी। एक तरफ था पुरुष और दूसरी तरफ थी स्त्री और इन दोनों की शारीरिक बनावट कुछ ऐसी थी कि पुरुषों का सदा और सर्वत्र स्त्रियों पर बोलबाला रहा।

जब सृष्टि शुरू हुई, न कोई जन्तु 'नर' नाम का था, न 'मादा' नाम का। प्राकृतिक नियमों के कारण—पृथ्वी, जल, अग्नि, पवन और आकाश के सम्मिश्रण से—आपसे आप सृष्टि शुरू हुई। किन्तु धीरे जन्तुओं में नर और मादा ये दो विभाग हो गए। कुछ ऐसे जीव भी हैं जो उभयलिंगी हैं, यानी जिनमें नर और मादा शक्तियों का एक ही जगह विकास हुआ है, जैसे पेड़-पौधे आदि। नर और मादा, इन दो विभागों का विकास मानवी रचना के पहले ही हो चुका था। मादा के हिस्से में सन्तानोत्पत्ति का वास्तविक भार पड़ा। फल यह हुआ कि बार-बार गर्भ धारण करने और सन्तान पैदा करने के कारण उसकी शक्ति क्षीण होती गई। दूध पिलानेवाले जन्तुओं में तो यह शक्ति-क्षीणता चरम सीमा तक पहुँची, क्योंकि मादा को अपने रक्त को दूध बनाकर बहुत दिनों तक बच्चों को पालना-पोसना भी पड़ता है। बच्चों के पालन-पोषण के कारण उसमें सुकुमार भावों का भी ज़्यादा विकास हुआ। इन कारणों से मादा की शरीर-रचना में भी पुरुषों की अपेक्षा अन्तर आने लगा। जो जन्तु बच्चों पर जितना ही अधिक ख्याल रखता है, उसकी मादा की शरीर-रचना पुरुषों की अपेक्षा उतनी ही अधिक कमजोर पाई जाती है। पक्षी, गाय और बन्दर के नर और मादा की शरीर-रचना हर तुलनात्मक दृष्टि से देखिए; तो आपको इस कथन की प्रामाणिकता समझ में आ जाएगी। बन्दर का ही विकास मनुष्य में हुआ। फलतः मनुष्यों में स्त्री-पुरुष की शरीर-रचना में केवल बनावट का ही अन्तर नहीं, शक्ति में भी महदलर देखा गया। एक तरफ पुरुष था—जिसके पुट्ठे मजबूत थे, भुजाओं में शक्ति थी, हृदय में अदम्य साहस था जो अपनी मर्दानी में मस्त था। दूसरी तरफ थी स्त्री—पतली पंसुलियों वाली, सुकुमार शरीरवाली, दयार्द्र हृदयवाली—स्त्रीत्व से ओत-प्रोत, मातृत्व से लबालब ?

अब इन दोनों में जो पारस्परिक सम्बन्ध जुटता, उसमें उनकी इस शारीरिक भिन्नता का प्रभाव ज़रूर पड़ता। पड़ा भी ऐसा ही। स्त्रियों को पुरुषों की शारीरिक श्रेष्ठता के आगे सिर झुकाना पड़ा। विवाह स्त्री-पुरुषों के सम्बन्ध-बन्धन में पुरुषों की चाँदी रही। जिसकी लाठी उसकी भैंस—इस कहावत ने यहाँ भी अपनी यथार्थता दिखलाई। आप चाहे जिस स्थान और जिस काल का विवाह-सम्बन्ध लीजिए, स्त्रियों के ऊपर पुरुषों के प्रभुत्व की छाप आपको स्पष्ट दीख पड़ेगी।

कुछ बन्दरों में एक स्वभाव पाया जाता है। उनमें जो नर होता है वह मादा-बन्दरों पर—जो स्वभावतः ही कमज़ोर हुआ करती हैं—एकाधिकार कर लेता है। इस एकाधिकार के लिए नर बन्दरों में प्रायः लड़ाइयाँ हुआ करती हैं और जो बलवान होता है वह अन्य नर-बन्दरों को मारकर या भगाकर मादा-बन्दरों—बन्दरियों—पर एकाधिपत्य कायम करता है। ऐसे बन्दरों के कुछ झुंड मैंने स्वयं भागलपुर जिले म देखे थे और इनकी लड़ाइयों की कहानियाँ प्रत्यक्षदर्शियों के मुँह से सुनी थीं। क्या स्त्रियों पर एकाधिकार रखने की भावना भी हमने इन्हीं बन्दरों से विरासत के रूप में पाई है। एक बात तो निश्चित रूप से कही जा सकती है—प्राचीन काल में किसी स्त्री या स्त्रियों के पीछे बड़े-बड़े योद्धाओं में युद्ध होते थे और उनमें जो विजयी होता था, वही उस या उन कन्याओं को पाता जैसे भीष्म ने काशीराज की कन्याओं को प्राप्त किया था। यह प्रथा इसी बन्दर-प्रवृत्ति के शेष चिन्हस्वरूप मालूम पड़ती है। यद्यपि भीष्म ने इन कन्याओं को अपने लिए नहीं प्राप्त किया था, तो भी इससे हमारे कथन में कोई व्याघात नहीं पड़ता। दूसरे के लिए की गई सीनाजोरी भी आखिर सीनाजोरी ही है। यही नहीं, एक पुरुष द्वारा अनेक स्त्रियों पर एकाधिकार—जिस दोष से श्रीकृष्ण और अर्जुन जैसे महापुरुष भी नहीं

बच सके—रखने की भावना भी इसी बन्दर-वृत्ति का ही सूचक है, यह बात निर्भय कही जा सकती है। श्रीकृष्ण एक ओर गीता का ज्ञान देते और दूसरी ओर इस प्रथा का शिकार होते देख यही कहना पड़ता है कि आसपास की परिस्थितियाँ हमसे वे काम लेती हैं, जिनको हम किसी प्रकार भी नहीं कर सकते। दोष भीष्म, कृष्ण और अर्जुन का नहीं है, उस समय की समाज-नीति ही ऐसी थी।

किन्तु मनुष्य बन्दरों से निकटतम सम्बन्ध रखने पर भी केवल बन्दर ही नहीं है। स्त्रियों पर एकाधिपत्य कायम करने में इस बन्दर वृत्ति के अलावा और कुछ बातें भी काम कर गई होंगी। उनमें दो तो प्रधान हैं। एक तो रक्त शुद्धि का मोह यानी हमसे जो सन्तान पैदा हो, उसमें हमारा ही रक्त रहे। इसकी तह में यह भावना भी छिपी है जिसके अनुसार आदमी अपनी सन्तान के रूप में अपनी प्रतिकृति छोड़ जाने की आकांक्षा रखता है और यह प्रतिकृति जितनी ही रंग-रूप, बल-वीर्य में उसके निकटतम हो वह उतनी ही प्रसन्नता अनुभव करता है। यदि हमारी स्त्री दूसरे पुरुष से सहगमन करेगी, तो जो बच्चा होगा उसमें रक्त सम्मिश्रण होगा; अतः पुरुषों ने स्त्रियों पर 144 दफा लगा दी कि वे दूसरे पुरुषों से संसर्ग न करें। पुरुष यदि स्त्रियों को अपनी बराबरी का दर्जा दिए होता, तो वह सोचता कि जिस प्रकार उसके हृदय में नई-नई स्त्रियों के साथ सहगमन करने की इच्छा उठती है, उसी प्रकार की इच्छा क्या उसकी पत्नी के हृदय में नहीं उठ सकती फिर उसके लिए दो ही उपाय थे—एक तो यह कि वह स्वयं भी एक पत्नी-व्रत पर अटल रहे, या अपनी स्त्रियों को भी स्वच्छन्द छोड़ दे। किन्तु बड़े-बड़े ऐतिहासिक पुरुषों ने ऐसा नहीं किया ? यह रक्त शुद्धता का मोह आज भी बहुत अंशों में विद्यमान है। सभी समाजों और सभी देशों में पुरुषों को वेश्यागमन आदि के रूप में पर-स्त्री-सहगमन की सहूलियतें मिली हुई हैं, किन्तु स्त्रियों के लिए घोर पतिव्रत की अकाट्य व्यवस्था है यदि हम किसी लक्ष्मी-पुत्र को कोठे की सैर करते हुए सुनते या देखते हैं, तो हम इसको जीवन की एक साधारण घटना समझकर उपेक्षा करते हैं; किन्तु ज्यों ही किसी कुलवधू की—भले ही वह उसी वेश्यागामी की पत्नी हो—किसी दूसरे पुरुष से प्रेम-चर्चा की बात सुनते हैं, तो हम उत्कर्ण हो जाते हैं और शीघ्र ही हमारा आश्चर्य महान क्रोध के रूप में परिणत हो जाता है।

दूसरी बात है, स्त्रियों में गर्भधारण करने की योग्यता। इसके चलते भी स्त्रियों ने अपने पर पुरुषों का एकाधिपत्य कायम होने दिया होगा। गर्भधारण और प्रसव के बाद कुछ महीने तो ऐसे होते हैं कि जिनमें स्त्रियाँ किसी प्रकार की कड़ी मेहनत नहीं कर सकतीं। इस समय उनकी कोई मदद करे, ऐसी भावना उनके हृदय में उठ सकती है। यही नहीं, इन बच्चों के लालन-पालन या शिक्षा-दीक्षा के लिए किसी स्थायी सहायक की आवश्यकता उन्हें महसूस हुई होगी। फलतः पुरुषों की एकाधिपत्यता की शर्त को बरबस उन्हें मंजूर करना पड़ा होगा।

छानबीन करने से यों ही कितने ही कारण दीख पड़ेंगे, जिनके चलते स्त्रियों पर एकाधिपत्य हुआ। भौतिक परिस्थितियों के कारण—देश, काल और पात्र के अनुसार—इनमें अन्तर होना स्वाभाविक ही है। फलतः हर देश और हर समय में ही नहीं, हर व्यक्ति के सम्बन्ध में भी, इस विषय में विभिन्नता दिखलाई पड़ेगी। यही कारण है कि विवाह के नाना रूप रहे हैं और आज भी हैं। मनुष्य सोचने-विचारनेवाला प्राणी है—यद्यपि उसका सोचना-विचारना ही तत्सामयिक भौतिक परिस्थितियों पर ही अधिकांशतः निर्भर करता है। साथ ही केवल शारीरिक बल ही सदा-सर्वदा विजयी नहीं होता है। इन तथ्यों का प्रभाव भी विवाह-बन्धन पर पड़ा है। पुरुषों के एकाधिपत्य में रहकर भी स्त्रियों ने पूर्वकाल में अनुपम कर्तृत्व दिखलाए हैं और समाज

में अपने लिए उपयुक्त स्थान स्थापित करने में वह समर्थ हो सकी है। इसी से यह भी सूचित होता है कि ज्यों ही अवसर आएगा, वे अपने को इस घृणित एकाधिपत्य से अलग करने में सर्वथा समर्थ हो सकेंगी।

अब देखना यह है कि विवाह सम्बन्ध में इस नारी-जागरण का क्या प्रभाव पड़ेगा ? हम लेख के प्रारम्भ में ही कह चुके हैं कि यह नारी-जागरण विश्वव्यापी जागृति का एक अंगमात्र है। इस विश्वव्यापी जागृति ने जहाँ नारियों के कानों में जागरण का मन्त्र फूँका है, वहीं पुरुषों के जीवन पर भी कुछ कम प्रभाव नहीं डाला है। स्त्रियों के प्रति पुरुषों के भाव दिन-दिन उदार होते जा रहे हैं, किन्तु स्त्रियों की मुक्ति उन्हीं की चेष्टाओं पर निर्भर है। पुरुषों की उदार-भावना उनके पथ में कुछ काँटे चुन देगी, बस इतना ही; रास्ता तो उन्हें स्वयं पर तय करना होगा। इस नारी-जागरण का सबसे मुख्य प्रभाव यही हुआ है कि स्त्रियाँ सब प्रकार स्वावलम्बी बनने की चेष्टा में लगी हुई हैं। घर की चहारदीवारी के अन्दर बन्द होकर अपने बाल-बच्चों की देखरेख करने या अपने पतिदेव के भोजन, शयन की व्यवस्था में ही अपने को तल्लीन रखने की भावना अब धीरे-धीरे नष्ट हो रही है। इस प्रकार के जीवन ने उन्हें परावलम्बी बना दिया है—अपने भोजन-बसन के लिए भी उन्हें पति का मुहताज रहना पड़ता है। अतः अब वे चाह रही हैं कि ये रोटी खुद कमाएँ। इधर इस युग के वैज्ञानिक आविष्कारों ने उनकी शारीरिक शक्ति-हीनताजनित अयोग्यता को दूर कर दिया है। अब वे कलों की सहायता से सभी प्रकार के शारीरिक कार्यों को भी मजे में कर ले सकती हैं। स्वावलम्बन की किरणें भारत के अन्दर भी पहुँच गई हैं और हमारी देवियाँ गृहदेवियाँ न रहकर क्रमशः ऑफिस, वकालतखाने, दवाखाने, पुतलीघर आदि की देवियाँ हो रही हैं। वकील, डाक्टर, प्रोफेसर, राजनीतिक कार्यकत्री आदि के रूप में आप उन्हें बिहार और यू.पी. ऐसे पर्दानशीन प्रान्तों में भी देख सकते हैं। स्वावलम्बन की यह पहली सीढ़ी है—आगे यह कहाँ तक बढ़ेगा, आप शायद कल्पना भी नहीं कर सकते। और ज्यों-ज्यों उनमें स्वावलम्बी बनने की भावना बढ़ती जाएगी, त्यों-त्यों यह विवाह-बन्धन भी शिथिल पड़ता जाएगा—क्या इस कथन में अत्युक्ति है ?

आत्माभिव्यंजना की प्रवृत्ति भी स्त्रियों को इस ओर आकृष्ट कर रही है। आदमी अपने को प्रकाश में लाना चाहता है। चाहता है कि उसकी शक्तियों का विकास हो और लोग उस विकास को देखें और सराहें। मनोविज्ञान या शरीर रचनाशास्त्र का कोई विद्वान यह कहने की धृष्टता नहीं कर सकता कि स्त्रियों का शरीर या मस्तिष्क केवल बच्चे पैदा करने, उन्हें पालने-पोसने या पतिदेव का मनोरंजन करने के लिए ही बनाया गया है—इसमें दूसरी प्रकार की योग्यता है ही नहीं। इतिहास भी इस धारणा का खंडन करता है। स्त्रियों ने कला, विज्ञान, राजनीति, उद्योग, शौर्य, सब क्षेत्रों में अवसर पाने पर व्युत्पन्नता दिखलाई है। जाग्रत नारी-समाज चाहेगा कि वह केवल घरों के अन्दर बन्द न रहे, केवल पति और बच्चों के पचड़े में ही न फँसा रहे—वह चाहेगा कि उसकी गिनती कलाविदों, आविष्कारकों, राजनीतिज्ञों, सेनापतियों आदि में हो। और, जैसे-जैसे यह चाह बढ़ती जाएगी, विवाह-बन्धन की कड़ियाँ भी ढीली पड़ती जाएँगी, इसमें भी क्या कोई शक है।

धीरे-धीरे राज्य के कार्यक्षेत्र का विस्तार हो रहा है। आज राज्य बच्चों के लालन-पालन और शिक्षा-दीक्षा का भी भार ले रहा है। रूस छोड़िए—इंगलैंड ऐसे दकियानूस देश में भी बच्चों के लिए व्यवस्था है। यों राज्य माताओं के बोझ को क्रमशः हलका कर रहा है। अब कोई माता इसलिए नहीं झींख सकती कि जब मैं गर्भवती होऊँगी तो कौन मेरा भरण-पोषण करेगा और बच्चा होने पर कौन मेरे बच्चे का लालन-पालन करेगा, पढ़ाएगा-लिखाएगा। सभी सभ्य देशों में राज्य की ओर से प्रसूति-गृह बने हैं, बच्चों के लिए शिशु-निवास स्थापित हैं। क्या

इसका प्रभाव जाग्रत नारी समाज पर नहीं पड़ेगा ? और इस प्रभाव का प्रभाव विवाह पर नहीं होगा ? जीविकोपार्जन के लिए सभी क्षेत्र खुले ही हैं। सन्तानोत्पत्ति के लिए प्रसूति-गृह हैं ही, फिर किसी एक की दासता क्यों मंजूर की जाए ?

जो भावना रक्त की शुद्धता में अपनी प्रतिकृति छोड़ जाने की है, वह धीरे-धीरे दूर हो रही है। अब लोग सन्तान के रूप में अपनी प्रतिकृति छोड़ जाने की अपेक्षा अपनी कीर्तियों के रूप में अपनी स्मृति छोड़ जाना अधिक पसन्द करने लगे हैं। रह गई वर्ण-संकरता से बचने की बात—सो, वर्णसंकर की क्या परिभाषा की जा सकती है—यह भी विचारने की बात है। यदि वर्ण-संकरता का अर्थ है, विवाह-सम्बन्ध के अतिरिक्त सहगमन से सन्तान उत्पन्न करना—जैसा कि लोग आजकल इसकी परिभाषा समझते हैं—तब तो हमारे देश में कितने महापुरुष वर्ण-संकर समझे जाएँगे। जिस महापुरुष के नाम पर इस देश का नामकरण हुआ है, वह भरत भी तब वर्ण संकर ही ठहरेंगे। महाभारत या किसी भी पुराण को पढ़िए, ऐसे महापुरुषों की चर्चा कसरत से मिला करेगी। रक्त-शुद्धता का एक ही सम्भव अर्थ हो सकता है, वह यह कि गर्भधारण में केवल एक ही स्त्री और एक ही पुरुष के रज वीर्य का संयोग हो, उसमें किसी तरह का मिश्रण न हो। इस अर्थ के अनुसार विवाह बन्धन की कोई खास आवश्यकता नहीं समझी जा सकती। एक स्त्री और एक पुरुष मैत्री-भाव से रहकर भी शुद्ध रक्त की सन्तान उत्पन्न करने का दावा कर सकता है।

मैत्री भाव ही विवाह का स्थान लेगा, लक्षणों से यही स्पष्ट प्रकट होता है। भिन्न-भिन्न क्षेत्रों में कार्य करनेवाले, अपनी जीविका भिन्न-भिन्न उद्योगों से अर्जित करनेवाले, आर्थिक दृष्टि से एक दूसरे से बिल्कुल स्वतन्त्र जीवन बितानेवाले युवक और युवतियाँ पारस्परिक रजामन्दी से मैत्री भाव की स्थापना करेंगे और सन्तान उत्पन्न करेंगे। इस मैत्री भाव के लिए न किसी व्यवस्था की आवश्यकता होगी, न किसी धार्मिक स्वीकृति की जैसा कि आज इस भाव में होता है। इस प्रकार के मैत्री भाव को लोग आजन्म निबाहने की कोशिश करेंगे—आज भी करते हैं—किन्तु इसमें इस्पातपन नहीं होगा। यह सम्बन्ध जितना ही दृढ़ उतना ही लचीला समझा जाएगा। वे जब चाहें पारस्परिक स्वीकृति से इस सम्बन्ध को तोड़ सकेंगे। न इसके लिए कचहरी में जाने की ज़रूरत होगी, न धर्माध्यक्ष के निकट। जिस प्रकार कुछ दिनों की घनिष्टता के बाद एक दूसरे के स्वभाव से अधिक परिचित होने पर, या किसी आकस्मिक घटनावश हम किसी मित्र को छोड़ देते हैं, उसी प्रकार युवक-युवतियाँ भी इस मैत्री भाव को तोड़ेंगे और समाज इसको गर्हित और निन्द्य नहीं समझेगा—यद्यपि वह आजन्म निभानेवाले मैत्री भाव की खुलेआम प्रशंसा करेगा।

हाँ, उस अवस्था में 'तुम किसकी सन्तान हो' इसका जवाब किस रूप में दिया जाएगा यह सोचना भी कम मनोरंजक नहीं है। सन्तानोत्पत्ति की सभी पीड़ाएँ स्त्रियाँ ही बर्दाश्त करती हैं, उनके लालन-पालन का सभी कार्य स्त्रियों ही द्वारा सम्पन्न होता है, तो भी आज 'तुम किसके लड़के हो' के जवाब में बाप का ही नाम लिया जाता है—यह पुरुषों के एकाधिकार का ही सूचक है, इसमें न्याय तों है ही नहीं। उस समय लड़के-लड़कियाँ इस प्रश्न के उत्तर में अपनी माँ का ही नाम लेंगे। न्यायतः यह बात आज भी ठीक है, किन्तु उस समय तो यही ठीक होगा ही। उस समय सन्तानोत्पत्ति में स्त्रियाँ प्रधानपात्र समझी जाएँगी और कभी-कभी ऐसा भी होगा कि उनके तीन बच्चे उनके तीन पुरुष-मित्रों के सहगमन के फलस्वरूप होंगे। फलतः इस विभिन्नता में भी एकतासूचक माता का ही नाम लेना सब प्रकार उपयुक्त समझा जाएगा।

ये बातें कड़वी लग सकती हैं—किन्तु जो वैज्ञानकि दृष्टि से सामाजिक प्रगतियों पर दृष्टिपात करेंगे, उन्हें शंकर की तरह हलाहल को पीना ही पड़ेगा, तभी सत्य की प्रतिष्ठा होगी।

जिन्होंने कहा कि 'न ब्रूयात् सत्यम प्रियम्' अप्रिय सत्य मत बोलो—उन्होंने हमें कायरता सिखलाई, ढोंग सिखलाया। हमारा आदर्श होना चाहिए—'सत्ये नास्ति भयं क्वचित्।'

लेख का कलेवर ज्यादा न बढ़ाकर हम इसे यहाँ समाप्त करते हैं। चाहे जिस पहलू से देखिए, यह विवाह-बन्धन जाएगा ही। हमारे कुछ 'आइडियलिस्ट्' दोस्त भले ही खीझें, प्राचीन सभ्यता की या गालियों की अष्ठोत्तरी माला दिन-रात भले ही जपा करें—किन्तु उनमें या किसी में ऐसी शक्ति नहीं कि सामाजिक शक्तियों की गतिविधि ज़्यादा दिनों तक अवरुद्ध कर सकें। सम्भव है कि एड़ी-चोटी का पसीना एक कर कुछ दिनों के लिए कोई बाँध खड़ा कर सकें, किन्तु इस प्रकार के बाँध उन शक्तियों को और भी दृढ़ करने और एक ही धक्के में संसार-प्लावित करने में मददगार होते आए हैं।

सतीत्व का भारतीय आदर्श

नारी पुरुष-समस्या पर मैंने जो लेख लिखे, देखता हूँ, उनकी ओर लोगों का ध्यान गया है और इस विषय में कुछ मित्रों ने पत्र लिखकर, कुछ मित्रों ने जबानी और कुछ ने पत्र-पत्रिकाओं में अपने विचार और विरोध प्रकट किए हैं। किसी सज्जन ने तो मुझे कर्मनाशा में डूब मरने की सलाह दी है ! मैं उन गाली-गलौजों में नहीं पड़ना चाहता—हाँ, गालियाँ सुनने में थोड़ा मज़ा जरूर अनुभव करता हूँ, क्योंकि गाली के मनोविज्ञान को मैं अच्छी तरह समझता हूँ। किन्तु एक बात है जिसकी ओर ध्यान देना मैं आवश्यक समझता हूँ और यह बात प्रायः सभी विरोधी मित्रों ने प्रकट की है कि मैं स्त्रियों के जिस भविष्य का चित्रण करता हूँ, वह भारतीय आदर्श के सर्वथा प्रतिकूल है। यदि ऐसा होता, तो मैं भी ऐसा चित्रण करने में नहीं हिचकता। क्योंकि मैं जानता हूँ कि कई ऐसी बातें हैं जो सर्वथा नवीन हैं, जिनकी कल्पना भी हमारे पूर्वजों ने नहीं की थी। किन्तु आज हम—उनकी चर्चा करते हैं, उनके क्रियात्मक रूप का व्यवहार करते हैं। किन्तु इधर मेरे पास ऐसे प्रमाण मिल गए हैं, जिनके आधार पर मैं कुछ बल के साथ कह सकता हूँ कि मेरे मित्रों की बातें बेबुनियाद हैं। उनसे गलती यह हो जाती है कि वे आजकल के हमारे निर्जीव, स्पन्दनहीन, गतिरहित समाज को ही भारतीय समाज का शाश्वत रूप समझते हैं और उसी की भित्ति पर अपने आदर्शों की दीवार खड़ी कर उस पर से चिल्ला उठते हैं—यही भारतीय सभ्यता है, यही भारतीय संस्कृति है; इसके परे जो कुछ है वह मिथ्या है, अपवित्र है, जघन्य है, नारकीय है।

जैसा कि मैंने अपने एक लेख में लिखा है, यह दुर्भाग्य की बात है कि हम राष्ट्रीय मसलों में ही इस तरह व्यस्त हैं कि धार्मिक, सामाजिक आदि प्रश्नों पर सोचने-समझने का हमें मौका ही नहीं मिलता। केवल यही बात नहीं है कि हम इनके भविष्य की कल्पना नहीं करने पाते, किन्तु दुख की बात तो यह है कि इनके रूप, भूतकाल में हमारे देश में कैसे बदलते रहे हैं, इस पर भी यथोचित अन्वेषण हम नहीं कर पाए हैं। प्राचीन भारतीय राज्य शासन पर श्रीयुत काशीप्रसाद जायसवाल आदि सज्जनों ने जैसा परिश्रम करके उसका एक अच्छा खाका हमारे सामने रखा है, उसी प्रकार भूमि-सम्बन्धी-व्यवस्था, विवाह-सम्बन्धी-व्यवस्था, ईश्वर-सम्बन्धी कल्पना आदि पर भी अपने प्राचीन ग्रन्थों को खोज-ढूँढ़कर सामाजिक पुस्तकें हमें तैयार करनी होंगी। ऐसा करके हम केवल अपने ही देश की व्यवस्थाओं या कल्पनाओं के क्रम-विकास से ही अवगत नहीं होंगे, वरन् हम संसार की इन विषयों सम्बन्धी कितनी ही गुत्थियों को भी सुलझा सकेंगे। अब तो संसार भर के विद्वानों ने भी स्वीकार किया है कि भारत की सभ्यता

संसार की प्राचीनतम सभ्यताओं में है—नील, दजला और पीत नदी के सभ्यताओं के जोड़ की ही सभ्यता सिन्धु-गंगा की भी थी। मोहञ्जोदड़ों की खुदाई ने उस पर और मुहर लगा दी है। किन्तु जहाँ अन्य देशों में प्राचीन सभ्यताओं का लिखित वर्णन प्रायः बहुत ही कम मिलता है, वहाँ हमारे लिए यह सौभाग्य की बात है कि वेदों, ब्राह्मणों, सूत्रों, स्मृतियों, पुराणों और काव्यों में हमारी उस सभ्यता का प्राचीनतम रूप का बहुत-कुछ निर्देश पाया जाता है। अतः इनका अध्ययन और मनन अन्तर्राष्ट्रीय दृष्टि से भी बहुत महत्त्व का सिद्ध होगा। एक उदाहरण लीजिए—समाजवादी कहते हैं कि भूमि पर सबका सम्मिलित अधिकार होना चाहिए, इस पर व्यक्तिगत अधिकार जब से शुरू हुआ, तभी से सामाजिक कुप्रथाओं का श्रीगणेश हुआ। इसका एक अत्यन्त आर्ष प्रमाण अभी उस दिन एक पुस्तक में देखा। यैमिनी ने अपने मीमांसा दर्शन में इस पर विचार व्यक्त किया है। सवाल उठाया गया है कि राजा किसी को दान में जमीन दे सकता है कि नहीं। यैमिनी ने व्यवस्था दी है कि नहीं, वह नहीं दे सकता। क्योंकि जमीन किसी की व्यक्तिगत चीज़ नहीं हो सकती, वह सबकी चीज है—'सर्वम् प्रत्याविशिष्टत्वात्' (यैमिनी, 6-7-3) यों ही 'मीनिंग आफ सोशलिज़्म' के लेखक ग्लैजियर ने अपनी पुस्तक में हमारे 'वसुधैव कुटुम्बकम्' वाले सूत्र को उद्धृत कर यह दिखलाया है कि भारत में आज से दो हज़ार वर्ष पहले कम्युनिस्टों के वर्तमान आदर्श के सम्बन्ध में कल्पना की गई थी, जब कि समूचा संसार एक कुटुम्ब के रूप में परिणत हो जाएगा। 'कम्यून' शब्द 'कुटुम्ब' शब्द के बहुत ही निकट है। यों ही, यदि हम जिज्ञासु-भाव और वैज्ञानिक दृष्टिबिन्दु से अपने प्राचीन साहित्य को खोंजे-ढूँढ़ें, तो कितनी ही आश्चर्यचकित कर देनेवाली बातें मिलेंगी। स्त्री-पुरुष के सम्बन्ध पर भी इस प्रकार के अध्ययन से काफी प्रकाश पड़ सकता है—ऐसा प्रकाश कि पहले कुछ क्षण के लिए हमारी आँखें शायद चौंधिया जाएँ। हम मानते हैं कि आज भी इन ग्रन्थों को 'घोखने' वालों की कमी नहीं है। किन्तु, उसमें वैज्ञानिक दृष्टि-बिन्दु का अभाव है, फलतः वे उसकी तह तक नहीं पहुँच पाते, सभी पक्षपातों और षूर्ण अवधारणाओं को त्याग कर सामना करने को सदा तत्पर रहनेवाले ही उनसे वास्तविक तथ्य निकाल सकेंगे।

दुनिया विकासवाद के नियमों के अनुसार चल रही है। जिस प्रकार एक समय था जब जीवों में नर और मादा का भेदभाव नहीं था, वे पंचतत्त्वों के संयोग से आप-ही-आप बनते और नष्ट होते थे; उसी प्रकार जिस समय मानव नामक जीव का विकास हुआ, उस समय इस जीव में भी सतीत्व वा एकपत्नीत्व नामक चीज की कल्पना नहीं थी। अन्य चतुष्पद पशुओं के समान ही वह दो पैरवाला पशु भी जहाँ जिससे पाता था, अपनी कामवासना तृप्त कर लेता था। इसमें किसी प्रकार के पाप और पुण्य नामक चीज़ की कल्पना भी नहीं हुई थी। ये बात पाश्चात्य विद्वान भी कहते हैं, किन्तु जैसा आर्ष प्रमाण हम अपने ग्रन्थों के आधार पर इस सम्बन्ध में दे सकते हैं, शायद उनके पास ऐसा नहीं मिले। महाभारत में महाराज पांडु अपनी पत्नी से कहते हैं—

सुन्दरी, सुनो ? ऋषियों ने जिस प्राचीन धर्म का वर्णन किया है, सो मैं तुमसे कहता हूँ।...पूर्व में सब स्त्रियाँ स्वाधीन थीं।...वे चाहे जिसके साथ रह सकती थीं।...स्वजन उन्हें रोक न सकते थे। क्वाँरी रहने पर भी स्त्रियाँ रति करती थीं, पर उनका वह काम दोष न समझा जाता था। क्योंकि उस समय का सामाजिक नियम ही ऐसा था।...पशु-पक्षी आदि इस समय भी उसी प्राचीन धर्म के अनुसार चलते हैं। ऋषि लोग इस धर्म को सिद्ध प्रमाण समझकर मानते हैं। (आदि पर्व 123 अध्याय)

जो लोग अपनी प्राचीन सभ्यता की समय-असमय दुहाई देते हैं, उन्हें चाहिए कि वे इन वाक्यों को देखें और सोचें। हमारे यहाँ भी पहले विवाह नाम की कोई चीज़ नहीं थी। स्त्री-पुरुष

स्वच्छन्द रूप से रति-क्रीड़ा करते थे। हमारे कितने ही आदर्श पुरुषों का जन्म इसी प्रकार हुआ है। हम नर-रत्न के रूप में उनकी गिनती करते हैं केवल इसीलिए कि उनके माता-पिता विवाह-बन्धन में नहीं फँसे थे, हम उनका तिरस्कार नहीं करते। व्यासदेव की ही बात लीजिए। इस महाकवि पर हमको कितना अभिमान है। किन्तु इस कवि-रत्न का जन्म कैसे हुआ, हमने सोचा है ? पराशर ऋषि एक दिन भूलते-भटकते चले आ रहे थे। सुन्दर सुखद सवेरा था। यमुना की कछार में जब पहुँचे, तो एक दास-नन्दिनी को देखा—अनुपम सौन्दर्यवती। जितेन्द्रिय ऋषि भी अपने मन पर काबू नहीं रख सके। वहीं उस कालिन्दी कूल में ही प्रातःकालीन कुहासे की कृत्रिम ओट में, दोनों ने अपने 'मन-मनोरथ' को पूर्ण किया। उनके इस पुनीत सहवास से ही व्यासदेव ऐसे प्रतिभाशाली पुत्र का जन्म हुआ। कहिए, कहाँ था उस दिन विवाह ? कहाँ थे वे लोग, जो आज ऐसे कर्म को भारतीय संस्कृति के विरुद्ध कहकर नाक-भौं सिकोड़ते हैं। बात यों थी कि वह युग था—प्राकृतिक निर्देशों के अनुसार चलने का। वे लोग प्राकृतिक झुकावों का महत्त्व आजकल के सामाजिक बन्धनों की अपेक्षा ज्यादा समझते थे। साथ ही वे इस रहस्य को जानते थे कि देखने की चीज़ जन्म नहीं, कर्म है। जो सुकर्म करता है, यही ऋषि चाहे जहाँ जन्मा हो, जैसे जन्मा हो। महाभारत के ही शान्तिपर्व (297 अध्याय) में कहा गया है—"ऋषियों के लिए जन्म और जाति का बन्धन नहीं है। उनका तपोबल ही उनकी आत्मा के उत्कर्ष का हेतु है।" फिर ऐसे ऋषियों की गिनती कराई गई है, जिनका जन्म इसी प्रकार से स्वच्छन्द विहार के परिणत-स्वरूप हुआ था। इसमें वशिष्ठ, शृंग, कृप, द्रोण, मतंग आदि महापुरुषों के नाम भी सम्मिलित हैं।

स्वच्छन्द विहारशील रहने पर भी स्त्री-पुरुष के जोड़े प्रायः पारस्परिक सम्बन्ध स्थापित करते थे—वे एकसाथ रहते, एकसाथ आमोद-प्रमोद करते थे। किन्तु उनमें से कोई एक दूसरे के विहार-विनोद में हस्तक्षेप नहीं करता था। यानी, उस समय आजकल की सतीत्व की भावना का विकास नहीं हुआ था। किन्तु धीरे-धीरे इस भावना का भी जन्म होने लगा, और अन्ततोगत्वा इसका विधान भी किया गया। इसका विधान कैसे हुआ, इसकी भी एक मनोरंजक कथा महाभारत के आदि पर्व में ही है।

एक ऋषि थे, नाम था उद्दालक। उनके श्वेतकेतु नामक एक पुत्र था। एक समय उद्दालक, उनकी पत्नी और श्वेतकेतु तीनों एक ही साथ बैठे थे। इतने ही में एक ब्राह्मण आया और श्वेतकेतु की माँ का हाथ पकड़कर कहा—'युवती, मेरे साथ चलो,' और उसको लेकर चल दिया। इससे श्वेतकेतु को बड़ा क्रोध आया। श्वेतकेतु को कुपित देखकर उनके पिता उद्दालक ने कहा—बेटा, क्रोध न करो। अत्यन्त प्राचीन काल से यह धर्म चला आता है। संसार के सभी वर्णों की स्त्रियाँ इस विषय में स्वाधीन हैं। सब मनुष्य अपने वर्ण की स्त्रियों के साथ गाय-बैल के समान आचरण करते हैं। जो जिससे चाहे, विहार कर सकता है। उद्दालक ने इस प्रकार अपने पुत्र को समझाया, किन्तु उसका क्रोध शान्त नहीं हुआ। उसने स्त्री-पुरुष के लिए एक सामाजिक नियम बना दिया कि एक स्त्री ही एक पुरुष की होकर रहे। उसने कहा—जो स्त्री अपने पति को छोड़कर अन्य पुरुष का संग करेगी, उसे भ्रूण हत्या जैसा घोर पाप होगा, जो पुरुष पतिव्रता धर्मपत्नी को छोड़कर अन्य स्त्री से रमण करेगा, उसे भी पाप लगेगा। और जो पत्नी पुत्र उत्पन्न करने के लिए दी हुई स्वामी की आज्ञा का पालन नहीं करेगी, उसे भी पातक होगा। (महाभारत, आदिपर्व, 122 अध्याय)

यही है इस सतीत्व धर्म के निर्माण का इतिहास। इस कथा में कई बातें हैं जिन पर ध्यान देना चाहिए। पहली बात तो यह है कि पहले गाय-बैल की तरह स्वच्छन्द विहार-प्रचलित था दूसरा यह कि पति के सामने भी उसकी पत्नी दूसरे के साथ रतिक्रीड़ा के उद्देश्य से जाने

में नहीं झिझकती थी और न इसके लिए पति को ही दुख मालूम होता था। तीसरा, यह परस्पर सम्बन्धी धर्म माना गया, ऐसा नहीं कि एक तो कोठे-कोठे की सैर किया करे और दूसरे के लिए घोर सतीत्व का उपदेश देता फिरे ! चौथी बात यह है कि तब भी पत्नी को वह स्वाधीनता थी कि पति के आदेश से वह दूसरे पुरुष के साथ समागम कर सकती थीं। अर्थात्, तब तक भी सती-धर्म में इस्पातपन नहीं आया था।

यदि आप महाभारत देखिए, तो आप ऐसे पुरुष-पुंगवों की संख्या प्रचुरता से पाएँगे, जिनका जन्म या तो स्वच्छन्द विहार के फलस्वरूप है, या दूसरे पुरुष के सहगमन के फलस्वरूप। भीष्म, पांडु, अर्जुन, कर्ण, द्रोण आदि वीर शिरोमणियों का जन्म इन्हीं प्रकारों से हुआ था। ऋषियों का नाम निर्देश तो पहले ही हो चुका है। आज भले ही हम प्राचीनता के नाम पर इस सम्बन्ध की कोई चर्चा होते देखकर भी गालियाँ पढ़ने लगें, किन्तु पहले यह बात नहीं थी, हो भी नहीं सकती। सभी व्यवस्थाओं के लिए कार्य-करण का सम्बन्ध होना जरूरी है। बिना कारण के ही किसी व्यवस्था की कल्पना कैसे हो सकती है।

तो, फिर आजकल का यह अकाट्य सतीत्व है, उसकी उत्पत्ति कैसे हुई। महाभारत इसके लिए भी हमें एक कथा बतलाता है।

पूर्व समय में कतथ्य नाम के एक बुद्धिमान ऋषि थे। उनकी परम सुन्दरी पत्नी का नाम ममता था। ममता गर्भवती थी, तो उसके देवर वृहस्पति ने उससे रति-याचना की। ममता ने मना किया कि गर्भावस्था में आपकी इच्छा की तृप्ति कैसे कर सकती हूँ, किन्तु देवगुरु इतने मदोन्मत्त थे कि अपने को रोक नहीं सके। संभोग सुख लूटा गया। फलतः वह सन्तान अन्धी होकर जन्मी। पुत्र था—नाम रखा गया दीर्घतमा।

दीर्घतमा ने प्रद्वेषी नाम की एक सुन्दरी ब्राह्मण कन्या का पाणिग्रहण किया। दीर्घतमा था तो अन्धा, किन्तु बड़ा कामी था। वह पशुओं के समान प्रकाश-मैथुन—खुलेआम रति-क्रीड़ा किया करता था। यह ऋषियों को बुरा लगता था। इधर उसके कई बेटे हुए, किन्तु उनके भरण-पोषण की चिन्ता वह नहीं करता था। अतः प्रद्वेषी भी उससे क्रुद्ध रहती थी। एक दिन उसने उस अन्धे से कहा कि या तो इन बच्चों के लिए उद्योग करो, नहीं तो मैं तुझे छोड़ दूँगी। इस पर दीर्घतमा ने इस तरह का सामाजिक नियम बना दिया कि आज से स्त्री मरते दम तक एक ही पति के अधीन रहेगी। पति के मरने पर या उसके जीतेजी स्त्री अन्य पुरुष को स्वीकार नहीं कर सकेगी। जो स्त्री इस मर्यादा का उल्लंघन करेगी, वह पतिता समझी जाएगी। पतिहीन स्त्रियाँ सब प्रकार के भोग उपस्थित रहने पर भी उन्हें भोग न सकेंगी—उन्हें ब्रह्मचर्य से रहना पड़ेगा। (महाभारत, आदिपर्व, 104 अध्याय)

देखा आपने, इस विचित्र सतीधर्म उत्पत्ति की कथा। मैं तो उसे पढ़कर खूब हँसा। मेरे ये मित्र जो प्राचीनता की दुहाई देते फिरते हैं—देखें कि जिस सतीधर्म पर उन्हें गर्व है, जिसके महत्त्व और महिमा के गीत वे गाते नहीं अघाते उसका आदि जनक कौन है, स्वयं तो प्रकाश मैथुन का आचार्य महान कामी; और व्यवस्था बनाता है कि स्त्रियाँ पतिहीन होने पर भी आजन्म ब्रह्मचारिणी रहें। वाह रे अन्धे ! सचमुच इस अन्धे नियम का, न जिसमें तर्क है न न्याय जनक एक अन्धा ही हो सकता है। शायद उन्हीं बातों पर विचार कर महान् तार्किक बुद्धिजीवी ऋषि चार्वाक ने कहा था—स्वार्थि निंबलक द्रूपै पाति ब्रस्य विनिर्मितम्। रूप वीर्यवता सार्द्धम स्त्री केलिमसहिष्णुभिः।

खैर, यहाँ चार्वाक के इस कथन की व्याख्या करना हमारा उद्देश्य नहीं है। इस कथा से मेरे इस कथन का समर्थन होता है कि स्त्रियों पर पुरुष वर्ग ने ही इस सती-धर्म को लादा—मानवी रचना के आदिकाल में स्त्रियाँ स्वतन्त्र थीं, किन्तु धीरे-धीरे उनकी स्वतन्त्रता को

बलवान पुरुष जाति ने नष्ट कर दिया। पहले स्त्रियाँ जिससे चाहें, विहार कर सकती थीं, बाद में उन पर यह नियम लादा गया कि बिना पति की आज्ञा के वे पर-पुरुष से संभोग नहीं कर सकतीं। किन्तु पति की मृत्यु के बाद तो उन्हें पूरी स्वतन्त्रता थी, पीछे वह आर्डिनेन्स जारी किया गया कि नहीं, स्त्रियों को केवल एक ही पति पर सन्तोष करना पड़ेगा—भले ही वह अन्धा हो, या कोढ़ी हो, यही नहीं उसकी मृत्यु के बाद भी उसी के नाम पर उसे आजन्म ब्रह्मचारिणी रहना पड़ेगा।

साथ ही इन कथाओं से यह भी पता चलता है कि हमारे यहाँ भी स्त्री-पुरुष सम्बन्ध का रूप बदलता आया है। सतीत्व का आदर्श भी समय और परिस्थिति के अनुसार परिवर्तनशील संसार में कोई भी आदर्श निश्चित नहीं समझा जा सकता। ये बदलते रहे हैं, यह सिद्ध करता है कि आगे भी बदलेंगे। भारतीय समाज अगर जीवित रहा है, तो इसीलिए कि परिस्थिति के अनुसार अपने को बदलते रहने की शक्ति इसमें थी। आज जो हमारा समाज जड़ हो गया है, निर्जीव-सा मालूम पड़ता है, वह इसीलिए कि हमने अपने पूर्वजों के इस गुण का परित्याग कर दिया है। कट्टरता, पुराण-पंथ और इस्पातपन को ही हम दुनिया की सबसे बड़ी चीज़ समझते हैं। समय का सन्देश, युग-धर्म की पुकार है कि हम इस अवगुण को छोड़ें। हम एक जीवित मानव समुदाय के रूप में रहना चाहते हैं। इसीलिए आवश्यक है कि हम अपनी खिड़कियों को खोल दें, खुली हवा की साँस लें, आधुनिकता के संगीत सुनें और उन्नति के पथ पर निर्द्वन्द्व बढ़ते चलें।

कालेज की लड़कियाँ

कालेज की लड़की अच्छी पत्नी नहीं होती—पत्र-पत्रिकाओं में इस ढंग की चर्चा होते देखकर मुझे उतनी ही प्रसन्नता हुई, जितनी लज्जा मेकाले के इस कथन को पढ़कर होती है कि अंग्रेज़ी पढ़े-लिखे हिन्दुस्तानी अच्छे क्लर्क हो सकेंगे।

आप कहिएगा—यही कहीं की ईंट कहीं का रोड़ा, भानमती का कुनबा जोड़ा, तुम कहाँ से ले आए। कहाँ कालेज की लड़की, कहाँ पढ़ा-लिखा हिन्दुस्तानी, कहाँ मेकाले, कहाँ आजकल की पत्र-पत्रिकाएँ।

किन्तु माफ कीजिए, मेरी टेढ़ी समझ में ये दो कथन ऐसे हैं जो एक-दूसरे की याद दिलाते हैं।

मेकाले था साम्राज्यवादी। वह भारत पर ब्रिटिश-साम्राज्यवाद की छाया अक्षयरूप में, अनन्त काल तक के लिए देखना चाहता था। न जाने क्या देखकर, क्या समझकर, उसके मन में यह धारणा बैठ गई थी कि अंग्रेज़ी शिक्षा देने के बाद भी—कालेजों में बर्क की स्पीचें और फ्रान्स की राज्यक्रान्ति की कहानियाँ पढ़कर भी—हिन्दुस्तानी सीधे-सादे क्लर्क ही बने रहेंगे, उनमें स्वाधीनता की लगन, राष्ट्रीयता की भावना कभी पैदा ही नहीं होगी। गर्चे उसका यह सपना टूट गया—यदि आज बेचारा जीवित होता, तो वर्तमान राष्ट्रीय आन्दोलन देखकर, अपनी धारणाओं से बिलकुल उलटा परिणाम पाकर, शायद आत्महत्या कर लेता ! किन्तु मुझे तो उसके कथन पर बार-बार लज्जा आती है कि न जाने क्यों, उसने हमें इतना नपुंसक, इतना गुलामी-पसन्द, इतना विदेशी-परस्त, इतना पतित और नीच समझ लिया था।

यों ही आज कालेज में पढ़नेवाली लड़कियों के सम्बन्ध में जब यह प्रचार किया जाता है—निस्सन्देह उन्हें लोगों की नज़रों से गिराने की ही नीयत से—कि ये अच्छी पत्नियाँ नहीं

हो सकतीं, तो मुझे आनन्द इस बात का होता है कि ओहो, हमारी पढ़ी-लिखी बहनों ने, इतने थोड़े दिनों में ही, अपने स्वतन्त्र-व्यक्तित्व, अपनी आज़ाद तबीयत की ऐसी धाक जमा दी है कि हम पुरुषों को उनसे डर-सा लगने लगा है, हम स्त्रियों पर के अपने एकाधिपत्य के साथ ही अपने पैर के नीचे की ज़मीन भी खिसकती हुई देखने लगे हैं। डाँट-फटकार का स्टेज समाप्त हुआ—अब हम यह आवश्यक समझने लगे हैं कि उन पर तुहमतें लगाई जाएँ, लांछन लादे जाएँ। पुरुषों की इस घबराहट, इस बौखलाहट में स्त्रियों की विजय, उनकी स्वतन्त्रता का उदय, मैं देखता हूँ, इसी से मैं खुश होता हूँ।

मेरी खुशी का एक कारण और भी है। सुनते हैं कि बाघ किसी शिकार को पकड़कर एकबारगी ही नहीं निगल जाता, उसे पूरी तरह घायल कर छोड़ देता और कुछ दूर हटकर बैठ जाता तथा बैठे-बैठे, मस्ती में पूँछ डुलाता, उस मरणोन्मुख प्राणी के निकल भागने की व्यर्थ चेष्टा एवं इस चेष्टा में ही, तिल-तिल कर, उसके दम का टूटना देखता और खुश होता है। यद्यपि व्याघ्रवृत्ति पानेवाला सौभाग्यशाली व्यक्ति होने का दावा करने की धृष्टता तो मैं नहीं करता, किन्तु आज इस मरणोन्मुख समाज को, जीने की चेष्टा में तिल-तिल कर दम तोड़ते देख मुझे अज़हद खुशी होती है। हमारी बहनें भी इस राक्षस की लाश पर अपने कोमल, किन्तु दृढ़ चरणों की ठोकरें लगाने में पीछे नहीं हैं—यह देखकर मेरा हृदय गद्गद हो उठता है !

इस समाज राक्षस के अत्याचारों का सबसे पीड़ित शिकार हमारी बहनें ही रही हैं। किसी पर वर्ण-विभिन्नता के कारण, किसी पर जन्म-विभिन्नता के कारण, किसी पर देश या धर्म-विभिन्नता के कारण जब यह मानव-नामधारी जीव अत्याचार करता है, तब तक तो इस विभिन्नता को मद्देनज़र रखते हुए यह बात किसी अंश तक समझ में आती है। किन्तु जिनको लेकर वह इस पृथ्वी में ही स्वर्ग-सुख लूटता है, जिनके अधरों, कपोलों, वक्षस्थलों में वह सुधा, सुधाकर और सुधाघट आदि की कल्पना करता और सुधापान करते नहीं थकता—अरे, जिनकी कोख से वह पैदा होता और जिनके रक्तबिन्दु से पलता है—देश, धर्म, जन्म, वर्ण सभी दृष्टियों से भी जो उसके समान ही हैं—उन्हीं पर इतना अत्याचार, इतना उत्पीड़न ! यदि यह मानवता है, तो दानवता है किस चिड़िये का नाम ?

आज तक पुरुषों ने स्त्रियों पर मनमाना अत्याचार किया और उनकी कुछेक शारीरिक अयोग्यताओं से लाभ उठाकर उन्हें अपनी गुलामी में रखा। इस गुलामी का सुन्दर से सुन्दर नाम दिया गया—इन सुन्दर नामों पर सुन्दर-से-सुन्दर व्याख्याएँ हुईं, कविताएँ की गईं। किन्तु उनकी तह में छिपी रही एक ही भावना—"हे नारी, तू पुरुषों से हीन है; बल में, बुद्धि में, सभी चीज़ों में। तेरी रक्षा सदा होनी चाहिए, चाहे तू लड़की हो, युवती हो या वृद्धा हो। और तुझे अपने रक्षक के प्रति पूरी वफादार, भक्त होनी चाहिए। तू उसे खिलाकर खा, उसके पैर दबाकर सो। हाँ, सोने के पहले उसकी पाशविक प्यास को भी दूर कर—अपने शरीर को कामुकता की भेंट कर दे। फिर जब तक वह सोता रहे, तू उठ जा। घर बुहार दे, आँगन झाड़ दे, बर्तन मल, चौका लगा, चूल्हा जला दे और कुछ गर्म जलपान तैयार कर उसके निद्राभंग की प्रतीक्षा में बैठ। कोई मुजायका नहीं कि यह आदमी कुरूप हो, क्रोधी हो, बदचलन हो, शराबी हो—ओ पगली, यह अन्धा हो या कोढ़ी—तुझे तो ऐसी बातें सोचना तक नहीं चाहिए; तू चुपचाप उसकी सेवा किया कर और तेरे मरने पर, तेरे श्राद्ध के पहले ही, वह भले ही एक छोकरी को घर में बिठा ले—या तेरे रहते भले ही जूठे पत्तल चाटता फिरे—तू उसी के मार्ग पर ज़िन्दगी काटने को तैयार बैठ। तू त्याग की चरम सीमा दिखा, क्योंकि तू देवी है, देवी। हाँ, यह दूसरी बात है कि पशुओं के साथ 'तू भी ताड़न के अधिकारी' है। किन्तु तुझे इन

बातों का ख्याल नहीं करना चाहिए—ओ स्त्री, विधाता ने इन्हीं पावन कर्तव्यों के पालन के लिए तेरा जन्म दिया है।" बस, इसी तरह के शत-शत वाक्य-समूह ! आज तक स्त्रियाँ इन वाक्यों को देववाक्य मान, चुपचाप तदननुसार बरतती आईं। इन्हें मनमाने ढंग से नचाया गया—कभी ख्वाहिस हुई, तो प्रजा प्रेम के नाम पर, गर्भवती होने पर भी इन्हें अगम्य जंगल में, हिंस्र पशुओं की कृपा पर, डलवा दिया गया। कभी मन में उमंग उठी तो इनसे किसी तरंगिणी के पुलिन पर, किसी शरद्-पूनों की चाँदनी-चर्चित रात में, रासलीला रचा डाली गई। किन्तु यह धाँधली, यह मनमानी घरजानी कब तक ? इस युग ने, युग की पुकार ने हमारी बहनों की आँखें खोल दी हैं—इन ढोंगों को वे पहचानने लगी हैं और लगी हैं पहचानने अपने आपको, अपने व्यक्तित्व को। "हम भी मनुष्य हैं, हमारे भी दिमाग है और है हृदय। ये दिमाग भी विचारों के सूक्ष्म तन्तुओं के सुलझाने की क्षमता रखते हैं, ये हृदय भी बारीक अनुभूतियों के रंगीन क्रीड़ास्थल हैं। ये दिमाग संसार को 'सत्य' का और ये हृदय जगत को 'सुन्दर' का सन्देश देने की योग्यता रखते हैं—'शिव' तो चारों ओर आप ही आप लहराता फिरेगा। हम इन दिमागों, इन हृदयों का सदुपयोग क्यों न करें ? एक मनुष्य में, एक छोटी चहारदीवारी में अपने सारे विचारों, विवेकों, भावनाओं और अनुभूतियों को हम क्यों केन्द्रित, आबद्ध, अवरुद्ध किए रहें। इस स्वतन्त्रता के युग में यह गुलामी कैसी ? छिः !" इस प्रकार के बार-बार के चिन्तन ने उन्हें आत्म-प्रकटीकरण के लिए बाध्य किया है। फिर क्या है—गुलाम-पोषकों के दिल में हाहाकार मचा है—अरे, स्त्रियाँ तो बिगड़ीं !

कालेज की लड़की अच्छी पत्नी नहीं होती। लेकिन सबसे पहले आप यह तो बताइए कि पत्नी कहते किसे हैं ? यदि पत्नी का अर्थ आप अपनी उदार परिभाषा के अनुसार यही करते हैं कि एक ऐसी महिला-अनुचरी जो आपकी कामुकता की सहेली हो, आपके बच्चों की सुशिक्षिता दाई हो, खाना न पकावे, सही जलपान सजाकर तो ज़रूर सामने लावे, जलसों में आपके साथ जाए और पीछे बैठे, मित्र-मंडल को संगीत-लहरी में चुसकियाँ लगवा सकें तो और उत्तम आदि-आदि—तो निस्सन्देह कालेज की लड़की आपकी अच्छी पत्नी नहीं हो सकती। इन सब कामों के पीछे, जो एक गुलामों के पीछे, जो एक गुलाम मनोवृत्ति काम कर रही है, उसे आधुनिक युग की युवती बर्दाश्त नहीं कर सकती। आपके इस नाम के 'डोमिनियन स्टेटस' को वह स्वीकार नहीं कर सकती। जनाब यह 'कम्पलीट इंडिपेंडेंस' का युग है।

आप पूछ सकते हैं, तो फिर ये कालेज की लड़कियाँ कैसी पत्नी बनना पसन्द करेंगी ? तो मैं इसका क्या जवाब दूँ ? मैं भी तो पुरुष ही हूँ—कोशिश करके भी उनकी आन्तरिक भावनाओं की ठीक-ठीक तस्वीर कैसे खींच पाऊँगा ? हाँ मनोविज्ञान और आधुनिक युग की पुकार दोनों को दृष्टि-बिन्दु में रखते हुए सबसे पहले मैं यही कहूँगा कि वे पत्नी नहीं होंगी। वे पत्नी बनें और आप पति बनें यह वे पसन्द नहीं करेंगी; क्योंकि न वे अपने को खेत समझती हैं कि 'खेतिहर' की अनिवार्यता महसूस करें और न किसी 'सईस' की पुचकार या उसके कोड़े की ही फटकार वे बर्दाश्त कर सकेंगी। वे होंगी आपकी संगिनी कामरेड और उनके कर्तव्य वही होंगे, जो आपके उनके प्रति। 'स्वाम्य' नहीं, साम्य, इस युग का सन्देश है।

तीर देती जा रानी

अब इन महलों में मन नहीं लगता मेरी रानी। यह विलास का जीवन, यह हा-हा-ही-ही—यह धमाचौकड़ी—क्या जीवन का उद्देश्य ये ही क्षणिक सुख हैं—मनुष्य-जन्म की सार्थकता इन्हीं में

है ? उँहुँ, अब इनमें मन नहीं लगता।

देख तो, यह जवानी—जीवन का यह बसन्त—कितनी उमंगों की कलियाँ निकल आई हैं इस फुलवारी में। कैसा रूप—छोटे, भले, सुन्दर। कितने रंग—लाल-पीले, हरे-नीले। इन मुग्धा कलियों को यों ही झड़ जाने दें, सूखकर गिर जाने दें, धूल में मिल जाने दों, मिट जाने दें ?

मिट जाने दें इन उमंगों को, इन अरमानों को, इन आकांक्षाओं को, इन उद्दाम इच्छाओं को।

क्या ये कलियाँ यों ही झड़ जाने की चीज़ हैं ? क्या इनके विकसित होने; पुष्पित होने और फलवती होने में बाधा देना प्रकृति के शाश्वत नियमों पर अत्याचार करना नहीं है, ईश्वर की इच्छा को पैरों से रौंदना नहीं है; एक अक्षम्य अपराध नहीं है ?

तो फिर क्यों न हम लोग मिलकर ऐसा प्रयत्न करें कि ये कलियाँ खिलकर, फूल होकर, सूने संसार को अपनी भीनी-मादक सुगन्ध से भर दें ?

चलो, मेरी रानी, इन महलों से चले चलो। चलो वहाँ, जहाँ प्रकृति के शृंगार को हम मानवों के कलुषित हाथों ने अपवित्र न किया हो, जहाँ मीठी हवा हमारे पाप-तापों से दूषित न हुई हो, जहाँ सूर्य की प्राणमयी सुनहरी किरणें हमें उठावें और चन्द्रमा की स्निग्ध प्रभा थपकियाँ देकर सुलावें। जहाँ बुलबुल गाती हो, कोयल रोती हो; पत्ते नाचते हों, दूब ओस की माला पिरोती हो, जहाँ शय्या हो, अम्बर, अम्बर। चलो वहीं चले। उस शान्त एकान्त स्थान में चलकर साधना की धूनी रमाएँ, जो हमारी कमज़ोरियाँ जला देगी और देगी वह तेज, वह ज्योति, वह शक्ति जिसके द्वारा कलियों को हम खिला सकेंगे, फूलों को फला सकेंगे, सोते को जगा सकेंगे, मुर्दे को जिला सकेंगे। चलो मेरी हृदय-रानी, चलो वहीं, जहाँ प्रकृति के शृंगार को हम मानवों के हाथों ने कलंकित नहीं किया हो।

तू तीर देती जा रानी—फिर लक्ष्यबेध आसान है—बिल्कुल आसान ! आज तक हम पुरुषों ने नारी की—शक्ति की—अवहेलना की। अवहेलना की, मेरी रानी, पूरी अवहेलना की। हमने नारी को गले लगाया, मैं मानता हूँ; हमने नारी के लिए ही कितने विकट संग्राम छेड़े, मैं जानता हूँ; नारी के एक कुटिल कटाक्ष पर हमने अपना सर्वस्व अर्पण कर दिया, मेरे अनुभव की बात है; नारी-खिलाड़ी के हाथ में मनुष्य-बन्दर हज़ारों नाच नाच रहा है, संसार देख रहा है। किन्तु, तो भी, रानी, हमने नारी की अवहेलना की है—मेरी यह सम्मति स्थिर हुई जाती है। हमारी—मेरी तेरी—सम्मिलित साधना ने मुझे यही शिक्षा दी है।

हम नारी को गले लगाते हैं, किन्तु उसके नारीत्व को नहीं; उसके गुदगुदे गान की पूजा करते हैं; उसके अन्दर के उस चीज़ की नहीं, जो उसे 'शक्ति' नाम दिलाती है। नारी शक्ति की मूर्त्त मूर्ति है, किन्तु हम शक्ति को पाकर उल्टे दिन-दिन अशक्त क्यों होते जाते हैं ? क्यों ? क्योंकि हम नारी को गले लगाते हैं, नारीत्व को नहीं, उसके गुदगुदे गान की पूजा करते हैं, उसके अन्दर की उस चीज़ की नहीं, जो उसे 'शक्ति' दिलाती है।

पुरुष—वांसना का शिकार पुरुष—अपनी कमज़ोरी का दोष नारी जाति पर मढ़ता है, शक्ति की सगी बहन को सारी दुर्बलताओं की खान समझता हैं, कैसा खेद का विषय है—कैसी दुर्बुद्धि है।

दीपक प्रकाश देता है, पतंग को उसके प्रकाश से सन्तुष्टि नहीं, वह उस प्रकाश-पुंज से खिलवाड़ करने चलता है, स्वयं जल मरता है। अन्यायी संसार बिना कारण-कार्य पर विचार किए चिल्ला उठता है—ओफ, दीपक ने निरपराध ही हत्या कर डाली।

आह ! मेरी रानी, यदि पुरुषों को सुबुद्धि होती ? यदि वह नारी का उपयोग जानते ? यदि वह भोग-भावना को भूल शक्ति-साधना पर ध्यान देते ?

तीर देती जा मेरी रानी—फिर लक्ष्यबेध आसान है, बिल्कुल आसान है। कौन ऐसा लक्ष्य है, जिसे न बेध सके यह। मत्स्य-बेध तो बच्चे का खेल है। सप्त-ताल-बेध कोरी कलाबाज़ी है। मैं चाहूँ, तो तुम्हारे दिए हुए इन तीरों को अपने धनुष पर चढ़ाकर चौदहों भुवन को एक बार ही नाथ दूँ। चौदहों भुवन मेरे एक ही तीर में इस प्रकार बिंध जाएँ, जैसे अनन्त चतुर्दशी की चौदहों गाँठें एक पतले रेशम में टँके होते हैं।

देख, यह पहला तीर—और यह चिंघड़ता सिंह ठंडा पड़ा। दूसरा तीर—और वह हड़-हड़-हड़ कर पहाड़ का शिखर टूटा। तीसरा तीर—अहा ! देख-देख, प्यारी उस बादल में—वहाँ वह दूर—बिजलियों से अठखेलियाँ कर रहा है।

तू मुस्कुरा पड़ी, वाह री तेरी मुस्कुराहट। प्यारी, मुझ गरीब की रानी, अपनी मुस्कुराहट की तीक्ष्णता मेरे इस तीर में भर दे और उसकी मादकता मेरे हृदय में।

फिर लक्ष्य-बेध क्यों न होगा ?

वन्दे वाणी विनायकौ

[1957 ई.]

ये निबन्ध

मेरे साहित्यिक निबन्धों का यह पहला संग्रह है। किन्तु साहित्यिक निबन्ध से यहाँ साधारण अर्थ नहीं लिया जाय। साहित्य की व्याख्या करने; रस, अलंकार आदि की कसौटी पर उसे कसने; कालों और वादों के घटाटोप रचने या तोड़ने का मेरा प्रयत्न नहीं। यह काम मेरे अन्य सहकर्मी अच्छी तरह कर रहे हैं।

साहित्य-सृष्टि मेरा व्यसन है। जिसे खेल-खेल में प्रारम्भ किया, वह मेरे जीवन की संचालिका बन गई है। यों कहूँ, तो व्यसन ही जीवन बन गया है।

अपने इस साहित्यिक जीवन के सिलसिले में मेरे मन में कुछ प्रश्न उठते रहे, कुछ समस्याएँ आती रहीं। उन प्रश्नों के उत्तर, उन समस्याओं के समाधान ढूँढ़ने के प्रयत्न में जो विचार मेरे मन में उठे, उन्हें लिपिबद्ध करता गया।

मित्रों का आग्रह हुआ, उन्हें पुस्तक रूप दे दिया जाए।

जब पुस्तक, तो एक नाम चाहिए। तुलसी ने बचपन से ही मुझे अभिभूत कर रखा है। उनके 'मानस' के प्रथम वन्दना-श्लोक में ही मुझे नाम भी मिल गया। वन्दे वाणी विनायकौ !—वाणी को वन्दना, विनायक को वन्दना या वाणी—विनायक को वन्दना !

हमारी वाणी अब विनायकत्व करे—यही है मेरी कामना ! विनायकों के फेर में हम बहुत रहे। हम वाणी-पुत्र स्वयं सोचें,—हम कहाँ हैं, हमें क्या करना है, हम साहित्य को किस दिशा में ले जाएँ, हमारी भाषा कैसी हो, हमारी लिपि क्या हो ? कुछ लोगों ने हमें वह जीव समझ रखा है, जिसकी पीठ पर जो ‌भी बोझ, जितना भी बोझ, लाद दो !

यह स्थिति असत्य है। मेरा मन ही कुछ विद्रोही रहा है। अतः इन निबन्धों में यदि आप यथास्थिति के प्रति कभी-कभी झुँझलाहट, क्रोध या विद्रोह पाएँ, तो मुझे क्षमा करें। वाणी की मर्यादा जानता हूँ, किन्तु कभी-कभी बेलौस कह देना भी वाणी की मर्यादा की रक्षा के लिए आवश्यक हो जाता है न ?

—श्रीरामवृक्ष बेनीपुरी

वन्दे वाणी विनायकौ

वाणी को वन्दे, विनायक को वन्दे ! नहीं, वाणी-विनायक को वन्दे !

तुलसीदास ने इन दोनों को मिलाकर जो वन्दना की, उसका कुछ अर्थ तो होना ही चाहिए।

वाणी जो विनायकत्व दे सके और विनायक जो वाणी से प्रेरणा ले !

आज वाणी ने विनायकत्व, नेतृत्व खो दिया है और आज के विनायक ने वाणी का तिरस्कार, बहिष्कार करना प्रारम्भ किया है !

आज वाणी विनायक की सहचरी नहीं, अधिक-से-अधिक अनुचरी है। विनायक की आज्ञा पर वह नाच रही है, गा रही है, वीणा बजा रही है !

और वाणी को इस स्तर पर उतारकर क्या विनायक भी सानन्द और सकुशल है ? उसके पैर भी लड़खड़ा रहे हैं, उसको सदा डर लगा रहता है कि कब वह अपने आसन से भहराकर नीचे गिर पड़े !

ओ मूषक-वाहन, तुम्हारी शोभा तब, जब हंसवाहिनी तुम्हारी बगल में हो।

तुम लिखते जाओ, वह गाती जाए !

तुमने कलम एक तरफ रख दी, उसने वीणा अलग धर दी !

मूसा बिल्ली के डर से परेशान हो रहा है ! हंस को बगुले आँखें दिखा रहे हैं।

क्या यह स्थिति दोनों में से किसी के लिए शोभनीय है ?

इस स्थिति से उद्धार कैसे हो ?

पहले वाणी को उठना होगा, अपने पद-गौरव को समझना होगा। उसे मानना होगा, विनायक का आदिकारण वह है; पहले वह, तब विनायक।

वह वाणी कैसी, जो विनायकत्व न दे, नेतृत्व न करे !

यह देश तो ऋषियों का है। उन्होंने जो लकीर खींची, उसी पर चलकर लोगों ने विनायकत्व प्राप्त किया !

और, इस विनायकत्व को भी तब स्वीकृति मिली, जब वाणी के किसी वर-पुत्र ने उसे अमरता प्रदान की।

हम जिस राम-कृष्ण की आराधना करते हैं, क्या वे दशरथ और वसुदेव के पुत्र-मात्र हैं ? या अयोध्या और मथुरा के शासक-मात्र !

यदि वाल्मीकि और व्यास न होते, उन्हें वाणी का वरदान नहीं दिया होता, उनका नव-निर्माण नहीं किया होता, तो वे क्या आज यों घर-घर व्याप्त होते !

वाल्मीकि और व्यास के वंशधर क्या इस गौरव को भूल नहीं गए हैं ?

स्वयं वाणी के वर-पुत्रों ने वाणी के झंडे को झुका दिया है !

वाणी को उस गौरव-आसन पर फिर प्रतिष्ठित करना पड़ेगा।

किन्तु वह तभी सम्भव है, जब हम वाणी को उन उपकरणों से आभूषित करें, जिनकी ओर तुलसीदास ने रामचरित मानस के इस प्रथम श्लोक में संकेत किया है।

वर्ण, अर्थ, रस और छन्द—काव्य के ये चार सर्वमान्य उपादान हैं।

किन्तु वाणी में विनायकत्व का समागम तब होता है, जब इन चारों के साथ मंगल जोड़

दिया जाता है !

"मंगलानां च कर्तारौ !"

हाँ, हमारी साधना का चरमबिन्दु होना चाहिए, जन-मंगल ! सिर्फ मन-रंजन नहीं, जैसा हम मान लिया करते हैं !

मन-रंजन तो साहित्य का स्वाभाविक धर्म है।

उनकी सृष्टि ही ऐसी होती है कि मन-रंजन तो आप-ही-आप सधता है !

जिसमें वर्ण हों, अर्थ हों, रस हों, छन्द हों—भला वह मन-रंजन की शक्ति नहीं रखे ?

यदि हमारी वाणी इस कार्य में भी अक्षम है, तो हमें सोचना पड़ेगा, हम इनके प्रयोग में कहीं कोई त्रुटि तो नहीं कर रहे हैं !

शब्द ब्रह्म है। ब्रह्म की ही तरह वह निर्गुण है। वह सगुण रूप तब धारण करता है, जब हम उसे अक्षरों में बाँधते हैं।

बड़ी तपस्या के बाद ब्रह्म को सगुण रूप धारण करने को बाध्य किया जाता रहा। शब्दों को अक्षरों में बाँधने के लिए भी मानवता को कम तपस्या नहीं करनी पड़ी—बड़ी कड़ी, बड़ी लम्बी तपस्या !

किन्तु, ये अक्षर अब हम इतनी आसानी से प्राप्त कर लेते हैं कि हम उस तपस्या को भी भूल जाते हैं।

उस तपस्या को भुला देने से उनका महत्त्व भी खो देते हैं !

अक्षर अमर हैं—अ-क्षर हैं !

किन्तु हमें अक्षरता से ही सन्तोष नहीं हुआ, हमने अपनी साधना द्वारा उनमें वर्णता का आरोप किया।

"वर्णनाम्"—इस् पर ध्यान दीजिए।

वर्ण = रंग।

हाँ, हमने अक्षरों में रंग भरे, उनमें रंगीनियाँ भरीं।

चित्रकारों के पास सिर्फ सात रंग।

हमारे पास 49 वर्ण—12 स्वर, 36 व्यंजन और उनके ऊपर ॐ !

इसीलिए हम ऐसे-ऐसे चित्र बना सके, जिनके सामने चित्रकारी की सारी रंगीनियाँ मात ! उसे वाह्य अंगों की भावभंगिमा पर ही सन्तोष करना पड़ा, हम हृदय की अन्तरतम भावनाओं को मूर्त्त रूप दे सके।

फिर चित्रकारों के चित्र लाख चेष्टा के बाद भी क्षणिक; हमारे शाश्वत।

अंधगुफा में खिंचे अजंता के चित्र फीके पड़ गए हैं—धुल-पुँछ गए हैं।

किन्तु उनके सहस्रों वर्ष पहले की खिंची वेदों की उषा-चित्रावली देखिए—

लगता है अभी-अभी उषा देवी सात घोड़ोंवाले रथ पर सवार, मुक्तकुंतल उड़ाती, गुलाबी गालों की आभा से अग-जग को रंगीन बनाती, पंछियों को चहचहाती, बछड़ों को रँभाती, मानवों को कर्म-रत करती, कण-कण में स्फुरण और स्पंदन भरती हमारी आँखों के सामने क्रमशः प्रत्यक्ष हो रही हैं।

हम सोचें, क्या हमारे वर्णों में वह वर्णता रह गई है ?

रंगीन रोशनाई से छपवाने से क्या अक्षरों में वह रंगीनी आ सकेगी ?

जिसकी नींव ही कच्ची, वह इमारत क्या बुलन्द होगी ?

अलग-अलग अक्षरों के अलग-अलग-रंग हैं—इसलिए एक ही अर्थ के भिन्न शब्दों में अलग-अलग रंगीनी है।

इन रंगों को, इन रंगीनियों को पहचानिए !

और सिर्फ अर्थ पर नहीं जाइए, अर्थसंघ पर जाइए—'अर्थसंघानाम्' !

अभिधा पर ही नहीं, लक्षणा पर, व्यंजना पर !

वाणी विनायकत्व तब धारण करती है, जब वह अर्थ से ऊपर उठकर अर्थसंघ पर पहुँचती है; अभिधा को इस ठोस पृथ्वी पर छोड़कर लक्षणा और व्यंजना के परों से सातवें आसमान तक की सैर करने की क्षमता अपने में लाती है।

ऐसे वर्ण और यह अर्थसंघ ही रसों की—'रसानाम्'—की उत्पत्ति करते हैं !

रस अनुभूति की वस्तु है, हृदय की वस्तु है !

वाणी की सार्थकता तब सिद्ध होती है, जब वह मस्तिष्क से उतरकर हृदय को आसन बनाती है। हंसवाहिनी को मानस प्रिय है, यह भी क्या समझाने की बात रह गई ?

हमने वाणी को दिमागी कुलाँचों के प्रकटीकरण का साधन-मात्र बना दिया है ! इसीलिए हमारी वाणी चंचल मस्तिष्क में थोड़ी हलचल मचाकर ही उपशमित हो जाती है।

ऐसी वाणी में सरसता कहाँ, विदग्धता कहाँ ?

उसमें वह स्निग्धता और सजलता कहाँ, जिसमें—"अनबूड़े बूड़े तिरे जो बूड़े सब अंग !"

हृदय से निकली वाणी ही हृदय में घर बनाती है और हृदय में पहुँचकर ही वह अमरता प्राप्त करती है !

और 'छंदसाम् अपि' = छन्द 'भी' हों, तो क्या कहने ?

किन्तु छन्द क्या सिर्फ तुकों का मिलान या मात्राओं और वर्णों का जोड़-घटाव मात्र है ?

हर काव्यमय वाणी में एक स्वाभाविक समथर गति होती है, एक श्रुति-मधुर झंकार होती है। किन्तु गद्य में यह गति, यह झंकार लाना बड़ा ही कठिन काम है—इसी से कहा गया है, "गद्यं कवीनां निकषा वदन्ति !" कवियों के लिए गद्य कसौटी है !

तरह-तरह के वाद्ययन्त्रों के सहारे गाने की अपेक्षा अकेला गाना, सिर्फ अपने कंठ से संगीत की मधुर-धारा बहाना, अवश्य ही कठिन कार्य है, दुस्साध्य कार्य है, यह कौन नहीं मानेगा ?

किन्तु नियमबद्ध छन्द ही सबकुछ नहीं है, इसीलिए शायद 'छन्दसाम्' के बाद तुलसीदास ने 'अपि' जोड़ा था !

जो हो, इन चारों उपकरणों से युक्त वाणी में मन-रंजन की शक्ति होगी ही !

और मंगल की भावना उसमें चार चाँद लगाकर रहेगी !

और ऐसी वाणी को विनायकत्व मिलकर रहेगा—विनायक उसकी उपेक्षा कर स्वयं विनायकत्व से अपने को वंचित कर लेगा !

आज वाणी इन उपकरणों से वंचित हो रही है, फलतः उसकी यह उपेक्षा, यह तिरस्कार !

यन्त्रों की बहुलता ने वाणी के सेवकों से साधना की प्रवृत्ति दूर कर दी है। हल्दी लगे न फिटकिरी और रंग चोखा—हमारी यह प्रवृत्ति हो रही है !

यह प्रवृत्ति आत्मवंचना है, इस प्रवृत्ति के वशीभूत हो अनजाने ही हम आत्म-हत्या की ओर तो नहीं दौड़े जा रहे हैं ?

काते और ले दौड़े—किसी भी क्षेत्र में यह मनोवृत्ति सिद्धिप्रद नहीं। माँ-वाणी के प्रांगण में यह अक्षम्य अपराध है।

सेवा एक तपस्या है, वाणी की सेवा कठोरतम तपस्या।

तपते जाइए, जलते जाइए। सौ फूँक में सोना ! जिसे कुन्दन बनना है, उसे कितनी फूँक चाहिए ?

अरे, कौन ऐसी प्रतिभा है, जिसे पसीने और आँसू का सागर नहीं तैरना पड़ा हो !
वाणी के हम वर-पुत्र इस तथ्य को सदा सामने रखें !
वाणी-माता हमसे यही आशा रखती है !

[नई धारा, मई, 1955 में प्रकाशित]

नया देश : नया समाज : नया साहित्य

वह जो अपना पुराना देश था न, वह 15 अगस्त, 1947 को ही मर गया और उसकी चिता-भस्म पर एक नया देश बन रहा है, बस रहा है !

हाँ, वह पुराना देश मर गया—जो गुलाम था; बूढ़ा था; सड़ा-गला था ! सदियों के शोषण और दोहन ने जिसे रक्तहीन, मांसहीन, स्नायुहीन, प्राणहीन, स्पंदनहीन बना दिया था ! वह अस्थिकंकाल मात्र था—ठठरियों के ढेर को, उसके दुर्वह बोझ को हम कब तक ढोते रहते ? इसलिए अभी उस साल बड़े धूमधाम से, नाचते, गाते, बजाते हमने उसे दफना दिया ! बूढ़े की अन्तिम यात्रा में आनन्द-उत्सव न किया जाए, यह भी कोई बात होती ! बड़ी शान से हमने उसे समाधिस्थ किया !

उसे समाधिस्थ किया, क्योंकि इस नए युग में, हमें एक नया देश चाहिए—नया देश, जो युवा हो, सबल हो, स्वस्थ हो ! जिसके पैरों में जंजीर न हो, जो स्वतन्त्र रूप से विचरण करे, आगे बढ़े, नए-नए अभियान करे। कितनी उत्ताल तरंगें, कितने गगनभेदी शिखर उसके उन पैरों से चुम्बित-मर्द्दित होने के लिए प्रतीक्षा कर रहे हैं, जिसकी छाती में दमखम हो, जिसकी भुजाओं में कस-बल हो, जिसकी आँखों में मर्मभेदिनी ज्योति हो—जिसके मस्तक में कितने सुनहले स्वप्न आकुल-व्याकुल चक्कर काट रहे हों ! वह देश, नया देश ! नया देश—जिसमें एक नए समाज के निर्माण की क्षमता हो, साहस हो, सूझ हो। जो आकाश के स्वर्ग को इस पृथ्वी पर उतार सके।

नया देश—नया समाज ! समाजहीन देश मिट्टी का ढेर है। हम कोरी मिट्टी की पूजा नहीं करेंगे। क्यों करेंगे ? मिट्टी सोना तब बन जाती है—वह अर्जनीया, अर्चनीया, बन्दनीया तब बन जाती है—जब उस पर समाज बसता है। और समाज तब तक मानवों का समूह-मात्र है, जब तक उसी नींव में कोई सपना नहीं हो ! सपना ? सपनों की खिल्ली उड़ानेवाले दार्शनिक या वैज्ञानिक भूल जाते हैं कि उनके प्रयास और प्रयत्न स्वयं सपने से प्रेरित हैं। जहाँ सपना नहीं, वहाँ मानव नहीं। जहाँ मानव नहीं, वहाँ समाज कहाँ और जहाँ समाज गठित न हो सका, वह भूमिखंड, भूमिखंड-मात्र है—देश की संज्ञा उसे मिल नहीं सकती !

सृष्टि के सुदूर काल में हमें एक देश मिला। उस देश पर हमने एक समाज की सृष्टि की। हाँ, 'हमने' ! याद रखिए, भगवान सिर्फ मिट्टी के खिलौने गढ़ता है—तभी तो उसकी कुम्हार से उपमा दी जाती है—वह खिलौना चार पैरोंवाला हो; या दो पैरोंवाला; या बिना पैरों का—छाती के बल सरकनेवाला ! यह तो मानव है, जो उन खिलौनों में नए प्राण की प्रतिष्ठा करता है, उन्हें नए ढंग से सँवारता है, सजाता है—समाज बनाता है। तो, समाज हमने बनाया और ज्यों ही समाज बना; लो, मात्रा गुण के रूप में परिवर्तित हुई। बूढ़ा विधाता आकाश से टुकुर-टुकुर देखता रहा; हम फासले पर फासला तय करते गए, बढ़ते गए, ऊपर की ओर चढ़ते गए और जब स्वर्ग को छूने में सिर्फ एक छलाँग की दूरी रह गई थी कि यह क्या हुआ ? हमने अपने को एक गड्ढे में पाया—चारों ओर अन्धकार; असंख्य दीवारों से घिरे हम किस तरह छटपटाते

रहे, कराहते रहे !

किन्तु हम मनु के बेटे क्या यों गिरे-पड़े रह सकते थे ? देखो, हम फिर सुखी हवा में हैं—स्वतन्त्र हैं, पूर्ण स्वतन्त्र हैं।

हम पूर्ण स्वतन्त्र हैं और नए सिरे से एक नया समाज बनाने चले हैं, जो पूर्ण स्वतन्त्र हो।

देश स्वतन्त्र हो और समाज परतन्त्र रहे, यह हो नहीं सकता, हो नहीं सकता ! पुराना देश परतन्त्र इसीलिए हुआ था, कि उसमें समाज परतन्त्र था। हम पुरानी गलती को फिर नहीं दोहराएँगे।

अब देश स्वतन्त्र हो—समाज स्वतन्त्र हो।

पुराना देश गया, पुराना समाज जाए।

वह पुराना समाज जाए—जहाँ मानव मानव में विभेद है। विभेद—वर्ण का, वित्त का; आवास का, अवकाश का; विकास का, प्रकाश का ! यह रोगी समाज, कोढ़ी समाज ! यह जीर्ण समाज, यह शीर्ण समाज। जहाँ शरीर बँधा है, जहाँ आत्मा बँधी है ! जहाँ पुरुष बँधा है, जहाँ प्रकृति बँधी है ! नहीं, नहीं चलो, हम इस समाज को भी उस देश की बगल में ही दफना दें। जिस तरह ताजमहल में मुमताज की बगल में शाहजहाँ दफनाया पड़ा है !

और हम बनावें एक नया समाज—एक नया ताज !

नया समाज : नया ताज—जहाँ सड़ाँध न हो, ठंडक न हो, सन्नाटा न हो, अन्धकार न हो ! जहाँ जीवन हो, यौवन हो ! आनन्द हो, उछाह हो ! सुगन्ध हो, संगीत हो ! उन्मुक्त मानवता जहाँ अठखेलियाँ करे; स्वच्छन्द भावनाएँ जहाँ रास रचाएँ।

हाँ, नए समाज के साथ ताज गुँथा हुआ है ! किन्तु ताज पत्थरों का नहीं—जिसे हवा के थपेड़े, प्रकृति के प्रहार, रह-रहकर खतरे में डाल दें। ताज अक्षरों का, जिसका क्षय नहीं, जो अजर हो, अमर हो।

अक्षरों का ताज—नया साहित्य !

नया समाज अपनी नींव के लिए नया सपना खोज रहा है।

यह नया सपना कौन देगा ? नया साहित्य !

पुराने साहित्य ने पुराने सपने दिए थे—हम ऊपर तो उठते गए, किन्तु अचानक लुढ़क पड़े। उसमें सिर्फ ऊँचाई थी ! चौड़ाई नहीं, मुटाई नहीं !

अब हमें नया साहित्य उत्पन्न करना है—जिसमें सिर्फ तीन 'डाइमेंसंस' न हों, हों चार डाइमेंसंस ! लम्बाई, चौड़ाई, मुटाई के साथ जो समय के घेरे को भी अपने में निहित करे।

नया साहित्य ! जो सम्पूर्ण समाज की सम्मिलित वाणी हो—किसी वर्ण, वर्ग या व्यक्ति की ध्वनि, प्रतिध्वनि नहीं !

नया साहित्य—जिसमें विचार और भावना एक सूत्र में गुँथे हों। जो पृथ्वी के ओसकण से आकाश के इन्द्रधनुष का सम्बन्ध जोड़े। जो सूर्य-रश्मियों की स्वर्णिमा को राका की रजतिमा में घुला-मिला सके। जहाँ रंग, गन्ध और गीत समान अर्थवाची शब्द बन जाएँ !

नया साहित्य—कालातीत साहित्य, शाश्वत साहित्य—जिसे कोई युग अपने घेरे में नहीं बाँध सके।

आज एक कालिदास, एक तुलसी, एक रवीन्द्र पर नाज कर रहे हो, इठला रहे हो ! अरे, नया साहित्य तुम्हें गाँव-गाँव, गली-गली में ऐसे साहित्यकार देगा जिनके कर्तृत्वों पर इनके कर्तृत्व बच्चों के खिलवाड़ लगेंगे।

ऐसा कहकर हम अपने पूर्वजों का अपमान नहीं कर रहे हैं। हम बड़े होंगे, ऊँचे होंगे,

क्योंकि हम इनके कन्धों पर खड़े होंगे !

इमारत की महिमा नींव की महिमा है !

हमारा पुराना साहित्य इतना विशाल रहा; इसी से हमें मान लेना चाहिए, हमारा नया साहित्य उस विशालता तक पहुँचकर रहेगा जिसकी हम आज तक कल्पना भी नहीं कर पाते !

नया साहित्य, नया समाज, नया देश ! या, नया देश, नया समाज, नया साहित्य। आज का नारा यही है !

यह प्रगति का नारा है, यही जीवन का नारा है।

इस नारे से घर-आँगन को गुंजित कर दो !

साहित्य की उपेक्षा

हम साहित्य को अपने जीवन में वह स्थान नहीं देते, जिसका वह हकदार है। हम साहित्य को एक फालतू चीज़ समझते हैं। किसी व्यक्ति की राय का मखौल उड़ाना हो, तो आप कह दीजिए—यह साहित्यिक ठहरे न ? साहित्य को हम फुर्सत की, तफरीह की चीज़ मानते हैं। घर में बेकार बैठे हैं, वक्त काटे न कट रहा है—आइए, किसी साहित्यिक कृति के पन्ने उलट लें। आज जी उदास है, मन भारी है, किसी काम में चित्त नहीं लग पाता—चलिए, बगल के किसी साहित्यिक दोस्त से दो-दो बहकी बातें कर आएँ। वह साहित्यिक यदि कवि हुआ, तो फिर क्या कहना ?

साहित्य की इस उपेक्षा, इस मखौल के लिए कुछ तो हम साहित्यिक खुद दोषी हैं। हम साहित्यिक स्वयं अपने अस्तित्व का महत्त्व और गम्भीरता अनुभव नहीं करते। अपने को सृष्टि का एक अद्भुत जीव मानकर उसी के अनुरूप अपनी बेश-भूषा, आचार-व्यवहार तक रखने लगे हैं। हम साहित्यिक हैं, इसलिए हमारी पोशाक में एक विचित्रता होनी चाहिए; हमारे कपड़ों पर पान के धब्बे हमारी शोभा हैं; टिन के टिन सिगरेट फूँक जाएँ, तो बुरा क्या ? हम शराब भी पी सकते हैं, दुराचार के लिए भी हमें थोड़ी माफी मिलनी चाहिए ! बताइए, ऐसे जीवों को कोई समाज अपने यहाँ प्रतिष्ठा और गम्भीरता का पद कैसे दे सकता है ?

दूसरा कारण यह है कि हमारा यह युग राजनीति का युग है। कल तक हम पर बलिदान का भूत सवार था, आज प्रभुता की चुड़ैल सवार है। गुलाम देश जब अपनी जंजीरें तोड़ने में लगा था, तब उसकी आँखों के सामने कोई दूसरी चीज़ दिखाई नहीं पड़े, तो अचरज नहीं। और आज जब हम भुखमरों के सामने छप्पन व्यंजन परोसे गए हैं, तो खा-खाकर बदहजमी कर लें, तो ताज्जुब की क्या बात ? राजनीति हम पर इस तरह छाई रही है कि दूसरी ओर ध्यान देने की हम फुर्सत की कहाँ पाते थे ?

किन्तु जीवन में जो साहित्य का स्थान है, उससे आप ज्यादा दिनों तक उसे वंचित नहीं रख सकते। अभी तक आपने उसे वंचित रखा, उसी का कारण है कि आप प्रवंचना में पड़े हुए हैं।

दो पाँव, दो हाथ, दो आँख, दो कान, की तरह ही हमारे जीवन की प्रमुख संचालिका शक्ति एक नहीं, दो है। एक है बुद्धि, दूसरी भावना। एक का उद्‌गम स्थान मस्तिष्क है, दूसरे का हृदय। एक का चरम विकास विज्ञान है, दूसरे का कला। हो सकता है किसी में वृद्धि का ज्यादा अंश हो, फलतः विज्ञान की ओर ही उसका झुकाव हो; यों ही भावना की प्रबलता किसी को कला का ही उपासक बना दे। किन्तु, फ्रायड ने हमें बताया है, हर मर्द में औरत है और

हर औरत में मर्द—उसी तरह आप हर वैज्ञानिक में कलाविद् पाएँगे और हर कलाविद् में वैज्ञानिक। यह हो नहीं सकता कि किसी में बुद्धि-ही-बुद्धि हो, वह भावना से परे हो ! और, हर भावुक को बुद्धिहीन मान लेना कोई बुद्धिमानी की बात नहीं है, यह तो आप मानेंगे ही।

हमारी जिन्दगी की गाड़ी बुद्धि और भावना—इन दो पहियों पर चल रही है। आप बुद्धि की ओर तो ध्यान दे रहे हैं; किन्तु, भावना की उपेक्षा कर रहे हैं ! उसका फल भी आपको चखना पड़ रहा है।

बुद्धि के विकास और परिष्कार के साथ भावना को विकसित और संयमित करने की शिक्षा की भी आवश्यकता है। असंयमित भावना हमें गहरे गर्त में गिरा दे सकती है। विकसित बुद्धि अविकसित भावना को लेकर बड़ी-से-बड़ी खुराफात करा सकती है ! भावना के विकास के लिए कला की शरण लेनी पड़ेगी। हमारी शिक्षण-पद्धति में इस सिद्धान्त को आंशिक रूप में मान लिया गया है। शिक्षा-पद्धति में साहित्य के अध्ययन के लिए खास स्थान रखा गया है। किन्तु, ज्यों ही हमने शिक्षा समाप्त की, हम साहित्य से पूरा-पूरा मुँह मोड़ लेते हैं, यह गलत बात है। इससे व्यक्ति और समाज दोनों की हानि होती है।

साहित्य हमारी भावना को परिष्कृत करता है, हममें सुरुचि लाता है, हमारे चरित्र में स्निग्धता लाता है—संक्षेप में वह हमें संस्कृत बनाता है। इस आधार को छोड़कर आप एक सुसम्पन्न समाज के निर्माण की कल्पना कर नहीं सकते। एक पहिये पर अपने जीवन-रथ को आप घसीट नहीं सकते। जिस दिन आप इस सत्य को समझ जाएँगे, उसी दिन साहित्य की उपेक्षा आपमें से दूर हो जाएगी।

साहित्य हमारे भावना-लोक से पैदा होता है। मनुष्य का भावना-लोक उसके बुद्धि-लोक की ही तरह विस्तृत है, विशाल है। उसमें अनेक क्षेत्र हैं। उसका एक-एक क्षेत्र अपनी रंगीनी और सुख-साधन में हज़ार-हज़ार स्वर्गलोक को मात कर दे सकता है। भावना की अनुचरी है कल्पना। स्वर्गलोक भी तो एक कल्पना-लोक है। फिर हम स्वर्गलोक को भी भावनालोक का एक अंग क्यों नहीं मानें ?

भावना-लोक के उन अनेकानेक क्षेत्रों को लोक-लोचन के सामने प्रत्यक्ष करके दिखाना कोई सहज बात नहीं है। यह अलौकिक कर्म है। ईश्वरीय विभूति से युक्त मानव ही यह कर्म कर सकता है। इसलिए हमारे शास्त्रों ने ईश्वर के समकक्ष ही कवियों और मनीषियों को रखा है।

यों तो मनीषियों और कवियों का महत्त्व समाज के लिए एक-सा है; किन्तु मनीषियों पर कवियों को एक श्रेष्ठता प्राप्त है। बुद्धि का संसार बहुत ही सूक्ष्म है, फलतः शुष्क है। इसलिए सर्वसाधारण का प्रवेश वहाँ सम्भव नहीं। भावना के संसार में रंगीनियों की भरमार है, अतः सुखानुभूति सबके लिए सुलभ है। नतीजा यह कि आज तक हम कपिल और कणाद को उतना नहीं जानते, जितना वाल्मीकि और व्यास को। और यह सवाल भी तो है ही कि हमारे समाज को अधिक प्रभावित किसने किया—कपिल-कणाद ने या वाल्मीकि-व्यास ने ?

लेकिन मैं मानता हूँ, आज के हम साहित्यिक ऐसे नहीं लगते कि हमें वाल्मीकि या व्यास के वंश से माना जाए ! हमने अपनी सूरत बिगाड़ ली है, चलन बिगाड़ लिया है। अँगरेज़ी साहित्य में आस्कर वाइल्ड और उसके सम-सामयिकों ने जिस उच्छृंखलता की सृष्टि की, हम उसके शिकार हो गए हैं ? अँगरेज़ी साहित्य में आस्कर वाइल्ड के उन विचारों का आज कोई पुरसाँ-हाल नहीं; किन्तु, हम लकीर पीटते जा रहे हैं। उल्का की पूजा कभी नहीं हुई ! हम यदि साहित्य के चाँद-सूरज नहीं बन सकते, तो धूमकेतु बनने की चेष्टा नहीं करें। न तो यह भारतीय आदर्श है, न संसार के किसी भी सभ्य समाज का आदर्श। साहित्य भी एक साधना

है, हम साधक बनें—सच्चे साधक। फिर हमारी, और हमारी कृतियों की उपेक्षा हो नहीं सकती। तब हम फुर्सत और तफरीह की चीज़ न रह जाएँगे—बल्कि जीवन के आधे अंश के अधिकारी समझे जाकर मानवता की सारी प्रतिष्ठा और पूजा का आधा अंश हमें अनायास प्राप्त होगा।

'कला कला के लिए' का जो गलत नारा दिया गया, वह नारा यूरोप में कब न अपनी बुलन्दी खो चुका—किन्तु, हम उसी का अन्धअनुसरण करते जा रहे हैं। कारण क्या है ? हमारे साहित्यिक एक नई दिशा की ओर इंगित कर रहे हैं—वह दिशा स्पष्ट हो नहीं पाई है। फलतः समाज उस ओर सम्यक् ध्यान दे नहीं रहा है। इसी से खीझकर अपनी पराजय के प्रतिकार के लिए, हमने इस नारे को अपनाया है। तुम हमारी बात नहीं सुनते, तो नहीं सुनो—हम कहे जाएँगे ! हम कला का निर्माण कला के लिए कर रहे हैं !

यह बच्चों की मनोवृत्ति है। साहित्य भी समाज की ही पैदावार है। नए वैज्ञानिक आविष्कारों के प्रति भी प्रारम्भ में उपेक्षा हुई, तो वैज्ञानिकों ने न उन आविष्कारों को छोड़ा, न अपने सिर फोड़े ! धीरज से काम लिया, विजयी हुए। हममें, जो साहित्य में नई दिशा की ओर बढ़ रहे हैं, उनमें धीरज चाहिए। लोग हमारी ओर आएँगे ही, आ रहे हैं।

हम साहित्यिक कहीं आसमान से नहीं उतरे हैं—हम सृष्टि के कोई विशिष्ट जीव नहीं हैं। साधारण लुहार, सोनार की तरह हम समाज के शिल्पी हैं और समाज के लिए निर्माण करते हैं। हमारे अपने औज़ार हैं, अपनी टेकनिक है। हमारा औज़ार संसार के सभी औज़ारों से बारीक है, तुनुक है। हमारी टेकनिक बड़ी ही कोमल है, सुकुमार और पेचीदी भी है ! ज़रा सोचिए तो, उजले कागज पर काली रोशनाई से हूबहू इन्द्रधनुष की सृष्टि करना—जिसमें सब रंग अलग-अलग चमकें ! टेढ़ी-मेढ़ी रेखाओं में प्रेम, घृणा, क्रोध, ग्लानि आदि भावों को यों लपेट देना कि आज भी वे हमारे हृदय को पुलकित, उद्वेलित, उच्छ्वसित और द्रवित कर दें—यह कमाल किसका है ? यही कमाल है जिसने समाज के अन्य शिल्पियों पर हमारी श्रेष्ठता सिद्ध की। समाज ने इसे स्वीकार किया है—उसे करना पड़ा है !

हम साहित्यिक समाज के सबसे लाड़ले बच्चे हैं। हमारे नटखटपन ने कभी हमें चपतें भी खिलाई हों; किन्तु, घर की सबसे अच्छी चपातियाँ, मक्खन में चुभोकर, हमें दी गई हैं। किसी शेली, किसी कीट्स के कान समाज ने उमेठे, तो आज उनकी स्मृति-मूर्ति को हृदयासन पर बिठाकर षोडशोपचार पूजा भी वही दे रहा है। माँ-भारती की आराधना व्यर्थ नहीं जाती, साहित्य की साधना एक दिन मनोवांछित वरदान समाज से प्राप्त करती ही है।

साहित्य और समाज में माँ-बेटे का सम्बन्ध है। जैसे-जैसे समाज विकसित होता है, साहित्य का विकास उसी क्रम से होता जाता है। हमारा भारतीय समाज संसार के प्रचीनतम समाजों में है। यह हमें ही गौरव प्राप्त है कि मानवता की प्रथम वाणी से लेकर आज तक के साहित्य के क्रम-विकास को समझने के लिए हमारे पास ही धरोहर है, अन्यत्र कहीं नहीं। मानवों के आदि पूर्वज जब जंगलों में रहते थे, तब से आज तक के, मशीन-युग तक के, मानवों के कण्ठ से निकली अजस्र साहित्य-धारा में जिसे अवगाहन करना होगा, उसे भारत में ही आना होगा। किन्तु, हमने स्वयं ही अपनी धरोहर का महत्त्व नहीं समझा है, तो दूसरा क्या समझेगा ?

जिस तरह पं. जवाहरलाल नेहरू ने 'भारत का अनुसंधान' किया है, उसी तरह, काश, कोई विद्वान् हमारे साहित्य का भी पुनः संधान करने का कष्ट करता ! उफ़, वह एक अनमोल चीज़ होती।

एक बार जेल में अपनी इस साहित्य-धारा की एक झलक पाने की मैंने कोशिश की। जंगली जातियों के गीतों से लेकर आज तक की साहित्यिक रचनाओं पर एक विहंगम दृष्टि

डाली। मुझे ऐसा लगा कि मैं गंगा की धारा पकड़कर उसमें तैरता हुआ आगे बढ़ रहा हूँ।

जंगलों के गीत—छोटे-छोटे वाक्य; सीधी-सादी उपमाएँ, गीत-गीत—नृत्य-नृत्य ! मानो, गंगा अभी-अभी गोमुखी से कूद रही हो ! फिर वेद ! गति तो यति भी—शब्दों में गम्भीरता, धारा में विस्तार, कल्पना की उड़ान, रूपक और उत्प्रेक्षाएँ—मानो गंगा अब हरद्वार में आ गई हैं। और यह कालिदास हैं—गंगा आधी मंज़िल पार कर काशी आ चुकीं। एक सभ्यता अन्तिम साँस ले रही है, दूसरी निर्माण पा रही है। एक का प्रतिनिधित्व शकुन्तला कर रही, दूसरी का दुष्यन्त ! जनपद समाप्त हो रहा है—भरत पैदा हुआ, अब एक देश (भारत) बनने जा रहा है। रघुवंश की दिग्विजय, मेघदूत का व्योम-विहार, कुमारसम्भव की केलिक्रीड़ा। भारतीय समाज अपने ओज पर है। उसका साहित्य ज़मीन-आसमान को एक कर रहा है। फिर तुलसीदास—पटना की गंगा ! सारी नदियों से वह खिराज वसूल कर चुकी है—"नाना पुराण निगमागम सम्मतम् !" कितनी वृहत्; कितनी विशाल ! हमने अभी तुलसी का महत्त्व नहीं समझा ! और अब वह सहस्रमुखी होकर सागर से मिलने जा रही है, जिसके प्रतीक हैं कवीन्द्र रवीन्द्र।

कवीन्द्र रवीन्द्र ने हमारे साहित्य को विश्व-साहित्य से सम्मिलित करा दिया है। गोमुखी से निकली धारा अब सागर से मिलकर संसार-भर के तटों को चूमेगी। इसलिए हमारे साहित्यिकों की जिम्मेवारी और बढ़ गई है। अपने साहित्य का स्तर हमें ऊँचा करना है, अपनी टेकनिक को आधुनिकतम रूप देना है। तभी संसार में हमारी पूजा होगी।

पर यहाँ एक बात कह दूँ—विश्व-साहित्य की ओर का मतलब यह नहीं है कि हम अपने गाँवों को, गलियों को, झोंपड़ों को भूलकर लन्दन, न्यूयार्क या मास्को के महलों के गीत गाने लगें। विश्व-साहित्य का यह मानी कभी नहीं है। पर्ल बक की 'गुड अर्थ' एक देहाती चीनी परिवार की रोज़ाना ज़िन्दगी से मतलब रखती है, तो भी उसकी गणना विश्व-साहित्य के उच्चतम ग्रन्थों में है। विश्व-साहित्य होने के लिए कला में मानवता और टेकनिक में विशेषता चाहिए—उसकी पृष्ठभूमि जितनी ही स्थानीय रहेगी, उतनी ही वह अच्छी समझी जाएगी।

हमारा देश एक नए युग के दरवाज़े पर खड़ा है। यह युग महान् होगा, उसका साहित्य भी महान् होना चाहिए।

उस महान् साहित्य के सृजन के योग्य हम साहित्यिकों को अपने को बनाना है। पश्चिम के वैज्ञानिकों ने जिस तरह भौतिक साधनों के उपभोग के लिए नए-नए औज़ार बनाए हैं, उसी तरह वहाँ के साहित्यिकों ने साहित्य-सृजन की नई-नई टेकनिकों का आविष्कार किया है। भौतिक जगत् में जिस तरह हम उनकी टेकनिकों का उपयोग कर रहे हैं, साहित्य-जगत् में भी हमें करना ही चाहिए। लेकिन हम उनसे सिर्फ टेकनिक लें, हमारी रचना की आत्मा तो भारतीय होनी ही चाहिए।

एक साहित्यिक की लेखनी सिर्फ लेखनी नहीं है—वह तलवार भी है, नश्तर भी; कुदाल भी है, और झाड़ू भी। गन्दगियों को हमें साफ करना है, बंजर भूमि को कोड़ना है। सड़े घावों को चीरकर पीव निकाल देना है। जहाँ भी अत्याचार हो, बेमुरौवत उसका सिर धड़ से अलग कर देना है। तभी हम एक सुन्दर समाज की रचना कर सकेंगे, तभी उस समाज में हम सुन्दर साहित्य का निर्माण करेंगे।

उस नए, सुन्दर, विश्व-व्यापी साहित्य के सृजन में हम तल्लीन हो जाएँ, फिर देखना है, कौन हम शारदा के वर-पुत्रों की उपेक्षा करता है ?

पुरानी कथाएँ : नए रूप !

जब कोई लेखक किसी सृजनात्मक साहित्य—काव्य, उपन्यास, नाटक की रचना की ओर प्रवृत्त होता है, उसके सामने पहला प्रश्न यह होता है कि वह अपनी कथावस्तु कहाँ से ले।

कथावस्तु का पहला भंडार तो उसका अपना मस्तिष्क है, जहाँ उसके कितने ही अनुभव जाने-अनजाने भिन्न-भिन्न कल्पना-मूर्तियों के रूप में संग्रहीत होते हैं और वह उन्हें वहाँ से निकालकर अपने लिए पात्र-पात्रियों और उनके इर्द-गिर्द मनमानी कथाओं की सृष्टि कर सकता है।

यहाँ वह सर्वतन्त्र स्वतन्त्र होता है। पात्रों के चरित्र और कथा के विकास को वह जैसा चाहे रूप दे। यह उसके अनुभवों की व्यापकता और कल्पनाशक्ति की उर्वरता पर निर्भर करता है कि उसकी पात्र-पात्रियाँ या उसकी कथाएँ कहाँ तक उसकें पाठकों के हृदयों को अभिभूत करती हैं या वह किस हद तक सफल या असफल कहलाता है।

कथावस्तु का दूसरा भंडार है उस समय की लिखित या अलिखित आख्यायिकाएँ। अलिखित आख्यायिकाएँ वे—जो लोगों में प्रचलित तो हों, किन्तु जिन्हें तब तक साहित्य में स्थान पाने का सौभाग्य नहीं प्राप्त हुआ हो। ऐसी आख्यायिकाओं को नए रूप देने में भी वह बहुत कुछ स्वतन्त्र होता है।

किन्तु जब वह लिखित आख्यायिकाओं की ओर आता है, तब उसके सामने एक विकट प्रश्न आता है, वह किस हद तक उनमें परिवर्तन या परिवर्द्धन कर सकता है।

आलोचकों का एक दल है जो उसका हाथ पकड़ता और कहता है, बस यहीं तक, इसके आगे नहीं ! वह तर्क पेश करता है, यह पात्र या पात्री या उसकी कथा इसी रूप में चली आई है, अक्षरों में आकर वह अक्षरता प्राप्त कर चुकी है, तुम कौन होते हो कि इसमें परिवर्द्धन या परिवर्तन कर सको ? यदि स्वतन्त्रता चाहते हो, तो तुम्हें कौन मना सकता है नए पात्र या नई कथा गढ़ने से ? यदि इतनी शक्ति नहीं है, तो कलम रख दो, बैठ जाओ ! तुम्हें हमारे पुण्य पुरुषों, हमारी आदर्श नारियों के रूप और चरित्र को विकृत करने का कोई अधिकार नहीं है।

मेरा खयाल है, ऐसे आलोचक सदा रहे होंगे, हाँ, आज उनकी संख्या अवश्य बढ़ गई है। किन्तु, ऐसे आलोचकों के बावजूद संसार के बड़े-से-बड़े साहित्य-स्रष्टा ने पुरानी लिखित आख्यायिकाओं को लिया और उनका मनमाने ढंग से परिवर्तन और परिवर्द्धन भी किया और आश्चर्य की बात यह है कि इन परिवर्द्धनों और परिवर्तनों के कारण ही वे आख्यायिकाएँ और उनके पात्र आज अमर हैं, लोगों के हृदयों और जिह्वाओं पर हैं।

प्राचीन भारतीय साहित्य में 'महाभारत', 'रामायण' और 'श्रीमद्‌भागवत्' ये तीन ऐसे स्रोत रहे हैं जिनसे हमारे साहित्य-स्रष्टा कथाएँ लेते रहे हैं। इन तीनों ग्रन्थों के साथ धार्मिक भावना जुड़ी रही है और इनके कितने पात्र देवत्व और ईश्वरत्व तक प्राप्त कर चुके हैं। अतः सबसे पहले हम यह देखें कि इनसे कथावस्तु लेते समय हमारे साहित्यकारों ने कौन-सी नीति अपनाई !

महाभारत में शकुन्तला का उपाख्यान है। जनमेजय की जिज्ञासा की तृप्ति के लिए महर्षि वैशम्पायन ने तीन-साढ़े तीन सौ श्लोकों में यह कथा महाभारत में बताई है। वहाँ कथा बड़ी सीधी-सादी है। दुष्मन्त (दुष्यन्त नहीं) नामक राजा शिकार को जाता है, कण्व के आश्रम में पहुँचता है, शकुन्तला उसकी अभ्यर्थना करती है, दोनों में गन्धर्व विवाह होता है, राजा राजधानी को लौटता है। कण्व जब आश्रम में आते हैं, यह समाचार सुनकर प्रसन्न होते हैं। कालक्रम

से कण्व के आश्रम में ही भरत का जन्म होता है, फिर कण्व पुत्र सहित शकुन्तला को राजा के पास भेजते हैं। राजा कुछ हिचकता है, किन्तु पुरोहित के विश्वास दिलाने पर सपुत्र शकुन्तला को सादर ग्रहण करता है।

कहाँ यह सीधी-सादी कथा और कहाँ कालिदास का अभिज्ञानशाकुन्तलम् ! इस सीधी-सादी कथा में न सखियाँ हैं, न दुर्वासा हैं, न अँगूठी है, न मछली है, न राजा की विस्मृति है, न कश्यप के आश्रम में भरत का जन्म है, न उसका सिंह-शिशुओं से खिलवाड़ है ! क्या महाभारत की कथा को ज्यों-का-त्यों लेकर कालिदास उस साहित्यिक कृति का निर्माण कर पाते, जिसे अनुवाद रूप में देखकर गेटे चिल्ला उठा था,—अद्‌भुत, परम अद्‌भुत !

वाल्मीकि की रामायण और तुलसी के मानस में कितना अन्तर है ? कथा के जिन-जिन स्थलों के कारण मानस मानस है, वे सब तुलसी के कौशल हैं। जनकपुर की पुष्पवाटिका में राम-सीता की झाँकी का जो वर्णन तुलसीदास ने दिया है, उसकी चर्चा भी वाल्मीकि में नहीं है और यदि एक इसी प्रसंग को हटा दीजिए, तो मानस कितना छूँछा लगे। फिर उसी रामायण से एक प्रसंग लेकर माइकेल मधुसूदन ने जिस 'मेघनाद वध' की सृष्टि की, उस पर ध्यान दीजिए, तो स्पष्ट हो जाएगा, पुरानी कथाओं को नए रूप में देने में ही नहीं, उनके प्रमुख पात्रों के चरित को नए साँचे में ढाल देने में भी साहित्यकार को कितनी स्वतन्त्रता प्राप्त रही है।

यही हाल श्रीमद्‌भागवत् का भी है। वहाँ राधा नाम की एक गोपिका की चर्चा तो आई है किन्तु उस राधा को लेकर एक बिल्कुल नवीन चरित का निर्माण तो पीछे के साहित्यकारों ने किया। और हमारे सूर ने बालगोपाल की जो छवि आँकी, वह तो उस अन्धे की ही अपनी सूझ-बूझ है !

कुछ आलोचक कहते हैं, हाँ, पौराणिक कहानियों में तो इन बातों के लिए गुंजायश की जा सकती है, किन्तु जब तुम ऐतिहासिक पात्रों को लो, तब तुम्हें अपने को इतिहास की लक्ष्मण-रेखा के भीतर ही रखना होगा। इनका मतलब शायद यह हो कि पुराणों के उन चरित्रों को तो तुम भ्रष्ट भी कर लो, जो देवत्व तक प्राप्त कर चुके हैं, या ईश्वरत्व की भी जिनमें कल्पना की जा चुकी है; किन्तु इतिहास के उन पात्रों को मत छुओ जो मानवमात्र थे, और वीर या प्रेमी के रूप में जिनके चरित्र का एक छोटा-सा भाग ही संसार के सामने आ सका, अधिकांश भाग तो पर्दे के भीतर ही सड़-गल गया। निस्सन्देह, ऐसी बेमतलब की बात पर साहित्य-स्रष्टा को हँसी ही आएगी।

शेक्सपीयर ने इंगलैंड के इतिहास के आधे दर्जन पात्रों को अपने रंगमंच पर उतारा, किन्तु इतिहास को रटनेवाले देखें, इतिहास के उन पात्रों ने रंगमंच पर आकर कौन-से रूप धारण कर लिए हैं ? हमारे प्रसादजी ने भी, हमारे कितने ही महापुरुषों को नाटकीय रूप दिया है, किन्तु क्या इन नाटकों में उनके रूप वही हैं, जिन्हें हम इतिहास के पन्नों में देखते आए ? और कौन कह सकता है कि यदि शेक्सपीयर और प्रसाद नहीं होते, तो रिचार्ड सेकेण्ड या स्कन्दगुप्त लोगों के हृदयों में वह स्थान प्राप्त कर पाते, जो उन्हें इन महान् नाटककारों के कारण अनायास ही प्राप्त हो गया है !

इतिहास केवल घटनाओं का इतिवृत्त कहता है, किन्तु साहित्यकार उन घटनाओं के स्रष्टा के हृदय में पहुँचकर उनके स्रोत को पकड़ने की चेष्टा करता और उनकी धाराओं की लहरियों को उनकी पूरी रंगीनियों के साथ लोक-लोचन के समक्ष उपस्थित करता है। उसके हाथों में पड़कर रूखी-सूखी घटनाएँ सरस-सुन्दर और उसके निष्पन्द-निष्प्राण पात्र सजीव-साकार हो उठते हैं। यों कहिए कि वह पाषाण-प्रतिमा में प्राण-प्रतिष्ठा करता है, बालू पर खिंची लकीरों को पयस्विनी बना डालता है। प्रतिमा बोल उठती है, सूखी लकीरें कल-कल छल-छल कर उठती हैं।

मैं मानता हूँ, इसकी भी सीमा होनी चाहिए, किन्तु मेरा कहना है, हर चीज़ की एक सीमा तो होती ही है। साहित्यकार भी अपनी सीमा जानता है, लेकिन वह यह भी जानता है कि उस सीमा के अन्दर उसे कितनी स्वतन्त्रता है। जब प्रसादजी अपने ऐतिहासिक नाटक लिख रहे थे, मुझे उनका सान्निध्य प्राप्त करने का सौभाग्य हुआ था। सिर्फ पात्रों पर ही नहीं, उनकी वेश-भूषा की क्या बात, उनके मुँह से निकले एक-एक वाक्य पर उनका ध्यान था। किन्तु, इन सबके बावजूद उनका चन्द्रगुप्त उनका अपना चन्द्रगुप्त और उनकी ध्रुवस्वामिनी उनकी अपनी ध्रुवस्वामिनी है। चन्द्रगुप्त और ध्रुवस्वामिनी को उन्होंने एक नया व्यक्तित्व दिया है, जो इतिहास के चन्द्रगुप्त या ध्रुवस्वामिनी से कहीं अधिक आकर्षक और मोहक है।

यहाँ ज़रा हम इस पर भी विचार करें कि आखिर साहित्य-स्रष्टा पुरानी कथाओं की ओर जाता क्यों है ? या तो कथानक के प्रति श्रद्धाभक्ति या आस्था उसे उस ओर ले जाती है या स्वयं कथा में ही वह उस चमत्कार को पाता है जिसका विकास करके अपनी अनुभूतियों, विचारों या भावनाओं को मूर्तरूप देने में उसे सहूलियत मालूम होती है। यदि कथा-नायक के प्रति उसकी श्रद्धाभक्ति हुई, तो उसमें वह ऐसे गुणों का आरोप करना चाहता है जिस पर मूल लेखक ने ध्यान नहीं दिया, किन्तु जिसके बिना वह उस नायक को कुछ अधूरा मानता है। और, गुण के आरोप के लिए कथा में कुछ नई कड़ियाँ जोड़ना लाजिम हो जाता है। वाल्मीकि के राम से ही तुलसी को सन्तोष नहीं था, उस राम को वह नए रूप में गढ़ना चाहते थे, इसलिए उनकी राम-कथा ने भी नया रूप धारण कर लिया। और उसी राम-कथा में उर्मिला के अस्तित्व का अभाव इतना खटका कि गुप्तजी को 'साकेत' की रचना करनी पड़ी !

जब लेखक अपने विचारों, भावनाओं और अनुभूतियों का साकार करने के लिए पुरानी कथाओं को लेता है, तब और भी विचित्र घटना घटित हो जाती है। पुरानी कथाओं के अधिकांश भाग को छोड़कर वह अपना ध्यान उसी ओर केन्द्रित करता है जिसके द्वारा उसके विचार, भावना या अनुभूति अधिक-से-अधिक विकास पा सकें। तब तो वह पुरानी बोतल में बिल्कुल नई शराब भर देता है।

फिर साहित्य-स्रष्टा की कुछ कठिनाइयाँ हैं, जिनका अनुभव बेचारे आलोचकों को नहीं होता। तुलसीदास ने कहा है—"बाँझ कि जान प्रसव की पीड़ा"। किसी कलाकृति के निर्माण में उसके स्रष्टा को हृदय और मस्तिष्क के जिन आड़ोलनों से गुज़रना पड़ता है और पग-पग पर जिन कठिनाइयों का सामना करना पड़ता है, काश, उसके प्रशंसकों और निन्दकों को उनका ज्ञान होता। किसी कथा को ले लेना सहल है, किन्तु कला के चक्के पर चढ़ने पर उसका रूप आगे चलकर क्या होगा, वह स्रष्टा पर भी निर्भर नहीं करता। निर्माण की प्रक्रिया में ही ऐसी-ऐसी बातें आ जाती हैं, जिनकी पहले कल्पना भी नहीं की जाती। फिर टेकनिक की कठिनाइयाँ भी हैं। शकुन्तला पर आख्यान लिखना एक बात है और नाटक या काव्य लिखना बिल्कुल दूसरी बात। तीनों की शकुन्तला तीन रूप की हो जाएगी। कालिदास ने नाटक नहीं लिखकर शकुन्तला पर काव्य लिखा होता, तो वह शकुन्तला निस्सन्देह किसी दूसरी रूपरेखा की होती। फिर युग का प्रभाव भी लेखक पर पड़ता ही है। यदि कालिदास फिर अवतार लें, इस युग के वातावरण में पलें और फिर से शकुन्तला लिखने लगें, तो वह शकुन्तला तीसरी ही शकुन्तला होगी, हमें यह निर्विवाद मान ही लेना चाहिए।

जो देश जितना प्राचीन होता है, वहाँ कथाओं का उतना ही बड़ा भण्डार सञ्चित होता जाता है। उस भंडार से लाभ नहीं उठाना मूर्खता होगी। हमारे पूर्वज उनसे लाभ उठाते रहे हैं, हमें भी उनका उपयोग करना है। जिन तीन महाग्रन्थों की चर्चा हो चुकी है, उनमें अब भी इतनी कथाएँ हैं कि बहुत दिनों तक हम उनकी नींव पर नई-नई इमारतें बनाते रहेंगे। बौद्ध

और जैन साहित्य की सहस्रों कहानियाँ तो अभी अछूती पड़ी हैं। फिर हमारे इतिहास के कितने नायक और हमारी भूमि के कितने खँडहर हमारी लेखनी की प्रतीक्षा आकुलता से कर रहे हैं।

हाँ, पुरानी कथाओं को नया रूप देते समय कुछ खास बातों पर तो ध्यान देना ही होगा। सबसे पहले उस समय की सामाजिक प्रवृत्तियों का गहरा अध्ययन करना चाहिए। कथा से सम्बद्ध ग्रन्थों का अनुशीलन और स्थानों का निरीक्षण किए बिना तो तत्सम्बन्धी रचना की ओर प्रवृत्त भी नहीं होना चाहिए। ऐतिहासिक घटनाओं के मूल पर विचार नहीं करने से तो प्रायः ही अनर्थ होते रहे हैं। यदि इतनी बातों पर ध्यान रख लिया गया, तो उन पुरानी कथाओं के आधार पर ऐसी-ऐसी साहित्यिक कृतियाँ तैयार की जा सकती हैं, जो उनके रचयिताओं को अमरता देकर रहेंगी !

[**नई धारा**, सितम्बर 1954, में प्रकाशित]

साहित्यिकता और साधुता

जिसमें साधुता नहीं, वह साहित्यिक नहीं, हमारी यह मान्यता रही है। हिन्दी-साहित्य तो इसका जीवित प्रमाण है। कबीर, सूर, तुलसी, मीरा—हमारे श्रद्धाभाजन सिर्फ इसलिए नहीं हैं कि ये बड़े कवि थे, बल्कि इसलिए भी कि इनके जीवन में साधुता थी। जीवन की साधुता साहित्य में हृदय की वाणी उतार पाती है, वह सिर्फ दिमागी कुलाँचों का पुञ्ज नहीं रह जाता। मस्तिष्क का क्षेत्र तो विज्ञान है, गणित है। साहित्य, कविता मुख्यतः हृदय की उपज है। और, वह हृदय क्या जिसमें साधुता, शालीनता, सज्जनता, स्नेहपरता, आर्द्रता नहीं हुई। छल, प्रपंच, षड्यन्त्र, धोखेबाज़ी—ये सब दिमाग की खुराफातें हैं। यदि साहित्य के क्षेत्र में इनका पदार्पण हुआ, तो बंटाढार हुआ। साधुता से ओतप्रोत हृदय जब अपनी साधना को वाणी प्रदान करता है, उच्च साहित्य का जन्म उस दिन होता है। हृदय की बात हृदय को अपनी ओर खींचती है। कबीर की अटपटी बोली में क्या है—किन्तु पढ़ने की अपेक्षा किसी दिन किसी भक्त के कण्ठ से साधारण खंजड़ी पर उसे सुनिए तो पाइएगा, वह किस प्रकार आपको भाव-मुग्ध बना छोड़ता है ! सूर के भ्रमर-गीत हृदय की मधुरतम भावना—प्रेम के वाणी-रूप हैं, इसीलिए वे हमें रुलाते हैं, तड़पाते हैं। तुलसी के राम उनके उस साधु-हृदय का प्रतीक हैं, जो निर्मल है, प्रोज्ज्वल है, निष्कम्प दीप की तरह सतत ज्योतित है, सुख-दुःख से परे है—

> प्रसन्नतां या न गताभिषेकस्तथा
> न मम्ले वनवासदुःखतः।

इसलिए तुलसी के राम हमें प्रिय हैं, उनका 'राम-चरित-मानस' हमारा प्रिय साथी है। और सूली ऊपर पिया की सेज सजानेवाली हमारी मीरा ! उनके गीतों में वह क्या है, जो हमारे हृदय को रस से सराबोर कर देता है ! हाँ, हमारी यह मान्यता है, साधुता साहित्य की सबसे बड़ी मूल की, नींव की सामग्री है। इसके बिना आप वाणी के किसी टिकाऊ, सुन्दर, भव्य मन्दिर की स्थापना की कल्पना भी नहीं कर सकते।

किन्तु वही साहित्य जब दरबार में पहुँचा ! कोई कालिदास, कोई विद्यापति वहाँ भी अपनी या अपनी वाणी की मर्यादा की रक्षा कुछ अंशों में करने में समर्थ हो सके हों। किन्तु अधिकांश तो यही हुआ कि दरबार की सारी बुराइयाँ उससे लिपट गईं। अपने रीतिकालीन कवियों को देखिए—साहित्य के नाम पर क्या-क्या न कुकर्म किए गए ! व्यभिचार और दुराचार

को छिपाने के लिए परकीया की सृष्टि की गई। सहेटों और संकेत स्थलों की विधिवत् रचना हुई। नारी-जाति के अंग-अंग को इस तरह नग्न करके दिखलाया गया कि लज्जा को भी लाज से गड़ जाना पड़े। नख-शिख-वर्णन की वह प्रणाली स्वीकार की गई जिसमें नारी-अंग की एक भी गोपनीयता गोपन नहीं रह जाए। फिर, रति-क्रिया का वह वर्णन !–उफ़् ! एक दिन वह अवश्य आएगा, जब इस साहित्य को पढ़ने और पढ़ाने के बदले इसकी होलिका जलाई जाएगी। राजाओं की तारीफ में वह कहा गया कि झूठ की प्रपितामही भी मात खा जाए।

चापलूसी और झुठाई को नाना प्रकार के 'अलंकारों' के रूप में बदल दिया गया। सबसे बड़ा कवि वह, जो सबसे बड़ी झूठ का घटाटोप खड़ा कर सके। भाषा की भी गर्दन तराशी गई। भाषा हृदयगत भावनाओं की वाहिनी नहीं रही, वह सरकस की वह बन्दरी बन गई जो नाना तरह के करतब दिखा सके। शब्दालंकार, अर्थालंकार–क्या-क्या न अलंकार इन कवियों ने गढ़े, कोई सुनार भी उतने अलंकारों की कल्पना क्या खाकर कर सकता था ?

युग बदला, दरबार उठा। बनिया-राज हुआ। साहित्य भी बाज़ार का एक माल बन गया। माल बनाने में, माल बेचने में जितने भी छल-प्रपञ्च किए जा सकते हैं, सब साहित्य में भी चालू हो गया है। व्यापारियों की चोर-बाज़ारी पकड़ने के कानून भी हैं, किन्तु साहित्य की काला-बाजारी कौन पकड़े, कहाँ तक पकड़े। जो मर गए, उनकी कृतियाँ सबकी हो गईं–वे उन्हें जैसे छापें, जैसे बेचें, जहाँ बेचें। कबीर, तुलसी, सूर, मीरा–सबका श्राद्ध किया जा रहा है। वे लोग भी क्या समझते होंगे कि किन लोगों के पुरखे बनने का उन्हें सौभाग्य मिला है। उनकी कृतियों के जितने संस्करण, उतने पाठ-भेद ! फिर टीकाकारों का बुद्धि-चमत्कार देखिए। कभी कोई जीवन भर परिश्रम करके एक ग्रन्थ का भाष्यकार या टीकाकार बन सकता था। अब तो एक ही आदमी हर प्राचीन ग्रन्थ पर प्रामाणिक टीका प्रस्तुत करने की योग्यता रखता है। चार टीकाएँ सामने रख लीं, नई टीका बना ली। कोषों की भी यही दशा है। 'हिन्दी-शब्द-सागर' के लिए आधे दर्जन उच्चकोटि के विद्वानों ने वर्षों लगातार परिश्रम किया। लीजिए, रास्ता खुल गया–अब हर प्रकाशक का अपना 'कोष' है, जो उसके रत्नकोष को दिन-रात भरा करता है। कालेजों में हिन्दी की पढ़ाई क्या शुरू हुई, हिन्दी साहित्य और भाषा की दुर्गति का शुभारम्भ हुआ। अब हर हिन्दी-प्राध्यापक (!) भाष्यकार है, आलोचक है। वह बड़ों-बड़ों पर फतवा दे सकता है और उसके फतवे को अकाट्य मानकर विद्यार्थियों को उस पर चलना है। नहीं चलोगे, तो परीक्षा-फल के समय देख लेना।

साहित्य के क्षेत्र में जो छल, प्रपंच, षड्यन्त्र चल रहे हैं, उन्हें देखकर कितना क्लेश होता है। पत्र-पत्रिकाओं की संख्या में बेहद वृद्धि हो गई है, क्योंकि पत्र-पत्रिकाएँ भी व्यापार का एक अच्छा साधन बन गई हैं। बड़ी-बड़ी राटरी मशीनों का पेट भरना है। उनके लिए इतना साहित्य आए कहाँ से ? बस चोरी, सीनाजोरी, कालाबाज़ारी–सबकुछ चल रहे हैं। ज्यों ही कोई पुण्य-तिथि या उत्सव-पर्व आया, सब पत्र-पत्रिकाओं के मोटी-मोटी कायावाले विशेषांक निकालेंगे। चिट्ठियों, तारों, तकाजों की भरमार। लेखक और कवि क्या करें ? कुछ चतुर लोगों ने एक नया रास्ता निकाला है–एक ही कविता, लेख या कहानी कई जगहों में भेजते हैं। जब वे छपते हैं, तब सम्पादकों को पता चलता है, उन्हें कैसा धोखा हुआ है। दो-चार साल पहले प्रकाशित पुराने लेखों, कहानियों या कविताओं को ज़रा-सा उलट-पुलट कर भेजने में भी संकोच नहीं किया जाता। पत्र-पत्रिकाओं की एक नई बीमारी है, सम्पादक-मण्डल की। बस पाँच-सात बड़े लोगों को फाँसा, उनके नाम मण्डल में दे दिए और फिर उन नामों को भँजाने लगे। हमारे वे श्रद्धेय विद्वान् समझते हैं, उनका सम्मान हो रहा है ! किन्तु वे कितनी बड़ी चोरबाज़ारी के हिस्सेदार बन रहे हैं, काश, वे सोच पाते। जहाँ तक हमें ज्ञात है, उन्हें इसके बदले कुछ

मिलता भी नहीं है—खूनेनाहक के ये जीते-जागते उदाहरण हैं।

साहित्यिक संस्थाओं में घुसने से कुछ नाम हो जाता है, फिर उस नाम को भँजाया जा सकता है, उससे कमाया जा सकता है, इसीलिए साहित्यिक संस्थाओं में घुसने और उन पर कब्जा करने की प्रवृत्ति ने इतना ज़ोर मारा है कि हमारी बड़ी-से-बड़ी और अच्छी-से-अच्छी संस्थाएँ भी अपने भाग्य को रो रही हैं।

हम अपने साहित्यिक बन्धुओं से निवेदन करना चाहते हैं—मित्रो, यह क्या हो रहा है ? हम कहाँ जा रहे हैं ? हमारा यह सौभाग्य है कि साधुता की वह परम्परा मिटी नहीं है, हममें अब भी ऐसे साधु-साधक हैं, जिनकी चरण-धूलि को सादर मस्तक पर चढ़ाया जा सकता है, किन्तु, एक तो वे मुँह नहीं खोलते और अगर कभी बोलते हैं, तो उनकी सुनता कौन है ? कोयल चुप हो गई है, कौवे काँव-काँव से खोपड़ी खाए जा रहे हैं। क्या इन कौवों को इसी तरह कर्राने दिया जाएगा ?

हर पेशे के लिए चरित का एक मापदण्ड 'कोड आफ कण्डक्ट' होता है, हमीं एक हैं, जिन्हें सर्वतन्त्र स्वतन्त्रता प्राप्त हो गई है।

हम एक-दूसरे की पगड़ी उछालें, हम सुफेद को स्याह बतावें और स्याह को सुफेद, हम दूसरों की कीर्ति पर स्याही पोतें, हम दूसरों की कीर्ति तक को हड़प लें। हम ईर्ष्या से जलें, हम एक-दूसरे के विरुद्ध षड्यन्त्र रचें, हम भारती की पीठों को अपवित्र और अपावन करें, हम एक-दूसरे की गर्दन नापने से नहीं चूकें !

नहीं मित्रो, नहीं। यह हमारा काम नहीं है। यह हमारी परम्परा नहीं है। यह हमारे पुरखों की विरासत नहीं है। कबीर और तुलसी के वंशजों के लिए यह शोभनीय नहीं है। संसार की कामनाएँ हैं, तो उनकी पूर्ति के लिए स्थानों की कमी नहीं। कोई दूसरा पेशा कीजिए, किसी दूसरे मन्दिर में जाइए—गाँधी के इस देश में भी भट्टियों, शराबखानों की अभी कमी नहीं ! वहीं जाइए, ढालिए, बकिए—जो बक सकें, सब माफ। साहित्य को, भारती के मन्दिर को अपनी बेहूदी बातों से, बेहूदी हरकतों से अपावन, अपवित्र मत कीजिए। मत सोचिए आपकी नकेल थामनेवाला कोई नहीं, काल स्वयं एक ऐसा बलवान शास्ता है, जो बहुतों को मिटा चुका है, धुस्स में मिला चुका है। उसके सामने हम-आप तो तुच्छ तिनके हैं ! जब तक उसकी फूँक नहीं पड़ती, हमें सम्हल जाना है। साधुता और साहित्यिकता सहचरी हैं। कण्ठीमाला पहनकर मार्जारी कब तक धोखे देती रहेगी ? व्याघ्र का वंश समाप्त नहीं हो गया है !

[**नई धारा**, नवंबर 1954, में प्रकाशित]

नव-निर्माण और साहित्य-स्रष्टा

सदियों के बाद हमारा देश एक नए रूप में एक नए युग में प्रवेश कर रहा है। संघर्षों का एक लम्बा अध्याय समाप्त हुआ और उसका स्थान अब नव-निर्माण ले रहा है। इस नव-निर्माण में हमारा क्या स्थान हो, हमें यह सोचना है।

निस्सन्देह नवनिर्माण की तरह-तरह की योजनाएँ सामने आ रही हैं। किन्तु क्या तब तक हम नवनिर्माण का कोई ठोस काम सम्पन्न कर सकते हैं, जब तक उसकी नींव में कोई सपना नहीं हो ? हमारी हर योजना जो दो-चार कदम चलकर भहरा पड़ती है, ठप्प हो जाती है, उसका कारण क्या है—क्या हमारे राष्ट्र के कर्णधार इस पर विचार करते हैं ? नई योजना को कार्यान्वित करने के लिए जो उमंग, जो उत्साह, जो जोश, जो जाँनिसारी चाहिए, यदि वह

नहीं है, तो पैसे क्या करेंगे ? सिर्फ पैसा तो भ्रष्टाचार बढ़ाता है। आज उसी का बोलबाला इसीलिए है कि हम मानव के अन्तर्मन को छूने में असमर्थ रहे हैं। लोहे और सीमेंट के नीचे भावना चाहिए, सपना चाहिए—तभी निर्माण हो सकता है। यह सपना और भावना कौन देगा ? साहित्य। हाँ, साहित्य, संगीत और कला की त्रिवेणी ही हमारे मन के मलों को धोकर हमें नए अनुष्ठानों के लिए, नए यज्ञों के लिए, तैयार कर सकती है।

खेद और दुख की बात है कि ज़िन्दगी-भर युद्धक्षेत्र की नीरसता और कठोरता में पलनेवाले हमारे नेताओं के रूखे-सूखे दिमाग में यह बात अँट नहीं पाती। देश-विदेश के हर तरह के लोगों को बुला-बुलाकर वे सम्मेलन-पर-सम्मेलन करते जा रहे हैं, किन्तु साहित्य-स्रष्टाओं की पूछ उनके यहाँ नहीं। कभी हुई भी, तो सिर्फ दो घड़ी के लिए। इसके लिए वे ही दोषी नहीं, हम भी दोषी हैं—क्योंकि हमने भी अपना स्तर नीचे गिरा दिया है। जो अपनी मर्यादा स्वयं नहीं जानता, उनकी मर्यादा दूसरे के सामने क्या होगी ? अटपटी सूरत, लटपटी पोशाक, उल्टी-सुल्टी बातें—मध्ययुग के दरबारों ने शराब पिला-पिलाकर हमें जो बर्बाद किया—उसकी झलक आज तक हमारे जीवन पर है ! किन्तु मध्ययुग कब का लद गया। यह नया युग है, इसमें हमारा नया उत्तरदायित्व है—हमें यह समझना है। जो हमें नहीं पूछते, उनके आगे-पीछे मँडराने की जिल्लत हम क्यों उठाएँ—बात ठीक है, यही हमारे गौरव के अनुरूप हैं। किन्तु, स्वतन्त्र रूप से हमें अपने कर्तव्य का पालन तो करते ही जाना है। यही हमारी परम्परा भी रही है। हमारे हरिश्चन्द्र से लेकर देश के आज़ाद होने तक हममें से एक बड़े समूह ने देश-माता को स्वतन्त्र करने के लिए देशवासियों के हृदयों में जो एक सपना पैदा किया, उमंग और उत्साह भरे, त्याग और बलिदान की प्रेरणा उत्पन्न की, सो क्या किसी के कहने पर ? किसी की अनुनय या अनुज्ञा पर ? और यह प्रश्न भी तो है ही कि क्या अनुनय या अनुज्ञा पर सपनों की सृष्टि की भी जा सकती है ?

सरकार हमें नहीं पूछती, इस बात पर एक ओर खीझ होती हो, तो दूसरी ओर प्रसन्नता भी होनी चाहिए। क्योंकि देश-विदेश के जो तजर्बे हमारे सामने हैं, उनसे यह स्पष्ट हो गया है कि भाषा और साहित्य पर सरकार की छाया जितनी कम पड़े, उतना ही अच्छा। साहित्य-निर्माण के बारे में हमारे सामने रूस का उदाहरण है। रूस ने अपनी पसन्द के साहित्य के प्रचार के लिए जितना किया है, वह किसी भी सरकार के लिए ईर्ष्या की बात हो सकती है। गोर्की-पुश्किन, लेनिन-स्तालिन की रचनाओं को जिस सस्ती कीमत पर, जितनी सुन्दरता और सफाई से, जितनी बड़ी तायदाद में, संसार की भिन्न-भिन्न भाषाओं में उसने प्रकाशित और प्रचारित किया है, उसे देखकर आश्चर्य होता है। किन्तु, जहाँ उसने नए साहित्य-निर्माण का कार्य कराया है, वहाँ तो निराशा ही निराशा दिखाई पड़ती है। वहाँ के साहित्यकार वहाँ की सरकार के चारण-मात्र बन गए हैं। सरकार की आलोचना करके तो उन्हें फाँसी पर ही लटकने को तैयार हो जाना पड़ता है। सरकार के समर्थन में भी उन्हें एक खास तरीके को ही बरतना पड़ता है। जहाँ वे मानव-भावनाओं का चित्रण करते हैं, वहाँ भी वे अपने चारों ओर लक्ष्मण-रेखा खिंची पाते हैं। वहाँ साहित्य साहित्य नहीं रह गया है, टकसाल में ढले-ढलाए सिक्के मात्र—जिनकी खास घात, खास वजन, खास कीमत और हर सिक्के पर कीमत की छाप के साथ राज्य के सर्वेसर्वा के चेहरे की छाप भी।

साहित्य के बारे में हमने जो रूस में देखा, भाषा के बारे में वही हालत अपने देश में देख रहे हैं। कभी हिन्दुस्तानी के नाम से एक भाषा गढ़ी जा रही थी अब राज्य-भाषा के नाम पर दूसरी भाषा गढ़ी जा रही है। बड़ी दिलचस्प कहानी है—लाहौर का एक भाषाचार्य घरद्वार गँवाकर दिल्ली आया। दिल्ली में दाल न गली, तो वह नागपुर पहुँचा। नागपुर के पंडितों के

सामने उसने अपनी टकसाल की करामात रखी—देखिए, यह छूमन्तर। एक-एक साँचा और शब्दों के सौ-सौ सिक्के ले लीजिए। ऐसे साँचे संसार की किसी भी भाषा में हैं ? क्या खाकर पाएँगे वे इन्हें। यह तो हमारी ऋषियों की भूमि है, जिसकी मिट्टी में यह सिफ्त है। क्या कहते हो, समझते नहीं हो ? जब सात समुन्दर पार की भाषा समझ गए, तो इन्हें नहीं समझ सकते। छी-छी, क्या कह गए। अजी, सोचो और सीखो। नहीं सीखोगे—तो इस भरत-भूमि में रहने का क्या अधिकार ? नागपुर की टकसाल में ढली यह भाषा अब दिल्ली की छाप लेकर आज देशभर में छा रही है। इसमें सबसे बड़ी मौत हो रही है हिन्दीवालों की। जो अन्य भाषा-भाषी हैं, उन्हें तो सीखना था ही, "क" नहीं सीखा "ख" ही सीख लिया। लेकिन जिन्होंने "क" सीख रखा था, उन्हें कहा जाता है, उस "क" को भूल जाओ और इस "ख" को ही "क" मानकर आगे बढ़ो। ज्ञान भी कभी बवाल-जान बन जाता है, उसका ज्वलन्त प्रमाण आज हिन्दी-संसार में देखा जा रहा है।

हमें और सरकार को भी समझ लेना है कि भाषा या साहित्य का निर्माण सेक्रेटेरियट में नहीं किया जा सकता। भाषा गढ़ी जाती है जनता की जिह्वा पर, हाँ, जनता की खुरदरी, मोटी जिह्वा पर ! कुछ ऊँचे वैज्ञानिक शब्दों को छोड़ दीजिए, तो हज़ारों-लाखों शब्द हमारे देहातों में भरे पड़े हैं—हमारे किसान, बुनकर, लोहार, बढ़ई, मल्लाह, आदि टेकनिकल शब्दों का इतना बड़ा भंडार अपने पास रखे हुए हैं कि उन्हें उनसे लेकर हम अपनी भाषा को बहुत कुछ सम्पन्न बना सकते हैं। कारखानों के मज़दूरों में, जहाज़ों के खलासियों में, होटलों के बेहरों में, ऑफिसों के चपरासियों में ऐसे हज़ारों शब्द प्रचलित हैं, जो बहुत अंशों में हमारे बड़े काम के सिद्ध हो सकते हैं। किन्तु, हम उनकी ओर ध्यान न देकर अंग्रेज़ी और संस्कृत के कोषों के भ्रमजाल में पड़े हैं। ऐसा क्यों होता है ? बात स्पष्ट है कि क्रान्ति तो जनता करती है, किन्तु जनता के प्रतिनिधि के नाम पर जो लोग शासनारूढ़ होते हैं, वे जनता के प्रतिनिधि भले ही हों, जनता के लोग नहीं होते, सत्ता प्राप्त होते ही उनका आभिजात्य अहंकार उद्दीप्त हो जाता है और वे अपना रहन-सहन, भूषा-भाषा जनता पर लादना शुरू कर देते हैं। 'गँवार' लोगों का अनुकरण या अनुसरण भला वे करें ? यही भावना मास्को में जादू फेर गई, यही भावना दिल्ली में करामात कर रही है। जहाँ मुनासिब यह होता कि कार्यकर्ताओं का एक झुण्ड जनता के भीतर घुसकर उनमें प्रचलित शब्दों का संग्रह करता, फिर भाषाविदों की मण्डली उनमें से काट-छाँटकर राष्ट्रभाषा के लिए शब्दों का संचयन कर लेती, वहाँ हो यह रहा है कि विशेषज्ञों के नाम पर ग्रन्थ-ज्ञानियों के एक बड़े झुण्ड को सेक्रेटेरियट की ठंडी टेबुल के चारों ओर बिठाकर कोष तैयार कराया जा रहा है।

शब्दों का एक और संचित भंडार भी है, हमारा देश बहुत बड़ा है, हर प्रदेश की एक-न-एक विशेषता है। इस विशेषता के कारण हर प्रदेश में कुछ विशेष शब्द बन गए हैं, जो उस प्रदेश की पैदावार और पेशे की विशेषता को पूर्ण रूप से प्रकट करते हैं। उनके वे शब्द उनके शब्दकोषों में भी आ गए हैं। क्यों न उन शब्दों को हम उन कोषों से सीधे ले लें। मराठी-गुजराती, तमिल-तेलगू, बंगाली-पंजाबी आदि में ऐसे हज़ारों शब्द हैं, जिन्हें हम बड़ी आसानी से ले सकते हैं। और, जो विदेशी शब्द हममें प्रचलित हो चुके हैं, जिन्हें हमने पचा लिया है—जो हमारी जनता की जबान पर चढ़ चुके हैं—उनके लिए नया शब्द ढूँढ़ने और बनाने की चेष्टा तो मुझे पागलपन ही मालूम होता है। लेकिन, हमारे देश में पागलपन भी प्रायः सिद्धपन के नाम से पूजा गया है न ? हमारा पागलपन किस उच्चकोटि का है, इसका सम्पूर्ण परिचय तब मिले, जबकि पुरानी हिन्दोस्तानी और इस नई राज्यभाषा हिन्दी के कोष एकसाथ प्रकाशित कर दिए जाएँ—वे ही लोग, उन्हीं की सरकार, किन्तु थोड़े दिनों के व्यवधान में ही

कितनी बड़ी बन्दरकूद दिखलाई है भाषा के हमारे मदारियों ने।

यों ही साहित्य के निर्माण का कार्य भी सरकारी छत्रछाया से जितनी दूर हो, साहित्य के लिए, मानव-कल्याण के लिए उतना ही अच्छा। हमारे वाल्मीकि और व्यास किसी राजा की छत्रछाया में नहीं थे और नहीं थे हमारे तुलसी और सूर। कभी किसी दरबार ने एक कालिदास दिया या एक विद्यापति, तो मैं इन्हें अपवाद मानता हूँ, जो नियम को ही सिद्ध करते हैं। दरबारों में पहुँचकर साहित्य किस कदर भड़ैती बन जाता है, इसका प्रमाण है हमारा रीति-काल। दरबार सिर्फ खिलाता ही नहीं है, पिलाता भी है। और पीकर कितनों का दिमाग ठिकाने रह सका—चाहे वह पेय शराब हो, या अहंकार। और उसका खिलाना-पिलाना क्या यों ही होता है—निरुद्देश्य होता है। नहीं, जितना खिलाता-पिलाता है, उससे अधिक वह गँवाता है, नचाता है। मध्ययुग में भी यह बात थी, आज भी यही बात है। किन्तु नतीजा ? बस, वही रीति-काल का नया संस्करण। नायिका बदल गई है, बात वही है। थोड़े ही दिनों में अपने देश में भी हमने देख लिया है कि सरकारी छत्रछाया का क्या अर्थ होता है ? सूचना, प्रसार, प्रचार, जनसम्पर्क, अनुवाद—चाहे जिस नाम से, जहाँ पर भी, ऐसे सरकारी विभाग हैं, उनमें रहनेवाले साहित्यिकों को देखिए। ज़रूर उनके चेहरे पर ज्यादा खून और उनके शरीर पर ज्यादा गोश्त आप पाएँगे, किन्तु जब उनके निकट जाइए, लगता है, ठंडी अँगीठी के पास हम पहुँच गए हैं। लगता है, जैसे भावनाएँ मर चुकी हैं, उनकी चिताएँ धुँधुआ रही हैं। वे वह नहीं कह पाते, जो उन्हें कहना है या जिसे कहने के लिए प्रकृति ने उन्हें सँवारा था। उन्हें वह कहना पड़ रहा है, जो उन्हें कहना नहीं चाहिए। गोस्वामी तुलसीदासजी ने कहा था—"किन्हें प्राकृत जन-गुन-गाना, सिरधुनि गिरा लागि पछिताना।" यहाँ स्पष्ट ही प्राकृत जन से उनका तात्पर्य था उस समय के बड़े लोगों से—अमीर-उमराओं से, राजा-महाराजाओं से—जिनकी स्तुति-गाथा में उस समय के साहित्यिक फँसे हुए थे। तुलसीदासजी के इस सूत्र में साहित्यिकों के लिए एक शाश्वत पथ-प्रदर्शन छिपा है। किन्तु, नए युग में इसकी नई व्याख्या होनी चाहिए। प्राकृत-जन से भागकर बाबा ने आसमान की ओर सिर कर लिया—हमें गर्दन को गद्दियों से हटाकर ज़मीन की ओर मोड़ना है।

साहित्य को अगर बहुरंगी बनना है, सतरंगी बनना है, तो उसे रंगों के लिए जन-जीवन में प्रवेश करना है। अजन्ता की अपूर्व चित्रकारी के लिए उसके कलाकारों ने उसी के आस-पास की मिट्टी से, पत्थर से, पेड़ों की जड़ से, छाल से, पौधों की पत्तियों से, फूलों से रंग संचित किए। हमारे साहित्य के लिए जो रंग चाहिए, वे हमारे चारों ओर, जन-जीवन में प्रचुरता से ओतप्रोत हैं—आँखें चाहिए, जो उन्हें देखें, पैर चाहिए, जो उन तक पहुँचें, हाथ चाहिए, जो उनके प्रयोग करें। आज का जो अपना साहित्य है, वह उतना रंगीन क्यों नहीं है ? क्योंकि, हमारे कलाकार हाथ-पैर नहीं हिलाते। एक खास वृत्त के अन्दर अपने को बन्द किए कुछ विचारों, कुछ भावनाओं, कुछ चित्रों का चर्वित चर्वन करते हैं। जब मैं जेल में था, मैंने आधुनिक काल के अपने कुछ कलाकारों की कृतियों का इस दृष्टि से अध्ययन करना आरम्भ किया। लेकिन, मैंने उस काल को थोड़े ही दिनों के बाद इसलिए छोड़ दिया कि उस अध्ययन से जो निष्कर्ष निकलने लगे, मैं उनसे काँप उठा। कभी-कभी आदमी अपना ही चेहरा आईने में देखकर काँप उठता है न ?

चाहे भाषा का निर्माण हो या साहित्य का, स्वतन्त्र लेखक ही उसे सुचारु रूप से सम्पन्न कर सकते हैं। उन्हीं की कृतियाँ ही वे सपने दे सकेंगी, जिनके आधार पर हमारे समाज का नवनिर्माण सही ढंग से हो सकता है। स्वतन्त्र लेखक से मेरा अर्थ है—वह लेखक, जो किसी बाहरी प्रभाव में न हो और जो लेखन की वृत्ति से ही अपना जीवनयापन करता हो। इस दृष्टि

से देखिए, तो मालूम पड़ेगा हमारे यहाँ स्वतन्त्र लेखकों का कितना अभाव है। हमारे अधिकांश लेखक या तो अपने बाप-दादों की कमाई पर जी रहे हैं या पढ़ने-लिखने की किसी निश्चित जीविका में फँसे हैं—कोई प्रोफेसर हैं, कोई पत्रकार हैं, कोई वैतनिक मन्त्री हैं, कोई वैतनिक प्रचारक हैं। किसी-किसी ने प्रकाशन का पेशा भी अख्तियार कर लिया है। यह हमें मान लेना चाहिए कि राष्ट्रभाषा हो जाने के बाद हिन्दी पर जो उत्तरदायित्व आया है, उसका निर्वाह अवकाश में काम करनेवाले इन लेखकों से नहीं हो सकता है। स्वतन्त्र लेखकों का एक बड़ा समुदाय ही इस उत्तरदायित्व को सम्पन्न कर सकता है। किन्तु स्वतन्त्र लेखकों का ऐसा समुदाय बने कैसे, बढ़े कैसे ? इसके लिए सबसे पहला कर्तव्य तो है जनता का।

जनता हमारे कलाकारों का सम्मान तो खूब करती है, किन्तु उनके जीवन की ओर झाँकने का कष्ट नहीं उठाती। साल में एकाध उत्सव किया, लेखकों और कवियों को बुलाया, उनके गले में फूलों की मालाएँ डालीं, खूब खिलाया-पिलाया, चलते समय टिकट भी कटा दी और बड़ी कृपा की, तो दस-दस के एक-दो नोट थमा दिए। नोटों के इस प्रयोग से यह भी हुआ है कि अब सौदा पहले ही पटा लिया जाता है। किन्तु, इन सबके बावजूद उनका वह प्यारा कलाकार किस तरह जीवन बिता रहा है या ढो रहा है, इसकी ओर लोग ध्यान नहीं देते। तो, क्या मैं यइ चाहता हूँ कि कुछ चन्दे उठाए जाएँ और लेखकों की भेंट की जाए। नहीं, इसे तो मैं कलाकार का अपमान ही मानूँगा। कलाकार कुछ नहीं चाहता—यदि उसकी कृतियों का व्यापक प्रचार हो, इससे उसकी समस्या हल हो जा सकती है। पाँच-छः पुस्तकों का लेखक भी बड़े मजे में जीवन बिता सकता है, यदि साल में उसकी हर पुस्तक की दो-तीन हज़ार प्रतियाँ भी खप जाया करें। अतः जनता का पुस्तकों के खरीदने का अभ्यास डालना स्वतन्त्र लेखक के अस्तित्व की पहली शर्त है। इस अभ्यास का प्रायः अभाव है—नहीं पढ़ो, तो सबसे अच्छा, पढ़ो, तो उधार लेकर पढ़ो और हो सके तो उधार को लौटाओ मत। इस प्रवृत्ति ने हिन्दी के विकास को रोक रखा है।

लेकिन, मान लीजिए कि सभी लोग कुछ-न-कुछ किताबें खरीदना अपना कर्तव्य समझ लें, तब क्या यह मसला हल हो जाएगा ? पाठक जो पुस्तकें खरीदेंगे, उनका एक उचित हिस्सा लेखकों के पास अवश्य पहुँच जाए, जब तक यह व्यवस्था नहीं होगी, तब तक समस्या सुलझ नहीं सकती। यहीं सरकार का काम आता है। यदि सरकार इसमें लेखकों की सहायता करे, तो समस्या सुलझ सकती है। आज 'कापीराहट' का कानून है, उसमें बेचारा लेखक एक बड़ा ही दयनीय और निरीह प्राणी है। ज़मीन पर काम करनेवालों, कारखानों में काम करनेवालों, दफ्तरों में काम करनेवालों, सबके हित में सरकार ने कुछ-न-कुछ उपयोगी कानून बना दिए हैं जिनसे उन्हें कुछ सुविधाएँ अवश्य प्राप्त हुई हैं। किन्तु लेखकों की स्वत्व-रक्षा की ओर एक-एक कदम भी नहीं उठाया गया है। हम सरकार से कहेंगे—भगवन्, कृपा कर हमारी ओर एक-आध टुकड़ा फेंकने के बदले यदि आप हमारे टुकड़ों के छीने जाने से हमारी रक्षा कर दें, तो हम आपके चिरकृतज्ञ रहेंगे। कहा जाता है, कापीराइट का कानून तो अन्तर्राष्ट्रीय विषय है, इसमें भारत सरकार या प्रादेशिक सरकार क्या कर सकती है ? यह थोथी दलील है। सरकार यदि लेखकों की रक्षा करना चाहती है, तो वह ऐसे कानून बना सकती है, जिससे उनकी कमाई के पैसे उनको आसानी से मिलते रहें। अच्छी कृतियों को पाठय-ग्रन्थों के लिए स्वीकृत कर, उनकी प्रतियाँ वितरणार्थ खरीदकर या उन पर पुरस्कार देकर भी सरकार ऐसी परिस्थिति उत्पन्न कर सकती है कि लेखक स्वतन्त्र रूप से साहित्य-सृजन कर सकें। किन्तु इधर कुछ दिनों से, इस दिशा में जो अनाचार और भ्रष्टाचार फैल रहा है और इसके चलते लेखकों में जो तू-तू-मैं-मैं मची हुई है, उसे देखते हुए वही पुरानी कहावत दुहराने की इच्छा होती है—''बखसो बिलार,

मुर्गा बाँड़ होके रहिहैं''। किन्तु, मेरा विश्वास है यदि सरकार सदिच्छा और जागरूकता से काम करे, तो इस पद्धति से भी साहित्य को प्रोत्साहन अवश्य मिल सकता है।

यहाँ प्रश्न आदर्श का आ जाता है। निस्सन्देह, यह कलियुग है, सोने का युग है। सोना देखकर यदि हमारा मन चंचल हो जाए, तो यह स्वाभाविक ही है—उसकी प्राप्ति के लिए कभी-कभी हम अपने स्तर से नीचे उतर जाएँ, तो वह मानव कमजोरियों की विजय है, जिनसे हम परे नहीं हैं। किन्तु, मानव मानव इसलिए है कि वह कमजोरियों से ऊपर उठ सकता है, वह युग की धारा को बदल दे सकता है, उलट दे सकता है। जिन ऋषियों ने 'कविर्मनीषी परिभू स्वयम्भू' का नारा दिया, उन्होंने हम सरस्वती के सपूतों का ध्यान एक ऐसे ही आदर्श की ओर आकृष्ट किया।

आज वह समय आ गया है कि हम सोचें कि हमें किसका वाहन बनना है—सरस्वती का या लक्ष्मी का ? सरस्वती के वाहन को अपने डैनों पर विश्वास होना चाहिए, अपने 'नीर-क्षीर-विवेक' रखनेवाले चंचुओं पर विश्वास रखना चाहिए। हमें गर्व होना चाहिए अपने उन श्वेत पंखों पर—जिन पर एक धब्बा न हो, एक दाग न हो ! अरे, हम बादलों के ऊपर उड़ान भरनेवाले हैं, मानस का रस पीनेवाले हैं ! गन्दी गलियाँ हमारी जगह नहीं, नाले और पनाले में हमारा पेय नहीं ! हम वह पंछी नहीं, जिसका खँडहरों में ही बसेरा है, जिसकी चोंच टेढ़ी है, जिसके डैने उसे इस मुँडेरे से उस ठूँठ तक ही ले जा सकते हैं, जिनके पंखों पर धब्बे-ही-धब्बे हैं और जिसे रात में ही सूझता है। हाय, हम हंसों को यह हसद क्यों हो कि हम उल्लू न हुए ? विधाता ने हमें यह रूप, यह रंग कुछ समझ-बूझकर ही दिया है। हमने अपनी सहज प्रवृत्ति से ही उस देवी को चुना, जिससे सोने की देवी सौतियाडाह रखती है। फिर हम अपनी झोली जहाँ-तहाँ क्यों पसारते चलें ? याद रखिए, हमारी झोली कोई भर नहीं सकता। अरे, हम तो भरी झोली को फूँककर ताप जानेवाले हैं। हरिश्चन्द्र एक नाम ही नहीं है, एक प्रतीक है—वह प्रतीक, जिसने ललकारकर कहा था—"ऐरे मूढ़ नृप तुम धन दिखलावे काहि, आसी न तुम्हारी ये निवासी कल्प-तरु के।" हाँ, हम कल्प-तरु की छाँह में क्रीड़ा-कौतुक करनेवाले अमर लोक के प्राणी हैं। अमरता हमारी बपौती है—हम उस पीढ़ी से हैं, जिसने अक्षर को अपनाकर इस क्षर-क्षयमान संसार पर अपनी एक अमिट लकीर खींच रखी है। फिर कैसी यह क्लीवता—क्यों आँखों में ये आँसू, क्यों शरीर में यह कँपकँपी ! अरे, नेतत्वद्युपदयते। यह तुम्हारे योग्य नहीं ! उठो नए परंतपो, अपने शस्त्रों को सम्हालो। नया महाभारत नई गीता खोज रहा है। नव-निर्माण नया सपना माँग रहा है—उसे दो, दो।

[बिहार हिन्दी साहित्य सम्मेलन अधिवेशन आरा में सभापति पद से दिए गए भाषण का अंश, **नई धारा** में प्रकाशित]

हिन्दी का आधुनिक साहित्य

हिन्दी को भारत की राज्य-भाषा होने का, नहीं, स्वीकार कर लिए जाने का सौभाग्य प्राप्त हो चुका है। इस स्वीकृति के लिए भी उसे कीमत चुकानी पड़ रही है। कुछ लोग तो इस प्रयत्न में लगे हैं कि उसकी जड़ जल्द-से-जल्द खोद दी जाए, कुछ लोग उसका रूप इस तरह से बिगाड़ रहे हैं कि वह पहचानी भी नहीं जा सके। कुछ लोगों को उसका यह नाम भी सह्य नहीं है, वह हिन्दी के रूप में ही परिवर्तन नहीं चाहते, उसका नाम भी बदल देना चाहते हैं। ऐसे लोगों में पराए लोग ही नहीं हैं, कुछ अपने लोग भी हैं, सबसे बड़े दुर्भाग्य की बात यह है।

पराए लोगों के प्रयत्न इन दिशाओं में चल रहे हैं—वे कहते हैं हिन्दी बड़ी जटिल भाषा है, वह जनभाषा भले ही हो, उसमें प्रामाणिकता का ऐसा अभाव है कि उसे राज्य-भाषा बनाया जाना सम्भव नहीं, और अपने तर्क को बढ़ाते-बढ़ाते वे इस छोर पर ले आते हैं कि हिन्दी में है क्या ? इसका प्राचीन साहित्य भले ही उन्नत हो; किन्तु, इसका वर्तमान साहित्य—छूँछा, छूँछा ! न इसमें कोई रवीन्द्र हुआ, न इक़बाल। शरत्चन्द्र और मुंशी भी इसमें कहाँ ? न कोई वैद्य या चातुर्या इसमें हुआ। एक प्रेमचन्द—इन्हें कहाँ-कहाँ लिए फिरोगे ? और, एक चना कहीं भाड़ फोड़ता है ! वे बड़े ज़ोर से समाप्त करते हैं,—हिन्दी का वर्तमान साहित्य ही कहता है, यह भाषा राष्ट्र-भाषा का पद पाने के योग्य नहीं।

सबसे बड़ी विचित्र बात यह है कि जब ऐसे तर्क पेश किए ज़ाते हैं, हम भी पराजय-बोध करने लगते हैं। हमें लगता है, सचमुच हमारा वर्तमान साहित्य बिलकुल नगण्य है। यह तो तुलसी-कबीर की तपस्या रही या गाँधीजी की महिमा कि हमारी भाषा राज्य-भाषा का पद अनायास और अचानक ही प्राप्त कर सकी ! हम हीन-भावना से ग्रसित हो जाते हैं, हम बड़ी दीनता से उनके तर्क की इस कड़ी को स्वीकार कर लेते हैं और उनकी उदारता के गीत गाने लगते हैं—महाराज, यह आप लोगों की कृपा है, महानता है कि हमारी तुच्छ भाषा को आप लोगों ने यह उच्च पद दे दिया है। आप लोगों को धन्यवाद, शतशः धन्यवाद !

घमंड, अभिमान सदा बुरा है। रूप, धन, गुण, यश, किसी का घमंड अच्छा नहीं। कहा जाता है, अभिमान भगवान का भोजन है—'गर्वप्रहारी राम', यह हम सब मानते हैं। जिसे जितना भी ऐश्वर्य प्राप्त हो, उसे उतना ही विनम्र होना चाहिए—फल से लदी डाली की तरह उसे झुक जाना चाहिए ! किन्तु, क्या विनम्रता का अर्थ हीन-भावना है ? क्या डाल को इतना झुकना चाहिए कि जो चाहे उसके फल का संहार कर दे ? हर चीज़ की सीमा है, विनम्रता की भी सीमा होनी चाहिए। और, विनम्रता का अर्थ यह कदापि नहीं कि हम उन दोषों को भी स्वीकार करते जाएँ, जो हमें लोगों की आँखों में नीच सिद्ध कर दे !

हम मानते हैं, हिन्दी के आधुनिक साहित्य में रवीन्द्र या इक़बाल नहीं हैं। लेकिन, देखना यह है कि बंगला या उर्दू में ही कितने रवीन्द्र या इक़बाल हैं ? दूसरा रवीन्द्र या दूसरा इक़बाल ही कोई पेश कर दे ? यह तो बंगला या उर्दू के विकास की शिथिलता या नवीनता का सूचक है कि जब हम तुलसी प्राप्त कर चुके, उसके तीन-साढ़े तीन सौ वर्षों के बाद बंगला या उर्दू को रवीन्द्र या इक़बाल पाने का सौभाग्य प्राप्त हुआ ? किसी भाषा को एक कालिदास, एक तुलसी, एक रवीन्द्र, एक इक़बाल मिल जाए, यही बहुत है।

किसी भी भारतीय भाषा से एक-दो नाम हटा दीजिए, फिर हिन्दी से तुलना कीजिए, तो हमारा दावा है कि हिन्दी का आधुनिक साहित्य किसी भी भाषा के आधुनिक साहित्य से हीन या घटिया नहीं है। हाँ, यह हुआ है कि प्राकृतिक कारणों से किसी भाषा के किसी अंग का अधिक विकास हो गया ! किन्तु, यदि पूरे साहित्य के विकास पर ध्यान दिया जाए, तो विरोधियों को भी स्वीकार करना पड़ेगा कि हिन्दी का साहित्य वैसा नहीं है, जैसा वह भ्रमवश मानते रहे हैं !

यह भ्रम क्यों हुआ ? और हम उनके इस भ्रम को क्यों तुरन्त स्वीकार कर लेते हैं ? हमें इस प्रश्न पर थोड़ा विचार कर लेना चाहिए।

हिन्दी का एक दुर्भाग्य यह रहा कि उसके पास न तो कलकत्ता रहा, न मद्रास, न बम्बई। आधुनिकता की देवी इस देश में इन्हीं तीन रास्तों से तो पधारीं। अतः हमें यह स्वीकार करने में ज़रा भी हिचक नहीं है कि आधुनिकता की किरण हमारे यहाँ देर से पहुँची और आज तक हम उन वरदानों से बहुत कुछ वंचित हैं जिन्हें यह देवी अपने भक्तों पर प्रचुरता से बरसाती

रहती है। फिर, बंगला, मराठी, तमिल भाषाओं के क्षेत्र भी परिमित रहे। नतीजा यह हुआ कि इस परिमित क्षेत्र में जो कुछ चीज़ें पैदा हुईं, उन पर आधुनिक रंग ही सबसे पहले नहीं चढ़ा, आधुनिक साधनों ने उनके रंग को और भी चमकीला-भड़कीला बना दिया ! इस उदाहरण के साथ यों कहिए कि इन भाषाओं को सुन्दर भवन मिला और इनके बोलनेवालों के हाथ में माइक भी रहा। नतीजा यह कि इनकी बाजी खूब गूँजी ! उधर हिन्दी को एक बड़ा मैदान मिला—देवघर से दिल्ली और हिमाचल प्रदेश से मध्यप्रदेश तक का विशाल, विस्तृत क्षेत्र; किन्तु माइक ही नदारद ! एक कोने की वाणी दूसरे कोने तक पहुँचने ही नहीं पाती, गूँज की बात ही क्या ?

हमने दुख के साथ देखा है कि बिहार में साहित्य का जो निर्माण हो रहा है, उससे दिल्लीवाले बिलकुल अपरिचित हैं। यों ही मध्यप्रदेश में जो कुछ किया जा रहा है, हिमाचल प्रदेशवालों को उसकी खबर भी नहीं। हिन्दी क्षेत्र की विशालता ही उसकी प्रगति में बाधक बन रही है—जो वरदान होना चाहिए, वह अभिशाप सिद्ध हो रहा है। फिर पटना, इलाहाबाद, लखनऊ, जयपुर, ग्वालियर, जबलपुर या रीवा में कोई ऐसा ज़बर्दस्त प्रचार का साधन भी नहीं कि हिन्दी-साहित्य की प्रगति को वह देश के कोने-कोने तक पहुँचा सके। यह काम प्रायः अंग्रेज़ी अखबारों द्वारा ही सम्भव हो सकता था—इन क्षेत्रों में कहाँ ऐसे अखबार हैं ?

हम फिर उदाहरण पर आते हैं—बिहार के दो बंगाली लेखकों को लीजिए। 'बनफूल' को और 'सतीनाथ भादुड़ी' को। एक का घर भागलपुर है, दूसरे का पूर्णिया ! आज देश में इन्हें जितनी प्रसिद्धि प्राप्त हो चुकी है, क्या वैसी प्रसिद्धि बिहार के किसी हिन्दी-लेखक को प्राप्त हुई ? भादुड़ी की एक पुस्तक 'जागरी' ने उसे यश और धन से तोप दिया ! क्यों ? ज्यों ही यह पुस्तक कलकत्ता में छपी, वहाँ के सभी अंग्रेजी पत्रों में उसकी प्रशंसा छपने लगी—'स्टेट्समैन' में भी उस पर विशेष लेख निकला—फिर क्या था, उस अज्ञात लेखक ने एक पुस्तक से ही भारत के साहित्यिक क्षेत्र में अपने लिए स्थान प्राप्त कर लिया ! 'बनफूल' को भी इतनी प्रसिद्धि किसने दी ? कलकत्ता ने; वहाँ के आधुनिक प्रचार साधनों ने ! जिसे बिहार में उसके मुहल्ले के लोग भी नहीं जानते, वह बंगाल के घर-घर में ही व्याप्त नहीं है, भारत के साहित्य-जगत ने भी उसकी कृतियों पर स्वीकृति की मुहर लगा दी है !

कविता, कहानी, उपन्यास, नाटक, रूपक, आलोचना, इतिहास, राजनीति, अर्थनीति, विज्ञान, दर्शन—साहित्य का कौन ऐसा अंग है, जिस पर हमने ऐसे काम नहीं किए, जिसके लिए हम लज्जा बोध कर सकें ? पहले हम इतिहास, विज्ञान और दर्शन को ही लें। सिर्फ शोध को लीजिए, तो हम मराठी के सामने सादर सिर झुका लेंगे—लेकिन, काशीप्रसाद जायसवाल, गौरीशंकर हीराचन्द ओझा, जयचन्द्र विद्यालंकार, राहुल सांकृत्यायन और उनके पीछे लगभग एक दर्जन नौजवान लेखकों ने इस क्षेत्र में जितना काम किया है, उस पर किसी भाषा को भी नाज हो सकता है। स्वर्गीय रामदासजी गौड़ से लेकर श्री फूलदेवसहाय वर्मा तक आधे दर्जन से ऊपर के चोटी के लेखकों ने हिन्दी को जो वैज्ञानिक साहित्य दिया है, क्या उससे अधिक किसी भी प्रादेशिक भाषा में वैज्ञानिक साहित्य उपलब्ध है ? दर्शन की तो हमारी भूमि रही है—डा. भगवानदास-ऐसा दार्शनिक किस प्रादेशिक भाषा को प्राप्त है ? हिन्दी के दार्शनिक साहित्य से एक दर्जन ऐसी पुस्तकें छाँट ली जा सकती हैं, जिन्हें हम किसी भी भारतीय भाषा की दार्शनिक पुस्तकों के समकक्ष गौरव के साथ रख सकते हैं !

कविता को ही लीजिए—विषय और छन्द में हमने जितने प्रयोग किए हैं और करते जा रहे हैं, उनका महत्त्व यदि हमीं अच्छी तरह नहीं समझ पाए, तो दूसरे को क्यों उपालम्भ दें ? कहानी और उपन्यास में प्रेमचन्द के बाद भी हमने बहुत कुछ किया है—उतना किया है कि

इस विषय को लेकर भी लज्जाबोध करने का हमारे लिए कोई कारण नहीं ! हिन्दी संसार भर में रंगमंच नहीं होने पर भी, नाटक, रूपक में भी हम कुछ ऐसी कृतियाँ दे पाए हैं जिस पर हम गर्व कर सकते हैं। हमारा आलोचना साहित्य भी काफी तगड़ा है ! राजनीति और अर्थनीति पर भी 'हमने कुछ गौरवकारी ग्रन्थ रचे हैं।

हमने किया बहुत है; किन्तु वे चीज़ें ऐसी बिखरी-बिखरी हैं कि उनका सामूहिक महत्त्व हम स्वयं नहीं समझ पाते हैं। इसीलिए जब कोई हमें कह देता है, आपका आधुनिक साहित्य क्या है, तो हम शरमा जाते हैं। पराए लोगों को हम दोष क्यों दें, जब हमीं अपने साहित्य से अपरिचित हैं।

इस सम्बन्ध में कुछ किया जाना चाहिए। हम समझते हैं, सबसे पहला काम तो यह होना चाहिए कि हिन्दी के आधुनिक साहित्य की उत्तमोत्तम पुस्तकों की एक सूची तैयार की जाए। यह सूची विवरणात्मक होनी चाहिए, पुस्तक के लेखक और विषय का संक्षिप्त परिचय भी दिया जाए। यह सूची सिर्फ हिन्दी में नहीं हो, अंग्रेजी, उर्दू, मराठी, गुजराती, तमिल, तेलगू, बंगला आदि भारत की सभी प्रमुख भाषाओं में इसके संस्करण निकलने चाहिए।

अभी यह सूची बहुत बड़ी नहीं होनी चाहिए—सौ से लेकर दो सौ पुस्तकों की ही यह सूची हो। हाँ, हम पुस्तकों के चुनाव में बहुत ही सावधानी रखें। हम उसमें ऐसी ही पुस्तकों के नाम दें, जिन्हें हम उनके विषयों की प्रतिनिधि-पुस्तक कह सकें। हमें बड़ी सावधानी से यह सूची तैयार करनी पड़ेगी; किन्तु, हम इसे कर सकेंगे, इसमें तो हमें शक ही नहीं है। और, यह काम जितना जल्द हो जाए, हिन्दी के लिए उतना ही अधिक कल्याणप्रद सिद्ध होगा।

मुझे बार-बार एक विज्ञापन की याद आती है, वह विज्ञापन था, एक दवा का। एक मरीज़ की खोपड़ी पर सलाख रखकर जिसे हथौड़े से ठोका जा रहा है और कहा जा रहा है, यह बात आपके दिमाग में हथौड़े की चोट से घुसा देने की है··· ! हाँ, कभी-कभी सच्चाई को भी इसी तरह हथौड़े और सलाख की सहायता से ही आदमी के दिमाग के अन्दर पहुँचाया जा सकता है। हम अन्य भाषाभाषियों पर इसका प्रयोग न करें, किन्तु मुझे लगता है, अपना गौरव हम आप बोध कर सकें, इसके लिए हमें ऐसा करना ही पड़ेगा। फिर हमें अपने साहित्य, आधुनिक साहित्य, पर भी हीनता-बोध करने की आवश्यकता नहीं रहेगी !

[**नई धारा**, अप्रैल 1953, में प्रकाशित]

हमारा राष्ट्रीय रंगमंच

यह सौभाग्य की बात है कि हिन्दी-संसार का ध्यान रंगमंच की ओर प्रबल रूप से आकृष्ट हुआ है। प्रबल रूप से कहने का तात्पर्य यह है कि ऐसा कभी नहीं रहा है कि हिन्दी में रंगमंच का सर्वथा अभाव हो। आज भी प्रायः हर बड़े शहर में नाट्यमण्डलियाँ हैं और उनके द्वारा यदा-कदा नाटकों के अभिनय होते ही रहते हैं। स्कूल-कालेजों में हिन्दी के प्रवेश के बाद पठित और शिक्षित वर्ग द्वारा भी नाटक खेले जाते हैं और वे उत्तमोत्तम नाटक खेलने की भी चेष्टा करते हैं। किन्तु, इसमें शक नहीं कि हिन्दी रंगमंच भारतेन्दु हरिश्चन्द्र के बाद अपना वह रूप और स्तर कायम नहीं रख सका, जो राष्ट्र-भाषा के रंगमंच के गौरव के अनुकूल हो। रंगमंच के विकास के लिए यही आवश्यक नहीं है कि उच्चकोटि के लेखकों द्वारा नाटक लिखे जाएँ; बल्कि आवश्यक यह है कि वे नाटक रंगमंच को ध्यान में रखकर लिखे जाएँ और उच्चकोटि

के अभिनेता उन्हें सफल रूप में रंगमंच पर उतार सकें। हिन्दी का दुर्भाग्य यह रहा कि भारतेन्दु हरिश्चन्द्र के बाद ऐसे नाटक-लेखक नहीं पैदा हुए जो उच्चकोटि के लेखक होने के साथ रंगमंच से निकटतम सम्बन्ध रखते हों—जो रंगमंच की टेकनिक से परिचित हों, जो अपनी रचना को उस टेकनिक के अनुसार ढाल सकें, और सबसे बढ़कर स्वयं अभिनय कर सकें या अपने भावों के अनुसार अभिनेता को तैयार करा सकें। शेक्सपीयर के नाटक इसलिए सफल रहे और आज भी सफलता से खेले जाते हैं, क्योंकि शेक्सपीयर स्वयं भी रंगमंच से गहरा सम्बन्ध रखता था, स्वयं अभिनेता था। बर्नार्ड शा स्वयं कभी रंगमंच पर नहीं उतरा किन्तु यह सर्वविदित है कि अपने नाटकों का रिहर्सल वह स्वयं कराता था और तब तक दम नहीं लेता था जब तक उसके भावों के अनुसार अभिनेता और अभिनेत्री सफल अभिनय के लिए तैयार नहीं हो जाते। भारतेन्दु के नाटक इसीलिए सफल रहे, क्योंकि वह स्वयं अभिनेता थे। उनके बाद पं. माधव शुक्ल, जगन्नाथप्रसाद चतुर्वेदी और पं. बद्रीनाथ भट्ट के नाटक भी इसीलिए सर्वप्रिय हुए कि इन तीनों का रंगमंच से गाढ़ा सम्बन्ध था। शुक्लजी और चतुर्वेदीजी तो स्वयं सफल अभिनेता भी थे। किन्तु, जिस प्रकार श्री जयशंकर प्रसाद ने हिन्दी को उत्तमोत्तम नाटक देकर उसे गौरवान्वित किया; उसी प्रकार यह भी सत्य है कि उन्होंने हिन्दी नाटक को रंगमंच से बिलकुल दूर कर दिया। प्रसादजी इतने बड़े आदमी थे कि उनका प्रभाव हिन्दी-संसार पर गहरा पड़ना ही था और तब से अब तक हिन्दी रंगमंच उस अभिशाप की छाया से दूर नहीं हो सका है। किन्तु, राष्ट्र-भाषा का रंगमंच इस दयनीय स्थिति में रह नहीं सकता था। कुछ समर्थ तरुण लेखकों और कलाकारों ने इस अभिशाप को दूर करने की अनवरत चेष्टा की है और आज हिन्दी-संसार उस सन्धि-स्थल पर खड़ा है जब वह राष्ट्रीय रंगमंच का सपना देख सके और उसके लिए कदम बढ़ा सके।

रंगमंच के प्रमुख उपादान चार हैं—नाट्यकला के विशेषज्ञों द्वारा लिखे अच्छे नाटक, सामयिक उपकरणों से युक्त स्थायी रंगमंच, कुशल अभिनेता और अभिनेत्री तथा सुरुचिसम्पन्न दर्शक। दुर्भाग्य की बात है कि आधुनिक हिन्दी में इन चारों का अभाव-सा रहा है। प्रसादजी ने हिन्दी-नाटक को रंगमंच से जो दूर किया, वह परम्परा चली आती है। इसके अपवादस्वरूप कुछ ही व्यक्ति हैं, जो रंगमंच से सम्बन्ध रखने के कारण इस परम्परा से अपने नाटकों को पृथक् रख सके हैं। बहुत से ऐसे लेखक भी हैं, जिनके नाटक खेले जाने योग्य हैं; किन्तु मुख्यतः वे पढ़ने के लिए लिखे गए हैं, न कि खेलने के लिए। हिन्दी में स्थायी रंगमंच तो है ही नहीं। पटना, काशी, प्रयाग, लखनऊ, दिल्ली, इन्दौर, ग्वालियर, जयपुर, जबलपुर, नागपुर—इतने बड़े-बड़े नगर हिन्दी के अंचल में हैं; किन्तु उन नगरों में क्या एक भी ऐसा रंगमंच है, जहाँ आधुनिक नाटकों को सफलतापूर्वक अभिनीत किया जा सके ? जब कभी उत्साही लोगों के हृदयों में नाटक खेलने की उमंग उठती है, किसी सभा-भवन को या सिनेमा-हॉल को कुछ परिवर्तनों के साथ रंगमंच में परिणत कर लिया जाता है, या कुछ बल्ले, बाँस और पर्दे से अस्थायी रंगमंच बना लिया जाता है, जो रंगमंच का खिलवाड़-मात्र होता है। स्थायी रंगमंच के अभाव को भी मात करता है, अभिनेता और अभिनेत्रियों का अभाव। यह हिन्दी का सौभाग्य है कि उसे अभी एक पृथ्वीराज मिल गए हैं, किन्तु अकेले चना क्या भाड़ फोड़ सकता है ? और, अभिनेत्रियों की तो पूछिए ही नहीं ! पढ़ी-लिखी, शरीफ घर की लड़कियाँ अन्य क्षेत्रों में पुरुषों से होड़ लेने में ज़रा भी नहीं झिझकतीं, किन्तु रंगमंच पर उतरने की कल्पना से ही जैसे उन्हें थरथरी मार जाती है ! इसका प्रमुख कारण है सुरुचिसम्पन्न दर्शकों का अभाव ! हमारे दर्शकों की रुचि इतनी भ्रष्ट है कि कोई भद्र महिला उनके समक्ष रंगमंच पर उतरने का साहस कर नहीं सकती। जहाँ हर सिनेमा में, चाहे उसकी कथावस्तु कुछ भी क्यों न हो, कक्कू

के कमर-डुलान के बिना दर्शक को तृप्ति नहीं होती; वहाँ भला भद्रकुलीन लड़कियाँ अपनी भद्द क्यों करावें ? हाल ही, इन पंक्तियों के लेखक को शिशिर कुमार भादुड़ी का 'माइकेल मधुसूदन' देखने का सौभाग्य प्राप्त हुआ था। प्रसंगवश वह कहीं-कहीं इतने धीमे बोलते कि अगली पंक्तिवालों को भी सुनने में कठिनाई होती। यदि अपने यहाँ ऐसी बात होती, तो "लाउडर प्लीज" का शोर मच जाता। किन्तु वहाँ लोग शिशिर बाबू के होंठों का स्पंदन देखकर ही मुग्ध हो रहे थे। यह निश्चित बात है कि जब तक हमारे दर्शकों की रुचि परिमार्जित नहीं होती, तब तक अच्छे नाटकों का खेलना मुश्किल ही है।

साधनों के अभाव हैं, किन्तु उत्साह की कमी नहीं है। जब हिन्दी राष्ट्रभाषा हो चुकी, तो उसके लिए एक राष्ट्रीय रंगमंच होना ही चाहिए, यह सब अनुभव करते हैं ! प्रश्न सिर्फ यह है कि इसका प्रारम्भ कैसे किया जाए, कहाँ से किया जाए ? जालन्धर से नागपुर और देवघर से दिल्ली तक का जो यह विस्तृत क्षेत्र है, उसमें प्रतिभा की कमी नहीं; धन की भी कमी नहीं। सिनेमा के सस्ते और चटपटे मनोरंजन से लोगों का मन ऊबने लगा है। लोग सिनेमा-घरों में इसलिए जाते हैं कि मनोरंजन का कोई दूसरा साधन सुलभ नहीं। इधर पृथ्वीराज ने अपने थियेटर के साथ इस हिन्दी-क्षेत्र का दौरा किया है। सब जगह उनके नाटकों को देखने के लिए भी भीड़ लगी रही। हिन्दी की बात छोड़िए—एरिक इलियट द्वारा प्रस्तुत शेक्सपीयर के नाटकों के खेलने के लिए भी भीड़ बनी रही ! हर नगर में, हर कालेज में, जो एमेचर नाटक मंडलियाँ हैं, उनके खेलों के देखने के लिए भी लोगों की भीड़ उमड़ आती है। हिन्दी के कुछ तरुण-लेखक नाटकों के नए-नए टेकनिक का प्रयोग कर रहे हैं और जब उनके नाटक रंगमंच पर उतारे गए, तो दर्शक मन्त्रमुग्ध हो रहे। हर नगर में कुछ ऐसे नवयुवक हैं, जिनमें अभिनय की प्रतिभा प्रचुर मात्रा में पाई जाती है और यदि उन्हें सुविधाएँ और प्रोत्साहन मिले, तो वे कुछ ही दिनों में कमाल दिखला सकते हैं। आवश्यकता यह है कि इन प्रतिभाओं और साधनों को संघबद्ध किया जाए और कहीं एक स्थान पर भी एक ऐसा रंगमंच बना लिया जाए, जहाँ हिन्दी-संसार के नाटककार और अभिनेता साल-भर में एक-दो सप्ताह के लिए एकत्र हों, वहाँ अच्छे-अच्छे नाटकों का अभिनय किया जाए और रंगमंच के विकास के लिए जमकर विचार-विमर्श किया जा सके। कभी साहित्य-सम्मेलनों और नागरी-प्रचारिणी सभाओं ने बहुत काम किए थे। किन्तु एक तो ये पुरानी संस्थाएँ दलबन्दी के अखाड़े बन गई हैं। दूसरे, जिन उद्देश्यों को लेकर इनकी स्थापना हुई थी, वे उद्देश्य या तो पूर्ण हो चुके या उनके कामों को अब सरकारों या सरकार-संचालित संस्थाओं ने ले लिया है। अब आवश्यकता यह है कि हिन्दी के भिन्न-भिन्न अंगों के विकास के लिए उनके विशेषज्ञों की छोटी-छोटी संस्थाएँ बनाई जाएँ और इसमें शक नहीं कि ऐसी संस्थाओं का श्रीगणेश हिन्दी के रंगमंच की वृद्धि और विकास के लिए गठित एक केन्द्रीय संस्था से ही किया जाना चाहिए। क्योंकि ऐसी संस्था के संगठन के लिए सारे उपादान यत्र-तत्र प्रस्तुत हो चुके हैं और उन्हें यदि एकत्र नहीं किया गया, तो हिन्दी की महान् क्षति होगी ! किसी भाषा के गौरव का माप उसमें प्रकाशित काव्य या उपन्यास से ही नहीं किया जाता, जीवित भाषा की पहचान इससे भी की जाती है कि उसका रंगमंच कितना विकसित है ! अँगरेजी, फ्रेंच, रूसी, चीनी आदि विदेशी भाषाओं की बात जाने दीजिए, अपने ही देश की बंगला और मराठी भाषाओं के सामने हमारा रंगमंच कितना तुच्छ है, काश, हमने इस पर ज़रा गौर किया होता !

हिन्दी का यह परम सौभाग्य रहा है कि जो उसके आधुनिक रूप के जन्मदाता हैं, वह उसके रंगमंच के भी पिता रहे हैं ! हमारा अभिप्राय है भारतेन्दु हरिश्चन्द्र से। नई हिन्दी को जन्म देते समय उनका ध्यान सबसे पहले रंगमंच की ओर गया, यह सिर्फ संयोग की बात

नहीं थी।

किसी भी भाषा की मूलभित्ति जनता की जिह्वा है। यदि वह भाषा जनता की जबान पर नहीं चढ़ी, तो फिर उसमें पोथे लिखते जाइए, न उसमें ताकत आएगी और न वह फल और फूल सकेगी। आजकल एक खास संस्कृतयी भाषा का विकास कालेज के प्रोफेसरों द्वारा किया जा रहा है। इस भाषा में पोथे भी कम नहीं लिखे गए हैं। किन्तु उनकी वह भाषा पोथों की ही भाषा रह गई है—उस भाषा में वे न तो अपने घर के लोगों से बातें कर सकते हैं; न बाज़ार या गाँव के लोगों से। बस, वह भाषा गुरु-शिष्य-संवाद की भाषा रह गई है। भारतेन्दु की व्यापिणी दृष्टि भाषा के उस मूलतत्त्व को देख सकी थी और वह यह जानते थे कि भाषा को जनता की जिह्वा तक पहुँचा देने की शक्ति सबसे अधिक रंगमंच में है। अतः उन्होंने नाटक लिखने पर सबसे अधिक ध्यान दिया; यही नहीं, स्वयं उन नाटकों में अभिनय कर रंगमंच की महिमा में चार चाँद लगाए। अच्छे, सम्पन्न घर में जन्म लेकर भी वह अपने नाटकों में अधम पार्ट करने में नहीं झिझकते; यही नहीं, काशी से बाहर जाकर भी नाटक दिखलाने में ज़रा भी संकोच नहीं करते थे। यह हमारे लिए अत्यन्त अशोभनीय बात रही है कि अब तक हम भारतेन्दु का कोई स्मारक नहीं बना सके ! क्यों नहीं हम काशी में 'भारतेन्दु स्मारक रंगमंच' बनाकर अपने को पितृऋण से मुक्त करें और उसका ही विकास अपने राष्ट्रीय रंगमंच के रूप में कर दिखाएँ। काशी सदा से कलाकौशल की भूमि रही है। भारत के भिन्न-भिन्न भागों से आकर वहाँ भिन्न-भिन्न भाषाभाषी इस प्रकार बस गए हैं कि काशी को हम राष्ट्रपुरी भी कह सकते हैं। यों एक काशी में ही हमें भारतीय प्रतिभा के उत्तमोत्तम नमूने मिल जाएँगे। उनके संयोग से हम वहाँ एक ऐसा रंगमंच बना सकेंगे, जिस पर हम गर्व कर सकेंगे। किन्तु इसके लिए सबसे बड़ी आवश्यकता इस बात की है कि काशी के गण्यमान्य नागरिक और कला-प्रेमी इस ओर ध्यान दें। काशी आज भी गण्यमान्य आचार्यों, कलाप्रेमियों, साहित्य-स्रष्टाओं और साहित्य-प्रेमी नेताओं की नगरी है। ये सबके सब मिलकर कुछ निर्णय करें और हिन्दी संसार से इस राष्ट्रीय रंगमंच के निर्माण के लिए अपील करें, तो धन और प्रतिभा दोनों में से किसी की कमी नहीं रह जाएगी, ऐसा हमारा विश्वास है। इस प्रसंग में हमें बार-बार स्वर्गीय शिवप्रसाद गुप्तजी की याद आती है ! यदि वह होते और उनके मन में यह बात घर कर जाती, तो वह अकेले ही इस रंगमंच का निर्माण करके रहते। किन्तु क्या शिवप्रसाद गुप्तजी की परम्परा काशी से सदा के लिए लुप्त हो चुकी है ? हम ऐसा नहीं मानते। बस, कार्य का श्रीगणेश किया जाए, सब तरह की सहायताएँ सब दिशाओं से अवश्य ही प्राप्त होंगी।

किन्तु, रुपयों के ज़ोर से कितना ही भव्य रंगमंच क्यों न बना लिया जाए, रंगमंच का आयोजन तब तक सफल नहीं हो सकता, यदि प्रारम्भ में उसे किसी समर्थ अभिनेता का पूर्ण सहयोग नहीं प्राप्त हो। शेक्सपीयर के गाँव में, उस घोर देहात में लंदन के प्रमुख पत्रों के बार-बार विरोध किए जाने पर भी, शेक्सपीयर स्मारक थियेटर की स्थापना इसलिए हो सकी कि फ्रेंक वेन्सन ऐसे अभिनेता प्रतिवर्ष वहाँ अपना अभिनय दिखाने को पहुँचने लगा। तरह-तरह की असुविधाएँ और प्रायः ही भर्त्सनाएँ सहकर भी तीस वर्षों तक वह उस घोर देहात में अपनी मंडली लेकर जा जमता रहा। फिर तो इंलैण्ड के रंगमंच-प्रेमी जनता को उस छोटे-से गाँव में पहुँचने को बाध्य होना पड़ा; यही नहीं, देश-विदेश के अभिनेताओं और अभिनेत्रियों को भी उस गाँव को तीर्थस्थान-सा स्वीकार करना पड़ा। जहाँ पहले साल में सिर्फ एक सप्ताह तक वहाँ खेल चल सका, वहाँ अब छः महीनों तक वह गाँव गुलजार रहता है। हम चाहते हैं, स्ट्रैटफोर्ड औन एवेन के लिए जो फ्रेंक वेन्सन ने किया, वह काशी के लिए पृथ्वीराजजी करें। अभी सिर्फ एक सप्ताह के लिए ही वहाँ अभिनय किए जाएँ। फिर तो लोगों की उत्सुकता

आप ही बढ़ने लगेगी ! काशी में उन्हें असुविधाएँ कम नहीं मिलेंगी, किन्तु स्ट्रैटफोर्ड की तुलना में वे असुविधाएँ नगण्य होंगी। हाँ, आर्थिक प्रश्न ज़रूर सामने आएगा। हम नहीं चाहते, पृथ्वीराजजी को आर्थिक झंझटों में डाला जाए। एक तो हमारा विश्वास है कि यदि अच्छा भवन हो और टिकट बेचने का अच्छा प्रबन्ध हो, तो आर्थिक घाटा बहुत ही कम होगा। किन्तु जो भी घाटा हो, उसे भारतेन्दु स्मारक समिति को उठाना चाहिए। साथ ही, हम यह चाहते हैं कि वहाँ सिर्फ पृथ्वीराजजी के नाटकों का ही अभिनय नहीं हो, बल्कि हिन्दी संसार की अमेचर नाटक-मंडलियों को भी वहाँ अपने अभिनय दिखाने का अवसर दिया जाए, जिसमें छिपी हुई प्रतिभाओं को उभड़ने का मौका मिले। पृथ्वीराजजी के सम्पर्क से वे प्रतिभाएँ खिल उठेंगी और यों पृथ्वीराजजी हिन्दी-संसार को कितने ही आदर्श अभिनेता और अभिनेत्री देने का गौरव भी प्राप्त कर सकेंगे। कलाकार को सिर्फ फूल नहीं होना है, जो दो दिनों के लिए खिलकर, संसार को सौन्दर्य और सुगन्ध देकर, फिर झड़ पड़े। कलाकार को वट-वृक्ष होना है, जिसकी शीतल छाया में मुरझी-झुलसी आत्मा को अधिकाधिक काल तक शीतलता प्राप्त होती रहे और जो सूखने के पहले असंख्य बीज बिखेरकर कितने ही वट-वृक्षों को जन्म दे जाए। पृथ्वीराजजी में कलाकार के सभी गुण हैं; अतः हमें पूरी आशा है, यदि हिन्दी-संसार उन्हें यह काम सौंपे और इसके लिए उपयुक्त वायुमंडल तैयार कर सके, तो वह हिन्दी को एक राष्ट्रीय रंगमंच देकर ही रहेंगे।

हिन्दी का राष्ट्रीय रंगमंच भारतेन्दु के नाम से सम्बद्ध हो और उसकी स्थापना काशी में ही की जाए, यह हमारा निश्चित मत है। किन्तु, जब तक काशी के लोग इस ओर कदम नहीं बढ़ाएँ, तब तक क्या हिन्दी-संसार निरपेक्ष दर्शक की तरह देखता रहे ? नहीं। राष्ट्रीय रंगमंच की स्थापना के लिए एक व्यापक वायुमण्डल जब तक तैयार नहीं हो जाता, तब तक इस दिशा में प्रगति नहीं हो सकती। इस वायुमण्डल के लिए सबसे पहली आवश्यकता तो यह है कि हिन्दी अंचल के प्रत्येक प्रमुख नगर में जितनी नाट्यमण्डलियाँ हैं, वे संघबद्ध हों और हर नगर में कम-से-कम एक छोटा-बड़ा स्थायी रंगमंच बनाने की चेष्टा की जाए और उसके द्वारा स्थानीय अभिनय-प्रतिभा को संगठित और विकसित करने का अनवरत प्रयत्न हो। यदि हिन्दी-अंचल में दो दर्जन ऐसे रंगमंच बन गए, तो वे हिन्दी के राष्ट्रीय रंगमंच के लिए आधारशिला सिद्ध होंगे। इसके साथ ही हिन्दी के राष्ट्रीय रंगमंच के लिए व्यापक आन्दोलन हिन्दी क्षेत्र के कोने-कोने में किया जाए और प्रादेशिक सरकारों एवं केन्द्रीय सरकार से अनुरोध किया जाए कि वे अपने प्रदेशों के रंगमंचों तथा इस राष्ट्रीय रंगमंच के लिए यथोचित सहायता दें। हमने 'नई धारा' के इस रंगमंच-अंक का आयोजन इसीलिए किया था कि इस प्रश्न की ओर हिन्दी-संसार का ध्यान जाए। हमारा यह प्रयत्न अधूरा रह गया, इसका हमें अफसोस है किन्तु यदि इस तुच्छ प्रयत्न के चलते हिन्दी-संसार में रंगमंच के लिए और खासकर एक राष्ट्रीय रंगमंच के निर्माण के लिए थोड़ी सुगबुगाहट पैदा हो, तो हम अपना प्रयत्न सार्थक समझेंगे।

[**नई धारा,** अप्रैल-मई 1952]

नाटक का नया रूप

बर्नार्ड शॉ आधुनिक युग के एक सफल नाटककार रहे हैं। पाश्चात्य रंगमंच को उन्होंने बहुत कुछ दिया है। और, रंगमंच ने भी उन्हें कम नहीं दिया। अपने ज़माने के वह सबसे धनी साहित्यकार थे।

उनके नाटक जिस सफलता से खेले गए, दर्शकों को उन्होंने जिस प्रकार अनुरंजित किया, उसी प्रकार उनके नाटकों के छपे रूप भी लोगों के गलहार रहे और इस मद से भी बर्नार्ड शॉ को कम आय नहीं हुई। बर्नार्ड शॉ को जगत्प्रसिद्ध बनाया, तो मुख्यतः उनके छपे नाटकों ने ही। इसलिए यह स्वाभाविक था कि उनका ध्यान छपे नाटकों के रूप-रंग की ओर भी जाता। शॉ को कलाकार कहलाने का ही शौक नहीं था, वह अपनी कला के प्रचार-पक्ष पर भी उसी तरह की पैनी दृष्टि रखते थे।

उनके नाटक के लिखित रूप में कुछ विशेषताएँ हैं। उन विशेषताओं ने उनके नाटकों के प्रचार में और भी मदद पहुँचाई थी। उदाहरणतः हर नाटक के प्रारम्भ में वह एक अच्छी भूमिका दे देते थे, जो उस नाटक से सम्बन्धित हर विषय पर सम्यक् प्रकाश डालता था। अपने 'सीजर और क्लेओपेट्रा' की भूमिका में उन्होंने उस नुस्खे की भी चर्चा की जो सिर के गंजेपन को दूर करे। सीजर का सिर गंजा था, कहा जाता है, क्लेओपेट्रा चाहती थी यह गंजापन दूर हो जाए और इसके लिए उसने एक नुस्खा भी सीजर को बताया था।

कहीं-कहीं तो भूमिका ही नाटक से अधिक महत्त्वपूर्ण हो गई है। बहुत लोग तो नाटक के बदले बर्नार्ड शॉ की भूमिका के पढ़ने में ही अधिक रस लेते हैं।

अपने नाटकों के अंक और दृश्य के पहले वह एक लम्बा वर्णन दे देते हैं और उसमें इब्सन की तरह सिर्फ मंच की रूपरेखा का ही चित्रण नहीं होता। पात्र-पात्रियों के रूपरंग का वर्णन, तत्कालीन इतिहास और परिस्थिति का वर्णन, यहाँ तक कि सन-सम्वत तक की चर्चा वह कर देते हैं। दृश्यों के बीच-बीच में भी, यथास्थान, ऐसे वर्णन देने से वह नहीं सकुचाते।

ऐसा करने के लिए क्या औचित्य था, इसकी कैफियत उन्होंने अपने पहले नाटक-संग्रह (प्लेज़ अनप्लेजेंट्स) में ही दे दिया है।

उनका कहना है, यह सम्भव नहीं कि सभी नाटक रंगमंच पर ही खेले जाएँ और उन्हें वहीं देखा जाए। पाश्चात्य देशों में नाटक देखने का बड़ा शौक है, किन्तु तो भी वहाँ भी कितने आदमी ऐसे सौभाग्यशाली हैं जिनके पास नियमित रूप से नाटक देखने के लिए साधन और समय उपलब्ध हों ? तो नाटककार क्या उन्हीं लोगों पर सन्तोष कर ले, जो किसी तरह, कभी-कभी, थियेटरों में पहुँच जाते हैं। निस्सन्देह, नाटककार चाहेगा कि उसकी चीज़ अधिक से अधिक लोगों तक पहुँचे। किन्तु, क्या वह नाटक लिखते समय भी इन बातों पर कभी ध्यान रखता है ?

शॉ के ही शब्दों में सुनिए—

''यह स्पष्ट है कि नाटक को साहित्यिक माध्यम से पेश किया जाना अभी कला का रूप नहीं धारण कर सका है। इसलिए अँगरेज़ी जनता को नाटक खरीदकर पढ़ने के लिए प्रेरित करना बड़ा ही कठिन है। वे वैसा क्यों करें जबकि नाटकों में सिर्फ शब्दों (वार्तालापों) की ही भरमार रहती है। हाँ, ज़रा-ज़रा-सा उल्लेख रहता है जो उन हिदायतों का जिनसे रंगमंच बनानेवाले बढ़ई या पोशाक बनानेवाले दर्ज़ी फायदा उठा सकते हैं।...आश्चर्य की बात तो यह है कि तीन अंकों का एक नाटक तैयार करने में दो साल लगानेवाले इब्सन ने भी इन्हीं हिदायतों से सन्तोष कर लिया जबकि उनके नाटकों की विशिष्टता का तकाजा था कि वह पात्रों के चरित, वंशावली तथा उन विशेष परिस्थितियों पर प्रकाश डालते जिनके कारण वैसी अघट घटनाएँ घटीं।'' (प्लेज़ अनप्लेजेंट्स)

जब आदमी नाटक-भवन में होता है, रंगमंच के सामने होता है, तो स्वभावतः ही उसकी मनोवृत्ति उस नाटक के साँचे से ढलने को तैयार रहती है और ज्यों-ज्यों अभिनय विकसित होता जाता है, वह अपने को बिल्कुल ही वैसी स्थिति में पाता है, मानो घटना उसके सामने

घट रही है। लेकिन जब वह पुस्तक लेकर अपने घर में नाटक पढ़ने बैठता है, तो उसका मस्तिष्क नाटक की उस स्थिति तक पहुँचे, इसके लिए आवश्यक है कि प्रारम्भ में कुछ ऐसा सजीव वर्णन उसके सामने उपस्थित किया जाए जो रंगमंच के अभाव को दूर कर दे। यानी जो काम बढ़ई, दरजी, पेंटर सब मिलकर कर पाते हैं, उसे अकेले लेखक को ही सिर्फ शब्दों के माध्यम से करना पड़ेगा, तभी उसके नाटक का स्वाद पाठक ले सकेंगे और तभी उसके नाटक को लोगों में खरीदकर पढ़ने की उत्सुकता होगी, फिर बर्नार्ड शॉ के शब्दों में ही–

"अतः आवश्यकता सिर्फ यह नहीं है कि नाटक के वार्तालाप को आप पुस्तकाकार छापकर प्रकाशित कर दें, किन्तु उचित यह है कि आप ऐसी चेष्टा करें कि नाटक का पूरा भाव उसके पाठकों के सामने हूबहू प्रत्यक्ष हो सके। निस्सन्देह इसका अर्थ होगा बिल्कुल एक 'नई कला' का विकास।" (वही)

इसका अर्थ यह हुआ कि बर्नार्ड शॉ के अनुसार आज तक जो नाटक लिखने की कला है, वह सिर्फ रंगमंच के लिए नाटक लिखने की कला है। लेकिन अब उचित यह है कि रंगमंच के दर्शकों के लिए ही अपनी कला को परिमित नहीं रखा जाए बल्कि हम अपनी कला को इस प्रकार उन्नत करें कि वह पाठकों के लिए उतना ही मनोरंजनप्रद हो। इस प्रकार की विकसित नाटक-लेखन-कला कालक्रम में एक स्वतन्त्र कला का भी रूप धारण कर ले सकती है। शॉ का कहना है, कि पुराने नाटककारों ने, जबकि रंगमंच का इतना विकास नहीं हुआ था, जो नाटक लिखे, उनमें इस तरह के वर्णन वार्तालाप के अन्दर ही आते हैं कि उनके पढ़ने में भी रस मिलता है। "किन्तु, कितने ही आधुनिक नाटक, यद्यपि वे खेले जाने पर बहुत ही सफल सिद्ध हुए हैं, पढ़ने के लायक बिल्कुल ही नहीं हैं, यहाँ तक कि मंच से अलग उन्हें समझा भी नहीं जा सकता है।" (वही)

बर्नार्ड शॉ ने अपने नाटकों को ऐसा बनाया, जो पढ़ने में भी रुचिकर हो, किन्तु, एक ऋषि की तरह उन्होंने कल्पना की थी कि कुछ दिनों के बाद उनका यह प्रयत्न भी बौना समझा जाएगा और दृश्यों या अंकों के ऊपर एक पूरा अध्याय ही नहीं, कई अध्याय लिखने की आवश्यकता आ पड़ेगी। उस समय नाटकों का जो नया साहित्यिक रूप बनेगा, वह कुछ अंशों में व्याख्या, कुछ अंशों में वर्णन, कुछ अंशों में व्याख्यान, कुछ अंशों में वार्तालाप और कुछ अंशों में ही नाटक होगा। वे नाटक मुख्यतः पढ़े ही जाएँगे।

लेकिन, रंगमंच को दृष्टि में रखकर ही आज जो नाटक लिखे जाएँ, उनमें भी ऐसे वर्णन तो रहने ही चाहिए कि उन्हें उस रूप में भी पढ़कर पाठक नाटक के आनन्द की पूरी अनुभूति प्राप्त कर सकें। शॉ सिर्फ नाटक-लेखक ही नहीं थे, अपने नाटकों की तैयारी में वह स्वयं भाग लेते थे, रिहर्सल करते थे, रंगमंच की छोटी-छोटी बातों पर भी ख्याल रखते थे। उनका अपना अनुभव है कि नाटक को इस रूप में लिखने से नाटक के निर्माता को भी सारी बातें ज्ञात रहती हैं कि वह किस युग की, किस परिस्थिति की अवतारणा कर रहा है, यही नहीं, नाटक के पात्र और पात्रियों को भी अपने पार्ट के बारे में पूरी जानकारी होती है, फलतः वे अँधेरे में नहीं टटोलकर तुरन्त ही अपने पार्ट को हृदयंगम कर लेते हैं। इस तरह उस नाटक के खेलने में भी पूरी सफलता की आशा रहती है, जैसा कि शॉ के नाटकों के सम्बन्ध में हुई।

हिन्दी में रंगमंच तो है ही नहीं; यहाँ तो नाटकों के पाठकों का ही भरोसा है। अभी एक प्रकाशक से बातें हुईं–उन्होंने बताया, जब तक कि किसी परीक्षा की पाठ्यसूची में नहीं लग जाता, नाटक की बिक्री बहुत ही कम होती है। इसका कारण क्या वही नहीं है, जिसकी ओर बर्नार्ड शॉ ने इशारा किया है। हमारे नाटक-लेखक आँख मूँदकर अनुसरण करते जा रहे हैं। लेखकों से भी बढ़कर तो आलोचकों की हालत है जो बँधीबधाई परिभाषा के अनुसार ही

सभी साहित्यिक कृतियों की नापजोख करते हैं। जहाँ उनकी या उनके पूर्वजों की बनाई लकीरों से आप हटे कि वे बिगड़ पड़े। जब कोई नई चीज़ लेकर आता है, वे घबरा उठते हैं। अपनी 'अम्बपाली' के बारे में मेरा ऐसा अनुभव हुआ है। संयोग से वह पाठ्यसूची में लगी--जितने विद्यार्थी थे, सब पसन्द करते थे, जितने अध्यापक थे, सब इसी से प्रारम्भ करते थे कि स्वीकृत परिभाषा के अनुसार यह नाटक ही नहीं। पं. माखनलाल चतुर्वेदी ने ऐसे ही आलोचकों को जूते की माप से पैर की माप लेनेवाले अजीबोगरीब मोची बताया है।

समरसेट माम जीवित नाटककारों में प्रमुख हैं। उन्होंने अपनी नाटकावली के तीसरे भाग में नाटक के भविष्य के बारे में विचार किया है। उनका कहना है कि आज नाटक जहाँ पहुँच चुका है, उसका भविष्य अन्धकारमय है। विशुद्ध गद्य में सिर्फ वार्तालाप द्वारा चरित का विकास देखते-देखते लोग ऊब उठे हैं। किन्तु, इसका यह अर्थ नहीं कि नाटक का अन्त हो जाएगा। हाँ, जहाँ वह पहुँच चुका है, उसे मुड़ना पड़ेगा। "पहले के नाटक दृश्यों और नृत्यों द्वारा आँखों को और कविता एवं संगीत के द्वारा कानों को तृप्त करते थे। मैं नहीं समझता कि क्यों नहीं हमारा नवीन नाटककार इन कलाओं से सहायता ले।" माडम ने इस पर विस्तार से विचार किया है। वह तो यहाँ तक जाता है कि नाटक में प्रहसन पक्ष की जो उपेक्षा की गई है, उसका भी समावेश उचित संशोधन के साथ किया जाना चाहिए। विचार-प्रधान नाटकों के युग बीत गए : वह जहाँ तक पहुँच चुका है, अब नया मोड़ नहीं लिया गया, तो हर पुराने पेड़ की तरह उसे सूखकर झड़ जाना पड़ेगा।

किन्तु, दुर्भाग्यवश, हमारे यहाँ तो नाटक विकसित होने के पहले ही मुरझा रहा है। कोई भी साहित्यिक कृति सिर्फ पाठ्य-पुस्तक बनकर नहीं जी सकती और न इस युग में सिर्फ स्वान्तःसुखाय रचना हो सकती है। जनहित ही नहीं, जनरुचि को भी ध्यान में रखना ही होगा। जनता नाटक पढ़ना चाहती है, नाटक खेलना भी चाहती है। किन्तु, हम नाटक का जो रूप उसके सामने रखते हैं, उसे वह समझ भी नहीं पाती। अपनी इच्छा प्रकट करने के उसके भी तरीके हैं। उसका एक तरीका यह भी है कि हम तुम्हारी चीज़ नहीं खरीदेंगे। यह सबसे प्रभावशाली तरीका है। यहाँ आप ज़ोर-ज़बर्दस्ती चला नहीं सकते। आपको यथारुचि लिखने का अधिकार है, तो उसको भी अपनी इच्छा के अनुसार खरीदने का हक है। नाटक के वर्तमान रूप पर वह मत दे चुकी है। सात समुद्र पार, जहाँ नाटक और रंगमंच दोनों विकसित हैं, वहाँ के एक महान् नाटककार ने उसके मत का आदर किया, फलतः वह आधुनिक युग का सफलतम नाटककार के रूप में स्वीकार किया गया। आप भी अपनी जनता की रुचि को ध्यान में रखकर अपनी नाटक-लेखन कला में परिवर्तन लाइए, नाटक को एक नया साहित्यिक रूप दीजिए, इसी में आपका और नाटक का दोनों का कल्याण है। नहीं तो भूखों मरिए। हाँ, आपको यह अधिकार तो है ही।

हम कहाँ जा रहे हैं ?

उस दिन एक उर्दू लेखक मित्र मेरे घर आए। कुछ देर इधर-उधर की बात करने के बाद बोले--दोस्त, तुम्हारे हिन्दी लेखकों को हो क्या गया है ? जहाँ बैठते हैं, एक-दूसरे को गालियाँ ही बकते हैं। मेरे मित्र को एक कड़वा अनुभव तुरन्त-तुरन्त हुआ था। वह एक होटल में शाम को चाय पीने गए थे। देखा, वहाँ एक टेबुल पर कुछ नौजवान साहित्यकार बैठे हुए हैं। बेचारे उसी ओर लपके। चाय-वाय के साथ गप्पें होने लगीं। उन्होंने लगे हाथों हिन्दी साहित्य की

प्रगति जाननी चाही। फिर क्या था, यारों ने एक-एक बुजुर्ग लेखक की पगड़ी उछालना शुरू किया। वह खूसट हो चले, वह तो मर चुके, वह सदा के चोट्टे रहे हैं, उनकी बक-बक अब कौन सुनता है, आदि-आदि ! मेरे मित्र को बड़ी परेशानी हुई। अरे, यह क्या ? वह दौड़े-दौड़े मेरे पास आए और धीरे-धीरे सारा माजरा सुनाकर इस बात पर सख्त अफसोस जाहिर किया और बताया, उर्दू में ऐसी बदतमीजी नहीं होती। जिससे मतभेद भी होता है, पीठ-पीछे उसकी भी निन्दा नहीं की जाती, हाँ, आमने-सामने भले ही लड़ लिया जाए। उन्होंने पुराने उस्तादों की कितनी कहानियाँ सुनाईं और नए लोगों के एखलाक का भी लम्बा बयान दिया। जिन लोगों से उनकी बातें हो चुकी थीं, वे भी कोई ऐरे-गैरे नहीं थे। साहित्य में उनका स्थान बन चुका है; बुजुर्गों के मुँह से मेरे मित्र-महोदय उन लोगों की तारीफें भी सुन चुके थे। फिर उनकी ऐसी गैर-जिम्मेवाराना बातें मेरे मित्र को क्यों नहीं खटकें ? उन्होंने बड़े दर्द से कहा—प्यारे मेरे, इन चीज़ों को रोको, ये तुम्हारे अदब को जहन्नुम में ले जाएँगी !

कुछ दिन हुए, हिन्दी के एक नए लेखक एक प्रसिद्ध साहित्यिक स्थान में गए थे। बड़े हौसले लेकर गए थे वे—इनके दर्शन करेंगे, उनकी चरण-धूलि सिर पर लेंगे। वहाँ गए और एक परिचित साहित्यिक के साथ ठहर गए। वहाँ से जब वे एक आचार्य से मिलने चले, तब उस सज्जन ने पूछा, कहाँ जा रहे हो। उन्होंने बता दिया, तब तुरन्त सलाह दी गई, खबरदार, यह मत कहना कि तुम मेरे साथ ठहरे हो। आगन्तुक सज्जन भौचक। उनका पशोपेश देख उस सज्जन ने समझाया, देखो, यहाँ इस शहर में आचार्यत्व की तीन पीठिकाएँ हैं। हर पीठ की अलग-अलग शिष्यमण्डली है। हर मण्डली चेष्टा करती है, कि वह संसार पर यह सिद्ध कर दे कि उसकी आचार्य-पीठ सबसे बड़ी, सबसे महान् है। यहाँ तक तो ठीक भी होता; किन्तु लिखने के समय तो सिर्फ यहाँ तक किया जाता है किन्तु जहाँ तक बातचीत का प्रश्न है—एक पीठ की शिष्यमण्डली दूसरी पीठ के आचार्य को नीचातिनीच सिद्ध करने की कोशिश करने में कुछ नहीं उठा रखती। सिर्फ यही नहीं, एक पीठ की शिष्यमण्डली दूसरी पीठ की शिष्यमण्डली को देखते ही पागल कुत्ते-सी टूटती है—फिर जो दृश्य होता है, उसकी कल्पना करो। उस सज्जन ने आगे बताया कि चूँकि मैं कुछ ही दिन पहले यहाँ आया और आते ही यह भाँप गया, अतः तीनों से अलग रहने की कोशिश की है। नतीजा यह है कि तीनों पीठ के कुत्ते मेरे पीछे लगे हैं। आगन्तुक सज्जन का सारा साहित्य-प्रेम, आचार्य-प्रेम हवा हो गया। किन्तु, उन्होंने सोचा, ज़रा आजमाकर देखूँ और तीन दिनों तक वहाँ का जो भयानक दृश्य देखा, फिर चौथे दिन वहाँ ठहर नहीं सके। बड़े कटु अनुभव लेकर आए और तब से उन्होंने यह नियम बना लिया है, सरस्वती के इन सपूतों से जितनी ही अधिक दूरी पर रहा जाए, उतना ही अपना और साहित्य का कल्याण है।

अभी-अभी मैं इस समस्या पर एक सुप्रसिद्ध कवि से बातें कर रहा था। उन्होंने भी अपने कड़वे अनुभवों का एक लम्बा किस्सा बताया और फिर एक सुप्रसिद्ध दार्शनिक ने भी पुस्तक निकालकर उससे कुछ अवतरण सुनाए। उस दार्शनिक ने इन निन्दापरायण व्यक्तियों की उपमा बर्रे से दी थी। ये लाल-पीले चोलेवाले जीव हर जगह मँडराते फिरते हैं। जहाँ मिठाइयाँ देखीं, वे अनामन्त्रित ही उपस्थित हो जाते हैं और जहाँ एकान्त देखा, वहीं अपना खोता बना लेते हैं ! ये भन्न-भन्न करते पहले तो जैसे यशगान करते दीखते हैं, किन्तु जहाँ मिठाई का शीरा पाने में बाधा दी गई कि डंक मारे बिना नहीं छोड़ते ! और, जहाँ इनका खोता बना, वहाँ से तो बिना लुकाठी दिखाए, ये हटते ही नहीं। उस दार्शनिक ने कहा है, कभी मत सोचो कि तुम इन्हें शीरा पिला-पिलाकर सन्तुष्ट कर सकोगे। नहीं, यह इनका स्वभाव नहीं है। ये डंक मारेंगे ही। इनसे बचने का एक ही उपाय है, जहाँ इन्हें देखो, वहाँ से टल जाओ और इन

तुच्छ जीवों को भन्न-भन्न करते छोड़ दो और होशियारी रखो, कहीं तुम्हारे किसी कमरे में ये खोते नहीं बना पाएँ। कवि महोदय ने कहा, भाई, जब से उस दार्शनिक का हमने यह सुझाव पढ़ा है, मैं वैसा ही बरतता हूँ और तुमसे भी कहता हूँ, यही करो, नहीं तो व्यर्थ की परेशानी में पड़ जाओगे और जो थोड़ी-बहुत सेवा कर पाते हो, वह भी नहीं हो सकेगी। उन्होंने हँसते हुए यह भी कहा–भाई, अब हम जिस उम्र में पहुँच गए हैं, हममें ऐसी ताकत भी तो नहीं रह गई कि लुकाठी भाँजते फिरें, अतः ऐसे जीवों से दूर-दूर रहकर ही कुछ करते जाना सर्वश्रेयस्कर है !

हाँ श्रेयस्कर तो यही है। अपनी ज़िन्दगी में इसे उतारकर कुछ शान्ति का अनुभव भी किया है। किन्तु मनुष्य क्या सिर्फ अपने बारे में ही सोचकर सन्तोष कर ले सकता है ? यह तो एक सामाजिक प्राणी है, इसके कुछ सामाजिक उत्तरदायित्व भी हैं। उन उत्तरदायित्वों के प्रति उपेक्षा करके क्या वह जी सकता है ? यदि सभी आदमी अपने को इसी तरह बचाने की कोशिश करने लगें तो फिर बर्रों का ही राज्य संसार में छा जाए। और, एक बात और भी। हमारे जिन भाइयों में बर्रों का यह दुर्गुण आ गया है, वे बर्रे नहीं, मनुष्य हैं। किसी खास परिस्थिति के कारण ही उनमें यह दुर्गुण आया, हम ऐसा क्यों नहीं समझें ? और ज़रा यह भी क्यों नहीं सोचें कि उनमें दुर्गुण के प्रवेश कराने में हमारा भी कुछ हाथ है या नहीं ? उस होटल के टेबुल पर जो लोग बैठे थे, उनके या उनके ऐसे दूसरे लोगों के साथ हमारा क्या व्यवहार रहा है—क्या यह हमारे लिए सोचने की बात नहीं है ? और इनमें से जो लोग आचार्यपीठें कायम करके या कराके संसार में अपने आचार्यत्व की डोंडी बजवाना चाहते हैं, क्या उनका उत्तरदायित्व साहित्य के सरोवर को गँदला बनाने में कुछ कम है ? मैंने दुख के साथ देखा है, इसमें से जो बुजुर्ग हैं, उनका दोष इस सम्बन्ध में कुछ कम नहीं है ! उनकी आचार्यपीठों ने नए लोगों को पथभ्रष्ट किया है। इन नए लोगों ने भी अपनी पीठों की स्थापना की है, जिनका काम इन सभी आचार्यपीठों को एक ही सुर में, नई पुश्त को दबाने के नाम पर, गालियाँ देना है। नए लोगों की ये नई आचार्यपीठें नई-नई संस्थाओं के नाम पर खुली हैं। आजकल जो साहित्यिक संस्थाओं की बाढ़ आई है, उसकी तह में यह बात भी है—हमें इस पर गौर करना चाहिए।

आज हिन्दी का साहित्याकाश गर्द-गुबार से भर गया है। हिन्दी का आलोचना-साहित्य तो और भी भ्रष्ट है। आलोचना, इतिहास या संग्रह के नाम पर ऐसी-ऐसी पुस्तकें निकल रही हैं, जिनका उद्देश्य होता है, किसी खास आचार्यपीठ को प्रमुखता देना। इन आचार्यपीठों का संगठन भी अद्भुत है। सियार की तरह एक कोने में आवाज़ उठी और फिर दूसरे कोने तक हुआ-हुआ का शोर मच गया। जो लोग साहित्य की एकान्त साधना करना चाहते हैं या कर रहे हैं, उनकी कहीं पूछ नहीं है। भाषा और शैली में नए-नए प्रयोग हो रहे हैं। नाटक, कहानी, शब्दचित्र, उपन्यास में नए प्रयोगों की झलक प्रायः ही दिखाई पड़ती है। कविता में तो प्रयोगों की धूम है। किन्तु इनमें से उन्हीं प्रयोगों की पूछ है, जिसके लेखक किसी आचार्यपीठ से सम्बद्ध हैं। जो स्वतन्त्र रूप से कुछ कर रहे हैं, उनकी ओर कोई ध्यान भी नहीं देता। हारकर इनमें से कुछ स्वतन्त्र-चेता भी उन आचार्यपीठों में से किसी में सम्मिलित होने को बाध्य हो जाते हैं। किन्तु मौत तो उनकी है, जो अपना सिर नहीं झुकाना चाहते। उनका नामलेवा कोई नहीं। यदि अनिवार्यतः उनका नाम लेना ही पड़ा, तो इस तरह से लिया जाता है मानो लेनेवाले के गले पर सात मन की चक्की रखी गई हो। यों, ये पीठें हिन्दी साहित्य के विकास को रोके हुई हैं, अरे, गला घोट रही हैं। इन्हीं की प्रतिक्रिया है निन्दकों का एक भारी दल ! हम मूल बीमारी का इलाज़ करें, उसके प्रकट लक्षणों का ही नहीं। अतः मुझे तो यही सबसे पहला

आवश्यक कार्य लगता है कि सबसे पहले इन आचार्यपीठों को तोड़ दिया जाए।

किन्तु प्रश्न यह है कि इस काम को करे कौन ? क्या आचार्यपीठों के महन्तों से यह आशा की जाए ? आशा तो की ही जानी चाहिए। मैं उनसे कहूँगा—श्रीमन्, बहुत हो चुका, अब अपनी माया समेटिए। आपका व्यक्तित्व इससे बढ़ता हो, किन्तु इससे आपके साहित्य की अपार हानि हो रही है। और, क्या सचमुच आपका व्यक्तित्व इससे बढ़ा है ? नहीं, नहीं—यह मूढ़ धारणा है। बालू का भीत गिरकर रहेगा, गिर रहा है; आप नहीं देख पाते, तो इसका क्या किया जाए ? किन्तु, यदि उन्होंने ध्यान नहीं दिया, तो मैं अपने नए सहकर्मियों से कहूँगा, मित्रो, व्यक्तिगत निन्दा छोड़ो और सब कोई मिलकर इन आचार्यपीठों को नींव सहित ध्वस्त कर दो। यह तुम्हारे पौरुष का तकाजा है। ऐसा करके तुम माँ-हिन्दी की बहुत बड़ी सेवा करोगे। इस ध्वंस-कार्य में ही भावी निर्माण छिपा है। अतः इस कार्य-द्वारा साहित्य-सृजन के अवरुद्ध मार्ग को उन्मुक्त कर तुम शतशः स्वतन्त्र प्रतिभाओं को प्रकाश में लाने का पुण्य प्राप्त करोगे। यह पुण्य कार्य है, उसी में भिड़ जाओ ! निन्दा से तो अपनी ही हानि होती है !

[**नई धारा**, अक्टूबर 1952, में प्रकाशित]

राष्ट्र-भाषा बनाम राज्य-भाषा

देश के सभी शुभैषियों ने चेष्टा की थी, हिन्दी राष्ट्र-भाषा के पद पर आसीन हो। सभी लोक-नायकों की यह चेष्टा रही। साहित्यिक और धार्मिक नेताओं की भी ऐसी ही चेष्टा रही। गाँधीजी ने दक्षिण भारत में हिन्दी प्रचार के काम की शुरूआत करके इस काम में अभूतपूर्व प्रगति ला दी। जब भारत स्वतन्त्र हुआ, स्वभावतः ही यह मान लिया गया, हिन्दी को राष्ट्र-भाषा का पद स्वतः ही प्राप्त हो जाएगा। किन्तु जब विधान-परिषद् में यह प्रश्न आया, एक विचित्र स्थिति देखी गई। सारा दक्षिण इसके विरोध में खड़ा हुआ और बंगाल, महाराष्ट्र आदि की ओर से भी विरोध की आवाज़ें सुनाई पड़ने लगीं। बहुत-बहुत मुश्किल से अँगरेज़ी अंकों के संशोधन को स्वीकार करके और पन्द्रह वर्ष की अवधि की पाबन्दी लगा करके हिन्दी को भारतीय गणराज्य की राज्य-भाषा के रूप में स्वीकार किया गया। शासन तो राज्य-भाषा के रूप में ही स्वीकार कर सकता था, किन्तु यह बात उस समय भी खटकी थी कि इसे राष्ट्र-भाषा का पद क्यों नहीं दिया गया। क्या राष्ट्र-भाषा और राज्य-भाषा में कोई अन्तर नहीं ? उस समय ऐसा ही लगता था कि इस प्रश्न में कोई तथ्य नहीं है। राष्ट्र-भाषा नहीं हुई, राज्य-भाषा तो हुई, चलो बात खत्म हुई। लेकिन, ज्यों-ज्यों समय बीतता जा रहा है, यह स्पष्ट हो रहा है, कानूनदाँ लोगों ने एक तिकड़म की चाल चली थी। हिन्दी को वह नहीं प्राप्त हुआ, जिसकी वह हकदार थी।

भारतीय विधान में हिन्दी को राज्य-भाषा के रूप में स्वीकार करनेवाले अक्षरों की रोशनाई भी नहीं सूखी थी कि एक पुकार उठी—हिन्दी का साम्राज्यवाद दक्षिण पर लादा जा रहा है ! साम्राज्यवाद—इसके खिलाफ सारे भारत ने लड़ाई छेड़ी थी, वह साम्राज्यवाद की चर्चा शुरू हुई। बात क्या है ? साम्राज्यवाद से लड़ने में हिन्दी के क्षेत्रों ने कुछ कम नहीं किया था, यह तो स्वीकार किया ही जाना चाहिए कि गाँधीजी द्वारा आयोजित इस साम्राज्यवाद-विरोधी युद्ध में हिन्दी क्षेत्रों की ही अग्रगण्यता रही। जो लोग कल तक साम्राज्यवाद से घनघोर युद्ध करते रहे, एक ही रात में उनकी मति ऐसी बिगड़ी कि वे ही अब अपना साम्राज्यवाद, भाषा के रूप में, दूसरों पर लादने चले ! इन बेचारों पर तो काठ मार गया; उस पुकार ने एक ज़बर्दस्त

नारे का रूप धारण किया, जिस नारे पर, मद्रास में, सत्याग्रह तक प्रारम्भ कर दिया गया। नेता लोगों ने लोगों को समझाने की कोशिश की; कुछ दिनों में वह आन्दोलन शान्त भी हो चला। किन्तु, मन का घाव मिटा नहीं; रह-रहकर वह नारा ज़ोर पकड़ता है—और, कितने ही रूपों में।

यह तीर-कमान भी साधा जा रहा है कि पन्द्रह वर्षों के बाद कुछ ऐसा तिकड़म किया जाए कि हिन्दी को उस स्थान से अपदस्थ किया जा सके। कुछ लोग यह भी सोचने लगे हैं, हिन्दी के नाम से लोगों को जलन हो रही है, तो इसका नाम ही बदल दिया जाए, इसे हिन्दी नहीं कहकर, भारती नाम दे दिया जाए। किन्तु, इन सबसे घृणित प्रयत्न यह हो रहा है कि चूँकि हिन्दी के बोलनेवालों की संख्या सबसे बड़ी है अतः बहुमत की दृष्टि से हिन्दी की राज्य-भाषा की मान्यता आवश्यक हो जाती है, इसलिए कोशिश यह की जाए कि हिन्दी क्षेत्रों की एकता को ही छिन्न-भिन्न कर दिया जाए। स्थानीय बोलियों को प्रोत्साहन देकर बिहार को चार भाषाओं के, उत्तरप्रदेश को सात भाषाओं के, मध्यप्रदेश को तीन भाषाओं के क्षेत्रों में यों ही सारे हिन्दी-राज्यों को छोटे-छोटे भाषा-क्षेत्रों में बँटवा दिया जाए। सारे हिन्दी-क्षेत्र को मैथिली, मगही, भोजपुरी, बुन्देलखण्डी, अवधी, ब्रजभाषा, छत्तीसगढ़ आदि बोलियों के क्षेत्रों में बाँट दिए जाने पर हिन्दी के लिए स्थान ही कहाँ रह जाएगा ? फिर अन्य भाषाएँ अपने को राज्य-भाषा के पद के लिए उम्मीदवार खड़ा करेंगी; या नहीं तो, अँगरेज़ी को ही अनन्त काल तक भारत की राज्य-भाषा के पद पर हम बिठाए रख सकेंगे। ऐसे लोगों को हिन्दी पर अँगरेज़ी को तरजीह देने में ज़रा भी हिचक नहीं है।

कोढ़ में खाज पैदा कर दी है, कुछ हिन्दी प्रान्तों की सरकारों ने। इसमें सबसे बड़ी अपराधी है मध्यप्रदेश की सरकार। उसने एक ऐसा कोष तैयार कराया है, जो हिन्दी के मूल में ही कुठाराघात कर रहा है। हमसे कहा गया था कि हिन्दी के सारे राजकीय परिभाषित शब्दों का रूप संस्कृत से लेने पर मराठी, गुजराती, दक्षिण की भिन्न-भिन्न भाषाओं, बँगला, उड़िया, आसामी आदि के लोगों के लिए सुविधा होगी ! बाबू सम्पूर्णानन्द ने तो सबसे अधिक ज़ोर इसके लिए लगाया था। किन्तु, जब डाक्टर रघुवीर का कोष संस्कृत के आधार पर तैयार हुआ है, तो एक अजीब परिस्थिति पैदा हो गई है। उसका सबसे पहला विरोध हुआ, मध्यप्रदेश के मराठी-भाषियों द्वारा। मराठी भाषा में फारसी-उर्दू के अनेकों शब्द ऐसे घुल-मिल गए हैं कि देखकर आश्चर्य होता है। वहाँ 'विज्ञापन' नहीं है, 'जाहिर खबर' है। 'मान-हानि का अभियोग' वहाँ 'अबनुक्सानींचा मामला' है। पूना में 'तिलकरस्ता' है, 'तिलक-पथ' नहीं। साबरकर साहब संस्कृत के बड़े हामी हैं, किन्तु उनकी पुस्तक का नाम है—'हिन्दूपाद पादशाही'। महाराष्ट्र के नेता 'पेशवा' कहलाते थे। मध्यप्रदेश के मराठी-भाषियों का विरोध महाराष्ट्र पहुँचा और यह रघुवीरी कोष अब हिन्दी-साम्राज्यवाद की प्रमाण-पुस्तिका के रूप में पेश किया जा रहा है। बात यहाँ तक बढ़ी कि डाक्टर रघुवीर को मध्यप्रदेश के सेक्रेटेरियट से अपना बोरिया-बिस्तर सम्हालना पड़ा ! किन्तु, बाबाजी तो गए, अपनी लँगोटी छोड़ गए। जब दूसरे हिन्दी प्रान्तों की सरकारों ने अपने-अपने यहाँ के सरकारी कामकाज को हिन्दी में करने का निश्चय किया और इसके लिए हिन्दी-अनुवाद-विभाग की स्थापना की, तो यह रघुवीरी कोष ही उनका बाइबिल बन गया। कोई अँगरेज़ी शब्द आया, झट उस कोष को खोल लिया गया और ''मक्षिका स्थाने मक्षिका'' रख दिया गया। क्यों न हो, इन अनुवाद-विभागों में प्रायः ऐसे ही लोग तो भरती किए गए, जिन्हें हिन्दी भाषा का कोई शऊर नहीं। हिन्दी में एम.ए. कर लिया था, संस्कृत का अधकचरा ज्ञान था, सरकारी दफ्तरों में पहुँचने का तिकड़म मालूम था, बस, वहाँ तक पहुँच गए और अब अपने अगाध भाषा-ज्ञान को करोड़ों लोगों के सिर पर थोप रहे हैं।

यों, देखिए, तो हिन्दी के लिए राज्य-भाषा होना उनका अभिशाप हो रहा है। जो लोग कल तक उसे राष्ट्र-भाषा के रूप में स्वीकार कर चुके थे, वे भी अब उसे साम्राज्यवादी भाषा कहकर उससे अपना पिंड छुड़ाने के लिए सब तरह के बुरे-भले प्रयत्न कर रहे हैं। यही नहीं, राज्य-भाषा के रूप में एक ऐसी हिन्दी गढ़ी जा रही है, कि साधारण जनता की क्या बात, हिन्दी के विद्वानों के लिए भी नए-नए स्कूल खोलने पड़ेंगे। हिन्दी में सरकारी कामकाज हो, इसलिए यह माँग की जाती थी कि हिन्दी में काम होने से सबके लिए उसका समझना, अपना काम भी आप ही कर लेना, आसान होगा। किन्तु बात उल्टी हो रही है। अब इस सरकारी हिन्दी को समझने के लिए फिर से हिन्दी का पढ़ना लाजिमी हो गया है। सरकारी गजट की भाषा देखिए, गजट लेकर वे लोग दूसरों से मानी पूछते फिरते हैं, जिनकी मातृभाषा हिन्दी है। जो मिनिस्टर सरकारी अनुवाद-विभाग द्वारा तैयार किया गया भाषण पढ़ता या पत्रों का उत्तर देता है, वह बेचारा भी नहीं समझ पाता है कि वह क्या बोल रहा है ? इसके समर्थन में बड़ा अनोखा तर्क दिया जाता है—शेली और कीट्स की भाषा में राजनीति तो नहीं बोली जा सकती ? अरे भई, शेली और कीट्स की भाषा नहीं हो, तो चर्चिल और एटली की भाषा भी तो हो। मान लिया, तुम्हें तुलसी या मैथिलीशरण की भाषा से दुश्मनी हो, तो फिर नेहरू या राजेन्द्रप्रसाद की भाषा ही हमें दो ! यह कौन-सी भाषा तुम गढ़ रहे हो ?

हिन्दी राष्ट्र-भाषा इसलिए स्वीकार कर ली गई थी, क्योंकि वह भारत के सबसे बड़े प्रभावशाली क्षेत्र की जन-भाषा थी और उससे भी बढ़कर वह साधुभाषा थी। राज्य-भाषा होते ही उससे यह दोनों स्थान छीने जा रहे हैं। एक ऐसी भाषा गढ़ी जा रही है कि जिसे हिन्दी-भाषी जनता भी नहीं समझ सके। आज हिन्दी-भाषी जनता, कुछ षड्यन्त्रियों के कुचक्रों में पड़कर जो क्षेत्रीय भाषाओं के नारे लगा रही है, उसमें हिन्दी का यह वर्तमान रूप में सहायक बन रहा है ! जो नए पारिभाषिक शब्द बनाने हों, उसका आधार संस्कृत हो, इसे कौन नहीं स्वीकार करेगा। किन्तु आज तो साधारण जनों में बहुप्रचलित शब्दों को भी विदेशी कहकर हटाया जा रहा है। नतीजा यह है कि हिन्दी भाषा दिन-दिन जनता से दूर की जा रही है ! और जो भाषा जनता से दूर हुई, क्या वह राज्य-भाषा बनकर भी जी सकती है ?

जो लोग हिन्दी का राज्य-भाषा बन जाने पर आनन्द मना रहे हैं, उन्हें समझना होगा कि राज्य-भाषा बनना किसी भाषा के लिए वरदान ही नहीं, अभिशाप भी बन सकता है ? एक दिन संस्कृत भी राज्य-भाषा थी ? किन्तु उसकी क्या दुर्गत हुई ? मुसलमान शासकों ने फारसी-उर्दू को और अँगरेज़ी शासकों ने अँगरेज़ी को राज्य-भाषा बनाया था न ? आज उसकी भी क्या दशा है ?

साधु अपने सन्देश के प्रचार के लिए सदा जनभाषा को अपनाते रहे हैं। संस्कृत को छोड़कर बुद्ध ने पाली को अपनाया। नानक, कबीर, तुलसी, मीरा सबने जनभाषा को अपनाया। दयानन्द, रामतीर्थ की भी यही प्रेरणा थी। हिन्दी को यह सौभाग्य रहा कि जिन्हें अखिल भारतीय धरातल पर कुछ कहना हुआ, उन्होंने हिन्दी को अपनाया। गाँधी ने हिन्दी को इसी उद्देश्य से अपनाया था। इसलिए गाँधीजी सदा ज़ोर देते रहे कि हिन्दी को सरल बनाओ, सुगम बनाओ, सुबोध बनाओ। संक्षेप में उसके जनभाषा साधुभाषा के रूप को ही विकसित करो। किन्तु, आज हम उसे कुछ पंडितों की भाषा, कुछ शासकों की भाषा बनाने पर तुले हैं। क्या इस रूप में हिन्दी जीवित रह सकेगी ? वाल्मीकि और व्यास की भाषा जब जनता से दूर होकर जी नहीं सकी, तो फिर हमारी-आपकी भाषा क्या खाक जिन्दा रह सकेगी।

[**नई धारा,** नवम्बर 1952, में 'राज्य-भाषा बनाम राष्ट्र-भाषा' शीर्षक से प्रकाशित]

कला और साहित्य : तीन मनीषियों की दृष्टि में

1. रोम्याँ रोलाँ

—वही कला महान् है, जो सीधे-सादे लोगों को भी अनुप्राणित करती है।

—कोई महान् कलाकार क्यों एक मुट्ठी सुशिक्षित-दीक्षित लोगों के लिए दुख झेले, सपने देखे और निर्माण करे ?

—बीठोवन के संगीत की एक कड़ी आधे दर्जन सामाजिक सुधारों से भी अधिक कीमती है।

—सच्चे कलाकार के लिए कला का जीवन उसके अहंकार की तृप्ति या ऐहिक आनन्द की प्राप्ति के लिए ही नहीं होता और न उसका पथ गुलाब की पंखुड़ियों से बिछा रहता है।

—मेरे जीवन ने मुझे सिखाया है कि कलाकार का सबसे पहला और सबसे बड़ा कर्त्तव्य है अपनी अन्तरात्मा की पुकार के प्रति ईमानदार होना। उसे सदा जाग्रत रहना है। उसे अपनी अन्तर्भावना की वेदी पर सदा दीपक जलाते रहना है और जब अन्तर्प्रेरणा उसे विवश करे, तब उसे अवश्य ही निर्माण के कार्य में लग जाना है। यदि इससे समय बचा सके, तभी वह उस फालतू समय को समाज की भलाई के अन्य कामों में लगाए।

—सच्ची कला अर्धशिक्षितों को छोड़कर और सभी को अनुप्राणित करती है। इसका मतलब यह है कि वह अशिक्षित और शिक्षित दोनों को समान भाव से आनन्द देती है। सिर्फ, अर्धशिक्षितों को छोड़ देना है, यानी उन लोगों को, जो यह समझते हैं कि कला का निर्माण सिर्फ उन्हीं के लिए किया जाता है। आधुनिक शिक्षा की मशीन में कुचलकर उनका हृदय वह ताजगी खो चुका होता है, जो कला को ग्रहण करने की क्षमता देती है। यों वे बेचारे कला से प्रेरणा पाने की क्षमता से अनजाने ही वंचित हो जाते हैं।

—साधारण मनुष्य की भावना-शक्ति, उम्र के साथ ही क्षीण होने लगती है। किन्तु महान् कलाकार अपनी स्वाभाविक ताजगी को कभी नहीं खोता, बुढ़ापे में भी उसकी भावना प्रवणशील और प्रजननशील बनी रहती है।

—सच्चा सौन्दर्य हमें सदा विशुद्ध करता और पवित्र बनाता है।

—हमारा काम है देते जाना, बोते जाना—और बातें हम पर निर्भर नहीं करतीं !

—हमारी कृतियों को लोग पसन्द करेंगे या नहीं, इस चिन्ता में दुबले होने की बात नहीं है। जो तुम्हें देना है, देते जाओ, दोनों हाथों से उलीचते जाओ। तुम्हारी रचना में कुछ मूल्यवान है, तो वह अपना काम करके रहेगी, वह व्यर्थ जा नहीं सकती।

—ज्यों ही कलाकार कोई रचना कर लेता है, उससे उसकी रुचि हट जाती है और वह तुरन्त नई रचना में तल्लीन हो जाता है।

—प्रतिभा के विकास के लिए आवश्यक है कि वह कष्ट, एकान्त, चिन्ता और साधारण भ्रान्तियों की अग्नि-परीक्षा में पहले सफल हो ले।

—यदि कलाकार को अपनी रचनात्मक प्रतिभा पर विश्वास न हो, वह उसके आनन्द में अनुभूत न हो, तो फिर वह साँस न ले सके, जीते-जी मुर्दा हो जाए। उसे अपनी साँस के लिए स्वयं वायुमण्डल तैयार करना है। इसके लिए उत्कृष्टतम शौर्य चाहिए, सिंह का हृदय !

—थोड़े-से गिने-चुने लोग अपने ज़माने से सदियों आगे होते हैं, वे जनता को पहचानते हैं, उससे प्रेम भी करते हैं। किन्तु जनता उन्हें सही रूप में नहीं पहचान सकती। कभी तो वह उनके सही रूप की हँसी उड़ाएगी और उन्हें फाँसी पर चढ़ाएगी या उनको नहीं समझकर उन्हें देवता बना देगी और उनका जय-जयकार करेगी।

2. महात्मा गाँधी

—मैं साधुता को सब कलाओं से उत्तम कला समझता हूँ। कला क्या है सादगी में सौन्दर्य। और साधुता क्या है ? बनावटीपन और असत्य धारणाओं से ऊपर उठकर अपने जीवन में सरल सौन्दर्य की उच्चतम अवतारणा करना। सच्चा साधु कला की आराधना ही नहीं करता, बल्कि उसे जीवन में उतारता है।

—आजकल जिसे कला कहा जाता है, उसमें मैं कोई तत्त्व नहीं पाता। मैं उसे कला मान नहीं सकता, जिसके समझने के लिए उसकी बारीकी का जटिल ज्ञान चाहिए। मेरी समझ में कला को महान् होने के लिए, प्रकृति के सौन्दर्य की तरह, उसमें सबके हृदय में भावना जाग्रत करने की शक्ति होनी चाहिए।

—कला से आनन्द प्राप्त करने के लिए उसके बाल की खाल उधेड़नेवाले भेद-प्रभेदों का ज्ञान आवश्यक नहीं। प्रकृति की वाणी की तरह उसके रूप और गुण में सरलता ही सरलता चाहिए।

—जो लोग अपनी दीवालों पर चित्र लटकाकर प्रेरणा प्राप्त करते हैं, मुझे उनसे झगड़ा नहीं है, किन्तु मैं उसकी आवश्यकता नहीं अनुभव करता। मेरे लिए तारा-खचित आकाश की सौन्दर्य-राशि ही काफी है जिसे देखते हुए मैं कभी नहीं थकता। मेरे सौन्दर्य की पिपासा शान्त करने के लिए जंगल और समर, नदी और पहाड़, खेत और घाटी ही बहुत हैं। मैं पूछता हूँ जगमग आकाश, विशाल सागर और उदार पर्वत से भी अधिक प्रेरणा कोई चित्र दे सकता है ? क्या किसी चित्रकार की तूलिका ऊषा के सिन्दूर और संध्या की स्वर्णिमा से भी अधिक रंगीनी चित्रित कर सकती है ? नहीं, नहीं—मेरे लिए प्रकृति ही सबसे अधिक प्रेरणा देनेवाली है। उसने मुझे कभी धोखा नहीं दिया है—उसने मुझे चकित किया है, रहस्य-जाल से आवृत्त किया है, आनन्द से ओत-प्रोत बनाया है। उसके निकट मानव हाथ की कृति बच्चों का खिलवाड़ है।

—सभी कलाओं को एक जगह रखो, तब भी जीवन उससे महान् है। शीशे के घर में पलनेवाले तुम्हारी कला के ये पौधे क्या हैं, यदि इनमें जीवन की आत्मा नहीं हो, इनकी पृष्ठभूमि में स्थिर उच्च जीवन नहीं हो ? तुम लम्बी-चौड़ी बातें कर लो, किन्तु वह कला किस काम की जो जीवन को उन्नत करने के बदले उसे बौना बनाए, उसका विकास रोक दे ? क्या तुम्हारे बहुत से कलाकारों का यह ढाँचा बेढंगा नहीं लगता है कि कला सृष्टि का मुकुट है, जीवन का अन्तिम अर्थ है।

—कला जीवन से भी महान् है—क्या कहना है ? जैसे कि आदमी नारों पर ही जीया करता है ? जैसे कि आत्मा को एक ही आनन्द की खुराक पर जिन्दा रखा जा सकता है ? जब कला के नाम पर इस तरह की भ्रान्तियाँ फैलाई जाती हैं, तब मैं कहने को मजबूर हो जाता हूँ—ठहरो ! मैं सबसे बड़ा कलाकार उनको मानता हूँ जो पवित्रतम जीवन व्यतीत करता है ! मैं कला की निन्दा नहीं करता, बल्कि ऐसी बढ़ी-चढ़ी बातों का खण्डन करता हूँ !

3. बर्ट्रेण्ड रसेल

—मेरा विश्वास है कि कला की सर्वोत्तम कृतियों के लिए काम-वासना की अतृप्ति अति आवश्यक है। मैं इसका कायल हूँ कि महान् कलाकारों को चाहिए कि वे अपनी काम-शक्ति को ऊर्ध्वगामी करें, तभी वे सुन्दर कलाकृति का सृजन कर सकेंगे। लेकिन इसमें भी 'अति'

से सदा बचना चाहिए—क्योंकि काम बदला लेने से भी नहीं चूकता !

—कामवासना पर अति अंकुश रखना जीवन के हर पहलू पर बुरा असर डालता है और उसका असर कला पर भी अच्छा नहीं होता।

—कलाकार मुझे उसे मोर की तरह लगता है जो मयूरी को रिझाने के लिए अपने खूबसूरत पंखों को पसारकर नाचता है ! यदि मयूरी उससे कुछ मान-मनौवल नहीं कराए, तो फिर संसार को मोर का नृत्य पाने का सौभाग्य नहीं हो।

—सच्चा आनन्द उसी को मिलता है जो उसके लिए पागल नहीं है, बल्कि जिसे चीज़ों से उन्हीं के लिए प्रेम है। इसका अर्थ यह है कि यदि हम चीज़ों को इसलिए प्रेम करें कि उनसे हमें आनन्द प्राप्त होगा, तो सच जानिए आनन्द हमारे लिए मृग-जल ही बना रहेगा।

प्रश्न—आपका अधिकांश समय लिखने में ही बीतता है ?

उत्तर—स्वभावतः ही। सच बात यह है कि लिखने के लिए एकान्त की खोज में मैं देहात में भाग जाता हूँ।

प्रश्न—लगता है आप बहुत तेज़ी से लिखते हैं—क्या आपको उन्हें सुधारना भी पड़ता है।

उत्तर—नहीं। मैं एक सुर में लिखता जाता हूँ और उन्हें सीधे प्रेस में भेज देता हूँ।

प्रश्न—आपकी शैली मुझे बहुत पसन्द है—खासकर शब्दों की किफायतसारी और संयम। क्या इस कला का आपने अभ्यास किया था ?

उत्तर—हाँ। बचपन में मैं विभिन्न विचारों को कम-से-कम शब्दों में लिखने का खिलवाड़ किया करता था। बचपन के इस दिलबहलाव से मुझे बहुत लाभ हुआ।

—विदेशी संस्कृति किसी देश पर संगीनों के ज़ोर से ही लादी जा सकती है।

—बर्नार्ड शॉ : ओह, वह बेजोड़ है। दुनिया में ऐसे कम लोग हैं जिन्हें प्रसिद्धि या प्रभाव ने बर्बाद नहीं किया हो। शॉ उनमें एक हैं। उसे अपनी कीर्ति तक की परवाह नहीं है—ऐसा सच्चा, ऐसा निर्भीक, खिल्ली उड़ाने में ऐसा वहशी। उसके संसर्ग में ताज़गी है !

साहित्यिकों की स्मृति-रक्षा !

जब पिछली बार पेरिस में था, एक दिन भोर के जलपान के बाद बाहर निकला, तो हर चौराहे के सरकारी नोटिस-बोर्ड पर एक शानदार नोटिस चिपका हुआ पाया—उसमें उल्लेख था, विक्टर ह्यूगो की डेढ़सौवीं वर्षगाँठ के उपलक्ष्य में एक पक्ष मनाया जा रहा है, उसमें फ्रांस के राष्ट्रपति और प्रधानमन्त्री भाग लेंगे; जहाँ ह्यूगो की कब्र है, उस पैन्थियन पर दीप-मालिका सजाई जाएगी और पन्द्रह दिनों तक लगातार ह्यूगो और उसकी कृतियों पर भिन्न-भिन्न रूप में प्रकाश डाले जाएँगे—संगीत सभाएँ होंगी, नाटक होंगे, प्रदर्शनियाँ होंगी, आदि-आदि।

हाँ, यह नोटिस सरकारी नोटिस-बोर्ड पर चिपकाई हुई थी। वहाँ, पेरिस में, हर चौराहे के कोने पर एक नोटिस बोर्ड होता है, जिस पर सिर्फ सरकारी नोटिस ही चिपकाई जा सकती हैं। इसका मतलब यह था कि ह्यूगो की वर्षगाँठ का यह आयोजन सरकार की ओर से, उसकी संरक्षता में, हो रहा था।

उसी दिन भागा-भागा मैं पैन्थियन पहुँचा—वह विशाल इमारत, जो पेरिस के त्राता सन्त जीनोइव की स्मृति में तैयार की गई थी, इतनी ऊँची, इतनी लम्बी-चौड़ी कि जब पृथ्वी की गति-सम्बन्धी जाँच-पड़ताल की बात हुई तो उसी में एक डोर लटकाकर यह सिद्ध किया गया

कि पृथ्वी चलती है !

जब फ्रांस की क्रान्ति हुई, तो इस धर्म-मन्दिर को फ्रांस के महान् पुरुषों के समाधि-मन्दिर के रूप में परिणत कर दिया गया। सारी पेरिस में आप कला और क्रान्ति को गलबहियाँ देकर चलते हुए-से पाएँगे। इस मन्दिर की भी यही हालत है। सुन्दरतम मूर्तियाँ, मनोरम तस्वीरें। एक ओर सन्तों की तस्वीरें देखिए, दूसरी ओर क्रान्ति के भिन्न-भिन्न रूपों की तस्वीरें। किन्तु मैं तो सबसे पहले विक्टर ह्यूगो की समाधि देखना चाहता था। समाधियाँ मन्दिर के निचले हिस्से में, तहखाने में हैं। टन-टन-टन-टन घण्टा बजा और हम उसके बजानेवाले का पीछा करते तहखाने में पहुँचे।

सबके पहले, दाहिनी ओर, रूसो की समाधि है और बाईं ओर वाल्टेयर की। हाथ में पुस्तक लिए, खड़े, वाल्टेयर की वह सुप्रसिद्ध मूर्ति वही है, जिसकी प्रतिकृति हम प्रायः पुस्तकों में पाते हैं। फिर गलियारे शुरू होते हैं, जिनके दोनों ओर समाधियों का ताँता है। पहले गलियारे में थोड़ा आगे बढ़ने पर ही बाईं ओर विक्टर ह्यूगो की समाधि है। एक-एक कोठरी में प्रायः दो-दो समाधियाँ हैं, ह्यूगो की समाधि की बगल में एमिल जोला की समाधि है। रूसो, वाल्टेयर और ह्यूगो, जोला-जोड़ियाँ भी कैसी ! मैं एकटक ह्यूगो की समाधि को देख रहा था और कल्पना कर रहा था, इसी समाधि पर आज सन्ध्या को फ्रांस के राष्ट्रपति और प्रधानमन्त्री फूल चढ़ाएँगे और शाम को इस विशाल इमारत पर वह चिरागाँ होगा—जगमग, झलमल ! और, सारी पेरिस उमड़कर जो यहाँ इकट्ठी होगी, उसकी रंगीनी की कल्पना तो और भी भाव-विभोर बना रही थी !

किन्तु, मेरे पास इतना समय कहाँ था कि कल्पना में ही डूबा रहूँ। कितने ही लेखकों, कवियों, कलाकारों, दार्शनिकों, योद्धाओं की समाधियों को देखता, सिर नवाता, वहाँ से रवाना हुआ।

और, जब दूसरे दिन ह्यूगो के स्मारक-भवन में पहुँचा, तो विस्मय-विमुग्ध हो रहा था। यह भवन ह्यूगो का ही है। उसके पोते ने इसे फ्रांस की सरकार को दे दिया। अब सरकार इसका संरक्षण कर रही है। ह्यूगो धनी आदमी था, उसके पिता नेपोलियन की फौज में एक जेनरल थे। तलवार के धनी का बेटा कलम का धनी निकला। किन्तु, विद्रोही—कितने ही वर्षों तक उसे अपने देश से बाहर, वनवास में, रहना पड़ा। और, जब वह लौटा, कला-प्रेमी, क्रान्ति-प्रेमी फ्रांस की, पेरिस की जनता ने उसे सिर आँखों पर लिया। ह्यूगो को प्रारम्भ से ही अपनी महत्ता का अनुमान था, ज्ञान था। अतः उसने अपनी चीजों को सम्हालकर, खोजकर रखा था और जो चीजें इधर-उधर बिखरी पड़ी थीं, उन्हें इकट्ठा किया उसके पोते ने। जब से सरकार ने इस विपुल संग्रहालय को लिया है, तब से बची-बचाई चीजें भी इकट्ठी कर दी गई हैं।

यह कमरा है, जिसमें ह्यूगो सोता था। पलँग बिछा है, तकिया लगी है। पलँग के ऊपर, दीवार में, वह तस्वीर है, जो उसकी मृत्यु के बाद खींची गई थी। लगता है, इस पलँग से उठकर, वह उस तस्वीर में जा सोया है। वह रात में सोते-सोते उठ बैठता था और लिखने लगता था। अतः, इस घर में एक टेबुल, पलँग के पैताने की बाईं ओर है। वह खड़े-खड़े लिखता था, टेबुल उसी के अनुसार बनवाया गया था। ह्यूगो ठिगना था, अतः टेबुल की ऊँचाई अधिक नहीं। टेबुल पर उसकी कलम-दावात अब तक रखी हैं। उसकी वह कलम—इच्छा होती थी, उसे हाथ में लेकर चूम लूँ ! किन्तु, चीजों के छूने की मुमानियत जो थी। तो भी जरा झुककर उस टेबुल को तो चूम ही लिया। टेबुल पर लिखते समय, अपना एक पैर वह टेबुल के नीचे लगे काठ के बल्ले पर रखता था, उस पर आज तक घिस्से बने हुए हैं।

इसके बाद कमरे-पर-कमरे ! इस कमरे में वह लिखता-पढ़ता था, इस कमरे में उसकी पोशाकें रखी रहती थीं, इस कमरे में उसकी पत्नी रहती थी, इस कमरे में वह मित्रों से मिलता था, आदि-आदि। इन कमरों में स्मारक वस्तुओं का खजाना है। उसकी शादी प्रेम की शादी थी, वे सब खत वहाँ संग्रहीत हैं जो शादी के पहले या बाद में लिखे गए थे। तरह-तरह की पोशाकें हैं, एक सैनिक वर्दी भी है और एक तलवार भी, जिसे कमर से लटकाकर वह शान से निकलता था। भिन्न-भिन्न उम्र में उसने अपने बालों के गुच्छे काटकर रख दिए थे, जरा उन गुच्छों को देखिए--सुनहले, भूरे, होते-होते, सन-से सुफेद !

कमरों के बाद तीन बड़े-बड़े हॉल। उसे चीनी-मिट्टी के बरतन इकट्ठा करने का बड़ा शौक था। तरह-तरह की तस्तरियाँ, रकाबियाँ, प्याले, सुराहियाँ। एक पूरा हॉल उन्हीं से भरा पड़ा है। एक हॉल की अलमारियों में उसके सभी ग्रन्थों की हस्तलिपियाँ हैं। उन्हें देखने से लगता है, वह बहुत तेज लिखता था, अक्षर फीके-फीके हैं, जगह-जगह काट-कूट करने से भी वह नहीं चूकता था।

कहाँ तक वर्णन किया जाए, कितना वर्णन किया जाए।

स्वर्गीय भाई मेहरअली ने एक बार कहा था, जब पेरिस जाना तो उस श्मशान-भूमि में अवश्य जाना, वहाँ मौलियर की समाधि है। यह श्मशान-भूमि--पैरीलेचिस ! पेरिस को इस बात का अभिमान है कि जितने बड़े लोग इस श्मशानभूमि में दफनाए गए हैं, संसार की किसी भी श्मशान-भूमि को वह सौभाग्य नहीं मिल पाया है। यहाँ पहुँचते ही दिमाग खबत हो उठता है--कितना देखा जाए, कैसे देखा जाए। तरह-तरह के आकार-प्रकार की समाधियाँ, कतार-कतार में, आदमी खोजता है, रास्ता पकड़ता है, किन्तु, दिशाएँ भूल जाती हैं। तो भी खोज-ढूँढ़कर मौलियर की, बालजक की, आस्कर वाइल्ड की समाधियाँ देखीं--सारा बर्नहार्त की समाधि की खोज में तो बहुत समय बर्बाद किया। मौलियर की समाधि तम्बूत-नुमा है, जमीन से ऊपर, चार स्तम्भों पर। बालजक की समाधि पर उसकी मूर्ति है, किन्तु विचित्र समाधि है आस्कर वाइल्ड की--उसके ऊपर एक नंग-धड़ंग व्यक्ति की खुरदरी आकृति लिटाई हुई है।

किन्तु, मौलियर की असल स्मारक तो है कोमोदिए फ्रांसिस। गुण-ग्राहक सम्राट् लुई चौदहवाँ मौलियर को अपने राजभवन में बुला लाया और उसी के एक अंश को नाटक-भवन में परिणत कर दिया। लुई के खानदान का नामनिशान भी नहीं है, वह राजभवन भी ध्वस्त-पस्त हो चुका है, किन्तु, राजभवन का वह भाग आज भी गुलजार है। जब मैं वहाँ पहुँचा, मैटिनी शो चल रहा था। झटपट टिकट कटाया, भीतर हाजिर हुआ। यह नाटक-भवन ही नहीं है, यह एक उत्तम संग्रहालय भी है। मौलियर की सारी रचनाओं की प्रतिलिपियाँ तो हैं ही, वह शोफा भी रखा हुआ है, जिस पर बैठकर वह अन्तिम बार अभिनय कर रहा था। मौलियर उन दिनों बीमार रहता था, किन्तु उसका अभिनय देखने के लिए लोगों में बड़ी बेचैनी थी। अतः उसने एक ऐसा नाटक लिखा, जिसका नायक बीमार हो। इसी बीमार नायक का पार्ट करते-करते कलाकार भूल गया कि वह बीमार है। इतने जोश से वह अभिनय करने लगा कि वह मूर्च्छित हो गया। लोगों ने समझा, यह भी अभिनय ही है; किन्तु यह तो उसके जीवन-अभिनय का अन्तिम पटाक्षेप था !

यह तो बड़े-बड़े लोगों की बातें हुईं, फ्रांस का कोई भी ऐसा उल्लेखनीय साहित्यकार नहीं, जिसकी स्मृति में कुछ-न-कुछ नहीं किया गया हो। किसी के नाम पर संग्रहालय है, किसी के नाम पर साहित्यिक संस्था है, किसी के नाम पर सड़क है। प्रायः उनकी मूर्तियाँ भी बनी हैं, तस्वीरों की क्या चर्चा।

इंग्लैंड साहूकारों का देश माना जाता है। नैपोलियन ही उसे घृणा की दृष्टि से नहीं देखता

था, बर्नार्ड शॉ ने उस पर व्यंग्य के ऐसे तीर चलाए हैं कि कोई भी तिलमिला उठे। किन्तु, साहूकारों का यह देश भी जानता है कि अपने साहित्यिकों की स्मृति-रक्षा, रुपये-पैसे की आमदनी की दृष्टि से भी, कितनी महत्त्वपूर्ण है। जब आज से सौ वर्ष पहले स्ट्रैफोर्ड ऑन एवन में शेक्सपीयर का स्मारक बनाने की बात चली, तो लंदन के पत्रों ने सख्त विरोध किया था। किन्तु, अब उन्हें मालूम होता होगा, देश के मध्यभाग में, घोर देहात के उस छोटे से गाँव में, जहाँ से रेलवे लाइन आज भी सोलह मील दूर है, शेक्सपीयर का स्मारक बनाकर कितनी बुद्धिमानी का काम किया गया। मैं वहाँ चार दिनों तक रहा, उसका एक-एक होटल विदेशियों से खचाखच भरा था और उसके नाट्यभवन में, शेक्सपीयर के नाटकों को देखने के लिए आनेवाले दर्शकों की भीड़ पाँच-छः महीने तक ऐसी बनी रहती है कि उसके लिए टिकट का जोगाड़ दो-दो तीन-तीन महीने पहले से कर लेना होता है !

इस गाँव को ऐसा बना दिया गया है कि लगता है, उसके जर्रे-जर्रे में शेक्सपीयर रम रहा हो ! जहाँ उसने जन्म लिया, जहाँ पढ़ा, जहाँ अपने से पाँच वर्ष बड़ी लड़की से प्रेम किया, जहाँ वह धन और यश पाकर शान से रहा और जहाँ उसे दफन किया गया, एक-एक स्थान को इस तरह सुरक्षित रखा गया है कि देखते आँखें नहीं अघातीं !

इंग्लैंड के साहित्यिकों की स्मृति-रक्षा में छोटी-छोटी बातों पर ऐसा ध्यान रखा गया है कि देखकर आश्चर्य होता है। शेक्सपीयर ने अपने हाथ से मलबेरी का जो पेड़ रोपा, उसके पोते को आज तक—चार सौ वर्षों के बाद भी—जिलाकर रखा गया है और कीट्स ने जिस पेड़ पर बैठी बुलबुल की आवाज सुनकर "ओह टू नाइटेंगिल" लिखा, वह पेड़ गिर रहा है; तो भी भरमाए से उसे गिरने और नष्ट होने से बचाया जा रहा है।

यूरोप में कला और साहित्य का सन्देश तो इटली से गया। इटली भारत की ही तरह, अनेक प्राचीन गरिमा रखती हुई भी, एक गरीब मुल्क है। उसकी अच्छी-से-अच्छी कलाकृतियाँ यूरोप के संग्रहालयों और चित्रागारों को सुशोभित करती हैं; तो भी जो चीजें भी अपने घर में रख पाई हैं, उसके सँजो और सम्हाल से वह कभी बेखबर नहीं रही। जब मैं फ्लोरेंस पहुँचा, उसके कला और साहित्य-सम्बन्धी वैभव को देखकर मुग्ध हो गया। एक ही साथ जो शहर माइकेल एँजेलो, लियानार्दो विंची, राफेल, दाँते, बुक्कासियो, गैलेलियो, मैकियावेली की जन्मभूमि या लीलाभूमि रहा हो, उसकी महिमा का क्या कहना ? मैंने दाँते का वह छोटा-सा घर देखा, जिसे छः सौ वर्षों के बाद भी सुरक्षित रखा गया है—जिसमें उन दिनों एक कला-प्रदर्शनी सजाई गई थी। फ्लोरेंस का पैन्थियन देखा, जिसकी अँगनाई में एक ऊँचे स्तम्भ पर दाँते की शानदार मूर्ति है, राजकीय संग्रहालय में वे कागजात देखे, जिनका सम्बन्ध दाँते के जीवन से है। दाँते पर जो वारन्ट निकाला, दाँते पर जो मुकद्दमा चला, दाँते को जो बनवास की सजा मिली, दाँते की मृत्यु के बाद उसकी हड्डी को फ्लोरेंस में लाने के लिए नागरिकों ने जो दरखास्त दी—सब कागजात वहाँ सुरक्षित हैं !

रोम तो स्मिृति-चिन्हों का नगर ही है। जिधर निकल जाइए, सम्राटों, धर्मगुरुओं, कलाकारों की स्मृति में बने प्रासादों, मन्दिरों और स्मारकों की भरमार पाएँगे। रोम रोमनों का सम्मान करे, यह तो स्वाभाविक है ही। किन्तु, कितने ही विदेशी साहित्यकारों और कलाकारों के स्मिृति-चिन्ह भी वहाँ सुरक्षित हैं। मुझे सबसे उत्सुकता थी कीट्स और शेली की समाधियाँ देखने के लिए। अँगरेज़ी के ये दो अमर कवि—अपने देश से दूर, यहाँ शान्ति और स्वास्थ्य की खोज में आए और यहीं, चिर शान्ति पा गए। कीट्स की समाधि पर उसी ने अपने लिए जो पहले से एक पंक्ति चुन रखी थी, वह लिखी है—हेयर लाइज बन हूज नेम वाज रिटन औन वाटर ! यहाँ वह सोया है जिसका नाम पानी पर लिखा गया था ! किन्तु, उसके प्रशंसकों

ने सिद्ध कर दिया है, कवि की यह निराशामयी पंक्ति उसके लिए लागू नहीं है।

किन्तु, इस पंक्ति को देखकर मुझे भारतीय साहित्यकारों के दुर्भाग्य का स्मरण अवश्य हो आया--खासकर हिन्दी के साहित्यकारों का। जो हममें सर्वसम्मति से श्रेष्ठ था, उस तुलसी के लिए ही हमने आज तक क्या किया, जो दूसरों के लिए हम सिर धुनें। तुलसी का जन्म कहाँ हुआ, उसको लेकर विवाद हो, किन्तु उनकी मृत्यु काशी के अस्सी घाट पर हुई, इसमें तो कोई सन्देह ही नहीं है। हम वहीं क्यों नहीं उनका एक स्मारक बनाएँ--ऐसा स्मारक जो भारत की राज्य-भाषा के सर्वश्रेष्ठ साहित्यकार के गौरव के उपयुक्त हो ? यों ही विद्यापति के लिए, सूर के लिए, खुसरो और रहीम के लिए, मीरा के लिए, हरिश्चन्द्र और प्रेमचन्द के लिए आज तक हमने क्या किया ? कीट्स, तुम छोटी उम्र में मरे, निराशा के वातावरण में मरे, इसलिए तुम समझते रहे, तुम्हारा नाम पानी पर लिखा गया। किन्तु, तुम्हारे गुणग्राहक देश ने तुम्हें वह अमरता दी जिसकी तुम कामना करते रहे ! यह तो हम हैं, तुमसे सात समुद्र पार के एक अभागे देश के सरस्वती के सेवक जिनका नाम सचमुच पानी पर लिखा गया या लिखा जा रहा है--आह ! लिखना शुरू न किया मिटना शुरू हो गया !

कविता का सम्मान

''भैया, हमने तो तय कर लिया है, जहाँ मिनिस्टरों को बुलाया जाएगा, हम उन कवि सम्मेलनों में नहीं जाएँगे !'' हमारे एक भावुक छोटे कवि भाई ने कहा।

उसने बताया, किस तरह अपने डब्बे में बुलाकर रास्ते-भर इस कवि से मिनिस्टर साहब कविताएँ गवाते रहे, दाद भी दिए, रास्ते में, एकाध बार, चाय भी पिलवा दी। किन्तु ज्योंही उतरनेवाला स्टेशन पहुँचा, सारा दृश्य ही बदल गया।

कवि बेचारा दौड़ा अपने इन्टर क्लास के डब्बे की ओर--कहीं उसका सामान कोई उचक्का लेकर चलता नहीं बने। इधर मिनिस्टर साहब की गरदन में तरह-तरह की मालाएँ पड़ती रहीं, उनके सिर पर फूलों की वर्षा होती रही। धूमधाम से उन्हें स्टेशन से बाहर किया गया और एक सुसज्जित गाड़ी में बिठाकर उन्हें रेस्ट-हाउस में ले जाया गया। इतने लोगों ने उन्हें अपने घर टिकाने की माँग की थी कि रेस्ट-हाउस में ही ठिकाना उचित समझा गया !

जब तक हमारा कवि गट्ठर लेकर स्टेशन से बाहर निकले, मिनिस्टर साहब की सवारी वहाँ से निकल चुकी थी और सारी सवारियों ने उनका अनुगमन किया था !

कवि इधर-उधर देखता रहा, कोई उसे पूछे ! कनेर की माला भी उसके लिए होगी, यह तो उसने आशा भी छोड़ दी थी।

कोई पुछवैया नहीं ? और, उसे यह भी नहीं मालूम कि कवियों को टिकाने का स्थान कौन-सा चुना गया है ? उसके पास 7) का मनीआर्डर भेज दिया गया था और लिख दिया गया था, हम स्टेशन पर आपके स्वागत के लिए उपस्थित रहेंगे ! स्टेशन पर स्वागत के लिए उपस्थित रहनेवालों की तो कमी नहीं थी, किन्तु किसके स्वागत के लिए ?

एक बड़ी बाढ़ आई--जल-थल एक हो गए। नालों और तलैयों को कौन पूछे ?

और, कोई सवारी भी तो स्टेशन पर नहीं बच रही है। यह छोटा-सा स्टेशन। यहाँ सवारियाँ ही कितनी। और कौन-सा ऐसा अभागा होगा कि आज मिनिस्टर साहब की मोटर के पीछे साइकिल रिक्शा पर भी नहीं जाए !

हमारा कवि व्याकुल है। कुली कह रहा है, बाबू, अपना गट्ठर सम्हालिए, दूसरी ट्रेन आ

रही है ! आज ही तो कुछ कमाई का डौल लगा है। मिनिस्टर साहब आए हैं आज। बाबुओं की कमी नहीं होगी। कुली ने गट्ठर पटक दिया; कवि ने उसके हाथ में एक दुअन्नी रखी। "आज भी दो ही आने ! मिनिस्टर साहब..."

कवि झल्ला उठता है ! किन्तु कौन राड़ बिसाहे—एक आने और ! एक गट्ठर के सामने खड़ा है—क्या उसे इस गट्ठर को सिर पर लेकर चलना होगा ?

कि, एक परिचित ! अरे, आप यहाँ ? क्या पीछे छूट गए ? क्यों छूट गए ? ओ, रिक्शा, रिक्शा ! बदमाश, कहाँ चले गए। तब तक एक बीड़ा पान खाइए। पान—पानवाला ! अरे, ये सब कहाँ खो गए ?

किस्सा कोताह—थोड़ी देर के बाद एक टुटहा इक्का आया। कविजी उस पर चढ़ा दिए गए और पग-पग पर हिचकोले खाते, किसी-किसी तरह एक धर्मशाला पहुँचाए गए, जहाँ कवियों के ठहरने का प्रबन्ध था।

वहाँ क्या खाया, क्या पीया ? इसकी चर्चा फिजूल। जो कसर थी, वह तब पूरी हुई, जब रात में दो बजे तक कविताएँ उगलने के बाद, ट्रेन पकड़ने के लिए स्टेशन की ओर चले, तो कविजी का गट्ठर उनके सिर पर था ? हाँ, इसकी क्षतिपूर्ति-स्वरूप उनके गले में गेंदे की एक माला थी, जो कविता पढ़ने के पहले उनके गले में डाल दी गई थी !

यह तो हुई एक छोटे कवि की बात। एक बड़े कवि की, महाकवि की बात सुनिए !

हम दोनों एक ऐसे ही जल्से में जा रहे थे। स्वागत के लिए स्टेशन पर अच्छा प्रबन्ध था, मालाएँ थीं, मोटरें थीं। हम सोच रहे थे, लोगों में सुरुचि आ रही है, अब साहित्यिकों का भी सम्मान हो रहा है।

कि महाकविजी स्वागत-मन्त्री से बोले, देखो भाई, मुझे इसके बाद की ही ट्रेन पकड़नी है। कोई सवारी का इन्तजाम किए रहना।

सवारी ? सवारी की क्या कमी होगी ?—मैं बीच ही में कह उठा।

महाकविजी ने कहा—अब तक एक हजार एक सौ कवि सम्मेलनों में जा चुका हूँ, कभी ऐसा नहीं हुआ कि लौटते समय सवारी पाने का सौभाग्य हुआ हो।

और, उन्होंने बताया, हाल ही हिन्दी के एक महान् आचार्य को किस तरह रात में सिर पर गट्टर लेकर स्टेशन तक आना पड़ा था ! उनका दुर्भाग्य यह था कि उस जल्से में राष्ट्रपतिजी पधारे थे और लोगों को उन्हीं से फुरसत नहीं मिली थी !

"नहीं, नहीं, यहाँ ऐसा नहीं होगा। आपसे बढ़कर यहाँ और कौन है ?"—स्वागत मन्त्री ने कहा !

किन्तु, आश्चर्य !

लौटती बार सचमुच सवारी नहीं मिली। खैरियत थी, हम दोनों के पास गट्ठर नहीं था और रात चाँदनी थी। महाकविजी अपना सूटकेस झुलाते तेजी से बढ़ रहे थे, मैं अपना फोलियो दबाए उनका अनुगमन कर रहा था !

जो थोड़ी देर पहले कविता पर कविता सुनाते जा रहे थे और तालियों की गड़गड़ाहट सुन रहे थे, उनकी जीभ जैसे सी दी गई हो ! गुमसुम चले जा रहे थे।

स्टेशन पर पहुँचकर कहा—कहा था न; एक हजार, एक सौ, एक, कवि-सम्मेलनों में गया हूँ, कभी लौटती बार सवारी नहीं मिली ! इसी से सम्मेलनों में कभी गट्ठर लेकर नहीं जाता !

थोड़ी देर बाद स्वागत-मन्त्री पहुँचे और लगे कैफियत देने—यह झंझट हो गई, वह झंझट हो गई ! आप थोड़ा ठहर गए होते...

अब महाकवि के लिए असह्य हो गया। उन्होंने कहा, अच्छा तो मुझसे गलती हुई, क्षमा

कीजिए ! और जाइए, जो वहाँ अब भी ठहरे हुए हैं, उन बेचारों के लिए कुछ इन्तजाम कर दीजिए !

किन्तु, स्वागत-मन्त्री भला हमें कैसे छोड़ते ?

और, उन बेचारों की क्या हालत हुई होगी, जरा कल्पना कीजिए !

संयोग से गाड़ी कुछ लेट थी : छोटे-बड़े सभी कवि अपने गट्ठर आप लिए स्टेशन पर पहुँचने लगे। हम उनसे हाल-चाल पूछने लगे कि पाया कि स्वागत-मन्त्री वहाँ से खिसक चुके हैं !

यह है कविता का सम्मान, इस स्वतन्त्र भारत में, जिसके निर्माण में कवियों का हाथ भी कुछ कम नहीं रहा है।

किन्तु, हम सोच रहे हैं, हमारे कवि और महाकवि कैसे जीव हैं कि एक हजार एक सौ एक बार ऐसा व्यवहार पाकर भी फिर ऐसे सम्मेलनों में जाते हैं !

किसी तुच्छ पशु-पंछी से भी आप दो-चार-दस बार बुरा व्यवहार कीजिए, वह आपसे फिरण्ट हो जाएगा ! और, एक हम मानव नामधारी जीव हैं कि फिर वहीं जाते हैं, जहाँ बार-बार निरादर पाते हैं !

हममें यह कमजोरी कहाँ से आ गई है, क्यों आ गई है !

दुनिया में शायद यही एक देश भारत है, जहाँ के कवि अपने श्रीमुख से अपनी कविता सुनाने को इतना उत्सुक रहते हैं; जहाँ बुलाया जाए, वहाँ दौड़े चले जाते हैं; जब फरमाइश की जाए, कुछ कविता उगल देते हैं !

सामन्तशाही का यह अवशेष-चिन्ह हमारे यहाँ अब तक कायम है।

पहले दरबार थे। दरबारों में गवैये-बजवैये रहते थे। नर्तकियाँ रहती थीं। कुछ कवि-शायर भी पाल दिए जाते थे !

दरबार के हर उत्सव में गाना-बजाना हुआ, नाच-काछ हुई और टेढ़ी पगड़ी बाँधकर कवियों ने भी कुछ सुना दिया ! शायर की ग़ज़लों ने तो और कमाल किया।

हमारे देश की सामन्तशाही का आखिरी दौर मुसलमानी था। जो हिन्दू-सामन्त बचे-खुचे थे, उन्होंने भी मुसलमानी दरबारों का ही अनुसरण किया।

दरबारों में सभी शायरों के लिए गुंजायश कहाँ थी ? अतः मुशायरे का चलन हुआ। हर उस्ताद ने एक अपना खानगी दरबार बनाया। ये मुशायरे खूब लोकप्रिय हुए।

जब हिन्दी का जोर हुआ, इन मुशायरों की लोकप्रियता से आकृष्ट हो कवि-सम्मेलनों का आयोजन किया जाने लगा।

मुशायरों के केन्द्र-बिन्दु उस्ताद होते थे। उस्तादों के द्वारा काट-छाँट करके ही चीजें मुशायरों में पहुँचती थीं। इससे उर्दू को लाभ भी हुआ।

किन्तु, हिन्दी में उस्तादी परम्परा तो रही नहीं। अतः हमारे कवि-सम्मेलन प्रारम्भ से ही चों-चों के मुरब्बा रहे ! जरा चेहरा अच्छा हो, कण्ठ अच्छा हो, वाह-वाह करनेवालों का एक अपना गुट्ट हो, फिर क्या कहने ?

पिंगल की टाँग तोड़िए, व्याकरण का कचूमर निकालिए, भाषा का सत्यानाश कीजिए—कोई मुजायका नहीं; थिरकते जाइए, अलापते जाइए, उछलते जाइए, चिंघारते जाइए, तालियों की गड़गड़ाहट पाते जाइए !

कवि-सम्मेलनों ने कवियों की संख्या इतनी बढ़ा दी है कि उस दिन एक कवि-मित्र ने कहा, सड़क पर एक ढेला फेंक दो, वह किसी-न-किसी कवि को ही लगेगा !

अब हर मौके पर कवि-सम्मेलन होगा और हर कवि-सम्मेलन के लिए अधिक-से-अधिक

कवि मिल ही जाते हैं।

अति परिचयात् अवज्ञा—अति परिचय से अवज्ञा पैदा होती ही है !

देहात की बरात से लौटते समय जो हालत नर्तकियों की होती है, यही हालत कवि-सम्मेलनों से लौटते समय कवियों की हो रही है।

कुछ कवियों ने अपनी फीस भी बना ली है। फीस जमा कर दीजिए, जहाँ बुलाइए, ये सिर के बल पहुँच जाएँगे।

सिक्के का दूसरा पहलू यह है।

उस दिन एक स्वागत-मन्त्री ने कहा—जब फीस तय हो गई, तो फिर सम्मान-अपमान की क्या बात ?

कवियों के गले में जो मालाएँ हम डालते हैं, वह इसलिए नहीं कि हम उनका सम्मान कर रहे हैं, बल्कि मजलिस का तरीका यही रहा है !

यही नहीं, अब एक बात और आनेवाली है !

कविताओं पर अठन्नी-चौवन्नी भी बरसकर रहेगी और तब यह तय कर लेना पड़ेगा कि फीस में इस चढ़ीती की रकम को काटा जाए, या नहीं !

वह मखौल कर रहे थे, मैं गड़ा जा रहा था।

क्या वाल्मीकि और व्यास, सूर और तुलसी के वंशधरों का यही हश्र होनेवाला था ?

जिन्होंने कहा था—"ऐरे मूढ़ नृप तुम धन दिखलावे काँहि, आसी न तुम्हारे ये निवासी कल्पतरु के !" उन्हीं के बाल-बच्चे कुछ रुपल्ली पर अपनी इज्जत बेचने को यों उतारू हो जाएँ।

सुनाने की चाट जो हममें लगी, वह हमें सबकुछ सुनने को लाचार कर रही है !

मुशायरों की नकल हमने चलाई, वह हमें लेकर डूबने जा रही है। कागज की नाव से खेलवाड़ बच्चों को ही शोभता है, जो सयाना उस पर चढ़कर पार करना चाहेगा, उसके डूबने के लिए चुल्लू भर पानी काफ़ी है !

कवि, अपने को देख ! तू कहाँ भटक गया, तू कहाँ जा बैठा ? तेरे आस-पास कौन हैं ? तुझे क्या समझ रहे हैं ये ?

प्रकृति का सबसे सुकुमार बच्चा ! चमेली बनाकर तब विधाता ने तेरी रचना की !

वही रंग, वही गन्ध ! तू खिला, सारा बाग चमचम कर उठा, मँह-मँह कर उठा।

भौंरे दौड़े, भ्रमरियाँ दौड़ीं ! रसिक दौड़े, नाज़नियाँ दौड़ीं।

डाल का शृंगार, गले का हार बना ! शरीर शीतल हुआ, आत्मा तृप्त हुई !

किन्तु ! किन्तु…

कवि, यह अजब जमाना है ! घी में चर्बी मिलाना ही आज का रोजगार है। अब फूलों से गन्ध नहीं निकाली जाती; कोलतार से एसेंस बुलाया जाता है !

तुझे कौन समझे ? तुझे कौन दुलराए ?

तेरे भोलेपन का नाजायज फायदा उठाया जा रहा है। तेरी प्यास का उपहास किया जा रहा है ! तेरी भूख वह समझे, जो गेहूँ को ही जीवन का सबसे उपयोगी तत्त्व समझता है ?

वह तुझे फुसलाता है, भरमाता है, भटकाता है। तुझे गड्ढे में ढकेलकर चिल्लाता है—देखो, यह पियक्कड़ पड़ा है ! तेरी पत्तल पर चार रोटियाँ फेंक पुकारता है, यह भुक्खड़ कहाँ से चला आया !

सारे जमाने ने तेरे विरुद्ध एक षड्यन्त्र का जाल बिछा रखा है !

तू भोला, उस जाल में फँसा छटपटा रहा है !

तोड़ इस जगजाल को, भ्रमजाल को ! तू अपनी जगह पर बैठ। तू अपनी बात कह !

तुझे जो कहना है, कहता चल ! तुझे क्या परवाह कोई सुनता है या नहीं !

जो सुननेवाला होगा, वह तेरे पास आप-आप आएगा !

तुझे अपने पास बुलाए, किसमें इतनी जुर्रत है ?

और जो तुझे गिरोह में, झुण्ड में बुलाता है, क्या वह तुझे भेड़ नहीं समझता है ?

भेड़ समझता है या भेड़िया—बात एक है। वह तुझे गड्ढे में गिराना चाहता है, या आपस में लड़ाकर मारना चाहता है !

"सिंहन के लेंहड़े नहीं, हंसन की नहीं पात !"

तेरा अकेला गर्जन सारे वन को थरथर कँपाने के लिए काफी है ! तेरी अकेली उड़ान अनन्त नील गगन को प्रभासित, उद्‌भासित कर देने के लिए बहुत है !

तू अकेला विचरण करता आया है ! तू अकेले उड़ान भरता आया है !

तू अकेला विचर; तू अकेला उड़ !

ओ मृगेन्द्र, ओ राजहंस ! इन शिकारियों से, इन बहेलियों से बच !

कवि, प्यारे कवि, मेरे कवि ! अपने को पहचान ! पहचान !

[नई धारा, अप्रैल 1955 में प्रकाशित]

साहित्य-कला और मध्यम-वर्ग

'जाति न पूछो साधु की'—कबीर ने कहा था। आज का कलाकार भी कह सकता है, क्यों परेशान हो कि मैं किस वर्ग में आया ? देखो यह कि मेरी कृति क्या है ?

लेकिन, तो भी, जैसे प्राचीन काल में जाति पूछी जाती थी, तभी तो कबीर ने कहा—'जाति न पूछो साधु की' उसी तरह आज का युग वर्ग की खोजढूँढ़ करेगा ही ! खासकर जब वह समाज के ढाँचे का विश्लेषण करने बैठा हो।

समाज के ढाँचे में वर्ग खोजने की यह पद्धति कार्ल मार्क्स ने निकाली। उन्होंने दो छोर पर दो वर्गों को रखा—पूँजीपति और मजदूर और बीच के एक वर्ग को मध्यमवर्ग कहा, जिसमें किसान, कारीगर, दिमागपेशा आदि लोगों को उन्होंने रखा।

बात यहीं तक रहती, तो कोई बात नहीं थी। उन्होंने एक बुरी भविष्यवाणी कर दी कि मध्यमवर्ग धीरे-धीरे नाश को प्राप्त होगा—उसे या तो पूँजीपतियों के गिरोह में शामिल हो जाना होगा, या मजदूरों के झुण्ड में।

आज के समाज में जो आर्थिक नियम काम कर रहे हैं, उसका अनिवार्य परिणाम यही होगा, उन्होंने बड़े जोर देकर यह बात कही थी।

मार्क्स की इस भविष्यवाणी को एक सौ वर्ष हो गए, बल्कि उससे भी अधिक, इसके दरम्यान कितने उथल-पुथल हुए; कितनी क्रान्तियाँ हुईं, ताज-पर-ताज गिरे, देशों के नक्शे बदले, किन्तु यह मध्यमवर्ग कायम ही नहीं है, उसका प्रभाव और प्रभुत्व भी बढ़ता जाता है !

लगता है, इसकी जड़ कुछ इतनी गहरी है, इतनी गहरी कि इसका मूल किसी अमृत-कुंड तक पहुँच चुका है, फलतः वहाँ से जीवन का वह रस इसे अनवरत प्राप्त हो रहा है जिसने इसे मृत्यु पर विजय दिला दी है, इसमें बढ़ने, फैलने, फूलने की निस्सीम शक्ति दे दी है !

वह अमृत-स्रोत क्या है, कहाँ है, अभी हमें इतनी दूर तक नहीं जाना है। 'फलेन परिचीयते' अनुसार यदि हम यह देख लें कि इस वर्ग ने समाज को दिया क्या है, तो भी हमारा

काम चल जाए।

कला और साहित्य को हम लें। और उसे हम यूरोप से इसलिए शुरू करें कि वहाँ इस दृष्टि से काफी खोज-ढूँढ़ भी हुई है। यदि किसी क्षेत्र में नहीं हुई, तो काफी सामग्रियाँ वहाँ एकत्र हैं, जिनको आधार मानकर हम सही नतीजे पर पहुँच सकते हैं !

लियोनार्दो द विंची से लेकर पिकासो तक—यूरोप के सभी कलाकारों को देखिए, वे किस वर्ग से आए थे ? इटली की कला को प्राचीन यूरोप की कला भी कह सकते हैं—महान् त्रिमूर्ति लियोनार्दो, माइकेल, ऐंजेलो, राफेल—तीनों ही तो मध्यमवर्ग की सन्तान थे और मध्यमवर्ग की सारी कठिनाइयों को पार करते हुए वे आगे बढ़े, जिन्दगी-भर परिस्थितियों से लड़ते रहे—और तो भी वे चीजें दे गए कि उन्हीं के आधार पर यूरोप की कला आज तक फूलती-फलती आई है।

इसमें शक हो सकता है कि सबसे बड़ा कलाकार कौन—किन्तु सबसे बड़ा चित्रकार तो रुबेन है, इसे सबने स्वीकार किया है। शब्दों की दुनिया में जो स्थान शेक्सपीयर का है, रंगों की दुनिया में वह स्थान रुबेन को मिला है। यह फ्लेक्शि कलाकार कौन था ? एक मध्यवित्त परिवार की सन्तान। सात भाषाओं का जानकार। एंटवर्प में उसका घर तत्कालीन यूरोपीयन कलाकारों का तीर्थस्थान था, जहाँ से उसने तीन हजार चित्र यूरोप के राजभवनों, गिरजाघरों और कला संग्रहालय के लिए भेजे !

वेनिस के तिशियानो, हालैंड के बूगल और रेमब्राँ, ग्रीस का एलग्रेको, पुर्तगाल का वेलास्केज, स्पेन का गोया, इंग्लैंड का ब्लेक, अमेरिका का औडुबन, फ्रांस की आधुनिक कला की त्रिमूर्ति—देमिये, माने और लाउत्रे—फिर सिज़ाने, जिसकी कला को चरम सीमा तक पहुँचाया है पिकासो ने और स्वयं पिकासो—ये सबके सब किस वर्ग से आए ? मध्यमवर्ग से ही तो ? चाहे उसकी निचली सतह से या ऊपरी सतह से।

हाल ही समरसेट मॉडम की एक पुस्तक निकली है, जिसमें उसने संसार के दस सर्वश्रेष्ठ उपन्यासों और उपन्यासकारों पर प्रकाश डाला है। उसमें सिर्फ एक टाल्स्टाय को आप मध्यमवर्ग से बाद दे सकते हैं, वह भी मुश्किल से; किन्तु शेष नौ तो इसी वर्ग से आए हैं। मॉडम की राय में बालजक संसार का सबसे बड़ा उपन्यासकार है—उसके आविष्कार महान् थे, उसने जितने प्रकार के पात्र पैदा किए, उतने न कोई पैदा कर सका, न कर सकेगा। मानो, वह प्रकृति की अदम्य शक्ति था—एक ऐसी नदी जो घहराती, किनारों को डुबोती, हर चीज को बहाती-भँसाती चलती है; एक ऐसी आँधी जो गाँवों को झकझोरती और शहरों को चर्मर्र कराती अनवरत बढ़ती जाती है। एक वकील का बेटा, बाप ने चाहा, वकील बने, लेकिन वह बन गया लेखक और लेखक भी कैसा ?

हेनरी फीलडिंग, जेन आस्टिन, स्तेघल, एमिली वोंटे, गुस्तेव फाउवर डिकेंस, दोस्तियोवेस्की, मेलविले—मॉडम के द्वारा बताए ये सभी उपन्यासकार मध्यमवर्ग से ही आए थे।

यूरोपीय रंगमंच—चाहे नाटककार या अभिनेता किसी भी दृष्टि से देखिए—अपनी उन्नति और विकास के लिए मध्यमवर्ग का ही अनुग्रहीत है। शेक्सपीयर किस वर्ग से आया था और बर्नार्ड शॉ ? मौलियर और गेटे किस वर्ग की देन थे ? इब्सन, मेटरलिंक, चेकोव—तीनों के तीन रंग, तीन देश, तीन भेष, किन्तु आदि स्रोत तीनों का एक ही—मध्यमवर्ग। गैरिक, थेल्मा, बेन जौन्सन, एलेन टेरी, सारा बर्नहार्त—ये अभिनेता और अभिनेत्रियाँ—जिनकी भावभंगिमाओं के रूखे-सूखे अक्षरों में जान डाल दी, उन्हें साकार कर दिया, लाखों दर्शकों को हँसाया और रुलाया—वे सबके सब किस वर्ग से आए थे ?

पश्चिमी संगीत और उसकी जुड़वी सन्तान ओपेरा और बेले अपने मनोहारी रूप के लिए

मध्यमवर्ग के ही ऋणी हैं। बिठोवन, मोज़ार्ट, वागनर, बाख, लिस्ज, चोपिन, स्विजातेत्राजिनी, रखोयनवर्ग, स्ट्राविंस्की—स्वरों के ये जादूगर, जिनकी जादूगरी आज भी यूरोप पर छाई हुई है, उसी वर्ग से आए, आते रहे, आ रहे हैं, जिसकी मृत्यु की भविष्यवाणी कर दी गई थी।

बिठोवन के जीवन की एक घटना याद रही है। एक दिन बिठोवन अपने प्यारे दोस्त गेटे के साथ सड़क से जा रहा था कि सामने से शाह की सवारी निकली। नियमानुसार गेटे ने टोपी उतार ली और सिर झुकाकर खड़ा हो गया। यह देखते ही बिठोवन जल उठा, उसने कड़ककर कहा—गेटे, गेटे, तुमने कलाकार की इज्जत धूल में मिला दी। और टोपी फिर सिर पर रखे, वह अकड़कर, सड़क पर टहलने लगा। जर्मनी के शाह ने उसे देखा, मुस्कराया और फिर अपने देश के गौरव इस कलाकार को अपनी गाड़ी पर बिठा लिया। क्या बिठोवन ने ऐसा करके यह सिद्ध किया था, मध्यमवर्ग सबसे महत्त्वपूर्ण वर्ग है ? उसके सामने ऊँचा दिखाई पड़नेवाला वर्ग भी कुछ बुकत नहीं रखता है ? आज उस शाह का नाम भी लोग भूल गए, किन्तु रोम्या रोलाँ ने हाल ही कहा था—बिठोवन के संगीत की एक कड़ी पर राजनीतिज्ञों द्वारा किए गए दर्जनों क्रान्तिकारी सुधारों को निछावर किया जा सकता है।

जैसा पहले कह चुका हूँ—अपने देश के कलाकारों और साहित्यकारों के वंश या वर्ग के बारे में अभी पूरा पता नहीं लगाया जा सका है। अनुश्रुतियों और जनश्रुतियों के ताने-बाने बुनकर ही हम उनके बारे में कुछ जान सके हैं। किन्तु, जहाँ से इतिहास हमारा साथ देता है, हम पाते हैं, मध्यमवर्ग ही वह खान रही है, जहाँ से हम कला और साहित्य के उत्तमोत्तम रत्न पाते रहे हैं ! विद्यापति किस वर्ग से आए थे ? 'दियो जनम सुकुल, शरीर सुन्दर'—का अभिमान करनेवाले बाबा तुलसीदास का जन्म किस वर्ग से हुआ था ? वह कौन-सा सौभाग्यशाली वर्ग है जिसने देव, बिहारी, मतिराम से लेकर महावीरप्रसाद द्विवेदी, प्रेमचन्द और प्रसाद तक की उत्तमोत्तम कवियों, लेखकों, कथाकारों, नाटककारों और आलोचकों की सुनहली माला माँ-हिन्दी के गले में डालकर उसकी श्रीशोभा में वृद्धि की ? यों ही तानसेन से लेकर फैयाज खाँ और ओंकारनाथ ठाकुर तक की संगीत-धारा में किस वर्ग की स्वर-काकली गूँजती हुई हम पाते हैं ?

अन्य भारतीय भाषाओं की भी यही हालत है—तुकाराम, नरसी मेहता, चैतन्यदेव, मीर और ग़ालिब से लेकर खाँडेकर, मुंशी, शरद, रवीन्द्रनाथ, इकबाल और जोश किस वर्ग से आए हैं ! संक्षेप में यह कहा जा सकता है कि यदि कला और साहित्य के क्षेत्र से मध्यमवर्ग को निकाल दीजिए, तो वह नगण्य ही नहीं, शून्य ही शून्य नजर आएगा।

प्रश्न उठ सकता है, मध्यमवर्ग का यों सभी क्षेत्रों पर छाए रहने के कारण क्या हैं ? खासकर कला और साहित्य में इसकी जो अपार महिमा है, उसकी तह में क्या है ?

मध्यमवर्ग न तो अपने ऊपर के वर्ग—सामन्त या पूँजीपति की तरह निश्चित आय पर निश्चिन्त जीवन बिता सकता है, न अपने नीचे के वर्ग—मज़दूर या कमिया की तरह फटेहाली में रह सकता है। इसलिए उसे निरन्तर संघर्ष में रहना पड़ता है। इस संघर्ष ने उसमें कई गुणों का विकास किया है—जहाँ उसके ऊपर के वर्ग के लोगों में आलस और विलास का बोलबाला है और उसके नीचे के वर्ग में मूर्खता और किंकर्तव्यविमूढ़ता का दौरदौरा है, वहाँ इस वर्ग में सतत चैतन्य, अनवरत उद्योग और अटूट अध्यवसाय की भावना कूट-कूटकर भरी है। समय की सूझ, कष्ट-सहन की क्षमता, सदा आगे बढ़ने और ऊपर चढ़ने की लालसा और नए-नए ज्ञान की जिज्ञासा इसकी नस-नस में व्याप्त है। यह दो पाटों के बीच में है—ऊपर ज्वालामुखी है, नीचे अथाह समुद्र—एक जलाकर खाक बनाने और दूसरा इसे अपने में उदरसात करने को सदा तैयार बैठे हैं। अतः पग-पग पर फूँक-फूँककर चलना पड़ता है, जहाँ जरा-सी चूक हुई,

पैर में रपट आई, आँखों में चकाचौंध लगी, तो यह गया ! इसलिए इसमें उपर्युक्त गुणों का स्वभावतः ही विकास हुआ है। यह भी सही है कि इसी कारण से इसमें कुछ दुर्गुण भी आए, जिसके चलते यह बदनाम हुआ, समाज ने इसे शंका की दृष्टि से देखा, इसे कष्ट भी कम उठाना नहीं पड़ा—किन्तु, तो भी यह डटा है और बहुत दिनों तक डटा रहेगा। जो इसकी उपेक्षा करेगा, वह अपना नुकसान आप करेगा। खुशी की बात यह है कि कट्टर मार्क्सवादी भी इस वर्ग के प्रति अपना रुख बदल रहे हैं !

कला और साहित्य में इस वर्ग की एकछत्रता का कारण स्पष्ट है, किन्तु कभी अधिक स्पष्टता भी लोगों में अज्ञान का संचार करती है। एक जमाना था, जब कहा जाता था, कला विलास की जननी है। कवियों और लेखकों की सदा उपेक्षा होती रही, क्योंकि मान लिया गया था, ये लोग स्वप्नदर्शी हैं। धीरे-धीरे यह मान्यता समाप्त हो रही है ! किन्तु अब भी इस पर ध्यान नहीं दिया जाता कि यह क्या बात है कि किसी के दिमाग में वह खूबी पैदा हो जाती है कि वह कूची या हथौड़े से नई-नई सूरतें गढ़ने लगता है, कोई गुनगुनाने और गाने लगता है या कोई कागज पर कलेजा निकालकर रखने लगता है—जो हमें रुलाता है, हँसाता है। मानता हूँ, ये बारीक बातें हैं, इन पर गहरी छानबीन होनी चाहिए। किन्तु, यह तो हम नित्य देखते ही हैं कि इस अजीबोगरीब बीमारी के लग जाने के कारण के लिए एक खास परिस्थिति होती है, एक खास वातावरण होता है। ऐश्वर्य में, भोग में, विलास में डूबे हुए सामन्त या पूँजीपति के मस्तिष्क में, हृदय में, धमनियों में वह स्पन्दन, स्फुरण, आलोड़न हो नहीं सकता, जो चित्र, संगीत, कविता या किसी भी कलाकृति के सृजन के लिए अपेक्षित है ! यों ही दिन-रात भूख से युद्ध करता हुआ, थका-हारा, सर्वहारा भी क्या खाकर इस कूचे में आ सकता है ? अपवाद भी हो सकते हैं, हुए हैं। किन्तु अपवाद तो नियम को सिद्ध ही करते हैं। यह मध्यमवर्ग ही है, जो भूख और तृप्ति के बीच खड़ा होकर, कभी इसकी छटपटाहट और कभी उसकी सुगबुगाहट का लुत्फ लेता हुआ, उस चीज की सृष्टि कर ले जाता है, जो इन चीजों से ऊपर है, परे है; सत्य है, शिव है, सुन्दर है !

बैले या नृत्य-रूपक

जब मैं विलायत जा रहा था, मेरे एक अनुभवी मित्र ने कहा था—यूरोप में रंगमंच जरूर देखिएगा। वहाँ के रंगमंच वहाँ वालों के लिए तीर्थ-स्थान हैं।

और यह सच है कि अपनी दो बार की यूरोप-यात्रा में मैं कोई भी ऐसा मौका नहीं चूक सका जबकि वहाँ के रंगमंच को देख सकूँ। लन्दन, पेरिस, रोम—सब जगह मुझे धुन लगी रही वहाँ के रंगमंच को देखने की।

यूरोप में नाट्यकला बहुत ही विकसित अवस्था में है। हम वहाँ के रंगमंच के विकसित रूप की यहाँ कल्पना भी नहीं कर सकते। उसमें दिन-दिन परिवर्तन और परिवर्द्धन होते जा रहे हैं।

बैले की बात लीजिए। बैले को नृत्य-रूपक कहिए। मंच के नीचे वाद्य-समूह है, जिससे संगीत की ध्वनि निकल रही है और उसी ध्वनि के आधार पर रंगमंच पर नृत्य हो रहा है। संगीत की ध्वनि और नृत्य की धमक के अतिरिक्त कहीं कोई शब्द नहीं।

लन्दन में जब पहली बार गया, "फ़ेस्टिबल ऑफ ब्रिटेन" की धूम थी। उस उत्सव के अवसर पर लन्दन में मारकोवा का बैले चल रहा था। मारकोवा नाम से मैंने समझा था, कोई

रूसी नर्तकी होगी। किन्तु पता चला, नहीं, यह तो अँगरेज़ महिला है। बैले के साथ रूस का ऐसा अनन्य सम्बन्ध जुड़ गया है कि दूसरे देशों की नर्तकियों को भी अपने नाम को रूसी बना लेना जरूरी जँचता है।

मैं मारकोवा का बैले देखने गया। पाँच तल्ले का रंगमंच—खचाखच भरा हुआ। बैले शुरू हुआ। नृत्य के कोई आठ टुकड़े होंगे। तरह-तरह के रंग के। किसी में हास्य, किसी में शृंगार। किसी में करुण, किसी में रौद्र। जनसाधारण में प्रचलित कथाओं के आधार पर ही वे नृत्य तैयार किए गए थे। रंगमंच के नीचे वाद्य-समूह, जो निर्देशक की छड़ी के इशारे पर तीव्र या मन्द होता हुआ। ऊपर उसी के लय पर नृत्य हो रहे। जवानी भी, कला भी, लोग तालियाँ पीट रहे, हर्ष-ध्वनि कर रहे।

किन्तु, जब पेरिस गया और शाँजेलीजे-थियेटर में स्ट्राविंस्की का बैले देखा, तो लगा यह दूसरी दुनिया आ गई। यूरोप की कला धीरे-धीरे सूक्ष्मता की चरम सीमा पर पहुँच रही है, जहाँ सिर्फ संकेत ही संकेत है। चित्रकला, मूर्तिकला, कविता, संगीत, नृत्य सब पर यह प्रवृत्ति हावी हो रही है। स्ट्राविंस्की—यूरोप के संगीतज्ञों का यह वृद्धशिष्ठ—जिसे लोग बाख, बागबर आदि की पीढ़ी में मानते हैं।

इस रंगमंच के सामने लन्दन का रंगमंच कितना पुराना लगता था। शाँजेलीजे—पेरिस की स्वर्गभूमि। जब उसके कक्ष में बैठा था, पृथ्वी भूल गई थी, लगता था, स्वर्ग के किसी हिस्से में हूँ।

स्ट्राविंस्की के संगीत ने रंगमंच पर भी स्थान जमा लिया था। रंगमंच के नीचे ही नहीं, उसके ऊपर भी वाद्य-समूह के वाद्य और बालकों का दल डटा था। सोचने लगा, अब नृत्य कहाँ होगा ? कि बूढ़ा संगीत-निर्माता आया, तालियाँ गड़गड़ाईं। उसकी छड़ी के इशारे पर बाजे बजने लगे। स्वरों का चढ़ाव, उतार। चढ़ाव जब आता था, विक्षिप्त समुद्र का गर्जन हो रहा है। उतार जब लगता था, गम्भीर शान्ति छा गई। सिर्फ हाथों का कम्पन बताता था, बाजे बज ही रहे हैं।

अचानक, मंच के ऊपर जो पर्दा था, उसमें एक चौकोर फाँक बन गई और उसमें कुछ सूरतें चलती-सी नजर आईं। वे सूरतें—क्या वे सूरतें थीं, या सूरतों के संकेत। स्वर के ताल के साथ उनके पैरों की गति बँधी थी, किन्तु क्या उसे नृत्य कहा जा सकता है ? तो उसे कहा क्या जाएगा ? संकेत, संकेत, संकेत।—नृत्य, हावभाव, सब संकेत में ही।

किन्तु, जब तक पेरिस के 'ओपेरा-हाउस' का बैले न देख लीजिए, तब तक आपका कलाराधन अधूरा ही रहेगा। किन्तु ओपेरा-हाउस के लिए टिकट पाना क्या आसान है ? होटलवाले से जब-जब कहा, उसने फोन किया, बताया, जगह खाली नहीं।

एक दिन सवेरे से जाकर वहाँ मँडराने लगा और जैसे-तैसे जगह मिल ही गई।

उस दिन एक ओपेरा और बैले दोनों का कार्यक्रम था। पहले ओपेरा हुआ, फिर इण्टरवल के बाद बैले शुरू हुआ।

मंच के नीचे वाद्य-समूह, मंच पर बैले—यह पुरानी प्रणाली ही वहाँ चल रही थी, उस दिन। कामदेव अपना कुसुम-शायक लिए बैठे हैं। तरह-तरह के प्रेमी और प्रेमिकाओं के जोड़े आते हैं। एक बुढ़िया एक युवक पर मर रही है। एक बुड्ढा एक किशोरी पर मर रहा है। यों ही सुन्दर, कुरूप, अन्धा, मृगनयनी, कूबड़ा, तन्वंगी आदि के अद्‌भुत जोड़े। वे एक-दूसरे को फटकारते हैं, दुत्कारते हैं, एक-दूसरे से भागते हैं। संगीत में सुलानेवाली ध्वनि निकलती है, सभी सो जाते हैं, कि काम अपना धनुष सँभालता है, उन पर अपने फूलों के तीर छोड़ता है। वे जगते हैं और लीजिए, किस तरह एक-दूसरे पर बलिहार जाते हैं, एक-दूसरे से चिपक

जाते हैं !

लगभग पौन घण्टे का यह बैले। सचमुच जादू लगता था। ओपेरा-हाउस यूरोप का सबसे विशाल रंगमंच है। संसार का वह सबसे पुराना जीवित रंगमंच है। उसके साथ एक मर्यादित परम्परा है, जिसकी छाया भी कोई दूसरा रंगमंच छू नहीं सकता। इस छोटे-से बैले में उसकी तीन सौ वर्षों की कला-परम्परा प्रस्फुटित हो रही थी।

जब दूसरी बार लन्दन गया था, पता चला, वहाँ यूगोस्लाविया की एक बैले-पार्टी आई है। इस पार्टी को यूगोस्लाविया की सरकार ने भेजा था। इस पार्टी के नृत्य-संगीत को देखकर आश्चर्य हुआ। उसमें कितना पूर्वी रंग था। शृंगार, परिधान सबमें एशियाई छाप, बाजों की शकल-सूरत भी वैसी ही। लगता था, नेपालियों की यह पार्टी हो। मुझे इतनी समता लगी, कि उसी दिन अपने एक नेपाली मित्र को पत्र लिखने से नहीं चूक सका।

नाजियों के विरुद्ध जो छापामार आन्दोलन चला था, उसे नृत्य और संगीत में इस तरह बाँध दिया गया था कि मन में बार-बार हूक उठती थी, काश, हम बयालीस की अगस्त क्रान्ति को इसी तरह कला-रूप देते। एक बार उत्कल के कुछ कलाकारों ने बयालीस की क्रान्ति पर एक ऐसा ही बैले पटना में प्रस्तुत किया था। किन्तु साधनहीनता के कारण ऐसी यथार्थता उसमें नहीं आ सकी थी।

रोम में एक रात इतालवी बैले देखने गया था। यह एक बगीचे में 'खुला रंगमंच' पर दिखाया जा रहा था। मनोरंजन-पक्ष ही इसमें प्रबल था, हल्का-सा मनोरंजन, जो दिन भर की थकावट के बाद कामकाजू लोगों में नई स्फूर्ति देने के लिए आवश्यक होता है।

इस समय अपने देश में रंगमंच की ओर लोगों का ध्यान गया है। प्रायः हर प्रदेश में कुछ-न-कुछ किया जा रहा है। राज्य-सरकारें भी ऐसी चीजों को प्रोत्साहन दे रही हैं। जहाँ तक पुरानी चीजों को फिर से जीवित करने का सवाल है, हम बहुत कुछ कर रहे हैं। किन्तु आवश्यक यह जँचता है कि अन्य देशों में रंगमंच के भिन्न-भिन्न पहलुओं का जो विकास हो रहा है, हम उनसे भी सीखें। अब कला को सीमा में, चाहे काल की सीमा में या देश की सीमा में, बाँध नहीं सकते। बाँधना न व्यावहारिक है, न वांछनीय है।

सांस्कृतिक स्वाधीनता की ओर

जिस काम को पूरा करने में देश-देश के राजनीतिज्ञ और बड़े-बड़े सेनानायक, राज्यों के सम्पूर्ण साधनों और नाना प्रकार के भीषण अस्त्र-शस्त्रों के बावजूद, अपने को असमर्थ पा रहे हैं, उस काम के सम्पन्न करने के प्रयत्न में वे लोग आगे बढ़ रहे हैं, हाथों में सिर्फ कलम या कूची रही है या जो मानव भावनाओं का प्रकटीकरण अंगों की भंगिमा या स्वर-लहरी द्वारा करते आए हैं। ये कलाकार, ये साहित्यकार, ये शिल्पी, ये संगीत-शास्त्री क्या एक असम्भव कार्य को सम्भव करने का सपना नहीं देख रहे हैं ?

आप इसे सपना ही मानें, किन्तु अनेक सपनों की तरह यह सपना भी एक ठोस सभ्य सिद्ध हो रहा है। पेरिस में एक महीने तक जो आयोजन चलता रहा, यदि आप एक बार उसे देख लिए होते, तो मेरे कथन की सार्थकता में आपका जरा भी सन्देह नहीं रह जाता।

जब पिछला युद्ध चल रहा था, कहा गया था, यह युद्ध संसार से तानाशाही को नष्ट करने के लिए लड़ा जा रहा है, जो मानवता को पीसनेवाली, स्वाधीनता का गला घोंटनेवाली और सारे मानव इतिहास को बर्बरता की ओर ले जानेवाली है। किन्तु उस युद्ध को समाप्त

हुए आधा युग बीत गया, मानवता आज भी कराह रही है, स्वाधीनता के हाथ-पैर आज भी कसे हैं, बर्बरता आज भी अपना विकराल मुँह बाए खड़ी है। एक प्रकार की तानाशाही पूरी तरह खत्म भी नहीं हुई कि दूसरे प्रकार की तानाशाही सुरसा की तरह मुँह फैलाए जा रही है। मालूम देता है, यह राक्षसी जैसे सबको निगलकर रहेगी। उसका विस्तार बढ़ता जा रहा है, उसकी भयानकता बढ़ती जा रही है। हर देश की सीमा पर ही नहीं, हर घर के दरवाजे पर उसकी सर्वग्रासनी काली छाया दिखाई पड़ रही है।

कलाकार या साहित्यकार क्या करे ? क्या वह चुपचाप यह दृश्य देखा करे और सोचे कि यह मेरा काम नहीं; अरे, इस राक्षसी से लड़ने की ताकत भी तो मुझमें नहीं। छोड़ दो इस काम को उन लोगों पर जिनके हाथों में इससे लड़ने के सारे साधन केन्द्रित हैं। चलो, हम-तुम बन्द कर लें अपने को कल्पना के किसी हवाई महल में और वहीं से सौन्दर्य और प्रेम के, मिलन और विरह के मधुर-मोहक संगीत उड़ेलते रहें ! काश, साहित्यकार और कलाकार की तकदीर में यह काल्पनिक सुख भी बदा होता !

हमारे देश के कलाकार और साहित्यकार अभी उस विभीषिका से परिचित नहीं हैं जो तानाशाही का अनिवार्य परिणाम है। अभी हम मीठे-मीठे सपनों में भूले हैं और मधुर-मधुर बातों में भटक जाना हमारा स्वभाव हो गया है। तभी तो तानाशाही के एजेण्टों द्वारा नाना नामों से बुने जानेवाले मकड़जालों में हम आए दिन अपने को फँसा लेते हैं और यदि एक बार फँस गए, तो क्या उनसे पिंड छुड़ाना इतना आसान है ? किन्तु यहाँ पेरिस में पन्द्रह देशों के जो सरस्वती के वर-पुत्र पधारे हैं—खासकर यूरोप के—आप उनके चेहरे देखिए और यदि सम्भव होता तो इनसे बातें करते, तब आपको मालूम पड़े कि तानाशाही क्या चीज है और किस प्रकार उसका सबसे पहला शिकार कलाकार या साहित्यकार नामक इस कोमल प्राणी को ही होना पड़ता है ! भाषा की कठिनाई के कारण भले ही उनकी वाणी आप नहीं समझ पाएँ, किन्तु उनके चेहरों पर तानाशाही की विभीषिकाओं के चिन्ह आप स्पष्ट पाएँगे और उनकी आँखें बताएँगी कि इसके विरुद्ध में वे 'करो या मरो' के निश्चय की शपथ ले चुके हैं।

सांस्कृतिक स्वाधीनता कांग्रेस की ओर से आयोजित इस महान् अनुष्ठान के साहित्यिक विभाग का श्रीगणेश 16 मई, 1952 को हुआ। पेरिस के एक प्रतिष्ठित सभा-भवन में देश-देश से आए लगभग एक सौ प्रतिनिधि और हजारों दर्शक एकत्र हुए। उन प्रतिनिधियों को देखकर, और उसमें बोलनेवाले वक्ताओं के भाषण सुनकर, तथा दर्शकों पर होनेवाली प्रतिक्रिया का अनुभव कर यह स्पष्ट हो जाता था कि सांस्कृतिक स्वाधीनता कोई काल्पनिक बात नहीं रह गई है—वह कलाकार के लिए जीवन-मरण का प्रश्न बन गई है। कांग्रेस के मन्त्री श्री निकोलस जैवोकौव के स्वागत भाषण से लेकर उस दिन के सभापति सलवदर द मादरियना के भाषण तक से यही ध्वनि निकलती थी। दक्षिणी अमेरिका के प्रसिद्ध पत्रकार श्री सैण्टोस, अमेरिका की उपन्यास लेखिका श्रीमती वैथरिन ऐने पोर्टर, फ्रांसीसी लेखक जीन ग्वेहेन्नो, सुप्रसिद्ध अंग्रेज कवि स्टेफेन स्पेण्डर, फ्रांस के समाजशास्त्री रोजर शाइलाई, इतालियन उपन्यासकार ग्विदो पियोविन और इस कांग्रेस की कार्य-समिति के सभापति स्वीजरलैण्ड के श्री देनिस द रुज़्मों—सबने इसी बात पर जोर दिया कि कलाकार अपने को चारों ओर के वातावरण से पृथक् नहीं रख सकता, उसकी कला का विकास तभी सम्भव है जब उसके उपयुक्त स्वाधीन और उन्मुक्त वायुमण्डल हो, कलाकार को यह नहीं भूलना चाहिए कि वह एक नागरिक भी है और फलतः उसका यह पवित्र कर्त्तव्य है कि वह स्वाधीनता और न्याय के लिए लड़े ! फ्रांसीसी लेखक साइलोई ने पिछले पचास वर्ष के यूरोपीय साहित्य की छानबीन करते हुए कहा—"पिछले पचास वर्षों के साहित्यिक संसार ने अपने को दूषित और घिनौना बना डाला

क्योंकि वह या तो कल्पना-लोक में रमता रहा था, विलासिता के चाकचिक्य में फँसा रहा। उसने अपने साहित्य में मानव के लिए कहीं स्थान ही नहीं रहने दिया या जहाँ उसे जगह भी दी तो महानता में नहीं, विभीषिका में। और रूजमों ने इन शब्दों में आज के कलाकार और साहित्यकार के लिए दिशा-निर्देश किया—"तात्कालिक सामाजिक और आर्थिक ढाँचे में लेखक स्वाधीनता का प्रधान उपादान होता है। उसका कर्त्तव्य है कि वह उन हरकतों के खिलाफ आवाज उठाए जो उसके निर्माण के अधिकार पर बेजा दखल देती है। यदि वह ऐसा नहीं करता है, तो एक दिन उसे चुप बैठने का अधिकार भी खो देना पड़ेगा।

अब लेखक या कलाविद चुप बैठा नहीं रहेगा, यह कांग्रेस इस बात की सूचना देती थी। अपनी छोटी जिन्दगी में ही इसने लेखकों, कलाकारों, दार्शनिकों और वैज्ञानिकों का एक विशाल संगठन कर लिया है। इसके सम्माननीय सभापतियों में वेनेदेत्रो क्रोचे, जौन डीवी, कार्ल जैस्पर्स, जैक्स मेरीतें, सलावदरद मादरियागा और बर्ट्रेंड रसेल ऐसे संसार के गिने-चुने महापुरुष हैं। इस साहित्यिक आयोजन में ही रूस, जर्मनी, डेनमार्क, हालैंड, स्वीजरलैंड, स्पेन, इटली, रूमानिया, पौलैंड, आस्ट्रिया, ग्रीस, फ्रांस, इंग्लैंड, अमेरिका, ब्राजिल के वे साहित्यिक सम्मिलित हुए थे जिनकी रचनाओं का अंग्रेजी अनुवाद पढ़कर हम तृप्त होते रहे हैं। आडेन लुई मेकनिस और स्पेन्डर ऐसे अंग्रेजी के तीन आधुनिक कवि भी पधारे, जिनकी रचनाओं ने हिन्दी कविता को भी कम प्रभावित नहीं किया है। साहित्य और भाषा सम्बन्धी चार गम्भीर प्रश्नों पर विचार हुआ। अन्तिम दिन 'संस्कृति का भविष्य' पर जो बातें हुईं, उसमें नोबेल पुरस्कार विजेता विलियम फौकनर, सुप्रसिद्ध फ्रांसीसी लेखक आन्द्रे मालरो और इटालियन उपन्यासकार इन्नात्सियो सिलोने ऐसे साहित्यिक-महारथियों ने भाग लिया।

इन विचार-विमर्शों के अतिरिक्त इस अवसर पर बीसवीं सदी की सर्वोत्कृष्ट कलाकृतियों के प्रदर्शन का भी आयोजन किया गया था। स्वाधीनता के वातावरण में कला का किस प्रकार सर्वमुखी विकास सम्भव है, इसे सिर्फ शब्दों द्वारा ही नहीं, मूल कृतियों द्वारा सिद्ध करने का ऐसा प्रयास शायद ही कभी किया गया हो। एक महीने तक पेरिस में साहित्य, संगीत और कला की त्रिवेणी बहती रही। इसमें जिसने अवगाहन किया, वह धन्य हुआ। स्वर की दुनिया में, रंग की दुनिया में, भंगिमा की दुनिया में और शब्द की दुनिया में इस पिछली आधी शताब्दी में जैसे-जैसे प्रयोग हुए हैं, उनके उदाहरणों को प्रत्यक्ष देखकर कौन विस्मय-विमुग्ध नहीं होता !

मुख्यतः यह आयोजन पश्चिमी देशों से ही सम्बन्ध रखता था—एशिया से सिर्फ कुछ लोग बुला लिए गए हैं। भारत, जापान और इण्डोचाइना के ही प्रतिनिधि आए थे। हमने इसके उन्नायकों से बातें कीं और उन्होंने स्वीकार किया कि एशिया के लिए एक ऐसा आयोजन यथासाध्य किया जाना चाहिए।

तानाशाही की राक्षसी की बाढ़ को रोकने के लिए सबसे आवश्यक यह है कि एशिया पर अधिक ध्यान दिया जाए—हमने इस सांस्कृतिक स्वाधीनता कांग्रेस के अधिकारियों पर बार-बार जोर दिया। यूरोप में उसकी बाढ़ रुक-सी गई है। उसके खिलाफ प्रचंड वायुमंडल तैयार हो गया है ! किन्तु एशिया में उसका प्रभाव बढ़ता जा रहा है। पश्चिमी देशों की साम्राज्यशाही नीति ने उसके लिए यहाँ जरखेज जमीन भी तैयार कर रखी है। तानाशाही साहित्य इतनी सस्ती कीमत पर इतने बड़े पैमाने पर वितरित हो रहा है कि पढ़े-लिखे लोगों का दिमाग दिन-दिन खराब होता जा रहा है। कला-प्रदर्शनियों की आड़ में भी तानाशाही के पक्ष में जनमत तैयार किया जा रहा है। इन सबकी काट का उपाय सोचना है।

यह मेरे लिए सौभाग्य की बात है कि मैं जिस भाषा का वहाँ प्रतिनिधित्व करता था, उसके विस्तृत क्षेत्र ने पिछले चुनाव में ही सिद्ध कर दिया था कि वह तानाशाही को किसी

भी रूप में स्वीकार करने को तैयार नहीं है। नौ बड़े-बड़े राज्यों की अट्ठारह करोड़ की जनसंख्या वाले इस हिन्दी क्षेत्र में तानाशाही का समर्थक एक भी कहीं से नहीं जीत सका ! यह क्षेत्र सदा से भारत का हृदयदेश रहा है। यह अनुभव करना कम आनन्ददायक नहीं है कि भारत का हृदय सांस्कृतिक स्वाधीनता की भावना से ओतप्रोत है, यहाँ तानाशाही की दाल गल नहीं सकती !

जब हम पेरिस में एकत्र कलाकारों और साहित्यकारों के इस महामेला में सम्मिलित हो रहे थे, तो हमारे सामने उन शहीदों और वीरों की तस्वीरें थीं, जिन्होंने आत्मा की पुकार पर एक दिन कलम और कूची फेंककर राइफल और तलवार भी पकड़ी थी। स्पेन, इटली और जर्मनी में की गई उनकी अपूर्व शहादत हम सबके लिए सदा प्रेरणा देती रहेगी। और जो लोग आज भी फौलादी पर्दे के भीतर के देशों में सांस्कृतिक स्वाधीनता की मशाल जलाए हुए हैं, उनके निकट हमारा मस्तक बार-बार झुकता था।

पेरिस के इस अपूर्व साहित्यिक समारोह में अपने देश के सर्वश्रेष्ठ कवि, श्री रवीन्द्रनाथ ठाकुर की कविता के आधार पर रचित यह हिन्दी-कविता जो बचपन से ही मुझे याद है, बार-बार मेरे होंठों को हिला देती थी। निःसन्देह यह सांस्कृतिक स्वाधीनता का विशुद्धतम रूप विश्व के समक्ष उपस्थित करता है–

जहाँ स्वतन्त्र विचार न बदले मन में मुख में;
जहाँ न बाधक बनें सबल निर्बलों के सुख में;
सबको जहाँ समान निजोन्नति का अवसर हो।
शान्तिदायिनी निशा, हर्ष सूचक वासर हो।
इस भाँति सुशोसित हो जहाँ, समता के सुखकर नियम !
बस उसी स्वतन्त्र स्वदेश में जागें हे जगदीश हम !!

[**नई धारा**, जुलाई 1952, में प्रकाशित]

नई संस्कृति की ओर

हमारी आँखों के सामने एक नया समाज बन रहा है, उसकी संस्कृति भी नई होगी !

पुराने समाज के खण्डहर पर ही नए समाज की अट्टालिका खड़ी होती है; पुरानी संस्कृति सूखे तने से ही नई संस्कृति की नई कोंपलें फूटेंगी !

प्राचीनता से हमें घबराना नहीं है, नवीनता पर हमें इतराना नहीं है। ये दोनों परस्पर विरोधी वस्तुएँ नहीं; पहली दूसरे का पूर्वरूप है और दूसरी पहले का विकसित रूप।

इतिहास लकड़ी का कोई लट्ठा नहीं कि आरी या कुल्हाड़ी से उसके दो टुकड़े कर एक को पुराना और एक को नया कह दीजिए। इतिहास एक धारा है–अविच्छिन्न और अजस्र रूप में प्रवाहित ! स्रोत का अग्रतम बिन्दु उद्‌गम से सम्बद्ध है, आबद्ध है। यदि उद्‌गम से उसका सम्बन्ध टूट गया, वह स्रोत से अलग हो जाए, फिर बिन्दु मात्र बनकर विलीन हो जाने में उसे कितनी देर लगेगी।

जो लोग नए समाज की कल्पना में पुराने समाज को मात दे देते हैं, वे कल्पना-लोक के वासी हैं–उनका नया समाज हवा में ही बन सकता है।

यों ही नई संस्कृति पुरानी संस्कृति से नत्थी है, जो यह नहीं समझते हैं, वे संस्कृति शब्द

से खिलवाड़ करते हैं।

× × ×

समाज यदि वृक्ष है, तो अर्थनीति उसका मूल है। राजनीति उसकी शाखा और संस्कृति उसका फूल है।

समाज अर्थनीति से खुराक पाता है, उसी के अनुसार उसकी वृद्धि और विकास होता है; किन्तु उसकी चरम सार्थकता होती है संस्कृति में।

जो अर्थनीति संस्कृति की ओर नहीं जाए, वह व्यर्थ है।

वह मूल सड़ जाए, जिससे वृक्ष में फूल ही नहीं लगने पाएँ।

प्रकृति को फूल बहुत प्यारे हैं, इसलिए जब वह मूल को फूल में बाधक होती देखती है, तब उसमें परिवर्तन करने से नहीं चूकती। इसलिए हम मूल में परिवर्तन पाते रहे हैं और पाते रहे हैं फूल में। प्रकृति की इस प्रक्रिया से ही हमारा समाज जीवित है, नित्य नवल है, फलतः शाश्वत सुन्दर है।

× × ×

मानव-समाज का वह युग, जब आर्थिक साधन सीमित थे, संकुचित थे।

जंगल के कन्द-मूल, फूल-फल; कभी कुछ शिकार—भाले या तीर से हिरन; बंसी या जाल से मछली।

समाज की जड़ें मिट्टी के थोड़े ही नीचे गई थीं, उसमें शाखा फूटी नहीं थी।

संस्कृति के फूल भी उसी के अनुसार खिले, उस युग के संगीत, नृत्य, छन्द; पर्व, उत्सव, आनन्द; परम्परा, व्यवहार, शिष्टाचार—सबमें कितनी सादगी थी।

किन्तु सादगी के साथ ही ताज़गी ! जड़ों ने कुँवारी पृथ्वी के रस चूसे थे न ?

वेदों को देखिए—धार्मिक ग्रन्थ की दृष्टि से नहीं, मानवता की प्रथम वाणी के रूप में। क्या वैसी सादगी और ताज़गी कहीं अन्यत्र प्राप्त हो सकती है ?

समय के साथ समाज विकसित होता जाता है—नीचे का मूल फैलता जाता, गहरा होता जाता है और शाखाओं पर शाखाएँ फूटती जाती हैं। ऊपर से फूल भी सतरंगी, बहुरंगी होते जाते हैं।

आगे बढ़कर हम राज्य बनाते हैं, साम्राज्य बनाते हैं। नारियों के साथ रानियाँ आती हैं। स्वरों का विकास, छन्दों का विकास ! जमीन-आसमान के कुलाबे मिलाए जा रहे हैं ! महाभारत, रामायण, अभिज्ञान शाकुन्तलम्, मुद्राराक्षस—हमारे समाज के विकास की ये अमूल्य धरोहरें हमें बताती हैं कि हमारा समाज धीरे-धीरे किस तरह विकसित होता रहा है और किस तरह उसी के साथ बदलती रही है हमारी संस्कृति !

इतिहास एक धारा है। धारा में कभी-कभी भँवर पड़ जाते हैं। वह चक्कर काटने लगती है। यों ही कभी-कभी अगल-बगल छाड़न छोड़ देती है, जहाँ पानी स्थिर हो जाता है। उसमें सड़ाँध आ जाती है।

पिछले एक हजार वर्ष तक, मेरी समझ से, हमारी सामाजिक धारा की यही हालत रही !

किन्तु यह हालत कब तक ? धारा में बाढ़ भी आती है न ? भँवर को तोड़ती, छाड़न को डुबोती, वह देखिए, वह क्या बढ़ी आ रही है ?

नीचे अर्थनीति में आमूल परिवर्तन होने जा रहा है, राजनीति भी नया रूप धारण कर रही है। संस्कृति में भी परिवर्तन के रंग झलकने लगे हैं !

एक नया समाज बनने की प्रक्रिया हम देख रहे हैं; एक नई संस्कृति की छाया भी हमारी आँखों के सामने नाच रही है !

× × ×

एक नया समाज, एक नई संस्कृति !

नया समाज जिसकी अर्थनीति व्यक्तिगत से हटकर सामूहिक बनने जा रही है, बनती जा रही है।

राजसत्ता पर प्रजासत्ता ने विजय पाई है।

उसकी संस्कृति भी सामूहिक होगी, जनतान्त्रिक होगी।

आज तक का समाज; मुख्यतः व्यक्तियों का समाज ! चन्द मुखियों का समाज, एक मुट्ठी सामन्तशाहों का समाज; फिर दस-बीस पूँजीपतियों का समाज !

बेचारी संस्कृति भी कुछ व्यक्तियों में बँधी, फँसी !

कितना भी दीपक जलाइए, घण्टा-घड़ियाल बजाइए, वहाँ से शून्यता कहाँ दूर होनेवाली है, जहाँ का भगवान मानव से पाषाण बन गया है !

हमने बड़े-बड़े सांस्कृतिक 'ताज' भी बनाए, किन्तु उनके भीतर मुर्दा, ऊपर पत्थर ! ऊपर का पत्थर कितना भी चमकीला हो, भीतर जीवन का अभाव उन्हें डरावना बनाए रहा !

संस्कृति को व्यक्ति के खूँटे से खोलना है, भगवान को मन्दिर के घेरे से हटाकर खुले आसमान के नीचे खड़ा करना है, मुमताज को ताज के कारा से उद्धार करना है।

नई संस्कृति—एक निर्बन्ध, उन्मुक्त संस्कृति ! नई संस्कृति—सबकी संस्कृति, सर्वत्र की संस्कृति !

जब सभी के कौशल, सभी के अनुभव सबको ऐश्वर्यमय, ज्ञानमय बनाएँगे !

जब सारा वृक्ष, वृक्ष की डाल-डाल, डाल की टहनी-टहनी फूलों से लदी होगी !

फूल नाना रंग के, नाना गन्ध के; किन्तु सबमें एकात्मता ! अनेकता में एकता !

उनके मूल जब सामाजिक स्रोत से भोजन पाएँगे, तो फूलों में बहुलता के भीतर समानता अन्तर्हित होगी ही।

और यह नई संस्कृति भी हमारी अपनी संस्कृति होगी—उसी तरह, जिस तरह वैदिक, पौराणिक या ऐतिहासिक युग की संस्कृति हमारी अपनी थी।

इस नई संस्कृति में वेदकाल की ताजगी होगी; पौराणिक युग का विस्तार होगा; ऐतिहासिक युग के अलंकार होंगे और होंगी वर्तमान युग की रंगीनियाँ।

नई कहने से मत घबराइए, होश-हवास मत खोइए। याद रखिए प्राचीनता पूजनीय है; नवीनता अभिनन्दनीय !

नए समाज में विकसित होने जा रही इस हरी-भरी, फली-फूली, सुन्दर और रंगीन संस्कृति का अभिनन्दन अभी से कीजिए !

हिन्दी भाषा का स्थिरीकरण

जब कभी आप अहिन्दीभाषियों के बीच में हिन्दी-प्रचार के लिए जाइए, तब आपको मालूम होगा कि हिन्दी का वर्तमान रूप उनके लिए कितनी झंझटे पैदा करता है। मान लीजिए, उन्हें एक ऐसे व्याकरण द्वारा क्रिया का रूप सिखलाया गया, जिसमें 'गया' का स्त्रीलिंग रूप 'गई' लिखा गया है। अब जब दूसरी किताब में उनके सामने 'गयी' आ 'गऔ' शब्द आता है, तो स्वभावतः वे समझ लेते हैं कि यह 'गया' का स्त्रीलिंग रूप नहीं है, यह कोई भिन्न ही शब्द है। यों ही जब किसी ऐसी पुस्तक द्वारा उन्हें शिक्षा दी गई जिसमें कारकों के चिन्ह हटाकर

लगाए गए थे, तो चिन्ह हटाकर छापी पुस्तकों का उनके लिए समझना भी मुश्किल पड़ जाता है; क्योंकि 'गाय का दूध' का रूप 'गाय का दूध' होते ही यह 'गायका' उन्हें एक नया शब्द ही मालूम पड़ता है। यों ही अक्षरों के रूप, मात्राओं के रूप, व्याकरण के नियम आदि के इतने विभेद हैं कि अहिन्दीभाषी अकुला उठते हैं। तो भी उसका धीरज देखिए, वे हिन्दी आज ही नहीं सीख रहे हैं जब वह राज्यभाषा बन गई है, लगभग आधी सदी से वह उसे राष्ट्रभाषा के रूप में सीखते आए हैं।

अतः क्या यह आवश्यक नहीं जँचता कि हिन्दी का रूप स्थिर किया जाए। मैं तो कहूँगा कि जितना इस काम में विलम्ब होता है, उतना ही हिन्दी का अहित हो रहा है।

किन्तु ज्यों ही हिन्दी भाषा के स्थिरीकरण का प्रश्न आता है, सदा दुख के साथ देखना पड़ता है कि हम उसके प्रचलित भिन्न रूपों के स्थिरीकरण के बदले जो स्थिर रूप हैं, उन्हें ही उलट-पुलट करने में लग जाते हैं। इसका प्रत्यक्ष प्रमाण तब मिला, जब पटना में भारतीय हिन्दी परिषद् की बैठक हुई। यह परिषद् मुख्यतः हिन्दी प्रोफेसरों की परिषद् है। प्रोफेसरी की कुर्सी पर बैठते ही आजकल यों तो हर व्यक्ति अपने को आचार्य मान लेता है; किन्तु इस परिषद् में ऐसे लोग भी आए थे; जिनकी आचार्यता को सर्वसम्मति से स्वीकृति मिल चुकी है। इन आचार्यों के अगाध ज्ञान और अनुभव के बावजूद इस परिषद् में भी कोई निर्णय नहीं किया जा सका। उल्टे नई-नई ऐसी बातें पैदा हुईं कि मामला और भी उलझ गया।

यह प्रश्न कितना पेचीदा है, यह इसी से सूचित होता था कि परिषद् के सूचना-पत्रकों में कहीं तो 'स्थिरीकरण' छपा था, कहीं 'स्थिरिकरण' ! यानी, जो करना है, उसी का रूप स्थिर नहीं हो सका, तो आगे की कौन-सी बात। परिषद् ने व्याकरण की विभिन्नताओं को अलग रखकर पहले शब्दों के रूप—बरतनी—को ही स्थिर करने के प्रश्न पर विचार-विमर्श किया। शब्दों के रूप के पहले अक्षरों के रूप पर विचार करना आवश्यक था, अतः पहले इसी विषय को डा. धीरेन्द्र वर्मा ने पेश किया। डा. वर्मा, उत्तर प्रदेश सरकार द्वारा नियोजित नरेन्द्रदेव-समिति के एक माननीय सदस्य थे, अतः उन्होंने उसी समिति की सिफारिशों को रखा। इसमें सन्देह नहीं कि अब तक इस सम्बन्ध में जितने सुझाव रखे गए हैं, इस समिति के सुझाव उन सबमें सुलझे हुए हैं। समिति ने पहले ही यह मान लिया है कि जहाँ तक सम्भव हो, नागरी अक्षरों में कम-से-कम परिवर्तन किया जाए। जहाँ तक अक्षरों के रूप का प्रश्न है, 'र' को छोड़कर उसके अन्य सुझाव ऐसे हैं कि उन्हें स्वीकार कर लेने में अधिक आपत्ति नहीं हो सकती। किन्तु, एक 'र' का यह प्रश्न भी कम जटिल नहीं है। इसका जो विकृत रूप समिति ने स्वीकार किया है, उसे तो किसी प्रकार स्वीकार नहीं किया जा सकता। समिति ने 'ॐ' का मूल रूप इसलिए स्वीकार कर लिया कि यह एक धार्मिक शब्द बन गया है। यों ही उसने 'श्री' के रूप को भी स्वीकार किया कि दिल्ली के राजकाज में भी यह अति प्रचलित हो गया है। किन्तु, समिति शायद भूल गई कि इस 'र' के साथ 'राम' लगा हुआ है, जो अब 'ॐ' और 'श्री' से भी अधिक महत्त्व पा गया है। यों तो शताब्दियों, सहस्राब्दियों से इसका धार्मिक महत्त्व था ही; गाँधीजी द्वारा अपना आराध्य और उपाह्य मान लिए जाने के कारण यह राजनीतिक महत्त्व भी प्रचुर मात्रा में प्राप्त कर चुका है। अतः, कुछ कठिनाइयाँ होते हुए भी, 'र' के बारे में ज्यादा उलट-फेर स्वीकार नहीं किया जा सकेगा, ऐसा हमारा विश्वास है।

मुख्य विवाद आता है मात्राओं के रूप को लेकर। हमारी मात्राएँ अक्षरों को चारों ओर घेरती हैं—आगे, पीछे, नीचे, ऊपर ! नीचे-ऊपर की मात्राएँ हमारी हर पंक्ति को तीन पंक्तियाँ बना डालती हैं। इससे स्थान तो अधिक लगता ही है, असुविधा भी कम नहीं होती। कम्पोज करने में कठिनाई होती है, टंकन करने में गति में अत्यधिक बाधा पड़ती है। नीचे-ऊपर की

मात्राएँ टूटती भी बहुत हैं। बहुत दिनों से सोचा जा रहा है कि मात्राओं की इस असुविधा को किस तरह दूर किया जाए। तरह-तरह के सुझाव आते रहे हैं, नरेन्द्रदेव-समिति ने जो सुझाव रखे हैं, वे उन्हीं पुराने सुझावों का संस्कृत रूप हैं, फलतः उन सुझावों से वे अच्छे हैं। किन्तु हमारा ख्याल है, इन सुझावों को स्वीकार करने के समय समिति ने इस पर ध्यान नहीं रखा कि यंत्र हमारे लिए हैं, न कि हम यंत्र के लिए। हमें चाहिए यह कि यंत्र को अपनी सेवा के उपयुक्त बनाएँ, न कि स्वयं अपने को यन्त्र की सेवा के योग्य बना लें। यदि समिति इस ढंग से सोचती तो वह उन यान्त्रिकों—टैक्नेशियनों से सलाह-मशविरा करती, जो इस सम्बन्ध में काम कर रहे हैं। दूर जाने की बात नहीं है, हमारे बिहार में ही एक ऐसे विद्वान् यान्त्रिक हैं जिन्होंने मात्राओं के इस प्रश्न को टंकन में हल कर दिया है। और, जब टंकन में उसका हल हो चुका, तो कम्पोजिंग में भी हल होकर रहेगा। हमें सदा यह याद रखना है कि आजकल हाथ से कम्पोज करने की जो प्रथा है, वह दस-पन्द्रह साल में ही खत्म होने जा रही है। यह युग मोनो का है, लीनो का है। टंकन में जो पद्धति सफल हो चुकी, वह उन पर भी सफल होकर रहेगी। अतः हम लोग व्यर्थ ही अपने अक्षरों का अंगभंग क्यों करें ?

इस सम्बन्ध में हमें एक बात और याद रखनी है। हम भविष्य के बारे में सोचते समय अतीत को नहीं भूलें। अक्षरों या मात्राओं में हम ऐसा परिवर्तन नहीं करें कि पुरानी जितनी छपी या लिखी पुस्तकें हैं, वे सब-की-सब बेकार चली जाएँ यही नहीं, आज जो लोग पुराने ढंग से पढ़ चुके या पढ़ रहे हैं, उन्हें भी फिर से अक्षर-ज्ञान कराने की आवश्यकता आ पड़े। एक ओर हम निरक्षरता दूर करने में भी समर्थ नहीं हो सके हैं, दूसरी ओर जो साक्षर हैं, उन्हें भी हम फिर निरक्षर बना डालें, यह कहाँ की बुद्धिमानी है। हमें आश्चर्य लगता है उन लोगों पर जो एक ओर सामाजिक, धार्मिक, आर्थिक, सांस्कृतिक यहाँ तक कि साहित्यिक मामलों में भी दकियानूस हैं, वे ही अक्षरों और शब्दों के रूप के बारे में इतने क्रान्तिकारी किस तरह बन जाते हैं ! क्या वे उन क्षेत्रों के अपने दकियानूसपन को इस तरह ढँकना चाहते हैं ? कम-से-कम एक क्षेत्र में तो हमें क्रान्तिकारी समझा जाए, यह भावना क्यों उन्हें परेशान करती है ? ऐसे सज्जनों से हमारा निवेदन है, कृपया अपनी इस क्रान्तिकारिता को हम पर नहीं लादिए। अक्षर और शब्द का मामला इतना आसान नहीं है कि जब जो चाहा, हम तोड़मरोड़ कर दें। सहस्राब्दियों की रगड़ खाते-खाते अक्षर बने हैं, शब्द ढले हैं। उनके बनने या ढलने का एक खास नियम है। कृपया इस नियम की ओर भी ध्यान दीजिए, तभी कोई नया सुधार या सुझाव आप ऐसा कर सकेंगे, जो खप सके, चल सके, दिल्ली और दौलताबाद की कहानी भाषा-क्षेत्र पर फिर दुहराने की चेष्टा न की जाए, हमारी यह विनती है !

लेकिन आज हो यही रहा है। कुछ दिन हुए सभी हिन्दी-प्रदेशों के शिक्षा-मन्त्रियों और जिन्हें सरकारी मान्यता मिल चुकी है, उन आचार्यों की एक सभा हुई थी। उस सभा में यह प्रश्न आया और उन्होंने एक निर्णय भी कर लिया। यहाँ तक बात ठीक थी। किन्तु उचित यह था कि उस निर्णय को हिन्दीभाषियों के सामने रखा जाता, उनसे मत लिए जाते, फिर उन मतों की छानबीन कर एक सर्वसम्मत, नहीं तो बहुमत, निर्णय कर फिर उसे काम में लाया जाता। किन्तु, ऐसा क्यों किया जाता ? शासन हमारे हाथ में; वेतनभोगी आचार्य हमारी मुट्ठी में, हम जो करेंगे, तुम्हें स्वीकार करना पड़ेगा। उसने अपनी इस सुधरी लिपि में पाठ्य पुस्तकें लिखने, छापने और पढ़ाने का भी आदेश दे दिया है। बेचारे लेखक और प्रकाशक क्या करेंगे। यदि उन्हें जिन्दा रहना है तो लखनऊ के इन नए नवाबों के हुक्म पर चलना ही पड़ेगा ! इस लिपि के कारण तुलसी, सूर और कबीर की रचनाएँ हो जाती हैं, तो हों, हरिश्चन्द्र, प्रेमचन्द्र और प्रसाद की आत्माएँ स्वर्ग में झखें, तो झखते रहें; हरिऔध, श्यामसुन्दरदास और रामचन्द्र

शुक्ल ऐसे आचार्यों के किए-धिए पर हड़ताल फिर जाए, तो फिरे—इनकी जिद चलेगी, चलाकर ही छोड़ेंगे !

उस परिषद् में एक आचार्य ने शब्दों के रूप स्थिर करने के सम्बन्ध में जो समस्याएँ हैं, उन्हें उपस्थित किया। अलग-अलग देखने से जो प्रश्न इतना आसान मालूम पड़ता है, यथार्थतः वह बहुत ही जटिल है। प्रश्न इतना बड़ा था कि उस पर विचार-विमर्श के लिए समय भी नहीं मिल सका। किन्तु, उसी सिलसिले में कुछ विचार तो सामने आए ही। एक प्रश्न है, विशेष उच्चारण के लिए अक्षरों के नीचे जो बिन्दी लगाई जाती है, उसे रखा जाए या हटा दिया जाए। जो तद्भव शब्दों के हिमायती हैं वे तुरन्त कहेंगे, अवश्य हटा दिया जाए। फारसी का 'ज़रूर' 'ज़्यादा', 'ज़बर्दस्त' हिन्दी में आकर 'जरूर', 'ज्यादा', 'जबर्दस्त' बन जाए, तो आश्चर्य क्या ? जनता के बड़े हिस्से ने इन शब्दों को तद्भव रूप में ही लिया है। अन्य भाषाओं में भी ऐसा होता है। किन्तु दिक्कत की बात तो यह है कि जो लोग फारसी या अँगरेजी शब्दों के लिए यह दलील पेश करते हैं, वे ही संस्कृत शब्दों के लिए सदा तत्सम रूप ही पसन्द करते हैं। हिन्दी जिन भाषाओं को अपना अंग मानती रही है, ब्रजभाषा, अवधी, बुन्देलखण्डी, भोजपुरी, मगही, मैथिली आदि में संस्कृत शब्द तद्भव रूप में ही लिए गए हैं। 'श' तो इन भाषाओं में कहीं है नहीं, 'ण' का भी पूरा अभाव है। इन क्षेत्रों की जनता भी 'श' और 'ण' से सदा परहेज करती आई है। फिर हम क्यों संस्कृत शब्दों को तत्सम रूप में ही लें। नियम जो कुछ बने, उसमें एकरूपता हो। किन्तु, आचार्य महोदय ने अपने व्याख्यान के सिलसिले में ही एक बात कह दी, जो एक खास मनोवृत्ति की सूचक है। उन्होंने कहा, हमें नीचे बिन्दी लगाने की प्रथा को छोड़ देना चाहिए, क्योंकि इस प्रथा को हमने मुख्यतः फारसी-अरबी शब्दों के लिए अपनाया था। किन्तु अब तो हिन्दी से ये शब्द निकलते जा रहे हैं, 'जरूर' के स्थान पर 'अवश्य' चलता जा रहा है, अतः इस व्यर्थ के भार को हम क्यों ढोएँ ! यदि यह विचार परिषद् का भी विचार हो, तो यह स्थिति निस्सन्देह चिन्तनीय है।

जब-जब ऐसी बातें सुनते हैं, हमारे रोंगटे खड़े हो जाते हैं ! यह दलील तो समझ में आती थी कि जब नए पारिभाषिक शब्द बनाने पड़े, तो उसका मूलाधार हम संस्कृत को ही रखें, क्योंकि भारत की अन्य भाषाएँ भी वहीं से शब्द लेती आई हैं। इस तरह सारे भारत में पारिभाषिक शब्दों के एक ही रूप कालक्रम से स्थापित हो जाएँगे। किन्तु, अब तो यहाँ तक कहा जा रहा है कि धीरे-धीरे सभी विदेशी शब्दों के स्थान पर हमें संस्कृत शब्द ही ले लेना चाहिए। मुझे विश्वास है, यह धारणा प्रबल बनी, तो देशज शब्द भी एक-एक कर हटा दिए जाएँगे और हिन्दी को सिवा क्रियापद या कारक चिन्हों के संस्कृत रूप दे दिया जाएगा। देशज या तद्भव शब्द भी धीरे-धीरे हटाए जा रहे हैं ! बड़े कौशल से यह प्रयत्न जारी है। हम जोर देकर कहना चाहते हैं, हिन्दी के लिए यह परम दुर्भाग्य की बात हो रही है। उसकी भी वही गत होगी, जो संस्कृत की हुई। हमें याद रखना चाहिए, संस्कृत इसलिए नष्ट नहीं हुई कि विदेशियों ने उसे दरबार से हटाया; उसका विनाश तो उसके पहले शुरू हो गया था, जब जनता ने उसे छोड़ दिया था। बुद्ध और महावीर ने उसे क्यों छोड़ा—क्योंकि वह जनभाषा नहीं रह गई थी ? शंकर ने बौद्धधर्म का उच्छेद किया, किन्तु वह भी संस्कृत को पुराने पद पर नहीं बिठा सके ! हिन्दी तभी तक जीवित है, जब तक उसमें भिन्न-भिन्न मूलों से शब्द आते और पचते रहेंगे। जब वह संस्कृत बन जाएगी, वह भी मरके रहेगी, भले ही कुछ प्रोफेसर कालेजों में उसकी रट लगाते रहें या कुछ राज्य-पुरुष उसमें अपनी घोषणाएँ निकालते रहें ! ऐसी घातक प्रवृत्तियों से हिन्दी की रक्षा होनी चाहिए।

अब हिन्दी सिर्फ अपने देश के अहिन्दीभाषियों में ही नहीं सीखी जा रही है; विदेशों

में भी इसके सीखने के लिए होड़ाहोड़ी लगी है। यूरोप के प्रायः सभी विश्वविद्यालय में हिन्दी की पढ़ाई शुरू कर दी गई है। किन्तु वे बेचारे क्या सीखेंगे, यदि हम हिन्दी का रूप यों दिन-दिन बदलते जाएँगे ! जहाँ आवश्यकता थी हिन्दी के वर्तमान रूप में स्थिरता लाने की; वहाँ उसके स्थिर रूप को भी हम दिन-दिन अस्थिर करते जा रहे हैं !

मुझे आश्चर्य तब होता है, जब हम देखते हैं, कुछ राजनीतिज्ञों और उनसे सेवित आचार्यों द्वारा ये अनर्थ हो रहे हैं और हम टुकुर-टुकुर ताक रहे हैं ! क्या इसके विरोध में आवाज उठाना हमारा कर्त्तव्य नहीं है ?

[नई धारा, नवंबर 1953, में प्रकाशित]

साहित्य और सत्ता

सरस्वती और लक्ष्मी में वैर है। सत्ता लक्ष्मी की पुत्री है। फिर यदि वह साहित्य की उपेक्षा करे, तो आश्चर्य क्या ?

किन्तु साहित्य का कुछ ऐसा जादू है जो सत्ता के भी सिर पर चढ़कर बोलता रहा है। कालिदास, वाणभट्ट, विद्यापति, भूषण आदि की परम्परा जग-जाहिर है। सरस्वती के इन सपूतों की साहित्य-साधना ने लक्ष्मी-वाहन सत्ताधारियों को भी वह महत्ता दे दी, जो सिर्फ सत्ता से उन्हें प्राप्त नहीं हो सकती थी। सामन्तवादी युग में साहित्य और सत्ता का यह गठबन्धन संसार के कई भागों में बड़े सुन्दर रूप में विकसित होते देखा गया।

पूँजीवाद के प्रारम्भ में बात बदली। जैसा मार्क्स ने कहा था, इसने साहित्य, कला आदि सबको बाजार का माल बना दिया। साहित्यकार को भी लाचार होकर एक साधारण दुकानदार बन जाना पड़ा—पोथी-पत्रा लेकर बैठे रहिए और खरीदार का इन्तजार कीजिए, खरीदार भी कैसा—जो हर चीज को छटाँक, सेर और मन में तौलता हो और पैसे, आने, रूपए में, बड़ी कंजूसी से चुकाता हो !

किन्तु धीरे-धीरे यह स्थिति भी करवट लेने लगी। साहित्य ने वह विस्फोटक रूप धारण किया, कि सत्ता भयभीत हुई। अब वह साहित्य को लुभाने और फुसलाने की चेष्टा करने लगी। वह इसमें सफल भी हुई। ब्राउनिंग की 'खोया हुआ नेता' शीर्षक कविता इस स्थिति का स्पष्ट उदाहरण है। ब्राउनिंग की इस कविता के आईने में यदि आज के कतिपय साहित्य-महारथी अपने चेहरे देखें, तो निस्सन्देह वे घबड़ा उठेंगे !

इसको इस रूप में भी रखा जा सकता है कि यह तो सत्ता द्वारा साहित्य का सम्मान-प्रदर्शन-मात्र है। काश, यदि यही बात होती !

साहित्यिकों ने इस पर सन्तोष की साँस ली है कि स्वतन्त्रता-प्राप्ति के बाद इस देश की सत्ता साहित्य की ओर उन्मुख हुई है। केन्द्रीय शासन से लेकर भारत के प्रायः सभी राज्यों के शासन ने इस ओर ध्यान दिया है। साहित्यिकों को पुरस्कार मिल रहे हैं, वृत्तियाँ मिल रही हैं। सत्ता द्वारा साहित्य-संस्थाएँ खोली जा रही हैं, पुस्तकें प्रकाशित की जा रही हैं, खरीदी जा रही हैं। यही नहीं, विधान-परिषदों में, राज्यसभा में साहित्यिकों को स्थान दिया जा रहा है। जाने-माने साहित्यिकों को सत्ता ने उनके योग्य पदों पर पदाधिकारी बनना भी प्रारम्भ किया है।

शारदा के ये सपूत, जो कल तक फटेहाली में जिन्दगी बसर कर रहे थे, जब सत्ता की कृपा से कुछ खुशहाल नजर आते हैं; उनके शरीर पर हम अच्छा वस्त्र और उनके चेहरे पर

कुछ ललाई पाते हैं; तो हमारा खुश होना लाजिम हो जाता है। अरे, चलो, इतना तो हुआ ! आगे देखा जाएगा !

हम इस हँसी-खुशी में इतना विभोर हैं कि यह भी नहीं सोचा जा रहा है कि क्या यह स्थिति साहित्य की मर्यादा और श्रीवृद्धि के लिए वांछनीय है ? यदि कोई आवाज उठाए, तो 'अंगूर खट्टे हैं' कहकर अट्टहास करनेवालों की भी कमी नहीं होगी !

आज कहा जा रहा है कि साहित्य में गत्यवरोध है ! प्रमाण में कहा जाता है, देखिए, 'गोदान' और 'कामायिनी' के बाद हिन्दी साहित्य ने कौन-सी बड़ी देन दी ! किन्तु यह नहीं सोचा जा रहा है कि ऐसा हुआ क्यों ? संयोग देखिए, 1937 में देश के अधिकांश अंचलों में स्वदेशी सत्ता का श्रीगणेश हुआ और यही समय है, जब से साहित्य के गत्यवरोध का भी श्रीगणेश होता है।

स्वदेशी सत्ता प्रारम्भ से ही साहित्य और साहित्यिकों की ओर उन्मुख हुई और अब तो धीरे-धीरे वह इस क्षेत्र पर पूर्णतः छा गई ! जहाँ सत्ता के इस स्नेह और कृपा का यह फल होना चाहिए था कि साहित्य का दिन-दिन विकास होता, वहाँ उसे गत्यवरोध का यह ग्रहण क्यों लग गया ? क्या बात है कि जहाँ हमारे गालों पर थोड़ी ललाई दौड़ने लगी है, वहाँ साहित्य दिन-दिन पीला पड़ता जा रहा है ! हमारे कलेवर की ही तरह उसके कलेवर में चर्बी और मांस के लोथड़े तो बढ़ रहे हैं, किन्तु वह स्फूर्ति, वह तेज, वह पौरुष कहाँ चला गया ?

यह नहीं कि साहित्य बढ़ नहीं रहा है। बढ़ रहा है बड़ी तेजी से, वट-वृक्ष की छाया में बढ़नेवाले बिरवे की तरह दिन दूना रात चौगुना। और वैसा ही पीला-पीला, पोपला-पोपला, प्राणहीन, स्पन्दनहीन।

इस लालन-पालन के बीच साहित्य का यह हाल क्यों हुआ ? हमें सोचना होगा। कोई पौधा नहीं बढ़ रहा है या अवांछित रूप में बढ़ रहा है तो सोचना पड़ेगा कि उसकी खुराक में, खाद-पानी में, वातावरण में कौन-सी कमी या खामी आ गई है। सिर्फ हाय-तौबा मचाने से क्या होता है ?

साहित्य का आदि-स्रोत कहाँ है ? क्या वह समझाने की बात रह गई है कि उसका सच्चा स्रोत तो है साहित्यिक का वह विकल-विह्वल, भावनाओं से उफनाना, विचारों की तरंगों से आड़ोलित मानस-सागर, जो पृथ्वी पर होने पर भी आकाश को, उसके पूर्णचन्द्र को चूमने को हर क्षण लालायित रहता है !

उसके ज्वार और भाटे का अपना नियम है। आकाश में अनेक बिजली के डंडे टँगवा दीजिए, जो पूर्णचन्द्र से भी अधिक रोशनी दे सके, उसमें ज्वार आप ला नहीं सकते। बड़ी-से-बड़ी नदियों की धाराएँ भी उसके जल की सतह में घट-बढ़ ला नहीं सकतीं। मन्दराचल की अनेक मथनियों से उसे मथिए, उसके वीचि-विलास में कोई अन्तर नहीं आ सकेगा ! वह अपने नियम का अनुसरण करेगा ! आपके ये सारे कृत्रिम उपाय व्यर्थ जाएँगे, व्यर्थ जाएँगे। यही नहीं, ऐसे उपाय प्रायः ही उलटा फल लाएँगे !

गोर्की रूस की क्रान्ति के बाद भी जिन्दा रहा। रूस की नई क्रान्तिकारी सत्ता को उसने अपना पूर्ण समर्थन दिया। सत्ता ने भी उसे सम्मानित करने और उसके विश्वव्यापी नाम का उपयोग अपने पक्ष में करने की एक चेष्टा उठा नहीं रखी। सत्ता उसमें सफल हुई किन्तु क्रान्ति के बीस वर्षों तक जीवित रहने पर भी गोर्की कोई रचना दे सका ? उसके पहले के यश को बढ़ा सके ? हम दावे के साथ कह सकते हैं, यदि प्रेमचन्द और प्रसाद जीवित होते और हमारी वर्तमान सत्ता उन्हें वही सम्मान दे पाती जो गोर्की को प्राप्त हुआ था तो वह भी दूसरा 'गोदान', दूसरी 'कामायनी' नहीं दे पाते ! हमारे जो साहित्य-महारथी आज

सत्ता से सम्मानित या प्रतिपालित हो रहे हैं, उन्होंने ही क्या दिया था और क्या दे रहे हैं, उनकी तुलना कर देखिए।

विटामिन गोलियाँ कुछ चर्बी ला दें, बनावटी सुर्खी ला दें, पूर्ण स्वास्थ्य का वरदान वे नहीं दे सकतीं। पूर्ण स्वास्थ्य सिर्फ अच्छा भोजन ही नहीं खोजता, वह कुछ मेहनत; कुछ मशक्कत भी खोजता है। और सबसे बढ़कर खुली, निर्बन्ध, स्वच्छ वायु भी। और क्या यह सच नहीं कि सत्ता के समीप सबसे बढ़कर इसी की कमी होती है, खास करके नई सत्ता के निकट, जो सदा इसी आशंका में रहती है कि कोई तूफ़ान आकर उसको जड़ से ही नहीं उखाड़ फेंके !

तो क्या हम यह चाहते हैं कि सत्ता साहित्य की ओर ध्यान नहीं दे ? यह तो अजीब ऊटपटाँग बात हुई कि सत्ता इस ओर ध्यान नहीं दे, तो उसे गालियाँ दो और जब वह ध्यान दे, तुम्हें सम्मान दे, भोजन दे, साधन दे, तो भी उसे कोसो ! क्या तुम यह मानते हो कि दोनों का मिलन, समन्वय, गठबन्धन सम्भव ही नहीं ?

यदि हम ऐसा समझते, तो पहले सामन्तवादी युग के उस सुन्दर गठबन्धन का उल्लेख क्यों करते ?

गठबन्धन सम्भव है, यदि साहित्य के उस मूल स्रोत पर ध्यान देकर किया जाए। वह पूर्णिमा लाई जाए, पूर्णचन्द्र उगाया जाए, जिसे देखकर उस मानस-सागर में स्वयं ज्वार तरंगित हो उठे ! उसके लिए सबसे पहली शर्त यह है कि सत्ता समझ ले, साहित्य उसका दास नहीं बन सका। सरस्वती कभी लक्ष्मी की चेरी नहीं बन सकती ! भोज, हर्ष, शिवसिंह या छत्रसाल बनो, तभी कालिदास, वाणभट्ट, विद्यापति या भूषण की वाणी तुम्हारी छत्रछाया में भी मुखरित हो सकेगी।

क्या आज का कोई छोटा-मोटा सत्ताधारी भी छत्रसाल की तरह हमारे महारथियों की पालकी में कन्धे लागने को तैयार होने की बात तो दूर रखिए, उन्हें बराबर का आसन देने को भी तैयार है ? विद्यापति और शिवसिंह की अभिन्नता आज के सत्ताधारी और साहित्यिक में क्या सम्भव है ? वाण का बाँकपन आज का कौन हर्ष बर्दाश्त करेगा ? कालिदास की नाजबरदारी कौन भोज उठा सकेगा ?

हमारी सत्ता की रक्षा के लिए सदा हाथ उठाए रहो, हमारे यश की गाथा के गीत चारण बनकर देश-विदेश में सदा गाते फिरो, कभी कदाचित्, कहीं बहक भी जाओ तो भीतर आकर दाँत निपोड़कर क्षमा माँगो। या फाइलें ढोया करो, हमारे ऊँचे पदाधिकारियों की वन्दना किया करो, कर्मचारी बने हो, तो कार्यालय के अदब-कायदे सीखो। क्या यह साहित्य का सम्मान है ? क्या यही वह पूर्णचन्द्र है जिसे देखकर कवि-मानस में ज्वार उठ सके ?

फिर साहित्यकार का मानस बहुत संवेदनशील भी होता है ! कालिदास, वाण, विद्यापति या भूषण को भी एक ही साथ महलों का वैभव-विलास देखने और बाहर की जनता का हाहाकार सुनने को मिलता—तो क्या वे हमें वैसी स्वर्गिक रचनाएँ दे पाते ! द्विधा में क्या उनकी वाणी ही रुद्ध नहीं हो जाती ? यदि अगत्या उन्हें कुछ रचना ही पड़ता, तो हम क्या उनकी रचनाओं में वह जीवन पाते, जो सदियों के बाद भी आज पद-पद पर नूतन-ही-नूतन लगता है !

हम उन लोगों में नहीं, जो साहित्य को समाज से पृथक् कोई किंभूत किमाकार वस्तु मानते हैं। साहित्य समाज की देन है; साहित्यिक भी समाज का एक अंग है। जब समाज एक नई रचना में लगा हो, तो उसमें साहित्य को सहयोग देना ही चाहिए। उसकी उपेक्षा कर साहित्य नहीं रह जाएगा।

सत्ता भी समाज की एक संस्था है, खासकर जब वह जनतन्त्रात्मक सत्ता हो। उस सत्ता के सहयोग द्वारा भी समाज की सेवा की जाती है।

किन्तु उस सहयोग का रूप क्या हो ? उस रूप का निर्णय कौन करेगा ? इस सहयोग के सिलसिले में साहित्य और सत्ता का सम्बन्ध क्या हो ?

फिर, साहित्य को यह भी सोचना पड़ेगा कि सत्ता से अलग भी समाज का एक बहुत बड़ा अंग है। क्या उसकी सेवा भी उसका कर्त्तव्य नहीं है ? और, यदि सत्ता और समाज के उस बड़े अंग की सेवा में विरोधाभास पैदा हो जाए, तो वह किसकी सेवा को प्रमुखता दे ?

सत्ता ने साहित्य से सहयोग का जो रूप हमारे सामने रखा है, वह न योग्य है, न वांछनीय। खरीदा हुआ गुलाम या वजीफा पर पलनेवाला दरबारी बनाकर सत्ता जब साहित्यिक को अपनाती है, वह अपने को धोखे में रखती है—क्योंकि सत्ता ने ज्यों ही ऐसा किया, साहित्य उस साहित्यिक को छोड़कर दूर खड़ा हो जाता है। सरस्वती लक्ष्मी का यह अपमान सह नहीं सकती। ऐसा करके सत्ता अपना लाभ तो कुछ कर नहीं पाती, समाज की बहुत बड़ी हानि कर बैठती है क्योंकि सरस्वती द्वारा परित्यक्त और अभिशापित वह साहित्यिक समाज के लिए जीवित रहता हुआ भी मृतक बन जाता है।

साहित्य का सहयोग लेना चाहते हो, तो उसे उन्मुक्त रहने दो। उसे खुलकर बोलने दो, गाने दो। तुम अच्छा करते जाओगे, वह तुम्हारी यशोगाथा स्वयं गाएगा। उसकी वाणी को खरीदने या फुसलाने की कोशिश मत करो, मत करो।

तुम साहित्य या साहित्यिक का सम्मान या उसकी सहायता करना चाहते हो, उसके अनेक तरीके हैं। आज के तुम्हारे तरीके उन्हें या तो क्रीत या चाटुकार बनने को बाध्य करती है।

और, हम साहित्यिकों से कहेंगे, मित्रो, सत्ता यदि जाने या अनजाने भूल करे, तो उसके भूलभुलैया में क्यों फँसो। सत्ता को यदि किसी कारणवश सहयोग न दे सको, तो समाज के उस बड़े अंश की वाणी बनो, जो मूक है, जिह्वा रखकर भी जो बोल नहीं पाता। उसकी वाणी बनकर तुम अप्रत्यक्ष रूप से सत्ता का भला ही करोगे ! यदि आज के सत्ताधारी यह नहीं समझते, तो तुम नासमझी क्यों करो ?

[**नई धारा**, दिसम्बर 1955, में प्रकाशित]

साहित्यिको, विद्रोही बनो !

यह नारा मेरा नहीं, यह नारा है आधुनिक अँगरेजी साहित्य के सुप्रसिद्ध महारथी जे.बी. प्रिस्टले का। और यह नारा उन्होंने हाल ही में संसार के साहित्यिकों को दिया है।

श्री प्रिस्टले कोई नौजवान आदमी नहीं। कोई गैरजिम्मेदार आदमी भी नहीं। वह एक सुप्रतिष्ठित पुरुष माने जाते हैं। उनके साहित्य में संयम है, उनके चिन्तन की धारा में गम्भीरता है। अब उनकी उम्र भी ऐसी है कि सिर्फ भावना-मय उद्‌गार उनके लिए शोभनीय नहीं माना जा सकता।

अतः जब उनको ऐसा आदमी कहता है, साहित्यिकों को विद्रोही बनना चाहिए, तो स्वभावतः ही उस पर विचार करने को बाध्य होना पड़ता है।

लेखकों की एक सभा में प्रिस्टले ने ऐसा कहा है। उनका पूरा भाषण छपा नहीं है; जिससे उनकी विचार-सरणि का पता चले। किन्तु, सिर्फ एक यह वाक्य भी संसार के साहित्यकारों

के लिए सोचने-विचारने की सामग्री प्रस्तुत करता है।

प्रिस्टले अपने सहकर्मी बन्धुओं को ऐसी सलाह क्यों दे रहे हैं ?

थोड़े दिन हुए, एक सहकर्मी बन्धु से मैं बातें कर रहा था। एक विचित्र बात है, उन्होंने भी यही राय प्रकट की थी—भई, और कुछ तो हमसे बन पड़ता नहीं, तो कम-से-कम विद्रोह की आवाज तो बुलन्द करते रहें !

मेरे बन्धु अपने देश की परिस्थिति से निराश थे, यह स्थिति बर्दाश्त के लायक नहीं। इसके बदलने के लिए जो ताकतें आगे बढ़ सकती थीं, वे भी गलत रास्ते पर जा रही हैं। अब किया क्या जाए ? साहित्यिक क्या करे ? विद्रोह ? विद्रोह की आवाज ऊँची से ऊँची करता जाए, तो उसका कर्त्तव्य पूरा हो जाता है, ऐसी मेरे मित्र की धारणा थी।

जो हमारे देश की हालत है, संसार की भी तो वैसी ही हालत है ! जिस बात को मेरे मित्र ने अपने देश के लिए कहा, प्रिस्टले ने उसी को अपने सहकर्मियों से कहा और चूँकि उनकी वाणी में मेरे मित्र की वाणी से अधिक ताकत है, वह संसार में फैल रही है !

और वह फैल रही है इसलिए भी कि इस वाणी में युग-वाणी पिरोई हुई है !

दो महायुद्धों की समाप्ति के बाद फिर तीसरा महायुद्ध दरवाजा खटखटा रहा है। संसार दो गुटों में बँट चुका है। एक गुट जब-जब एटम बम का परीक्षण करता है, उसका धुआँ दूसरे गुट को कितना ॰ायभीत करता है, भगवान जाने, सारा संसार तो भय-कम्पित हो ही उठता है !

यों ही दूसरे गुट और उसके एजेण्टों की ओर से जब-जब कबूतर उड़ाए जाते हैं, उन कबूतरों को लोग शान्ति के चिन्ह नहीं समझकर मानव-कबूतरों की बलि चढ़ाने के दिन की निकटता के ही सूचक मानते हैं और कबूतर की तरह ही उनका दिल धक-धक करने लगता है।

और सबसे बड़ी बात यह कि इन दोनों गुटों की ओर से जब ऐसी चेष्टाएँ होती हुई दिखाई पड़ती हैं कि तीसरा महायुद्ध एशिया में ही लड़ा जाए, जिसमें गोरी कौम सुरक्षित रहे और रंगीन कौम का ही सर्वनाश हो, तो एशिया के लोगों की धुकधुकी क्यों न बन्द होने लगे ?

फिर हर देश में ऐसे व्यक्ति, ऐसी संस्था, ऐसे वर्ग सिर उठा रहे हैं जो मानवता को कुचलने, मानव-मूल्यों को नष्ट करने, मानवीय आदर्शों को मिट्टी में मिलाने पर तुले हुए हैं ! कोढ़ में खाज यह है कि अपनी घृणित मनोकामनाओं की पूर्ति के लिए ये ऐसे शब्दजाल गढ़ते हैं कि अब लोगों का शब्दों पर से विश्वास उठता जा रहा है। कभी शब्द ब्रह्म रहा हो, अब उनके हाथों वह पिशाच बन गया है !

ऐसी स्थिति में साहित्यकार क्या करे ? क्या वह चुपचाप प्रलय की प्रतीक्षा करता हुआ, बैठा रहे ? क्या वह शुतुरमुर्ग की तरह बालू के अन्दर सिर घुसाकर यह कल्पना करे कि कम-से-कम मैं तो सुरक्षित हूँ ?

यदि साहित्यकार ऐसा करे, तो फिर वह साहित्यकार नहीं। मानवता का शृंगार है वाणी, वह वाणी का वर-पुत्र है। जब मानवता कसाइयों द्वारा जिबहखाने में भेजी जानेवाली गायों की तरह रँभा रही हो, मौन आँसू बहा रही हो, तो कम-से-कम उसे ऊँची आवाज में चिल्लाना तो चाहिए ही कि तुम यह क्या करने जा रहे हो ?

'मा निषाद' की परम्परा भूलकर हम साहित्यकार, साहित्यकार रह नहीं सकते !

उस दिन एक निरीह सारस पर चलाए गए तीर पर आदिकवि की जो वाणी जंगल में गूँजी थी, आज वह गली-गली, गाँव-गाँव गूँजे।

मानवता के इन शत्रुओं को हम पुकार-पुकारकर कहें—तुम हत्यारे हो, तुम जल्लाद हो,

तुम मानवता के शत्रु हो, तुम दानवता के रूप हो। तुम पर अभिशाप पड़ेगा, तुम्हारा नाश हो !

यह विद्रोह की वाणी है; प्रिस्टले ने हम लोगों का आह्वान इसलिए किया है ! क्या इस आह्वान को हम सुनेंगे ?

यों तो संसार के सभी साहित्यकारों का युग-धर्म है कि वे विद्रोह की आवाज बुलन्द करें, किन्तु हिन्दी के साहित्यकारों के लिए तो यह एक अनिवार्य कर्त्तव्य हो गया है !

हम पर चारों ओर से प्रहार हो रहा है !

हमारी भाषा छीनी जा रही है, हमारी लिपि छीनी जा रही है ! राष्ट्रभाषा के नाम पर, लिपिसुधार के नाम पर हमसे उस परम्परा को ही छीन लिया जा रहा है, जो हमारी पैतृक सम्पत्ति थी !

एक ऐसी लिपि गढ़ी जा रही है कि यदि उसका प्रचार हुआ, तो दूसरी पुश्त से ही प्रेमचन्द से लेकर सरहपा तक का सारा साहित्य हमारे लिए काला अक्षर भैंस बराबर हो जाएगा !

सबसे बड़े दुख की बात यह है कि हमारे कुछ मनचले राजनीतिज्ञों की दिमागी बहक के फेर में हमारे कुछ 'आचार्य' भी पड़ गए हैं ! ये 'आचार्य', जो जीवन-भर मुख्यतः नौकरी का पेशा करते रहे और मालिकों की मर्जी पर नाचते रहे, आज अपने नए मालिक की मर्जी पर नई लिपि, नई भाषा गढ़ने पर तुले हैं !

ये पैर की माप से जूते बनानेवाले कारीगर नहीं हैं, ये तो जूते की माप पर पैरों को तराशने, काटने-छाँटनेवाले आधुनिक टेक्नीशियन हैं !

नागरी में अधिक अक्षर हैं, अधिक मात्राएँ हैं, ये मात्राएँ नीचे-ऊपर, आगे-पीछे भागती हैं—नहीं, नहीं, यह बुरी बात हुई, देखिए, रोमन को—अहा, 26 अक्षर और उसी में सबकुछ समाप्त ! अतः नागरी का रोमनीकरण करो—उसे काटो, छाँटो, यदि उसका रूप बिगड़ता है, तो बिगड़ने दो, उसकी आत्मा मरती हो, तो मरने दो !

मैं स्पष्ट कहूँ, इनसे वे लोग ज्यादा ईमानदार थे, जो हिन्दी को रोमनलिपि में लिखने के पक्षपाती थे !

पूछिए, इस रोमनीकरण से क्या फायदा ? तो कहेंगे, छपाई में, टंकाई में इससे आराम रहेगा ! इन 'आचार्यों' को इतना भी मालूम नहीं कि टंकन की मशीन में ऐसे सुधार हो गए हैं कि वर्तमान नागरी को भी उसी गति से छापा जा सकता है, जैसी गति में रोमन को !

किन्तु, नहीं, इन्हें तो अपने मालिकों के सामने अपना आचार्यत्व दिखाना है—आपकी आज्ञा, लीजिए, यह नई लिपि तैयार !

और लिपि के साथ भाषा में भी सुधार लीजिए—जो चाहिए, वह लीजिए—"हम तो सदा आपके परम आज्ञाकारी सेवक" रहे हैं।

हमें इन 'आचार्यों' और उनके 'आकाओं' के खिलाफ आवाज उठानी है ! हमें स्पष्ट कहना है—हम अपनी भाषा और अपनी लिपि को बर्बाद करने नहीं देंगे !

हिन्दी भाषा और नागरी लिपि पर ऐसा संकट कभी नहीं आया था, जैसा आज आया है ! जो साहित्यकार अपनी भाषा और लिपि की रक्षा में नहीं उठता है, मैं कहूँ, उस पर भी अभिशाप लगकर रहेगा, लगकर रहेगा !

[**नई धारा,** अक्टूबर 1954, में प्रकाशित]

नेपाल की कवि-वन्दना !

रथ में दो रस्से लगे हैं और उन रस्सों के सहारे रथ को खींच रहे हैं—

नेपाल-सरकार के प्रधान-मन्त्री, गृह-मन्त्री, शिक्षा-मन्त्री, यातायातमन्त्री, सलाहकार-सभा के अध्यक्ष, उपाध्यक्ष, भिन्न-भिन्न दलों के नेता, सभी छोटे-बड़े लेखक और कवि। आगे-पीछे पुलिस और सैनिकों की कतार। बीच में अपार भीड़। राष्ट्रीय बाजे बज रहे हैं, नारे लग रहे हैं !

और, उस रथ पर कौन बैठा है ?

वर्तमान नेपाली साहित्य का वृदध्वषिष्ठ आचार्य। 71 वर्ष की आयु। सफेद दाढ़ी हृदय-प्रदेश को छू रही। किन्तु चेहरे पर भोलापन; आँखों में मासूमियत। मालाओं से लदे हैं।

"यह मेरा सम्मान नहीं; माँ शारदा का सम्मान है।" अभी-अभी एक अपरिचित साहित्यिक से गले मिलते हुए उन्होंने कहा !

नेपाल—स्वतन्त्र नेपाल, प्रजातान्त्रिक नेपाल के इतिहास में यह दिन 4 जनवरी, 20 पौष, सदा अमर रहेगा ! क्योंकि, उसने यह सम्मान अपने एक साहित्यिक के प्रति प्रदर्शित कर एशिया के छोटे-बड़े सभी देशों के लिए पथ-प्रदर्शन का काम किया है।

अभी तक राजपुरुषों के ही जुलूस निकलते हैं—उन्हीं के रथ को नेता-जनता सभी खींचते रहे हैं। नेपाल के राजपुरुषों ने, नेताओं ने, एक नई पद्धति का श्रीगणेश किया है। यह देश-देश में फैले।

प्रजातन्त्र कितनी ही वांछित और अवांछित शक्तियों को उभाड़ा करता है। नेपाल भी इसका अपवाद नहीं है।

प्रजातन्त्र के बाद नेपाल में साहित्य के जागरण का एक अभूतपूर्व जोश पैदा हुआ। आज से दो वर्ष पहले उसने अपने आदि-कवि 'भानुभक्त' की जयन्ती धूमधाम से मनाई। भानुभक्त की रामायण नेपाल-भर में उसी तरह प्रसिद्ध है, जिस तरह उत्तर भारत में तुलसीदासजी का रामचरितमानस। नेपाल के लाखों लोग अक्षर-ज्ञान की ओर इसलिए प्रवृत्त होते रहे हैं, जिसमें वह भानुभक्त की रामकथा का रसपान कर सकें। फिर उसने मोतीराम भट्ट की जयन्ती मनाई।

उसी जयन्ती के अवसर पर यह विचार हुआ कि जीवित कवियों का भी अभिनन्दन किया जाए और इसका प्रथम सौभाग्य पाने को पं. लेखनाथजी विद्यमान थे ही। सचमुच लेखनाथजी के इस भाग्य पर किसी भी भाषा के जीवित साहित्यिक को ईर्ष्या हो सकती है !

क्या आप कल्पना कर सकते हैं कि दिल्ली में राष्ट्रकवि मैथिलीशरण गुप्त का अभिनन्दन हो और उनका रथ पं. जवाहरलाल नेहरू खींचें ? या मध्यप्रदेश में पं. माखनलाल चतुर्वेदी का, उत्तर प्रदेश में बाबूराव विष्णु पराड़कर का, बिहार में शिवपूजन सहाय का, विन्ध्य प्रदेश में बनारसीदास का अभिनन्दन किया जाए और सर्वश्री रविशंकर शुक्ल, सम्पूर्णानन्द, श्रीकृष्णसिंह, या शम्भुनाथ शुक्ल उनके रथ के रस्से में हाथ भी लगाएँ। बंगाल, मद्रास, बम्बई में भी यह दृश्य देखने को आपकी आँखें ललचाई ही रह जाएँगी ! छोटे-छोटे प्रान्तों की क्या बात ?

पं. लेखनाथजी ने जो यह सौभाग्य प्राप्त किया है, वह अपनी सतत साहित्य-साधना के द्वारा। पचास-साठ वर्षों से वह माँ शारदा की आराधना करते आए हैं। नेपाली साहित्य को उन्होंने सात्त काव्यग्रन्थ, सैकड़ों उत्कृष्ट कविताएँ, एक नाटक और पंचतन्त्र का अनुवाद ही नहीं दिया है, नेपाली भाषा के परिष्कार में भी उनका अनुपम हाथ रहा है। नेपाली भाषा का आज का जो साहित्यिक रूप है, उसके जनक आप ही हैं, नेपाली साहित्यिक उन्हें अपनी भाषा का भारतेन्दु हरिश्चन्द्र मानते हैं।

श्री लेखनाथजी के काव्यों में नेपाली जनता ने अपने हृदय और मस्तिष्क के सारे ऊहापोहों की प्रतिच्छाया पाई है। अपने प्रथम काव्य में ही उन्होंने कुछ शाश्वत प्रश्न नेपाल की जनता के सामने रखे, जो उसके होंठों पर आज भी गुनगुना रहे हैं, किन्तु जिनका समाधान मानव मस्तिष्क ने आज तक नहीं दिया है—

कहाँ थियो वास अभी म को थियो
कसे हुदों यो पिंजड़ा लिदो भयें
कहाँ छ जानु पुन साथ लीकन
तलाई मालूम छ कियो कुरा मन

तेरा वासस्थान कहाँ था ? तुम अभी कहाँ हो ? तुम क्यों इस पिंजड़े में आ फँसे हो ? तुम्हें फिर कहाँ जाना है—अरे, मेरे वापुरो मन, तुम्हें मालूम है क्या ?

यों ही 'ऋतु विचार' में उन्होंने छः ऋतुओं का मनोहारी वर्णन दिया है, 'सत्य-कलिसंवाद' में अपनी अवधि समाप्त कर जाते हुए कलियुग के आगत सत्ययुग की बातें करवाई हैं, 'सत्यस्मृति' में गाँधीजी की मृत्यु के बाद उनकी विमल यशोगाथा गाई है और 'मेरा रामू' में हमें 'कामायनी' की-सी एक झलक मिलती है। 'लक्ष्मी-पूजा' नामक अपने नाटक द्वारा नेपाल में बहुलता से प्रचलित जुए की प्रथा पर आपने गहरी चोट की है। आपकी फुटकर कविताएँ तो असंख्य हैं, जिसमें से कुछ का संग्रह 'लालित्य' नाम से हुआ है। 'पिंजड़ों को पंछी' आपकी वह कविता है, जो नेपाल के वृद्ध-बालक सबकी जिह्वा पर है !

71वें वर्ष में भी कवि की प्रतिभा भी कुंठित नहीं हुई है। अभी नेपाली साहित्य उनसे बहुत बड़ी आशा रखता है। इस सम्मान-प्रदर्शन द्वारा मानो उसने उनकी ओर फिर भिक्षा की झोली बढ़ाई है और नेपाल की तरुण साहित्यिक पीढ़ी ने उनसे असीम की कामना की है, जो उसे उनके द्वारा सदा प्राप्त होती रही है !

नेपाल को प्रकृति ने जैसे अपने हाथों से सँवारा है—हिमालय की इस निर्भृत उपत्यका में बैठकर, बड़ी निश्चिन्तता से, बड़ी सुघड़ता से, बड़े नाजो-अदा से। स्वभावतः ही यहाँ साहित्य और कला का चरम विकास हुआ है। नेपाल में भिन्न-भिन्न जातियों और धर्मों का अपूर्व समन्वय होता रहा है। उन सबका असर वहाँ के साहित्य और कला पर पड़ा है और वे अद्भुत बहुरंगी बन गए हैं ! जिस तरह पत्थरों और काष्ठों में उनकी कला खिली; उसी तरह ताल-पत्रों और भोज-पत्रों पर उनके साहित्य ने अपनी अमर निधि बिखेरी। अभी वहाँ आप सात-आठ सौ वर्षों की पुरानी पोथियाँ सबूत पाएँगे। जब कभी ये पोथियाँ प्रकाशित हो पाएँगी, भारतीय साहित्य का भंडार और भी सम्पन्न हो सकेगा। भारत में जो साहित्य लुप्त हो गया है, वह वहाँ सुरक्षित है। हिन्दी-साहित्य की भी बड़ी निधियाँ वहाँ भरी पड़ी हैं।

नेपाल की भिन्न-भिन्न जातियों की भिन्न-भिन्न भाषाएँ हैं, उनमें मुख्य हैं—नेपाली भाषा, नेवारी भाषा और हिन्दी भाषा। नेवारी भाषा को नेपाल भाषा के नाम से अब पुकारा जाता है। इन सबकी पुरानी निधियाँ तो वहाँ हैं ही; इनका विकास भी वहाँ सदा होता रहा है। काठमाँठू उपत्यका में मुख्यतः नेवारी और नेपाली भाषाओं का ही चलन है। इनमें नेपाली भाषा की प्रगति सबसे अधिक हो रही है, क्योंकि वह लगभग दो सौ वर्षों से राज्य-भाषा भी रही है।

नेपाली भाषा के सबसे प्रसिद्ध कवि हुए हैं श्री भानुभक्तजी। भानुभक्त की रामायण वहाँ इसी प्रकार प्रचलित है, जिस प्रकार अपने यहाँ तुलसीदास की रामायण। साधारण जनता भानुभक्त की रामायण पढ़ने के लिए ही अक्षर-ज्ञान प्राप्त करती है। इस काव्य में नेपाली जनता

अपने सारे मनोभावों की छवि पाती है और इसे पढ़ते हुए अघाती नहीं है। भानुभक्तजी के बाद मोतीराम भट्टजी का नाम आता है। मोतीरामजी की शिक्षा काशी में हुई थी। उन्होंने ही प्रथम-प्रथम भानुभक्तजी की रामायण छपवाई। नेपाली साहित्य की उनकी अपनी देन भी अपूर्व है।

नेपाली साहित्य दिन-दिन उन्नति करता गया। लेखनाथजी पुरानी परम्परा की अन्तिम कड़ी हैं। अब वहाँ का साहित्य एक नई करवट ले रहा है। इस करवट के तीन अग्रदूत हैं—सिद्धिचरणजी, बालकृष्ण सम और लक्ष्मीप्रसाद देवकोटा। सिद्धिचरणजी में प्राचीन परम्परा की अब भी झलक है, किन्तु उन्होंने नवीन युग के सन्देश को सुना है और उनके साहित्य में प्रगतिशीलता का सुन्दर सम्मिश्रण है। बालकृष्णजी सम को हम नेपाली साहित्य का 'प्रसाद'जी कह सकते हैं। उनके नाटकों में वैसी ही उदात्त भावनाएँ हैं। कवि भी उच्चकोटि के हैं और साथ ही चित्रकार भी। अद्‌भुत प्रतिभा पाई है उन्होंने। देवकोटाजी तो प्रगति का सम्पूर्ण प्रतिनिधित्व करते हैं।

श्री भीमनिधि तिवारी, माधवप्रसाद धिमिरे और केदारमानजी व्यथित को दूसरी त्रयी में सम्मिलित किया जा सकता है। इनके अतिरिक्त सर्वश्री सोमनाथ, चक्रपाणी, कुलचन्द, श्यामदास, जनार्दन आदि की कविताओं, सर्वश्री विश्वेश्वर प्रसाद कोइराला, गोविन्द गोठाले, भवानी भिक्षु, केसवराज पिंडाली, सुरेन्द्र बहादुरशाह, गुरुप्रसाद मेनाली आदि की कहानियों, सर्वश्री रुद्रराज पांडेय, रत्नधर जोशी, बाबूराम आचार्य आदि के निबन्धों और ईश्वर बराल, यदुनाथ खनाल, हृदयचन्द्रसिंह, सूर्यविक्रम आदि की आलोचनाओं से नेपाली का साहित्य दिन-दिन समृद्ध हो रहा है। वहाँ की विधान-सभा के अध्यक्ष श्री बालचन्द्र शर्माजी ने नेपाल को एक ऐसा राष्ट्रीय इतिहास दिया है, जिस पर नेपाली भाषा गर्व कर सकती है।

मासिक पत्र-पत्रिकाएँ भी अधिकाधिक निकलती जा रही हैं। 'शारदा' नेपाली भाषा की सबसे पुरानी और प्रख्यात पत्रिका है। 'प्रगति' ने दो वर्षों के जीवन में ही नेपाली साहित्य की अपूर्व सेवा की है। दार्जिलिंग से निकलनेवाली 'भारती' आठ वर्षों से नेपाली साहित्य का प्रतिनिधित्व करती आई है। 'नेपाल-पुकार', 'युगदूत', 'नया नेपाल' आदि आधे दर्जन साप्ताहिक निकल रहे हैं। सप्ताह में तीन बार निकलनेवाला 'गोरखापत्र' नेपाल का सबसे पुराना पत्र है। वह लगभग साठ वर्षों से सरकार की छत्रछाया में निकलता आ रहा है। छोटे-छोटे एक पन्ने के दैनिक भी निकलते ही रहते हैं—जिनमें 'समाज' प्रमुख है। नेपाल-रेडियो ने भी नेपाली भाषा और साहित्य की बड़ी सेवा की है। उसके डाइरेक्टर श्री देवेन्द्रराज स्वयं भी एक सुलेखक हैं !

नया नेपाल का पूरा प्रतिबिम्ब आप उसके साहित्य में पाएँगे। नेपाल-लेखक-संघ एक जीवित, जाग्रत और सतत प्रयत्नशील संस्था है। 'जन-साहित्य-संघ' हाल ही में स्थापित हुआ है, जो प्रगतिशीलता का सोलहो आना हामी है। गीतागेह से भी साहित्य की अच्छी सेवा हो रही है।

नेवारी भाषा की वृद्धि और विकास के लिए भी चेष्टाएँ हो रही हैं। 'नेपाल' उसका प्रमुख पत्र है। सर्वश्री सिद्धिचरण, ठाकुर लाल, हृदयचन्द्र सिंह, रत्नध्वज, प्रेमबहादुर, धर्मरत्न यमि और चित्रधरजी उसके उन्नायकों में हैं। इधर काठमांडू में एक हिन्दी-संस्था की स्थापना की गई है, जिसका नाम है 'नेपाल-हिन्दी-भवन'। यह भवन नेपाल के सभी हिन्दीभाषियों को एक सूत्र में गूँथने, नेपाल में चिरकाल से संचित प्राचीन हिन्दी-ग्रन्थों का उद्धार करने और राजकाज में हिन्दी को योग्य भाग दिलाने के प्रयत्न में संलग्न है। नेपाल की तीनों भाषाओं में सामंजस्य स्थापित करने की दशा में भी वह चेष्टा कर रहा है। अपने पड़ोसी देश में साहित्य की जो

प्रगति हो रही है, उसे जानकर किस भारतवासी का हृदय आनन्द से गद्गद नहीं हो उठेगा ? नेपाल का साहित्य दिन-दिन समृद्ध हो, यही हम सबकी आकांक्षा हो सकती है।

[**नई धारा,** जनवरी 1954, में 'नेपाल के कवि शिरोमणि का सम्मान' शीर्षक से प्रकाशित]

सभी भारतीय भाषाओं की जय

कविवर दिनकर ने यह नारा दिया है और यदि हिन्दी को राष्ट्रभाषा के पद पर आसीन हम देखना चाहते हैं, तो सिर्फ जबान से नहीं, बल्कि तहे दिल से, इस नारे को अपनाना पड़ेगा।

दिल्ली के देवताओं ने और कुछ किया हो या नहीं, इतना जरूर किया है कि हिन्दी के खिलाफ एक भारतव्यापी मोर्चा खड़ा करने की चेष्टा की है और इसमें उन्हें काफी सफलता मिली है। उन्हें ऐसी हिम्मत तो नहीं हुई कि किसी अन्य भारतीय भाषा को हिन्दी के मुकाबले राष्ट्रभाषा-पद के लिए पेश कराते, और यह सभी भारतीय भाषाओं को श्रेय मिलना चाहिए कि उन्होंने स्वयं भी अपने को राष्ट्रभाषा-पद के लिए पेश नहीं किया, किन्तु, अंग्रेजी के झण्डे के नीचे हिन्दी के खिलाफ एक अखिल भारतीय मोर्चा बनाने के लिए दिल्ली के ये देवता एड़ी-चोटी का पसीना एक करते जा रहे हैं, और इस समय ऐसा लग रहा है कि उन्हें इसमें आंशिक सफलता भी प्राप्त हो चुकी है। दिल्ली में शिक्षा-विशेषज्ञों के नाम पर ऐसे लोगों को एकत्र किया जाता रहा है, जो यह कह सकें कि बिना अंग्रेजी को माध्यम रखे हुए उच्च-शिक्षा देना सम्भव नहीं। हमारे लिए यह दुर्भाग्य की बात है कि हमारे उपराष्ट्रपति भी अपने को इस सम्बन्ध में तटस्थ नहीं रख सके हैं। डा. राधाकृष्णन् अब एक शिक्षा-विशेषज्ञ ही नहीं हैं, वह हमारे इस विशाल राष्ट्र के चुने हुए उपराष्ट्रपति हैं, अतः इस पद की सारी मर्यादाओं का निर्वाह उनका परम कर्त्तव्य होना चाहिए। जब भारतीय संविधान में हिन्दी को राष्ट्र-भाषा-पद पर अधिष्ठित किया जा चुका है, तो उसके खिलाफ जो षड्यन्त्र चल रहा है, उसमें अपने को शामिल करके माननीय उपराष्ट्रपति क्या अपने कर्त्तव्य से च्युत क्यों हो रहे हैं ? हमें यह पूछने में जरा भी संकोच नहीं। किन्तु इतिहास में यह पहली बार नहीं है जब उपराष्ट्रपति या उपप्रधान मन्त्री ने संविधान की मंशा के खिलाफ साजिश की हो। अतः हमें इन बातों से आश्चर्य में आने या हत्बुद्धि होने की जरूरत नहीं है। हमें इसका डटकर सामना करना चाहिए।

वह सामना कैसे किया जाए ? यही इस नेतृत्व का महत्त्व है। हमें इस मोह को छोड़ना पड़ेगा कि अँगरेजी के लिए जो सारी जगहें सुरक्षित थीं, वे सारी-की-सारी हिन्दी को मिल जाएँ। अँगरेजी साम्राज्यवाद की भाषा थी और वह सारे भारत पर उसी तरह लादी गई थी जिस तरह अँगरेजी साम्राज्यशाही। उसने उन क्षेत्रों पर भी कब्जा किया था, जो यथार्थतः प्रादेशिक भाषाओं के क्षेत्र थे। उसने इन प्रादेशिक भाषाओं के जिन क्षेत्रों को हड़प लिया था, उनकी ओर ललचाई नजरों से देखकर हिन्दी भी अपने को साम्राज्यवादी भाषा बनने की आकांक्षा रखने के लांछन से दूर नहीं रख सकती। हिन्दी को उन क्षेत्रों से ही सन्तुष्ट होना पड़ेगा, जो ये प्रादेशिक भाषाएँ उसे राजी-खुशी दें। यदि आज किसी कारण से वे हिन्दी के क्षेत्र को नितान्त ही परिमित कर देना चाहें, तो हमें यह सादर स्वीकार करना चाहिए। इन प्रादेशिक भाषाओं की शुभाकांक्षा ही वह मूल पूँजी होगी, जिसके बल पर हिन्दी राष्ट्र-भाषा के रूप में अपने को विकसित कर सकेगी। जो लोग जोर-जबर्दस्ती से हिन्दी को प्रादेशिक भाषाओं पर लादना चाहते हैं, वे हिन्दी के शत्रु हैं, हमें यह मान लेना चाहिए।

हिन्दी का युद्ध प्रादेशिक भाषाओं से नहीं, अँगरेजी से है ! अँगरेजी साम्राज्यशाही चली

गई, क्योंकि सारा भारत उसके खिलाफ सम्मिलित रूप में खड़ा हुआ था। अँगरेजी साम्राज्यशाही चली गई किन्तु अँगरेजी भाषा अब तक बनी हुई है, यही शर्म की बात नहीं है, बल्कि शर्म से सिर झुकाने की बात है कि वह हममें से बहुतों को अपने पुश्तपनाह बना चुकी है और अब वह यह भी स्पर्द्धा करने लगी है कि वह भारत में स्थायी रूप से कायम रहेगी ! अँगरेजी की इस स्पर्द्धा, इस आकांक्षा का शीघ्र ही मूलोच्छेद करना है। यह तभी सम्भव है, जब सभी भारतीय भाषाएँ उसके खिलाफ एक मोर्चे पर डटें। यह मोर्चा हिन्दी ही बना सकती है और इसके बनाने के लिए एक ही नारा हो सकता है—सभी भारतीय भाषाओं की जय ! सभी भारतीय भाषाओं की जय—इस नारे का एकमात्र अर्थ होगा, अँगरेजी का क्षय ! अँगरेजी का इस देश से मूलोच्छेद हुए बिना किसी भी भारतीय भाषा का पूर्ण विकास असम्भव है, इस भावना को देशव्यापी बनाने का काम हिन्दी का होना चाहिए ! यदि हिन्दी यह नेतृत्व दे सकी, तो उसे स्वतः ही राष्ट्र-भाषा का वह स्वयं-प्राप्त पद मिल जाएगा, जिसके खिलाफ षड्यन्त्र करने की जुर्रत किसी को नहीं होगी !

इस नारे का एक व्यावहारिक रूप हम पेश करना चाहते हैं। इस समय हिन्दी के लिए पारिभाषिक कोषों का निर्माण हो रहा है। इस सम्बन्ध में मुख्यतः दो विचारधाराएँ लोगों के सामने प्रकाश पा रही हैं। एक रघुवीरी, दूसरी सुन्दर लाली ! दोनों विचारधाराएँ देखने को दो हैं, किन्तु उनका मूलाधार एक है—यों कहिए, एक ही सिक्के के ये दो रुख हैं—इनकी धातु एक है, ये एक ही टकसाल से निकले हैं। एक ही भावना की ये दो प्रतिक्रियाएँ हैं ! डा. रघुवीर पंजाबी हैं, पंजाब की आबोहवा ने उस हर चीज से उनमें नफरत पैदा कर दी है, जिसमें इस्लाम की थोड़ी भी बू हो। यों ही पं. सुन्दरलाल के बारे में यह खुला सत्य है कि निजाम की छत्रछाया के नीचे ही उनकी हिन्दोस्तानी कल्चर सुसाइटी पलती रही है। अतः हर चीज, जिस पर इस्लाम की छाप हो, उन्हें प्यारी लगती है। वे हिन्दी के नाम पर संस्कृत चलाना चाहते हैं, या हिन्दी के नाम पर उर्दू। चक्की के इन दो पाटों में हिन्दी कुचली जा रही है और पारिभाषिक शब्दों के निर्माण के रूप में इन्हें ऐसी हरी-भरी चरागाह मिल रही है कि ये दोनों साँड़ चरते हुए नहीं अघा रहे हैं। हम हिन्दीवालों से कहेंगे, इन दोनों से बचो और एक तीसरी राह, जो सही राह है, पकड़ो।

भारत के भिन्न-भिन्न भागों का ऐसा विकास हुआ है कि वहाँ जीवन और विद्या के विशेष तत्त्वों का स्वभावतः अधिक विकास हुआ है। वहाँ तत्सम्बन्धी शब्द भी बहुत पहले से प्रचलित हैं। इतिहास और पुरातत्व का काम महाराष्ट्र में अधिक हुआ है, तमिल के लोगों की जहाजरानी एक अति प्राचीन पेशा रही है, कला और कविता में बंगाल अग्रणी रहा है, छोटे-छोटे उद्योग-धन्धों और इन्जीनियरिंग में पंजाब प्रमुखता पा रहा है, सामुद्रिक व्यापार में कच्छ ने कमाल हासिल किया है ! यों ही हर प्रदेश की कुछ खूबियाँ हैं। आदिवासी क्षेत्रों की तो गल्ला विशेषता है ही। हम कहते हैं, क्यों नहीं, इनकी भाषाओं से इन विषयों के शब्द सीधे ले लिए जाएँ। हमारा विश्वास है, रघुवीरी और सुन्दर-लाली शब्दों से ये शब्द कहीं सुन्दर होंगे—क्योंकि ये वहाँ की लोक-जिह्वा की खराद पर चढ़कर सुडौल और चिकने भी बन चुके होंगे। भारत की प्रमुख तेरह भाषाओं और दर्जनों उपभाषाओं में ऐसे हजार-हजार शब्द मिलेंगे, जिन्हें पाकर राष्ट्र-भाषा निहाल हो उठेगी। इन शब्दों को राष्ट्रभाषा के कोष में लेकर हम उन भाषाभाषियों को व्यवहारतः जतला सकेंगे कि यह राष्ट्र-भाषा यथार्थतः उनकी राष्ट्र-भाषा है ! विदेशी भाषा के जो शब्द अखिल भारतीय प्रचार पा चुके हैं, उन्हें हटाकर उनके लिए नए शब्द गढ़ना सिर्फ दिमाग की खराबी का ही सूचक है ! दिल्ली के जो महाप्रभु इस समय भिन्न-भिन्न टकसालों में दागी धातुओं के दोगले शब्द गढ़वा रहे हैं, हम उनसे कह दें, तुम्हारा यह नकली कोष हमें

नहीं चाहिए ! भारत की सभी भाषाओं के प्रमुख कोष-वेत्ताओं को एकत्र करो और उन्हीं के सहयोग से राष्ट्र-भाषा का कोष तैयार कराओ ! दिल्ली में रुपए फूँके जा रहे हैं, तुम्हें फूँकना है, फूँको; लुटाना है, लुटाओ। किन्तु भगवान के नाम, तुम्हें तुम्हारे खुदा की कसम, हिन्दी को अधिक बदनाम नहीं कराओ और एक यही सुकर्म कर लो, तो हो सकता है, कभी तुम्हारे भी खून माफ हो जाएँ !

हम हिन्दीवालों को यह सदा याद रखना है, हिन्दी राष्ट्रभाषा बनी है, तो इसलिए नहीं कि हिन्दी बोलनेवालों की संख्या इस देश में सबसे अधिक है। इसलिए भी नहीं कि हिन्दी का साहित्य सर्वश्रेष्ठ है। और इसलिए भी नहीं कि हम हिन्दीवालों के सिर पर सुरखाब के पर लगे हैं ! हमारी चिल्ल-पों ने भी हिन्दी को राष्ट्रभाषा नहीं बनाया। हिन्दी राष्ट्रभाषा बनी, तो इसलिए कि यह भारत की सर्वप्रिय जनभाषा और साधुभाषा रही है और इसके इन्हीं गुणों ने भिन्न भाषाभाषियों की श्रद्धा और भक्ति इसे दिलाई। स्वामी दयानन्द, महात्मा गाँधी, लोकमान्य तिलक, केशवचन्द्र सेन आदि अहिन्दीभाषियों ने इसे राष्ट्रभाषा के रूप में ग्रहण किया और अपने व्यक्तित्व का बल देकर इसे परवान चढ़ाया ! आज भी अहिन्दी क्षेत्रों में हिन्दी की ध्वजा अहिन्दीभाषी ही उड़ा रहे हैं ! मद्रास में, महाराष्ट्र में, गुजरात में, उत्कल में, बंगाल में, आसाम में हिन्दी के प्रचार में जो लोग दत्तचित्त हैं, वे मुख्यतः अहिन्दीभाषी हैं। यह महात्मा गाँधीजी की सूझ थी कि उन्होंने अहिन्दीभाषी प्रान्तों में हिन्दी-प्रचार का उत्तरदायित्व वहीं के हिन्दी-प्रेमियों को सौंपा। जहाँ हमने गाँधीजी के इस सत्परामर्श का उल्लंघन किया, वहाँ सर्वत्र ही, हम फूट और कलह ही फैलाने में समर्थ हुए। आज भी जब हम अहिन्दी क्षेत्रों में हिन्दी-प्रचार की बात सोचते हैं, तो हमारा निहित स्वार्थ होता है। मद्रास में, महाराष्ट्र में, गुजरात में हिन्दी की जैसी अटूट सेवा हमारे मद्रासी, महाराष्ट्री, और गुजराती भाई कर रहे हैं, वैसी सेवा हमसे हिन्दी प्रान्तों में भी नहीं बन रही है, हम अपनी आँखों देखी सच्चाई के आधार पर कहते हैं !

अतः हम हिन्दीवालों से कहेंगे, कृपा कर अहिन्दी प्रान्तों में हिन्दी-प्रचार की चर्चा भी आप नहीं कीजिए और इसके बदले अपने प्रान्तों में ही हिन्दी के लिए कुछ कीजिए। हिन्दी प्रान्तों में ही हिन्दी के लिए करने के लिए बहुत है ! क्या हिन्दी प्रान्तों में हिन्दीकरण हो चुका, जो आप बाहर के लिए परेशान हैं। देवघर से दिल्ली और शिमला से नागपुर तक जो नौ हिन्दी प्रान्त हैं, क्या वहाँ की सरकारें अपने सारे काम हिन्दी में कराने लगीं कि आप अन्य सरकारों को हिन्दी-प्रेम का पाठ पढ़ाने चले। हम बिहार को ही लेते हैं ! बिहार में ऐसे कितने मिनिस्टर हैं, जो अपने आदेश शुद्ध हिन्दी में लिख सकें। एकाध को छोड़कर, हमारे मिनिस्टर जब हिन्दी में बोलने लगते हैं, तो उनका हिन्दी-ज्ञान देखकर बच्चे तक हँसने लगते हैं। फिर सचिवालय के सचिवों की क्या बात ? इन पंक्तियों का लेखक हाल ही पूना गया था, तो वहाँ देखा, सरकार के बड़े-से-बड़े अफसर बाजाप्ता हिन्दी सीखकर परीक्षा में बैठ रहे हैं और ऐसी शुद्ध हिन्दी बोलते हैं कि सुनकर हृदय आह्लादित हो जाता है। और, हमारे यहाँ के अफसर जो अपने को हिन्दीभाषी कहते हैं, दो वाक्य भी शुद्ध हिन्दी बोल पाते, तो गनीमत होती ! हम बड़े अदब के साथ कह सकते हैं कि पहले अपने मिनिस्टरों, सचिवों और अफसरों को हिन्दी सिखला लीजिए, फिर आप मद्रास या महाराष्ट्र में हिन्दी-प्रचार की बात सोचें ! हिन्दी-प्रान्तों में जो आदिवासी क्षेत्र हैं, क्या हम उन्हें हिन्दी सिखला सके ? हमारी कचहरियों में, स्कूलों में, कालेजों में, अब भी अँगरेजी का बोलबाला है। पटना, लखनऊ, दिल्ली, रींवा, नागपुर, जयपुर, ग्वालियर, अजमेर, शिमला से पहले अँगरेजी को हटा लीजिए, तब कलकत्ता, कटक, गोहाटी, मद्रास, मैसूर, हैदराबाद, पूना, बम्बई, अहमदाबाद की बात सोचिएगा। आप मियाँ माँगते दरवाजे दरवेश—की

कहानी चरितार्थ करते हमें भी शर्म नहीं आती है। पहले अपनी इस शर्म को दूर कीजिए, फिर बाहर निकलिए। अपने मुँह पर कालिख पोते हुए भी हम दूसरों के सिर पर चन्दन चढ़ाने की जुर्रत करते हैं—इन ढिठाई की बलिहारी।

भाषा का प्रचार जोर-जबर्दस्ती से, संख्या के बल पर, शासन के डण्डे से नहीं किया जा सकता। सारे देश के लोग अपनी प्रकृति और प्रवृत्ति के अनुसार तीव्र या मध्यम गति से हिन्दी सीखने जा रहे थे। किन्तु ज्यों ही शासन ने उन पर दबाव डाला, स्कूलों-कालेजों में हिन्दी अनिवार्य की गई, उसका विरोध प्रारम्भ हुआ। अहिन्दीभाषियों की एक शिकायत वाजिब है। उन्हें तो अपनी मातृभाषा के अतिरिक्त हिन्दी और अँगरेजी दोनों को सीखना पड़ता है। किन्तु हिन्दीवालों की चाँदी है—उन्हें आज एक अँगरेजी सीखनी पड़ती है और वह हटी तब तो क्या कहने ? हम इसका जवाब क्या देंगे ? यदि आज हम स्कूलों-कालेजों में एक और भारतीय भाषा का पढ़ना अनिवार्य किया जाए, तो हम चिल्लपों नहीं मचाने लगेंगे ? किन्तु क्या न्याय का तकाजा यह नहीं है कि हम अपने ऊपर भी इतना बोझ लें, जितना दूसरे पर लादना चाहते हैं।

चौदह बहनों में हिन्दी को सौभाग्य मिला कि वह राज्यभाषा के पद पर आसीन की गई। उस बड़ी बहन पर वज्र गिरे जो गद्दी पर बैठने के बाद अपनी छोटी बहनों का तिरस्कार करे, उन पर धौंस जमाए, उनके घर उजाड़ने की सोचे, उसका कर्त्तव्य तो यह होना चाहिए कि वह छोटी बहनों को प्यार दे, दुलार दे, उनके अभावों को दूर करे, उनके घरों को सम्हालने, सजाने में सहयोग दे, सहायता करे।

सभी भारतीय भाषाओं का निवास ऐतिहासिक कारणों से हुआ है और वे इस प्रकार विकसित हो चुकी हैं कि उनके अनिष्ट की जरा भी बात सोचना देश की प्राणदायिनी नसों पर प्रहार करना होगा। हमारे देश की वाटिका में ये तरह-तरह के फूल खिले हैं, सबके अलग रंग हैं, रूप की अलग गन्ध है। इन रंगों और गन्धों के कारण ही हमारी यह वाटिका इतनी रमणीय है, मनोरम है। हमें फूलों की हर जड़ में जल देना है—स्रोत का जल, आदर का जल, श्रद्धा का जल ! इस नारे के द्वारा हमारे कवि ने हमारे इसी कर्त्तव्य की ओर इंगित किया है। विश्वास है, यह नारा सारे हिन्दी-क्षेत्र में गुंजित होगा।

[**नई धारा,** जुलाई 1954, में प्रकाशित]

साहित्य और संस्था

कबीर ने कहा है, "सिंहन के लेहँड़े नहीं, हंसन की नहिं पाँत।" सिंह अकेला जंगल का राजा है, हंस अकेला उड़ता है ! जो हंसवाहिनी के सपूत हैं, जिनका स्वभाव और चालढाल सिंहों की-सी है, उनकी क्या कोई पाँत बनाई जा सकती है ? उन्हें क्या एक घेरे में रखा जा सकता है ?

हिन्दी के एक आधुनिक आचार्य ने साहित्यिकों के संगठित करने की चेष्टा को मेढ़क तोलने के प्रयास से उपमा दी है। तराजू के पलड़े पर एक मेढ़क को रखिए और जब तक दूसरे के लिए हाथ बढ़ाइए, देखिएगा, पहले हजरत उछलकर नौ-दो-ग्यारह हो चुके हैं।

फ्रांस के सुप्रसिद्ध साहित्यिक आँद्रेजीद दो कदम और आगे बढ़ गए हैं। उनका कहना है, हर कलाकार व्यक्तिवादी होता है और ऐसा रहकर ही वह कीमती काम और समाज की सेवा कर सकता है !

इसका सीधा-सादा अर्थ यही न हुआ कि साहित्यिकों का कोई संगठन नहीं हो सकता और वे इस प्रपंच से अलग रहकर ही साहित्य और समाज के अधिक उपयोगी हो सकते हैं !

किन्तु यह युग तो संगठन का है, संस्था का है। कलियुग में संघ में ही शक्ति है, यह ऋषिवाणी है। यह वाणी उन पर ही लागू नहीं हो, जो अपने को ऋषियों के सच्चे सपूत समझते हैं—यह कैसी आश्चर्य की बात !

और यह भी सही है कि साहित्यिकों ने इस ऋषिवाणी को अपने पर लागू करने की कोशिश की है। हिन्दी के साहित्यिकों ने बार-बार इस दिशा में चेष्टा की है और नागरी-प्रचारिणी-सभा तथा हिन्दी-साहित्य-सभा सम्मेलन के रूप में दो ऐसी संस्थाएँ बनाईं, जिन पर संसार के किसी भी साहित्यिक को गर्व हो सकता है !

किन्तु उन दो संस्थाओं के इतिहास तथा उनकी वर्तमान स्थिति के मूल में जाइए, तो आपको कबीर या आंद्रे के कथन की सार्थकता पर आप-आप विश्वास करना पड़ेगा।

नागरी-प्रचारिणी-सभा के संस्थापक स्वनामधन्य बाबू श्यामसुन्दरदासजी को उनके बुढ़ापे में इस संस्था के कारण कौन-सा मानसिक क्लेश नहीं सहना पड़ा था और हिन्दी-साहित्य-सम्मेलन के प्राण राजर्षि पुरुषोत्तमदासजी टंडन को इस बुढ़ापे में जिन वृश्चिकदंशनों से मर्माहत होना पड़ रहा है, उन्हें क्या गिनाने की आवश्यकता रह गई है !

हिन्दी साहित्य का सौभाग्य है कि कुछ कर्मठ साहित्य सेवी 'सभा' के छकड़े को जैसे-तैसे धकेले जा रहे हैं; किन्तु 'सम्मेलन' के भवन पर तो सरकारी सील-मुहर लग चुकी है ! इस सील-मुहर को तोड़ने के लिए वर्षा में विशाल आयोजन किया गया, किन्तु क्या उसमें सफलता मिल पाई ?

यही नहीं, आजकल देश के भिन्न-भिन्न राज्यों में तथा छोटे-बड़े नगरों, कस्बों और गाँवों तक में जो साहित्यिक संस्थाएँ स्थापित की जा रही हैं, क्या उनका संचालन विवाद और कलह से दूर रहकर किया जा रहा है ?

ये सब अनुभव क्या हमारे निकट साहित्यिकों की संस्था-संचालन की योग्यता पर बड़ा प्रश्नचिन्ह उपस्थित नहीं करते ?

याद आता है, एक बार हिन्दी के एक अराजकतावादी आचार्य ने लिखा था, संस्था का अर्थ ही है सम्यक्‌रूप से स्थापित की गई वस्तु—यानी कब्र ! उन्होंने चेतावनी दी थी, संस्थाओं के बनाने के फेर में मत पड़ो, आप अपनी कब्र मत खोदो ! यह दूसरी बात है कि वह जहाँ रहते हैं, कोई-न-कोई संस्था बनाने से अपने को रोक भी नहीं पाते !

आदमी आदत से मजबूर होता है; किन्तु उनके कथन में सत्य जरूर दीख पड़ता है।

देखा यह गया है कि जब कोई साहित्यिक संस्था बनी, प्रारम्भ में लोगों ने बहुत उत्साह दिखलाया तब शायद वे बुद्धि से प्रेरित थे। जब समाज के सभी स्तर और वर्ग के लोग संस्थाएँ बना रहे हैं, तो हम साहित्यिक ही पीछे क्यों रहें ? झटपट संस्था खोल दी गई और उसमें जुट जाया गया।

किन्तु साहित्यकार तो मुख्यतः भावना-प्रधान व्यक्ति होता है। संस्था-संचालन में जहाँ थोड़ी भी खटक आई कि उनकी भावना ने बुद्धि पर कब्जा किया और उन्हें बहाकर ऐसी जगह ले गई कि अपनी बनाई इमारत में स्वयं आग लगाने में उन्हें झिझक नहीं हुई, भले ही उनकी ज्वाला में उन्हें भी जल-भुन क्यों नहीं जाना पड़े !

संस्था-संचालन के लिए एक खास ढंग की योग्यता, क्षमता और चातुरी चाहिए। सदस्यों, खासकर कार्यशील सदस्यों की रुचि और प्रवृत्ति का ज्ञात रखना, विरोधियों की बातों पर भी उचित ध्यान देना, यथासम्भव उनसे सामंजस्य स्थापित करने की कोशिश करना, सबको

यथायोग्य कामों में लगाए रखना, उनकी सफलता पर प्रशंसा और प्रोत्साहन के वचन कहने में कंजूसी न करना और यदि अवसर आ जाए, तो अनुशासन की कार्रवाई करने में नहीं हिचकना—ये कुछ प्रारम्भिक गुण हैं, जो संस्था-संचालक में होने चाहिए।

यह बात नहीं कि साहित्यिकों में इन गुणों का सर्वथा अभाव होता है। किन्तु देखा गया है कि ये भावना-प्रधान प्राणी संकट की स्थिति में अपनी सहज बुद्धि का दरवाजा बन्द कर देते हैं और भावना की तरंगों पर ऐसे बहने लगते हैं, कि सारा किया-कराया सर्वनाश में मिल जाता है।

यदि संयोग से इनकी संस्थाओं में कुछ बाहर के तिकड़मी घुस गए, तब तो लीजिए साँझ ही लंका-काण्ड मचकर रहेगा। वहाँ तो एक हनुमान थे, यहाँ तो हर आदमी हनुमान का पार्ट अदा करने पर तुल गया।

ऐसे ही कटु अनुभवों के आधार पर ही यह कहा गया है कि साहित्यिकों को संस्थाओं के चक्कर में नहीं पड़ना चाहिए, उन्हें स्वतन्त्र रूप में काम करना चाहिए, यदि कभी वे ऐसी गलती करेंगे, तो ऐसा करके अपनी कब्र ही खोदेंगे।

कुछ दिन हुए, पेरिस में लेखकों की एक अन्तर्राष्ट्रीय जमात जुटी थी। उसमें 'लेखक और वातावरण' पर विचार-विमर्श करते हुए इस बात पर खास जोर दिया गया था कि लेखक के लिए स्वतन्त्रता की नितान्त आवश्यकता है और वह है एकाकी की स्वतन्त्रता। यानी, लेखकों को अकेले छोड़ दो, जहाँ वह स्वतन्त्र चिन्तन-मनन और रुचि और प्रतिभा के अनुसार रचना कर सके ! जहाँ इसमें दस्तन्दाजी की गई, फिर उसका अस्तित्व ही खतरे में पड़ जाएगा।

क्या संस्था उसकी इस 'एकाकी की स्वतन्त्रता' में बाधक नहीं बन जाती है ?

तो भी संस्थाओं का मोह तो छूटता नहीं है। जिन लोगों ने उपर्युक्त तर्क पेश किए थे, वे स्वयं एक संस्था के रूप में एकत्र हुए थे। चारा भी क्या है ? जब उनकी यह 'एकाकी की स्वतन्त्रता' पर भी प्रहार-पर-प्रहार हो रहे हैं, चारों ओर से, तब उन्हें लाचारी अपने को संघ-बद्ध करना ही पड़ता है।

क्या संस्था का कोई ऐसा रूप विकसित नहीं किया जा सकता, जिसके संचालन में कुछ अधिक झंझटें नहीं हों, जिसके साथ किसी निहित स्वार्थ का लगाव न हो, जहाँ सभी साहित्यिक अपने मतों का, स्वतन्त्र आदान-प्रदान कर सकें और यदि आवश्यकता पड़े तो उस संस्था द्वारा अपने हितों पर हुए आघातों का मुकाबला कर सकें !

दिक्कत यह है कि आज जो भी संस्थाएँ बनाई जाती हैं, सामाजिक या साहित्यिक उनका ढाँचा मूलतः राजनीतिक संस्थाओं के रूप में होता है। राजनीति के साथ ही गुटबन्दी तथा सत्ता और प्रभुता हथियाने की प्रवृत्ति नत्थी है। फलतः इन संस्थाओं में इन दुष्प्रवृत्तियों का बोलबाला हो जाता है। फिर कलह और कुकर्म को इन संस्थाओं से कैसे अलग किया जा सकता है ?

यदि ऐसी संस्थाओं के साथ आर्थिक स्वार्थ का भी सम्मिश्रण हुआ, तब तो अनर्थ होकर ही रहता है !

हमने अपनी जिन दो महान् संस्थाओं की चर्चा ऊपर की है, उनके कलह के मूल में भी ये ही कारण रहे हैं। 'सम्मेलन' में आर्थिक स्वार्थ भी जुट गया है, फलतः उसकी सबसे बुरी गत हुई है, 'सभा' बार-बार लड़खड़ाती हुई भी खड़ी है और धीरे-धीरे आगे ही बढ़ती जा रही है।

साहित्य की संस्था कैसी हो, उसका उत्कृष्ट उदाहरण है, उपनिषद् ! आओ, हम एक साथ बैठें, कुछ चर्चा हो, कुछ ऊँची चर्चा, कुछ दिव्य चर्चा ! इस चर्चा-मंथन से ज्ञान का अमृतमय माखन निकलकर रहेगा, जो सबके लिए सुलभ हो, सुपच हो, स्वास्थ्यप्रद हो !

कार्य-विवरण पाठ, कार्यक्रम पर बहस, आय-व्यय का लेखा, चुनाव, मतदान—साहित्य की संस्था की संचालन-पद्धति यह नहीं हो सकती !

यह संचालन-पद्धति राजनीतिक संस्थाओं की है ! हमने उधार लिया, हमने अपना संहार कराया।

साहित्य के अपने अनेक प्रश्न हैं—उसके रूप के, विषय के, शैली के, व्याकरण के, संकेत के, लिपि के। समाज में साहित्य का स्थान, साहित्य का समाज के प्रति उत्तरदायित्व, सत्ता के साथ उसका सम्बन्ध, सत्ता का साहित्य-साधना में सुयोग या हस्तक्षेप, संसार के साहित्य में अपने साहित्य का स्थान, उससे पारस्परिक सहयोग का स्थापन, अपने साहित्य का वैशिष्ट्य और अभाव—आदि व्यापक प्रश्न हैं, जिन पर एकसाथ बैठकर विचार-विनिमय किया जाना आवश्यक है।

क्या साहित्यिक संस्थाओं या सम्मेलनों में इन प्रश्नों पर हम कभी विचार-विमर्श कर पाते हैं !

बस दो-तीन दिनों की धूमधाम, उठापटक, जीतहार—फिर मुँह बनाए या गाल फुलाए हम अपने-अपने घरों को लौट आते हैं !

सत्ता यह करे, समाज यह दे—अरे, इस भिखमंगी से हमारा-तुम्हारा आज का कुछ काम चल जाए, साहित्य का कोई स्थायी काम इससे होने-जानेवाला नहीं ! साहित्य का स्थायी काम है साहित्य का निर्माण; प्रकाशन तो पीछे आता है ! कोई भी उच्चकोटि का साहित्य क्या कभी अप्रकाशित रहा है—चाहे वह आज छपे या सौ वर्ष के बाद।

साहित्य की संस्था को मुख्यतः साहित्य-निर्माण की संस्था होना चाहिए। निर्माण की संस्था और रक्षण की संस्था ! खोजो पुरानी चीजें कहाँ पड़ी हैं और उन्हें सुरक्षित करो; निर्माण करो, शाश्वत् साहित्य का, युग के साहित्य का। सत्ता और समाज को झख मारकर तुम्हारे पास आना ही पड़ेगा !

यह ऋषियों का देश है—बड़े-बड़े क्षत्रधारियों को अपना मुकुट सिर से उतार, हाथ में लेकर उनके चरणों पर अवनत होना पड़ा है ! जिस किसी दम्भी शासक ने ऐसा नहीं किया, वह आप गया !

अपने को पहचानो ! आओ एकसाथ बैठो, अपने ढंग से, अपनी शान से। यह तुम्हारी बैठक ही तुम्हारी संस्था होगी—तुम्हारी जीती-जागती संस्था, चलती-फिरती संस्था ! तुमने अपनी संस्था को अचल बनाना चाहा; वहाँ मुर्दनी आई, वह तुम्हारी कब्र बनी !

उपनिषद् बनाओ, आप अपनी कब्र मत खोदो !

[**नई धारा,** जनवरी 1956, में प्रकाशित]

अत्र-तत्र

[1975 ई.]

प्रकाशक की ओर से

स्व. पूज्य पिताजी की इस अभिनव गद्यकृति को प्रस्तुत करते हुए अपार प्रसन्नता हो रही है और खेद भी कि अन्यान्य कारणों से हम अब तक इसे प्रकाशित नहीं कर सके।

इस संकलनात्मक गद्यकृति में उनकी निराली गद्यशैली की छवि के दर्शन होते हैं, साथ ही इस गद्यशिल्पी के व्यापक सांस्कृतिक संवेदनामयी दृष्टि के कलात्मक प्रसार का परिचय भी। पूज्य पिताजी 1951-52 ई. के मध्य दो बार यूरोप गए और देश का पर्यटन भी वे निरन्तर करते ही थे। यात्रा के क्रम में कलाकार के हृदय पर विभिन्न स्थानों की जो रंग-बिरंगी प्रतिछवियाँ अंकित हुई उन्हें अपनी मर्मस्पर्शी तूलिका से उन्होंने बड़े जीवन्त रूप में इन आलेखों में उरेहा है। 'पेरिस नहीं भूलती', 'पैरों में पंख बाँधकर' आदि महती कृतियाँ प्रकाशित भी हो चुकी हैं। इस संकलन में कभी ईफेल टावर की छाया में उनकी लेखनी आषाढ़ की उन्मद घटा-सी यौवन के रूप-रंग और सुगन्ध की वर्षा करती है तो कहीं शुभ्रवसना 'जुंग फ्राउ : नई दुलहिन' के मोहक-मादक सौन्दर्य की छवि आँकते आत्मविभोर हो उठी है। पर अतीत की छाया में 'महाबलीपुरम् के दीपस्तंभ', रमणीय राजगृहम् और पाटलिपुत्र की साहित्यिक परम्पराओं का स्मरण करने, अतीत की गौरवगाथा गाने इतिहास को यवनिका के उस पार ले जाती है, जो हमसे बहुत पीछे छूट चुकी है, फिर भी हम किसी अदृश्य डोर से उससे जुड़े ही हैं।

नाटक और रंगमंच बेनीपुरीजी का बड़ा प्रिय विषय रहा और पेरिस के रंगमंच, शेक्सपीअर के स्मारकों को देखकर कलाकार का मन एकबारगी ही रीझ गया है, काश ! हमारे देश में रंगमंच के प्रति यह अटूट आस्था पनप पाती !

अपने गाँव की आत्मकहानी और वनवासियों का उन्मुक्त स्वच्छन्द संगीतमय जीवन रूप चित्रवत् शब्दशिल्पी की कुशल लेखनी में उभर आये हैं, नाना रूप-रंग और भास्वरता के साथ। यूरोप जाने पर शेली का स्मारक देखने पर कवि के मन पर कैसी गहरी प्रतिक्रिया हुई, यह शेली की जलसमाधि से ही हम जान पाते हैं, नितान्त करुण और मर्मस्पर्शी।

यह संकलनात्मक कृति बेनीपुरीजी के जीवन, प्रांजल और चित्रात्मक गद्य का एक आदर्श प्रस्तुत करती है और उनकी व्यापक, कलात्मक एवं मानवीय दृष्टि का उन्मेष भी।

इस 'अत्र-तत्र' के आलेखों के पुस्तकाकार क्रम उन्हीं के द्वारा उन्हीं की लिपि में निर्धारित हैं। हम उसकी प्रतिछवि भी तद्वत् प्रस्तुत कर रहे हैं।

अन्त में मैं अपने पूज्यवर फूफाजी डॉ. सुरेन्द्रनाथ दीक्षित; रीडर, हिन्दी विभाग, बिहार विश्वविद्यालय तथा जीजाजी महन्थ श्यामसुन्दर दास; रीडर, अर्थशास्त्र विभाग, बिहार विश्वविद्यालय, के प्रति आभार प्रकट करता हूँ, जिनके प्रोत्साहन और आशीर्वाद का फल है कि यह पुस्तक छप पा रही है। अपने प्यारे रघुनाथ के लिए क्या कहूँ—उसके लिए तो मैं सदैव आशीर्वचन देता ही रहा हूँ।

—महेन्द्र कुमार बेनीपुरी

ईफेल टावर की छाया में

सौन्दर्य, संगीत और सुगंध…इन तीन 'स'कारों को पुरी, इस पेरिस का प्रतीक अब यह 934 फीट ऊँचा इस्पात का ढाँचा बन गया है, क्या यह आश्चर्य की बात नहीं है ?

इंजीनियरिंग कौशल के इस कमाल ने, सिर्फ पैंसठ वर्ष की उम्र में ही, यह कमाल किया है कि पेरिस की बीस सदियों की सुकुमार सांस्कृतिक परम्परा इसकी पृष्ठभूमि-सी बनकर रह गई है। फूल पर फौलाद की यह अद्‌भुत विजय है।

पेरिस की परिचय पत्रिका पर देखिए, पेरिस पर लिखी आधुनिक पुस्तकों पर देखिए, पेरिस से लाई जानेवाली उपहार वस्तुओं पर देखिए, यह ईफेल टावर एक लम्बायमान दंड-सा गड़ा है, खड़ा है, जड़ा है।

इसकी एक ओर सीन नदी बहती जा रही है…यह छोटी-सी नदी, यह अपनी बागमती-सी, गोमती-सी। स्वच्छ नील जल…इस पर लहरें भी न पाएँगे आप। किन्तु कितने तूफान उठे हैं इसके किनारे, कितनी नावें डूबी हैं इसकी इस मंदगामी धारा में और कितनी लाशें उतराई हैं इसकी अचंचल तरंगों पर।

ईफेल टावर के ऊपर चढ़कर देखिए…पुलों का ताँता लगा है इस नदी पर…सबसे शानदार पुल वह, जो रूस के जार के नाम पर बना है…एलेक्जेंडर पुल। कभी भोर में इस पुल के निकट जाइए, तो मुग्ध हो रहेंगे आप। इसके दोनों सिरों पर चार बड़े-बड़े स्तम्भ हैं, जिनके ऊपर सुन्दर मूर्तियाँ बनी हैं। जब इन सुनहली मूर्तियों पर भोर की सुनहली किरणें पड़ती हैं तो सीन का पानी ही नहीं, दर्शक का हृदय भी झलमल कर उठता है।

और संध्या को सीन के दोनों कूल क्या बन जाते हैं ?…उसकी कल्पना बिना देखे की भी नहीं जा सकती। दोनों किनारों पर सुन्दर घाट हैं, सघन पेड़ हैं, निभृत निकुंज हैं। छोटी नावें भी हैं। किनारों पर, घाटों पर और सीन की छाती पर…जहाँ देखिए, किलोल हो रहा है।

किन्तु यदि पेरिस के सौन्दर्य की, संगीत की, सुगंध की एक ही जगह कहीं झाँकी लेनी हो, तो आपको उसकी 'स्वर्गभूमि' में जाना पड़ेगा…शाँ जेलीजे में। किंतु, वहाँ जाते समय आपको एक बात सदा ध्यान में रखनी है कि पेरिस परस्पर-विरोधी बातों की पुरी है। शौर्य और सौन्दर्य, विलास और बलिदान, क्रान्ति और कला यहाँ प्रायः एक बिन्दु पर मिला करते हैं।

इस स्वर्गभूमि को ही देखिए…इसके प्रारम्भ में 'आर्च द ट्रम्फ' है…नेपोलियन का बनाया 'विजय तोरण'…जिसके ऊपर फ्रांस के सुप्रसिद्ध कलाकारों द्वारा फ्रांस के विजय अभियानों को चित्रित किया गया है और जिसके नीचे है 'अज्ञात सैनिक' की वह लाश, जिसे प्रतिदिन संध्या को तहखाने से ऊपर लाया जाता है, जिस पर फूल चढ़ाए जाते हैं, जिसके सम्मान में अखण्ड ज्योति जलाई जाती है। न जाने यह किस सौभाग्यशाली की लाश है। इस लाश को किसने सिर नहीं झुकाया…संसार के बड़े-बड़े सम्राटों ने, सेनापतियों ने, राजनीतिज्ञों ने। आप जब कभी वहाँ पहुँचेंगे, कुछ ताजे फूल, कुछ सुन्दर मालाएँ वहाँ अवश्य पाएँगे।

शौर्य और बलिदान के इस स्मारक से चार कदम पर ही पेरिस का सौन्दर्य और ऐश्वर्य लहराता दिखाई पड़ेगा। बीच में खूब चौड़ी सड़क। दोनों किनारों पर, कतार में लगे, सघन वृक्ष, फिर पगडंडिया और तब अट्टालिकाएँ। अट्टालिकाओं और पगडंडियों के बीच छतरीदार

रेस्तराँ। रंग-बिरंगी छतरियों के नीचे कुछ हल्की कुर्सियाँ और बीच में मेजें रखी हैं। आप वहाँ बैठ जाइए और लूटिए, इस स्वर्गभूमि की बहार।

यहाँ अप्सराएँ हैं, देवकुमार हैं। असली चम्पई रंग चेहरे पर आप कहीं पा भी लें, किन्तु संस्कृत कवियों की प्यारी तिलफूल-सी नाक और फारसी कवि जिन पर सदा फिदा रहे, वे सुराहीदार गर्दनें आप यहीं पा सकेंगे। किसी दो की केशसज्जा एक-सी नहीं। किसी दो की वेष-भूषा एक-सी नहीं। पेरिस की बेटियाँ गौरये-सी फुदकती नहीं चलतीं, खंजन-सी तैरती चलती हैं और उनकी चाल में उनके घाँघरे के, घुटने से नीचे तक के लहराते और गिर्दाव से बनाते चलते हैं।

इसी स्वर्गभूमि में वह लीडो है, जहाँ पेरिस की बेटियाँ अनावृत नृत्य करती हैं; यहाँ वह संगीत भवन है, जहाँ एक बार गा-बजाकर संसार के कलाकार अपने को धन्य समझते हैं। यहाँ की हवा में गंध है, यहाँ की फिज़ा में रंगीनी है।

कुछ आगे बढ़िए···अट्टालिकाओं के बदले अब आप वाटिकाओं के बीच में हैं; फलों से लदे ये पेड़, कलियों से बसी ये कुंजें ! संध्या है, न दिन न रात, न अँधेरा न उजाला। आपके देश में एक ही कुंज-बिहारी हुए हैं। किन्तु, यहाँ हर कुंज में देखिए, वहाँ क्या हो रहा है। नहीं, नहीं, यह ताँक-झाँक हमारे देश की मर्यादा के प्रतिकूल है···हम आगे बढ़ें, आगे बढ़ें।

विलास की यौवन की, उन्माद की इस भूमि के बगल में कौन-सी भूमि आ गई। यह 'कंकर्द' है, बीच में यह मिश्री स्तूप रोशनी में नहाया खड़ा है। चारों ओर वे विशाल मूर्तियाँ···वे फ्रांस के एक-एक प्रदेश का प्रतिनिधित्व करती हैं। फव्वारे फूट रहे हैं। रोशनी पड़ने पर जल की बूँदें सतरंगी बन रही हैं। इस विशाल चौराहे का निर्माण लुई के पूर्वजों ने इसलिए किया था, कि संसार में यह सबसे विशाल और शानदार चौराहा माना जाए। वे क्या जानते थे, यहीं उनके वंशज की गर्दन काटी जाएगी। वहाँ उस जगह लुई का सिर कटा था ! वहाँ उस जगह रानी अन्तोनेत का ! आप नहीं सुन रहे हैं, अब वहाँ रानी की चीख गूँज रही है। बेचारी रानी···एक ही दिन में जिसके बाल सफेद हो गए थे···भागिए यहाँ से, न जाने आपके बालों की क्या दुर्गत हो जाए।

यह 'त्विलरी' का बाग है। जिसके तालाब में बच्चे कागज की नावें भँसा रहे हैं। वह एक नाव चली, तालियाँ पिटीं, बच्चे उछले, नाव डगमगाई, वह डूबी। फिर दूसरी नाव चली, फिर वही उछलकूद। यह नाव भी डूबेगी। कागज की नावों का यही हश्र होता है, तो भी कागज की नावें चलाने की कोशिशें होती रही हैं···बच्चों द्वारा ही नहीं, बूढ़ों के द्वारा भी।

पहले यहाँ राजभवन था। लुई को कुछ दिनों तक यहाँ नजरबन्द रखा गया था। 1871 में जब पेरिस के गरीबों ने तीसरी बगावत की, तो इस भवन को सदा के लिए मटियामेट कर दिया और उस पर यह बगीचा लगवाया। उस माली का नाम भी स्वर्णाक्षरों में लिखा जा चुका है, जिसने इस बगीचे का ढाँचा बनाया, इसे इस रूप में सँवारा-सजाया। ये पगडंडियाँ, ये क्यारियाँ, ये फूल, ये फव्वारे, ये मूर्तियाँ ! मूर्तियाँ···यह कामदेव हैं, यह रतिरानी हैं। ये सब उनकी सखियाँ और सखा हैं।

और कहीं आप इस रंग और सुगंध की दुनिया में झलककर न रह जाएँ, इसलिए बाईं ओर देखिए, वह किसकी मूर्ति है ? घोड़े पर चढ़ी सोने की मूर्ति। यह देवी जॉन की मूर्ति है। एक ग्रामीण बालिका अपने देश की रक्षा के लिए जिरहबख्तर पहनकर, नंगी तलवार लिए युद्धभूमि को चली है। सिर नवाइए, कुछ प्रेरणा लीजिए।

'लुव्र' भी यहीं है। उसे भी देखते चलिए।

लुव्र ! संसार के इस सर्वोत्तम संग्रहालय को देखने के लिए घंटे और दिन नहीं, सप्ताह

चाहिए, महीने चाहिए। पूर्वी देशों के संग्रहालय में मिश्र और सीरिया की कला का अनुपम भंडार। भारत की कला यहाँ न पाकर आपको अवश्य उदास होना चाहिए। उस ईरानी पर्यटक ने उस दिन कहा—आप गुलाम भी हुए, तो अंग्रेजों के, जिनके लिए कला भैंस के आगे की बीन रही है ! खैर, यूरोप के सभी बड़े चितेरों की कूँची के कमाल कहीं देखना है, तो यहाँ आइए। यहाँ लियोनार्दो की वह मोनालिसा है, जिसकी मुस्कान की व्याख्या में कितनी पुस्तकें लिख दी गईं। ग्रीकों द्वारा प्रस्तुत सबसे सुन्दर 'वेनस' मूर्ति भी यहीं है···कुछ खण्डित है तो क्या हुआ ? अंग-अंग का गठन देखिए···यह सपक्ष मूर्ति, लगता है अभी उड़ी, उड़ी।

लुव्र, यह तृप्ति नहीं देता, प्यास बढ़ाता है। आप बारसाई जाकर उसके राजभवन में फ्रांसीसी सम्राटों द्वारा संगृहीत कला के अनुपम नमूने देखिए और वहीं देखिए, वह झरोखा जिस पर से खींचकर रानी को लोग नीचे ले आए थे और एक गाड़ी पर बिठाकर पेरिस ले चले थे यह चिल्लाते हुए—हम पिसनहारी को लिए जा रहे हैं, अब रोटी की कमी नहीं होगी ! टेनिस का वह कोर्ट भी देख लीजिए, जहाँ क्रान्तिकारी नेताओं ने कसम खाई थी, हम अपने देश में प्रजातंत्र की स्थापना करके ही दम लेंगे।

ईफेल टावर से ही वह विशाल आधुनिक इमारत दिखाई पड़ती है, जहाँ आधुनिक चित्रों का संग्रह है। दरवाजे पर ही काले पत्थर की एक नग्न स्त्री की विशाल मूर्ति है। और भीतर जाकर देखिए तो पता चले, 'पिकासो' एक ही नहीं है···कूअन्हि में यहाँ भाँग पड़ी है। कहीं रेखा-रेखा, कहीं रंग-रंग। कहीं पत्थर का ढोंका, कहीं धातुओं के ढाँचे···और, ये सब कला के उत्कृष्ट नमूने हैं। कला अब प्रतीक का रूप ले रही है, यदि आप उसे समझ नहीं पाते हैं, तो अपने दिमाग की दवा कराइए !

अरे, अभी तक आपने पेरिस का रंगमंच तो देखा ही नहीं। रंगमंच से मतलब वह नहीं जिसे नाइट क्लब कहा जाता है; नैश विहार की ये संस्थाएँ तो अपने लिए अलग जगह रखती हैं। पेरिस में 90 ऐसे रंगमंच हैं, जहाँ बाकायदा नाटक के भिन्न-भिन्न रूप प्रतिदिन दिखलाए जाते हैं···इनमें सिनेमाघर भी शामिल नहीं हैं। इनमें चार रंगमंच तो बिलकुल सरकारी हैं। इनके डायरेक्टरों को सरकारी खजाने से उसी प्रकार वेतन मिलते हैं, जैसे मिनिस्टरों को। हाँ, फर्क यह है कि जहाँ मिनिस्टरों को हर चार-छः महीने पर यहाँ गद्दी खाली करनी होती है, वहाँ इन डायरेक्टरों पर सरकार यदि उंगली भी उठाए, तो गली-गली में हाय-तोबा मच जाए।

इन रंगमंचों में प्रमुख हैं ओपेरा हाउस। तीन सौ वर्षों का इसका इतिहास है। पेरिस के मध्य में इसका भव्य भवन है। अलग से ही देखिए···फ्रांस ही नहीं, यूरोप के सभी प्रमुख संगीतकारों, अभिनेताओं और नाटककारों की मूर्तियाँ इस इमारत को सुशोभित कर रही हैं। क्योंकि जब तक इस भवन में उन्होंने अपनी कला के करतब नहीं दिखला लिए, लोगों ने उनका लोहा नहीं माना। भीतर प्रवेश कीजिए, तब तो दिमाग चकरा उठेगा। कालीनों, झालरों और सुनहले झरोखों और शीशों से सारा भवन जगमग करता है। संसार का सबसे बड़ा आईना यहाँ टँगा है, जिसमें पूरे रंगमंच का दृश्य प्रतिबिम्बित हो सके। इस भवन में जिन लोगों ने अपनी कलाएँ प्रदर्शित कीं, सबकी तस्वीरें, दस्तखत, पोशाकें आदि सुरक्षित हैं।

कोमोदिये फ्रांस विशालता में ओपेरा हाउस का मुकाबला नहीं करे किन्तु इसका इतिहास बड़ा ही शानदार है। यह मोलियर का कीर्ति-स्तम्भ है। राजा ने इस कलाकार को सादर आमंत्रित किया और अपने भवन में ही उसके लिए रंगमंच बना दिया। उसके दरबारी तो भी उससे जलते, राजा के रसोइए उसे परोसकर खिलाने में भी झिझकते। एक दिन राजा ने सभी दरबारियों के सामने उसे अपने हाथों से परोसकर खिलाया। यहाँ अब भी वह शोफा रखा है, जिस पर मोलियर ने अपना अन्तिम खेल दिखलाया था। वह बीमार था, तो ज़नता उसका खेल देखने

को लालायित थी। उसने एक ऐसा नाटक लिखा जिसका नायक बीमार हो। उसी बीमार नायक का पार्ट वह कर रहा था, किन्तु वह अभिनय में ऐसा तल्लीन हुआ कि भूल गया कि वह बीमार है। अभिनय के आवेश में बेहोश होकर शोफे पर गिर गया···लोगों ने समझा यह भी नाटक का एक अंग है, किन्तु यह उसके जीवन का अंतिम पटाक्षेप था।

पेरिस के ऊपर भले ही इफेल टावर की लम्बी छाया हो, किन्तु यथार्थतः पेरिस की आत्मा तो कला और क्रांति की आत्मा है। और सच पूछिए, तो यहाँ क्रांति भी सदा कला का रूप धारण करके आती रही है। यहाँ गुलाब का रंग कुछ अधिक सुर्ख हो गया है, बस !

रमणीयं राजगृहम्

"रमणीयं आनन्द राजगृहं : रमणीयं गृज्झकूटो पब्बतो"

—भगवान बुद्ध

राजगृह आज भी रमणीय लगता है, बशर्ते कि आप जाड़ों में जाएँ। चारों ओर धान के लहलहाते खेत, उनके बीच एक पर्वत-श्रेणी से घिरा यह राजगृह। पहाड़ों के इर्दगिर्द हरेभरे पेड़, सघन वन, विभृत कुंजें। गायें और भैंसें चर रहीं; चिड़ियाँ चहचह कर रहीं। पहाड़ों पर मन्दिरों के शिखर चमचम कर रहे। जहाँ-तहाँ गरम जल के कुंड—उनमें स्नान कर थकावट दूर कीजिए, पाप-ताप-दाप धो बहाइए।

फिर इसके साथ पाँच हजार वर्षों का इतिहास जो लिपटा है। महाभारत काल से लेकर विक्रम संवत के प्रारम्भ तक—तीन हजार वर्षों तक के भारतीय इतिहास में यह एक प्रमुख स्थान रहा है। यहीं जरासंध था, जिसके भय से कृष्ण को मथुरा छोड़ना पड़ा। भारत के प्रथम सम्राट् बिम्बसार की यह राजधानी रही। भगवान् महावीर के साथ भी इसका इतिहास लिपटा है और भगवान् बुद्ध को तो यह इतना प्रिय था कि वह उसके गृद्धकूट को प्रायः ही सुशोभित करते ! सम्राट् अशोक ने अपने जीवन के अन्तिम दिन यहीं बिताए थे ! फाहियान और ह्वेनसांग ने अपनी यात्राओं के विवरण में इसका विशद् उल्लेख किया है।

राजगृह के तीन नामों का पता चलता है। इसका पहला नाम 'गिरिव्रज' था। महाभारत में इसी नाम का प्रयोग है। दूसरा नाम 'राजगृह' था, जो अपभ्रंश, 'राजगीर' रूप में आज भी विद्यमान है। बौद्ध-ग्रंथों में इसी नाम से इसकी चर्चा है। इसका तीसरा नाम 'कुशागरपुर' था। जैन-ग्रंथों में यह नाम है, और हुएनसांग ने भी इस नाम का प्रयोग किया है।

महाभारत (सभापर्व) काल में इसका नाम गिरिव्रज था। चारों ओर पहाड़ थे, बीच में यह नगर बसा था, शायद इसीलिए इसका नाम गिरिव्रज पड़ा। उस समय भी यह महान् नगर था। यहाँ पशुओं और जल की प्रचुरता थी। जंगल के कारण पशु की प्रचुरता होनी ही चाहिए। जल की प्रचुरता से इन झरनों और कुण्डों की ओर इशारा है। यह दुर्ग सब प्रकार सुरक्षित था। वैहार, विपुल, वराह, वृषभ और ऋषि नाम के पाँच शृंग थे। ये पहाड़ आज भी 'पंच पहाड़' के नाम से प्रख्यात हैं। वैहार का नाम आजकल वैभार हो गया है। विपुलाचल अपने पूर्व नाम पर ही स्थित है। बाकी तीन नाम बिल्कुल बदल गए हैं। इनके बदले उदयगिरि, रत्नागिरि और स्वर्णगिरि नाम प्रसिद्ध हैं। यह कहना कठिन है कि ये आधुनिक तीन नाम उपर्युक्त किन-किन नामों के लिए प्रयुक्त होते हैं। पर्वत पर छायावाले वृक्षों की भरमार थी—जैसी कि आज भी है।

महाभारत के बाद बौद्ध-ग्रंथों में राजगृह का वर्णन आया है। बुद्धदेव अपने घर-द्वार

छोड़कर पहले यहीं आए, और उन्होंने यहीं अलार और उद्दक नामक ब्राह्मणों से शिक्षा पाई थी। बहुत दिनों तक वे इसी नगर में भिक्षाटन करते और इसी के पर्वतों पर तपस्या करते थे। बुद्ध के रूप और शील पर नगरवासी मुग्ध थे। उन लोगों ने बिम्बसार से इन नवीन तपस्वी की चर्चा की। राजा बिम्बसार ने इन्हें बुलाया, और कहा कि ऐसे सुन्दर शरीर को क्यों बरबाद कर रहे हो, किसी सुन्दरी का पाणि-ग्रहण करो, और आनन्द और मौज से रहो। इस पर बुद्ध ने कहा कि मैं सर्वोत्तम सुन्दरी का पाणि-ग्रहण और सब प्रकार के राज-सुख का भोग कर चुका हूँ। किन्तु शान्ति नहीं मिली। अब शान्ति की खोज में चला हूँ। बात-ही-बात में यह भी खुल गया कि ये कपिलवस्तु के अधिपति के सुपुत्र हैं। फिर तो बिम्बसार लज्जित हुए, और उन्होंने तपस्या पूरी कर लेने पर राजगृह में लौटने का आमन्त्रण दिया। बुद्ध यहाँ से गया गए। वहीं उन्हें बुद्धत्व प्राप्त हुआ। सारनाथ में धर्मचक्र परिवर्तन कर घूमते-घामते वह फिर राजगृह आए, और यहाँ बहुत दिनों तक रहे, और जीवन-भर बार-बार आते रहे।

राजगृह में वह गृद्धकूट पर रहते थे। वहाँ से वह प्रतिदिन भिक्षा के लिए राजधानी में आते थे। राजा बिम्बसार भी उनका अनुयायी हो गया था। नगर के बहुत-से नवयुवक बौद्धधर्म की दीक्षा ले भिक्षुक बन गए थे, इसलिए जब बुद्ध नगर में आते थे, तो वहाँ की युवतियाँ, इस आशंका से कि न जाने फिर किसको वे भिक्षु बनाएँगे, कह उठती थीं...देखो, सखियो, वह भिक्षु फिर आ रहा है; अपने-अपने प्रेमिकों को सम्हालो, न जाने फिर किस पर गाज गिरे।

जैन धर्म के आचार्य महावीर के भी अनुयायी राजगृह में रहते थे। महावीर के कुछ शिष्यों का देहावसान भी यहीं हुआ था। आचार्य हेमचन्द्र के परिशिष्ट पर्व में राजगृह का विशद् वर्णन है। उसके वर्णनानुसार उस समय 26,000 श्रेष्ठि लोग राजगृह में बसते थे। जब सेठों की इतनी गिनती थी, तो फिर अन्य लोगों की कितनी गिनती रही होगी, इसका अनुमान किया जा सकता है। अब भी इन पाँच पहाड़ों पर जैनियों के मन्दिर बने हुए हैं, ये लोग अपने आचार्यों की स्मृति को जीवित और जाग्रत रखे हुए हैं। इन मन्दिरों में पूजा का नियमित प्रबन्ध है।

अजातशत्रु के समय तक राजगृह समूचे मगध-राज्य की राजधानी रही। अजातशत्रु के समय में ही पहाड़ियों के बीचवाला नगर छोड़कर पहाड़ों के उत्तर की ओर करीब आधा मील की दूरी पर, नवीन राजगृह बसाया गया था। अजातशत्रु ने अन्त में राजगृह को छोड़कर चम्पा को राजधानी बनाया। तभी से राजगृह के पतन का प्रारम्भ हुआ।

फाहियान और हुएनसांग नामक दो चीनी यात्री क्रमशः चौथी और छठी शताब्दी में बुद्ध के स्मारकों को देखते हुए यहाँ पहुँचे थे। फाहियान के समय में भी राजगृह उजाड़ नहीं हुआ था। नगर के अन्दर बुद्ध की जीवनघटनाओं से सम्बन्ध रखनेवाले उसने चार स्तूप पाए। हुएनसांग के समय में भी राजगृह एक रमणीक नगर था। राजधानी की प्रत्येक सड़क के दोनों ओर 'कनक-चम्पक' के पेड़ लगे थे, जिसकी सुगन्ध और शोभा से शहर आमोदित और मनोरंजक बना हुआ था। उसने भी उन चारों स्तूपों को देखा था।

राजगिरि स्टेशन से उतरकर, अगर डिस्ट्रिक्ट बोर्ड की रोड पकड़कर, पहाड़ियों की ओर बढ़ा जाए, तो सबसे पहले नए राजगीर का भग्नावशेष मिलता है। पुराना राजगृह तो पहाड़ियों के बीच बसा था, यह पहाड़ियों से बाहर है। इस नए राजगृह को किसने बसाया था, इस पर मतभेद है। एक कथा यह है कि कुशागरपुर (पुराना राजगृह) में बार-बार आग लगती थी। इस पर सम्राट् बिम्बसार ने आज्ञा निकाली कि अब जिस किसी के घर से आग शुरू होगी, उसको राजगृह से निकाल दिया जाएगा। अकस्मात् राजभवन से ही आग उठी। अब अपने वचन को पूरा करने के लिए बिम्बसार ने राजधानी छोड़ दी, और उससे हटकर एक स्थान पर आ बसे। वहीं धीरे-धीरे एक नगर बस गया, फिर उसकी रक्षा के लिए चारों तरफ घेरकर

किले का रूप दे दिया गया, यही यह नया राजगृह है। दूसरी कथा यों है—

अजातशत्रु अपने पिता सम्राट् बिम्बसार को कैद करके राजसिंहासन पर जा बैठा। कुछ दिनों तक तो वह अपने बन्दी पिता की परवाह न कर राजसुख भोगता रहा; किन्तु पीछे उसके मन में सद्भावना उत्पन्न हुई, और वह एक दिन अपनी करनी पर बहुत क्षुब्ध हो, सम्राट् के बन्धन-विमोचन के लिए चल पड़ा। उधर उस बन्दी अवस्था से असन्तुष्ट-सा होकर सम्राट् बिम्बसार ने एक दिन जहर मँगाया था, और उसे खाकर प्राण देने का संकल्प किया था; किन्तु पीछे यह सोचकर कि इस प्रकार मेरे ज़हर खा लेने से मेरे वंश की और भी जग-हँसाई होगी, वह ग़म खा गया और ज़हर रख दिया। उस दिन जब अजातशत्रु सम्राट् के बन्धन-मोचन के लिए अकेले बन्दीगृह की ओर व्याकुलता के कारण द्रुतपद से आ रहा था, तो उसे कुसमय में इस आतुरता से आते हुए देखकर लोगों ने सोचा कि हो-न-हो यह सम्राट् की हत्या करने जा रहा है। बन्धन काटने के लिए उसके हाथ में नंगी तलवार भी थी, अतः किसी ने जाकर झटपट बन्दीगृह में खबर कर दी कि अजातशत्रु आपको मारने के लिए आ रहा है। बिम्बसार के पास ज़हर तो था ही, उसने झटपट खा लिया। जब अजातशत्रु नज़दीक पहुँचा, तो अपने पिता को मरा हुआ पाया—तेज़ ज़हर ने उसका काम तमाम कर दिया था। पिता की इस मृत्यु से उसे और भी पश्चात्ताप हुआ। अनुताप का वृश्चिक दंशन कुछ ऐसा हुआ कि वह विक्षिप्त-सा रहने लगा, और उसने राजकाज से हाथ खींच लिया। मंत्रियों ने उसे बहुत समझाया। समझाने-बुझाने पर उसने कहा कि इस नगरी के घर-द्वार, तृण-लता आदि सभी मेरा तिरस्कार करते-से दीखते हैं। मुझसे यहाँ रहा ही नहीं जाता, अतः मंत्रियों ने सोच-विचार कर इस नए नगर का निर्माण कराया, और यहीं राजधानी उठ आई।

प्रिंसिपल डी. एन. सेन ने अपनी पुस्तक में लिखा है कि इसको न तो बिम्बसार ने बसाया और न अजातशत्रु ने। उन्होंने इसके लिए तर्क भी पेश किए हैं, किन्तु सवाल यह है कि यदि इन दोनों सम्राटों ने इसे नहीं बसाया तो बसाया किसने ? उनके कथनानुसार पीछे किसी राजा ने बसाया, किन्तु अजातशत्रु के समय में ही वहाँ से राजधानी हटकर चम्पा चली आई, और पीछे उसके पोते उदय ने पाटलिपुत्र को राजधानी बनाया। फिर राजगृह बसाया किसने ? पुरातत्त्व-विभागवालों का भी कहना है कि यह किला अजातशत्रु का ही बनवाया हुआ है। अतः मैं दूसरी कहानी को ही प्रामाणिक मानता हूँ। बिम्बसार ने इस नई राजधानी को नहीं बसाया, इसका एक जबरदस्त प्रमाण यह है कि जब वह कैद कर लिया गया, तब उसने अजातशत्रु से प्रार्थना की थी कि वह राजधानी के ऐसे महल में कैद किया जाए, जहाँ से वह गृद्धकूट को देख सके, जहाँ बुद्ध भगवान रहते थे, और ऐसा ही अजातशत्रु ने किया भी था। यदि बिम्बसार नई राजधानी में रहता, तो वहाँ से गृद्धकूट किसी भी हालत में नहीं दीख पड़ता, क्योंकि नए राजगृह से गृद्धकूट की ओर देखने पर बीच में विपुलाचल ओट कर लेता है।

खुदाई से यह पता चलता है कि नई राजधानी पंचभुज आकार की थी। इसका तीन मील का घेरा था। चारों ओर पत्थर की जबरदस्त दीवार थी। दीवार 14 फीट से लेकर 18 फीट तक चौड़ी और 11 फीट ऊँची पाई गई है। कोने पर के बुर्जों के अलावे 17 बुर्जों का पता चला है, जिसमें 8 पूर्व, 6 दक्षिण और 3 उत्तर में हैं। पश्चिम की दीवार का ढूह तो सबसे ऊँचा है; किन्तु उसके भीतर पत्थर की दीवार का चिह्न अभी नहीं मिला है। पूरब, उत्तर और पश्चिम की दीवारों में बीच-बीच में जगहें छूटी हुई हैं, शायद ये फाटक के चिह्न हों, किन्तु कुछ निश्चित नहीं कहा जा सकता। दक्षिण में एक फाटक मिला है, जिसकी मरम्मत भी पुरातत्व-विभाग की ओर से कर दी गई है। यह फाटक 11 फीट 3 इंच चौड़ा है, और इसके दोनों ओर दो गोल बुर्ज हैं। यह फाटक कुछ इतना कम चौड़ा है कि इसको मुख्य द्वार तो माना नहीं जा सकता।

जहाँ इस नए राजगृह का भग्नावशेष है, वहीं 'सीतावन' की अवस्थिति भी हो सकती है। बौद्ध-ग्रन्थों में उसे राजगृह (जहाँ केवल राजगृह लिखा जाए, उसे पुराना या मूल राजगृह समझना चाहिए) से उत्तर लिखा गया है। बुद्ध के समय में यह एक बहुत ही प्रसिद्ध स्थान था। इसका दृश्य बहुत ही मनोरम और नेत्ररंजक था। यहाँ एक विहार भी था, जहाँ भिक्षु-भिक्षुणियाँ रहती थीं। बुद्ध ने इसे एक परम आनन्ददायक स्थान बतलाया है।

नये राजगृह के खँडहर के पश्चिम ओर एक टीला-सा दीखता है। इस टीले की ऊँचाई पूरब की ओर से 31 फीट, पश्चिम की ओर से 20 फीट और बीच में 15 फीट है। यही हुएनसांग द्वारा वर्णित अशोक का स्तूप है, इसकी खुदाई करने पर मौर्य-युग की कुछ ईंटें और छोटे-छोटे दो-दो इंच के स्तूप के ढाँचे मिले हैं, जिन पर आठवीं-नवीं शताब्दी के अक्षरों में लिखे बौद्ध-धर्म-सम्बन्धी वाक्य हैं। हुएनसांग ने इसकी बगल में एक और स्तूप की चर्चा की है; किन्तु उसका पता नहीं मिलता। टीले का पश्चिम हिस्सा कुछ ऐसा है कि मालूम होता है, पहले पूरब वाले हिस्से से कुछ सम्बन्ध न रहा हो। सम्भवतः यही पश्चिमी स्तूप रहा हो। शायद पहले दोनों अलग-अलग थे, अब ध्वस्त होने पर एक में मिल गए हैं।

नए राजगृह के खँडहर से दक्षिण और आधुनिक डाक बँगले से लेकर वैभार पर्वत की तलहटी तक यानी गरम जल के झरनों तक जो भूमिखण्ड हैं, उसी को लोग प्राचीन सुप्रसिद्ध 'करन्द-वेणुवन' का स्थान बतलाते हैं।

वेणुवन की बौद्ध इतिहास में बड़ी ही प्रसिद्धि है। यहाँ तक 'महाविहार' था, जिसमें भिक्षु-भिक्षुणियाँ बड़ी संख्या में रहती थीं। बुद्ध भी यहाँ प्रायः निवास किया करते थे। बुद्धघोष के वर्णनानुसार वेणुवन एक सुन्दर बगीचा था, जहाँ बाँस के पेड़ों की अधिकता थी। इसकी चारों ओर 18 फीट ऊँची दीवार थी, जिसमें फाटक, बुर्ज, दरवाजे लगे थे। यह हरा-भरा और मनोरम था। करदक नामक काली छोटी चिड़ियों की यहाँ प्रचुरता थी। उनकी चहचह से यह स्थान गूँजता रहता था। इन्हें यहाँ चारा भी दिया जाता था। बीच में एक सरोवर था, जिसमें चिड़ियाँ पानी पीती थीं। इसका 'करन्दकह्रद' नाम था। इन चिड़ियों के बारे में एक कथा है कि एक दिन राजगृह के सम्राट् शिकार को निकले। थककर वे एक पेड़ के नीचे सो गए। इतने ही में उस पेड़ के खँडहर में रहनेवाला एक काला सर्प निकला और राजा को काटनेवाला ही था कि करन्दक चिड़ियें चहचहाने लगीं। शोर सुनकर राजा की नींद टूट गई। आँख खोलते ही उन्होंने अपने निकट इस कालसर्प को देखा। साँप मारा गया। राजा ने ऐसा हुक्म दिया कि इन प्राणरक्षक चिड़ियों को यहाँ प्रतिदिन भोजन दिया जाए, और इनके पानी पीने के लिए एक सरोवर भी बना दिया जाए। पीछे सम्राट् बिम्बसार ने यह स्थान भगवान् बुद्ध को दान दे दिया, इसी में विहार भी बनवा दिया। राजगृह में रहते हुए बुद्ध के बहुत से चेले हो गए थे; जो गुफाओं में, पेड़ों के नीचे, उजाड़ घरों में, या खुली जगहों में ही, भिक्षु जीवन बिताया करते थे। उन लोगों का कष्ट देखकर ही बिम्बसार ने मनोरम स्थान पर उनके लिए आवास-स्थानादि बनवा दिए थे।

किन्तु इस जगह न तो आजकल बाँस का ही पता है, और न कहीं करन्दकों की ही चहचह सुन पड़ती है। हाँ, राजगृह के भीतर, पहाड़ियों के बीच में, जो जंगल हैं, उनमें छोटे-छोटे बाँसों की प्रचुरता है। इन जंगलों में एक तरह की छोटी-छोटी काली चिड़ियाँ फुदकती दीख पड़ती हैं, शायद ये ही उन करन्दकों की वंशधर हैं। डाकबँगले से करीब 200 गज दक्षिण एक तालाब है। उत्तर से दक्षिण 290 फीट और पूरब से पश्चिम 220 फीट—यही इसका घेरा है। तीन ओर किनारा है। कहते हैं कि यही करन्द-ह्रद का शेष चिन्ह है। इस तालाब से कुछ दक्षिण हटकर एक टीला-सा है। इसका घेरा 770 फीट और ऊँचाई 27 फीट है। अनुमान है कि वेणुवन

के महाविहार का यही भग्नावशेष है। इसके ऊपर कुछ कब्रें हैं, जो हाल की हैं। इन कब्रों के कारण इसकी खुदाई होना मुश्किल हो गया है। डॉक्टर ब्लोच ने इन कब्रों से अलग परीक्षा-स्वरूप कुछ खाइयाँ खुदवाई थीं, जिनसे एक कमरे की नींव और 7 स्तूपों के मूलभाग मिले थे। साथ ही कितनी-ही बौद्ध-मूर्तियाँ भी प्राप्त हुई थीं।

वेणुवन से आगे ही पहाड़ियाँ शुरू हो जाती हैं। जैसा कि लिखा जा चुका है, यहाँ पाँच पहाड़ियाँ हैं। इन पाँच पहाड़ियों से घिरा बीच में एक विस्तृत भूमिखंड है, जहाँ पौराणिक युग का गिरिव्रज, बौद्धयुग का राजगृह और जैन साहित्य का कुशागरपुर बसा हुआ था। इस भूमिखंड में प्रवेश करने के दो द्वार हैं—एक उत्तर की ओर से, दूसरा, दक्षिण की ओर से। उत्तर ओर, विपुलाचल और भैभारगिरि के बीच से सरस्वती नदी बहती है। इसके पश्चिम ओर वैभार है और पूर्व ओर विपुलाचल। दक्षिण ओर जो नाला है, उसे बाणगंगा कहते हैं। किन्तु हम लोग उत्तर से ही प्रवेश करें। सदा से यही प्रवेश-द्वार भी रहा है।

राजगृह अपने गरम जल के झरने और कुंडों के लिए प्रसिद्ध है। प्रायः सभी झरने और कुंड इस उत्तर के प्रवेश-द्वार के निकट ही अवस्थित हैं। सात कुंड वैभार गिरि पर हैं, और छः कुंड विपुलाचल पर। इन कुंडों का नामकरण भी हो चला है, किन्तु ये नाम आधुनिक मालूम पड़ते हैं। बौद्ध ग्रन्थों में इन नामों का जिक्र भी नहीं है। वैभार गिरि के कुंडों के नाम गंगाकुंड, यमुनाकुंड, अनन्त ऋषिकुंड, सप्तर्षिकुण्ड, व्यासकुंड, मार्कण्डेयकुंड और ब्रह्मकुंड हैं। विपुलाचल के कुंडों के नाम हैं—सीताकुंड, सूर्यकुंड, गणेशकुंड, चन्द्रमाकुंड, रामकुंड और शृंगीऋषिकुंड। इस अन्तिम कुंड का नाम मुसलमान भाई मखदूम कुंड बतलाते हैं। मखदूमशाह शेख शरफुद्दीन अहमद मुसलमानों के प्रसिद्ध फकीर हो गए हैं। ये भारतविख्यात महात्मा थे। कहते हैं कि मखदूमशाह इसी कुंड पर रहते थे, अतः इसका नाम मखदूमकुंड रख दिया गया है।

इन कुंडों में सबसे प्रमुख कुंड वैभारगिरि पर है, जिसको ब्रह्मकुंड कहते हैं। पक्के चबूतरे बँधे हैं। एक जगह ऊपर से तीन-चार नालियों से पानी झर-झर गिरता है—जिनमें दो नालियाँ काफी तेज बहती हैं। इनके नीचे बैठ जाइए, और कृष्ण जल की धारा आपके सिर होकर गिर रही है। सभी कुंडों के जल गर्म हैं, इसलिए राजगृह का मजा जाड़े के दिनों में ही है। इन गरम जल के झरनों का भरपूर मजा लेकर उसके सटे हुए कुंड में जाइए, जहाँ छाती-भर पानी रहता है। गरम-गरम पानी, धुआँ निकलता रहता है, किन्तु ज्यादा गर्म भी नहीं कि देह जले। 104.5 डिग्री की गर्मी रहती है। अब इस गर्म कुंड में खूब डुबकियाँ लगाइए, किन्तु एक बात है; कुंड छोटा है, और स्नानार्थी ज्यादा रहते हैं, इसलिए किसी ऐसे समय में जाना चाहिए, जिस समय भीड़ कम हो। सुनते हैं, विज्ञानाचार्य श्री जगदीशचन्द्र बोस ने बताया था कि झरनों के बनिस्बत इस कुंड में ज्यादा रेडियम है।

विपुलाचल पर जो सूर्यकुंड है उसके पीछे पत्थरों का बड़ा चबूतरा-सा है। यह 12 फीट ऊँचा है। इसका पश्चिमी भाग एकदम बचा हुआ है, और 45 फीट लम्बा है। पुरातत्त्व-विभागवाले इसी को अजातशत्रु का स्तूप बताते हैं। बौद्ध ग्रन्थों के अनुसार यह करन्द वेणुवन से पूरब 270 गज की दूरी पर था। दिशा और दूरी के हिसाब से अजातशत्रु के स्तूप की अवस्थिति वहाँ बताई गई है, जहाँ अशोक स्तूप की चर्चा की गई है। अशोक के स्तूप की जगह अजातशत्रु के स्तूप की गड़बड़ी हो जाना कुछ असम्भव नहीं है। ह्वेनसांग का वर्णन इस विषय में ठीक है, उसके वर्णन के अनुसार यही स्थान अजातशत्रु का स्तूप हो सकता है।

बुद्ध की अस्थि पर अजातशत्रु ने एक स्तूप बनवाया, इसकी चर्चा 'महापरिनिब्बाण सुत्त' में है। सुनन्दा नाम की एक उपासिका इस स्तूप की अर्चना के लिए प्रतिदिन माला और सुगन्धि भेजा करती थी। एक दूसरी उपासिका की भी ऐसी ही कथा है। 'महापरिनिब्बाण सुत्त' की

टीका के अनुसार काश्यप के कहने पर अजातशत्रु ने बुद्ध की अस्थियों का संचय कर एक 'धातुनिधान' में रखा था जिसमें से ही लेकर अशोक ने जम्बूद्वीप-भर में बनवाये अपने 80 हजार स्तूपों में बुद्ध की अस्थियाँ रखी थीं। यह धातु निधान नगर से (यहाँ नगर से मतलब शायद नए राजगृह से है) दक्षिण पूर्व दिशा में 80 हाथ गहरे एक सुरक्षित विवर में था। यह बहुत ही गुप्त और सुरक्षित रखा गया था।

पुरातत्त्व-विभाग की खोजों से पता चला है कि राजगृह दो दीवालों के अन्दर बसा था। पहली दीवाल पाँचों पहाड़ियों पर होकर गुजरती थी, और 25 से 30 मील तक को घेरे हुई थी, इस दीवाल का बहुत अंश आज भी विद्यमान है, और भारतीय पुरातत्त्व विभाग के मध्य-विभाग के सुपरिन्टेन्डेन्ट श्रीयुत कुरेशी के कथनानुसार यह भारतीय निर्माण कार्य का सबसे प्राचीन भग्नावशेष है—"It is the earliest structural remains that we know in India" कहा नहीं जा सकता कि इस दीवाल को किसने बनवाया था। जनश्रुति है कि यह जरासन्ध की बनाई हुई है। तीन से लेकर पाँच फीट के पत्थर के टुकड़े से यह बनाई गई है। पत्थरों को जोड़ने के लिए चूने, गारे आदि का प्रयोग नहीं किया गया है। इस कारीगरी से एक के ऊपर दूसरे पत्थर के टुकड़े रखे गए हैं जो युगों से अचल और अटल हैं। यह दीवाल बानगंगा घाटी के निकट 11 से 12 फीट तक ऊँची है। सोनागिरि, वैभारगिरि, विपुलागिरि और रत्नागिरि में प्रायः ध्वस्तप्राय हो चली है, तो भी 7 से 8 फीट तक ऊँची है। इस दीवाल की मुटाई भी कुछ कम नहीं है। मामूली मुटाई प्रायः 10॥ फीट है; किन्तु बानगंगा से पूर्व 14 फीट से शुरू होकर 16॥ फीट तक गई है, और वैभार पर्वत पर तो मामूली मुटाई से भी दो फीट ज्यादा मोटी है। ऐसा अनुमान किया जाता है कि इस दीवाल के ऊपर शायद छोटे-छोटे पत्थरों की, या ईंट की, या सम्भवतः लकड़ी की ऊँची दीवाल थी।

इस किलेबन्दी में जगह-जगह बुर्ज थे, जो दीवाल के बाहर सटे हुए बनाए गए थे। जहाँ कहीं खास मजबूती की जरूरत समझी गई थी, वहीं इनका निर्माण हुआ है। सोलह की संख्या में इनका पता लगा है। ये ठोस आयताकार में बनाए गए थे। इनकी लम्बाई 47 फीट से 60 फीट है, और ऊँचाई दीवाल के समान है। बानगंगा-घाटी में सात, उत्तरी फाटक के निकट चार, विपुलागिरि पर चार और वैभार पर्वत पर दो—ऐसी रचनाएँ पाई गई हैं। बाकी तीन भी वैभार पर ही हैं। एक तो 'जरासंध की बैठक' के ठीक ऊपर है।

इसकी दूसरी विचित्रता है वे सीढ़ियाँ, जो दीवाल के पिछले हिस्से में बनाई गई हैं। इसकी रचना इसलिए की गई होगी कि वक्त जरूरत पर बेखटके दीवाल पर चढ़ा जाए। केवल ऐसी सात सीढ़ियों का पता चला है। सोनागिरि के उत्तर की दीवालों में ही ये पाई गई हैं। ये सीढ़ियाँ 5 फीट 6 इंच चौड़ी और 15 फीट लम्बी हैं।

दुश्मनों की देखभाल दूर से ही करने के लिए कई गुम्बद बनाए गए थे। गरम कुंड के ऊपर, वैभारगिरि पर, जो जरासंध की बैठक नाम से प्रसिद्ध है, वह इन गुम्बदों में से ही एक है, ऐसा अनुमान किया जाता है। इस बैठक से ऊपर एक और ऐसी ही बैठक है। विपुलाचल पर ऐसे चार हैं, और एक रत्नागिरि के सबसे पूरब के शिखर पर है।

यों यह नगर चारों ओर से सब प्रकार सुरक्षित कर लिया गया था। इसका फाटक उत्तर ओर से था—इसी ओर से प्रवेश-द्वार था या सिंहद्वार था। शायद बानगंगा की ओर भी एक फाटक रहा हो; किन्तु उसका कोई पता नहीं मिलता। उत्तरी फाटक विपुलाचल और वैभारगिरि के बीच में था। जहाँ गोमती और गोदावरी नामक नाले दो ओर से आकर मिलते और सरस्वती नाम धारण करते हैं, उसके निकट ही ज्वालादेवी के मन्दिर से 250 फीट आगे यह फाटक था। ऐसा प्रमाण मिलता है। विपुलाचल पर जो गणेश मन्दिर है, वह इस फाटक के ऊपरी

सिरे पर है। इस मन्दिर से नीचे की ओर पत्थरों की एक दीवाल-सी चली आई है, यह फाटक का ही चिह्न है। इसके ठीक पश्चिम एक बड़ा-सा ढूह है सम्भवतः फाटक का दूसरा सिरा यही रहा हो। आज भी जो सड़क राजगृह स्टेशन से आती है, वह इसी रास्ते से गुजरती है।

इस प्रकार सुरक्षित किलेबन्दी के भीतर राजगृह का नगर बसा था। नगर के बाहर, और इस बाहरी चहारदीवारी के भीतर भी एक सुदृढ़ दीवाल थी। इस दीवाल का घेरा साढ़े चार मील था, और इसका आकार पंचभुज था। इसमें बुर्ज, निगरानी करने के गुम्बद और सीढ़ियाँ नहीं थीं। पश्चिम तरफ की दीवाल एकदम नष्ट हो गई है। उत्तरी दीवाल का 80 फीट का अंश बचा है। दक्षिणी दीवाल सबसे अच्छी हालत में है। इसकी ऊँचाई 30 से 40 फीट तक की है। इसमें तीन स्थानों पर छूटी हुई जगहें हैं, जिनसे शायद सड़कें आती थीं। ज्वाला देवी के मन्दिर के निकट ही इसका भी फाटक था, जिसका विस्तार 50 फीट था।

बौद्ध-ग्रंथों के वर्णनानुसार इस नगर में 32 बड़े और 64 छोटे फाटक थे। नगर के चार विभाग थे—अन्तोवालांजकम्, बहिःवालांजकम्, अन्तोनगरम् और बहिःनगरम्। सब भवनों में प्रमुख 'राजनिवेशन' था। इसके अन्दर रनिवास, कोष, न्यायालय, भोजन-गृह, राजसरोवर, शस्त्रागार, घुड़साल आदि थे। इसके चारों ओर व्यापारी, कलाकार, कारीगर, गवैये आदि के घर सामाजिक पद-मर्यादा के अनुसार उचित स्थान पर थे।

जहाँ यह नगर था, वहाँ एक जंगल उग आया है। सरसरी निगाह से देखने पर कोई अनुमान भी नहीं कर सकता कि यहाँ कभी कोई नगर भी रहा होगा, किन्तु ऐतिहासिक वर्णनों के अतिरिक्त आज भी कितनी ऐसी चीजें हैं, जिनसे इसकी स्थिति में कोई सन्देह ही नहीं कर सकता। अभी अच्छी तरह खुदाई नहीं हुई है, तो भी इसके अन्दर जहाँ-तहाँ कई भवनों की नींवें मिली हैं। करीब एक दर्जन चौपहले कुओं का भी पता चला है।

फाहियान और हुएनसांग दोनों ही चीनी यात्री यहाँ आए थे, और उनके जमाने में यह नगर उजाड़ नहीं हुआ था। फाहियान ने इस नगर में उत्तर के सदर दरवाजे से प्रवेश किया था, किन्तु हुएनसांग दक्षिण की तरफ—बानगंगा की राह से आया था। इन लोगों ने नगर के अन्य भवनों के सिवा उन चार स्थानों को भी देखा था, जिनका बुद्ध भगवान् के जीवन से खास सम्बन्ध था, भगवान् बुद्ध गृद्धकूट पर निवास करते समय प्रतिदिन नियमित रूप से राजगिरि में भिक्षाटन के लिए आया करते थे।

कहा जाता है कि बुद्ध का प्रभाव बढ़ते हुए देखकर—खासकर सम्राट् बिंबसार का झुकाव उसकी ओर देखकर बहुत-से लोग बुद्ध से ईर्ष्या करने लगे थे, जिनका मुखिया था बुद्ध का चचेरा भाई देवदत्त। उन्हीं लोगों ने एक बार षड्यंत्र रचकर एक मतवाला हाथी राजपथ पर छुड़वा दिया था। बुद्ध प्रतिदिन उस राजपथ से भिक्षाटन करते हुए गुजरते थे। उन लोगों ने सोचा कि आज वे आएँगे और हाथी के पैरों-तलें रौंदे जाएँगे। बुद्ध ने नगर में प्रवेश किया, तभी लोगों ने उनसे यह खबर सुनाई और निवेदन किया कि आज वे इस रास्ते से न जाएँ; किन्तु बुद्ध यह समाचार सुनकर केवल मुस्करा पड़े, और आगे बढ़े। इस घटना को देखने के लिए सड़क के दोनों ओर के मकानों, छतों और अटारियों पर, पुरुषों की भीड़-सी लगी थी। स्त्रियाँ अपने कोमल हृदयों को हाथ से थामे उस हाथी की ओर देख रही थीं। इतने में ही बुद्ध दीख पड़े। बुद्ध को देखते ही एक सनसनी-सी फैल गई। लोग चिल्ला-चिल्लाकर उन्हें उस ओर से बढ़ने से मना करने लगे, किन्तु बुद्ध अपनी स्वाभाविक गति से, इधर-उधर बिना ताके, सीधे रास्ते पर निगाह रखे, आगे बढ़ते गए। हाथी भी निकट आ गया। ज्यों ही उसने सूँड़ बढ़ाई, बुद्ध ने हल्की-हल्की दो-चार थपकियाँ लगा दीं। वह सीधी गाय-सा खड़ा रहा। बुद्ध आगे बढ़े। फिर क्या था ? लोगों के आश्चर्य की सीमा न रही। लोग दौड़-दौड़कर उनके पैर

पड़ने लगे। किन्तु वे स्वाभाविक गति से, उसी मुस्कराहट और उत्फुल्ल चितवन के साथ आगे बढ़ते गए। पीछे इस अलौकिक घटना की स्मृति में उस स्थान पर स्मारक बनाया गया, जिसे उन चीनी यात्रियों ने देखा था।

यों ही कितनी ही घटनाएँ हैं, जिनमें एक की चर्चा कुछ ज्यादा आकर्षक है। श्रीगुप्त नामक एक साहूकार ने बुद्ध का प्राण लेना चाहा। उसकी स्त्री बुद्ध की अनुगामिनी थी। वह बुद्ध को भोजन का निमंत्रण दे आया, और इधर उनके लिए विषपूर्ण भोजन का प्रबन्ध किया। स्त्री कहीं भंडाफोड़ न कर दे, इसलिए उसे एक कमरे में बन्द कर दिया। यही नहीं, भोजन के पहले ही उनका काम तमाम हो जाए, तो अच्छा, यह सोचकर उसने अपने घर के निकट राह पर एक खाई खुदवाई; उसमें जलते कोयले रखवा दिए तथा ऊपर इस तरह बना दिया, जिसमें भीतर आग मालूम न हो। कहते हैं, बुद्ध को इन शैतानियों की खबर मिल चुकी थी, किन्तु वे कुछ परवा न कर निमन्त्रण पूरा करने चले। ज्यों ही वे उस खाई के ऊपर पहुँचे कि वह एक 'मंजुगुंज-सरोजनी' (भौंरे जिन पर गूँज रहे हों, ऐसे कमलों से युक्त तालाब) में परिणत हो गई। दोनों चीनी यात्रियों ने इस स्थान को भी देखा था।

जहाँ वैभारगिरि के कुंड हैं, उसके थोड़े ही ऊपर एक सुप्रसिद्ध स्थान है, जिसे आमतौर पर लोग, 'जरासन्ध की बैठक' कहते हैं, यह क्या है; इस विषय में नाना तरह के मत हैं। साधारण जनता तो इसे 'जरासंध की बैठक' कहती है। इसके ऊपर मुसलमानी ढंग की कब्रें हैं। कुरैशी ने इसे 'पिप्पली-शिला-भवन' माना है, जिसकी चर्चा चीनी यात्रियों ने की है, और जो बौद्ध-ग्रंथों का सुप्रसिद्ध स्थान है। कुरैशी महाशय ने इसे भी भारत के प्राचीन निर्माणों में सबसे पुराना माना है। सुप्रसिद्ध पुरातत्त्ववेत्ता सर जॉन मारशल का अनुमान है कि यह उस महान् किलेबन्दी के 'वाच-टावरों' में से एक है। यह 22 से 28 फीट तक ऊँचा है। उत्तर-दक्षिण 85 फीट और पूरब-पश्चिम 81 फीट लम्बाई-चौड़ाई। यह बड़े-बड़े पत्थरों के खंडों से जोड़कर बनाया गया है। बाहरी दीवाल की तरह ही इसके जोड़ने में भी चूने या गारे का प्रयोग नहीं किया गया है। इसके निचले भाग में कई छोटे-छोटे खोह बने हुए हैं। इस प्रकार के खोह उत्तर में पाँच (कुरैशी ने 6 लिखा है, किन्तु हम लोगों ने अच्छी तरह गिनकर देखा, कुल पाँच ही हैं) पूरब में दो, पश्चिम एक और दक्षिण में एक हैं। ये 6 से 7 फीट लम्बे, 3 से 4 फीट चौड़े हैं। सर मारशल का कहना है कि ये खोह सन्तरियों के रहने के लिए बनाए गए थे, जिसमें वर्षा-जाड़े में भी निरीक्षण के काम में बाधा न पहुँचे।

कहीं इसके नजदीक 'पिप्पली-गुफा' भी होनी चाहिए। कुरैशी ने जब 'बैठक' को पिप्पली-प्रस्तर-भवन कहा है, तो उनका मतलब इसी गुफा से है या नहीं, समझ में नहीं आता। पिप्पली-गुफा में बुद्ध के प्रधान शिष्य काश्यप रहा करते थे। बुद्ध के निर्वाण के बाद बौद्धों की जो प्रथम महासंगीति बैठी थी, उसके सभापति यही काश्यप बनाए गए थे। इनकी गुफा के निकट कुछ खुली जगह थी, जहाँ एक पर्णशाला थी, जिसमें इनके दो शिष्य रहा करते थे। इनमें एक शिष्य बड़ा गुरुभक्त और सेवापरायण था, और दूसरा बड़ा क्रूर और कामचोर। इनके विषय में जो कहानी है, उससे हमारा सम्बन्ध नहीं। चीनी यात्री के कथनानुसार बुद्ध प्रायः यहाँ आया करते थे, किन्तु पाली ग्रंथों के अनुसार बुद्ध यहाँ एक ही बार आए थे, जब कश्यप बीमार थे। काश्यप बड़े ही मेधावी और तपस्वी भिक्षु थे, और कभी-कभी एक-एक सप्ताह तक वे ध्यानावस्थित ही रह जाते थे।

प्रिंसिपल डी. एन. सेन. ने इस गुफा को 'बैठक' से नीचे बतलाया है, किन्तु हम लोगों के बहुत खोज करने पर भी वैसा स्थान नहीं मिला। हाँ, ए. एम. ब्रॉडले–लिखित, 1872 में छपी, राजगृह-सम्बन्धी एक पुस्तक में जो वर्णन मिला है, उससे इस गुफा के बारे में स्पष्ट

पता चलता है। ब्रॉडले साहब बंगाल-सिविल-सर्विस के आदमी थे और बहुत दिनों तक राजगृह के आसपास के हलके के शासन-सूत्र का संचालन करते रहे थे। आपकी पुस्तक बहुत अंशों में खोज के बाद लिखी गई है, और प्रामाणिक है। हाँ, बहुत पुरानी होने के कारण कुछ असामयिक जरूर पड़ गई है। आप लिखते हैं—

"इस बैठक के पिछले हिस्से में एक गुफा है। मैंने इसकी खोज सितम्बर में की, किन्तु बरसात के कारण जंगल और झाड़ियों से यह इस कदर ढँकी थी कि कुछ पता नहीं लग सका। जेनरल कनिंघम को ही यह सौभाग्य हुआ कि अपनी हाल की यात्रा में इसका पता वे लगा सके, और तब से मैंने इसे अच्छी तरह साफ करके सब बातों का पूरा पता लगा लिया है। यह अण्डाकार है, और इसका दरवाजा पूरब रुख है। इसकी सतह दरवाजे से बहुत ही नीची थी, और वहाँ तक पहुँचने के लिए ईंटों की सीढ़ियाँ बनी थीं। इनमें से कुछ ईंटें तो मैंने मोसल्लम निकालीं। गुफा का भीतरी भाग 36 फीट पूरब-पश्चिम और 30 फीट उत्तर-दक्षिण है। इसकी छत का अधिकांश भाग गिर चुका है, जो थोड़ा बचा है, उसकी ऊँचाई 18 फीट से 20 फीट है। गुफा में भर गई अंटसंट चीजों को सावधानी से हटाने पर मुझे खड़े हुए बुद्ध की प्रतिमा मिली, जो काले पत्थर की बनी है, और एकदम अच्छी हालत में है। मेरा ख्याल है कि मैं उस गुफा को वही गुफा कह सकता हूँ, जिसकी चर्चा फाहियान और हुएनसांग ने की है। किनारा पकड़े 300 डेग पश्चिम बढ़ने पर मैं एक पत्थर की गुफा में पहुँचा, जो पिप्पली गुफा कहलाती है। जहाँ बुद्ध प्रायः ध्यानमग्न होकर बैठा करते थे। यही नहीं, इसके एक मील विरोधी दिशा में उसने एक और गुफा की चर्चा की है जो स्वर्ण भंडार हो सकती है। इससे भी निश्चित हो जाता है कि यही पिप्पली-गुफा है।"

बैठक में सटे हुए पश्चिम-दक्षिण कोने पर एक गुफा-सी जगह है, जिसका ऊपरी हिस्सा गिर पड़ा है। इस सम्बन्ध को प्राप्त साहित्य के पढ़ने और मिलान करने पर मैंने भी इसी को पिप्पली-गुफा माना है।

वैभार पहाड़ के ऊपर दो और प्राचीन चिह्न मिलते हैं। एक को लोग महादेव-मन्दिर के नाम से पुकारते हैं। एक और जगह खुदाई की गई है, जिससे बौद्ध और जैनधर्म-सम्बन्धी बहुत-सी मूर्तियाँ प्राप्त हुई हैं।

'बैठक' के बाद सबसे दर्शनीय चीज जो वैभार पर है, वह है 'सप्तपर्णी गुफा'। सप्तपर्णी गुफा वह प्रसिद्ध स्थान है, जहाँ बौद्ध धर्म की प्रथम महासंगीति हुई थी। यह आदिनाथ जैन-मन्दिर के ठीक निचले हिस्से में उत्तर तरफ है। शिखर से 100 फीट नीचे की ओर उतरने पर गुफा मिलती है। यहाँ सात गुफाएँ थीं, किन्तु अब केवल चार का ही पता चलता है, जिनमें मुख्य दो ही हैं। इन गुफाओं के नामकरण के बारे में कहा जाता है कि इसके निकट सप्तपर्णी नामक वृक्ष के पेड़ थे, जिनके आधार पर इन्हें लोग सप्तपर्णी-गुफा कहने लगे। गुफाएँ एक-दूसरे से 50 फीट की दूरी पर हैं। पूरब की गुफा 55 फीट गहरी, 12 फीट ऊँची और 16 फीट चौड़ी है। पश्चिम की गुफा 40 फीट गहरी, 25 फीट से ज्यादा चौड़ी और 10-12 फीट ऊँची है। गुफाओं के सामने जो चबूतरा है, वह 120 फीट लम्बा और पूरब की छोर पर 34 फीट तथा पश्चिम की छोर पर 12 फीट चौड़ा है। बुद्ध ने इस गुफा को परम मनोरम स्थान कहकर याद किया है। यहाँ भी भिक्षुओं का निवास स्थान था। प्रथम महासंगीति की बैठक अजातशत्रु द्वारा तैयार कराई गई 41 फीट चौड़ी और 120 फीट लम्बी काठ की बनी हुई फर्श पर हुई थी। इसके सभापति थे काश्यप और संगीतिकार उपाली और आनन्द।

किन्तु सर मारशल का मत है कि यहाँ संगीति नहीं हुई होगी। पहाड़ के ऊपर, 'बैठक' से एक मील की दूरी पर एक समथर-सा स्थान है, उसी को वे संगीति का स्थान बतलाते हैं।

यहाँ पत्थर की दीवाल की रूपरेखा भी मिली है, जो 250 फीट लम्बी और 120 फीट चौड़ी है। गुफा के ठीक ऊपर ही यह स्थान है, शायद गुफा के नाम पर ही इसका नाम भी सप्तपर्णी ही रखा गया हो, ऐसा उनका अनुमान है।

जनश्रुति यह है कि यह गुफा जरासन्ध की बनवायी हुई है, जिसमें यह बन्दी राजाओं को रखता था। जिस समय कृष्ण ने उसकी हत्या कराई थी, उस समय उन्होंने बहुत से राजाओं का बन्दीगृह से उद्धार कराया था। वे राजा लोग इन्हीं गुफाओं में रखे जाते थे। चाहे जो हो, बौद्ध-युग की सुप्रसिद्ध सप्तपर्णी गुफा यही है, इसमें अब किसी को भी मतभेद नहीं है।

कुण्ड से लगभग एक मील दक्षिण, वैभारगिरि में ही, पहाड़ को बड़ी सफाई से काटकर एक घर-जैसा बनाया गया है, यह सोनभंडार के नाम से प्रसिद्ध है। जनश्रुति है कि यह जरासन्ध का कोष-भंडार था। यह 34 फीट लम्बा और 17 फीट चौड़ा है। दरवाजा 6 फीट 6 इंच × 3 फीट 3 इंच का है। एक खिड़की भी है, जिसका नाप 3 फीट × 2॥ फीट है। दीवालें बहुत चिकनी हैं। पिछले हिस्से की दीवाल पर दरवाजे की ऐसी रेखा खिंची हुई है जिससे यह जनश्रुति फैली हुई है कि इसके भीतर भी एक गुफा है, जिसका यह दरवाजा है, और उस गुफा में अपार सोना भरा हुआ है; जो कोई यह दरवाजा खोल सकेगा, वह उस खजाने को पाकर मालामाल हो जाएगा ! दन्तकथा तो यहाँ तक है कि सप्तवर्णी-गुफा से इस सोन-भंडार तक रास्ता बना हुआ है, और जो कोई इस रास्ते को तै कर सकेगा, इस भंडार को प्राप्त करेगा, किन्तु ये सब भ्रान्त धारणाएँ और कपोलकल्पनाएँ हैं। पुरातत्त्व-विभागवालों का अनुमान है कि यह ईस्वी-सन् की तीसरी या चौथी शताब्दी की रचना है। इस रेखा के बारे में हम लोगों का कहना है कि शायद उस रेखामय दरवाजे से होकर एक और गुफा खोदने का विचार किया गया था; किन्तु रेखा ही रह गई, आगे काम न हो सका। इसकी दीवाल पर जहाँ-तहाँ कुछ लिखा था; किन्तु घिस गया है। हाँ, दरवाजे के दाहिने जो लिखा है, वह पढ़ा गया है। इस लेख के अनुसार इसमें मुनि बैरदेव ने जैन-मूर्ति की स्थापना की थी। इस लेख के नीचे एक घिसे हुए रेखाचित्र का आधा निचला भाग है, जो जैन-मूर्ति के समान लगता है। कनिंघम ने इसको ही सप्तपर्णी-गुफा समझा था, किन्तु यह गलत साबित हो चुका है। कनिंघम ने इसके पूरब एक और गुफा पाई थी। उस गुफा के और चिन्ह तो हैं, किन्तु ऊपर की छत नष्ट हो गई है। यह गुफा 22॥ फीट लम्बी और 10 फीट चौड़ी थी। स्वर्णभंडार का लेख यों है–

"निर्वाणलाभाय तपस्वियोगे
शुभे ग्रहेऽर्हत्प्रतिमाप्रतिष्ठे
आचार्यरत्नं मुनिवैरदेव
विमुक्तये कारये दीर्घतेजः।"

सोन-भंडार से थोड़ी दूर पूरब और दक्षिण कोने पर एक इमारत दीख पड़ती है। यह स्थान 'मणियार-मठ' के नाम से सुप्रसिद्ध है। खुदाई करने पर यह एक विचित्र चीज मालूम हुई है। यद्यपि इसके ऊपर पहले एक जैन मन्दिर था, जिसमें नाग सालिभद्र की चरणपादुकाओं को सतावी बीवी नाम की किसी जैन महिला ने 1837 सं. की माघ शुक्ला पंचमी को स्थापित किया था–ऐसा इसी में प्राप्त लेख से पता चलता है; किन्तु बहुत दिनों से लोगों का अनुमान था कि यह मन्दिर इतना नया नहीं है, इसके भीतर अवश्य कुछ चिन्ह होंगे। इसी अनुमान पर कनिंघम साहब ने 1861-62 में इसकी बगल से खुदाई कराई थी, जिससे उसे एक माया की मूर्ति, एक पार्श्वनाथ की मूर्ति तथा एक और मूर्ति मिली थी, जिसकी ठीक पहचान नहीं हो सकी। फिर 1905-6 में डॉक्टर ब्लोच ने खुदाई कराई, जिससे एक विशाल पत्थर की इमारत

मिली थी, जिसके चारों ओर चूने और बालू के प्लास्टर से बनी मूर्तियाँ थीं। मूर्तियों की संख्या पाँच थी और उनकी ऊँचाई 2 फीट थी। इनमें एक लिंग की मूर्ति; दूसरी एक ऐसी मूर्ति; जिसके चार हाथ थे, जिनमें दो कटे थे; तीसरी नाग और नागिन की मूर्ति; और चौथी गणेश की मूर्ति और पाँचवीं नाचते शिव की मूर्ति थी। यद्यपि ऊपर से छज्जे डाले गए हैं, किन्तु कच्ची होने के कारण ये मूर्तियाँ नष्ट होती जा रही हैं। इसके चारों ओर से घिरी दो दीवालों का पता चला है; एक तो इस मन्दिर से सटी हुई थी और दूसरी दूर पर। इन दीवालों के जीर्णोद्धार का प्रयत्न भी पुरातत्त्व-विभाग से किया जा रहा है।

इस मन्दिर ने कई युग देखे हैं, ऐसा पुरातत्त्व-विभागवालों का अनुमान है। इसके नीचे के हिस्से को वे बौद्ध-युग से पहले बना हुआ बताते हैं। इस पर बनी पाँच मूर्तियों में से उस चतुर्भुजी मूर्ति को लोग वाणासुर की मूर्ति बताते हैं, जिसके दो हाथ श्रीकृष्ण ने काट डाले थे। इन मूर्तियों को वे इस प्रान्त के चूना और बालू के संयोग से बनी मूर्तियों में सबसे पुरानी मूर्ति बतलाते हैं। मालूम होता है कि यह इमारत मिट्टी के तले धँस चुकी, तो इसके ऊपर बौद्धों ने मन्दिर बनवाया, उसकी भी यही गति होने पर अन्त में यह जैनों का मणियार-मठ बना। यों इस एक ही मन्दिर में हिन्दू, बौद्ध और जैन धर्म का त्रिवेणी-संगम हुआ है, जो सब प्रकार दर्शनीय है।

मणियार-मठ से पश्चिम, वैभार से दक्षिण, एक स्थान है जो 'जरासन्ध का अखाड़ा' कहलाता है। यहाँ की मिट्टी बड़ी मुलायम और सुफेद रंग की है। जनश्रुति है कि यहीं वह भारत-विख्यात मल्ल-सम्राट् जरासन्ध कुश्ती लड़ता था और इस अखाड़े का सिंचन वह दूध से कराता था। आज भी पहलवान यहाँ आते और इसकी मिट्टी देह में लगाते हैं। पुरातत्त्वज्ञों का कहना है कि यहाँ कभी रंगभूमि रही होगी, और एक प्राचीन इमारत की नींव भी पाई जाती है।

जिस रास्ते को पकड़कर लोग 'बाणगंगा' जाते हैं, उसी रास्ते के पूरब ओर, बाणगंगा के निकट पहुँचने पर, एक स्थान मिलता है, जो 'रणभूमि' के नाम से प्रख्यात है। यह डाकबंगले से चार मील की दूरी पर है। कहते हैं कि इसी जगह पर जरासन्ध और भीम का मल्लयुद्ध हुआ था। इसकी निचली सतह भी एकदम पत्थर की है, और जहाँ-तहाँ गड्ढे हैं, जिन्हें लोग इन वीरों के पैर, घुटने, कुहनी आदि के निशान, जो कुश्ती के समय पड़े थे, बतलाते हैं। गौर से देखने पर इन पत्थरों पर जहाँ-तहाँ कुछ लिखा हुआ मिलता है। इसकी लिपि एक विचित्र तरह की है, जिसे पुरातत्त्व-विभागवाले शंख लिपि कहते हैं। पहले यह जगह खुली हुई थी; किन्तु अब पश्चिम, उत्तर और दक्षिण तरफ से घेर दिया गया है, जिसमें लिपि सुरक्षित रहे। अभी तक यह लिपि पढ़ी नहीं गई है। अनुमान है कि इसमें कारीगरों का नाम लिखा हुआ है। यह राजगृह की भीतरी किलेबन्दी या दीवाल से बाहर है। लोगों का यह भी अनुमान है कि पहले यहाँ सराय रही होगी, जहाँ लोग, नगर का फाटक बन्द हो जाने पर, रात में ठहरते रहे होंगे ! हुएनसांग राजगृह में दक्षिण की राह से आया था और नगर के बाहर बने दो संघारामों में से एक में रात को ठहरा था। क्या वह इसी जगह ठहरा था ?

नगर से पूरब एक आम्रवन था, इसका बनानेवाला था राजवैद्य आजीवक, जो बुद्ध भगवान् का शिष्य था। इसके पूरब में गृद्धकूट था। बुद्ध अधिकतर गृद्धकूट रहते थे, या वेणुवन में। आजीवक को राजकार्य में व्यस्त रहने के कारण इन दोनों स्थानों में जाने से लाचार होना पड़ता था, इसलिए उसने एक आम का बगीचा नगर के पूरब में लगाकर उसमें विहार बनवा दिया था, जिसमें यदा-कदा बुद्ध आकर ठहरते और आजीवक को कृतार्थ करते थे।

विपुलाचल की उत्तर दिशा में बुद्धदेव के चचेरे भाई देवदत्त की गुफा है, राजगृह की पहाड़ियों की छोर पर इन्द्रशाला गुफा तथा इन्द्रकूट (जो पीछे गिरियक, यानी यक्षों के पर्वत

के नाम से प्रख्यात हुआ) है। इनकी एक झाँकी लेते हुए हम लोग राजगृह के सबसे प्रसिद्ध ऐतिहासिक शिखर गृद्धकूट पर चले; जिसके बारे में बुद्ध ने आनन्द-विह्वल होकर अपने परमप्रिय शिष्य आनन्द से कहा था—"रमणीयं आनन्द राजगृहं : रमणीयं गृज्झकूटो पब्बतो।"

फाहियान को पहाड़ी तलहटी की राह अढाई मील तै करने पर गृद्धकूट मिला था—वह दक्षिण पूर्व ओर से गया था। गरम जल के कुण्डों से इस स्थान की लगभग इतनी ही दूरी और यही दिशा है। हाँ, रास्ता बदल गया है। अब पहले सीधे दक्षिण की ओर काफी दूर जाने पर तब पूरब की ओर लोग मुड़ते हैं। हुएनसांग ने आम्रवन से उत्तर-पूर्व इसकी चर्चा की है। इसमें कोई शक नहीं कि आजकल गृद्धकूट के नाम से जो शिखर प्रसिद्ध है, वही प्राचीन गृद्धकूट है। अब तो यहाँ पुरातत्त्व-विभाग की ओर से खुदाई भी हुई है, और उन लोगों ने इसी को ही गृद्धकूट मान लिया है। इसकी अवस्थिति के बारे में कोई विवाद नहीं है—यह इतना प्रसिद्ध स्थान शुरू से ही रहा है कि किसी गड़बड़ की सम्भावना ही नहीं हो सकती।

बौद्धधर्म में यह स्थान बहुत ही प्रसिद्ध और पवित्र है। जिस समय हम लोग गृद्धकूट पर गए, वहाँ उन मोमबत्तियों की पर्याप्त संख्या पाई, जो बौद्धभक्त लोग वहाँ श्रद्धा-स्वरूप जला गए थे। इसी शिखर से भगवान् बुद्ध ने कई प्रमुख सूत्रों का प्रवचन किया था। बौद्धधर्म में उपोसथ-संस्कार—भिक्षु बनने की बाकायदा स्वीकृति का संस्कार यहीं से प्रारम्भ हुआ था। यहीं एक दिन बुद्ध ध्यान-मग्न बैठे थे कि उनके चचेरे भाई देवदत्त ने, जिसका ऐतिहासिक द्वेष-भाव प्रसिद्ध है, ऊपर से एक ढोका इस इच्छा से लुढ़काया था, कि इससे कुचलकर भगवान् बुद्ध मर जाएँ किन्तु बुद्ध बाल-बाल बच गए, कहीं-कहीं चर्चा है कि उनके पैर में थोड़ी-सी चोट आई थी।

इस शिखर पर तीन दर्शनीय स्थल हैं। एक तो गुफा है जिसमें बुद्ध की एक प्रतिमा भी है। इस प्रतिमा के सामने बहुत-सी अधजली मोमबत्तियों की पंक्तियाँ थीं। हुएनसांग ने भी एक गुफा की चर्चा की है; किन्तु पाली ग्रंथों में इसका उल्लेख नहीं है। इस गुफा के आगे, थोड़ा ऊपर, पत्थरों के असंख्य ढोकों पर एक चौड़ा-सा समथर ढोका है। जनश्रुति है कि यहीं बुद्ध भगवान् बैठकर उपदेश देते थे। गुफा की बगल से मुड़कर एक रास्ता बना दिया गया है, जो उस स्थान पर खतम होता है, जहाँ खुदाई हुई है, और एक छोटे-से घर की दीवाल मिली है। इन दीवालों पर भी मोमबत्तियाँ जलाई हुई मिली थीं। इस जगह से पूरब ओर देखने पर एक चोटी दिखाई देती है तथा भग्नावशेष-सा दीख पड़ता है। हम लोग उस पर भी गए। वहाँ बहुत-से रूमाल झाड़ियों में बँधे लटक रहे थे।

गृद्धकूट को बौद्ध लोग कितना पवित्र समझते हैं, इसका अन्दाज इससे भी लगाया जा सकता है कि अशोक का भाई महेन्द्र भी यहीं आकर तपस्या करता था। अशोक का देहावसान भी यहीं हुआ था, ऐसा कहा जाता है। आज भी प्रति साल सहस्रों बौद्ध इसके प्रति श्रद्धा प्रदर्शित करने को आते हैं।

पाँच लाख में एक

[मेरे गाँव की आत्मकथा]

मैं पाँच लाख में एक हूँ।

हाँ, पाँच पर पाँच शून्य रखने से जो भारी-भरकम संख्या बन जाती है, मैं उसी की न्यूनतम इकाई हूँ।

सीधे-सादे शब्दों में कहिए, मैं भारत के पाँच लाख गाँवों में एक हूँ। और, वह भी उस अंचल का गाँव हूँ, जिस अंचल में वैदिक ऋषियों की यज्ञाग्नि बार-बार बुझ जाती थी। कहते हैं, तीन बार के प्रयत्नों के बाद वह अग्नि सुलग पाई इसीलिए इस अंचल का नाम 'त्रिभुक्ति' पड़ा, जो अब तिर्हुत है।

कब वे वैदिक ऋषि आए ? कैसा था उनका रूप ? उनकी चरण-धूलि से मैं पवित्र हुआ, इसका दावा मैं कैसे कर सकता हूँ ? गाँवों का इतिहास तो कभी लिखा नहीं गया। हाँ, इतिहास में इस अंचल के एक बड़े नगर का जिक्र है, जहाँ सात हजार सात सौ राजा थे। उनमें से कोई राजा इस गाँव का भी था, इस दावे के लिए भी मेरे पास कहाँ कोई प्रमाण है।

किन्तु कैसा आश्चर्य ? जहाँ ऋषियों की यज्ञाग्नि के आने में इतनी झंझटें हुईं, वहीं, दूसरी किश्त के लोग किस आसानी से बढ़ते आए।

और, एक दिन ऐसा आया कि इस अंचल के नगरों और गाँवों के नाम अचानक बदलने लगे। क्या हाजीपुर, तुर्की मुजफ्फर—ये नाम सदा से थे ? किन्तु, मैं उस दिन भी उस शुद्धि से, नए नामकरण से, बच गया। इसका दावा तो मैं कर ही सकता हूँ।

बेनीपुर—छोटा-सा नाम। कोई बेनीसिंह रहे होंगे, या उन्हें किसी की वेणी की याद आ गई होगी ! यह दूसरी बात ही ज्यादा संभव दीख पड़ती है।

क्योंकि, वे लोग परदेशी थे, अपने को 'पच्छिमा' कहा करते थे, कहीं पच्छिम से आए होंगे ! किन्तु अब तो क्या-क्या न कहने लगे हैं अपने को ?

मुझे याद है, एक दिन कुछ लोग अपने गाय-बैलों को लेकर पहुँचे। लम्बे-लम्बे गोरे-गोरे थे वे। हट्टे-कट्टे, हृष्ट-पुष्ट। मेरी जमीन सदा निचास रही है। यहाँ वैशाख-जेठ में भी हरी-हरी घासों की सदा बहार रही है।

उन लोगों ने गाय-बैल को विस्तृत मैदान में चरने को छोड़ दिया और स्वयं ओछ-ओछ, कबड्डी-कबड्डी खेलने का मजा लेने लगे।

थोड़े ही दिनों में गाय-बैल मोटे-ताजे हो गए। दूध-दही कचरकर जवानों के पुट्ठों पर भी रद्दे चढ़ आए।

बरसात आई और वे चल दिए।

वे इसी तरह गर्मियों में आते रहे। बरसात में जाते रहे।

किन्तु, मेरी मिट्टी धीरे-धीरे उन्हें जकड़ने लगी। एक साल अकाल पड़ा। वर्षा नहीं हुई। उन्होंने सोचा, घर क्यों लौटें ? वहाँ तो अपने लिए दाने-पानी की मुश्किल होगी। ये ढोर क्या चरेंगे ? कहाँ पानी पिएँगे ?

खूँटे गड़ने लगे। सरपत की झोंपड़ियाँ बनने लगीं। जंगल में मंगल मना। जिस दिन ये खूँटे गड़े, मैं उसी को अपना जन्म दिन मानता हूँ।

हर बच्चे की तरह मैं भी बड़ा हुआ, एक गाँव का रुतबा हासिल किया।

भारत के पाँच लाख गाँवों में अब एक मेरी भी गिनती है। पिछले अंग्रेजी राज्य ने जहाँ बहुत-से गाँवों को भ्रष्ट किया, उन्हें आधा तीतर आधा बटेर बना दिया, कहीं स्कूल खोलकर, कहीं अस्पताल खोलकर, कहीं पुलिस-स्टेशन बनाकर, वहाँ मैं विशुद्ध गाँव ही बना रहा।

आपको विश्वास नहीं होगा, कोई भी रेल-स्टेशन मुझसे 18 मील से कम दूरी पर नहीं है। पुलिस-स्टेशन 14 मील पर है। सरकारी-अस्पताल पाँच मील है और हाई स्कूल की क्या बात, मिडल भी चार मील से कम दूरी पर नहीं है।

चार महीने तक—पूरी बरसात भर—तो मैं एक द्वीप ही बना रहता हूँ।

कहा जाता है, द्वीपों के रहनेवाले लोग बहादुर होते हैं, साहसी होते हैं, स्वावलम्बी होते

हैं। इसकी कुछ झलक आज तक आप पाएँगे मुझमें।

मेरी हदबंदी को लेकर एक महाभारत मचा था। जब तक गाय-बैल चराते रहे, कोई विवाद नहीं हुआ। किन्तु जब वे यहीं बस गए, तो निकट के गाँव से उनकी ठन गई इस बात पर कि मेरी सीमा क्या हो ?

जो जिसे जहाँ तक खदेड़कर ले जाए—वही सीमा मान ली जाए। दोनों गाँवों में यही शर्त हुई।

मोटी-मोटी लाठियाँ, लम्बे-लम्बे बरछे और चमकते हुए गँड़ासे लेकर दोनों ओर के लोग एकत्र हुए।

क्या घमासान लड़ाई हुई। मेरे सपूतों ने उसे खदेड़कर उनके घरों में घुसा दिया।

कि बगल के गाँव के एक आदमी ने उन्हें एक अक्ल दी। अरे मूर्खो, इनसे लाठी-बरछे में नहीं जीत सकोगे ? देखो, जुते हुए खेते हैं, तुम ढेले क्यों नहीं चलाते ? तुम कितने हो, जरा संख्या तो देखो।

अपने दरवाजे पर कूकर भी शेर बन जाता है। उन्होंने हमारे लाड़लों को खदेड़ दिया।

तब तक अंग्रेजी राज्य आ चुका था। कलकत्ता तक मुकदमा गया। रेल थी नहीं, साँढ़नी से लोग कलकत्ता आते-जाते थे।

अंत में दोनों पक्षों को सजा मिली। एक ही जेल में वे रखे गए। वहीं फिर बात तय हुई—अमुक गाँव का अमुक पंच जिस रास्ते से जाए, वही सीमा मान ली जाए।

आपको आश्चर्य हो रहा है, किन्तु बात यही है। आज तक सीमा कुछ टेढ़ी है—क्योंकि जब वह पंच सीमा-निर्धारित करते हुए जा रहे थे, उनके गाँव के एक सज्जन का ध्यान गया कि मेरे साथ कुछ अन्याय हो रहा है। उन्होंने पंच को ललकारा—पंच ने फिर कुछ दक्षिण रुख ले लिया।

वे लोग बात के धनी थे। पंच ने जो कर दिया, कर दिया।

फिर खेती-बारी शुरू हुई। आबादी बढ़ी। किन्तु, सदा मैं एक छोटा-सा ही गाँव बना रहा। यही चार सौ लोगों की आबादी; यही सात-आठ सौ बीघे का रकबा। छोटे-छोटे खुशहाल किसानों का मैं गाँव समझा जाता। खुशहाल-खुदमुख्तार। कोई पाही ज़मींदार नहीं, आप ही किसान, आप ही ज़मींदार। किसी को कभी मालिक नहीं माना।

छोटे-छोटे झोंपड़ों के बाद खपड़ैल मकान बने। कई बड़े दालान बने, जिनमें गाँव के लोगों का जमावड़ा जुटता। कई बगीचे लगाए गए। आम के वे पेड़ पाँच वर्षों में ही फल देने लगे। कई तालाब खुद गए। बड़ पाकर, पीपल के कई बड़े-बड़े शानदार पेड़ भी देखते-देखते सिर उठाकर झूमने लगे।

और तो और, कई देवता भी उन पेड़ों पर आवास ले चुके। गाँव के वे देवता। वे आसमान के नहीं होते, गाँव में ही पैदा होते हैं, गाँव के लोगों के सुख-दुःख के साथी होते हैं।

उस पीपल के पेड़ पर पोखन ठाकुर हैं और उस बड़ के पेड़ पर फूआ दाई। फूआ दाई किसी एक की नहीं, सारे गाँव की फूआ दाई। बड़ी करुण कथा है। शादी हुई थी, गौना नहीं हुआ था। नैहर में ही थीं कि एक दिन जब तालाब से स्नान कर ऊपर आने लगीं, तो पैर रपट गए। लाह की चूड़ियाँ टूक-टूक हो गईं। रोती हुई घर पहुँचीं। माँ ने नई चूड़ियाँ डालनी चाहीं तो अस्वीकार कर दियां, कहा, जरा 'वहाँ' आदमी भेजवाइए। 'वहाँ—' जहाँ उनकी ससुराल थी। 'वहाँ' आदमी गया और इधर आप घर में घुस गईं, वहीं भीगी साड़ी पहन, लेट गईं। वहाँ से आदमी लौटा यह दुस्संवाद लेकर कि उनके पति का देहान्त हो चुका है, ठीक

उसी समय जब वह गिरी थीं। और, जब उस घर में लोग गए, जहाँ वह सोई थीं, तो पाया, उनकी लाश पड़ी है, प्राणपखेरू उड़ चुका है !

फूआ दाई सती हो गईं, यह शोर मचा। उनका दाह-संस्कार हुआ और तब से लोग देखते हैं, किसी के घर में कोई आपत्ति आई, फूआ दाई सुफेद, धप-धप साड़ी पहने हुए आईं और आपत्ति दूर हुई। सिर्फ बतासे—फूआ दाई का चढ़ौना है।

किन्तु पोखन ठाकुर को पाठे चाहिए, खीर चाहिए। खूब कचरकूट मचती है जब उनको चढ़ौना दिया जाता है। पोखन ठाकुर एक नौजवान थे, गाय-भैंस चराने में ही मगन रहते। अच्छे कुश्तीबाज, काफी फुर्तीले। अभी शादी नहीं हुई थी। शादी की ओर रुचि भी नहीं थी।

एक दिन गाँव में आग लगी। उन्हीं दिनों, जब गाँव बस रहा था। फूस के घर धाँय-धाँय जलने लगे। और उन्हीं घरों में गाएँ बँधी हैं। कौन निकाले ? कौन अपने को उस अग्निकुंड में झोंके। कि, लोगों ने देखा, कपड़े फेंक, सिर्फ लंगोट पहने और हाथ में एक हँसिया लिए, पोखन ठाकुर उस अग्निकुंड में धँसे। भीतर जाकर गायों का बन्धन काटने लगे, वे बेचारी भागने लगीं। एक गाय, दूसरी गाय, तीसरी गाय। कितनी गायें और बछड़े उस अग्निकुंड से बाहर आए। कितने झुलस भी गए थे। किन्तु अचानक उनका आना बन्द हो गया। लोगों में हाहाकार मच गया। और, जब आग बुझी, तो लोगों ने पाया, पोखन ठाकुर की अधजली लाश एक गाय के खूँटे के निकट है। लगता है उनका बन्धन काटने गए थे कि अग्नि की ज्वाला ने उन्हें भी उदरसात् कर लिया। हँसिया की बेटी जल चुकी थी, वह भी उसी जगह पड़ी थी।

लोगों में कई दिनों तक मातम छाया रहा कि एक दिन आधी रात को अचानक लोगों ने पाया, कोई पीपल के उस पेड़ पर से तालियाँ पीट रहा है। वह पोखन ठाकुर थे, अब देवता बन चुके थे। जब किसी पर भीर पड़ती है, वह पोखन ठाकुर को पाठा मान देता है और उद्धार पा जाता है। हाँ, जब उनकी पूजा होती है, वहाँ स्त्रियों का जाना मना है—वह बाल ब्रह्मचारी थे न ?

किन्तु, बुरा हो इस बागमती नदी का। उसका प्रकोप हुआ। जहाँ खेत-खेत; वहाँ झील-झील। बगीचे उजड़े, पेड़ सूखे। तालाब भथ गए। तरह-तरह की बीमारियाँ आईं। मैं उजाड़ बनने लगा। जहाँ देखिए, वहाँ अस्थि-कंकालों का समूह। लगता था, भारत के गाँवों की संख्या में एक कम होकर रहेगी।

कि, इसी समय गाँधीजी पहुँचे। हाँ, आपको सुनकर फिर आश्चर्य हो रहा है कि इस छोटे-से गाँव में गाँधीजी। किन्तु, यह सौभाग्य मैं प्राप्त कर चूका हूँ। गाँधीजी आए, मेरी मिट्टी देखकर उन्होंने कहा था—अरे, इस मिट्टी से तो सोना पैदा हो सकता है।

और, सच मानिए, दूसरे साल से ही फिर मेरी मिट्टी सोना उगलने लगी। नहर बनी, पानी का निकास हुआ; फिर मेरे खेतों-खलिहानों में अन्न के ढेर लगने लगे।

देश को स्वराज्य तो सन् 47 में मिला, मुझे तो गाँधीजी ने 34 में ही आर्थिक स्वराज्य दिला दिया था।

मैं एक खुशहाल गाँव हूँ। न कोई अधिक धनी है यहाँ, न कोई अधिक गरीब। बैठाठाला तो इस गाँव में एक भी नहीं है, ऐसा मैं दावे के साथ कह सकता हूँ। सब कमाते हैं, जो पृथ्वी देती है, खाते हैं।

वर्षा हुई, लोग खेतों में जुटे। कहीं हल चल रहे हैं, कहीं कुदाल चल रहे हैं। जुताई, बुआई, रोपाई। धान के पौधे बढ़ रहे हैं, किसानों के मन बढ़ रहे हैं, कमर भर धान, छाती भर धान—कहीं-कहीं तो आदमी के बराबर बड़े-बड़े धान के पौधे लगते हैं मेरे खेतों पर।

धान की बालियाँ फूटीं, उन पर सोना चढ़ा, उनकी कटनी हुई कि उन खेतों से

खेसारी—राई-सरसों सिर उठाने लगीं। कभी माघ फागुन में पहुँचिए; आपको लगेगा, आप सरसों के समुद्र में पहुँच गए हैं।

चारों ओर पीला ही पीला—सरसों फूली हुई है, पराग उड़ रहा है, भौंरे उड़ रहे हैं, तितलियाँ उड़ रही हैं, चिड़िएँ उड़ रही हैं—चेंचें करतीं।

ग्रीष्म में जब दुनिया जलती होती है, मेरे यहाँ तब भी हरियाली की भरमार रहती है। अब भी बहुत-से लोग अपनी गाय-भैंस चराने दूर-दूर के गाँवों से आते रहते हैं।

दूध-घी की कभी कमी नहीं होती। साग-सब्जी की भी भरमार रहती है। मछली का नैहर ही यहाँ है।

घोर देहात में हूँ मैं; किन्तु ऐसा न समझिए कि मैं नई रोशनी से दूर हूँ। जहाँ गाँधीजी पहुँच चुके हैं, वहाँ अंधकार कैसे रह सकता है ?

मैं उस दिन की प्रतीक्षा में हूँ, जब गाँधीजी के आदर्शों के अनुसार एक ऐसा समाज बन पाएगा, जब सब लोग हिलमिलकर कमाएँगे और जो कुछ पैदा होगा, सब मिलजुलकर खाएँगे। जब मैं सब तरह से स्वावलंबी बन जाऊँगा। खेती से बचा हुआ समय छोटे-छोटे गृह-उद्योग में लगाया जाएगा। बाहर से कुछ मँगाने की ज़रूरत नहीं होगी।

काम के समय काम—आराम के समय आराम।

आज भी मेरे यहाँ गीत होते हैं, पर्वों में, त्योहारों में, उत्सवों में।

होली के हुरदंग देखिए, सावन के झूले देखिए, नवरात्र में ओझों के हा हा हू हू देखिए। कार्तिक में छठ के गीतों का क्या कहना ?

प्रतिदिन किसी न किसी दरवाजे पर रामायण होती ही है—समय-समय पर कीर्तन भी होता ही रहता है; रामलीला या नाटक के स्वाँग भी लोग जब-तब रचा लेते हैं।

किन्तु मैं आशा करता हूँ, ग्रामीण जीवन के इस कला पक्ष में भी अभिवृद्धि होगी।

नया भारत का अर्थ है—पाँच लाख गाँवों का नया जीवन। मैं भी इस नए जीवन से ओतप्रोत होकर रहूँगा, ऐसा मेरा विश्वास है।

पेरिस के रंगमंच

पेरिस के मध्य में 'ओपेरा' है—संसार का सबसे विशाल रंगमंच ! जब आप इसके भव्य भवन के सामने खड़े होंगे तब आप अनुमान कर सकेंगे, इस नगरी में रंगमंच का क्या स्थान है ! पेरिस रात का नगर है, रोशनी का शहर है, वह इसलिए नहीं कि रात में आर्क के ट्रंक, कंकर्ड या वेनद्रोम के स्तंभों पर पड़नेवाली रोशनी इस शहर को दूर से ही जगमग दिखाती है, या शाँ जेलीजे और बुलवार्ड की सड़कें रात में तरह-तरह की रोशनियों के कारण दुलहन-सी लगती हैं; बल्कि इसलिए भी कि रात होते ही यहाँ के रंगमंच वे नज्जारे दिखलाते हैं जिनमें से कुछ को देखने के बाद भी आप पेरिस की रात को भूल नहीं सकेंगे ! इन रंगमंचों में से कई ऐसे हैं जिनका तीन सौ वर्षों का इतिहास है—चार सदियों से ये पेरिस के, फ्रांस के और संसार के लोगों को आनन्द-मुग्ध करते आए हैं।

इसी ओपेरा को लीजिए। जब आप इसके भीतर जाकर इसका कोई अभिनय देखेंगे, मंच के ऊपर पाएँगे, लिखा है—1669। हाँ, 1669 में इस ओपेरा का श्रीगणेश पेरीं और कंबर्न नामक अभिनेताओं ने किया था। इस रंगमंच का स्थान इन चार सदियों में कई बार बदला है। अन्ततः इस स्थान पर 1861 में इस भवन की नींव पड़ी और चौदह वर्षों के लगातार

परिश्रम के बाद यह विशाल भवन तैयार हुआ। इसके स्थापत्य का खाका गार्नियें ने तैयार किया था। इसमें कई स्थापत्य-शैलियों का सम्मिश्रण है और इसके सामान भी कई देशों से आए थे। ग्यारह हजार वर्गफीट स्थान को यह विशाल भवन घेरता है। दरवाजे, खिड़कियाँ, गलियारे की गिनती आप नहीं कर पाएँगे। जिस तरह बाहर से इसकी विशालता देखकर आप चकित हो रहेंगे, उसी प्रकार इसके भीतर की बनावट भी आपको हैरत में डाल देगी। इसके रंगमंच पर एकसाथ ही साढ़े चार सौ अभिनेता अभिनय दिखला सकते हैं और इसके अन्तरंग में 2158 और बहिरंग में 3600 दर्शकों के बैठने का प्रबंध है। फ्रांस की संगीत-एकेडमी का सदर मुकाम भी यही है।

इस विशाल भवन के बाहर और भीतर संगीतज्ञों, नाटककारों और अभिनेताओं की मूर्तियों की भरमार है। मध्यभाग में 'नृत्य' की मूर्ति है जो कारपाऊ की छेनी की एक अद्भुत करामात समझी जाती है। फिर गुमरी की बनाई प्रसिद्ध संगीतज्ञों की मूर्तियाँ हैं। उसी के द्वारा कल्पित काँसे की 'कविता' और 'स्वरलहरी' की मूर्तियाँ भी हृदय को आकृष्ट करती हैं। जहाँ से ऊपर जाने की सीढ़ियाँ शुरू होती हैं वहाँ एक तरफ 'सुखान्त' और दूसरी तरफ 'दुखान्त'--कौमेडी एंड ट्रेजडी--की नारी-मूर्तियाँ हैं। भवन के मुख्य द्वार पर बाहर विठोवन, बाख, हैंडल आदि प्रसिद्ध संगीतज्ञों की शिरोमूर्तियाँ इसकी गरिमा को दुगुनी कर देती हैं। दिन-रात के आठ प्रहरों के प्रतीक-रूप में इसके आठ स्तंभ हैं। रंगमंच की चौड़ाई 169 फीट, ऊँचाई 195 फीट और गहराई 120 फीट है। मंच पर एक आईना लगा है जो 23 फीट चौड़ा और 32 फीट ऊँचा है।

इस विस्तृत भवन में संग्रहालय और पुस्तकालय भी हैं। बड़े-बड़े अभिनेताओं की पोशाकें तथा अन्य संग्रहणीय वस्तुएँ यहाँ रखी गई हैं। उनकी मूर्तियाँ और तस्वीरें भी हैं। 1669 से लेकर आज तक जितने खेल खेले गए हैं उनकी सबकी मूल प्रतियाँ अस्सी हजार जिल्दों में यहाँ संगृहीत हैं तथा संगीत और नाटक-संबंधी एक हजार पत्र-पत्रिकाओं की फाइलें हैं। कुछ प्रसिद्ध संगीतज्ञों के साज भी यहाँ सुरक्षित हैं।

इस ओपेरा का संचालन सरकार द्वारा नियुक्त एक डाइरेक्टर करता है। सरकार इसे आर्थिक सहायता देती है। पेरिस में यह सर्वोत्कृष्ट रंगमंच समझा जाता है और संसार के सुन्दरतम रंगमंचों में इसकी गिनती है।

ओपेरा में जगह पा जाना मुश्किल होता है। सात दिन पहले से ही अच्छी सीटें रिजर्व हो जाती हैं। किन्तु भाग्य आजमाने के लिए हर जगह गुंजाइश है। हमने आजमाया और सफल भी हुए।

भीतर घुसकर संगमरमर की सीढ़ियों से जब हम ऊपर चढ़ रहे थे, भवन के भीतरी हिस्से की रौनक देखकर ही चकित हुए ! मखमली फर्श, सुनहली लकीरों से चमचम करती दीवारें, छतों पर की रंगीन तस्वीरें ! एक सीढ़ी से दूसरी सीढ़ी पर चढ़ते जाइए। इसका आखिरी दर्जा चौथे मंजिल पर है। सीटें भी मखमली और ऐसी कि आप किसी भी स्थान से अच्छी तरह देख सकें। हम जिस रात को गए, एक ओपेरा और एक बैले--दो खेल हुए। हम कुछ देर से पहुँचे थे। मंच पर देखा, एक तरफ समुद्र लहरा रहा है--हाँ, तरंगों पर तरंगें उठ रही हैं, बीच-बीच में टापू भी हैं, समुद्र के किनारे एक नाव है--मस्तूल, उससे लगी डोरियाँ, सब-कुछ हैं। किनारे पर पहाड़ी चट्टान है। वहाँ एक व्यक्ति गा रहा है--शायद यह नाव का माँझी है। एक लड़की निकलती है, उसे देखती है, झिझकती है, गाती है, फिर दोनों निकट होते हैं, गाते हैं, मिलते हैं, फिर गाढ़ालिंगन और उसकी शहदानी एक चमकती हुई चीज। मल्लाह चला जाता है, लड़की नाव पर आती है, उस चीज को पानी में फेंक देती है। फिर क्या है--समुद्र की

लहरें तेज हो जाती हैं, पानी के छींटे उछल-उछलकर किनारे पर गिरते हैं, बहुत-से लोग वहाँ पहुँचते हैं, इस दृश्य से भयभीत होते हैं। इतने में उनकी दृष्टि लड़की पर जाती है जो बगल में सिमटी-सिकुड़ी पड़ी थी। लड़की से वे पूछते हैं, मल्लाह भी आता है, कुछ बातें होती हैं, दोनों नाव पर जाते हैं, पर्दा गिरता है।

ओपेरा में मंच पर सारी बातें गाने में ही होती हैं—मंच पर नीचे साज बजते हैं। सौ साज से कम क्या होंगे ? गाने के उतार-चढ़ाव के अनुसार समुद्र की तरंगों का आस्फालन ! लगता था, हम कहीं कल्पना-लोक में खो गए हैं।

बैले में मंच पर सिर्फ नृत्य होता है—एक शब्द भी वहाँ नहीं। नीचे साज बजते हैं। साज और नृत्य में अद्भुत समन्वय।

बैले भी काफी मजेदार था। कामदेव अपना कुसुम-सायक लेकर मंच पर आते हैं।—यूरप के कामदेव चिरशिशु अवस्था में रहते हैं। उनके कुछ अनुचर इधर-उधर खड़े हैं। वह नाचते हैं, फिर अपने आसन पर आ बैठते हैं, जिसके पीछे एक छोटे से स्तंभ पर लगातार धूप का धुआँ उठ रहा है। फिर तरह-तरह के जोड़े आते हैं—युवक-युवती—तरह-तरह की पोशाक में। एक जोड़ी बूढ़े-बूढ़ी की भी आती है। और एक जोड़ी बन्दर-बँदरिया की भी। हर जोड़ी बारी-बारी से आती है, नाचती है, एक दूसरे का आलिंगन होता है कि कामदेव के अनुचर उन्हें पकड़, अलग-अलग, बाहर ले जाते हैं। फिर सबको आँखें मूँदकर मंच पर लाया जाता है, और उनकी अजीब-अजीब जोड़ियाँ लगा दी जाती हैं। बुड्ढे को छोकरी मिली, बुढ़िया को जवान मिला, जो सबसे सुन्दर था उसे बंदरिया मिली और बन्दर को सबसे सुन्दरी मिली। फिर उनकी आँखों की पट्टी खोली गई। वे बेचारे यह दृश्य देखकर घबराए, कितने बेहोश होकर गिर पड़े। किन्तु कामदेव ने अपना कुसुम-सायक चलाया और यह क्या, बुढ़िया को लेकर नौजवान निहाल और युवती बुड्ढे पर मरने लगी। बन्दर और सुन्दरी, सुन्दर और बन्दरी भी बड़े मौज से नाचने-गाने लगे। पर्दा गिरा।

पर्दे के गिरने के बाद का दृश्य, क्या कहना ! अभिनेताओं और अभिनेत्रियों को बार-बार रंगमंच पर बुलाना और तालियाँ पीटते-पीटते उन्मत्त हो जाना तो यहाँ के दर्शकों का स्वभाव-सा हो गया है।

'ओपेरा' के अतिरिक्त चार और थियेटर हैं जिन्हें सरकार की सहायता प्राप्त है। कौमोदिये फ्रांसिस—जिसके दो रंगमंच हैं, एक पैलेस रायल में, दूसरा लुक्जेंबुर्श में। नेशनल पोपुलर थियेटर का रंगमंच शाइलो के भव्य भवन में है, सारा बर्नहार्न में, प्लेस शैतेल में।

ओपेरा के बाद या यों कहिए कि उसी के बराबर कौमोदिए फ्रांसिस का स्थान पेरिस के रंगमंच-जगत् में है। यह संसार के सबसे बड़े सुखान्त-नाटककार मौलियेर की यादगार है।

इस रंगमंच का इतिहास 1680 से ही मिलता है। यह ओपेरा से सिर्फ ग्यारह वर्ष छोटा है। मौलियेर के सम्मान में, मौलियेर की मण्डली को होटल बौरगों की मण्डली में सम्मिलित कर इस रंगमंच की स्थापना की गई और इसके दूसरे वर्ष ही राजकीय घोषणा के अनुसार इसे सालाना बारह हजार लिवर राजकोष से देने का तय किया गया। 1812 में नेपोलियन ने मास्को से एक राजाज्ञा भेजी जिसके अनुसार इसके अभिनेताओं को इस रंगमंच का हिस्सेदार बना दिया गया। यह रंगमंच अब तक एक सहयोगी संस्था के रूप में संचालित होता है; सरकार इसे भरपूर मदद देती है और उसके द्वारा नियुक्त एक संचालक इसके लिए उत्तरदायी समझा जाता है। इसके कई नाम बदले हैं—थियेटर द वेराइटीज अम्यूजमेंट, थियेटर द रायल पैलेस, थियेटर द ला रिपब्लिक, थियेटर फ्रांसिस आदि। किन्तु अब भी यह मुख्यतः कौमेदिए फ्रांसिस के नाम से ही प्रसिद्ध है।

ज्योंही आप इसके भवन के दरवाजे पर जाएँगे, सबसे पहले आपकी नजर वाल्तेयर की मूर्ति पर पड़ेगी। साथ ही दीवारों पर मौलियेर, ह्यूगो, रैसिन आदि नाटककारों की मूर्तियाँ दिखाई पड़ेंगी। भीतर घुसते ही फ्रांस का सुप्रसिद्ध दुखान्त अभिनेता तालमा की मूर्ति है जिसके सामने दो स्त्री-मूर्तियाँ ट्रेजेडी और कौमेडी की हैं। फिर 'ओपेरा' की ही तरह, किन्तु उससे छोटे पैमाने पर संगमरमर की सीढ़ियाँ, रंग-बिरंगी कालीनें, मखमली सीटें—देखिए और चकित होइए। रंगमंच ओपेरा की अपेक्षा छोटा है, किन्तु शानदारी में कोई कमी नहीं। जितनी रोशनियाँ हैं वे सब ऐसी लगती हैं कि झाड़-फानूस के अन्दर मोमबत्तियाँ जल रही हों। यदि आप कुछ पहले पहुँचे हैं तो इससे लगे उस छोटे-से संग्रहालय को भी देख लीजिए जिसमें फ्रांस के सुप्रसिद्ध नाटककारों और अभिनेताओं की मूर्तियाँ हैं। वह प्रसिद्ध चित्र भी है जिसमें फ्रांस के सभी नाटककार मौलियेर को ताज पहना रहे हैं। एक चित्र में संसार का पहला नाटक आदम और हौवा द्वारा दिखलाया जा रहा है ! वहीं आप मौलियेर की सभी स्मारक वस्तुएँ पाएँगे और सबसे बढ़कर वह आरामकुर्सी देखेंगे जिस पर मौलियेर ने अन्तिम बार नाटक किया, बेहोश हुआ और फिर खड़ा नहीं हो सका।

हम एक दिन ढूँढ़ते-ढूँढ़ते यहाँ भी आ पहुँचे—संयोग से अभिनय का भी समय था। देखा, लोग कतार में खड़े हैं। हमारा भाग्य यहाँ भी काम कर गया, टिकट लिया और जाकर अन्दर दाखिल हो गया।

ज्योंही पर्दा उठा, हम यहाँ भी चकित हुए बिना नहीं रहे। सोफोकल के एक ग्रीक ड्रामा का फ्रेंच रूप दिखाया जा रहा था। पर्दा उठते ही दृश्य की भव्यता और सौन्दर्य ने आँखों में चकाचौंध पैदा कर दी। पहले सारी चीजें धुँधली-धुँधली; पृष्ठभूमि में मंद-मंद संगीत। संगीत का स्वर ऊँचा होता जाता है, रंगमंच के दृश्य स्पष्ट होते जा रहे हैं। फिर जो चीज सामने स्पष्ट हो जाती है, उसका क्या कहना ! एक ओर पत्थर की दूर तक जानेवाली दीवार। उसके सामने पत्थर का चबूतरा-सा, जिस पर दूर पर कुछ चट्टानें, चट्टानों पर झाड़ियाँ। एक तरफ राजभवन, जिसके दरवाजे पर सीढ़ियाँ, बगल में एक ऊँचा स्तंभ। उन सीढ़ियों पर औरतें लेटी हुई हैं, सबकी रोमन पोशाक, चबूतरे पर कुछ नागरिक, उनकी रूपरेखा रोमनों जैसी; चौड़ी छाती, जाँघों की मांस-पेशियाँ उभड़ीं। अभिनय प्रारंभ हुआ। मंच पर राजा-रानी आए, कुछ बातें हुईं—खेल बढ़ा। अन्त में राजा जब रंगमंच पर आया, सबकी आँखें सजल हो गईं—क्योंकि उसने अपनी आँखें निकाल डाली थीं। आँखों से खून बह रहा था, उसकी वाणी में पश्चात्ताप था, उसके अंग-अंग से करुणा टपक रही थी ! इस करुण नाटक के बाद एक प्रहसन हुआ ! सभी पात्र चेहरे पर तरह-तरह के पर्दे डाले हुए थे जिन्हें देखकर ही हँसी आती थी। करुणरस से प्रारम्भ हुआ और हास्यरस में समाप्ति हुई।

कौमेदिये फ्रांसिस की ही अब एक शाखा है ओडियन थियेटर। इस थियेटर का निर्माण 1779-82 में हुआ। यह पेरिस का दूसरा सर्वश्रेष्ठ रंगमंच समझा जाता है। इसमें 1268 सीटें हैं। इसकी छत लौरेन ने और पर्दे जुस्सुम ने बनाए थे। फिरमिन गेमिये इसके प्रमुख संचालकों में था जिसकी मूर्ति सदर दरवाजे पर है। यहीं वाल्तेयर काफे है, जहाँ प्रतीकवादी साहित्यकारों की गोष्ठी जुटती थी। फ्रांस के बड़े-बड़े कलाकारों की यह प्यारी भूमि रही है।

शाँ जेलीजे थियेटर में जहाँ बीसवीं सदी की सर्वोत्तम कृतियों का प्रदर्शन हो रहा है, दो खेल देखे ! यह एक आधुनिक रंगमंच है; किन्तु इस पर भी प्राचीनता की वैसी ही छाप ! वैसा ही चौमंजिला भवन, विशाल रंगमंच, मखमली सीटें ! पहला दिन यूरप के सुप्रसिद्ध संगीतकार अरनल्ड स्खोनवर्ग और इगनर स्ट्राविंस्की के दो ओपेरा हुए। स्खोनवर्ग के 'बारहवाँ सुर' के संगीत ने यूरप के संगीतक्षेत्र में क्रांति उपस्थित कर दी है ! स्ट्राविंस्की के ओपेरा को

भी आधुनिक चित्रकला की तरह पूरा संकेतात्मक बना दिया है। स्खोनवर्ग का जो संगीत उपस्थित किया गया, उसमें 85 साज काम कर रहे थे। स्ट्राविंस्की के ओपेरा में डेढ़ सौ गवैये और साजवाले काम कर रहे थे। फिर संकेत में जो नृत्य उपस्थित किये गए, उनकी मत पूछिए। हम समझ नहीं रहे थे, किन्तु लगता था, कोई चीज दिल को छू रही है—ठीक जिस तरह पंछियों के अर्थहीन गाने सुनने के बाद की स्थिति होती है। तमाशा यह कि 'ओपेरा' या कौमेदिये फ्रांसिस में कुछ सीटें खाली भी थीं, किन्तु यहाँ तो नीचे से ऊपर तक लोग ठसाठस भरे हुए थे।

पेरिस रंगमंचों की भी नगरी है। कुल मिलाकर 90 थियेटर यहाँ हैं। पाँच सरकारी सहायता-प्राप्त थियेटरों के अलावा 40 से ऊपर वैध थियेटर हैं। 'ओपरेटा' और 'म्यूजिकल कौमेडी' के सात बड़े-बड़े रंगमंच हैं। 11 ऐसे संगीत-भवन हैं जिनमें नग्न-नृत्य होते हैं। हास्यव्यंग्य के 8 थियेटर हैं, 5 थियेटर विविध मनोरंजन के हैं—यही नहीं, 8 थियेटर ऐसे हैं जिनमें सिर्फ बच्चों के लायक नाटक ही खेले जाते हैं !

यदि सिनेमा-घरों को भी रंगमंच में लिया जाए तो उनकी संख्या 335 है। 'सिनेमाथेक' नामक ऐसी संस्था भी है जो संसार-भर में अद्भुत है। यह संस्था सरकारी सहायता से संचालित होती है। यहाँ प्रारंभ से लेकर आज तक के उत्कृष्ट सिनेमा बारी-बारी से दिखलाए जाते हैं।

सरकारी सहायता-प्राप्त थियेटरों में चौथा है साराबर्न हार्न थियेटर जहाँ फ्रांस के सुप्रसिद्ध दुखान्त अभिनेत्री सारा बर्नहार अपना अभिनय-कौशल दिखाती थी और पाँचवाँ थियेटर शाइलों-भवन का आधुनिक रंगमंच है। यह रंगमंच अपनी आधुनिकता में संसार के सभी रंगमंचों में अग्रगण्य स्थान रखता है। साराबर्न हार्न ने अपने ज़माने में सारे यूरोप का ध्यान अपनी ओर खींचा था। उसे एक यात्रा में ही दस लाख रुपए मिले थे। लन्दन में उसका अभिनय देखने के लिए इंग्लैंड के राजा-रानी आए थे।

पाँच रंगमंचों की सहायता देने के अतिरिक्त सरकार की ओर से उन थियेटरों को भी मदद दी जाती है जो किसी उत्तम नाटक को पहले-पहल खेलने का प्रबन्ध करते हैं। यही नहीं, समय-समय पर अच्छे नाटकों के लिए सरकार टैक्स में भी काफी माफी दे दिया करती है। और वह इस पर पूरा ध्यान रखती है कि वैध थियेटरों में आने के लिए विद्यार्थियों को पूरी सुविधाएँ मिल सकें। उसकी अपनी एजेंसी है, जिसके द्वारा विद्यार्थियों को कम कीमत पर टिकट प्राप्त करने की सुविधाएँ दी जाती हैं।

महाबलीपुरम् के दीपस्तम्भ से

दक्षिण के सुप्रसिद्ध पुरातत्व-स्थान महाबलीपरम् की दीपस्तम्भ पर बैठकर ये पंक्तियाँ लिख रहा हूँ।

सामने पूरब की ओर समुद्र लहरा रहा है। उसकी बड़ी-बड़ी तरंगें, बीच-बीच में झागों का मुक्ताद्वीप बनाती आती और तट की बालुकराशि पर सिर पटक फिर पीछे लौट जाती हैं। ये किसका क्या सन्देश लेकर आती हैं ? किसकी करुण पुकार पर सिर पीटती लौट जाती हैं।

जहाँ तक पूरब ओर देखिए, नील-नील समुद्र। यह बंगोपसागर है। जहाँ समुद्र क्षितिज से मिलता है, बादलों की धूमिल रेखाएँ हैं। नहीं, तो समुद्र का नीलापन आकाश के नीलेपन से हिलमिलकर जमीन-आसमान को एक कर रहा है।

उत्तर-दक्षिण तट-रेखाएँ हैं, कहीं बालू-बालू, कहीं वृक्ष-वृक्ष। मेरे पीछे, जहाँ अब सूरज डूबने की तैयारी में है, समुद्र का जल, उससे दूर होकर एक झील-सी बना चुका है। उसमें मुर्दापन है। सामने जीवन लहरा रहा है, पीछे मृत्यु का सन्नाटा है ! और, अब सूरज उसके परे पर्वत के पीछे मुँह छिपाने जा रहा है, तो जिनके साथ मृत्यु लगी है, उन मानवों की क्या बात, उन्हें भी एक दिन इसी तरह चला जाना पड़ेगा न ?

और, यह कभी का महान् बन्दरगाह, पल्लव राजाओं की कीर्ति-कथा का महान् स्तम्भ, क्या आज मृत्यु के सन्नाटे में ही उसाँसें नहीं ले रहा है ?

तब भी यह कल्पना कितनी उमंग भर देती है—कभी यहाँ वह विशाल बन्दरगाह होगा, जिससे निकलकर हमारे बड़े-बड़े समुद्री बेड़े स्वर्णभूमि को, स्वर्ण द्वीप को जाते होंगे—यहाँ से तरह-तरह की वस्तुएँ ढोकर ले जाते होंगे और वहाँ से सोने से भरे हुए लौटते होंगे और जहाँ मैं आज बैठा हूँ, उसी पर हमारे चौकस प्रहरी रात-रात भर दीप जलाये उनका पथप्रदर्शन करते होंगे और इसकी दीप-मालिका की झिलमिल रोशनी से ही हमारे उन पूर्वजों का हृदय कितना उल्लसित हो जाता रहा होगा।

हमने सिर्फ वाणिज्य और कला की वस्तुएँ ही तो वहाँ—उन द्वीपपुंजों में, देशों में—नहीं भेजीं; हम अपनी कला और संस्कृति के दूतों को भी यहीं से भेजते रहे जिन्होंने वहाँ हमारे देश के शाश्वत सन्देशों को वह रूप दिया कि सहस्राब्दियों के बाद भी वे जीवित, जाग्रत हैं। बर्मा में, मलाया में, जावा में, सुमात्रा में, हिन्दोसिया में, हिन्दचीन में भारतीय कला और संस्कृति के जो अनुपम उपादान आज तक वर्तमान हैं, क्या उनके कल्पक और निर्माता इसी बन्दरगाह से नहीं गए होंगे ?

ईसा के छः सौ वर्ष बाद ही, पल्लव राजाओं ने इस स्थान को अपनी उप-राजधानी बनाकर कितनी बड़ी दूरदर्शिता का काम किया था। यह महाबलीपुरम् ही है, जिसने हमें जहाजरानी का सबसे बड़ा शौक दिया। इसके निर्माता नरसिंह वर्मन ने समुद्रतट की चट्टानों पर कला की जैसी पुरी बसाई, उसका उपमान उस युग के संसार में खोजने से नहीं मिलेगा !

मैं इस दीपस्तम्भ पर बैठकर अपनी नजरें धीरे-धीरे उन कला-कृतियों की ओर डाल रहा हूँ, जिन्हें देखकर अभी-अभी लौटा हूँ। कितना थक गया था, किन्तु समुद्री हवा के ठण्डे नमकीन झोंकों ने थोड़ी ही देर में सारे ताप-दाप को दूर कर दिया।

यहाँ से दक्षिण, लगभग आधे मील पर, मन्दिरों की वह अवली दिखाई पड़ रही है, जो दक्षिण के मन्दिरों में अपना अपूर्व स्थान रखती हैं। शायद हम लोगों में से बहुत से लोगों को अब तक भी यह ज्ञात नहीं है कि सुन्दर, भव्य, विशाल मन्दिरों की दृष्टि से दक्षिण भारत उत्तर भारत से कहीं अधिक महत्त्वपूर्ण स्थान रखता है ! उन मन्दिरों में महाबलीपुरम् के पाँच पाण्डवों के मन्दिरों की बड़ी महिमा है। ये पाँचों मन्दिर एक ही सम्पूर्ण चट्टान को काटकर अलग-अलग बनाए गए हैं। सम्पूर्ण चट्टान से बने जितने मन्दिर अपने देश में हैं, उनमें से ये सबसे पुराने माने जाते हैं। किन्तु पुराने होने के कारण इनमें कला की त्रुटि या कमी की कल्पना नहीं कर लीजिए।

इनमें सबसे ऊँचा मन्दिर है, धर्मराज युधिष्ठिर का और सबसे विशाल भीम का। भीम के मन्दिर के बाद अर्जुन का मन्दिर है, जिसके चबूतरे से ही लगा हुआ द्रौपदी का मन्दिर है। पाँच भाइयों से संलग्न होने पर भी द्रौपदी सबसे अधिक प्यार करती थी अर्जुन को। क्या इसलिए यह क्रम रखा गया है ? नकुल-सहदेव के मन्दिर इस पंक्ति से अलग हैं। मन्दिरों के अतिरिक्त तीन बड़े-बड़े जानवरों की मूर्तियाँ हैं—(बैल) की, सिंह की, गजराज (हाथी) की। इस ओर से जाइए, तो सबसे पहले सिंह की मूर्ति और द्रौपदी का मन्दिर दिखाई पड़ेगा। अर्जुन

के मन्दिर के सामने हाथी की मूर्ति है और उससे सटी नकुल-सहदेव की मूर्ति ! नन्दी की मूर्ति द्रौपदी और अर्जुन के बीच में है।

धर्मराज के मन्दिर में अनेक मूर्तियाँ खोदी हुई हैं। उसमें से एक मूर्ति इसके निर्माता नरसिंह देव वर्मन की बताई जाती है। इसी मन्दिर में उत्कीर्ण अर्धनारीश्वर की मूर्ति बड़ी ही भव्य है और कला की दृष्टि से बड़ी ही सुघड़। प्राचीनतम मूर्तियों में कला की दृष्टि से इसकी बड़ी प्रसिद्धि है।

और, यह पहाड़ी का हिस्सा जिसके ऊपर यह दीप-स्तम्भ है, इसमें ग्यारह गुफाएँ हैं। वराह-गुफा, महिषी-मर्दिनी गुफा, धर्मराज मण्डप, कृष्ण मण्डप, पंच पाण्डव मण्डप, अर्जुन की तपोभूमि, त्रिमूर्ति गुफा आदि। किन्तु, इनमें सबसे सुन्दर कला-कृति है अर्जुन की तपोभूमि। कहा तो यह जाता है कि समस्त भारतीय कलाकृतियों में इसका स्थान अनूठा है। चन्द्र, सूर्य, किन्नर, गंधर्व, अप्सरा आदि देवलोक के सभी प्राणी ही नहीं, सिंह, व्याघ्र, हाथी, सूअर आदि जानवर तथा वधिक, ऋषि ब्रह्मचारी आदि मनुष्य के अनेक भेद-उपभेद भी इस सुघड़ता से खोदे गए हैं कि देखकर विस्मित हो जाना पड़ता है। हाथियों का झुण्ड देखने पर तो ऐसा लगता है कि इनमें अब भी प्राण का संचार है। ये सब गति में हैं, सबकी अलग-अलग मुद्राएँ हैं। किन्हीं दो मूर्तियों की मुद्राएँ एक नहीं। महाकवि भारवि ने जिस कथा को लेकर किरातार्जुनीय की रचना की, उसी कथा को लेकर शिल्पकार ने इस गुफा की रचना की है। और, इसका निर्णय करना कठिन है कि अधिक सफल कौन हुआ—कवि या शिल्पकार !

इस पहाड़ी के ऊपर दो मन्दिर हैं—एक को ओलाकनाथ का मन्दिर कहते हैं, इस मन्दिर में शिव की तीन मूर्तियाँ बड़ी ही प्रभावशाली हैं—दक्षिणामूर्ति, रावणनुग्रह मूर्ति और अलिधा नृत्यमूर्ति। दूसरा मन्दिर गणेशस्थ कहलाता है। ये मन्दिर भी एक ही पत्थर को खोदकर बनाए गए हैं।

यहाँ से उत्तर-पश्चिम की ओर एक पठार-सा दिखाई पड़ता है, वहीं पल्लवों की राजधानी थी। उसके प्रमाण में वहाँ टूटे-फूटे प्रासादों के ढूह हैं और सबसे बढ़कर, वह सिंह मूर्ति आज भी विराजमान है, जिस पर अपना सिंहासन रखकर पल्लवराज अपनी विशाल राजसत्ता की घोषणा करते थे। यह सिंहमूर्ति आज भी गरजती-सी दीखती है।

और, सबसे अन्त में, यहाँ से उत्तर, लगभग आधे मील पर वह मन्दिर देखिए, जो तट-मन्दिर के नाम से आज प्रसिद्ध है। कहा जाता है, यहाँ सात ऐसे मन्दिर थे, किन्तु कालक्रम से उनमें से छः समुद्र के पेट में चले गए, अब सिर्फ एक रह गया है। हम गाड़ी से उतरकर सबसे पहले उसी मन्दिर में तो गए थे। अहा, समुद्र सामने गरज रहा है और बड़ी-बड़ी तरंगों को लेकर इस तरह धावे-पर-धावा कर रहा है मानो इसे भी वह निगल जाना चाहता हो। किन्तु, मानव की यह कृति आज भी अक्षुण्ण है, क्योंकि मानव ने इसकी रक्षा के लिए इसके आगे बाँध खड़ा कर दिया है, समुद्र की तरंगें उसी से टकराकर लौट जाती हैं। किन्तु, तो भी, समुद्र की नमकीन हवा का असर तो पड़ता ही है—मन्दिर का पत्थर दिन-दिन कमजोर पड़ता जा रहा है।

वह मन्दिर भी एक ही पत्थर का है। इसके भीतर एक ओर से शिवलिंग और दूसरी ओर शेषशायी विष्णु। मन्दिर के आगे बलिपीठ और ध्वजस्तम्भ है। बलिपीठ के निकट टूटी हुई उत्कीर्ण प्रशस्तियाँ पाई गई थीं, जिनमें राजसिंह (द्वितीय नरसिंह वर्मन) की प्रशंसा कही गई है।

तीन और गुफाएँ तथा कुछ फुटकर दर्शनीय मूर्तियाँ आदि हैं; किन्तु, मेरा हृदय तो बार-बार आज से चौदह सौ वर्ष पीछे भागता है और पल्लव राजाओं की गरिमा से अभिभूत

होता जाता है।

महाबलीपुरम् का यह नामकरण क्यों हुआ ? कोई-कोई तो पौराणिक बलिराजा से इसका सम्बन्ध बताते हैं, जिसे वामनावतार ने पाताल भेजा था। किन्तु ऐतिहासिकों का मत है कि यह नाम 'मामल्लीपुरम्' का अपभ्रंश है। 'मामल्ली' यह उपाधि नरसिंह वर्मन की थी, जिनका राज्यकाल 630-70 माना जाता हैं। किन्तु यह स्थान इसके पहले भी एक विशाल बन्दरगाह था। एक रोमन नाविक ने ईसा की पहली शताब्दी में इसकी चर्चा की है और उसके सौ वर्ष बाद रोमन भूगोलवेत्ता टॉलमी ने 'मलांजो' कहकर इसकी चर्चा की है। स्वेनसांग ने भी इसकी चर्चा की है; हाँ, इसका नाम देने में उससे अवश्य गलती हुई। सातवीं शताब्दी में एक इटालियन यात्री मनुची ने भी इसका वर्णन अपनी यात्रा-पुस्तक में किया था। यूरोपियनों ने इसे 'सप्त पगोडा' कहकर पुकारा, जिस तरह उन्होंने कोनार्क को 'काला पगोडा' कहकर पुकारा था। जब समुद्र से वे आते-जाते रहे, उस वर्तमान तट-मन्दिर तथा दूरागत मन्दिरों के सात शिखर वे देखते रहे और यह नाम दे दिया। किन्तु, मल्लाहों का कहना है, उनके पुरखों ने बताया था कि वे सातों मन्दिर इसी तट पर थे, जिन्हें देखकर उन्होंने यह नाम दिया। उनमें छः कालक्रम से समुद्र के पेट में चले गए, अब शेष एक यही मन्दिर बच रहा है।

पल्लवों की राजधानी काँची थी। जब चालुक्यों ने उन्हें पराजित किया, उन्हें तेलगु-जिलों से हाथ धोना पड़ा। किन्तु, उनके कुल में नरसिंह वर्मन का उत्पन्न होना उनके अभ्युदय की भूमिका हुई। उसने चालुक्यों को हराया, यही नहीं, अपने सहायक सिंहल-नरेश को भी उसने फिर गद्दी पर बिठलाया। उसकी जल सेना निस्सन्देह उसी महाबलीपुरम् के बन्दरगाह से सिंहल-विजय को गई होगी।

मद्रास में बहुत कम ठहरना था; किन्तु, मित्रों ने आग्रह किया, महाबलीपुरम् तो अवश्य देख लीजिए। उनकी सलाह कितनी अच्छी थी। यदि उसे बिना देखे लौट जाता, तो निस्सन्देह एक बड़ी चीज छोड़ जाता।

भोर की ट्रेन गलती से छूट गई थी; अतः आने में देर हो गई थी; नहीं तो यहाँ पाँच-छः घण्टे तो लगाना ही चाहिए !

अब सूरज अस्त हो चुका है और हमें भी शीघ्र रवाना हो जाना है। हृदय में भावनाएँ उठ रही हैं, नई-नई कल्पनाएँ जग रही हैं। कभी हृदय सामने की उत्ताल तरंगों पर नाचना चाहता है, कभी उन कलामयी गुफाओं में ही रात रहने को ललचाता है ! कभी पाँच पाण्डवों के मन्दिरों के उस गजराज पर वह सवारी करना चाहता है, तो कभी पल्लवराज के उस मृगराज को ही अपना स्वर्ण-सिंहासन बनाना चाहता है ! मानव मन भी क्या है ? कितनी उड़ान लेता है, कैसी छलाँग लेता है !

किन्तु, मन ठहरो ! सुनते नहीं हो, यह गाड़ी का हॉर्न ! और देखो, वह साथी रुमाल हिला-हिलाकर बुला रहे हैं !

महाबलीपुरम् के ओ दीप-स्तम्भ, अब मेरा नमस्कार लो !!

पद्माकर की पुरी में···

यह क्या होता है ? आदमी कभी-कभी अचानक उस स्थान पर पहुँच जाता है, जहाँ जाने की अभिलाषा बहुत दिनों से पोसे हुए होता है; किन्तु वहाँ पहुँचकर भी नहीं जान पाता कि वह सचमुच उस अभिलषित स्थान में आ सका है। और जब अचानक, यात्रा के अन्त में उसे पता

चलता है कि वह कहाँ आ गया है, तो उसे कितना आश्चर्य होता है—हाँ, सारा आनन्द आश्चर्य में बदल जाता है।

सागर में मेरी यही हालत हुई।

बचपन में ही मुझे 'जगत-विनोद' की एक प्रति मिल गई थी। मैं तब तक तुलसी की चौपाइयों और सूर के पदों का ही रसिक था। उन दिनों गाँव-गाँव कुछ भाँट, खासकर फसल के दिनों में, घूमा करते थे। वे कुछ लच्छेदार सवैये और कवित्त सुनाया करते थे—बड़े ठाठ से सुनाते थे। उन सवैयों और कवित्तों में पद्माकर के नाम आते थे। पद्माकर के नाम से साथ भाषा का ऐसा चमत्कार मेरे मस्तिष्क में बँध गया था कि अब 'जगत-विनोद' की प्रति मिली, मुझे लगा, एक नया खजाना मिल गया।

जब धीरे-धीरे रुचि बढ़ी, भाषा चमत्कार के बदले भाव-चमत्कार मन पर प्रभुत्व जमाने लगा। पद्माकर का प्रभाव भी कुछ कम होने लगा। आलोचकों ने दिमाग पर छेनी रखकर और उसे हथौड़े से ठोंक-ठोंककर बताया कि पद्माकर कोई बड़े कवि नहीं थे; किसी-किसी ने तीसरे दर्जे में उन्हें रखा; किन्तु दूसरे दर्जे से ऊपर तो उन्हें कोई नहीं रख सका !

किन्तु एक तो बचपन की प्रीत; फिर शब्द-चित्रकार मैं ! पद्माकर से मेरा स्नेह बना रहा, क्योंकि उनके अधिकांश कवित्त और सवैये एक-एक शब्दचित्र हैं। उन दिनों की सुप्रसिद्ध 'सरस्वती' में पद्माकर के सवैयों और कवित्तों पर एक चित्रावली निकली थी। आज भी जो सौन्दर्य का चित्रण भिन्न-भिन्न स्थिति में करना चाहे, उस चित्रकार के लिए पद्माकर का 'जगत-विनोद' एक जीता-जागता अलबम का काम दे सकता है। उनके एक पद्य को पढ़कर लाला भगवानदीन ने कहा था, ऐसा तो प्रत्यक्ष देखते हुए ही लिखा जा सकता है !

हाँ, तो मैं सागर पहुँचा। सागर, जिस छोटे से शहर में एक विश्वविद्यालय की स्थापना कर स्वर्गीय सर हरिसिंह गौड़ ने जिसे मध्यप्रदेश का प्रमुख सांस्कृतिक केन्द्र बना दिया है। सागर देखूँ, विश्वविद्यालय देखूँ, विश्वविद्यालय के अपने मित्रों से मिलूँ, यही कामना लेकर वहाँ पहुँचा। वर्षा की सुहानी ऋतु; रास्ते भर रिमझिम बूँदों की फुहार और चारों ओर फैली हरियाली की बहार का मजा लूटते सागर पहुँचा और वहाँ से सीधे विश्वविद्यालय को चला—जो शहर से पाँच-छः मील दूर है।

जब शहर से निकल रहा था, एक बड़ा तालाब मिला—तालाब क्या झील कहिए ! लोगों ने बताया, इस शहर का नाम इसी तालाब के कारण सागर पड़ा, नहीं तो इसका प्राचीन नाम कुछ और था।

और, एक दिन मित्रमण्डली के साथ, यात्रा के प्रायः अन्त में, इस तालाब के निकट पहुँचा, तो मुझे बताया गया, वह सामने तालाब के किनारे जो मन्दिर है वह मन्दिर और घाट कविवर पद्माकर का ही बनवाया हुआ है। पद्माकर ? हाँ, वही सुप्रसिद्ध रीतिकालीन कवि ! और वह दुमंजिला मकान यहाँ से दिखाई पड़ता है न, वह मकान कविवर पद्माकर का है और तालाब के किनारे से उसी कोठे पर बैठकर वे प्रायः लिखा करते थे।

पहले मुझे आश्चर्य हुआ; फिर मेरी आँखों के सामने पद्माकर का वह सवैया नाच उठा—

जाहिर जागति सी जमुना जब
बूड़े बहे उमहे वह बेनी,
त्यों पद्माकर हीरा की हारनि
गंग तरंगनि सी सुख-देनी,

जावक के रंग सो रंग जात
सो भाँतहि भाँत सरसुती स्रेनी
पैरे जहाँ ही जहाँ वह बाल
तहाँ-तहाँ ताल में होत त्रिवेनी !

निश्चय ही किसी एक सुहानी सन्ध्या या सुनहरी भोर को उस कोठे पर कविजी चहलकदमी कर रहे होंगे और नीचे इस तालाब में कोई षोडशी निर्बंध, निश्शंक, निर्मुक्त तैर रही होगी कि अचानक कविजी का ध्यान उस स्नान-निमग्ना बाला की ओर गया होगा और उन्होंने अपने सवैये के कैमरे से उसका फोटो खींच लिया होगा ! अब न कविजी हैं, न उस तालाब का वह पुराना गौरव रह गया, वह सुन्दरी बाला भी नहीं रही—किन्तु कवि द्वारा लिया गया यह शब्दचित्र आज भी जीवित है, जाग्रत है, क्रीड़ारत है ! जभी पढ़िए, लगता है वह तैर रही हो !

पद्माकर चले गए, किन्तु अपनी अमूल्य रचनाएँ ही हमारे लिए नहीं छोड़ गए, अपनी पुरी के लिए साहित्य की एक शानदार परम्परा भी छोड़ गए।

हाँ, शानदार परम्परा ! यहीं आते पता चला, मध्यप्रदेश को अपने जिन आधुनिक साहित्यकारों पर गर्व है, उनमें से बहुत-से लोगों की जन्मभूमि, क्रीड़ाभूमि या कर्मभूमि होने का सौभाग्य इस पद्माकर की पुरी को ही प्राप्त है।

सागर प्राचीन स्थान है, स्वर्गीय रायबहादुर हीरालालजी ने 'सागरसरोज' लिखकर इसकी ऐतिहासिक महत्ता की ओर लोगों का ध्यान आकृष्ट किया था।

जब चन्द्रगुप्त मौर्य ने भारत में प्रथम बार एक चक्रवर्ती राज्य की स्थापना की चेष्टा की तो सागर मौर्य साम्राज्य के अधीन हुआ। लगभग दो सौ वर्षों तक सागर का भाग्यसूत्र पाटलिपुत्र के साथ बँधा रहा। शुंगों के अधीन भी सागर रहा। फिर शकों ने इस पर अधिकार जमाया; किन्तु जब पाटलिपुत्र में गुप्तवंश का भाग्यसूर्य चन्द्रगुप्त-विक्रमादित्य के साथ उदित हुआ; सागर का सम्बन्ध फिर पाटलिपुत्र से जुड़ा। गुप्तकालीन कितने ही स्मृति-चिन्ह और पुरा-सामग्रियाँ सागर-मण्डल के भिन्न-भिन्न भागों में प्राप्त हुई हैं।

यशोवर्मन और हर्षवर्धन ऐसे प्रतापी राजाओं की छत्रछाया भी सागर को मिल चुकी है। कलचुरियों ने इसे अपनाया और चन्देलों की तलवार की शान भी सागर ने देखी। आल्हा-ऊदल की वीरता की कितनी ही गाथाओं का केन्द्र-बिन्दु यह सागर रहा है। चन्देलों के बाद अहीरों और गोंड़ों के कर्तव्य का साक्षी भी सागर को बनना पड़ा।

फिर बुन्देलों और पेशवाओं की बारी आई। पेशवाओं ने सागर को 1818 में अंग्रेजों को सौंप दिया। किन्तु 1857 के विप्लव में अंग्रेजों को मालूम हुआ, उन्होंने कितना कच्चा सौदा किया था। नौ महीने तक विप्लव की आग सागर-मण्डल की डगर-डगर में धू-धू करके जलती रही।

सागर के वर्तमान नगर का निर्माण 1660 में ऊदन शाह द्वारा हुआ, ऐसा कहा जाता है। पहले यह अनूप नगर के नाम से विख्यात था, किन्तु पीछे इस विशाल जलाशय के कारण यह सागर नाम से ही प्रख्यात हुआ। क्या यह अनूप नगर नाम पद्माकर के पोषक अनूप-गिरि उर्फ़ हिम्मत बहादुर के नाम पर पड़ा था ?

पद्माकर का जन्मकाल 1753 माना जाता है। पद्माकर तो उपनाम है, उनका यथार्थ नाम था प्यारेलाल भट्ट। लोगों ने मान लिया है, पद्माकर ठेठ शृंगारी कवि थे किन्तु ऐसी बात नहीं है—'जगत-विनोद' के समान उनका एक प्रसिद्ध खण्डकाव्य है, 'हिम्मतबहार विरुदावली'। यह हिन्दी के वीर काव्यों में उच्च स्थान रखता है। हिम्मत बहादुर यह उपनाम था—अनूपगिरि का। गोसाईं हो जाने पर इनकी वीरता की गाथा चतुर्दिक हुई थी। इनका सौभाग्य था कि

पद्माकर जैसे कवि इनकी छत्रछाया में आए और उन्हें अपनी वाणी से अमर कर गये। इस काव्य के शब्द-शब्द से वीर रस टपकता है। यों ही पद्माकर की 'गंगा-लहरी' भक्ति-रस से सराबोर है और पण्डितराज जगन्नाथ की 'गंगा-लहरी' के समकक्ष स्थान पाने के योग्य है !

पद्माकर शब्दशिल्पी थे। जहाँ से जो भी सुन्दर और ललित शब्द उन्हें प्राप्त हो सकते थे, उन्होंने अपनी कविता में उनका उपयोग किया। संस्कृत से, फारसी से, ग्रामीण बोलियों से उन्होंने निधड़क शब्दों का चयन किया और उन्हें गढ़-छीलकर, अपना बनाकर, अपनी कविता में ऐसा प्रयोग किया कि वे चमक उठे—कुंदन की तरह, हीरे की तरह। उनका मोलतोल करने के पहले ही उनकी आभा से, झलक से, चमक से आपकी आँखें चकाचौंध में पड़ जाएँ !—यह थी उनकी कारीगरी ! हिन्दी-कविता को अनेक नए शब्द पद्माकर ने दिए।

पद्माकर के समकालीन कुमारमणि, कृष्णभट्ट और बदनेश कवि ने भी रीतिकाव्य को कई अनमोल रत्न दिए। कुमारमणि का 'रसिक-रसाल', कृष्णभक्त का 'अलंकार-प्रकाश' और बदनेश का 'रस दीपक' रीति-साहित्य के अमर ग्रंथों के रूप में सदा स्वीकार किए जाएँगे।

हम जिन्हें आधुनिक मध्यप्रदेश के साहित्यिक—मुकुट-मणि मानते रहे हैं, उनकी वृहत्त्रयी-माधवराव सप्रे, कामताप्रसाद गुरु और अमीरअली मीर—की पुण्यभूमि यह पुरी हो रही है। मैं जब सागर की गलियों में घूम रहा था, बार-बार इच्छा होती थी, उसकी मिट्टी को चूमता चलूँ, जिसमें इन तीन साहित्य-महारथियों की पगधूलि मिली होगी।

रायपुर में 'सप्रे-हाईस्कूल' के नाम पर एक बड़ी शिक्षण-संस्था का नामकरण कर माननीय पं. रविशंकरजी शुक्ल ने सप्रेजी के ऋण से अपने प्रान्त को उऋण करने का एक अच्छा प्रयत्न किया है; किन्तु सप्रेजी की जो साहित्य-साधना रही, उसे देखते हुए क्या उसी पर सन्तोष किया जाना चाहिए ! स्वयं महाराष्ट्रीय होने पर भी हिन्दी और राष्ट्रीय जागृति के लिए मध्यप्रदेश में उन्होंने जितना काम किया क्या वह कभी भूला जा सकता है ? सैयद अमीरअली मीर वह जगमगाते सितारे थे, जिन्हें देखकर हिन्दी के उस अन्धकार-युग में लोग दिशा का ज्ञान पाते थे ! और, क्या यह सच नहीं है वह पं. कामताप्रसाद गुरु थे जिन्होंने एक वृहत् व्याकरण लिखकर हिन्दी भाषा को स्थायी रूप दिया जो रूप आज इस तरह विकसित होता जा रहा है ! यह क्या आश्चर्य की बात नहीं कि काशी-प्रयाग के दम्भी विद्वानों के रहते हुए भी वह गुरुजी का व्याकरण था जिसे नागरी प्रचारिणी सभा ने मान्यता दी और प्रकाशित-प्रचारित किया !

मैं बचपन से ही रामायण (तुलसीकृत रामचरित मानस) का प्रेमी रहा हूँ। उन दिनों मैंने रामायण की कितनी ही टीकाएँ एकत्र की थीं। उन सभी टीकाओं में श्री विनायकरावजी की टीका मुझे सबसे अधिक रुचि थी। जब सागर पहुँचा और मित्रों ने बताया कि रावजी सागर के ही रहनेवाले थे, तो मुझे दूसरी बार आश्चर्यचकित होना पड़ा और जब यह मालूम हुआ कि मेरे प्यारे मित्र श्री भवानीप्रसाद तिवारी ('प्राणपूजा' के सफल गायक) उन्हीं के सुपुत्र हैं, तब तो मुझे लगा, आदमी कितना अज्ञानी होता है, अपनी नाक की सीध की चीज को भी वह नहीं पहचानता ! जब जबलपुर लौटा, तो भाई तिवारीजी ने बताया, यद्यपि वह टीका अलभ्य है, किन्तु अब भी कभी-कभी कितने ऑर्डर भूलते-भालते पहुँच जाते हैं ! जब सन्त विनोबा जबलपुर पहुँचे और तिवारीजी के घर पर ठहरे, तो जब तक रहे, उस टीका को अपने सामने रखा, उसे देखा, उसकी अर्चना की। दुःख की बात है कि वह टीका अप्राप्य है—किसी उत्साही प्रकाशक को चाहिए कि उस टीका को फिर से प्रकाशित करे।

कारेबेग, गुणाकरजी, शिवसहाय चतुर्वेदी की गोद में खेलानेवाली यह पद्माकर की पुरी ही है। डॉ. रामकुमार वर्मा, जिनका यश हिन्दी-संसार में इतना फैल चुका है, सागर के ही सपूत

हैं। पं. लोकनाथ सिलाकरी, श्री लल्लीप्रसाद पाण्डेय, श्री देवीदयाल चतुर्वेदी 'मस्त', श्रीमती हीरादेवी चतुर्वेदी, पण्डित ज्वालाप्रसाद ज्योतिषी—कहाँ तक गिनाऊँ, सागर ने हिन्दी को अनेक रत्न अर्पित किए हैं। स्वर्गीय 'मीर' साहब की परम्परा के दो प्रबल स्तम्भ आज भी सागर में खड़े हैं—भाई जहूरबख्शजी और भाई अब्दुल गनी साहब। जहूरबख्शजी को तो हिन्दी-संसार जानता है, मानता है—किन्तु भाई गनी के व्यक्तित्व से कम लोग परिचित हैं। राष्ट्रीयता का यह पुजारी जिसके कर्तृत्व से रतौना का वह विशाल कसाईखाना बन्द किया गया, जिसने 'समालोचक' को जन्म दिया था और आज भी जो 'देहाती-दुनिया' का अलख जगा रहा है, क्या उन लोगों द्वारा भूला जा सकेगा, जिन्होंने एक बार भी उसे देख लिया हो ? बाल पक गए, चेहरे पर झुर्रिया खिंच आईं—किन्तु अब भी वही मस्ती, वही जिन्दादिली, वही जाँनिसारी की भावना !

एक सन्ध्या को एक साहित्यिक गोष्ठी जुटी थी—कुछ नौजवान कवि और साहित्यिक पधारे थे। उनकी रचनाएँ सुनकर कितना आनन्द आया—छोटे-छोटे बच्चों ने ऐसी उड़ान ली थी कि चकित रह गया ! अफसोस कि मुझे नाम याद नहीं रहते—उनके चेहरे आज भी आँखों के सामने नाच रहे हैं !

सागर अपने जिले का सदर मुकाम है। आबादी कोई बड़ी नहीं, यही सत्तर-अस्सी हजार की होगी। बीड़ी बनाने के अलावा कोई अच्छा उद्योग नहीं। जिले की आठ लाख की जनसंख्या है। एक-चौथाई लोग बीड़ी के रोजगार में लगे हैं। किन्तु इस रोजगार का सूत्र मुख्यतः बाहरवालों के हाथ में है। सागर का शहर एक पहाड़ी पर बसा है; समूचा शहर ऊँचा-नीचा किन्तु इस छोटे से ऊबड़-खाबड़ शहर में मैंने एक बड़ा ही मोहक सांस्कृतिक जीवन पाया—लोगों में साहित्य के लिए, कला के लिए, सार्वजनिक उत्सवों के लिए, जन-सेवा के लिए बड़ा ही उत्साह देखा। यहाँ के लोगों की एक बड़ी शिकायत मध्यप्रदेश के जन-नायकों के प्रति है—वे सागर की ओर, पद्माकर की इस पुरी की ओर, उतना ध्यान नहीं देते, जितना उन्हें देना चाहिए ! प्रान्त के मुख्यमन्त्री पं. रविशंकरजी शुक्ल ने यहीं शिक्षा-दीक्षा पाई, पं. द्वारकाप्रसाद मिश्र भी सागर के दाने-पानी पर कुछ दिनों पले हैं—किन्तु, एक ने रायपुर को और दूसरे ने जबलपुर को अपनी परिणीता नगरी मान लिया है ! धन्य कहिए, सर हरिसिंह गौड़ को; जिन्होंने अपने जीवन की सारी कमाई उत्सर्ग कर यहाँ विश्वविद्यालय की स्थापना की।

विश्वविद्यालय शहर से पाँच-छः मील दूर पर है। बड़े ही भव्य स्थान पर इस विश्वविद्यालय की स्थापना हुई है। चारों ओर पहाड़ियाँ ही पहाड़ियाँ। बीच में सपाट स्थान। पहले यहाँ फौजी पड़ाव था, उसका एक टुकड़ा अब भी है। यह विशाल पड़ाव दूसरे महायुद्ध के समय बनाया गया था। अब उसके सारे मकान विश्वविद्यालय को मिल गए हैं। मकान क्या हैं—खपरैल के बँगले और बैरक, जिनमें कहीं सौन्दर्य का नाम नहीं। जिनमें कभी घोड़े बँधते होंगे, उनमें भी क्लास लगती हैं ! किन्तु यहाँ का शान्त, सुन्दर वातावरण और नौजवान विद्यार्थियों के हँसते-खिलते चेहरे इन मकानों की सारी कुरूपता को ढँक-से लेते हैं ! सुनते हैं, डॉ. राधाकृष्णन् ने कहा था, ऐसा सुन्दर और उपयुक्त वातावरण संसार के बिरले ही विश्वविद्यालय को मिला है।

मुझे सबसे बड़ी उत्सुकता थी यह जानने की कि पद्माकरजी के स्मारक के लिए यहाँ कुछ किया जा रहा है या नहीं। इस नगर का सौभाग्य है कि पं. ज्वालाप्रसादजी ज्योतिषी ऐसे साधु-प्रवृत्ति के नेता यहाँ हैं, जो कांग्रेसी एम.एल.ए. भी हैं। ज्योतिषीजी हिन्दी के सुप्रसिद्ध नाटककार और गीतकार हैं और यों राजनीति और साहित्य के बीच भी सुनहरी कड़ी हैं। ज्योतिषीजी ने बताया, इसके लिए कुछ रुपए भी एकत्र किए गए; किन्तु अभी तक काम कुछ

नहीं होने पाया। यह घोर खेद और दुख की बात है। मेरी राय में पद्माकरजी के स्मारक के लिए सागर की जनता और मध्यप्रदेश की सरकार को तीन काम करने चाहिए—

1. उनके भवन और मन्दिर की पूरी मरम्मत कराकर, उसे और भी सुन्दर और शानदार बनाकर वहाँ रीतिकालीन कवियों की रचनाओं का एक विशाल संग्रहालय स्थापित किया जाए।

2. मन्दिर के सामने के विशाल तालाब का पुनरुद्धार कराया जाए, घाटों की मरम्मत कराई जाए, अन्दर के सेंवार, जमी काई को हटा दिया जाए और उसके बीच में एक स्तम्भ खड़ा कर उस पर पद्माकरजी की मूर्ति स्थापित की जाए। तालाब में कुछ सुन्दर नावों का प्रबन्ध किया जाए, जिन पर प्रातः सन्ध्या को नौकायन का सुख लूटा जाए और स्तम्भ पर स्थापित मूर्ति का दर्शन किया जाए।

3. सागर विश्वविद्यालय में एक पद्माकर-पीठिका (चेयर) का शुभारम्भ किया जाए, जिसके द्वारा रीतिकालीन साहित्य पर योग्य विद्वानों द्वारा विस्तृत प्रकाश डाला जा सके।

मैं स्पष्ट कहूँ, सागर ने, पद्माकर की इस पुरी ने मुझे बहुत ही प्रभावित किया। मैं कुल ढाई दिन वहाँ रह सका, किन्तु उसने मेरे हृदय पर एक स्थायी छाप डाल दी है। बादलों की रिमझिम के बीच ही मैं वहाँ पहुँचा था और जब लौटा, रास्ते भर बादलों की रिमझिम मुझे रससिक्त करती रही। जब मैं ये पंक्तियाँ लिख रहा हूँ, उस रिमझिम की स्निग्धता-शीतलता अनुभव कर रहा हूँ। पद्माकर की पुरी, मैं तुम्हें भूल नहीं सकूँगा; भूल नहीं सकूँगा ! सदा तुम्हारी उन्नति हो, तुम अपने प्राप्य गौरव को शीघ्र प्राप्त करो—यही मेरी शुभकामना है ! जय सागर ! जय पद्माकर !!

जहाँ शेक्सपीअर अब भी जीवित हैं !

शहर से बहुत दूर, एक छोटे से कस्बे में, एक पतली-सी नदी के किनारे तीस लाख रुपयों से तैयार यह थियेटर अँगरेज-जाति की पूर्वज-पूजा और कला-प्रेम दोनों का एक साथ प्रतीक है।

शेक्सपीअर संसार के सर्वोत्तम कलाकारों में से हैं। इंग्लैंड के वह सबसे बड़े कलाकार हैं और अँगरेज तो उन्हें संसार का सबसे बड़ा कलाकार कहने में भी नहीं हिचकते। अपने इस महान कलाकार की स्मृति-रक्षा में वे सदा तत्पर रहें, यह स्वाभाविक ही है !

किन्तु, कुछ दिनों पहले तक यह प्रश्न बार-बार उठता था कि शेक्सपीअर के स्मारक के लिए उपयुक्त स्थान कौन-सा है—स्ट्रैटफोर्ड या लन्दन। स्ट्रैटफोर्ड ऑन एवन में शेक्सपीअर का जन्म हुआ; किन्तु उनका कार्यक्षेत्र तो लन्दन में रहा ! जन्मभूमि और कर्मभूमि दोनों में इस गौरव की प्राप्ति के लिए रस्साकशी चलती रही।

इसमें शक नहीं कि शेक्सपीअर की प्रतिभा में पंख लगे लन्दन में ही। 'ग्लोब' ने ही उन्हें वह सुअवसर दिया, जिसके बिना प्रखरतम प्रतिभाएँ भी असमय मुरझा जाती हैं। किन्तु, यह भी प्रकट है कि लन्दन में रहते हुए भी शेक्सपीअर कभी अपने इस गाँव को नहीं भूले। अपने सारे परिवार को उन्होंने सदा अपने गाँव में ही रखा ! उनके तीनों बच्चों का जन्म इसी गाँव में हुआ। शेक्सपीअर की अर्द्धांगिनी ने कभी इस गाँव को छोड़ा हो, इसकी सूचना नहीं मिलती। शेक्सपीअर भी 'अपना घर' सदा इस गाँव को ही मानते रहे। जब उनके पास पैसे हुए, उन्होंने कोई जायदाद लन्दन में नहीं खरीदी। ज्योंही कुछ कमाने लगे, सबसे पहला काम उन्होंने यह किया कि अपने लिए गाँव में एक अच्छा-सा मकान खरीदा जो न्यूप्लेस के नाम

से आज भी मशहूर है। और जब प्रसिद्धि और पैसों से उनकी तृप्ति हो गई, तो लन्दन छोड़कर वह सीधे अपने गाँव में आ गए। उनकी अन्तिम रचना स्ट्रैटफोर्ड में ही हुई। अभी उस कोठरी की नींव बची है, जिसमें बैठकर उन्होंने 'टेम्पेस्ट' लिखा था। उनकी समाधि भी इसी गाँव में है।

शेक्सपीअर की सर्वोत्तम रचनाओं में भी उनकी ग्रामीण उत्पत्ति की झलक मिलती है। अपने गाँव के दृश्यों और व्यक्तियों से वह सदा प्रभावित रहे; यही नहीं, अपने गाँव में प्रचलित कितनी ही कहावतों, मुहावरों और शब्दों को भी उन्होंने अपनी रचनाओं में अमर कर दिया है।

इसलिए यदि स्ट्रैटफोर्ड के लोग शेक्सपीअर को 'सबसे अधिक अपना' समझें और इसी गाँव को ही स्मारक का गौरव देना चाहें, तो इसमें आश्चर्य की कौन-सी बात।

स्ट्रैटफोर्ड ऑन एवन सदा से ही शेक्सपीअर के जन्मस्थान होने का गौरव प्राप्त करता रहा और शेक्सपीअर के प्रेमी वहाँ बराबर आते-जाते रहे। शेक्सपीअर के नाटकों के खेलने का चलन भी वहाँ सदा जारी रहा है। किन्तु स्ट्रैटफोर्ड की ओर सारे संसार का ध्यान नए सिर से आकृष्ट करने का श्रेय डैविड गैरिक हो है। गैरिक अट्ठारहवीं शती में शेक्सपीअर के नाटकों का सर्वश्रेष्ठ अभिनेता समझा जाता था, यों तो अँगरेज उसे उस समय संसार का सर्वश्रेष्ठ अभिनेता मानते थे। शेक्सपीअर के नाटकों के सत्तरह प्रसिद्ध नायकों के रूप में उसने अभिनय किया था और प्रत्येक में अभूतपूर्व सफलता प्राप्त की थी। 1769 में उसने स्ट्रैटफोर्ड में शेक्सपीअर जयन्ती मनाने का निर्णय किया।

यह जयन्ती अपने ढंग की अनूठी थी। एक विशाल अठमहला रंगमंच बनाया गया था, उसे नाना प्रकार से सजाया-सँवारा गया था। सारे कस्बे ने सजसजाकर दुल्हन-सी सूरत बना ली थी। रात में दीवाली मनाई गई, दिनभर उत्सव होते रहे। तोपें दागी गईं; नृत्य-संगीत की बहार रही। जुलूस निकले; घुड़दौड़ हुई। भोज हुए, फुलझड़ियाँ छूटीं। रंगमंच पर गैरिक ने अपनी लिखी हुई 'शेक्सपीअर-प्रशस्ति' सुनाई, जिसमें संगीत का पुट दिया था सुप्रसिद्ध कलाकार आर्ने ने। सारी चीजें कुछ इतने बड़े पैमाने पर हुईं कि लोगों का ध्यान फिर एक नए सिरे से इस छोटे-से कस्बे की ओर आकृष्ट हुए बिना भी नहीं रह सकता था।

1847 में एक ट्रस्ट बना जिसने उस मकान को खरीद लिया, जिसमें शेक्सपीअर का जन्म हुआ था। 1864 में शेक्सपीअर का तृतीय शतवर्षीय समारोह भी बड़े धूमधाम से मना। शेक्सपीअर का जन्म और मृत्यु दोनों ही 23 अप्रैल को हुए थे—1564 ई. में उनका जन्म हुआ था और 1616 ई. में उनकी मृत्यु ! तब से 23 अप्रैल को हर साल स्ट्रैटफोर्ड में उत्सव होते आए हैं।

किन्तु, शेक्सपीअर की स्मृति-रक्षा सिर्फ उनके जन्मस्थान या उनसे सम्बन्धित दूसरे घरों की सुरक्षा करने या उनकी मूर्तियाँ बनवाने या उनके नाम पर किसी स्मृतिमन्दिर की स्थापना करने से ही नहीं हो सकती है। शेक्सपीअर नाटककार थे। वह नाटक लिखते थे और खेलते भी थे। अपने नाटकों के कारण ही वह संसार में पूजनीय बने हैं। अतः उनका सबसे बड़ा स्मारक यह होगा कि उनकी स्मृति में एक ऐसे रंगमंच की स्थापना की जाए जहाँ उनके नाटक सफलतापूर्वक खेले जाएँ। इस तरह के विचार भी लोगों के मस्तिष्क में उठ रहे थे। ऐसे ही लोगों ने 1827 में स्ट्रैटफोर्ड ऑन एवन में एक शेक्सपीरियन थियेटर की स्थापना की थी, किन्तु, वह चल नहीं सका। किन्तु प्रयत्न विफल भले हो जाएँ, विचार तो नष्ट नहीं होते। अन्ततः 1874 में स्ट्रैटफोर्ड के एक सपूत ने इस काम की जिम्मेदारी अपने ऊपर ली जिसके फलस्वरूप आज हम एवन नदी के किनारे यह विशाल रंगमंच पाते हैं।

उस सज्जन का नाम था चार्ल्स एडवर्ड फ्लावर। श्री फ्लावर एक सम्पन्न व्यक्ति थे; संयोग से उन्हें कोई सन्तान नहीं थी। अतः अपने सारे प्रेम को उन्होंने शेक्सपीअर की स्मृति-रक्षा के निमित्त ही उत्सर्ग कर दिया। 1874 में उन्होंने शेक्सपीअर स्मारक समिति का संगठन किया और अपनी मृत्यु तक वह इस समिति को ही अपनी इकलौती सन्तान मानते रहे, उसके भरण-पोषण में लगे रहे।

सबसे पहले उन्होंने एवन नदी के किनारे वह जमीन खरीदी जिस पर आज यह थियेटर बना हुआ है और उसे इस समिति के नाम पर दान कर दिया। समिति के तीन उद्देश्य रखे गए—1. एक स्मारक रंगमंच का निर्माण, 2. एक पुस्तकालय की स्थापना, जिसमें नाटक साहित्य का सर्वांगपूर्ण संग्रह हो और 3. एक चित्रशाला का आयोजन, जिसमें शेक्सपीअर और उनकी कृतियों के सम्बन्ध के चित्रादि का संकलन किया जाए।

इस समिति के संगठन के बाद दूसरे वर्ष एक दातव्य कला संस्था के रूप में इसकी रजिस्ट्री कराई गई और नियम रखा गया कि जो कोई एक सौ पौंड दान देगा, इसके संचालक-मंडल में रहेगा। श्री फ्लावर इसके अध्यक्ष बनाए गए और देशवासियों से उन्होंने इस समिति को सहायता देने के लिए विनय-पत्रक निकाला। इस विनय-पत्रक के प्रकाशित होते ही अखबारों ने इस समिति पर बौछार शुरू कर दी। किसी ने कहा—यह अत्यन्त खेद की बात है कि लोगों की उदारता का इस प्रकार एक छोटी-सी जगह के लिए दुरुपयोग किया जा रहा है। किसी ने आपत्ति की इस छोटी जगह में शेक्सपीअर के नाटकों के लिए अभिनेता कहाँ से मिल सकेंगे। एक अखबार ने सारी बात को 'स्ट्रैटफोर्ड की सबसे ताजा बेवकूफी' कहकर ठट्ठा में उड़ा देना चाहा।

किन्तु इन आलोचनाओं से श्री फ्लावर या उनकी यह समिति घबरानेवाली नहीं थी। उन्होंने दान मिलने की प्रतीक्षा में ही नहीं रहकर इस स्मारक के लिए एक नक्शा तैयार करने के लिए प्रतियोगिता की सूचना प्रकाशित की और आए हुए नक्शों में से एक को पसन्द कर उस पर काम भी प्रारम्भ कर दिया। यह नक्शा शेक्सपीअर के लन्दन-स्थित 'ग्लोब' थियेटर के ढंग का था और इसमें 700 आदमियों के बैठने के लिए व्यवस्था थी। यही नहीं, लोगों ने आश्चर्य से सुना कि 1877 में इस भवन की नींव भी डाल दी गई और इन दो वर्षों में ही इस काम के लिए दस हज़ार पौंड (लगभग डेढ़ लाख रुपए) इकट्ठे हो चुके हैं ! और, जब 1879 में यह घोषणा हुई कि भवन का निर्माण समाप्तप्राय है और 23 अप्रैल को शेक्सपीअर के जन्म और निधन तिथि पर इसका उद्घाटन होने जा रहा है, तब एक बार फिर अखबारों ने बड़े बुरे शब्दों में आलोचना शुरू की। 'डेली टेलिग्राफ' ने लिखा—

"हम इस तुच्छ और धृष्टता-भरे प्रयत्न का ज़बर्दस्त विरोध करते हैं। एक राष्ट्रीय कार्य के लिए इन छोटे-छोटे लोगों को बोलने का कोई हक़ नहीं है। इन लोगों ने स्मारक समिति के नाम पर एक पारस्परिक प्रशंसा समिति का संगठन किया है जिसका उद्देश्य पैसे बटोरना भी है। इसके सारे प्रयत्न शेक्सपीअर की स्मृति का अपमान मात्र हैं।"

किन्तु, इन आलोचनाओं से उन धुनी व्यक्तियों का जोश क्या ठंडा पड़ सकता था जिन्होंने एक पवित्र कर्तव्य की तरह इस काम को लिया था और जो इसके लिए सब जोखिम उठाने के लिए तैयार थे। समिति के संचालक-मंडल में सौभाग्य से बैरी सुलिवान भी थे, जो अपने समय के बड़े विख्यात अभिनेता थे और इस पेशे से काफी प्रसिद्धि और पैसे प्राप्त कर चुके थे। उनका जन्म भी शेक्सपीअर की ही तरह मध्य इंग्लैंड में हुआ था और यों अपने को उस महान कलाकार के पड़ोसी और सगोत्र समझते थे। सुलिवान ने अपने खर्च से दस दिनों तक इस रंगमंच पर नाटक दिखाने का निर्णय किया और 'जन्म दिन के उपहार' के रूप में

'मच एडो एबाउट नथिंग' का अभिनय किया जिसमें नायिका की भूमिका में हेलेना फौसिट उतरी थी, जो प्रसिद्ध अभिनेत्री थी, किन्तु इधर अभिनय करना छोड़ दिया था। शेक्सपीअर की स्मृति में हुए इस प्रथम आयोजन में सम्मिलित होने में उसने गौरव का अनुभव किया और जब तक जीवित रही, स्ट्रैटफोर्ड के इस रंगमंच के प्रति दिलचस्पी रखती रही !

यह पहला उत्सव बहुत ही सफल रहा। दूसरे साल फिर सुलिवान ने अपने खर्च से ही अभिनय किया। किन्तु, तीसरे वर्ष वह नहीं आ सका, तो समिति ने एडवर्ड कम्पटन को निमन्त्रण दिया। इस बार पन्द्रह दिनों तक उत्सव रहा और मुख्य नायिका का काम वरजीनिया बेट्समन ने किया, जिसने इसके बाद ही कम्पटन से शादी भी कर ली ! कम्पटन अगले वर्ष भी आया और इस वर्ष समिति ने घोषणा की कि उसे अभिनय से कुछ पैसों की बचत भी हुई है।

कहा जाता है, श्री फ्लावर की पत्नी ने उनसे कहा था—दौड़ो मत; टहलते हुए बढ़ो। श्री फ्लावर और स्मारक समिति ने उस दिव्य नारी का यह कथन सदा ध्यान में रखा। एक ओर यह अभिनय, उत्सव चल रहा था; दूसरी ओर पुस्तकालय और चित्रशाला के लिए भी चेष्टाएँ चल रही थीं। 1881 में इन दोनों अंगों के उद्घाटन की सूचना पाकर शेक्सपीअर के प्रेमियों के आनन्द का ठिकाना नहीं रहा और उन्होंने मान लिया कि यह समिति धीरे-धीरे भले ही चल रही हो; किन्तु यह अपने निर्दिष्ट लक्ष्य तक अवश्य पहुँचेगी।

बाद के चार वर्षों में भी समिति का काम बढ़ता रहा और शेक्सपीअर के जन्मदिन के उत्सवों की ओर लोगों का ध्यान आकृष्ट होता रहा। पहले तो उन उत्सव-अभिनयों को देखने के लिए स्ट्रैटफोर्ड के आसपास के लोग ही आते रहे, किन्तु धीरे-धीरे बाहर के लोगों का खिंचाव भी बढ़ता गया। जब 1885 में अमेरिकी अभिनेत्री मेरी एन्डरसन स्ट्रैटफोर्ड में रोज़ालिंड का अभिनय करने आई, इंग्लैंड-भर में शोर मच गया और देशभर के प्रसिद्ध अखबारों ने अपने प्रतिनिधि भेजे। मेरी एन्डरसन उस समय अपनी प्रसिद्धि के सर्वोच्च शिखर पर थी। उसके साथ सुप्रसिद्ध अभिनेता फौरबस रौबर्टसन ने और लैंडों का अभिनय कर सारे आयोजन में चार चाँद लगा दिए !

शेक्सपीअर स्मारक थियेटर के इतिहास में 1886 बहुत ही महत्त्वपूर्ण साल है। इसी साल इस थियेटर के साथ फ्रैंक बेन्सन का सम्बन्ध जुड़ा और इसमें सन्देह नहीं कि स्ट्रैटफोर्ड को आज का गौरव दिलाने में बेन्सन का बहुत बड़ा श्रेय है। बेन्सन अपने जमाने के श्रेष्ठतम अभिनेताओं में से था। शेक्सपीअर के प्रति उसकी श्रद्धा अटूट थी। वह समझता था कि शेक्सपीअर की वाणी को जनता तक पहुँचाने के लिए ही उसका जन्म हुआ है। शेक्सपीअर की वाणी को वह भगवान की वाणी मानता था। इस दृष्टि से देखिए तो वह सिर्फ पेशेवर अभिनेता ही नहीं था; उसमें धर्म-प्रचारकों की तरह का जोश और उत्साह था। श्री फ्लावर के निमन्त्रण पर वह 1886 में स्ट्रैटफोर्ड आया और इसके बाद के तीस वर्षों तक वही स्ट्रैटफोर्ड पर छाया रहा। शेक्सपीअर के गाँव को ही उसने अपना गाँव मान लिया और स्ट्रैटफोर्ड के लोगों ने भी उसे स्वजन के रूप में स्वीकार किया। बेन्सन का कार्यक्षेत्र सारे इंग्लैंड में फैला था; किन्तु, वह अपना घर स्ट्रैटफोर्ड को ही मानता था। जहाँ पहले साल उसने एक सप्ताह तक ही उत्सव किया, वहाँ 1914 तक दो-तीन सप्ताह वसन्त में और चार सप्ताह ग्रीष्म में वह स्ट्रैटफोर्ड में अभिनय दिखाता रहा। बेन्सन की अपनी अभिनयप्रणाली थी और उसकी प्रणाली को अपनानेवालों का एक बड़ा गिरोह बन गया था, जो अपने को 'बेन्सोनियन' कहलाने में गौरव अनुभव करते थे। इन लोगों ने भी स्ट्रैटफोर्ड ऑन एवन को अपनी पितृभूमि के रूप में स्वीकार किया था। वे अभिनय ही नहीं दिखाते; स्ट्रैटफोर्ड के सामाजिक और सांस्कृतिक

जीवन में भी खुलकर भाग लेते थे।

बेन्सन की अपनी मंडली में तो उच्चकोटि के कलाकार थे ही, वह देश-विदेश के सुप्रसिद्ध अभिनेताओं और अभिनेत्रियों को स्ट्रैटफोर्ड के लिए आमन्त्रित करने में नहीं चूकता। बेन्सन उन लोगों में से था जिनके लिए काम ही पूजा हुआ करता है। अपनी धुन का वह इस कदर पक्का था कि 1893 के जन्मोत्सव के समय वह बहुत बीमार था; उसे टायफायड हो गया था, लोगों ने समझ लिया था कि वह इस साल के अभिनय में शामिल नहीं हो सकेगा, फलतः जन्मोत्सव फीका-फीका रहेगा। किन्तु, यह उसका दृढ़ मनोबल था कि जन्मोत्सव आते-आते वह बिस्तर से उठ खड़ा हुआ और अपने अभिनय से लोगों को चकित-विस्मित कर दिया। यही नहीं, यह उसी की दूरदर्शिता थी कि स्मारक थियेटर के प्रारम्भिक दिनों में ही अमेरिकन अभिनेत्री आडा रेहान, फ्रांसीसी अभिनेत्री सारा वर्नहार्ड और इंग्लैंड की सुप्रसिद्ध अभिनेत्री एलन टेरी की उपस्थिति का सौभाग्य स्ट्रैटफोर्ड को प्राप्त हो सका और सुप्रसिद्ध आइरिश कवि डब्लू. बी. यीस्ट ने यहाँ के अभिनय को देखकर लिखा था—"अपने स्थान की रोमांचकता और अपने अभिनयों की पारस्परिक सहयोगिता के कारण इस रंगमंच ने मुझे जितना मुग्ध किया, वैसा मैं कभी मुग्ध नहीं हुआ था।"

स्मारक समिति के चेयरमैन चार्ल्स एडवर्ड फ्लावर की मृत्यु 1892 में हो गई; किन्तु उनकी आत्मा को सन्तोष हुआ होगा कि अब उनका बच्चा ऐसे हाथों में आ गया था कि उसकी सर्वांगीण उन्नति की गारन्टी समझी जाए। उनके बाद उनके भाई एडगर फ्लावर चेयरमैन हुए। निस्सन्देह एडगर समिति को उतना समय नहीं दे सकते थे, जितना उनके बड़े भाई। वह बाल-बच्चेवाले लोग थे। किन्तु एडगर को चित्रकला से शौक था, अतः उनके जमाने में चित्रशाला की बड़ी उन्नति हुई और शेक्सपीअर का वह सुप्रसिद्ध चित्र प्राप्त करने का उन्हें भी सौभाग्य प्राप्त है जो 'ड्रोशौट' चित्र के नाम से प्रख्यात है। एडगर ने रंगमंच का पूरा उत्तरदायित्व बेन्सन पर ही छोड़ दिया।

आडा रेहाना 1888 में आई थी, और उसका 'श्रू' का अभिनय मेरी ऐन्डरसन के 'रोज़ालिन्ड' के अभिनय से भी अधिक चमका। सारा बर्नहार्ड ने स्त्री होकर भी हैमलेट का पार्ट किया था ! स्ट्रैटफोर्ड में उसके पदार्पण से (1899) बड़ी सनसनी मची और फिर देशभर के अखबारों का ध्यान इस छोटे-से गाँव की ओर आकृष्ट हुआ। एलेन टेरी 1902 में स्ट्रैटफोर्ड आई और 'कैथेरिन' का अभिनय किया। एलेन के अभिनय ने भी सारे इंग्लैंड का ध्यान इस रंगमंच की ओर खींचा।

1903 से जन्मोत्सव की कार्य-प्रणाली में और वृद्धि की गई। 'जन्मदिन के भोज' के अतिरिक्त 'अमर स्मृति' के टोस्ट की भी व्यवस्था हुई। इसका उद्‌घाटन इंगलैंड के सुप्रसिद्ध वैज्ञानिक सर ओलिवर लौज ने किया।

इसके बाद ही शेक्सपीअर स्मारक थियेटर की रजत-जयन्ती का शुभ अवसर आया। इस समय स्मारक समिति का अध्यक्ष आर्चिवाल्ड डोनेस फ्लावर थे। आपने अपने पिता एडगर फ्लावर की अपेक्षा अपने चाचा एडवर्ड फ्लावर का ही पदानुसरण किया। बेन्सन को रंगमंच का पूरा उत्तरदायित्व तो था ही; नये अध्यक्ष ने अपना पूरा समय स्मारक समिति के कामों में ही देना प्रारम्भ किया। आपकी इस लगन का ही असर था कि रजत-जयन्ती समारोह बहुत ही धूमधाम से मनाया गया था।

1907 में बेन्सन ने स्ट्रैटफोर्ड में उस समय के सभी प्रसिद्ध अभिनेताओं और अभिनेत्रियों को आमन्त्रित किया। ओथो स्टुआर्ट, वाल्टर हैम्पडन, लीलिमन ब्रैथगेट, मोबलमूर, एला टारान्ट, अर्थर ब्रैशियर, वामलेट वानब्रग, एलिवन मिलार्ड, आदि रंगमंच के अनुपम रत्नों में यह छोटा-सा

कस्बा जगमग करता रहा। इसके दूसरे वर्ष भी ऐसे ही रत्नों की भरमार रही। विलियन पोयल, इडन पेन, फारबेस रोबर्टसन, गर्ट्रयूड एलियर, जेरोम, एलन टेरी और मैरियन टेरी आदि की उपस्थिति से स्मारक-थियेटर का महत्त्व सदा के लिए अँगरेज-जनता के हृदय पर अंकित हो गया !

बेन्सन कुशल अभिनेता और शेक्सपीअर के अनन्य उपासक ही नहीं थे, बल्कि उनकी सूझबूझ भी निराली थी। प्रति वर्ष नए-नए अभिनेताओं को ही निमन्त्रित करने से उसे सन्तोष नहीं था; रंगमंच की साजसज्जा और अभिनेताओं के परिच्छेद और साधन में भी नवीनता लाने में वह निपुण थे। सबसे बढ़कर उनकी चेष्टा यह रहती थी कि शेक्सपीअर की भावनाओं और विचारों को सही रूप में रंगमंच पर उतार सकें। जरा भी काटछाँट किए बिना शेक्सपीअर के नाटकों के उसके सम्पूर्ण रूप में उपस्थित करने की उनकी प्रवृत्ति थी। वह स्वयं भी बहुत परिश्रम और अध्ययन करते और अपने साथियों से भी परिश्रम वसूल करने में नहीं चूकते। अपनी अनोखी सूझबूझ के लिए वह प्रसिद्ध थे। 1910 में उसने एक नई चीज चलाई, जिससे स्मारक थियेटर की जनप्रियता बहुत बढ़ गई। उसने शिक्षा-विभाग से लिखा-पढ़ी करके स्मारक-थियेटर पर शेक्सपीअर के उन खेलों को सिर्फ बच्चों के लिए प्रदर्शित कराने का प्रबन्ध किया जो स्कूलों की कोर्स में आ गए थे। बच्चे जो बातें किताबों में पढ़ते थे, उन्हें रंगमंच पर साकार देखकर नेहाल हो उठते थे !

फ्रैंक बेन्सन की सेवाओं को स्ट्रैटफोर्ड के लोग भूल नहीं सकते थे। उन्होंने उसे अपने नगर के 'स्वतन्त्र नागरिक' के रूप में अभिषिक्त किया। इसके पहले 1769 में उन्होंने यह सम्मान गैरिक को दिया था !

अपने सारे देश पर स्ट्रैटफोर्ड और शेक्सपीअर स्मारक थियेटर की महत्ता स्थापित कर 1913 में बेन्सन ने एक नया कदम बढ़ाया, जिसमें साहसिकता की मात्रा भी कम नहीं थी। स्मारक थियेटर के अभिनेताओं को दो दलों में बाँटकर उसने अमेरिका और अफ्रीका में भेजने का निर्णय किया। अमेरिका की ओर जो दल गया उसका नेतृत्व बेन्सन ने स्वयं किया। उसके साथ नए अध्यक्ष आर्चिवाल्ड फ्लावर भी थे।

कनाडा में प्रारम्भ कर वे अमेरिका के सभी प्रसिद्ध नगरों में गए। कनाडा में उनका खूब स्वागत हुआ, किन्तु अमेरिका ने बेन्सन के अभिनय को उतना पसन्द नहीं किया। इस यात्रा में कुछ आर्थिक हानि भी उठानी पड़ी; किन्तु इसका जो अप्रत्यक्ष सुफल हुआ, उसका अनुभव लोगों ने दूसरे साल किया, जब अमेरिका और कनाडा से दर्शकों के झुंड स्ट्रैटफोर्ड आए। बेन्सन की इस यात्रा का ही प्रभाव था जब इसके बारह वर्षों के बाद स्मारक थियेटर अग्निकांड की दुर्घटना में स्वाहा हो गया, तो सबसे अधिक सहायता अमेरिका से ही मिली ! अफ्रीका की यात्रा भी आर्थिक दृष्टि से सफल नहीं सिद्ध हुई; किन्तु उसने भी स्ट्रैटफोर्ड की ओर लोगों का ध्यान आकृष्ट किया !

1914 में महायुद्ध प्रारम्भ हुआ। इस महायुद्ध ने स्ट्रैटफोर्ड को कम हानि नहीं पहुँचाई। बेन्सन के जितने युवक अभिनेता थे, सबके सब युद्धक्षेत्र में चले गए। कुछ वयस्क लोगों को लेकर बेन्सन इंग्लैंड में शेक्सपीअर की धूनी रमाता रहा। जब 1916 में शेक्सपीअर की मृत्यु की तीसरी शती का महोत्सव मनाया गया, बेन्सन ने लन्दन में 'जुलियस सीजर' का अभिनय दिखलाया। इस अभिनय के दर्शकों में इंग्लैंड के सम्राट और सम्राज्ञी भी सम्मिलित हुए थे। जब बेन्सन अभिनेता के परिधान में ही रंगमंच पर था, सम्राट ने उसे 'सर' की उपाधि दी और 'नाइट' की तलवार सौंपकर उसे सम्मानित किया ! इस समाचार को पाकर स्ट्रैटफोर्ड के लोग बहुत प्रसन्न हुए और जब सर फ्रैंक लेडी बेन्सन के साथ स्ट्रैटफोर्ड आए, लोगों ने उनका

अभूतपूर्व स्वागत किया।

इस महायुद्ध में ही फ्रेंक बेन्सन को अपना एकमात्र पुत्र खोना पड़ा और वह अपनी पत्नी के साथ बहुत दिनों तक युद्धभूमि में रोगियों की परिचर्या और सेवा में लगा रहा !

ज्यों ही महायुद्ध समाप्त हुआ, शेक्सपीअर स्मारक थियेटर को फिर आबाद करने की चेष्टाएँ शुरू हुईं। बेन्सन के जो युवक अभिनेता युद्ध में गए थे, उनमें से अधिकांश नहीं लौटे। बेन्सन में भी वह उत्साह और जोश नहीं रह गया था। इसलिए ऐसा सोचा गया कि किसी युवक कलाकार के हाथों में इसका सूत्र दिया जाए। इसी उद्देश्य से मि. फ्लावर नेशनल थियेटर कमेटी के संचालकों से मिले और शेक्सपीअर स्मारक थियेटर का नया संगठन किया जिसके अध्यक्ष सर जोन्स्टन फारबिस रॉबर्टसन बनाए गए और ब्रिजेज आडम्स को थियेटर का निर्देशक चुना गया।

ब्रिजेज आडम्स की उम्र उस समय सिर्फ तीस साल की थी, किन्तु रंगमंच का अनुभव बहुत विशाल और व्यापक था। शेक्सपीअर के प्रति बेन्सन की तरह की ही भक्ति थी। इसलिए आर्थिक और मानवी साधनों के अभाव में भी वह बड़ी लगन से काम करने लगा और दूसरे ही वर्ष उसने वसन्त में छह और ग्रीष्म में चार नाटक तैयार करके दिखलाए। उसका निर्देशन भी कई अर्थों में अद्‌भुत और अत्यन्त प्रभावशाली था। स्ट्रैटफोर्ड को उसने एक बार फिर चमका दिया और इंग्लैंड के प्रधानमन्त्री ने वहाँ पधारकर मानो उसके प्रयास पर स्वीकृति की मुहर लगा दी। 1921 में ऐन्टोनी और क्लियोपैट्रा का अभिनय उसने जिस सुन्दर ढंग से कराया, दर्शक मुग्ध रह गए। खासकर डिरोथी ग्रीन ने क्लियोपैट्रा का अभिनय इतना सुन्दर किया कि उसकी समता पाना कठिन था। 'टाइम्स' पत्र ने भी खुलकर इस अभिनय की प्रशंसा की।

यों ही 1922 में आडम्स के निर्देशन में 'ओथेलो' खेला गया जिसमें अमेरिकन अभिनेता हैकेट की पत्नी ब्रीटिस बैकते के साथ फिर डोरोथी ग्रीन और विलियम स्टैक तथा बोलओल होलोवे ने अभिनय किया। उसी साल राजकीय निमन्त्रण पर आडम्स अपनी अभिनय-मंडली नारवे ले गया जहाँ शेक्सपीअर के तीन नाटक दिखलाए गए ! उनके स्वागत में जो सभा हुई, उसमें प्रसिद्ध भूपर्यटक नानसेन ने इनकी अभिनय-कला की भूरि-भूरि प्रशंसा की।

नारवे से लौटने के बाद स्मारक थियेटर के जीवन में एक और स्मरणीय अध्याय जुड़ा। अब तक यह रंगमंच एक रंगमंच-मात्र था। अभिनेताओं को निमन्त्रण देकर बुलाना और अभिनय दिखलाना ही इसका काम था। अब सोचा जाने लगा कि इसकी अपनी खास अभिनय-कम्पनी होनी चाहिए। उधर नैशनल थियेटर की हालत भी डाँवाडोल थी। अतः दोनों को सदा के लिए सम्मिलित कर एक कम्पनी खोली गई और उसकी सहायता के लिए जनता से अपील की गई। बेलिओल होलोवेल और डोरोथी ग्रीन के अभिनय भी दिन-दिन चरम उत्कर्ष पर पहुँचते गए।

वह संहार का दिन—6 मार्च, 1926। अचानक शेक्सपीअर स्मारक थियेटर में आग लग गई, और जहाँ कभी रंगों का मेला लगता, वहाँ अब राख का ढेर मात्र था। इस अग्निकांड के समाचार से इंग्लैंड-भर में सनसनी मच गई और जब तक उसकी राख ठंडी भी नहीं हुई थी, सुप्रसिद्ध साहित्यिक श्री टामस हार्डी के नेतृत्व में एक सहायता की अपील प्रकाशित हुई जिस पर देशभर के सुप्रसिद्ध कलाकारों और राजनीतिक नेताओं के हस्ताक्षर थे। स्ट्रैटफोर्ड इस शुभ कार्य में सबसे आगे आया और एक ही दिन में पन्द्रह हजार रुपये इकट्ठे कर लिए।

किन्तु, यह क्या ? फिर आवाज उठाई जाने लगी कि अब जो नया स्मारक थियेटर बने, वह स्ट्रैटफोर्ड में न बनकर लन्दन में बनाया जाए ! वे ही पुरानी दलीलें दुहराई जाने लगीं और स्ट्रैटफोर्ड पर स्मारक थियेटर बनाने की गुस्ताखी की ही नहीं, उसे जला डालने की भी तुहमत

लगाई जाने लगी ! किन्तु, क्या पचास वर्ष की सेवाओं द्वारा स्थापित परम्परा को इस प्रकार की आलोचना से नष्ट किया जा सकता है ? ऐसी आलोचनाओं का क्रियात्मक उत्तर यह दिया गया कि देश के कोने-कोने से सहायता की रकमें स्ट्रैटफोर्ड पहुँचने लगी। खासकर अमेरिकनों ने तो सहायता की हद कर दी। अमेरिका के सोलिसीटर जनरल ने स्वयं स्ट्रैटफोर्ड पधारकर इस स्थान की पवित्रता की भूरि-भूरि प्रशंसा की ! इंग्लैंड के सम्राट और सम्राज्ञी ने भी स्ट्रैटफोर्ड की इस हानि पर सहानुभूति का सन्देश भेजा।

6 मार्च को यह आग लगी और 23 अप्रैल को उत्सव-दिवस था ! क्या इस साल यहाँ शेक्सपीअर का जन्मोत्सव मनाया जा सकेगा ? यह प्रश्न उठा। किन्तु, धुनी और उद्योगी पुरुषों के लिए विघ्न-बाधा का क्या नाम ? इस साल स्थानीय एक सिनेमाघर में ही नाटक खेलने का आयोजन किया गया और देखनेवालों ने देखा, प्रतिभा और परिश्रम धूल से भी फूल पैदा कर सकते हैं ? कई नामी अभिनेताओं और अभिनेत्रियों ने इस बार के उत्सव में भाग लिया।

उधर स्मारक थियेटर के पुनरुद्धार के लिए चेष्टाएँ चलती रहीं। देश के कोने-कोने में सहायता-समितियाँ गठित हुईं। स्कूल के बच्चों ने तो बहुत ही उत्साह दिखलाया। बेन्सन ने कई नाटक इसकी सहायता के लिए आयोजित किए। स्मारक-भवन के निर्माण के लिए एक समिति गठित की गई जिसमें नेशनल गैलरी के अध्यक्ष सर चार्ल्स होम, सर जेम्स बरो और ग्रैनविल बारकर ऐसे लोग भी सम्मिलित थे। इस समिति की माँग पर भवन-निर्माण के कई नक्शे पेश किए गए जिसमें कुमारी एलिसाबेथ स्कोट का नक्शा पसन्द किया गया। बर्नार्ड शॉ ने भी इस नक्शे को पसन्द किया।

भवन-निर्माण-कोष के लिए अमेरिकी जनता को आकृष्ट करने के लिए श्री फ्लावर पोइट्री सोसाइटी की अध्यक्षा लेडी वारेन्डर के साथ अमेरिका गए। दूसरे वर्ष वहाँ थियेटर कम्पनी को भेजा गया। इस बार कनाडा और अमेरिका में उनका खूब स्वागत हुआ। ब्रिजेज आडम्स के निर्देशन में आठ नाटक वहाँ खेले गए। पूरी सफलता प्राप्त हुई। शेक्सपीअर के नाटकों के प्रति वहाँ ऐसी रुचि उत्पन्न हुई कि कम्पनी को फिर दूसरे वर्ष वहाँ जाना पड़ा !

1929 की जुलाई में नए स्मारक भवन के लिए नींव भी डाल दी गई। चारों ओर से सहायता की रकमें पहुँचने लगीं। एक ओर भवन बनता जा रहा था; दूसरी ओर थियेटर की प्रसिद्धि बढ़ती जा रही थी। बैरी सुलिवान, हेलेन फौसिट, विलफ्रिड वाल्टर, डोरोथी मासिंधम, जॉर्ज हेस, ज्वायस ब्लैड, फैबिया ड्रेक, रैडल आयरटन, गाइल्स इशाम आदि अभिनेताओं और अभिनेत्रियों की अभिनय कला से देश-विदेश के लोग विस्मय-विमुग्ध हो रहे थे।

इंग्लैंड के सम्राट ने स्मारक समिति के अध्यक्ष को सर की उपाधि देकर सम्मानित किया। जब सर आर्चिवाल्ड फ्लावर अमेरिका से लौटे, तो स्ट्रैटफोर्ड के लोगों ने उन्हें भी स्वतन्त्र नागरिक के रूप में अभिषिक्त किया। इस अवसर पर सर फ्रैंक बेन्सन भी स्ट्रैटफोर्ड पधारे थे।

1932 में स्मारक थियेटर का भवन तैयार हुआ। इसके बनाने में दो लाख पौंड लगभग तीस लाख रुपए खर्च हुए। इसमें सवा लाख पौंड अमेरिका से प्राप्त हुए थे। अमेरिका की रकम में एक लाख पौंड वहाँ के सुप्रसिद्ध दानी और धनी जौन डी. रौकफेलर ने दिए थे। इस वर्ष का उत्सव इस नए भवन में ही मनाया गया। भवन के उद्‌घाटन करने को इंग्लैंड के राजकुमार प्रिंस आफ वेल्स (अब ड्यूक आफ विंडसर) कौंसिल के लार्ड प्रेसिडेन्ट स्टानले बाल्डविन के साथ पधारे थे। अमर स्मृति का टोस्ट सर फ्रांक बेन्सन ने प्रस्तावित किया। भवन का उद्‌घाटन करते हुए राजकुमार ने कहा—यह बड़े आनन्द और उत्साह की बात है कि शेक्सपीअर का सम्मान हम उसकी जन्मभूमि में इस शानदार थियेटर की स्थापना करके कर

रहे हैं। शेक्सपीअर भी इसके अतिरिक्त किसी दूसरे स्मारक की कामना नहीं कर सकते थे। इस अवसर के लिए इंग्लैंड के राजकवि जौन मैस्फीड ने एक कविता बनाई थी, जिसका भावार्थ था—यह भवन प्रसिद्ध हो; यह सुन्दर अभिनेताओं का आवास-स्थान बने, यह नए कवियों के लिए पाठशाला सिद्ध हो और यह शुभ दिन एक स्वर्णिम युग का प्रभात बने ! इसके रंगमंच पर सबसे पहले अभिनय करने का सौभाग्य रैंडल आयरटन को प्राप्त हुआ, जो हेनरी फोर्थ की भूमिका में उस दिन उतरा था !

इसी साल प्रसिद्ध रूसी निर्माता थियोडर कोमिसजैवस्की ने इस रंगमंच पर 'मर्चेंट ऑफ वेनिस' प्रस्तुत किया। यह रूसी निर्माता पहले मास्को के राजकीय थियेटर का निर्देशक था। 1919 में यह इंग्लैंड आया और यहीं बस गया। वह थियेटर का जादूगर समझा जाता था। उसके द्वारा प्रस्तुत नाटक को देखकर दर्शक भावमुग्ध हो रहे थे ! सारा नाटक नवीनता से ओतप्रोत था ! ब्रिजेज आडम्स ने दूसरे वर्ष भी उसे आमन्त्रित किया और इस वर्ष भी उसकी प्रतिभा ने सभी को मुग्ध बनाया !

बेन्सन के बाद पन्द्रह वर्षों तक आडम्स ने शेक्सपीअर स्मारक थियेटर का संचालन किया। बेन्सन की ही तरह वह स्ट्रैटफोर्ड के साथ घुलमिल गया था। इस थियेटर की वृद्धि में विकास में भी उसका कम हाथ नहीं था। नए भवन के निर्माण के लिए चन्दा संग्रह करने में भी उसके अभिनय-कौशल को बहुत कुछ श्रेय दिया जा सकता है। और इसकी कल्पना भी नहीं की जा सकती थी कि वह इससे अलग हो सकेगा। किन्तु जब 1934 के उत्सव के अन्त में यह घोषणा की गई कि ब्रिजेज आडम्स यहाँ से जा रहा है, तो लोग आश्चर्य और दुख से अभिभूत हो गए। आडम्स ने स्ट्रैटफोर्ड क्यों छोड़ा, तरह-तरह की बातें उठती रहीं। किन्तु विदाई के समय आडम्स ने बड़ी मधुरता से सारे विवादों पर पर्दा डाल दिया। 'ओबजर्वर' में सेंट जोन अरविन ने लिखा था—वह अपने पीछे एक महान सफलता छोड़े जा रहा है और जब स्वर्ग में वह शेक्सपीअर से मिलेगा तब वह महान कलाकार इसे गले लगाए बिना नहीं रहेगा।

आडम्स के बाद आइडेन पेन नया डायरेक्टर नियुक्त हुआ। वह भी काफी अनुभवी था। बहुत दिनों तक अमेरिका में रहकर अपने निर्देशन कौशल का परिचय दे चुका था। वह स्वयं नाटककार भी था। शेक्सपीअर-सम्बन्धी उसका अध्ययन भी अगाध था। स्वभाव भी मधुर और कोमल। आडम्स के समय के प्रसिद्ध अभिनेताओं और अभिनेत्रियों में से बहुत से लोगों का उसने उपयोग किया। कोमिसर्जेवेस्की भी स्ट्रैटफोर्ड जाता रहा। कैथेराइन लेसी का क्लियोपैट्रा राय इम्पटन का अन्टोली, राय बाइफोर्ड का फाल्स्टाफ, रैंडल आयरटन का किंग लीअर, डीनाल्ड ओलफिट का हैमलेट, पमेला ब्राउन का क्रेसिडा, जय लौरियर का ओथेलो, अलेक क्लून्स का ईयागो—श्री पेन के समय के प्रमुख सफल अभिनय थे। डोरोथी ग्रीन और बालिओल होलोवे के अभिनयों ने भी स्ट्रैटफोर्ड की श्रीवृद्धि की।

1939 का उत्सव चल रहा था कि द्वितीय महायुद्ध का प्रारम्भ हो गया। किन्तु तो भी किसी तरह उत्सव जारी रखा गया, किन्तु, ज्यों-ज्यों युद्ध की भयानकता बढ़ती गई, उसका प्रभाव स्ट्रैटफोर्ड पर भी बढ़ता गया। जर्मन के बमबार हवाई जहाज बरमिंघम और कावेन्टरी को लक्ष्य कर बम बरसाते रहे, जो स्ट्रैटफोर्ड के पड़ोस में है। आइडेन पेन को भी 1942 में स्ट्रैटफोर्ड छोड़ना पड़ा, क्योंकि उसे युद्धसम्बन्धी व्याख्यान देने के लिए सरकार ने अमेरिका भेज दिया। उसके बाद दो वर्षों तक कौबर्ट एटकिन्स ने निर्देशन का काम किया, जो स्वयं भी उच्चकोटि का अभिनेता था। शेक्सपीअर के एक-एक कर सभी नाटकों का निर्देशन करने का गौरव उसे प्राप्त था और 'खुले थियेटर' के उन्नायकों में उसकी गिनती की जाती थी। युद्ध के समय के लिए वह सब प्रकार से योग्य निर्देशक था। यह विचित्र बात थी कि युद्ध के समय

भी स्ट्रैटफोर्ड में दर्शकों की कमी नहीं रही। युद्ध के लिए अमेरिका की जो सेना इंग्लैंड आती थी, उसके 'जवान' स्ट्रैटफोर्ड आने के लोभ का संवरण नहीं कर सकते थे। एटकिन्स ने स्वयं भी सिपाहियाना तबीयत पाई थी और स्मारक समिति के नए अध्यक्ष अब सर आर्चिवाल्ड के सुपुत्र थे जो स्वयं भी फौजी लेफ्टिनेंट थे। एटकिन्स के समय में अमेरिका की अभिनेत्री कुमारी क्लेयर लुसे और दक्षिणी अफ्रीका की मोयरा लिस्टर ने इस रंगमंच में नई रंगीनी डाली। लुसे की क्लियोपेट्रा और लिस्टर की जुलियट बहुत दिनों तक याद की जाएगी।

दो वर्ष के बाद ही एटकिन्स ने इस्तीफा दिया और उसकी जगह सर बेरी जक्सन ने ली। सर बेरी 1926 से ही स्मारक समिति के डाइरेक्टरों में से थे। रंगमंच का उनका अनुभव भी बहुत प्रगाढ़ था। उन्होंने एक नई पद्धति शुरू की। उत्सव की अवधि के लिए जितने खेल चुने जाते थे, उनमें से हर एक को अलग-अलग व्यक्तियों से निर्माण कराने की परिपाटी उन्होंने प्रारम्भ कराई। पहले तो इसको लेकर बड़ी आलोचना हुई, किन्तु दर्शकों ने इसे बहुत ही सराहा। सुप्रसिद्ध अभिनेता पाल स्कौफिल्ड तो सर बेरी का ही आविष्कार समझा जाता है। रौबर्ट हैरिस, अन्थोनी क्वेल, राबर्ट टेल्पमेन, डायना वाइजयार्ड की प्रतिभा को चमकाने का श्रेय भी सर बेरी को प्राप्त है। अन्थोनी क्वेल ने तो थोड़े ही दिनों में ऐसा चमत्कार दिखाया—निर्माता, निर्देशक और अभिनेता तीनों ही रूप में—कि जब दो वर्षों के बाद सर बेरी ने स्ट्रैटफोर्ड से विदाई ली, तो वही उनकी जगह पर आसीन हुआ और तब से, चार वर्षों से, वह शेक्सपीअर स्मारक का संचालक है !

शेक्सपीअर स्मारक थियेटर के लिए सबसे बड़े सौभाग्य की बात यह हुई कि 20 अप्रैल, 1950 को इंग्लैंड के राजा और रानी स्ट्रैटफोर्ड पधारे और 'हेनरी आठवाँ' का अभिनय देखा ! इतिहास में यह पहली बार था कि किसी शासनकर्ता अँगरेजी सम्राट ने इस छोटी-सी जगह को ऐसा गौरव दिया।

इस स्मारक थियेटर का बहत्तर वर्षों का इतिहास निरन्तर अभिवृद्धि और अभ्युदय का इतिहास रहा। जहाँ पहले एक सप्ताह के खेल से शुरू किया गया, वहाँ अब छह महीने तक खेल होते रहते हैं। हर सप्ताह आठ खेलों के हिसाब से छह महीने तक शेक्सपीअर के नाना भावों को रंगमंच पर उतारना कितना कठिन है यह कोई रंगमंच का अनुभवी ही जान सकता है। थियेटर के साथ ही पुस्तकालय और चित्रशाला की भी उन्नति होती गई। पुस्तकालय और चित्रशाला ने शेक्सपीअर के नाटकों का सही रूप में अभिनय करने में बड़ी मदद पहुँचाई है। निर्देशक और निर्माता यहाँ अपने लिए वह कोष पाते हैं जिनका उपयोग कर वे शेक्सपीअर की कृतियों को नया रंग और नई दिशा दे पाते हैं। हर साल रंगमंच की आन्तरिक रूप-रेखा में ही, या परिधान और वेश-विन्यास में ही अन्तर नहीं देख पड़ता, बल्कि शेक्सपीअर की पंक्तियों में भी नए अर्थ फूट पड़ते हैं, जिस कारण एक दर्शक जीवन-भर प्रतिवर्ष इन नाटकों को देखकर भी नहीं अघा सकता ! यही कारण है कि स्ट्रैटफोर्ड को कभी दर्शकों की कमी का अनुभव नहीं हुआ। युद्ध के दिनों में भी वह अपना कार्यक्रम चलाने में समर्थ हुआ !

थियेटर के संचालक सदा यह अनुभव करते रहे हैं कि उन्होंने घोर देहात में जो यह अपना इन्द्रजाल बिछा रखा है, उसकी ओर लोगों को लगातार आकृष्ट करने के लिए अनवरत साधना की धूनी रमाना आवश्यक है। इसलिए वे सदा सचेष्ट रहते हैं कि उनके अभिनयों में नवीनता और मौलिकता का सदा समावेश होना चाहिए। इस दृष्टि से इस रंगमंच ने शेक्सपीअर के नाटकों को सर्वसुन्दर बनाने के लिए बहुत कुछ किया है।

शेक्सपीअर स्मारक थियेटर का भवन एवन नदी के किनारे होने से स्वभावतः ही अपने सौन्दर्य से लोगों का हृदय आकृष्ट करता है और जब वह उसके भीतर पहुँचकर शेक्सपीअर

के कल्पना-पात्रों को हाड़-मांस के शरीर में चलते-फिरते देखता है, फिर वह सदा के लिए इस रंगमंच का भक्त बन जाता है।

इसके प्रति जागरूक अंग्रेजी बोलनेवाली जनता की भक्ति को देखते हुए इसे सिर्फ इंग्लैंड का राष्ट्रीय रंगमंच ही नहीं बल्कि अँगरेजी बोलनेवाली जातियों का 'अन्तर्राष्ट्रीय रंगमंच' कहा जा सकता है।

[**नई धारा** में 'शेक्सपीअर स्माकर थियेटर' शीर्षक से प्रकाशित]

जंगल गा रहा है

वह दूर से सुनिए, वह जंगल गा रहा है ! जंगल गा रहा है, गाए जा रहा है !

हम छोटानागपुर में हैं—उराँव के देश में ! यद्यपि उराँव की अनुश्रुतियाँ बताती हैं—वे दक्षिण से आए, नर्मदा पार की, विन्ध्या को लाँघा, रोहतास में आ जमे ! रोहतास का युग—उराँव का स्वर्ण-युग ! किन्तु, उन्हें वहाँ से भी खदेड़ दिया गया। वे अब छोटानागपुर के पश्चिमी हिस्से में जंगलों में मंगल मना रहे हैं।

जंगल में मंगल ! हाँ, मंगल ही। बारह महीने मंगल। माघ-फागुन में फगुआ और सरहुल; चैत-वैशाख-जेठ में डोमचक और धुरिया; असाढ़ से आसिन तक सारी बरसात में करम, आसिन-कार्तिक में यात्रा; अगहन-पूस में जदुरा ! हर ऋतु के लिए अलग गीत, अलग नृत्य ! गीत से नृत्य बँधा है, गति से स्वर बँधा है ! कभी कंठ ने कूक दी; पैर नृत्यशील हो उठे ! कभी पैरों ने हिलकोरें लेना शुरू किया, स्वर से वातावरण गूँज उठा !

और, हर स्वर में पुरुष और नारी स्वर ! उराँव अकेले नहीं गाता। वह सही अर्थ में अर्धनारीश्वर है ! पुरुष के हर उदात्त स्वर को नारी की काकली मधुर-कोमलकान्त बना डालती है !

जंगल में फूल खिले; उराँव का रोम-रोम खिला। जंगल में पंछियों की चह-चह शुरू हुई। उराँव के झोंपड़े में कंठ-कंठ फूटे—

देखो लड़की, वह सरहुल का चाँद !
ऊपर उठ रहा है पत्ते के छत्ते की तरह।
देखो, लड़की भोर-भोर
वह दीख रहा है पत्ते के छत्ते की तरह !

× × ×

माँ, माँ, पके हुए महुप,
चू पड़ते हैं अनदेखे,
अनदेखे ही !
आधी रात को माँ,
चू पड़ते हैं, अनदेखे,
अनदेखे ही !

× × ×

बाँस की पहाड़ी जल उठी,
जल उठी,

बादल गरज उठे,
गरज उठे !
आदमी जंगल में शिकार करते हैं
बादल गरज उठे,
गरज उठे !

× × ×

जोड़ी, छोड़ दो,
मेरे कपड़े खिसक रहे हैं।
खिसक रहे हैं।
खिसकने दो जोड़ी, खिसकने दो,
हम नंगे ही भेजा नाचेंगे !
हम नंगे ही भेजा नाचेंगे !

भेजा—वह नृत्य, जिसमें हर युवक के भुजपाश में युवती; हर युवती के भुजपाश में युवक ! लेकिन आर्थर ऐसा साम्राज्यवादी भी कहता है कि इनके नृत्य में कामुकता की गन्ध भी नहीं है। उराँव गाता है गाने के लिए, नाचता है नृत्य के लिए ! उसका नृत्य-गीत जीवन का अंश है, वासना का बाह्य-प्रदर्शन नहीं !

ऊपर से रिमझिम की फुहार—खेतों में धान के लहरदार पौधे। जंगल के पत्ते-पत्ते तक धुल गए। धूसर पहाड़ी निखरकर उराँव-युवती का रंग धारण कर चुकी है। ऐसे सुहावने समय में देखिए, वह करम आया—

करम आया, करम आया
डालों को हिलाते हुए
हिलाते हुए
हिलाते हुए
माँ, वह करम आया !
वह तेल माँगता है,
वह सिन्दूर माँगता है,
वह तेल माँगता है,
सिन्दूर माँगता है।

× × ×

कहाँ से ये बादल उठ रहे हैं,
रिमझिम रिमझिम।
कहाँ ये बादल बरस रहे हैं,
रिमझिम रिमझिम !
पूरब से बादल उठ रहे हैं,
रिमझिम रिमझिम !
किसकी लाल पगड़ी भिगो रहे हैं,
रिमझिम रिमझिम !
किसकी लम्बी लटें भिगो रहे हैं,
रिमझिम रिमझिम !

उस छैले की लाल पगड़ी भिगो रहे हैं,
रिमझिम रिमझिम !
उस गोरी की लम्बी लटें भिगो रहे हैं,
रिमझिम रिमझिम !

× × ×

चटाई पर सिन्दूर के दाग हैं
धीरे से रोना,
धीरे से रोना !
साहस करो दुलारी बेटी,
धीरे से रोना,
धीरे से रोना !

इन गीतों में क्या नहीं है—सौन्दर्य है, प्रेम है, करुणा है, हास्य है ! हाँ, इन सब पर आवरण नहीं है—जो है अनावृत, उन्मुक्त। उराँव का हृदय इन गीतों में पहाड़ी झरनों-सा उछलता हुआ प्रवाहित हो रहा है !

यह आसिन-कार्तिक और यात्रा शुरू हुई। आसमान साफ; धरती शान्त ! हृदय में तरलता, कंठ में मधुरता—

वह सुन्दर तोता कुंज में बैठा है,
दुलहन की प्रतीक्षा में,
वह सुन्दर तोता कुंज में बैठा है,

× × ×

फटी साड़ी पहनकर मैं चली
मैं चली मछली पकड़ने।
अपने दाहिने कूल्हे पर डलिया बाँधे,
मैं चली मछली पकड़ने।

और यात्रा का ही एक अंग है चिरडी न ? किन्तु चिरडी हेमन्त के आगमन की सूचना देती है—

जाड़े ने आम के पत्तों को ठिठुरा दिया
सुग्गे के पंख झड़ने लगे
जाओ भाई, उन्हें चुन लाओ
और, अपनी प्रेयसी के लिए कलंगी बनाओ

× × ×

जाओ और धान कूटो लड़की
हल्दी के रंग का सूरज उग रहा है
भोर में धान कूटो लड़की
हल्दी के रंग का सूरज उग आया है।

× × ×

गुलारची के पेड़ में मंजरियाँ लग गईं
धीरे-धीरे झूम रहीं,

भोर में और दुपहरिया में
धीरे-धीरे झूम रहीं

अब हम जदुरा की बहार देख लें। धरती धान से भरी है, आकाश में तरह-तरह के पंछी उड़ रहे हैं–

कुहू-कुहू बोल रही कोयल
क्यों-क्यों बोल रहा मोर
नीचे की डाल से बोल रही कोयल
ऊपर की डाल से बोल रहा मोर

× × ×

केंड के लट्ठे पर घिचुआ बैठा है
धान के खेत में सुग्गे झूल रहे हैं
आज की तरह घिचुआ बैठा है
कल की तरह सुग्गे झूल रहे हैं,

और यह लुझकी है, देखिए तो उन्मुक्त हृदय की निर्मल वासना किस प्रकार संगीत का रूप धारण कर चुकी है–

हरे, मेरा भाग्य !
पीपल का पेड़
ओ लड़की, इरे पीपल के पेड़
पीपल के पकोवे,
पके कैसे मीठे
कच्चे कैसे तीते
पके कैसे मीठे
अहा, अधपकी लड़की
मधु से भी मीठी !

ओ, मेरे जंगल के भाई, तुम्हारा गीत भी क्या मधु से कम मीठा है ? हमारे जीवन में न गीत है, न नृत्य है। हम सभ्य हो चले हैं न ? किन्तु धन्य हो तुम कि प्रकृति की हर पुकार तुम्हें नाचने को, गाने को प्रेरित करती है !

झूमर हर जगह गाया जाता है। किन्तु झूमर-झूमर में अन्तर है। गाँव के झूमर और जंगल के झूमर में तो अन्तर होना ही चाहिए। देखिए, झूमर का यह नया रंग–

वह कौन लड़की है जिसके दिन लद गए
हाय रे हाय !
गंगा में उसका झूमका बहा जा रहा है
हाय रे हाय !
वह है बदचलन लड़की जिसके दिन लद गए
हाय रे हाय !
गंगा में उसका झूमका दहा जा रहा है
हाय रे हाय !

वह कौन है लड़का जिसके दिन लद गए
हाय रे हाय !
जिसकी घंटियों का कमरबन्द गंगा में दहा जा रहा है
हाय रे हाय !

यहाँ गंगा शब्द क्यों आया ? छोटानागपुर में गंगा कहाँ ? क्या उनका इशारा गंगा-तट के लड़के-लड़कियों से है जिनमें चरित-भ्रष्टता का बोलबाला हो रहा है ?

जंगल में भी खेती होती है ! किन्तु खेती भी होती है संगीत के साथ। उराँव बालाएँ रोपनी कर रही हैं और गा रही हैं—

जसपुर में बादल चमक रहे हैं
पानी बरस रहा है, माँ
खेत लबालब भरा हुआ है
केंकड़े हल जोत रहे हैं
साँप हेंगा दे रहा है
पतंगे बो रहे हैं
झिंगुर रोपनी कर रहे हैं
मेढ़क गीत गा रहे हैं
घिचुआ कुर्सी पर बैठा है
उल्लू टोपी पहन रहा है,
मेरी माँ !

× × ×

बादल गरज रहे हैं
बादल जोर से गरज रहे हैं
अपनी कुदाल लेकर आओ भाई
पानी से मेड़ें टूटी जा रही हैं !

× × ×

नौजवान, तुम हल चलाने आए हो
या लड़कियों को घूरने
इस भोर-भोर में तुम हल चलाने आए हो
या लड़कियों को घूरने !

जरा पहले गीत में खेती की सारी क्रियाओं को देखिए ! जब सब जीव-जन्तु खेती में लगे हैं तो घिचुआ कुर्सी पर बैठा है और उल्लू टोपी पहन रहा है—कैसा सटीक व्यंग्य ! और अन्तिम गीत की रसिकता तो हृदय को बेध देती है !

अब आइए जरा हम विवाह के मौसम में जंगल में चलें। सारा जंगल गीतों से गुंजित हो रहा है। विवाह की एक-एक विधि के अलग-अलग गीत हैं; एक नहीं, दर्जनों, बीसियों। वह दुलहा भावी दुलहिन की तलाश में चला है—

रास्ते पर जाते-जाते, रास्ते पर जाते-जाते
दुलहिन की तलाश में
दुलहिन की तलाश में

देख रहा था मैं, देख रहा था मैं
देख रहा था मैं, देख रहा था मैं
वह दुलहिन मोटे कपड़े में
वह दुलहिन फूल-भरे कपड़े में।
मैंने देखा माँ, झरने के नजदीक
वह भरी-पूरी लड़की
मोटे कपड़े में
फूल भरे कपड़े में !

और, जब दुलहिन मिल गई, तो सुमंगली हो रही है—

घाटियों में हिरनें चर रही हैं
घाटियों में हिरनें चर रही हैं
हिरनें चर रही हैं।
तालाब में मछलियाँ उछल रही हैं
तालाब में मछलियाँ उछल रही हैं
मछलियाँ उछल रही हैं
दुलहिन माँ की गोद में बैठी है
दुलहन बाप के घुटने पर बैठी है
लजाती है हँसती हुई, हँसती हुई, कोने में !

कुछ दिनों के बाद विवाह। दुलहा सजधजकर बरात के साथ ससुराल पहुँचा है। सास को दामाद सदा प्यारा है। और, आज तो दामाद की सजधज निराली है—

वाह रे दामाद ! वाह रे दामाद !
फूलों से पैदा दामाद
फूलों-सा प्यारा दामाद
वाह रे दामाद !
गाँव में तू कैसा चमक रहा है
पैरों में जूते, पैरों में कड़े
कलाई में कंगन, हाथ में अंगूठी
कमर में कमरबन्द, छाती पर चकती
गले में बद्धी, कानों में सोना
सिर पर टोपी
वाह रे दामाद !
गाँव में तू कैसा चमक रहा है !

और वही प्यारा दामाद जब बेटी को ब्याहकर अपने घर ले चला, तो सास का घर, सास का गाँव कैसा हो चला है—

दीमक की माँद को गेहुँअन ने सुशोभित किया
मदारी गेहुँअन पकड़कर ले चला,
माँद सूनी है !

नदी की धारा मछली से चमचम कर रही थी
मल्लाह के छोकड़े ने जाल फेंका
धारा गतिहीन हो गई !
जंगल उछल रहा था हिरनों के साथ
हिरनी जाल में फँसी
जंगल सूख गया !
गाँव में जिन्दगी थी लड़कियों की चहल-पहल से
दुलहिन को ले गए झरने के पास
गाँव मुर्दा हो गया !

और वही प्यारी बेटी जब ससुराल गई—माँ-बाप के नाज़ोअदा से पाली लड़की जब सास-ससुर के घर पहुँची, तो थोड़े ही दिनों के बाद उसकी दशा देखिए—

चक्की चल रही है
पतली टाँगें दोनों ओर पसरी हैं
सास डांट रही है
ननद खिझा रही है
सुनो, मेरी माँ,
सुनो मेरे पिता,
दसों हड्डियाँ चमक रही हैं !
बीसों हड्डियाँ उजली होकर रहेंगी !

× × ×

जंगल में मोर चिल्ला रहा है,
झरने के निकट तोता पुकार रहा है
तोते, मत पुकारो,
चील, मत चीखो
तुम्हारी ही तरह मैं भी दर्द में हूँ
तुम्हारी ही तकदीर ऐसी मेरी तकदीर है !

उनके कई गीतों में उराँव के इतिहास की भी झलक है। एक गीत है—

सोचो, तुम कहाँ से आए ?
कहाँ तुम्हारा हृदय पैदा हुआ ?
तुमने साफ किए गए जंगल में शुरू किया,
तुम नई भूमि में पैदा हुए
जब रोहतास पर संकट आया
तब नागपुर में तुम्हारा जन्म हुआ।

चलते-चलाते जरा एक उराँव-मज़ाक देखिए—

एक माँदर खरीदो, लालू भाई,
तुम्हें लगे जैसे तुम्हें बीवी मिल गई !
यदि तुम्हारा माँदर फूट गया, लालू भाइ,
तुम मान लेना, तुम्हारी बीवी छोड़कर चली गई !

और, उराँव-बुढ़िया का यह चटोरपन देखिए–

चाची, तुम शराब के घड़े के निकट बैठी रहती हो,
पियो-पंछी की तरह टक लगाए !
सिर्फ तड़कुल के एक प्याले भर के लिए, चाची,
तुम घड़े के पास पियो-पंछी की तरह बैठी रहती हो।
ध्यान लगाए !

पटना की साहित्यिक परम्परा

श्रूयते च पाटलिपुत्रे शास्त्रकार परीक्षा
पत्रोपवर्षवर्षाविह पाणिनि पिंगलाविह व्याडि।
वररुचि पतंजली इहपरीक्षिताः ख्यातिमुपजग्मुः।।

राजशेखर ने अपनी काव्यमीमांसा नामक सर्वश्रुत ग्रन्थ में ऐसा उल्लेख किया है "यह विदित बात है कि पाटलिपुत्र में शास्त्रकारों की परीक्षा होती थी। यहाँ उपवर्ष और वर्ष ने, पाणिनि और पिंगल ने, व्याडि ने तथा वररुचि और पतंजलि ने परीक्षा दी और ख्याति प्राप्त की।"

जिस नगर को उस सुदूर युग में शास्त्रकारों के इस प्रख्यात सप्तमंडल की परीक्षा लेने और ख्याति देने का सौभाग्य प्राप्त हो चुका हो, उसकी साहित्यिक गरिमा का उल्लेख किन शब्दों में किया जाए ?

वर्ष और उपवर्ष दोनों भाई-भाई थे। वर्ष की महत्ता का अनुमान इसी से लगाया जा सकता है, कि वह पाणिनि के गुरु थे। उपवर्ष मीमांसा और वेदान्त सूत्र के भाष्यकार थे। व्याकरण के आचार्य पाणिनि और छन्दशास्त्र के आचार्य पिंगल नाम तो भारत के घर-घर में विख्यात है। कहा जाता है, यों दोनों भी भाई-भाई थे। व्याडि पाणिनि के पौत्र समझे जाते हैं और उन्होंने अपने पितामह के व्याकरण को और भी समृद्ध किया। व्याडि और वररुचि सहपाठी थे। वार्तिककार वररुचि को कात्यायन नाम से भी अभिहित किया जाता है। महाभाष्य के रचयिता पतंजलि की देन को क्या संस्कृत साहित्य कभी भूल सकता है ? पतंजलि ने ही पाटलिपुत्र के प्रसिद्ध शासक पुष्यमित्र से अश्वमेध यज्ञ करवाया था। अस्मिन पाटलिपुत्रे पुष्यमित्रं याजयिष्यामः।

पटना की साहित्यिक गरिमा को समझने के लिए सदा यह ध्यान में रखना होगा कि भारत का जिसे स्वर्णयुग कहा जा सकता है, उसमें लगभग एक हजार वर्षों तक पाटलिपुत्र को भारत की राजधानी रहने का सौभाग्य प्राप्त हुआ। नन्दों, मौर्यों, शुंगों, और गुप्तों के परम प्रताप की किरणें पाटलिपुत्र से ही प्रस्फुटित होकर भारत के कोने-कोने को प्रकाशित और प्रभासित कर सकीं और इस महादेश में जहाँ जो भी ज्ञान और विद्या के कोष थे, स्वतः खिराज के रूप में, पाटलिपुत्र में जमा होते रहे। चाणक्य और वात्स्यायन चाहे जहाँ के रहे हों, उनके 'अर्थशास्त्र' और 'कामसूत्र' की रचनाभूमि तो सोन और गंगा के किनारे पर बसी यह नगरी ही थी। भास और कालिदास की प्रतिभा को पंख देने का श्रेय पाटलिपुत्र के पुरुष और प्रकृति को कितना है, इतिहासवेत्ता मुक्तकंठ से स्वीकार कर चुके हैं। 'निरुक्त' और 'कल्पसूत्र' के

रचयिता भद्रवाहु, 'नाट्यशास्त्र' की टीका 'अभिनव भारती' के रचयिता अभिनव गुप्त, 'मिलिन्द प्रश्न' के रचयिता ग्रीकराजा मिनान्डर को उत्तर देनेवाले, नागदेव, पृथ्वी ही चलती है, इसे सिद्ध करनेवाले आर्यभट्ट, 'सूर्यसिद्धान्त' के रचयिता वराहमिहिर तथा समुद्रगुप्त के प्रयागस्थित प्रशस्ति के रचयिता हरिषेन ये सबके सब अपने ज्ञान और यश के लिए पाटलिपुत्र के कितने ऋणी हैं, इसे प्रत्यक्ष या परोक्ष रूप में स्वीकार किया गया है। नागदेव के पाटलिपुत्र में आचार्य रोहण से बारह वर्षों तक विद्याध्ययन किया, यह उन्हीं की स्वीकारोक्ति है।

यही नहीं, इसी पुण्य नगरी में कंवों ने मनुसंहिता का संकलन कराया, सूत्रों पर नए-नए भाष्य लिखवाए और 'महाभारत' और 'रामायण' का शोध कराकर उन्हें वर्तमान रूप दिया। 'नाट्यशास्त्र' और 'कामशास्त्र' को आज हम जिस क्रम में पाते हैं, उनके संकलन का श्रेय भी इसी नगरी को प्राप्त हुआ।

और सबसे बढ़कर अश्वघोष। बौद्धधर्म के महायान पथ का प्रवर्तक, उस समय के भारत को तरंगित करनेवाली सभी नई विचारधाराओं का उत्स कवि, संगीतज्ञ, दार्शनिक, उपदेशक, आचारशास्त्री और नाटककार। दुख की बात यह है यह पटना अभी तक अपने इस महान पुत्र का योग्य सम्मान नहीं कर सका है। जिसे सम्राट् कनिष्क ने यहाँ के तत्कालीन शासक से एक करोड़ मुद्रा के बदले प्राप्त किया, उसे अपनी राजधानी ले गया और तृतीय बौद्धसंघ का अध्यक्ष बनाया, जिसके काव्य कृतियों में गणना पाते हैं, कौन ऐसा नगर है, जो ऐसा पुत्र पाकर अपने को धन्यातिधन्य नहीं समझेगा।

उत्थान और पतन के शाश्वत नियम का इतना बड़ा प्रमाण भी संसार के नगरों में बहुत कम मिलेगा। जो नगर एक हजार वर्षों तक सारे भारत की सारी सांस्कृतिक चेतनाओं और कृतियों का केन्द्रबिन्दु रहा, बाद के एक हज़ार वर्षों तक वह विस्मृति के गर्भ में सोया पड़ा रहा। बर्बर विजेताओं ने इसे ध्वस्त-पस्त करने में कुछ उठा नहीं रखा। भगवान् बुद्ध ने कहा था, इस नगर को तीन चीजों का भय रहेगा—आग का, पानी का और फूट का। इसके विध्वंस में फूट ने कितना काम किया था, उसका कोई ज्वलन्त प्रमाण नहीं प्राप्त हो सका है, किन्तु कई बार यह नगर जलाया या जला। इसके प्रचुर प्रमाण खुदाई में मिले हैं और मिल रहे हैं। सोन और गंगा ने भी इस नगर को तहस-नहस करते रहने में कम योग नहीं दिया था, इसके भी प्रमाण उपलब्ध हो चुके हैं।

मुसलमानी काल में भारत के नक्शे पर हम इस नगर को फिर पाते हैं। पाटलिपुत्र और कुसुमपुर ऐसे साहित्य-साहित्यिक नाम को छोड़कर यह पटना और बाद में अजीमाबाद के नाम से ख्याति पाता है और उर्दू के इतिहास में दक्कन स्कूल, दिल्ली स्कूल, लखनऊ स्कूल की तरह अजीमाबाद स्कूल भी प्रसिद्धि पाता है। इस स्कूल को बनाने और सँवारने में हिन्दू और मुसलमान दोनों ने साथ दिया। नवाब सिराजुद्दौला के जमाने में महाराजा नामनारायण पटना के सूबेदार थे। आप मौजूदा नाम से उर्दू शायरी करते थे। कहते हैं, जब उन्हें सिराजुद्दौला की मृत्यु की खबर मिली, सुनते ही उनके मुँह से फौरन यह शे'र निकला :

> गिजाला तुम तो वाकिफ हो, कहो मजनूँ के मरने की।
> दिवाना मर गया आखिर को वीराने पै क्या गुजारी।।

महाराजा रामनारायण के अतिरिक्त राजा कल्याण सिंह, कुँअर सुखराज बहादुर, मुंशी आनन्दराम, मुंशी वेणी प्रसाद आदि हिन्दू शायरों ने भी अजीमाबाद स्कूल का रुतबा करने के उर्दू को अपनी प्रतिभाएँ अर्पित कीं। किन्तु अजीमाबादी स्कूल की उर्दू शायरी के बादशाह तो हैं शाह अजीमाबादी। उनकी कविता 'आह जवानी उफ रे जमाने' किस उर्दू प्रेमी की गलहार

नहीं है ? उर्दू के किसी भी बड़े कवि के समक्ष पटना अपने इस शायर को सम्मान उपस्थित कर सकता है। पटना में हमेशा सीधी-सादी, मिली-जुली, साफ-सुथरी भाषा की जो परम्परा रही है, उसके उत्कृष्टतम उदाहरण महाकवि शाद की भाषा है।

उर्दू का अजीमाबाद स्कूल आज भी गुलजार है। गद्य और पद्य दोनों में ही उर्दू साहित्य को इस स्कूल ने अच्छी से अच्छी भेंट दी है।

सरहपा आदि सिद्धों ने लोकभाषा को अपनाकर आज की हिन्दी के लिए उन्नति और विकास का पथ प्रशस्त किया था। वे सब मगध के ही रहनेवाले थे। किन्तु संसार से विरक्त इन सिद्धों को नगर कैसे मोह पाता।

फिर यह नगर तो उजड़ चुका था। जब इसने सुगबुगाहट ली, इस पर उर्दू छा गई। लेकिन ज्यों ही हिन्दी का नया दौरा शुरू हुआ, पटना ने बढ़कर उसका स्वागत किया। इस नए दौरे की सूचना हिन्दी पत्रकारिता के रूप में प्रकट हुई।

उस समय बिहार का स्वतन्त्र अस्तित्व नहीं था। वह बंगाल का एक अंग मात्र था। राजधानी कलकत्ता में थी। अतः 'बिहार-बन्धु' का प्रकाशन 1872 में कलकत्ता से ही प्रारम्भ हुआ। किन्तु दो साल के प्रकाशन के बाद ही संचालकों ने अनुभव किया, 'बिहार-बन्धु' को जिन लोगों तक अपना सन्देश पहुँचाना है, कलकत्ता में उन तक उसकी पहुँच सम्भव नहीं। 1874 में बिहार बन्धु पटना आ गया और पं. केशवराम भट्ट के योग्य संचालकत्व और सम्पादकत्व में बिहार बन्धु बिहार की हिन्दी प्रेमी जनता का प्रिय पत्र बन गया। फिर 'बिहार हितैषी' नाम से एक दैनिक पत्र का प्रकाशन प्रारम्भ किया गया और मुंशी हसन अली साहब ने 'मोतीचूर' के नाम से एक मासिक पत्र पटना को दिया। यह बिहार का सौभाग्य रहा है कि हिन्दी-उर्दू का विवाद बिहार में कभी साम्प्रदायिक रूप नहीं ले सका।

हिन्दी को शिक्षा में स्थान दिलाने का पहला श्रेय श्री भूदेव मुखर्जी को है, जो पहले यहाँ इन्स्पेक्टर आफ स्कूल के पद पर प्रतिष्ठित किए गए थे। भूदेव बाबू ने बोधोदय प्रेस की स्थापना की, जिससे शिक्षाविभाग के लिए हिन्दी पुस्तकें प्रकाशित होने लगीं। इसी प्रेस को बाबू रामदीन सिंह जी ने खरीद लिया और खड्गविलास प्रेस के नाम से हिन्दी पुस्तकों का प्रकाशन बड़े पैमाने पर प्रारम्भ किया। बाबू रामदीन सिंह जी भारतेन्दु हरिश्चन्द्र के अनन्य मित्रों में थे। 'भारतेन्दु ग्रन्थावली' के नाम से भारतेन्दु की सारी पुस्तकों का प्रकाशन खड्गविलास प्रेस से हुआ। यों हिन्दी में ग्रन्थावली के प्रकाशन का श्रीगणेश पटना से ही प्रारम्भ हुआ। हिन्दी के सुप्रसिद्ध निबन्धकार और हास्यरसाचार्य पं. प्रतापनारायण मिश्रजी भी खड्गविलास प्रेस में आ गए थे। उनका 'ब्राह्मण' यहीं से निकलता था। 'ब्राह्मण' के अतिरिक्त 'हरिश्चन्द्र कला', 'क्षत्रिय पत्रिका', 'विद्या विनोद', 'शिक्षा' आदि पत्र-पत्रिकाएँ भी खड्गविलास प्रेस से निकलीं। पं. गौरीशंकर, हरिचन्द्र ओझा का 'टाड का राजस्थान', गोस्वामी तुलसीदास के 'रामचरित मानस' की राजापुरवाली हस्तलिपि के आधार पर शुद्ध संस्करण, बाबू शिवनंदन सहाय की 'तुलसीदास' और 'भारतेन्दु हरिश्चन्द्र' की विस्तृत जीवनियाँ, पं. अयोध्यासिंह उपाध्याय का 'प्रिय प्रवास' आदि अनेक ग्रन्थ खड्गविलास प्रेस ने हिन्दी को भेंट किए।

बाबा सुमेरदास पटना शहर के एक सुप्रसिद्ध महन्थ और साहित्य-सेवी थे। 'समस्या पूर्ति' के नाम से उन्होंने एक पत्रिका निकाली थी, जिसके द्वारा हिन्दी कविता की ओर बिहार के सुधी समाज का ध्यान आकृष्ट हुआ। पं. विजयानन्द त्रिपाठीजी और पं. अक्षयवट मिश्र अपने युग के पटना के प्रतिनिधि कवि थे। त्रिपाठीजी की प्रतिभा विचित्र थी, संस्कृत कविता को हिन्दी रूप देने और हिन्दी कविता को संस्कृत रूप देने में उन्हें विलक्षणता प्राप्त थी। भारतेन्दु के कई अपूर्ण नाटकों को उन्होंने पूरा किया था। पं. सकलनारायण शर्मा और साहित्याचार्य

पं. चन्द्रशेखर शास्त्रीजी ने शिक्षा सम्पादन में बड़ी कुशलता दिखलाई थी। शास्त्रीजी ने हिन्दी को कई अनमोल ग्रन्थों के अतिरिक्त वाल्मीकीय रामायण का सुन्दर अनुवाद भी प्रदान किया था।

पटना की साहित्य-साधना की ओर सारे भारत का ध्यान आकृष्ट करने का श्रेय मिला साहित्याचार्य पं. रामावतार शर्मा और महामहोपाध्याय काशीप्रसाद जायसवाल को। ऐसे प्रकांड और बहुश्रुत विद्वान किसी भी भाषा को कम मिला करते हैं। शर्माजी को हिन्दी साहित्य सम्मेलन का सभापति बनाकर हिन्दी संसार ने सम्मानित किया था और जायसवालजी ने तो अपने ऐतिहासिक अनुसन्धानों के कारण अन्तर्राष्ट्रीय ख्याति प्राप्त कर ली थी।

उधर पत्रकारिता का रथ भी अपने पथ पर बढ़ रहा था। 'बिहार बन्धु' का स्थान लिया 'बिहारी' ने जिसके सम्पादक थे बाबू गोकुलानन्द प्रसाद वर्मा। गोकुलानन्दजी अच्छे कवि थे और उन अग्रदूतों में थे जिन्होंने खड़ीबोली को अपनी कविता का माध्यम बनाया था। बाबू अयोध्याप्रसाद खत्री ने खड़ीबोली के जो नमूने लन्दन से छपवाकर मँगाए थे, उनमें इनकी कविता भी थी।

1912 में बिहार ने एक स्वतन्त्र प्रान्त की प्रतिष्ठा प्राप्त की। पटना ने फिर एक बार राजधानी होने का गौरव प्राप्त किया। सम्पूर्ण बिहार में एक नए जागरण में चार चाँद लगा दिए। श्रद्धेय राजेन्द्र बाबू का नेतृत्व निखरने लगा। राजेन्द्र बाबू ने बिहार में हिन्दी के लिए कितना किया है इस ओर बहुत लोगों का ध्यान गया है। उनकी 'आत्मकथा' तो आधुनिक युग में बिहार की ओर से हिन्दी को सर्वश्रेष्ठ देने है ही, उनकी प्रेरणा ने बिहार के साहित्य-सेवियों को प्रचुर प्रोत्साहन प्रदान किया है। उन्होंने 'देश' का सम्पादन भी किया था। बिहार की हिन्दी पत्रकारिता में साप्ताहिक 'पाटलिपुत्र' को नहीं भुलाया जा सका। इसके प्रथम सम्पादक थे श्री काशीप्रसाद जायसवाल। पीछे पं. सोनासिंह चौधरी के हाथ में इसका सम्पादन सूत्र आया। श्री पारसनाथ त्रिपाठी के सहायकत्व में 'पाटलिपुत्र' सारे बिहार पर छा गया था। असहयोग युग में पं. मथुराप्रसाद दीक्षित के सम्पादकत्व में 'तरुण भारत' और पं. जीवानन्द शर्मा के सम्पादकत्व में 'प्रजाबन्धु' निकले। फिर भी जगतनारायण लालजी का 'महावीर' आया। 'युवक' चहुर्मुखी शान्ति अग्रदूत बनकर अवतीर्ण हुआ था। बाद में 'नवशक्ति', 'योगी', 'जनता', 'हिमालय' और 'अवंतिका' ने साप्ताहिक का एक नया मापदंड हिन्दी संसार के समक्ष प्रस्तुत किया।

बिहार की साहित्यिक परम्परा के निर्माण के सन्दर्भ में हम कुछ समकालीन व्यक्तित्वों को कभी नहीं भूल सकते जिन्होंने उसकी गौरवशीलता में चार चाँद लगा दिए हैं। आचार्य शिवपूजन सहाय, नलिन विलोचन शर्मा, रामधारीप्रसाद विशारद, जगदीशचन्द्र माथुर, जनार्दनप्रसाद झा द्विज, फणीश्वरनाथ रेणु, गंगाशरण सिंह, श्री रामधारीसिंह दिनकर, आचार्य रामलोचन शरण, लक्ष्मीनारायण सिंह सुधांशु, छविनाथ पांडे आदि स्मरणीय हैं।

यहाँ एक महान विद्वान को भूला नहीं जा सकता। प्रोफेसर राधाकृष्ण झा ने 'भारत शासन पद्धति' नाम से दो अनुपम ग्रन्थ लिखकर अर्थशास्त्र और राजनीति पर हिन्दी साहित्य को दो सुन्दरतम उपहार प्रदान किए थे। शोक, उनका अकाल निधन हो गया। दर्शन केसरी पांडेय जगन्नाथ की प्रतिभा का लाभ भी अकाल निधन के कारण बिहार को नहीं मिल सका।

पुस्तक प्रकाशन के क्षेत्र में खड्गविलास प्रेस के बाद पं. रामदहिन मिश्र ने कमाल दिखलाया। मिश्रजी प्रकांड पंडित भी थे, हिन्दी साहित्य को उन्होंने कई महत्त्वपूर्ण ग्रन्थ अर्पित किए।

अंग्रेजी भाषा को अपनाकर उसके द्वारा साहित्य-सेवा करनेवालों में डॉ. सच्चिदानन्द

सिन्हा का नाम भारत भर में विख्यात रहा है। उनकी 'हिन्दुस्तान रिव्यू' एक स्टैंडर्ड अंग्रेजी पत्रिका मानी जाती थी। सिन्हा साहब नए बिहार के निर्माताओं में रहे हैं। उनके पहले बाबू महेश नारायण ने अंग्रेजी पत्रकारिता में अच्छा नाम किया था।

यों जिस दृष्टि से देखिए, बिहार की साहित्यिक परम्परा बड़ी ही शानदार रही है। उस उज्ज्वल परम्परा का ही फल है कि आज पटना देश के प्रमुख साहित्य केन्द्रों में परिगणित हो रहा है। बिहार हिन्दी साहित्य सम्मेलन और बिहार राष्ट्रभाषा-परिषद् ऐसी दो जागरूक और सुसंगठित संस्थाएँ हिन्दी की सेवा में तत्परता से रत हैं। दो अंग्रेजी, पाँच हिन्दी और एक उर्दू दैनिक यहाँ से निकल रहे हैं। मासिक पत्रिकाओं और साप्ताहिक पत्रों के प्रकाशन में भी पटना हिन्दी संसार में उच्च स्थान रखता है। प्रकाशन संस्थाओं की भी भरमार है और जैसा कि मेरे एक कविमित्र ने विनोद में कहा था, पटना में तुम कहीं एक ढेला फेंक दो, वह किसी न किसी कवि या लेखक को ही लगेगा। मैं ढेले के बदले फूल फेंकना पसन्द करूँगा।

एक भाषण और एक स्वतन्त्र लेख

राजकीय प्रयोजनों के लिए राष्ट्रभाषा हिन्दी का व्यवहार

1950 ई. में, भारतीय संविधान के अनुसार, देवनागरी लिपि में लिखित हिन्दी भाषा के भारत की राष्ट्रभाषा के पद पर सुप्रतिष्ठित हो जाने के बाद, बिहार-राज्य-सरकार ने बिहार राजकीय भाषा कानून, 1950 ई. [बिहार ऑफिसियल लैंग्वेज ऐक्ट 1950 ई.] का विधिवत् निर्माण किया। उक्त कानून, 29 नवम्बर, 1950 ई. को राज्यपाल द्वारा स्वीकृत हुआ और उसमें ऐसी व्यवस्था की गई कि विविध प्रकार के राजकीय प्रयोजनों के लिए हिन्दी भाषा का व्यवहार क्रमशः अनिवार्य किया जाएगा और 7 वर्षों के बाद सभी प्रकार के राजकीय प्रयोजनों के लिए हिन्दी भाषा का व्यवहार पूर्णतः अनिवार्य हो जाएगा। इस विषय में, राज्य-सरकार को, समय-समय पर, परामर्श देने के लिए, एक हिन्दी-कमेटी बनाई गई। यद्यपि उक्त 'हिन्दी-कमेटी' ने राज्य-सरकार को, आवश्यकतानुसार, परामर्श दिए हैं और राज्य-सरकार ने भी उक्त परामर्शों पर, विचार कर, समय-समय पर आवश्यक आदेश प्रकाशित किए हैं, तथापि यह खेद का विषय है कि अब तक इस दिशा में जो वास्तविक कार्य-प्रगति हुई है, वह अत्यन्त निराशाजनक है। यदि निष्पक्षता के साथ पूरी छानबीन की जाए तो यह स्पष्ट विदित होगा कि प्रायः 80.90 प्रतिशत राजकीय प्रयोजनों के लिए अभी अँगरेजी भाषा का ही व्यवहार हो रहा है। 7 वर्षों की उक्त अवधि आगामी 29 नवम्बर को समाप्त होगी और, सम्भवतः हमें विवश होकर, पूर्वोक्त कानून में संशोधन कर, निर्धारित अवधि को बढ़ाना होगा। यह अत्यन्त आपत्तिजनक है। प्रत्येक सरकार का कर्त्तव्य है कि वह कानून की मर्यादा की रक्षा करे। जो कानून विधिवत निर्मित होते हैं, उनके सम्यक् पालन के लिए सरकार को सचाई, ईमानदारी और दृढ़ता के साथ सचेष्ट रहना चाहिए। यदि बिहार सरकार, उक्त राजकीय भाषा कानून को समीचीन रूप से कार्यान्वित करने के लिए, 1950 ई. से ही सचाई के साथ प्रयत्न करती, तो आज हमें इस दयनीय स्थिति का सामना नहीं करना पड़ता। अब भी, यदि हम पूरी तत्परता के साथ उद्योग करें, तो बिगड़ी हुई बात सहज ही बन सकती है। इसके लिए यह आवश्यक है कि अवधि को बढ़ाने की ओर ध्यान न देकर, हम ऐसे उपायों का अवलम्बन करें, जिनके द्वारा हमारा संकल्प कार्यरूप में परिणत हो सके। सबसे पहले सरकार को राजकीय भाषा के लिए एक अलग विभाग की स्थापना करनी चाहिए और उसके उच्च पदों पर पुराने अँगरेजी-प्रेमी अधिकारियों को न नियुक्त कर, हिन्दी के सुयोग विद्वानों को ही नियुक्त करना चाहिए। इसके अतिरिक्त, सचिवालय के प्रत्येक राजकीय विभाग में एक हिन्दी के विशेष अधिकारी (स्पेशल अफसर) की नियुक्ति होनी चाहिए, जो अन्य सभी अधिकारियों और कर्मचारियों को राजकीय प्रयोजनों के लिए हिन्दी का व्यवहार करने में सहायता दें। साथ ही, ऐसी व्यवस्था होनी चाहिए कि विभिन्न विभागों में उच्च पदों पर ऐसे ही व्यक्तियों को नियुक्त किया जाए, जो अन्य प्रकार से सुयोग होने के साथ-साथ हिन्दी माध्यम से राजकीय कार्यों का सम्पादन करने में समर्थ हों और जो अधिकारी तथा कर्मचारी इस कार्य में बाधा डालें, उन्हें उचित दण्ड देने की भी व्यवस्था होनी चाहिए। यदि इस प्रकार हमारी सरकार उक्त कानून के पालन के लिए चेष्टा करे, तो 29 नवम्बर, 1957 ई. तक इस दिशा में यथेष्ट प्रगति हो सकती है और एक वर्ष के अन्दर हमारा लक्ष्य पूर्णतः सिद्ध हो सकता है।

सांस्कृतिक जागरण

हमें खेद के साथ कहना पड़ता है कि यद्यपि भारत सरकार की प्रथम पंचवर्षीय योजना में सांस्कृतिक विकास के कार्यक्रम को समुचित स्थान दिया गया है, फिर भी बिहार राज्य में अब तक इस दिशा में सरकार के प्रयत्न नगण्य रहे हैं। मेरी अभिलाषा है कि सरकार जनतन्त्र के विकास के लिए सांस्कृतिक विकास के महत्त्व को भलीभाँति समझे और इसके लिए इस राज्य की अराजकीय संस्थाओं के सहयोग से एक व्यापक कार्यक्रम तैयार कर उसे सफलतापूर्वक कार्यान्वित करे। बिहार-संगीत-कला-नाट्य-परिषद् के तत्त्वावधान में, इस दिशा में, कुछ वर्ष पूर्व जिस उत्साह के साथ कार्य आरम्भ हुआ था, उससे हमें स्वभावतः यह आशा हुई थी कि कालक्रम से हम अभीष्ट सिद्धि में सफल होंगे, किन्तु विगत कुछ वर्षों में जो शिथिलता दृष्टिगत हुई है, उससे हम निराश हो रहे हैं। मैं चाहता हूँ कि इस महत्त्वपूर्ण प्रश्न की ओर सरकार विशेष रूप से ध्यान दे और बिहार-हिन्दी-साहित्य-सम्मेलन के कला-केन्द्र तथा अन्य अराजकीय संस्थाओं के सहयोग से एक व्यापक कार्यक्रम शीघ्र तैयार कर उसे कार्यान्वित करे।

शिक्षा का स्तर

शिक्षा के स्तर के उन्नयन की समस्या भी जनहित की दृष्टि से बहुत महत्त्वपूर्ण है। जो लोग इस राज्य की विभिन्न शिक्षा-संस्थाओं की गतिविधि से परिचित हैं, वे यह जानते हैं कि यद्यपि विगत दस वर्षों में, अर्थात् स्वाधीनता की सिद्धि के बाद, इस राज्य में, विभिन्न प्रकार की शिक्षण-संस्थाओं तथा शिक्षार्थियों की संख्या में बहुत वृद्धि हुई है और इसके निमित्त सरकार ने करोड़ों रुपए व्यय किए हैं, तथापि यह खेद की बात है कि शिक्षा का स्तर सामान्यतः पहले की अपेक्षा बहुत गिर गया है। यह समस्या जितनी गम्भीर है, उतनी गम्भीरता से इस पर सरकार ध्यान नहीं दे रही है। विद्यार्थियों की योग्यता के साथ-साथ उनके सामान्य चरित्र, व्यवहार एवं अनुशासन में भी ह्रास के लक्षण स्पष्ट दीख पड़ते हैं। सरकार का कर्तव्य है कि इस ह्रास को अविलम्ब रोके और प्राथमिक, माध्यमिक तथा विश्वविद्यालय स्तर की शिक्षा के स्तर को उन्नत बनाने के लिए पूरी चेष्टा करे। इसके निमित्त एक उच्चस्तरीय जाँच-समिति संघटित होनी चाहिए, जिसमें राजकीय अधिकारियों के अतिरिक्त अराजकीय शिक्षा-शास्त्री भी सदस्य के रूप में सम्मिलित किए जाएँ। मेरा परामर्श है कि उक्त समिति इस समस्या की पूरी छानबीन कर अपना प्रतिवेदन विधान-सभा के समक्ष प्रस्तुत करे और सभा की सम्मति प्राप्त होने के बाद सरकार आवश्यक कार्रवाई करे।

निरक्षरता की समस्या

शिक्षा के गिरते हुए स्तर को उन्नत बनाने के साथ-साथ हमें इस राज्य की भयंकर निरक्षरता को द्रुतगति से मिटाने की ओर भी ध्यान देना चाहिए। मुझे स्मरण है कि, आज से 20 वर्ष पूर्व, 1937 ई. में, प्रथम लोकप्रिय मन्त्रिमण्डल की स्थापना होने पर, तत्कालीन शिक्षा-मन्त्री ने एक राज्य-व्यापी निरक्षरता-निवारण-आन्दोलन आरम्भ किया था और जनता ने बड़े उत्साह से उसका स्वागत एवं समर्थन भी किया था। किन्तु, आज, पूरे बीस वर्षों के बाद, हम देखते हैं कि हमने इस महत्त्वपूर्ण कार्य में जो प्रगति की है, वह नगण्य है। मेरी धारणा है कि आज भी हमारी कुल जनसंख्या के अनुपात में मुश्किल से लगभग 10 प्रतिशत लोग ऐसे होंगे, जिन्हें हम वस्तुतः साक्षर कह सकते हैं। राज्य-सरकार की सामाजिक शिक्षा-योजना के अन्तर्गत साक्षरता-प्रसार के कार्यक्रम को प्रमुख स्थान मिलना चाहिए और इसके लिए राज्य भर में विशेष अधिकारियों तथा कर्मचारियों को नियुक्त कर इच्छित फल को प्राप्त करना चाहिए।

पाठ्यपुस्तकों का प्रकाशन

अन्य में, मैं पाठ्यपुस्तकों के प्रकाशन की भयंकर समस्या की ओर आपका ध्यान आकृष्ट करना चाहता हूँ। विगत कुछ वर्षों में बिहार पाठ्यपुस्तक निर्धारिणी समिति (बिहार टेक्स्टबुक कमेटी) की गतिविधि की जो चर्चा हुई है, उससे आप अवश्य अवगत होंगे। कुछ वर्ष पूर्व, यह प्रथा प्रचलित थी कि अ-राजकीय प्रकाशकों से विभिन्न विषयों की पाठ्यपुस्तकें तैयार कराकर, उक्त समिति द्वारा स्वीकृत की जाती थीं। किन्तु, छात्रों के हित की दृष्टि से, सरकार ने यह उचित समझा कि अ-राजकीय प्रकाशकों की पुस्तकों को चुनने की अपेक्षा स्वयं सरकार की टेक्स्टबुक कमेटी ही विभिन्न वर्गों के लिए पाठ्यपुस्तकें प्रकाशित करे। जब से यह नई व्यवस्था कार्यान्वित हुई है, उसी समय से छात्रों की दुर्दशा हो रही है। न केवल पुस्तकों के मुद्रण और प्रकाशन में बहुत अधिक विलम्ब होता है, बल्कि अधिकांश पुस्तकें अत्यन्त अशुद्ध और भ्रष्ट रूप में प्रकाशित होती हैं। वस्तुतः हमारी शिक्षा के लिए यह कलंक-स्वरूप है। मैं चाहता हूँ कि इस कलंक को अविलम्ब मिटाने की चेष्टा की जाए।*

[**नई धारा,** जून 1957]

* बिहार विधानसभा में दिया गया भाषण।

समाजवादी समाज में साहित्य और कला

हमारे देश का सामाजिक ढाँचा समाजवाद के सिद्धान्तों पर बनेगा—इस पर अब सरकारी मुहर भी लग गई है। इस ओर कदम भी बढ़ा दिया गया है। गति और प्रगति के बारे में कुछ मतभेद भले ही दिखाई पड़े, यह विवाद सदा के लिए शान्त हो गया है कि समाजवाद के अतिरिक्त कोई दूसरा आदर्श भी हमारी भावी समाज की रचना के लिए हो सकता है।

समाजवाद का निषेधात्मक पक्ष यह है कि एक ऐसे समाज की स्थापना की जाए, जिसमें शोषण नहीं हो, विभेद नहीं हो। जहाँ गरीब-अमीर, नीच-ऊँच का भेदभाव नहीं हो और इस भेदभाव के कारण समाज में होनेवाले सतत संघर्ष का नाम-निशान न रह जाए। और उसका विधेयात्मक पक्ष यह है कि सब लोग मिल-जुलकर देश की सुख-समृद्धि की वृद्धि में रत रहें, धीरे-धीरे एक ऐसे समाज की रचना कर लें जहाँ प्रचुरता और सम्पन्नता का एकछत्र राज हो, लोग आनन्द और चैन की वंशी बजाएँ।

ऐसे समाज में साहित्य और कला का क्या स्थान होगा, इसके समझने के लिए हमें सबसे पहले देखना होगा कि समाज और साहित्यकला का परस्पर सम्बन्ध क्या है ?

साहित्य और कला सामाजिक पैदावार हैं, अब यह मान लिया गया है। समाज के गठन के साथ ही परस्पर के भावों और विचारों को प्रकट करने के लिए भाषा की सृष्टि हुई और जब भाषा ने पंख खोले, वह उर्ध्वगामिनी हुई, तब साहित्य की सृष्टि होने लगी। यों ही सामाजिक गठन के विकास के साथ ही नृत्य, संगीत, चित्रकला, मूर्तिकला का आप-से-आप प्रस्फुटन होता गया, जिस तरह पौधों में कालक्रम से स्वतः फूल खिल पड़ते हैं, सुगन्ध उड़ने लगती है। समाज को बाद दे दीजिए तो साहित्य और कला का अस्तित्व ही नहीं रहे, आकाश-कुसुम की उपमा चरितार्थ हो जाए।

संयोग देखिए, हमारे देश में 'वेद' के रूप में प्राचीनतम साहित्य का नमूना सुरक्षित है और मोहनजोदड़ो की खुदाई से हमने प्राचीनतम कला के उपकरण भी प्राप्त कर लिए हैं।

वेद से लेकर आज तक के साहित्य को और मोहनजोदड़ो की कला से आज तक की कला को यदि हम विश्लेषणात्मक बुद्धि से देखें, तो स्पष्ट हो जाए कि तत्कालीन सामाजिक गठन का कैसा प्रभाव उस समय के साहित्य और कला पर पड़ता है। अपने उस वेदकालीन आदि-समाज में छोटे-मोटे 'मन्त्रों' के रूप में हमने जिस साहित्य का श्रीगणेश किया, वह कालक्रम से, ज्यों-ज्यों समाज विकसित होता गया, काव्यों और महाकाव्यों तक आया और नाटकों और आख्यानों के रूप में उसमें अनेक शाखाएँ फूटीं। यों ही, सिन्धु उपत्यका की टेढ़ी-मेढ़ी रेखाएँ, गुड़िए और गुड्डे काल-विपाक से अजन्ता और अलोरा की महान् चित्रकला और मूर्तिकला के रूप में प्रस्फुटित हुई। सामवेद का सीधा-सादा संगीत आज अनेक राग-रागिनियों में हमारे मन-प्राण को जुड़ाता है, उसकी पीठिका में हमारा सामाजिक विकास है, यह भी क्या समझाने की बात रह गई है ?

सामाजिक गतिरोधों का प्रभाव भी साहित्य और कला पर किस प्रकार पड़ता है, इसके प्रमाण प्रचुर रूप में हम अपने लम्बे-चौड़े इतिहास में पाते हैं।

अपने देश के पाँच हजार वर्षों के इतिहास को यदि हम सामाजिक विकास की दृष्टि से विभाजित करें, तो हमें स्पष्ट दिखाई पड़ेगा, हमारे समाज ने जो-जो रूप धारण किए, हमारे साहित्य और कला में तद्रूप ही परिवर्तन और परिवर्द्धन होते गए हैं। साहित्य और कला ने सदा ही समाज का अनुगमन किया है। हमारे ही देश में नहीं, अन्य देशों में भी। समाज के हर मोड़ ने साहित्य और कला को भी मुड़ने को बाध्य किया है। फिर कोई कारण नहीं कि जब हमारा समाज नया मोड़ लेने जा रहा है, तो हमारी साहित्यकला उसके प्रभाव से अपने को अछूता रख सके।

समाजवादी समाज में साहित्य और कला की क्या स्थिति रहेगी, यह अनेक मनीषियों के चिन्तन का विषय रहा है। इस पर अच्छा-खासा साहित्य भी तैयार हो गया है, किन्तु दुर्भाग्य की बात है कि उनका संकलन एक स्थान पर नहीं हो पाया है।

सामाजिक विज्ञान के सभी तत्त्ववेत्ताओं ने यह स्वीकार किया है कि हमारा आज तक का समाज मुख्यतः वर्गीय समाज रहा है। वर्गीय समाज वह है जिसमें समाज वर्गों में बँटा हुआ हो। एक वर्ग वह, जिसके हाथ में उत्पादन के सभी साधन हों, फलतः जिसका समाज पर प्रभुत्व हो, जो समाज के ऐश्वर्यों का उपभोक्ता हो। दूसरा वर्ग उन लोगों का होता है, जो उत्पादन के साधनों से हीन, पहले वर्ग की कृपा पर जीवित रहते हैं। पहला वर्ग छोटा होता है, किन्तु संगठित होता है, फलतः शक्तिशाली होता है। दूसरा वर्ग, संख्या में बड़ा है, किन्तु असंगठित है, छिन्न-भिन्न है, फलतः शक्तिहीन है। पहले वर्ग को जीवन की सभी सुख-सुविधाएँ दूसरे वर्ग से मिलती हैं, फलतः उसके पास फुर्सत का समय है, जिस समय को वह जीवन को रंगीन बनाने में खर्च करता है। यही पहला वर्ग अब तक साहित्य और कला का उपासक रहा है, कर्त्ता और त्राता रहा है। दूसरा वर्ग जीने ही के लिए जीता है, कला और साहित्य जैसे उसके भाग्य में ही नहीं बदा हो।

इस प्रकार कला और साहित्य पर अब तक एक मुट्ठी लोगों का ही इजारा रहा है। इसके बावजूद साहित्य और कला ने इतनी उन्नति की, क्या यह कम आश्चर्य की बात है ?

समाजवाद वर्गों का नाश करेगा, सबको समान सुविधा देगा। सब सम्पन्न होंगे, सब सुखी होंगे। ज्ञान का द्वार सबके लिए उन्मुक्त होगा। माँ भारती की वीणा और पुस्तक उसकी सब सन्तानों के हाथ में होगी। तुलसीदासजी ने रामराज्य के बहाने उस समाज की कितनी अच्छी तस्वीर खींची है :

नहिं दरिद्र कोई दुखी न दीना,
नहिं कोई अबुध न लक्षण हीना।
सब गुणज्ञ, सब पंडित, ज्ञानी।
सब सुन्दर, सब निरुज शरीरा।

ऐसे समाज में जहाँ दरिद्रता न हो, दुख न हो, दीनता न हो, जहाँ कोई मूर्ख नहीं हो, शुभ लक्षणों से हीन नहीं हो, जहाँ सभी गुणी हों, पंडित हों, ज्ञानी हों, जहाँ हर मानव को स्वास्थ्य और सौन्दर्य का शाश्वत वरदान प्राप्त हो, ऐसे समाज में साहित्य और कला चरमोत्कर्ष पर नहीं पहुँचे, तो फिर वह साहित्य क्या हुआ, कला क्या हुई ?

खेद की बात यह है कि समाजवाद का सम्बन्ध लोग गेहूँ से ही जोड़ते हैं, गुलाब से भी उसका सम्बन्ध है, इस पर लोग सोचते ही नहीं।

ज्यों ही पेट की समस्या से मानव मुक्त हुआ, वह हृदय और मस्तिष्क के उन्मुक्त आकाश की ओर उन्मुख होगा।

त्रात्स्की ने अपनी 'साहित्य और क्रान्ति' नामक पुस्तक में उस शुभ दिन की कल्पना की है जब संसार भर में समाजवाद की स्थापना हो जाएगी और गाँव के हर हलवाहे के कंठ से सुकरात के दर्शन और शेक्सपीयर की कविता आप-ही-आप फूटने लगेंगे। उन दिनों के दार्शनिक और कवि तो इन्हें बच्चों की तोतली बोली समझेंगे।

मानव स्वभावतः ही प्रतियोगिताप्रिय है। आज की सारी प्रतियोगिताएँ मूलतः धन की ओर केन्द्रित हैं। बहुत ही कम लोग इस केन्द्र से ऊपर उठ पाते हैं। समाजवाद जब धन की मृगतृष्णा को, प्रचुरता और सम्पन्नता की सृष्टि कर, सदा के लिए समाप्त कर देगा, तो मानव मन की प्रतियोगिता भावना किस दिशा में बढ़ेगी ? निस्सन्देह ही साहित्य और कला की ओर।

लेकिन यह भी देखा गया है, प्रचुरता और सम्पन्नता मुनष्य को विलासिता की ओर, भ्रष्टाचार की ओर, नीचे की ओर भी ले जाती है। इसलिए समाज के निर्माताओं को, संचालकों को इस ओर भी ध्यान रखना पड़ेगा कि वे 'लिखत सुधाकर लिख गा राहू' को चरितार्थ नहीं कर दें। जहाँ हमें समाजवादी समाज के आर्थिक पक्ष की ओर ध्यान देना पड़ेगा, वहाँ उसके सांस्कृतिक पक्ष की उपेक्षा कर कहीं हम 'अर्थ' को 'अनर्थ' की ओर प्रेरित नहीं कर दें, इस पर भी चौकन्ना रहना पड़ेगा।

यह प्रसन्नता की बात है कि हमारे समाजवादी रचना-विधान के साथ देश में साहित्यिक और कलात्मक पुनरुत्थान के लिए भी प्रयत्न हो रहा है। साहित्य और कला के लिए देश में कितनी ही सरकारी और अर्द्धसरकारी संस्थाएँ गठित की गई हैं, पुरानी संस्थाओं को भी सरकार द्वारा सहयोग और सहायता मिल रही है। किन्तु, योजना के इस युग में क्या यह उचित नहीं होगा कि साहित्य और कला के लिए भी हम निश्चित देशव्यापी योजनाएँ बनाएँ और साहित्य-निर्माताओं तथा कला-स्रष्टाओं को संगठित कर उन योजनाओं को पूरा करें। तभी हम समाजवादी समाज में कला और साहित्य को उनके योग्य स्थान पर प्रतिष्ठित कर सकेंगे।

मैं तो उस दिन की कल्पना से ही विभोर हूँ, जब हमारे इस विस्तृत विशाल देश में समाजवादी समाज का स्वर्ण-विहान होगा, इसमें बसनेवाले कोटि-कोटि मानवों की अवरुद्ध वाणी आप-से-आप फूट पड़ेगी, उनके पैर नृत्यशील हो उठेंगे, उनकी उँगलियाँ रंगीनियों की सृष्टि के लिए चंचलता में पग जाएँगी। हम गाँव-गाँव में, गली-गली में नए छन्द, नई कविता, नई लय, नई मूर्च्छना, नये नृत्य, नई भावभंगी, नये चित्र, नई रंगीनी, नई मूर्त्तियाँ, नया सौन्दर्यविधान

पा सकेंगे। हमारी यह पुण्यभूमि तब सचमुच देवभूमि बन जाएगी और सचमुच स्वर्ग के देवता हमारे बीच आने को ललचेंगे। वह दिन निकट आए, मेरी यही हार्दिक कामना है।

[**नई धारा**, जुलाई 1957]

पुस्तक-समीक्षा

संस्कृति के चार अध्याय !

यह कैसी विचित्र बात है कि जब हिन्दी के एक प्रसिद्ध कवि ने दिल्ली की एक सभा में घोषित किया—दो सौ वर्षों तक हिन्दी में कोई बड़ी रचना आ नहीं सकती; ठीक उसी समय दिल्ली से ही एक दूसरे कवि की ऐसी रचना प्रकाशित हो रही थी, जो स्वयं तो पहले कवि के कथन को झुठला ही रही थी, हिन्दी अब कितनी ऊँचाई तक जानेवाली है, इसकी ओर स्पष्ट संकेत भी दे रही थी।

बच्चन और दिनकर—हिन्दी के ये दोनों ही प्यारे कवि हैं; सबसे अधिक जनप्रिय, यह भी निस्संकोच कहा जा सकता है। पता नहीं, बच्चन हिन्दी के भविष्य से ऐसे क्यों निराश हैं ? क्या कैम्ब्रिज के अध्ययन ने उन्हें कुछ नया दृष्टिकोण दिया है ? या दिल्ली पहुँचकर कुछ चौंकानेवाली बात कह जाना आवश्यक था ? या उन्होंने जो कुछ कहा, उसकी भाषा कुछ ऐसी थी कि उसका सही अर्थ नहीं निकाला जा सका ?

हिन्दी में दो सौ वर्षों तक कोई बड़ी रचना नहीं आएगी—क्यों ? इसलिए तो नहीं कि हिन्दी के बड़े-से-बड़े रचयिता किसी-न-किसी रूप में राजतन्त्र के छोटे-बड़े पुर्जे बनते जा रहे हैं। 'चलो दिल्ली'—कभी यह राजनीति का नारा था, अब यह साहित्य का नारा हो चला है ?

यदि बच्चन की निराशा का कारण यह दृष्टि रही हो, तो भी इस दृष्टि को सम्यक् दृष्टि नहीं कहा जा सकता। दिल्ली में कोई ऐसी छूत हो जो काया तक को ही अपवित्र नहीं बनाए, बल्कि आत्मा की पवित्रता को भी नष्ट कर दे, ऐसा नहीं माना जा सकता। और, यदि एक पुश्त परिस्थितिवश राजतन्त्र में अपने को खपाने को आकुल हो जाए, तो यह मान लेना कि आनेवाली पन्द्रह पीढ़ियों तक यह बीमारी फैलती जाएगी, सर्वथा अनुचित है।

दिल्ली में रहकर भी अच्छी और बड़ी चीजें दी जा सकेंगी, इसका प्रमाण तो बच्चन के ही एक समानधर्मा ने दिखला दिया है। दिनकर के 'संस्कृति के चार अध्याय' को हम ऐसी ही रचना मानते हैं। इस पुस्तक को हम अपने देश के किसी कोने के किसी भी देशभाई के हाथ में अर्पित कर अपने लिए, अपनी भाषा के लिए, गर्व अनुभव कर सकते हैं।

दिनकर ने कविता के माध्यम से हमारे हृदय को कितनी ही बार झकझोरा है, हमारे मस्तिष्क को कुरेदा है। कितनी ही आनेवाली घटनाओं की ओर संकेत किया है, भविष्य की दुनिया के कितने ही मधुर चित्र अंकित किए हैं। और यह सब तब—जब दिनकर की काया अनेक बन्धनों में जकड़ी हुई थी। अब दिनकर पर कोई वैसा बाह्य बन्धन नहीं। अतः यह आशा तो थी ही, कि हम उनसे और भी अच्छी चीजें पा सकेंगे।

किन्तु, सबसे पहले वैसी चीज एक गद्य-रचना के रूप में आएगी, ऐसी कल्पना तो नहीं की जा सकती थी। एक अच्छा कवि अच्छा गद्य-लेखक भी हो, यह विरल है। किन्तु वह इस क्षेत्र में कुछ ऐसा कमाल कर दे, कि इस क्षेत्र के धुरंधर आचार्यों को भी कुछ सोचने-समझने

के लिए बाध्य होना पड़े, यह सबसे बड़ी बात है। अतः दिनकर को अपनी इस रचना पर गर्व करने का अधिकार है।

भारत की कल्पना का सांस्कृतिक आधार !

भारत एक देश होते हुए भी आकार-प्रकार सब दृष्टियों से एक महादेश है। इस महादेश को एक सूत्र में गूँथने के अनेक प्रयास होते रहे हैं। विजेताओं और शासकों की चरम आकांक्षा रही कि आसेतु हिमाचल का चक्रवर्तित्व उसे प्राप्त हो। हमारा पुराना और नया साहित्य इस आकांक्षा की पूर्ति के लिए किए गए अनेक प्रयत्नों के रोमांचक चित्र प्रस्तुत करते हैं।

किन्तु विजेताओं और शासकों के साथ ही प्रायः वे चित्र भी मिटते या धूमिल होते रहे। भारत बनता है, बिगड़ता है, फैलता है, सिकुड़ता है—सहस्र-सहस्र वर्षों का सारा इतिहास यही बताता है।

और, इन प्रयत्नों के बावजूद भारत भारत नहीं बनता—यह महादेश एक देश की सत्ता को प्राप्त कर सकता यदि इसके बनाने या बिगाड़ने का दारमदार सिर्फ तलवार पर निर्भर होता। इस देश का यह सौभाग्य रहा है कि इसकी रचना में यहाँ के चिन्तकों का, ऋषियों का, क्रान्तदर्शी कवियों का, सरस्वती के सपूतों का, बहुत बड़ा हाथ रहा है।

उन्होंने यहाँ के लोगों के हृदयों में सदा ऐसी भावना भरी, उनके मस्तिष्कों में सदा यह विचार भरे कि जब विजेताओं और शासकों के प्रयत्न असफल हुए, तो भी लोग सोचते हैं कि यह देश एक है, वे सब एक हैं। मानसरोवर में डुबकियाँ लगानेवाला तब तक अपनी आत्मा की पूर्ण पवित्रता का अनुभव नहीं करता था, जब तक कि वह कन्याकुमारी की तरंगों से अपने को अभिषिक्त नहीं कर ले।

हमारे सबसे बड़े कवि वाल्मीकि और व्यास इसलिए माने गए कि उन्होंने अपनी अमर रचनाओं में भारत की इस एकरूपता का निदर्शन हमें कराया।

वाल्मीकि से भी बढ़कर व्यास इसलिए बड़े कवि माने गए कि उन्होंने ही सबसे पहले इतने बड़े व्यापक रूप में भारत का मानचित्र हमारे सामने रखा। गांधार से हस्तिनापुर तक की पूरब-पश्चिम सीमा ही उन्होंने नहीं दी, इस महादेश की वंशपरम्परा को भी सूत्र में गूँथ दिया। भौगोलिक भारत के सांस्कृतिक रूप के प्रथम प्रवर्तक व्यास ही थे।

किन्तु, व्यास के बाद भी तो प्रगति का रथ निरन्तर चलता ही रहा है। यह आवश्यक था कि उस रथ के सूत्र को पकड़कर देखा जाए कि आज हम जहाँ आ गए हैं, जहाँ खड़े हैं, उसके पहले कितनी मंजिलें हमें पार करनी पड़ी हैं, इन मंजिलों ने हम पर क्या-क्या छाप छोड़ी है, आज का जो हमारा रूपरंग है, वह किन तत्त्वों से बना है ?

किसी कवि के द्वारा ही यह कार्य सम्भव था—यद्यपि यह कवि-कर्म नहीं ! इसीलिए दिनकर ने अपनी इस रचना को काव्यरूप नहीं दिया, इसका माध्यम गद्य को बनाया। किन्तु जो भी इस महान ग्रन्थ को पढ़ेंगे, उन्हें पद-पद पर कवि-दृष्टि की करामात मिलेगी। कोई साधारण इतिहासवेत्ता या दार्शनिक ऐसी रचना दे नहीं सकता था। इसके पृष्ठ-पृष्ठ में जो हम प्राणों की लहरान पाते हैं, इसके बदले तब हम एक रूखा-सूखा महाग्रन्थ ही पाते।

राष्ट्रभाषा की प्रथम भेंट

क्या सम्पूर्ण भारतीय संस्कृति को चार अध्यायों में ही बाँटा जा सकता है ? तीन अध्याय क्यों नहीं, पाँच अध्याय क्यों नहीं ? ऐसे प्रश्न उठाए जा सकते हैं, उठाए जाएँगे।

भारतीय संस्कृति का निर्माण, उसका पहला आन्तरिक विद्रोह, फिर एक नई संस्कृति से

सम्पर्क और संघर्ष और उस संस्कृति के साथ समन्वय स्थापित होने के पहले ही एक दूसरी बाह्य संस्कृति का आगमन और इन सबके सहयोग और संघर्ष के फलस्वरूप आज की एक विकासोन्मुख सामाजिक संस्कृति—क्या इनके बीच कुछ कड़ियाँ नहीं छूट जाती हैं ?

जैन और बौद्ध धर्म के विद्रोह के बाद हिन्दू धर्म का जो पुनरुत्थान युग प्रारम्भ होता है, जिसका राजनीतिक रूप गुप्त साम्राज्य के रूप में तथा जिसका दार्शनिक रूप शंकराचार्य के रूप में प्रकट होता है, क्या वह युग एक नए अध्याय की माँग नहीं करता ?

पाँच हज़ार वर्ष के सांस्कृतिक जीवन में एक हज़ार वर्ष को तो दो अध्याय देना और चार हज़ार वर्ष को दो ही अध्यायों में समाप्त कर देना—काल-विभाजन की इस असंगति की ओर भी उँगली उठाई जा सकती है। इसका कारण पश्चिमीय ऐतिहासिकों द्वारा आधुनिक इतिहास को इतना महत्त्व दिए जाने की प्रवृत्ति के अनुकरण पर भी आरोपित किया जा सकता है।

किन्तु, इन सब त्रुटियों की ओर उनका ही ध्यान जाएगा, जो इतिहास को एक शास्त्रीय पद्धति से पढ़ने-पढ़ाने के अभ्यासी रहे हैं और निस्सन्देह यह पुस्तक उनको दृष्टि में रखकर नहीं लिखी गई है।

इसका मूल उद्देश्य तो यह है कि भारतीय जनता के सामने उनकी सांस्कृतिक विरासत को ऐसे रूप में रखना जो उसकी समझ में आसानी से आ जाए। क्योंकि अब तक यह विरासत बहुत धूमिल रही है और दिन-दिन इसे धूमिल करने की चेष्टा जारी है। यह चेष्टा बड़ी खतरनाक है; यदि इसकी काट नहीं की गई, तो भारतीय जनता किस अन्धकूप में जा गिरेगी, कहा नहीं जा सकता।

यही इस पुस्तक का महत्त्व है। हिन्दी के ऊपर एक जिम्मेवारी आ गई है, उसे भारत की सांस्कृतिक एकता की भाषा बनना है। अतः दिनकर ने हिन्दी में इस पुस्तक को लिखकर उसकी जिम्मेवारी निभाई है। हम कह सकते हैं, राष्ट्रभाषा के रूप में हिन्दी ने यह प्रथम पुस्तक देश को अर्पित की है, जिसमें देश अपने सम्पूर्ण रूप की झलक पा सकता है।

राजनीति नहीं; संस्कृति !

राजनीति जब देश में कोलाहल मचाए हुए है, जब वह देश को फिर से नए-नए टुकड़ों में बाँटने के नाम पर सिर फुड़ौवल करवा रही है, गोलियाँ चलवा रही है, क्या यह शुभ की ओर इशारा नहीं कि साहित्य उसके सामने सांस्कृतिक एकता का एक ऐसा जबर्दस्त सन्देश प्रस्तुत कर सका है।

वैदिक काल से लेकर आज तक का हमारा सांस्कृतिक समन्वय एक कलाकार की कूँची से चित्राधार का रूप धारण कर गया है।

किन्तु दुख है, क्यों इसे राजनीति के चक्के में बाँधना दिनकर कवि ने स्वीकार किया ?

हम स्पष्ट कहें, पं. जवाहरलाल नेहरू से भूमिका लिखवाकर और राजेन्द्र बाबू को समर्पित करके इसके महत्त्व को कम कर दिया गया है—ऊपर से लगता है, जैसे दिल्ली की गद्दी के इशारे पर ही पुस्तक प्रस्तुत की गई है : नहीं तो कम-से-कम इतना तो मान ही लिया गया है, कि सिंहासन की सील-मुहर इसके मूल्य में कुछ अधिक वृद्धि कर सकेगी।

यही नहीं, दलगत राजनीति का आरोप भी अनजाने लगाए जाने से रोका नहीं जा सकता।

हमारी दृष्टि में दिनकर ने एक ऐसी पुस्तक हमें दी है, जो स्वतः ही उसकी कीर्त्ति में चार चाँद लगानेवाली है—यह किन्हीं की भूमिका या समर्पण की अपेक्षा नहीं रखती; भले ही

वे देश के कितने ही बड़े आदमी क्यों न हों !

इस समर्पण और भूमिका ने ही कितने लोगों को इस महान् साहित्यिक कृति के प्रति पूर्वधारणा पैदा कर दी है, हमने दुख के साथ यह अनुभव किया है।

'रेणुका', 'रसवन्ती', 'कुरुक्षेत्र', 'रश्मि-रथी' और 'नीलकुसुम' का महान कवि 'संस्कृति के चार अध्याय' की रचना करके महान लेखक के रूप में हमारे सामने आया है। 'मिट्टी की ओर' और 'अर्द्धनारीश्वर' में भी हम उसके गद्य-रचना-कौशल की झलक पा चुके थे।

हम उसका और उसकी इस कृति का सादर अभिनन्दन करते हैं। और आशा करते हैं, राजनीतिक पूर्वधारणा को दूर कर हर हिन्दी-भाषी इस सांस्कृतिक चित्राधार से अपने अध्ययन-कक्ष को सुशोभित करेगा।*

[**नई धारा,** अप्रैल 1956]

---

* संस्कृति के चार अध्याय : रामधारीसिंह 'दिनकर'; राजपाल ऐंड संस; दिल्ली; पृष्ठ 690; मूल्य : रु. 15.00

नंद-कथा

पं. रामबहादुर शर्माजी की यह पुस्तक देखकर कितनी पुरानी बातें दिमाग में उमड़ आईं।

शर्माजी को मैं 1921 से ही जानता हूँ। मैं उन दिनों 'तरुण भारत' में था। पटना के चौधुरी टोले में जो उसका आफिस था, उसमें शर्माजी भी आ गए थे। संस्कृत में एम.ए. कर वह वकालत पढ़ रहे थे। हम लोग साथ ही भोजन करते, साथ ही रहते-सहते। 'तरुण भारत' में वह कहानियाँ लिखते; किन्तु उससे भी अधिक सुन्दर कहानियाँ वह कहते। मैं सोचता, एक दिन शर्माजी की कहानियों से हिन्दी निहाल होगी। किन्तु शर्माजी अपनी योजना कुछ दूसरी ही बताते। वह चाहते थे कि संस्कृत के उत्तमोत्तम ग्रन्थों का हिन्दी-अनुवाद प्रकाशित किया जाए। उस ग्रन्थमाला के लिए उन्होंने कालिदास की यह सूक्ति चुन ली थी—'सरस्वती श्रुति महती महीयताम्।'

उसी समय उनके हाथ में मैंने 'सौन्दरनन्द' काव्य का बंगला अनुवाद देखा था, जो बड़ा ही भव्य छपा था। अपने अनुवाद ग्रन्थों की छपाई, कागज, आकार-प्रकार आदि के लिए इस अनुवाद को ही वह आदर्श मानते थे।

समय बीता। हम विलग हुए। उन्होंने वकालत शुरू की; एक राजा के प्राइवेट सेक्रेटरी हुए, एक बड़े स्टेट के मैनेजर, फिर जनरल मैनेजर बने। फिर वहाँ से हटकर किसी देहात में जा बसे हैं, यह भी सुना। इधर मैं भी सात घाट का पानी पीता रहा। कभी-कभी भेंट भी हो जाया करती थी। किन्तु मैं समझता था, उनके मन की साहित्य-सेवा की भावना सदा के लिए सो चुकी है।

कि अचानक एक दिन वह पहुँचे और बताया, उस घोर देहात में, अपनी उच्च शिक्षा प्राप्ति और उच्च पदों के उत्तरदायित्व-निर्वाह के बावजूद अब अपने हाथों सिर्फ खुरपी ही नहीं चलाते हैं, बल्कि उनका साहित्य-प्रेम फिर उमड़ा है और सबसे पहले उन्होंने महाकवि अश्वघोष के उस 'सौन्दरनन्द' काव्य को ही हाथ में लिया है। प्राचीन ऋषियों के आदर्शों के अनुरूप, बच्चों के लिए एक नीति-पुस्तक भी उन्होंने लिख डाली है, यह शुभ सूचना भी मुझे दी। मुझे लगा, जैसे एक अग्रज सहकर्मी बहुत दिनों के बिछुड़न के बाद फिर आ मिले हैं। मेरे आनन्द

की सीमा नहीं रही।

और, अब यह ग्रन्थ 'नन्द-कथा' के नाम से प्रकाशित होकर हिन्दी-संसार के समक्ष उपस्थित है।

यह 'सौन्दरनन्द' का अनुवाद-मात्र नहीं है। उस महाकाव्य के आधार पर शर्माजी ने 'नन्द-कथा' की स्वतन्त्र सृष्टि की है, ऐसा भी कहा जाता है। शर्माजी की एक अपनी शैली है, जो संस्कृत-साहित्य के निरन्तर अनुशीलन से उद्भूत हुई है। कदाचित् संस्कृत-साहित्य के सौन्दर्य और सौष्ठव को हिन्दी-पाठकों के सम्मुख सही रूप में समुपस्थित करने के लिए यह शैली ही सबसे अधिक उपयुक्त हो। 'नन्द-कथा' पढ़ते समय पद-पद पर लगता है कि हम संस्कृत-वाङ्मय की पगडंडी पकड़े बढ़ते जा रहे हैं। अधिक सुगम बनाने से बहुत सम्भव था, हम सौन्दरनन्द के काव्यानन्द से वंचित हो जाते। किन्तु इस संस्कृतनिष्ठ शैली में भी कहीं कठोरता, दुरूहता या जटिलता का अनुभव नहीं होता। कथा की धारा निर्बाध बहती जाती है, जिसमें अवगाहन कर चित्र उत्फुल्ल हो जाता है।

किन्तु शर्माजी के गम्भीर अध्ययन और अगाध विद्वत्ता का परिचय तो 'नन्द-कथा' की बहत्तर पृष्ठों में छपी भूमिका से मिलता है। अश्वघोष के सम्बन्ध में जो कुछ कहा जा सकता था, सब शर्माजी ने इस भूमिका में कह डाला है। पाटलिपुत्र की राजसभा को सुशोभित करनेवाला यह महाकवि तीन करोड़ मुद्रा की भरपाई में महाराज कनिष्क को प्राप्त हुआ था और कौन कह सकता है, हर्ष ने इसे पाकर कौड़ी-कौड़ी की वसूली नहीं पा ली। अश्वघोष ने बुद्ध की वाणी को काव्य-रूप देकर उसे ऐसा सरस और बोधगम्य बना दिया कि देश-विदेश में विरोधियों द्वारा भी वह ग्रहणयोग्य बन गई। यह आश्चर्य की बात नहीं कि जहाँ भारत में अश्वघोष की कृतियाँ बौद्धधर्म के साथ ही विलीन-सी हो गईं, वहाँ विदेशों में वे सुरक्षित रखी गईं। शर्माजी ने अश्वघोष की एक महाकृति को हिन्दी में लाकर पाटलिपुत्र का जो ऋण हम सब पर है, उससे अपने को उऋण करने की चेष्टा की है।

'सौन्दरनन्द' काव्य की तुलना करते हुए शर्माजी ने गीता से जो समता उपस्थित की है, वह अति मौलिक और मनोरंजक है। फिर बौद्धधर्म की विशेषताओं को जिस मार्मिकता और निष्पक्षता से उपस्थित किया है, वह उन्हीं के ऐसे मूढ़ भेदभाव से परे महाविद्वान से सम्भव था।

मुझे विश्वास है, शर्माजी की यह पुस्तक हिन्दी-संसार से योग्य आदर पाएगी और वह संस्कृत के अन्यान्य ग्रन्थरत्नों को इसी प्रकार राष्ट्रभाषा में लाते रहेंगे!

शर्माजी ने इस समय सारी सांसारिक झंझटों से अपने को मुक्त कर लिया है। मैं उनसे कहूँगा, आग्रह करूँगा, अपने जीवन का शेष भाग वह उस सपने को साकार बनाने के लिए दें, जो 1921 में उन्होंने हम लोगों के सामने रखा था, और जो आज तक, शायद उनकी ही प्रतीक्षा में है।*

---

* **नन्दकथा** : रामबहादुर शर्मा, प्रकाशक—वही, कदमकुआँ, पटना-3, पृष्ठ 120, मूल्य 5 रुपए।

हिमालय के संपादकीय

[1946 ई.]

'हिमालय' का प्रकाशन !

कहा जाता है, आदियुग में एक बार बहुत जोरों का भूकम्प हुआ जो बहुत दिनों तक लगातार जारी रहा। उस भूकम्प ने कितने देशों को अतल सागर में डुबो दिया। कितने सागरों को ऊपर उछालकर पर्वत का रूप दे दिया। हमारा नगराज हिमालय उसी युग की देन है। एक बहुत बड़ा भूकम्प पिछले छह वर्षों—आधे युग—से हमारी पृथ्वी को झकझोर रहा है। इसने सिर्फ पृथ्वी और उसके अवयवों से निर्मित हमारे शरीर को ही नहीं हिलाया-डुलाया, हमारे मस्तिष्क और हृदय एवं उनसे सम्बन्ध रखनेवाली सारी चीजों में भी उथलपुथल ला रखा है। विचारों और भावनाओं की दुनिया में आज अजीब हड़कम्प मचा हुआ है। सारी पुरानी धारणाएँ और परम्पराएँ नष्ट-भ्रष्ट हो रही हैं; उनके भग्नावशेष से एक नई संस्कृति आज धरातल पर सिर उठाकर झाँक रही है। 'हिमालय' का प्रकाशन उसी नव-जात संस्कृति-शिशु के आगमन का सूचक है। हमारा नगराज हिमालय अपने अचल-अटल रूप से स्थायित्व की ओर इंगित करता है और उसकी विशालता तथा उच्चता तो आप अपना मापदंड है ही। पत्थरों को फोड़कर जमनेवाले और आसमान से दो-दो बातें करनेवाले उसके देवदारु हमें जीवन और यौवन का सन्देश देते हैं, तो उसकी गोद में उछलनेवाली सरिताएँ और उनके तटों पर कुलाँचें भरनेवाले हिरन प्रवाह और प्रगति का पाठ हमें पढ़ाते हैं। यह "हिमालय' भी हिन्दी-साहित्य में स्थायित्व और उच्चता, जीवन और यौवन, प्रवाह और प्रगति का प्रतिनिधित्व करे, हमारी यही आकांक्षा है। प्रचलित राजनीति की धूलि-धूसरित दुनिया से बहुत ऊपर, विचारों और भावनाओं के विशुद्ध वायुमंडल में ले जाकर पाठकों के मन-प्राण को आप्यायित करना ही हमारा प्रमुख उद्देश्य है। जो 'वाद' सिर्फ विवाद का घर है, हमारा उससे वास्ता न होगा; हाँ, हम 'वादे वादे जायते तत्त्वबोधः' के हमेशा हिमायती बने रहेंगे। हम 'हिमालय' को कलात्मक कृतियों और आलोचनाओं का मुखपत्र बनाना चाहते हैं। हम निबन्ध वे ही देना चाहते हैं, जो विचारों की किसी नई दिशा के सूचक हों और उनके योग्य अधिकारियों द्वारा लिखे गए हों। स्वभावतः 'हिमालय' में निबन्ध कम होंगे और कविता, कहानी, शब्दचित्र (स्केच), एकांकी, नाटक, संस्मरण, आत्मकथा और आलोचना अधिक। हम अपने पाठकों को विश्वसाहित्य की उत्तमोत्तम चीजों से भी परिचित कराते रहेंगे। हमें पूरी आशा है, हिन्दी के मान्य आचार्यों और कलाकारों का पूरा सहयोग हमें इस शुभ प्रयत्न के लिए प्राप्त होता रहेगा।

हिन्दी-हिन्दोस्तानी

हिन्दी के लिए वह सौभाग्य का दिन था, जब महात्माजी ने अपने वरदहस्त की छाया उसे प्रदान की, उसे राष्ट्रभाषा बनाने का उत्तरदायित्व अपने ऊपर लिया और थोड़े ही दिनों में उनके प्रताप से हिन्दी को जो गौरव प्राप्त हुआ, वह हमारी आँखों के सामने चाँद-सूरज-सा प्रत्यक्ष है। किन्तु, हिन्दी का वह सौभाग्य आज उससे छिन गया है, कुछ अनिवार्य कारणों से गाँधीजी ने अपना हाथ उसके सिर से उठा लिया है; हिन्दी का वह सौभाग्य आज हिन्दोस्तानी को प्राप्त है। अब, सुनते हैं, वही हिन्दोस्तान की राष्ट्रभाषा के स्वर्ण-सिंहासन पर राजरानी बनकर बैठने जा रही है।

महात्माजी हिन्दी-साहित्य-सम्मेलन से उदासीन-से हो गए हैं। किन्तु इसका अर्थ यह नहीं है कि उन्होंने हिन्दी को छोड़ ही दिया है। जिस भाषा में विद्यापति और कबीर, सूर और तुलसी ऐसे कवि और सन्त हों, उसे भला सन्त-शिरोमणि 'बापू' कैसे छोड़ सकते हैं ? फिर हिन्दोस्तानी का प्रचार तो हिन्दी के प्रसार के लिए बढ़ाया गया एक अगला कदम होगा—यदि हम सामने

की घटनाओं को उनके सही रूप में देखने की कोशिश करें। तमिल-तेलगु और आसामी-बलूची भाषाओं के बोलनेवाले जिस दिन हिन्दोस्तानी सीख लेंगे उस दिन उनके सामने अपने कलाकारों और कवियों को रखने में हमें कितनी आसानी होगी। उस दिन हिन्दोस्तानी वह दरवाजा साबित होगी, जिससे होकर हम क्रमशः अन्य भाषाभाषियों के निकट अपनी चीजें पहुँचा सकेंगे। इसलिए, महात्माजी द्वारा हिन्दोस्तानी के प्रचार किए जाने से हमें घबराना नहीं चाहिए, बल्कि हमें यह समझना चाहिए कि उससे हिन्दीप्रचार का मार्ग और भी प्रशस्त होगा। याद रहे, भाषा वही जीवित रहेगी, जिसमें उत्तम लोकोपकारी साहित्य होगा, जिसमें हमारी राष्ट्रीय भावनाओं को उद्‌बुद्ध करने की शक्ति होगी। राष्ट्रभाषा के रूप में न सही अखिल भारतीय शुद्ध साहित्यिक भाषा के रूप में देश हिन्दी को ग्रहण करे, इसके लिए हमें सतत प्रयत्न तो करते रहना ही है। इस दृष्टि से हम हिन्दी-भाषियों के सामने एक ही रास्ता है—वह यह कि हम उत्तमोत्तम साहित्य की सृष्टि करें और अपने पुराने साहित्य को नए रूपरंग में देश के सामने रखें। विद्यापति और कबीर, सूर और तुलसी के ग्रन्थों का क्या एक भी संस्करण हमने अन्य भाषाभाषियों के समक्ष रखने की दृष्टि से तैयार किया है ? 'घर में खपाने के लिए' तैयार किए गए माल और 'बाहर भेजने के लिए' तैयार किए गए माल में कुछ तो अन्तर होता ही है, क्या इसे भी समझाने की जरूरत है ? किन्तु, आज तो हम हिन्दी-हिन्दोस्तानी के संहारात्मक विवाद में इस तरह फँस गए हैं कि कोई रचनात्मक कार्य हमें सूझता ही नहीं। हिन्दोस्तानी को कोसिए, गाँधीजी को खरी-खोटी सुनाइए, हमारे हिन्दीप्रेम का आज एकमात्र प्रमाण यही है। हमारा हिन्दी-साहित्य-सम्मेलन (प्रयाग) रचनात्मक कार्य की ओर प्रवृत्त होकर बहुत-कुछ कर सकता था; किन्तु उस पर कुछ ऐसी काली छाया पड़ी हुई है कि हिन्दी का उज्ज्वल व्यक्तित्व भी उसमें ढक गया है। सम्मेलन के प्रचारात्मक कार्य में अब तक बहुत-कुछ सफलता प्राप्त हो चुकी है, उसे अब रचनात्मक कार्यों की ओर ही विशेष ध्यान देना चाहिए। जनवरी की 'सरस्वती' में उसके दूरदर्शी सम्पादक ने ठीक लिखा है—''यदि सम्मेलन हिन्दी का राष्ट्रभाषा के रूप में प्रचार करेगा तो उसका महात्मा गाँधी के हिन्दुस्तानी के कार्यक्रम से संघर्ष होगा और इस संघर्ष में सम्मेलन के विजयी होने में सन्देह है। (क्योंकि) जरूरत है काम करनेवालों की जिनका सम्मेलन के पास सदैव अभाव रहा है। ऐसी दशा में उसके लिए बुद्धिमत्ता की बात यही होगी कि वह ऐसे संघर्ष से दूर रहकर अपनी हिन्दी के पोषण के लिए किसी दूसरी योजना को ही अपनाए।'' और वह योजना साहित्य-निर्माण की ही हो सकती है। 'सरस्वती' के उसी अंक में श्रीकालिदास कपूर की 'साहित्यिक निर्माण योजना' प्रकाशित हुई है। वह लिखते हैं—''हिन्दी साहित्य की सेवा के दो अंग हैं, निर्माण और प्रचार। निर्माण पहले, उसके पीछे प्रचार। साहित्य-निर्माण हो रहा है; परन्तु अनियमित, किसी राष्ट्रीय योजना के अनुसार नहीं।'' तो क्यों न सम्मेलन ही वह राष्ट्रीय योजना बनाकर 'नियमित' रूप से साहित्य-निर्माण करे ?

साहित्य में प्रगतिवाद

जिस तरह कुछ लोगों ने अपनी करनी-करतूत से 'कम्यूनिज्म' शब्द को बदनाम कर दिया है, उसी तरह उन लोगों ने साहित्य में 'प्रगतिवाद' शब्द को भी घिनौना बना दिया है। आज राजनीति में 'कम्यूनिज्म' के मानी 'मार्क्स' और 'लेनिन' का क्रान्तिकारी सिद्धान्त नहीं, बल्कि वह सिद्धान्त है जो देश के नाम पर विदेश की पूजा करे, क्रान्तिकारी कार्य के नाम पर अनर्गल नारे लगाए, सर्वहारा-वर्ग के नाम पर स्वेच्छाचारियों की जमात जुटाए और राष्ट्रीय एकता को तहस-नहस कर राष्ट्रशत्रुओं के तलवे सहलाए। उसी तरह प्रगतिवाद के नाम पर उन लोगों

ने उस साहित्य का प्रचार शुरू किया है, जो बैठेठाले बाबूवर्ग के नौजवान बेटों की अशक्त और अतृप्त काम-वासना को उद्दीप्ति और तृप्ति दे, और हमारे बड़े-से-बड़े कलाकार के जीवन में 'गहरे' घुसकर उस काम-स्रोत की तलाश करे, जिसके आधार पर ही, उनकी समझ में, कला के मूल का पता लग सकता है और उसका यथार्थ मूल्यांकन हो सकता है। हमारे इन प्रगतिवादियों ने वर्तमान हिन्दी के सर्वमान्य कलाकार स्वर्गीय प्रेमचन्द को उनके 'घर में' पकड़ा है और पक्के सबूत के साथ सिद्ध कर दिया है कि एक पत्नी का उन्होंने परित्याग कर दिया था तो दूसरी पत्नी को दिनदहाड़े धोखे में रखकर तीसरी स्त्री से अवैध सम्बन्ध स्थापित कर रखा था ! आप ही कहिए, जब तक हम यह नहीं जान लेते तब तक 'सेवासदन', 'प्रेमाश्रम', 'रंगभूमि' और 'गोदान' का कलात्मक विश्लेषण किस प्रकार कर सकते थे ! यों ही, रचनाओं में काम-वासना के नंगे से नंगे चित्र रखकर इन्होंने मानो यह सिद्ध कर दिया है कि परिधान का आविष्कार मनुष्यों ने व्यर्थ किया, उसे तो नंगधड़ंग सड़कों पर घूमना चाहिए। जहाँ सम्भ्रान्त महिलाओं और सज्जनों से भरे मजमे में प्रगतिवाद पर व्याख्यान देते हुए एक पी-एच.डी. वक्ता काम-वासना की पूर्ति को 'जरा एक कोने में जाकर हल्के हो लिए' कहता हुआ महिलाओं की ओर सिर घुमाकर निर्लज्जतापूर्वक मुस्कुरा दे सकता है, उस प्रगतिवाद से इसकी रक्षा भगवान करे ! यह 'प्रगतिवाद' वास्तविक प्रगतिवाद नहीं, कामवाद है, प्रमाद है। उन्माद है। ऐसे प्रगतिवाद के लिए समाज में स्थान नहीं। ऐसे लोगों के लिए राँची के निकट एक बहुत ही मनोरम स्थान में एक भव्य भवन बना दिया गया है। इन्हें जितना जल्द वहाँ भेज दिया जाए, समाज का उतना ही शीघ्र कल्याण हो।

[**हिमालय,** वर्ष-1, अंक-1, 1946]

भाषा की समस्या

हम क्या लिखें, कैसे लिखें—इस प्रश्न पर जो आज विवाद चल रहा है, वह तुरत हल हो जाए, अगर हम यह तय कर लें कि हम किसके लिए लिखें। ज्यों ही हमने अपने-अपने पाठकों को जान लिया, भाषा-सम्बन्धी समस्या आप-से-आप सुलझ जाएगी। जब तक हमारा ध्यान साहित्य के मर्मज्ञों या आचार्यों, कालेज के प्रोफेसरों या ऊँची शिक्षा प्राप्त कर घर में बैठे-बैठे मुफ्त के माल उड़ानेवाले साहित्य-'रसिकों' की ओर लगा है, तब तक हमारी भाषा पंडिताऊ, भारी और उलझी हुई होगी ही। किन्तु ज्यों ही हमने अपना ध्यान अपनी माँ-बहन, अपने भाई-बन्धु, अपने परिवार-कुटुम्ब और अपने पड़ोसी की ओर केन्द्रित किया, त्यों ही सरल-सहज शब्दों की ओर हम आप ही आप खिंचेंगे। आपके घर में आपकी माँ किसी 'चीज' की 'जरूरत' बताती है, आप 'बाजार' जाते हैं, 'खरीद' लाते हैं। किन्तु ज्यों ही आप लिखने बैठते हैं 'वस्तुओं के आवश्यकतावश माता द्वारा प्रेरित किए जाने पर आप किसी नगर की ओर प्रस्थान करते और वहाँ क्रय-विक्रय में तल्लीन हो जाते हैं' ! आज की भाषा की दुरूहता या जटिलता की नींव है हमारे जीवन की कृत्रिमता पर। इसके मजे भी हमें चखने पड़ते हैं। हिन्दी-पुस्तकों की बिक्री इतनी कम क्यों होती है ? कारण स्पष्ट है—उन्हें खरीदे कौन ? जिन्हें इन पुस्तकों की जरूरत है, उनके लिए तो वे लिखी नहीं जातीं और जिनके लिए लिखी जाती हैं उनकी तायदाद ही कितनी है। हिन्दी के बड़े-से-बड़े कलाकार की रचनाओं का साल-भर में एकाध हजार खप जाना भी मुश्किल हो जाता है—जब हिन्दी-भाषियों की संख्या लगभग बीस करोड़ है। जो लोग यह मान बैठे हैं कि उच्च और कोमल भावनाओं एवं जटिल वैज्ञानिक विचारों को प्रकट करने के

लिए 'कड़ी' भाषा का व्यवहार अनिवार्य है, वे गलती पर हैं। उच्च से उच्च, कोमल से कोमल भावों को हमारे 'कबीर' किन शब्दों में कह गए और विज्ञान की जटिल समस्याओं को भी 'हक्सले' किन साधारण शब्दों में अंग्रेजी जनता के सामने सुलझाकर रख देता है ! हाँ, सुगम शब्दों में भावों और विचारों को जनता के आगे रखने के लिए कुछ तपस्या चाहिए, कुछ साधना चाहिए। और हमारे अधिकांश साहित्यिक, तपस्या और साधना से भागते हैं। शब्दों के घटाटोप में अपनी दुर्बलता छिपाने का जो उपहासमय प्रयत्न वे करते हैं, उसका बदला हिन्दी जनता उनके प्रति उपेक्षा दिखाकर चुकाती है ! यह स्वाभाविक भी है !

हिन्दी के नाम पर एक लाख

मन्दर (बौंसी, भागलपुर) में बिहार-प्रादेशिक हिन्दी-साहित्य-सम्मेलन का उन्नीसवाँ अधिवेशन, गत वसन्तपंचमी के अवसर पर, 6-7 फरवरी को हुआ। उसके सभापति श्रीरामधारी प्रसादजी ने अपने अत्यन्त उपयोगी भाषण में सम्मेलन को नए ढंग से संगठित और सुसंचालित करने के लिए कई सुन्दर व्यवस्थाएँ सुझाई हैं और इस साल सम्मेलन की रजत-जयन्ती मनाने का शुभ परामर्श दिया है। उनकी महत्त्वपूर्ण बातों पर ध्यान रखते हुए सम्मेलन ने इस वर्ष के लिए एक कार्यक्रम बनाया है और उसके लिए बिहार के हिन्दी-प्रेमियों से एक लाख रुपए की अपील की है। इस समय सम्मेलन के सामने मुख्यतः चार-पाँच कार्य हैं—अधूरे सम्मेलन-भवन को पूरा कर देना, सम्मेलन की रजत-जयन्ती मनाना, सम्मेलन के कार्यालय को सुचारू रूप से संचालित करना, जिला-सम्मेलनों का संगठन करना और प्रान्त के आदिवासियों के बीच हिन्दी का प्रचार करना। सम्मेलन-भवन को प्रान्त की राजधानी के उपयुक्त बनाने के लिए कम से कम चालीस हजार रुपए चाहिए। आदिवासियों में हिन्दी प्रचार के लिए एक लाख का एक अलग कोष हो तो अच्छा। किन्तु कम-से-कम पचीस हजार रुपए इकट्ठा करके ही उस काम में हाथ लगाना है। रजतजयन्ती के लिए भी इतनी ही रकम की जरूरत होगी। सम्मेलन कार्यालय को—जिसमें पुस्तकालय और वाचनालय भी सम्मिलित हैं—समयानुकूल आवश्यकता के अनुसार सुव्यवस्थित करने एवं एक वर्ष तक सफलता के साथ चलाने के लिए दस हजार रुपए की जरूरत होगी ही। क्योंकि जिला-सम्मेलनों का भी संगठन करना है। इस प्रकार, इस समय कम-से-कम पचहत्तर हजार रुपए की सहायता तो शीघ्र ही मिलनी चाहिए और सम्मेलन के स्थायी कोष में भी कम-से-कम पचीस हजार तो रखना ही है। इन्हीं बातों पर ध्यान रखकर लाख रुपए की माँग प्रान्त के हिन्दी-प्रेमियों से की गई है। क्या यह मांग अधिक है ? बिहार में सोलह जिले हैं, लगभग एक दर्जन रजवाड़े और कई दर्जन लखपति जमीन्दार और साहूकार हैं। हिन्दी सबकी मातृभाषा है। हिन्दी के अभ्युदय के लिए ही सम्मेलन के सारे प्रयत्न हैं। उसके कोष के लिए सबकी थैली का मुँह खुलना चाहिए। यदि हम सबने इसकी ओर ध्यान दिया, तो बात-की-बात में यह रकम पूरी हो जाएगी और प्रान्त में हिन्दी का भंडा सातवें आसमान में लहराने लगेगा। हमें आशा है, सम्मेलन की अपील पर तुरत ध्यान दिया जाएगा और सम्मेलन के कार्य सुचारु रूप से होने लगेंगे।

[**हिमालय**, वर्ष-1, अंक-2]

भाषा में पाकिस्तान

हिन्दोस्तान में दो प्रवृत्तियाँ देखी जा रही हैं—एक है, उसकी अखंडता को कायम रखने की प्रवृत्ति और दूसरी उसे टुकड़ों में बाँटने की प्रवृत्ति। इन प्रवृत्तियों का जो राजनीतिक रूप है, उसकी ओर तो सबका ध्यान जाता है; किन्तु दूसरे क्षेत्रों में इन दो प्रवृत्तियों के जो घात-प्रतिघात चल रहे हैं, उनकी ओर हम कभी ध्यान भी नहीं देते। तमाशा तो यह है कि राजनीतिक क्षेत्र में जो एक प्रवृत्ति के समर्थक हैं, दूसरे क्षेत्रों में उसके विपरीत प्रवृत्ति के ! हम राजनीति और भाषा, इन्हीं दोनों को लें। राजनीति में जो भारत की अखंडता के जबरदस्त समर्थक हैं, पाकिस्तान के नाम पर ही जिनकी आँखें सुर्ख हो जाती हैं, वे ही भाषा के सम्बन्ध में पाकिस्तानी प्रवृत्ति के ज्वलंत उदाहरण हैं यानी, वे भाषा के बारे में देश का टुकड़े-टुकड़े बँट जाना बुरा नहीं समझते बल्कि ऐसा होना वांछनीय मानते हैं। हम हिन्दीवालों का यह अभिमान था। हमारी भाषा का क्षेत्र राजमहल से पानीपत तक और काठमांठू से इन्दौर तक था। इसमें से बहुत यह भी कल्पना करते थे कि यह हिन्दीभाषी प्रान्त एक-न-एक दिन एक सूत्र में बँधेगा और भारत के सभी प्रान्तों से बड़ा होने एवं भारत के हृदय-भाग में स्थित होने के कारण सभी क्षेत्रों में समस्त भारत का नेतृत्व करेगा, जैसा पहले करता आया है। किन्तु, इधर 'जनपदीय भाषा' के नाम से एक नया खटराग शुरू किया गया है जो मौलिक रूप में पाकिस्तानी प्रवृत्ति का द्योतक है। हिन्दीभाषा के अन्दर जो भिन्न-भिन्न बोलियाँ हैं, उनके गीतों का संग्रह हो, मुहावरों का संग्रह हो, खास-खास शब्दों का संग्रह हो और वे हिन्दी की निधि भी माने जाएँ, उनसे हिन्दी के कोष की वृद्धि की जाए, यह तो समझ में आने की चीज है और अपनाने की चीज भी। किन्तु, आज दो हजार वर्ष के पुराने जनपदों के नाम पर फिर से भूभाग का नया बँटवारा करने और उनकी बोलियों को ही उनकी भाषा मानने और उस तथाकथित भाषा में ही शिक्षा का प्रबन्ध किए जाने, उन्हें युनिवर्सिटियों में स्थान दिलाने की कोशिशें चल रही हैं--यह पाकिस्तानी मनोवृत्ति नहीं तो क्या है ? भाषा को टुकड़ों में बाँटने की गर्हित नीति का कैसा नग्न प्रदर्शन ! बिहार का ही उदाहरण लीजिए—यदि बिहार को आप मैथिली, मगही और भोजपुरी क्षेत्रों में बाँट देते हैं, तो पहली चीज तो यह कि बिहार नाम की चीज कहाँ रह जाती है और फिर हिन्दी के लिए यहाँ जगह ही कहाँ रह पाती है। सौभाग्य की बात है कि मगही और भोजपुरी बोलियों के बोलनेवाले इस घातक प्रवृत्ति से बहुत दूर हैं—बोली को भाषा बनाने की दुश्चेष्टा का दुष्परिणाम वे जानते हैं। उनमें राष्ट्रभक्ति अधिक है, संकीर्णता से वे परे हैं, फलतः वे हिन्दी को ही अपनी मातृभाषा के रूप में अपनाए हुए हैं और हिन्दी के अहित में अपनी उँगली तक उठाने को वे तैयार नहीं। किन्तु, दुर्भाग्य की बात है कि मैथिली के कुछ हिमायती, जोश में होश खोकर हिन्दी के हित पर कुठाराघात करने से नहीं हिचकते। वे भारतीय संस्कृति के पूजक हैं, भारत की अखंडता पर भी उनका विश्वास है, फिर हम उन्हें कैसे समझाएँ कि वे अनजाने ही किस घातक प्रवृत्ति के शिकार हो रहे हैं ! यह युग विघटन का नहीं, संघबद्ध होने का है। हम अपनी विशेषता की अवश्य रक्षा करें, किन्तु उस विशालता का विघटन न होने दें जिसके अन्दर रहकर ही हमारी विशेषता की भी रक्षा हो सकती है। हम संघबद्ध हो सात रंगोंवाला इन्द्रधनुष बनें—इन्द्रधनुष से उसके रंगों को विलग-विलग करने की चेष्टा तो एक घोर नास्तिकता होगी !

लोकभाषा बनाम शिष्टभाषा

अभी हाल में काका कालेलकर साहब का राष्ट्रभाषा के सम्बन्ध में जो बिहार का दौरा हुआ, उस सिलसिले में उन्होंने एक बात की और लोगों का ध्यान बार-बार खींचा। उनका कहना है—''भारतीय साहित्य का अध्ययन हमें बताता है कि हमारे यहाँ हमेशा से दो भाषाएँ रही

हैं—एक लोकभाषा, दूसरी शिष्टभाषा। संस्कृत खुद एक शिष्टभाषा थी, लेकिन उसके साथ एक बहुप्रचलित भाषा भी थी, जिसकी झलक संस्कृत के नाटकों के पढ़ने से हमें मिलती है। उन नाटकों में स्त्री-पात्रों (जिनमें राजरानियाँ और राजकन्याएँ भी हैं) एवं साधारण जनों की हमेशा से ही एक अलग भाषा रखी गई है ! मानो यह बात ही पुकार-पुकारकर कहती है कि संस्कृत मुट्ठी-भर पढ़े-लिखे लोगों की बनावटी भाषा थी और इसीलिए 'संस्कृत' कहलाती थी। मानवता का ज्यादा हिस्सा—पूरा स्त्री-समाज—उस भाषा से दूर था और सारी की सारी जनता भी उससे कोई सरोकार नहीं रखती थी। उनकी एक अलग भाषा थी, जो स्वाभाविक भाषा होने के कारण ही 'प्राकृत' कहलाती थी। गौतम बुद्ध ने इसी साधारण जनों की भाषा, गाँव की, कुटीरों की भाषा, 'पल्लियों की भाषा' को अपनाया और पल्लियों की भाषा होने के ही कारण 'पाली' कहलाई। बुद्ध के बाद जो सिद्ध और सन्त हुए, उन्होंने इस परम्परा को और भी आगे बढ़ाया और फलतः हम हिन्दी का जन्म होता हुआ देखते हैं। हिन्दी सिद्धों की भाषा है, सन्तों की भाषा है, साधारण जनों की भाषा है; इसलिए उसकी सरलता, सुगमता, सुघरता और अमरता स्वयंसिद्ध है। किन्तु इधर इस 'प्राकृत' की 'बेटी' को कुछ 'विद्वान' लोग 'संस्कृत की चेरी' बनाने पर तुले हुए हैं, जो सर्वथा अवांछनीय और किसी भी हालत में प्रशंसनीय नहीं है। हिन्दोस्तानी विद्वानों द्वारा हिन्दी को संस्कृत करने की चेष्टा के विरोध में उठाई गई आवाज है। सचमुच हिन्दोस्तानी हिन्दी को संस्कृत करने की चेष्टा के विरोध में उठाई गई आवाज है, या नहीं—हम इस विवाद में नहीं पड़ना चाहते; किन्तु हिन्दी को कुछ अन्य मान विद्वानों ने जो उसको आधुनिक रूप दिया है, वह तो सचमुच उसे संस्कृत नहीं तो संस्कृतमयी बनाने का प्रयत्न मात्र ही समझा जाएगा। भारतेन्दु हरिश्चन्द्र ने काशी में जिस हिन्दी को जन्म दिया, उसकी दो धाराएँ उसी काशी से चलीं और आज ऐसा मालूम होता है, एक ही स्थान से निकले ब्रह्मपुत्र और सिन्धु की तरह दोनों दो विपरीत दिशाओं में जाती हुई, दो समुद्रों में गिरकर ही शान्त होंगी। उसकी एक धारा के प्रतिनिधि हैं देवकीनन्दन खत्री, किशोरीलाल गोस्वामी और प्रेमचन्दजी और बाबू श्यामसुन्दर दास, श्री जयशंकर 'प्रसाद' और आचार्य रामचन्द्र शुक्ल दूसरी धारा का प्रतिनिधित्व करते हैं। काश, यह गंगा-यमुना की धारा होती और किसी पुण्यभूमि और पुण्यकाल में इसका संगम हो पाता ! तभी अन्तर्धारा सरस्वती के हम प्रत्यक्ष दर्शन कर पाते और उस पावन त्रिवेणी में डुबकियाँ लगाकर अपने तन-मन-प्राण को विमल-शीतल कर सकते !

[**हिमालय,** वर्ष-1, अंक-3]

सम्मेलन का सभापति

हाल ही हिन्दी के एक सुप्रसिद्ध साहित्यसेवी बम्बई गए थे। जब उनका एक मित्र के घर पर श्री के.एम. मुंशी से परिचय कराया जाने लगा, तो मुंशी साहब ने कहा—"मुझे शर्म है, साहब, कि हिन्दी साहित्य-सम्मेलन का सभापति होकर न तो मैं अच्छी हिन्दी जानता हूँ; न हिन्दी के साहित्यिकों से मेरा वैसा कोई परिचय ही है।" श्रीमुंशी गुजराती साहित्य के आचार्यों में हैं, शिष्टता और भद्रता के अवतार माने जाते हैं, इसलिए उन्होंने उपर्युक्त शब्दों में अपनी लाचारी जाहिर कर अपनी कीर्ति में चार चाँद ही लगाया। वह असत्य का सहारा क्यों लेते ? वह स्वयं महान हैं। सम्मेलन के सभापतित्व का सेहरा उनकी महत्ता में कोई ज्यादा वृद्धि नहीं कर सका होगा, जिसकी रक्षा के लिए वह बहाने या औचित्य ढूँढ़ें। लेकिन, दुःख होता है, अपने लोगों

की प्रवृत्ति पर, जो सम्मेलन के सभापतित्व के लिए मुंशीजी ऐसी हस्तियों की तलाश में बावले रहते हैं ! आखिर मुंशीजी को सम्मेलन का सभापतित्व क्यों सौंपा गया ? उन्होंने हिन्दी की कौन-सी उल्लेखनीय सेवा की है ? लेकिन मैं भूल कर रहा हूँ ! क्या उन्होंने 'अखंड भारत' का नारा नहीं दिया था ? क्या वह उसी गुजरात से नहीं आए हैं जहाँ से गाँधीजी, और गाँधीजी को कोसनेवालों के लिए गुजरात से ही एक और 'हिन्दी'-प्रेमी ढूँढ़ लाना क्या आवश्यक नहीं था ? बात साफ यों है कि सम्मेलन इस समय 'पाकिस्तानी' मनोवृत्तिवालों का अखाड़ा बना हुआ है और 'हिन्दोस्तानी' के कल्पित भूत को भगाने के नाम पर चाहे जिस छड़ी का इस्तेमाल करने से नहीं चूक सकते ! भले ही वह छड़ी इन्हीं की पीठ पर टूटे ! क्योंकि मुंशी साहब का भाषण पढ़ने का मौका मिला तो देखा, हिन्दी के साथ हिन्दोस्तानी का पुछल्ला भाषण के अन्त तक नहीं टूट पाया है।

टंडनजी स्थायी सभापति हों

मैं इस सम्बन्ध में एक दुस्साहस करने की धृष्टता कर रहा हूँ। मैं सम्मेलन के प्रयागी पंडों के निकट एक निवेदन रखता हूँ, जो उनकी पाकिस्तानी प्रवृत्ति के अनुकूल है। वह यह कि सम्मेलन के लिए हर साल सभापति चुनने का ढोंग छोड़ा जाए ! कभी पंजाब, कभी गुजरात; सम्मेलन के सभापति ढूँढ़ने के लिए मारे-मारे फिरने की आवश्यकता ही क्या है, जब घर में ही श्रद्धेय टंडनजी का महान व्यक्तित्व उपलब्ध है। उन्हें ही क्यों न सम्मेलन का स्थायी सभापति बना दिया जाए, जिस तरह मुस्लिम लीग ने, 'कायदेआजम जिना' को अपना स्थायी सभापति बना रखा है ? टंडनजी ने अपना सम्पूर्ण जीवन ही हिन्दी-सेवा के लिए उत्सर्ग कर रखा है। हिन्दी के उत्थान के लिए उनके पास योजनाओं की कमी नहीं है और यदि उसी पर सब कुछ निर्भर कर दिया जाए, तो उन योजनाओं के लिए उपादान एकत्र करने में भी वह अवश्य सफल होंगे। यदि दस साल तक टंडनजी ही सभापति रहे, तो मेरा खयाल है हिन्दी साहित्य की अपूर्व सेवा बन आवे। यदि ऐसा हुआ, तो हिन्दी-अखबारों के कालम सभापतित्व के लिए किए जानेवाले 'कन्वासिंग' के कारनामों से कलुषित होने से बच जाएँ; मन्त्रित्व और समितियों की सदस्यता के लिए होनेवाली दौड़-धूप और होड़ से भी हिन्दी संसार को मुक्ति मिले एवं निश्चिन्त होकर साहित्य-सृष्टि करनेवालों को एक युग तक की एकान्त साधना के लिए उपयुक्त वातावरण भी सहज ही प्राप्त हो जाए। हाँ, यदि इसके साथ ही मंगलाप्रसाद आदि पारितोषिकों के लिए प्रयाग के दस-दस 'विद्वानों' की एक लिस्ट बना ली जाए और हर साल 'चिट्ठी' डालकर जिनके नाम निकल आएँ, उन्हें ही निर्णायक-पद अर्पित करने का सिलसिला बना दिया जाए, तो और भी उत्तम हो ! पहले, पारितोषिक-समितियों में 'अपने' ही लोगों को रखवाया जाए, फिर ऐसी तिकड़म की जाए कि 'अपने' ही लोगों की पुस्तकें उनमें भेजी जाएँ और अन्त में, फिर घूमघामकर यह निश्चित कर लिया जाए कि मत 'अपने' ही लोगों को मिले—इस द्राविड़ प्राणायाम की क्या जरूरत ? हमें झूठी लोकलज्जा से परे होने की थोड़ी चेष्टा तो करनी ही चाहिए।

[**हिमालय**, वर्ष-1, अंक-6]

प्रवासिनी हिन्दी का कराची-सम्मेलन !

हिन्दी-साहित्य-सम्मेलन, प्रयाग ने इधर कुछ वर्षों से हिन्दी को उसके घर में खदेड़ रखा है ! कभी वह राजस्थान की धूल फाँकती है, कभी हिमालय की शीतल हवा का मजा लेती है, कभी रावी का पावन जल पीती है, तो कभी अरब-समुद्र के तट पर भ्रमण करती है। उसका अपना जो घर है—बिहार, युक्तप्रान्त और महाकोशल—उसमें अब उसे घुसने नहीं दिया जाता ! नहीं, अब वह घर में क्यों रहेगी ! आधुनिक कुल-नारी की तरह अपने घर में अँटती जो नहीं है ! वह विजय को निकली है, अपनी विजय-वैजयन्ती सारे हिन्दुस्तान पर उड़ाने को निकली है ! इस साल उसने सिंध भी फतह कर लिया ! वियोगी हरि जी ऐसे महारथी इस साल उसके सिपहसालार थे। किन्तु, पूछा जा सकता है, उनकी फौज की तायदाद कितनी थी ? बिहार युक्तप्रान्त और महाकोशल से कितने सैनिक हिन्दी के इस महाअभियान में सम्मिलित थे। इसमें प्रयाग को बाद दे दीजिए, क्योंकि जिन्होंने उसे प्रवासिनी बनाया है, उन्हें उसकी लाज रखने को वहाँ पहुँचना ही था। सिर्फ लाज रखने को ? या अपना राज्य रखने को ? लेकिन, ये सब सवाल उठाना उचित नहीं। छोटी सेना से भी बड़ी विजय प्राप्त की जा सकती है और पाई हुई गद्दी किसने कब छोड़ी है ? कराची के बाद, हमारी राय है, अहमदाबाद, सूरत, मैसूर, हैदराबाद, मद्रास, कटक, ढाका, शिलांग, रंगून आदि की विजय करके ही हिन्दी को अपने घर पर लौटना चाहिए।

मंगलाप्रसाद पारितोषिक

हर साल के मंगलाप्रसाद-पारितोषिक के बारह सौ रुपए सुप्रसिद्ध कवयित्री श्रीमती महादेवी वर्मा को मिले हैं। महादेवीजी को यह पुरस्कार कब का न मिल जाना चाहिए था ! हिन्दी की कविता को जो उनकी देन है, उस पर ऐसे कितने पुरस्कार निछावर किए जाने चाहिए। किन्तु, इस पुरस्कार का यह दुर्भाग्य रहा है कि यह समय पर किसी कलाकार को नहीं प्राप्त हो सका ! आधुनिक हिन्दी के सर्वश्रेष्ठ कलाकार प्रेमचन्दजी जीवन-भर इससे वंचित रखे गए ! और 'प्रसाद' जी को भी यह मिला उनके स्वर्गीय होने पर ! यदि महादेवीजी को यह मिला भी है, तो बहुत बुरे ढंग से और गणना की गलती से ! पंत, निराला और भारतीय आत्मा की कविताओं के समक्ष रखकर महादेवीजी की कविता का जो शव-परीक्षण कराया गया है, वह सिर्फ दर्दनाक ही नहीं, सर्वथा अनुचित भी कहा जाएगा। ये चारों के चारों कवि ऐसे हैं जिन्हें आदर के साथ बुलाकर यह पुरस्कार अर्पित किया जाना चाहिए था—इन्हें पारस्परिक प्रतियोगिता में रखना तो असहृदयता और अनौचित्य की पराकाष्ठा है। फिर, इस प्रतियोगिता के फल की भी सही गणना नहीं की गई ! दस परीक्षकों में से चार ने महादेवीजी को, तीन ने निरालाजी को, दो ने पंतजी को और एक ने भारतीय आत्मा को प्रथम मत दिए हैं। किन्तु ऐसे परीक्षणों में सिर्फ प्रथम मत से ही निर्णय नहीं किया जा सकता, द्वितीय और तृतीय मत भी निर्णय को बहुत प्रभावित करते हैं। और, यहाँ तो द्वितीय मत ही इतने स्पष्ट हैं कि महादेवीजी को न मिलकर यह पुरस्कार निरालाजी को मिलना चाहिए था—जहाँ निरालाजी को चार द्वितीय मत मिले हैं, वहाँ महादेवीजी को सिर्फ एक, और तृतीय मत दोनों को बराबर मिले हैं।

परीक्षक और परीक्षा-प्रणाली

मंगलाप्रसाद-पारितोषिक के ये परीक्षक कौन थे और इनकी परीक्षा-प्रणाली क्या थी ? हिन्दी के चार धुरंधर कलाकारों की रचनाओं पर मत देने के लिए जो 'कलाविद्' चुने गए, उनमें कुछ तो ऐसे भी हैं, जिनकी 'कला-मर्मज्ञता' का कोई प्रमाण हिन्दी-संसार को आज तक नहीं मिल पाया है ! उनमें से कई तो ऐसे हैं, जिनके निकट इन कलाकारों की कृतियाँ परीक्षा के

लिए भेजना इन कलाकारों का सर्वथा अपमान करना था। फिर, इन परीक्षकों के पास, मालूम होता है, काव्य की परख के लिए कोई कसौटी नहीं थी। इनकी सम्मतियों को 'सम्मेलन-पत्रिका में छापकर हिन्दी-साहित्य-सम्मेलन ने हिन्दी-साहित्य की आलोचना-प्रणाली और आलोचक-संसार दोनों का मानो भंडाफोड़ कर दिया है। दूसरी विकसित भाषाओं के कलाविद् इन परीक्षकों की सम्मतियों को पढ़कर हिन्दी-साहित्य के मापदंड के बारे में क्या निर्णय करेंगे, इसकी कल्पना भी चौंका देनेवाली है। जो दो-तीन काव्य-मर्मज्ञ इस परीक्षक-मंडली में थे, उन्होंने अपने निर्णय की विवेचना इस कंजूसी से दी है कि शक होता है—उनके गले में यह जबरदस्ती की घंटी बाँधी गई थी, उन्होंने बेगार टाला है ! फिर, समझ में नहीं आता कि दस 'विद्वानों' की इतनी बड़ी मजलिस जुटाने का क्या मानी होता है ? यह भी सवाल उठता है कि पुरस्कार कवि पर दिया जाता है या उनकी किसी खास कविता-पुस्तक पर ! क्योंकि जो सम्मतियाँ दी गई हैं, वे किसी पुस्तक पर नहीं, बल्कि पूरे कवि और उनकी सम्पूर्ण रचना पर दी गई हैं ! किन्तु इन बातों के बारे में ज्यादा पूछताछ करना भी बर्र के छत्ते को छेड़ना है !

यह हिन्दुस्तानी है ?

जिस तरह कुछ लोग हिन्दी के दुश्मन हैं, उसी तरह कुछ लोग हिन्दुस्तानी के भी। हिन्दी के दुश्मनों के नाम गिनाने की क्या जरूरत रह गई ? हाँ, हिन्दुस्तानी के एक बड़े दुश्मन का नाम है—पंडित सुन्दरलालजी ! पंडित सुन्दरलालजी ने हिन्दुस्तानी में एक मासिक पत्र निकालना शुरू किया है, जिसका नाम है 'नया हिन्द'। 'हिन्द' में जिस भाषा का व्यवहार किया जाता है, उसी का नाम हिन्दुस्तानी है, तो इस हिन्दुस्तानी की बीमारी से देश बचाया जाए ! यह 'नया हिन्द' 'हिन्दुस्तानी कल्चर सोसाइटी का पर्चा' है; इसके 'एडीटर' ताराचंद, भगवानदीन, मुजफ्फरहसन, विश्वम्भरनाथ और सुन्दरलाल हैं ! इसके नवम्बर और दिसम्बर के 'नम्बर' हमारे सामने हैं—इन नम्बरों का 'क्या किससे' की कुछ 'सुर्खियाँ' देखिए—''मँझले जमाने की हिन्दोस्तानी तहज़ीब, तेरे क़दमों में, ज़माने की खूबसूरत ख़ाक, रूहानियत का मीनार, मज़हब की तालीम, पेरिस की अमन सभा''—क्या कुछ और नमूने पेश किए जाएँ आपके सामने ? क्या इसी को हिन्दुस्तानी कहते हैं ? यह 'हिन्दुस्तानी' नहीं है, यह मध्यवित्त बाबूदल के दिमागों से पैदा हुई 'शैतानी' है ! शैतानी—यानी, शैतान की भाषा। कुछ अँगरेजी के शब्द, कुछ संस्कृत के शब्द, कुछ अरबी-फारसी-तुर्की के शब्द—इन सबको मिलाजुलाकर बस चोचों का मुरब्बा तैयार कीजिए और नाम दे दीजिए—हिन्दुस्तानी। किन्तु, अँगरेजी पढ़े-लिखे इन शहरी बाबुओं से दूसरी उम्मीद भी क्या की जा सकती है। ये हिन्दुस्तान की जिन्दगी से दूर हैं, फिर उसकी भाषा क्या जानने गए थे ? ये एक खिचड़ी संस्कृति की देन हैं और हमेशा डेढ़ चावल की खिचड़ी अलग पकाना ही इनका स्वभाव है ! राजनीति, धर्म, संस्कृति, सब जगहों पर इनकी दिमागी ऐयाशी के दृश्य आपको दिखाई पड़ेंगे—भाषा को ही ये क्यों छोड़ने लगे !

[**हिमालय,** वर्ष-1, अंक-7]

हमें यह कहना है

'नई धारा' के संपादकीय

[1950-59 ई.]

'नई धारा'

लीजिए, यह 'नई धारा'। मैं इसके सम्बन्ध में क्या कहूँ ? अपने तीस वर्षों के पत्रकार-जीवन की परिणति के रूप में इसे हिन्दी-संसार के समक्ष पेश करना चाहता हूँ। किन्तु, पहले अंक में ही कई स्थायी शीर्षक छूट गए, कई उपयोगी लेख छूट गए। समय और स्थान की खींचातानी। इसके बावजूद यह जो कुछ है, आप लोगों की सेवा में है। 'नई धारा' को साहित्य और संस्कृति की नवीनतम प्रवृत्तियों की प्रतिनिधि-पत्रिका बनाने की आकांक्षा है। 'नई धारा' के लिए यह सौभाग्य की बात है कि हिन्दी के सुप्रसिद्ध कलाकार श्रीमान् राजा राधिकारमण प्रसाद सिंह जी ने इसे अपनी साधन-सम्पन्नता की उर्वर भूमि से होकर प्रवाहित होने का सुअवसर दिया है। इसलिए, अर्थचिन्ता से यह मुक्त है और मैं भी इस बार बचा हुआ हूँ सम्पादक-जीवन के उस अभिशाप से जब वह एक ही साथ 'पीर, बवर्ची, भिस्ती, खर' बन जाता है। किन्तु कारूँ का खजाना भी किसी पत्र-पत्रिका को जीवित नहीं रख सकता, जब तक गुणग्राही जगत उसे दिल खोलकर नहीं अपनाते। क्या आशा करूँ, अब राष्ट्रभाषा हिन्दी के हितैषियों और सेवकों में गुणग्राहिता की कमी नहीं रह गई है ?

× × ×

अब, जब कि देश आजाद हो चुका है, यह स्वाभाविक है कि हमारा ध्यान राजनीति की ओर से हटकर धीरे-धीरे संस्कृति की ओर आकृष्ट हो। हमारे जीवन में अभी आर्थिक अड़चनें हैं—अपने देश, अपने समाज, समाज के व्यक्ति-व्यक्ति को धन-धान्य से पूरा किए बिना हम सम्यक्रूपेण संस्कृति की ओर ध्यान दे नहीं सकते—यह भी सही है कि अभी एक दूरी और तय करनी है। किन्तु, जीवन एकांगी नहीं है और वर्तमान के गर्भ में ही तो भविष्य छिपा रहता है, पलता है। अतः गेहूँ की दुनिया में फँसे होने पर भी हमें गुलाब की दुनिया को भूल नहीं जाना है—शायद भूल भी नहीं सकते ! फिर बागवान का ध्यान फल पर है, किन्तु मंजरी देखकर ही कोयल कूक उठती है। क्या समाज में कलाकार की स्थिति कोयल की नहीं है ? यही कारण है कि हमारे समूचे देश में, देश के कोने-कोने में इस समय संस्कृति—साहित्य और कला—के लिए एक अजीब उत्साह दृष्टिगोचर हो रहा है। हमारे राजनीतिक पुरुष गेहूँ की समस्या में ही उलझे हुए हैं; वहाँ हमने गुलाब के गीत के गुंजार से अन्तरिक्ष को भरना प्रारम्भ कर दिया है ! कह लीजिए, तुम स्वप्नदर्शी हो, हवाई महल के रहनेवाले हो—आप कभी-कभी हमें कायर, बुजदिल, पलायनवादी, रजतपसन्द आदि शुभ नामों से भी सम्बोधित कर लेते हैं ! किन्तु इसका जवाब हम इसके अतिरिक्त और क्या दे सकते हैं कि आप अपने स्वभाव से लाचार हैं, तो हम अपनी तबीयत से भी कम मजबूर नहीं हैं। हम गाते चलेंगे; आप गालियाँ देते रहिए। देखना है, कौन हारता है ?

× × ×

हाँ, मैं स्पष्ट कह दूँ, 'नई धारा' द्वारा मैं गुलाब का गीत गाना चाहता हूँ। हमें वादों और विवादों से कुछ लेना-देना नहीं है। जीवन का उनसे सम्बन्ध है, गहरा सम्बन्ध है, मानता हूँ, जानता हूँ, देखता हूँ। उनसे दिलचस्पी भी है। किन्तु, क्या एक स्थान ऐसा नहीं हो सकता, जहाँ वाद-विवाद भूलकर हम मिलें, मिलाएँ, रस में भीगें, भिगाएँ ? कलाकार भी धरती का प्राणी है—धरती के सुख-दुख उसे भी प्रभावित करते हैं। किन्तु, जिस तरह फुहारा सूर्य की किरणों का एक खास अन्दाज से विक्षेप पाकर इन्द्रधनुष बन जाता है; वही हालत इन सुख-दुखों की कलाकार-हृदय पर होती है। जो सिर्फ बिन्दु-बिन्दु हैं, वे ही सतरंगी बन जाते हैं वहाँ। भगवान के नाम पर उस सतरंगी पर कोई दूसरा रंग चढ़ाने की दया न कीजिए। जरा गहरे देखिए,

आँखों के पर्दे हटाकर देखिए—वहाँ वह सबकुछ है, जो धरती दे सकती है। उसे अपने ही रूप में, रंग में निखरने दीजिए। आइए, जब कभी इन वादों और विवादों से आपको थकावट मालूम हो, अवसाद का अनुभव हो, तो इस गुलाब की दुनिया में—रस की सतरंगी दुनिया में आ जाइए। मेरा विश्वास है, हम आपको रंग और गन्ध ही नहीं देंगे, जीवन और ज्योति भी देंगे।

× × ×

गुलाब की दुनिया ! यह क्या—कहीं मुर्झाहट; कहीं सकुचाहट। कोई कली संकोच में खिल नहीं रही—कोई फूल असमय मुर्झा रहा है। 'नई धारा' ऐसे फूलों पर से धूल झाड़ेगी; उनकी जड़ में जीवन डालेगी, उनके रेशे-रेशे में नए रस का संचार करेगी। और, कलियों को सहलाएगी, गुदगुदाएगी, उन्हें खिलने को, विकसित होने को उकसाएगी ! वह चाहेगी कि दिगदिगन्त रंग और सुगन्ध से परिपूरित हो उठे। और, हाँ, जो बबूल के ठूँठे पेड़ इस पाक जमीन पर आ जमे हैं, उन्हें जड़मूल से उखाड़कर ही दम लेगी। बहुत हुआ; बहुत। आपके काँटों के कहर से यह दुनिया तबाह हो चली है। काश, आप जान पाते, आपके नुकीले बर्छों ने कितनी कोयलों के कलेजे छेदे हैं, आपकी इन खूसट जड़ों ने कितनों के जीवनाधार रस को चूसा है ? सावधान, बबूलो ! खुशियाँ मनाओ कलियो, फूलो।

× × ×

हिन्दी राष्ट्रभाषा हो चुकी। किन्तु छाती पर हाथ रखकर कहिए, क्या हमारा साहित्य इस पद के अनुरूप सभी अंगों से पूर्ण है ? सन्तों की वाणी को ही बानगी में पेश करके हम कब तक सन्तोष करते रहेंगे ? हमारी भूमि में कविता के पौधे आपसे आप पैदा होते हैं; खूब बढ़ते हैं। किन्तु यहाँ भी क्या जंगली घास का दृश्य नहीं है ? और, कहानी, उपन्यास, नाटक, निबन्ध आदि का क्या हाल है ? टेकनिक के खयाल से तो हम बहुत ही पिछड़े हुए हैं। बस लकीर पीटते जा रहे हैं। मालूम होता है, हमारे साहित्य-स्रष्टाओं में दम नहीं कि वे विद्रोही की तरह खम ठोककर खड़े हो सकें। समाज को विद्रोही चाहिए, उससे अधिक विद्रोही चाहिए साहित्य को, कला को। 'नई धारा' ऐसे विद्रोहियों की वाणी कहकर जिस दिन बदनाम की जाएगी; हमारी चरम सफलता का दिन तब होगा। वह दिन निकट आए—यही आशीर्वाद दीजिए।

[अप्रैल, 1950]

साहित्य सम्मेलन क्यों ?

गया में बिहार हिन्दी साहित्य सम्मेलन का इक्कीसवाँ अधिवेशन सानन्द समाप्त हुआ। प्रान्त के, प्रान्त के बाहर के भी, साहित्यिक जुटे—भाषण हुए, कविता हुई, अभिनय हुआ। गया की गर्मी; फिर भी हृदय की सरसता और आर्द्रता ने बाहर की ताप और झुलस पर विजय प्राप्त की। हमारी दशा गया की फल्गु-सी रही—ऊपर बालुका-राशि; नीचे शीतल जल। तीन दिनों तक हम इस लोक से अलग सरस्वती लोक में रहे।

× × ×

लेकिन ऐसा लगता है, अभी हम इस लोक से ऊबे नहीं हैं या सरस्वती-लोक के जादू का आकर्षण हम पर पूरा प्रभाव नहीं डाल सका है। बाहर से बहुत कम लोग आए—वे भी नहीं आए, जिन्हें ज़रूर आना चाहिए। कैसी वंचना ? एक ओर हम इस लोक को गालियाँ देते हैं, दूसरी ओर इससे ऐसे चिपके रहते हैं कि दो-चार दिनों के लिए इससे दूर रहने के जो मौके आते हैं, हम उनका भी फायदा नहीं उठाते। हमारे पूर्वजों ने तीर्थव्रत का सिलसिला लगाया,

उसे तो हम छोड़ रहे हैं; लेकिन नए तीर्थ, नए त्योहार भी हम न बना पाए हैं, न मना पाते हैं।

× × ×

और, बुरी बात तो यह होती है कि यदि ऐसे मौकों का फायदा भी उठाना चाहते हैं, तो इस लोक की गन्दगी हमारा पीछा वहाँ भी नहीं छोड़ती। अपनी बकबक में वाणी की झंकार को भी हम भुला देते हैं। अरे यारो, इन चाजों के लिए इस लोक में ही काफी फैली हुई जगह है, समय की भी कमी नहीं। एक निश्चित स्थान पर, दो-चार दिनों के लिए पहुँचे हो, तो वहाँ ज़रा उन्मुक्त आनन्द लो।

× × ×

हमें नई रुचि बनानी होगी; नई आदत डालनी होगी। हम संक्रान्ति काल से गुजर रहे हैं ज़रूर—अभी सारी चीज़ें तरलाई की हालत में हैं। लेकिन इस तरलता से ही तो चीजें ढलेंगी; संक्रान्ति के गर्भ से ही तो नया युग पैदा होगा। अतः धीरे-धीरे नवनिर्माण भी होते जाना चाहिए। खासकर सांस्कृतिक क्षेत्र में तो इस पर ध्यान देना ही होगा। राजनीति में जो आचार क्षम्य भी हो सकता है, वह साहित्य में एक महान अपराध माना जा सकता है। किन्तु दिक्कत यही है कि राजनीति अभी हमारे इतना निकट है कि उसकी अच्छाई-बुराई को हम हर जगह ढोते चलते हैं। स्थान और अवसर के भेद से हमारे आचार-व्यवहार में भी भेद होना चाहिए; अभी इस बारीक बात को हम अच्छी तरह नहीं समझ पाए हैं।

× × ×

राजनीति का महत्त्व अब स्थानान्तरित हो रहा है। साहित्य और संस्कृति की महत्ता धीरे-धीरे ऊपर आ रही है। इसलिए इस ओर लोगों का झुकाव बढ़ रहा है—यह स्वाभाविक है, वांछनीय है। किन्तु, साहित्य को भी हम राजनीति का अखाड़ा न बना डालें—यह डर तो है ही। एक क्षेत्र तो ऐसा रहे, जहाँ भिन्न-भिन्न विचारधाराएँ रखते हुए भी हम प्रेम से मिल सकें, आनन्द मना सकें।

यहाँ एक स्पष्टता अपेक्षित है। राजनीतिक विश्वास एक चीज़ है, राजनीतिक दलबन्दी दूसरी चीज़। विश्वास में उदारता होती है, विशालता होती है, वह ऊपर उठाता है, आगे बढ़ाता है। 'वाद' होने पर भी वह ऐसा वाद होता है, जिसके बारे में ऋषियों ने कहा है—"वादे वादे जायते तत्वबोधः"। साहित्य में ऐसा वाद सदा अभिनन्दनीय है। राजनीतिक विश्वास की दृष्टि से शेक्सपीयर और ह्यूगो में, गौल्सवर्दी और गोर्की में कितना अन्तर है। किन्तु, एक ही पाठक दोनों को पढ़कर कितना आनन्द अनुभव करता है। लेकिन दिक्कत तब पैदा होती है, जब राजनीति का कूड़ाकरकट सरस्वती के निर्मल उज्ज्वल प्रांगण को दूषित-कलुषित करना प्रारम्भ कर देता है। हमें यह सोचना है कि इस कूड़ाकरकट से हम साहित्य को कैसे बचाएँ !

× × ×

साहित्य सम्मेलनों के आदर्श, उद्देश्य, रूप, संगठन आदि के बारे में भी हमें गौर से विचार करना है। पहले हमें मुख्यतः प्रचार करना था, इसलिए हम इसका द्वार सबके लिए खुला छोड़ दिए हुए थे। लेकिन, अब साहित्य-सम्मेलनों को मुख्यतः साहित्य-निर्माण करना है; अतः उसे सिर्फ साहित्यिकों की संस्था बनाना पड़ेगा। अखिल भारतीय सम्मेलन एवं बिहार-सम्मेलन दोनों के विधानों में संशोधन होने जा रहा है। क्या यह उचित नहीं होगा कि हम उनकी सदस्यता में ही कोई ऐसी शर्त रख दें जिससे असाहित्यिक व्यक्तियों का प्रभाव धीरे-धीरे कम हो जाए और सम्मेलन पूर्णतः साहित्यिक व्यक्तियों की प्रतिनिधि संस्था बन जाए।

× × ×

गया-सम्मेलन में कुछ परिषदें भी की गईं, जो काफी सफल रहीं। साहित्य के भिन्न-भिन्न अंगों के सम्बन्ध में विचार-विमर्श करने के लिए ऐसी परिषदों की आवश्यकता है ही। विज्ञान, दर्शन, साहित्य, पत्रकार आदि परिषदों में कुछ ठोस समस्याएँ रखी गईं। लेकिन, समयाभाव के कारण विशेष रूप से उन पर विचार नहीं किया जा सका। अतः आगे के लिए ज़रूरी यह है कि परिषदों की संख्या परिमित रहे और समय का बँटवारा ऐसा हो कि लोगों को उससे पूरा लाभ उठाने का मौका मिले।

× × ×

बिहार इस समय एक सांस्कृतिक जागरण के दौर से गुज़र रहा है। गाँव-गाँव में इसकी झलक दीख पड़ती है। पुस्तकालय खोले जा रहे हैं, साहित्यिक जलसे किए जाते हैं, नाटक और संगीत के लिए भी रुचि देख पड़ती है। नए-नए लेखक, नए-नए कवि पैदा हो रहे हैं, विकसित हो रहे हैं। शहरों में तो राजनीतिक जलसों का स्थान सांस्कृतिक जलसे तेज़ी से ले रहे हैं। बिहार हिन्दी साहित्य सम्मेलन को इस जागरण का केन्द्र बनना है। सम्मेलन के नए सभापति श्री लक्ष्मीनारायण सुधांशु सुधी आलोचक और कर्मठ साहित्यसेवी हैं। उनके दोनों गुणों की आवश्यकता इस समय सम्मेलन को है। प्रान्त की साहित्य-धारा को नियन्त्रित और सुसंचालित करने का भार उनके कन्धों पर आया है। आशा है, अपने कार्यकाल में वह कुछ ऐसा कर जाएँगे कि बहुत दिनों तक सम्मेलन पर उनकी स्पष्ट छाप दिखाई पड़े।

× × ×

अँगरेजी-परित्याग और हिन्दी स्वीकार की जो एक पंचवार्षिक योजना गया-सम्मेलन में स्वीकृत की गई है उसे यदि कार्यरूप में परिणत कर लिया गया, तो बिहार इस क्षेत्र में देश के लिए पथप्रदर्शक बन जा सकता है। सरकार, विश्वविद्यालय, और स्थानीय संस्थाओं के इस ओर ध्यान देने पर ही इसकी पूरी सफलता निर्भर करती है। किन्तु, जनता को भी इस सम्बन्ध में कुछ कम करना नहीं है। इसके लिए जो उपसमिति संगठित की गई, उसका संयोजक श्री देवव्रतशास्त्रीजी को चुनकर सम्मेलन ने उपयुक्त ही काम किया। शास्त्रीजी की लगन और धुन प्रान्त में प्रसिद्ध है। उनके सतत प्रयत्नों से यह प्रस्ताव कार्यरूप में परिणत होकर रहेगा ऐसा सहज ही विश्वास किया जा सकता है।

[मई, 1950]

साहित्य सम्मेलन को प्रतिष्ठा दिलाएँ

पिछले दिनों हिन्दी-संसार ने जो जयन्तियाँ मनाईं—पं. माखनलालजी चतुर्वेदी 'एक भारतीय आत्मा' की हीरक जयन्ती और युगकवि श्री सुमित्रानन्दन पंत की स्वर्ण जयन्ती। चतुर्वेदीजी और पंतजी हिन्दी-कविता के दो दौरों के ही नहीं, उसकी दो प्रवृत्तियों के भी प्रतिनिधि हैं। चतुर्वेदीजी की कविता में मुख्यतः पुरुष बोला है—बलिदान की वाणी में। पंत की कविता में प्रकृति कूकी है बाल-विहगी के स्वर में। दोनों एक ही सड़क पर आगे खड़े किए गए मील के दो पत्थर ही नहीं हैं, चौराहे पर पड़े वे तख्ते हैं, जो दो भिन्न दिशाओं की ओर इंगित करते हैं। बहुत दिनों तक ये दोनों, कविता-पथ के पथिकों को पढ़ने-समझने और अपने लिए पथ चुनने के पहले रुकने को मजबूर करते रहेंगे। कवि 'प्रसाद' के शब्दों में इनमें से एक-एक की वाणी कह रही है और कहती रहेगी—'मैं एक पकड़ हूँ जो कहती—ठहरो, कुछ सोच-विचार

करो।'

× × ×

ये जयन्तियाँ तो मनीं, किन्तु किस तरह। एक तरफ हमारे नेताओं की, उनसे भी बढ़कर हमारे मिनिस्टरों की जयन्तियाँ मनाई जा रही हैं—धूमधाम से; लाख-लाख की थैलियाँ, मोटे-मोटे अभिनन्दन ग्रन्थ, हवाई जहाजों पर आमद-रफ्त, लम्बे-लम्बे व्याख्यान; अखबारों के कलेवर पर कलेवर रँगे जा रहे हैं। दूसरी तरफ ये जयन्तियाँ—कुछ पत्रों ने एक-दो विशेष लेख लिख दिए; एकाध ने विशेषांक निकाल दिया, शहर के किसी कोने में दस-पाँच व्यक्ति मिलकर, दो-चार मालाएँ डालकर, कुछ कह-सुनकर चलते बने। वाणी के वरद पुत्रों के प्रति ऐसी उपेक्षा। इसकी निन्दा की जाय या इस पर रोया जाए !

× × ×

क्या यह सच नहीं है कि कुछ दिनों के बाद ये नेता भुला दिए जाएँगे; इन मिनिस्टरों का कोई नामलेवा भी नहीं रह जाएगा; किन्तु हमारे ये कलाकार तब भी स्मरण किए जाएँगे, उनकी कीर्ति-कथाएँ कहते लोग अघायेंगे नहीं—कितनी किंवदन्तियाँ बन जाएँगी; कितनी लोकगाथाएँ गढ़ ली जाएँगी। जिनके शब्दों को हम आज अनसुना कर रहे हैं, उनके अक्षरों के लिए हम तरसेंगे, तड़पेंगे, मुँहमाँगा दाम देकर उन्हें खरीदना चाहेंगे। हम जयन्तियाँ मनायेंगे; स्मारक तैयार करेंगे। इतिहास साक्षी है—'ताज' के निर्माता को लोग भूल गए; 'मानस' का रचयिता आज भारत के घर-घर में विराज रहा है। जमाने के दसहजारी, पाँचहजारी मनसबदारों को कौन पूछता है आज !

× × ×

यहाँ एक प्रश्न—क्या हम अपने साहित्यिकों की जयन्तियाँ, अपनी साधनहीनता के बावजूद इससे अच्छी तरह से नहीं मना सकते ? इसके लिए अपेक्षा है संगठित प्रयास की। यह किसी संगठन द्वारा ही सम्भव है। हिन्दीवालों के सौभाग्य से संगठन हमारे पास है भी—हमारा मतलब है हिन्दी साहित्य-सम्मेलन से। किन्तु, सम्मेलन को तो परीक्षा सम्बन्धी उलझनों से ही फुर्सत नहीं। श्रद्धेय टंडनजी ने एक बार कहा था कि तुम्हारे यहाँ के ही एक फक्कड़ साहित्यिक थे, श्री चन्द्रशेखर शास्त्री जी। उन्होंने कहा था—टंडन, देखो, मधु इकट्ठा कर रहे हो, अब मक्खियाँ भिनकेंगी। क्या सचमुच आज सम्मेलन में मक्खियाँ नहीं भिनक रही हैं ? हिन्दी की इस एकमात्र प्रतिनिधि संस्था को फुर्सत कहाँ कि वह अपने साहित्यिकों, उनके कर्तृत्वों, उनके अभाव-अभियोगों के प्रति ध्यान दे।

× × ×

जिस परिस्थिति में सम्मेलन की स्थापना हुई, शायद उसके साथ ही ये सब अवांछित बातें जुड़ी थीं। हमारा ध्यान तब मुख्यतः प्रचार की ओर था और हिन्दी को राष्ट्रभाषा दिलाने के लिए हम जमात जुटा रहे थे, गोल बाँध रहे थे। फलतः वे लोग भी घुस गए और हमने उन्हें बर्दाश्त किया, जिन्हें हम अपने बीच में देखना भी नहीं चाहते। किन्तु अब छँटैये का वक्त आ गया है। अब बगुलाभगतों को अलग करना होगा—साहित्य का सरोवर राजहंसों के लिए ही है। किन्तु, यह हो कैसे ? बगुलों की संख्या जो बड़ी है और उनका काँ-काँ भी तो भयावना होता है। स्थिति गम्भीर है, किन्तु, हमें इसका सामना करना ही पड़ेगा।

× × ×

हिन्दी साहित्य सम्मेलन की प्रतिष्ठा उसी दिन धूल में मिल गई जब जयशंकर प्रसाद और प्रेमचन्दजी ऐसे लोग उसके सभापतित्व के पद को सुशोभित किए बिना ही चल बसे। आज वह कीचड़ में फँसी है, तभी तो मैथिलीशरण, महादेवी, निराला, पंत ऐसे कलाकार उससे

किनाराकशी किए हुए हैं। उसे इस दलदल से निकालना है। यह तभी सम्भव है जब सम्मेलन का नए सिरे से संगठन किया जाए। हैदराबाद में जिन लोगों ने सम्मेलन की नियमावली में संशोधन का प्रस्ताव रखा था, उनकी मंशा यही थी। यह प्रसन्नता की बात है कि इस शुभकार्य के लिए सम्मेलन का विशेष अधिवेशन पटना में इसी महीने में होने जा रहा है। बिहार की राजधानी यह सौभाग्य प्राप्त करे कि उसने सम्मेलन को उसके मूल स्थान पर पुनः प्रतिष्ठित किया; हम बिहार-निवासियों की इससे बढ़कर दूसरी कामना क्या हो सकती है ?

[जून, 1950]

नए कवियों से

यह हमारे लिए परम दुख की बात है कि इधर बिहार के दो महान कवियों को पुत्र-शोक की दारुण वेदना सहनी पड़ी है। जब 'वियोगी' जी की एक पुत्री चल बसी, तब हमें दुःख हुआ था। किन्तु हमें क्या मालूम था कि काल का क्रूरतम प्रहार अभी और भी होने को है। अभी-अभी जिसकी मसें भीग रही थीं, जो घर के कामकाजों में दिलचस्पी लेकर अपने पिता को साहित्यिक कामों के लिए कुछ निश्चिन्त-सा कर रहा था, जिस पर सारे परिवार को भरोसा था, उसी कृष्णकुमार को शीतलामाई अपना भोजन बनाकर उसके पिता, भावुक माता और वृद्ध पितामह और हम सबको घोर अन्धकार में रख देंगी। क्या इसकी कल्पना भी की जा सकती थी। और जैसे ये दो प्रहार ही काफी नहीं थे, अभी समाचार मिला है कि वियोगीजी का एक और पुत्र—डेढ़ वर्ष का—चल बसा। उफ—तीन-तीन संतानों का यों लगातार अचानक अन्त। भाई वियोगी को हम किन शब्दों में सान्त्वना दें, जब हमारा मन ही इन अप्रत्याशित दुखों से उद्विग्न है। यों ही भाई 'प्रभात' जी पर भी अनभ्र वज्रपात हुआ है। उनका भी एक नन्हा बच्चा चल बसा। यों तो कवि-हृदय होता ही है दूसरे के दुखों से भी द्रवित-दुखित होनेवाला। फिर यदि उस पर पुत्रशोक ऐसा दुःख का पहाड़ टूट पड़े तो रक्षक भगवान ही हैं। आशा है, हमारे दोनों कवि-भाई किसी प्रकार इन महान हार्दिक और मानसिक सन्तापों को सहन कर उन्हीं की परिस्थिति में घटनावश पड़ जानेवाले दुर्बल भाइयों के समक्ष एक आदर्श रखेंगे।

× × ×

'नई धारा' के पहले अंक में हमने लिखा था, हमारी ज़मीन कविता की पौध के लिए बड़ी ज़रखेज़ है। 'नई धारा' के सम्पादन में हम इसके सबूत प्रायः पाया करते हैं। हमारे यहाँ कविता की भरमार होती है और ऐसे-ऐसे आग्रह कि समझ में नहीं आता, हम क्या करें ? कविता की ओर हम इस प्रकार अनायास क्यों बढ़ते हैं ? यदि अंतःप्रेरणा इसका कारण है, तब तो हमें कुछ कहना नहीं है। किन्तु, इसका कारण कुछ और भी होना चाहिए और उस दिन श्री किशोरीदास वाजपेयीजी ने अपने ढंग से इस सम्बन्ध में नई बातें रखीं। कविता की ओर लोगों के इस झुकाव का कारण एक तो हिन्दी के आलोचकों और इतिहास-लेखकों की संकुचित दृष्टि है, जिस दृष्टि को और भी भ्रामक बनाने में विश्वविद्यालय की हिन्दी शिक्षा काम कर रही है। हिन्दी के जितने आलोचक निकलते हैं, सबमें कविता और कविता की ही विवेचना होती है—साहित्य के अन्य आवश्यक अंगों पर या तो विचार किया नहीं जाता, या उन्हें यों ही छू लिया जाता है। हिन्दी साहित्य के इतिहास में भी कवियों पर ही अधिक ध्यान दिया जाता है। आचार्यों ने जो इतिहास लिखे हैं, उनमें भी आप यही देखेंगे। फलतः यदि हमारे नौजवान यह समझें कि अमरता लाभ के लिए, इतिहास में स्थान पाने के लिए कविता को अपनाना

सबसे अच्छा है, तो इसमें उनका क्या दोष। फिर, यदि उनका गला अच्छा हुआ, शकल अच्छी हुई और जरा अपने बालों को किसी विशेष ढंग से सजाने में वे माहिर हुए, तब तो चाँदी ही चाँदी। लोक भी उनका, परलोक भी उनका।

× × ×

कवियों के इस सौभाग्य पर ईर्ष्या करने की आवश्यकता नहीं। कवि यथार्थ से जुड़ा है तो वह तो देश का शृंगार है, समाज का शृंगार है, साहित्य का शृंगार है। उसे सिर-आँखों पर बिठाना ही चाहिए, बिठाना ही होगा। किन्तु, आज कवि-कर्म को सुविधा और सम्मान की चीज समझकर जो धरमधक्का मचाया जा रहा है, उसे तो रोकना ही चाहिए। इससे साहित्य को हानि तो होती ही है, हमारी राष्ट्रीय प्रतिभा का भी अपव्यय होता है। जितना समय और कागज कविता के नाम पर बर्बाद किए जाते हैं, यदि उनका उपयोग साहित्य के दूसरे अंशों की पुष्टि में किया जाए, तो समाज और साहित्य का अधिक कल्याण हो। आशा है, हमारे नए कवि बुरा नहीं मानेंगे और अपनी प्रतिभा के लिए नई दिशा का अनुसंधान करेंगे।

× × ×

जब हम ये पंक्तियाँ लिख रहे हैं, पटना में अखिल भारतीय हिन्दी साहित्य सम्मेलन का विशेष अधिवेशन (30 जून) हो रहा है। बिहार की ओर से हम सभी साहित्यिकों का स्वागत करते हैं और आशा करते हैं कि वे सम्मेलन को एक अच्छा रूप देकर ही यहाँ से लौटेंगे। ऐसा रूप—जिसमें समस्त भारत की हिन्दीसेवा प्रतिफलित हो, जो साहित्यिक निर्माण का केन्द्र बने और जिसके द्वारा हम हिन्दी भाषा और नागरी लिपि को सरल, सुगम, सुकर बनाकर समस्त देश द्वारा सादर अंगीकार किए जाने योग्य बना सकें।

[जुलाई, 1950]

हिन्दी : सरकार की भी जिम्मेदारी

अखिल भारतीय हिन्दी साहित्य सम्मेलन का विशेष अधिवेशन पटना में सानन्द समाप्त हो गया। जहाँ तक अतिथियों के आगमन और स्वागत-सत्कार की बात रही, कोई त्रुटि नहीं हुई। लेकिन यह सही है कि जिस उद्देश्य से सम्मेलन बुलाया गया था, वह सिद्ध नहीं हुआ। किन्तु, एकाध बार की जोर-आजमाई के बाद दोनों दलों में जिस सद्भाव का उदय हुआ और जिस तरह एकमत से नियमावली को निश्चित रूप देने के लिए ग्यारह व्यक्तियों की एक समिति बनाई गई, उससे ऐसा लगता है कि पटना में सम्मेलन का एक नया युग शुरू हो गया है। यों तो यह लोकतन्त्र का युग है और हमें निर्णय के लिए बहुमत की शरण लेनी पड़ेगी, किन्तु सम्मेलन ऐसी साहित्यिक संस्थाओं में जहाँ तक एकमत होकर निर्णय लिया जा सके, उतना ही उत्तम है। ग्यारह व्यक्तियों की इस नियमावली समिति ने जिस प्रकार की सद्भावना से काम प्रारम्भ किया है और कई बातों में जिस प्रकार एकमत से निर्णय किया है वह भी सम्मेलन के उज्ज्वलतर भविष्य की सूचना देता है।

× × ×

पटना-सम्मेलन की सबसे बड़ी सफलता यह रही कि बिहार के मन्त्रिमंडल ने इस अधिवेशन को विशेष महत्त्व दिया और मन्त्रिमंडल के अधिकांश सदस्यों ने सम्मेलन में सम्मिलित होने की कृपा की तथा मुख्यमन्त्री डा. श्रीकृष्णसिंह ने राज्य की ओर से प्रतिनिधियों का स्वागत किया। बिहार में राजनीति की धारा को साहित्य के इतने निकट से बहते देखकर बाहर के

प्रतिनिधियों को आश्चर्यजनक आनन्द हुआ। स्वागत भाषण में कई आवश्यक विषय की ओर बिहार-केसरी ने हिन्दी संसार का ध्यान आकृष्ट किया। राजनीति, शासन-संचालन, न्याय व्यवस्था आदि के सम्बन्ध में उपयुक्त शब्दावली का निर्णय करना और इस सम्बन्ध के साहित्य को विपुल परिमाण में प्रस्तुत करना—हमारे नए जनतन्त्र की सबसे बड़ी माँग है। मुख्यमन्त्री के इस विचार से कौन व्यक्ति सहमत नहीं होगा। लेकिन सवाल तो यह है कि काम कहाँ से और किस तरह प्रारम्भ किया जाए।

× × ×

यहाँ क्या मुख्यमन्त्री की सेवा में हम अपना एक सुझाव रख सकते हैं ? क्यों न हमारे मुख्यमन्त्री हिन्दी के कुछ अधिकारी विद्वानों को तीन-चार दिनों के लिए कहीं एकत्र करें और उनसे मिलकर एक योजना तैयार कराएँ, जिसके अनुसार इस सम्बन्ध के सृजन और प्रकाशन की व्यवस्था की जा सके ? दिक्कत यह रही है कि हर बात के लिए योजना तो बनाई भी गई, किन्तु हमारी जनतन्त्री सरकार ने अब तक कोई साहित्यिक योजना तैयार नहीं की। यदि बिहार की सरकार ने इस ओर कदम बढ़ाया, तो हिन्दी के इतिहास में उसका स्थान अमर हो जाएगा।

× × ×

यह बड़ी प्रसन्नता की बात है कि राष्ट्रभाषा-परिषद (बिहार) के मन्त्रिपद पद हिन्दी के सर्वमान्य विद्वान आचार्य शिवपूजन सहाय की नियुक्ति हो गई और उसके कार्य का भी श्रीगणेश हो गया है। राष्ट्रभाषा-परिषद की स्थापना जिन उद्देश्यों से की गई है, शिवपूजनजी की नियुक्ति के कारण, उनके सफल होने की पूरी आशा हो गई है। आशा है, सरकार शीघ्र ही परिषद के सदस्य आदि को मनोनीत कर उसके कार्यों में प्रगति लाने में तत्पर होगी। एक दूसरे आनन्द की बात यह हुई है कि कविवर दिनकरजी सरकार के प्रचार-विभाग से हटकर शिक्षा-विभाग में जा रहे हैं और उन्हें मुजफ्फरपुर-कॉलेज के हिन्दी-विभाग का अध्यक्ष बनाया गया है। ये दो नियुक्तियाँ बिहार सरकार के गौरव को बहुत ही ऊँचा करनेवाली हुई हैं। हिन्दी-सेवकों के प्रति सरकार के इस रुख से लोगों को सन्तोष हुआ है।

× × ×

इधर कुछ मृत्यु बड़ी ही दुखद हुई हैं। महाराष्ट्र के सुप्रसिद्ध साहित्यिक और जनसेवी श्री साने गुरुजी ने आत्महत्या कर ली; स्वामी सहजानन्द सरस्वतीजी का अचानक निधन हुआ और श्री मेहरअली की असामयिक मृत्यु ने तो देश के दिल को हिला दिया। ये तीनों ही देश के अमूल्य रत्न थे; इनके अभाव की पूर्ति भी क्या सम्भव है ? साने गुरुजी की सहृदयता, स्वामीजी की कर्मठता और मेहरअली की बलिदान-भावना बेजोड़ थी। साने गुरुजी तो साहित्यमूर्ति थे ही; मराठी साहित्य उनकी देन से जगमग है। स्वामीजी के लिए भी साहित्य-सृजन एक व्यसन था। आपने कई बड़े-बड़े ग्रन्थ लिखे हैं, जो अपने क्षेत्र में अनूठा स्थान रखते हैं। मेहरअली की लेखनी तो मोती पिरोती थी। व्यक्तियों के शब्दचित्र देने में वह देश में सानी नहीं रखते थे। इस क्षेत्र में, जैसे, वह पथप्रदर्शक थे। लिखने के साथ ही पढ़ने और पुस्तक-संग्रह करने की भी आपमें अजीब धुन थी और मित्रों को पुस्तकें भेंट करने में भी वह शायद ही जोड़ रखें। इन तीनों के उठ जाने से देश-भारती को भी कम हानि नहीं हुई है। इधर तुरत खबर मिली है, हिन्दी के सुप्रसिद्ध कवि बच्चनजी के भाई का देहान्त हो गया। वियोगीजी, प्रभातजी और अब बच्चनजी। काल ने हमारे कवियों को जैसे अपनी क्रूरताओं का निशाना बना लिया है। उफ !

[अगस्त, 1950]

टंडनजी को बधाई !

राजर्षि श्री पुरुषोत्तमदासजी टंडन कांग्रेस के नासिक अधिवेशन के अध्यक्ष चुन लिए गए। यह समाचार हिन्दी-संसार में बड़ी प्रसन्नता से सुना जाएगा। टंडनजी का जीवन हिन्दीमय रहा है। देश-प्रेम की भावना उनमें हिन्दी-प्रेम के रूप में प्रस्फुटित हुई। हिन्दी-साहित्य-सम्मेलन उनका वह मानसिक और आध्यात्मिक शिशु है जिसका पालन-पोषण, वृद्धि और विकास उनके जीवन की साँस बन गया है। रोलेट एक्ट के युग में देश की पुकार आई और हमने उन्हें आगे की पंक्तियों में लड़ते और जूझते पाया। 1921 में वह गिरफ्तार किए गए और जब एक लम्बी सज़ा भुगतकर लौटे, हमने उन्हें बिल्कुल नए रूप में पाया। एक रोबीले, वाक्पटु वकील की जगह अब हमारे सामने एक ऋषितुल्य महापुरुष खड़ा था। टंडनजी की धुन और अकड़ प्रसिद्ध है। जिसे वह सत्य समझेंगे, उसे कहने में जरा भी भय नहीं, झिझक नहीं। जहाँ तक जीवन में गाँधीवाद को उतारने का प्रश्न है, शायद ही वह किसी से पीछे हों; कोई नेता उनसे आगे है, यह कहना तो गलत ही होगा। किन्तु, जहाँ गाँधीजी से विचारों में मतभेद हुआ, वह निधड़क कहने से कभी नहीं चूके। और यह हमारे देश में अपराध है—नहीं तो हम टंडनजी को कब न इस पद पर आसीन देख लिए होते। लेकिन, उनकी सेवा, उनके त्याग, उनके तपोमय जीवन को एक न एक दिन सारे देश की स्वीकृति मिलनी ही थी। वह मिलकर रही। शायद हिन्दी को राष्ट्रभाषा के पद पर आसीन कराने के बाद ही उन्हें राष्ट्रपति का यह पद प्राप्त होना था। इस निर्वाचन से हम फूले नहीं समा रहे और उन्हें किन शब्दों में कितनी बधाई दें, यह समझ में नहीं आ रहा। हम आशा करते हैं, हिन्दी को राष्ट्रभाषा बनने में अब भी समय की जो अड़चन रह गई है, वह टंडनजी के इस पद पर पहुँचने से बहुत कुछ दूर हो जाएगी। अपने सबसे बड़े बेटे को इस पद पर अधिष्ठित देख सचमुच आज माता हिन्दी फूली नहीं समा रही होगी।

× × ×

अब तक साहित्य के कन्धे पर राजनीति रही, लेकिन मालूम होता है, अब साहित्य के दिन आ गए और उसे राजनीति अपने कन्धे पर बिठलाने को व्यग्र है। अखिल भारतीय कांग्रेस के अध्यक्ष टंडनजी चुने गए; यहाँ बिहार में बिहार हिन्दी साहित्य सम्मेलन के सभापति श्री लक्ष्मीनारायण सुधांशुजी को, उनके बार-बार अस्वीकार किए जाने पर भी, प्रान्तीय कांग्रेस का अध्यक्ष बनाया गया। साहित्य में जो सहृदयता और सरसता होती है, शायद वही मुख्य कारण है जिससे सुधांशुजी को प्रान्तीय कांग्रेस के दोनों सूत्र-संचालकों का समान प्रे . प्राप्त है। सचमुच यह स्थिति किसी के लिए स्पृहणीय हो सकती है। यों ही मध्यप्रदेश में आज चार वर्षों से सेठ गोविन्ददासजी कांग्रेस के अध्यक्ष चुने जाते रहे हैं और इस वर्ष भी सर्वसम्मति से चुन लिए गए हैं। राजनीति पर साहित्य की यह विजय हम साहित्यिकों के लिए गौरव की वस्तु है। सेठजी और सुधांशुजी को हम इसके लिए हृदय से बधाई देते हैं।

रेडियो और साहित्यकार

यह अच्छी बात हुई कि बहुत दिनों से सम्मेलन और सरकार के बीच रेडियो की भाषा-नीति को लेकर जो संघर्ष चल रहा था, उसका अन्त हो गया। रेडियो की भाषा-नीति बुखारी-युग की छाया थी; वह छाया अब दूर हो रही है, सम्मेलन की रेडियो समिति ने इसे स्वीकार किया है। अहिन्दी प्रान्तों में रेडियो द्वारा हिन्दी की शिक्षा का जो प्रयत्न किया जा रहा है और देश के प्रायः सभी रेडियो-स्टेशनों से हिन्दी समाचारों के प्रसार का जो प्रबन्ध किया गया है, वह भी सराहनीय है। कुछ ऐसे नवीन सांस्कृतिक कार्यक्रम रेडियो ने प्रारम्भ किए हैं, जो उसके द्वारा

उचित दिशा में कदम उठाए जाने की सूचना देते हैं। हिन्दी-कार्यक्रम की देखरेख के लिए हिन्दीभाषी प्रान्तों के हर रेडियो-स्टेशन पर एक-एक ख्यातिप्राप्त हिन्दी विद्वान को रखने की योजना भी बड़ी अच्छी है। श्री सुमित्रानन्दन पंत इस योजना के प्रमुख हैं और सुना जाता है, श्री भगवतीचरण वर्मा की नियुक्ति भी इस कार्यक्रम के अनुसार हो चुकी है। हाँ, जहाँ तक स्टेशन-डायरेक्टरों में हिन्दीभाषियों की नियुक्ति का प्रश्न है, उसे यह कहकर टाल दिया गया है कि चूँकि यह अखिल भारतीय पद है, और उससे शासन का कार्य ही सम्बद्ध है, अतः यहाँ भाषा का प्रश्न नहीं उठाना चाहिए। यों सिद्धान्ततः यह बात मान भी ली जाए, तो भी क्या यह देखकर आश्चर्य नहीं होता कि देश के डेढ़ दर्जन से ज्यादा रेडियो-स्टेशनों के डायरेक्टरों में एक भी हिन्दीभाषी डायरेक्टर नहीं। क्या हिन्दीभाषियों में ऐसा एक भी व्यक्ति योग्य नहीं, जिसे यह पद प्रदान किया जाता ? रेडियो-विभाग की सदिच्छाओं पर बिना सन्देह किए हुए भी, यह बात तो बार-बार खटकती ही है और तब तक खटकती रहेगी, जब तक इसका परिमार्जन नहीं किया जाता।

हिन्दी साहित्य सम्मेलन को नया रूप देने के लिए पटना अधिवेशन में, जो उपसमिति गठित की गई, उसकी दो दिनों की बैठक हो चुकी है और फिर तीन दिनों की बैठक होने जा रही है। हमें यह जानकर प्रसन्नता हुई कि अब तक जो निर्णय हो चुके हैं, वे सर्वसम्मति से ही। हिन्दी साहित्य सम्मेलन के साथ 'अखिल भारतीय' शब्द जोड़ देने में भी सभी एकमत हैं, बशर्ते कि कोई कानूनी अड़चन नहीं आने पाए, क्योंकि सम्मेलन एक रजिस्टर्ड संस्था है और इस पुराने नाम से सम्मेलन की बहुत बड़ी सम्पत्ति है। यों ही सम्मेलन अपने नए रूप में सारे देश का सही प्रतिनिधित्व कर सके और सभी क्षेत्रों की हिन्दी-संस्थाओं में एकात्मता लाई जा सके, इसके लिए समान सदस्यता और आनुपातिक प्रतिनिधित्व का सिद्धान्त भी मान लिया गया है। इन दोनों मौलिक बातों में एकमत हो जाने से ही सिद्ध हो जाता है कि आगे की ब्योरे की बातों में भी सभी सदस्यों की सहमति प्राप्त हो सकेगी। जिन ग्यारह व्यक्तियों पर सम्मेलन को नया रूप देने का भार दिया गया है, उनका उत्तरदायित्व महान है। सम्मेलन का आगे का इतिहास उन्हीं की दूरदर्शिता पर निर्भर करता है। इसमें सन्देह नहीं कि सभी सदस्य हिन्दी के अनन्य प्रेमी और भक्त हैं। यदि कहीं मतभेद भी हो, तो वह उनके उस प्रेम और भक्ति पर आधारित होगा—किसी की दृष्टि में अमुक पद्धति सम्मेलन और हिन्दी के विकास के लिए आवश्यक है, किसी की दृष्टि में अमुक पद्धति। जब हिन्दी की सेवा और सम्मेलन का विकास ही सबका अन्तिम ध्येय है, तो फिर परस्पर की सद्‌भावना से एक निर्णय पर पहुँच जाना असम्भव नहीं। यह अच्छी बात हो कि सम्मेलन के अगले अधिवेशन के पहले ही नियमावली के सम्बन्ध में सबकुछ कर लिया जाए, जिसमें हम उस अधिवेशन में नए उत्साह और उमंग के साथ सम्मिलित हों और वहाँ मिलजुलकर एक ऐसा कार्यक्रम बना सकें, जिसे काम में लाकर हम हिन्दी-भाषा, नागरी लिपि, हिन्दी साहित्य और सम्मेलन का विकसित रूप—इन चारों को देश भर में व्याप्त कर दें।

महादेवी का स्नेह

हिन्दी के लेखकों को किस प्रकार सहायता पहुँचाई जाए, इसके लिए हिन्दी-संसार में सबसे अधिक व्यग्र श्रीमती महादेवी वर्माजी रहा करती हैं। हिन्दी के अनाथ साहित्यिकों के लिए ऐसी दया-ममता तो मातृजाति से ही प्राप्त हो सकती थी। महादेवीजी ने इस सम्बन्ध में बहुत कुछ किया है और उन्हें सफलता भी मिली है। उनका 'साहित्य-संसद' इस दिशा में की गई उनकी

चेष्टाओं का उज्ज्वल प्रतीक है। किन्तु, सभी साहित्यिक प्रयाग पहुँचकर साहित्य-संसद के स्वागत-सत्कार से लाभ नहीं उठा सकते, अभी तक इस नवजात संस्था को ऐसे साधन भी तो प्राप्त नहीं कि वह उन्हें आमन्त्रित किया करे। अतः, महादेवीजी अपनी चेष्टाओं को यहीं तक परिमित नहीं रखतीं—उनकी ममतामयी दृष्टि सारे हिन्दी-संसार पर दौड़ती रहती है और जहाँ आवश्यकता दीख पड़ती है, वहाँ यथासाध्य कुछ-न-कुछ किया करती हैं। हिन्दी-संसार को यह समाचार मिला ही होगा कि 'सरस्वती' के भूतपूर्व सम्पादक, द्विवेदीजी की परम्परा को पत्रकारिता में निभाने में सर्वथा समर्थ, श्री पदुमलाल पुन्नालाल बख़्शी कैंसर ऐसे भयानक रोग से पीड़ित हैं। उनके लिए श्रीमतीजी ने युक्तप्रान्त की सरकार से कुछ सहायता दिलवाई है, लेकिन, यह जानकर दुख हुआ कि श्रीमतीजी द्वारा बार-बार इस ओर ध्यान दिलाए जाने पर भी मध्यप्रदेश की सरकार ने इस दिशा में अब तक कुछ नहीं किया, जहाँ के सपूत श्री बख़्शी जी हैं। मध्यप्रदेश की सरकार का हिन्दी-प्रेम प्रसिद्ध है। माननीय पं. रविशंकर शुक्ल जहाँ के प्रधानमन्त्री हों और माननीय श्री द्वारकाप्रसाद मिश्र ऐसे उच्चकोटि के साहित्यिक जिस सरकार के सूत्रसंचालक, वहाँ बख़्शीजी ऐसे साहित्यिक की इस गाढ़े अवसर पर ऐसी उपेक्षा की जाए, यह बात समझ में नहीं आती। सरकारी कामों में जो विलम्ब होता है, इसका दोष हम उसी को देते हैं और आशा करते हैं कि मध्यप्रदेश की सरकार—विशेषतः श्री शुक्लजी एवं मिश्रजी—देखेंगे कि मध्य प्रदेश के इस साहित्य-महारथी को इस दुरवस्था में आर्थिक संकट का सामना नहीं करना पड़े।

× × ×

महाराजा नवलकिशोर सिंह पुरस्कार की बात बार-बार याद आती है। लगभग दस वर्ष हुए, इसकी चर्चा हुई और बीच में यह तय-सा हो गया था कि बिहार सरकार का राजस्व विभाग इसके लिए सत्तर हजार रुपए बिहार हिन्दी साहित्य सम्मेलन को देगा जिसके सूद से दो हजार का पुरस्कार बिहार की सर्वोत्तम हिन्दी पुस्तक पर प्रति वर्ष दिया जाएगा। महाराजा नवलकिशोर सिंह बेतिया के राज्य के अधिपति थे—साहित्य और संगीत के अत्यन्त प्रेमी। उनकी स्मृति की रक्षा का इससे बढ़कर कोई दूसरा आयोजन नहीं हो सकता था। लेकिन, कैसी शोचनीय स्थिति कि जिस बेतिया राज्य की सम्पत्ति से कितने लोग लखपती हो गए, उसी के अधिपति की कीर्तिरक्षा के लिए यह छोटी-सी रक़म भी अब तक नहीं दी जा सकी। बेतिया राज्य सरकार के राजस्व-विभाग के अधीन है। अतः हम एक बार फिर इस विषय की ओर बिहार सरकार के मुख्यमन्त्री डाक्टर श्रीकृष्ण सिंह और राजस्व-मन्त्री माननीय श्रीकृष्णवल्लभ सहायजी का ध्यान आकृष्ट करते हैं।

[सितम्बर, 1950]

बालमुकुन्द गुप्त

स्वर्गीय बालमुकुन्द गुप्त हिन्दी के उन नायकों में से थे जिन्होंने हिन्दी-गद्य के पौधे को उस समय सींचा, जब वह बिल्कुल पौधा था। पंजाब उनकी जन्मभूमि थी; उर्दू में ही उनकी शिक्षा-दीक्षा हुई थी। प्रारम्भ में वह उर्दू में ही लिखते थे, उर्दू-पत्रों का सम्पादन भी किया था। किन्तु, भारतेन्दु-काल में हिन्दी के लिए जो एक अपूर्व उत्साह पैदा हुआ था, वह उससे प्रभावित हुए और हिन्दी-सम्पादन-क्षेत्र में आए। यहाँ आकर उन्होंने कमाल किया। कलकत्ता से प्रकाशित 'भारतमित्र' जैसे-तैसे चल रहा था। उन्होंने उसमें जान डाल दी, यही नहीं, सम्पादन-कला का

एक नवीन मापदंड भी कायम किया। आप एक सजग सम्पादक थे; हिन्दी उस समय ढल ही रही थी, अतः उन्होंने हमेशा खयाल रखा कि यह भाषा भ्रष्ट नहीं की जाए, इसके प्रयोग सही हों, इसका व्याकरण स्थिर हो। जिस किसी ने इस बारे में जरा-सी गलती की, आप उस पर झपट्टे मारकर टूट पड़े। एक बार स्वर्गीय पं. महावीर प्रसाद द्विवेदी ने 'अनस्थिरता' शब्द का प्रयोग कर दिया। फिर क्या था, 'भाषा की अनस्थिरता' शीर्षक से एक लेखमाला ही उन्होंने शुरू कर दी। हिन्दी-संसार दो दलों में बँट गया और खूब लिखा-पढ़ी हुई और अन्त में गुप्तजी की बात ही प्रमाण मान ली गई। तब से 'अस्थिरता' के स्थान में कोई भी 'अनस्थिरता' लिखने का साहस नहीं करता।

× × ×

गुप्तजी ऐसे सम्पादकाचार्य की अधिकांश रचनाएँ यों ही फुटकर बिखरी पड़ी हुई थीं। यह एक बड़ा ही शुभ, सुन्दर और शिव कार्य हुआ है कि उनकी ऐसी सभी प्रमुख कृतियों को पुस्तक रूप में संगृहीत कर दिया गया है। यही नहीं, उनके पत्रों, डायरी के पन्नों एवं उन पर लिखे नए-पुराने संस्मरणों को भी पुस्तकाकार छाप दिया गया है। इस तरह गुप्तजी पर दो ग्रन्थरत्न तैयार किए गए हैं, जिनका सम्पादन हिन्दी के पुराने सेवक और सम्पादक पं. झावरमल्ल शर्मा ने किया है और उसके प्रकाशन में स्वर्गीय गुप्तजी के सुपुत्रों ने हाथ बँटाया है। माँ-बाप का श्राद्ध पुत्र-पुत्रियों का परम कर्त्तव्य समझा जाता है। क्या इससे अच्छा कोई श्राद्ध हो सकता है जो उनके सुपुत्रों ने किया है। और पं. झावरमल्ल शर्माजी का यह सदुद्योग कितना महत्त्व रखता है इसका प्रमाण यह है कि हमारे वर्तमान कांग्रेसाध्यक्ष श्री पुरुषोत्तमदास टंडनजी इसके प्रकाशन-अवसर पर, खास इसी काम से कलकत्ता गए और उन्हीं के हाथों यह काम सम्पन्न किया गया। इस अवसर पर हिन्दी के साहित्यिकों का एक बड़ा जमावड़ा भी वहाँ हुआ। आयोजन में बंगाल के गवर्नर महादेय भी सम्मिलित हुए। हम चाहते हैं कि शर्माजी एवं गुप्तजी के सुपुत्रों के इस कार्य का अनुसरण हिन्दी-संसार में किया जाए। कलकत्ता ने जो पथप्रदर्शन किया है, उसके लिए वह वन्दनीय है।

× × ×

कलकत्ता बंगाल में रहते हुए भी सदा हिन्दी का एक प्रमुख क्षेत्र रहा है। हम तो उसे हिन्दी का पूर्वी प्रवेश-द्वार मानते हैं। यहीं से नए-नए विचार हिन्दी क्षेत्र के पूर्वी भाग में आते रहे। हिन्दी के साधक यहीं बैठकर उसके पूर्वी क्षेत्रों के लिए साधना की धूनी जमाते रहे। आज से तीस-चालीस साल पहले बिहार में अखबार का अर्थ ही था 'हिन्दी-बंगवासी।' कलकत्ता के 'भारतमित्र' ने इस पूर्वी क्षेत्र में राजनीतिक चेतना उत्पन्न की। हिन्दी का सबसे पुराना पत्र 'उदंत मार्तंड' कलकत्ता से ही प्रकाशित हुआ। बड़े-बड़े साहित्य-महारथियों का विकास यहीं हुआ। पं. अम्बिकाप्रसाद वाजपेयी, पराड़करजी और गर्देजी कलकत्ता की ही देन हैं। स्वर्गीय पं. अमृतलाल चक्रवर्ती और पं. जगन्नाथप्रसाद चतुर्वेदी की लीलाभूमि ही कलकत्ता रही। स्वर्गीय बालमुकुन्द गुप्त की कृतियों का उद्धार करके और उनके प्रति यह असाधारण सम्मान प्रकट करके, कलकत्ता ने अपनी पुरानी परम्परा को जीवित किया है। अतः हम उससे बड़ी आशाएँ रखें, तो अनुचित नहीं होगा। हम चाहते हैं कि कम से कम दो काम वह और कर ले—एक तो स्वर्गीय पं. अमृतलाल चक्रवर्ती की कृतियों का और दूसरा स्व. पं. जगन्नाथप्रसाद चतुर्वेदी की कृतियों का उद्धार। कलकत्ता धनाढ्यों की नगरी है, जिनमें अधिकांश हिन्दी-प्रेमी और हिन्दी-भाषी हैं। चक्रवर्तीजी ने बंगाली होकर भी हिन्दी की जो सेवा की, उसे भुला देना, उनकी कृतियों को नष्ट होने देना, एक अक्षम्य अपराध है, पाप है। और चतुर्वेदीजी को तो वहाँ के धनाढ्यों का स्नेह सदा प्राप्त रहा—उनमें से कुछ जीवित भी होंगे, जो स्वर्गीय हो गए, उनके

सुपुत्रों का तो यह कर्त्तव्य है ही कि इस आयोजन में पूरी सहायता करें। यदि कोई साहित्यिक सज्जन पं. झावरमल्ल शर्माजी की तरह इस ओर कदम उठाएँ, तो वहाँ रुपए की कमी नहीं होगी, ऐसा हमारा विश्वास है। क्या हमारी यह कामना पूरी होगी, हम कलकत्ता के हिन्दी-प्रेमियों से सविनय पूछते हैं ?

शिवपूजन सहाय का बिल

बिहार सरकार ने आचार्य शिवपूजन सहायजी की नियुक्ति अपनी राष्ट्रभाषा-परिषद के मन्त्री के रूप में की है। हम इसके लिए बिहार सरकार को धन्यवाद दे चुके हैं। किन्तु इधर एक अजीब बात हुई है। आचार्यजी की यह संस्था राष्ट्रभाषा की उन्नति और विकास के लिए ही स्थापित हुई है। अतः यह स्वाभाविक बात है कि उनका सारा कारबार हिन्दी में ही हो। शिवजी ने यह पद्धति चलाई भी है। इसी पद्धति के अनुसार उन्होंने अपने वेतन का बिल हिन्दी में ही सरकार के पास पेश किया है। किन्तु कितने खेद की बात है कि यह बिल इसलिए वापस कर दिया गया है कि वह हिन्दी में नहीं होकर अँगरेजी में होना चाहिए। हिन्दी में क्यों नहीं होना चाहिए; अँगरेजी में ही वह क्यों होना चाहिए, यह प्रश्न मन में उठता है। अकाउन्टेन्ट जनरल के दफ्तर का काम अँगरेजी में ही होता आया है, यदि यही कारण हो, तो उस कारण को तुरत दूर कर देना चाहिए। जब हिन्दी को बिहार सरकार अपनी राजभाषा मान चुकी है, तो यहाँ के लिए जो हिसाब-किताब विभाग हो, उसके लिए हिन्दी अछूत नहीं रहनी चाहिए। आचार्यजी के काम की सराहना बिहार का हर हिन्दी-प्रेमी व्यक्ति कर रहा है और सरकार की ओर से यह जो अड़चन उत्पन्न हो गई है, उससे सभी का मन क्षुब्ध है। हम आशा करते हैं कि बिहार सरकार देखेगी कि शीघ्र ही यह अड़चन दूर हो और आचार्यजी का वेतन हिन्दी में बिल उपस्थित करने पर भी समय पर मिल जाया करे।

भारतेन्दु की जन्मशती

भारतेन्दु हरिश्चन्द्र की जन्मशती हिन्दी-संसार में धूमधाम से मनाई गई, यह उचित ही हुआ है। भारतेन्दु आधुनिक हिन्दी-गद्य के पिता थे, इसे निस्संकोच कहा जा सकता है; यद्यपि इसका मतलब यह नहीं होता कि उनके पहले हिन्दी गद्य था ही नहीं। वर्तमान प्रजननशास्त्र के अनुसार बच्चे का जन्मकोष खानदान का होता है, पिता तो माध्यम-मात्र होता है, लेकिन उसे पिता का गौरव इसलिए प्रदान किया जाता है कि उसी के द्वारा वह प्रादुर्भूत होता है, लालित-पालित होता है, वृद्धि और विकास पाता है। इसी अर्थ में भारतेन्दु हिन्दी-गद्य के पिता थे। किन्तु वह हिन्दी-गद्य के पिता के अतिरिक्त भी बहुत कुछ थे। एक उच्चकोटि के कवि, समाज-सुधारक, देशभक्त थे। सर्वस्व के दानी थे। सहृदय प्रेमी थे। और इनसे भी बढ़कर वर्तमान हिन्दी-नाटक के भी वह पिता थे। उस दिन हिन्दी नाट्यकला के एक विद्यार्थी ने क्या यह सच नहीं कहा था—प्रसादजी ने नाटक की वस्तु में तो उन्नति की, किन्तु जहाँ तक 'टेकनिक'—नाट्यकला—का प्रश्न है, वह तो उनके हाथों और पिछड़ गई। यदि यह बात है—तो क्यों ? 'क्यों' का उत्तर भी स्पष्ट है। भारतेन्दु नाटक लिखते ही नहीं थे, खेलते भी थे, शेक्सपीयर की तरह। एक बार उनका अभिनय देखकर एक बड़ा अँगरेज अफसर कह उठा—क्या हिन्दोस्तान में भी ऐसे

अभिनेता होते हैं।

भारतेन्दु की जन्म-शती मनाई गई, धूमधाम से मनाई गई, यह अच्छा हुआ। लेकिन हमें इतने ही से सन्तोष नहीं करना चाहिए। भारत को एक राष्ट्रीय रंगमंच चाहिए। यह राष्ट्रीय रंगमंच उसकी राष्ट्रभाषा का रंगमंच होना चाहिए। यह रंगमंच कहाँ बनाया जाए। क्या यह उचित नहीं होगा कि वह रंगमंच भारतेन्दु की जन्मभूमि काशी नगरी में बनाया जाए। काशी एक प्रदेश का एक नगर होने पर भी, वह एक अखिल भारतीय नगर है। शंकर के त्रिशूल पर बसी इस काशी में भारत के हर प्रान्त के लोग बसे हुए हैं—सबके अलग-अलग मुहल्ले हैं, टोलियाँ हैं। फिर काशी कलाकेन्द्र भी रही है—वहाँ कलाकारों का सदा जमघट रहा है और आज भी है। अतः, काशी से बढ़कर, भारतेन्दु की इस नगरी से बढ़कर राष्ट्रीय रंगमंच के लिए दूसरी जगह कौन हो सकती है ? यों तो शेक्सपीयर की जन्म-भूमि की तरह उनका जन्मस्थान किसी गाँव में होता, तो भी वहीं राष्ट्रीय रंगमंच बनना चाहिए था। लेकिन हमारे लिए यह सौभाग्य की बात है कि वह पैदा हुए काशी नगरी ऐसे पुनीत, अखिल भारतीय सांस्कृतिक केन्द्र में। काशी में वह राष्ट्रीय रंगमंच कब स्थापित होगा ?

[अक्टूबर, 1950]

विजयोत्सव या संगीतोत्सव !

पटना में इधर कई वर्षों से एक अभिनन्दनीय आयोजन चल रहा है। जहाँ विजयादशमी के अन्तर्गत नवरात्रि में पहले दुर्गा-पूजा की प्रधानता थी—स्थान-स्थान पर दुर्गाजी की प्रतिमाएँ प्रतिष्ठित की जातीं, धूमधाम से उनकी पूजा-अर्चना होती और अन्त में बड़े ही आन-बान से गंगातट पर उनका विसर्जन किया जाता, वहाँ अब इन प्रतिमाओं के स्थान में भारत-माता आदि की कलापूर्ण प्रतिमाएँ स्थापित की जाती हैं और उनके साथ संगीत आदि का विराट आयोजन किया जाता है। इस साल पटना के तीन मुहल्लों ने इस सम्बन्ध में कमाल किया था। भारत-भर के कई प्रसिद्ध संगीतज्ञों को उन्होंने आमन्त्रित किया था। संगीताचार्य श्री पटवर्धन, श्री नारायण राव व्यास, सुश्री विजन बाला (दस्तीदार कलकत्ता), श्रीमती सरस्वती राने···(बम्बई), सारंगीवादन में देशव्यापी कीर्तिप्राप्त श्री गोपालप्रसाद मिश्र, तबलावादन के आचार्य श्री कंठेजी महाराज तथा अन्य कितने संगीत-विशारद इस शुभ अवसर पर पटना पधारे थे और इनकी कला के कमाल से तीन दिनों तक पटना के नागरिकों ने अपने को तृप्त किया। यह आयोजन पटना के सांस्कृतिक जीवन को विकसित और उन्नत करने में विशेष रूप से सहायक सिद्ध हो रहा है, इसलिए हम इसका स्वागत करते हैं और इसके उद्भावक और संचालकों को हृदय से धन्यवाद देते हैं। हमारे पुराने पर्व त्योहार निर्जीव हो रहे हैं। अतः उनमें नए जीवन और नए आदर्शों की प्रतिष्ठा होनी ही चाहिए। यदि विजयोत्सव को संगीतोत्सव का रूप दे दिया गया है, तो यह अच्छा ही हुआ है। हम आशा करते हैं, पटना के कलाप्रेमी नागरिक इस आयोजन के संचालकों को सब प्रकार से सहायता देंगे और यह और भी विकसित और प्रस्फुटित रूप में मनाया जाएगा।

पटना के प्राचीन कला-उत्सव !

प्राचीन इतिहास के देखने से पता चलता है, पटना में कला-उत्सवों की धूम रहती थी। शरद में 'कौमुदी-महोत्सव' और वसन्त में 'मदन-महोत्सव', पटना के ऐसे उत्सवों के दो मुख्य रूप थे। जब शरद के पूनो की चाँदनी अपने ओज पर होती थी, पटना के नागरिक सारी रात उत्सव और उत्साह में मग्न रहते थे; गली-गली में कुमुद के बन्दनवार लटकते थे और नागरिक-नागरिकाओं के संगीत-नृत्य से सारा वातावरण गुंजित रहता था। यों ही वसन्त का आगमन होते ही पटना की गलियाँ बेले के गजरों की गन्ध से सुवासित हो जाती थीं और संगीत-नृत्य की बहार में लोग मस्त हो उठते थे। पटना में 'चैत्री का मेला' शायद उसी मदन-महोत्सव की स्मृति-मात्र था। पारसाल बिहार हिन्दी-साहित्य-सम्मेलन ने कौमुदी-महोत्सव को पुनर्जागरित करने की चेष्टा की थी; किन्तु नागरिकों की उदासीनता के कारण इस साल वह बन्द ही रहा। चैती का मेला भी अब समाप्तप्राय हो चला है। विजयोत्सव के नाम पर यह जो संगीतोत्सव चला है वह कौमुदी-महोत्सव के अभाव की आंशिक पूर्ति कर रहा है। क्या यह अच्छा नहीं होता कि अगले बसन्त में चैत्री के मेले को भी इसी तरह नया रूप दिया जाता और यों नागरिकों में कलात्मक रुचि पैदा की जाती ? चैत्री का मेला मुख्यतः सीटी में ही होता रहा है, जो प्राचीन पटना की यादगार है। क्या हम आशा करें कि सीटी के कलाप्रेमी इस ओर ध्यान देंगे। जहाँ तक कला की अभिरुचि का प्रश्न है, सीटी के नागरिकों का स्थान पटना में सबसे ऊँचा है। बस, ज़रा ध्यान जाने की ज़रूरत है, फिर तो वे लोग कमाल करके दिखाएँगे ही। अच्छा भी होगा कि शरद का उत्सव बाँकीपुर में हो और बसन्त का उत्सव सीटी में।

राष्ट्रीय रंगमंच काशी में हो !

एक मित्र ने भारतेन्दु शती-उत्सव के अवसर पर लिखी हमारी टिप्पणी में राष्ट्रीय रंगमंच की स्थापना की आवश्यकता का समर्थन करते हुए लिखा है कि वह काशी में ही क्यों बने—क्यों न दिल्ली में उसकी स्थापना की जाए ? हाँ, वह रंगमंच भारतेन्दु के नाम पर ही हो, इसका उन्होंने समर्थन अवश्य किया है। दिल्ली से हमारा कोई विरोध नहीं; काशी से कोई विशेष ममता नहीं। लेकिन, सब बातों पर ध्यान देते हुए हम इस पर दृढ़ हैं कि यदि राष्ट्रीय रंगमंच बने, तो उसे काशी में ही बनना चाहिए। काशी का सबसे बड़ा दावा यह है कि जिस हिन्दी को आज राष्ट्रभाषा बनने का गौरव प्राप्त हुआ है, उसके जनक की जन्मभूमि काशी ही है और वह जनक राष्ट्रभाषा के रंगमंच का भी जनक है। फिर, हर चीज़ को एक ही जगह केन्द्रित किए जाने के भी हम विरोधी हैं। राष्ट्रीय रंगमंच को राज्य की छत्रछाया अवश्य मिले; लेकिन, वह राज्य का एक पुछल्ला हो, हम यह नहीं चाहते। हमें डर यह है कि दिल्ली में स्थापित राष्ट्रीय रंगमंच 'राष्ट्रीय' कम रहेगा, 'सरकारी' अधिक। दिल्ली के शासकों की ओर उसका ध्यान अधिक रहेगा; कला के सच्चे रूप के प्रकटीकरण की ओर कम। कला को सरकारी चक्के में बाँध देने से उसकी किस तरह हत्या होती है, हम देख चुके हैं। अतः हम उसे दिल्ली से दूर रखने में ही कला का कल्याण देखते हैं। फिर काशी एक ऐसी नगरी है जहाँ भारतीय कला का समन्वय सदा से होता आया है। काशी में ही भारत के सबसे पहले संगीत विश्वविद्यालय का श्रीगणेश हुआ है और वहाँ का 'भारतीय-कला मन्दिर' भी इस रंगमंच के लिए बहुत उपयोगी सिद्ध होगा। हम चाहते हैं कि काशी के कलाप्रेमी इस सम्बन्ध में थोड़ा सजग हों और इसके लिए उपयुक्त आन्दोलन करें। हमें पूरी आशा है, देश के सभी निष्पक्ष कलाप्रेमी

उनका साथ देंगे।

सिनेमा : कहाँ, किधर ?

इधर भारत सरकार ने सिनेमा के सम्बन्ध में जाँच करने के लिए एक कमेटी बनाई है, जो भारत के प्रमुख स्थानों में दौरा कर रही है। सिनेमा से सम्बन्ध या अभिरुचि रखनेवाले सभी तरह के लोगों से गवाहियाँ ली जा रही हैं और उनके आधार पर सिनेमा सम्बन्धी सुधार की योजना यह कमेटी सरकार के निकट पेश करेगी। एक विचारक ने एक बार कहा था, भारत सरकार को कमेटियों की बीमारी लग गई है। हमारी समझ से यह कमेटी भी उस बीमारी का ही एक लक्षण प्रकट करती है। जो बातें साफ हैं, उनके बारे में तुरत सुधार का प्रयत्न नहीं करके कमेटियों पर लाखों खर्च करने का क्या अर्थ—समझ में नहीं आता। क्या इस बात के लिए भी किसी कमेटी के बिठलाने और गवाहियाँ लेने की ज़रूरत है कि आज के हमारे सिनेमा-घर, हमारे युवकों के नैतिक पतन की दृष्टि से, वेश्याघरों से भी अधिक भयानक हो चले हैं और बम्बई, कलकत्ता की सिनेमा-तारिकाएँ बड़े से बड़े ऋषियों को तपभ्रष्ट करने में पुराणों की रम्भा और मेनका के भी कान कतर रही हैं। निस्सन्देह जब हम यह लिख रहे हैं, तो हमारा ध्यान मुख्यतः हिन्दी के चित्रपटों की ओर है। बंगला, मराठी आदि भाषाओं में ऐसे चित्र हैं, जो कला की दृष्टि से बड़ी ही उच्च कोटि के हैं। कुछ अंग्रेजी चित्रों को देखकर तो कला की पूर्णता पर आश्चर्य होने लगता है। किन्तु हिन्दी।—उफ़, कुछ न पूछिए। बस, भाव, भूषा, भाषा सबकी कचूमर निकाल दी जाती है। हिन्दी के बड़े से बड़े कलाकार—प्रेमचन्द, सुदर्शन—तक को चबा गई यह डायन। इतिहास का कोई ऐसा प्रमुख पात्र नहीं, जिसकी फजीहत नहीं की गई हो। अतः सबसे पहली ज़रूरत तो यह है कि बम्बई, कलकत्ता के फिल्मकम्पनियों के नाम से मशहूर इन प्लेग-घरों को बन्द कर दिया जाए। सुधार की बात तो इसके बाद ही सोची जा सकती है। मनोरंजन जहाँ ज़हर का काम कर रहा है, वहाँ उसे जितना जल्द बन्द कर दिया जाए, उतना अच्छा।

लेखक और निन्दक !

ऐसा शायद ही कोई प्रभावशाली लेखक या कवि हो, जिसे अपने जीवन में निन्दकों से विकट पाला नहीं पड़ा हो। स्वर्गीय प्रेमचन्द की याद आती है; जब स्वर्गीय अवध उपाध्याय ने गणित के सूत्रों से यह सिद्ध कर दिया था कि प्रेमचन्द के अमुक उपन्यास के अमुक पात्र अँगरेजी के अमुक उपन्यास लेखक के अमुक पात्रों के जोड़ या घटाव हैं। ठाकुर श्रीनाथ सिंह ने जो ज़हर उगला था, वह तो इतना कटु था कि प्रेमचन्दजी ऐसे सात्विक पुरुष को भी इन पंक्तियों के लेखक ने अश्लील होते पाया था। फ्रांस के सुप्रसिद्ध लेखक आन्द्रे मोरियो ने अपनी आत्मकथा लिखी है—"किसे सुखी कहा जाए"। उसमें उन्होंने भी अपने निन्दकों की चर्चा की है। बेचारे जब अपनी कीर्तियों के कारण चारों ओर से प्रशंसा और प्रसिद्धि प्राप्त कर रहे थे, अचानक एक लेखक ने उन पर हमला शुरू किया। बेचारे स्तब्ध। उन्होंने किसी का कुछ बिगाड़ा नहीं, फिर यह आक्रमण क्यों ? वह लिखते हैं—"हमारे अच्छे कामों से कम ही लोग मित्र बन पाते हैं, लेकिन हमारी विस्मृति या भूल अधिक लोगों को हमारा दुश्मन बना डालती है। सचमुच

कुछ लेखकों के मैंने दिल दुखाए थे—अपने आध्यात्मिक निर्देशकों में उनके नामों का उल्लेख नहीं किया था, उन्हें अपने घर पर बुलाकर दावतें नहीं खिलाई थीं, उनके जो लेख छापे थे उन पर प्रशंसा के पत्र नहीं भेज सका था और उनकी पुस्तकों पर अच्छी सम्मति नहीं भेजकर तो मैंने अक्षम्य अपराध किया ही था।'' इन पंक्तियों में मोरियो ने उन निन्दकों की मनोवृत्ति का कितना अच्छा दिग्दर्शन कराया है। बेचारा लेखक तो अपनी ही कृतियों में मस्त रहता है, उसे फुर्सत कहाँ कि इन फालतू कामों में अपने को लगाए; फिर खुशामद तो उसकी प्रवृत्ति नहीं होती। नतीजा यह होता है कि कुछ लोग खामखा उसके विरोधी हो जाते हैं। लेकिन इस अग्नि-स्नान के बाद लेखक का व्यक्तित्व और भी निखर पड़ता है, अतः इससे या ऐसे लोगों से घबराना नहीं चाहिए। प्रेमचन्द और मोरियो अमर हैं और रहेंगे।

[नवम्बर, 1950]

स्वर्गीय उस्ताद फैयाज़ खाँ !

भारतीय संगीत के आधुनिक आचार्यों में अन्यतम, आफताबे मौशीकी—संगीत शिखर—उस्ताद फैयाज़ खाँ, लगभग पचास वर्षों तक अपनी संगीत की सरस धारा से—हमारे रूखे-सूखे देश को, आप्यायित और आप्लावित करके, उस दिन बड़ौदा में करीब 72 वर्ष की उम्र में स्वर्गवासी हो गए। तानसेन ने हमारे संगीत को जिस ऊँचाई पर रख दिया, वह वहीं, जहाँ-का-तहाँ, धरा-पड़ा है। वह ऊँचाई हमसे कुछ इतनी दूर पड़ गई है, या यों कहिए कि तब से हम अन्य कला-क्षेत्रों की तरह ही, संगीत में भी इतने नीचे खिसक गए हैं कि अपने उस उच्च संगीत को सुनने, समझने, परखने की योग्यता भी हमारी इन्द्रियों में शायद नहीं रह गई है। अतः आज हमारे देश में आवश्यकता है ऐसे आचार्यों की जो एक ओर संगीत को, उसकी सारी खूबियों के साथ—हमारे निकटतम लाएँ और साथ ही हमें धीरे-धीरे उस ऊँचाई की ओर बढ़ने के लिए प्रेरित करें। उस्ताद फैयाज खाँ ऐसे ही आचार्यों में थे। राग-रागिनियों की शुद्धता का पूर्णतः निर्वाह करते हुए, स्वर के साथ इस जादूगर ने, भारतीय संगीत को ऐसा जनप्रिय बना दिया कि उसे कलाक्षेत्र में एक क्रान्ति ही कहा जा सकता है। चित्रकला में जो स्थान रवीन्द्रनाथ ठाकुर का है, वही स्थान संगीतकला में उस्ताद फैयाज़ खाँ का है। मैसूर दरबार ने उन्हें एक लाख रुपए के साथ आफताबे मौशीकी—संगीत-मार्तण्ड—की जो उपाधि दी, वह सोलहों आना सार्थक सिद्ध हुई। आज अपने इस सहस्त्ररश्मि सूर्य को खोकर संगीत-संसार निश्चय ही अन्धकारपूर्ण-सा दीखता है। किन्तु यह हमारे लिए सौभाग्य की बात है कि अस्त होने के पहले उसने कुछ ऐसे प्रकाश-पुंजों की सृष्टि की जिनसे हमारा संगीत-जगत आज भी जगमग है और आशा है, यह और भी प्रकाशपूर्ण होता जाएगा। उस्ताद फैयाज़ खाँ की आत्मा, स्वर्ग में, तानसेन और बैजूबावरा की बगल में बैठी हुई पूर्ण शान्ति-लाभ करे और अपनी जन्मभूमि पर अहर्निश आशीर्वादों की वर्षा करती हुई संसार के कला-दरबार में हमें उच्चतम आसन का अधिकारी बनाए। आमीन।

स्वर्गीय जौर्ज बरनार्ड शॉ

इधर पूरब का, स्वर का जादूगर, उस्ताद फैयाज़ खाँ चल बसे; उधर पश्चिम का जादूगर, जौर्ज बरनार्ड शॉ ने उनका अनुगमन किया। हाँ शॉ भी एक जादूगर ही हैं। साधारण से साधारण शब्द को उन्होंने मन्त्र बना दिया, उस मन्त्र के बल पर नए देवताओं को पृथ्वी पर उतारते रहे और उनकी आकांक्षा रही कि सारे देवताओं को जमीन पर ही लाकर इसे ही स्वर्ग बना दिया जाए। नाटककार बहुत हुए, नाट्यकला में क्रान्ति उपस्थित करनेवालों की भी कमी नहीं; किन्तु शब्द और शब्दकार की जो मर्यादा शॉ ने दी वह तो साहित्यक्षेत्र में सर्वथा अनुपम है। यूरोप में सिर्फ दान्ते और भारत में सिर्फ तुलसीदास इस दृष्टि से उनके समकक्ष आते हैं। ''कीन्हें प्राकृत जन गुन गाना। सिर धुनि लागि पछिताना'' लिखकर तुलसी ने शब्दकारों का, सरस्वती के सपूतों का ध्यान जिस महान उत्तरदायित्व की ओर आकृष्ट किया; उसे अक्षर-अक्षर निबाहा शॉ ने। शॉ कभी किसी व्यक्ति के निकट नहीं झुके; किसी संस्था या प्रणाली को पवित्र समझकर, उसके निकट सिर नहीं झुकाया। आयरलैंड की भूमि की सारी विद्रोह भावना को आत्मसात कर, उसे कला के रूप में उन्नयन कर, इंग्लैंड में रहते हुए, उन्होंने बार-बार अंग्रेज जाति की क्षुद्रताओं की धज्जियाँ उड़ाईं और जिन्हें यह व्यापारी जाति अपनी विशेषताएँ मानती रहीं, उनकी लघुताओं का भंडाफोड़ किया। आँख में उँगली डालकर किसी को रास्ता बताना किसे कहते हैं, इसकी सार्थकता तो बरनार्ड शॉ ही ने सिद्ध की। शब्द की जिस प्रकार की एकान्त उपासना इस साहित्यिक महर्षि ने की, उसी तरह शब्द की देवी का वरदान भी इसे मिला। क्या अलभ्य रहा इस सरस्वती के सपूत के समक्ष—अर्थ, काम, धर्म, मोक्ष—चारों फल इनके हस्तामलक हुए। किन्तु, कभी उनके प्रपंचों में उन्होंने अपने को नहीं डाला। जौर्ज बरनार्ड शॉ एक व्यक्ति नहीं, आधुनिक युग में एक प्रतीक थे, वह प्रतीक जो बताता था कि शब्द की महिमा इस वैज्ञानिक और व्यापारिक युग में भी अक्षुण्ण है—सरस्वती के वरद पुत्रों को अपनी देवी की उपासना में ही तल्लीन रहना चाहिए, फिर तो उनके चरणों में लक्ष्मी लोटेगी ही; उनके खाली सिर के आगे ताज झुकेंगे ही। बरनार्ड शॉ नहीं रहे, किन्तु वह प्रतीक झलमल कर रहा है—जगमग कर रहा है। ज्योति अपने पीछे एक ज्योतिर्मयी लकीर छोड़ गई है—हम उसके निकट सादर सविनय सिर झुकाते हैं।

स्वतन्त्र लेखक : क्यों नहीं पनपते ?

यदि कोई साहित्यिक संस्था हिन्दी के स्वतन्त्र लेखकों की आर्थिक स्थिति की जाँच करे तो निःसन्देह ही उसकी रिपोर्ट सिर्फ मनोरंजक ही नहीं, आश्चर्यजनक भी सिद्ध होगी। हम यह दावे के साथ कह सकते हैं कि हिन्दी संसार में आज एक भी ऐसा लेखक नहीं है जो स्वतन्त्र लेखन-व्यवसाय से अपना निर्वाह कर सकता हो। जो लोग ऊपर से स्वतन्त्र दिखाई पड़ते हैं, वे भी या तो किसी स्थायी जीविका से बँधे हैं, या उन्हें किसी न किसी दूसरे व्यवसाय की शरण लेनी पड़ती है। स्वतन्त्र लेखक की हैसियत से दो व्यक्तियों ने जीने की चेष्टा की; उनमें से एक को विक्षिप्तता की शरण में जब-तब जाना पड़ता है; दूसरे सज्जन सनकी की हैसियत से विख्यात हैं। अन्य सज्जन किसी न किसी जीविका में लगे हैं—अध्यापक हैं, सम्पादक हैं या वैतनिक कलाकार, सलाहकार या मन्त्री हैं। कुछ बाप-दादों की कमाई पर, या मित्रों की मेहरबानी पर जी रहे हैं। अखिल भारतीय हिन्दी-साहित्य-सम्मेलन की लड़ाई के भीतर क्या है—कुछ लेखक उसके परीक्षा-विभाग में अपनी पुस्तकें रखवाकर अपने लिए जीविका का एक स्थायी स्रोत बना लेना चाहते हैं। विश्वविद्यालय या प्राथमिक और उच्च शालाओं के लिए

पुस्तकों के चुनाव को लेकर जो बक-झक जब-तब मच जाती है; उसके भीतर भी तो यही भावना है। भूखा कौन-सा पाप नहीं करता ? लेखक लेखक झगड़ते हैं, गाली-गलौज करते हैं। कुछ लोगों को इसमें मजा आता है, वे आग में घी डालते हैं। किसी का घर जले, उन्हें तो तापने का आनन्द लेना है। जिस पर दया आनी चाहिए, लज्जाबोध करना चाहिए, उसी स्थिति से नाजायज फायदा उठाना—कैसा पतन ! जहाँ सोचना यह था कि कोई ऐसा प्रबन्ध होना चाहिए कि शारदा के सपूतों को किसी की शरण नहीं जाना पड़े, किसी के आगे हाथ फैलाना नहीं पड़े; वे अपना स्वतन्त्र अस्तित्व रखकर, सिर्फ लेखनी के बल पर, जी सकें, पनप सकें—वहाँ गृहकलह की आग भड़काई जाती है। अब हिन्दी राष्ट्रभाषा हो चुकी है, यों भी हिन्दीभाषा-भाषियों की संख्या पन्द्रह करोड़ से ऊपर है। फिर भी हिन्दी के लेखकों की ऐसी दुर्गति क्यों ? और, क्या यह बात भी सही नहीं कि जब तक हिन्दी के लेखक आर्थिक दृष्टि से स्वतन्त्र नहीं होते, यानी अपनी पुस्तकों और लेखों की आय से ही एक सम्मानित सुसम्पन्न नागरिक का जीवन व्यतीत नहीं कर सकते, या यों कहिए कि जब तक उन्हें दूसरे पेशे पर निर्भर करना पड़ता है या पाठ्य-पुस्तकों के निर्णायकों की मर्जी पर जीना पड़ता है, तब तक सुन्दर, ठोस, स्थायी साहित्य का निर्माण नहीं हो सकता, नहीं हो सकता !

प्रकाशक चाहिए; ग्राहक चाहिए !

लेखक आर्थिक दृष्टि से तभी स्वतन्त्र हो सकते हैं, जब उनकी रचनाओं का उचित शर्तों पर शीघ्र प्रकाशन हो और उनकी पूरी खपत हो। हिन्दी में ऐसी प्रकाशन-संस्थाएँ बहुत थोड़ी हैं, जो लेखकों की पुस्तकें उचित शर्तों पर लेती हों। बड़े-से-बड़े प्रकाशकों की आँखें लेखक के 'कापी राइट' की ओर लगी रहती हैं। जहाँ 'रायल्टी' की बात भी होती है, वहाँ हिसाब-किताब का ऐसा मकड़जाल बुन दिया जाता है कि बेचारा लेखक यह सोचने को बाध्य हो जाता है कि इससे अच्छा तो यह होता कि 'कापी राइट' ही बेच दिए होते। कुछ दिन हुए हिन्दी के एक ऐसे लेखक से बातें हुईं; जिनकी गिनती हिन्दी के आधे दर्जन सर्वश्रेष्ठ लेखकों में की जा सकती है। उन्होंने बताया कि उनकी पुस्तक एक ऐसी संस्था ने रायल्टी पर प्रकाशित की है जिसे हिन्दी की सबसे पुरानी और सबसे बड़ी प्रकाशन संस्था होने का दावा है। लेकिन आश्चर्य यह कि पाँच वर्षों के दरम्यान उन्हें सिर्फ तीन सौ रुपए रायल्टी में दिए गए। बेचारे कहते थे—''इधर-उधर घूमते-फिरते अपनी वह पुस्तक लोगों के हाथों में देखता भी हूँ, कहानी की पुस्तक है; प्रशंसा भी उसकी खूब हुई। किन्तु जब-जब चर्चा करता हूँ, प्रकाशक महोदय रैक पर रखे बंडलों को दिखा देते हैं।'' बताइए, इस स्थिति में लेखक बेचारा किस तरह स्वतन्त्र हो सकता है ? साथ ही एक बात और भी है ही—उसे भी नजरअन्दाज नहीं किया जा सकता। पठित समाज में हिन्दी की पुस्तकें खरीदकर पढ़ने की आदत की बहुत कमी है। यदि लेखक दोस्त हुए, तब तो उपहार वसूल किया जाता है। नहीं तो, कहीं से माँग-मूँगकर पढ़ लिया जाता है। ऐसी स्थिति में उचित शर्तों पर, ईमानदारी से काम करनेवाले प्रकाशकों के लिए भी क्या चारा रह जाता है। हाल ही एक साहित्यिक सभा में बिहार के शिक्षा-सचिव श्री जगदीशचन्द्र माथुर ने कहा था कि हिन्दी-संस्थाओं को चाहिए कि लोगों से प्रतिज्ञापत्र लें कि वे यथाशक्य एक निश्चित रकम की पुस्तकें प्रतिमास खरीदेंगे ही। हिन्दी साहित्य के विकास के लिए यह सुझाव भी ध्यान देने और काम में लाने योग्य है। लेकिन हमारे जानते सबसे बड़ी कठिनाई

यह है कि पुस्तक-व्यवसाय में श्रमविभाजन नहीं हुआ है—कहीं-कहीं तो लेखक, मुद्रक, प्रकाशक और विक्रेता, एक ही व्यक्ति चारों के काम करता है। और, यह तो है ही कि मुद्रण, प्रकाशन और विक्रय—तीनों काम एक ही संस्था करती है। जब तक पुस्तक-विक्रय के लिए कोई अलग खास व्यवस्था नहीं होती, तब तक, पाठ्यपुस्तकों के अतिरिक्त साहित्यिक पुस्तकों का भविष्य अन्धकारमय ही रहेगा। क्या यह सम्भव नहीं कि एक ऐसी सहयोगमूलक संस्था कायम की जाए जो सम्पूर्ण हिन्दी क्षेत्र में दो-ढाई सौ शाखाएँ खोलकर सत्साहित्य के विक्रय का सुचारु प्रबन्ध करे। तब अच्छी पुस्तकों की दो-ढाई हजार प्रतियाँ प्रतिवर्ष मजे में खप जाया करेंगी और पाँच उत्तम पुस्तकों के रचयिता को भी प्रतिमास चार-पाँच सौ रुपए की निश्चित आय तो हो ही जाएगी। फिर परस्पर की दाँताकिटकिट का आधार ही नष्ट हो जाएगा और स्वतन्त्र लेखकों की एक उच्च परम्परा स्थापित हो जाएगी।

[दिसम्बर, 1950]

स्वर्गीया होमवती देवी

श्रीमती होमवतीजी के निधन की वार्ता सुनकर हम स्तब्ध रह गए। इधर उनकी तबियत कुछ खराब रहती थी, किन्तु वह इतना जल्द हमें छोड़कर चल देंगी, किसने यह कल्पना की थी ? हिन्दी के साहित्य-भंडार को भरनेवाली देवियों में उनका प्रमुख स्थान था। मीराबाई से जो परम्परा हमारे साहित्य में स्थापित हुई, वह अक्षुण्ण रूप में चलती रही। हर युग में कोई न कोई ऐसी महिला-साहित्यकार हुईं, जिन्होंने हिन्दी की श्रीवृद्धि में योग्य भाग लिया। वह हमारा सौभाग्य रहा। जब आधुनिक हिन्दी बन रही थी, श्रीमती हेमन्तकुमारी चौधरानी, श्रीमती बुंदेलावाला, श्रीमती चन्दाबाई आदि की लेखनी हिन्दी को गौरवान्वित करती रही। इधर श्रीमती सुभद्राकुमारी चौहान, श्रीमती चन्द्रावती लखनपाल, श्रीमती दिनेशनन्दिनी, श्रीमती महादेवी वर्मा, श्रीमती ऊषामित्रा, श्रीमती सत्यवती मल्लिक, श्रीमती होमवती आदि देवियाँ हमारी भाषा और साहित्य को ऐसे उपादान प्रदान करती रहीं, जो किसी भी साहित्य के शृंगार बन सकते हैं। श्रीमती सुभद्राकुमारी के आकस्मिक निधन से हिन्दी साहित्य में जिस शून्य की सृष्टि हुई, उसकी पूर्ति होने भी नहीं पाई थी कि होमवतीजी चल बसीं। उनकी मृत्यु से हिन्दी संसार में फिर एक शून्यता दिखलाई पड़ती। सारा हिन्दी-संसार उनकी मृत्युवार्ता सुनकर मर्माहत होगा; 'नई धारा' परिवार तो विशेष रूप से दुखित है। क्योंकि होमवतीजी की कृपा और स्नेह 'नई धारा' को प्रारम्भ से ही मिला। उनकी कई चीजें अब भी प्रकाशित होने को पड़ी हैं। हम उनके परिवार को किन शब्दों में धैर्य दिलाएँ जब स्वयं शोकमग्न हैं। होमवतीजी जो चार प्रकाशित और कई अप्रकाशित पुस्तकें विरासत के रूप में हमारे लिए छोड़ गई हैं, अब तो हमें उन्हीं पर सन्तोष करना है। स्वर्ग में, कल्पना की छाँव में उनकी आत्मा शान्ति से विचरण करे और हिन्दी की आनेवाली लेखिकाओं पर आशीर्वाद की वर्षा करती रहे—यही हमारी कामना है।

सम्मेलन : विकेन्द्रीकरण

कोटा-सम्मेलन में जो कुछ हुआ, उससे सारा हिन्दी संसार क्षुब्ध है। पत्र-पत्रिकाओं में उसकी ध्वनि-प्रतिध्वनि तो हो ही रही है, साहित्यिकों के हृदयों में जो मंथन चल रहा है, उसका अन्दाजा उन्हें ही हो सकता है, जो उनके निकटतम सम्पर्क में हों और जिनके निकट वे अपना हृदय निस्संकोच खोल सकें। कोटा में जो कुछ हुआ, उसकी शुरुआत तो हैदराबाद में ही हो चुकी थी। हैदराबाद से लौटकर सम्मेलन के तत्कालीन सभापति पं. चन्द्रबली पाण्डेयजी ने एक पत्र में लिखा था—"क्या सम्मेलन का मंच ही विघ्न का अड्डा नहीं रह गया है।...आगे की कह नहीं सकता, पर इतना तो देखता अवश्य हूँ कि सम्मेलन के ग्रह अच्छे नहीं।" कोटा के बाद कई मित्रों के पत्र इसी भाव के आए हैं। उनमें पंडित बनारसीदासजी का पत्र यह सुझाव लेकर आया कि बिहार सम्मेलन को आप प्रयागीय सम्मेलन से अलग कर लें, अपनी ही परीक्षाएँ चलाएँ, आदि-आदि। जब मैंने इसके उत्तर में सम्मेलन के प्रति अपना मोह प्रकट किया, तब वह लिखते हैं—"सम्मेलन की बीमारी का एकमात्र इलाज विकेन्द्रीकरण है। इस शब्द को हौआ समझ के डरने की जरूरत नहीं। इसके मानी हैं—Building from below स्वतन्त्र इकाइयों का निर्माण करके संघ बनाना। केन्द्रीकरण ही सारे पापों की जड़ है। दो और दो पाँच करने के बाद हिसाब कैसे ठीक बैठेगा। सारी साहित्यिक शक्ति प्रयाग और काशी में केन्द्रित करके आप उम्मीद रखते हैं कि साहित्योपवन का कोना-कोना हराभरा रहे। आपके पास वक्त है। शायद कुछ पैसा भी, आप उसे भले ही नष्ट करें, पर सम्मेलन अब जीवित होने से रहा। उसकी आत्मा कभी की नष्ट हो चुकी। उसके शरीर पर गिद्ध टूटे हुए हैं और उसमें आप आक्सीजन भरना चाहते हैं। यह माना कि आप भगवान गौतम बुद्ध के प्रदेश के हैं पर यह करिश्मा तो भगवान के भी बूते का नहीं।" चतुर्वेदीजी के कथन में सिर्फ भावुकता ही नहीं है, इसमें तर्क भी है और अनुभव की पुट भी। जो सम्मेलन के सच्चे हितैषी हैं, उन्हें इस पर गौर करना चाहिए। श्रद्धेय टंडनजी, पं. माखनलाल चतुर्वेदी, सेठ गोविन्ददास, वियोगी हरिजी, डॉ. अमरनाथ झा क्या ये पाँच महानुभाव दो-तीन दिन के लिए एकत्र बैठकर इस गम्भीर समस्या पर विचार करेंगे और हिन्दी-संसार को नेतृत्व देंगे। सम्मेलन का संकट हिन्दी-संसार का संकट हो रहा है। इस संकटकाल में अपने उत्तरदायित्व को टालना कब तक के लिए उचित समझा जाएगा ?

बिहार-सम्मेलन : स्वावलम्बी संस्था !

बिहार की साहित्यिक जागृति ने हिन्दी-संसार का ध्यान अपनी ओर आकृष्ट किया है। प्रयागीय सम्मेलन की धाँधलियों से ऊबकर प्रायः ही ऐसी सलाह दी जाती है कि बिहार अब इस दिशा में आगे बढ़े और एक अखिल भारतीय हिन्दी साहित्य सम्मेलन के निर्माण की ओर कदम बढ़ाए। यह बिहार का सौभाग्य है कि देश के अन्य अंचलों के साहित्यिक उससे इतनी बड़ी आशा रखते हैं। किन्तु किसी तरफ आगे कदम बढ़ाने के लिए उचित यह होगा कि पहले हम अपने घर को भरा-पूरा कर लें। हमारे सम्मेलन का अपना शानदार भवन है और उसमें पाँच विभाग अनवरत काम करते रहते हैं। किन्तु, हमारे सम्मेलन के सामने सबसे बड़ी कठिनाई यह है कि यह स्वावलम्बी संस्था नहीं है। उसके संचालकों को दिन-रात आर्थिक झंझटों में फँसा रहना पड़ता है जिससे साहित्य-निर्माण के कार्य में बाधा पड़ती है। इस अर्थाभाव को दूर करने के लिए कुछ लोग परीक्षाएँ चलाने की सलाह दिया करते हैं, किन्तु प्रयाग का जो अनुभव है, उसे देखकर इस दिशा में फूँक-फूँककर ही कदम बढ़ाया जा सकता है। इसके बाद तीन ही उपाय रह जाते हैं। पहला यह कि सरकार सम्मेलन को कुछ वार्षिक आवर्तक सहायता दिया करे। सम्मेलन ने इसके लिए

सरकार से पन्द्रह हजार रुपए वार्षिक की माँग भी की है। सम्मेलन के कामों को देखते हुए क्या यह रकम कोई बड़ी है, जो सरकार देने में यों हिचकिचा रही है। जहाँ लाखों, करोड़ों अन्य निर्माणों में व्यय किए जा रहे हैं, वहाँ साहित्य-निर्माण में प्रगति देने के लिए पन्द्रह हजार वार्षिक की रकम कौन-सी बड़ी बात है। दूसरा उपाय है, जनता दिल खोलकर सहायता करे। बिहार लक्ष्मी का भंडार नहीं रह गया है; तो भी उचित कार्यों में यहाँ के धनीमानियों ने सदा योग्य हिस्सा बँटाया है और यहाँ के जनसाधारण के पैसे-पैसे भी लाखों रुपयों के रूप धारण कर चुके हैं। हमारा विश्वास है कि यदि अपने सम्मेलन के सन्देश को हम प्रान्त के कोने-कोने तक पहुँचा सकें, तो हमारी खाली झोली भरकर रहेगी। और, क्या सरस्वती के वरपुत्र कुछ न करेंगे। यदि सम्मेलन को हमारी कलम के धनियों की एक दर्जन पुस्तकें मिल जाएँ–फिर सारे झमेले दूर हो जाएँ। आशा है, इस वर्ष इस दिशा में कुछ ठोस काम बिहार की सरकार, बिहार की जनता और बिहार के साहित्यिकों के सहयोग से अवश्य ही होगा।

राष्ट्रभाषा का स्वरूप

डा. रघुवीर ने राष्ट्रभाषा के कोष का जो काम प्रारम्भ किया है, उसकी महत्ता का कौन कायल नहीं। किन्तु उनके प्रयत्नों पर साधुवाद की वर्षा करनेवाले कुछ बातों को भूल जाते हैं। सबसे पहली बात तो यह है कि जिस हिन्दी को राष्ट्रभाषा का पद मिला है, उसका उल्लेख हमारे विधान में स्पष्ट रूप से कर दिया गया है और जो कोई उसके विपरीत करता है, वह विधान को तोड़ने का दोषी है। वहाँ स्पष्ट उल्लेख है कि उत्तर भारत के जनसाधारण में जो भाषा बोली जाती है, वही नागरी लिपि में लिखी जाने पर, राष्ट्रभाषा पद की अधिकारिणी है। इसका अर्थ यह होता है कि हमें नए शब्द वही गढ़ने हैं, जो उस भाषा में नहीं हैं। जब गाँव-गाँव में साइकिल चल रही है, तब 'द्विचक्र' चलाना और 'जेब-घड़ी' के होते हुए भी 'गोह-घटिका' के पीछे दौड़ना पागलपन ही नहीं, विधान के भी विपरीत है। फिर सोचना यह है कि हिन्दी को राष्ट्रभाषा के पद पर आसीन होने में जो पन्द्रह वर्ष की कैद लगा दी गई, वह अवधि किस प्रकार कम-से-कम की जा सके। पन्द्रह वर्ष का समय इसलिए दिया गया है कि जिन्हें हिन्दी का ज्ञान नहीं, उसे वे अर्जित कर लें। अभी माना जाता है कि 10 करोड़ लोग हिन्दी जानते हैं, शेष ~~10~~ करोड़ लोगों के लिए प्रयत्न करना है। किन्तु यदि आप ऐसी हिन्दी बनाते हैं जो इस बीस करोड़ के लिए भी बोधगम्य नहीं, तो उस हिन्दी के लिए पन्द्रह वर्ष ही नहीं, 30, 40, 50, जो कह लीजिए, सभी कम हैं। कभी बिहार की 'विधायिका' सभा में जाइए, वहाँ के 'विधाताओं' ने जो शब्द चलाए हैं, उन्हें देख-सुनकर आप समझ जाएँगे, हिन्दी को हम कहाँ लिए जा रहे हैं। पहले अँगरेजी में काम होते थे, तो कम-से-कम कुछ लोग तो उसे पूरा समझ लेते थे। अब जब हिन्दी में हो रहा है, उसका अधिकांश कोई नहीं समझता–न हिन्दीवाले, न उर्दूवाले, न अँगरेजीवाले। एक मनोरंजक समाचार छपा है। जब डॉ. रघुवीर विधायिका सभा के सदस्यों के बीच प्रवचन कर रहे थे, किसी ने उसी दिन स्वीकृत हुए एक 'विधेयक' की शब्दावली उनके सामने रखी और उसका अर्थ पूछा, तो डॉक्टर साहब बगलें झाँकने लगे। भगवान ऐसी राष्ट्रभाषा से राष्ट्र को बचाएँ।

[जनवरी, 1951]

जो हो न सका

स्वप्न और सत्य में कितना अन्तर होता है। क्या हम 'नई धारा' को वह रूप दे सके, जिसकी हमने कल्पना कर रखी थी। यह हमारा सौभाग्य है कि अपने इस विशाल देश के हर अंचल के हिन्दीसेवी साहित्यकारों का सहयोग इतने प्रचुर परिमाण में हमें मिल सका जिससे 'नई धारा' के साहित्यिक स्तर को हम इतना ऊँचा रख सके। किन्तु 'नई धारा' को अच्छे-अच्छे लेखों का गुलदस्ता-मात्र बनाकर पेश करना ही हमारा उद्देश्य नहीं था और न है। व्यक्ति की ही तरह पत्र-पत्रिका का भी अपना व्यक्तित्व होना चाहिए। उसे 'ग्रूप' का नहीं 'टाइप' का प्रतिनिधित्व करना चाहिए। इसी उद्देश्य को सामने रखकर हमने कुछ विशेष शीर्षक बनाए, उन विशेष शीर्षकों के लिए विशेष व्यक्तियों से सहायता की याचना की। सहायता हमें मिली किन्तु उस अंश तक नहीं, जिसकी आशा की थी। मसलन, 'डायरी के पन्ने' और 'भ्रमण' में हम कुछ ही चीजें प्राप्त कर सके। प्रारम्भ में ही, पं. हजारीप्रसाद द्विवेदीजी ने आगाह किया था कि हिन्दीवालों से डायरी के पन्ने प्राप्त करने की आशा नहीं की जाए। उनका कथन बहुत अंशों में सत्य निकला। 'भ्रमण' सम्बन्धी लेखों की भी यही हालत रही। आत्मगोपन की भावना जिस तरह हमें डायरी लिखने से रोकती है, क्या यह घर-घुस्सपना है, जो भ्रमण की उमंग हमारे दिलों में नहीं आने देता। किन्तु, हम भ्रमण तो करते ही हैं—किन्तु शायद आँख मूँदकर। नहीं तो कहाँ क्या सौन्दर्य नहीं है, जो हमारी लेखनी की प्रतीक्षा में नहीं बैठा हो। भाई वियोगी ने 'गया से पटना'—इस छोटी-सी दूरी पर कितनी सुन्दर चीज़ दी थी हमें। 'हम इनसे मिले थे' का प्रारम्भ दिनकरजी ने बहुत अच्छा किया और इस सम्बन्ध में कुछ अच्छी चीजें हम छाप सके, लेकिन इस शीर्षक के द्वारा प्रमुख व्यक्तियों के जीवन की जिस गहराई तक हम उतरना चाहते थे, क्या उतर पाए। रुचि और व्यवहार सम्बन्धी छोटी-छोटी बातें व्यक्तित्व की परख में अधिक सहायक होती हैं, कोई लेखक है, तो वह किस समय लिखता है, कैसे कागज पर लिखता है, कौन-सी कलम, किस रंग की रोशनाई पसन्द करता है, उसकी शगल क्या है, उसे कौन रंग पसन्द है,—अरे, उसका रहने का कमरा और उसके भोजन की थाल भी—उसकी कला और व्यक्ति निकाली जाए। मेरे मन में भी कुछ ऐसी ही इच्छा बहुत दिनों से छटपटा रही थी। बिहार जब एक साहित्यिक और सांस्कृतिक पुनर्जागरण के युग से गुजर रहा हो, उसमें कोई ऐसी पत्रिका न हो जो उस पुनर्जागरण का, सही रूप में प्रतिनिधित्व करे, उसे स्थायित्व देने का प्रयत्न करे, यह खलता था। किन्तु, बिहार का इस सम्बन्ध का पिछला इतिहास पैर पकड़ता था, तरह-तरह की आशंकाओं की सृष्टि करता था। सुदूर का इतिहास—मुजफ्फरपुर का 'सत्ययुग', आरा का 'मनोरंजन', भागलपुर की 'कमला', गया की 'लक्ष्मी'। दर्शन-केशरी पाण्डेय जगन्नाथ प्रसाद के सम्पादकत्व में 'सत्ययुग' ने इस कलियुग में भी कैसी नयनाभिराम छटा प्रदर्शित की थी। इसके सम्पादक-मंडल में आज के डॉ. हेमचन्द्र जोशी भी कुछ दिनों तक थे। 'आरा' का 'मनोरंजन' मनोरंजनमूर्ति पं. ईश्वरीप्रसाद शर्मा की विलक्षण प्रतिभा का साकार स्वरूप था। पं. जीवानन्द शर्माजी ने 'कमला' को बड़ी लगन और धुन से चलाया था और कभी-कभी वह उस समय की 'सरस्वती' से भी टक्कर लिया करती थी। 'लक्ष्मी' में गया के सुप्रसिद्ध साहित्यसेवी रईस राय साहब लक्ष्मीनारायणजी के उत्साह का ही नहीं उसके सम्पादक लाला भगवानदीन के रंगीन व्यक्तित्व का भी प्रतिनिधित्व होता था। इन मासिक पत्र-पत्रिकाओं का अस्त हो जाना बिहार के लिए एक आह, एक कलंक छोड़ गया। इधर बिहार की ही सुप्रसिद्ध और सुसम्पन्न प्रकाशन-संस्थाओं से निकलकर भी 'पारिजात' और 'हिमालय' कहाँ हैं ? 'पारिजात' ने अपनी आदिभूमि स्वर्ग का रास्ता अपनाया और 'हिमालय' एक बार ही धँस गया। फिर किस साहस पर, किस आशा पर कोई नवीन आयोजन किया जाए ? अतः जब राजासाहब ने एक दिन पटना के कुछ साहित्यसेवियों को अपने घर पर बुलाकर इस सम्बन्ध

में प्रसंग चलाया, तो सबसे पहले मैंने ही उन्हें सावधान किया। अब जो मासिक पत्र-पत्रिकाएँ निकाली जाएँ, तो बहुत सोच-समझकर ही—इस अभागे देश में क़ब्रों की कमी नहीं, थोड़ी ज़मीन और क्यों छेंकी जाए। किन्तु राजासाहब का हौसला और उनके सुपुत्र शिवाजी—श्री उदयराज सिंह—का उत्साह। 'नई धारा' निकली और उसके सम्पादक का भार मुझी पर सौंपा गया। मैं बहुधंधी जीव; मानता हूँ, स्वीकार करता हूँ, जितना दे सकता था, इसे दे न सका। तो भी 'नई धारा' को जो प्रसिद्धि और लोकप्रियता प्राप्त हुई, उनका प्रमुख कारण है, हमारे लेखकों और कवियों की उदारता, सदाशयता। जब, जिससे, जो तलब किया, प्राप्त कर सका। अपने एक वर्ष के जीवन में हमने हिन्दी के साहित्यकारों का जैसा सहयोग प्राप्त किया है, वह हमारे लिए गौरव का और किसी भी पत्र-पत्रिका के लिए ईर्ष्या का विषय हो सकता है। हिन्दी पाठकों ने भी इसे दिल खोलकर अपनाया है, यह हमारे लिए और भी सन्तोष का विषय है। इस शुभ अवसर पर, जब कि प्रथम वर्ष इस प्रकार सफलता से समाप्त होने जा रहा है, सर्वप्रथम 'नई धारा' परिवार की ओर से मैं अपने उन सभी साहित्यिक और साहित्यप्रेमी बन्धुओं को हृदय से धन्यवाद देता हूँ और आशा करता हूँ कि उनकी ऐसी ही कृपा सदा बनी रहेगी।

अगला क़दम

हम यहाँ स्पष्ट कह देना चाहते हैं कि 'नई धारा' को हम आलोचनात्मक पत्रिका नहीं बनाना चाहते, बल्कि साहित्य-सृजन की मुखपत्रिका के रूप में इसे विकसित करना चाहते हैं। मूल्य-निर्धारण के पहले वस्तु का उत्पादन चाहिए। किन्तु, जैसा कि कुछ दिन हुए, श्री जैनेन्द्रजी ने कहा था, आज हिन्दी एक विचित्र परिस्थिति से गुजर रही है। साहित्यकारों की संख्या घट रही है, साहित्यज्ञों की संख्या बढ़ रही है। हमारे यहाँ गढ़नेवाले कम हैं, तौलनेवाले अधिक। कालेजों में हिन्दी की पढ़ाई जिस रूप में हो रही है, कुछ दोष उसका भी है। वह पढ़ाई हमारे नवयुवकों के हृदय में साहित्य-सृजन के लिए प्रेरणा नहीं भरती; मुख्यतः साहित्यिक शव-परीक्षा ही सिखलाती है। आन्द्रे माउरोई ने अपनी आत्मकथा में लिखा है कि किस प्रकार उसके शिक्षक विद्यार्थियों में साहित्य सृजन की कल्पना भरा करते थे। पुल पर से एक युवती नदी में कूदकर आत्महत्या करना चाहती है। उसी समय एक पादरी पहुँच जाता है। युवती कूदने ही पर है कि उसका आँचल वह पकड़ लेता है। दोनों में जो बातें होती हैं, वह लिखो। स्वर्ग में एक कोने में सुकरात बैठे हैं, शेक्सपीयर संयोग से उस ओर निकल पड़ते हैं। दोनों की बातचीत लिखो—दोनों की भाषा और शैली पर विशेष ध्यान रखते हुए। ऐसे प्रश्न निस्सन्देह विद्यार्थियों की कल्पनाशक्ति को जाग्रत कर सकते हैं। किन्तु अपने यहाँ के प्रश्नों को देखिए। अब बात यहाँ तक गई है कि पुस्तकों को तो लड़के पढ़ते भी नहीं; नोट से ही काम चलाते हैं। 'नई धारा' के सम्पादन में इस प्रवृत्ति का हमें पग-पग पर अनुभव हुआ है। कालेजों से मुख्यतः आलोचनात्मक निबन्ध ही हमें प्राप्त होते रहे। कुछ मौलिक विचारकों ने इस क्षेत्र में भी नई दिशा प्रदर्शित की; किन्तु अधिकतर तो एक ही लीक पर चलते दिखे। जिन लोगों ने कहानी, शब्दचित्र, कविता का नाटक की ओर प्रयत्न किए, उनमें से कुछ को छोड़कर शेष के प्रयत्न यह आश्चर्य उत्पन्न करते रहे कि क्या ये ही कालेज के लोग हैं। यह स्थिति असह्य है। यदि उच्चशिक्षित लोगों के द्वारा सृजनात्मक साहित्य न आया, तो आएगा किन लोगों के द्वारा। हम अपने कालेज के मित्रों का ध्यान इस ओर खासकर आकृष्ट करते हैं। हिन्दी को जो गौरव प्राप्त करना है, वह सृजनात्मक साहित्य से ही प्राप्त है। पहले घटना घटित होती है, तब इतिहास

बनता है। पहले वस्तु का उत्पादन होता है, तब मूल्यांकन होता है। यह बात हमारे लिए बार-बार याद रखने की है। अगले वर्ष 'नई धारा' में हम इस ओर अधिक प्रयत्न करना चाहते हैं। अतः ख्यातिप्राप्त एवं अख्यात सभी साहित्यकारों से हमारा निवेदन है कि वे इसमें हमारी सहायता करें। अच्छी चीज़ चाहे जिस हाथ से आए, हम उसे सादर ग्रहण करेंगे। साहित्य में अछूत नाम की कोई जाति नहीं है।

[फरवरी, 1951]

मौलाना आजाद और हिन्दी

भारत सरकार ने दिल्ली में देश के साहित्यिकों की जो सभा बुलाई थी, वह एक अभिनन्दनीय घटना थी। स्वतन्त्र भारत की सरकार देश के चहुँमुखी विकास में साहित्य को भी स्थान देती है, इससे यह निष्कर्ष निकाला जा सकता है। किन्तु, इस सभा पर शुरू से ही नौकरशाही की छाप थी। साहित्यिकों का चुनाव सरकारी ढंग पर हुआ। जहाँ उसे प्रदेशों की साहित्यिक संस्थाओं से साहित्यिकों के नाम माँगने चाहिए थे, वहाँ उसने वहाँ की सरकारों से नाम माँगे। और, स्वभावतः ही उन सरकारों ने उन्हीं साहित्यिकों के नाम भेजे, जो उनके नेक नाम थे। जहाँ की सरकार ने साहित्यिक संस्थाओं के प्रतिनिधियों की ओर भारत सरकार का ध्यान आकृष्ट किया, वहाँ उसे ठुकरा दिया गया। उदाहरणस्वरूप, बिहार की सरकार ने बिहार हिन्दी साहित्य सम्मेलन और बिहार राष्ट्रभाषा परिषद के प्रतिनिधियों को बुलाने पर जोर दिया; किन्तु उसकी एक नहीं सुनी गई। चूँकि बिहार राष्ट्रभाषा परिषद अर्ध-सरकारी संस्था है, अतः, बिहार सरकार ने अपनी ओर से उसके लिए प्रतिनिधि भेजा। किन्तु उस प्रतिनिधि को दर्शक की हैसियत से ही उस सभा में सम्मिलित होने की इजाजत मिली। यों इस सभा के प्रतिनिधि-रूप में तो त्रुटियाँ थीं ही। जो कसर थी उसे पूरा कर दिया मौलाना आज़ाद की वक्तृता ने। मौलाना उर्दू-साहित्य की गद्यशैली के निर्माताओं में से हैं। अतः यदि वह उसकी तारीफ करें, यह कोई अस्वाभाविक बात नहीं। और हिन्दी जब राष्ट्रभाषा हो गई, तो उसके अभावों की ओर वह लोगों का ध्यान आकृष्ट करें, इसे भी कोई बुरा नहीं मान सकता। किन्तु, दुर्भाग्यवश उनके भाषण से हिन्दी को हिकारत से देखने की दुर्भावना टपकती थी। और, हम दावे के साथ कह सकते हैं, उनकी इस दुर्भावना में उनके विभाग के सेक्रेटरी डॉ. ताराचन्द की आत्मा बोल रही थी। डॉक्टर ताराचन्द ने अपने 'उर्दू-साहित्य का इतिहास' में हिन्दी के विकास को जिस तरह तोड़-मरोड़ कर रखा है, मौलाना का भाषण उसकी स्पष्ट छाप लिए हुए था। मिनिस्टरों के भाषण अधिकांशतः उनके सेक्रेटरियों द्वारा तैयार कराए जाते हैं। यह वक्तृता भी डॉ. ताराचन्द की कहानी, मौलाना अबुल कलाम आजाद की ज़बानी थी।

× × ×

प्रसंगवश हम यहाँ यह उल्लेख किए बिना नहीं रह सकते कि भारत सरकार का शिक्षा-विभाग हिन्दी के विद्वानों से ही शून्य नहीं है, बल्कि वह हिन्दी-विरोधियों का अखाड़ा बन गया है। जब हिन्दी को राष्ट्रभाषा स्वीकार कर लिया गया है और उसे पन्द्रह वर्ष के अन्दर देशव्यापी बनाने की जिम्मेदारी भारत सरकार पर भी है, तो उसके शिक्षा-विभाग में हिन्दी के विद्वानों को योग्य स्थान मिलना ही चाहिए। यही नहीं, वहाँ हिन्दी-विरोधियों का रखा जाना तो नितान्त अनुचित है ही। इस दृष्टि से, यह उचित है कि मौलाना के विभाग का काफी परिष्कार किया जाए ! राष्ट्र के स्वार्थ के आगे व्यक्ति का स्वार्थ अधिक महत्त्व नहीं रखता ! फिर हम किसी

की नौकरी से बर्खास्त किए जाने की बात तो करते नहीं; हमारी तो यही माँग है कि उचित व्यक्ति को उचित स्थान पर रखा जाए। भारत सरकार के सचिवालय में भी ऐसे व्यक्ति हैं, जिन्हें हम इस दृष्टि से शिक्षा-विभाग में ला सकते हैं और उनकी जगह को डॉ. ताराचन्द ऐसे योग्य आदमी भलीभाँति सुशोभित कर सकते हैं।

× × ×

त्रुटियाँ चाहे जो हों और जितनी हों, अखिल भारतीय साहित्यिकों की ऐसी सभा सरकार ने बुलाई, इसके लिए हम उसे धन्यवाद देते हैं। यदि लोकमत जाग्रत रहा, तो धीरे-धीरे इन त्रुटियों से बचने के लिए सरकार को सजग होना ही पड़ेगा। जो नींव इस सभा के द्वारा डाली गई है, उसकी अच्छी से अच्छी सम्भावनाएँ हैं। हमारा यह विशाल देश। एक दर्जन तो हमारी प्रमुख भाषाएँ। हर भाषा की खास विशेषताएँ। यदि एक मंच पर हम इन भाषाओं के आचार्यों को लगातार एकत्र करते रहें, तो इससे सभी भाषाओं और उनके साहित्य को तो लाभ होगा ही, चूँकि इन सभी भाषाओं को एक सूत्र में गूँथने का काम हिन्दी करेगी, इससे हिन्दी के प्रचार और प्रसार में ही नहीं, उसके साहित्य-भंडार की अभिवृद्धि में भी बड़ी सहायता मिलेगी। मौलाना आजाद बड़ी ही सुसंस्कृत रुचि के व्यक्ति हैं। वह दूर तक देख सकते हैं और बड़े निर्णय ले सकते हैं। हिन्दी को राष्ट्रभाषा के रूप में बिना झिझक स्वीकार कर उन्होंने इसका बड़ा प्रमाण भी दिया है। आवश्यकता यह है कि वह उन लोगों से अपने को दूर रखें, जिनकी दृष्टि सँकरी है, और जिनके कान समय की पुकार सुनने की शक्ति खो बैठे हैं। यदि ऐसा उन्होंने किया, तो हमारा विश्वास है, 1951 में जो यह सभा उन्होंने बुलाई, यह धीरे-धीरे विकसित होकर संसार की शीर्षकोटि की साहित्यिक संस्थाओं में परिणत हो जाएगी। हमारा देश महान है, हमारा साहित्य महान है। सम्पूर्ण देश के सारे साहित्य का सही प्रतिनिधित्व करने वाली यह संस्था भी फिर क्यों वैसी ही महत्ता नहीं प्राप्त कर लेगी ? अपनी इसी आशा को लक्ष्य कर प्रारम्भ में ही इस सभा के आयोजन को हमने अभिनन्दनीय बताया है।

× × ×

लीजिए यह विशेषांक और जब तक यह विशेषांक आपके हाथों में पहुँचेगा, मैं विलायत में रहूँगा। अभी उस दिन सुबह चाय की चुस्कियाँ ले रहा था, कि बिहार पत्रकार-संघ के सभापति श्री ब्रजनन्दन आजाद पहुँचे और उन्होंने एक तार सामने रख दिया। मैं पढ़कर दंग ! ब्रिटिश इन्फौरमेशन सर्विसेज ने आमन्त्रित किया है, मुझे 22 को दिल्ली से इंग्लैंड के लिए उड़ जाना है ! यह बुलाहट 'नई धारा' के सम्पादक के रूप में है, यह जानकर मुझे और भी आनन्द हुआ ! विलायत जाने की इच्छा कई वर्षों से दिल के किसी कोने में पोस रहा था। 1947 में ही पासपोर्ट ले लिया था। उस समय यह यात्रा न हो सकी जब मैं चाहता था। आज वह अवसर अनायास आया। अतः मैं चला। वहाँ के अनुभव 'नई धारा' के पाठकों के सम्मुख धीरे-धीरे आएँगे तब तक इस विशेषांक का मजा वह लें। हमारा सौभाग्य कि इस विशेषांक के लिए इतनी अधिक और इतनी उत्तम सामग्री मिल गई कि दो अंकों को एक में मिला देना पड़ा, तो भी कुछ बची ही रही। यह विशेषांक अप्रैल-मई का संयुक्तांक है। जून के प्रारम्भ में ही मैं लौटता हूँ। 'नई धारा' परिवार को इस अवसर पर सस्नेह अभिवादन भेजता हूँ, कहिए—शुभास्ते पथानः।

[अप्रैल-मई, 1951]

शेक्सपीयर के गाँव में घर की याद

एक महीने दस दिनों तक यूरोप-प्रवास कर अभी लौटा हूँ। इस अर्से में इंग्लैंड, फ्रांस और स्वीजरलैंड की सैर हुई। बहुत देखा, निकट से देखा, आँखें खोलकर देखा। अपने देश और समाज के नवनिर्माण की कितनी ही प्रेरणाएँ लीं। किन्तु, सबसे अधिक ध्यान दिया साहित्य और कला की ओर। और इनके सम्बन्ध की निधियाँ देखकर आश्चर्यचकित हुआ। जब इंग्लैंड के हृदय वारविक जिले में एवन नदी के किनारे बसे स्ट्रैटफोर्ड गाँव में खड़ा था, जहाँ शेक्सपीयर का जन्मस्थान है, तब बार-बार सोचता था, आह, हमने अपने साहित्यकारों के लिए क्या किया है। राजधानी से अति दूर, घोर देहात में बसा यह गाँव आज संसार का कलातीर्थ बन गया है, जहाँ देश-देश से लोग आते और उस साहित्य-देवता की स्मृति में श्रद्धांजलि अर्पित करते हैं। वे क्यों नहीं आएँ, जब इस स्थान को ही ऐसा मनोरम बना रखा गया है। बीस लाख पौंड खर्च करके तैयार किया शेक्सपीयर मेमोरियल थियेटर और म्यूजियम ही वह अनोखा कलाकेन्द्र नहीं है, जिसे देखने को यहाँ एक बार आना ही चाहिए। नहीं, समूचे गाँव का वातावरण ही शेक्सपीयरमय है। शेक्सपीयर का जन्म जिस खपरैल मकान में हुआ, उसे उसके पूर्व रूप में रखा गया है, जिसमें उनके सम्बन्ध के अनेक स्मृति-चिन्हों के साथ वह कुर्सी रखी हुई है जिस पर शेक्सपीयर बैठते थे। अन्तिम काल में जिस घर में शेक्सपीयर रहते थे, वह मकान नहीं रहा, तो उसकी नींव को ही सुरक्षित रखा है और फख्र के साथ बताते हैं कि इसी कोठरी में बैठकर शेक्सपीयर ने 'टेम्पेस्ट' लिखा था। और इसी से लगे बगीचे में शेक्सपीयर ने उस मलबेरी के पेड़ को रोपा था, जिसके पोते को आप देख रहे हैं। जिस स्कूल में शेक्सपीयर की पढ़ाई हुई, उसके उस डेस्क तक को सुरक्षित रखा गया है, जिसके सामने बैठकर शेक्सपीयर पढ़ते थे। यों ही शेक्सपीयर की पत्नी के फूस के घर को उसी रूप में रखा गया है और वहाँ भी अनेक स्मृतिचिन्हों के साथ वह बेंच रखी है जिस पर शेक्सपीयर अपने से पाँच वर्ष बड़ी प्रियतमा के साथ बैठकर अपने भावी ससुर से बातें करते थे। कहाँ तक कहा जाए, उनकी माता के घर को, उनकी बेटी के घर को और उनके समाधि-स्थल को जिस तरह आदर और श्रद्धा से सजाकर रखा गया है, उसे देखकर अपना सिर श्रद्धा से बार-बार झुक जाता था ! किन्तु, उसी समय यह स्मृति हृदय को कचोट जाती थी कि हमने अपने तुलसी और सूर के लिए, विद्यापति और बिहारी के लिए क्या किया ! अरे, और तो और, हमने अपने हरिश्चन्द्र के लिए ही क्या किया, जिसने हमें राष्ट्रभाषा का यह रूप दिया और जो हिन्दी का आदि नाटककार था। पहले तो गुलामी का एक बहाना भी था, किन्तु अब जब चार वर्षों से हम पूरी आजादी भोग रहे हैं, फिर भी हम अपने साहित्यकारों से इतने उदासीन क्यों हैं ? स्टैट्रफोर्ड की तरह राजापुर और बिस्फी के भाग्य कब खुलेंगे और कब काशी में हम भारतेन्दु स्मारक नाट्यशाला की स्थापना देख सकेंगे ?

× × ×

एक मित्र ने चलते समय कहा था, यूरोप जाते हो, तो उनके थियेटर ज़रूर देखना, जो उनके तीर्थ हैं ! हम समझते थे कि सिनेमा ने नाटकों के युग को खत्म कर दिया। जब बम्बई जाता था, वहाँ भाई पृथ्वीराजजी की कृपा और स्नेह से उनके नाटकों को देखता और तृप्त होता था, किन्तु, यह तो पृथ्वीराज की भी शिकायत रही कि थियेटर के चलते उन्हें घाटा ही घाटा उठाना पड़ता है। किन्तु लन्दन और पेरिस में विचित्र ही बात देखी। वहाँ थियेटरों की भरमार ही नहीं है, वे व्यापारिक दृष्टि से भी सफल आयोजन समझे जाते हैं ! थियेटरों के टिकट की दर बहुत ऊँची है, तो भी दो-तीन महीने पहले से ही उनके स्थान रिजर्व हो जाते हैं ! जिस तरह अपने यहाँ गरीब किसान साल भर एक-एक पैसे एकत्र करता है कि वह साल में एक बार गंगा मैया में एक डुबकी लगाने का सौभाग्य प्राप्त कर सकेगा, उसी तरह वहाँ के गरीब

मजदूर भी साल-छः महीने में एक बार थियेटर जाने का सौभाग्य पाने से अपने को वंचित नहीं रखना चाहता। फिर उनके रंगमंचों की नवीनता; उनके पात्रों और पात्रियों की नाट्य-कुशलता और उनके दर्शकों की गुण-ग्राहकता ! जब नाटक समाप्त होता है और उनके पात्र और पात्रियाँ एक-एक कर रंगमंच पर आते हैं, तब जिस उत्साह से तालियाँ पीटी जाती हैं और बार-बार पर्दे गिरते और उठते हैं, वह दृश्य तो भुलाया नहीं जा सकता। सचमुच नाट्यशालाएँ उनके तीर्थ-स्थान हैं। फिर, उनके टेकनिक और प्रदर्शन की विविधता ! चलती-चलाती सामाजिक, साहित्यिक और राजनीतिक घटनाओं पर तैयार किए गए छोटे-छोटे टुकड़ोंवाले 'रेव्यू' से लेकर सीधे-साधे खुले थियेटर, रंगीनियों से जगमग बैले और संगीत-माधुरी से ओतप्रोत ओपेरा। वहाँ सिनेमा नहीं है, ऐसी बात नहीं। हर नुक्कड़ पर सिनेमा घर—जिनमें अधिकांश तो अखंड चलते रहते हैं ! आप अब चाहिए टिकट कटाकर उनमें घुसिए और जब तक चाहे बैठे रहिए ! और, उनमें उच्चतम कोटि के सिनेमा भी दिखाए जाते हैं; किन्तु, इनके कारण नाट्यशालाओं की महिमा कम नहीं हुई है ! स्ट्रेटफोर्ड का शेक्सपीयर थियेटर तो ऐसी विश्वव्यापी कीर्ति प्राप्त कर सका है कि वहाँ हर देश और हर रंग के दर्शकों का जमघट लगा ही रहता है। एक पेरिस में डेढ़ सौ के लगभग थियेटर-घर हैं ! जब-जब इन थियेटर-घरों में बैठने का मौका मिला, फिर, हृदय में रह-रहकर टीस-सी पैदा होती रही—आह, हिन्दी का रंगमंच कब तैयार होगा ? जिसे राष्ट्रभाषा होने का सौभाग्य प्राप्त हो सका है, वह नाट्य-कृतियों से किस तरह सूनी है ! कलकत्ता, पटना, काशी, प्रयाग, लखनऊ, जबलपुर, नागपुर, दिल्ली, जलन्धर—इतने बड़े-बड़े नगर ! किन्तु, इनमें कहाँ है एक भी नाट्यशाला जिस पर हम गर्व कर सकें ? क्या हमारे यहाँ नाट्य-प्रतिभा की कमी है ? नहीं—कमी है प्रोत्साहन की ! हमारे युवक और युवतियों के पैरों, उँगलियों, कंठों और चेहरों में कला के वे बीज हैं जिन्हें खाद और पानी मिले, तो वे प्रस्फुटित और विकसित होकर अपने रंग और गन्ध से दिगदिगन्त को भावमुग्ध कर दें। किन्तु, हाय, पानी देनेवाला सोया है, बीज मिट्टी के अन्दर ही सूखता चला जाता है। फूल कहाँ और फल की कैसी आशा ?

× × ×

यों ही जब मैं पेरिस के लुब्र म्यूजियम में खड़ा था, तब मेरी समझ में यह बात आई कि क्यों जब-जब लड़ाई होती है, फ्रांस की सरकार पेरिस को खुला शहर घोषित कर देती है। पेरिस यूरोप का—शायद सारे संसार का—कलाकेन्द्र है। उसकी गली-गली में, हर सड़क पर, नुक्कड़ पर, कला के ऐसे उपादान बिखरे पड़े हैं कि एक बार उनका नाश हो जाने पर, उनकी पुनर्रचना हो नहीं सकती। लन्दन या बर्लिन के नष्ट हो जाने पर वे फिर बस सकेंगे, बसाए जा सकेंगे किन्तु यदि पेरिस नष्ट हुआ, तो फिर अपने साथ वह विश्वकला की अनेक अनमोल कृतियों के साथ सदा के लिए नष्ट हो जाएगा। लुब्र संसार के सर्वोत्तम कला-संग्रहालयों में से है। यूरोप और पश्चिमी एशिया एवं मिस्र की कलाओं का जीवित इतिहास वहाँ संगृहीत है। एक-एक मूर्त्ति, एक-एक चित्र ऐसे हैं, जिनकी कीमत मुद्राओं में नहीं कूती जा सकती। यह सचित्र-विचित्र संग्रहालय सदियों के अनवरत प्रयत्नों का फल है, जिसमें फ्रांस की जनता एवं सरकार दोनों ने मुक्तहस्त से सहायता दी है। हमारे अभिमान का तो कुछ कहना नहीं है, किन्तु हमारे बड़े-बड़े स्वदेशाभिमानियों का सिर भी लुब्र को देखकर झुक जा सकता है। मैं बार-बार सोचता, क्या हम एक ऐसा संग्रहालय अपने देश में नहीं कायम कर सकेंगे ? हमारे यहाँ कला के उपादानों की कमी नहीं। किन्तु वे जहाँ-तहाँ इस प्रकार बिखरे पड़े हैं कि हमारी कला का सम्पूर्ण रूप और वैभव एक जगह अपनी पूरी विशालता और मनोज्ञता के साथ हमारी दृष्टि में भी नहीं आता, तो विदेशियों की नजरों में आने की क्या बात ? दिल्ली में संयोग से एक ऐसी इमारत

हमें मिल गई है कि जिसमें हम, थोड़े परिवर्तन के साथ, एक ऐसे संग्रहालय का श्रीगणेश कर सकते हैं। वह है हमारा राजकीय भवन, जहाँ पहले विदेशी राज्य के प्रतिनिधि के रूप में वायसराय रहा करते थे और आजकल हमारे राष्ट्रपति रहते हैं। इस राजकीय भवन के एक भाग को राष्ट्रीय संग्रहालय के रूप में स्वीकृत भी किया जा चुका है। किन्तु, हमारी समझ में यह भवन स्वतन्त्र भारत के राष्ट्रपति के आवास के उपयुक्त नहीं--यह तो बार-बार हमारी पहली राजनीतिक गुलामी और वर्तमान दिमागी गुलामी की याद दिलाता है। लुब्र के संग्रहालय का मुख्यभाग भी पहले राजभवन ही था। और दिल्ली के इस राजकीय भवन से संलग्न मुगल गार्डेन लुब्र से संलग्न सुन्दर बगीचे की याद ताज़ा करता है। इस मुगल गार्डेन को हम अपनी राष्ट्रीय वाटिका में परिणत कर सकते हैं जहाँ हमारे देश के हर सुन्दर फूल और पौधे को उचित प्रतिनिधित्व प्राप्त हो। जब हम पेरिस में थे, पेरिस अपनी स्थापना की दो हजारवीं शताब्दी मना रहा था। वह ऐसी कितनी ही हजारवीं शताब्दियाँ मनाए और संसार के कलाप्रेमियों को प्रोत्साहन और प्रेरणा देता रहे—हृदय से बार-बार यह शुभ कामना निकलती थी।

[जून, 1951]

हिन्दी के कोश और भाषा की समस्याएँ

बिहार राष्ट्रभाषा परिषद् ने एक बहुत ही आवश्यक काम को हाथ में लिया है। उसने एक उपसमिति बना दी है और उसे आदेश दिया है कि दो मास के अन्तर्गत वह शासन-सम्बन्धी साधारण शब्दों का कोश तैयार कर दे। शासन-सम्बन्धी दो कोश इस समय प्रचलित हैं। डा. रघुवीर का और राहुल सांकृत्यायन का। राहुलजी के कोश को हिन्दी साहित्य सम्मेलन ने प्रकाशित किया था, इसलिए उसकी प्रामाणिकता पहले कोश से अधिक है। किन्तु, प्रकट बात यह है कि राहुलजी का कोश किसी सुरक्षित कोश में भले ही रखा गया हो; मध्यप्रदेश के राजकोष के बल तैयार हुआ डा. रघुवीर का कोश ही इस समय हिन्दी प्रान्तों के राजकाज का कोश है। सरकार के सभी विभागों ने, स्थानीय संस्थाओं ने रघुवीरी कोश को ही मँगवाया और अपनाया है और उसी के आधार पर शब्दों का चयन और प्रचलन हो रहा है। यह कोश कितना त्रुटिपूर्ण और क्लिष्ट है, इसका प्रमाण एक मन्त्री और एक संसद-मन्त्री ने बताया था। कुछ वर्षों से सरकारी आय-व्यय का लेखा हिन्दी में ही प्रकाशित होता था और उसे उसी रूप में अर्थमन्त्री उपस्थित करते थे। किन्तु इस साल इस कोश के आधार पर जो लेखा तैयार हुआ, वह इतना क्लिष्ट था कि उसे छोड़कर अर्थ-मन्त्री ने अँगरेजी के लेखे को ही सरकारी तौर पर पेश किया। यों ही एक प्रश्न के पूछे जाने पर उसका हिन्दी उत्तर जो अनुवाद विभाग से तैयार होकर आया, उसे संसद-मन्त्री ने पढ़ तो दिया, किन्तु जब उनसे उसका अर्थ पूछा गया, तो बेचारे को अपनी हाजिरजवाबी से ही अपनी रक्षा करनी पड़ी। अनुवाद-विभाग का भी इसमें क्या कसूर--जब उसके पास आधार ग्रन्थ के रूप में यह रघुवीरी कोश ही है। अतः यह आवश्यकता दिन-दिन अनुभव की जा रही थी कि शासन-सम्बन्धी शब्दों का कोई सरल कोश अवश्य तैयार किया जाए और वह जल्द से जल्द तैयार किया जाए। क्योंकि देर होने से उन क्लिष्ट शब्दों को उम्र मिल जाएगी और फिर उन्हें हटाना मुश्किल पड़ जाएगा। इसलिए बिहार राष्ट्रभाषा परिषद् के इस शुभ आयोजन का हम हृदय से स्वागत करते हैं।

× × ×

शासन-सम्बन्धी शब्दकोश तैयार करने का काम डा. रघुवीर ने ही नहीं किया है, उसके बहुत

दिन पहले श्री सुखसम्पत्ति राय भंडारी ने इस सम्बन्ध में बहुत परिश्रम किया था और उनका कोश आज भी सर्वोत्तम कोशों में से है। अँगरेजी से हिन्दी में कई कोश हैं, जिनमें शासन-सम्बन्धी शब्दों के लिए बड़े ही उपयुक्त शब्द रखे गए हैं। सम्मेलन के कोश की तो चर्चा हो ही चुकी है। बिहार सरकार ने हिन्दोस्तानी कमेटी को शब्दकोश तैयार करने का जो ज़िम्मा दिया था, उसमें भी शासन-सम्बन्धी शब्दों के लिए सरल शब्दों के चुनाव में बहुत परिश्रम किया गया था। इस कमेटी में आचार्य बदरीनाथ वर्मा भी थे, जो आज हमारे शिक्षा-मन्त्री हैं। निस्सन्देह हिन्दी-हिन्दोस्तानी के विवाद में इस कमेटी का सारा परिश्रम मलबे के नीचे ढंप गया; किन्तु इसमें शक नहीं कि कोश पर बहुत परिश्रम किया गया था। और शब्दों के संचयन में बहुत सावधानी भी रखी गई थी। संयोग से उस कमेटी का कोश अब राष्ट्रभाषा-परिषद् के कब्ज़े में है। अतः परिषद् ने सबसे पहले इस सम्बन्ध के उसके परिश्रम को संचित करने का निश्चय किया है। फिर अन्य कोशों को देख-सुनकर तथा जनता में प्रचलित शासन-सम्बन्धी शब्दों को लेकर यह नया कोश तैयार कराने का उसका शुभ संकल्प है। यदि परिषद् इस काम को पूरा कर सकी, तो वह न केवल बिहार की ही एक बहुत बड़ी सेवा कर सकेगी, बल्कि सारे हिन्दी-संसार को पथप्रदर्शन दे सकेगी ! हमें पूरा विश्वास है, इस दिशा में तेजी से कदम बढ़ाने और निश्चित अवधि के अन्दर एक ठोस चीज़ जनता के सामने प्रस्तुत कर दी जा सकेगी।

× × ×

हिन्दी की एक दूसरी समस्या है, जिसके हल के लिए व्यापक प्रयास आज तक नहीं किया गया है—वह है, हिन्दी शब्दों की एकरूपता। कारक के चिन्हों को हटाकर लिखें या सटाकर, इस पर हमारे पुराने महारथियों में भीषण संघर्ष हुआ था। किन्तु, उस संघर्ष का परिणाम कुछ नहीं हुआ—हिन्दी-संसार दो दलों में विभक्त हुआ और वह विभाजक-रेखा दिन-दिन लम्बी ही होती चली जा रही है। दोनों के अपने तर्क हैं, अपने परिणाम हैं। इन दो पद्धतियों के कारण अहिन्दीभाषियों को हिन्दी सीखने में बड़ी दिक्कत होती है। किन्तु एक ओर तो हम सबसे हिन्दी सीखने को कहते हैं, दूसरी ओर हम इस मामूली प्रश्न पर भी एक नहीं हो पाते ! यों ही भिन्न-भिन्न लेखक शब्दों के भिन्न-भिन्न रूप प्रयोग में लाते हैं। लिये, लिए, नई, नयी, गई, गयी, हुये, हुए, हुवे;—ऐसे कितने ही शब्द हैं, जिनके बारे में कुछ निश्चय पर नहीं पहुँचकर हम हिन्दी का कितना अहित कर रहे हैं, यह बात हमारी कल्पना में भी नहीं आती ! हिन्दी साहित्य सम्मेलन ऐसी संस्था को इस ओर कदम बढ़ाना चाहिए, किन्तु उसे तो गृह-कलह से ही फुर्सत नहीं है। नागरी प्रचारिणी सभा भी इसी प्रकार के गृह-कलह के कारण अपना पूर्व गौरव खोती जा रही है। बिहार हिन्दी साहित्य सम्मेलन ने एक बार पत्रकारों की एक उपसमिति बनाई थी, जिससे कम से कम बिहार के सभी पत्रों की शब्दावली में एकरूपता आए—किन्तु वह समिति आज तक कोई निर्णय नहीं दे सकी। क्या बिहार राष्ट्रभाषा परिषद् को इस ओर भी बढ़ना चाहिए ? इसमें तो शक नहीं कि जो संस्था यह काम कर सकेगी, वह हिन्दी के इतिहास में अमरता प्राप्त करके रहेगी।

× × ×

श्रद्धेय श्री पुरुषोत्तमदासजी टंडन को अन्ततः हिन्दी साहित्य सम्मेलन से हट जाना पड़ा। इधर कुछ वर्षों से टंडनजी इस चेष्टा में थे कि सम्मेलन जिस एक गुट के हाथों में है उससे निकलकर वह सम्पूर्ण हिन्दी संसार की प्रतिनिधि संस्था बन जाए। उनकी इस चेष्टा में प्रयाग के एक दल को छोड़कर, सम्पूर्ण हिन्दी संसार उनका साथ दे रहा था। किन्तु इस गुट की हठधर्मी के कारण कुछ नहीं हो सका ! सबसे बुरी बात यह हुई कि श्रीजयचन्द्र विद्यालंकार ऐसे लोग भी

उस दल के कुचक्र में जा फँसे। टंडनजी क्या करते ? अब उन्होंने एक वक्तव्य देकर अपने को सम्मेलन के सभी पदों से हटा लिया है। टंडनजी सम्मेलन के प्राण थे। उनके बिना सम्मेलन एक मुर्दा संस्था के रूप में ही जीवित रह सकता है। सम्मेलन को टंडनजी ने ही जन्म दिया, उसे पाला-पोसा, उसे बड़ा किया। आज भी उसके लिए उनके हृदय में असीम ममता है। फिर भी उन्हें उसे छोड़ देना पड़ा—कैसी करुण घटना ! आजकल सभी संस्थाओं में यही बात देखने में आ रही है। जब तक संस्था साधनहीन रहती है, कुछ लोग अपना खून-पसीना एक करके उसे जीवित रखते और बढ़ाते हैं। किन्तु ज्यों ही संस्था के पास कुछ साधन जुटे कि अवसरवादियों का गिरोह टूट पड़ता और उन पुराने सेवकों को अलग होने के लिए लाचार कर देता है। किन्तु टंडनजी का व्यक्तित्व इतना बड़ा है कि वह जहाँ रहेंगे, पूजनीय-वन्दनीय बने रहेंगे। हिन्दी-संसार भी उनकी सेवाओं को कभी नहीं भूलेगा। हाँ, सम्मेलन के भविष्य के लिए अवश्य ही चिन्ता की जा सकती है ! क्योंकि राष्ट्रभाषा का पद प्राप्त हो जाने के बाद अभी हिन्दी के लिए बहुत कुछ करना है। और, सम्मेलन हिन्दी की एक ऐसी सर्वमान्य संस्था रहा है, जिसके द्वारा बहुत कुछ किया जा सकता था। किन्तु कुछ लोगों के दुराग्रह और स्वार्थ ने सारा बंटाढार कर दिया।

[1951]

जीवनी क्यों नहीं लिखी जाती ?

क्या कभी हमने यह सोचा है कि हिन्दी में उनके साहित्यकारों की जीवनियाँ कितनी कम हैं ? क्या तमाशा है, जिन्होंने संसार को अपनी कृतियों से अमरता दी, उनकी कृतियों की कहानी कहकर कोई अपने को अमर करने को तैयार नहीं। तुलसी और सूर ने राम और कृष्ण को जनता के हृदय-पटल पर नाना रूपों में इस गहराई के साथ अंकित किया कि सदियों के हवा-पानी के बावजूद उनके चित्र और भी सुन्दर और आबदार बनते और निखरते जा रहे हैं। किन्तु, कितना आश्चर्य कि इनके ही रहस्यमय चरित्रों की ओर आज तक ध्यान नहीं दिया गया। जो अपनी पत्नी के एक वचन पर सदा के लिए वैराग्य ले ले, या जो एक वेश्या के ऊपर अपनी आँखें निछावर करने से नहीं चूके—उसके चरित के भीतर कितनी रंगीनियाँ होंगी, क्या हमने कभी कल्पना की है ! आधुनिक युग में हरिश्चन्द्र और प्रेमचन्द को लीजिए। एक बड़े कुल में जन्म पाकर अपनी अपार सम्पत्ति को जो 33 वर्ष की उम्र तक ही फूँक डाले और फिर अपने को फक्कड़ बनाकर भी संसार को हिकारत की नजरों से देखता हुआ, हँसता-गाता चल बसे—उसकी जीवनी कितनी हृदय-हारिणी हो सकती है, इसका अनुभव हम आज तक नहीं कर सके हैं, क्या यह आश्चर्य की बात नहीं मालूम होती है ? यों ही, ज़िन्दगी-भर कहानियाँ कह-कहकर जो हमें रिझाता, हँसाता या रुलाता रहा; उसकी कहानी हम आज तक सारी सम्पूर्णता में संसार के सामने नहीं रख सके, क्या इसे सिर्फ अकृतज्ञता की पराकाष्ठा ही कहा जा सकता है ? सचमुच, जब हम यह देखते हैं कि हिन्दी में उनके विधाताओं की जीवनियाँ कितनी कम हैं, तो अपार विस्मय के साथ महान खेद भी होता है। प्राचीन कवियों और लेखकों की बात छोड़िए, तो आधुनिक युग के श्री बालमुकुन्द गुप्त, पं. महावीरप्रसाद द्विवेदी, पं. रामावतार शर्मा, गणेशशंकर विद्यार्थी, कामताप्रसाद गुरु, जगन्नाथप्रसाद चतुर्वेदी, कृष्णकान्त मालवीय, शिवप्रसाद गुप्त ऐसे लोगों की जीवनियाँ नहीं लिखी जा सकीं, क्या यह हमारे लिए शोभनीय है ? यही नहीं, बहुत से हमारे जीवित साहित्यकार भी हैं, जिनकी जीवनियाँ अभी

तक प्रकाशित हो जानी चाहिए थीं।

× × ×

जब कभी हिन्दी-साहित्य के किसी विभाग के अभाव की ओर दृष्टि जाती है, सहसा हिन्दी-प्रकाशन की त्रुटियाँ आँखों के सामने आ खड़ी होती हैं। दुर्भाग्य की बात है कि हिन्दी में कोई ऐसी समर्थ प्रकाशन-संस्था नहीं है, जो हिन्दी के अभावों की ओर ध्यान देकर एक आयोजित रूप में प्रकाशन करे। हिन्दी का प्रकाशन आज मुख्यतः कालेजों और स्कूलों के लिए टेक्स्टबुक तैयार करने और उसे किसी तरह स्वीकृत कराकर लीख का लाख बनाने पर तुला हुआ है। हिन्दी के जो प्रमुख प्रकाशक हैं, वे इसी उलझन में फँसे हुए हैं। जो स्वतन्त्र पुस्तकें छापते हैं, उनका ध्यान इस ओर रहता है कि वे पुस्तकें ऐसी हों, जिनका संस्करण तुरत से तुरत खत्म हो जाए। इसलिए वे उसी ओर कदम बढ़ाते हैं, जिस विषय का बाजार पहले से तैयार हो। यह स्वाभाविक भी है। छोटी पूँजी के व्यापार में यही किया ही जाता है। अतः हिन्दी की सबसे बड़ी आवश्यकता आज यह है कि इसमें कोई ऐसी बड़ी पूँजी की समर्थ संस्था स्थापित की जाए, जो प्रकाशन को अन्य बड़े व्यापारों की तरह एक सर्वांगपूर्ण योजना के स्तर पर ले जाए। तभी हम इन्साइक्लोपेडिया ऐसे बड़े-बड़े प्रकाशनों की ओर ध्यान दे सकेंगे, साथ ही हिन्दी के हर विभाग की आवश्यकताओं की पूर्ति की ओर भी सम्यक् प्रयत्न कर सकेंगे। बड़ी-बड़ी प्रकाशन-संस्थाएँ लेखकों का शोषण और भी बड़े पैमाने पर कर सकेंगी, ऐसा कहा जा सकता है। किन्तु, अनुभव यह बताता है कि बड़ी संस्थाएँ उन निम्नकोटि की नीचताओं पर प्रायः नहीं उतरतीं, जहाँ हिन्दी का प्रकाशन आज पहुँच चुका है। फिर बड़े पैमाने के प्रकाशन के साथ ही लेखकों की स्वत्वरक्षा की समस्या भी आपसे आप ऊपर आएगी और कोई रास्ता निकलकर रहेगा। छोटे दिमाग की तरह छोटा व्यापार भी खुराफातों का घर होता है, यह हम प्रत्यक्ष देखते हैं ! बड़े प्रकाशन की जगह लेखकों की सहयोगमूलक छोटी-छोटी संस्थाएँ भी ले सकती हैं। किन्तु मालूम होता है, यहाँ तक पहुँचने के पहले लेखकों को अभी बहुत तमाचे खाना रह गया है।

× × ×

लेखकों को अभी बहुत तमाचे खाना रह गया है—यह लिखकर हम कोई सुख नहीं अनुभव कर रहे हैं। हिन्दी के लेखकों की तरह का निरीह प्राणी शायद सृष्टि में कोई नहीं है। किन्तु, इसकी सारी निरीहता शक्ति और अर्थ के सम्मुख झुकने और दाँत निपोड़ने में है। आपस में एक-दूसरे का अनिष्ट करने में इसका जोड़ किसी जीवधारी में मिलना मुश्किल है। साँप, हाथी, कुत्ता—सभी उपमान एकांगी पड़ेंगे इसके सामने। इसका कोई एक साथी किसी ऊँचे पद पर पहुँचा—सबके पेट में हिरन कूदने लगा। इसका कोई साथी आजकल औज-मौज में है, बस सबके घर में जैसे कोई स्यापा पड़ गया। इसके किसी एक साथी को निकाल बाहर किया गया, सबमें धक्कमधुक्की मची कि कौन पहले पहुँच जाए वहाँ। एक लेखक से दूसरे लेखक के बारे में पूछिए, एक कवि से दूसरे कवि के बारे में पूछिए, एक आलोचक के बारे में दूसरे आलोचक से पूछिए—बस, झट नाक-भौं सिकोड़ लेगा वह। और, तमाशा यह कि आमने-सामने जब मिलेगा, तो प्रेम का वह सागर बहा देगा कि देखनेवाला शरमा जाए। क्या किसी भी हिन्दी-लेखक से यह बात छिपी हुई है कि उसका कैसा शोषण हो रहा है ? किन्तु, कभी वह मिलजुलकर उस शोषण को रोकने का प्रबन्ध करेगा ? नहीं। फिर उससे किसी सामूहिक प्रयत्न की आशा क्यों की जाए ? और उसके ऐसे किसी प्रयत्न की प्रतीक्षा में प्रकाशन की प्रगति तो रुकी नहीं रहेगी। अतः हमें यह स्पष्ट दिखाई देता है कि हिन्दी प्रकाशन का भविष्य बड़ी पूँजी से बड़े पैमाने पर संगठित संस्था पर ही निर्भर करता है। व्यापार के इस क्षेत्र में भी विकास

का नियम अपना काम करके ही रहेगा—भले ही वह किसी को रुचे या नहीं रुचे, किसी के लिए भला पड़े या बुरा।

× × ×

फिर मूल-विषय : जीवन-लेखन। यों देखिए, तो सामान्यतः हिन्दी में जीवनियों की बहुत कमी है। प्रारम्भ में बाबू शिवनन्दन सहायजी ने 'तुलसीदास' और 'भारतेन्दु हरिश्चन्द्र' की बहुत बड़ी और प्रामाणिक जीवनियाँ लिखी थीं। पं. नन्दकुमारदेव शर्माजी की 'शिवाजी' की जीवनी भी उच्चकोटि की जीवनी में गणना पा सकी थी। श्री बनारसीदास चतुर्वेदी लिखित कवि सत्यनारायण की जीवनी भी अपने ढंग की अनूठी पुस्तक थी। श्री रामनाथलाल 'सुमन' ने नेताओं की छोटी-छोटी जीवनियाँ लिखी थीं, जिन्हें रेखाचित्र कहना ही उपयुक्त होगा। इधर के कुछ वर्षों में 'रोजा लुक्जेम्बुर्ग' और 'जयप्रकाश'—ये ही दो जीवनियाँ निकली हैं, जिनकी साहित्य में गिनती की जा सकती है। तिलक, गाँधी, रवीन्द्र ऐसे महापुरुषों पर भी हिन्दी में कोई उच्चकोटि की जीवनी नहीं, फिर हिन्दी के साहित्यकारों की क्या चर्चा। यद्यपि उच्चकोटि की जीवनी के उपादानों की दृष्टि से भारतेन्दु, प्रेमचन्द, जयशंकर प्रसाद, महावीरप्रसाद द्विवेदी, गणेशशंकर विद्यार्थी—ये पाँच नाम ऐसे हैं कि कोई कलम का धनी उनका उपयोग कर अपने लिए सहज ही अमरता का अर्जन कर सकता है। बंगला में प्रायः सभी बड़े साहित्यकारों के जीवन पर नाटक भी बन गए हैं। माइकेल मधुसूदन पर सिनेमा बन चुका है और एक नाटक तैयार किया है जिसे बंगाल के सर्वश्रेष्ठ अभिनेता श्री शिशिरकुमार भादुड़ी ने खेला है। जिन्होंने इस सिनेमा और इस नाटक को देखा होगा, उन्हें अनायास ही यह आभास मिला होगा कि भारतेन्दु की जीवनी पर तैयार किया गया नाटक या सिनेमा इससे कहीं अच्छा होगा। हम चाहेंगे कि कोई समर्थ लेखक इस काम को अपने-अपने हाथ में लें।

× × ×

'नई धारा' के इस अंक में हम श्रीमती उषादेवी मित्रा की एक कहानी दे रहे हैं। श्रीमती मित्रा की कहानियाँ हिन्दी संसार में ख्याति प्राप्त कर चुकी हैं, कोई भी पत्रिका उन्हें मुख्य स्थान देकर अपने को धन्य समझ सकती है। किन्तु, हम उनकी इस कहानी की ओर अपने पाठकों का ध्यान खासकर उसकी भाषा के लिए आकृष्ट करना चाहते हैं। जब भिन्न भाषा-भाषी लेखक हिन्दी में लिखना प्रारम्भ करेंगे, तो वे अपने साथ अपनी मातृभाषा की शब्दावली, मुहावरे और शैली भी लाएँगे ही। आप इन्हें वांछनीय समझें या नहीं—यह अलग बात है। हमने इस कहानी की भाषा में जानबूझकर बहुत ही कम परिवर्तन किया है, जिसमें हमारे पाठक मित्राजी की मूल भाषा का रस ले सकें और यदि सम्भव हो, तो हमें बता सकें कि इस सम्बन्ध में उनकी क्या राय है।

[1951]

महापुरुषों की जयन्तियाँ

श्रावण के साथ दो पावन स्मृतियाँ बँधी हैं—एक तुलसीदास की, दूसरी प्रेमचन्द की। दोनों की कलात्मक तुलना की बात नहीं; किन्तु दोनों एक बात में बहुत मिलते हैं। जन-जीवन के साथ अपनी कला का निकटतम सम्पर्क स्थापित करने में। खासकर भाषा के क्षेत्र में। दोनों ने अपनी रचनाओं में जनता की भाषा का विपुल प्रयोग किया। तुलसीदासजी के पहले जन-भाषा का प्रयोग कबीर ने किया था और प्रेमचन्दजी के पहले देवकीनन्दन खत्री ने। कबीर की साखियाँ

अनपढ़ जनता की ज़बान पर जो पाँच सौ साल पहले चढ़ीं, वे आज तक वहाँ अपना स्थान अक्षुण्ण रखती हैं। देवकीनन्दन खत्री की सरल भाषा ने प्रारम्भिक दिनों में बहुत लोगों को हिन्दी पढ़ने की ओर प्रवृत्त किया। जब गाँधीजी की नज़रों में खत्रीजी की भाषा आई, तो उसे ही राष्ट्रभाषा के उपयुक्त उन्होंने करार दिया था। किन्तु भाषा जब कला का माध्यम बनती है—उच्चकोटि की कला का—तब उसे अपने धरातल को ऊँचा करना ही पड़ता है। कबीर सन्त थे, खत्रीजी तिलस्मी उपन्यासकार। उनका माध्यम सरलतम भाषा भी बन सकती थी। किन्तु, तुलसी और प्रेमचन्द कलाकार थे—उच्चकोटि के कलाकार। अतः, उनकी भाषा ऊँचे स्तर तक गई, किन्तु अन्य कलाकारों की तरह उन्होंने अपनी भाषा को मिट्टी के सम्पर्क से दूर नहीं होने दिया। उनकी भाषा का मूल आधार जन-भाषा ही रही। इसका सुफल भी हम लोगों की आँखों के सामने है। प्राचीन कवियों में जिस प्रकार तुलसीदासजी की सर्वश्रेष्ठता दिन-दिन विकसित होती जा रही है; उसी प्रकार आधुनिक काल के कलाकारों में प्रेमचन्द की गरिमा गहरी से गहरी प्रतिष्ठित होती जा रही है। एक उदाहरण लीजिए। हिन्दी-संसार अन्य कवियों और लेखकों की जयन्तियाँ भी मनाता है; किन्तु जिस सत्साह और धूमधाम से इन दोनों की जयन्तियाँ मनाई जाती हैं, क्या अन्य अवसरों पर हम वैसा जोश या लगन देख पाते हैं ?

× × ×

जब-जब हम महापुरुषों की जयन्तियाँ मनाते हैं, तो उनके कर्तृत्वों का मूल्यांकन करते हैं। यह स्वाभाविक भी है। किन्तु यह मूल्यांकन कभी-कभी बहुत अखरता है, जब हम देखते हैं, मौलिकता के फेर में पड़कर उनके व्यक्तित्वों या उनके कर्तृत्वों की कचूमर तक निकालने लगते हैं। ऐसा करने से आलोचक या वक्ता की ओर लोग तुरत आकृष्ट होते हैं, किन्तु लम्बी दौर में यह प्रवृत्ति घातक ही सिद्ध होती है। मूल्यांकन हम करें, किन्तु तुलसीदास के आदर्शों के अनुसार संत-हंस गुन गहँहि पय, परिहरि बारि-विकार। विकारों के पानी को तो हम छोड़ दें, गुण के दूध को ही हम हंस की तरह ग्रहण करें। खासकर ऐसे अवसरों के मूल्यांकनों का लक्ष्य होना चाहिए आलोच्य कलाकारों द्वारा प्रदर्शित नए पथ की ओर अंगुलि-निर्देश। इन्हीं दो महान कलाकारों को लीजिए। आज हमारे लिए इनका महत्त्व पहले से बहुत अधिक है। खासकर भाषा के क्षेत्र में यदि हमने इनका अनुसरण छोड़ दिया, जैसी प्रवृत्ति आज दिखाई पड़ती है, तो फिर हिन्दी के लिए तो बुरे दिन आनेवाले ही हैं। हिन्दी पर दो ओर से हमला है। एक तरफ वे लोग हैं, जो उसे जन-जीवन से बिल्कुल पृथक् कर एक आकाशी भाषा बनाने पर तुले हैं। संस्कृत को लोग 'देववाणी' कहते हैं; सुनते हैं, भारत सरकार रेडियो का हिन्दीकरण आकाशवाणी के रूप में कर रही है। किन्तु ऐसे लोगों को याद रखना चाहिए कि जिस प्रकार देववाणी बनकर संस्कृत हवा में ही रह गई या पुरानी पोथियों में ही; उसी प्रकार आकाशवाणी बनकर हिन्दी भी उसी भाग्य को या दुर्भाग्य को प्राप्त करके ही रहेगी। किन्तु दूसरी ओर ऐसे दल भी हैं जो हिन्दी में विदेशी शब्द ठूँसने पर तुले हैं। वे समझते हैं, हिन्दी में जितनी ही अधिक विदेशी भाषा ठूसेंगे, वह उतनी ही समृद्ध और शक्तिशाली बनेगी। वे भूल जाते हैं कि शरीर जितना पचा सके, उतना ही भोजन उसके लिए उपादेय होता है—अधिक पुष्टिकर या अधिक मात्रा का भोजन भी हानि ही करता है—विजातीय पदार्थों के ग्रहण की तो बात ही अलग। इस दृष्टि से देखिए, तो तुलसीदास और प्रेमचन्द ने हमारे लिए बड़ा ही सुन्दर मध्यम मार्ग प्रदर्शित किया है।

साहित्यिक संस्थाओं का नया रूप

साहित्यिक संस्थाओं का संगठन और संचालन किस प्रकार हो, यह प्रश्न आज हिन्दी-संसार के सामने पूरी विभीषिका के साथ उपस्थित है। हिन्दी-संसार की दो सर्वमान्य संस्थाएँ रही हैं—काशी नागरी प्रचारिणी सभा और हिन्दी साहित्य सम्मेलन, प्रयाग। प्रारम्भ में ये दोनों संस्थाएँ स्थानीय रहीं जैसा कि इनके नामों से ही प्रकट है। किन्तु धीरे-धीरे इनका क्षेत्र हिन्दी-संसार भर में फैल गया। खासकर सम्मेलन ने तो विस्तार की दृष्टि से बड़ी उन्नति की। किन्तु आज ये दोनों की दोनों संस्थाएँ दलबन्दियों के चलते परेशान हो रही हैं। जिन लोगों ने अपने खून और पसीने से काशी नागरी प्रचारिणी सभा को सींचा, उनमें से जो बचेखुचे लोग रह गए हैं, उनसे पूछिए, तो पता चले किस प्रकार उन्हें खदेड़-खदेड़कर उस संस्था से अलग किया गया है। सम्मेलन से टंडनजी का पद-त्याग उसके अधःपतन के शीर्षबिन्दु की ओर इशारा करता है। क्या हिन्दी की ऐसी दो प्रतिष्ठित और सर्वमान्य संस्थाओं की वर्तमान स्थिति हमें यह सोचने को लाचार नहीं करती कि इन संस्थाओं की नींव में ही कोई ऐसी त्रुटि थी, जो अब सारी इमारत को ही खतरे में डालने जा रही है। जब ये संस्थाएँ कायम की गईं, हिन्दी अपनी प्रारम्भिक अवस्था में थी। उसके विकास और अभ्युदय में, प्रचार और प्रसार में इन संस्थाओं ने बहुत काम किया। उस समय इन संस्थाओं का रूप ऐसा रखा गया कि अधिक से अधिक लोग इनमें सम्मिलित हों, अधिक से अधिक लोगों की सहायता और सहयोग प्राप्त हो। इसलिए स्वभावतः ही इनका रूप भी बहुत कुछ जनतन्त्रात्मक रखा गया। उनके इस रूप के कारण नए लोग उनमें आते रहे, इस तरह इन संस्थाओं को नए-नए लोगों की योग्यता और अनुभव से लाभ पहुँचता रहा। किन्तु, अब देखा यह जा रहा है कि यह जनतन्त्रात्मक रूप दलबन्दी का कारण बन रहा है। राजनीति में दलबन्दी विकास की ओर ले जाता है। किन्तु साहित्य में तो वह विष का ही बीज बोता है, इसे अनुभव ने सिद्ध कर दिया है।

× × ×

अतः क्या यह सोचने की बात नहीं हो गई है कि हम अपनी साहित्यिक संस्थाओं को कोई नया रूप दें ? परिस्थिति में जो एक महान अन्तर आ गया है, उसका भी इसी ओर इशारा है। वह अन्तर यह है कि अब राष्ट्रभाषा हो जाने के बाद हिन्दी के प्रचार का बहुत बड़ा भार सरकार पर आ गया है और अब इसे उसी के द्वारा हमें कराना भी चाहिए। सरकारी शक्ति और साधनों से यह काम बहुत ही सुगमता और शीघ्रता से किया भी जा सकता है। ऐसी हालत में हमारी साहित्यिक संस्थाओं का प्रमुख कार्य प्राचीन साहित्य का संचयन और नवीन साहित्य का निर्माण या उसका दिशा-निर्देश ही हो सकता है। यह काम वे ही कर सकते हैं जो साहित्यकार हैं। अतः अब हमारी साहित्यिक संस्थाओं का पुनर्संगठन परिषद्—एकेडमी—के रूप में ही करना समयोचित होगा। सुनते हैं, टंडनजी कुछ इसी दिशा में सोच रहे हैं और पटना में नियोजित सम्मेलन की नियमावली समिति के अधिकांश सदस्यों का भी यही अभिमत है। सम्मेलन के स्वरूप में परिवर्तन होते ही उसकी संबद्ध संस्थाओं पर स्वभावतः इसका प्रभाव पड़ेगा। यही नहीं, अन्य संस्थाओं को भी पुनर्संगठन की ओर ध्यान देना होगा। यदि नियमावली समिति ने इतना भी कर लिया, तो पटना का विशेष अधिवेशन सम्मलेन के इतिहास में एक नई दिशा के प्रदर्शन का प्रतीक बन जाएगा, इसमें सन्देह नहीं।

[1951]

आकाशवाणी !

कहने को तो यह गणतन्त्र है, किन्तु मालूम होता है, हमारी सरकार ने अँगरेजी हुकूमत के सब ऐब विरासत में ले लिए हैं। वही जनमत की उपेक्षा, वही कुछ अफसरों की जिद की रक्षा। सुनते हैं, आल इंडिया रेडियो का सूत्र जिस मन्त्रालय के हाथ में है, जहाँ एक अफसर हैं, जिन्हें 'आकाशवाणी' शब्द बहुत प्यारा है। अब उनकी ज़िद यह है कि रेडियो की जगह इसका प्रयोग किया ही जाए। उन्होंने बड़े-बड़े तिकड़म भिड़ाए, रेडियो के अनेक स्टेशनों को प्रभावित कर उनके यहाँ से अपने पक्ष में सम्मतियाँ मँगाईं, रेडियो सलाहकार समिति के सदस्यों को भी अनुनय-विनय से इस पर राजी किया और 'आकाशवाणी' का प्रसारण शुरू करा दिया है—बड़ी हुशियारी से, धीरे-धीरे क़दम बढ़ाते हुए। नेहरू साहब समाजवाद की खोज कांग्रेस में कर रहे हैं—यदि कभी वह दिल्ली के अपने मन्त्रालय में उसकी खोज करते, तो उन्हें पता चलता कि झकझोर-इलाज की कहाँ अधिक ज़रूरत है। यथास्थितिवादियों का कार्यक्षेत्र मुख्यतः भाषा की ओर है। वे हिन्दी के नाम पर भोंड़े से भोंड़े शब्द को चलाने में ज़रा भी हिचक नहीं लाते। 'कमीशन' के लिए 'आयोग' तथा कमेटी को 'प्रवर-समिति' कहने में इन्हें कभी यह बात नहीं खटकती कि शब्द का सिर्फ वही अर्थ नहीं होता, जो धातु से निकलता है। 'आयोग' यदि कमेटी है तो 'विनियोग' क्या होगा ? और 'प्रवर' तो यज्ञोपवीत की गाँठ के अर्थ में भारत में प्रचलित हो चुका है। 'आकाशवाणी' एक खास अर्थ में ही साहित्य में प्रयुक्त होती रही है। उस शब्द के अन्तर्गत अभिनेत्रियों के प्रेम-प्रसंग और नेताओं के प्रचार-भाषण प्रसारित करना उस शब्द का ही अपमान नहीं है, सारे वाङ्मय का अपमान है। हम फिर कहते हैं, रेडियो के अधिकारी अपनी ज़िद को छोड़ें। ऑल इंडिया रेडियो का नाम बदलना है, तो 'भारत रेडियो' से बढ़कर कोई दूसरा नाम नहीं हो सकता !

कला और भोजन !

धन्य था वह समय और धन्य थे वे लोग—जो स्वान्तः सुखाय लिखते थे। किन्तु आज के कलाकार की तो बेहद बुरी स्थिति है। आज कला की आराधना के साथ पेट की समस्या बँध गई है। कलाकार को पेट तो होता ही है। किन्तु, पहले इस पेट की ओर समाज का ध्यान था, समाज कलाकार की आवश्यकताओं की ओर ध्यान देता था, वह निश्चिन्त होकर समाज को नए गीत, नए काव्य, नई-नई मूर्तियाँ, नए-नए स्थापत्य दिया करता था। कला के क्षेत्र में जो कुछ श्रेष्ठ है, उसी युग में पैदा हुआ। किन्तु धीरे-धीरे ऐसी सभ्यता आई, जिसने समाज में अर्थ को प्रधानता दी। हर आदमी को अपनी समस्या आप हल करने को लाचार होना पड़ा। इस स्थिति में कुछ लोग जो चतुर थे, उनकी तो बन आई। किन्तु भोले-भाले लोगों पर विपदा आ ढही। कलाकार ऐसे ही लोगों में था। वह लेखक हो, कवि हो, चित्रकार हो, संगीतकार हो, आज उनकी सब जगह दुर्गत है। अच्छे-अच्छे साज़ बजानेवाले उचित भोजन के अभाव में अकाल वार्धक्य के शिकार हो रहे हैं। जब किसी तरुण चित्रकार को अपनी सुन्दर रचना लेकर बाज़ार में घूमता और वहाँ से भी उपेक्षा पाता हुआ देखते हैं, आँखों में एक दृश्य उतर आता है—मालूम होता है, कोई कण्व अपनी शकुन्तला को भठियारखाने में बेचने को मजबूर हुआ हो। कवियों की समस्या तो और बुरी है। इंग्लैंड ऐसे देश में भी देखा है कि कविता की पुस्तकें बहुत कम बिकती हैं। प्रकाशक कविता-पुस्तक प्रायः नहीं लेता। अब बाप-दादे की जायदाद बेचकर कवियों ने अपनी रचनाएँ प्रकाशित करने का धन्धा उठाया है। आधुनिक कवियों के काव्य में जो रुदन-ही-रुदन है, वह उसकी यथार्थ स्थिति है। लेखक—यदि वह कोई

कुशवाहा कान्त नहीं हुआ, तो उसकी आज दुर्गति है। पहले प्रकाशक की सेवा में दौड़ो—फिर टेक्स्टबुक कमेटी या सरकारी खरीद के लिए नियुक्त समिति के सदस्यों के दरवाजे की धूल झाड़ो। सरकार को मजदूरों, कारीगरों, क्लर्कों, चपरासियों, सबका ध्यान है—किन्तु बेचारा कलाकार ! उसका भगवान अब भी सोया है और पेट में खाँव-खाँव मची है।

ये भोंड़ी आलोचनाएँ

ठाकुर श्रीनाथ सिंह ने राष्ट्रकवि मैथिलीशरण गुप्तजी पर आलोचना के बहाने जो कीचड़ उछाले हैं और जिस कारण उछाले हैं उसके विरोध में काफी पत्र आ रहे हैं। पिछले अंक में हमने उस तरह का एक पत्र छापा भी था। पर ठाकुर साहब की कलम नहीं रुकती। वह उसी तबियत के हैं। अफसोस इस बात का है कि पत्र-पत्रिका के सम्पादक वैसी भोंड़ी चीज़ को क्यों स्थान देते हैं। उनके हर लेख को देख यह स्पष्ट हो जाता है कि स्कूल और कालेजों में गुप्तजी के किताबों के स्वीकृत होने से ही उनकी नाराजगी है। उनका अपना स्वार्थ खतरे में है इसलिए वे इस सतह पर उतरकर आलोचना करते हैं। क्या यह भी मान लिया जाए कि उनके लेख छापनेवाले हर पत्र का स्वार्थ उनके स्वार्थ से जुड़ा है या यह सम्पादकों की काहिली अथवा अक्षमता है कि वैसी चीजें छप जाती हैं ? यह सिलसिला न सिर्फ उन्हें ले बीतेगा बल्कि हिन्दी पत्रकारिता के नाम पर वैसा कलंक लगाएगा जो धोए न धुलेगा। आखिर सम्पादक के टेबुल के नीचे रद्दी की टोकरी भी तो रहती है। विचार-स्वातन्त्र्य का यह अर्थ कभी नहीं हो सकता कि सभी कुछ छापने पर सम्पादक मजबूर हो।

[1951]

स्वर्गीय अवनीन्द्रनाथ टैगोर !

आधुनिक भारत का सर्वश्रेष्ठ चित्रशिल्पी हमारे बीच से उठ गया। एक-एक कर हमारे दिग्गज हमें छोड़ते जा रहे हैं। रवीबाबू चल दिए, फैयाज खाँ चल दिए। बीसवीं शताब्दी के प्रारम्भ में भारत के कलाक्षेत्र में नवचेतना की—रेनेसाँ की—एक नई लहर चली। कविता क्षेत्र में उसके प्रतीक थे रवीन्द्रनाथ, संगीत में फैयाज़ खाँ और चित्रकारी में अवनीन्द्रनाथ। एक परिवार, एक युग में, इतने बड़े दो कलाकार थे, यह विरल घटना है। अवनीन्द्रनाथ ने भारतीय चित्रकला का उद्धार किया—उस काल का, जो रूप के चित्रण को महत्त्व नहीं देकर आत्मा के चित्रण पर ज़ोर देती है। रंगों का हल्कापन, रेखाओं की बारीकी, मुद्राओं की भंगिमा,—ये चीज़ें ऐसी थीं, जो यूरोपीय चित्रकला से मेल नहीं खाती थीं। हमारी आँखों की दृष्टि कुछ ऐसी विकृत हो चली थी, कि हम स्वयं भी कहते थे, ये चित्र नहीं, पहेली हैं बाबा। अधमुँदी आँखें और टेढ़ी-मेढ़ी अँगुलियाँ,—अवनीबाबू के चित्रों की ये दो विशेषताएँ आज भी हमारे लिए पहेली ही बनी हुई हैं। किन्तु, जिनकी आँखें हैं, उन्होंने इस कला के महत्त्व को समझा। फिर उसका अनुकरण होना प्रारम्भ हुआ, तो आज तक उसी पथ पर लोग बढ़ते जा रहे हैं। अवनीबाबू चल दिए, किन्तु, एक ऐसी दुनिया पीछे छोड़ गए हैं, जिसे लाख प्रयत्न करके भी काल मिटा नहीं सकेगा। जब राजनीति का जादू हटेगा, लोग समाचारपत्रों द्वारा प्रशंसित व्यक्तियों को ही सर्वेसर्वा समझने की भ्रान्ति से दूर होंगे, तो उन्हें मालूम होगा, वह व्यक्ति कितना महान था

जिसने बंगाल के सुप्रसिद्ध और अति प्रतिष्ठित परिवार में जन्म लिया, जिसने कला की आराधना में ही अपना सम्पूर्ण जीवन अर्पित किया, जिसने भारतीय चित्रकला की सम्पूर्ण महानता और विशेषता को अपनी कूची के द्वारा पुनर्जीवन दिया और जिसने एक लम्बी उम्र पाकर अपनी आँखों अपनी कला का अभिनव विकास देख, परम शान्ति के साथ, अभी-अभी उस दिन बैरकपुर, कलकत्ता, में सदा के लिए आँखें मूँद ली हैं।

यह महान कलाकार और वह आश्रम का कुत्ता !

शीर्षक विचित्र है, किन्तु घटना बड़ी की करुण है। अभी-अभी 'नेशनल हेरल्ड' में किसी अज्ञात सज्जन ने एक लेख लिखा है—'ए टैगोर ऐंड ए डौग।' पहले 'ए' का मतलब है अवनीन्द्र से। लेखक ने बताया है कि किस प्रकार पाँच दिसम्बर के 'नेशनल हेरल्ड' में दो समाचार प्रकाशित हुए—एक में बताया गया था कि बंगाल का यह सुप्रसिद्ध कलाकार चल बसा और दूसरे में कहा गया था कि कस्तूरबा आश्रम का एक कुत्ता मर गया। किन्तु जहाँ अवनीबाबू की मृत्यु पर सिर्फ 13 पंक्तियाँ छपी थीं, वहाँ उस कुत्ते की मृत्यु पर 20 पंक्तियाँ। इसमें 'नेशनल हेरल्ड' का दोष नहीं था, बल्कि 'नेशनल हेरल्ड' ने उसे प्रथम पृष्ठ पर झापकर अपनी उस परम्परा को ही निभाया था जिसके अनुसार उस अखबार में फैयाज़ खाँ की मृत्यु को बहुत बड़ा महत्त्व दिया गया था। इसमें दोष था, प्रेस ट्रस्ट ऑफ इंडिया का जिसने उस कुत्ते की मृत्यु को इतना महत्त्व दिया था और इस कलाकार के सम्बन्ध में ऐसी उदासीनता दिखलाई थी। पी.टी.आई. की यह मनोवृत्ति क्या हमारी-आपकी मनोवृत्ति का ही आईना नहीं है ? क्या हम अपने कलाकारों के जीवन से उतनी भी दिलचस्पी रखते हैं, जितनी कि किसी आश्रम में रहनेवाले कुत्ते के जीवन से हमारी दिलचस्पी होती है। यदि ऐसी बात नहीं होती, तो ऐसा नहीं होता कि इतना बड़ा कलाकार हमारे बीच से जाए और उसके निधन पर हम सार्वजनिक शोकसभाएँ तक नहीं कर पाएँ, फिर उसकी स्मृति-रक्षा की क्या बात ? किन्तु सौभाग्य की बात यही है कि अवनीबाबू ऐसे लोग हमारी शोकसभाओं और स्मारक-आयोजनों की अपेक्षा नहीं करते—वे अपने पीछे ऐसी पीढ़ी छोड़ जाते हैं जो उनके पथ पर आगे बढ़ती और उनकी कीर्ति को बढ़ाती जाती है। अवनी ने तो अपने सामने ही तीन पुश्त को अपने पथ का अनुगमन करते देख लिया था। कितनी ही शताब्दियों तक उनका यह पथ प्रशस्त रहेगा, इसमें तो सन्देह नहीं।

पी.सी. बरुआ नहीं रहे !

बंगाल का एक दूसरा कलाकार भी हमें छोड़कर चल बसा—पी.सी. बरुआ नाम से वह फिल्मी संसार में प्रसिद्ध था। सहगल ने जिस तरह फिल्म की दुनिया में उच्चकोटि का संगीत दिया था, उसी प्रकार बरुआ ने उसे उच्चकोटि का अभिनय दिया। बरुआ का अभिनय—जिसमें कहीं उछलकूद नहीं; कहीं चीख-चिल्लाहट नहीं; कहीं चेहरे पर एक अधिक शिकन नहीं; कहीं भवों पर तनिक भी अधिक वक्रता नहीं। बरुआ का अभिनय देखिए, तो मालूम होता था, आप अभिनय नहीं, जीवन देख रहे हैं। बरुआ अभिनेता ही नहीं, निर्देशक भी थे और उनके निर्देशन से महान कलाकारों की कृतियाँ भी चमक उठती थीं, इसमें शक नहीं। शरदबाबू के प्रशंसक क्षमा करें, शरद के 'देवदास' से कहीं सुन्दर और करुण बन पड़ा है बरुआ का 'देवदास'।

हाँ, हम मानते हैं कि देवदास के अभिनय में बरुआ को कहीं पीछे छोड़ दिया था सहगल ने—किन्तु, फिल्म का देवदास वह नहीं है, जो पुस्तक का देवदास था। यह नहीं कि बरुआ ने शरदबाबू की इस अमर कृति की कहीं विकृति की, किन्तु एक महान कलाकार ने अपने पूर्ववर्ती कलाकार की एक महान कृति पर चार चाँद लगा दिए, यह तो कहा ही जा सकता है। बरुआ की एक कृति और महान है, वह है 'यमुना का आविष्कार'। यमुना ने फ़िल्म-जगत में नारी-चरित का जो आदर्श उपस्थित किया, उसका जोड़ आज तक सामने नहीं आया। जोड़ की क्या बात, अब तो नारी-चरित दिन-दिन गिरता जा रहा है—नरगिस, सुरैया, मधुबाला, निम्मी। उफ, ये छोकरियाँ नारी-चरित को किस गहरे गर्त में गिराएँगी ? भारतीय चित्रपट यमुना के बिना इधर सूना लगता था, अब बरुआ के बिना वह और अन्धकारमय हो गया।

पृथ्वीराज का शुभागमन !

पटना का सौभाग्य रहा कि यहाँ श्री पृथ्वीराज कपूर आए और अपने छः उत्तमोत्तम नाटकों का प्रदर्शन किया। सीज़र की तरह वह आए, उन्होंने नज़र उठाई और फिर बिजय उनकी होकर रही। पृथ्वीराज की इस विजय ने कम से कम दस-बारह दिनों तक बिहार की राजधानी पर कला के झंडे को ऊँचा रखा। उनके नाटकों के लिए, पैसे खर्च करने पर भी, सीटें पाना तो भाग्य की बात रही ही; वह जहाँ जब जिस ओर निकले, लोगों पर पागलपन छा गया। और, अपने अन्य कलाकार बन्धुओं से उनमें एक विशेषता रही कि उन्हें जहाँ भी प्रेम से बुलाया गया, वह बेरोकटोक गए और उनकी शालीनता, सज्जनता और नम्रता ने सबको उनका बना दिया। अपनी कला की दृष्टि से तो पृथ्वीराज महान हैं ही, अपने व्यक्तित्व से भी वह महान हैं, इसे सबने एक स्वर से स्वीकार किया। उनके छः नाटकों ने भारतीय जीवन के छः पहलुओं का जीवन-चित्र दर्शकों के सामने रखा। मंच और दर्शक में तुरन्त ही इतनी तादात्मता स्थापित हो जाती थी कि उस नाट्य-भवन में सूई का गिरना भी सुना जा सकता था। यों तो हर पात्र का अभिनय अपनी-अपनी जगह पर पूर्ण था; किन्तु, पृथ्वीराज का अभिनय तो कमाल था। सचमुच हिन्दीवालों के सिर गर्व से उन्नत होने लगते थे, जब वे कल्पना करते थे कि उनके पास भी अब ऐसा कलाकार है जिसे वे संसार के श्रेष्ठतम अभिनेताओं के समक्ष गर्व से पेश कर सकते हैं। अब हिन्दीवाले किसी भादुड़ी या लारेंस के लिए नहीं तरसेंगे। यदि पृथ्वीराज की प्रशंसा हम उतनी नहीं करते हैं जितनी प्रशंसा दूसरी भाषाओं के लोग अपने कलाकारों की करते हैं, तो उसका कारण हमारी गुणग्राहकता की कमी नहीं, बल्कि हमारी नम्रता की अधिकता है, जो सचमुच ही एक दोष बन गई है।

हिन्दी के नाटककारों को चुनौती !

पृथ्वीराज ने रंगमंच तो बनाया, किन्तु, उस रंगमंच के उपयुक्त हिन्दी में उन्हें नाटक नहीं मिल रहे हैं, इस बात की ओर उन्होंने कई बार इशारा किया है और उस दिन की आशा की जब वह हिन्दी के महान नाटककारों की अमर रचनाओं का अभिनय करके अपने को धन्य समझेंगे। पृथ्वीराज की इस नम्रता में भी चुनौती थी। इसमें शक नहीं कि अब तक जो नाटक पृथ्वीराज खेलते हैं, वे कला की दृष्टि से उच्चकोटि के नहीं हैं, यह तो पृथ्वीराज का अभिनय है, जो

उनमें जान डाल देता है, मूक प्रतिमाएँ भी जैसे उनके अंगुलि-स्पर्श-मात्र से बोल उठती हैं। सचमुच वह दिन हिन्दी के रंगमंच के लिए एक महान दिन होगा, जब पृथ्वीराज ऐसे महान कलाकार, उनकी कला के अनुरूप ही नाटक पा सकेंगे और उसके अभिनय से एक अभिनय जगत की सृष्टि कर सकेंगे। किन्तु, इसके लिए आवश्यक यह है कि हिन्दी के नाटककार आधुनिक रंगमंच की रूपरेखा का अध्ययन करें और उनका व्यावहारिक ज्ञान प्राप्त करें। जब तक रंगमंच से दूर-दूर बैठकर नाटककार नाटकों की सृष्टि करते रहेंगे, तब तक हिन्दी को वह शुभ दिन देखने का सौभाग्य नहीं मिलेगा। शेक्सपीयर और शॉ दोनों ही रंगमंच के निकट थे, इसीलिए महान नाटक लिख सके। पृथ्वीराज जो खेलते हैं, उनकी रचना में उनका हाथ कम नहीं रहा है। किन्तु, शेक्सपीयर ऐसे लोग कम होते हैं जो एक ही साथ अभिनेता और नाटककार हों। हमें पूरी आशा है, पृथ्वीराज ने रंगमंच के उद्धार के लिए जो यह प्रयत्न प्रारम्भ किया है, उसका सुफल समय पाकर हम अवश्य चखेंगे और वह दिन दूर नहीं है जब पृथ्वीराज ऐसे महान अभिनेता की तरह ही हम महान नाटककार भी पा सकेंगे—फिर दोनों के संयोग से सोने में सुगन्ध की कहावत चरितार्थ होगी।

[1951]

नए लेखक : नए विषय

हिन्दी साहित्य अपनी दिशा ढूँढ़ रहा है। अपने विकास की सीढ़ियाँ पार कर वह जिस जगह पर पहुँचा है वहाँ से कई रास्ते फूटते हैं। और हमारा साहित्य उस मोड़ पर रुका पड़ा है। इस दिशा-निर्धारण में उसकी गति कुछ शिथिल-सी हो गई है। वह हैसबैस में है कि किधर मुड़े। कुछ लोगों ने स्पष्ट रूप से अपनी दिशा चुन ली है। लेकिन उनके चुनाव से साहित्य को मानो सन्तोष नहीं है। प्रयोगवाद इत्यादि अन्य नामों से जो कोशिशें चल रही हैं वे मात्र टेकनिक की नूतनता से सम्बन्ध रखती हैं, विषयवस्तु से उसका बड़ा हल्का-सा सम्बन्ध है। और इसमें भी शक नहीं कि इस हैसबैस में काफी वक्त निकल गया, हिन्दी के राष्ट्रभाषा-पद पर आसीन हुए कई वर्ष बीत गए। नए लेखकों की बाढ़-सी आई पर उनमें कुछ ही ऐसे निकले जो अपना स्थान बना पाए। सिर पर चढ़कर बोलनेवाले जादू की बात अभी बहुत दूर है।

नई जिम्मेदारी : नया स्वर

स्वाधीनता प्राप्ति के बाद एक झोंके से लेखकों का बड़ा-सा दल हिन्दी के मैदान में आया। अन्य भाषाओं के ख्यातिप्राप्त लेखकों का ध्यान भी हिन्दी की ओर जोरों से आकृष्ट हुआ है और हिन्दी में उनकी कृतियों के अनुवाद धड़ल्ले से प्रकाशित होने लगे हैं। स्पष्ट है कि इस रेले को असुविधाओं के साथ कुछ सुविधाएँ भी हमें प्राप्त हुईं। नई जिम्मेदारी के बोझ से हिन्दी के कुछ नए लेखकों ने अपना नया स्वर प्रस्तुत किया है। उस स्वर की विशेषता रही है जनजीवन का व्यापक चित्रण। अब तक हमारा साहित्य मध्यवर्गीय मान्यताओं की सीमा के अन्दर था। यह बात नहीं कि उस सीमा के अन्दर का साहित्य सुन्दर नहीं होता था सिर्फ इसी कारण से उसमें कोई दोष आ जाता है। बल्कि साहित्य अब सिर्फ समाज के एक विशेष अंग को न छूकर उसके काफी बड़े हिस्से से सम्बन्ध स्थापित कर रहा है। इस नई प्रवृत्ति को लानेवाले लोगों ने अब तक परिपक्वता प्राप्त

नहीं की है, इसमें सन्देह नहीं। वस्तुतः इस नई प्रवृत्ति का श्रीगणेश 'माटी की मूरतों' से हुआ था। धारा बहुत आगे नहीं बढ़ पाई है लेकिन पुष्ट जरूर हुई है।

नई प्रतिभा की प्रतीक्षा

इस प्रवृत्ति को आगे बढ़ाना वर्तमान लेखकों के बस की बात नहीं मालूम होती। अंडे में बच्चा एक हद तक बढ़ता है लेकिन उसकी प्रगति के लिए यह जरूरी है कि निश्चित समय के बाद अंडा टूट जाए। नहीं तो वह बच्चा मर जाएगा। वही हालत इस नई प्रवृत्ति की है। जिन साहित्यकारों के बीच इसने जन्म लिया है वे अब इसके मार्ग में बाधक हो रहे हैं। अगर इसे आगे बढ़ना है, तो पुराने लोगों को छोड़कर नए लोगों का सहारा लेना पड़ेगा। अभी तक इस नई प्रवृत्ति के पोषक मध्यमवर्गीय साहित्यकार ही रहे हैं। जनजीवन की दुहाई देकर सामने आनेवाला साहित्य इन तमाशबीनों की कलम से ही अब तक निकलता आया है। जनजीवन से सीधा सम्बन्ध रखनेवाले साहित्यकार के बिना यह प्रवृत्ति बहुत दूर तक आगे नहीं बढ़ सकती। वह अपनी मान्यताओं और पूर्वाग्रहों की दुनिया से उतरकर उस जीवन से सीधा सम्बन्ध स्थापित करने में असमर्थ रहेगा। उर्दू के कुछ लेखकों ने इस दिशा में प्रयत्न करने की कोशिश की लेकिन नतीजा वही निकला जो निकलना था। अपने पूर्वाग्रहों के चक्कर में वह उलझ गए। जब तक उनके बीच से साहित्यकार पैदा नहीं होता तब तक उनके जीवन की सबल और सफल अभिव्यक्ति नहीं हो सकती। इसलिए, अभी तो उन कलाकारों की, जनजीवन से सीधा सम्बन्ध रखनेवाली नई प्रतिभा की प्रतीक्षा ही है।

साहित्य के उपादान

साहित्य के उपादानों पर कोई प्रतिबन्ध नहीं। किसी भी चीज का साहित्य में उपयोग हो सकता है और हुआ है। प्रश्न यह है कि उसका उद्देश्य क्या है। सुन्दरता के लिए कालिख की बिन्दी का उपयोग भी होता है और विद्रूप के लिए भी मुँह पर कालिख पोता जाता है। उद्देश्य निश्चित होते ही ढंग स्वयं निश्चित हो जाएगा। इसलिए अश्लील कहे जानेवाले व्यापारों के उल्लेखमात्र से किसी पर अश्लीलता का दोषारोपण गलत होगा। उस दृष्टि से ऊपर की पंक्तियों में अश्लीलता का दोषारोपण किया भी नहीं गया है। जिन रचनाओं को ध्यान में रखकर ऊपर की पंक्तियाँ लिखी गई हैं उनमें अश्लीलता सिर्फ अश्लीलता के लिए, नूतनता के लिए, चमत्कार के लिए लाई गई है और इसी के खिलाफ एतराज भी है।

सिर पर जूता

शीर्षक विचित्र है। कुछ दिन हुए, हिन्दी के एक वयोवृद्ध साहित्य-सेवी नई पौध के एक लेखक की चर्चा कर रहे थे। उनके लेख में कई ऐसे स्थल थे जिस पर उन्हें एतराज था। उनके एक सहकर्मी उस लेख की सार्थकता बता रहे थे और कह रहे थे कि नूतनता के लिए यह आवश्यक था कि उन बातों पर जोर दिया जाए। नया दृष्टिकोण और नई टेकनिक के लिए लेख का

यह रूप अपेक्षित था। वयोवृद्ध साहित्यिक की आँखें हँस पड़ीं और उन्होंने स्वाभाविक स्वर में कहा कि जूता सामने पड़ा है। मेरे सिर पर दो-चार लगा दीजिए। उससे बढ़कर नई बात नहीं होगी। वस्तुतः नूतनता के चक्कर में बहुत कुछ यही हो रहा है। फर्क इतना ही है कि दूसरों के सिर के बदले लोग अपने ही सिर का बड़ी उदारता से प्रयोग कर रहे हैं।

बाल-साहित्य और जीवनी

हिन्दी साहित्य के सबसे उपेक्षित अंग का नाम लेना हो, तो हर कोई बाल-साहित्य और जीवनी की ओर उँगली उठा देगा। बाल-साहित्य के नाम पर जितनी चीजें निकल रही हैं, सबके पीछे यही मनोवृत्ति काम कर रही है कि किसी न किसी तरह सरकार इनकी हजार-दो हजार प्रतियाँ खरीद ले। इससे उनका स्तर काफी नीचा हो जाता है। क्योंकि बच्चों की जरूरत के बदले सरकार की जरूरत ध्यान में रहती है। अपनी रचना पर मेहनत करने के बदले लेखक सरकारी अफसरों की जूतियाँ सीधी करने में अपना अधिक समय खर्च करते हैं। जीवनी की तो कहीं चर्चा ही नहीं सुनाई पड़ती। अभिनन्दन ग्रन्थ जीवन की आवश्यकता पूरी नहीं कर सकता। जीवनी के नाम पर पहले जो चीजें निकलती थीं उनसे भी वर्तमान युग सन्तोष नहीं कर सकता। आज तो हमें चाहिए व्यक्तित्व के विकास की कहानी सिर्फ जन्म-संवत् इत्यादि नहीं। अन्य भाषाओं में उसकी सभी प्रमुख साहित्यकारों की पत्रावली तक प्रकाशित हो गई है। ईश्वर जाने हिन्दी का कब वैसा भाग्य होगा।

राष्ट्रीय रंगमंच

कुछ दिन पहले राष्ट्रीय रंगमंच की चर्चा उन्हीं पृष्ठों में की गई थी। आज वह दुहराई जा रही है। सिर्फ दुहराने के ख्याल से नहीं, उसकी आवश्यकता आ पड़ी है। हिन्दी का रंगमंच फिर अँगड़ाइयाँ लेने लगा है। हर प्रमुख शहर में हर साल आठ-दस बार नाटक का अभिनय होता ही है। खतरा है कि राष्ट्रीय रंगमंच के अभाव में ये नाटक हिन्दी सिनेमा की सतह पर उतर जाएँगे। क्योंकि उनके सामने आदर्श रूप में कुछ नहीं रहेगा और जनता की बिगड़ी हुई रुचि के दबाव में उनका फिसल जाना आसान होगा। राष्ट्रीय रंगमंच का काम काफी बड़ा है और उसे एक-दो आदमी. पूरा नहीं कर सकेंगे। सरकार और अन्य संस्थाओं से भी मदद लेनी पड़ेगी। लेकिन उसकी शुरूआत तो इस तरह की संस्था नहीं कर सकतीं। उसके लिए तो कुछ लोगों को सामने आना पड़ेगा। क्या हिन्दी के नाटककार इस काम का श्रीगणेश नहीं कर सकते ? उनके हित की यह बात है। इससे उन्हें अपने पाठकों की संख्या बढ़ाने में सहायता मिलेगी और अपनी टेकनिक को सुधारने का मौका मिलेगा। फिर रंगमंच से रायल्टी भी मिल सकती है। क्या वे ध्यान देंगे ?

[1951]

प्रसाद की याद !

जिन्हें प्रसादजी की संगति का सुख प्राप्त हुआ होगा, वे आजीवन उन्हें भूल नहीं सकते। पुरुष सौन्दर्य, अगाध ज्ञान, अकृत्रिम सहृदयता, उच्च चरित और अजस्र हँसी का बड़ा सुन्दर संकलन प्रसादजी में हुआ था, वैसा कहीं अन्यत्र नहीं मिला और न मिल सकेगा यह विश्वास दृढ़ होता जा रहा है। दुर्भाग्य की बात यह है कि प्रसादजी का एक चित्र आज तक देखने में नहीं आया, जिसमें उनके यथार्थ रूप की झलक हो। कुछ लोगों का चित्र हमेशा उनके रूप के विपरीत आता है, यह बात उन पर भी लागू थी। गौर भव्य ललाट, चौड़ी छाती, मांसल भुजाएँ—रेशमी चादर ओढ़कर जब वे अपनी मंडली के साथ मस्ती में चलते, देवताओं की कोई भी मंडली उन्हें देखकर शरमा जा सकती थी ! ज्ञान अगाध किन्तु उसके प्रदर्शन के लिए कभी व्याकुलता नहीं; बल्कि सदा उसे छिपाने की कोशिश। कोई नया लेखक या कवि आया, उसे ऐसा अपनाया कि अपना होकर रह गया। जिस समय प्रसादजी थे, उस समय काशी आचार्यों की पीठिका थी—वहाँ हरिऔध, प्रेमचन्द थे, लाला भगवानदीन थे, श्यामसुन्दरदास थे। इनमें से हर-एक के आसपास एक मंडली जुटी थी, किन्तु प्रसादजी की मंडली की बात ही न्यारी थी। उनमें एक ऐसा अपनाव था जो सहृदयों को अनायास ही अपनी ओर खींचता—भिन्न-भिन्न स्वभाववालों को भी। प्रसादजी महान कलाकार थे। उन्होंने हमें काव्य दिया, नाटक दिए, कविताएँ दीं, कहानियाँ दीं, उपन्यास दिए। किन्तु वह महान कलाकार एक महान व्यक्ति भी था। मानवीयता के सारे गुण उनमें समाहित हुए थे, जो मानव को देवताओं के समकक्ष ले जाते हैं। प्रसादजी अपने जीवन में भी पूजित हुए, आज भी पूजा पा रहे हैं। 'कामायनी' युग-युग तक पूजित-वन्दित होती रहेगी, इसमें जरा भी सन्देह नहीं।

प्रसाद के प्रेमियों से

प्रसादजी पूजा के पात्र थे, आज भी हम उनकी जन्म और निधन तिथि मनाकर उनके प्रति अपनी श्रद्धा के फूल चढ़ाते हैं। उनकी पुस्तकें स्कूलों, कालेजों के लिए स्वीकृत हुई हैं, अतः उन पर, उनकी कृतियों पर लिखे ग्रन्थों की भी कमी नहीं। किन्तु, जब-जब उनकी याद आती है, एक बात हृदय में बड़ी कसक पैदा करती है। अभी तक प्रसादजी के जीवन पर कोई ऐसी पुस्तक नहीं निकल सकी, जिससे उनके अलौकिक व्यक्तित्व पर पूर्ण प्रकाश पड़ सके। उन्हें कितने ही ऐसे सहचर और अनुचर (अनुचर से हमारा अर्थ नौकर से नहीं बल्कि पीछे चलने वाले से है), मिले थे, जिनकी लेखनी की धाक आज हिन्दी संसार में कायम हो चुकी है। अफसोस है, उनमें से किसी ने इस ओर उतना ध्यान नहीं दिया, जितने का हकदार यह पवित्र कर्त्तव्य है। श्रद्धेय रायकृष्णदासजी ने अपने संस्मरण 'प्रसाद की याद'—शुरू भी किए, किन्तु उनका छकड़ा रह-रहकर रुक जाता है। रायसाहब से हमारी यह शिकायत है कि वह अपनी कला-निधि की अस्तव्यस्तता में हिन्दी संसार को एक अमूल्य निधि से वंचित करने पर तुले हैं। सौ काम भूलकर भी यह एक काम उन्हें कर ही देना चाहिए। कुछ दिन हुए, प्रसादजी के सुपुत्र रत्नशंकरजी ने सूचित किया था कि वह अपने पूज्य पिताजी पर संस्मरणों की एक पुस्तक निकालने जा रहे हैं। किन्तु उस आयोजन का क्या हुआ, पता नहीं। जिस तरह आन्द्रे माउरोई ने एक पुस्तक लिखकर शेली के जीवन को जगमग कर दिया था, उचित है, प्रसादजी के जीवन पर भी वैसी ही कोई उत्तम पुस्तक प्रकाशित हो। कैसी अच्छी बात होती, किसी जयन्ती-तिथि पर प्रसाद के प्रेमियों की एक बैठक काशी में जुटती और मिलजुलकर भी इस पवित्र कार्य के लिए चेष्टा की जाती।

बख्शीजी फिर 'सरस्वती' में

श्री पदुमलाल पुन्नालाल बख्शी का नाम 'सरस्वती' के सम्पादक के स्थान पर देखकर प्रसन्नता हुई। स्वर्गीय पं. महावीरप्रसाद द्विवेदी के बाद, उनकी पत्रकारिता का परम्परा-निर्वाह श्री बख्शीजी ने ही किया। बख्शीजी के बाद 'सरस्वती' ने रूपरंग बदले, चटक-मटक से भी वह बाज नहीं आई, किन्तु वह बात कहाँ ? इधर बख्शीजी भी साहित्य-क्षेत्र से दूर कुछ अज्ञात-अज्ञात से लग रहे थे। उनके ऐसे सूझबूझ के पत्रकार का यह अज्ञातवास बहुत खलता था। इसके अन्दर उन्होंने कष्ट भी कम नहीं उठाए और उन्हें खोकर सरस्वती ने धन और यश दोनों में कम घाटे नहीं दिए। अतः उन्हें फिर 'सरस्वती' में आया देखकर किस सच्चे साहित्यिक को प्रसन्नता नहीं होगी ? बख्शीजी उच्चकोटि के गद्यकार होने के साथ ही साहित्य के सम्माननीय आलोचक और विरल निबन्ध लेखक के रूप में भी प्रसिद्ध रहे हैं। हमें पूरी आशा है, बख्शीजी को पुनः पाकर 'सरस्वती' अपनी खोई प्रतिष्ठा को पुनः प्राप्त करेगी और वह शीघ्र ही हिन्दी पत्रिकाओं में शीर्ष स्थान प्राप्त कर लेगी। हम 'सरस्वती' के संचालकों—इंडियन प्रेस के मालिकों—से प्रार्थना करेंगे कि अब बख्शीजी को अन्यत्र नहीं जाने दें; उनके लिए ऐसी सुविधाओं का प्रबन्ध करें कि वे अपना शेष जीवन सरस्वती की आराधना में ही व्यतीत करें। हाल ही बख्शीजी कैंसर के भयानक रोग से मुक्त हो सके हैं और अब उनकी वह उम्र भी नहीं कि पहले के ऐसा परिश्रम का बोझ उठा सकें। किन्तु, इसके साथ ही उनका अनुभव इतना गम्भीर और व्यापक हो चुका है कि यदि उन्हें सुयोग्य सहकारी दिए गए, तो वह 'सरस्वती' को फिर एक बार प्रतिष्ठित करके रहेंगे। हम 'सरस्वती' के संचालकों को बधाई देंगे कि वह बख्शीजी को पुनः अपने यहाँ बुलाने में समर्थ हो सके और हमें पूरा विश्वास है, द्विवेदीजी की तरह ही अब बख्शीजी 'सरस्वती' से अपना अटूट सम्बन्ध बनाए रहेंगे। सचमुच यह हिन्दी पत्रकारिता के लिए शुभ दिन है कि बख्शीजी ने फिर इस क्षेत्र में पदार्पण किया है।

अज्ञेयजी पर आक्रमण

श्री शिवदानसिंह चौहान हिन्दी के सुधी और सुपंडित आलोचकों में हैं। बहुत दिनों तक आपका कम्युनिस्ट पार्टी से सम्बन्ध रहा और कम्युनिस्टों द्वारा संचालित प्रगतिवाद को साहित्यिक भित्ति देने में आपने बहुत बड़ा काम किया था। इधर कुछ दिनों से आप कश्मीर राज्य में सांस्कृतिक काम कर रहे थे और अपने उस समय के प्रगतिवादी साथियों से आपका मतभेद भी हो चला था। किन्तु अब आप फिर कश्मीर के शैल-शिखर को छोड़कर मैदान में उतर आए हैं और दिल्ली से 'आलोचना' नाम की एक त्रिमासिक पत्रिका निकालना शुरू किया है। इस पत्रिका के सम्पादन और मुद्रण के सम्बन्ध में हमें कुछ कहना नहीं—चौहान की प्रतिभा और परिश्रम और इसके संचालकों की साधन-सम्पन्नता पृष्ठ-पृष्ठ से झलकती है। किन्तु, इसके दूसरे ही अंक में अज्ञेयजी पर जिस तरह आक्रमण किया गया है, हमें वह नहीं रुचा। पहले ही लेख का शीर्षक 'प्रतीकवाद : त्रिशंकुओं का साहित्य'—हमें बुरा लगा और इसके बाद तो प्रतीकवाद और प्रयोगवाद पर लिखे लेखों से पत्रिका का पूरा कलेवर भर दिया गया है, जो विशेषतः कटुता और ध्वंस की भावना से भरे हुए हैं। अज्ञेयजी पर कभी कम्युनिस्ट प्रशंसा की वर्षा करते हुए

थकते नहीं थे; किन्तु इधर पारसाल बम्बई में आपने जो सांस्कृतिक स्वाधीनता की रक्षा के लिए अन्तर्राष्ट्रीय सम्मेलन कराया, तब से उन पर कम्युनिस्ट नाराज हो चले हैं और अब चौहानजी अपनी पत्रिका द्वारा उस नाराजी को साहित्यिक रूप देने लगे हैं। प्रतीकवाद और प्रयोगवाद बुरे हो सकते हैं; किन्तु अज्ञेयजी को यह तो अधिकार है ही कि साहित्य को एक नई दिशा देने की चेष्टा करें। अपने लेख के प्रारम्भ में ही अज्ञेयजी के 'नदी के द्वीप' पर लिखे श्री जैनेन्द्रकुमार के एक पत्र को चौहानजी ने उद्धृत किया। जैनेन्द्रजी के इस पत्र को पढ़कर हमें हँसी आई—जो स्वयं ऐसी चीज, ऐसी भाषा में लिखे कि कबीर की उलटबाँसी भी मात खाए, वह किसी दूसरे पर दुरूहता या निरर्थकता का दोष क्यों मढ़े ? हम चौहानजी की 'आलोचना' से यह आशा रखते हैं कि वह हिन्दी में अचानक उग आए झाड़-झंखाड़ को साफ करेगी और उसे एक सुव्यवस्थित वाटिका के रूप में विकसित होने में सहायक सिद्ध होगी। यह काम 'त्रिशंकुओं का साहित्य' ऐसे फिकरे से नहीं सिद्ध होगा।

[1952]

दूसरा वर्ष समाप्त हुआ

'नई धारा' ने अपनी जिन्दगी के दो साल पूरे कर लिए। हमने 'नई धारा' बड़े उत्साह और आशंका के बीच निकाली थी। 'नई धारा' द्वारा हम बिहार के इस कलंक को धोना चाहते थे कि बिहार से कोई उच्चकोटि की पत्रिका नहीं निकल रही है। किन्तु हमें यह भी ज्ञात था कि इसके पहले जो उच्चकोटि की मासिक पत्रिकाएँ निकलीं, उनका क्या हश्र हुआ ? इसलिए हमारे उत्साह के साथ आशंका भी थी, किन्तु उसे प्रकट कर हम अपने हितैषियों को विचलित नहीं करना चाहते थे। प्रारम्भ के दो साल हर बच्चे के लिए बहुत नाजुक होते हैं। उस नाजुक अवधि को 'नई धारा' पार कर गई, यह हमारे लिए बड़े आनन्द की बात है। इस अवसर पर हम उन सभी लेखकों, पाठकों और सहायकों को हार्दिक धन्यवाद देते हैं, जिनकी कृपा के बिना 'नई धारा' तीसरे वर्ष में प्रवेश कर नहीं सकती थी। बिहार सरकार और उसके शिक्षा-विभाग को हम विशेषतः धन्यवाद देते हैं, जिन्होंने स्कूलों और लाइब्रेरियों के लिए 'नई धारा' स्वीकृत कर तथा उनके लिए इसकी काफी कापियाँ खरीदकर हमारे दुर्वह आर्थिक बोझ को कम किया। हमें आशा है, 'नई धारा' पर हमारे कृपालुओं की ऐसी ही दया और ममता बनी रहेगी।

तीसरे वर्ष में प्रवेश करते हुए

तीसरे वर्ष में प्रवेश करते समय हमें उन त्रुटियों की याद आती है, जो दूसरे वर्ष में अनिवार्य रूप से आईं। आम चुनाव की छाया 'नई धारा' के सम्पादन और प्रकाशन दोनों पर पड़ी। सबसे बड़ी दिक्कत रही, कागज की। हमें बाध्य होकर ऐसा कागज लगाना पड़ा, जिसकी कल्पना भी हमने नहीं की थी। नए वर्ष में यह त्रुटि नहीं आने पाए, इसके लिए हम अभी से सचेष्ट हैं। सम्पादन में भी हम कुछ नवीनता लाने के प्रयत्न में हैं—यों तो 'नई धारा' ने इस सम्बन्ध में कुछ ऐसी चीज़ों का प्रवेश कराया जिनकी छाप अन्य पत्रिकाओं में देखकर हमें प्रसन्नता होती है। इस वर्ष के सम्पादन में एक खास चीज़ की ओर हम ध्यान देना चाहते हैं। अब तक पत्रिकाओं और उनके पाठकों में वही सम्बन्ध होता है, जो सिनेमा या नाटक

देखनेवाले दर्शकों और रजतपट या रंगमंच में। वहाँ दर्शक दर्शक-मात्र होते हैं; बैठे हुए हैं, देख रहे हैं; अच्छी चीज़ हुई, मुँह से वाह-वाह निकली; खराब चीज़ हुई, आँखें मूँद लीं या आह-उँह कहकर सन्तोष कर लिया। हमारे खयाल से पत्रिकाओं और उनके पाठकों में यही सम्बन्ध नहीं रहना चाहिए। हम चाहते हैं कि 'नई धारा' के प्रत्येक लेख या कविता से उनका निकटतम सम्बन्ध हो, वे उन पर सोच-विचार करें और उनके चिन्तन-मनन का प्रकटीकरण 'नई धारा' द्वारा होता रहे। यही नहीं, हिन्दी और उसके साहित्य-सम्बन्धी कुछ आवश्यक प्रश्नों पर बड़े-बड़े विद्वानों से लेकर छोटे-से-छोटे पाठकों की सम्मतियों को भी हम 'नई धारा' द्वारा प्रकाश में लाना चाहते हैं। इस योजना के सम्बन्ध में नए वर्ष के पहले अंक में हम विस्तृत रूप से लिखेंगे।

प्रतिवर्ष दो विशेषांक

हिन्दी में विशेषांकों की परम्परा कोई नई नहीं है। हिन्दी की पत्र-पत्रिकाओं ने अच्छे से अच्छे विशेषांक दिए हैं, जिनकी अच्छी-खासी धूम रही। 'नई धारा' ने भी अपने दो वर्ष के जीवन में दो विशेषांक दिए। हमारा 'बर्नार्ड शॉ अंक' तो हिन्दी में एक अनूठी चीज़ थी, इसे सबने स्वीकार किया था। गत वर्ष के 'प्रवेशांक' में हमने जितनी अच्छी साहित्य-सामग्री एक साथ एकत्र की, उस पर हमें नाज़ है। किन्तु तीसरे साल में हम दो ऐसे विशेषांक देना चाहते हैं, जिनकी आवश्यकता सभी अनुभव करते होंगे, ऐसा हमारा विश्वास है। तीसरे वर्ष का पहला अंक हम 'रंगमंच-अंक' के रूप में निकालने जा रहे हैं। इसकी रूपरेखा का परिचय उसकी प्रस्तावित लेख-सूची से प्राप्त हो सकता है, जो इसी अंक में अन्यत्र प्रकाशित है। दूसरा विशेषांक हम विजयादशमी के आसपास निकालना चाहते हैं। हम अपने पाठकों से जानना चाहेंगे कि वह विशेषांक किस विषय को लेकर निकाला जाए ? यों हम चाहते हैं कि वह 'शैली अंक' के रूप में निकले। शैली के सम्बन्ध में हिन्दी में अभी बहुत ही कम काम हुआ है। कालेजों के पाठ्यक्रम में इस विषय का समावेश होने के कारण इस सम्बन्ध की कुछ चर्चाएँ होती हैं, किन्तु बिल्कुल पिटी-पिटाई राह पर ही। हमारे पुराने आचार्यों ने इस सम्बन्ध में कभी कुछ विचार प्रकट कर दिए थे, उन्हें ही हम फिरकर दुहरा रहे हैं। हिन्दी की शैली में क्रान्तिकारी उलटफेर पिछले कुछ वर्षों में हुए हैं। मौक़ा आ गया है कि एक बार हम ज़रा उनका मूल्यांकन कर लें।

कम से कम यह तो हो जाए

उस दिन हिन्दी के एक आचार्य से भेंट हुई। वही पुराना रोना—यह नहीं हो रहा, वह नहीं हो रहा। एक ओर हिन्दी का इतना प्रचार होता जा रहा है, दूसरी ओर हम अभी तक इतना भी तय नहीं कर पाए कि विभक्तियों को सटाकर लिखें या हटाकर। दोनों ढंग के प्रयोग होते चले जा रहे हैं और दोनों के पक्षपाती जैसे कसमें खाकर बैठे हों, कि हम अपनी बात तो छोड़ नहीं सकते। हिन्दी व्याकरण की जटिलताओं का क्या कहना ? जो ज़िन्दगी भर हिन्दी में ही लिखते आए, वे भी कभी-कभी उलझन में पड़ जाते हैं, तो उन बेचारों की क्या हालत होगी जो नए-नए हिन्दी सीखते हैं। लिंग का पचड़ा तो महा भयानक है और जब वह क्रियापद को भी प्रभावित करता है तब उसकी भयानकता और बढ़ जाती है। इन सब दुरूह और जटिल बातों के अतिरिक्त सबसे परेशानी की बात यह है कि हिन्दी में शब्दों के रूप भी एक नहीं

हैं। नये, नई; हुए, हुवे, हुये; लिये, लिए; गई, गयी; कंठ, कण्ठ; चंचल, चञ्चल ऐसे सैकड़ों शब्द हैं जो दो-दो तीन-तीन ढंग से लिखे जाते हैं। ज्ञ, क्त, क्ष आदि कुछ अक्षर भी दो-दो ढंग से लिखे जाते हैं। मान लीजिए, और बातों के निर्णय में कुछ विलम्ब भी हो, कम-से-कम शब्दों के रूप तो एक हो जाएँ। बहुत लोगों को यह ज्ञात हो कि गुजराती में भी शब्दों के रूप में इसी प्रकार के अन्तर थे। जब गाँधीजी ने गुजराती नवजीवन का सम्पादन प्रारम्भ किया, उन्हें यह बात अखर गई और उन्होंने सबसे पहले इसी के सुधार की ओर ध्यान दिया। गुजराती के एक आचार्य से उन्होंने ऐसे शब्दों के रूप निश्चित करा लिए और उन्हीं रूपों का प्रयोग करने लगे। धीरे-धीरे गुजराती में उन शब्दों के वे ही रूप प्रचलित हो गए। क्यों न आचार्य शिवपूजन सहायजी इस सम्बन्ध में हमारी सहायता करें और उन्हीं के सुझावों के अनुसार बिहार-सम्मेलन और राष्ट्रभाषा-परिषद् काम करना शुरू करे और हम भी उनका अनुसरण करेंगे, इसका हम विश्वास दिलाते हैं। अच्छी बात होती कि कोई छोटी-सी समिति इसके लिए गठित की जाती, किन्तु समितियों का जो अनुभव है, इसको ध्यान में रखते हुए हम इस प्रश्न को भी खटाई में नहीं डालना चाहते !

नई सरकारें और हिन्दी

उस दिन बिहार हिन्दी साहित्य सम्मेलन के भवन में श्री लक्ष्मीनारायणजी सुधांशु को एक पार्टी दी गई। सुधांशुजी आजकल बिहार कांग्रेस कमेटी के अध्यक्ष हैं। इसके पहले सम्मेलन के अध्यक्ष-पद को भी वह सुशोभित कर चुके हैं। उनका अभिनन्दन करते हुए कई वक्ताओं ने उनकी साहित्य-सेवा की सराहना की और आशा प्रकट की कि राजनीति में रहते हुए भी वह साहित्य को नहीं भूलेंगे। इसी अवसर पर सम्मेलन के पुराने सेवक श्री साँवलिया बिहारीलालजी वर्मा ने एक बात का उल्लेख किया। उन्होंने अपना व्यक्तिगत अनुभव बताते हुए कहा कि जहाँ उत्तर प्रदेश की सरकारी रजिस्ट्री, राजस्व-विभाग, पुलिस-विभाग आदि ऐसे सभी विभागों में, जिनका सीधा सम्पर्क जनता से है, हिन्दी का प्रयोग अनिवार्य रूप से प्रारम्भ कर दिया गया है, वहाँ अपने यहाँ इस दिशा में हौले-हौले कदम उठाया जा रहा है और भगवान जानें, सरकारी कामों में हिन्दी का पूर्ण रूप से अनिवार्य व्यवहार कब तक पूरा हो सकेगा। उन्होंने सुधांशुजी का ध्यान इस ओर आकृष्ट करते हुए निवेदन किया कि वह अपने पद के गौरव का उपयोग इस दिशा में करें और यथाशीघ्र हिन्दी को वह पद दिलाएँ जो प्रस्ताव रूप में तो स्वीकृत हो चुका है किन्तु कर्म रूप में ढिलाई हो रही है। इसमें शक नहीं कि बिहार सरकार ने बिहार राष्ट्रभाषा परिषद् की स्थापना कर एक बहुत बड़ा काम किया है और सरकारी विभागों के हिन्दीकरण की ओर भी वह सचेष्ट हैं। किन्तु, सचमुच इस दिशा की ओर उसकी प्रगति धीमी है। यों तो चर्चा है कि सुधांशुजी मन्त्रिमंडल में भी सम्मिलित होंगे, किन्तु यदि ऐसा नहीं हो; तो वह मन्त्रिमंडल पर अपना प्रभाव डालने की क्षमता में तो होंगे ही। अतः, हम उनसे ऐसी आशा रखेंगे ही कि वह हिन्दी के लिए कुछ उठा नहीं रखेंगे। साथ ही बिहार में कायम होनेवाली सरकार से भी हम अग्रिम रूप से यह निवेदन कर देना चाहते हैं कि वह अपने विभागों के हिन्दीकरण में शीघ्रता का पद उठाए और देखे कि जब तक उसकी कार्यविधि पूरी हो, तब तक एक यह काम तो पूरा हो जाए !

[1952]

शिवजी बीमार हैं

यह हम बिहारियों के ही लिए नहीं बल्कि सारे हिन्दी संसार के लिए एक दुखदायी समाचार है कि हम लोगों के 'शिवजी'—हिन्दी संसार के आचार्य श्री शिवपूजन सहायजी बीमार हैं। शिवजी इधर लगातार बत्तीस वर्षों से अपने शरीर को सधाकर, अपने मांस को गलाकर, अपनी हड्डियों को सुखाकर, अपनी आँख और मस्तिष्क पर भयानक अत्याचार कर हिन्दी संसार को जो देते रहे हैं और जिसे पाकर हम कभी नहीं अघाए उसका यह स्वाभाविक नतीजा होना ही था कि अब एक बार शिवजी इस तरह अचानक बुरी तरह गिरें। आज के शिवजी को देखकर कोई यह कल्पना भी नहीं कर सकता कि यह आदमी कभी खाने-पीने के शौकीनों में भी था। एक मध्य परिवार में जो सुस्वादुतम भोजन मिल सकता है वह शिवजी के घर पर जाने पर अनायास ही मिल जाया करता था। फिर शिवजी कपड़े के शौकीन थे। पान के शौकीन थे। इत्र के शौकीन थे। शिष्टता और सौजन्य की परिधि में शौकीनी जहाँ तक भी जा सकती है, शिवजी उसके केन्द्रबिन्दु थे। उनका घर मित्रों का अखाड़ा था, जिन्दादिलों का अखाड़ा था और यह तो स्पष्ट है ही कि श्रद्धेय राजेन्द्र बाबू से लेकर नीचे का कोई नामलेवा साहित्यिक ऐसा बिहार में नहीं है जिनकी रचनाएँ शिवजी की लेखनी के चुम्बन का वरदान नहीं पा चुकी हों। भाषा पर, मुहावरे पर, व्याकरण पर ऐसा प्रगाढ़ अधिकार कि जिसकी रचना भी सम्पादन के लिए सामने आई, वह वहाँ से चमककर ही निकली। काया वही, लेकिन जैसे चोला बदल गया हो। वही शिवजी जिन्होंने इतना किया, इतना कराया, इतना बनाया, इतना खाया और खिलाया, जो रंग और उमंग की दुनिया के एक दिन बादशाह थे, आज कई वर्षों से पटना में कंकाल-सा डोलते-फिरते सूखकर काँटा हो गए थे, खाने-पीने से जैसे विराग-सा ले लिया था किन्तु काम किए जा रहे थे और लोग उनसे काम लिए जा रहे थे—ठीक बैल की तरह। बस उन पर बोझ लादने में जैसे होड़ मची थी। छोटे लोग छोटे काम डाल देते थे और जो लोग यहाँ के तथाकथित बड़े लोग हैं वे तो उनके सिर पर पहाड़ लादने तक में जरा भी झिझक नहीं करते थे। शरीर का जो ढाँचा 60वें के निकट पहुँच रहा है वह इस दुर्वह बोझ को कैसे ढोता ? शिवजी गिर गए हैं, शिवजी बीमार पड़े हैं, शिवजी शय्याशायी हैं—बिहार के साहित्यिकों के यहाँ चर्चा है और इस घटना की भिन्न-भिन्न प्रतिक्रियाएँ हैं।

साहित्यकार—जब बीमार होता है

साहित्यिक की मृत्यु कोई समस्या नहीं है बल्कि यथार्थ समस्या है जब साहित्यकार बीमार पड़ता है। मृत्यु तो उस समस्या का समाधान है। मित्रों ने श्रद्धांजलियाँ अर्पित कर दीं, पत्र-पत्रिकाओं ने अपने कलेवर के कुछ अंश काले कर लिए, यदि फुर्सत रही, मौसम अच्छा रहा, एक आध सभा कर ली गई। मरनेवाले के साथ कुछ उदारता का व्यवहार होना ही चाहिए। इसलिए उसके सम्बन्ध में जितना कह सको, कह लो। कभी-कभी ऐसी सभाओं में खाह-म-खाम एक समस्या खड़ी कर ली गई कि मृत साहित्यिक के परिवार के लिए क्या किया जाए। सहायतार्थ समिति बनाई गई; कुछ चन्दे की रकम भी बोल दी गई। लेकिन मुझे एक भी ऐसा उदाहरण याद नहीं जिसमें साहित्यिक के मरने के बाद उसके परिवार को सहायता की एक छोटी रकम भी उस चन्दे से भेजी गई हो। हाँ, इस घोर कलिकाल में यह शिवजी ऐसे ही लोग हैं जो अपने किसी हित-बन्धु की अभागी कन्या का पाणिग्रहण पूरे खर्चे के साथ अपने सुपुत्र के साथ जाकर

करा लाएँ। नहीं तो नियम यही है कि जो गया, गया। अब कहाँ तक उसे लेकर खींच-तान की जाए ? किन्तु जब साहित्यिक बीमार होता है, वह कमबख्त जिन्दा होता है, देखता होता है, सुनता होता है। उसकी उपेक्षा की नहीं जा सकती और उसकी ठोस सहायता सदा कुछ त्याग, बलिदान, कष्ट, झंझट खोजती है। चलो जरा देख आएँ और यदि किसी कदर वहाँ तक पहुँच गए तो कुछ मिजाजपुर्सी, कुछ सान्त्वना, कुछ सलाह। 'घबड़ाइए नहीं, सब ठीक हो जाएगा, बस चिन्ता मत कीजिए—इस बीमारी का सबसे अच्छा इलाज यही है।' कैसी सादगी है। जो जिन्दा-भर चिन्ता को अपने अट्टहासों से फटकारे रहा उसी को उपदेश दिया जा रहा है—'चिन्ता न करो।' किन्तु कोई चिन्ता के कारणों तक यदि जाता ! बीमारी है तो दवा चाहिए, पथ्य चाहिए। फिर आश्रित और पालित लोग हैं उनके मुँह तो बीमारी भर बन्द रहने के नहीं। और ये ही मुँह तो इतने हैं जिनके कारण कभी पाँच कौड़ी बच न पाई। दोस्त लौट आते हैं और घर में बीमार के बिस्तरे के अगल-बगल वही सन्नाटा छाया रहता है। हिन्दी-संसार यदि अपने दिग्गजों के अन्तिम दिनों की कहानियों का संग्रह सँजोकर रखे होता तो वह पाता, उसके कौन-कौन-से महारथी कैसी-कैसी शरशय्याओं पर शूलों से बिंधे हुए, अनेक वृश्चिक-दंशनों का अनुभव करते हुए, किस तरह लहूलुहान एक-एक बूँद पानी के लिए तरसकर मर गए।

सकल शरीर पीरमयी है

बीमारियों से ऐसा लगता है, हमारे साहित्यिकों का सदा से साबका पड़ता रहा है। विद्यापति के बारे में ऐसी कोई बात नहीं मालूम पड़ती कि जिससे पता चले अन्तिम समय में शारीरिक व्याधियों से उन्हें अधिक कष्ट रहा हो। हाँ, उनमें वृद्धावस्थाजनित वैराग्य का प्रचुरमात्रा में उदय हो चुका था और प्रायः उन्हें अपने भविष्य जीवन के प्रति निराशा की भावना प्रकट होती जाती थी—

माधव हम परिनाम निरासा।

मरते समय भी उन्हें काफी होश था, ऐसा मालूम होता है—

दूल्लहि तोहर कतह छथि माय
कह न उ आवथि अखन नहाय।

यों ही सूर के बारे में प्रसिद्ध है कि मरते समय तक उनकी आँखें कृष्ण की ही रूप-छवि देखती रहीं—

खंजन नैन रूप रस माते।

किन्तु तुलसीदासजी के अन्तिम दिन बड़े ही कष्ट में कटे, इसकी सूचना तो मिलती ही है। 'हनुमान बाहुक' पढ़ने से पता चलता है कि हिन्दी के इस सर्वश्रेष्ठ कवि को किस प्रकार अंग-भंग की पीड़ाओं से जर्जरित होना पड़ा। बाँह से जो पीड़ा शुरू हुई वह धीरे-धीरे सारे शरीर में व्याप्त हो गई—

सकल शरीर पीरमयी है।

प्राचीन कवियों में अपने शारीरिक कष्टों को छिपाकर रखने की भावना प्रबल मात्रा में

थी, अतः हम सिवा तुलसी के और किसी के अन्तिम दिन की करुण झाँकी साहित्य के माध्यम से नहीं पाते हैं। और न हमारे यहाँ बंगला या मराठी साहित्य की तरह यह प्रवृत्ति रही कि अपने साहित्यिकों की सुधि अन्तिम दिनों तक हम रख सकें। नतीजा यह कि माइकेल मधुसूदन की तरह दुर्दिन में अन्तिम दिन तो बहुत लोगों के कटे किन्तु उसकी विवरणी हमारे पास नहीं। क्या हमें ज्ञात है कि भारतेन्दु हरिश्चन्द्र, प्रेमचन्द, जयशंकर प्रसाद, प्रतापनारायण मिश्र, अम्बिकादत्त व्यास, शिवनन्दन सहाय, जगन्नाथ प्रसाद भानु, श्री अमीर अली मीर, माधव राव सप्रे, महावीरप्रसाद द्विवेदी, अमृतलाल चक्रवर्ती, यशोदानन्दन अखौरी, बालमुकुन्द गुप्त, जगन्नाथप्रसाद चतुर्वेदी आदि अपने अन्तिम दिनों में किस तरह रहे और किस सुख-दुख में हमसे विदा हुए। निस्सन्देह इनमें से कुछ की कहानियाँ तो बड़ी ही करुण होंगी। यह अजीब बात है कि जब तक ये लोग भले-चंगे रहे, अपनी नाना कृतियों से हमारा मनोरंजन और ज्ञानवर्द्धन करते रहे और हिन्दी-माता के कोश को असंख्य और अमूल्य रत्नों से भरते रहे किन्तु ज्यों ही वे अशक्त हुए, शय्याशायी बने, हमने उनकी सुधि लेना तक छोड़ दिया। कृतघ्नता की यह हद है। हिन्दी-संसार उस उपेक्षाजनित अभिशापों से अपने को बचा नहीं सकता। वह जल रहा है। सवाल सिर्फ यह नहीं है कि क्या हुआ, सवाल यह है कि अभी हम क्या कर रहे हैं ? हिन्दी सम्बन्धी संस्थाएँ आपस की तू-तू-मैं-मैं में बर्बाद हो रही हैं। हिन्दी की पत्र-पत्रिकाओं को नेताओं के चरण चूमने से ही फुर्सत नहीं है। हिन्दी के साधारण पाठकों की स्मृतिशक्ति इतनी क्षीण है कि जो उनकी आँखों से दूर हुआ वह सदा के लिए दूर हुआ। चारों ओर निराशा ही निराशा दिखाई पड़ती है। कोई एक बनारसीदास चतुर्वेदी या कोई एक महादेवी वर्मा कहाँ-कहाँ और किन-किनकी सुधि लेते फिरें ? और ये लोग भी तो कम बहुधन्धी नहीं हैं। क्या यह अच्छी बात नहीं होती कि हिन्दी के चार-पाँच कर्मठ सेवी सिर्फ इसी काम को अपने हाथ में लेते और जहाँ जैसी आवश्यकता होती वहाँ सहायता पहुँचाने की चेष्टा करते। कम-से-कम विपन्न साहित्यिकों के प्रति लोगों का ध्यान और सहानुभूति ही आकृष्ट करते।

जिसका नाम पानी पर लिखा गया

सभी देशों में सभी कालों में मालूम होता है, सरस्वती के वरपुत्रों के साथ यही अभिशाप लगा रहा है। अंग्रेजी का ही एक उदाहरण लीजिए। बेचारा कीट्स क्षय रोग से पीड़ित चढ़ती उम्र में ही अपनी साँसों को गिनता हुआ, अनन्त यात्रा की प्रतीक्षा में बैठा, लन्दन के एक कोने में कभी किसी सस्ते मकान के लिए चक्कर काटता हुआ, कभी ज्वर से पीड़ित अर्द्धमूर्च्छित अवस्था में अपने बिस्तरे पर लेटा-लेटा ही किसी दूरागत बुलबुल की आवाज पर अपने हृदय को सारी भावनाओं को उँड़ेलता हुआ अपने देश में अपनी हालत बिगड़ती देख इटली पहुँचा। इटली की गर्म जलवायु और सुहावने प्राकृतिक दृश्यों ने भी उसे फायदा नहीं पहुँचाया। अपने चित्रकार मित्र शेवर्ण से आजिज आकर उसने कहा था, देखो, मैं मरने जा रहा हूँ, मेरी समाधि पर यह लिखा देना—There lies one whose name was written in water. क्या इन शब्दों में कीट्स ने अपने सभी भूत, वर्तमान और भविष्य के सहकर्मियों के जीवन की निरर्थकता के प्रति एक इंगित नहीं किया था ? जिसका नाम पानी पर लिखा गया। एक तरफ से लिखाई शुरू हुई दूसरी तरफ से उसका मिटना शुरू हुआ, यही क्षणिक जीवन है साहित्यिक का, सरस्वती के वरपुत्र का। लेकिन नहीं, सभी दिन ऐसे नहीं रहते। माना, कीट्स दवा-दारू के अभाव में मरा, अपने देश और देशवासियों से परित्यक्त अवस्था में मरा, रोम में उसकी अभी वह समाधि

है जिस पर ये ही शब्द लिखे गए हैं किन्तु उसके देशवासियों का ही नहीं, उसकी कविता के प्रशंसक अन्य देशवासियों का भी ध्यान उस ओर गया। और रोम में तथा लन्दन में आज उसके स्मृति-मन्दिर को जिस तरह सजाकर रखा गया है उसे देखकर किसी भी साहित्यप्रेमी को ईर्ष्या हो सकती है। काश, यदि अपने देश में इसकी सम्भावना होती कि चलो जिन्दगी भर कुछ न हुआ तो मरने पर तो कुछ होगा। किन्तु जिस देश में तुलसी और विद्यापति के ही स्मारक का कोई ठिकाना नहीं उस देश में इस युग का कोई लेखक अथवा कवि अपने जीवन के बाद भी किस चीज की आशा कर सकता है ? शय्याशायी साहित्यिक के लिए चारों ओर अन्धकार ही अन्धकार दिखाई पड़ता है। यह स्थिति असह्य है, किन्तु यथार्थ यही है—क्रूर यथार्थ।

[**नई धारा**, अगस्त 1952]

नए लेखकों की समस्या

'नई धारा' में प्रायः ही नए लेखकों की कृतियाँ—लेख, कविताएँ, कहानियाँ, एकांकी आदि—आती ही रहती हैं। व्यक्तिगत रूप से सम्पत्ति, भूमिका, संशोधन आदि के लिए भी नए लेखक अपनी कृतियाँ लेकर प्रायः उपस्थित होते रहते हैं। जहाँ तक हमसे बन पड़ता है, उन्हें उत्साहित करने से हम बाज नहीं आते। किन्तु, यह भी स्पष्ट है कि स्थान और समय के अभाव से हम उनमें से हर-एक की रचना पर वह ध्यान नहीं दे पाते, जिसके वे हकदार हैं। अपनी रचनाओं के साथ जो पत्र वे भेजते हैं, उनमें आग्रह और अनुनय की कमी नहीं रहती। उनमें से कुछ के पत्र तो ऐसे मजेदार होते हैं कि कई बार इच्छा हुई, उनमें से कुछ को छाप दें। वे स्वयं एक विशिष्ट प्रकार के साहित्य होते हैं। यही नहीं, जिन रचनाओं को हम अस्वीकार कर देते हैं, उनमें से अधिकांश में कहीं न कहीं कुछ ऐसी चीजें रहती हैं, जिनको देखकर चकित हो जाना पड़ता है। प्रायः ही उनमें प्रतिभा की ऐसी झलक दिखाई पड़ती है कि यदि उन्हें पालन-पोषण मिले, तो हिन्दी-माता एक दिन उनसे बड़भागी बन जा सकती है। हम उन लोगों में से नहीं हैं, जो समझते हैं, हमारे साहित्य में इस समय लेखकों या कवियों की बाढ़ आ गई है, जो साहित्य के विकास के लिए बाधक है। बाढ़ से कभी घबराना नहीं चाहिए, घबराना चाहिए, सूखे से। बाढ़ में जीवन होता है, रस होता है। आवश्यकता यह है कि बाढ़ को सुव्यवस्थित किया जाए, फिर यह धरती को उर्वरा बनाएगी, घरों को प्रकाश देगी। बाईस करोड़ जनता की जो भाषा है, उसमें लेखकों और कवियों की संख्या कितनी कम है—कभी हमने इस पर ध्यान दिया है ! गणना से हम भागते हैं, बस, किसी ने कुछ गोलमटोल कह दिया, हम उसे ही ले भागते हैं। हिन्दी के हर क्षेत्र में अधिक-से-अधिक साहित्य-स्रष्टाओं की आवश्यकता है—हमें अधिक लेखक चाहिए, कवि चाहिए, कहानीकार चाहिए, नाटककार चाहिए, संगीतकार चाहिए। अभी तो मुश्किल से चार-पाँच दर्जन ऐसे लोग हैं, जिनकी रचनाएँ ही हमारी पत्र-पत्रिकाओं में छपा करती हैं। ग्रन्थकारों की संख्या भी इससे अधिक नहीं। नतीजा यह है कि अधिकतर चर्वित-चर्वण होता है। यदि हमें अपने साहित्य को सम्पन्न और बहुरंगी बनाना है, तो हमें नए लेखकों को प्रोत्साहित करना ही होगा, कोई ऐसी व्यवस्था करनी ही होगी कि ये नवोदित प्रतिभाएँ विकास पा सकें, अपनी नव-नव कृतियों से हमारे साहित्य के भंडार को भर सकें।

एक पुरानी बात

एक पुरानी बात याद आ रही है। उन दिनों 'सरस्वती' का सम्पादन-भार श्री पदुमलाल पुन्नालाल बख्शीजी पर था। श्री सुमित्रानन्दन पंत की कविताएँ बड़ी प्रमुखता से 'सरस्वती' में छप रही थीं। इन पंक्तियों का लेखक उन दिनों उनसे मिला, तो उन्होंने बताया कि किस प्रकार उस समय के प्रतिष्ठित कवि, इस पर एतराज करते थे कि उनकी कविताएँ तो 'सरस्वती' के बीच या अन्त में स्थान पाती हैं और पंतजी की कविताएँ प्रारम्भ में ही दे दी जाती हैं। उन कवि-आचार्यों को बख्शीजी ने किस तरह शान्त किया और क्यों पंतजी को वह प्रथम स्थान देते हैं, उन्होंने बड़े ही अच्छे ढंग से बतलाया। बख्शीजी ने जो कुछ किया, उनका औचित्य आज इतिहास ने सिद्ध कर दिया है। यह सच है कि प्रतिभा अपने लिए स्थान बनाती ही है—गुलाब समय पर फूलकर रहेगा, अपने रंग और सुगन्ध से संसार को मुग्ध करके रहेगा। और यह भी सही है कि कँटैया के झाड़ में पानी पटाना भी फिजूल है, सिर्फ काँटे-काँटे आएँगे और फूल भी होगा, तो बदरंग, बदबूभरा। किन्तु क्या यह भी सच नहीं है कि यदि गुलाब में भी समय पर खाद और पानी न पड़े, तो वह सूख जाए, फूल न दे या दे भी तो उसमें न वह सौन्दर्य रहे, न सुगन्ध। आज हममें से जो बड़े से बड़े हैं, यदि खोज करके देखिए, तो पाइएगा, प्रारम्भ में उनमें से हर-एक को किसी-न-किसी समर्थ, साधन-सम्पन्न हाथ की वरद छाया मिली थी। हाँ, अब तो वे स्वयं वटवृक्ष हो गए हैं। किन्तु क्या इतिहास फिर दुहर नहीं रहा है ? उस समय के उन कवि-आचार्यों की तरह क्या इस समय के हमारे प्रतिष्ठित कवियों को भी कभी-कभी वैसी शिकायत करने का मौका नहीं आ जाता है ? कोढ़ में खाज यह हो रहा है कि साहित्य का क्षेत्र भी 'वादों' के चक्कर में आ गया है और कभी-कभी ऐसे लोग भी प्रधानता पा लेते हैं, जो उसके कदापि अधिकारी नहीं। अब तो लोग अपना-अपना 'घोड़ा' बनाते हैं जिनको वादों के 'रेस' में दौड़ाकर वह बाजी जीतना चाहते हैं। किन्तु, सिर्फ इसी कारण से हमें नए लोगों के प्रति उपेक्षा का भाव नहीं दिखाना है। हमें याद रखना है, हमारा नया पंत, नई महादेवी, नया दिनकर इन्हीं नए पौधों में छिपा हुआ है। हमें उन्हें ऊपर लाना है, उभाड़ना है, चमकाना है।

प्रोत्साहन और शिक्षण भी

किन्तु हमने यह अनुभव किया है, हमारे इन नौनिहालों को प्रोत्साहन ही नहीं, कुछ शिक्षण और दिशा-दर्शन भी चाहिए। बख्शीजी ने उसी अवसर पर एक नए कहानी-लेखक की चर्चा चलाई, जो इस समय हिन्दी के कथा-संसार के एक उज्ज्वलतम व्यक्तित्व हैं। उनकी कहानी 'सरस्वती' में छपने को आई। बख्शीजी ने देखा, कहानी बड़ी अच्छी है, किन्तु कई स्थान पर वह लचर और ढीली हो गई है। उन्होंने कहानी-लेखक को आवश्यक सुझावों के साथ कहानी लौटा दी और आज्ञा की, ज़रा इस ढंग से सोचिए और फिर इस कहानी में सुधार कर भेजिए। जब दूसरी बार कहानी आई, चमक गई थी। हम जानते हैं, आज के सम्पादकों को न ऐसी फुर्सत है और नए लेखकों की तुनुकमिजाजी का भी क्या कहना ? इस समय पत्र-पत्रिकाओं की संख्या बहुत बढ़ गई है। कहीं-न-कहीं कैसी लचर रचना भी छप ही जाती है। और ज्यों ही दो-चार रचनाएँ छपीं कि लेखक के दिमाग का पारा ऊपर चढ़ा। फिर वह किसकी सुननेवाला ? सोचने लगता है, यह सम्पादक अब आचार्यत्व दिखाने चला है। यही नहीं, उसी रचना को कहीं अन्यत्र

छपवाकर वह धौंस भी जमाता है, लो, मेरी चीज छपी या नहीं ? तुम्हीं बड़े अगड़धत्त बने थे। किन्तु, यह नियम नहीं, अपवाद है। अधिकांश नए लेखक दिशा-दर्शन चाहते हैं, सुझावों और सलाहों की आकांक्षा रखते हैं। किन्तु, उन्हें ये चीजें चाहने पर भी मिल नही पातीं, फलतः अँधेरे में टटोलते हैं। और, यह हमारे उज्ज्वल भविष्य का सूचक है कि उनमें से कुछ तो अपने लिए राह खोज ही लेते हैं। किन्तु अब आवश्यकता यह है कि इस ओर पूरा ध्यान दिया जाए और कोई ऐसी व्यवस्था की जाए, कि जो सरस्वती के पावन मन्दिर में प्रवेश करना चाहते हैं, उनके लिए पथ प्रशस्त किया जा सके। हम मानते हैं कि लेखक या कवि बनाने के लिए किसी विशेष शिक्षण-संस्था की आवश्यकता नहीं, कवि या लेखक ढाले नहीं जा सकते, जो काम आजकल की सभी शिक्षण संस्थाएँ करती हैं। ढले-ढलाये कवि या लेखक किस काम के होंगे, यह भी कल्पनातीत विषय है। लेखक या कवि कभी ढाले गए भी नहीं। किन्तु, हमें इतना तो करना ही होगा कि जिनके हृदय में लेखक या कवि होने के अंकुर विद्यमान हैं, उन अंकुरों को विकसित और पुष्पित होने में सहायता दें। हम यह भी मानते हैं, व्यक्तिगत प्रयास इस सम्बन्ध में सबसे उपयुक्त होगा। हमारे निकटतम सम्पर्क में जितने लोग आएँ, उन्हें हम समय-समय पर दिशा बताते रहें, उनकी भूलों की ओर उनका ध्यान आकृष्ट करते रहें, उनकी अच्छी रचनाएँ प्रकाशन पा सकें, इसके लिए कुछ सहायता करते रहें। किन्तु, जैसा कहा जाता है और हम भी मानते हैं, इस समय तो लेखकों और कवियों की बाढ़-सी आ गई है। कुछ अंजलियों से यह उलीची नहीं जा सकती। आवश्यकता है कि सामूहिक या संघबद्ध प्रयत्न हो। इतनी बड़ी शक्ति का दुरुपयोग होने देना एक महान राष्ट्रीय क्षति का हिस्सेदार होना होगा। हमें इस दिशा में कुछ सोचना ही होगा, करना ही होगा और वह भी सुव्यवस्थित और सुसंगठित रूप में।

साहित्य-परिषदें : सरस्वती-शिविर

यदि साहित्य सम्मेलन द्वारा इस काम को हाथ में लिया जाता, तो सबसे अच्छा होता। किन्तु, लगता है, जैसे यह पुरानी संस्था अब सारी क्रियाशीलता खोकर सदा के लिए दलबन्दी का अखाड़ा बन गई है। अब उससे कोई नई आशा तो नहीं ही की जा सकती है। लेकिन, यह सौभाग्य की बात है कि हर स्थान पर छोटी-छोटी साहित्य-गोष्ठियाँ बन गई हैं और प्रायः हर कालेज में साहित्य-परिषदें तो हैं ही। यदि ये संस्थाएँ इस काम को हाथ में लें, तो बहुत कुछ इस दिशा में किया जा सकता है। अब तक ये संस्थाएँ मुख्यतः कविता-पाठ, लेख-पाठ या व्याख्यानों का ही आयोजन करती आई हैं। इनसे प्रोत्साहन और शिक्षण भी बहुत अंशों में होता आया है, हम स्वीकार करते हैं। किन्तु, हम चाहते हैं, इन कामों के साथ ही, ये संस्थाएँ नए लेखकों और कवियों की रचनाओं को सुधारने, सँवारने, उन्हें नई दिशाओं की ओर प्रेरित करने का काम भी अपने साथ में लें। इन संस्थाओं के उत्सवों में शामिल होने का सौभाग्य प्रायः मिलता रहता है, किन्तु दुख के साथ देखा है, वहाँ ऐसी कविताएँ पढ़ी गईं, या ऐसे लेख और कहानियाँ सुनाई गईं, जिनमें ऐसी त्रुटियाँ थीं कि सुनकर रोंगटे खड़े हो गए। और यह भी देखा कि यदि किसी योग्य हाथ की थोड़ी-सी सहायता मिल पाई होती, तो वे ही चीजें खिल जातीं, बरबस मुग्ध कर लेतीं। ऐसी गोष्ठियाँ और परिषदें अपने सदस्यों की त्रुटियों को दूर करने में सहायक नहीं बनीं, तो फिर इनकी सार्थकता क्या ? ऐसी हर गोष्ठी या परिषद् में ऐसे कुछ विद्वान और पारखी हैं कि यदि वे अपने नन्हे-मुन्ने सदस्यों की रचनाओं को देख

दिया करें, तो बहुत बड़ा काम हो। उर्दू की 'उस्तादी' की जगह 'आचार्यत्व' की परम्परा तो हम नहीं चाहते, व्यक्तिगत आचार्यत्व का अब युग भी नहीं रहा, किन्तु, उसके स्थान पर इस गोष्ठियों और परिषदों के आचार्यत्व का प्रस्ताव रखने में हमें जरा भी हिचक नहीं है। यदि ये संस्थाएँ इस तरह काम करना शुरू करें, तो फिर साल में एक बार किसी सुरम्य स्थान में नए लेखकों के लिए सरस्वती-शिविर खोलने का प्रस्ताव भी हम रखते हैं। ऐसे शिविर छुट्टियों के दिनों में, कम से कम एक सप्ताह के लिए हों। किसी पहाड़ी, झरने या नदी के किनारे सरस्वती के सपूतों का एक मेला जुटे। कविता, कहानी, नाटक, आलोचना, निबन्ध आदि के लिए वहाँ अलग-अलग गोष्ठियाँ बनाई जाएँ—इन गोष्ठियों का सभापतित्व उन विषयों के किसी स्वीकृत आचार्य को सौंपा जाए। उनकी अध्यक्षता में नए लेखक अपनी चीजें गोष्ठी के सामने रखें, उन पर सुझाव दिए जाएँ, आगे के लिए दिशा-दर्शन हो। ऐसे शिविरों का संचालन कोई कठिन नहीं है। हम चाहते हैं, इस सम्बन्ध में 'नई धारा' के लेखक-पाठक अपने विचार हमारे पास भेजें, तो हम इस विषय को आगे बढ़ाएँ।

विदाई और शुभकामना

'नई धारा' के पाठकों को पिछले अंक में यह देखकर आश्चर्य हुआ होगा कि उसमें सहकारी सम्पादक के स्थान पर श्री वीरेन्द्र नारायणजी का नाम नहीं है। वीरेन्द्रजी ने उसी अंक से 'नई धारा' को छोड़ दिया था, किन्तु हमें आशा थी, वे नई धारा परिवार में शीघ्र ही लौट आएँगे, अतः उस अंक में हमने कुछ नहीं लिखा। वीरेन्द्रजी ऐसा सहकारी पाने का सौभाग्य विरले सम्पादकों को ही मिलता है—कर्मठ, धुनी, अच्छी सूझ-बूझवाला। विज्ञान के विद्यार्थी, किन्तु साहित्य में आए तो पिल पड़े। और थोड़े ही दिनों में अपनी अलग शैली बना ली। किन्तु वीरेन्द्रजी सिर्फ हमारे सहकारी ही नहीं थे, वह हमारे परिवार के हैं और हमारा विश्वास है, वह जहाँ कहीं रहेंगे, अपने लिए जगह बनाकर रहेंगे। बड़े दुख के साथ हम उनकी विदाई में ये दो-चार शब्द लिख सके हैं और आशा करते हैं, वह 'नई धारा' को अपनी ही पत्रिका समझते रहेंगे। उनका पथ सदा मंगलमय, अभ्युदयमय हो, यह तो हमारी हार्दिक आकांक्षा है ही।

स्वर्गीय महामहोपाध्याय सकलनारायण शर्मा

अभी उस दिन एक मित्र से बातें हुईं कि इस बार का बिहार राष्ट्रभाषा परिषद् का वयोवृद्ध साहित्यसेवीवाला पुरस्कार पं. सकलनारायण शर्माजी को दिया जाना चाहिए, क्योंकि वह बहुत बीमार हैं और जानें कब चल बसें। और, अभी समाचार मिला, वह हमें सदा के लिए छोड़कर चल दिए। जिन दधीचियों की हड्डी पर हिन्दी की नींव पड़ी, शर्माजी उन महापुरुषों में से थे। बिहार उनकी सेवाओं को भूल नहीं सकता। हम अपनी श्रद्धांजलि सादर उनकी पुण्यस्मृति में अर्पित करते हैं। 'नई धारा' के अगले अंक में उनकी अगाध विद्वत्ता और अनुपम हिन्दी सेवा पर हम विस्तृत प्रकाश डालने का प्रयत्न करेंगे।

[नई धारा, सितम्बर 1952]

पीड़ित लेखकों को सरकारी सहायता

अभी अखबारों में यह खबर छपी है कि भारत सरकार ने तय किया है कि जो लेखक, कवि, या कलाकार मुसीबत में पड़े हुए हैं, वह उनकी मदद करेगी। ऐसे लोगों की ओर से भारत सरकार के शिक्षा-सचिवालय में दरखास्तें भेजी जाएँगी और वहाँ से उन्हें यथासम्भव सहायता, जाँच-पड़ताल के बाद दी जाएगी। सरकार के हर काम में जो बुराइयाँ घुस जाती हैं, उन्हें जानते हुए भी हम सही रास्ते पर उठाए गए इस सरकारी कदम का स्वागत करते हैं। कवियों, लेखकों और कलाकारों को सदा से राज्याश्रय मिलता रहा है। हम मानते हैं, इसका असर सदा अच्छा ही नहीं हुआ। हमारे कवियों में से बहुत-से लोग भाँट भी बन गए—जिन्हें स्वर्गिक आनन्द का गान देना था, वे राजाओं की प्रशस्तियों में ही अपने को भुलाए रहे। किन्तु, हमें यह भी मानना ही पड़ेगा, कि इस राज्याश्रय के कारण बहुत से कवि या कलाकार आर्थिक दृष्टि से स्वतन्त्र होकर हमें अच्छी-से-अच्छी चीजें भी दे गए हैं। इसकी पुष्टि में कालिदास और विद्यापति—इन दो नामों को पेश कर देना ही काफी होगा। यों ही, हम मानते हैं, कि दिल्ली की इस सूचना के बाद कई अनुचित बातें भी होंगी—राज्याश्रयी लोगों की सूची में नाम दर्ज करवाने के लिए तरह-तरह के कुचक्र रचे जाएँगे, हमारे कवियों, लेखकों और कलाकारों में से बहुत-से लोग सिफारिश के लिए न सिर्फ प्रान्तीय राजधानियों की, बल्कि दिल्ली की गलियों तक की खाक छानते फिरेंगे, अपने सहकर्मियों की यह दुर्गति हमारे लिए अत्यन्त कटु सिद्ध होगी। लेकिन इन सब बातों को ध्यान में रखते हुए भी हम इस सूचना का स्वागत इसलिए कर रहे हैं कि हम जानते हैं, आज हम लोगों में ऐसे असमर्थ लोग हैं, जिन्हें कोई स्थायी सहायता मिल जाए, तो वे देश और समाज की अच्छी सेवा कर सकेंगे, कम-से-कम उनकी परेशानी थोड़ी जरूर कम हो जाएगी। हम इस सम्बन्ध में चाहते सिर्फ यह हैं कि भारत सरकार देखे कि जो लोग यथार्थ में सहायता के पात्र हैं, उन्हें बिना किसी झंझट के ही, शीघ्र-से-शीघ्र सहायता प्राप्त हो जाए। उसे कोई ऐसा ज़रिया निकालना चाहिए कि वह स्वयं दरखास्तें नहीं मँगवाकर किसी ग़ैर-सरकारी संस्था के द्वारा सहायता पाने के योग्य व्यक्तियों की सूची बना सके। भारत की हर भाषा में, और हर राज्य में ऐसी साहित्यिक और कला सम्बन्धी संस्थाएँ हैं, जो सरकार को इस सम्बन्ध में मदद कर सकती हैं। सूची बनाने का काम यदि सरकार उन्हें ही सौंप दे, तो वह बहुत बड़े झंझट से और हमारे कवि, लेखक या कलाकार बहुत बड़ी जिल्लत और परेशानी से बच जाएँ। सूची बनवाते समय सरकार यदि यह भी बतला दे कि वह उस भाषा या राज्य में कितने रुपए देना चाहती है तो और भी सुविधा होगी, क्योंकि तब सहायता पाने के लिए धक्कमधुक्की कम होगी। यदि सरकार ने इस प्रकार की चौकसी नहीं रखी, तो हमें सन्देह है, जिन्हें वह सहायता करना चाहती है, उन्हें अच्छी तरह सहायता भी नहीं कर पाएगी और अच्छे उद्देश्य रखने के बावजूद, वह बदनाम होगी। थोड़ी सूझबूझ और सहृदयता से काम लिया गया, तो सरकार सरस्वती के वरपुत्रों के हार्दिक आशीर्वाद की पात्र सिद्ध होगी, इसमें सन्देह नहीं। हम फिर एक बार भारत सरकार को इस शुभ निर्णय के लिए धन्यवाद देते हैं।

राँची पागलखाने में दो महान् कवि !

कभी चर्चा चली थी, हमारे महाकवि निरालाजी को कुछ दिनों तक राँची के पागलखाने में रखकर उनकी यथोचित चिकित्सा करा दी जाए, जिससे वे फिर स्वस्थ होकर चलते-चलाते हमें सुन्दरतम

रचना दे सकें, या कम-से-कम, पूर्ण मानसिक स्वस्थता प्राप्त कर वह एक उपयोगी नागरिक का जीवन व्यतीत कर सकें। ऐसा नहीं हो सका और सौभाग्य की बात है, उसके बाद भी निरालाजी ने हमें कुछ ऐसी चीजें दीं, जिन पर हम गर्व कर सकते हैं ! हमारा यह विचार सदा से रहा है कि निरालाजी कभी पागल नहीं हुए और न आज हैं, वह तो प्रारम्भ से ही कुछ विचित्र पुरुष रहे हैं—उसी विचित्रता में कुछ अधिक वृद्धि हो गई है, तो इसमें आश्चर्य की कौन-सी बात है ? हाँ, कुछ लोगों ने या तो अपनी दयालुता का डंका पीटने के लिए, या यह सिद्ध करने के लिए कि वीर-पूजा में वे सबसे आगे हैं, और कुछ लोगों ने तो सिर्फ शाबासी लूटने या इसी बहाने अपने को प्रसिद्ध करने के लिए निरालाजी को अवश्य पागल बनाया ! ख़ैर, यह विषयान्तर होता जा रहा है। हमारा सौभाग्य कि निरालाजी राँची के पागलखाने में नहीं लाए जा सके और वह सरस्वती की सेवा में अब भी लीन हैं। किन्तु, देश का दुर्भाग्य है कि दो अन्य महान कवि राँची के उस मनहूस स्थान में लाए गए हैं। उनमें एक हैं, काजी नज़रुल इस्लाम और दूसरे हैं उर्दू के सुप्रसिद्ध कवि मजाज़। 'अग्निवीणा' के विद्रोही कवि काजी नज़रुल इस्लाम का नाम किस साहित्य-सेवी से अपरिचित है ? बँगला के इस महान कवि को कवीन्द्र रवीन्द्र से भी वैसी प्रशंसा प्राप्त हुई थी, जिसके लिए कोई भी कवि लालायित हो सकता है। बंगाल ने भी अपने इस सपूत का कम सम्मान नहीं किया। किन्तु, आश्चर्य है वह कवि आज मेधाशक्ति खोकर काँके के पागलखाने में पड़ा है। उन्हें किसी बात की याद नहीं रही—सबकुछ भूलकर वह बिल्कुल भोलानाथ बन गए हैं। खेद की बात है कि उनकी पत्नी भी बीमार होकर वहीं पड़ी हुई हैं। उनकी पत्नी हिन्दू-धर्मावलम्बिनी एक विदुषी महिला हैं। जब उन्होंने वाणी के इस वरपुत्र का वरण किया था, एक हो-हल्ला मच गया था। किन्तु उन सबको इससे प्रसन्नता हुई थी जो यह समझते थे कि हमारे बीच ऐसी लड़कियाँ हैं, जो कुल, धर्म आदि की परवाह नहीं कर गुण और व्यक्तित्व का वरण कर सकती हैं। उस देवी ने कवि को सब प्रकार से सुखी रखने की चेष्टा की—आज भी दोनों में वही प्रेम है, दोनों दो बिस्तरे पर पड़े हैं, किन्तु उनका हृदय आज भी एक है। किसकी यह कामना नहीं होगी कि ये दोनों शीघ्र स्वस्थ हों ! काज़ी नज़रुल के लिए हमारे हृदय में पीड़ा थी ही, कि इधर खबर मिली है, मजाज़ भी वहाँ लाए गए हैं। नई पीढ़ी के उर्दू कवियों में मजाज़ की जगह बहुत ऊँची है। नज़रुल की तरह मजाज़ भी क्रान्तिवादी हैं—उनकी कविता ने उर्दू-भाषी जनता में इन्क़लाब की लहर दौड़ाई है। मजाज़ से बड़ी-बड़ी उम्मीदें थीं, अचानक उनकी इस बीमारी से उर्दू-संसार में बड़ी उदासी छा गई है। हमारी हार्दिक कामना है, नज़रुल और मजाज़ शीघ्र अच्छे हों। साथ ही बिहार के हिन्दी-प्रेमियों से हमारा एक निवेदन भी है—क्या उनके लिए यह कर्तव्य नहीं हो गया है कि वे बंगला और उर्दू के इन दो महान कवियों के प्रति, जब कि वे हमारे बीच इस मुसीबत में आए हुए हैं, कुछ क्रियात्मक सहानुभूति प्रकट कर अपने सच्चे भाईचारे का परिचय दें ! सरस्वती के सभी पुत्र भाई-भाई हैं—हममें भेदभाव नहीं, हम एक-दूसरे की मदद करने को सदा प्रस्तुत हैं—यदि हम इसका कोई ठोस सबूत पेश कर सकें, तो यह एक बहुत बड़ा काम हो जाए !

बिहार मासिक साहित्य में भी आगे !

इधर बिहार ने दैनिक पत्रों के क्षेत्र में जैसी उन्नति की है, उसे देखकर सब लोग चकित हैं। एक पटना से ही पाँच दैनिक निकल रहे हैं और उनका स्तर भी काफी ऊँचा है। यद्यपि उनमें

से किसी को 'आज' की ऐसी मर्यादा अब तक नहीं मिल पाई है, किन्तु न तो पत्रों के सभी संचालक ही 'आज' के संचालक ऐसे हो सकते हैं और न पराड़कर ऐसे सम्पादक ही हर सम्पादकीय कुर्सी सुशोभित कर सकते हैं। किन्तु, इसमें तो शक नहीं कि अब हम दावा कर सकते हैं कि हमारा प्रान्त दैनिकों की दुनिया में पिछड़ा हुआ नहीं है—बल्कि अन्य हिन्दी क्षेत्रों से कुछ ऊँचे स्थान पर ही है। बिहार ने अच्छी-अच्छी मासिक पत्रिकाएँ भी दी हैं—सत्ययुग, कमला, मनोरंजन ऐसे मासिक साहित्य देने का गौरव हमें प्राप्त है। पिछले दौर में हिमालय' ने एक नया आदर्श ही उपस्थित किया था और 'पारिजात' भी अपने ढंग का अनूठा मासिक था। किन्तु, खासकर इन दो मासिक पत्रों के बन्द हो जाने से, बड़ा सदमा लोगों ने अनुभव किया था। उन मासिक पत्र-पत्रिकाओं को लोग कैसे भूलेंगे, जो इसके बाद भी अँधेरे में उजाला देते रहे। 'नई धारा' ऐसे ही एक प्रयत्न की प्रतीक रही है। अतः, हमें यह देखकर प्रसन्नता हो रही है कि बिहार ने फिर एक बार मासिकों की ओर ध्यान दिया है। कुछ दिन पहले मुँगेर से 'प्राची' निकली और थोड़े ही दिनों में उसने अच्छा स्थान बना लिया है। इधर पटना से 'पाटल' और 'अवन्तिका' का प्रकाशन प्रारम्भ हुआ है। हम दोनों का हार्दिक स्वागत करते हैं और चाहते हैं कि दोनों की उन्नति दिन-दिन होती रहे। जिस पटना से पाँच दैनिक चल सकते हैं, वहाँ से आठ-दस अच्छे मासिकों का चला लेना भी मुश्किल नहीं है। इसमें न ईर्ष्या की गुंजायश है, न प्रतिस्पर्द्धा की ! अपनी योग्यता और साधन के अनुसार सभी को सेवा करने का अधिकार है और ऐसी सभी सेवाओं का सत्कार होना ही चाहिए। 'पाटल' मोहन प्रेस से निकला है, उसके सम्पादक हैं श्री शिवचन्द्र शर्मा। मोहन प्रेस के युवक मालिक को एक बड़े बाप का बेटा होने का सौभाग्य प्राप्त है और उन्होंने प्रेस के संचालन में बड़ी पटुता भी दिखलाई है। शिवचन्द्रजी की धुन का क्या कहना ? इधर 'अवन्तिका' के सम्पादक हैं, प्रान्त के सुप्रसिद्ध साहित्यसेवी, अपनी विद्वत्ता और योग्यता के लिए हिन्दी-संसार में प्रख्यात श्री लक्ष्मीनारायण सुधांशु और उसके संचालक हैं श्री जयनाथ मिश्र जिन्होंने अजन्ता प्रेस का सफल संचालन कर प्रान्त को चकित-विस्मित कर दिया है। सुधांशुजी ने इधर साहित्य से वैराग ले लिया था। 'अवन्तिका' के सम्पादक के रूप में उन्होंने फिर साहित्यक्षेत्र में प्रवेश किया है, यह हिन्दी-साहित्य के लिए बड़ा ही सुखद समाचार है। हम हृदय से अपने नगर के इन दो सुन्दर प्रयत्नों का स्वागत करते हैं और आशा करते हैं कि वे साहित्य का वह आदर्श सदा उपस्थित करते रहेंगे, जिससे बिहार का गौरव बढ़े और हिन्दीमाता की अधिकाधिक सेवा के लिए लोगों को प्रेरणा मिलती रहे।

यह 'आकाशवाणी' है !!!

जब से श्री केसकर सूचना-विभाग के मन्त्री बनाए गए हैं, भारतीय रेडियो में तरह-तरह के सुधार का वह प्रयत्न कर रहे हैं। खासकर, रेडियो के कार्यक्रम में मौलिक सुधार करने में, वह विशेष प्रयत्नशील हैं। सचमुच अब आवश्यकता स्टेशनों की वृद्धि करने की नहीं है, बल्कि जो स्टेशन बन चुके हैं, उनके द्वारा सुनाए जानेवाले क्षेत्रों का विस्तार करने और जो चीज़ें सुनाई जाती हैं, उनके स्तर को ऊँचा उठाए जाने पर ही अधिक ध्यान देने की ज़रूरत है। रेडियो के संगीत को ऊँचे स्तर पर लाने के लिए तो उन्होंने कुछ ठोस कदम उठाए हैं। संगीतज्ञों की श्रेणियों को निर्धारित करने के लिए तथा संगीत के प्रोग्राम में सिनेमा-गीतों को कम कर प्रेमगीतों और चलते गीतों की अधिकता की ओर जो प्रयत्न हो रहे हैं, वे सर्वथा स्तुत्य हैं।

एक अच्छी-सी परामर्श-समिति का भी उन्होंने गठन किया है, जो बहुत अंशों में भारतीय वाङ्मय का सही प्रतिनिधित्व करती है, इसे स्वीकार करना ही पड़ेगा। यों उनके द्वारा जो नाना प्रकार की चेष्टाएँ हो रही हैं, उसके लिए धन्यवाद देते हुए भी हम उनसे कुछ निवेदन करना चाहते हैं। सबसे पहले तो यह कि 'रेडियो' के लिए जो यह 'आकाशवाणी' चला दी गई है, उसे वह शीघ्र ही हटा दें। न जाने 'आकाशवाणी' नाम रखने में किनका हाथ रहा है ? किन्तु हमें जहाँ तक ज्ञात है, अधिकांश स्टेशनों ने इस नाम के विरुद्ध ही विचार रखे थे और हम नहीं कह सकते राज्यों की परामर्श-समितियों या केन्द्रीय परामर्श-समिति का बहुमत भी इसके पक्ष में था। सरकारी सचिवालयों की सबसे बड़ी खराबी यह रही है कि उनके सेक्रेटरियों के मन में जो बात उठती है, वे जैसे-तैसे उसे लोगों पर लाद देते हैं। तरह-तरह के प्रपंच और षड्यन्त्र करने से भी वे बाज़ नहीं आते। हमें लगता है, यह 'आकाशवाणी' भी किसी सेक्रेटरी के ही दिमाग की उड़ान है, जिसे उन्होंने हमारे सिरों पर थोप दिया है। रेडियो के लिए 'आकाशवाणी' शब्द रखना किसी भी दृष्टि से उपयुक्त नहीं। यह शब्द बहुत पुराना है और एक खास अर्थ में ही इसका प्रयोग होता रहा है, जिसमें बड़ी पवित्रता मिश्रित है ! यदि मन्त्री लोग आकाशवाणी करने लगें, तो चूँकि राजा ईश्वर का अंश है, इस दृष्टि से वे इसका समर्थन भी कर लें, किन्तु कोई कलाकार अपनी कृति को आकाशवाणी कहने की बेवकूफी कैसे कर सकता है ? और जब सिनेमा की तारिकाओं के लचकते गाने भी आकाशवाणी का आस्पद पा जाते हैं, तब तो महान अनर्थ ही हो जाता है। इन सब बातों पर ध्यान देकर हमें आशा है, इस पर फिर विचार किया जाएगा। यों ही कई स्टेशनों को एक साथ गूँथने की चेष्टा भी भोंड़ी है। बिहार में तो हम उसकी असफलता का नज्जारा प्रायः रोज़ ही देखते हैं। इसे जितना जल्द दूर किया जाए, उतना ही अच्छा। यों ही कुछ स्टेशनों की ध्वनि-शक्ति में वृद्धि किया जाना भी आवश्यक है। पटना-स्टेशन को ही लें। वह समूचे बिहार को भी ध्वनि नहीं पहुँचा पाता, तो दूर तक उसकी बातें सुनाने की कौन-सी चर्चा। नतीजा यह है कि बिहार के पूर्वी क्षेत्रवाले कलकत्ता की ओर और पश्चिमी क्षेत्रवाले लखनऊ की ओर ही अपने रेडियो की सुई का रुख रखते हैं। केसकर साहब की समझदारी, ईमानदारी, मुस्तैदी के सभी क़ायल हैं। हमें आशा है, हमारे निवेदन की ओर उनका ध्यान शीघ्र जाएगा !

[**नई धारा,** दिसम्बर 1952]

वेनेदित्तो क्रोचे का निधन !

वर्तमान संसार का एक महान विचारक उठ गया ! विश्व-साहित्य का एक महारथी अब हमारे बीच नहीं रहा। जिसकी प्रतिभा से यूरोप का साहित्याकाश पचास वर्षों तक जगमग करता रहा, वह ज्योतिपुंज तिरोहित हो गया ! कला, साहित्य और आलोचना के क्षेत्र में जिससे संसार का सुधी-समाज सदा नई प्रेरणा पाता रहा, उस साहित्यिक तपस्वी ने सदा के लिए आँखें मूँद लीं। वेनेदित्तो क्रोचे को अपनी गोद में खेलाने का सौभाग्य इटली को प्राप्त हुआ था, किन्तु वह महिषियों की उस परम्परा में से था, जिन्हें किसी स्थान या काल में सीमित नहीं किया जा सकता। वह हम सबका था; मरकर भी वह अमर है। घोर तिमिर को छेदकर मूलतत्त्व तक पहुँचने की पैनी दृष्टि ही उसे नहीं मिली थी, उसके हृदय में वह साहस था, जो पहाड़ के सामने भी डटकर खड़ा हो सके। वह लेखक ही नहीं, योद्धा भी था। वह जनतन्त्र का हामी था—उसने मुसोलिनी के खिलाफ भी आवाज उठाई। दूसरा आदमी होता, तो क्रूर तानाशाह ने उसे कुचल

दिया होता, किन्तु, उसकी भी हिम्मत नहीं हुई कि इस संसारप्रसिद्ध मनीषी पर हाथ उठाए। फैसिज्म के इस प्रचंड विरोधी ने उसी तीव्रता से स्तालिन-पोषित कम्यूनिज्म के विरुद्ध भी ज़बर्दस्त आवाज़ उठाई। संसार-प्रसिद्ध सांस्कृतिक स्वाधीनता कांग्रेस के वह संस्थापकों में से था। उसे क्रान्ति-विरोधी, दकियानूस क्या-क्या न कहा गया, किन्तु वह अड़ा रहा, डटा रहा, अपनी बात कहता गया ! जनतन्त्र की देवी का वह उपासक था; सौन्दर्य के देवता का वह पुजारी था ! सारी इटली सब भेदभाव को भूलकर उसके चरणों पर श्रद्धा के फूल चढ़ाती थी। अभी इन पंक्तियों का लेखक इटली गया था। जब वह रोम में था, एक भारतीय प्रोफेसर ने बताया, जब क्रोचे हाल में रोम आया था, किस तरह जनता ने लाखों की संख्या में स्टेशन पर पहुँचकर उसका शाही स्वागत किया। जब वह इटली की सिनेट में बोलने गया, किस तरह हर देश के राजदूत उसकी वाणी सुनने को वहाँ पहले से हाज़िर थे। सरस्वती के इस वरपुत्र ने लम्बी आयु पाई थी—86 वर्ष की पकी उम्र में उसने महाप्रस्थान किया है। उसके चले जाने से संसार का साहित्यक्षेत्र आज सूना लगता है—ऐसा लगता है, कोई महान ग्रह-पिंड हमारे देखते-देखते टूटकर गिर गया। बाहर-भीतर अँधेरे का अहसास होता है; किन्तु उसने हमारे चलने के लिए कुछ जलती-चमकती लकीरें छोड़ दी हैं—उन्हीं के सूत्र पकड़कर हमें बढ़ते जाना है, बढ़ने जाना है, तब तक, जब तक हम एक ऐसी दुनिया न बना लें, जहाँ कुरूपता न हो, क्रूरता न हो, जहाँ मानव हर मानव को अपना भाई समझे, उसके जीवन को सुखी और सम्पन्न बनाने के काम में जुट जाए। सुखी समाज, स्वतन्त्र समाज, सुन्दर समाज—जहाँ कला, साहित्य और संगीत की त्रिवेणी अबाध रूप से अहर्निश प्रवाहित होती रहे। क्रोचे दिन रात ऐसे ही समाज का सपना देखा करता था, हमें उसके सपने को साकार करना है। यही उसके प्रति सच्ची श्रद्धांजलि है; हम माँ-हिन्दी की ओर से इन्हीं शब्दों में उसकी महान, पवित्र, दिव्य आत्मा के प्रति श्रद्धांजलि अर्पित करते हैं।

साहित्य और राजनीति

एक प्रश्न बार-बार उठाया जाता है—क्या साहित्य को राजनीति से सम्बद्ध रखना चाहिए ? एक गुरुजन ने, बहुत दिन हुए, इन पंक्तियों के लेखक से कहा था—काश, आपने पूरा समय साहित्य को ही दिया होता ! जब इस तरह अफसोस ज़ाहिर किया जाता है, या ऐसा सवाल उठाया जाता है, तो ऐसा लगता है, लोग न अच्छी तरह साहित्य के स्वरूप को समझ सके हैं, न राजनीति की सीमा को जान पाए हैं ! राजनीति बुरी है, इतना कहने से ही तो उससे पिंड नहीं छूट जाता। आज का राजनीतिक संगठन सारे जीवन को ओतप्रोत करता है। चाहकर भी आप क्या उससे बच सकते हैं ? आप कहीं शान्त-एकान्त में बैठकर गगन के गीत गाया करें, किन्तु यदि आपकी धरती पर कोई ऐसी शासन-प्रणाली आ गई, जिसने मिट्टी को ही सबकुछ मान लिया है और जिसने यह भी मान लिया है कि मिट्टी के सब जीवों पर उसका एकाधिकार है, तो वह आपको उस कुंज से घसीटकर कटघरे में खड़ा किए बिना नहीं रहेगी, और यदि आपने कुछ गुस्ताखी की, तो आपको फाँसी के तख़्ते पर झुलाकर ही दम लेगी। यह पुरानी दुनिया नहीं रही और न आज की राजनीति ही वह राजनीति है, जिसके बारे में कभी कहा जा सकता था—कोई नृप होहिं मोर का हानी ! दुनिया बदल गई है, परिस्थिति बदल गई है, अतः साहित्यकार को भी बदलना पड़ेगा ही। फिर, उसकी रचना को यदि सिर्फ 'स्वान्तः सुखाय' नहीं होकर 'बहुजन हिताय' भी होना है, तो वह उनके जीवन के सुख-दुख से अपने

को दूर कैसे रख सकता है ? हाँ, यह बात सही है कि उसका कार्यक्षेत्र मुख्यतः विचार-जगत या भाव-जगत से ही सम्बद्ध रहेगा। जिसको नेता या उपदेशक चिल्ला-चिल्लाकर, गला फाड़-फाड़कर कहेगा, उसी को वह इस रूप में लोगों के सामने रखेगा कि वह श्रुतिमधुर हो, सौकुमार्यपूर्ण हो; किन्तु इससे उसके कथन की तीव्रता या उसके प्रभाव की क्षमता में कमी नहीं आएगी। यद्यपि ऐसे मौक़े भी आ सकते हैं, जब तुलसीदास के राम की तरह उसे–"भुज उठाई प्रण कीन्ह। निश्चर-हीन करौं मही'''" का निर्णय करना पड़े ! याद रखिए, यह राम ही नहीं बोल रहे हैं, राम के मुख से तुलसी बोल रहे हैं, जिनका कोमल हृदय राक्षसता को बर्दाश्त नहीं कर सकता था ! और ऐसे निर्णय के बाद उसे संग्राम में भी कूदना ही पड़ेगा ! यदि वह नहीं कूदे, तो यह उसके विश्वास की कमी का, या उसके हृदय की कदर्यता का सूचक होगा–उसकी कलाकारिता का सूचक नहीं। इतिहास ऐसे उदाहरणों से भरा पड़ा है ! रह गई दूसरी बात–क्या यह सच है कि राजनीति में पड़ने से साहित्यसेवा में त्रुटि आती है ? यह भी एक ख़ामख़्याली है। उत्कृष्ट साहित्य की रचना के लिए हृदय में आवेगों की एक ऐसी शृंखला चाहिए, जो कलाकार को लिखने के लिए अनवरत प्रेरणा देती रहे ! आवेगों की यह शृंखला या तो प्रेमक्षेत्र में मिल सकती है, या सामाजिक संघर्ष में, जिसका सबसे अधिक संघर्षमय रूप राजनीति है। गुलामी के दिनों में राजनीति ने हमारे कितने साहित्यिकों को अनुप्राणित किया; आज स्वाधीन भारत में नए समाज की रचना के सिलसिले में जो नई-नई गुत्थियाँ आ रही हैं, वे क्यों नहीं हमारे भावुक साहित्यकारों का ध्यान अपनी ओर आकृष्ट करेंगी ? जो लोग इस प्रकार के सवाल उठाते हैं या इस तरह अफसोस जाहिर करते हैं, वे लोग वास्तविकता से भी आँख मूँद लेते हैं। हमें याद रखना है, राजनीतिक संघर्षों ने ही हमें गणेशशंकर, मैथिलीशरण, माखनलाल, सुभद्राकुमारी, बालकृष्ण ऐसे कलम के धनी दिए। आज की जो तरुण पीढ़ी है, उसके भीतर पैठकर देखिए; तो पता चले, यह आज की सामाजिक हलचलें हैं, जिन्होंने उन्हें कलम पकड़ने के लिए मजबूर किया है और जो इनसे अधिक अनुप्राणित हैं, उनकी लेखनी में ही ज़्यादा ज़ोर है !

हिन्दी-शब्दों में एकरूपता लाइए !

अभी एक भाई ने लिखा है, बताइए, शुद्ध क्या है–'चिन्ह' या 'चिह्न'। दोनों के प्रयोग मिलते हैं। बड़े-बड़े लेखकों में से किसी ने 'चिन्ह' लिखा है, किसी ने 'चिह्न'। छोटे लोग असमंजस में हैं। हिन्दी में इस तरह एक-एक शब्द के दो-दो, तीन-तीन प्रयोगों की भरमार है। बेचारे नए लोग भ्रम में पड़ जाते हैं। इधर अहिन्दी प्रान्तों में हिन्दी का प्रचार होने लगा है। वहाँ तो और धाँगागर्दी मची हुई है। काका कालेलकर ने, कई तर्कों के आधार पर, अक्षरों के कुछ नए रूप चला दिए। जैसे 'इ' के लिए 'अि', 'उ' के लिए 'अु', 'ए' के लिए 'अे', 'क्ष' के 'क्ष' आदि ! अहिन्दी प्रान्तों में इन अक्षरों का ही प्रचलन बढ़ रहा है। अब दिक्कत यह होगी कि जो लोग इन अक्षरों को सीखेंगे, उनके लिए तुलसी और सूर की रचनाओं का पढ़ना भी मुश्किल हो जाएगा, जब तक कि उनका नया संस्करण इन अक्षरों के आधार पर नहीं कराया जाए। हिन्दी-प्रान्तों में नये, नए; नयी, नई; गये, गए; गयी, गई; हुए, हुवे, हुये आदि एक ही शब्द के कई रूप प्रचलित हैं। अनुस्वार और पंचम वर्ण के प्रयोगों की भी गड़बड़ियाँ हैं--सम्पादक, संपादक, कंचन, कञ्चन, ठण्डा, ठंढा आदि प्रयोग चल रहे हैं। हिन्दी-व्याकरण में, खासकर लिंग के सम्बन्ध में, जो मतविभिन्नता है, वह तो है ही, शब्दों की यह रूप-भिन्नता

तो हिन्दी-प्रचार में बहुत ही बाधक सिद्ध हो रही है। हमारा खयाल है, इस सम्बन्ध में कोई एक निश्चित मत बना ही लेना चाहिए और उसी के आधार पर अब से शब्दों के रूप लिखे या छापे जाएँ। गुजराती में भी ऐसी ही भ्रान्तियाँ थीं; किन्तु महात्माजी के प्रयत्नों से वे दूर हो गईं। हिन्दी में न तो कोई सर्वमान्य संस्था है, जिसके प्रभाव को सभी स्वीकार करें। सम्मेलन ने तो आत्महत्या ही कर ली है। और, कोई ऐसे महापुरुष भी नहीं हैं, जो सबको एक साथ लेकर चला सकें। पूज्य टंडनजी यह कर सकते थे; लेकिन वह सम्मेलन की कुव्यवस्था से क्षुब्ध हैं। यह स्वाभाविक भी है; क्योंकि जिस संस्था को उन्होंने अपने खून और पसीने से पोसा-पाला, उस पर कुछ अवसरवादियों का आधिपत्य हो जाना, उनके लिए अत्यन्त क्षोभ और दुख का कारण हो ही जाता ! लेकिन, उन्हें इससे अपने को ऊपर उठाना चाहिए और कम-से कम इस समस्या का हल उन्हें निकालना ही चाहिए। हिन्दी की यह सबसे बड़ी सेवा होगी। यदि किसी कारणवश वह इस ओर ध्यान न दे सकें, तो दूसरी संस्था दिल्ली की हिन्दी-परिषद् है। इसे सरकारी मान्यता भी प्राप्त है। यदि वह भाषा-विशारदों की एक परिषद् बुलाकर शब्दों के रूप स्थिर करा दे, तो शिक्षा-विभागों एवं विश्वविद्यालयों द्वारा वह अपने निर्णय को आसानी से काम में ला सकेगी। अभी हम व्याकरण की जटिलताओं की ओर नहीं जाएँ, फिर तो हम अपने को ऐसे चक्रव्यूह में डाल लेंगे, जहाँ से कोई अर्जुन ही हमें निकाल सकेगा और जैसा हम कह चुके हैं, हमारे यहाँ एक अर्जुन है भी, तो वह मोहजाल में फँसे हैं। अतः, हमें एक-एक क़दम करके आगे बढ़ना है और उसमें पहला क़दम तो शब्दों की एकरूपता ही होगा, इसमें सन्देह नहीं ! बिहार-राष्ट्रभाषा-परिषद् का ध्यान भी इस ओर है, किन्तु, यदि पूरे हिन्दी-क्षेत्र के लिए कोई एक व्यवस्था हो जाए, तो यह सबसे अच्छा होगा ! इस सम्बन्ध में जो विलम्ब हो रहा है, वह घातक है, यह हम ज़ोर देकर कहेंगे।

स्वर्गीय पं. रामदहिन मिश्र

बिहार के साहित्य-क्षेत्र में अगुआ (पायनियर) का काम करनेवाले आचार्यों की पीढ़ी समाप्त हो रही है ! उस दिन पं. सकलनारायण शर्माजी चल बसे, अभी पं. रामदहिन मिश्रजी हमें छोड़कर चल दिए ! यह सौभाग्य मुख्यतः शाहाबाद जिले को मिला था, जिसने उस युग में हिन्दी के मशाल को जलाया और सारे बिहार को आलोकित किया ! बाबू शिवनन्दन सहाय, पं. ईश्वरीप्रसाद शर्मा, श्री देवेन्द्र प्रसाद जैन, राजा राजेश्वरी प्रसाद सिंह पं. सकलनारायण शर्मा, पं. रामदहिन मिश्र, ये नाम ऐसे हैं, जिन्हें हिन्दी का इतिहास कभी भूल नहीं सकता। हमारे सौभाग्य से अब भी हममें बाबू व्रजनन्दन सहाय, राजा राधिकारमण सिंह और आचार्य शिवपूजन सहाय विद्यमान हैं, जो उस पवित्र पीढ़ी की याद दिलाते रहेंगे ! स्वर्गीय मिश्रजी की साधना उन सबमें कुछ विचित्र थी; सरस्वती के इस सुपूत ने अपनी लेखनी और संगठनशक्ति से लक्ष्मी को भी वशीभूत किया ! एक साधारण परिवार में जन्म लेकर और मुख्यतः संस्कृत की शिक्षा प्राप्त करके ही मिश्रजी ने लेखन और प्रकाशन के क्षेत्र में जो कमाल दिखलाया, उसकी कल्पना करके भी आश्चर्य होता है ! उन्होंने ऐसे ग्रन्थ हमें दिए हैं, जो बहुत दिनों तक साहित्य-क्षेत्र में सम्मान और आदर प्राप्त करते रहेंगे और उनके द्वारा संस्थापित प्रकाशन-संस्था भी बहुत दिनों तक उनके बाल-बच्चों को आर्थिक कष्ट से मुक्त रखकर साहित्य-सेवा का सुअवसर बहुत-से लेखकों को देती रहेगी, इसमें सन्देह नहीं ! बिहार राष्ट्रभाषा परिषद् ने पिछले साल उन्हें सम्मानित करके एक बहुत बड़ा सुकर्म किया था। मिश्रजी इधर बीमार रहा करते थे,

उन्होंने अपनी आँखों की ज्योति भी खो दी थी; किन्तु तो भी साहित्य-सेवा से वह कभी विमुख नहीं हुए। इस दिशा में उन्होंने हम सबके लिए एक आदर्श उपस्थित किया था। उनके निधन से बिहार के हिन्दी-साहित्य ने अपना एक स्तम्भ खो दिया। उनके सुपुत्र श्री देवकुमार मिश्र के शोक की कल्पना भी हमें विचलित कर देती है ! हम दिवंगत आत्मा के प्रति अपनी श्रद्धांजलि अर्पित करते हैं और उनके शोकसंकुल परिवार के साथ समवेदना प्रकट करते हुए आशा करते हैं, स्वर्गीय मिश्रजी द्वारा प्रवर्तित मार्ग का उनके द्वारा अनुसरण किया जाता रहेगा।

[**नई धारा,** जनवरी 1953]

संगम की पुकार

इसी अंक में प्रकाशित प्रोफेसर नवल किशोर गौड़ के लेख की ओर हम अपने पाठकों का ध्यान विशेष रूप से आकृष्ट करते हैं। गौड़जी ने एक बहुत ही आवश्यक विषय की ओर हमारा ध्यान आकृष्ट किया है। एक दिन था, जब हिन्दी और उर्दू में बड़ी तनातनी थी। मुगलों से सत्ता हस्तान्तरित करने के बाद हमारे अँगरेज-प्रभुओं ने उनके द्वारा पाली गई उर्दू भाषा की ओर स्वभावतः ही अधिक ध्यान दिया। इधर स्वराज्य की आकांक्षा जगी, तो हिन्दी का भी भाग्य खुला और अधिकांश जनता की भाषा होने के कारण इसने राजकाज में अपने लिए स्थान की माँग की। फलतः उर्दू और हिन्दी के हामियों और समर्थकों में तनातनी बढ़ी। लेकिन, अब हिन्दी को राज्यभाषा का पद मिल चुका है, उर्दू ने भी पाकिस्तान में अपने लिए वही स्थान प्राप्त कर लिया है। अतः अब दोनों में प्रतिस्पर्द्धा की बात ही नहीं रह गई है; किन्तु तो भी दोनों के समर्थकों में तनातनी जो मच रही है, वह सिर्फ नादानी है। हमें याद रखना है, उर्दू कोई विदेशी भाषा नहीं है और यह भी याद रखना है कि न तो हिन्दी और न उर्दू किसी सम्प्रदाय की भाषा है—दोनों की वृद्धि और विकास में हिन्दू-मुसलमान दोनों का सहयोग रहा है। यदि इन दोनों भाषाओं ने खंडित भारत के दोनों टुकड़ों पर अपना आधिपत्य स्थापित किया है, तो इन दोनों के समर्थकों के लिए समान रूप से आनन्द का विषय होना चाहिए और देखना चाहिए, दोनों खंडों में दोनों का विकास इस रूप में होता रहे कि फिर दोनों एक संगम पर मिल सकें, यही नहीं, इस संगम का कारण बन सकें। ऐसी अवस्था में यह देखकर दुख होता है कि हमारे यहाँ ऐसे भी लोग हैं, जो खामखाह उर्दू के पीछे लट्ठ लेकर पड़े हैं। उनका एक प्रयत्न तो यह रहा है कि हिन्दी भाषा से चुन-चुनकर ऐसे शब्दों को निकाल दें, जो उर्दू में प्रयुक्त होते हैं। ऐसे लोगों के चलते हिन्दी दिन-दिन बोझिल और दुर्बोध बनती जा रही है। बेचारे समझ भी नहीं पाते कि वे इस प्रकार हिन्दी का कितना अहित कर रहे हैं। उनका दूसरा प्रयत्न यह है कि अपने देश से उर्दू भाषा का नामोनिशान भी मिटा दें। समझ में नहीं आता, जो लोग अपने देश के लिए धर्मनिरपेक्षता की बातें करके फूले नहीं समाते, वे स्वयं भाषा के प्रश्न पर इस तरह धर्मान्ध क्यों बन जाते हैं ? क्या यह सही नहीं है कि पटना से अमृतसर तक करोड़ों ऐसे लोग हैं, जिनकी शिक्षा-दीक्षा उर्दू-द्वारा ही हुई और यह भाषा उनके खून और हड्डी तक में रसी हुई है ? यही नहीं, क्या यह स्वाभाविक नहीं है कि वे चाहें कि उनके बच्चे राष्ट्रभाषा को पढ़ते हुए भी अपनी इस भाषा की जानकारी हासिल करें। फिर उन्हें इस सुविधा से वंचित करना कहाँ का न्याय और कहाँ की ईमानदारी है ? हमारा निश्चित मत है जो लोग उर्दू की हत्या करना चाहते हैं, उसे हर जगह से हटाकर अपने जानते हिन्दी की सेवा कर रहे हैं, वे एक जघन्य पाप कर रहे

हैं, भाषा और साहित्य के क्षेत्र में साम्प्रदायिकता का बीज बो रहे हैं और निस्सन्देह ही वह हिन्दी का भी एक महान अहित कर रहे हैं ! राष्ट्रभाषा पद पर आसीन महारानी हिन्दी के दरबार की शोभा तब है जब उसकी बहन-भाषाएँ फूलती-फलती रहें, दिन-दिन सुसज्जित और अलंकृत होती रहें। जो हिन्दी अन्य भारतीय भाषाओं की हत्या कर उसकी कब्र पर अपना सिंहासन बनाना चाहती है, उस हिन्दी से एक-न-एक दिन राज्यभाषा का पद छिनकर रहेगा—हम हिन्दीभाषियों को यह सदा याद रखना चाहिए।

दिल्ली की संगीत-नृत्य-नाटक-अकादमी

'अकादमी' शब्द से मत घबड़ाइए। हम जिसे अँगरेजी में 'एकेडमी' कहते आए हैं न, यह उसी का फ्रेंच-रूप है और इस फ्रेंच-रूप को ही हमारी भारतीय सरकार ने अपनी उस संस्था के लिए स्वीकार किया है, जिसके द्वारा वह भारतीय संगीत, नृत्य, नाटक आदि कलाओं को प्रोत्साहन देना चाहती है। इस शब्द ने अन्तर्राष्ट्रीय महत्त्व प्राप्त कर लिया है और शायद उसके लिए डाक्टर रघुवीर के उर्वर मस्तिष्क ने भी कोई शब्द गढ़ने में असमर्थता स्वीकार कर ली है। इस साल जो गणतन्त्र दिवस मनाया गया, उस शुभ अवसर पर हमारी राष्ट्रीय सरकार ने यही तोहफा देश के कला-प्रेमियों को दिया है। संगीत, नृत्य, नाटक के उत्थान और अभ्युदय के लिए ऐसी संस्था की स्थापना की आवश्यकता सभी अनुभव करते थे, अतः सभी लोगों ने हृदय से इसका स्वागत किया होगा, इसमें तो सन्देह नहीं। 'अकादमी' की प्रारम्भिक सदस्यता के लिए जिन लोगों के नामों की घोषणा की गई है, वे सबके सब अपने-अपने क्षेत्र में काफी प्रसिद्धि प्राप्त किए हुए हैं। उदयशंकर और पृथ्वीराज कपूर ऐसे कलाकार इसके सदस्यों में हैं। हमारे शिक्षा सचिव श्री जगदीशचन्द्र माथुर का नाम उसमें देखकर किसे नहीं प्रसन्नता हुई होगी ? इस अवसर पर राष्ट्रपति का एक भाषण भी हुआ। उस भाषण में उन्होंने इस बात पर जोर दिया कि कला तभी सही रूप में विकसित होगी, जब उस पर ऊपर का कोई नियन्त्रण नहीं रहे। निस्सन्देह ही ऐसा कहते समय उनके ध्यान में वे तानाशाही देश थे, जहाँ की सरकारें कला पर नियन्त्रण ही नहीं रखतीं, कलाकारों को बाध्य करती हैं कि वे ऐसी ही चीज़ें प्रस्तुत करें जिनमें उन सरकारों की तारीफ हो, उनकी योजनाओं की विरुदावली हो, उनके संचालकों का कला के सर्वोच्च उन्नायक के रूप में चित्रण किया जाए। और, जो लोग उनके इस खुदाई हुक्म की अदूली करते हैं, उन्हें फाँसी पर चढ़ाने से भी वे बाज़ नहीं आते। राष्ट्रपति के भाषण में जो उदार दृष्टिकोण उपस्थित किया गया है, हर कलाकार उसका स्वागत करेगा। किन्तु, दिक्कत यह हो गई है कि अब राजपुरुषों की घोषणाओं पर लोगों की आस्था नहीं रह गई है; जनतन्त्र की सबसे कमजोरी यह सिद्ध हो रही है कि इसके हिमायती शब्दों द्वारा जो कहते हैं, कार्यों द्वारा उसे झुठलाते हैं। कलाकारों पर जो लौह-दंड उठाते हैं, वे नृशंस हैं, नराधम हैं, इसमें शक नहीं; किन्तु जो उन्हें सोने की ज़ंजीरों में बाँधने की कोशिश करते हैं, उनका पाप भी कुछ कम नहीं है। सरकार द्वारा प्रेरित, पोषित 'अकादमी' धीर-धीरे, नाना तरह के प्रलोभनों में फँसाकर, कहीं अपने को कलाकारों का बन्दी-घर नहीं बना ले, यही डर लगता है। कला प्रायः ही विद्रोह के स्वर में बोलती आई है; कहीं दरबार में पहुँचकर वह चाटुकारिता की वाणी न अपना ले, खतरा यहाँ है। किन्तु, ऐसे डर, ऐसे खतरों के बावजूद हम इस अकादमी का स्वागत ही करते हैं, क्योंकि यह एक सही रास्ते पर बढ़ाया गया एक सही क़दम है।

पटना में खुला रंगमंच !

दिल्ली ने हमें 'अकादमी' दी है, तो पटना ने उसी पुण्यदिवस को, अर्थात् गणतन्त्र दिवस को, हमें 'खुला रंगमंच' दिया है। जैसे लन्दन में रिजेंट पार्क है, उसी तरह पटना में हमारे सौभाग्य से, हार्डिज पार्क है ही—यह दूसरी बात है कि दिन-दिन इस पार्क के फूल सूखते जा रहे हैं, झाड़ियाँ उजाड़ होती जा रही हैं, यहाँ तक कि पेड़ भी अनवरत पतझड़ के दृश्य दिखलाते रहते हैं। वहाँ सुकुमार नागरिक और नागरिकाओं की जगह आप प्रायः ही बैलों और गधों को स्वच्छन्द विहार करते देखेंगे ! शायद यही उचित भी है, क्योंकि जहाँ के लोगों को भर-पेट अन्न नहीं मिलता, तन ढँकने को कपड़ा मुअस्सर नहीं, वहाँ पार्क क्या, फूल क्या ? किन्तु, तो भी, हमारे यहाँ सौभाग्य से ऐसे लोग हैं, जिन्हें सदा 'हरी-ही-हरी' सूझती है, इस पतझड़ में भी जो बसन्त के सपने देखते हैं, और इस मुर्दे के शहर (प्राचीन पाटलिपुत्र) को लन्दन और पेरिस बनाने का हौसला रखते हैं। उन लोगों को अखबारों में यह खबर पढ़कर कितनी प्रसन्नता हुई होगी कि अपने राज्य की इस राजधानी में एक खुला रंगमंच स्थापित कर दिया गया है, जो ऐन स्टेशन के निकट है, एम.एल.ए. क्वार्टर के निकट है, सेक्रेटेरियट के निकट है। अब क्या है ? एक पंथ दो काज ! दिन-भर राजनीति के उन अखाड़ों में दंड पेलिए और सन्ध्या को इस पार्क में आकर नेत्र और हृदय को जुड़ाइए ! यह बहुत ही अच्छा हुआ है ! हमारे राजनीतिज्ञों और राजपुरुषों के जीवन में जो रूक्षता दिखाई पड़ती है, उसका प्रधान कारण यही है कि ये लोग कला से बहुत दूर पड़ जाते हैं; फिर सरसता आए कहाँ से ? इसलिए इस 'खुल्ला रंगमंच' का हम दुहरा स्वागत करते हैं। अभी तक यह सूचना नहीं मिली है कि यह खुला रंगमंच सालाना तामाशा दिखाएगा, या बीच-बीच में भी कुछ करेगा। कुछ दिन हुए, बिहार सरकार ने मोद-मंडलियाँ खोली थीं—न जाने उनके कलाकार कहाँ क्या करते हैं ? यदि साल में दो-चार बार उनके प्रदर्शन ही इस 'खुला रंगमंच' पर हो जाएँ, तो राजधानी के लोगों को उनकी कलाकारिता समझने का मौका भी मिले और उनका मनोरंजन भी हो जाए ! भारत ऐसे देश में, जहाँ सिवा बरसात के कुछ महीनों के, प्रकृति का खुला चँदोवा सदा ही सुखकारक रहता है, 'खुला रंगमंच' का भविष्य बहुत ही उज्ज्वल है। देहातों में अब भी इसी के कारण कुछ जिन्दादिली बाकी है, यद्यपि वह भी धीरे-धीरे नष्ट होता जा रहा है। यदि राजधानी में यह प्रयोग सफल हुआ, तो इसका अनुकरण अन्य नगरों में ही नहीं, गाँवों तक में होने लगेगा; इसलिए इसके कर्णधारों की बड़ी जिम्मेवारी है। आशा है, जिन्होंने इसका यह शुभ श्रीगणेश किया है, वे अपने इस गुरुतर उत्तरदायित्व को भी महसूस करते होंगे और एक उज्ज्वलतर आदर्श उपस्थित करने में समर्थ हो सकेंगे।

[**नई धारा**, फरवरी 1953]

विदा तीसरा वर्ष ! स्वागत, चौथा वर्ष !

इस अंक के साथ 'नई धारा' का तीसरा वर्ष विदा ले रहा है और अगले अंक से चौथे वर्ष का शुभारम्भ होने जा रहा है। ये तीन वर्ष कैसे कटे ? हमने क्या किया ? और चौथे वर्ष के लिए क्या-क्या सोच रहे हैं ?

बिहार की भूमि मासिक पत्र-पत्रिकाओं के लिए अब तक अनुर्वरा सिद्ध होती रही है। मुजफ्फरपुर का 'सत्ययुग', आरा का 'मनोरंजन', भागलपुर की 'कमला', गया की 'लक्ष्मी', पटना

की 'हरिश्चन्द्र-चन्द्रिका' सब-के-सब अपने युग में, अपने ज़माने में एक-से-एक रहे। हिन्दी-संसार में इनकी धाक रही, बिहार के साहित्यिक जीवन को इन्होंने, बचपन में, पाला, पोसा, बढ़ाया। किन्तु, एक-एक कर ये चल बसे। दूसरा दौर सुल्तानपुर की 'गंगा' से प्रारम्भ हुआ; पटना के 'पारिजात' और 'हिमालय' ने उसे गौरव-शिखर तक पहुँचाया। एक के संचालक थे एक सुसम्पन्न राजकुमार; दो के संचालक थे प्रान्त के दो सुप्रसिद्ध प्रकाशक। किन्तु ये तीन उच्चकोटि के मासिक भी असमय और अचानक काल-कवलित हुए।

जिस समय 'नई धारा' निकली, बिहार में मासिकों का सर्वथा अभाव था। पिछला अनुभव बड़ा कटु था; डरते-डरते इस ओर कदम उठाया। किन्तु, आज हमारी प्रसन्नता की सीमा नहीं है कि हमने ये तीन वर्ष हँसी-खुशी में काट दिए। प्रेस को घाटा रहा, संचालक को परेशानियाँ हुईं; किन्तु हमने तो पहले से ही इसका अनुमान कर लिया था, अतः हमें उसके लिए कोई शिकायत क्यों हो ?

'नई धारा' ने बता दिया, बिहार से अच्छी पत्रिकाएँ भी निकाली जा सकती हैं। यही कारण है कि जहाँ हम अकेले थे, वहाँ हमारे कई सहयोगी और सहयोगिनी इस क्षेत्र में पदार्पण कर चुके हैं। हमने उनका स्वागत किया था, हम उनकी शुभकामना करते हैं, क्योंकि हम उनका इस क्षेत्र में आना ही अपनी सफलता का एक पुष्ट प्रमाण मानते हैं।

बिहार इस समय एक सांस्कृतिक पुनर्जागरण के दौर से गुज़र रहा है। 'नई धारा' ने उसमें प्रगति दी है, इसे सब किसी ने एक स्वर से स्वीकार किया है। अपने प्रयत्नों पर सन्तोष करने के लिए हमें इससे अधिक क्या चाहिए ?

'नई धारा'–यथार्थतः नई धारा हो !

हमने जो कुछ किया, उस पर हमें सन्तोष है। किन्तु, हम अपनी त्रुटियों से भी अनवगत नहीं हैं ! हम निस्संकोच कह सकते हैं, हम 'नई धारा' को जो कुछ बनाना चाहते थे, अब तक नहीं बना सके। साधनों, उपकरणों की परिमितता पग-पग पर हमारा पैर पकड़ती रही है।

हमने प्रारम्भ में ही कहा था, एक विविध विषय-विभूषित सचित्र-विचित्र पत्रिका ही 'नई धारा' को हम नहीं बनाना चाहते थे। हमारे खयाल से सम्पादन का वह युग गया। उसे फिर ज़िन्दा किया नहीं जा सकता। अब उसी पत्र-पत्रिका की माँग होगी, जिसका अपना विशेषत्व हो, व्यक्तित्व हो। व्यक्तित्व, विशेषत्व से हीन अब कोई चीज़ चल नहीं सकती, चलाई नहीं जा सकती !

'नई धारा' में हमने कितनी ही नई चीजों का, नवीन स्तम्भों का समावेश किया। काश, उन्हें हम अच्छी तरह चला पाते ! इसमें अंशतः जो सफलता मिली, हमारे लिए वह कम नहीं है, किन्तु हम निस्संकोच कहें, अपने साहित्य की पुरानी धारा सदा हमारे पीछे पड़ी रही !

नया युग, नया समाज, नया साहित्य ! साहित्य की नई धारा–जो पुरानी धारा से खुराक तो ले, किन्तु उसके जल में, प्रवाह में, तरंग में, सब कहीं नयापन हो !

हम चाहते थे, हम मानते थे कि 'नई धारा' द्वारा हमें विशेषतः साहित्य की नई पीढ़ी को आगे लाना चाहिए, उनकी ओर, उनके द्वारा प्रस्तुत नए-नए प्रयोगों की ओर, लोगों का ध्यान आकृष्ट करना चाहिए। किन्तु, इसमें हमें बहुत ही कम सफलता मिली–हमने खेद के साथ अनुभव किया, हमारी नई पीढ़ी एक अजीब भँवर में है–छटपटा रही है, हाथ-पैर पटक रही है, किन्तु अपने लिए कोई राह नहीं निकाल पाती। इसके विपरीत यह देखा, हमारे पुराने

आचार्य और सहकर्मी अब भी नए प्रयोगों में लगे हैं, नई दिशा के अनुसंधान में लगे हैं। यह हिन्दी साहित्य के लिए शुभलक्षण के चिन्ह हैं। हम आशा करते हैं, नई और पुरानी दोनों पीढ़ियों का सहयोग हमें सदा इसी तरह मिलता रहेगा।

इस साल के कुछ आयोजन

'नई धारा' के नए वर्ष के अंक को हम विशेषांक के रूप में निकाला करते थे। दो साल से यह क्रम था। किन्तु, इस साल ठीक इसी समय प्रेस में एक झंझट आ गई, अतः सारा आयोजन स्थगित करना पड़ा। यह विशेषांक अब हम जुलाई में निकालना चाहते हैं। सूचना दी जा चुकी है, इसका नामकरण हम 'सर्वश्रेष्ठ विशेषांक' कर चुके हैं। सर्वश्रेष्ठ विशेषांक—नाम कुछ आकर्षक है, कुछ भ्रामक भी है। इस विशेषांक द्वारा हम मुख्यतः हिन्दी के और साथ ही भारत एवं संसार की प्रमुख भाषाओं के सर्वश्रेष्ठ साहित्यकारों और साहित्यिक कृतियों पर प्रकाश डालना चाहते हैं। हम इतना तो जान लें कि राष्ट्रभाषा के कौन-से वे बड़भागी सज्जन हैं जिन्होंने कविता, नाटक, उपन्यास, कहानी, आलोचना आदि के क्षेत्र में सर्वाधिक काम किया और कौन-सी हैं इन विषयों की वे कृतियाँ जिन्हें सर्वश्रेष्ठ की उपाधि दी जा सकती है। अन्य भारतीय भाषाओं और संसार की प्रमुखतम भाषाओं के साहित्यस्रष्टाओं और साहित्यिक कृतियों के बारे में भी यदि हम इस दृष्टि से विचार कर लें; तो कितना सुन्दर और उपयोगी हो। 'सर्वश्रेष्ठ विशेषांक' द्वारा हम यही करने का सोच रहे हैं।

हमारा दूसरा आयोजन नवम्बर में होगा। इस अंक को हम 'शैली-अंक' के रूप में निकालना चाहते हैं। हिन्दी की विभिन्न शैलियों को लेकर अभी तक विशेष काम नहीं हो सका है। हम इस अंक द्वारा इसी अभाव की पूर्ति करना चाहते हैं।

'नई धारा' के स्तम्भ ऐसे रहे हैं, जिनसे हम साहित्य की नई-नई प्रवृत्तियों को आगे लाना चाहते थे। उन क्षेत्रों में अब भी बहुत काम करना रह गया है। भ्रमण, संस्मरण, डायरी, इन्टरव्यू, स्केच आदि क्षेत्र में अभी हमारा साहित्य बहुत पिछड़ा हुआ है। 'नई धारा' ने चाहा था, वह इस ओर लोगों का ध्यान मुख्यतः आकृष्ट करे। कविता, कहानी, निबन्ध, आलोचना आदि में भी हम नवीनता का समावेश करना चाहते थे। हम अपने इन सब प्रयत्नों को आगे भी जारी रखेंगे।

किन्तु, इस साल हम कुछ नए स्तम्भों का समावेश कर रहे हैं, उनमें प्रमुख हैं—(1) 'क्या थे, क्या हैं' (2) 'हम इन्हें पेश कर रहे हैं' (3) 'मुझे याद है' (4) 'वे और हम' और (5) 'नई पौध'। पहले स्तम्भ द्वारा हम अपने आचार्यों के अतीत और वर्तमान का निरीक्षण-परीक्षण करना चाहते हैं; दूसरे स्तम्भ द्वारा कुछ नए साहित्य-स्रष्टाओं को हम आगे लाना चाहते हैं, तीसरे स्तम्भ में हम बिहार की गत पैंतीस वर्ष की साहित्यिक प्रगति का संस्मरणात्मक वर्णन पेश करनेवाले हैं और चौथे स्तम्भ में संस्मरणात्मक निबन्ध होंगे—जो धारावाहिक रूप में निकला करेंगे।

सबसे बड़ा काम इस साल हम यह करने जा रहे हैं कि नए लेखकों के लिए हम 'नई धारा' के बीस पृष्ठ अलग सुरक्षित कर देना चाहते हैं। मुख्यतः विद्यार्थियों और नौसिखुओं के लेख, कहानी, कविता आदि इसमें छपा करेंगे। इसके लिए पाँचवाँ स्तम्भ होगा।

हम आशा करते हैं, नए आवरण से युक्त 'नई धारा' का नया रूप भी हमारे पाठकों को अधिक पसन्द आएगा।

'नई धारा'—आपकी अपनी पत्रिका

हमारे लिए यह सौभाग्य की बात है कि हिन्दी-संसार के एक बड़े और सुधी भाग ने 'नई धारा' को अपनी पत्रिका के रूप में स्वीकार किया है। इसके पाठकों को हमने ग्राहक-मात्र नहीं समझकर अपना परिवार समझा है। लेखकों के प्रति भी हमने यही भाव रखा। तभी तो हमारी ओर से हर प्रकार की त्रुटियों के बावजूद, 'नई धारा' को उन्होंने इस तरह अपनाया है।

हम चाहते हैं अपनापन का यह भाव और भी दृढ़ हो, गहरा हो। इसलिए, हम चाहते हैं कि 'आपकी चिट्ठी' वाले स्तम्भ को और भी विकसित किया जाए। कम-से-कम दस पृष्ठ हम इसके लिए सुरक्षित रखना चाहते हैं। हमारी इच्छा है कि 'नई धारा' के स्तम्भों, लेखों, कविताओं आदि पर हमारे पाठक अपने विचार नियमित रूप से भेजा करें। यही नहीं, साहित्य एवं भाषा-सम्बन्धी जो विचार उनके मस्तिष्क में उठते हों, उन्हें संक्षेप में लिख भेजें। हम उन्हें या उनके सारांश को 'नई धारा' के हर अंक में क्रमशः प्रकाशित करते रहेंगे। इस प्रकार हमारे और उनके बीच का सम्बन्ध ही पुष्ट नहीं होगा, पाठकों के बीच भी परस्पर बौद्धिक सम्बन्ध स्थापित हो सकेगा।

'नई धारा' का जो उद्देश्य प्रारम्भ से ही हमारे सामने रहा उनकी पूर्ति के लिए हम सतत प्रयत्नशील हैं। 'नई धारा' का परिवार दिन-दिन विकास पाता रहे, यही हमारी आकांक्षा है। इस परिवार का स्नेह और सहयोग ही हमारा सम्बल है। हमें यह सम्बल सदा मिलता रहेगा, इसी दृढ़ विश्वास को हृदय में लेकर हम चौथे नए वर्ष की ओर सानन्द क़दम बढ़ा रहे हैं।

[**नई धारा**, मार्च 1953]

शिवदानसिंह बनाम राजकमल

हम 'आपकी चिट्ठी' में वह पत्र प्रकाशित कर रहे हैं, जिसे 'आलोचना' के भूतपूर्व सम्पादक श्री शिवदानसिंह चौहान ने हमारे पास प्रकाशनार्थ भेजा है। यह पत्र बड़ा ही महत्त्वपूर्ण है। यह पत्र उस चिरपरिचित प्रश्न की ओर हमारा ध्यान आकृष्ट करता है, जिसको यों रखा जा सकता है—सम्पादक और प्रकाशक का सम्बन्ध कैसा हो ? इस प्रश्न के साथ अनेक प्रश्न उठते हैं—क्या प्रकाशक को यह अधिकार है कि वह जब चाहे सम्पादक को निकाल बाहर कर दे ? क्या सम्पादक का पद एक वेतनभोगी कर्मचारी-मात्र का है ? जिस पत्र के बनाने-सँवारने में उसका प्रमुख हाथ रहा, जो उसकी मानस सन्तान है, क्या उस पर उसका कोई अधिकार नहीं ? सम्पादक का पारिश्रमिक क्या हो, उसके पद की सुरक्षा की क्या व्यवस्था हो, आदि प्रश्न तो हैं ही, एक प्रश्न और भी उठता है—उसके समानधर्मा सम्पादक या लेखक का क्या कर्त्तव्य है जब उस पर इस तरह बलात्कार किया जाता हो ! हाँ, हम इसे बलात्कार समझते हैं और हर सुरुचिसम्पन्न व्यक्ति से आशा रखते हैं कि वह ऐसे काम की भर्त्सना करे और जिनमें ताक़त हो, बल हो, उन्हें चाहिए कि उस अत्याचारी को सबक सिखाएँ ! यह प्रश्न सम्पादकों और लेखकों की इज़्ज़त का ही सवाल नहीं है, बल्कि उनके लिए जीवन-मरण का भी प्रश्न है, अतः हम चाहते हैं, इस पर गम्भीरता से विचार किया जाए और इसके निराकरण के लिए कुछ उपाय सोचा जाए।

प्रकाशकों का प्रहार : सम्पादकों की निरीहता !

यह प्रश्न हमारे सामने पहली बार नहीं आया है। प्रकाशकों द्वारा सम्पादकों और लेखकों पर किए गए अत्याचारों और बलात्कारों की एक लम्बी कहानी है। हम बिहार को ही लें। अभी कुछ दिन हुए हैं, एक सुप्रसिद्ध अँगरेजी दैनिक के अति-प्रसिद्ध सम्पादक को इसी तरह निकाल बाहर किया गया। एक सुप्रतिष्ठित हिन्दी-मासिक के एक ख्यातनामा वयोवृद्ध सम्पादक की यही दुर्गत हुई। सबसे विचित्र बात तो यह हुई कि एक सम्पादक कुछ दिनों के लिए बाहर गया और लौटा, तो पाया, उसके पत्र पर सम्पादक की जगह प्रकाशक का ही नाम छप रहा है ! जब सम्पादक-शिरोमणियों की यह दशा है, तो बेचारे सह-सम्पादकों या उप-सम्पादकों की क्या बात ? उनके साथ आए दिन जो अन्याय होते रहते हैं, उनकी संख्या इतनी अधिक हो चली है कि कोई उस ओर ध्यान भी नहीं देता ! छोटे-छोटे वेतन पर दिन-रात खटनेवाले वे लोग जब अकस्मात् एक दिन आफिस से धकेल दिए जाकर सड़कों पर बेबसी में घूमते हुए पाए जाते हैं, तो उन्हें देखकर किसको करुणा नहीं उमड़ आती है ! किन्तु आश्चर्य इस बात का नहीं है कि पत्रों के मालिक या प्रकाशक इन लोगों के साथ क्या व्यवहार करते हैं, बल्कि सबसे बड़े आश्चर्य की बात यह है कि ज्यों ही बड़े-से-बड़ा सम्पादक तक इस प्रकार निकाल बाहर किया जाता है कि उसके समानधर्मा लोग वहाँ झट पहुँच जाते और प्रकाशकों के हौसले बढ़ाते हुए अपनी जाति के, अपने वंश के मूल पर ही कुठाराघात करने लगते हैं ! एक ओर हमारे पास शिवदानसिंह की वह चिट्ठी प्रकाशनार्थ आई है, दूसरी ओर राजकमल प्रकाशन की ओर से एक सूचना मिली है कि 'आलोचना' अब नए सम्पादक-मंडल द्वारा सम्पादित होकर निकलने जा रही है ! उसमें जो चार नाम दिए गए हैं, उनमें से एक को हम व्यक्तिगत रूप से जानते हैं और हमें आश्चर्य है कि प्रकाशकों के हथकंडों को जानते हुए भी उन्होंने अपना नाम क्यों दिया ?

कानूनी पहलू बनाम नैतिक पहलू

जिस समाज में पैसा ही पूँजी है और श्रम बाज़ार में बिकनेवाला एक माल, उस समाज का कानून यदि प्रकाशकों के ही पक्ष में हो, तो आश्चर्य की क्या बात ? किन्तु, दुनिया में सिर्फ कानून ही नहीं है, हर प्रश्न का एक नैतिक पहलू भी है। फिर कानून तो बदलता रहता है, यह कानून भी बदलकर रहेगा। अतः देखना यह भी चाहिए कि नैतिकता की पुकार क्या है ? क्या यह अन्याय की बात नहीं है कि एक सम्पादक युगों की अपनी साधना के बल पर किसी पत्र-पत्रिका की रूपरेखा तैयार करे और अनवरत प्रयत्नों द्वारा उस रूपरेखा को मूर्त रूप दे, उसे सुधी-समाज से स्वीकृति दिलाए, जनता द्वारा उसे आहत कराए, तब, जबकि वह पत्र या पत्रिका चल निकले, अचानक एक दिन धक्के देकर उसे सड़क पर खड़ा कर दिया जाए ! क्या यह कार्य अनैतिक नहीं है, अमानुषिक नहीं है ? किन्तु दुख है, आज के अधिकांश प्रकाशक इस प्रकार के अनैतिक कार्य को करते हुए जरा भी संकोच नहीं अनुभव करते ! वे भूल जाते हैं कि यह अच्छा व्यवसाय भी नहीं है। पत्र या पत्रिका के साथ उसके सम्पादक की आत्मा भी घुली-मिली होती है और ज्यों ही वह हट जाता है, पत्र या पत्रिका भी म्रियमाण हो जाती है। यह श्री मोतीलाल घोष की कुशल व्यापार-नीति थी कि उन्होंने पं. महावीर प्रसाद द्विवेदीजी ऐसे क्रोधी और झक्की व्यक्ति को भी अपने स्नेह-सूत्र से बाँधकर 'सरस्वती' के सम्पादक-पद

पर सदा अधिष्ठित रखा। और जब तक द्विवेदीजी थे 'सरस्वती' क्या थी और उनके बाद 'सरस्वती' क्या रही, क्या इस पर विस्तृत प्रकाश डालने की आवश्यकता है ? हमारे प्रकाशक भूल जाते हैं कि पैसे से नौकर मिल सकते हैं, आदमी नहीं; पैसे से काम के घंटे गिन लिए जा सकते हैं, व्यक्तित्व के निखार के लिए स्नेह के कोमल स्पर्श की आवश्यकता होती है ! किन्तु, यदि वे यह अब नहीं समझें, तो स्वाभाविक ही है—पैसा उनमें उद्दंडता ला दे, तो यह कोई अस्वाभाविक बात नहीं हुई। किन्तु, हमें हार्दिक दुख तब होता है जब हम यह पाते हैं कि अपनी बिरादरी पर, अपनी जाति और वंश पर यह स्पष्ट अत्याचार होते देखकर भी हमारे सम्पादक या लेखक बन्धु उनके हाथ अपनी प्रतिभा और साधना बेचते हुए संकोच नहीं करते। हमें सबसे बड़ा दुख इस बात का है ! हम सबसे बड़ा अनैतिक कार्य इसे मानते हैं कि हमारे भाई की हत्या की जाए और हम कुत्ते की तरह उसके खून को चाटें और यह भूल जाएँ कि हत्यारे का हाथ एक दिन हमारी गर्दन के साथ भी ऐसा ही खिलवाड़ करेगा !!

शारदा के सुपूतो, होश सम्हालो !

इस समस्या का समाधन एक ही है—जहाँ कहीं भी किसी सम्पादक या लेखक के साथ ऐसा अन्याय हो, उसके समानधर्मा बन्धु तय कर लें कि हम उसकी जगह पर कदापि नहीं जाएँगे। हम मानते हैं, कहीं हमारे बन्धुओं का ही अपराध हो, तो इसका निराकरण यह है कि हम उन्हें अपने कटघरे में खड़ा करके और यदि वह अपने को नहीं सम्हालें, तो उन्हें जाति-च्युत कर दें; किन्तु हम उन्हें उनके दुश्मन की मर्जी पर तो कदापि नहीं छोड़ें ! नैतिकता का यही तकाज़ा है, आत्मरक्षा का तकाज़ा भी यही है। भाई शिवदानसिंह का मामला बिल्कुल साफ है, उनके साथ घोर अन्याय किया गया है। हमें राजकमल को साफ कह देना है, इस अन्याय में हम तुम्हारा साथ दे नहीं सकते। जिन चार भाइयों के नाम राजकमल ने 'आलोचना' के सम्पादक-मंडल में रखे हैं, हम उनसे प्रार्थना करते हैं, आप लोग अपने नाम वापस कर लें। आपमें प्रतिभा है, तो कितनी 'आलोचना' और कितने 'राजकमल' आपके चरणों को चूमने आएँगे; आप सबके सब युवक हैं, घबड़ाइए मत, बहुत-से सुनहले अवसर आपके सामने आएँगे। किन्तु इस 'आलोचना' में आपके तीन भाइयों का खून सना हुआ है; इसे फेंकिए ! उठाकर फेंकिए राजकमल के मुँह पर, जिसने आपकी बिरादरी पर इस तरह बलात्कार करने की चेष्टा की है !

आचार्य शिवजी अमर हों !

आचार्य शिवपूजन सहायजी की बीमारी पर हमने जो कुछ लिखा, हमें प्रसन्नता है, हिन्दी-संसार का ध्यान उस ओर तुरत आकृष्ट हुआ और पूछताछ एवं सहायता का ताँता-सा लग गया है। हमें प्रसन्नता यह है कि बिना किसी प्रयत्न के ही, लगभग दो हज़ार रुपए एकत्र हो चुके हैं—जबकि गर्मियों के कारण स्कूल-कालेज, कचहरियाँ आदि बन्द हैं। हमें विश्वास है, संघबद्ध प्रयत्न करने पर दस हज़ार रुपए तुरत ही एकत्र हो जाएँगे। हमें यह सूचित करते हुए भी प्रसन्नता होती है, कि शिवजी की तबीयत सुधर रही है और यदि यही प्रगति रही, तो हम उन्हें फिर अपने बीच काम करते हुए पाएँगे। किन्तु, हमारा विश्वास है, कम से कम एक साल

तक शिवजी को किसी अच्छे सैनिटोरियम में हमें रखना होगा। इधर एक विज्ञप्ति हमने देखी, जिससे ऐसा लगता है कि सरकार ने उनकी चिकित्सा का सारा बोझ उठा लिया है। यह बात आंशिक रूप में ही सही है, उन्हें सिर्फ उतनी ही सरकारी सहायता मिल रही है, जो किसी भी सरकारी नौकर को सरकार से पाने का हक़ है। इस विज्ञप्ति को लेकर बहुत भ्रम फैला है और फैलाया गया है ! शिवजी स्वाभिमानी हैं, तपस्वी हैं। अतः कुछ लोगों ने इस तरह की बातें शुरू की हैं, जिनसे उनको कष्ट हो। यह नीचता की हद है। शिवजी के लिए हिन्दी-संसार को जो कुछ करना है, वह अपना कर्त्तव्य समझकर करना है ठीक उसी रूप में जिस रूप में पुत्र पिता के लिए या एक साथी दूसरे साथी के लिए करता है। और हिन्दी-संसार ने एक स्वर से आवाज दी है कि वह अपने इस आचार्य की रक्षा के लिए सबकुछ करने को तैयार है। यह हिन्दी के लिए शुभ दिन की सूचना देता है।

[जून, 1953]

शिवपूजनजी को सरकारी अनुदान

हमें यह जानकर बड़ी प्रसन्नता हुई है कि आचार्य शिवपूजन सहायजी को बिहार सरकार ने उनकी चिकित्सा के लिए पाँच हज़ार रुपए का अनुदान दिया है और भारत-सरकार ने उनके बाल-बच्चों की शिक्षा-दीक्षा के लिए, एक वर्ष के लिए, डेढ़ सौ रुपए महीने अनुदान देने का निश्चय किया है। यह भी सूचित किया गया है कि शिवजी जिस सम्मिलित वार्ड में रखे गए हैं, उन्हें वहाँ से हटाकर ऐसे वार्ड में ले जाया जाएगा, जहाँ वह अकेले निश्चिन्त रह सकें ? बिहार सरकार ने उनके पथ्य के लिए भी विशेष प्रबन्ध किया है और डाक्टरों की एक समिति बना दी है जो उनके स्वास्थ्य के बारे में सरकार को सम्मति देगी। बिहार सरकार और भारत सरकार ने इन अनुदानों और प्रबन्धों के द्वारा हिन्दी संसार का हृदय जीत लिया है, इसमें सन्देह नहीं। 'नई धारा' ने शिवजी के गिरते हुए स्वास्थ्य के बारे में हिन्दी-संसार का ध्यान सबसे पहले आकृष्ट किया था ! हिन्दी-संसार ने जैसी तत्परता दिखलाई थी, वह तो प्रशंसनीय थी ही, अब इन सरकारों ने जो किया है, उसके लिए भी हिन्दी-संसार उनका चिरकृतज्ञ रहेगा। बिहार राष्ट्रभाषा परिषद् ने, जिसके वह मन्त्री हैं और जिसकी उन्नति और विकास में उनका बहुत बड़ा हाथ है, यों कहिए, जिसके लिए किए गए अथक परिश्रम के कारण ही उनका स्वास्थ्य इस द्रुतगति से खराब हुआ, यह तय किया है कि वह उनकी सारी रचनाओं को ग्रन्थाकार प्रकाशित करेगी और इसके लिए बिहार सरकार से उसने विशेष अनुदान की माँग की है। हमें पूरा विश्वास है, बिहार सरकार इस कार्य में भी वैसा ही उत्साह दिखाकर असीम यश का भाजन बनेगी।

राजकमल बनाम शिवदानसिंह

'नई धारा' के पिछले अंक में हमने इस प्रसंग पर जो कुछ लिखा; उसे कई तरह से लिया गया; यह स्वाभाविक भी है। कुछ मित्र तो ऐसे नाराज हुए, कि उन्होंने हमसे सम्बन्ध-विच्छेद करना ही उचित समझा। कई मित्रों ने खबर भेजी, इस विवाद को बन्द भी करो ! राजकमलवालों ने बारह छपे हुए लम्बे पृष्ठों के वक्तत्व के साथ, दो पृष्ठों का एक पत्र भेजकर हम पर आरोप

लगाया है कि हमने "एकदम असत्य और क्षतिकारक प्रचार में सहयोग दिया है।" "सम्पादकीय उत्तरदायित्व को नहीं निभाया है," "आपत्तिजनक आक्रोश और आवेश का प्रदर्शन किया है" और इस प्रकार की "छींटाकशी करके हमारे प्रति और हमारे सहयोगियों के प्रति घोर अन्याय किया है।" यही नहीं, हमसे माँग की गई है, उनके इस बारह-पेजी वक्तव्य को छापकर "अपनी जिस उतावली से आपने हमारी संस्था के और सहयोगियों के सम्मान को गहरी चोट पहुँचाई है, उसका किंचिद् मात्र प्रतिकार करें !" उनसे गलती यह हो गई कि इस बारह पृष्ठों के वक्तव्य में चार पूरे पृष्ठों के और चार अवतरणों के जो लम्बे-चौड़े ब्लाक हैं, उन्हें नहीं भेजा; अतः हम यदि चाहते भी, तो किस तरह उसे छाप पाते ! और, इन ब्लाकों में ऐसी एक भी बात नहीं है, जो शिवदानसिंह के 'परिपत्र' की बात कहीं भी काटती हो। चार पृष्ठों के प्रारम्भ के ब्लाक और अन्तिम ब्लाक तो निस्सन्देह इसलिए छापे गए हैं कि चौहानजी और उनके सहकारी नामवरसिंह अपने साथियों में बदनाम किए जाएँ ! यदि राजकमल ने कभी हिन्दी लेखकों की पाँत में फूट डालने की कोशिश नहीं भी की हो, तो इन ब्लाकों को छापकर तो उसने ऐसा अवश्य किया है। असल में छापने थे तो उन अंशों के ब्लाक जिनका शर्तों के साथ सम्बन्ध होता, किन्तु वहाँ तो 'शर्तों का रूपान्तर संक्षेप से' देकर ही सन्तोष कर लिया गया है ! लेकिन, प्रारम्भ से ही हमने जो रुख लिया है, उसमें इन शर्तों का कोई महत्त्व नहीं है। हमने देखा है, भारतीय किसानों और मजदूरों की बेबसी से फायदा उठाकर किस प्रकार विदेशी और देशी प्लान्टरों, निलहे साहबों, जमींदारों और पूँजीपतियों ने ऐसी शर्तें लिखवाईं जिनसे उनकी जमीन-जायदाद पर ही नहीं, उनके शरीर पर भी उनका कब्जा हुआ। हमने, गाँधीजी ने, बड़े नेताओं ने उसके खिलाफ़ लड़ाइयाँ लड़ीं और वे शर्तें हवा हो गईं ! साहित्य-क्षेत्र में वही लड़ाई लेखकों और प्रकाशकों के बीच, सम्पादकों और पत्र-पत्रिकाओं के मालिकों के बीच जारी है और हम चाहते हैं, आशा करते हैं कि सभी लेखक और सम्पादक इस लड़ाई में एक कतार में खड़े रहेंगे। जो कोई लेखक या सम्पादक जाने या अनजाने इस कतार को तोड़ता है, हम उसे भ्रातृद्रोही मानते हैं और हमारा विश्वास है, वह साहित्य की वृद्धि और समृद्धि में हानि पहुँचाता है और यों अपने पैर में आप कुल्हाड़ी मारता है। शिवदानसिंह क्या थे, क्या हैं, उन्होंने 'आलोचना' के सम्पादन में उस निष्पक्षता का परिचय दिया या नहीं जो एक साहित्यिक, विशेषतः एक आलोचक से अपेक्षित है, किसी मतवाद से उनका क्या सम्बन्ध रहा और आज क्या है—प्रश्न ये नहीं है। मौलिक प्रश्न यह है कि किसी पत्र-पत्रिका के संचालक को क्या यह अधिकार होना चाहिए कि वह जब चाहे किसी सम्पादक को हटा दे, खासकर उस सम्पादक को जिसकी प्रतिभा और सूझ का ही परिणाम वह पत्र या पत्रिका हो ? राजकमल ने जो वक्तव्य भेजा है, उससे भी यही सिद्ध होता है कि 'आलोचना' के प्रकाशन में मूल हाथ शिवदानसिंह का था, राजकमल ने सिर्फ पैसे लगाए थे ! किसी ज़मींदार के पास जंगल था, किसी किसान ने जंगल काटा, उसे जोता, जरखेज बनाया, खेती की। अब जमींदार उसे हटाना चाहता है। जमीन पर जमींदार की मिलकियत है, कानून उसके ही पक्ष में हो सकता है; किन्तु नैतिकता क्या है ? जो लोग श्रमिकों के हामी हैं, उनका कर्त्तव्य क्या है या उस किसान की ही तरह जो स्वयं श्रमिक हैं, उनका कर्त्तव्य क्या है ? क्या वे इस खेत पर स्वयं अपने को जा बिठलाएँ और लगी-लगाई खेती का सुखपूर्वक उपभोग करें ? या जमींदार और उसके कारिन्दे को दूसरे की मेहनत पर मौज मारने दें और स्वयं टुकुर-टुकुर देखते रहें ? राजकमल के पक्ष में क़ानून हो सकता है, यों कहिए कि है ! तभी तो बेचारे शिवदान को दिल्ली छोड़कर शिमला भागना पड़ा ! किन्तु, हम कहेंगे, उनके साथ घोर अन्याय हुआ है और हम लड़ेंगे, सभी मिलजुलकर लड़ेंगे, जब तक दम में दम है। लेखकों और प्रकाशकों तथा सम्पादकों और संचालकों की लड़ाई

उतनी तेज नहीं हुई है, किन्तु आग धीरे-धीरे सुलग रही है और जिस तरह वर्षों या युगों से बेदखल किए गए किसान अपनी जमीन के मालिक बन रहे हैं, उसी प्रकार कभी ठगे गए, लूटे गए या निकाले गए लेखक और सम्पादक भी अपनी पुस्तकों और पत्र-पत्रिकाओं का पूर्ण स्वामित्व हासिल करके रहेंगे। राजकमल से हमारा झगड़ा नहीं है, हम क्यों चाहेंगे कि उनकी क्षति हो, उन्हें बदनाम करने की इच्छा भी हमारे मन में क्यों होगी ? वह तो इस समय संयोगवश एक निमित्त-मात्र हो गए हैं, उन्होंने वही किया है, जो उनके भाईबन्द करते जा रहे हैं। पिछले अंक में बिहार के ही कई उदाहरण हमने दिए थे। हमारी लड़ाई एक सिद्धान्त की है और हमने इस नए उदाहरण के माध्यम से अपने सहकर्मियों—लेखकों और सम्पादकों—का ध्यान इस प्रश्न की ओर आकृष्ट किया है। हमें दुख है कि हमारे कुछ सहकर्मियों ने इसे दूसरे रूप में लिया और कुछ ने इस पर मतवाद का जामा ओढ़ाने की भी कोशिश की है। हम उनसे प्रिय आग्रह करेंगे, जरा अपने को, अपने मतवाद को, दूर रहकर इस मौलिक प्रश्न पर विचार करें और सदा याद रखें जिसके दाढ़ में खून लग जाता है, वह कब किस पर झपट्टा मार देगा, इसका ठिकाना नहीं है। राजकमल ने हम पर जो आरोप लगाए हैं, हमें उसका उत्तर नहीं देना है। हमें क्रोध हुआ, हम स्वीकार करते हैं। यदि इस घटना से क्रोध नहीं होता, तो हम अपने को हिंजड़ा माने लेते। हम इसकी प्रतीक्षा कर नहीं सकते थे कि राजकमल का क्या वक्तव्य होता है, हमें मालूम था, ये प्रकाशक क्या कहते हैं, क्या करते हैं। हमने छींटाकशी नहीं की है, अपने भाई पर चलाई तलवार के सामने अपने को ढाल के रूप में खड़ा करना चाहा है, यह जानते हुए भी कि इसका वार हम पर भी आ गिर सकता है। सम्पादकीय उत्तरदायित्व का पाठ अब इस उम्र में हम उससे नहीं सीख सकते, वह उन्हें सिखाए जिन्हें उसने अपने आसपास इकट्ठा किया है। अन्त में एक निवेदन हम राजकमल से करेंगे—वह सीधा लड़े, अपने 'सहयोगियों' के नाम पर, हमारे ही किन्हीं भाई को शिखंडी बनाकर आगे खड़ा नहीं करे !

सरस्वती सहकार की एक उपयोगी योजना

जब हिन्दी राष्ट्रभाषा हो चुकी, तो यह आवश्यक है कि इस भाषा द्वारा अन्य भारतीय और विदेशी भाषाओं के साहित्य का ज्ञान प्राप्त करने की सुविधा भी की जाए। यह काम बहुत बड़ा है और यदि हिन्दी साहित्य सम्मेलन का नागरी प्रचारिणी सभा ऐसी संस्थाओं द्वारा इसे सम्पन्न कराया जाता, तो और भी अच्छा होता। किन्तु, आजकल इन संस्थाओं में तू-तू मैं-मैं का बाजार गर्म है। सम्मेलन का काम ठप्प पड़ा है और सभा के पदाधिकारियों का निर्णय करने के लिए पंचायत बैठती है ! लेकिन, इतना आवश्यक कार्य नहीं किया जाए, यह भी हिन्दी के लिए कलंक की बात होती। अतः यह प्रसन्नता की बात है कि दिल्ली में स्थापित एक नवीन संस्था—सरस्वती सहकार ने इसका बीड़ा उठाया है कि भारत की पच्चीस भाषाओं पर वह अधिकारी विद्वानों द्वारा पुस्तकें लिखवाकर प्रकाशित करे। इन पुस्तकों में प्रत्येक लगभग सवा सौ पृष्ठों की होगी और हमें विश्वास है, इनका मूल्य भी सुलभ ही रखा जाएगा। इन पुस्तकों के लेखकों और भूमिका लेखकों के नामों से इसके संचालकों की सूझबूझ और तत्परता का परिचय मिलता है। हाँ, पालि के लिए यदि नालन्दा पालि इन्स्टिट्यूट के आचार्य भिक्षु जगदीश काश्यप से सहायता ली जाती, तो बहुत ही उत्तम होता। काश्यपजी हिन्दी के नामी लेखक हैं और इस विषय पर उनसे बढ़कर कोई अधिकारी विद्वान हिन्दी-संसार में है भी नहीं। आशा है, सहकार के संचालक इस सुझाव पर विचार करेंगे।

स्वर्गीय पं. लक्ष्मीधर वाजपेयी !

पं. लक्ष्मीधर वाजपेयी को नई पीढ़ी के लोग उतना नहीं जानते, किन्तु जिन्होंने वर्तमान हिन्दी के प्रारम्भिक विकास-युग को देखा-सुना है, वह वाजपेयीजी की साहित्य-सेवा को भुला नहीं सकते। वाजपेयीजी संस्कृत के प्रकांड विद्वान थे। उन्होंने मेघदूत का हिन्दी में समश्लोकी अनुवाद प्रस्तुत कर लोगों को चकित कर दिया था। यही नहीं, उन्होंने कितनी ही उपयोगी पुस्तकें उस युग में प्रस्तुत कीं, जब हिन्दी का साहित्य-भंडार एकदम सूना था। हिन्दी साहित्य सम्मेलन की नींव को पुष्ट करनेवालों में उनकी गिनती थी। वाजपेयीजी में तेजस्विता कूट-कूटकर भरी थी और वह नख से शिख तक राष्ट्रीय थे। पत्रकारिता में भी उनके तेजस्वी व्यक्तित्व ने कमाल दिखलाए थे। हमारे प्राचीन साहित्य-महारथी एक-एक कर हमें छोड़कर जा रहे हैं, यह हमारे लिए बड़ा ही शोक का विषय है; किन्तु उन्हें जाते हुए भी यह आनन्द होता होगा कि जिस बिरवा को उन्होंने अपने खून और पसीने से सींचा, वह इतना विशाल वृक्ष बनकर फूल-फल रहा है। हम वाजपेयीजी की स्वर्गीय आत्मा के प्रति सादर श्रद्धांजलि अर्पित करते हैं।

[**नई धारा**, जुलाई, 1953]

जयन्ति ते सुकृतिना रससिद्धाः कवीश्वराः

धीरे-धीरे सांस्कृतिक समारोहों के प्रति जनता का अधिक-से-अधिक ध्यान जाने लगा है। यह देश के भविष्य के लिए शुभ सूचना है। राजनीतिक नेताओं की उछल-कूद के प्रति अब उसमें अधिक दिलचस्पी नहीं रह गई है। राजनीति ने, आज़ादी के बाद, एक नया रूप ले लिया है—कहीं वादे हैं; कहीं वादाखिलाफियाँ हैं; कहीं लूट है, कहीं गालियाँ हैं। आज़ादी के बाद, आचार्य विनोबा के भूदान-यज्ञ को छोड़कर, ऐसा कुछ नहीं हुआ है, जिसमें जनता के लिए कुछ दिलचस्पी हो। किन्तु इस भूदान-यज्ञ में भी राजनीति नहीं, कूटनीति घुस रही है। इस यज्ञ को भी लोग अपनी राजनीतिक महत्त्वाकांक्षा का ज़ीना बनाने पर तुले हुए हैं ! यज्ञ के साथ श्रद्धा निहित है। भूदान-यज्ञ के नाम पर आज होड़ाहोड़ी मची हुई है कि किस नेता ने कितनी जमीन हासिल की। श्रद्धा का अभाव है; ध्यान है, अगले चुनाव पर या सस्ती प्रसिद्धि पर ! गुरु एक कर रहे हैं, चेले चार बता रहे हैं ! ऐसी हालत में जनता के चित्त में उलझन पैदा हो रही है—क्या गाँधीजी की खादी की तरह, विनोबा का यह भूदान भी, ढोंग का एक जामा बनकर रह जाएगा ? उसका गाँधी पर विश्वास था, उसका विनोबा पर विश्वास है। किन्तु, उसकी अवस्था डगमग हालत में है। राजनीति से उसमें वितृष्णा पैदा हो रही है। यह अच्छा नहीं है, यह कहना ठीक भी हो; किन्तु स्थिति तो यही है। इसलिए जब कभी कोई सांस्कृतिक कार्य होता है, वह उस ओर उत्सुकता से मुड़ती है। इस वर्ष देश में तुलसी जयन्ती जिस समारोह से मनाई गई, छोटे-छोटे क़स्बों में, देहातों में, लोगों ने जिस उत्साह से यह पुण्य पर्व मनाया; वह जनता की इस मुड़ी हुई प्रकृति का सूचक है। जब पेट की भूख शान्त नहीं हो रही है; वह कुछ देर के लिए ही सही, अपने हृदय की पिपासा शान्त कर लेना चाहती है ! उसके निकट कोई चारा भी नहीं। घिरा हुआ शुतुरमुर्ग लाचारी में अपना सिर बालू में छिपाकर निस्तब्ध खड़ा हो जाता है। आप कहिए, यह मूर्खता है ! किन्तु इसका मतलब क्या हुआ ? आप उसे शान्ति से मरने भी नहीं देना चाहते !! किन्तु

सांस्कृतिक कार्यों की ओर जनता के इस झुकाव का इस तरह भ्रष्ट रूप में रखने की चेष्टा भी क्या घृणास्पद नहीं है ? जनता जब सांस्कृतिक कार्यों की ओर मुड़ती है, तो यह उसकी पलायन वृत्ति या शुतुरमुर्गपन नहीं है। वह नया समाधान खोजती है, वह नई प्रेरणा खोजती है। वह कल तक ऊपर-ऊपर तरंगों पर तैर रही थी; वहाँ देखती है, सिवा थपेड़ों के कुछ हासिल होने का नहीं। अब वह कुछ गहरे गोता लगाना चाहती है। आप कहिए, वह कब्र खोज रही है; किन्तु वह जानती है, 'गहरे पानी पैठ' कर ही 'जिन ढूँढ़ा तिन पाइयाँ !' और, यदि मोती की खोज में मर जाना भी पड़े, तो क्या वह अच्छा नहीं है बनिस्बत उस पानी के थपेड़ों को खाने से जिसमें स्वाद नहीं, जो हलक के नीचे उतारा भी नहीं जा सकता है—जो प्यास भी नहीं बुझा सकता, भूख की कौन-सी बात ?

विद्यापति की स्मारक-योजना

हिन्दी-संसार, विशेषतः बिहार, को यह जानकर बड़ी प्रसन्नता होगी कि बिहार सरकार ने बिहार-राष्ट्रभाषा-परिषद् को यह सूचित किया है कि वह विद्यापति का स्मारक बनाने को सोच रही है, परिषद् उसके लिए एक योजना पेश करे। परिषद् ने इसके लिए एक उपसमिति भी गठित कर दी है और आशा की जाती है, शीघ्र ही इस सम्बन्ध में कुछ ठोस क़दम उठाया जा सकेगा। हमने साहित्यिकों के स्मारक की ओर सरकार और जनता का बार-बार ध्यान आकृष्ट किया है। हमें सबसे बड़ा दुख यह रहा है कि हिन्दी को राष्ट्रभाषा घोषित किए सात वर्ष हो गए और अभी तक हिन्दी के सर्वश्रेष्ठ कवि गोस्वामी तुलसीदासजी के स्मारक के लिए कोई व्यवस्था नहीं की गई। सुना है, वहाँ राजापुर और सोरों का विवाद चल रहा है; जहाँ यह निर्णय निर्विवाद किया जा सकता था कि तुलसीदासजी के निधन-स्थान, काशी में उनका स्मारक बनाया जाए। वह सर्वथा उपयुक्त होता। खैर, विद्यापति को लेकर ऐसा कोई विवाद नहीं है। विद्यापति के जन्मस्थान के रूप में बिस्फी गाँव प्रामाणिकता प्राप्त कर चुका है। यह स्थान दरभंगा से कोई अधिक दूर भी नहीं है। वहाँ के शिव-मन्दिर के बारे में, कहा जाता है, उसका निर्माण विद्यापति द्वारा हुआ था। इसमें कुछ सन्देह भी हो सकता है, किन्तु, अभी तक किसी ने बिस्फी गाँव को विद्यापति के जन्मस्थान के गौरव से वंचित करने की चेष्टा नहीं की है, यद्यपि इस सम्बन्ध में खोज-ढूँढ़ बहुत हुई है। अतः यह निर्विवाद ही लगता है कि विद्यापति का मुख्य स्मारक बिस्फी में ही बनना चाहिए। विद्यापति के जीवन से सम्बद्ध और कई स्थान रहे हैं, वहाँ भी उनकी स्मृति में छोटे-छोटे कुछ-न-कुछ कार्य होने चाहिए। विद्यापति हमारे बिहार के सबसे बड़े कवि थे। बिहार की राजधानी में भी उनकी पुण्यस्मृति में किसी सांस्कृतिक संस्था की स्थापना करना बुरा नहीं होगा। हम चाहते हैं, बिहार के साहित्यप्रेमी इस प्रश्न पर सोचें और अपने सुझाव बिहार-राष्ट्रभाषा-परिषद् की उस उपसमिति के सामने रखें। बिहार सरकार ने इस ओर ध्यान दिया, इसके लिए हम उसे अपनी ओर से, बिहार की जनता की ओर से, हिन्दी-संसार की ओर से भूरि-भूरि धन्यवाद देते हैं।

सांस्कृतिक स्वाधीनता की ओर

सांस्कृतिक स्वाधीनता संघ की भारतीय शाखा का दूसरा अधिवेशन मद्रास में 12, 13 सितम्बर

को होने जा रहा है। उसका सभापतित्व करेंगे श्री सम्पूर्णानन्दजी और उसका उद्‌घाटन-कार्य सम्पन्न होगा चक्रवर्ती राजगोपालाचार्य के हाथों से। यूरोप में तानाशाही की जो बड़ी लहर चली, लगता था, उसकी चपेट में पड़कर कला, कविता, संगीत, दर्शन सबका खात्मा होकर रहेगा। तानाशाहों को किसी भूभाग पर, उसकी शासन-सत्ता पर, उसके भौतिक साधनों पर क़ब्जा करके ही सन्तोष नहीं हुआ। उन्होंने चाहा, कि दर्शन, कला, सबकुछ उनकी तानाशाही को समर्थन दे। कविता हो, तो उनकी प्रशस्ति में; चित्रकारी में उन्हीं का भव्य दर्शन हो; दर्शन उनके क्रूर-कारनामों का बौद्धिक समर्थन दे, यहाँ तक कि वैज्ञानिक तथ्यों को भी उन्होंने अपने पक्ष में मोड़ने की कुचेष्टा की। स्वाभाविक था, इसके विरुद्ध में वे ही खड़े होते जो इन सांस्कृतिक कार्यों में रत हैं, जो स्वयं दार्शनिक, कवि, लेखक या संगीतज्ञ हैं। जूते कहाँ काटते हैं, पैर ही जानते हैं। अतः यूरोप के कुछ मनीषियों ने इस ओर ध्यान दिया और उन्होंने सांस्कृतिक स्वाधीनता संघ की स्थापना की। बर्ट्रेंड रसेल, विनोदित्ते क्रोचे, कार्ल जास्पर, मदरियागा, आन्द्रे मालरो ऐसी विश्व की विभूतियाँ इस संस्था की प्रेरणा में रही हैं और इसके सन्देश को रूजमों, सिलोने, स्पेंडर, आडेन, नावकौव ऐसे कलाकार और विचारक विश्वविश्रुत कराने की चेष्टा में लगे हैं। इसकी भारतीय शाखा का प्रथम अधिवेशन, दो वर्ष पहले बम्बई में हुआ था और अब यह दूसरा अधिवेशन मद्रास में होने जा रहा है। तानाशाही के खतरे से भारत भी अभी मुक्त नहीं हुआ है; तानाशाहों के एजेन्ट नाना रूप धरकर लेखकों, कवियों, कलाकारों को फँसाने में तत्पर हैं। यदि यथार्थ में देखिए, तो तानाशाही कुचक्र के सबसे बड़े शिकार अब भारत के दिमागपेशा ही लोग रह गए हैं—भारत के मजदूर और किसान तो उनके इतने षड्‌यन्त्रों का प्रत्यक्ष अनुभव कर चुके हैं कि अब उनके निकट उनकी दाल गल नहीं पाती। अतः उन लोगों ने कौड़ी के मोल पर मोटे-मोटे ग्रन्थ, रंग-बिरंगी पत्रिकाएँ गली-गली, घर-घर पहुँचाकर अधकचरे दिमागों को विषाक्त करने का बीड़ा उठाया है और निस्सन्देह इसमें सफल भी हुए हैं। अतः यह अति आवश्यक हो चला है, कि इनकी इन खुराफातों का पर्दाफाश किया जाए और भूखे दिमागों के लिए स्वस्थ मानसिक भोजन प्रस्तुत किया जाए। भारत सदा से सांस्कृतिक स्वाधीनता का सन्देशवाहक रहा है। हमारा विश्वास है, तानाशाही का मकड़जाला यहाँ अधिक दिनों तक टिक नहीं सकता। किन्तु इस संघ को सिर्फ अधिवेशनों से ही सन्तोष नहीं कर लेना चाहिए, स्वस्थ साहित्य एवं कलाकृति को सस्ते रूप में वितरित करने का भी आयोजन करना चाहिए।

इन हिन्दी-परीक्षाओं को बन्द कीजिए !

अभी हिन्दी-साहित्य-सम्मेलन के परीक्षा-विभाग के रजिस्ट्रार की सूचना पत्रों में छपी है, जिसमें सम्मेलन की परीक्षाओं की तिथि आदि का निर्देश है। हम सम्मेलन के वर्तमान अधिकारियों से प्रार्थना करेंगे कि अब इस महान अनर्थकारी ढोंग को समाप्त किया जाए। सम्मेलन ने जिन दिनों इन परीक्षाओं का श्रीगणेश किया, उनकी बड़ी उपयोगिता थी। कालेजों में हिन्दी की पढ़ाई नहीं होती थी, स्कूलों में भी हिन्दी पर ध्यान नहीं दिया जाता था। हिन्दी-साहित्य के उत्तमोत्तम ग्रन्थों की ओर भी लोगों का ध्यान नहीं था। उनमें से कितने तो मुद्रण में भी नहीं आए थे। इसलिए, उस समय इन परीक्षाओं को चलाकर हिन्दी-साहित्य के अपार भंडार की ओर लोगों का ध्यान आकृष्ट किया गया, मातृभाषा द्वारा उच्चशिक्षा की सम्भावना की घोषणा की गई, हिन्दी भाषा की ओर जनता की रुचि जाग्रत की गई। इन परीक्षाओं ने उस समय बहुत काम

किया—इसने एक ऐतिहासिक आवश्यकता की पूर्ति की, इसमें कोई सन्देह नहीं। किन्तु, अब, जब हिन्दी भाषा द्वारा उच्चातिउच्च शिक्षा की व्यवस्था सरकारी शिक्षण-संस्थाओं द्वारा की जा चुकी है, हिन्दी-साहित्य के पठन-पाठन की भी सुन्दरतम व्यवस्था हो सकी है, हिन्दी राष्ट्रभाषा के पद को भी प्राप्त कर चुकी है, तो फिर इन परीक्षाओं को जारी रखने का क्या उद्देश्य रह गया है ? सिर्फ पैसों का—हम यह स्पष्ट कहें। सम्मेलन को इन परीक्षाओं से बहुत से पैसे मिलते हैं, इन पैसों से उसके भवनों का विस्तार हो रहा है, उसके द्वारा वह कुछ अच्छे साहित्य का प्रकाशन भी कर रहा है, एक अच्छा प्रेस भी कर लिया है। किन्तु, इन परीक्षाओं ने ही सम्मेलन को झगड़े का अखाड़ा बनाया है, उसकी प्रतिष्ठा धूल में मिलाई है, हिन्दी-संसार ने उसे घृणा की दृष्टि से देखना प्रारम्भ किया है, अहिन्दी प्रान्तों में हिन्दी की और हिन्दीवालों की नाक कट रही है, क्या इन तथ्यों का कोई खंडन कर सकता है ? सुना है, हिन्दी-साहित्य-सम्मेलन का झगड़ा अब समाप्त होने जा रहा है। तो, क्या यह उचित नहीं है कि वह जब नया अध्याय शुरू करने जा रहा है, तो इस शर्मनाक अध्याय को समाप्त कर दे ? हिन्दी-साहित्य-सम्मेलन की देखा-देखी अन्य संस्थाओं ने भी ऐसी परीक्षाएँ चलाईं। हमारे प्रदेश में देवघर की परीक्षाएँ अब तक चल रही हैं। हम देवघर परीक्षाओं के संचालकों से भी कहेंगे कि वे भी कृपा कर अपना बाजार अब समेटें। जो हिन्दी-परीक्षाएँ अहिन्दी-भाषी प्रदेशों में, वहाँ की हिन्दी-प्रचार संस्थाओं द्वारा, चलाई जा रही हैं, उनकी उपयोगिता है, अभी कुछ दिनों तक उन्हें चलाना ही चाहिए। किन्तु हिन्दी प्रदेशों में चलाई गई इन परीक्षाओं का कोई औचित्य नहीं रह गया है। यदि देवघर के भाई बिहार के आदिवासी अंचलों के लिए सुगम हिन्दी-परीक्षाएँ चलाएँ, तो वे बड़े काम की सिद्ध हो सकती हैं। हमारा मत है, उन्हें अब उसी ओर ध्यान देना चाहिए। पैसों का मोह बड़ा प्रबल होता है। कह नहीं सकते, इन संस्थाओं के संचालक हमारी बात पर शीघ्र विचार करने को उद्यत होंगे। ऐसी दशा में, हम चाहते हैं, हिन्दी-संसार उन पर जनमत का प्रभाव डाले। जितना ही जल्द इन परीक्षाओं का अन्त होगा, हिन्दी का उतना ही अधिक कल्याण सधेगा, ऐसा हमारा विश्वास है।

[**नई धारा**, अगस्त 1953]

विद्यापति का स्मारक

विद्यापति बिहार की काव्यप्रतिभा की सबसे बड़ी विभूति थे, इसमें किसको क्या सन्देह हो सकता है ? मेरा तो सदा से यह दावा रहा है कि जहाँ तक विशुद्ध गीतकार की दृष्टि से देखिए तो विद्यापति का स्थान हिन्दी-साहित्य में अनूठा है—जब मैं यह कहता रहा हूँ, तो मेरे ध्यान में सूरदास भी थे। सूरदास से लगभग दो सौ वर्ष पूर्व अवतरित होकर इस महाकवि ने गीत-कविता की उस परम्परा को जन्म दिया, जिसने पूर्व में बंगाल और उत्कल को और पश्चिम में सारे हिन्दी-क्षेत्र को—अवधी, ब्रजभाषा, राजस्थानी आदि को—प्रभावित किया। बिहार अपने एक इस सपूत से ही ऐसा बड़भागी बना है कि देश का कोई भी भाषा-क्षेत्र इससे ईर्ष्या कर सकता है।

विद्यापति पर अध्ययन

यह अद्‌भुत संयोग रहा कि विद्यापति की प्रतिभा को, उनकी सम्पूर्ण कलाओं के साथ, लोकलोचनों के समक्ष उपस्थित करने का सौभाग्य बंगाली विद्वानों को ही प्राप्त हुआ। श्री नगेन्द्रनाथ गुप्तजी ने विद्यापति पर महान कार्य किया था ही; इधर श्री विमानबिहारी मजूमदार ने लगभग डेढ़ दशक तक परिश्रम कर अभी-अभी जो विद्यापति के सम्बन्ध में एक ग्रन्थ उपस्थित किया है, वह विद्यापति के जीवन और कविता पर आधुनिकतम प्रकाश डालता है। हम अपने पड़ोसी प्रान्त के इस साहित्यिक आभार को कभी विस्मृत कर नहीं सकते। आज जब इन दोनों प्रदेशों में भाषा के प्रश्न को लेकर राजनीतिक पुरुषों ने अजीब धमाचौकड़ी मचा रखी है, इन विद्वानों के ऐसे शुभ कार्य मैत्री और भाईचारे की सुनहली कड़ी का काम करते हैं।

बिहार में सबसे पहले बाबू व्रजनन्दन सहायजी ने विद्यापति पर एक पुस्तक प्रस्तुत की; फिर इन पंक्तियों के लेखक ने एक पुस्तक उपस्थित की। श्री नरेन्द्रलाल दास ने भी विद्यापति की कविता पर एक अच्छा तुलनात्मक अध्ययन प्रकाशित किया था; किन्तु सबसे अधिक मौलिक और शोधपूर्ण कार्य हुआ था स्वर्गीय विद्यानन्द ठाकुर का, जो हमारे दुर्भाग्य से अल्पायु में ही हमें छोड़ चले। डा. उमेश मिश्र ने प्रयाग की हिन्दोस्तानी एकेडेमी में विद्यापति पर एक विचारपूर्ण भाषण दिया।

यह अद्‌भुत प्रतिभा

विद्यापति का जन्मस्थान दरभंगा जिले का बिस्फी गाँव है। चौदहवीं शताब्दी के उत्तरार्ध में वह अवतरित हुए थे। उन्होंने लम्बी उम्र पाई थी। अपनी रचनाओं में अपने जिन-जिन पोषकों का नामोल्लेख किया है, उन पर गणना करने से उनकी उम्र अस्सी से नब्बे वर्ष तक जाती है। इस लम्बी उम्र को उन्होंने सरस्वती की आराधना में ही बिताया। सरस गीतों की ऐसी धारा बहाई कि उत्तर भारत की मुख्यतः बिहार-बंगाल की जनता छः सौ वर्षों से उसके रस-पान से तृप्त होती रही है। उनके गीत सिर्फ पुस्तकों में ही नहीं रहे, वे लोकजीवन के अंग बन गए हैं। किन्तु विद्यापति सिर्फ गीतकार ही नहीं थे, "वे एक ही साथ कवि, शिक्षक, कहानीकार, ऐतिहासिक, भूवृत्तान्तलेखक, स्मृति-निबन्धकार, धर्मकर्म के व्यवस्थादाता एवं काननू के प्रामाण्य ग्रन्थलेखक थे !" अपनी तत्कालीन मातृभाषा में लिखने के साथ ही संस्कृत के गद्य और पद्य में भी उन्होंने बहुत कुछ लिखा। उनकी कृतियाँ गुण और परिमाण दोनों के हिसाब से संसार के किसी भी महान साहित्यिक की कृतियों के समक्ष आदर का स्थान पा सकती हैं, यह निस्संकोच कहा जा सकता है। अपने इतने बड़े साहित्यकार के प्रति बिहार का ध्यान सर्वप्रथम जाना ही चाहिए था। जब देश का नवनिर्माण प्रारम्भ हुआ है, अपने साहित्यकारों की कृतियों और स्मृतिचिन्हों के उद्धार का प्रयत्न भी प्रारम्भ होना ही चाहिए। अब तक जो देर हुई, वही दुख की बात रही। बिहार सरकार ने एक ही कदम उठाया है, हमें उसके इस निर्णय के लिए उसे हृदय से धन्यवाद देना चाहिए।

स्मारक कहाँ बने

किन्तु अब प्रश्न यह है कि यह स्मारक कहाँ बने, किस रूप में बने। स्मारक का सबसे प्रधान स्थान तो बिस्फी को होना ही है। वह गाँव आज भी धन्य है, जिसने हमें इतना बड़ा आदमी दिया, जिसकी प्रतिभा साहित्य और कला के कई क्षेत्रों में एक-सा कमाल दिखला सकी। वहाँ शिवजी का एक मन्दिर है, जिसके बारे में अनुश्रुति है कि विद्यापति ने उसे बनवाया था। शिवसिंह की राजधानी गजरथपुर और राजा पुरादित्य की राजधानी रजा-बनौली का भी विद्यापति के जीवन में प्रमुख स्थान रहा है। विद्यापति के मृत्यु-स्थान के चिन्ह-रूप में मऊ वाजितपुर स्थित एक शिवमन्दिर आज तक प्रसिद्ध है। इन पिछले तीन स्थानों पर भी कुछ-न-कुछ छोटे-छोटे स्मारक-चिन्ह बन जाने चाहिए। मैं तो यह भी चाहूँगा कि बिहार की राजधानी में विद्यापति सम्बन्धी एक स्मृति-भवन अवश्य हो।

बिस्फी में एक अच्छा स्मृति-मन्दिर बनवाया जाए, जिससे विद्यापति के सम्बन्ध की सारी सामग्रियों की मूल प्रतियाँ संग्रह कर दी जाएँ। वह मन्दिर भव्य हो, उसके सामने एक अच्छा-खासा मैदान हो, चारों ओर बगीचा हो। साल में, एक सप्ताह का, कम-से-कम तीन दिनों का, एक साहित्यिक मेला वहाँ लगाया जाए। इस साहित्यिक मेले की एक लम्बी रूपरेखा मेरे दिमाग में है। वह मेला गीत और संगीत के प्रदर्शन का प्रमुख केन्द्र बन जाए, इसकी ओर विशेष ध्यान दिया जाना चाहिए।

गजरथपुर कहाँ पर था, अब तक प्रामाणिक खोज नहीं हो पाई है। उसे कर लेना है और वहाँ पर तथा रजा-बनौली में कम-से-कम एक-एक छोटा पुस्तकालय तो विद्यापति के नाम पर खोल ही देना चाहिए। हाँ, मऊ बाजितपुर में कुछ विशेष आयोजन किया जाए, तो बहुत ही अच्छा हो।

पटना में भी कुछ हो

पटना में भी एक विद्यापति-भवन की स्थापना होनी चाहिए, इस पर मेरा विशेष जोर है ! विद्यापति-सम्बन्धी ये स्मारक विशेषतः देहातों में होंगे, वहाँ सबके लिए, सब समय, जाने की सुविधा नहीं होगी। फिर, बिहार की राजधानी में बिहार के इस श्रेष्ठ साहित्यकार का कोई स्मारक नहीं हो, यह कदापि शोभनीय नहीं। इस भवन में विद्यापति-सम्बन्धी सभी सामग्रियों की प्रतिलिपियाँ संगृहीत कर दी जाएँ। फिर वहाँ शोध और अनुसंधान के लिए भी पूरी व्यवस्था कर दी जाए। उस भवन को यदि हम बिहार की सभी बोलियों—मैथिली, मगही, भोजपुरी, संताली, उराँव, मुंडा आदि के लिए एक केन्द्रस्थान बना दें, तो सोने में सुगन्ध हो जाए। आज शोर तो बहुत मचाया जा रहा है, किन्तु क्या इन बोलियों के लिए पृथक्-पृथक् भी कहीं कोई ऐसा स्थान है, जहाँ इनके सम्बन्ध की सारी प्राप्त सामग्रियाँ भी उपलब्ध हों ? जो कुछ किया गया, किया जा रहा है, व्यक्तिगत रूप से ही, जिनके पुनः नष्ट होने की सम्भावना को हम नज़रअंदाज़ नहीं कर सकते ! पटना में यह भवन गीत और संगीत का केन्द्र भी बना दिया जा सकता है।

जनता भी सहयोग दे

किन्तु, यहाँ हम यह भी स्पष्ट कर देना चाहते हैं कि स्मारक के इस शुभ कार्य में आर्थिक सहायता पर भी हम सरकार पर ही पूरा निर्भर नहीं रहें। सरकार आगे बढ़ी है, तो बिहार की जनता और धनी-मानी व्यक्तियों का कर्तव्य है कि वह भी उसे धन-जन से सहयोग दें। क्यों नहीं, इस कार्य के लिए हम एक 'विद्यापति-सप्ताह' मनाएँ ?

ये तो हमारे सुझाव-मात्र हैं। हम चाहते हैं, इस सम्बन्ध में लोग सोचें और अपने विचार पत्र-पत्रिकाओं में प्रकाशनार्थ भेजें, या संयोजक, विद्यापति स्मारक-समिति, बिहार राष्ट्रभाषा परिषद्, कदमकुआँ, पटना-3 के पते से प्रेषित करें कि सम्यक् विचार किया जा सके।

रानी ललितासिंह नहीं रहीं

हिन्दी के प्रमुख शैलीकार राजा राधिकारमण प्रसाद सिंह की धर्मपत्नी, 'नई धारा' के प्रबन्ध सम्पादक श्री उदयराज सिंह की पूजनीया माता, सूर्यपुरा की रानी, श्रीमती ललितासिंह का स्वर्गवास गत 9 सितम्बर को हुआ। रानीसाहिबा छप्पन वर्ष की उम्र में स्वर्ग सिधारी हैं और अपने पीछे एक ऐसा सम्पन्न, समृद्ध, सुखी और सानन्द परिवार छोड़ गई हैं कि उनकी मृत्यु पर शोक करने का कोई कारण नहीं। फिर उनकी प्राचीन काल के योगियों की-सी जो मृत्यु हुई—अन्त तक चेतना बनी रही; सदा से धर्मपरायणा रहीं, अतः अन्तकाल तक ध्यान-पूजन-कीर्तन चलता रहा। रानीसाहिबा का जैसा जीवन आदर्श था, उसी के अनुरूप उनकी मृत्यु भी हुई ! किन्तु, यह सब होने पर भी नई धारा-परिवार अपनी इस माता की मृत्यु पर शोकविह्वल है और शोकविह्वल है सूर्यपुरा का सारा राजभवन, जिसकी वह शोभा और श्री ही नहीं थीं, जिसके विकास और वृद्धि में भी उनका योग्य हाथ था। श्रद्धेय राजा राधिकारमण प्रसाद सिंह के जीवन और कृतियों के पीछे उनका सदा अदृश्य हाथ रहा; अतः राजासाहब के शोक का हम अन्दाज़ भी नहीं लगा सकते ! किन्तु, मरते समय रानीसाहिबा ने जो लोगों को आदेश दिया—मेरे लिए शोक न करो, अपने कर्तव्यकर्म में लगे रहो—उसी को सम्बल मानकर हम सभी को चलना है, आगे बढ़ना है। रानीसाहिबा को भारतीय सती-नारियों के लिए सुरक्षित स्वर्ग का वह अनुपम स्थान अवश्य प्राप्त हुआ होगा; हम उनकी उस स्वर्गीय आत्मा का बार-बार नमन करते हैं और कामना करते हैं कि वहीं से वह आशीर्वाद की वर्षा करती रहें कि सूर्यपुरा-राजवंश और नई धारा-परिवार सदा उन्नति के पथ पर अग्रसर होता रहे।

[नई धारा, सितम्बर 1953]

बिहार हिन्दी-साहित्य सम्मेलन

श्री देवव्रत शास्त्री के सभापतित्व में बिहार हिन्दी-साहित्य सम्मेलन का अधिवेशन सानन्द समाप्त हुआ। शास्त्रीजी कारोबारी आदमी हैं, उनके भाषण में काम की बातें भरी पड़ी हैं। कहा जाता है, उनका भाषण सम्मेलन के सभी सभापतियों के भाषण से बड़ा था। जो ऐसा कहते हैं, उनके लिए सम्मेलन यही पाँच-दस साल की संस्था है। बात ऐसी नहीं है, सम्मेलन में बड़े-बड़े भाषण होते आए हैं। जिन्हें बहुत-सी बातें कहनी हैं, उनका भाषण लम्बा होगा ही।

शास्त्रीजी ने किसी परम्परा को नहीं तोड़ा है। एक खास उद्देश्य को सामने रखकर ही दो साल से सम्मेलन को छोटानागपुर में टहलाया जा रहा है। पिछले साल झरिया, इस साल जमशेदपुर—झरिया के बाद हमने क्या किया, जो जमशेदपुर के बाद उस अंचल में कुछ करने की आशा रखी जाए। छोटानागपुर के नाम पर आँसू बहाना या हवाई आन्दोलन मचाना एक बात है और वहाँ के लिए ठोस काम करना एक बात। जब स्वर्गीय रामधारी प्रसादजी सभापति हुए, उन्होंने छोटानागपुर में हिन्दी-प्रचार का ठोस सिलसिला कायम किया जो तीन-चार वर्षों तक चलता रहा। पीछे बिहार-सरकार ने वहाँ के हिन्दी-प्रचार का पूरा बोझ अपने ऊपर लिया, सम्मेलन ने अपने सारे हिन्दी-स्कूल, जिनकी संख्या 300 से ऊपर थी, उसे सौंप दिए ! किन्तु, सरकार के हाथ में जाते ही, जैसी आशा की गई थी, वही हुआ, सभी स्कूल मृतप्राय हो चले हैं ! अब फिर बिहार-बंगाल का सवाल उठा है। हो सकता है, सरकार अपनी नाक बचाने के लिए फिर इस ओर ध्यान दे; किन्तु क्या सम्मेलन को वह इसके लिए सहायता दे सकेगी ? श्री देवव्रतजी धुनी आदमी हैं। उन्हें कोई-न-कोई जरिया खोजना ही पड़ेगा। यह खुशी की बात है, बाबू बलदेव सहाय ने भी इसकी जरूरत महसूस की है। यदि वह चाहें, तो बहुत कुछ कर और करा सकते हैं। सम्मेलन का बहुत-सा काम तो अब राष्ट्रभाषा-परिषद् ने अपने ऊपर ले लिया है। जो एकाध काम रह गया है, उसमें शास्त्रीजी के सभापतित्व में प्रगति होगी, हमें ऐसी आशा तो है ही।

भारतीय हिन्दी परिषद्

भारतीय हिन्दी परिषद् की स्थापना प्रयाग के कुछ उत्साही हिन्दी प्राध्यापकों ने की थी। इसके मूल प्रेरक रहे हैं प्रोफेसर धीरेन्द्र वर्माजी ! परिषद् ने प्रारम्भ में ही अपने लिए एक अच्छा-सा नाम चुना और धीरे-धीरे उस नाम की सार्थकता में वह संलग्न है। वह प्रयाग या उत्तर प्रदेश की ही संस्था अब नहीं रही, कम-से-कम सभी हिन्दी प्रदेशों के हिन्दी प्राध्यापकों की वह अपनी प्यारी संस्था बनने जा रही है, इसकी सूचना उसके पटना-अधिवेशन ने दी है। यह पहली बार है कि उत्तर प्रदेश से बाहर उसका वार्षिक अधिवेशन हुआ। बिहार राष्ट्रभाषा परिषद् और बिहार के दोनों विश्वविद्यालयों ने उसे पटना के लिए आमन्त्रित किया, तीन दिनों तक यहाँ हिन्दी प्राध्यापकों का जमावड़ा रहा, अच्छे-अच्छे भाषण हुए, निबन्ध पढ़े गए, तर्क-वितर्क हुए। चूँकि प्राध्यापकों की यह संस्था है, अतः प्रमुखतः पाठ्य पुस्तकों और विश्वविद्यालयों में हिन्दी के प्रवेश की प्रगति पर ही विचार होते रहे। भाषा और व्याकरण के सम्बन्ध में भी चर्चा हुई। नागरी अक्षरों और हिन्दी शब्दों के रूपों के स्थिरीकरण के प्रश्न को अब अधिक दिनों तक नहीं टाला जा सकता, यह सभी महसूस कर रहे थे। यहाँ कई सुझाव पेश किए गए। किन्तु जैसा कि स्वाभाविक था, किसी निर्णय पर नहीं पहुँचा जा सका। वादेवादे जायते तत्वबोधः—जो विवाद हुए, उनसे इस प्रश्न पर सम्यक् प्रकाश पड़ा और हमें आशा है, परिषद् इस सम्बन्ध में दिशा-निर्देश कर सकेगी। हमें एक बात खटकी; परिषद् के कम-से-कम कुछ प्रमुख व्यक्ति हिन्दी को जनभाषा से दूर कर उसे बहुत ही संस्कृत करने पर तुले हुए हैं। हिन्दी इसीलिए जीवित है, जनप्रिय है कि वह जनभाषा है। उसका मूल उत्स प्राकृत है। विश्वविद्यालयों में उसे ले जाने के लिए उसका संस्कार कीजिए, किन्तु ऐसा संस्कार नहीं हो जाए कि संस्कृत की तरह वह भी कुछ विशिष्ट व्यक्तियों की भाषा बन जाए और अन्त में उसकी भी वही दुर्गत हो, जो संस्कृत की हुई। दूसरा, एक सुझाव है। परिषद् यदि प्राध्यापकों की ही संस्था रहे, तो भी,

इतना तो चाहिए ही कि वह उन सभी प्राध्यापकों की संस्था हो जो विश्वविद्यालयों में हिन्दी का अधिकाधिक प्रवेश चाहते हैं, अपने विषयों में हिन्दी का प्रयोग करते हैं और जिनसे हिन्दी में भिन्न-भिन्न विषयों की पाठ्य-पुस्तकों के निर्माण में सहयोग मिल सकता है। हमने व्यवहार में पाया, प्रायः हिन्दी प्राध्यापकों की ही इसमें प्रधानता है। पटना के ही, अन्य विषयों पर अध्यापन करनेवाले, हिन्दीसेवी प्राध्यापकों ने इस सम्बन्ध में कम दिलचस्पी दिखलाई। विश्वविद्यालयों के द्वारा हिन्दी भाषा को उन्नत और समृद्ध किए जाने में परिषद् का बहुत बड़ा हाथ हो सकता है, अतः हम उसका अभिनन्दन करते हैं !

कलकत्ता में निराला अभिनन्दन !

निरालाजी को अभिनन्दन बहुत मिल रहे हैं। हमें इसकी प्रसन्नता है। निराला हिन्दी की शान हैं, अभिमान हैं। वह किसी आभिजात्य कुल से नहीं आए; उनकी शिक्षा भी आधुनिक बड़े लोगों के बच्चों की तरह की नहीं हुई। निराला जो कुछ हैं, उन्होंने स्वयं अपने को बनाया है, गढ़ा है। और, जो कुछ भी वह बन सके हैं, हिन्दीवालों के लिए इतना अधिक है, कि जब-जब निराला की चर्चा होती है, सदा उत्तम श्रेणी की ही शब्दावली निकाली जाती है। किन्तु, यह बात भी सही है कि निराला जो बन सके, उसके अनुसार भी, वह प्राप्त नहीं कर सके। उनकी कितनी ही अभिलाषाएँ, आकांक्षाएँ अतृप्त रह गईं। उन अतृप्त अभिलाषाओं ने निरालाजी के मस्तिष्क के साथ अजब खिलवाड़ करना शुरू कर दिया है। लोग उन्हें पागल कहते हैं, लोग उन्हें महाप्राण कहते हैं। कभी-कभी महाप्राण कहनेवाले भी उनकी भ्रान्तियों के लिए पागलपन की दुहाई देकर क्षमा माँगते हैं। निराला हिन्दी-संसार के लिए एक विस्मयचिन्ह बन गए हैं—प्रश्नचिन्ह तो वह अपने लिए सदा रहे हैं। इस महान विस्मयचिन्ह के सामने सिर झुकाने की झोंक जब-तब हिन्दी-संसार में आ जाया करती है। इस बार कलकत्ता की बारी थी। यह स्वाभाविक भी था। निरालाजी की पितृभूमि उत्तर प्रदेश हो, मातृभूमि तो बंगाल है और प्रारम्भिक कर्मभूमि कलकत्ता। आज निराला जो कुछ हैं, वह कलकत्ता की देन है। सूर्यकान्त त्रिपाठी को निराला बनाया कलकत्ता ने। कलकत्ता ने उन्हें स्वर दिया, सुर दिया, दर्शन दिया। कलकत्ता उन्हें भूल नहीं सकता, भले ही कलकत्ता के कुछ ऊपर के लोग भुला देना चाहें। बात भी देखी गई। इस अभिनन्दन की रूपरेखा लेकर तू-तू-मैं-मैं रही, अजीब तिकड़मबाजी चली, कुछ लोगों को जानबूझकर छाँटा गया, कुछ लोगों को सिर्फ थैली के लिए ही बटोरा गया ! किन्तु, ज्यों ही निराला कलकत्ता पहुँचे, वहाँ की साहित्यप्रेमी जनता ने इन सारी बातों को उठाकर आसमान में फेंक दिया। उसने निराला को अपने कन्धे पर रख लिया और लगा, जैसे बहुत दिनों के बाद निराला को अपनी जगह की याद आई, वह आत्मस्थ हुआ। अभिनन्दन बहुत होते हैं, बने-बनाए अभिनन्दन; सजे-सजाए अभिनन्दन। किन्तु, ऐसा अभिनन्दन बहुत कम देखा गया है, जैसा उस दिन कलकत्ता में देखा गया ! जहाँ निराला हैं, वहीं हजूम। जैसे निराला का तथाकथित पागलपन लोगों ने बाँट लिया हो; लोग पागल बने थे और उन पागलों के बीच निराला हँस रहा था, मुस्कुरा रहा था, कुछ मर्म की वाणियाँ बोल रहा था, जिसे बहुत कम लोग समझ पाते थे ! वह बार-बार हिसाब-किताब माँगता था; कौन है जो उसका हिसाब चुकाए ! हिन्दी-संसार जब-तब ऐसे आयोजन करके उस हिसाब-किताब को भुला देना चाहता है, किन्तु नहीं, निराला को भुलाया नहीं जा सकता ! वह हिसाब लेकर रहेगा !

[**नई धारा,** अक्टूबर 1953]

हिन्दी और यूनिवर्सिटी !

बिहार में एक नहीं, अब दो-दो यूनिवर्सिटियाँ हैं। इन यूनिवर्सिटियों में हिन्दी का क्या स्थान है ? इसको लेकर इधर थोड़ी हलचल मची है। पटना यूनिवर्सिटी के वाइस-चांसलर एक अहिन्दीभाषी विद्वान हैं। कुछ लोगों ने ऐसा रुख लिया है, जैसे उनके चलते ही इस यूनिवर्सिटी में हिन्दी की प्रगति रुकी हुई है। एक-दो सिनेटरों ने तो इतना उत्साह दिखलाया कि सिनेट में वे हिन्दी में बोले, मानो, यह सिद्ध किया, लो हमने बाघ मार लिया ! पटना यूनिवर्सिटी की बुरी दशा है, कोई शरीफ़ आदमी वहाँ वाइस-चांसलर बनकर रहना नहीं चाहता। यदि वर्तमान वाइस-चांसलर को भी भगा देना है, तो बेचारे ने इस्तीफा दे ही रखा है, उन्हें हटाइए। किन्तु हिन्दी के नाम पर टट्टी की ओट शिकार मत खेलिए। हमारे इन दोनों विश्वविद्यालयों में हिन्दी की प्रगति जो इतनी धीमी है, उसका कारण यह है कि जो हिन्दीभाषी सज्जन अध्यापक हैं, या सिनेट में हैं, उनके हृदय से अँगरेज़ी की ममता नहीं गई है। जब दोनों मिलकर एक ही यूनिवर्सिटी थी, तभी मौलाना आज़ाद ने दीक्षान्त भाषण हिन्दोस्तानी में दिया था। किन्तु आज भी बिहार यूनिवर्सिटी के हिन्दीप्रेमी वाइस-चांसलर भी अँगरेज़ी में ही अपने भाषण सिनेट में दिया करते हैं और सभी लोग उनका अनुसरण करते हैं। दोनों यूनिवर्सिटियों की सारी कार्रवाई अँगरेज़ी में होती है, पढ़ाई की तो बात अलग। पढ़ाई के लिए तो हिन्दी में योग्य पुस्तकों के अभाव का भी ढिंढोरा पीटा जा सकता है, किन्तु, क्या हिन्दी में इतनी क्षमता भी नहीं है कि उसके द्वारा किसी विश्वविद्यालय के आए दिन की कार्रवाइयाँ चलाई जा सकें ? दोनों यूनिवर्सिटियों में हिन्दी-प्रेमियों की कमी नहीं, हिन्दीभाषी तो यह प्रदेश ही है। तो भी यूनिवर्सिटी को बार-बार निर्णय करना पड़ता है और फिर उस निर्णय को हटाना, घटाना या बढ़ाना पड़ता है। यह हिन्दी का दुर्भाग्य है, यह बिहार के माथे पर कलंक का टीका है !

अहिन्दी क्षेत्रों में हिन्दी

जब कभी अहिन्दी क्षेत्रों में हिन्दी-प्रचार की बात आती है, हिन्दीभाषियों का उत्साह देखने में आता है। जब कभी कोई अहिन्दीभाषी व्यक्ति हिन्दी के सम्बन्ध में कुछ आलोचना कर देता है, तो हिन्दीवालों के क्षोभ का पारा एक सौ दस डिग्री तक बढ़ जाता है। हिन्दी को हर जगह चालू कराओ, हर आदमी को जबर्दस्ती हिन्दी पढ़ाओ, जो हिन्दी से द्वेष करता है, उसका सिर उतार लो या उसे ज़िन्दा गाड़ दो—यह है साधारण हिन्दी-सेवी की मनःस्थिति ! लेकिन, अफसोस, वह यह देख पाता, समझ पाता कि उसके अपने ही घर में हिन्दी की क्या स्थिति है ? मानभूम में, संतालपरगने में हिन्दी का प्रचार हो, यह ठीक। किन्तु, पटना में, मुजफ्फरपुर में, भागलपुर में, गया में हिन्दी की क्या स्थिति है—क्या वह कभी सोच पाता है ? बाज़ार में, घर में तो हिन्दी सदा रही है, प्रश्न है, कचहरियों में, दफ्तरों में, वकालतखानों में, स्कूलों में, कालेजों में, आज भी, आज़ादी पाने और हिन्दी को राज्यभाषा घोषित किए जाने के सात वर्ष बाद भी, हिन्दी की स्थिति क्या है ? सबसे पहले हिन्दी कहाँ पढ़ाई जाए, किनको पढ़ाई जाए ? झारखंड के जंगलों में हिन्दी को सबसे पहले ले जाना है कि पटना के सेक्रेटेरियट में, प्रान्त के हिन्दी क्षेत्र की कचहरियों में, कालेजों में, स्कूलों में ? हिन्दी सबसे पहले किनको पढ़ाई जाए, सेक्रेटेरियट के सेक्रेटरियों को, कलक्टरों को, मुन्सिफों को, प्रोफेसरों को, अध्यापकों को,

वकीलों को, मुख्तारों को या उड़ाँव को, मुंडा को, हो को, संताल को ! हम हिन्दीभाषियों के ढोंग और दम्भ की जैसे कोई सीमा नहीं है। सारे देश को हिन्दीमय करने के पहले दस प्रदेशों, बारह यूनिवर्सिटीवाले हिन्दी के इस बड़े भूभाग को तो हम हिन्दीमय कर लें। जिस समय बीस करोड़ लोगों का यह क्षेत्र हिन्दीमय हो जाएगा, चौदह करोड़ लोग आप-से-आप हिन्दी को गले लगायेंगे। हिन्दी के प्रति अपनी जो उपेक्षा है, उसकी पूर्ति में हम ज़ोरों से हिन्दी-हिन्दी भले ही चिल्ला लें, किन्तु हमारी चिल्लाहट हिन्दी की सेवा नहीं कर पाएगी, बल्कि उसको हानि ही पहुँचाएगी, हानि पहुँचा रही है। मद्रास और पूना में हिन्दी के प्रति जो जोश और उत्साह हमने अपनी आँखों से देखा है, काश, वैसा जोश या उत्साह हिन्दी-क्षेत्रों में हम देख पाते ! मद्रास में हिन्दी-प्रचार-सभा का जितना बड़ा प्रसार है, क्या इतनी बड़ी संस्था हिन्दी के लिए हिन्दी-क्षेत्रों में कहीं है ? यहाँ तो हमारी हिन्दी-संस्थाएँ आपस के जूतीपैजार के अखाड़े बनी हुई हैं ! हम कहेंगे, वैद्यजी, पहले अपनी नब्ज टटोलिए–हिन्दवालो, पहले अपना घर सुधारो, सम्हालो !

[**नई धारा,** दिसम्बर 1953]

पत्रकार या मजदूर

पत्रकारों पर मजदूरों के लिए बनाए गए कानून लागू हैं या नहीं, यह एक प्रश्न उठा है। मजदूरों के लिए जो कानून बने हैं, वे उन्हें कुछ सुरक्षाएँ और सुविधाएँ देते हैं–वे बिना कारण के हटाए नहीं जा सकते, ऐसा करने पर उनकी क्षतिपूर्ति करनी पड़ेगी, उनके वेतन और तरक्की के बारे में भी कुछ निश्चितता लानी होगी, उनके रहने-सहने के सम्बन्ध में कुछ खास व्यवस्थाएँ करनी होंगी, आदि-आदि ! आज का पत्रकार इन सुरक्षाओं और सुविधाओं से वंचित है। अतः यह चाहता है, उसे भी मजदूरों के लिए बनाए गए कानून के दायरे में ले लिया जाए। किन्तु उसके कुछ ऐसे भाईबन्द भी हैं, जो अपने को मजदूर समझे जाने में अपनी तौहीनी समझते हैं। कहाँ समाज का नेता, संसार का ज्ञानदाता बनने का दावा और कहाँ अपने को मजदूर कहलवाने के लिए हो-हल्ला ! अतः वे इस आन्दोलन का विरोध कर रहे हैं। सुरक्षा के लिए वे भी कानून चाहते हैं, किन्तु ज़रा अपने पद के अनुरूप। वे चाहते हैं मीठा भी हो, मुरमुर भी हो, ऐसे लोगों में विशेषतः प्रधान सम्पादकों का दल है, जिन्हें अच्छे वेतन मिलते हैं, जिनकी अखबार-मालिकों से अच्छी साँठगाँठ रहती है। इसी तरह पत्रकारों के अपने ही घर में द्वन्द्व चल रहा है। जिनसे यथार्थ झगड़ा है, यानी अखबार-मालिक, वे तो अलग बैठे हैं–यहाँ 'राड़-सी मची है नटराज के तबेले में !' भाँग के नशे में शंकर सोए हैं, साँप फुंकार रहे हैं, एक-दूसरे को निगलने को व्याकुल हैं ! एक ऐसा मामला अभी हाईकार्ट में आया था। एक पत्रकार को तंग किया जाने लगा, उसने मुकद्दमा दायर किया, हाइकोर्ट से वह मुकद्दमा हार गया। फिर क्या था, प्रधान सम्पादक ने इसमें अपनी विजय समझी। एक पूरी पुस्तक ही निकाल दी गई ! अब उस पत्रकार ने सम्पादक महादेय पर मानहानि की नालिश ठोक दी है। इस मुकद्दमे का क्या हश्र होगा, कौन जीतता है, कौन हारता है,–सबकुछ विचाराधीन है। किन्तु जो कोई भी पत्रकारिता से सम्बन्ध रखता है, उसके लिए यह अजीब दृश्य है कि पत्रकार-पत्रकार के बीच ही कुश्ती मची हो !

पक्ष और विपक्ष में !

बहुत-से देशों में पत्रकारों को मजदूर-कानून के दायरे में मान लिया गया है। मजदूर वह है जो एक निश्चित रकम के पारिश्रमिक पर, दूसरे के औजार पर दूसरे के लिए, मेहनत करता है ! उसका अधिकार न तो उस औजार पर होता है और न उसके नफा-नुकसान से ही उसका कुछ लेना-पावना होता है। आज का पत्रकार भी तो ऐसा ही है। न प्रेस पर उसका अधिकार, न हानि-लाभ से उसका सरोकार। निश्चित वेतन पर वह खटता है। अतः वह मजदूर नहीं तो क्या है ? रही पद-मर्यादा की बात ! सो, जब पेट में भूख खाँव-खाँव कर रही हो, तो पद-मर्यादा को लेकर कोई चाटेगा ? यदि आज पत्रकार अपनी पद-मर्यादा भूलकर अपने को मजदूर कहलाने के लिए आगे बढ़ता है, तो इसके दोषी वे लोग हैं, जिन्होंने उसे ऐसी स्थिति में ला दिया है। किन्तु, दूसरी ओर से तर्क पेश किया जाता है, कारखाने के मैनेजरों या इंजीनियरों की शुमार तो मजदूरों में नहीं की जाती, फिर पत्रकारों को क्यों उस श्रेणी में लिया जाए ? कम्पोजीटर, प्रेसमैन आदि ही उस श्रेणी में लिए जा सकते हैं ! एक तीसरा दल ऐसा है, जो चाहता है, पत्रकारों के लिए एक अलग ही कानून बनाया जाए। यह दल मानता है कि पत्रकारों पर जुल्म होते हैं, उनकी रक्षा की जानी चाहिए, किन्तु उन्हें मजदूर की सतह पर नहीं उतारना चाहिए। भारत सरकार ने जो प्रेस कमीशन बनाई है, वह इन बातों पर भी ग़ौर करेगी। देखना है, वह किस निर्णय पर पहुँचती है। निस्सन्देह यह प्रश्न इस समय एक ज्वलंत प्रश्न हो गया है और अतिशीघ्र इसका समाधान खोजना ही पड़ेगा ! कुछ अखबारों के मालिकों ने ऐसी स्थिति ला दी है कि इसे अब अधिक दिनों के लिए टाला नहीं जा सकता।

लेखक और आलोचक !

असफल लेखक ही आलोचक बन जाता है, जिन्होंने ऐसा कहा, उन्होंने ऐसा मान लिया कि आलोचक लेखक नहीं है। आलोचक स्वयं लेखक है और यदि लेखक से मतलब स्वतन्त्र रचनाकार से है, तो यह भी दावे के साथ कहा जा सकता है कि आलोचना भी एक प्रकार की स्वतन्त्र रचना है ! यों ऐसा लेखक भी हो सकता है जो स्वतन्त्र रचना के नाम पर साहित्यिक उठाईगिरी करता हो और ऐसे आलोचकों की भी कमी नहीं कि जिनकी आलोचना का मूलोद्देश्य झूठी प्रशंसा या द्वेषपूर्ण निन्दा है। न तो वह लेखक है और न ऐसे लोगों को आलोचक कहा जाना चाहिए। हाँ, हिन्दी के लिए यह दुर्भाग्य की बात है कि उसमें ऐसे आलोचकों की कमी है, जो ऐसी चीजें प्रस्तुत करते हों, जिन्हें स्वतन्त्र रचना कहलाने का गौरव प्राप्त हो सके। जब से कॉलेजों में हिन्दी-साहित्य की पढ़ाई बढ़ी है, तब से आलोचकों की संख्या बहुत बढ़ गई है। प्रश्नपत्रों के उत्तर के लिए कॉलेज के विद्यार्थी सस्ती और कामचलाऊ आलोचना-पुस्तकों पर टूटते हैं। अभी उस दिन एक ऐसे सज्जन से भेंट हुई जिनकी रचना-प्रतिभा के हम सदा कायल रहे हैं। उन्होंने बताया, एक तो कॉलेज में पढ़ाने से उन्हें फुर्सत नहीं मिलती; दूसरे स्वतन्त्र निबन्ध या कहानी लिखने की अपेक्षा आलोचना लिखना आसान पड़ता है और वह तुरत पैसे भी दिलाता है ! पत्र-पत्रिकाओं के सम्पादकों का भी अनुभव है कि धीरे-धीरे स्वतन्त्र रचनाकारों की संख्या घटती जा रही है और आलोचकों की संख्या में बेहद वृद्धि हो रही है ! कभी यह हिसाब लगाया जाए कि प्रसाद, प्रेमचन्द या पंत, महादेवी की पुस्तकों की कितनी बिक्री हुई या हो रही है और उनकी पुस्तकों पर लिखी

उलूल-जलूल आलोचना-पुस्तकों की कितनी, तो अचरज ज़रूर होगा ! यह स्थिति अवश्य ही चिन्तनीय है। सबसे बुरी स्थिति आलोचना में यह आई है कि आलोचकों के अपने-अपने गुट हैं और जब कभी वे आलोचना लिखने लगते हैं, अपने उस दायरे से वे बाहर झाँकने का कष्ट नहीं उठाते। यह प्रवृत्ति बड़े-बड़े आलोचकों में भी देखी गई है। नतीजा यह है कि जो लोग उनके गुट से अलग हैं, वे कितनी भी अच्छी चीज क्यों न लिखें, उनका नामोल्लेख भी नहीं किया जाएगा। यदि कोई ऐसा आलोचक पाठ्य-पुस्तकों का निर्णायक भी बन गया, तब तो महान अनर्थ हो जाता है। वह कितने लेखकों के भाग्य का ही वारा-न्यारा नहीं कर देता; विद्यार्थियों को साहित्य का एकांगी ज्ञान प्राप्त करने को बाध्य करके उनके साथ भी महा अन्याय करता है। हम चाहते हैं, हमारे समर्थ साहित्य-महारथियों का ध्यान इस ओर अवश्य आकृष्ट होना चाहिए।

नाटक और अभिनेता !

हिन्दी में नाटकों की कमी है या अभिनेताओं की ? नाटक का अर्थ ही होता है कि उसका अभिनय हो। जो नाटक अभिनय योग्य नहीं, उसे नाटक ही क्यों कहा जाए ? लेखक अपनी किसी पुस्तक पर जिसमें उसने वार्तालाप को माध्यम अपनाया है, नाटक लिख देता है और हम भी मान लेते हैं वह नाटक है ! यह गलत बात है। तब तो सुकरात के सारे वार्तालाप नाटक बन जाएँगे ? नाटक के लिए यह आवश्यक शर्त है कि उसे रंगमंच पर उतारा जा सके। किन्तु, इसके लिए भी एक शर्त है कि इसके लिए योग्य अभिनेता उपलब्ध हों। नाटक ऊँचाई पर जा नहीं सकता, जब तक कि ऊँचे दर्जे के अभिनेता नहीं मिलें। इधर देश में जो सांस्कृतिक जागरण आया है अब नाटकों की ओर लोगों का ध्यान बढ़ता जा रहा है। इस सिनेमा के युग में भी पृथ्वीराज के नाटकों को देखने के लिए भीड़ बनी रहती है ! किन्तु, क्या यह सचमुच दुर्भाग्य की बात नहीं है कि अब तक किसी साहित्यिक नाटक को पृथ्वीराज द्वारा अभिनीत होने का सौभाग्य नहीं प्राप्त हुआ ? यह नहीं कि वह ऐसा नहीं चाहते हैं, किन्तु उनका क्षोभ यह है कि हिन्दी के ऐसे नाटक उन्हें मिले नहीं ! अतः उन्हें स्वयं नाटक लिखवाना पड़ता है, जो अभिनय की दृष्टि से बहुत ही अच्छे होते हैं, किन्तु साहित्यिक दृष्टि से उनकी कोई कीमत ही नहीं है। यह तो पृथ्वीराज का जादू है जो उन नाटकों को चमका देता है ! लेकिन, हमारा ध्यान सिर्फ पृथ्वीराज पर नहीं है। पृथ्वीराज तो देश में एक ही हैं। परन्तु, अब तो गाँव-गाँव में लोग नाटक खेलने का आयोजन करने लगे हैं। क्या हम उनके योग्य भी नाटक लिख पाए हैं ? वे प्रायः बँगला नाटकों के अनुवाद पर टूटते हैं या पारसी-थियेटर के तर्ज पर लिखे गए बाजारू नाटकों पर ! इसमें दोष सिर्फ उनका ही नहीं है, हमारा भी है। जब कभी कोई उत्साही संस्था साहित्यिक नाटकों को लेती है, कमाल कर दिखलाती है। अभी उस दिन आर्यकन्या-विद्यालय की लड़कियों ने 'अम्बपाली' का इतना सफल अभिनय किया कि श्री जगदीशचन्द्र माथुर ऐसे नाटक और अभिनय के पारखी मुग्ध हो रहे ! लड़कियों के इस उत्साह को देखकर माथुर साहब ने माना कि हिन्दी रंगमंच के सुनहले दिन आ रहे हैं ! वह दिन निकटतम हो सके, इसके लिए आवश्यक है कि हर नाटककार नाटक लिखते समय अभिनेता की कठिनाई पर भी ध्यान रखे ! जब तक अच्छे नाटक अच्छे अभिनेता के हाथ में नहीं आएँगे, दोनों का स्वर्ण-संयोग नहीं होगा, हिन्दी का नाटक-साहित्य पिछड़ा ही रहेगा !

कूप-जल या बहता नीर !

डाक्टर बलदेवप्रसाद मिश्र मध्यप्रदेश के एक ऐसे रत्न हैं जिन पर हिन्दी को अभिमान होना चाहिए। अभी उन्होंने एक लेख में राष्ट्रभाषा हिन्दी के रूप पर विचार प्रकट किया है। उनका कहना है, जनसाधारण जिसे चला दे, वही भाषा है, वह विशेषज्ञों की समिति में गढ़ी नहीं जा सकती, यदि गढ़ भी लीजिए, तो उसे आप चला नहीं पाएँगे। भाषा 'कूप-जल' नहीं, वह तो 'बहता नीर' है। आपने बतलाया है, 'हिन्दोस्तानी' नाम से जो चीज गढ़ी गई, वह चल नहीं पाई। क्यों ? राजबल ही नहीं, राष्ट्रपिता की सारी शक्ति भी उसके साथ थी। लेकिन 'हिन्दोस्तानी' तो मरी, वह एक नई प्रतिक्रिया छोड़ गई। अब लोगों ने संस्कृत पर ज्यादा जोर देना शुरू कर दिया है और उसके आधार पर नए-नए शब्द गढ़े जा रहे हैं ! किन्तु, क्या ये शब्द चल पाएँगे ? मिश्रजी की राय है, हिन्दी केवल संस्कृत के व्याकरण अथवा संस्कृत के कोश का आधार लेकर नहीं चली है। वह देशज एवं द्रविड़ भाषाओं से भी प्रभावित है, अतः यह वास्तविक रूप में राष्ट्रभाषा है। यों जो लोग उसे संस्कृत के कोल्हू में बाँधना चाहते हैं, वे उसके इस व्यापक रूप को नष्ट करना चाहते हैं ! यह भाषा तो चलेगी नहीं ही; हिन्दी के लिए महा अनर्थ कर जाएगी। इन पंक्तियों का लेखक उस दिन एक जिलाबोर्ड के दफ्तर में गया था। उसके हेड क्लर्क ने बताया, उसे रघुवीरी कोश के आधार पर ही सूचनाएँ निकालने को बाध्य किया जाता है, जहाँ 'नीलाम' ऐसे आमफहम शब्द के लिए ऐसा संस्कृत शब्द रख दिया गया है कि बार-बार वह याद करना चाहता है, किन्तु याद रख नहीं पाता ! क्या यह हिन्दी के साथ खिलवाड़ नहीं है ? मिश्रजी की यह चेतावनी हिन्दी-संसार को सदा स्मरण रखनी है—"बहते नीर की धारा को एकदम उलटना असम्भव कार्य है। उसकी विशिष्ट प्रकृति उसी की होकर रहेगी। उसके बहाव की प्रवृत्ति को नहीं पहचानना उसके वास्तविक लाभ से अपने को वंचित रखना है। चतुर किसान वही है जो उसकी विशिष्ट शक्ति और उसके बहाव का विचार रखता हुआ, उसमें यत्रतत्र संशोधन करता जाता है जिससे वह विविध क्षेत्रों को अच्छी तरह हरा-भरा करती चले।"

रघुवीरी कोश को दफनाओ !

यह प्रसन्नता की बात है कि रघुवीरी कोश की निरर्थकता के विरोध में वहीं से आवाज उठ रही है, जहाँ उसका जन्म हुआ ! हम स्पष्ट कहना चाहते हैं, मध्यप्रदेश की सरकार ने अपने हिन्दी-प्रेम के झोंके में एक ऐसे अनर्थ का बीज बोया है, जिसका कड़वा फल एक दिन हिन्दी को बुरी तरह भोगना पड़ेगा। चूँकि एक सरकार की मातहत वह कोश तैयार किया गया, अतः स्वभावतः ही प्रादेशिक सरकारें उसे प्रामाणिक मानकर उसी के आधार पर अपने कामकाज चलाने की कोशिश कर रही हैं। इस तरह सारे देश में एक अजीब सरकारी भाषा की सृष्टि होती जा रही है। अब समय आ गया है कि हम मध्यप्रदेश की सरकार से साग्रह निवेदन करें कि वह इस कोश को वापस कर ले, उसे रद्द किए जाने की घोषणा करे। श्री राहुलजी की देखरेख में हिन्दी-साहित्य-सम्मेलन ने एक राजनीतिक कोश तैयार कराया है, वह इस कोश से कहीं उत्तम है ! जब तक कोई सर्वसम्मत कोश तैयार नहीं हो जाता; तब तक हमें उस कोश से ही काम चलाना चाहिए। रघुवीरी कोश जितना जल्द दफना दिया जाए, उतना ही अधिक हिन्दी का कल्याण होगा।

[**नई धारा,** जनवरी 1954]

संत विनोबा और हमारे साहित्यकार !

"आप तो भ्रमर हैं, जहाँ सुगन्ध होगी, वहाँ बिना बुलाए पहुँच जाएँगे। मैं जो काम कर रहा हूँ, लगता है, उसमें वह सुगन्ध अब तक नहीं आई कि आप पहुँच सकें। किन्तु निवेदन करूँगा, देश में जो एक महान क्रान्ति हो रही है, आप उसे देखें। आपको गणित से प्रेम नहीं, मैं भी सफलता की माप मात्र गणित के अंकों से नहीं करता। इसका उतना महत्त्व नहीं कि मुझे कितने लाख एकड़ ज़मीन मिली। किन्तु इसके द्वारा लोगों को जो एक नई दृष्टि मिल रही है, उसी का महत्त्व है। जब रामचरण नामक एक अन्धा रातोंरात बैलगाड़ी पर आकर अपनी कुल जमा पाँच एकड़ ज़मीन दे जाता है, तो मैं समझता हूँ, इस आन्दोलन ने लोगों के हृदयों को जगाया है।"

सन्त विनोबा की यह उक्ति हम अपनी डायरी से दे रहे हैं, जो गया में 3-8-53 को लिखी गई थी। संत विनोबा के निजी सचिव श्री दामोदरदास मुँदड़ा ने बिहार के कुछ साहित्यिकों को संत से मिलने के लिए गया में बुलाया था, उसी अवसर पर संत ने यह उक्ति कही थी। उन्होंने आगे कहा–

"आपको मैं उपदेश देना नहीं चाहता, आदेश की तो बात ही दूर। हाँ, सिर्फ यह कहूँगा, आप अपने प्रति, अपनी रचना के प्रति ईमानदार बनिए। यदि आपमें दुर्जनता है, तो उसे भी सच्चे रूप में आने दीजिए। आपका, किन्तु मेरी दृष्टि में तो संसार का, जो सबसे बड़ा कवि-बन्धु था, उससे बढ़कर दुर्जन कौन रहा ? मेरा मतलब आदि-कवि वाल्मीकि से है। किन्तु चूँकि वह सच्चा दुर्जन था, इसीलिए वह सबसे बड़ा सज्जन और सबसे बड़ा कवि बन सका।"

अन्त में सन्त ने कहा–"वाणी द्वारा ही भीतर और बाहर का मिलन होता है। वाणी ही अन्तर्जगत को बहिर्जगत से समागम कराती है। आप उसी वाणी के वर-पुत्र हैं; इसलिए नमस्य हैं। आपकी वाणी का वरदान इस भूदानयज्ञ को भी प्राप्त हो, यही मेरी कामना है। किन्तु, यह वरदान आप तभी दें, जब वह हृदय से निकले। हृदय में स्फुरण नहीं हो, तब भी आप जो कहेंगे, वह फलदायी नहीं होगा। हृदय से निकली वाणी ही हृदय को स्पर्श करती है।"

सन्त-समागम का सुयोग !

तब से ही हृदय में इच्छा थी, दो-चार दिनों के लिए भी सन्त के साथ रहकर देखें, सुनें। उसका सुयोग भी हाल ही में मिला, जब वह मुजफ्फ़रपुर जिले में भ्रमण कर रहे थे। सन्त की हार्दिक इच्छा है, वह समाज से आर्थिक विषमता को दूर करें। इसका श्रीगणेश वह भूमि-समस्या के हल के रूप में करना चाहते हैं। सत्तरह महीनों से वह बिहार में पैदल यात्रा कर रहे हैं। जैसे सूरज की यात्रा अखंड होती है, उसी तरह सन्त की यह अखंड यात्रा चल रही है। प्रतिदिन वह आठ से बारह मील तक पैदल चलते हैं। प्रतिदिन तीन बार प्रवचन करते हैं। भूदान-यज्ञ के लिए उन्हें सफलता भी मिल रही है। बिहार से वह बत्तीस लाख एकड़ भूमि पाना चाहते हैं, उन्हें सत्तरह लाख एकड़ ज़मीन मिल चुकी है। सत्तरह महीने में सत्तरह लाख एकड़ ज़मीन–महीने में एक लाख एकड़ जमीन। रफ्तार तो कोई बुरी नहीं; लेकिन, वह तो आगामी तीन महीने के अन्दर ही अपना कोटा पूरा कर लेना चाहते हैं। उनमें विश्वास है। विश्वास पहाड़ हिला देता है, पहाड़ हिलता हुआ दिखाई पड़ रहा है।

दो दिनों तक जो हम उनके साथ रहे, हमने अपनी आँखों से पहाड़ को हिलते देखा है। 1921 के बाद देहातों में हमने ऐसा समाँ नहीं देखा था। गाँव के गाँव उमड़ रहे हैं। पुरुष, स्त्री, बूढ़े, बच्चे, जवान; धनी, ग़रीब—सभी उमड़े आ रहे हैं। ग़रीबों को लग रहा है, अब उनके दुख सदा के लिए दूर होंगे। धनी सोच रहे हैं, उन्हें इस यज्ञ में सम्मिलित होना ही है, नहीं तो वे कहीं के नहीं रहेंगे। बिहार के दो सबसे बड़े भूमिपतियों ने ऐसी उदारता दिखलाई है कि दाँतों उँगली दबानी पड़ती है। किन्तु संत को तो सबसे प्रसन्नता तब होती है, जब गरीब कठ्ठे-धूर में उन्हें ज़मीन देते हैं ! एक स्थान पर उन्होंने इस सम्बन्ध में एक बड़ी करुण कथा कही। ईसा को एक दिन एक बुढ़िया ने दिन-भर चर्खा कातकर कमाए हुए दो पैसे दिए। ईसा ने कहा—इससे बड़ा दान मुझे जीवन-भर में कभी नहीं मिला था। दान के साथ हृदय का सम्बन्ध है, इकाई, दहाई, सैकड़े का नहीं। अन्धे रामचरण की यशोगाथा कहते सन्त थकते नहीं हैं ! रामचरण आज भूदान का प्रतीक है।

सन्त हमसे क्या चाहते हैं ?

सन्त का हृदय निर्मल है, वाणी निर्मल है। वह जो कहते हैं, उसमें उनका हृदय घुला रहता है। जब वह हम साहित्यकारों से वाणी का वरदान माँगते हैं, तो वह हृदय की पूरी गहराई से माँगते हैं। साहित्यकारों ने सदा शुभ आयोजनों का साथ दिया है। देश की स्वतन्त्रता के युद्ध को हमने गीत दिए, नाना प्रकार की कलाकृतियों से हमने उसे साकार किया, तभी वह जनता के हृदय तक प्रवेश पा सका, तभी उसमें वह ज़ोर आया कि आज हमारा देश आज़ाद है। राजनीतिक गुलामी दूर हुई, देश ने एक मंजिल तय कर ली। अब आर्थिक गुलामी को दूर करना है। क्या हम इसमें हाथ नहीं बँटाएँगे ? भूदान उसी के लिए किया गया एक मूर्त्त प्रयत्न है। हम उसे वाणी दें, उसे मुखर होने दें, वह देशवासियों के लिए एक ज्वलंत प्रश्न बन जाए, सारा देश इस समस्या को हल करने में जुट पड़े—सन्त की यही अभिलाषा है।

सन्त को क्षोभ है, हम साहित्यकार क्यों इस ओर आकृष्ट नहीं हो रहे हैं। हमने अपनी झिझक का कारण उन्हें बताया। उसी डायरी से हम उस अंश को भी उद्धृत करते हैं—

"हम भौंरे हैं, जहाँ पुष्प होगा, सुगन्ध होगी, हम वहाँ पहुँच जाएँगे, आपने ऐसा कहा। किन्तु काश, हम भौंरा ही होते, जो स्वतः प्रवृत्ति से ही काम करता है। हम मानव हैं, हम सोचते-विचारते भी हैं। हमें मान-अपमान का भी बोध होता है। अतः हममें ऐसे भौंरे भी हो सकते हैं, जो लाख सौन्दर्य और सुगन्धि होने पर भी अनामन्त्रित, बिना बुलाए, किसी फूल के निकट जाने से हिचकें। हमारी शिकायत यह है कि हमारे नेताओं ने हमारी उपेक्षा की है। अतः आपका निमन्त्रण हमें बहुत ही भाया।

"हमारी झिझक एक और रही। हममें यह धारणा है कि गाँधीवाद और कला एक-दूसरे के विरोधी हैं। गाँधीजी की वेशभूषा, रहन-सहन, सबसे कला टपकती थी, किन्तु साधारण गाँधीवादियों के रूखे-सूखे चेहरे, अटपटी पोशाक, ऊटपटाँग व्यवहार हमें उनसे हटकर ही रहने को प्रेरित करता है। हमें यह देखकर प्रसन्नता हुई कि आज हमसे बातचीत करते समय आप चार बार हँसे और दिल खोलकर हँसे। हम कहेंगे, यही हँसी, थोड़ी मात्रा में ही सही, अपने गाँधीवादी बन्धुओं में भी बाँटिए कि हम उनके निकट पहुँचने की कभी-कभी धृष्टता कर सकें।"

इस पर विनोबाजी खूब हँसे। अन्त में हमने निवेदन किया, आप जहाँ-जहाँ जाएँ, वहाँ

हमारे 'गोत्र' के लोगों को यों ही बुलाया कीजिए। हम हृदय के जीव हैं, प्रेम के भूखे हैं। हममें से अधिकांश के पास न भूमि है, न सम्पत्ति, लेकिन एक चीज़ तो है, वह हमसे आप भरपूर पा सकेंगे। और किसी सन्देश के प्रचार में उसकी भी बड़ी उपयोगिता है। यदि वाल्मीकि या तुलसी नहीं होते, तो क्या राम का सन्देश घर-घर पहुँच पा सकता था ?

सन्त ने हामी भरी। हम गद्‌गद हुए। तब से ही जहाँ-जहाँ सन्त जाते हैं, वह चेष्टा करते हैं, साहित्यिकों के सम्पर्क में आएँ। दो दिन हम उनके साथ रहे, इसका उन्होंने कितना महत्त्व दिया, कि सार्वजनिक प्रवचन और कार्यकर्त्ताओं की बैठक में इसकी चर्चा की और कहा, आपमें से जो कोई लिखने का शौक़ रखते हों, वे अपने अनुभवों को, अपनी भावनाओं को लिखें और उनके 'भूदान यज्ञ बिहार' में छपने को भेजें। यही नहीं, उन्होंने हमसे हुई बातचीत में यहाँ तक कहा कि इसके लिए इस पत्र के विशेषांक भी वह निकलवा सकते हैं।

अपने साहित्यिक बन्धुओं से

अतः, इन पंक्तियों द्वारा हम हिन्दी-संसार के सभी समानधर्मा बन्धुओं से निवेदन करना चाहते हैं कि हम मिलजुलकर सन्त के इस भूदान-यज्ञ के लिए उपयुक्त साहित्य तैयार करें। कुछ साहित्य बन भी चुका है। उनका उपयोग सन्त की भूदान-समिति बड़े पैमाने पर कर रही है। उन्हें छपवाकर सस्ते दाम में वितरित कराती है, कितने ही गीत बिहार के गाँव-गाँव में प्रचार पा चुके हैं, ऐसा हमने पाया है। इस यज्ञ के लिए अधिक गीत चाहिए, कविताएँ चाहिए। किन्तु, सिर्फ इतना ही नहीं; एकांकी और नाटक की भी बड़ी माँग है। रेखाचित्र, कहानी और उपन्यास तक की आवश्यकता है। यह सही है कि उच्चकोटि का साहित्य माँग पर या अनुरोध या आदेश पर नहीं तैयार किया जा सकता। सन्त ने भी कहा है—"यह वरदान आप तभी दें, जब वह हृदय से निकले। हृदय में स्फुरण नहीं हो, तब भी आप कुछ कहेंगे, वह फलदायी नहीं होगा। हृदय से निकली वाणी ही हृदय को स्पर्श करती है।"

सन्त की बात सही है। किन्तु, यह भी सही है कि हमारे हृदय का स्फुरण भी संक्रामक होता है। जब हम लोग इस प्रश्न पर सोचने लगेंगे, खासकर हममें जो बड़े हैं, वे इस ओर प्रवृत्त होंगे, तो इस ढंग के साहित्य के लिए एक ऐसा वातावरण उत्पन्न होगा कि हममें से एक-एक का हृदय उच्छ्वसित हो उठेगा और हम अनायास ही इस सम्बन्ध के सुन्दरतम साहित्य की सृष्टि कर सकेंगे। यों तो हमारा अनुभव है, हममें जो नए हैं, उनका हृदय और भी भाव-प्रवण है। यही कारण है कि हमारे उन भाइयों ने बहुत कुछ दिया भी है। किन्तु, अब एक बार हम जमकर प्रयत्न करें, मिलजुलकर प्रयत्न करें। यदि इस ढंग का साहित्य अच्छे परिमाण में मिल गया, तो, जैसा सन्त ने चाहा है, उनके द्वारा प्रवर्तित किसी पत्र का एक वृहद् विशेषांक भी निकाल दिया जा सकता है।

हिन्दी राष्ट्रभाषा बनी है। राष्ट्र की इस बड़ी समस्या के समाधान के सम्बन्ध में उसे ही सबसे आगे बढ़ना है। यदि हिन्दी के साहित्यकारों ने इस ओर सम्यक् ध्यान दिया, तो हिन्दी का गौरव और बढ़ जाएगा; हम यह एक बार और सिद्ध कर देंगे कि राष्ट्रभाषा के हम सेवक राष्ट्रीय समस्याओं के समाधान के प्रयत्न में सबसे आगे हैं। हमारा पूरा विश्वास है, हम ऐसा कर सकेंगे।

[**नई धारा**, फरवरी 1954]

शिवजी शतायु हों !

आचार्य शिवपूजन सहायजी अस्पताल से बाहर आ गए। जहाँ तक यक्ष्मा का प्रश्न था, वह समूल नष्ट हो चुका। अब शिवजी उस भीषण घातक बीमारी के पंजे से बिल्कुल मुक्त हो चुके हैं। हाँ, प्रमेह की पुरानी शिकायत है, उसके लिए संयम-नियम से काम लेने से ही चल जाएगा।

शिवजी की बीमारी की ओर 'नई धारा' ने हिन्दी-संसार का ध्यान आकृष्ट किया और हम उसकी स्मृति से आज भी गद्गद हैं कि किस तरह हिन्दी-संसार ने एक स्वर से शिवजी के लिए आरोग्य-कामना की और सहायता की झड़ी लग गई।

किन्तु शिवजी को उस सहायता के उपयोग की भी आवश्यकता नहीं पड़ी। तुरत बिहार सरकार ने इस ओर ध्यान दिया और उनकी चिकित्सा का सारा जिम्मा अपने ऊपर ले लिया। बिहार राष्ट्रभाषा-परिषद् भी आगे बढ़ी और उन्हें 5000 रुपए अग्रिम देकर उनकी ग्रन्थावली के प्रकाशन में लग पड़ी। भारत सरकार ने उनके बच्चों की पढ़ाई के लिए व्यवस्था कर दी।

यों, हिन्दी-संसार की शुभाकांक्षा से शिवजी अब स्वस्थ हो चले हैं। किन्तु यह बात तो स्पष्ट है ही कि ढलती उम्र और इस बीमारी के कारण वे उतना नहीं कर सकेंगे, जितना अनवरत करते आए हैं। उन्हें आराम चाहिए और इस आराम के लिए उन्हें हम निश्चिन्त रखें, तभी हम उनसे वह पा सकेंगे, जो अब भी वे हमें दे सकते हैं।

इस गर्मी में उन्हें किसी पहाड़ी स्थान पर भेजना ही होगा। हमें प्रसन्नता इस बात की है कि शिक्षा-सचिव श्री जगदीशचन्द्र माथुर का ध्यान इस ओर गया है।

ज्यों ही शिवजी इतने अच्छे हो जाएँ कि कुछ काम कर सकें, त्यों ही उन्हें सर्वप्रथम बिहार के साहित्यिक इतिहास के काम को अपने हाथ में लेना चाहिए। निस्सन्देह इसके लिए उन्हें एक-दो अच्छे सहायक दिए जाएँ, किन्तु सिवा उनके इस काम को कोई भी अच्छी तरह सम्पन्न नहीं कर सकेगा, यह तो सब स्वीकार करते हैं।

शिवजी के पास इस सम्बन्ध की प्रचुर सामग्रियाँ पहले से एकत्र हैं। अब तो उनके आधार पर इमारत खड़ी करनी है, जिसका इंजीनियर शिवजी ही हो सकते हैं।

उनके नाम के साथ राष्ट्रभाषा-परिषद् का मन्त्रिपद जुड़ा रहना, परिषद् के लिए गौरव की बात है; किन्तु उन्हें अब परिषद् के आए दिनों की झंझटों से दूर ही रखना चाहिए। एक योग्य संयुक्त मन्त्री की स्थायी नियुक्ति की जानी चाहिए, जो उनके परामर्श से सारे काम-काज का संचालन करता रहे।

शिवजी फिर हमारे बीच में हैं, हमारे आनन्द की सीमा नहीं ! शिवजी शतायु हों, हमारा रोम-रोम यही कामना कर रहा है।

नागरी प्रचारिणी सभा की हीरक जयन्ती

काशी नागरी प्रचारिणी सभा की हीरक जयन्ती, उसके संयोजकों की योजना के अनुसार, खूब धूमधाम से मनाई गई।

राष्ट्रपति आए। चीफ मिनिस्टरों और मिनिस्टरों की पल्टन पहुँची। विरुदावली सुनाई गई। जय-जयकार हुई। बड़े-बड़े दान मिले—लाख, हजार का बाज़ार लगा।

जयन्ती के संयोजक यही चाहते थे, उनकी मनोकामना पूरी हुई। इसीलिए उन्हें जयन्ती के समय में भी उलट-फेर करना पड़ा था।

क्या करें बेचारे ? रुपयों के बिना संस्थाओं के काम चल नहीं पाते। सामन्ती राजे रहे नहीं कि जो ढल गए, तो अनाम लाखों लुटा दिए। अब उनकी गद्दी पर जो बैठे हैं, वे गिन-गिनकर देते हैं और देने के पहले गिन-गिनकर लेते हैं।

लेते हैं स्वागत के रूप में, मालाओं के रूप में, अभिनन्दन के रूप में, जय-जयकार के रूप में।

इधर सभा की आर्थिक स्थिति खराब थी। क्यों खराब थी ? यह मत पूछिए। आठ-दस वर्षों से उसे उसी शनिश्चर ने दबा रखा है, जो आजकल सभी सार्वजनिक संस्थाओं को दबाए हुए है।

दलबन्दी—उठापटक—गाली-गलौज। जो पदाधिकारी बने, उन्हें साल भर चिन्ता कि न जाने अगले साल क्या हो ? काम कम, जुगाड़ ज़्यादा। उधर हारा हुआ दल सालभर शक्तिसंचय में लगा है कि किस तरह बदला चुकाया जाए। इस स्थिति में कहीं काम होता है। और काम नहीं होगा, तो रुपए कहाँ से आएँगे ? क्या बरसेंगे ?

हाँ, एक बादल है जिससे कभी-कभी रुपए बरसा करते हैं। अतः सारा ध्यान उस बादल की ओर और देहाती औरतों की तरह यह गीत—

झामर-झूमर बरसा इन्दर देवता,
पानी बिन पड़लइ अकाले हो राम।

तो, यह खुशी की बात है कि इन्द्र देवता प्रसन्न हुए, वर्षा हुई। भक्तों की मुराद पूरी हुई।

हम स्पष्ट कहें, नागरी प्रचारिणी सभा ऐसी संस्था की हीरक जयन्ती का यह रूप हमें पसन्द नहीं।

इस अवसर पर साहित्य-निर्माताओं का एक ऐसा जमावड़ा जुटता, जो हिन्दी-साहित्य के इतिहास में अपनी विशालता के लिए ही नहीं, अपने निर्णयों के लिए भी अमर स्थान पाता।

वहाँ लिपि सम्बन्धी, भाषा सम्बन्धी, साहित्य सम्बन्धी ऐसे निर्णय हम कर पाते जिनके अभाव में हिन्दी की प्रगति रुकी हुई है।

वह एक ऐसा विशाल साहित्यिक मेला बन पाता, जिसके अनुकरण पर हिन्दी-संसार के कोने-कोने में ऐसे अनेक मेले जुटाए जाते।

वहाँ राष्ट्रपति भी आते, मिनिस्टर भी आते—किन्तु बगल में रुपयों का थैला दबाए हुए नहीं, हाथों में अपनी साहित्यिक देन की सुमनांजलि लिए हुए माता-हिन्दी के चरणों पर अर्पित करने के लिए।

वे आते और उनकी बग़लों में स्थान पाते, जो ऐसे अवसरों के आचार्य-पीठ के अधिकारी हैं।

लेकिन अब इसकी चर्चा फिजूल। जयन्ती के आयोजक जो चाहते थे, वह पूरा हुआ। उन्हें उनकी सफलता पर शतशः बधाई।

साहित्य : एक+डमी !

इधर दिल्ली में कुछ चीजें बन रही हैं (तीन बन चुकीं) उन्हें मराठी के सुप्रसिद्ध नाटककार मामा बरेरकर ने 'एक+डमी' का सुन्दर और सब प्रकार सुशोभन नाम दिया है। नाटक और कला के लिए एक-एक 'डमी' बन चुकी थीं, अब साहित्य के लिए भी एक+डमी बन गई है।

कहा जाता है अँगरेजी एकेडमी के लिए कोई अच्छा भारतीय शब्द है नहीं—जिस तरह

'टाई' के लिए कोई भारतीय शब्द नहीं है। आप 'गर्दन-लंगोट' कह लीजिए, किन्तु कहाँ 'टाई', कहाँ 'गर्दन-लंगोट'।

और यदि एकेडमी से आप नाराज हों, तो फ्रांसीसी 'अकादमी' ले लीजिए, किन्तु खबरदार कोई भारतीय शब्द मत गढ़िए और न इस अर्थवाची किसी वर्तमान शब्द को ही स्वीकार कीजिए। आपको पता होना चाहिए, उर्दू ने यही सोच-विचारकर कब न 'अकादमी' शब्द को ग्रहण कर लिया था—क्या उर्दू को आप भारतीय भाषा नहीं समझते ? फिर आपको एतराज क्या ?

तो, खैर, भारतीय साहित्य के लिए भी एक+डमी बन चुकी है। उसका उद्घाटन भी दिल्ली में हो चुका है।

भारतीय साहित्य बहुत बड़ा है; आप उत्सुक होंगे, यह जानने को कि इस साहित्य एक+डमी में हिन्दी का प्रतिनिधित्व कौन कर रहा है ?

किन्तु, इसके पहले आपको यह जानने को उत्सुक होना चाहिए कि इस एक+डमी के सदस्यों का चुनाव कैसे हुआ है, किसने किया है ?

चुनाव किया है भारतीय सरकार या प्रादेशिक सरकारों ने या उनके बगलबच्चे विश्वविद्यालयों ने। अतः यदि सरकार-परस्त साहित्यकारों और जी-हजूरी प्रोफेसरों की भरमार वहाँ हो, तो आपको आश्चर्य क्यों हो ? इनमें कुछ अच्छे लोग भी आ गए, आश्चर्य की बात यह है। हाँ, चुनाव कहना भी गलत होगा, चुनाव कहाँ हुआ है, सरकारों या उपकुलपतियों ने अपनी रुचि के अनुसार नामजद किया है।

कहा जाता है, इस एक+डमी का उद्घाटन करके भारतीय सरकार का शिक्षा-विभाग तृप्त हो गया है और उसके एक अधिकारी ने बड़े फ़ख्र से उसे फ्रेंच-एकडमी के समकक्ष बताने की जुर्रत की।

क्या कहने हैं ? ऐसी ही उपमाओं के लिए राजा भोज और भोजवा-तेली की कहावत हिन्दी में प्रचलित है।

कहाँ फ्रेंच-एकडमी की वह शानदार परम्परा और कहाँ इस साहित्य एक'डमी की यह सड़ियल शुरूआत।

हाँ, हमें सबसे बढ़कर एक आदमी के भाग्य पर ईर्ष्या होती है वह हैं पं. बनारसीदास चतुर्वेदी।

चतुर्वेदीजी जिन्दगी भर अराजकतावाद का डंका पीटते रहे। अतः जब हमने सुना; वह कौंसिल में जाने के लिए खड़े हुए हैं, तो अपने कानों पर हमें विश्वास नहीं हुआ।

और, जब उसके सफल सदस्यों में उनका नाम पढ़ा, तो आँखों पर विश्वास नहीं हुआ।

अब, जब दिल्ली के दरबार में उनकी इतनी पूछ देखते हैं, तो बार-बार इच्छा होती है, उनके चरणों में पहुँचकर, पूछें, वह 'गुर' कौन-सा है कि भगवान और शैतान दोनों को एक साथ प्रसन्न रखा जा सकता है ?

चौबेजी के 'आराध्यों' को जो सपने में भी नसीब नहीं हो पाता, उन्होंने जीते-जागते पा लिया है।

इस एक+डमी का सबसे बड़ा महत्त्व यही है कि भारत सरकार ने अपनी ओर से उसमें हिन्दी का प्रतिनिधित्व करने के लिए चौबेजी को ही चुना है।

भारत सरकार ने नहीं, भारत सरकार के शिक्षा मन्त्रालय ने, जिसके गले के नीचे 'अकादमी' के अतिरिक्त कोई भारतीय शब्द नहीं उतर पाता है।

[नई धारा, मार्च 1954]

निरालाजी बीमार हैं !

इस अंक में हम दो चिट्ठियाँ छाप रहे हैं, जिनसे पता चलता है, निरालाजी की हालत सचमुच चिन्तनीय है। इसके पहले भी एक चिट्ठी हमारे पास प्रकाशनार्थ आई थी। किन्तु उसके बाद ही प्रयाग के एक सहकर्मी बन्धु से भेंट हुई, उनसे हमने इसकी चर्चा की, तो उन्होंने व्यक्तिगत ज्ञान के आधार पर बताया, वह चिट्ठी भ्रमपूर्ण थी। अतः हमने उसे नहीं छापा। इधर ये दो चिट्ठियाँ ही नहीं मिली हैं, पत्रों की कई कतरनें हमारे पास भेजी गई हैं और हमसे अनुरोध किया गया है, जिस तरह आचार्य शिवपूजन सहायजी की बीमारी की ओर हमने हिन्दी-संसार का ध्यान आकृष्ट किया, जिसके फलस्वरूप वे रोग-मुक्त हो सके, उसी तरह निरालाजी के लिए भी हम प्रयत्न करें।

निरालाजी हिन्दी की विभूति हैं। हम उन्हें तब से जानते हैं, जब उनके आज के आराधकों और पूजकों में से बहुत लोगों का जन्म भी नहीं हुआ था। निरालाजी को जब एक ओर पागल करार दिया जा रहा था और दूसरी ओर महामानव बनाया जा रहा था, तब से ही हम सारे तमाशे देख रहे हैं और हम तभी से जान रहे थे, उनके ये भक्त उन्हें किस ओर घसीटे लिए जा रहे हैं। उन्हें एक ओर पागल बनाकर और दूसरी ओर उन्हें महामानव घोषित कर कुछ लोग अपना उल्लू सीधा कर रहे थे, यह हम आज निर्द्वन्द्व कह सकते हैं और निरालाजी की इस चिन्तनीय दशा के उत्तरदायी ये वही महानुभाव हैं, हम यह आरोप इन लोगों पर लगाने में जरा भी संकोच अनुभव नहीं करते। हमें भय तो यह है कि इन लोगों के इस तू-तू-मैं-मैं के कारण कहीं निरालाजी को हमसे अचानक काल छीनकर नहीं ले जाए। तब निरालाजी की हत्या का दोष भी इन पर लगेगा।

प्रयाग कभी हिन्दी का केन्द्रस्थल रहा है, आज वह साहित्यिकों के लिए वधस्थल सिद्ध होने जा रहा है। हाँ, हत्या के वहाँ नए-नए प्रयोग हुआ करते हैं—कभी किसी को आसमान पर उछालकर देवता बना देना, कभी किसी को नर-राक्षस के रूप में चित्रित करना। वहाँ किसी भी साहित्यिक का सम्मान, मर्यादा, गौरव, प्रतिष्ठा सुरक्षित नहीं है। सम्मेलन-भवन में हमने राजर्षि टंडनजी की जो दुर्गति होते देखी है, क्या कहीं भी वह सम्भव है ? वहाँ कई आचार्य-पीठ हैं और एक पीठ के पंडे दूसरे के पुरोधाओं को नीचा दिखलाने के लिए क्या-क्या न षड्यन्त्र रचते होते हैं। एक दिन महादेवीजी प्रयाग के साहित्यिकों की आराध्या देवी थीं, आज उनके विषय में क्या-क्या गन्दी बातें न लिखी, छापी और प्रचारित की जा रही हैं। यह कुठार कब किस पर गिरेगा, कौन बताए ?

प्रश्न यह है, क्या यह प्रयाग निरालाजी के लिए वधस्थल बनकर ही रहेगा ? क्या प्रयाग के लोग उनकी बीमारी को लेकर खिलवाड़ रचाते रहेंगे और बाहर के साहित्यिक बन्धु निरीह दृष्टि से देखते रहेंगे ? हम मानते हैं, निरालाजी को सहायता पहुँचाना भी कोई सरल काम नहीं है। जो पैसे बाहर से आएँगे भी, वे उनके भक्तों की विशाल उदरदरी में ही विलीन हो जाएँगे। यदि निरालाजी के हाथ में भी दे दीजिए, तो वे भी उन्हें उसी दरी में फेंक देंगे—आप सड़ते, मरते और संसार में अपनी महाप्राणता का प्रमाण पेश करते रहेंगे। यह एक अद्भुत स्थिति है—किन्तु, हमें इसके लिए भी कोई उपाय सोचना होगा। हम उन्हें इस तरह मरने नहीं दे सकते। यदि वे इसी प्रकार मरे, तो फिर हम कहाँ मुँह दिखाने लायक रहेंगे?

बिहार-राष्ट्रभाषा-परिषद्

अब हम यह दावे के साथ कह सकते हैं कि यदि बिहार-राष्ट्रभाषा-परिषद् ने इसी तरह काम किया, जिस प्रकार वह तीन वर्षों से करती आ रही है, तो कुछ ही वर्षों में वह हिन्दी की सर्वश्रेष्ठ संस्था बनकर रहेगी। इस अवधि में उसने एक दर्जन जैसे ग्रन्थ निकाले, वैसे ग्रन्थ पाने का सपना भी कोई संस्था नहीं देख सकती है। एक दर्जन बड़े-बड़े विशेषज्ञ विद्वानों के जो भाषण उसने कराए हैं, वे विषय और विश्लेषण दोनों ही दृष्टियों से किसी भी भाषा के उत्तमोत्तम भाषणों में स्थान प्राप्त कर सकते हैं। बिहार की भिन्न-भिन्न बोलियों के चालीस हजार शब्द और कई हजार लोकगीत, लोककथाएँ, मुहावरे आदि संग्रह कर लिए गए हैं। प्राचीन पुस्तकों की खोज का काम तो बिहार में सबसे पहली बार इसी ने प्रारम्भ किया है और इन थोड़े दिनों में ही उसने कितनी ही प्राचीन निधियों का उद्धार किया है। पारितोषिक और पुरस्कार के रूप में भी, उसके काम स्तुत्य हुए हैं। बिहार के चार वयोवृद्ध हिन्दी-सेवियों का सम्मान उसने प्रत्येक को 1500 रु. देकर किया है, चार नवोदित लेखकों और कवियों को पुरस्कृत किया है और हिन्दी के कई अनमोल ग्रन्थों के ग्रन्थकारों को एक-एक हजार का पारितोषिक दिया है। इस परिषद् की स्थापना के लिए जब श्री लक्ष्मीनारायण सुधांशु ने विधान-परिषद् में प्रस्ताव रखा था और जब शिक्षा-मन्त्री आचार्य बदरीनाथ वर्मा ने बिहार-हिन्दी-साहित्य-सम्मेलन के पदाधिकारियों से मिलकर इसकी रूपरेखा बनाई थी, उन दिनों इसकी कल्पना नहीं की गई थी कि कुछ ही दिनों में परिषद् का यह व्यापक और मोहक रूप हो जाएगा। बिहार की सरकार ने जो कई अच्छे कर्म किए हैं, उनमें यह अन्यतम है—यदि वह इस बात की गरिमा समझ पाती। आचार्य शिवपूजन सहाय ने अपने खून और पसीने से इसे सींचा और शिक्षा-सचिव श्री जगदीशचन्द्र माथुर ने सदा इसके फलने-फूलने पर ध्यान दिया। परिषद् के सदस्यों में बिहार के प्रायः सभी साहित्य-सेवी आ गए हैं और उन्होंने मिलजुलकर इसे बढ़ाने में सदा तत्परता दिखलाई है। आज बिहार-राष्ट्रभाषा-परिषद् बिहार के साहित्यिकों की सबसे बड़ी प्रतिनिधि संस्था है, यह भी निस्संकोच कहा जा सकता है। परिषद् का इस साल का वार्षिकोत्सव बड़ा ही शानदार और उसके गौरव और गरिमा के अनुकूल रहा। राष्ट्रपति राजेन्द्रप्रसादजी ने इसका उद्घाटन किया और इसका सभापतित्व किया आचार्य नरेन्द्रदेवजी ने। राष्ट्रपति को उनकी आत्मकथा पर एक हजार रुपए का पारितोषिक भी दिया गया। इस वर्ष आचार्य शिवपूजन सहायजी को 1500 रु. की थैली अर्पित कर सम्मानित किया गया; यह स्वयं एक महत्त्वपूर्ण घटना हुई। हम आशा करते हैं, बिहार-राष्ट्रभाषा-परिषद् दिन-दिन उन्नति करती जाएगी।

साहित्य-कला-संगम

बम्बई की स्थिति कुछ विचित्र है। वहाँ मराठी, हिन्दी और गुजराती का अद्भुत संगम हुआ है। शायद हिन्दी-संसार को यह ज्ञात नहीं हो कि बम्बई में जितने हिन्दीभाषी रहते हैं, उतने भारत के किसी एक शहर में नहीं हैं—पटना, प्रयाग, लखनऊ में भी नहीं। एक और विचित्रता है, मराठी-भाषा-भाषियों के बाद हिन्दी-भाषाभाषियों की संख्या ही अधिक है वहाँ। गुजराती भाषा-भाषियों की संख्या उनके बाद आती है।

तीन भाषाएँ वहाँ मिलती हैं, एक-दूसरे को देती हैं, एक-दूसरे से लेती हैं। बम्बई की हिन्दी में मराठी और गुजराती के अनेक शब्द चालू हैं, यों ही मराठी और गुजराती में भी हिन्दी

के शब्द खपते रहते हैं। मराठी और हिन्दी की लिपि एक होने से यह मेलजोल और अधिक है। और क्या गुजराती लिपि नागरी की ही शिरोरेखा-हीन लिपि नहीं है ?

ये तीन भाषाएँ वहाँ स्वतः मिलती-जुलती और लेन-देन करती रही हैं। कोई ऐसा संगठित प्रयत्न नहीं हुआ कि यह मेलजोल अधिक फलप्रद सिद्ध हो।

प्रसन्नता की बात है कि इस ओर एक संगठित प्रयास प्रारम्भ हुआ है। साहित्य-कला-संगम नाम से एक संस्था का जन्म वहाँ दिया गया है, जिसमें इन तीन भाषाओं के उच्चकोटि के साहित्यकारों के अतिरिक्त तमिल, तेलगू आदि दक्षिण भारतीय भाषाओं के भी साहित्यकार सम्मिलित हुए हैं। बम्बई में दक्षिण भारत के भी बहुसंख्यक लोग रहते हैं और उनमें कितने ही अपनी-अपनी भाषाओं के गण्यमान्य साहित्यकार हैं। उन लोगों का भी सहयोग पाकर साहित्य-कला-संगम संस्था सचमुच अपने नाम की सार्थकता सिद्ध कर सकी है।

पिछले महीने साहित्य-कला-संगम की आन्तर-भारती की ओर से एक कवि-गोष्ठी हुई थी। एक ही मंच से हिन्दी, मराठी और गुजराती के लब्धप्रतिष्ठ कवियों की कविताएँ सुनकर रसिक श्रोता भावमुग्ध रह गए। इन कविताओं का अनुवाद नहीं किया गया, तो भी सभी ने सभी कविताओं का रसास्वादन कर यह सिद्ध कर दिया, ये भाषाएँ बाहरी स्वरूप में भले ही कुछ विभिन्नता रखें, सबके भीतर एक ही हृदय है, एक ही आत्मा रम रही है।

जहाँ-जहाँ भिन्न भाषा-भाषियों का जमघट है वहाँ-वहाँ यदि इसी प्रकार की संस्थाएँ स्थापित हों, तो भारतीयता के प्रचार में बहुत ही बड़ा सहारा मिले। यदि कलकत्ता में ऐसी संस्था हो, तो बंगला, हिन्दी और उड़िया का एक ऐसा संगम बन जाए, जो बिहार, बंगाल और उत्कल के बीच फैली हुई आज की कटुता को बहुत कुछ कम कर दे। राजनीति विलग करती है, साहित्य जोड़ता है—अतः जब विलगाव की ज्वाला देश में धू-धू करके जल रही है, हम बम्बई के साहित्य-कला-संगम ऐसी संस्था का हृदय से अभिनन्दन करते हैं।

[**नई धारा,** अप्रैल 1954]

हिन्दी के तीन दुश्मन !

इधर भारतीय संसद में मौलाना आजाद ने कुछ ऐसा कह दिया कि हिन्दी-संसार में तूफान पैदा हो गया है। मौलाना ने टंडनजी की शान के खिलाफ भी कुछ बातें कहीं, जो सबको बुरी लगीं। किन्तु मुख्यतः उनके कथन से यह तथ्य निकाला गया है कि वह हिन्दी के परम शत्रु हैं।

फिर उन्होंने दो ऐसी संस्थाओं को हिन्दी के कोश और साहित्य तैयार करने के लिए पैसे दिए, जिनसे यह आशा करना कि वे हिन्दी के प्रति न्याय कर सकेंगी, बिलकुल गलत बात है। खासकर जबकि हिन्दी की ऐसी संस्थाएँ थीं, जो इस काम को अच्छी तरह पूरा कर सकती थीं, तो फिर कोई कारण नहीं था कि मौलाना ने उन संस्थाओं को हिन्दी के काम के लिए क्यों पैसे दिए, जो मुख्यतः उर्दू का ही काम करती आ रही हैं।

हम भी यह मानते हैं कि मौलाना की कथनी और करनी दोनों हिन्दी के खिलाफ रहे हैं। हिन्दी का यह दुर्भाग्य रहा है कि मौलाना ऐसे आदमी के हाथ में शिक्षा-विभाग का सूत्र है, जिसके मातहत ही हिन्दी को राष्ट्रभाषा के योग्य बनाने का काम भी है। हमारी यह भी निश्चित धारणा है कि मौलाना हिन्दी को राष्ट्रभाषा के योग्य बनाने में सहायक तो सिद्ध होंगे ही नहीं, बल्कि इस विभाग के सूत्रसंचालक की हैसियत से वह ऐसी स्थिति पैदा कर रहे हैं

कि जब पन्द्रह वर्ष की अवधि के बाद फिर इस प्रश्न पर विचार होगा, तो हिन्दी के विपक्ष में अधिक से अधिक लोग खड़े हो सकें।

किन्तु, हमारा निवेदन यह है कि हम जरा गौर करके देखें कि क्या हिन्दी का अकेला दुश्मन मौलाना ही है ? यदि एक दुश्मन होता, तो हम मिलजुलकर लड़ लेते। लेकिन हमारी समझ से हिन्दी का एक नहीं, तीन-तीन दुश्मन हैं और इस तिकोनी लड़ाई से हिन्दी बच निकले, तो उसका परम सौभाग्य ही सिद्ध होगा।

वे तीन दुश्मन कौन हैं ?

दुश्मन नं. 1–डाक्टर रघुवीर

हमारे विचार से हिन्दी का दुश्मन नं. 1 डाक्टर रघुवीर हैं। हिन्दी का जितना अहित इनकी बददिमागी से हुआ है, उतना किसी के करते नहीं। इन पंक्तियों के लेखक को गुजराती, मराठी, तमिल, तेलगू, मलयालम और उड़िया भाषाभाषियों से मिलने का सुअवसर हुआ है। सबने यही आश्चर्य प्रकट किया है कि यह कैसी अद्‌भुत भाषा बनाई जा रही है, जिसके न सींग है न पूँछ। भाषा के विद्वानों को और भी आश्चर्य है कि यह गलत-सलत क्या तोड़ा-जोड़ा जा रहा है और हिन्दी-संसार उसे क्यों स्वीकार कर रहा है। न यह संस्कृत है, न हिन्दी–यह एक औंधी खोपड़ी का औंधा आविष्कार है, जिसे अन्धों की तरह सिर पर चढ़ाया जा रहा है।

अभी उस दिन उड़ीसा के मुख्यमन्त्री से बातें हो रही थीं। उन्होंने आश्चर्य से पूछा–भला यह कौन-सी नई हिन्दी बनाई जा रही है। यदि यों गलत-सलत संस्कृत शब्दों को ठूँसकर ही कोई नई भाषा गढ़नी है तो सीधे संस्कृत को ही क्यों न राज्यभाषा का पद दे दिया जाए, जो हिन्दी व्याकरण की नाना प्रकार की झंझटों से भी मुक्त होगी। हमने हिन्दी को इसीलिए राष्ट्रभाषा स्वीकार किया था कि वह भारत की अधिकांश जनता द्वारा बोली और समझी जाती थी। किन्तु यह नई हिन्दी तो हम लोगों से भी नहीं समझी जाती, जो 1921 से ही हिन्दी बोलते-पढ़ते आए हैं।

हिन्दीवालों को भी कम परेशानी नहीं है। हिन्दीभाषा में जो गजटें छप रही हैं, या असेम्बलियों के प्रश्नोत्तर छपते हैं या पुलिस मैन्यूअल आदि छप रहे हैं या जो नोटिसें निकाली जा रही हैं, उनकी भाषा को वे भी नहीं समझ सकेंगे, जो उन्हें लिखते हैं, यदि उनके सामने से रघुवीरी कोश को हटा दिया जाए। आज जिस दफ्तर में देखिए, यह कोश विराजमान है। करोड़ों की भाषा बरबाद हुई तो क्या, रघुवीरजी को तो लाखों मिल रहे हैं।

रघुवीर के इस फ़ितूर को मध्यप्रदेश सरकार ने जो प्रोत्साहन दिया, उसके लिए उसे कभी नहीं क्षमा किया जाएगा। अब वह स्वयं उससे हट रही है, डाक्टर रघुवीर को अपने सेक्रेटेरियट से उसने हटा दिया है, किन्तु जो बीज बोया गया, उसकी फसल तो काटनी ही पड़ेगी।

हिन्दी का भाग्योदय उस दिन होगा, जिस दिन इस कोश को चौराहों पर जलाया जाएगा।

दुश्मन नं. 2–बनारसीदास चतुर्वेदी

डा. रघुवीर की इस खुराफात का मुकाबला किया जा सकता था, यदि हिन्दी-संसार संघबद्ध होता ! किन्तु आज तो चेष्टा यह हो रही है कि जो रही-सही एकता है भी उसे नष्ट कर

दिया जाए। यह सुकर्म उन लोगों के द्वारा हो रहा है जो जनपद-भाषाओं के नारे लगा रहे हैं। और जिनका सरगना हैं पं. बनारसीदासजी चतुर्वेदी।

चतुर्वेदीजी के दिमाग में कोई कीड़ा है जो उन्हें सदा कुछ-न-कुछ नए काम करते रहने को प्रेरित करता रहता है—भले ही वह नया काम कैसा भी काम हो।

प्रवासी साहित्य से घासलेटी साहित्य की ओर, अराजकतावाद से स्टालिनवाद की ओर और हिन्दी को राष्ट्रभाषा बनाने की ओर से जनपद भाषाओं की हिमायत करके उसके पैर काटने की ओर—चतुर्वेदीजी किस ओर बढ़ेंगे, कहाँ तक बढ़ेंगे, कहा नहीं जा सकता।

जनपद भाषाओं के रूप में उन्होंने किस भूत को हिन्दी के सामने खड़ा कर दिया है, शायद उन्हें भी ज्ञात नहीं हो।

हिन्दी के जितने विरोधी हैं, वे इस आन्दोलन की प्रगति पर ही तकिया किए बैठे हैं।

हमने कई अहिन्दीभाषी क्षेत्रों में देखा है, वहाँ के हिन्दी-विरोधी बड़ी दिलचस्पी से इस आन्दोलन को बढ़ाने के लिए वे पूरी सहायता करने को तैयार हैं और कर रहे हैं।

उनका उद्देश्य स्पष्ट है। उनका कहना है, हिन्दी का तो कोई साहित्य नहीं; तो भी वह राष्ट्रभाषा बन गई। क्योंकि जन्मगणना में उल्लेख हुआ, सोलह करोड़ लोगों की भाषा है और गाँधीजी ऐसे लोग मिले, जिन्होंने उसे भारतव्यापी सम्मान दिलाया।

अब गाँधीजी रहे नहीं। रह गई यह जनसंख्या की बात।

सो, जब जनपद भाषाओं का आन्दोलन जोर पकड़ेगा, तो हर क्षेत्र के लोग अपनी बोलियों को ही अपनी भाषा के रूप में दर्ज कराएँगे—बिहार के लोग मगही, मैथिली और भोजपुरी को अपनी बतलाएँगे, उत्तर प्रदेश भोजपुरी, बुन्देलखंडी, अवधी, ब्रजभाषा आदि विभागों में बँट जाएगा; मध्यप्रदेश छत्तीसगढ़ी, निमाड़ी आदि बोलियों में बँटेगा, राजस्थान तो राजस्थानी का शोर मचा रहा है—कहाँ तक गिनाया जाए, यदि यही हवा रही, तो अगली जनगणना में हिन्दी का कोई नामलेवा भी नहीं रह जाएगा।

बस, उसी समय हिन्दी-विरोधी लोग आगे आएँगे और कहेंगे, कहाँ है हिन्दी भाषा—वह नकली भाषा थी, जिसका अस्तित्व समाप्त हो गया। अब लीजिए, हमारी भाषा को राष्ट्रभाषा बनाइए। यदि कोई एक ऐसी भाषा नहीं है, तो कई क्षेत्रीय राष्ट्रभाषा में बनाई जाएँ। बँगाल में तो इसका आन्दोलन भी शुरू हो गया है कि बंगाल, उड़ीसा और आसाम की क्षेत्रीय राष्ट्रभाषा बंगला को स्वीकार किया जाए।

मराठी और तमिल आदि को भी इस प्रतियोगिता में आते हुए कितनी देर लगेगी। सिर तो अभी से उठाए जा रहे हैं।

और, जिस दिन ये सब मिलकर एक साथ विद्रोह करेंगे, क्या हिन्दी उस आसन पर बैठी रह सकेगी, जिस पर आज वह बैठी है—वह आसन छिनकर रहेगा, यदि चतुर्वेदीजी, राहुलजी आदि द्वारा चलाया गया यह आन्दोलन सफल हुआ। मुख्यतः यह नारा तो उस राजनीतिक पार्टी का है, जो भारत को टुकड़े-टुकड़े में बाँट देना चाहती है कि उसके विदेशी आकाओं को इस देश पर विजय प्राप्त करने में आसानी हो। और, अब तो चतुर्वेदीजी उस दल के साहित्यिक रंगमंच के एक नेता बन चुके हैं।

अच्छा हुआ, उनका पर्दाफाश हो चुका है !

अब हिन्दीवाले समझें, चतुर्वेदीजी उन्हें किस विनाश के पथ पर ले जाना चाहते हैं और क्यों ?

दुश्मन नं. 3—मौलाना आजाद

मौलाना आजाद को तो हिन्दी-संसार ने एक स्वर से हिन्दी का दुश्मन मान ही लिया है—किन्तु, हम इसके कुछ छिपे पहलू पर प्रकाश डालते हैं।

हिन्दी-संसार को यह पता होना चाहिए कि मौलाना आजाद और उनके पिट्ठुओं की सबसे बड़ी कृपा आजकल पं. बनारसीदास चतुर्वेदी पर है। यह कृपा क्यों है ? क्या इस पर कुछ विशेष कहने की जरूरत है ? दोनों दो तरीके से एक ही काम कर रहे हैं।

फिर, मौलाना के पीछे बड़े अफसरों का वह समूह है जो अँगरेजीदाँ होने के कारण ही वर्तमान पदों पर हैं। यदि अँगरेजी हटा दीजिए, ये लोग आप ही आप औंधे मुँह नीचे गिर पड़ेंगे।

अतः वे चाहते हैं कि हिन्दी के पथ पर रोड़े बिछाते जाएँ। हिन्दी का रूप बिगड़ता जाए, उसको लेकर विवाद छिड़ता रहे, उसके विरोध में अधिक से अधिक लोग खड़े होते जाएँ। दिल्ली से धागा हिलता है और सारे भारत की कठपुतलियाँ चेंचे-मेंमें करने लगती हैं।

यों मौलाना साहब और भारतीय नौकरशाही का एक अजीब गठबन्धन चल रहा है, जो कोई भी अनर्थ कर और करा सकता है।

अतः जब हम मौलाना आजाद को हिन्दी का दुश्मन कहें, तो हमें इस वाक्य के पूरे अर्थ को ध्यान में रखना है, नहीं तो हम धोखा खाएँगे।

[नई धारा, मई 1954]

निरालाजी स्वस्थ हैं ! निरालाजी शतायु हों !

अन्यत्र हम भाई इलाचन्द्र जोशी का वक्तव्य छाप रहे हैं। इलाचन्द्रजी मनोविज्ञान के, खासकर, मनोविश्लेषण के हिन्दी में विद्वान लेखक माने जाते हैं। उन्होंने अपने उपन्यासों में इस नवीनतम विज्ञान का बड़ा ही अच्छा प्रयोग किया है। निरालाजी की अस्वस्थता मनोविज्ञान-मूलक ही है, इसे सब स्वीकार करते हैं। अतः जब हमारा इस विषय का विशेषज्ञ कहता है, निरालाजी स्वस्थ हैं, पूर्व की तरह कला-सृष्टि में निरत हैं, तो हमें मान ही लेना चाहिए। अपने विशेषज्ञ की कदर हम नहीं करेंगे, तो करेगा कौन ? अपने विशेषज्ञ की बात हम नहीं मानेंगे, तो मानेगा कौन ? अतः अब हमें निरालाजी को अस्वस्थता की चिन्ता को मस्तिष्क से दूर कर देना चाहिए और यह कामना करनी चाहिए कि निरालाजी इसी प्रकार स्वस्थ रहें, शतायु हों जिससे हम उनके द्वारा की गई नई-नई काव्य-रचनाओं से अपने को आप्यायित करते रहें, तृप्त होते रहें। सचमुच, इलाचन्द्रजी ने हिन्दी-संसार की एक बहुत बड़ी सेवा कर दी है। और निस्सन्देह निरालाजी के वे 'स्वयंभू' संरक्षक और सहायक हमारी निन्दा और घृणा के पात्र हैं, जो बार-बार निरालाजी के सम्बन्ध में अंटसंट बातें छपवाकर सारे हिन्दी-संसार का मानसिक संतुलन नष्ट करते हैं। वे दुष्ट हैं, दुष्टाधिराज हैं। हम उन्हें सावधान करते हैं कि अब वे ऐसा अपराध नहीं करें।

बेचारी महादेवीजी ! कृतघ्नता की हद !

इलाचन्द्रजी ने अपने वक्तव्य में बताया है कि इस प्रसंग को लेकर किस प्रकार श्रीमती महादेवी वर्माजी को काँटों में घसीटा जा रहा है। यह हिन्द-सागर को ज्ञात है कि महादेवीजी ने निरालाजी

के लिए क्या-क्या नहीं किया ? महाकवि को सुख से, सुविधा से रखने के लिए, उन्होंने कुछ नहीं उठा रखा। सिर्फ निरालाजी के लिए ही नहीं, हिन्दी के अन्य दुखी-पीड़ित साहित्यसेवियों के लिए भी महादेवीजी यथासाध्य सदा कुछ-न-कुछ करती आई हैं। एक तरह से यह भी कहा जा सकता है कि कुछ दिनों से उन्होंने इसी ओर अपना ध्यान मुख्यतः आकृष्ट कर रखा है। अपनी साहित्यकार-संसद की स्थापना में भी उन्होंने इस बात को सबसे प्रमुखता दी है। फिर भी उन पर लांछन लगाया जाना—सचमुच यह प्रयाग में ही सम्भव है। जहाँ श्रद्धेय टंडनजी को सम्मेलन-भवन में बिठलाकर कुछ रीडरबाज लेखक और उनके पिट्ठू हज़ार गालियाँ सुना सकते हैं, वहाँ बेचारी महादेवीजी किस खेत की मूली ठहरीं। जहाँ वृद्धत्व की कोई प्रतिष्ठा नहीं, वहाँ नारीत्व के लिए सम्मान की कामना करना ही मूर्खता है। किन्तु हम महादेवीजी को हिन्दी-संसार की ओर से यह विश्वास दिलाते हैं कि उन पर जो लोग लांछन लगा रहे हैं, हम उन्हें घृणा की दृष्टि से देखते हैं। वे साहित्य को कलंकित कर रहे हैं और इस चेष्टा में वे अपनी अधमता की सूचना ही संसार को दे रहे हैं। महादेवीजी की कविता ने ही हिन्दी-संसार को गौरवान्वित नहीं किया है, उनके द्वारा संचालित संस्थाओं ने और उनके द्वारा की गई सेवाओं ने भी हमारे सामने एक उच्च आदर्श उपस्थित किया है। महादेवीजी हमारे गौरव-स्तम्भ की दीपशिखा हैं। हमें आशा है, इन झकोरों में भी उनकी लौ प्रदीप्त रहेगी और नई पीढ़ी को साहित्य और सेवा का पथ प्रदर्शित करेगी।

किन्तु, कुछ प्रश्न ? उत्तर कौन दे ?

किन्तु, कुछ प्रश्न तो हैं ही, जिनका उत्तर आज नहीं दिया गया तो आनेवाली पीढ़ी हमें कोसे बिना नहीं रहेगी ! इलाचन्द्रजी कहते हैं, निरालाजी स्वस्थ हैं। इलाचन्द्रजी के कहने की ध्वनि यह भी है कि निरालाजी सदा स्वस्थ रहे, यदि कभी कुछ अस्वाभाविक क्रिया उनसे हो भी जाती है, तो यह उनकी अलौकिक प्रतिभा का विस्फोट-मात्र है। यदि यही बात है, तो फिर इतने दिनों से क्यों यह बावेला मचाया जाता रहा कि निरालाजी बीमार हैं ? क्यों उनकी सहायता नहीं करने के लिए सरकार को गालियाँ दी जाती रहीं और हिन्दी-संसार को कृतघ्न बताया जाता रहा ? जिन लोगों ने भी ऐसा किया, क्या उन्होंने निरालाजी और हिन्दी-संसार के प्रति घोर अन्याय नहीं किया। भला इससे बड़ा अन्याय और क्या होगा कि किसी महान् प्रतिभाशाली व्यक्ति को उन्मत्त घोषित किया जाए और यों उसको लोक-लोचनों से गिराने की चेष्टा की जाए ? फिर उसके नाम पर चन्दा एकत्र करना या सरकार से सहायता लेना भी क्या एक अपराध नहीं है ? फिर, यह कुकर्म क्यों किया जाता रहा और इलाचन्द्रजी अब तक चुपचाप यह सब क्यों देखते रहे ? आज उन्होंने जिस निर्भीकता और स्पष्टता से बातें रखी हैं, यदि उन्होंने पहले ऐसा किया होता, तो हिन्दी-संसार कितनी परेशानियों से बच गया होता और निरालाजी का जीवन कितना सुखमय होता। फिर महादेवीजी पर ऐसा लांछन लगाए जाने का दुष्टों को मौका ही क्यों मिलता ? इलाचन्द्रजी ही नहीं, प्रयाग के सभी साहित्यिकों से ऐसे प्रश्न पूछे जा सकते हैं और उन्हें एक-न-एक दिन इनका जवाब देना होगा। इलाचंद्रजी की बात मान ली जाए तो दस-पन्द्रह वर्षों से प्रयाग में एक महान् षड्यन्त्र की सृष्टि होती रही और हिन्दी-संसार को उल्लू बनाया जाता रहा। सबसे आश्चर्य की बात यह है कि स्वयं निरालाजी ने स्वस्थ होते हुए, सुन्दरतम रचनाएँ करते हुए, प्रयाग के मित्रों के बीच स्वाभाविक रूप से सदा वार्तालाप करते हुए भी अपने प्रति इतना बड़ा षड्यन्त्र इतने दिनों तक गढ़ने दिया।

यह क्या बात है, कुछ समझ में नहीं आता। निरालाजी की महान् प्रतिभा के कभी-कभी के विस्फोट ने यह कैसा मायाजाल रच दिया।

कुछ स्पष्ट बात–सोचिए, बिगड़िए नहीं !

हम कुछ स्पष्ट बातें करना चाहते हैं। यदि इलाचन्द्रजी के कथनानुसार निरालाजी स्वस्थ हैं, तो स्वस्थता की परिभाषा बदलनी पड़ेगी। कलकत्ता के समारोह का जो मोहक रूप इलाचन्द्रजी ने रखा है, उसका एक दूसरा पहलू भी है–जो छिपा रहे, वही अच्छा है। जिन दिनों निरालाजी के लिए काशी में अभिनन्दन-समारोह सजाया जा रहा था और उन्हें 'महाप्राण' के रूप में पेश किया जा रहा था, हमने उसी दिन समझ लिया था, ये सब बातें कहाँ तक जाएँगी। उन दिनों भी हमने कई मित्रों से कहा था, एक महान् प्रतिभाशाली व्यक्ति को जीवित ही समाधिस्थ करने की यह चेष्टा की जा रही है। निरालाजी की प्रतिभा के स्वाभाविक विस्फोट को ही पोस-पोसकर क्या उन्हें इस स्थिति तक नहीं पहुँचाया गया है ? जितना ही वह अस्वाभाविक कार्य करते रहे, हम उन्हें उतना ही बड़ा मानते गए। जब उन्हें किसी मस्तिष्क-सुधार-चिकित्सालय में ले जाना चाहिए था, तब हम उन्हें मालाएँ पिन्हाते रहे। ये मालाएँ उनकी प्रतिभा के लिए, व्यक्तित्व के लिए काल-सर्पिणी सिद्ध हुईं। अब वह काल-सर्पिणी जब फुफकार कर उठती है, हम चौंकते हैं और तमाशा यह कि कुछ और मालाएँ डालकर सन्तोष कर लेते हैं। यह ग़लत बात है। यह निरालाजी के प्रति घोर अन्याय है। इस अन्याय का प्रतिकार इसी में है कि अब भी हम चेतें, उन्हें इस परिस्थिति से, उन लोगों से दूर करें, जो इसके कारण रहे हैं। आज निरालाजी को किसी मनोवैज्ञानिक चिकित्सक की सहानुभूतिपूर्ण चिकित्सा की आवश्यकता है न कि उन मालाओं की जो इस महामानव के गले में रस्सी बनकर उन्हें एक अन्धकारमय गुफा की ओर घसीटे ले जा रही हैं।

हिन्दी का तीसरा दुश्मन !

एक मित्र ने हमें सुझाया है–आप हिन्दी के दुश्मन को हिन्दी-क्षेत्र में खोजते-खोजते उसके बाहर क्यों भटक गए ? हिन्दी का दुश्मन नं. 3 मौलाना आजाद नहीं हैं, वह हैं पं. सुन्दरलालजी ! डा. रघुवीर हिन्दी को संस्कृत से लादकर और पं. बनारसीदास चतुर्वेदी हिन्दी-क्षेत्र को जनपदीय बोलियों के नाम पर टुकड़े-टुकड़े में बाँटकर जिस प्रकार हिन्दी-हित पर कुठार चला रहे हैं, उसी प्रकार पंडित सुन्दरलालजी हिन्दोस्तानी के गड़े मुर्दे को उखाड़कर हिन्दी के लिए परम शत्रु का काम कर रहे हैं। संविधान में हिन्दी को राष्ट्रभाषा के रूप में स्वीकार किए जाने के बाद हिन्दोस्तानी आप अपनी मौत मर चुकी थी। किन्तु, इस दुनिया में पंडित सुन्दरलाल ऐसे लोग भी हैं, जिन्हें गड़े मुर्दे उखाड़ने में ही आनन्द आता है। क्यों न आए, जब गड़े मुर्दे की कब्र से कारूँ का ख़जाना भी निकलता हो। हिन्दोस्तानी के नाम पर लाखों रुपए सरकार से ऐंठकर उन्हीं रुपयों से शान्ति-सभाओं का संगठन करते हुए अपने देश को अन्य देशों के सामने हीनतम बताने की धृष्टता करने का जो अपराध वह किए जा रहे हैं, उसका जवाब हम उनसे तलब क्यों करने जा रहे हैं। जो लोग पैसे देकर गालियाँ सुनने के आदी हैं–उन्हें कौन समझाए।

[**नई धारा**, जून 1954]

और, ये नागरी के दुश्मन ?

ज़रा जल्द-जल्द पढ़िए—वीद्यारथी; प्रवर्तक; सूर्योदय; परीशरम; श्री।

अरे, आप रुक क्यों रहे हैं ? इतनी मेहनत, इतनी जाँफिसानी, इतने खर्च, इतने धूमधाम से जों लिपि ढाली जा रही है, उसके पढ़ने में इतनी रुकावट।

धड़ल्ले से पढ़ जाइए—विद्यार्थी; प्रवर्तक; सूर्योदय; परिश्रम; श्री। और, अब इन शब्दों के इन रूपों को सदा के लिए भूल जाइए। यदि नहीं भूल सकिए, तो आपसे भुलवाया जाएगा। सरकार ने निर्णय कर दिया। आप कौन होते हैं चूँचरा करनेवाले।

सरकार इस समय देश का पुननिर्माण करने पर तुली है। वह फिर सारी चीजों को नए सिरे से बनवाएगी। नई भाषा गढ़वा रही है, तो पुरानी लिपि को वह यों ही क्यों छोड़े ?

और, सरकार भी क्या करे ? हिन्दी के बड़े-बड़े विद्वानों ने, विश्वविधालयों के बड़े-बड़े प्राध्यापकों ने, शिक्षा-शास्त्रियों ने, शिक्षा-मन्त्रियों ने मिलजुलकर, सोच-विचारकर मगज़पच्ची कर, दिमाग की गुद्दी घुलाकर जो निर्णय किए हैं, सरकार उन्हें टाले तो कैसे ?

यह लोकतन्त्री सरकार है ? इतने बड़े-बड़े लोगों को किस तरह वह नज़रअन्दाज़ करे। अब ख़बर आई है, लखनऊ में इस लिपि की ढलाई भी शुरू हो गई है।

इस नई लिपि में शब्द अनावश्यक रूप में अधिक जगह घेरते हैं,—'वीद्यारथी' और 'विद्यार्थी' को ही देख लीजिए।

ह्रस्व ई और दीर्घ ई का भेद करना कठिन होता है। विद्यार्थी के नए रूप के 'वी' और 'थी' को देखिए।

वह शुद्ध उच्चारण में भी बाधक है—श्र और श्री को देखिए—श्र सचमुच एक संयुक्त अक्षर है, किन्तु श् के साथ र को मिलाकर जो नई श्री बनाई गई है उसमें आधे श् के बाद ही र को पढ़ेंगे, फलतः वह प्रायः ही श्री ही पढ़ी जाएगी। और कौन कहे, कहीं धीरे-धीरे यह 'सड़ी' तक नहीं पहुँच जाए।

लेकिन, आप होते हैं कौन बोलनेवाले ? कागज की कौन-सी कमी है कि अधिक जगह घेरने की चिन्ता की जाए ? यदि लिपि का एक भेद कम हो रहा है, तो अच्छा ही है, क्योंकि सरकार तो सारे भेदभावों को मिटाना चाहती है। और, श्री के बदले श्री को जिन्होंने स्वीकार किया है, क्या उन्हें ख़बर नहीं थी कि देश से सारी 'श्री' गई, तो चाहे श्री रहे, सड़ी रहे, या सीड़ी हो जाए—मतलब एक है।

अतः चुप रहिए। ज़बान पर लगाम रखिए।

नागरी प्रचारिणी सभा कहाँ है ?

अरे, यह कौन-सा सवाल आपने पूछ लिया ?

क्या आपको इतना भी मालूम नहीं है कि नागरी प्रचारिणी सभा काशी में है, सरकार ने उसे पाँच लाख रुपए दिए हैं, वह हिन्दी का एक महाकोश और महाइतिहास तैयार कर रही है, वह अपना एक शिष्ट-मंडल दक्षिण भेज रही है।

क्या वह अपना महाकोश इसी नई नागरी लिपि में छपवाएगी ?

हाँ, महाकोश ही नहीं, महाइतिहास भी नई नागरी में छपवाएगी। सरकारी रुपए से तैयार किए गए कोश और इतिहास क्या गैर-सरकारी नागरी में छपेंगे ?

और जो पुस्तकें नागरी लिपि में उसने छपवाई थीं, उनका क्या होगा ?

उनकी होली जलाई जाएगी। उस दिन फिर एक बार वह राष्ट्रपति को बुलाएगी; नौ हिन्दी प्रान्तों के प्रधानमन्त्रियों को बुलाएगी; दस विश्वविद्यालयों के कुलपतियों, उपकुलपतियों और हिन्दी प्राध्यापकों को बुलाएगी और 'सरकारी' हिन्दी लेखकों और कवियों को बुलाएगी और उनके सामने उन सारी पुस्तकों की होली जलाएगी।

तुलसी ग्रन्थावली भी जलाई जाएगी ?

सिर्फ वही नहीं, पुरानी नागरी में जितनी पुस्तकों की पांडुलिपियाँ भी उसके पास हैं, सबको जला डालेगी।

इस नई नागरी के सामने पुरानी नागरी की क्या बिसात ?

गाँधीजी को नया देश बनाना था, तो उन्होंने विदेशी कपड़ों के होलिकादहन से ही प्रारम्भ किया था।

इस नई नागरी के महान् उद्घाटन के लिए भी कोई बड़ा-सा होलिकादहन होना ही चाहिए।

नहीं तो लोग जानेंगे कैसे कि वह जो राष्ट्रभाषा के नाम से नई हिन्दी बनाई जा रही है (सुन्दरलाली मार्का या रघुवीरी मार्का) उसकी नई लिपि भी बना डाली गई।

तो, क्या आप निश्चित रूप से कह रहे हैं कि नागरी प्रचारिणी सभा ने इस नई नागरी को स्वीकार ही कर लिया है ?

क्या कहने हैं ? आपकी अक्ल को क्या हुआ है ? 'मौनं सम्मतिलक्षणम्'—क्या इस पुराने सूत्र को भूल गए ? अजी साहब, उसे ज़रा भी विरोध होता, तो वह बोलती क्यों नहीं ? और, आप ही ईमानदारी से कहिए, किसी भी संस्था की बोलती बन्द करने के लिए क्या पाँच लाख रुपए काफी नहीं हैं।

एक प्रश्न और। तो क्या यह शिष्टमंडल इस नई नागरी के प्रचार के लिए ही दक्षिण की ओर जा रहा है।

देखिए, यह शिष्टमंडल है। इसका पहला काम तो होगा वहाँ शिष्टता का प्रचार करना, जिसकी वहाँ कमी पाई गई है। इसका दूसरा नाम कहा जा रहा है—सद्भावना मंडल। यानी, दक्षिण में जो दुर्भावना फैल रही है, उसका निराकरण। लेकिन आप ही बताइए, शिष्टता या सद्भावना के लिए कुछ माध्यम तो चाहिए ही। नागरी प्रचारिणी सभा का अर्थ ही है, नागरी लिपि का प्रचार करनेवाली सभा। अतः वह चाहे जो भी काम करे, नागरी लिपि को कैसे भूलेगी ? और नागरी लिपि का अब मतलब ही हुआ, यह नई नागरी लिपि।

क्या शिष्टमंडल के अध्यक्ष पं. अमरनाथ झाजी की भी यही राय है ?

यह प्रश्न ही फिजूल है। आजकल सभाओं में अध्यक्ष का क्या अर्थ रह गया है, क्या आपको इतना भी नहीं मालूम ? अध्यक्ष तो सभा का आभूषण होता है। कभी शादी-ब्याह में उसे झनझना दिया गया। बस।

इन दुश्मनों की संख्या ?

हाँ, यह उचित है कि हम आपको बतलाएँ कि नागरी के इन दुश्मनों की संख्या कितनी बड़ी है।

किन्तु, हमने कहाँ कहा कि ये नागरी के दुश्मन हैं। हमने तो सिर्फ प्रश्न रखा है—ज़रा

प्रारम्भ के शीर्षक का ही प्रश्न-चिन्ह देखिए।

क्या आप हमें इतना महामूर्ख मान लेते हैं कि इतने लोगों से हम बैठे-बैठाए दुश्मनी मोल ले लेंगे।

इसी पटना में भारतीय-हिन्दी-परिषद् का शानदार अधिवेशन हुआ था। जब हम वहाँ पहुँचे तो पता चला, 'भारतीय' का मतलब है 'हिन्दी प्राध्यापक।'

हिन्दी के महानतम प्राध्यापक पधारे हुए थे वहाँ ?

और, वहाँ भी यह नई नागरी ठुमकती हुई पधारी थी और हमारे अधिकांश प्राध्यापक उस पर मोहित हो चले थे।

एक कोट-पैंट-हैट-नेकटाईवाले 'हिन्दी' प्राध्यापक ने तो प्रस्ताव रख दिया कि बस इसी पटना में ही हम उससे स्वयम्वर कर लें।

किन्तु, कुछ पटनियों ने चिल्लपों मचा दी; बेचारे को मन मसोसकर रह जाना पड़ा।

बताइए, अब किन-किनसे दुश्मनी बिसाही जाए। अजी, उन्हें दुश्मन कहकर क्या कन्धे पर सिर रखकर चलना भी सहल है ?

हिन्दी के दुश्मनों की नामावली पेश करके ही हमने बर्रे के खोंते में हाथ रख दिया है। अब नागरी के दुश्मनों की संख्या बताकर अपनी ज़िन्दगी मुहाल क्यों करें ?

नया देश बन रहा है, नई हिन्दी बन रही है, नई नागरी भी बन गई। नया साहित्य तो लिखा नहीं गया, किन्तु इससे क्या ? नया कोश बन रहा है, नया इतिहास लिखा जा रहा है।

चारों ओर उन्नति ही उन्नति है। देश की उन्नति, भाषा की उन्नति, लिपि की उन्नति, साहित्य की उन्नति।

इस उन्नति की गंगा में चुभकियाँ लगाइए और तो भी फुर्ती नहीं मालूम हो, तो या तो नई दिल्ली की सैर कर आइए, या एक शिष्टमंडल बनाकर दक्षिण की (महा) यात्रा कर आइए।

बोलिए, नई हिन्दी की जय। नई नागरी की जय, जय, जय !

[**नई धारा,** अगस्त 1954]

विद्यापति-जयन्ती

विद्यापति की महत्ता !

आज से सात सौ वर्ष पहले, 1350 ई. में, विद्यापति का जन्म हुआ था। सात सौ वर्षों से उनकी वाणी सम्पूर्ण मिथिला को गुंजरित करती आई है। उनकी वाणी पुस्तकों की ही चीज़ नहीं रही। दरबार में ही उनका विकास हुआ था, किन्तु आज सबसे अधिक वे कुटीरों के कवि हैं। मिथिला में कोई ऐसा मंगल-प्रसंग नहीं आएगा, जहाँ विद्यापति के पद नहीं गाए जाते हों। इस दृष्टि से उन्हें वैसी अमरता और व्यापकता प्राप्त है, जैसी संसार के साहित्य में बहुत ही कम कवियों को प्राप्त हुई है। हिन्दी में तुलसी की रचनाएँ बहुत व्यापकता प्राप्त कर सकी हैं। किन्तु कई दृष्टियों से विद्यापति की पदावली उनकी रचनाओं से भी अधिक जन-प्रिय मानी जा सकती हैं। तुलसी की रचनाओं में फैलाव है, विद्यापति की पदावली में सघनता है। वह जहाँ फैली, वहाँ के जीवन को सम्पूर्णतः ओतप्रोत कर दिया। तुलसी मुख्यतः चौपाल के कवि हैं, विद्यापति कोहबर तक में पहुँच चुके हैं, आँगन की क्या बात ? जीवन का कोई भी ऐसा मधुर अंग नहीं, जिसे उनकी वाणी ने स्पर्श नहीं किया हो। एक ओर घरों में, अन्तःपुरी में उनकी यह पैठ,

फिर मन्दिरों में भी उसी बहुलता से उनका प्रवेश। जब किसी मन्दिर में किसी भक्त के मुँह से विद्यापति की नचारी सुनिए, भक्तिरस से सराबोर हुए बिना, क्या आप रह सकेंगे ?

देश-काल की सीमाओं से परे !

"देसिल बयना सबजन मिट्ठा" कहकर उन्होंने उसमें कविता की। वह संस्कृत के प्रकांड पंडित थे। संस्कृत में उन्होंने बहुत से ग्रन्थ भी रचे। किन्तु संस्कृत, लगता है, उन्हें उतनी मीठी नहीं लगी, जितनी उस समय की लोकभाषा, जिसे उन्होंने अवहठ्ठ कहा है। और इस मीठी भाषा को उन्होंने और भी कितनी मीठी बना दिया, आज भी देखिए। शायद ही भारत की किसी भी लोकभाषा की कृति इतनी अधिक मीठी हो। उन्हें 'अभिनव जयदेव' कहा गया था, 'मैथिल-कोकिल' के नाम से तो आज भी प्रसिद्ध हैं। 'मधुर कोमल कान्त पदावली' की दृष्टि से वह जयदेव के समकक्ष हैं, किन्तु विद्यापति के कलकंठ की काकली जयदेव की सरस्वती को धरा पर ही छोड़कर, लगता है, सपक्ष उड़ रही हो, दिग-दिगन्त को मुखरित कर रही हो। प्रकृति में बसन्त का समय वर्ष के छठे भाग में ही होता है। बेचारी कोयल इस दो महीने तक ही रो-गाकर चुप्पी साध लेती है। किन्तु इस मैथिल-कोकिल के लिए बारह मास बसन्त है, उसकी काकली हम सदा-सर्वदा श्रवण-गोचर कर सकते हैं।

मैथिल कोकिल की इस काकली ने काल और देश दोनों की सीमाओं को तोड़ दिया है जैसे। सात सौ वर्षों से जो गाई जा रही है, दुहराई जा रही है, जो सिर्फ पोथियों में नहीं है, जिसे अक्षर ही जीवित नहीं रखे हुए हैं, बल्कि जो जिह्वा-जिह्वा पर है, कंठ-कंठ में है, पुश्त-पुश्त जो धरोहर की तरह दी जाती रही है और सँजोकर रखी जाती रही है। सात सौ वर्षों के बाद भी जिसमें पुरानापन नहीं, बासीपन नहीं; उसमें वही ताज़गी है, वही ज़िन्दगी है, वह उसी प्रकार हृदयों को स्पंदित करती है, शिराओं के रक्त-संचालन को तीव्रतम करती है। यों ही जो कभी मिथिला के एक छोटे-से राजा के राजभवन को गुंजित करती रही, कालक्रम से उसने सम्पूर्ण मिथिला को छा लिया, फिर बंगाल में पहुँची, नेपाल में गई, दक्षिण बिहार में फैली और बिहार की सीमा को लाँघकर जो आज सारे हिन्दी-क्षेत्र को अपना घर बना चुकी है। बंगाल में तो वह इस तरह घुलमिल गई थी कि अपने रचयिता को ही उसने बंगाली बना दिया था।

हिन्दी और विद्यापति !

विद्यापति हिन्दी के प्रथम गीतकार हैं और यह कहा जा सकता है, इन सात सौ वर्षों में कोई ऐसा गीतकार नहीं पैदा हुआ, जो उनकी समकक्षता कर सके। निस्सन्देह वह हिन्दी के श्रेष्ठतम गीतकार हैं। किन्तु, क्या हिन्दी ने उन्हें वह सम्मान दिया, जिसके वह अधिकारी थे ? एक छोटा-सा उदाहरण लीजिए। रेडियो से जो गीत प्रसारित किए जाते हैं, क्या उनमें विद्यापति के गीतों का समावेश किया जाता है ? तुलसी, कबीर, सूर, मीरा होते-होते महादेवी, बच्चन तक ही नहीं, कितने ही उन गीतकारों के नाम भी हम 'आकाशवाणी' से सुनते हैं, जिनकी सूरत भी पृथ्वी पर नहीं देखी। जब लोकगीत की बात याद आती है, तभी विद्यापति को स्मरण किया जाता है। ऐसा क्यों ? क्या विद्यापति की भाषा को एक पृथक् लोकभाषा-मात्र ही मान लिया गया है ? क्या वह हिन्दी के कवि नहीं हैं ? तो फिर मीरा, तुलसी या सूर ही हिन्दी के कवि कैसे हुए ? इन्हें राजस्थानी, अवधी और ब्रजभाषा के कवि क्यों नहीं माना जाए ? दरभंगा जिले में ही हिन्दी के बहुत पुराने सेवक थे पं. भुवनेश्वर मिश्र। उनका कहना था, तुलसी, सूर आदि हिन्दी के कवि हैं ही नहीं। वह हिन्दी का प्रथम कवि खुसरो को मानते थे। वली, मीर

आदि उर्दू कवियों को वह हिन्दी-कवि मानने को तैयार थे, किन्तु सूर-तुलसी को कदापि नहीं। उनके कथन में तर्क है। किन्तु एक ओर तो आप सूर-तुलसी को लें; जब कोई संकलन तैयार करें, तो विद्यापति के लिए भी थोड़ी जगह सुरक्षित रखें। किन्तु जब गीतों के प्रसार की बात आए, तो आप विद्यापति को भूल जाएँ—यह कौन-सा न्याय हुआ ? किन्तु यह अन्याय हिन्दी-क्षेत्रों के सभी रेडियो-स्टेशनों द्वारा किया जा रहा है, जिनमें पटना-रेडियो-स्टेशन भी है।

विद्यापति के साथ सबसे बड़ा अन्याय तब हुआ, जब हिन्दी नवरत्न में उन्हें स्थान नहीं दिया गया। मिश्रबन्धु ने सचमुच यह एक अक्षम्य अन्याय दिया था, भले ही अज्ञान के कारण ही ऐसा उन्होंने किया हो। किन्तु दुख की बात तो यह है कि बिहार के विश्वविद्यालयों में भी वह पुस्तक आज तक पाठ्यग्रन्थ के रूप में स्वीकृत है। उसे पढ़कर बिहार की तरुण पीढ़ी विद्यापति के बारे में क्या सोच सकती है ? और जो सोच सकती है, उसका प्रमाण हमारे सामने है।

बिहार के कालेजों में कोई ऐसी संस्था नहीं है, जो विद्यापति के नाम पर स्थापित हुई हो या जहाँ विद्यापति के अध्ययन की ओर विशेष ध्यान दिया जाता हो, या जहाँ विद्यापति की जयन्ती तक मनाई जाती हो। मान लिया गया है, यह तो मैथिलों या मैथिलीवालों का काम है। बिहार के कालेजों में तुलसी-सप्ताह, हरिश्चन्द्र-दिवस, प्रेमचन्द-दिवस, प्रसाद-दिवस आदि तो मनाए जाते हैं, किन्तु अभी तक मुझे जानकारी नहीं है कि विद्यापति-दिवस भी कभी मनाया गया हो। इन कालेजों में जो हिन्दी-परिषदें हैं, वे इसे अपना कर्तव्य नहीं समझतीं। बिहार के इस सबसे बड़े कवि के प्रति यदि बिहार में ही यह उपेक्षा हो, तो फिर बाहर से हम क्या आशा रख सकते हैं ? बिहार की साहित्यिक संस्थाएँ भी यों ही चुप रहती हैं। हमें दुख है, बिहार-हिन्दी-साहित्य-सम्मेलन भी इस सम्बन्ध में कम दोषी नहीं है। अन्य दिवसों के मनाने में भी वह कम दिलचस्पी लेता है, किन्तु, विद्यापति की जयन्ती नहीं मनाकर और मनवाकर तो वह एक अनर्थ ही करता है। विद्यापति के प्रति हमारी यह उपेक्षा है, तो यदि मैथिली-भाषी यह सोचें कि उनकी भाषा का अस्तित्व अलग स्वीकार किया जाए और अन्ततः उन भाषाभाषियों का अलग प्रदेश बनाया जाए, तो इसमें आश्चर्य क्या है ?

विद्यापति का स्मारक

यह प्रसन्नता की बात है कि बिहार की सरकार ने विद्यापति की ओर ध्यान दिया है और बिस्फी गाँव में विद्यापति का स्मारक और पटना में एक विशाल विद्यापति-भवन बनाने की योजना स्वीकार कर चुकी है। विद्यापति की समस्त ग्रन्थावली को प्रकाशित करने की योजना भी वह स्वीकार कर चुकी है। हम इसके लिए पहले भी बिहार सरकार को धन्यवाद दे चुके हैं; फिर उस धन्यवाद को दुहराते हुए निवेदन करते हैं कि इन योजनाओं को वह तुरत पूरा करे। सरकारी कामों में जो ढिलाई होती है, अनावश्यक रूप से देर कर दी जाती है, उससे इस योजना को बचाया जाए। बिहार सरकार ने यह क़दम उठाकर सारे हिन्दी-संसार को नेतृत्व प्रदान किया है। यदि वह इसे तुरत पूरा करा दे, तो उसके यश में चार चाँद लग जाएँगे, इसमें सन्देह नहीं। उसका यह काम वन्दनीय ही नहीं, अनुकरणीय भी समझा जाएगा। अभी हमें सुप्रसिद्ध चिन्तक और पुरातत्त्वज्ञ डा. वासुदेवशरण अग्रवाल का एक पत्र मिला है। उन्होंने स्मारक की इस योजना के लिए बिहार सरकार को धन्यवाद दिया है और इस पर दुख प्रकट किया है कि विद्यापति के कितने ही ग्रन्थ अलभ्य हैं, जिससे उन पर अध्ययन किया जाना असम्भव हो रहा है। इस पत्र से ही पता चलता है, हिन्दी का सुधी-समाज किस उत्सुकता से बिहार सरकार की इस योजना की ओर देख रहा है।

हिन्दी-संसार की सेवा में

अभी-अभी, बिहार में, मुख्यतः मैथिली के समर्थकों द्वारा, विद्यापति की जयन्ती धूमधाम से मनाई गई है। विद्यापति की पदावली में ही एक पद है जिससे पता चलता है, उनका निधन कातिक शुक्ल त्रयोदशी को हुआ था। इन पंक्तियों का लेखक जब विद्यापति-पदावली का संकलन 1927 में कर रहा था, तो अचानक उसका ध्यान इस पद पर गया और उसने पत्र-पत्रिकाओं द्वारा आन्दोलन किया कि विद्यापति की जयन्ती इस तिथि को मनाई जाए। तब से हर साल कुछ-न-कुछ इस दिशा में होता ही रहा है। किन्तु, लगता है, हिन्दी-संसार ने इस ओर उतना ध्यान नहीं दिया। बिहार के बाहर यह जयन्ती प्रायः नहीं ही मनाई जाती है। क्या यह शोचनीय स्थिति नहीं है ?

आज हिन्दी-क्षेत्र की जनपदीय भाषाओं में एक हलचल मची है। वे सिर्फ यही नहीं चाहती कि उनका संरक्षण या पोषण हो; अब वे हिन्दी से वह स्थान भी माँग रही हैं, जिन पर आज तक वही अधिष्ठित थी। जनसंख्या की गणना के समय लोग मातृभाषा के रूप में इन जनपदीय बोलियों को ही स्थान देने लगे हैं। इन बोलियों के द्वारा ही प्रारम्भिक शिक्षा की माँग की जा रही है। इन बोलियों के आधार पर नए-नए प्रदेश गढ़ने की पुकार भी सुनाई पड़ने लगी है। इन प्रवृत्तियों को भड़काने के लिए बाहरी शक्तियाँ भी काम कर रही हैं। इस महान देश के आधे क्षेत्र पर सिर्फ एक भाषा का अधिकार हो, यह उन्हें पसन्द नहीं, जो इस देश को छोटे-छोटे टुकड़ों में बाँटने और फलतः इसे कमजोर बनाने पर तुले हुए हैं। जो भाषाएँ अपने को अधिक समृद्ध समझती हैं, उन्हें भी हिन्दी के इस संख्याबल से परेशानी है—वे समझती हैं, यदि हिन्दी को यह संख्याबल नहीं मिला होता, तो फिर हमारे लिए भी राष्ट्रभाषा का पद सम्भव हो पाता। अतः हिन्दीभाषियों को इस समय बहुत सजग़ रहने की आवश्यकता है। उन्हें सदा ऐसी चेष्टा करनी चाहिए कि हिन्दी-क्षेत्र की एकता अटूट रहे।

भिन्न-भिन्न जनपदीय भाषाओं के कवियों और साहित्यकारों की जयन्तियाँ समष्टि रूप से सारे हिन्दी-क्षेत्र में मनाना, इस एकता के लिए अचूक साधन हो सकती है। जिस तरह तुलसी-जयन्ती सारे हिन्दी-क्षेत्र में मनाई जाती है, उसी तरह विद्यापति, कबीर, रहीम, सूर, मीरा, नानक, दादू आदि की जयन्तियाँ भी मनाई जानी चाहिए। आधुनिक काल में प्रेमचन्द और प्रसाद की जयन्तियों की तरह सदल मिश्र, लल्लू लाल, माधवराव सप्रे, गौरीशंकर हीराचन्द ओझा, बालकृष्ण भट्ट, बालमुकुन्द गुप्त, पं. रामावतार शर्मा आदि आधुनिक हिन्दी के उन्नायकों की जयन्तियाँ भी मनाई जानी चाहिए। स्वामी दयानन्द, स्वामी श्रद्धानन्द और पं. मदनमोहन मालवीयजी को भी हम कैसे भूल सकते हैं ? फिर गाँधीजी की जयन्ती के लिए विशेष साहित्यिक समारोह क्यों न किया जाए ? यदि हम इन जयन्तियों को सारे हिन्दी-क्षेत्र में—देवघर से दिल्ली और जलन्धर से नागपुर तक—एक साथ मनाएँ, तो हममें फूट डालनेवाली शक्तियों का दिन-दिन ह्रास होता जाएगा और हम देश की इस बड़ी इकाई को सदा अक्षुण्ण रख सकेंगे।

[**नई धारा**, दिसम्बर 1954]

पत्रकारों का सरताज उठ गया !

हाँ, हिन्दी पत्रकारों का सरताज उठ गया। वह, जिसने हिन्दी-पत्रकारिता को अँगरेजी-पत्रकारिता के समकक्ष बनाया, उसे प्रतिष्ठा दी, गौरव दिया, गरिमा दी, वह हमारे बीच नहीं रहा। बाबूराव

विष्णु पराड़कर एक व्यक्ति का नाममात्र नहीं था, यह प्रतीक था हिन्दी-पत्रकारिता के उच्चस्तर का, एकनिष्ठ तपस्या का, देश को ऊपर उठाकर पूजा के पद तक पहुँचा देने का। पराड़करजी हमारे बीच नहीं रहे, हमारा एक आदर्श-बिन्दु हमारी आँखों से ओझल हो गया।

वह तपस्वी, वह साधक, वह महर्षि। आधी सदी की हिन्दी-पत्रकारिता का इतिहास जिससे लिपटा हुआ था। काशी में जिसने जन्म पाया, बिहार में जिसने शिक्षा पाई, बंगाल में जिसने साधना की और पुनः काशी को अपना कर्मक्षेत्र बनाकर जिसने अन्तिम समाधि ली। काशी की विद्वत्ता, बिहार की सादगी और बंगाल की तेजस्विता जिसमें एक केन्द्रबिन्दु पर मिली थी। और महाराष्ट्र की दृढ़ता तो उसने विरासत में ही पाई थी।

पिता की मृत्यु ने जिसकी शिक्षा पूरी होने नहीं दी, किन्तु जो स्वयं अपनी पाठशाला में—अध्यवसाय और अनुभव की पाठशाला में—पढ़कर इतना ज्ञान संचित कर सका; एक साप्ताहिक की प्रूफरीडरी से प्रारम्भ कर जो हिन्दी के सर्वश्रेष्ठ दैनिक का प्रधान सम्पादक बना; जिसके पास कभी कोई डिग्री फटकने नहीं पाई, किन्तु कितने ही डिग्रीधारियों को जिसने लिखना सिखाया; हिन्दी-पत्रकारिता को जिसने एक शैली दी—एक गम्भीर व्याख्यात्मक, प्रभावोत्पादक शैली; जिसने कितने नए शब्द बनाए और चलाए; जिसने हिन्दी भाषा को पुष्ट और समृद्ध किया—उसका अभाव यदि हम बहुत दिनों तक अनुभव करते रहें, तो आश्चर्य क्या ?

जो संघर्षों में ही पला, जो संघर्षों में ही जीया, जो संघर्ष करते हुए मरा। राजनीति में ही नहीं, सामाजिक सुधारों में भी जिसने एक लीक बनाई। जिसने उठती हुई उँगलियों की न परवाह की, न प्रशस्तियों में जुड़ी हथेलियों की ओर निगाह उठाई। जो सिर झुकाए अपने पथ पर चला किया, चला किया। धरती डोलती रही, आकाश फटता रहा—सिर पर फटा छाता और पैर में चमरौंधा जूता लिए जो बढ़ता रहा, बढ़ता रहा।

बाबूराव विष्णु पराड़कर नहीं रहे—'आज' की सम्पादकीय कुरसी ही नहीं खाली हुई, पत्रकारिता-मन्दिर का एक स्तम्भ टूट गया, हिन्दी-गगन का एक नक्षत्र गिर गया। उस कुर्सी पर कोई बैठ चुके होंगे, उस मन्दिर की भी मरम्मत हो जाएगी, उस गगन में फिर कोई नक्षत्र उगेगा—किन्तु, ज़माना कहेगा, कहता रहेगा—"काफिर में थी कोई बात और इसके सिवा भी।"

हम उसकी पवित्र स्मृति में सिर झुकाते हैं। हम उसकी आत्मा की शान्ति के लिए कामना करने की गुस्ताखी नहीं करेंगे, जो अनेक संघर्षों के बीच भी शान्ति की मूर्ति बना अडिग खड़ा रहा। वह हमें बल दे कि हम उसके पद-चिन्हों पर चल सकें—देश को, समाज को, साहित्य को कुछ देकर चलें। उसके ऐसी लम्बी आयु पाने का सौभाग्य यदि हमें नहीं भी मिले, तो भी कुछ ऐसा कर जा सकें कि उसके योग्य वारिस कहला सकें।

प्रोफेसर रंजन ! प्यारे रंजन !

आह। अभी यह क्या पढ़ा ? प्रोफेसर रंजन नहीं रहे। अभी तो वह उस दिन पटना आए, ढूँढ़ते-खोजते हमारी कुटिया में पधारे, गप्पें कीं, भोजन किया, हँसते-हँसते विदा हुए।

'इधर आपका स्वास्थ्य तो अच्छा है।' 'हाँ, अब बड़े मजे में हूँ।' 'क्या हो रहा है ?' 'बस, वही—जो होता रहा।' एक हँसी, एक ठहाका।

रंजन लेखक थे, शिक्षक थे, देशभक्त थे। वैसे देशभक्त नहीं, जो स्वराज्य मिलने के बाद आजकल आए-दिन गली-कूचों में पैदा होते रहते हैं। वह देशभक्त, जिसके लिए देशभक्ति एक जुनून होती है। 1942 की क्रान्ति की भट्ठी में उन्होंने अपने को तपाया था। और जब उस क्रान्ति के कारण देश आजाद हुआ, तो कभी कामना नहीं की कि उस पेड़ का फल भोगें,

जिसे अपने पसीने और खून से सींचा था।

एक बार उनका पत्र आया था, अब यह सब छोड़छाड़कर खेती करने जा रहा हूँ। एक ऊसर में जा बैठे और ट्रैक्टर खरीद की, उसे जरखेज बनाने में लगे। किन्तु उसी समय हृदय ने धोखा दिया। हृदयरोग उभड़ा, बीमार पड़े, फिर छोड़छाड़कर वहीं, जिसे छोड़छाड़ आए थे।

उर्दू के गढ़ हैदराबाद में हिन्दी की ध्वजा फहरानेवालों में रंजन अग्रगण्य थे। 'कल्पना' की कल्पना में उनका कितना हाथ था, जाननेवालों से छिपा नहीं है।

किन्तु, रंजन एक ऐसी आत्मा थे, जो एक जगह चैन से बैठना नहीं जानती। जहाँ जाती है भूचालों के साथ जाती है और आँधी की तरह चल देती है। कोई संस्था उन्हें खपा नहीं सकती थी, कोई संगठन उन्हें बाँध नहीं सकता था।

ऐसी आत्मा सफल नहीं कहला सकी, किन्तु वह अपने पीछे एक अमिट लकीर छोड़ जाती है। जब वह जाती है, जाननेवालों के हृदयों में एक स्थायी टीस छोड़ जाती है। रंजन नहीं रहे, यह कल्पना ही हृदय को मरोड़ रही है।

प्यारे रंजन, जाओ—शायद यह प्रपंची विश्व तुम्हारे अनुरूप नहीं था।

पराड़कर-पत्रकारिता-विद्यालय

क्या हम काशी के मित्रों से, ख़ासकर श्री सम्पूर्णानन्दजी और श्री कमलापति त्रिपाठी से एक निवेदन करने की धृष्टता कर सकते हैं ?

हिन्दी की पत्रकारिता का दिन-दिन विस्तार हो रहा है। आए दिन नए-नए पत्र निकल रहे हैं। पुराने पत्रों की भी आए दिन कायापलट हो रही है। ज्यों-ज्यों जनमत जाग्रत और शिक्षा का प्रसार होता जाएगा, त्यों-त्यों पत्रकारिता के क्षेत्र में वृद्धि होती जाएगी।

पत्रकारिता एक कला है, एक खास कौशल है। सभी कला-कौशलों की तरह यह भी बाजाब्ता शिक्षा की अपेक्षा रखती है। किन्तु कितने आश्चर्य की बात है, कोई ऐसी शिक्षण-संस्था नहीं, जहाँ हिन्दी के माध्यम से पत्रकारिता की उच्चकोटि की शिक्षा का प्रबन्ध हो। एकाध विश्वविद्यालयों ने इसकी ओर थोड़ा ध्यान भी दिया है, तो वहाँ भी अनुभवी पत्रकारों के द्वारा शिक्षा देने का प्रबन्ध नहीं होने के कारण, वह शिक्षा केवल किताबी शिक्षा मात्र रह गई है।

कैसा अच्छा हो, कि काशी में इसकी शिक्षा के लिए समुचित प्रबन्ध किया जा सके ?

और, इससे बढ़कर और क्या बात हो सकती है कि वह पराड़करजी की ही स्मृति में, उनके ही नाम पर, स्थापित किया जा सके।

काशी पर इस महाराष्ट्रीय ब्राह्मण का ऋण है, जिसे उसे चुका देना चाहिए।

आज जब सरकारें फालतू कामों पर इतना खर्च किया करती हैं, यदि इस अत्यावश्यक कार्य पर कुछ लाख खर्च कर दें, तो कौन-सी बड़ी बात हुई। सम्पूर्णानन्दजी और कमलापतिजी दोनों ही काशी के पत्रकार रहे हैं। दोनों ही पराड़करजी के सहयोगी रह चुके हैं। दोनों ही इस समय सरकार के उच्च स्थानों पर हैं। अतः इन दोनों से ऐसी आशा करना क्या दुराशा-मात्र हो सकती है ?

अब तो सरकारी विभागों के प्रचार-आदि कामों के लिए अच्छे पत्रकारों की आवश्यकता अनुभव की जा रही है। कोई ऐसी प्रामाणिक संस्था तो हो, जहाँ से निकले हुए लोगों को सरकार बेखटके ले सके।

काशी में बनी यह संस्था बिहार और उत्तरप्रदेश दो बड़े हिन्दी-प्रदेशों के इस अभाव की पूर्ति में समर्थ हो सकेगी। यों तो हिन्दू-विश्वविद्यालय की तरह यह अखिल भारत से योग्य

विद्यार्थियों को आकृष्ट कर सकेगी।

पराड़करजी की स्मृति में यदि हम इस तरह का कोई ठोस काम नहीं कर सके, तो हम सचमुच कृतघ्न सिद्ध होंगे।

[**नई धारा**, फरवरी 1955]

बटोहिया के गायक नहीं रहे।

जिस गायक की तान से एक दिन बिहार का कोना-कोना गुंजित होता रहा, जिसके 'बटोहिया' में बिहार के युवकों ने एक समय देश-माता के रूप की, उसकी प्राचीन गरिमा की, उसकी नवीन आकांक्षा की झलक पाई थी, जिसे गाते वे अघाते नहीं थे—कोई सभा हो रही है, उसका प्रारम्भ बटोहिया से होगा; कोई मंडली जुटी, ज़रा बटोहिया गाओ; ट्रेन से जा रहे हैं, समय काटे नहीं कटता, बटोहिया सुनाओ—स्वर्गीय पंडित ईश्वरीप्रसाद शर्मा ने जिस गीत को 'बिहार का वन्दे मातरम्' की उपाधि से अभिहित किया था; जिसके तर्ज पर न जाने कितने गीत लिखे गए, जिनमें भाई मनोरंजन का 'फिरंगिया' अति प्रसिद्ध हुआ—ऐसे गीत के रचयिता, सारन जिले की साहित्यिक विभूति, बनैली दरबार के शृंगार, सरस्वती के अनन्य उपासक, कवि-हृदय, भक्त-हृदय बाबू रघुवीरनारायणजी, एक लम्बी आयु का जीवन बिताकर हम लोगों में से चले गए—चले गए, उस लोक में जिसके लिए उनका भक्त-हृदय कब से न मचल रहा था ! सादगी, सौजन्य और साधुता की मूर्ति थे। छोटे के प्रति आशीर्वाद की वर्षा करते हुए अघाते नहीं थे; बोलते कम, किन्तु वाणी के अभाव को उनकी स्नेहार्द्र आँखें पूरी कर देतीं। भोजपुरी में अब भी वह काव्य-सामर्थ्य है, जो सहृदयों के हृदयों को मथित कर दे, वह केवल प्रेम की वाणी को ही प्रगटित करने की शक्ति नहीं रखती, वरन् वह देश-भक्ति की अजस्र धारा भी बहा सकती है, इसका प्रथम प्रमाण रघुवीर बाबू ने ही दिया। उन दिनों खड़ी बोली खड़ी हो रही थी। ब्रजभाषा से उसकी टक्कर थी। जिन कुछ लोगों की रचना ने खड़ी बोली की मधुरता और सरसता का साका खड़ा किया, उनमें रघुवीर बाबू भी थे। अँगरेजी में जो आपने कुछ कविताएँ लिखीं, उनकी प्रशंसा तत्कालीन इंग्लैंड के पोयट लौरियट—कवि-सम्राट—ने की थी। रघुवीर बाबू की प्रतिभा ने बिहार को गौरवान्वित किया था। बिहार राष्ट्रभाषा-परिषद् ने अपना सर्वश्रेष्ठ सम्मान-पुरस्कार उन्हें देकर अपने को गौरवान्वित किया था। इधर वह इतने वृद्ध हो चले थे, तो भी जनसेवा की वृत्ति नहीं छोड़ी थी। होमियोपैथी के वह चिकित्सक थे। कुछ दिन हुए, इन पंक्तियों के लेखक से उन्होंने इच्छा प्रकट की थी, दवा का कोई अच्छा प्रबन्ध किया जाए, तो वह अपना अन्तिम समय रोगियों की सेवा में ही लगा देना चाहते हैं। यों उनमें सेवा की धुन थी। इस प्रकार का सर्वतोमुखी प्रतिभा का पुरुष जब चल उठता है, पृथ्वी कुछ सूनी-सी लगने लगती है। निस्सन्देह, रघुवीर बाबू के इस महाप्रयाण से हम साहित्यिकों के बीच एक श्रद्धा का, आदर का स्थान सूना पड़ गया है।

कवि, तुम्हारा स्थान कहाँ ?

जब कभी रघुवीर बाबू ऐसा पुरुष चल देता है और राजनीति के प्रपंचों में फँसी दुनिया, उस ओर ध्यान भी नहीं देती, तो मन में प्रायः यह प्रश्न उठता है, कवि, तुम्हारा स्थान कहाँ ? बिहार में अभी दो मृत्युएँ हुई हैं। एक मिनिस्टर साहब चल बसे; एक हमारा कवि चल बसा। संयोग से इन पंक्तियों का लेखक बिहार से बाहर था। वह नियमित अखबारों का पढ़नेवाला

है, किन्तु कहीं इस कवि की मृत्यु का समाचार उसे नहीं प्राप्त हुआ ! उस ओर मिनिस्टर की मृत्यु कहीं कुहराम और कहीं त्योहार होकर आई—कालेज बन्द, स्कूल बन्द—लड़कों ने समझा, चलो, एक दिन की पढ़ाई से तो मुक्ति मिली, खेलो, मौज करो ! सेक्रेटेरियट बन्द, कचहरियाँ बन्द—लोगों ने लम्बी साँस ली, कुछ दुख की, कुछ सुख की ! वक्तव्य छपने लगे, अखबारों के कालम रँगे जाने लगे। शब्दों की, विशेषणों की, मरनेवाले की खूबियों की खोज होने लगी ! कोई मरे, उसका यश गाया जाए, उसकी मृत्यु पर मातम मनाया जाए, सारे कामधाम बन्द रखे जाएँ, हम इसके विरोधी नहीं ! किन्तु दुख की बात यह है कि हमारी शोक-भावना राजनीति पर ही, राजनीतिक पुरुषों पर ही, क्यों केन्द्रित हो ? क्या किसी राज-पुरुष द्वारा की गई सेवा इतने महत्त्व की हो जाती है कि उसके मुक़ाबले जीवन-भर मूक-मौन रहकर सरस्वती की आराधना किए जाना, अपने को जन कोलाहल से दूर रखकर कुछ स्वर्गीय संगीतों की माला पिरोए जाना, अपनी सारी कामनाओं का हनन कर अपने को जन-सेवा के लिए उत्सर्ग कर देना भी तुच्छ, उपेक्षणीय, हेय बन जाता है ? यदि हमारी यह मनोवृत्ति स्थायी है, तो हमारे भविष्य के लिए यह अत्यन्त ही अहितकर है। धीरे-धीरे वह दिन आनेवाला है कि एक राजपुरुष और एक राजकर्मचारी में अन्तर नहीं रह जाएगा। वे आते रहेंगे, जाते रहेंगे। पेरिस की गलियों में दो दर्जन भूतपूर्व मिनिस्टर इधर-उधर मारे फिरते हैं—किन्तु कोई उनकी ओर नज़र भी नहीं उठाता। भूतपूर्व मिनिस्टरों की गत की कुछ झलक तो अब हम भारत के भिन्न-भिन्न भागों में भी देखने लगे हैं। किन्तु, संसार के सभी देशों में, सुसंस्कृत देशों में, कलाकारों, कवियों, साहित्य-स्रष्टाओं की महिमा दिन-दिन उच्च, उच्चतर होती जाती है। हमारे नेताओं को, राजपुरुषों को, पत्रसम्पादकों को भी अपनी रुचि, अपनी दृष्टि बदलनी होगी। लेकिन एक शर्त है, वह यह कि हम साहित्यिक पहले अपनी दृष्टि ऊँची करें।

तुम, जो नेता-निर्माता हो !

कवियों को, कलाकारों को, साहित्यकारों को, पत्रकारों को सोचना होगा, उनका अपने प्रति क्या कर्त्तव्य है ! किसी सभ्य देश के पत्र को देखिए, उसके मुखपृष्ठ का सिर्फ एक चतुर्थांश ही राजनीति को अर्पित रहता है—किसी विशेष प्रसंग की बात अलग है। अपने यहाँ जिन अखबारों को ही देखिए, उनके मुखपृष्ठ पूरे के पूरे राजनीतिक समाचारों से रँगे हैं। बात यहाँ तक आ गई है कि यदि एक ही पुरुष—मान लीजिए, पंडित नेहरू—यदि एक ही दिन किसी सामाजिक, साहित्यिक या कला-सम्बन्धी समस्याओं पर बोलें और उसी दिन किसी राजनीतिक विषय पर वक्तव्य दें, तो मुखपृष्ठ पाने का हकदार यह वक्तव्य ही होगा ! यों ही हमारे साहित्यकार जिस सम्मान-भावना को लेकर किसी राजनीतिक नेता या राजपुरुष से मिलते हैं, क्या वही भावना अपने साहित्यिक बुजुर्गों के प्रति भी उनमें रहती है ? किसी नेता ने उनका 'इन्टरव्यू' स्वीकार किया और पाँच-दस मिनट का समय दे दिया, तो वे अपने को कृतकृत्य समझते हैं और उसकी कथा कहते नहीं अघाते। किन्तु, उसी शहर के किसी साहित्य-महारथी से यदि वे मिल भी आए, तो क्या उनके मन में वही उत्कंठा रहती है ? सच बात तो यह है कि हम सबने अपने को हीन समझ रखा है, बना रखा है ! फिर हमें दूसरा क्यों सम्मान दे ? रघुवीर बाबू चल बसे, तो हमारी साहित्यिक संस्थाओं को उनके सम्मान में कुछ करने से किसने रोका था ? पत्र-पत्रिकाएँ तो हमारे ही लेखों से, कविताओं से, कहानियों से, संस्मरणों से चलती हैं, हमें उनमें लिखने से किसने मना किया था ? एक नेता चल बसे, हजारों नेताओं ने उनके यश-गान शुरू किए। एक साहित्यिक चल बसा, अन्य साहित्यिक उसाँसें लेकर चुप बैठे ! जब तक हम अपना सम्मान आप नहीं करने लगेंगे, जब तक अपने महारथियों के कीर्त्ति-कलापों की ओर

हम जनता का ध्यान नहीं खींचेंगे, तब तक हमारी यही दशा होगी, यह बात उन्हें अच्छी तरह समझ लेना चाहिए, जो यथार्थ में नेता-निर्माता हैं !

संकीर्णता नहीं, अनुदारता नहीं !

क्या हमारे इस कथन से संकीर्णता टपकती है ? क्या इसमें अनुदारता की गन्ध है ? हमारी यह मंशा नहीं—यह हम स्पष्ट कह देना चाहते हैं। हमने सत्पुरुषों की, राजपुरुषों की कभी उपेक्षा नहीं की। राम, कृष्ण, बुद्ध, गाँधी—हमने सबके गीत गाए, उनकी अलौकिकता की ओर संसार का ध्यान खींचा ! किन्तु किसी सत्पुरुष का यशगान करना और अपना आत्मसम्मान खोना—दोनों दो बातें हैं ! आज हम आत्मसम्मान खो चुके हैं, हमारे लिए दुख की, खेद की, लज्जा की बात यह है। हम अपने गोत्र की, सरस्वती के वर-पुत्रों की, परम्परा को भूल गए हैं ! इसलिए कोई राम हमारे लिए सिंहासन छोड़कर नहीं उठता है, कोई छत्रशाल हमारी पालकी में कन्धे नहीं लगता है ! हमने मान लिया है, राजपुरुष हमसे बड़ा है, क्योंकि वह सिंहासन पर बैठा है। हम यह भूल गए हैं कि सिंहासन पर सदा राम ही नहीं बैठते, रावण भी बैठता आया है ! कृष्ण को कभी सिंहासन नहीं मिला और बुद्ध ने सिंहासन को ठुकरा दिया। बिना सिंहासन के भी गाँधी भारतीयों का एकछत्र नेता था। राजनीति क्षणिक चीज है—यह ऐसी करवटें लिया करती है कि यह कहना कठिन है, जो आज सिंहासन पर है वह कल कहाँ रहेगा ! हम क्षणिकता के पीछे नहीं दौड़ें, शाश्वतता हमारा ध्येय होना चाहिए। शाश्वतता की उपासना ही हमें अमरता प्रदान करेगी !

[**नई धारा**, मार्च 1955]

सिनेमा और साहित्य

यदि भ्रष्ट साहित्य देखना हो, तो सिनेमा देखो, यह आम धारणा है हिन्दीवालों की। उसके कारण भी हैं। प्रेमचन्दजी की कृतियाँ सिनेमा में आकर भ्रष्ट हुईं। सुदर्शनजी की साहित्यिक प्रतिभा को सिनेमा खा गई। भगवतीचरण वर्मा, भगवतीप्रसाद वाजपेयी, उग्र, अश्क—कौन-कौन न आए और इस पहाड़ से सिर टकराकर लहूलुहान घर लौटे। तो भी हिन्दीवाले सिनेमा देखते ही हैं और हिन्दी के साहित्यिक भी यदा-कदा इस कूचे की झाँकी लेने से बाज नहीं आते।

सिनेमा आधुनिक विज्ञान का वह वरदान है, जो सस्ता मनोरंजन देती है। दिन-भर की दौड़धूप, मेहनत-मशक्कत से परेशान इनसान शाम को दिलबस्तगी का कोई सामान खोजता है। गरीब देश है। उसे ऐसा ही मनोरंजन चाहिए, जो कम-से-कम पैसे में प्राप्त हो सके, सब जगह प्राप्त हो सके और जिसके अपनाने में अँगुली भी नहीं उठाई जाए। सिनेमा इन सभी शर्तों को पूरा करता है। इसीलिए यह इतना जनप्रिय है।

यूरोप-अमेरिका में सत्साहित्य के प्रचार और प्रसार में भी सिनेमा ने योग्य हाथ बँटाया है। शेक्सपीयर, बरनार्ड-शॉ, ह्यूगो, जोला, मेटरलिंक, टाल्स्टाय, पुश्किन, सिन्क्लेयर, हेमिंग्वे आदि की कृतियों को जनसाधारण के लिए सुलभ कर सिनेमा ने अच्छा आदर्श पेश किया है।

अपने देश में शरद बाबू की सुन्दरतम रचनाओं को गली-गली में पहुँचाने का श्रेय क्या सिनेमा को नहीं मिलना चाहिए ?

किन्तु, कैसा आश्चर्य।—हिन्दी के लिए, उसके साहित्य के लिए यह अब तक अभिशाप ही सिद्ध होता रहा है।

1934 की बात है। बम्बई में कांग्रेस हो रही थी। इन पंक्तियों का लेखक कांग्रेस में शामिल होने आया। बम्बई में हर जगह पोस्टर चिपके थे कि प्रेमचन्दजी का 'मजदूर' अमुक तारीख से रजत-पट पर आ रहा है। ललक हुई, अवश्य देखूँ, कि अचानक प्रेमचन्दजी से भेंट हुई। मैंने 'मजदूर' की चर्चा कर दी। बोले, "यदि तुम मेरी इज्जत करते हो, तो यह फिल्म कभी नहीं देखना।" यह कहते हुए, उनकी आँखें भी नम हो आई थीं।

"क़र्ज से परेशान था, यहाँ चला आया। अब लौट रहा हूँ; फिर इस कूचे में कदम न रखूँगा, कसम खा ली है।" आज भी उनका वह गमगीन चेहरा याद आ रहा है।

और, तब से इस कूचे में आनेवाले जिन हिन्दी-लेखकों से भी भेंट हुई, सबने प्रेमचन्दजी के अनुभवों को ही दुहराया है।

वरदान : अभिशाप

हिन्दी-लेखकों की ही दुर्गत सिनेमा में नहीं हुई, हिन्दीभाषी क्षेत्रों के जिन पुराने कवियों, सन्तों, कलाकारों, वीरों और सम्राटों को सिनेमा ने अपने आलिंगन में लिया, सबकी दुर्गत हुई।

विद्यापति, तुलसी, कबीर, मीरा, बैजूबावरा, कुणाल, चन्द्रगुप्त, पृथ्वीराज, महाराणा प्रताप, लक्ष्मीबाई—किनके चेहरे खराब न किए गए !

गीतों का सबसे बड़ा रचयिता विद्यापति, फिल्म में, एक भी मैथिली गीत नहीं गाता; तुलसीदास 'बन चले राम रघुराई' गाते हैं, कबीर की 'झीनी-झीनी बीनी चदरिया' पियानो के सुरताल पर सुनाई जाती है। बैजूबावरा इश्क का दीवाना है, कुणाल वीर है, चन्द्रगुप्त कमर लचकाता हुआ पालकी ढोता है—कहाँ तक किन-किनका रोना रोया जाए।

"कूपन्हि में यहाँ भाँग पड़ी है"—कहावत चरितार्थ हो रही है।

बार-बार सोचना पड़ता है, विज्ञान का जो वरदान रहा, वह हिन्दी के लिए अभिशाप क्यों सिद्ध हो रहा है ? देवी हमारे लिए चुड़ैल क्यों बन गई।

हिन्दी-क्षेत्र सिनेमा के लिए हरीयरी चरागाह रहा है। हिन्दी-फिल्मों के लिए सारे भारत में जगह है। कश्मीर से मद्रास, आसाम से सौराष्ट्र तक हिन्दी-फिल्में देखी जाती हैं। नेपाल की राजधानी में छः सिनेमा-घर हैं जिनमें हिन्दी-चित्र ही दिखाए जाते हैं। किसी भी फिल्म-निर्माता से पूछिए, यदि वह ईमानदार है, तो आपको बताएगा, हिन्दी के इस विस्तृत क्षेत्र से ही उसका कोष भरता रहा है।

फिर हिन्दी-फिल्मों में हिन्दी-साहित्य की यह दुर्गत क्यों ? हमारे प्राचीन पुरखों का यह अपमान क्यों ?

हमें इस प्रश्न पर सोचना पड़ेगा और प्रतिकार के उपाय ढूँढ़ने पड़ेंगे।

हम सिनेमा की उपेक्षा कर नहीं सकते। हमारी जनता को सस्ता मनोरंजन चाहिए, सुलभ मनोरंजन चाहिए। वह सिनेमा देखेगी, देखती रही है।

यदि हमारे भूखे लोगों के सामने जहरीली थाल पड़ोसी जा रही है, तो हम उनके सामने से यह थाल हटाएँ, हम अपराधी को पकड़ें, पुलिस के सुपुर्द करें। यही नहीं, उनके लिए स्वस्थ खुराक का प्रबन्ध करें।

निदान और औषधि !

छपाई और अखबारनवीसी की तरह, आधुनिक विज्ञान का यह नया चमत्कार हमारे देश में बम्बई, मद्रास और कलकत्ता की राह से आया।

यह लुटेरों का हमारा देश—जहाँ पहुँचा, उन्होंने लूटा और चाहा कि उनकी लूट-क्रिया

सदा के लिए सब जगह के लिए बनी रहे।

आज हिन्दी-फिल्म कहाँ बनती हैं ? उन्हें कौन बनाते हैं ? हिन्दी-क्षेत्र से उनका क्या सम्बन्ध है ?

हमारे महापुरुषों और महान नारियों की भूमिका में जो आते हैं, वे कौन हैं ? हिन्दी-क्षेत्र की भाषा, भूषा, परम्परा, रीति-नीति से उनका कितना सम्पर्क है ?

हमारे पुरखों की सूरत-शकल बिगाड़ने में उनके मन में क्यों मोह-ममता हो ?

जिन्हें सिर्फ पैसे चाहिए, वे क्यों खयाल करें कि उनका थाल खाकर लोग बीमार पड़ते हैं या मरते हैं ?

मूर्खो, मरो, मरो ! तुम मरने ही के लिए पैदा किए गए थे। मरने पर भी क़फन की कीमत चुकाते जाओ।

यदि किसी देश में उनके पुरखों की ऐसी दुर्गत की जाती, तो वहाँ दंगे होकर रहते। लोग पैसे खर्च कर दाँत निपोड़कर ऐसे चित्रों को देखने की अपेक्षा उनकी होलियाँ जलाते, सरेआम जलाते।

हिन्दी-क्षेत्र के भोलेपन से, उनकी सुधाई से, फायदे उठाए जाते रहे हैं, उठाए जा रहे हैं।

यदि हिन्दी क्षेत्रों की सरकारें भी इस ओर ध्यान देतीं, तो क्या नहीं हो सकता था ?

ब्रज में सूर के, राजस्थान में मीरा के, अवध में तुलसीदास के, मिथिला में विद्यापति के वंशधरों का ही तो अब राज्य है। प्रताप, चन्द्रगुप्त, पृथ्वीराज, लक्ष्मीबाई ने जिन गद्दियों को सुशोभित किया था, वे नष्ट हो चुकीं, मान लिया जाए, किन्तु, उनके स्थानों में नई गद्दियाँ जमाकर तो लोग बैठ ही चुके हैं।

क्या उनकी जिम्मेवारी यह नहीं है कि वे देखें कि उन स्मरणीय नामों और उनके कामों की यों मिट्टीपलीद न की जाए !

वे ऐसी फिल्मों पर कम-से-कम रोक तो लगा ही सकते हैं।

यदि उन्हें ऐसा करने में हिचक हो, तो क्या हिन्दी-क्षेत्र के समझदार लोगों का कर्तव्य नहीं है कि वे ऐसे बुरे चित्रों के खिलाफ आन्दोलन करें, जनमत को उद्बुद्ध करें, फिर सरकार को बाध्य होना ही पड़ेगा।

किन्तु, क्या सिर्फ रोक-छेंक करने से ही काम चल जाएगा ?

जनता को तो सस्ता मनोरंजन चाहिए ही। उसकी मानसिक भूख को शान्त करने के लिए स्वस्थ भोजन का प्रबन्ध करना ही पड़ेगा।

हिन्दी-क्षेत्र में चित्रनिर्माण !

सबसे आवश्यक यह है कि अब हिन्दी-क्षेत्रों में सिनेमा बनाने के लिए आयोजन किया जाए।

जयपुर, इन्दौर, जबलपुर, दिल्ली, जलन्धर, लखनऊ, प्रयाग और पटना में जब सिनेमा-निर्माण का काम होने लगेगा, तभी हिन्दी-क्षेत्र की संस्कृति, सभ्यता, संगीत, प्रकृति और प्रवृत्ति की सच्ची अवतारणा रजत-पट पर होने लगेगी।

एक दिल्ली रेडियो से भी सारे देश का काम चल सकता था। सरकार ने क्यों देश के हर अंचल में रेडियो-स्टेशनों की स्थापना की है ?

इन रेडियो-स्टेशनों के चलते स्थानीय भाषाओं और कलाओं का कितना अच्छा विकास हो रहा है।

अभी उस दिन एक गुजराती के कलाप्रेमी से बातें हो रही थीं। वह कहने लगे, गुजराती

में फिल्में नहीं बनतीं; गुजरातियों को हिन्दी फ़िल्मों से ही सन्तोष करना पड़ता है।

उड़िया, असमिया, कन्नड़ आदि छोटे-छोटे क्षेत्रों की भाषाओं की भी यही हालत है।

क्या वहाँ की सरकारों का यह कर्त्तव्य नहीं कि वे मनोरंजन के इस साधन को अपनी जनता के लिए सुलभ करें ?

हिन्दी-फ़िल्मों की तो इतनी माँग है कि हिन्दी-क्षेत्र में तीन-चार फिल्म-स्टुडियो की स्थापना तुरत की जा सकती है।

हिन्दी-क्षेत्र में अच्छे-अच्छे कलाकारों की कमी नहीं है। जिनमें इसके लिए रुचि है, उन बेचारों को बम्बई, मद्रास और कलकत्ता की ओर दौड़ना और धक्के पर धक्के खाने पड़ते हैं। तो भी उनमें से कुछ ने तो अपने लिए इस उद्योग में स्थान बना ही लिया है।

हिन्दी-क्षेत्र में पैसों का भी अभाव नहीं है। उद्योगपतियों की भी कमी नहीं है। कितने लोगों ने इस सम्बन्ध में प्रयत्न भी किए; किन्तु वे जमे-जमाए लोगों से प्रतियोगिता में डट नहीं सके।

यदि हिन्दी-क्षेत्र की नौ सरकारों में से तीन-चार बड़ी सरकारें भी इस ओर ध्यान दें, तो कुछ ही दिनों में हिन्दी-क्षेत्रों में यह उद्योग जमकर रहेगा।

इससे सरकार और जनता दोनों का लाभ होगा। सरकार ऐसे चित्र भी बनवा सकेगी, जो देश के नए विकासों में सहायक सिद्ध हों। नए ग्रामों के निर्माण, निरक्षरता-निवारण बीमारियों से युद्ध, नए ढंग की खेती और नए-नए उद्योग की ओर जनता की अभिरुचि उत्पन्न करना चल-चित्रों के द्वारा बहुत ही आसान होगा।

सभी सरकारों के प्रचार-विभाग इस दिशा में कुछ-न-कुछ करते ही हैं। आवश्यक है, ऐसे प्रयत्नों को संघबद्ध करना।

सरकारी छत्रछाया में होने से ऐसा प्रचार-कार्य सारी उपयोगिता खो देता है। कलाकारों और संचालकों की सम्मिलित सहयोग-समितियों को भरपूर सहायता देकर इस काम को बड़ी सफलता के साथ कराया जा सकता है।

रजतपट की प्रतीक्षा में

इतने दिनों में हिन्दी में फिल्में बन रही हैं, किन्तु कभी हमने उनमें गंगा और यमुना, गोमती और नर्मदा की पावन तरंगों और उनके रंगीन घाटों की झाँकिया पाईं ?

कभी हमने उनमें हिमालय और विन्ध्या की चोटियों और घाटियों की झलक देखी ?

हिन्दी-क्षेत्र के कहनेवाले बीस करोड़ लोग कैसे रहते हैं, उनके गाँव कैसे हैं, खेत-खलिहान में कैसे काम करते हैं, वे खुशियाँ कैसे मनाते हैं, उनके पर्व-त्योहार कैसे हैं, वे क्या गाते हैं, कैसे गाते हैं—इन तथाकथित हिन्दी-फिल्मों में कभी ये बातें पाई गईं ?

होली, चैती, बारहमासे, बिरहे, कजरी, झूमर—ये लोकगीत, जो हृदय को तरंगित करते हैं, उमंगित करते हैं, जो हँसाते हैं, रुलाते हैं, नचाते हैं—क्या हिन्दी-फिल्मों में कभी स्थान पा सके हैं ?

यही नहीं, मध्य प्रदेश, विन्ध्य प्रदेश और बिहार में रहनेवाले आदिवासियों के ललित गीत और उच्छ्वसित नृत्य कभी चित्रपट पर देखे जा सके ?

हमारी कुलवधुओं की वेश-भूषा—चूनर, चोली, चूड़ियाँ, झूमका, नथिया, हैकल, करधनी, ओढ़नी, आँचल—क्या कभी सही और स्वाभाविक रूप में चित्रित किए जा सके ?

इन फिल्मवालों ने हमारी जिस चीज़ को छुआ, गन्दा-गन्दा भ्रष्ट कर दिया।

ये सारी चीजें प्रतीक्षा में हैं कि इन्हें रजतपट पर उतरने और चमकने का सुअवसर

दिया जाए।

यही नहीं, 'पृथ्वीराज रासो' से लेकर 'कामायिनी' तक की हमारी काव्य-कृतियाँ और 'नासिकेतोपाख्यान' से लेकर 'माटी की मूरतें' तक की हमारी कथाएँ रजत-पट की प्रतीक्षा में हैं। अनेकानेक लोकगाथाएँ भी इन प्रतीक्षकों की पाँत में खड़ी हैं। क्या हिन्दी-क्षेत्र की जनता, उसके कलाकारों, उसकी प्रतिनिधि सरकारों और उद्योग-संचालकों का यह कर्तव्य नहीं कि वे इनकी ओर ध्यान दें ?

ये कब तक प्रतीक्षा में रहेंगे ? हमें जवाब देना पड़ेगा और जल्द ही।

[**नई धारा,** जून 1955]

आगामी युग का साहित्य !

ट्राट्स्की ने अपनी सुप्रसिद्ध पुस्तक 'साहित्य और क्रान्ति' में आनेवाले युग के साहित्य का बड़े उत्साह से वर्णन करते हुए, बताया है कि वह युग साहित्य के लिए वैसा स्वर्णयुग होगा जिसमें सुकरात और शेक्सपीयर की रचनाएँ बच्चों के खिलवाड़-सी लगेंगी।

मानव विकास करता जा रहा है, वह नित्य नए उन्नति के शिखर को पार करता हुआ बढ़ता जा रहा है। उन्नति की उस अवस्था को भी वह प्राप्त कर लेगा, जब उसकी शक्तियाँ सभी क्षेत्रों में असीम होंगी। कभी वह पानी के बुल्लों को ही तोड़ने में मज़ा अनुभव करता था, आज वह उसी पानी के अणुओं को तोड़कर उद्‌जन-बम बना रहा है। विज्ञान की यह विकास-धारा साहित्य को भी अनुप्राणित करके रहेगी। एक दिन वह आएगा कि मानव-मस्तिष्क और हृदय वैसी उड़ान ले सकेंगे कि सुकरात का दर्शन और शेक्सपीयर की कल्पना सचमुच बच्चों के खिलवाड़ जँचेंगे।

कहने में, समझने में भी, यह बात आसान लगती है। तर्क से ऐसा ही सिद्ध होता है। किन्तु क्या तथ्य भी इसी ओर इशारा करते हैं ?

जिस भौतिक वातावरण में, भौतिक विकास की जिस कड़ी पर, सुकरात पैदा हुए थे, उससे, भौतिक दृष्टि से, आज यूरोप कितना अधिक बढ़ गया है। किन्तु क्या उसी अनुपात में यूरोप का चिन्तन सुकरात के चिन्तन से आगे बढ़ा है ? शेक्सपीयर के इंग्लैंड से आज का इंग्लैंड कितना अधिक समृद्ध और विकसित है। किन्तु क्या बात है, पाँच सौ वर्षों की अविराम विकास-धारा में बहते रहने पर भी, इंग्लैंड दूसरा शेक्सपीयर तक नहीं दे सका, उससे बड़ा कवि या नाटककार देना तो दूर की बात।

क्या हमीं दूसरा व्यास-वाल्मीकि, कालिदास-तुलसीदास दे पाए हैं। यद्यपि यह सभी मानते हैं कि बार-बार आवर्त में पड़ जाते रहने पर भी भौतिक दृष्टि से उनके युग से हम कहीं अधिक विकसित युग में हैं।

भौतिक साधन और साहित्य-प्रणयन

यहाँ प्रश्न उठता है, क्या साहित्य का प्रणयन भौतिक साधनों का ही अनुगमन करता है ?

कुछ अंशों में तो ऐसा होता ही है। सुकरात का ग्रीस और शेक्सपीयर का इंग्लैंड उनके समय में अति समृद्ध थे, इसे सब स्वीकार करते हैं। वाल्मीकि, व्यास, कालिदास और तुलसीदास के काल भी सुखी और सम्पन्न भारत के काल थे, यह भी मानना पड़ेगा ही।

क्रान्तिदर्शी ट्राट्स्की मानता था कि आगामी युग इतना समृद्ध, सम्पन्न और सुखी होगा

कि हम उसकी कल्पना नहीं कर सकते। उस युग में साहित्य का विकास ऐसा हो पाएगा कि हम आज उसका अनुमान भी नहीं लगा सकते।

एक लम्बी दूरी को लीजिए, तो यह सत्य दीखता है। किन्तु, जैसा हमने ऊपर निर्देश किया है, सुकरात और शेक्सपीयर के काल के भौतिक सुख-साधनों की तुलना उनके देशों के आज के सुख-साधनों से करने पर यह निष्कर्ष गलत सिद्ध होता है !

जार के समय रूस की तो विपन्न अवस्था थी, तो भी उस काल में हमें चेखव, तुर्गनेव, टाल्स्टाय और गोर्की मिले। क्रान्ति ने उसकी काया पलट दी, अब का रूस ज़ारशाही रूस से कितना अधिक सम्पन्न है, तो भी हमें वैसे साहित्यकार कहाँ मिल रहे हैं ?

क्रान्ति के बाद बीस वर्षों तक गोर्की जीवित रहा, किन्तु क्या वह इन बीस लम्बे वर्षों में एक भी उल्लेखनीय कृति दे पाया ?

अतः अकेली सम्पन्नता और समृद्धि का मापदंड निरर्थक सिद्ध होता दीखता है।

शान्तिकाल या संघर्षकाल

कहा जाता है, जब देश में सुव्यवस्था होती है, शान्ति होती है, तब श्रेष्ठतम साहित्य आप-ही-आप उद्भूत होता है। वसन्त आया, कोयल कूकी। साहित्यकार कोयल है; सुव्यवस्था और शान्ति का काल वसन्त।

कुछ अंशों में यह भी सत्य लगता है। राम, कृष्ण, विक्रम और अकबर का वह शान्ति का स्वर्ण-युग था, जिसने हमारे उपर्युक्त चार कवियों को उत्पन्न किया। एलिजाबेथ और ग्रीक प्रजातन्त्रों के शान्तिमय काल शेक्सपीयर और सुकरात के जन्मदाता सिद्ध हुए।

किन्तु ज़रा गहरे विचारिए, तो यह मापदंड भी अधूरा लगता है। राम का काल तो संघर्षों का काल था और कृष्ण के काल में तो काल-भैरव ने अखंड तांडव किया था। चेखव और गोर्की का काल भी रूस के लिए क्या शान्ति का काल कहा जा सकता है ?

संसार के साहित्य के इतिहास से यह भी सिद्ध कर दिया जा सकता है कि जब प्रबल संघर्षों का काल होता है--वह संघर्ष आन्तरिक हो या बाह्य--तब महान साहित्य आप-से-आप उद्भूत होता है।

विक्रमकाल और अकबरकाल आन्तरिक संघर्षों के उदाहरण रूप में पेश किए जा सकते हैं, जब ऊपर-ऊपर तो शान्ति दीखती थी, किन्तु विचारों के क्षेत्र में बड़ी-से-बड़ी टक्करें चल रही थीं।

शान्ति का काल अधिकांशतः सुलाता है, वह संघर्ष होता है, जो उकसाता है। संघर्षों में से ही बड़े योद्धा पैदा होते हैं, महान साहित्यिक का उद्भव भी संघर्षों के बीच ही सम्भव हो पाता है।

ऐसी दलील भी तो दी जा सकती है ?

इन दोनों के परे भी

इन सब भौतिक मापदंडों की व्यर्थता क्या यह सोचने को बाध्य नहीं करती कि साहित्य-सृजन की कोई अपनी नियामक गति भी होगी, जो भौतिक कारणों से प्रभावित तो होती हो, किन्तु जो मुख्यतः अपने पथ का ही अनुगमन करती हो।

मार्क्स ने इतिहास की भौतिक व्याख्या कर इतिहास के कई उलझे सूत्रों को समझने के लिए हमें एक अच्छी कुंजी दी। किन्तु क्या यह कुंजी सब दरवाजों के लिए 'मास्टर-की' भी मान ली जाए ?

हेगेल ने इतिहास की जिस विचारवादी व्याख्या की सृष्टि की थी, मुख्यतः उसे ध्वस्त करने के लिए ही मार्क्स ने यह भौतिक व्याख्या प्रस्तुत की। उसने गर्व से कहा था—मैंने हेगेल के दर्शन को, जो सिर के बल खड़ा था, पैरों पर खड़ा कर दिया है।

मार्क्स के अनन्य सहचर ऐंगेल्स ने भी मार्क्सवाद को 'मास्टर-की' बनाने की प्रवृत्ति की निन्दा की थी।

हमें लगता है, साहित्य और उसके सृजन की गति को समझने के लिए दोनों प्रकार की पूर्वधारणाओं से अलग होकर सोचना पड़ेगा।

क्रोचे ने इस दिशा में अच्छा काम किया था; किन्तु खेद की बात है, इस इटालवी मनीषी की खोजों से हम बहुत कुछ अपरिचित हैं। हमने अभी उन विचारों से ही लाभ उठाया है, जो मुख्यतः अँगरेजी के द्वारा हमारे पास आए हैं !

भारतीय वाङ्मय स्वयं इतना पूर्ण है कि उसके अनुशीलन से हम संसार को इस सम्बन्ध का विस्तृत ज्ञान दे सकते हैं। किस देश के पास ऋग्वेद से लेकर आज तक का—छः हजार वर्षों का—साहित्य इस प्रकार सुरक्षित है।

आगामी युग कैसा होगा?

किन्तु, जब तक हम साहित्य की उस स्वतन्त्र नियामक गति का पता नहीं पा लेते, हम देखें, क्यों ट्राट्स्की ने साहित्य के सम्बन्ध में ऐसा सुनहला सपना हमारे सामने रखा।

ट्राट्स्की क्रान्तिवादी था। अपने देश की क्रान्ति की सफलता में सहयोग देकर वह संसार-भर में उस क्रान्ति के विस्तार की कल्पना करता था। विश्वक्रान्ति में उसका अटूट विश्वास था।

वह मानता था, संसार में ऐसी क्रान्ति होगी, जिससे शोषण और दोहन का अन्त होगा। मानवता राजनीतिक ही नहीं, आर्थिक मुक्ति भी प्राप्त कर लेगी।

इस मुक्ति के बाद जनशक्ति इस तरह शत-सहस्र धारा में गतिशील होगी कि वह सारे अभाव-अभियोगों को दूर कर संसार को स्वर्ग के रूप में परिणत कर देगी।

आज का समाज एक मुट्ठी सुविधा-प्राप्त लोगों का समाज है। आज का साहित्य भी मुख्यतः इन्हीं एक मुट्ठी लोगों का साहित्य है। अधिकांश जनता तो बुभुक्षा में, नग्नता में, मूर्खता में, जड़ता में जकड़ी है।

जब सारी-की-सारी जनता जीवन की सारी सुख-सुविधा प्राप्त कर उद्‌बुद्ध होगी, जाग्रत होगी; जब उसके मस्तिष्क और हृदय आलोड़ित होंगे, स्पंदित होंगे, जब उसकी समवेत वाणी मुखरित होगी, गुंजरित होगी, उस दिन का साहित्य कितना रंगीन और रसीला, उच्च और विशाल होगा ?

ट्राट्स्की कल्पनाशील क्रान्तिकारी था। हर क्रान्तिकारी कल्पनाशील होता है। इसी कल्पना की उड़ान में उसने वैसी भविष्यवाणी कर दी।

घर-घर में तुलसी, गाँव-गाँव में सुकरात !

यदि ट्राट्स्की द्वारा कल्पित विश्वक्रान्ति न भी हो, किन्तु विश्व प्रबल वेग से उसी समाज की ओर बढ़ रहा है, जिसकी कल्पना ट्राट्स्की ने की थी।

वैसे समाज में शान्ति भी होगी और संघर्ष भी। संघर्षहीन समाज की गति रुक जाती है। ट्राट्स्की कहता है, संघर्ष-प्रतियोगिता, प्रतिद्वन्द्विता उस समाज में भी होगी, किन्तु भौतिक साधनों के लिए नहीं, विचारों के क्षेत्र में !

नए-नए आविष्कारों के कारण एकाध घंटे में ही जीवन-यापन के सभी साधन प्रचुर मात्रा में पानेवाला मानव अपना शेष समय साहित्य, संगीत, कला और दर्शन के क्षेत्र में देता हुआ एक दूसरे से बढ़ने की चेष्टा में लगा रहेगा।

हाँ, उस शोषणहीन समाज में आपस के झगड़े नहीं होंगे, युद्ध नहीं होगा, मारकाट नहीं होगी। सर्वत्र शान्ति होगी, सुव्यवस्था होगी।

यह शान्ति और सुव्यवस्था का समाज कवियों, गायकों, नर्तकों, नर्तकियों, मनीषियों, दार्शनिकों का रामराज्य होगा। 'सब गुणज्ञ सब पंडित ज्ञानी', 'सब सुन्दर सब निरुज शरीरा' वाले उस समाज में यदि घर-घर में तुलसी हों और गाँव-गाँव में सुकरात, तो आश्चर्य क्या है ?

तुलसी—जो अहर्निश जन-मंगल के गीत गाएँगे। और सुकरात—जो बातों-ही-बातों कल्याण का सन्देश देते रहेंगे।

[**नई धारा,** जुलाई 1955]

आलोचनात्मक बनाम सृजनात्मक !

हिन्दी में आजकल आलोचना की भरमार है। हिन्दी की जो सबसे मोटी पत्रिका है, वह आलोचना की पत्रिका है। उसके विशेषांक तो इतने मोटे-मोटे होते हैं कि उन्हें पत्रिका नहीं समझकर लोग पोथा ही मानते हैं।

उस दिन एक प्रोफेसर मित्र से भेंट हुई। अच्छे निबन्धकार हैं, कहानी लेखक हैं, कवि हैं। हमने पूछा, कोई नई चीज़ इधर लिख रहे हैं ? बोले—जी हाँ, आलोचना की एक पुस्तक छप रही है। हमने कहा—कुछ सृजनात्मक साहित्य की ओर भी ध्यान रहे। उत्तर मिला—उसे पूछता कौन है ? आलोचना की पुस्तक तुरत छप जाती है और तुरत बिक भी जाती है। टटके पैसे मिलते हैं, सो अलग।

टटके पैसे—इस आर्थिक युग में यह सबसे पहली बात है।

आजकल हर प्रकाशक आलोचना की पुस्तक की माँग करता है। हिन्दी पुस्तकों की किसी दुकान पर जाइए, आप छोटे, बड़े, मँझोले, रँगीले-सजीले आलोचनाग्रन्थों की भरमार पाएँगे। यह उचित भी है। हमारे एक प्रोफ़ेसर मित्र ने 'गुंजन' पर एक आलोचना-पुस्तक लिखी है। मेरा विश्वास है, उसकी प्रतियाँ 'गुंजन' से दस गुनी अधिक बिक चुकी होंगी और मेरे मित्र और उनके प्रकाशक ने उससे जितना पाया है, पंतजी और उनके प्रकाशक 'गुंजन' के लिए उतना पा नहीं सके होंगे।

आलोचना या परीक्षा की कुंजियाँ !

स्कूल-कालेज में हिन्दी की पढ़ाई शुरू हुई कि आलोचना की यह बाढ़ आई। यों तो आलोचना के नाम से जो अधिकांश पुस्तकें निकली हैं, वे यथार्थ में परीक्षा पास करने की कुंजियाँ हैं।

हमने यह भी पाया है, पहले लड़के यह पता लगाते हैं कि उनके परीक्षक कौन-से प्रोफेसर महोदय होंगे और उन्हीं की आलोचना-पुस्तक खोज-खोजकर वे पढ़ने लगते हैं।

अभी-अभी एक एम.ए. के परीक्षार्थी से भेंट हुई। तेज लड़का था किन्तु लुढ़क गया। कारण; तुलसी उसका विशेष विषय था। इस पर जो उसने तैयारियाँ की थीं, उनमें उसने उस आलोचना-पुस्तक को छोड़ दिया था, जिसके लेखक संयोग से परीक्षक बन गए। बेचारे का

जीवन ही नष्ट हो गया।

हमें उन दिनों की याद है जब कालेजों में हिन्दी के लिए प्रवेश-निषेध की तख्ती टँगी थी। हम व्याकुल थे कि किसी तरह वहाँ हिन्दी का प्रवेश कराया जाए। कितना आन्दोलन किया था हमने। किन्तु उसका फल क्या यही होना था ?

हमारा यह पक्का विश्वास है कि स्कूल-कालेज के वर्तमान हिन्दी-अध्ययन की पद्धति ने साहित्य-निर्माण को दिग्भ्रान्त कर दिया है।

वह भाषा डूबकर रहेगी !

वहाँ विद्यार्थियों में सत्साहित्य की ओर सुरुचि जाग्रत नहीं की जाती। वहाँ रट-रटाकर, एक बँधी लकीर पर चलकर, उत्तीर्ण होना सिखाया जाता है।

वहाँ साहित्य-सृजन के लिए प्रेरणा नहीं दी जाती; एक पिटी-पिटाई पद्धति पर 'मूल्यांकन' ही सिखलाया जाता है।

आज स्थिति यह है कि सत्साहित्य का सृजन उतना नहीं हो रहा है, जितना कि मूल्यांकन हो रहा है।

यहाँ पैदा करनेवालों की कमी हो रही है, तौलनेवालों की तादाद बढ़ती जा रही है।

कुदाल किसी के हाथ में नहीं; सबके हाथों में तराजू-तराजू है।

किसानों और कारीगरों का बुरा हाल है, व्यापारी और दलाल चाँदी काट रहे हैं।

उस देश पर गाज गिरकर रहेगी, जहाँ के लोग उत्पादन को छोड़कर सिर्फ दूकानदारी पर उतर आएँगे। वह भाषा डूबकर रहेगी जहाँ लेखकों के नाम पर आलोचकों की भरमार होगी।

जहाँ 'गुंजन' के बदले 'गुंजन-समीक्षा' पढ़ना पसन्द किया जाने लगेगा; वहाँ 'पंत' कवि पैदा नहीं होंगे।

सूर का 'सागर' और तुलसी का 'मानस' सूख जाएगा, जहाँ सागर और मानस के अवगाहन के बदले उनके नाम पर बजाए गए तलैयों और गड्ढों में चुभकियाँ लेने में लोग आनन्द अनुभव करने लगेंगे।

साहित्यिक डाक्टरों का अद्‌भुत शोध !

किसी भाषा के साहित्य की समृद्धि की माप इससे की जाती है कि उसमें कितने और किस कोटि के काव्य, नाटक, उपन्यास, कहानी, कविता, निबन्ध लिखे गए हैं या लिखे जा रहे हैं। न कि इस बात से कि वहाँ आलोचना, समीक्षा या शोध के कितने मोटे और बड़े ग्रन्थ छपे या छप रहे हैं।

हाँ, विश्वविद्यालयों के 'साहित्यिक डाक्टर' बनने की हविस ने शोध की भी एक नई पद्धति शुरू कर दी है।

संयोग से इन साहित्यिक 'डाक्टरों' के जो थोड़े-से निबन्ध प्रकाशित हो चुके हैं, उन्होंने साबित कर दिया है कि शोध के नाम पर आजकल हिन्दी में क्या चलाया जा रहा है।

संकलन और शोध में कुछ अन्तर है—इन 'डाक्टरी' पुस्तकों को देखकर कोई ऐसा नहीं कह सकता।

बहुत-से आचार्यों ने तो अपनी आचार्यता की सार्थकता इसी में समझ रखी है कि वे कितने 'डाक्टर' हिन्दी भाषा को दे सकेंगे। लगता है कुछ दिनों में इन डाक्टरों की संख्या मरीजों की संख्या को मात कर देगी।

आलोचना हो, शोध हो। हिन्दी में शोध का बहुत महत्त्व है, यह क्षेत्र तो अभी अधूरा

ही पड़ा है। किन्तु शोध के जो नमूने सामने आए हैं, यदि यही शोध है, तो हिन्दी की रक्षा भगवान ही करें।

आलोचक माली है न कि साँढ़ !

एक वृद्धिगत साहित्य के लिए आलोचना अति आवश्यक है। आलोचक एक माली है जो घास-फूस को उखाड़ फेंकता है, पौधों की काट-छाँट कर उन्हें सजाता है। थालों में खाद और पानी देना भी वह नहीं भूलता और रंगबिरंगे फूलों को एकत्र कर उन्हें करीने से पिरोकर सुन्दर माला के रूप में लोक-लोचन के समक्ष रखने का काम भी तो उसी का है। आलोचक या आलोचना की आवश्यकता कौन नहीं अनुभव करता।

किन्तु, हमारे यहाँ आलोचना के नाम पर क्या हो रहा है ? या तो चर्वित-चर्वण; या लहलहाते पौधों की फुनगियाँ ही नोचकर चबा जाना—बगीचे को रौंदकर सत्यानाश में मिला देना। वे बाग में घुसे बनैले साँड़ का काम करते हैं—न कि माली का।

आलोचना एक साधना है। वही सच्चा आलोचक है जिसकी दृष्टि चारों ओर समान भाव से जाती हो, जो अपने नेत्र पर किसी भी रंग का रंगीन चश्मा नहीं लगाए हुए हो; पक्षपात तो आलोचना की मौत है।

किन्तु, हिन्दी में ऐसी ही आलोचना की भरमार है।

कोई त्रिशंकु बना, कोई राजा बलि !

हमारे ये आलोचक स्वयं तो सृजनात्मक साहित्य दे नहीं पाते, जो लेखक इस दिशा में कुछ करता भी है, उसकी जड़ खोदने को हमेशा उद्यत रहते हैं।

किसी नौसिखुए को आकाश पर चढ़ाकर बेचारे की पौराणिक त्रिशंकु की तरह दुर्गत करा देते हैं, तो किसी पर कुपित होकर उसे राजा बलि की तरह लोकलोचनों से दूर पाताल-लोक में भेजकर सड़ा देना चाहते हैं।

सबने अपना-अपना मुर्ग़ा पाल रखा है। दिन-रात उसके परों को सहलाते रहते हैं और बेचारा मुर्ग़ा तो भोर में ही चिल्लाता है, वे आठ पहर उसकी ओर से कुकड़ू-कूँ करते रहते हैं।

हम जग-हँसाई के पात्र न बनें !

जिन्हें हिन्दी के भविष्य के लिए चिन्ता है, उन्हें इस चिन्तनीय स्थिति पर ध्यान देना है।

हिन्दी अब संसार के एक महान देश की राज्यभाषा बन चुकी है, इसकी ओर अब संसार का ध्यान है। यदि उसकी यही दशा रही, तो हम अपने को जग-हँसाई के पात्र बनने से बचा नहीं सकते।

कोई विदेशी हमारी भाषा इसीलिए नहीं पढ़ेगा कि उसमें आलोचना कितनी होती है; हमारी भाषा में वह खोजेगा यह कि इसमें कैसी कविता होती है, कैसे नाटक लिखे जाते हैं, कहानी और उपन्यास में हम किस ऊँचाई पर पहुँचे हैं, साहित्य के भिन्न-भिन्न अंगों की पुष्टि के लिए हमने कितना किया है।

हम मानते हैं कि इन क्षेत्रों में हमने जो किया है, या कर रहे हैं वह नगण्य नहीं; किन्तु समय आ गया है कि हम अपने साहित्य को अवांछित दिशा की ओर बढ़ने से रोकें।

[**नई धारा,** अगस्त 1955]

स्वर्गीय डाक्टर अमरनाथ झा !

डाक्टर अमरनाथ झाजी को खोकर सचमुच आज बिहार श्रीहीन लग रहा है।

बिहार में प्रकांड पंडितों की एक शानदार परम्परा रही है। पौराणिक युग को छोड़ भी दीजिए, तो मंडन मिश्र से लेकर आज तक बिहार विद्वत्ता के क्षेत्र में ऐसे नर-रत्न देता रहा है, जिन पर देश का कोई भी अंचल गर्व कर सकता है।

उसी परम्परा की अन्तिम कड़ी में डाक्टर झा थे।

बड़े बाप के बड़े बेटे। इनके पिताश्री महामहोपाध्याय गंगानाथ झाजी की विद्वत्ता की धाक देशव्यापी थी। प्रयाग विश्वविद्यालय के उपकुलपति की हैसियत से उनकी सेवा देश के शिक्षा-प्रेमी भूल नहीं सकेंगे।

महामहोपाध्याय ने इस उपाधि को सर्वथा सार्थक बनाया था। यही नहीं, इस युग में भी उन्होंने ऋषिकुलों के शिक्षक-ऋषियों की सरलता, ऋजुता और कोमलता की झलक हमें दी थी।

महामहोपाध्याय उन कुछ बड़भागियों में थे, जिनके पुत्र भी उन्हीं की तरह चमकते हैं। उनके एक पुत्र आज उत्तर प्रदेश के मुख्य सचिव हैं; दूसरे पुत्र बिहार के एक जिले का शासन-भार सम्हाल रहे हैं।

किन्तु, यह सर्वस्वीकृत बात है कि महामहोपाध्याय डाक्टर गंगानाथजी की कीर्ति को सबसे अधिक चमकाया डाक्टर अमरनाथ झाजी ने।

अँगरेजी के अगाध विद्वान : हिन्दी के अनन्य सेवक : फारसी-अरबी साहित्य के अद्भुत पारखी।

अखिल भारतीय हिन्दी-साहित्य-सम्मेलन के सभापति-पद को उन्होंने सुशोभित किया था। पं. रामावतार शर्मा, पं. जगन्नाथप्रसाद चतुर्वेदी, डाक्टर राजेन्द्रप्रसाद और डाक्टर अमरनाथ झा--बिहार के इन्हीं चार सपूतों को अब तक इस पद को आभूषित करने का सौभाग्य प्राप्त हुआ है।

अँगरेजी और फारसी की साहित्य-परिषदों की अध्यक्षता और सदस्यता से भी उन्हें सम्मानित किया गया था।

देश के इने-गिने शिक्षा-शास्त्रियों में उनकी गिनती थी। शिक्षा-सम्बन्धी सुधारों के लिए जब-जब कोई देशव्यापी समिति गठित की गई, डाक्टर झा को उसमें अवश्य सम्मिलित किया गया।

खड्गवासला, पूना के सैनिक-महाविद्यालय की कल्पना में डाक्टर झा के उर्वर मस्तिष्क का एक शानदार हिस्सा था। इसके लिए उन्होंने संसार के प्रमुख सैनिक-संस्थानों का निरीक्षण भी किया था।

ऐसे एक महान सपूत को खोकर आज बिहार क्यों न श्रीहीन दीख पड़े !

× × ×

जैसी अगाध विद्वत्ता; उसी तरह का सरस व्यक्तित्व भी पाया था डाक्टर झा ने। जो उनके व्यक्तित्व के घेरे में गया, वह उनका होकर रहा। देश के कोने-कोने में उनके मित्रों और शिष्यों का एक बहुत बड़ा समूह है, जो उनके नाम पर आज ज़ार-ज़ार आँसू टपका रहा और उसाँसें ले रहा है।

डाक्टर झा के व्यक्तित्व के उस घेरे के अन्दर जाते ही लगता था, हम पूर्णचन्द्र की हास्यज्योत्स्ना से घिरे हुए हैं।

वही स्निग्धता, वही शीतलता, वही शुभ्रता। संसार की सारी झुलस पल-भर में ही काफूर हो जाती थी। लगता था इस पाप-ताप भरे विश्व के धरातल से ऊपर उठकर हम किसी आनन्द-लोक में विहार कर रहे हैं।

उन्होंने स्वयं कभी कविता की, यह हमें मालूम नहीं, किन्तु वह कविता के पारखी-मात्र नहीं थे, कविता को जैसे उन्होंने जीवन-संगिनी बना लिया हो।

उनका लोक मुख्यतः कविता-लोक था, हम यह भी कह सकते हैं। शिक्षाशास्त्री, शिक्षा-संस्थाओं के चतुर संचालक, महान विद्वान, सुलझे हुए चिन्तक, योग्य शासक और अनुशासक—इन सबके ऊपर उनका वह शुभ्र रूप था, जो कविता से ओतप्रोत था।

मिथिला की भूमि सौन्दर्य, संगीत और कविता की भूमि है। उस भूमि ने अपने इस दुलरुआ बेटे के मानस में इन तीनों का त्रिवेणी-संगम कराया था।

प्रकृति ने उन्हें पुरुषोचित सारे सौन्दर्य-उपकरणों से सज्जित किया था। उनका मुखमंडल एक सुन्दरतम मानव का मुखमंडल था। ललाट, आँखें, नाक, ओष्ट, सब जैसे साँचे में ढले। फिर आँखों की वह सरसता और होंठों की वह मुस्कान। उनके मुख से जो वाणी झड़ती थी, लगता था, मौलश्री की अर्धखिली कलियाँ अजस्र रूप में झड़ रही हैं।

उनके कमरे में जाइए, एक-एक चीज़ इस प्रकार क़रीने से सजाकर रखी हुई कि वहाँ सौन्दर्य स्वतः स्फूर्त हो रहा !

संगीत की वह गहरी परख रखते थे। विद्यापति के गीतों में कितने दुर्लभ रागों का समावेश हुआ है, हाल ही एक सभा में इसका विश्लेषण कर लोगों को चकित कर दिया था।

लेखनी उनकी सहचरी थी—उनके टेबुल पर पंक्तिबद्ध लेखनियों का ताँता लगा रहता था। तरह-तरह की लेखनियाँ—नाना रंग की, नाना ढंग की।

और पुस्तकें—जिसने साहित्यकारों की 'जीवनियाँ' पढ़ते-पढ़ते ही सदा के लिए आँखें मूँदीं—उसके पुस्तक-प्रेम का क्या कहना ?

× × ×

डाक्टर अमरनाथ झाजी नहीं रहे, बहुत दिनों तक उनकी स्मृति उनके मित्रों और स्नेहियों को विह्वल बनाती रहेगी—बहुत दिनों तक उनकी स्मृति में श्रद्धा के सिर झुकते रहेंगे।

बिहार की गौरव-गाथा में उन्होंने एक नया अध्याय जोड़ा; भारत की कीर्ति-माला में उन्होंने एक नायाब मनका पिरोया।

ऐसी बहुज्ञ, बहुश्रुत प्रतिभा विरल ही देखी जाती है।

बिहार उनकी जन्मभूमि रही; किन्तु उनका कर्मक्षेत्र अधिकांशतः उत्तर-प्रदेश रहा !

उत्तर-प्रदेश ने उन्हें वह सबकुछ दिया, जो वह अपने किसी सपूत को दे सकता था। प्रयाग और काशी विश्वविद्यालयों के वह उपकुलपति रहे। उत्तर-प्रदेशीय पब्लिक-सर्विस-कमीशन के अध्यक्ष बनाए गए।

अपने उत्तरदायित्व का उन्होंने सब प्रकार से निर्वाह किया। कभी उनकी ओर शिकायत की उँगली नहीं उठी। कभी उन पर पक्षपात का आरोप नहीं लगा।

बिहार ने बड़े सम्मान के साथ अपनी पब्लिक सर्विस कमीशन का अध्यक्ष बनाकर उन्हें बुलाया था। उनकी अध्यक्षता ने कमीशन के मापदंड को ऊँचा कर दिया था।

किन्तु हम तो उन्हें इससे भी ऊँचे पद पर देखना चाहते थे। कोई भी प्रदेश उन्हें राज्यपाल के रूप में पाकर अपने को धन्य मान सकता था।

बिहार के दोनों विश्वविद्यालय अभागे सिद्ध हुए कि वे उनके ऐसे उच्चकोटि के विद्वान और शिक्षाशास्त्री को अपने उपकुलपति-पद पर आसीन नहीं देख सके।

वह हमें इतना शीघ्र छोड़कर चले जाएँगे—ऐसी आशा भी तो नहीं की गई थी।

मृत्यु के कुछ क्षण पहले तक ऐसी कल्पना नहीं की गई थी। यह तो हम पर अनभ्र वज्रपात हुआ।

किन्तु उनके योग्य ऐसी ही मृत्यु थी।

अपने कार्यक्रम में लीन, अपने पद पर आसीन, दिनभर के परिश्रम के बाद सन्ध्या को अपने सहचर ग्रन्थों के बीच बैठे, उनमें से एक के साथ आध्यात्मिक संलाप करते-करते अचानक अपने सामने मानव की चिर-सहचरी मृत्यु को देख उठकर खड़ा हो जाना और ललककर उसे आलिंगन-पाश में बाँध लेना—न पीड़ा, न कराह, न आह, न ओह।—और सदा के लिए आँखें मूँद लेना; ऐसा महाप्रयाण कितने महाप्राणों को भी प्राप्त हो सका है।

भारत सरकार ने उन्हें 'पद्मभूषण' की उपाधि से सम्मानित किया था। पद्म की ही तरह जीवन-भर वह सौन्दर्य और सुगन्ध बिखेरते रहे और अपनी इस अनुपम मृत्यु से उन्होंने अनेक-अनेक मानव-पद्मों को भूषित किया।

डाक्टर अमरनाथ झाजी की स्मृति में हम अपनी श्रद्धांजलि सादर अर्पित करते हैं।

[**नई धारा**, सितम्बर 1955]

साहित्य : वाद-विवाद

क्या साहित्य में भी कोई वाद हो सकता है ? यदि वाद हो, तो उसे विवाद से बचाया जा सकता है ? और क्या अक्सर ऐसा नहीं होता कि विवाद में मूल बातें गौण पड़ जाती और ऊपरी बातें ही प्रमुखता पा लेती हैं ?

वाद का उत्स विचारधारा है। किसी खास विचारधारा को कोई खास वाद का नाम देना, आधुनिकता की देन है। यह नाम विचारधारा के मौलिक तत्त्वों के आधार पर दिया जा सकता है। किन्तु अब तो विचारधारा के प्रवर्तक के नाम पर भी वाद बनने लगे हैं।

अध्यात्मवाद, भौतिकवाद ही नहीं, आज मार्क्सवाद, गाँधीवाद की भी धूम मची है।

साहित्य में मुख्य बात क्या है ? विचारधारा या प्रकंटीकरण की प्रणाली ? दर्शन और साहित्य में क्या अन्तर है ?

विचारधारा में हम दर्शन खोजते हैं। दर्शन का क्षेत्र है—'क्या' ? यह जगत 'क्या' है, ये जीव 'क्या' हैं—ऐसे अनेक प्रश्नों का समाधान भिन्न-भिन्न रूपों में किया जाता रहा है। उन रूपों के अनुरूप ही तरह-तरह के दर्शन बने। उन दर्शनों को पीछे 'वाद' के रूप में पेश किया गया।

साहित्य का मुख्य क्षेत्र है—'कैसे'। किसी विचार भावना, या दृश्य को किस रूप में प्रकट किया गया, उसके प्रकटीकरण की कौन-सी प्रणाली अपनाई गई, उसमें साहित्यकार को कहाँ तक सफलता मिली, साहित्य में हम मुख्यतः यह खोजते हैं।

वेदों के उषासूक्त, कालिदास की शकुन्तला, सूर के बालकृष्ण या तुलसी के राम में हम जिस दिन 'क्या' खोजने लगेंगे; उसी दिन साहित्य का इन्द्रधनुष अपनी सारी रंगीनियाँ खो बैठेगा।

साहित्य में भी दर्शन होता है और दर्शन में भी साहित्यिकता की पुट दी जा सकती है—किन्तु इन दोनों के दो क्षेत्र हैं; किसी एक मापदंड से इन्हें मापना दोनों के प्रति अन्याय होगा और एक के मापदंड से दूसरे को मापा जाए, तो अनर्थ हुए बिना नहीं रहेगा।

इसीलिए हमारे आचार्यों ने साहित्य के लिए जो कसौटी बनाई, उसमें विचारधारा के लिए कोई स्थान नहीं रखा। उसकी अच्छाई-बुराई की जाँच के लिए अन्य उपादानों पर ही जोर दिया।

यदि हम उनकी कसौटी को सही मानें, तो फिर साहित्य में 'वाद' के लिए कोई गुंजायश ही नहीं हो सकती है।

छायावाद से नकेनवाद तक

किन्तु साहित्य में भी 'वाद' का प्रवेश हुआ और वह दिन-दिन विकराल रूप धारण करता जा रहा है, यह प्रत्यक्ष सत्य है।

हिन्दी में जब कुछ लोग नए ढंग की कविता लिखने लगे, तो उसके लिए नाम की खोज हुई। वे कविताएँ कुछ धुँधली-सी लगती थीं; किसी ने उन्हें 'छायावाद' का नाम दे दिया। यह छायावाद नाम कुछ सार्थक-सा लगता था, क्योंकि उसका इशारा प्रकटीकरण की प्रणाली पर था।

तब कुछ लोग इन कविताओं के 'क्या' पर गए और इन्हें रहस्यवाद का नया नाम मिला।

छायावाद और रहस्यवाद की खूब धूम रही कि अचानक प्रगतिवाद आ धमका।

साहित्य में वाद का प्रवेश यथार्थतः यहीं से शुरू हुआ। यह विचारधारा न तो साहित्यिक थी, न सांस्कृतिक। यह एक राजनीतिक विचारधारा थी। इस विचारधारा के लोगों ने सारे साहित्य को उसी विचारधारा के तराजू पर तौलना शुरू किया। जो साहित्य उनकी विचारधारा के प्रतिकूल; सब व्यर्थ, सब अगतिशील, सब प्रतिक्रियावादी। अपने इस वाद के लट्ठ से उन्होंने साहित्य की भेड़ों की खबर लेनी शुरू की; कितनों के सिर तोड़े, कितनों के सींग तोड़े। बूढ़ी-बूढ़ी भेड़ों ने भी सींग तुड़ाकर उनके मेमनों के दल में शामिल होने में संकोच नहीं किया।

एक घटना की याद आती है। प्रयाग में इस वाद के चरवाहों की बैठक हो रही थी। वहाँ निरालाजी भी टहलते-घूमते पहुँच गए। उन्होंने कहा—जब तक 'जूही की कली' और 'बादल राग' लिखता रहा, तुमने माना, मैं प्रतिक्रियावादी हूँ; अब लो 'कुकुरमुत्ता' और 'बल्लेसुर बकरिहा'—इसमें तुम्हारी 'प्रगति' है या नहीं।

हमारे राष्ट्रकवि ने मार्क्स की पत्नी पर कविता लिखी; हमारे छायावाद के प्रवर्तक ने धोबियों के नृत्य पर कविता की।

किन्तु धीरे-धीरे प्रगतिवाद का तिलिस्म टूटा। हमारे बड़े-बुजुर्गों ने महसूस किया, वे कहाँ भटक गए थे।

कि, लीजिए, यह प्रयोगवाद आ पहुँचा। साहित्य में तो सदा प्रयोग होते रहे हैं; किन्तु कुछ लोगों ने उद्‌घोष किया, प्रयोगवादी हम हैं; उनसे पृथक् जो प्रयोग होते रहते हैं, उनकी नजरों में वे किसी काम के नहीं।

प्रयोगवाद कितना निरर्थक, भ्रामक और उपहासास्पद है, उसे सिद्ध किया, उसका एक बच्चा, जो पटना में पैदा हुआ।

पटना के तीन तरुणों ने एक टोली बनाई और कुछ 'प्रयोगवाद' करने लगे। उनका 'प्रयोगवाद' दिल्ली लखनऊ के प्रयोगवाद से भी कुछ विचित्र। फिर उनके प्रयोग का क्या नाम दिया जाए ? किसी मसखरे को एक बात सूझी। तीनों के नामों के पहले अक्षर लेकर एक नया नाम गढ़ दिया—नकेनवाद ! और यह मसखरापन यहाँ तक फैला कि उस दिन नागपुर में एक तरुण आलोचक पूछ रहे थे, यह नकेनवाद क्या है ?

वाद के बाद विवाद

सिर्फ वाद की बात रहती, तो कोई बात नहीं। ज़िन्दगी में भी कितनी अनावश्यक बातें होती-जाती रहती हैं। साहित्य तो जिन्दगी का ही प्रतिनिधित्व करता है—जिन्हें 'वाद' से प्रेम है, तरह-तरह के वाद रचते-रचाते रहें।

किन्तु, दिक्कत तो यह है कि जहाँ वाद शुरू हुए, वहाँ विवाद खड़ा हुआ।

जिस समय छायावाद शुरू हुआ, बूढ़ों और नौजवानों में वह ठनी कि क्या कहने ?

प्रगतिवाद ने आग में घी का काम किया। इस वाद की जड़ विदेश में थी, अतः इसने ऐसी कड़वाहट और दुर्गन्ध फैलाई कि साँसें घुटने लगीं, हिचकियों पर हिचकियाँ आने लगीं।

प्रयोगवाद बहुत कम फैल सका और प्रारम्भ में ही उसकी जड़ में घुन लग गया। किन्तु उसके चलते भी आज का साहित्यिक वायुमंडल कम विषाक्त नहीं बन गया है।

वाद बनते ही वादियों की जमात जुटने लगती है। उसके विरोधियों में भी संगठित होने की प्रवृत्ति जगती है। फिर विवाद की बारी आती है।

विवाद दिन-दिन निम्न से निम्न स्तर पर उतरता जाता है।

थुक्कमफजीहती, पगड़ीउछाल, गालीगलौज और हाथापाई—कुछ उठा नहीं रहता।

सबसे बुरी दशा होती है उन साहित्यिकों की जो इन दोनों पक्षों से अपने को अलग रखते हैं। सारे साहित्यिक वायुमंडल को ये विवादी लोग इस तरह गर्द-गुबार से भर देते हैं कि इन निष्पक्ष लोगों का अस्तित्व ही लुप्त-सा हो जाता है। सड़क पर झगड़नेवालों पर लोगों का ध्यान इस प्रकार खिंच जाता है कि अपने घरों में शान्ति से बैठे कुछ रचते-बनाते लोगों की ओर उनकी नज़र ही नहीं जा पाती।

हिन्दी में गत्यावरोध की चर्चा चल रही है। क्योंकि लोगों ने समझ लिया है कि ये जो झगड़नेवाले लोग हैं, यथार्थतः वे ही साहित्य-स्रष्टा हैं। ये झगड़ रहे हैं, तो नया साहित्य बने कैसे ?

उन लोगों की समझ में भी यह बात नहीं आती कि इनके अतिरिक्त भी साहित्यकार हैं, जो साहित्य की उत्कृष्टतम कृतियाँ आज भी हिन्दी को देते जा रहे हैं। हाँ, उनका ढोल पीटनेवाला कोई नहीं है।

यों जिस दृष्टि से देखिए, वादों ने हिन्दी-साहित्य की अपार क्षति की है।

वादी आलोचना : विवादी साहित्य

साहित्य में वाद के प्रवेश के बाद स्वभावतः ही एक वादी आलोचना का भी जन्म हुआ। वादी कसौटी बनाई गई और उस कसौटी पर कसकर ही खरे-खोटे सिक्के का फैसला दिया जाने लगा।

स्वयं ही वादी, स्वयं न्यायाध्यक्ष, प्रतिवादी की सुनवाई नहीं, फिर न्याय की आशा क्या की जाए ?

जो हाल साहित्य-स्रष्टाओं का हुआ, वही हाल आलोचकों का। उनमें से जो जाने-माने आलोचनाचार्य थे, उन्होंने मान लिया, जब तक अपनी आलोचना को हम वादों से समन्वित नहीं करेंगे, तब तक शायद हमारे आचार्य-पद को ही धक्का लगे।

पंडितराज जगन्नाथ से लेकर आचार्य रामचन्द्र शुक्ल की जो भारतीय आलोचना-पद्धति थी, उसे ताख पर रखकर वे भी इस भ्रम-जाल में भटकने लगे।

साहित्य के जो स्वाभाविक गुण-अवगुण सदा से स्वीकार किए गए थे, उनकी ओर ध्यान नहीं आकृष्ट कर वादी कसौटी पर ही वे साहित्य के खरे-खोटे की जाँच-पड़ताल करने लगे।

और इसी आलोचना को वे आलोचना-पद्धति की प्रगति मानने लगे।

यों अनजाने ही उन्होंने साहित्य के उत्स को सुखा डालने का महान पाप कर लिया।

जब आलोचकों की कसौटी पर वाद के ही आधार पर जाँच-पड़ताल होती है, तो फिर कौन ऐसा मूर्ख होगा, जो अपने को वादों से अलग रख ऐसे साहित्य की सृष्टि करे जिसे हमारे आलोचक-प्रवर रद्दी की टोकरी में फेंकने को तैयार बैठे हों।

बस, साहित्य की धारा ही मुड़ गई। जिन लोगों ने इस वादी धारा में अवगाहन करने से अपने को वंचित रखा, उनका कोई नाम-लेवा नहीं रहा। वे छाड़न में पड़कर सड़ने लगे।

वादी आलोचना ने विवादी साहित्य की वृद्धि में सहायता की।

आज हिन्दी में विवादी साहित्य की ही धूम है। गुरु गुड़ ही रह गए, चेले चीनी बन गुरुदेव को ही ठेंगा दिखाने लगे हैं। नहीं, नहीं, उनके कान उमेठने और नाक उतारने लगे हैं।

आज हिन्दी साहित्य में नकटों की भरमार है। ऐसे ही विवादी साहित्य का प्रभाव है कि अहिन्दीभाषी हमें ताना देते हैं कि तुम्हारे आधुनिक साहित्य में है क्या ?

जिन्हें हम स्वयं गालियाँ देते हैं; दूसरे लोग उन्हें क्यों पूजें ? जो अपनी जग-हँसाई आप कराते हैं, उन पर दूसरे क्यों नहीं तालियाँ पीटें !

अब यह माया समेटो, महाराज !

हम सबसे पहले अपने आलोचनाचार्यों से कहेंगे, अब यह माया समेटो महाराज !

हमारे बुजुर्ग साहित्य-स्रष्टाओं ने तो वादों से अपने को दूर कर लिया है, किन्तु इनका मोह अभी तक नहीं टूट रहा। ये तेली के बैल की तरह आँखों पर पट्टी बाँधे कोल्हू के इर्द-गिर्द ही चक्कर लगा रहे हैं। यद्यपि उस कोल्हू में न कहीं कोई तेलहन रह गया, न उससे तेल की एक बूँद आ रही है। ये खल्ली को ही पेरे जा रहे हैं, पीसे जा रहे हैं।

हिन्दी-साहित्य ने अपने भिन्न-भिन्न अंगों की अभूतपूर्व उन्नति कर ली है—कविता ही नहीं, नाटक, कहानी, उपन्यास, शब्दचित्र, अनुसंधान, विज्ञान आदि सभी अंगों में।

उनकी ओर साहित्य-प्रेमियों का ध्यान आकृष्ट करने, उनकी खूबियों को संसार के सम्मुख उपस्थित करने के बदले ये चर्वित-चर्वण करते जा रहे हैं।

हर आलोचक एक गिरोह को लेकर डूबा हुआ है और उसे सर्वोपरि सिद्ध करने की चेष्टा में एड़ी-चोटी का पसीना एक कर रहा है।

यही नहीं, इस सर्वोपरि सिद्ध करने की चेष्टा में आवश्यक यह मान लिया गया है कि इनके परे जो लोग हैं, उन्हें अधमातिअधम सिद्ध किया जाए, और यदि ऐसी हिम्मत नहीं की जा सके, तो उनकी पूर्ण उपेक्षा ही की जाए।

इससे जो हानि हो चुकी, वही बहुत है। अब भी तो साहित्य को उसके यथार्थ रूप में देखने-दिखाने की ओर प्रवृत्त हुआ जाए।

हिन्दी छत्तीस करोड़ लोगों की राज्यभाषा के रूप में स्वीकृति पा चुकी; वह सारे देश की राष्ट्रभाषा बनने जा रही है।

अब संकुचित दृष्टि से काम लेना हिन्दी के प्रति एक महान अपराध है।

तुलसी, सूर, कबीर, मीरा की भाषा को नए तुलसी, नए सूर, नए कबीर और नई मीरा देना है।

पुरखों के नाम पर ही जीना नहीं है, स्वयं पुरुषार्थ दिखाना है।

नई-नई प्रतिभाएँ आ रही हैं, किन्तु सही दिशा-प्रदर्शन के अभाव में वे दलदल में फँसकर या मरुभूमि में भटककर अपने को बर्बाद करती जा रही हैं।

यदि उन्हें सही मार्ग मिल जाए, तो वे क्या नहीं कर दिखा सकती हैं ?

हिन्दी का भूत महान है, इसका भविष्य उससे भी अधिक महान होगा; वर्तमान भी कम शानदार नहीं; हाँ, जरूरत यह है कि कूड़े-कचरे को झाड़बुहारकर दूर फेंका जाए।

क्या हमारे आलोचक-प्रवर इस ओर ध्यान देंगे ?

[**नई धारा**, अक्टूबर 1955]

साहित्य का इतिहास

सभी मानवी प्रयत्नों की तरह साहित्य का भी इतिहास होता है। इस इतिहास में, अन्य प्रयत्नों के इतिहासों की तरह संघर्ष होता है, जय-पराजय होती है, सम्मिलन होता है, समन्वय होता है। दो शक्तियाँ लड़ती हैं, मिलती हैं, घुलती हैं, घुलमिलकर नई शक्तियाँ पैदा करती हैं। यह क्रम अनवरत चलता रहता है। मानव का इतिहास संघर्षों का इतिहास है। मानव प्रयत्नों के मूल में, अस्तित्व-रक्षा के लिए किए गए उसका अनन्त संघर्ष छिपा हुआ है। इस मूल स्रोत को नहीं समझकर यदि इतिहास गढ़ा गया, तो फिर वह इतिहास नहीं होगा। वह घटनाओं और व्यक्तियों की एक लम्बी सूची मात्र होगा—उबानेवाला, उकतानेवाला। आज के अधिकांश इतिहास ऐसे ही हैं; इसलिए इतिहास में रस नहीं मिलता; कुछ खास व्यक्तियों के मानसिक व्यायाम का ही उपादान वह बन गया है।

मानव का उदात्त प्रयत्न

मानव के सभी प्रयत्नों में साहित्य उसका अति उदात्त प्रयत्न है। जितना उदात्त, उतना ही सूक्ष्म भी। और जितनी सक्ष्मता है उसमें, उतनी रंगीनी भी। अतः स्वभावतः ही साहित्य के इतिहास को सरस और रंगीन होना चाहिए। यदि साहित्य के इतिहास को पढ़ने में ऊब आ जाए, तो समझो, वह इतिहास ही नहीं है। मुनष्य ने भाषा कैसे पाई, भाषा को उसने अक्षरों में कैसे बाँधा, क्यों भिन्न-भिन्न भाषाएँ बन गईं; क्यों अलग-अलग लिपियाँ बनीं—इन विभिन्नताओं में एकता भी कहीं है ? फिर, भिन्न-भिन्न भाषाओं के भिन्न-भिन्न साहित्य कैसे बने, वे वैशिष्ट्य क्या हैं जो साहित्य को भिन्न-भिन्न रूप देते हैं, उनमें भिन्न-भिन्न रंग भरते हैं—लिपियों के भिन्न-भिन्न आकार-प्रकार बनने के क्या कारण हैं, वे परिस्थितियाँ क्या थीं, जो ये भिन्न-भिन्न आकार-प्रकार बने; भौतिक कारण, मानवी कारण—आदि शत-शत प्रश्न हैं जिनके उत्तर स्वयं ही मनोरंजक और सरस होंगे।

साहित्य और संघर्ष

फिर भाषा में, साहित्य में संघर्ष होते रहते हैं। एक ही भाषा में तरह-तरह के शब्द आते रहते हैं, वे परस्पर लड़ते हैं, झगड़ते हैं। दुर्बल की पराजय होती है, सबल को विजय मिलती है। दुर्बल या तो नष्ट हो जाता है, या सबल के सामने आत्मार्पण करता है। आत्मसमर्पण के बाद सम्मिलन होता है, समन्वय होता है, दोनों मिलकर एक नया रूप धारण कर लेते हैं। एक ही साहित्य में भी भिन्न-भिन्न प्रकृतियों की ऐसी ही संघर्ष, सम्मिलन और समन्वय की प्रक्रियाएँ चलती रहती हैं। किन्तु यह संघर्ष भयानक तब हो जाता है, जब एक भाषा दूसरी भाषा से टकराती है, एक साहित्य दूसरे साहित्य के रू-ब-रू खड़ा होता है। पूरा द्वन्द्व-युद्ध का दृश्य—आँखें गुरेड़ना, हाथापाई करना—पैंतरेबाजी, दाँव-पेंच, उठापटक। जो नीचे गया, वह भी

क्या आसानी से चित्त होता है और प्रायः ही देखा जाता है, नीचे से कुछ ऐसी तरकीब की गई कि ऊपरवाला चित्त।

यदि भारतीय भाषाओं का इतिहास इस संघर्ष-दृष्टि से लिखा जाए, तो साहित्य का एक नया महाभारत बन जाए। हमारा अति प्राचीन देश है, अति विशाल देश है। इस प्राचीनता और विशालता के कारण भाषा और साहित्य का अनेक वर्षों में विकास हुआ—समय और स्थान के विस्तार ने उन रूपों के ऐसे-ऐसे गठन किए कि लगता है, वे भिन्न-भिन्न माताओं की सन्तानें हैं। इनके आपस के भी संघर्ष हुए। विदेशी शक्तियों से भी बार-बार मुकाबला होता रहा। सेनाएँ तो युद्धक्षेत्र में ही लड़ती रहीं। किन्तु भाषा और साहित्य का युद्ध तो गाँव-गाँव, घर-घर चलता रहा, आज भी चल रहा है। भाषाओं का संघर्ष मूक होता है। फलतः लम्बा होता है। शक, हूण, पठान, मुगल, डच, पुर्तगाली, फ्रेंच, अंग्रेज, सबका प्रभाव हमारी भाषा और साहित्य पर पड़ा। हम कभी उनसे हारे, कभी जीते, फैसला हो गया। किन्तु हमारी भाषा और साहित्य की उनकी भाषा और साहित्य से जो गुत्थमगुत्थी हुई, वह क्या आज तक सुलझी है, सुलझ भी सकेगी ?

बड़ा ही मनोरंजक : बड़ा ही सरस

साहित्य का इतिहास, इसलिए, बड़ा ही मनोरंजक, बड़ा ही मनोमुग्धकर, बड़ा ही सरस, बड़ा ही रंगीन होता है, होना चाहिए। साहित्य का इतिहास केवल कवियों और लेखकों की जीवनी या उपलब्धि का इतिहास नहीं हो सकता। यों ही राजनीतिक, सामाजिक या धार्मिक प्रवृत्तियों के विश्लेषण से ही साहित्य के इतिहास को हम पूरा नहीं कर सकते। हमें और भी गहरे उतरना होगा। हमें संघर्षों को देखना होगा, जिनके बीच से भाषा कमल की तरह स्वतः प्रस्फुटित होती है, साहित्य रूपी रूप-रंग-रस-गन्ध से विभूषित होती है। फिर हमें सदा याद रखना होगा, कमल के चित्रण के लिए कमल से ही कोमल, रंगीन, सरस साधनों को अपनाना होगा। यदि लोहे की क़लम और काली स्याही हुई तो क्या, हमें उनमें ही कोमलता, रंजकता और सरसता की प्रतिष्ठा करनी होगी। तभी हम साहित्य का इतिहास सही रूप में निर्माण कर सकेंगे।

हिन्दी का विशिष्ट स्थान

भारतीय भाषाओं में हिन्दी का एक विशिष्ट स्थान रहा है। आज यह उत्तर और मध्य भारत के अट्ठारह करोड़ लोगों की भाषा है, भारत के नौ राज्यों की भाषा है। एक जगह इतना बड़ा विशाल क्षेत्र संसार की बहुत कम भाषाओं को प्राप्त हो सका है। किन्तु इसका विकास कैसा अद्भुत रहा है। अपभ्रंश के बाद इस विशाल क्षेत्र में कितनी ही बोलियाँ विकसित हुईं। उनमें से कितनी ही बोलियों ने भाषा का गौरवमय स्थान भी प्राप्त किया। उनमें से कितनों का साहित्य भी उच्चकोटि का रचा गया। कि अचानक, इस क्षेत्र के उत्तर-पश्चिम कोने की, कुछ ही लोगों की, एक बोली ने सिर उठाया। हाँ, वह बोली-मात्र थी—खड़ी बोली कहलाती थी वह। उसमें कुछ ऐसी खूबी थी, उसमें इस विशाल क्षेत्र की बोलियों में मिलने-घुलने की कुछ ऐसी ताकत थी कि ज्यों ही लोग पद्य से गद्य पर उतरे कि चारों ओर उसका बोलबाला हुआ। ब्रजभाषा, अवधी ऐसी विस्तृत साहित्यसम्पन्न बोलियों पर भी उसका बोलबाला हुआ। पहले तो इसे सिर्फ गद्य की भाषा के रूप में ही स्वीकार किया गया। इसे सार्वभौम रूप देने में जो सबसे समर्थ पुरुष थे, जिन्हें लोग इस भाषा का जनक मानते हैं, उन भारतेन्दुजी ने एक बार कहा था, इस भाषा में अच्छी कविता की नहीं जा सकती। किन्तु जब जगन्नाथ का रथ चल चुका, तो उसे कौन रोक सकता है ? हिन्दी का महान आस्पद धारण कर आज यह गद्य-पद्य सब प्रकार हावी है, अट्ठारह करोड़ लोगों की भाषा कहलाने का गौरव प्राप्त कर चुकी है।

बोलियों का सम्बन्ध

जालन्धर से देवघर और शिमला से नागपुर तक आज घर-घर में व्याप्त इस भाषा का इतिहास कितना मनोरंजक होना चाहिए। इस व्यापक क्षेत्र में कौन-कौन-सी बोलियाँ थीं, उन बोलियों में कौन-कौन-सी विशेषताएँ थीं, इन विशेषताओं के बीच एकता के क्या तत्त्व थे, इनके परस्पर का सम्बन्ध कैसा था, ये कहाँ मिलती थीं, कहाँ लड़ती थीं, लड़झगड़ करके भी किस प्रकार एक-दूसरे को प्रभावित करती थीं; इनके योद्धा कौन थे, सेनानायक कौन थे; इन सेनानायकों के विजय-क्षेत्र कितने बड़े थे; उनमें से किसने किस परिमाण में आनेवाली इस भाषा के लिए, मैदान साफ किया; क्यों इन बोलियों ने आत्मार्पण किया, इस आत्मार्पण से उन्होंने क्या खोया, कितना पाया; वर्तमान हिन्दी में इन बोलियों के कौन-से तत्त्व हैं; क्या ये बोलियाँ फिर से सिर उठाएँगी; उस समय हिन्दी की क्या स्थिति होगी ?

यह तो हुई मूल की बात। जिस समय से इसका वर्तमान रूप में विकास होने लगा है, किन-किन प्रवृत्तियों ने इसे सहायता पहुँचाई, किन-किन शक्तियों ने बाधाएँ उपस्थित कीं, उनसे यह किस प्रकार लड़ीं; क्या यह लड़ाई समाप्त हो चुकी है; लड़ाई की नई दिशा क्या है ? इस लड़ाई के दरम्यान वह क्या लेती रही है, क्या देती रही है ? और, सबसे बढ़कर आज जो हिन्दी का रूप है, उसका विकास-क्रम क्या है ? इस रूप का स्रोत कहाँ है, वह स्रोत कैसे है ? क्या वह उस स्रोत से विमुख नहीं हुई जा रही ? यदि ऐसा हुआ, तो वह सूख नहीं जाएगी ? नया स्रोत कौन है, जिससे उसे पुष्टि मिलेगी ?

ताश का घर ?

यों ही हिन्दी-भाषा के सम्बन्ध में नाना प्रकार के प्रश्न हैं, जिनके यथार्थ उत्तर खोजने पड़ेंगे, उनका आकलन ही इतिहास होगा। भाषा के बाद ही साहित्य के अनेक प्रश्न आएँगे। जिन बोलियों के क्षेत्रों पर हिन्दी ने आज एकाधिकार प्राप्त किया है, क्या उन बोलियों का साहित्य भी हिन्दी का साहित्य होगा ? यदि नहीं होगा, तो विद्यापति, कबीर, सूर, तुलसी, मीरा, मतिराम, बिहारी, भूषण, पद्‌माकर को खोकर हिन्दी-साहित्य रह क्या जाएगा ? और यदि होगा, तो इन बोलियों में उन सूत्रों को खोजना पड़ेगा जो इन्हें परस्पर बाँधते हुए वर्तमान हिन्दी के रूप में इनकी परिणति की तार्किक युक्ति उपस्थित करें। अब हिन्दी को राष्ट्रीय ही नहीं, अन्तर्राष्ट्रीय मर्यादा मिल चुकी है; संसार के साहित्यशास्त्रियों की सूक्ष्म दृष्टि की कसौटी पर हम चढ़े बिना नहीं रह सकते। एक दिन ऐसा नहीं हो, हमें लगे, हमने जो इतिहास बनाया, वह ताश का घर था। किसी ने एक फूँक मारी और वह भहराकर गिर पड़ा; जगहँसाई हुई; हम स्वयं अपनी नज़रों से गिरे।

हिन्दी का विजयाभियान

हिन्दी का यह सौ वर्षों का विजयाभियान संसार की भाषाओं के इतिहास में एक अजीब स्थान रखता है। सीजर के सम्बन्ध की वह सूक्ति 'गया, देखा, जीता'—हिन्दी पर सोलह आने लागू है। अट्ठारह करोड़ लोगों पर छाकर अब वह छत्तीस करोड़ लोगों को एकसूत्र में बाँधने चली है। यही नहीं, संसार की सभी राजधानियों में उसने अपना एक कोना बना लिया है। इस अभियान का इतिहास क्या किसी उपन्यास से कम मनोरंजक होगा ? इस अभियान में संघर्ष, सम्मिलन और समन्वय की एक अभूतपूर्ण प्रक्रिया चल रही है। हिन्दी में नए-नए शब्द, नए-नए मुहावरे आ रहे हैं। उसके व्याकरण में उलटफेर मच रहा है। लिपि में भी नए-नए सुधार घुसेड़े जा रहे हैं। भारत की हर भाषा इसमें अपनी छाप छोड़ने को आतुर है। राष्ट्रभाषा होने जा

रही है, तो राष्ट्र का हर भाग इसमें अपनी छाया देखने को ललचा उठे तो आश्चर्य क्या ?

मुसलमानों के युग का साहित्य तो मुख्यतः पद्य-साहित्य रहा। हिन्दी ने फारसी-अरबी के शब्द तो लिए, किन्तु भाव उसके अपने रहे। अँगरेजों के आगमन के साथ ही हिन्दी-गद्य का उदय हुआ। उसके गद्य के निर्माण में अँगरेजी का कितना प्रभाव रहा और जब अँगरेज चले गए हैं, तब भी वह प्रभाव किस प्रकार बढ़ता जा रहा है, इसका विश्लेषण कितना मनोरंजक होगा। फिर साहित्य के जो नए-नए रूप और नई-नई टेकनिक हिन्दी में अपने लिए स्थान बनाते जा रहे हैं, उनके प्रवेश और क्रमशः विकास का इतिहास भी कम दिलचस्प नहीं। साथ ही इतिहास का क्षेत्र तो भूत और वर्तमान से ही संलग्न नहीं होता। उसे भविष्य की ओर भी इंगित करना होगा। हिन्दी भाषा के रूप में जो परिवर्तन होते जा रहे हैं और हिन्दी-साहित्य में जो नई-नई प्रवृत्तियाँ आ रही हैं, वे कहाँ तक इसके विकास और वृद्धि में सहायक होंगे; इस पर भी दूरदर्शितापूर्ण दृष्टि डालनी होगी।

नई दृष्टि : नया इतिहास

'शिवसिंह सरोज' और 'मिश्रबन्धु विनोद' से हिन्दी-इतिहास के संकलन और अंकण का जो काम प्रारम्भ हुआ; वह आज तक जारी है। कालेजों में हिन्दी की पढ़ाई ने हिन्दी के इतिहास की आवश्यकता उच्च स्वर में घोषित कर दी है। हर साल इतिहास लिखे जा रहे हैं, हर प्रकाशक एक इतिहास प्रकाशित करना लाजिमी समझता है। कालेजों को दृष्टि में रखकर जो इतिहास रचे गए हैं, उनमें यदि त्रुटियाँ हों, तो आश्चर्य नहीं। ध्यान रखा जाता है, किस विश्वविद्यालय के लिए हम इतिहास लिखवा रहे हैं और उस विश्वविद्यालय का क्षेत्र क्या है; यही नहीं, जिनके हाथों में स्वीकृति का सूत्र है, उनकी रुचि-अरुचि क्या है ? यही कारण है कि पं. रामचन्द्र शुक्लजी के इतिहास के बाद कोई सर्वांगपूर्ण इतिहास नहीं आया; बल्कि इतिहास को बहुत कुछ विकृत किया गया है। यदि एक-दो अच्छे, कामचलाऊ, इतिहास इनमें से निकल आए, तो उन्हें अपवाद ही मानिए।

आज की आवश्यकता यह है कि नई दृष्टि से साहित्य का नया इतिहास लिखा जाए। दुख की बात है कि हमारे अधिकांश इतिहास-लेखनों की दृष्टि पुरानी है। वे सामाजिक प्रक्रिया के मूलभूत सिद्धान्तों से अपरिचित हैं। अतः वे ऊपर-ही-ऊपर देखते हैं। उदाहरणस्वरूप, वे प्रगतिवाद के विश्लेषण में संघर्ष की उस धारा को भूल जाते हैं जो एक राजनीतिक मतवाद की, साहित्य के चोंगे में, एक अप्रत्यक्ष चढ़ाई थी और, जिसे हम प्रयोगवाद कहते हैं, वह उस चढ़ाई की एक स्वाभाविक प्रतिक्रिया का रूप है। हमें मूल तक उतरना है; तभी साहित्य का इतिहास सच्चा हो सकेगा और मनोरंजक भी।

[**नई धारा**, नवम्बर 1955]

बिहार हिन्दी साहित्य सम्मेलन

बिहार हिन्दी साहित्य सम्मेलन का पच्चीसवाँ अधिवेशन पं. मथुराप्रसाद दीक्षित के सभापतित्व में तथा उसका रजत-जयन्ती-समारोह श्री रामधारी सिंह दिनकर की अध्यक्षता में सम्पन्न होने जा रहा है। रजत-जयन्ती-समारोह का उद्घाटन राष्ट्रपति राजेन्द्रप्रसादजी करेंगे और उसके स्वागताध्यक्ष राज्य के मुख्यमन्त्री श्री श्रीकृष्ण सिंहजी हैं। निस्सन्देह बिहार-सम्मेलन के इतिहास में यह आयोजन बहुत ही प्रमुख स्थान प्राप्त करेगा।

बिहार हिन्दी साहित्य सम्मेलन का जन्म 1919 में हुआ था। इस छत्तीस वर्षों में सम्मेलन के पच्चीस अधिवेशन हुए। सम्मेलन का सभापति-पद बिहार के साहित्य-सेवियों के लिए एक गौरव का पद रहा है। श्रद्धेय राजेन्द्र बाबू, काशीप्रसाद जायसवाल, जगन्नाथप्रसाद चतुर्वेदी, सकलनारायण शर्मा, शिवनन्दन सहाय, राहुल सांकृत्यायन, राजा राधिकारमण सिंह ऐसे लोग इस पद को सुशोभित कर चुके हैं। दुख है, इनमें से ग्यारह सज्जनों का स्वर्गवास हो चुका है। इस अवसर पर उनकी याद हमें बार-बार आ रही है। पं. जगन्नाथप्रसाद चतुर्वेदी, शिवनन्दन सहाय, सकलनारायण शर्मा, चन्द्रशेखर मिश्र, राजा कृत्यानन्द सिंह, रायबहादुर रामरणविजय सिंह, स्वामी भवानीदयाल संन्यासी, काशीप्रसाद जायसवाल, यशोदानन्दन अखौरी, पीर महम्मद मूनिस और रामधारी प्रसाद—ये नाम ऐसे हैं जो बिहार के हिन्दी-इतिहास में सदा स्वर्णाक्षरों में लिखे जाएँगे। खासकर श्री पीर महम्मद मूनिस और रामधारी प्रसाद के नाम ऐसे अवसरों पर सदा याद आते रहेंगे क्योंकि सम्मेलन की नींव रखनेवालों तथा उसकी वृद्धि और विकास में आजीवन योग देनेवालों में ये अन्यतम व्यक्ति रहे हैं। रामधारी बाबू ने सम्मेलन की जो सेवाएँ कीं, उन्हें तो कभी भूला ही नहीं जा सकता है।

यह बिहार सम्मेलन का सौभाग्य है कि उसके आधे से अधिक सभापति जीवित हैं और साहित्य के भिन्न-भिन्न क्षेत्रों में काम कर रहे हैं। राजा साहब की रंगीन लेखनी आज भी नई-नई चीजें देती जा रही है। पूज्य राजेन्द्र बाबू ने हिन्दी को अपनी आत्मकथा देकर उसके भंडार में एक जगमगाता हीरा रख दिया है; राष्ट्रपति-पद से हिन्दी की जो सेवा वह कर रहे हैं, वह उसके लिए राष्ट्रभाषा का पद दिन-दिन प्रशस्त करती जा रही है। आचार्य बदरीनाथ वर्मा राज्य के शिक्षामन्त्री की हैसियत से हिन्दी के साहित्य को परिपूर्ण एवं शिक्षण-संस्थाओं का हिन्दी-करण कराने में उत्साह से तत्पर हैं। बिहार-राष्ट्रभाषा-परिषद् उनकी छत्रछाया में दिन-दिन उन्नति करती जा रही है। पं. जनार्दनप्रसाद झा 'द्विज' सम्मेलन के सबसे छोटी उम्र के सभापति थे। जीवन के प्रारम्भिक दिनों में ही उन्होंने अपनी प्रतिभा से हिन्दी-संसार को चकित किया था। 'द्विज' जी क्षमा करें, बिहार का साहित्य उनसे जो अपेक्षा करता था, वह उसे नहीं मिला। तो भी एक पिछड़े जिले के कालेज के प्रिंसिपल की हैसियत से उनकी हिन्दी-सेवा भी नगण्य नहीं है। श्री व्रजनन्दन सहायजी अतिवृद्ध हो चुके हैं, किन्तु उनके 'सौन्दर्योपक' को हिन्दी-संसार भूला नहीं है। राहुलजी ने अकेले हिन्दी को जितना दिया है, उतना बहुत कम लोग दे सके हैं। शिवजी राष्ट्रभाषा-परिषद् के मन्त्री की हैसियत से हिन्दी को वे चीजें दे सके हैं, जिन पर किसी भी संस्था और उसके मन्त्री को गर्व करने का अधिकार हो सकता है। मनोरंजनजी, जगन्नाथप्रसाद मिश्रजी, सुधांशुजी, बेनीपुरी, छविनाथ पांडेयजी, देवव्रत शास्त्रीजी—इनकी सेवाएँ अब भी जारी हैं और हिन्दी-साहित्य के भंडार को भरने में सहायक सिद्ध हो रही हैं।

हमारे नए सभापति पं. मथुरा प्रसादजी दीक्षित सम्मेलन के आदि प्रधान-मन्त्री हैं, इसके संस्थापकों में अन्यतम हैं। 'कुँअर सिंह' पर सर्वप्रथम आपने ही लेखनी उठाई; अन्य कितनी उत्कृष्ट रचनाएँ दीं। एक वर्ष तक पटना में बैठकर सम्मेलन-भवन के निर्माण में योगदान दिया; सम्मेलन का एक-एक पेड़-पत्ता उनकी कीर्ति-पताका फहराता है। अपने सभापतित्व काल में सम्मेलन को सर्वप्रिय और समृद्ध बनाने के लिए वह सक्रिय कदम उठाएँगे—इसमें सन्देह नहीं। और, इस रजत-जयन्ती-समारोह का अध्यक्ष श्री दिनकरजी को चुनकर हमने उनकी अनुपम प्रतिभा और साहित्य-सेवा पर ही अपनी स्वीकृति की मुहर नहीं लगाई है, हम उनसे जो अधिकाधिक आशाएँ रखते हैं, उनकी ओर भी संकेत किया है। अखिल भारतीय स्तर पर बिहार की साहित्य-साधना को अधिष्ठित कराने में दिनकरजी का बहुत बड़ा हाथ रहा

है, इसमें कोई सन्देह नहीं।

× × ×

बिहार हिन्दी साहित्य सम्मेलन का जन्म उस समय हुआ था, जब तुरत ही बिहार आत्मबोध कर चुका था। बिहार को एक स्वतन्त्र प्रदेश बने थोड़े ही दिन हुए थे और पटना विश्वविद्यालय की स्थापना तो तुरत ही हुई थी। कालेजों में हिन्दी को स्थान नहीं मिल पाया था, स्कूलों में भी उसकी कोई खास पूछ नहीं थी। बिहार में पत्र-पत्रिकाओं की संख्या नगण्य थी और प्रकाशन-संस्थाओं का भी अभाव ही था। पढ़े-लिखे लोगों पर अँगरेजी का जादू चल रहा था; हिन्दी में बोलने-लिखने से भी वे शरमाते थे। किन्तु, तो भी कुछ लोग ऐसे धुनी थे, जो निष्काम भाव से हिन्दी की सेवा कर रहे थे और उसके उज्ज्वलतम भविष्य की कल्पना करते नहीं अघाते थे। बिहार के हिन्दी जागरण के ये अग्रदूत थे। उन्हीं की प्रेरणा और प्रयत्न का मूर्त्त रूप बिहार प्रादेशिक हिन्दी साहित्य सम्मेलन के नाम से लोगों के सामने आया। और यह दावा तो किया ही जा सकता है कि आज हिन्दी-संसार के किसी भी प्रदेश में ऐसा जागरूक और क्रियाशील सम्मेलन नहीं है। जबकि हिन्दी-साहित्य-सम्मेलन, प्रयाग की गाड़ी भी दलदल में फँसी है, हमारा सम्मेलन प्रगति के पथ पर बढ़ता जा रहा है।

इस छत्तीस वर्षों में बिहार में हिन्दी ने कितनी उन्नति की है, कितनी सफलता पा सकी है, उन दिनों को जिसने देखा था, उसे आश्चर्यचकित होना स्वाभाविक है। आज एक पटना से ही हिन्दी के पाँच दैनिक निकल रहे हैं। हमारी मासिक पत्रिकाएँ देश के कोने-कोने में पहुँच रही हैं और आदर से पढ़ी जाती हैं। प्रकाशन के क्षेत्र में भी हमने कमाल कर दिखलाया है। भिन्न-भिन्न विषयों पर सुन्दरतम गेटअप और छपाई-सफाई के साथ हमने ऐसे ग्रन्थरत्न दिए हैं, जिन्हें देखकर हिन्दी-संसार मुग्ध है। एक वे भी दिन थे, जब 'बिहारी हिन्दी' कहकर हमारी भाषा की दिल्लगी उड़ाई जाती थी; आज हमारी शैली का हिन्दी-संसार में अनुकरण हो रहा है। हमारे लेखकों और कवियों को भारतव्यापी सम्मान मिल रहा है। हिन्दी इस प्रदेश की राज्यभाषा के रूप में स्वीकृति पा चुकी है। स्कूलों और कालेजों में पढ़ाए जानेवाले सभी विषयों के हिन्दीकरण के लिए तत्परता से चेष्टा हो रही है। राजकाज में भी हिन्दी का प्रसार दिन-दिन बढ़ रहा है। निस्सन्देह अभी बहुत-कुछ करना है, किन्तु हम जो कुछ कर चुके हैं, उस पर गर्व अनुभव कर सकते हैं।

बिहार-राष्ट्रभाषा-परिषद् की स्थापना एक खास स्थान रखती है। परिषद् एक अर्द्धसरकारी संस्था है। किन्तु इसने बिहार के साहित्यिकों का सहयोग पूर्णरूप से प्राप्त किया है और थोड़े ही दिनों में इतना कर लिया है कि अन्य राज्य-सरकारों को भी इसके अनुसरण की ओर ध्यान देना पड़ रहा है।

× × ×

बिहार हिन्दी साहित्य सम्मेलन का अगला कदम क्या हो और बिहार की साहित्य-साधना किस ओर उन्मुख हो, यह प्रश्न है, जिस पर हमें ध्यान देना ही चाहिए।

हमें स्वीकार करना पड़ेगा कि बिहार-राष्ट्रभाषा-परिषद् सरकारी सहायता की प्रचुरता के बल पर साहित्यिक क्षेत्र में सम्मेलन से बहुत आगे बढ़ गई है। हमें इस पर ईर्ष्या नहीं करनी चाहिए, बल्कि प्रसन्न होना चाहिए कि परिषद् ने एक क्षेत्र को अपनाकर सम्मेलन का बोझ बहुत-कुछ हल्का कर दिया है। अतः हमें एक ही काम पर दुहरा प्रयत्न नहीं कर सम्मेलन के लिए नई दिशा का निर्धारण करना चाहिए। परिषद् एक सीमा के अन्दर ही काम करती है और कर सकती है; हमें यह सदा स्मरण रखना है।

सम्मेलन का सबसे बड़ा काम है बिहार के साहित्यिकों को संघबद्ध करना और बिहार

में हो रही साहित्य-साधना को सही नेतृत्व देना। बिहार में अद्भुत साहित्यिक जागरण है। घोर देहातों में भी साहित्य के प्रति एक अपूर्व रुचि दिखाई पड़ रही है। छोटे-छोटे गाँवों में भी पुस्तकालय हैं। गाँव के नौजवान भी कविताएँ लिख रहे हैं; गीत रच रहे हैं। हर शहर में कवियों और लेखकों की अनेक टोलियाँ हैं। एक ही समुद्र के अनेक टापुओं की तरह वे बिखरे-बिखरे हैं। क्या यह अवसर नहीं आ गया है कि इस सारी साहित्यिक प्रवृत्तियों को एक सूत्र में गूँथा जाए ? संघबद्ध नहीं होने और सही नेतृत्व नहीं मिलने से हमारे नए कवियों और लेखकों के बहुत सारे प्रयत्न व्यर्थ जा रहे हैं। उनके मुँह से कभी-कभी ऐसी चीजें निकल जाती हैं, जो साहित्य-भंडार के लिए हीरे-मोती बन सकती हैं। किन्तु ज़रूरत यह है कि कोई उन पर थोड़ी पालिस कर दे, उन्हें आकार दे दे, उन्हें सजा दें, सँवार दे। कुछ पैसे दो, सम्मेलन का सदस्य बनो, साल-भर बैठे रहो, सभापति के चुनाव के समय तू-तू-मैं-मैं करो—वे दिन लद गए। आज ज़रूरत इस बात की है कि सम्मेलन प्रदेश के कोने-कोने में पहुँचे, साहित्यिकों को एकत्र करे, संघबद्ध करे, उनमें एकात्मता लाए, नए लोगों के शिक्षण और मार्ग-दर्शन का प्रबन्ध करे। उनकी रचनाओं को प्रकाश में लाए, छिपी प्रतिभाओं को ऊपर उभार, प्रतिष्ठित प्रतिभाओं का सदुपयोग करे, नए और पुराने में सामंजस्य स्थापित करे।

यही नहीं, साहित्य के, भाषा के, लिपि के अनेक प्रश्न हैं, जिन पर सम्मेलन को नेतृत्व देना है। आज़ कोई ऐसी संस्था नहीं कि ऐसा नेतृत्व दे सके, नतीजा यह हो रहा है, इन क्षेत्रों में भी सरकार को नाक घुसेड़ने को मजबूर होना पड़ रहा है। और इसमें शक नहीं कि ज्यों ही सरकार इस क्षेत्र में घुसी कि साफ पानी भी गँदला हुआ। ऐसे-ऐसे विशेषज्ञ टपक पड़ते हैं कि बाजीगर की तरह फूँक में ही तिल को ताड़ बनाकर दिखला दें। उन बाजीगरों के सामने शुद्ध साहित्यकार की सरकार में पूछ या रसाई कहाँ ? यह वांछनीय भी नहीं। अतः बिहार-सम्मेलन को चाहिए कि इस काम को अपने हाथ में ले। यदि वह भाषा और लिपि के बारे में योग्य विद्वानों की सहायता लेकर किसी मान्य निर्णय पर पहुँचे, तो सरकार को भी झख मारकर उसे स्वीकार करना पड़ेगा ?

आज विश्वसाहित्य में नए-नए प्रयोग चल रहे हैं—कविता में, कहानी में, नाटक में, उपन्यास में जिन नए-नए तत्त्वों का समावेश हो रहा है, उन्हें हम पूर्ण दायित्व के साथ क्रान्तिकारी कह सकते हैं। प्रयोगों की इस क्रान्ति-धारा से अपने नए लेखकों को परिचित कराना सम्मेलन का क्या कर्तव्य नहीं है ? दो-तीन दिनों के लिए वार्षिक अधिवेशन कर लेने की अपेक्षा क्या यह उचित नहीं होगा कि प्रदेश के तीन-चार मुख्य केन्द्रों में भिन्न-भिन्न विषयों पर तीन-चार दिनों के लिए साहित्य-चर्चा का आयोजन किया जाए ? बाहर के विद्वानों को भी बुलाएँ, अन्य भाषाओं के विशेषज्ञों को भी बुलाना चाहिए और उनके आचार्यत्व में साहित्य के किसी एक अंग पर तीन-चार दिनों तक चर्चाएँ चलाई जाएँ और उनसे जो निष्कर्ष निकले, उसका व्यापक प्रचार कराया जाए, जिससे साहित्य-रसिकों को नए-नए दृष्टिकोण मिलते रहें।

जिस समय सम्मेलन की स्थापना हुई थी, उस समय की और आज की परिस्थिति में बहुत अन्तर आ गया है। किन्तु संस्थाओं का यह पुराना रोग है कि वह जिस चीज़ को पकड़ लेती है, उसे जल्द छोड़ती नहीं; फलतः वे निर्जीव हो जाती हैं। हम स्पष्ट कहें, सम्मेलन में भी निर्जीवता के लक्षण दिखाई पड़ रहे हैं। हम उसमें नए प्राण की प्रतिष्ठा तभी कर सकेंगे, जब हम उसके लिए नई-नई दिशाओं की खोज करते चलेंगे। हमारा विश्वास है, बिहार-हिन्दी-साहित्य-सम्मेलन ऐसा करके देश की अन्य संस्थाओं के लिए भी पथ-प्रदर्शन देगा।

[**नई धारा**, फरवरी 1956]

चलो, ज़रा घर देखें !

हिन्दी राज्यभाषा क्या हुई, हमारी दृष्टि कुछ इतनी ऊँची हो गई है कि अपने पैर के नीचे की चीज़ भी हम नहीं देख पाते। हमारा दिमाग सातवें आसमान पर चला गया है। हम जिस भूमि पर खड़े हैं, उसकी सुधि भी खो दी है।

लन्दन में, मास्को में, पेकिंग में, न्यूयार्क में हिन्दी के लिए क्या हो रहा है और ये कम्बख्त मद्रासवाले, महाराष्ट्रवाले, बंगालवाले, गुजरातवाले कब हिन्दी सीख जाते हैं, हम इसी चिन्ता में दुबले हुए जा रहे हैं, मरे जा रहे हैं।

हम क्यों सोचने लगें कि देवघर से जैसलमेर और जालन्धर से इन्दौर तक का जो यह विस्तृत हिन्दी-क्षेत्र है, वहाँ क्या हो रहा है, क्या हो चुका है। कौन क्या कर रहा है, कौन किस दिशा में जा रहा है ?

इस विस्तृत क्षेत्र में देश की आधी जनसंख्या रहती है। इनकी बोलियाँ भिन्न-भिन्न हैं, इन बोलियों का अपना साहित्य है; किन्तु, न जाने किस प्रेरणा से इन लोगों ने अपने को हिन्दी के एक सूत्र में बाँध लिया है—हिन्दी में पढ़ते हैं, लिखते हैं, परस्पर हिन्दी बोलते हैं, हिन्दी को अपनी मातृभाषा कहने में भी नहीं हिचकते।

इस विस्तृत क्षेत्र में आधे दर्जन से ऊपर राज्य हैं, एक दर्जन से ऊपर विश्वविद्यालय हैं। इन राज्यों ने हिन्दी को राज्यभाषा स्वीकार किया है, इन विश्वविद्यालयों ने हिन्दी को अपनी शिक्षा का माध्यम मान लिया है। सौ से भी अधिक प्रसिद्ध नगर हैं इस क्षेत्र में और हर नगर में हिन्दी की प्रतिष्ठित और सुसंचालित संस्थाएँ हैं।

कोई भी भाषा इतने विशाल और सुसम्पन्न क्षेत्र को पाकर अपने को धन्य समझ सकती थी—किसी भी भाषाभाषी के लिए वह गौरव का विषय हो सकता था। किन्तु एक हम हैं जो इस विशाल क्षेत्र को पाकर भी उसका कोई मूल्य नहीं समझते और उस मृग की तरह चारों ओर दौड़े-दौड़े, मारे-मारे फिर रहे हैं, जिसके अपने नाभिकुंड में ही सुगन्ध का अक्षय कोष है।

हम अपने हिन्दीभाषी भाइयों से स्पष्ट शब्दों में कहना चाहते हैं, मित्रो, यह मृग-तृष्णा छोड़ो। इस दौड़-धूप, उछल-कूद से कुछ नहीं होगा, जब तक कि तुम्हारा अपना घर दुरुस्त न हो। अपने घर को देखो, उसे ही सँवारो, सजाओ, फिर बाहर के लोग आपसे आप आकृष्ट होंगे तुम्हारी ओर।

हाँ, यह मृग-तृष्णा है !

हाँ, हमें लगता है, हिन्दी का यह राज्यभाषा-पद हमें मृग-तृष्णा में उलझा चुका है। हमारी भाषा यहाँ फैले, वहाँ फैले—देश पर छा जाए, संसार पर छा जाए—इस लालसा ने हमें अपनी भाषा, अपने साहित्य की गतिविधि पर ध्यान देने से भी अन्धा बना लिया है।

मद्रास में क्या हो रहा है, पूना में क्या हो रहा है, कलकत्ता में क्या हो रहा है, अहमदाबाद में क्या हो रहा है, इन चिन्ताओं ने हममें फुर्सत नहीं रहने दी है कि हम सोचें जबलपुर में क्या हो रहा है, जयपुर में क्या हो रहा है, ग्वालियर में क्या हो रहा है, जालन्धर में क्या हो रहा है।

पटना, इलाहाबाद, दिल्ली—मियाँ की दौड़ मस्जिद तक।

कुछ गिनेगिनाए लेखक, कुछ गिनेगिनाए आलोचक—हमने समझ रखा है, दिल्ली के सर्वेसर्वा वहीं हैं। उन्हीं के अभिनन्दन-वन्दन में हम एड़ी-चोटी का पसीना एक कर रहे हैं।

इस विस्तृत क्षेत्र के हरेक कोने में ऐसे साधक हैं, जो न जाने कबसे हिन्दी के लिए साधना की धूनी जलाते रहे हैं, जलाते जा रहे हैं। यह उन्हीं की उस मूक साधना का फल

है कि यह असम्भव भी सम्भव हो सका है—अपनी समृद्ध बोलियों को छोड़कर लोगों ने हिन्दी को मातृभाषा के रूप में अपनाया है।

और क्या यह सच नहीं है कि इस संख्याबल ने भी हिन्दी को स्वतन्त्र भारत के राज्य-भाषा-पद पर अधिष्ठित करने में सहायता दी है ?

किन्तु क्या हम उन साधकों की कभी खोज-खबर भी लेते हैं ? उनमें से कितने चल बसे, जो हैं, उनमें से कितनों के लिए मृत्यु का वारन्ट कट चुका है। वे कभी भी कूच कर सकते हैं। क्या यह उचित नहीं कि चलते-चलाते उनके चरणों का हम वन्दन-पूजन कर लें।

फिर हर जगह तरुणों की एक नई पीढ़ी आई है जो उसी उत्साह से हिन्दी-सेवा की साधना में रत है। यह नई पीढ़ी—कितनी जीवन्त, कितनी ज्वलन्त। कैसी भाषा में लिखते हैं ये; कैसे स्वर में गाते हैं ये। देखकर, सुनकर चकित हो जाना पड़ता है। किन्तु क्या उनकी पीठ ठोककर उन्हें उत्साहित करने की आवश्यकता हम अनुभव करते हैं ?

हममें जो बुजुर्ग हैं, वे चाहते हैं, वे उनकी सेवा में अपने को स्वयं उपस्थित करें। यह दूसरी बात है कि कदाचित् वे उनके निकट पहुँच भी जाएँ—तो उनसे दो बातें करने की वे फुर्सत भी न निकाल सकें।

सब अपने-अपने में चूर हैं। सबका दिमाग सातवें आसमान पर है। हिन्दी राज्यभाषा क्या हुई, छोटे-बड़े सब अपने को दिल्ली की गद्दी पर बैठा हुआ समझते हैं। सब विश्वविजय की धुन में हैं—हमारी यही मनोवृत्ति हम पर साम्राज्यवादी बनने की तुहमत थोप चुकी है। अपना खेत कोई नहीं जोत रहा, सबकी नज़र दूसरे की हरीभरी चरागाह पर है। यदि हम नहीं चेते, यह मृगतृष्णा हमारी जान लेकर रहेगी।

अपना खेत जोतो, ओ किसानो !

साम्राज्यवाद उठ गया, जमींदारी उठ गई। फिर तुम्हारी भाषा की जमींदारी, तुम्हारे साहित्य का साम्राज्यवाद कैसे चल पाएगा, सोचो।

अरे, अपना खेत जोतो, जरा गहरे जोतो, ओ चतुर किसानो।

देवघर से जैसलमेर, जालन्धर से इन्दौर—कितना बड़ा खेत मिला है तुम्हें। मानते हैं, तुम्हारे पास ट्रैक्टर नहीं। किन्तु, अब तो ट्रैक्टर की कलई भी खुल चुकी। हल की खेती, कुदाल की खेती और सहयोगी खेती, नए युग का नारा यह है।

जैसलमेर का किसान समझे, वह जो देवघर में खेती हो रही है, वह हमारी है। इन्दौर का किसान माने कि जालन्धर में जो बीज बोए जा रहे हैं, उनकी बालियों का रस हमें चखने को भी मिलेगा।

आज अभाव इसी एकसूत्रता का है, एकात्मता का है। खेती हर जगह हो रही है। और हम अपने अनुभव के आधार पर कहते हैं, अच्छी खेती हो रही है; किन्तु इस एकसूत्रता के अभाव में मालूम नहीं होता, कहाँ क्या हो रहा है ?

आज शोर मचाया जा रहा है, हिन्दी की पुस्तकें बड़ी संख्या में नहीं बिकतीं और जब तक बड़ी संख्या में बिक्री की गुंजायश नहीं हो, क्या सस्ता साहित्य बाजार में रखा जा सकता है ? क्या अच्छा साहित्य निकल भी सकता है ?

क्या हिन्दी-संसार में पुस्तकें नहीं पढ़ी जातीं ? पढ़ी क्यों नहीं जातीं ? किन्तु यह इतना विशाल क्षेत्र है कि जो पुस्तकें जहाँ छपती हैं, छोटे-छोटें वृत्तों में चक्कर खाती रहती हैं।

आज आवश्यकता है, इस एकात्मता की स्थापना की। यह तभी सम्भव है, जब समर्थ साहित्यिक जरा इस बड़े भूभाग की परिव्राजकता स्वीकार करें। क्योंकि सभाओं, सम्मेलनों के

द्वारा इस एकसूत्रता लाने की व्यर्थता का हम खूब अनुभव कर चुके हैं, कड़वे से कड़वे अनुभव प्राप्त कर चुके हैं।

हमारे साहित्य-महारथी बाहर का मोह छोड़ें, थोड़े दिन इस अपने खेत को जोतें, गहरे जोतें, फिर देखें कैसी अच्छी फसल उनको काटने को मिलती है।

आवश्यकता है, साहित्यिक परिव्राजकों की !

इन्दौर से जालन्धर और जैसलमेर से देवघर तक के इस हिन्दी-क्षेत्र में सौ से अधिक बड़े नगर हैं। हर नगर में साहित्य-संस्थाएँ हैं। अच्छे-अच्छे पुस्तकालय हैं, लेखकों और कवियों की छोटी-बड़ी टोलियाँ हैं।

हमारे परिव्राजक ज़रा अपनी माँदों से निकलें, तो वे पाएँगे, हर जगह उनके स्वागत-सत्कार को लोग खड़े हैं।

जरूरत यह नहीं है कि देश-विदेशों में हम सांस्कृतिक मंडल भेजें—यह जिनका काम है, वे करें, कर रहे हैं। हमारा काम तो यह है कि पहले हम अपनों को पहचानें, जानें। हमारे जो साधक कोने-कोने में पड़े हैं, उन्हें ढूँढ़ें, उनसे मिलें, उन्हें सम्मान दें, उन्हें बाहर लाएँ।

नाना तरह के रत्न धूल में ढँके पड़े हैं, हम कुरेदकर उन्हें ऊपर करें, उन्हें झाड़ें पोछें—फिर हमारा भंडार जगमग कर उठेगा।

आज एक ही तरह के प्रयास कई स्थानों में चल रहे हैं। यदि उनके कामों का समन्वय हो जाए, तो कितनी शक्ति की बचत हो जाए। दूसरे कामों को हम किस आसानी से हाथ में ले सकते हैं ?

भिन्न-भिन्न विश्वविद्यालयों में भी तरह-तरह के काम हो रहे हैं, किन्तु उनमें भी परस्पर सहयोग नहीं, एक-दूसरे के कामों की जानकारी नहीं। हमारे परिव्राजक उनके कामों में भी समन्वय की स्थापना कर सकते हैं।

हमारी कई राज्य-सरकारों द्वारा हिन्दी-भाषा और साहित्य के लिए बहुत-कुछ किया जा रहा है। एक ही तरह के कामों को अलग-अलग करके वहाँ भी शक्ति का अपव्यय किया जा रहा है। जो लोग ये काम कर रहे हैं, वे हमारे ही भाई हैं। हम उनसे मिलें, एक को दूसरी जगह की जानकारी दें। जो काम जड़ सत्ता से सम्भव नहीं, उसे हमारे ये जंगम परिव्राजक स्नेह से करा सकते हैं।

सबसे बढ़कर जरूरी है, अपनी नई पुश्त से जान-पहचान करना। यदि पहाड़ महम्मद के पास नहीं आता है, तो महम्मद पहाड़ के पास जाए। महम्मद की महत्ता ही इससे बढ़ती है। फिर उनके पास इतने साधन कहाँ कि हमारे चरणों तक पहुँच सकें। परिमित साधनों से भी, नाना तरह की उलझनों में रहकर, वे साहित्य-साधना के पथ पर बढ़ रहे हैं। हम जरा उनका हाथ थामें, हम उनमें आत्मविश्वास भरें, जहाँ आवश्यकता हो, उनका पथ-प्रदर्शन करें।

यद्यपि हमारा अनुभव है, वे अपना पथ स्वयं बना रहे हैं जो हमारे पथ से भी अधिक प्रशस्त है। हमें छेड़छाड़ नहीं करनी चाहिए, किन्तु उन्हें हमारा प्यार तो मिलना ही चाहिए—और चुमकार भी।

यदि इस हिन्दी-क्षेत्र के सभी प्रमुख केन्द्रों से ऐसे चार-पाँच परिव्राजकों की टोलियाँ निकलें और सारे हिन्दी-क्षेत्र की यात्रा कर आएँ, तो फिर इस क्षेत्र में एक नया जीवन आ जाए, हिन्दी-साहित्य की श्रीवृद्धि में चार चाँद लग जाएँ। आजकल साहित्य में गत्यवरोध की बहुत चर्चा है। हमने गति छोड़ दी है और अवरोध के नाम पर रो रहे हैं। कैसा तमाशा !

ज़रा अपने में गति लाइए, फिर साहित्य का गत्यवरोध तो आप-ही-आप टूटेगा।

[**नई धारा**, मार्च 1956]

रेडियो और साहित्य-1

एक जमाना था जब कहा जाता था, ज्यों-ज्यों विज्ञान की प्रगति होती जाएगी, साहित्य और कला के प्रति लोगों की अभिरुचि कम होती जाएगी। साहित्य और कला का मुख्य आधार है कल्पना। विज्ञान की वास्तविकता के सामने साहित्य और कला की काल्पनिकता टिक कहाँ सकेगी ? चाँदनी रात की कुहेलिका और उषा की रंगीनियाँ सूर्योदय के साथ ही विलीन हो जाती हैं न ? विज्ञान का सूर्य जब सोलह कला से चमक उठेगा, कला की कुहेलिका की चादर के तार-तार उड़ जाएँगे, साहित्य की जादूभरी रंगीनियाँ आप-आप काफूर हो जाएँगी !

किन्तु देखा यह जा रहा है, विज्ञान की उन्नति के साथ ही साहित्य और कला का विकास भी होता जा रहा है। जिनके हाथ परमाणुओं को तोड़ने में लगे हैं, उनके कान भी संगीत की एक कड़ी सुनने को व्याकुल रहते हैं। जिनकी आँखें दूरबीन के सहारे खमंडलों का और खुर्दबीन के सहारे सूक्ष्मतम जीवों और तत्त्वों का रहस्य पा लेने में लीन हैं, उनकी नजरें भी किसी सौन्दर्यमयी कलाकृति पर न्यौछावर होती हैं। जब मस्तिष्क शुष्क गणित के चक्रव्यूह में फँसा होता है, विज्ञान-वेत्ता के हृदय में उस समय भी क्या ज्वारभाटा नहीं उठा करता ? और ज्यों-ज्यों विज्ञान की वृद्धि हो रही है, त्यों-त्यों यह सिद्ध होता जा रहा है कि उसका उच्चतम शिखर कल्पना की कुहेलिका से ही ढँका हुआ है !

यही नहीं, आश्चर्य के साथ यह पाया गया है कि विज्ञान अपनी बुद्धि के साथ कला और साहित्य के विकास में भी सहायता पहुँचा रहा है। मुद्रण-यन्त्र ने, उसके दिन-प्रतिदिन के नए-नए विकास ने, कला और साहित्य को क्या कम लाभ पहुँचाया है ? दरबारों, मन्दिर-मठों या पुरोहितवर्ग के एकाधिकार में रहनेवाला साहित्य आज कुटियों में, साधारणजन में प्रवेश पा चुका है ! अब किसी माइकेल एंजेलो की कलाकृतियों के अवलोकन के लिए रोम या फ्लोरेंस की गलियों में धूल फाँकने की आवश्यकता नहीं रही, अजन्ता और एलोरा के चित्रों और मूर्तियों की प्रतिकृति हम आसानी से अपने घर में पा सकते हैं। संगीत के विभिन्न स्वरों को पकड़ने में भी विज्ञान ने हमें असीम लाभ पहुँचाया है। अब सात सुर के स्थान पर बारह सुरोंवाला संगीत भी जन्म ले चुका है।

यों विज्ञान ने साहित्य और कला को हानि पहुँचाने के बदले उन्हें सुलभ और सुकर बना दिया है। प्रकृति में दिन के अन्त के बाद ही रात होती हो—यहाँ हम सूर्य की तपतपाती किरणें और चन्द्रमा की जगमग चाँदनी एक ही साथ पा रहे हैं। वास्तव का अन्वेषण ज्यों-ज्यों गहराई तक जा रहा है, कल्पना की कुहेलिका भी उतनी ही सघन होती जा रही है ! विज्ञान और कला पुरुष और प्रकृति की तरह गलबहियाँ देकर नाच रहे हैं !

साहित्य पर विज्ञान का प्रभाव

किन्तु विज्ञान की प्रगति एक प्रकार से साहित्य को चुनौती भी दे रही है। उसके रूपों पर, उसके विषयों पर उसने प्रभाव डाले हैं और उनमें क्रान्तिकारी परिवर्तन लाने को बाध्य किया है। अब नाटक का रूप वह नहीं रह सकता, जो भास या कालिदास के समय में था। कथा को भी कादम्बरी की सीमा का उल्लंघन करना पड़ेगा। काव्य का रूप अब वही नहीं होगा, जिसे आदि-कवि ने हमारे सामने रखा। यही नहीं, नाटक, कथा और काव्य के विषयों में भी परिवर्तन लाना होगा। कोई अवतारी पुरुष, या कोई चक्रवर्ती सम्राट् या किसी राजघराने का दुर्धर्ष वीर ही अब हमारे नाटक, काव्य या कथा के पात्र नहीं रह सकते। जब साहित्य कुटिया में पहुँचा है, तो कुटिया का रूपरंग, उसमें रहनेवाले साधारणजन भी साहित्य में अपने लिए

स्थान चाहेंगे। विज्ञान ने इन दो-तीन सौ वर्षों में ही साहित्य के रूप और विषय में कायाकल्प कर दिया है। गंगोत्री में बहनेवाली गंगा पटना आते-आते कितनी बदल गईं। इधर पचास वर्षों में बीसवीं सदी में तो साहित्य के रूप में अतिक्षिप्र गति से परिवर्तन हुए हैं ! नाटक, कथा, काव्य के रूप इतने बदल गए हैं कि उनका उत्स से स्पष्ट विलगाव-सा दीखने लगा है।

यही नहीं, संचार और परिवहन के साधनों की प्रगति ने भी साहित्य पर बहुत प्रभाव डाला है। भाषा की दीवारें टूट चुकी हैं; एक भाषा दूसरे को प्रभावित ही नहीं करती है, अपने शब्द, अपने मुहावरे, अपनी वाक्यशैली भी दूसरी भाषा में इन्जेक्ट करती जा रही है। लन्दन, पेरिस, मास्को या न्यूयार्क में होनेवाले साहित्यिक प्रयोगों का अनुसरण काहिरा, दिल्ली, पेंकिग और टोकियो में होने में देर नहीं लगती। अपने देश में ही देखिए, हमारे नौजवानों को इलियट, सात्र, गोर्की और पर्लबक ने कितना प्रभावित कर रखा है ! हमारे ये नए लेखक वाल्मीकि-व्यास की सन्तान हैं, क्या किसी धड़ से वे वैसा दीखते हैं ?

कला को भी वैज्ञानिक प्रगति के इन साधनों ने इसी प्रकार रूप-परिवर्तन, विषय-परिवर्तन के लिए लाचार किया है ! चूँकि यूरोप में विज्ञान की प्रगति बहुत तेज रही (अब तक तो वहीं से ये प्रगतियाँ हमारे यहाँ आयात की जाती रही हैं) अतएव वहाँ के साहित्य और कला में होनेवाले परिवर्तनों का चक्र बहुत तेज रहा है। माइकेल एंजेलो की कलाकृति और पिकासो की कलाकृति में जमीन-आसमान का फ़र्क दीख पड़ता है। शेक्सपीयर और मौलियर की रचनाओं से उनकी सन्तानों की रचनाओं में कितना साम्य है, यह अब खोज का विषय बन गया है। दाँते और गेटे की अनुपम काव्यकृतियाँ जर्मन और इतालवी कवियों को अब भी मोहित करती हैं, किन्तु उनका अनुसरण और अनुकरण उनके अपने ही देश में कितना किया जा रहा है ? विज्ञान ने साहित्य में नए-नए मोड़ दिए हैं। नया आदमी; नया साहित्य; नई कला; नया संगीत—आज की पुकार यह है। और इस पुकार की तह में विज्ञान है, इसमें शक नहीं !

रेडियो : एक नई चुनौती

रेडियो ने साहित्य के सामने एक नई चुनौती रखी है। साहित्य के दो विभागों—दृश्य और श्रव्य—को इसने एक कर दिया है। इस माध्यम से साहित्य का रसास्वादन करनेवाले आँख अछत भी अन्धे होते हैं ! ध्वनि के द्वारा ही उनके सामने अनेक रंगों और रूपों की सृष्टि करनी होती है। न आपके सामने कोई अभिनेता या अभिनेत्री है, न मंच है, न पर्दे हैं—और आप कान के द्वारा (याद रखिए—आँख के द्वारा नहीं, कान के द्वारा) नाटक देख रहे हैं !

यही नहीं, साक्षर और निरक्षर के भेदभाव को भी इसने दूर कर दिया है। पहले हम साहित्य का निर्माण करते थे, तो हमारे सामने पाठक होते थे—पाठक, जो पढ़े-लिखे होते थे। पढ़ने-लिखने से उनके मस्तिष्क का विकास एक स्तर तक हो चुका होगा, यह भी मान लेते थे ! किन्तु अब हमारे पाठक श्रोता बन गए हैं। ऐसे श्रोता, जिनमें निरक्षर भट्टाचार्यों की संख्या ही बड़ी होगी, हमें यह सोचने को लाचार होना पड़ेगा। निरक्षर होने से ही आदमी अज्ञानी होता है, उसे रस की अनुभूति नहीं होती, हम ऐसा मान लेने की गुस्ताखी तो नहीं कर सकते; किन्तु क्रमबद्ध अध्ययन के अभाव में उनका मानसिक धरातल अस्थिर होगा, यह तो स्वीकार करना पड़ेगा !

साहित्य के एक नए माध्यम के रूप में हम रेडियो का उपयोग किस प्रकार करें—यह प्रश्न आज हमारे देश के साहित्यिकों के समक्ष उपस्थित है। इस नए माध्यम की उपेक्षा तो हम कर ही नहीं सकते—यदि हमने यह गलती की तो हम कहीं के नहीं रहेंगे ! ऐसा करके हम अपने और अपने साहित्य के साथ एक अक्षम्य अपराध करेंगे। विज्ञान की प्रगति का साथ

जो नहीं देगा, वह नष्ट होकर रहेगा !

किन्तु इस माध्यम को अपनाने के लिए हमें अपनी धारणाओं में आमूल परिवर्तन करना होगा। साहित्य के रूप और विषय—दोनों के बारे में फिर एक बार हमें नए सिरे से सोचना पड़ेगा ! प्रारम्भ में कुछ झंझटें आएँगी, आ रही हैं; किन्तु हम साहित्यिकों में ऐसी क्षमता है कि हम उन्हें सुलझा सकेंगे, यह हमारा विश्वास है। हमने इस दिशा में क़दम भी बढ़ा दिए हैं।

हमें सबसे पहले यह समझकर चलना है कि हमारे साहित्य का रस लेनेवाले अब मुट्ठी-भर पढ़े-लिखे लोग नहीं हैं बल्कि विस्तृत जन-समुदाय है। अतः हमें ऐसी भाषा का ही प्रयोग करना है, जो सर्वसाधारण के लिए आसानी से समझने योग्य हो। हम यह नहीं मानते कि भाषा के क्लिष्ट और जटिल बनाए बग़ैर उत्तम साहित्य की सृष्टि नहीं हो सकती ! सरल शब्दों में भी प्रकटीकरण की क्षमता है; बशर्ते कि हम उनका उचित चुनाव करना जानें !

हमें सरल भाषा का ही प्रयोग करना है, सरल और छोटे-छोटे वाक्यों की ओर भी ध्यान देना होगा। पुस्तक पढ़ते समय हम लम्बे-लम्बे वाक्यों को भी पकड़ लें; किन्तु सुनते समय लच्छेदार वाक्य सारे अर्थ को लीपपोत देते हैं, हमें यह स्मरण रखना होगा। यदि हम याद रखें कि लिखने और बोलने की भाषा में अन्तर है और हमें रेडियो द्वारा बोली जानेवाली भाषा देनी है—तो यह समस्या तुरत सुलझ जाए ! हम अपने मित्रों से, परिवारवालों से, बाजार में, कचहरी में जिस बोलचाल की भाषा का प्रयोग करते हैं, धीरे-धीरे हमें वहाँ तक पहुँचना है—रेडियो की भाषाविषयक यही माँग है, जिसकी पूर्ति हमें करनी है।

[**नई धारा**, मई 1956]

रेडियो और साहित्य–2

जैसा कि गतांक में हम कह चुके हैं, रेडियो के रूप में विज्ञान ने साहित्य को चुनौती दी है और हमें उसे स्वीकार करना है।

लेकिन अब तक साहित्य उस चुनौती को स्वीकार करने में असमर्थ सिद्ध हुआ है। यदि रेडियो की पेटिका में कोई यन्त्र संलग्न रहता, जो बता सकता कि अमुक सज्जन की अमुक साहित्यिक कृति को कितने लोग सुन रहे हैं और कितने लोगों ने रेडियो की सूई कहीं दूसरी जगह खिसका दी है, तो हमारे बहुत-से साहित्यिक रेडियो के ध्वनियन्त्र का सामना करने से पहले हजार बार सोचते।

हम रेडियो ध्वनियन्त्र पर कुछ धुआँधार कहते जाते हैं और मान लेते हैं, घर-घर में हमारी ध्वनि गूँज रही होगी। काश, ऐसी बात हो पाती !

रेडियो के माध्यम ने हमारे प्राचीन कवियों में मीरा और कबीर को ही अच्छी तरह स्वीकार किया है। तुलसी और सूर तक बहुत पीछे रह गए हैं।

आधुनिक गीतकारों में छुटभैयों ने जितने श्रोताओं को आकृष्ट किया है, हमारे बड़े-बुजुर्ग गीतकार की हैसियत से उतने ही असफल सिद्ध हो रहे हैं।

रूपकों और नाटकों में भी यही हो रहा है।

और साहित्यिक वार्ताओं की तो बात ही मत पूछिए। जिस समय हमारे साहित्य महारथी अपने वचनामृत को ध्वनियन्त्र द्वारा श्रोताओं के कर्ण-कुहरों तक पहुँचाने का शुभारम्भ करते हैं, उसके पहले ही लोग अपने-अपने रेडियो की सूई सिलोन या पाकिस्तान की ओर खिसका

चुके होते हैं !

ऐसा क्यों हो रहा है ? सिर्फ यह कहकर आप बात को टाल नहीं सकते कि लोगों का सांस्कृतिक धरातल बहुत नीचा है ! यदि यह तर्क मान लिया जाए, तो उन महानुभावों को रेडियो का माध्यम अपनाने से अपने को अलग रखना चाहिए, जो अपने को संस्कृति के उच्चतम शिखर तक पहुँचा हुआ मानते हैं। अपना समय, रेडियो का अमूल्य समय, इतने सारे पैसे और प्रबन्ध व्यर्थ में बरबाद करने का किसी को क्या अधिकार है ? उन्हें तब तक अपने घरों में मौन प्रतीक्षा करनी चाहिए, जब तक श्रोताओं का सांस्कृतिक धरातल उनके धरातल तक ऊपर नहीं उठ आता !

यदि तुलसी और सूर आज हमारे बीच में होते, तो रेडियो की इस चुनौती को स्वीकार करने में वे पीछे नहीं रहते। संस्कृत को छोड़कर जिन्होंने जनभाषा को अपना काव्य-माध्यम बनाया, वे जनता तक पहुँचाने के लिए रेडियो ऐसे जबर्दस्त माध्यम की क्यों उपेक्षा करते ? उस समय भी उन्होंने कुछ ऐसे भजन दिए थे, जो आज भी जनता की जिह्वा-जिह्वा पर चढ़े हुए हैं। रेडियो द्वारा वे सफलतापूर्वक प्रसारित किए जा रहे हैं।

कबीर ने प्रारम्भ से ही निम्नकोटि की जनता की भाषा को अपनाया और मीरा ने अपनी प्रेमभावना को प्रकट करने के लिए हृदय की जिस भाषा को अपनाया, उसमें कृत्रिमता के लिए गुंजाइश कहाँ हो सकती थी !

क्या हमारी महादेवी, हमारे पंत अपने को जन-मानस तक पहुँचाने की दिशा में कुछ नए प्रयत्न नहीं कर सकते ? यदि इन्होंने ऐसा नहीं किया, तो हिन्दी के लिए ही नहीं, विश्वसाहित्य के लिए भी एक दुर्भाग्य की बात होगी। बीस करोड़ हिन्दीभाषी जनता तथा संसार के कोने-कोने में फैले लाख-लाख हिन्दी-प्रेमी जनता इनकी अनुभूतियों से वंचित रहे, यह क्या हिन्दी-साहित्य के लिए शोभनीय या कल्याणप्रद समझा जाएगा ?

संस्कृत का मोह-जाल

हिन्दी के साहित्यकारों में यह बुरी भावना फैलती जा रही है कि जब तक हम अधिकाधिक संस्कृत शब्दों की ओर नहीं झुकेंगे, अपने हृदय की गूढ़ भावनाओं या वर्तमान युग के उलझनपूर्ण विचारों को सही ढंग से प्रकट ही नहीं कर सकते ! संस्कृत हिन्दी के लिए सदा एक अक्षय-कोश रहा है; शुरू से ही हिन्दी ने इस कोष का उपयोग किया है, किन्तु, उस कोष के सोने के ठप्पे को उसने सदा अपने सिक्के में ढाला है, उसे बिलकुल अपना बनाया है। लेकिन, आज कोई ऐसी मेहनत करने को तैयार नहीं; हम उस कोष से लेते हैं और बेधड़क बाजार में बेचते फिरते हैं। हमारी इसी प्रवृत्ति से घबराकर उस दिन पटना में श्री मुरारजी देसाई ने कहा, यह तो संस्कृत को पिछले दरवाजे से घर में घुसाना है !

श्री मुरारजी देसाई की यह आशंका व्यर्थ नहीं है ! सचमुच आजकल हिन्दी का ऐसा संस्कृत-करण चल रहा है, कि कुछ दिनों में कुछ क्रियापदों—'है', 'था', 'होगा' आदि को छोड़कर हिन्दी का नामनिशान नहीं रह जाएगा। और, तब उसे 'हिन्दी' से बदलकर 'भारती' का नाम देना भी सुलभ हो जाएगा !

इस नई संस्कृतमयी हिन्दी का त्याग किए बिना हम रेडियो के द्वारा दी गई साहित्य को विज्ञान की चुनौती को स्वीकार नहीं कर सकते। लेकिन चेष्टा विपरीत दिशा में हो रही है—रेडियो का उपयोग कुछ लोग जान-बूझकर संस्कृतनिष्ठ हिन्दी के प्रचार के लिए कर रहे हैं ! तमाशा तो यहाँ तक होता है कि रेडियो से प्रसारित हिन्दी-समाचारों में भी इतनी क्लिष्ट हिन्दी का प्रयोग किया जाता है कि साधारण लोग उसे समझ नहीं पाते।

बोली गई भाषा बनाम लिखी गई भाषा !

भाषा के अतिरिक्त शैली और वाक्य-रचना का भी प्रश्न आता है। ऐसे-ऐसे लम्बे-लम्बे वाक्य गढ़े जाते हैं कि पढ़नेवाले की साँस तो फूलती और टूटती ही है, उनका अर्थ-ग्रहण करना भी मुश्किल पड़ता है ! ऐसे लोगों ने अभी यह समझा ही नहीं है कि रेडियो की भाषा मुख्यतः बोली जानेवाली भाषा होनी चाहिए, लिखी गई भाषा नहीं। अक्षर-ज्ञान ने हममें ऐसा अभ्यास डाल दिया है कि बिना लिखे हम कुछ बोल नहीं सकते। वक्तृत्वकला का ह्रास हो रहा है; लेखनकला विकास पर है। छापे की मशीनों ने हममें इस अभ्यास को और बढ़ा दिया है। लेकिन जब हम रेडियो के लिए लिखें तो यह हमेशा ध्यान देना ही पड़ेगा कि यह रेडियो पर 'बोलने' के लिए लिखा जा रहा है, 'पढ़ने' के लिए नहीं। हमने प्रायः देखा है, हमारे साहित्यकार बन्धु अपनी चीज ध्वनियन्त्र के सामने रखकर इस तरह 'पढ़ने' लगते हैं, जैसे किसी पुस्तक का 'पारायण' कर रहे हों ! इधर उनका यह 'पारायण' शुरू हुआ कि उधर रेडियो की सूई दूसरे स्टेशन की ओर चली।

सबसे बड़ा प्रश्न है, कलाकृतियों के बारे में। रेडियो के श्रोता-ही-श्रोता होते हैं, पाठक या दर्शक नहीं। अतः रसों की सृष्टि सिर्फ शब्द और स्वर के माध्यम से ही की जाती है। हमारे शब्द-शास्त्रियों ने बहुत पहले से हिन्दी वर्ण-माला को वर्गों में विभाजित कर रखा है और इसकी विवेचना भी प्रस्तुत की है कि किन वर्णों के द्वारा, किन रसों की सृष्टि आसानी से की जा सकती है। उनकी वह विवेचना कहीं-कहीं भद्दी और भोंडी भी हो चली है। अतः आवश्यक है कि हम फिर से इस सम्बन्ध में प्रयोगात्मक अनुसन्धान करें और उसके परिणामों के आधार पर भिन्न-भिन्न रसों के सृजन के समय उन वर्णों के उपयुक्त प्रयोग पर ध्यान रखें। इतनी अच्छी वर्णमाला मिली है हमें और हमारे पूर्वजों ने उसके प्रत्येक वर्ण की प्रकृति और प्रवृत्ति को खोज निकालने में इतना परिश्रम किया है ! क्या हम उनके उस परिश्रम को व्यर्थ जाने देंगे ? खासकर, जब रेडियो ने उसकी आवश्यकता हमारे सामने इतनी स्पष्ट कर दी है।

रेडियो-विभाग का कर्त्तव्य !

रेडियो-विभाग का भी इस सम्बन्ध में कुछ कर्त्तव्य है। उसने साहित्यकारों को रेडियो की टेकनिकल बारीकियों से परिचित कराने की ओर चेष्टा नहीं की है। अब तक जो कुछ हुआ है, साहित्यकारों ने स्वयं अपने परिश्रम और प्रतिभा से किया है। रेडियो-विभाग की सिर्फ यह चेष्टा रही है कि अच्छे-से-अच्छे साहित्यकारों को अपने विभागों में विभिन्न पदों पर रख दे। अच्छा वेतन देकर उसने साहित्यकारों का बाजारभाव कुछ बढ़ा दिया है, इसमें शक नहीं। किन्तु इसमें खतरा भी है। यह कोई आवश्यक नहीं कि अच्छा लेखक अच्छा प्रोड्यूसर भी हो। यदि हमारे ये लेखक इस नए कार्य में असफल सिद्ध हुए, तो फिर लेखकों का दीवाला पिट जाएगा। अतः आवश्यक यह है कि उन्हें इस नई टेकनिक में शिक्षित करने के साथ रेडियो में योगदान देनेवाले अन्य साहित्यकारों को भी इस टेकनिक का प्रारम्भिक ज्ञान देने का आयोजन रेडियो-विभाग अविलम्ब करे।

पिछली गर्मियों में दिल्ली में आयोजित रेडियो-साहित्य-समारोह इस दिशा में एक अच्छा कदम था। किन्तु, ऐसे समारोह को सिर्फ सप्रू भवन तक परिमित कर देना क्या उचित था ? क्या यह अच्छा नहीं हुआ रहता कि साहित्यकारों को रेडियो-केन्द्र में आमन्त्रित कर यह भी बताया जाता कि रेडियो-यन्त्र यथार्थतः कार्य कैसे करते हैं और रेडियो के लिए लिखते समय, या ध्वनि-यन्त्र के सामने बोलते समय, किन बातों पर ध्यान रखा जाए। वहीं ऐसी सूचना मिली

कि ऐसे समारोह आगे भी किए जाएँगे। अतः आगे से समारोह-संचालन में इस बात पर भी ध्यान दिया जाएगा, हम ऐसी आशा करते हैं।

[**नई धारा**, जून-जुलाई 1956]

तुलसी-जयन्ती

कवि और कवि में अन्तर है और कवि और कवि के भाग्य में। तुलसी हमारे महानतम कवि तो हैं ही, उनके ऐसा भाग्यशाली कवि भी हिन्दी में कोई नहीं हुआ ! कोई होगा भी; यह कौन कह सके !

तुलसी-जयन्ती बिना किसी प्रयत्न के, बिना किसी संस्था के आदेश निर्देश के, बिना किसी साहित्य-महारथी की अपील के, जिस धूमधाम से जगह-जगह मनाई जाती है, यह एक दर्शनीय ही नहीं, विचारणीय दृश्य होता है। हर पुस्तकालय, हर हिन्दी-संस्था, हर स्कूल, हर कालेज अपना यह अनिवार्य कर्तव्य समझता है कि वह तुलसी-जयन्ती मनावे ! यदि इसमें वह चूक गया, तो जैसे उसकी जाति भ्रष्ट हो जाएगी, पाँत कट जाएगी, वह ऐसा अनुभव करता है।

इस तुलसी-पर्व में तुलसी के सगोत्रों की—कवियों की, लेखकों की, साहित्यसेवियों की अचानक कीमत बढ़ जाती है। निमन्त्रणों का ताँता बँध जाता है। तार आने लगते हैं, यात्रा-खर्च के मनीआर्डर आने लगते हैं, उनकी सेवा में डेपुटेशनों की भरमार हो जाती है, पधारकर हमारी संस्था को कृतकृत्य कीजिए, चारों ओर से गोहार उठने लगती है। तुलसी के सगोत्रों को नाजनखरा करने का भी मौक़ा मिल जाता है ! कम-से-कम साल में एक बार तो उनके गले में फूलमालाएँ डल ही जाती हैं ! तुलसी की आत्मा जहाँ कहीं हो, अपने सगोत्रों के इस सम्मान पर अवश्य प्रसन्न होती होगी !

तुलसी का अर्थ हिन्दी और हिन्दी का अर्थ तुलसी—कुछ दिनों तक ऐसा ही लगता है !

तुलसी की इस जनप्रियता का रहस्य क्या है ? क्यों तुलसी की जयन्ती मनाना लोग अपना अनिवार्य कर्तव्य समझते हैं ? क्यों तुलसी को लोग हिन्दीभाषा का प्रतीक समझते हैं ? क्या रामभक्ति या हिन्दू-संस्कृति के प्रति साधारण प्रेम ही साल में एक बार इस प्रकार उबाल खाने लगता है ?

तुलसी : सार्वभौम संस्कृति का प्रतीक !

यदि यह अन्तिम बात हो, तो तुलसी के लिए बुरे दिन आ रहे हैं। क्योंकि धीरे-धीरे एक सार्वभौम संस्कृति संसार-भर पर छाने जा रही है। हिन्दू संस्कृति, मुस्लिम संस्कृति, ईसाई संस्कृति, मार्क्सवादी संस्कृति आदि के लेबल धीरे-धीरे टूटते जा रहे हैं और सारा संसार इन संस्कृतियों की अच्छाइयों को लेकर और आनेवाले युग की आवश्यकताओं पर ध्यान देकर एक ऐसी संस्कृति बनाने जा रहा है, जो किसी सीमा में नहीं बँधी हो, सारे मानव का कल्याण और विकास जिसका लक्ष्य हो, विश्व की एकात्मता की जो प्रतीक हो और जिसे सारी मानवजाति अपनी कहकर स्वीकार करे। संस्कृति की यह नवीन धारा देश-देश में बड़े प्रबल वेग से प्रवाहित हो रही है। कोई इसकी उद्दाम गति को रोक नहीं सकता।

और रामभक्ति तो हिन्दू संस्कृति के अन्दर एक शाखा-मात्र है। यद्यपि गाँधीजी ने 'राम' शब्द को एक व्यापक अर्थ दे डाला है, उसे महान मानव संस्कृति का एक अंग बना डालने

की चेष्टा की है, रामधुन के द्वारा उसे जन-मानस में उतारने में भी वह बहुत कुछ समर्थ हुए, तथापि, हमारा निवेदन है, रामभक्ति भी तुलसी को उस अमरता का अधिकारी नहीं बना पाएगी, जिसके वह सचमुच अधिकारी हैं !

तुलसी की काव्य-प्रतिभा की प्रेरणा अनन्य रामभक्ति रही है, इसमें शक नहीं है। यह अनन्य रामभक्ति नहीं होती, तो वह 'रामचरित-मानस' ऐसा महाकाव्य लिख पाते, इसमें पूरा सन्देह है। किन्तु प्रेरणा को ही किसी काव्य-कृति का सबकुछ समझ लेना तो नितान्त भ्रान्त धारणा है ! प्रेरणा का काम कवि-प्रतिभा को उद्‌बुद्ध-भर करना होता है। जब वह उद्‌बुद्ध कवि-प्रतिभा क्रियाशील होती है, तब वह जो रचना कर जाती है, वह रचना ही कवि की अमरता की साधिका बना जाती है।

'रामचरित-मानस' का नाम ही बताता है, उसमें राम का गुणगान हुआ है ! राम का गुणगान ही कवि का मुख्य उद्देश्य रहा है, इसमें भी सन्देह नहीं है। किन्तु, क्या रामचरित-मानस राम-गुणगान मात्र है ? यदि तुलसी का उद्देश्य यही होता, तो क्या यह अपूर्व काव्य 'रामधुन' मात्र नहीं बन जाता ? तब तुलसीदास अयोध्या या काशी के किसी एकान्त में बैठकर इसकी रचना करने के बदले सम्पूर्ण आर्यावर्त में घूम-घूमकर रामधुन करते फिरना कहीं श्रेयस्कर और फलप्रद समझते !

प्रेरणा और काव्य-कृति में अन्तर है !

रामभक्ति तो उनकी प्रेरणा थी। इससे अनुप्राणित होकर उन्होंने एक ऐसे काव्य की सृष्टि की जिसमें मानवता के चरम लक्ष्य और उसके जीवन का चरम सौन्दर्य प्रस्फुटित हुआ। उनका राम मर्यादा-पुरुषोत्तम है–ऐसा उत्तम मानव जो मानव-जीवन के लिए मर्यादाओं का निर्माण करे। जो पुत्र की हैसियत से, भाई की हैसियत से, शिष्य की हैसियत से, पति की हैसियत से, मित्र की हैसियत से, शत्रु की हैसियत से, राजा की हैसियत से–संक्षेपतः जीवन के हर पहलू पर हर हैसियत से ऐसा आदर्श उपस्थित करे, जिसे अपनाकर, जिस पर चलकर सारा मानव सुख और शान्ति का उपभोग कर सके ! इसके लिए वाल्मीकि द्वारा चित्रित परम्परागत राम के चरित में उलटफेर और काटछाँट करने में भी उन्हें झिझक नहीं हुई। उनके आदर्श राम अपनी आदर्श पत्नी सीता का परित्याग किसी झूठे कलंक पर कर नहीं सकते थे और न वह किसी शूद्र का वध इसीलिए कर सकते थे कि वह अपने जीवन को उन्नत करने के लिए तपस्या करता था ! ऐसे ही अनेक छोटे-बड़े प्रसंगों पर तुलसी का राम वाल्मीकि राम से कहीं उच्च और भव्य दिखाई पड़ता है !

यही नहीं, तुलसी का एक-एक पात्र–वानर और राक्षस तक–अपनी-अपनी मर्यादा के अनुकूल ही बर्ताव करते हैं ! उनमें रावण का चरित तो अनोखा है, राम के प्रमुख शत्रु में जो महिमा चाहिए, उससे रावण को मंडित करने से वह नहीं चूके ! फिर भरत, लक्ष्मण, कौशल्या, सीता आदि के चरित्र का क्या कहना ? विश्वामित्र ऐसे उग्र ऋषि को भी उन्होंने कैसा सौम्य-शान्त बना डाला है !

फिर कवि का काम तो सिर्फ उदात्त चरित्र-चित्रण ही नहीं है। कवि तो मुख्यतः सौन्दर्य का चितेरा होता है। लेकिन सौन्दर्य-चित्रण के नाम पर साहित्य में क्या-क्या न अशुभ और अशोभन चलता रहा है ? महाकवि कालिदास तक, जिन्हें उन्होंने माता कहकर वन्दना की, उन पार्वती का सौन्दर्य वर्णन करते हुए, यह भूल गए कि वह कवि नहीं, बेटे भी हैं ! क्या कोई भी बेटा अपनी माँ का वह वर्णन कर सकता है, जो 'कुमारसम्भव' में कालिदास ने पार्वती का किया है ? तुलसीदास ने 'मानस' में तथा अपनी अन्य रचनाओं में मानव और

प्राकृतिक सौन्दर्य का वर्णन करने में कभी कोताही नहीं की है, लेकिन कहीं भी मर्यादा नहीं टूटने दी है !

संसार के कोने-कोने में तुलसी-जयन्ती

एक दिन ऐसा आ सकता है कि हिन्दू-संस्कृति नाम की कोई खास चीज आज के अर्थ में नहीं रह जाए, समूचे आर्यावर्त में प्रवाहित रामभक्ति की धारा भी सूख जाए। उन दिनों भी तुलसी की जयन्ती इसी धूमधाम से मनाई जाएगी और उन दिनों उसका क्षेत्र और भी व्यापक होगा। तब संसार के कोने-कोने में तुलसी-जयन्ती की धूम मचेगी और उनके सगोत्रों की पूछ इस पर्व के अवसर पर देश-देश में होगी ! आज तो रेल और मोटर ही दौड़ती हैं, उन दिनों तुलसी के सगोत्र वायुयानों में उड़ते होंगे !

यह दिन निकटतम आवे, इसके लिए आवश्यक है कि हम तुलसी और उसकी कलाकृति को इस नई दृष्टि से देखना-परखना शुरू करें। हम एक पिटी-पिटाई लीक पर तुलसी-जयन्ती मनाते चले जा रहे हैं। एक-दो भाषण हुए, तीन-चार लेख पढ़े गए, कुछ कविताएँ हुईं—फिर समाप्त। एक वर्ष तक हम चादर तानकर सो गए। इन पंक्तियों का लेखक लगभग चालीस वर्षों से तुलसी-जयन्ती में सम्मिलित हो रहा है। कुछ स्तर जरूर ऊँचा उठा है; किन्तु तुलसी-सम्बन्धी नए अनुसन्धान तथा तुलसी-साहित्य पर कोई नवीन उज्ज्वल प्रकाश हमें इन उत्सवों में देखने-सुनने का सौभाग्य बहुत ही कम प्राप्त हुआ है।

अब हम तुलसी-साहित्य में उन उपकरणों को ढूँढ़ें जो उन्हें विश्वसाहित्य में उच्च पद पर अधिष्ठित कर सके, जो सारी मानवता को उन्हें अपना कवि कहकर स्वीकार करने को प्रेरित करे। तुलसी के सगोत्रों का यह कर्तव्य है और इसी में उनके गौरव की अभिवृद्धि भी छिपी हुई है।

[**नई धारा,** अगस्त 1956]

भारतेन्दु की जय !

भारतेन्दु हरिश्चन्द्र की जयन्ती हर साल मनाई जा रही है। जिसे आधुनिक हिन्दी का पिता समझा जाता है, उसकी जयन्ती हिन्दी-संसार उत्साह और धूमधाम से मनाए, यह उचित ही है। ऐसा करके हम अपने को पितृ-ऋण से उऋण होने की ही चेष्टा करते हैं।

भारतेन्दु का जीवन हिन्दी के कवियों और लेखकों में सबसे अधिक रोमांटिक है। सेठ अमीचन्द—भारतीय इतिहास का वह व्यक्तित्व, जो अँगरेजों के छलछद्‌म से प्रताड़ित और लांछित होकर पागल होकर मरा ! और, तमाशा यह कि उसी के खानदान के हरखचन्द को सरकारी खजाना सौंपकर वारेन हेस्टिंग्स को बनारस छोड़कर भागना पड़ा ! कालक्रम से उसी खानदान में वर्तमान हिन्दी के पिता भारतेन्दु हरिश्चन्द्र का जन्म हुआ, जो बनारस के अँगरेज शासकों की नजरों में वैसा नहीं था, जैसा वे चाहते थे या जैसा वह होना चाहता था।

भारत-भर में प्रख्यात जगतसेठ के कुल में जन्म लेकर भी जिसे धन का मोह नहीं हुआ : जो स्पष्ट घोषित करता था, इस धन ने हमारे पुरखों को खा लिया, अब इसे मैं खा जाऊँगा; लेकिन जिस धन को वह खा नहीं सका, बल्कि धन के षड्यन्त्र ने गला दबोचकर असमय में ही जिसे मार डाला—यह व्यक्ति अपने साथ इस षड्यन्त्र की कितनी कहानियाँ लिए चला गया, जिस दिन उसका रहस्योद्‌घाटन स्पष्ट शब्दों में होगा, इतिहास का एक नया

अध्याय खुल जाएगा।

उसे बदनाम करने की क्या-क्या नहीं चेष्टा हुई ? परिवार ने कहा, यह घर-उजाड़ू है ! उसे घर में मिला क्या था, जिसे वह उजाड़ता ! जब तक वह बालिग हो, उसके पहले ही तो उसे दो-तिहाई सम्पत्ति से वंचित कर दिया गया था। लेकिन जो एक-तिहाई उसे प्राप्त हुई, वह क्या यथार्थतः एक-तिहाई थी ? नारिकेल के ऊपरी छिलके को भी यदि नारिकेल का एक-तिहाई भाग मान लिया जाए तब अवश्य ही इस व्यक्ति को एक-तिहाई सम्पत्ति दी गई थी।

उसे इस प्रकार सम्पत्ति से हीन करने का क्या उद्देश्य था ? क्या इस षड्यन्त्र में उसकी युवती सौतेली माँ का भी हाथ था और उसमें उसके फूफाजी का कितना हिस्सा था, जो घर के प्रधान प्रबन्धक थे ? और इस षड्यन्त्र में शामिल होने का उनका उद्देश्य क्या था ?

और अन्त में उनके चरित्र पर लांछन ! उस युग में बनारस के कौन ऐसे रईस थे, जिन्हें इस व्यक्ति से अधिक पाकदामन समझा जाए ? हाँ, लोग एकादशी के नाम पर गंगा में डूबकर पानी पीते थे, यह गंगा तट पर बैठकर खुलेआम पीता था और लोगों को चुनौती देता था, तुम्हारी ढोंगभरी एकादशी की ऐसी-तैसी : मुझे प्यास लगी है, मैं पी रहा हूँ !

हरिश्चन्द्र : एक अभिशापित व्यक्तित्व

हिन्दी का यह पिता : कितना बड़ा अभिशापित व्यक्तित्व रहा है यह ! बचपन में पिता खोया, माँ उसके पहले ही खो चुका था। सौतेली माँ ने वह रुख लिया कि बचपन से ही वह कर्ज लेने को बाध्य हुआ, एक प्रताड़ित आत्मा की तरह वह किशोरावस्था से ही बेचैन मारा-मारा फिरा। और प्रतिभा ऐसी कि शिशुपन में ही पिता को चकित कर चुका था। अब जब उसकी प्रतिभा के पंख फूटे, तो उसने पाया, जिनका लालन-पालन पाने का उसे अधिकार था, वे ही उसके सामने के आकाश को छीनने को व्याकुल हैं; नहीं, उसके पंख कुतरने को भी तैयार हैं। कोई साधारण आत्मा होती, तो वहीं नष्ट हो जाती। किन्तु इतिहास ने तो उसे दूसरे काम के लिए गढ़ा था। उसने सम्पत्ति पर लात मार दी, परिवार को ठुकरा दिया और सारे अपमान और लांछन को भूलकर अपने उस कर्तव्य पर डटा रहा, जिसके लिए प्रकृति ने उसकी सृष्टि की थी !

जगतसेठ के वंश का यह लाड़ला किन अभावों में तड़प-तड़पकर मरा—भरी जवानी में मरा, खून उगल-उगलकर मरा ! जिन्होंने उसकी सम्पत्ति हर ली थी, वे क्या मरने के समय भी अपना मुँह नहीं दिखा सकते थे ? उस समय उनकी सौतेली माँ कहाँ थी ? उनके फूफाजी कहाँ थे ! ओहो, इतिहास के इस पहलू पर कब प्रकाश पड़ेगा।

काशी विद्या का केन्द्र रहा है; हिन्दी का भी महान केन्द्र है। कितने ही विद्वानों और नौजवानों ने तरह-तरह के शोध करके पी-एच.डी. और डी.लिट् की उपाधि इस नगरी से और इस नगरी में प्राप्त की है ! हमें आश्चर्य होता है, भारतेन्दु के जीवन पर अभी तक क्यों नहीं शोध किए गए ?

जब भारतेन्दु की यह दशा रही, तब कहना व्यर्थ है कि उनकी पत्नी की दशा भी अच्छी नहीं रही। भारतेन्दु के जीवन के बाद वह बहुत वर्षों तक अर्धविक्षिप्त दशा में जीवित रहीं। कभी हिन्दी-संसार ने उस अभागिन नारी के अन्तर्जीवन को समझने की चेष्टा की ?

पारिवारिक षड्यन्त्रों के चक्रव्यूह में फँसा और नाना प्रकार के अभावों में ग्रस्त रहकर भी इस व्यक्ति ने हिन्दी के लिए कितना किया ! भारतेन्दु के पहले भी हिन्दी के लेखक थे : गद्य भी लिखा जाता था और अच्छे गद्य की भी सृष्टि होने लगी थी। किन्तु, तो भी वर्तमान

हिन्दी का पिता इस व्यक्ति को क्यों कहा जाता है ?

बच्चे का जन्म तो गर्भाधान-काल में ही हो जाता है किन्तु उसका जन्मकाल तो प्रजनन-काल से ही गिना जाता है। वर्तमान हिन्दी का इससे पूर्व का काल गर्भाधानकाल ही माना जाएगा। यह तो भारतेन्दु थे, जिन्होंने हिन्दी को उसके सब अंग-प्रत्यंगों के साथ अवतरित किया। हिन्दी-गद्य का कोई ऐसा रूप नहीं है, जो आप उनके गद्य में नहीं पाएँगे। नाटक के भिन्न-भिन्न रूप, कथा, इतिहास, भूगोल, भ्रमण, निबन्ध, आलोचना आदि गद्य के जो भी रूप उस समय के भिन्न-भिन्न साहित्यों में प्रचलित थे, सबके नमूने उन्होंने स्वयं प्रस्तुत किए या मित्रों द्वारा कराए। इस छोटी-सी उम्र में ही उन्होंने इतना कर दिया, कि हिन्दीभाषियों ने कृतज्ञतापूर्वक अनायास ही उन्हें हिन्दी का पिता मान लिया।

भारतेन्दु के कोई पुत्र नहीं रहा, एकमात्र कन्या थी। आज बीस करोड़ उनके बेटे-बेटियों की संख्या है। देवघर से दिल्ली और जलन्धर से इन्दौर तक के कोटि-कोटि सिर उनके स्मरण में सादर नमित हो जाते हैं ! जिसका जीवन इतना बड़ा अभिशापित रहा, उसका पुण्यस्मरण किसके लिए नई-नई आकांक्षाओं की सृष्टि नहीं करता ! हिन्दी की सेवा ने उस अभिशाप को वरदान के रूप में परिणत कर दिया।

हमें कुछ और भी करना है !

किन्तु भारतेन्दु के लिए हमें कुछ और भी करना है। सबसे प्रथम कार्य तो है उनकी प्रामाणिक जीवनी प्रस्तुत करना। स्वर्गीय बाबू शिवनन्दन सहाय ने सर्वप्रथम उनकी विस्तृत जीवनी प्रस्तुत की। वह जीवनी भी अब अप्राप्य है। बाबू ब्रजरत्नदासजी की जीवनी मुख्यतः शिवनन्दन सहाय की जीवनी पर ही आधारित है। कहा जाता है, सहायजी ने इसके लिए बहुत बड़ी सामग्री एकत्र की थी; किन्तु उस समय हिन्दी प्रकाशन की जो स्थिति थी, उसमें से बहुत ही कम सामग्री का उपयोग वह कर सके।

हमारा विश्वास है, यदि इस समय भी हम खोज-ढूँढ़ करें, तो बहुत-सी सामग्री एकत्र हो जाएगी। अभी कुछ दिनों के पहले, हमें सूचना मिली थी कि वंशधर उनका पुस्तकालय बेच देना चाहते हैं। यदि उदारतापूर्वक वे लोग उनके पत्राचार को हिन्दी-संसार के सामने उपलब्ध कर दें, तो एक बहुत ही बड़ा सुकर्म हो जाए।

सबसे पहले पटना के खड्गविलास प्रेस से भारतेन्दु-ग्रन्थावली का प्रकाशन प्रारम्भ हुआ। फिर नागरी-प्रचारिणी सभा ने इस काम में हाथ लगाया। किन्तु, दुर्भाग्य है, सभा भी उनकी सारी पुस्तकों और रचनाओं को हिन्दी-संसार के सामने उपस्थित करने में अब तक समर्थ नहीं हो सकी। यह काम तो सबसे पहले पूरा कर ही लेना चाहिए।

फिर हमें भारतेन्दु स्मारक के बारे में सोचना होगा। अब तक हम ऐसा कुछ नहीं कर सके हैं, यह दुर्भाग्य की बात है। नागरी-प्रचारिणी सभा ने प्रेमचन्द-स्मारक के लिए एक अपील प्रकाशित कराई है। यह भी अति आवश्यक कार्य है। किन्तु क्या इसके पहले यह आवश्यक नहीं कि चौखम्भा स्थित भारतेन्दु-भवन को हम हिन्दी के सबसे बड़े म्यूजियम के रूप में परिणत कर दे सकें !

किन्तु भारतेन्दु का सबसे बड़ा स्मारक तो होगा हिन्दी का राष्ट्रीय रंगमंच। हिन्दी-संसार काशी में अपने राष्ट्रीय रंगमंच की स्थापना के बारे में तुरत ही प्रयत्न प्रारम्भ करे। भारतेन्दुजी नाटककार ही नहीं थे, वह अच्छे अभिनेता भी थे। काशी में अब तक अभिनय की परम्परा है। कई नई-पुरानी नाट्य संस्थाएँ भी वहाँ हैं। क्या यह उचित नहीं होगा कि उन सबको मिलाकर हम स्ट्रैटफोर्ड आन एवन की शेक्सपीयर राष्ट्रीय रंगमंच की तरह काशी में 'भारतेन्दु

राष्ट्रीय रंगमंच' की स्थापना करें ? काशी नागरी प्रचारिणी सभा तथा हिन्दू-विश्वविद्यालय के हिन्दी आचार्य एवं श्री प्रकाशजी एवं सम्पूर्णानन्दजी ऐसे काशी के माननीय नागरिक इस ओर ध्यान दें, तो यह कल्पना तुरत ही कार्यान्वित हो सकती है, ऐसा हमारा विश्वास है।

[**नई धारा**, सितंबर 1956]

प्रेमचन्दजी का स्मारक

सारा हिन्दी-संसार यह सुनकर प्रसन्न और पुलकित होगा कि काशी नागरी प्रचारिणी सभा के उद्योग से प्रेमचन्दजी का स्मारक बनाने के काम का शुभारम्भ हो रहा है। काशी नागरी प्रचारिणी सभा के इस उद्योग की जितनी प्रशंसा की जाए, थोड़ी है। उचित अवसर पर, उचित दिशा में सभा ने यह कदम बढ़ाया है; इस शुभ अभियान में उसे सफलता मिले, हमारी यही कामना है।

प्रेमचन्दजी को पाकर हिन्दीभाषा धन्य हुई। उर्दू की सेवा करते हुए, न जाने किस शुभ मुहूर्त में, इस क़लम के धनी का ध्यान हिन्दी की ओर आकृष्ट हुआ। उर्दू से मँज-मँजाकर जब उनकी लेखनी हिन्दी की ओर मुड़ी, तो शुरू से ही उन्हें वह शुहरत हासिल हुई जो उनके पहले से भी हिन्दी सेवा करनेवाले किसी लेखक को प्राप्त नहीं हुई थी। सीजर के सम्बन्ध में कहा गया यह वाक्य चरितार्थ हुआ—वह आया, उसने देखा और वह विजयी बना !

प्रेमचन्दजी की इस प्रसिद्धि और जनप्रियता ने कुछ लोगों के मन में खीझ और बौखलाहट पैदा की। प्रेमचन्दजी अच्छा लिखते ही नहीं थे; उन्होंने हिन्दी में, कथावस्तु की दृष्टि से भी, नई धारा बहाई। हिन्दी का कथासाहित्य तिलिस्मी युग से निकलकर आभिजात्य वर्ग के चोंचलों में उलझा हुआ था। उन्होंने उसे झोंपड़ों तक पहुँचाया। किसानों और मजदूरों के जीवन को भी नहीं, उनकी नई करवट को भी उन्होंने साहित्य में स्थान दिलाया। किसानों और मजदूरों के संघर्ष, उनकी लेखनी से उतरकर जीते-जागते प्रश्न के रूप में हमारे सामने उपस्थित हुए। अतः स्वाभाविक ही था कि जहाँ उन्हें अधिक-से-अधिक पाठक और प्रेमी मिले, वहाँ ऐसे लोगों का भी एक दल तैयार हुआ जिन्होंने उन्हें कुचल देने का निर्णय-सा कर लिया था।

जब 'रंगभूमि' प्रकाशित हुई; उन लोगों ने एक हंगामा शुरू किया। हिन्दी में एक गणितज्ञ विद्वान उस समय बड़ी ख्याति प्राप्त कर रहे थे। उन्होंने गणित के जोड़-घटाव के माध्यम से सिद्ध करना चाहा कि प्रेमचन्दजी की 'रंगभूमि' अँगरेजी उपन्यास 'वैनिटी फेयर' की चोरी-मात्र है। 'रंगभूमि' का अमुक पात्र 'वैनिटी फेयर' के अमुक पात्र + अमुक पात्र या अमुक पात्र – अमुक पात्र के रूप मे आया है। कहीं-कहीं + – × ÷ इन सभी गणित-चिन्हों का प्रयोग उन्होंने बड़े कौशल से किया था। खैर, उस विद्वान सज्जन ने तो सिर्फ गणित के आधार पर उन्हें चोर ही सिद्ध करने की कोशिश की थी। एक उस समय के नौजवान लेखक ने तो ऐसी तूफ़ाने-बदतमीज़ी पैदा की कि प्रेमचन्दजी बहुत ही खिन्न हुए थे।

इन पंक्तियों का लेखक प्रेमचन्दजी के प्रियपात्रों में था। इस घटना के पहले उसने प्रेमचन्दजी से अँगरेजी के कुछ अच्छे उपन्यास पढ़ने की रुचि प्रकट की थी; तो प्रेमचन्दजी ने उसे 'वैनिटी फेयर' की एक प्रति स्नेह-भेंट दी थी। इन आलोचनाओं के बाद जब वह प्रेमचन्दजी से मिला, उन्हें बहुत ही उद्विग्न पाया। उन्होंने यहाँ तक कहा कि कहाँ से वह हिन्दी में लिखने की ग़लती कर बैठे। फिर कहा, यदि मैंने 'वैनिटी फेयर' से चोरी की होती, तो उसकी

प्रतियों को चुरा या जला डालता कि अपने प्रेमियों को उपहार में देता। कहते-कहते वह उत्तेजित हो गए और उस नौजवान लेखक की चर्चा करते हुए बोले, मालूम होता है, वह अपनी ही तरह मुझे नौसिखा और नया लेखक समझता है—उसे पता नहीं कि जितने साल की उसकी उम्र है, उनसे अधिक वर्षों से मैं लिखता आया हूँ।

लेकिन, तब तक प्रेमचन्दजी के प्रेमियों की संख्या इतनी बढ़ गई थी कि इन आलोचनाओं के करारे उत्तर दिए गए, बादल छँटने लगे और प्रेमचन्दजी की यश-चन्द्रिका दिन-दिन बढ़ती और घर-घर में फैलती गई। प्रेमचन्दजी को जैसी प्रसिद्धि और प्रशंसा देश और विदेश में प्राप्त हुई, निस्सन्देह हिन्दी में किसी को आज तक वैसी नहीं मिल सकी है।

× × ×

लेकिन हम यहाँ यह भी स्पष्ट कर देना चाहते हैं कि प्रेमचन्दजी की इस प्रसिद्धि में उनकी लेखनकला के साथ-साथ संसार-भर में फैले एक नए साहित्यिक आन्दोलन ने भी सहायता पहुँचाई। जब कुछ कम्युनिस्ट लेखकों ने प्रगतिशील साहित्य का नारा संसार-भर में लगाया, स्वभावतः ही उन्हें भारत में उस समय साहित्य का प्रतीक खोजने को लाचार होना पड़ा। प्रेमचन्दजी उन दिनों जीवित थे। उनका स्वाभाविक झुकाव किसानों और मजदूरों की ओर था। अपने उपन्यासों में उन्हीं के सुख-दुख का उन्होंने मुख्यतः चित्रण किया था। वर्ग-संघर्ष का चित्रण भी उन्होंने किया था; किन्तु उसकी परिणति में सदा गाँधीवादी दृष्टिकोण रखा था। इन पंक्तियों के लेखक ने इसे लेकर उन्हें बार-बार उलाहना भी दिया था। उन्होंने इस त्रुटि को स्वीकार किया था और कहा था 'गोदान' में तुम्हें इसका समाधान मिलेगा। किन्तु 'गोदान' में क्या हम वह चीज पाते हैं, जो हमें गोर्की की 'मदर' में मिलती है ? लेकिन, भारतीय लेखकों में जो लोग उस समय जीवित थे, सबमें प्रगतिशील प्रेमचन्दजी थे, इसमें शक नहीं। अतः जब उन लोगों ने भारत में 'प्रगतिशील लेखक संघ' की स्थापना की, तो प्रेमचन्दजी को उसका सभापति चुना। राजनीतिक दाँव-पेचों से दूर, सरल-सूधे, प्रेमचन्दजी ने उसे स्वीकार कर लिया। शायद उन दिनों वह भी नहीं समझ सके थे कि ऐसा करके अपनी प्रसिद्धि के लिए वह अन्तर्राष्ट्रीय द्वार खोल रहे हैं !

कम्युनिस्टों के अन्तर्राष्ट्रीय प्रचार के लिए भारतीय प्रतीक प्रेमचन्दजी बन गए। हम मानते हैं कि इससे हिन्दी की भी गौरव-वृद्धि हुई। प्रेमचन्दजी की रचनाओं का भिन्न-भिन्न भाषाओं में अनुवाद हुआ; संसार के लेखकों की नज़रों में हिन्दी का स्थान ऊँचा हुआ। संसार के विश्वविद्यालयों में जब हिन्दी को स्थान मिलने लगा, तो प्रेमचन्दजी की पुस्तकें पाठ रूप में स्थान पाने के लिए पहले से तैयार थीं। हिन्दी के प्रचार के साथ-साथ उनके वारिसों के लिए भी व्यापार का एक अच्छा साधन मिल गया। प्रेमचन्दजी ने अपनी ज़िन्दगी कितनी मुसीबतों में गुज़ारी ?—आज उनके दो बेटों को सुखी-सम्पन्न देखकर कौन-सा हिन्दीप्रेमी आनन्द का अनुभव नहीं करता है ? एक बेटे ने तो अपने को उस अन्तर्राष्ट्रीय जमात में दाखिल कर अपनी कृतज्ञता का क्रियात्मक परिचय भी दिया है। यह परम स्वाभाविक बात थी।

हमारे इस कथन का यह अर्थ नहीं लगाया जाए कि हम प्रेमचन्दजी की कला को उत्कृष्ट नहीं समझते, या उन्हें समय-साधक मानते हैं। प्रेमचन्दजी साधु पुरुष थे; उन्होंने त्याग और कष्टसहन को स्वयं अपनाया और इस त्याग ने, इस तपस्या ने उनकी कला पर चार चाँद चढ़ाया था। किन्तु, कभी-कभी व्यक्ति को अनायास ऐसा सौभाग्य मिल जाता है, जिसकी वह या उसके प्रेमी कल्पना भी नहीं कर पाते हैं। प्रेमचन्दजी ऐसे ही सौभाग्यशाली व्यक्तियों में थे। यहाँ तक कि उस नर-हंस के कुछ पंख खोंसकर आज ऐसे व्यक्ति भी लम्बी-लम्बी उड़ान भर रहे हैं, जिनका स्थान बगुले की तरह किसी गड्ढे या तालाब में ही हो सकता था।

एक सौभाग्यशाली व्यक्ति कितने ही व्यक्तियों के भाग्य को चमका देता है, यह उदाहरण हम यहाँ प्रत्यक्ष पा रहे हैं !

× × ×

काशी में हमें कई स्मारक बनाने हैं—तुलसीदास के, कबीरदास के, भारतेन्दु हरिश्चन्द्र के, रत्नाकरजी के, प्रसादजी के। नागरी प्रचारिणी सभा ने प्रेमचन्दजी को ही सर्वप्रथम चुना है, इसमें समझदारी है। प्रेमचन्दजी के नाम पर देश और विदेश से काफी सहायता की आशा की जा सकती है। हमारा विश्वास है, सभा के चतुर संचालकों ने देश-विदेश से इस स्मारक के लिए धन एकत्र करने का अच्छा प्रबन्ध भी कर लिया होगा। जो लोग राजनीति में अन्तर्राष्ट्रीयता के अनन्य पुजारी हैं, वे भी इस साहित्यिक आयोजन के प्रति तुरत ही आकृष्ट किए जा सकेंगे। इस प्रकार यह मान लेना होगा कि इस स्मारक-योजना को तुरत से तुरत कार्य रूप में परिणत किया जा सकेगा।

प्रेमचन्दजी की इस स्मारक-योजना की सफलता के बाद स्वभावतः ही, सरस्वती के उन सपूतों के स्मारक की ओर ध्यान जाएगा जिनमें से कुछ के नाम हमने ऊपर लिए हैं। खरबूजे को देखकर खरबूजा रंग पकड़ता है। एक का स्मारक बन जाने पर दूसरे की अवहेलना स्वयं लोगों को खलेगी। जनमत भी जाग्रत होगा। फिर एक-एक कर काशी के कोने-कोने में स्मारक बन जाएँगे और यह विद्या की पुरी थोड़े ही दिनों में स्मारकों की पुरी बन जाएगी। प्रेमचन्दजी की स्मारक-योजना के शुभारम्भ पर हमें इसलिए प्रसन्नता है कि इसके साथ हम अनेक साहित्य महारथियों की स्मारक-योजनाओं की कड़ी गुँथा हुआ पाते हैं।

अपना यह देश पितरों के लिए तर्पण-मात्र ही अलम् समझता है। शायद इस भूमि की इस विशेषता को मुसलमान बादशाह समझ गए थे, इसीलिए उनमें हर एक ने अपने लिए अपने जीवन-काल में ही अपना स्मारक बनवा लिया था। सरस्वती के सपूतों में उतनी शक्ति कहाँ कि अपने रहने के लिए भी अपने जीवन में कोई अच्छा भवन बनवा सकें ! अतः उन्हें तो अपने वंशधरों पर ही अपने स्मारक के लिए निर्भर रहना पड़ा है। इधर सन्तानों की यह हालत है कि उन्हें अपने जीवन के झमेलों से ही फुर्सत नहीं। अतः जब नागरी-प्रचारिणी सभा ऐसी प्रतिष्ठित संस्था इस ओर पग बढ़ाती है, तो लगता है, हमारे पूर्वपुरुषों के लिए सुदिन आनेवाले हैं। अतः सभा को इस आयोजन के शुभारम्भ के लिए हम फिर एक बार हार्दिक बधाई देते हैं।

[**नई धारा,** अक्टूबर 1956]

भारत का नया नक़्शा और हिन्दी !

भाषा के आधार पर भारत का नया नक़्शा बनाने के लिए कमीशन बैठाई गई, किन्तु उसने जो नक़्शा पेश किया, उसने भारत में ऐसा हंगामा पैदा किया कि लोगों को स्वीकार करना पड़ा, एकभाषी प्रान्त की अपेक्षा बहुभाषी प्रान्त रखना देश की एकता के लिए कहीं अधिक आवश्यक है।

इस दिशा में सबसे पहले क़दम बढ़ाया बिहार और बंगाल ने। दोनों प्रान्तों के मुख्यमन्त्रियों ने घोषणा की, वे दोनों प्रान्तों को एक कर देने को तैयार हैं। इस घोषणा का बिहार ने दिल खोलकर स्वागत किया, किन्तु बंगाल ने ऐसा बावेला मचाया कि उसके मुख्यमन्त्री को अपनी घोषणा वापस कर लेनी पड़ी। उधर बम्बई को लेकर महाराष्ट्र ने ऐसा उग्र आन्दोलन

शुरू किया कि अन्ततः गुजरात और महाराष्ट्र को एक कर देना पड़ा !

आवाज उठी पूरब में, उसकी पूर्ति हुई पश्चिम में ! "उपजहि अनत अनत छवि लहहिं"—कवि की यह वाणी चरितार्थ हुई। हाँ, बेचारे बिहार को अपना एक विस्तृत भूभाग बंगाल के श्रीचरणों में अर्पित कर देना पड़ा। इस प्रकार हिन्दी का अधिकार-क्षेत्र, उसके एक प्रमुख प्रान्त में, कुछ छोटा हुआ।

हिन्दी के प्रान्तों में सबसे सौभाग्यशाली रहा मध्यप्रदेश ! कई छोटे-छोटे प्रान्तों को मिलाकर, देश के मध्यभाग में, एक ऐसा हिन्दी-प्रदेश बना, जिसे भारत का सबसे विस्तृत प्रदेश होने का सौभाग्य भी प्राप्त हुआ। और, हिन्दी-प्रान्तों की परम्परा के अनुसार ही इतना बड़ा उलटफेर बिना किसी झंझट-झमेले के ही, पूरी शान्ति और एकता से, सम्पन्न हुआ।

द्विभाषी प्रान्तों में एक ऐसा प्रदेश भी बना है, जिसमें हिन्दी का एक बड़ा भूभाग सम्मिलित है। यों द्विभाषी प्रान्तों की सफलता के प्रयोग-कार्य में हिन्दी का भी सहयोग रहेगा। उस प्रयोग की सफलता में वहाँ के हिन्दीभाषी राज्यपाल का योग्य भाग रहेगा, ऐसा हमारा विश्वास है ! इस प्रान्त से हमारा मतलब पंजाब से है, जिसके राज्यपाल बिहार के एक सुयोग्य सपूत सर चन्द्रेश्वरप्रसाद नारायण सिंह हैं।

यों, भारत के इस नए नक़्शे में हिन्दी के चार बड़े-बड़े प्रान्त हैं—बिहार, उत्तरप्रदेश, राजस्थान और मध्यप्रदेश। पंजाब के द्विभाषी प्रान्त में हिन्दी का विस्तृत क्षेत्र है ही, कालक्रम से जब हिमाचल प्रदेश उसमें सम्मिलित होगा, तो हिन्दी का क्षेत्र और भी विस्तार पा जाएगा।

देवघर से जैसलमेर और जलन्धर से इन्दौर तक फैली हुई देश की एक साथ संलग्न इतनी बड़ी भूमि में अपना एकछत्र राज्य पाकर हिन्दीभाषा कितनी सौभाग्यशालिनी सिद्ध हुई है, इसकी कल्पना किस हिन्दीभाषी को पुलकित नहीं करेगी ? संसार की बहुत ही कम भाषा को ऐसा और इतना बड़ा सौभाग्य कभी प्राप्त हुआ होगा !

हिन्दी का यह सौभाग्य : इतिहास की अद्‌भुत घटना !

हमें यह स्पष्ट समझ लेना है कि इस विस्तृत भूभाग की मातृभाषा हिन्दी नहीं है। देवघर से जैसलमेर और जलन्धर से इन्दौर तक की इस भूमि में कितनी ही बोलियाँ बोली जाती हैं, जिनमें से कई बोलियों में ऐसा साहित्य है, जिस पर कोई भी भाषा गर्व कर सकती है। मैथिली, अवधी, ब्रजभाषा, डिंगल आदि के साहित्य हिन्दी के साहित्य-भंडार के अनुपम रत्न हैं। इन्हें अलग कर दीजिए, तो हिन्दी का प्राचीन साहित्य अपना बहुत कुछ गौरव खो देगा। हिन्दी का वीर-साहित्य तो प्रमुख डिंगल का साहित्य है। राजस्थान की वीर-परम्परा की अपूर्व धरोहर डिंगल में ही प्रस्फुटित हुई।

किन्तु मातृभाषा के रूप में इन बोलियों को अपनाते हुए भी इस विस्तृत भूभाग के लोगों ने हिन्दी को अपनी भाषा के रूप में अपनाया। किसी ज़ोरजबर्दस्ती के कारण नहीं, स्वेच्छता से। मेरठ के निकट के कुछ लोगों की यह बोली, न जाने किस पुण्यबल से, ऐसा सौभाग्य अनायास पा गई !

इसका कुछ श्रेय तो मुसलमान शासकों को मिलना चाहिए। स्वभावतः ही दिल्ली के दरबार का झुकाव अरबी-फारसी की ओर था; किन्तु एक चतुर और उदार शासक की तरह उन्होंने अनुभच किया कि भारतीय जनता पर वे अरबी-फारसी लाद नहीं सकते। फारसी का सम्बन्ध संस्कृत से था; अतः फारसी तो कुछ स्वीकृत भी हुई, अरबी को वे चला नहीं सके। किन्तु साधारण राजकाज की भाषा के रूप में फारसी का चलाना भी मुश्किल था। अतः दिल्ली के आसपास की भाषा, जो खड़ी बोली कहलाती थी, धीरे-धीरे उन पर अपना प्रभाव डालने

लगी और उसमें फारसी को मिलाकर उन्होंने उर्दू नाम की एक नई भाषा खड़ी की और यही भाषा उस बड़े भूभाग की राजभाषा बनती गई, जिस पर आज हिन्दी का एकछत्र राज्य है।

मुसलमानी शासन खत्म होने के बाद, अँगरेजी-राज के साथ, जब राष्ट्रीयता की लहर फैली, इस भूभाग के लोगों ने अपने पारस्परिक आदान-प्रदान के लिए, उर्दू की शुद्धि करके, हिन्दी नाम से एक ऐसी भाषा बनाई, जो क्रमशः इस बड़े भूभाग के गाँव-गाँव में प्रवेश पा गई। हिन्दी की सबसे बड़ी विशेषता यही है कि इसके निर्माण में देवघर से जैसलमेर और जलन्धर से इन्दौर तक के इस विस्तृत भूभाग के सारे निवासियों का हाथ रहा। पटना, काशी, प्रयाग, जबलपुर, इन्दौर, ग्वालियर, ब्रह्मपुर, जयपुर, जैसलमेर, बीकानेर, दिल्ली, अमृतसर, जलन्धर—सबने अपनी-अपनी श्रद्धांजलि इसे अर्पित की और सबके सहयोग से इसका भंडार इतने थोड़े काल में ही ऐसा बढ़ गया है।

बदले में हिन्दी ने इन सभी बोलियों के साहित्य को अपना कहकर अंगीकार किया। विद्यापति, कबीर, तुलसी, सूर, पद्‌माकर, बिहारी, मीराबाई, चन्दबरदाई, गुरु नानक देव—सबको हिन्दी ने अपना कवि माना और इनकी रचनाओं को अपने साहित्य-भंडार में लेकर अपने को कृतकृत्य किया !

अपनी-अपनी बोलियों के छोटे-छोटे घेरे को तोड़कर और हिन्दी को अपनी समान भाषा अंगीकार कर, हिन्दीभाषियों ने इतिहास के लिए एक अद्‌भुत घटना की सृष्टि की है। कौन हिन्दीभाषी इसका गर्व अनुभव नहीं करता कि वह एक ऐसी भाषा के वृहत् परिवार का एक अंश है, जैसा बड़ा भाषा-परिवार संसार में आधे दर्जन की गिनती से आगे नहीं बढ़ता !

एक बड़ा खतरा : एक परमावश्यक कर्तव्य !

हिन्दी के इस बड़े भूभाग और विशाल परिवार को देखकर कुछ अन्य भाषा-भाषियों के मन में कभी-कभी द्वेष पैदा हो जाए तो असम्भव नहीं। उनका द्वेष भिन्न-भिन्न रूपों में प्रायः प्रकट होता रहता है। किन्तु एक बड़ा षड्‌यन्त्र गुपचुप चल रहा है, जिसके फेर में हिन्दी के कई गण्यमान्य आचार्य भी आसानी से पड़ जाया करते हैं। यह षड्‌यन्त्र यह है कि इस विस्तृत हिन्दी-भूभाग की बोलियों को प्रोत्साहित किया जाए कि वे अपने लिए अलग स्थान की माँग करें और यों धीरे-धीरे यह हिन्दी-क्षेत्र अनेक टुकड़ों में बँट जाए। अपनी बोलियाँ प्रिय होती हैं; अतः बिना समझे-बूझे लोग इस घपले में आ जाते हैं। अब तो कई बोलियों के द्वारा शिक्षा-विभाग में स्थान पाने का भी प्रयास किया जाने लगा है और कई स्थानों में इस ओर क़दम भी उठाया जा रहा है। ऐसा करना सौ वर्षों के इतिहास को पीछे मोड़ना और सदियों के समन्वयात्मक प्रयत्न को तोड़ना है; अफसोस, कुछ लोग यह समझ नहीं पाते और अनजाने ही हिन्दी का ऐसा अहित कर बैठते हैं, जिसकी वे सही कल्पना भी नहीं कर पाते। इन बोलियों के साहित्य का रक्षण हो, इसके जीवन्त साहित्यिक तत्त्वों को हिन्दी में लाया जाए, इनके सबल, स्वस्थ और सुघड़ शब्दों और मुहावरों को खुलकर अपनाया जाए, हम इसके विरोधी नहीं, बल्कि प्रबल समर्थक हैं। किन्तु इन बोलियों को हिन्दी के विरुद्ध खड़ा करना हम एक गर्हित पाप मानते हैं और हिन्दी के हितैषियों का ध्यान इस खतरे की ओर सदा आकृष्ट करना अपना पुनीत कर्तव्य समझते हैं। कभी-कभी इस कर्तव्य के कारण हमें कुछ कटु बातें भी लिखनी पड़ी हैं और अपने कुछ गुरुजनों की नाराजी भी बर्दाश्त करनी पड़ी है।

जहाँ एक ओर हमें हिन्दी-क्षेत्र की एकता को तोड़नेवाले इस षड्‌यन्त्र से बचना है, वहाँ कुछ आवश्यक कर्तव्यों की ओर भी ध्यान देना है। उनमें परमावश्यक कर्तव्य यह है कि इस वृहद् भूभाग की हिन्दी में शीघ्रताशीघ्र एकरूपता लाई जाए। यह दुख की बात है कि अब तक

हम वर्तनी और विभक्ति की एकरूपता भी हिन्दी में नहीं ला सके हैं। नयी, नई, हुए, हुये, हुवे, किये, किए—आदि का पचड़ा हम दूर नहीं कर सके और न यह कर सके हैं कि विभक्ति सटाकर रखी जाए या हटाकर ! अहिन्दी-भाषियों के लिए हिन्दी की यह अव्यवस्था बड़ी उलझनपूर्ण सिद्ध होती है और उनके निकट हमें उपहासास्पद बनाती है। उत्तरप्रदेश में लिपि के सुधार के नाम पर एक नई अव्यवस्था की सृष्टि की जा रही है। टेकनिकल और वैज्ञानिक शब्दों के अनुवाद के सम्बन्ध में भी हिन्दी के भिन्न-भिन्न क्षेत्रों में अव्यवस्था है। कम-से-कम अब इनके सम्बन्ध में तो एकरूपता ला दें; फिर लिपि-सुधार, लिंग-निर्णय आदि के जटिल प्रश्नों पर आगे चलकर ध्यान देंगे ! अच्छी बात होती कि हिन्दी-क्षेत्र की राज्य सरकारें इस ओर ध्यान देतीं। किन्तु यदि सरकारें ध्यान नहीं दें, तो क्या हमें बैठे रहना चाहिए ? हिन्दी के विद्वानों और आचार्यों को इस पर तुरत-से-तुरत विचार करना है ! हम पूज्य टंडनजी से आग्रह करेंगे कि वह अन्य पचड़ों से अपने को निकालकर इतना काम अवश्य करा दें ! आज हिन्दी की सबसे बड़ी आवश्यकता यह है; हिन्दीभाषी उनकी सेवाओं के लिए सदा कृतज्ञ रहे ही हैं, उनके इस नेतृत्व को हिन्दी-संसार कभी नहीं भूल सकेगा।

[**नई धारा**, नवम्बर 1956]

लेखक बनाम प्रकाशक

लेखक और प्रकाशक एक-दूसरे के पूरक हैं। यदि प्रकाशक नहीं हो, तो लेखकों की कृतियों को लोक-लोचन के सम्मुख उपस्थित कौन करे और यदि लेखक नहीं हो, तो प्रकाशन का पेशा ही कैसे शुरू हो, प्रकाशक का जन्म ही कहाँ से हो ?

हाँ, यह सही है कि मूल लेखक है; प्रकाशक उसका तना है। तने का विस्तार सब लोग देखते हैं; मूल की ओर किसका ध्यान जाता है ? वह तो अधिकतर भूमिष्ठ ही रहता है। प्रकाशक की अट्टालिका, मोटर, शानशौकत अब सभी प्रमुख नगरों में हम देख सकते हैं। बेचारे लेखक को हम ढूँढ़ने से ही पा सकते हैं—उनमें से भी जो लोग फटेहाली से बचे हों, उन्हें ढूँढ़ पाना तो मुश्किल ही है।

इस स्वाभाविक स्थिति की विषमता लेखक और प्रकाशक के पारस्परिक सम्बन्ध में तनाव पैदा करता है। मूल और तने के बीच का तनाव कभी सुफल नहीं ला सकता। दोनों को यह सोचना है कि सामंजस्य कैसे स्थापित हो।

सोचना इसलिए भी जरूरी है कि कुछ लोग इस तनाव को बढ़ाने की ही दिशा में काम करते नजर आ रहे हैं। वे लेखक से कहते हैं, देखो, तुम्हारा कितना शोषण हो रहा है, ये प्रकाशक जोंक हैं जोंक। इनसे बचो। और प्रकाशक से कहा जाता है, अजी साहब, इस लेखक को जानता कौन था ? यह तो आप हैं, जो इसे आसमान पर चढ़ाया ! आप इसे जहन्नुम भी भेज सकते हैं।

तनाव बढ़ता जा रहा है। दोनों की हानि हो रही है। हिन्दी का प्रकाशन-उद्योग अभी शैशवावस्था में है। यह तनाव उसे चौपट कर सकता है। अतः इस पर सोचना है, अभी सोचना है!

लेखक : स्वर्ग की कामधेनु !

सुनते है, कहीं कोई स्वर्ग है, उस स्वर्ग में एक ऐसी गौ है जो दूध देती है, जब चाहो, उसके थन से अपनी गागर भर लो। उसे चारा-पानी देने की भी आवश्यकता होती है, ऐसा कहीं

भी उल्लेख नहीं है।

हम देखते हैं, इस पृथ्वी पर एक प्राणी है। उसको खिलाने-पिलाने की ओर ध्यान नहीं दिया जाता है—न जाने वह क्या खाता है, कहाँ खाता है ? हाँ, वह सदा रस की गागर, अमृत का घड़ा, अपने साथ लिये चलता है और जो चाहे उसे पिलाने में जरा भी कोताही नहीं करता।

उनमें से ही किसी ने संस्कृत श्लोक में एक बार कहा था—

ओ संसार के प्राणियो ! सुनो ! स्वर्ग में अमृत है, किन्तु वह तुम्हारे लिए सुलभ कहाँ ? अतः लो, हमने यह काव्यामृत तुम्हारे लिए प्रस्तुत किया है, इसे आदर के साथ पीओ, और तृप्त हो !

जब से मानवता है, तभी से यह प्राणी है। यह सदा रस की गागर उलीचता रहा है, किन्तु अजब है इसकी गागर, जो कभी रीती नहीं हुई, नहीं हुई !

वेद-शास्त्र, पुराण-इतिहास, काव्य-नाटक, आदि के रूप में इसने अपनी गागर घर-घर में रख देने की कोशिश की।

आज के संसार में, मानव-जीवन की सारी कटुताओं में, जो भी सरस है, कोमल है, स्निग्ध है, सुन्दर है, सत्य है, शिव है, उसकी देन में इस प्राणी का सबसे बड़ा भाग है, सभी यह मानते हैं। किन्तु दुख की बात यह है कि जब तक प्राणी जीवित रहा, इसका जीवन कैसा बीता, इस पर बहुत कम लोगों ने ध्यान दिया!

संयोगवश किसी को राजाश्रय मिल गया, तो वह थोड़ी सहूलियत से जी सका, नहीं तो यह प्राणी अधिकांशतः अभावों में ही जी सका है ! तो भी यह किस प्रकार इतना रस देता रहा, यही आश्चर्य की बात है !

प्रकाशक : पूँजीवाद की देन !

लेखक जीवन-भर लिखता रहा, गाता रहा, सुनाता रहा। गुणग्राहियों ने उसकी कभी थोड़ी क़द्र कर दी, तो वह बेचारा कृतकृत्य हुआ ! उसकी कृति, उसकी रचना कभी बाज़ार का माल बन सकेगी, इसकी कल्पना भी उसने कब की थी ? वाल्मीकि-व्यास, होमर-वर्जिल ने कब सोचा होगा कि कभी उनकी रचनाओं के रंग-बिरंगे संस्करण निकालकर कुछ लोग मालामाल बन सकेंगे ? सूर-तुलसी, दाँते-शीलर तक ने यह बात कभी नहीं सोची होगी।

पूँजीवाद आया और जैसा मार्क्स ने कहा, कला, साहित्य भी बाज़ार के माल बन गए।

और कुछ लोग इस माल के व्यापारी के रूप में खड़े हुए।

जहाँ पूँजीवाद का विकास पहले से हुआ, वहाँ ऐसे-ऐसे प्रकाशक बन गए हैं, जिनकी गिनती करोड़पतियों में की जाती है।

अपने देश में पूँजीवाद पीछे आया और अब भी अविकसित अवस्था में ही है। फलतः हमारे यहाँ लखपति प्रकाशक भी बहुत कम हैं।

विकसित पूँजीवादी देशों में लेखकों और प्रकाशकों के सम्बन्ध में सामंजस्य स्थापित हो चुका है। रायल्टी की दर निश्चित : हिसाब-किताब दुरुस्त। लेखक ने पुस्तक लिखी; प्रकाशक ने छापकर बेचना शुरू किया। पुस्तक चल गई, तो लेखक घर-बैठे पैसे पा रहा है और अगली पुस्तक के लिए तैयारी कर रहा है।

इसमें दोनों का कल्याण : लेखक सारी झंझटों से बचा : प्रकाशक ने जो पूँजी लगाई, उसका फल उसे भी मिलता रहा। वह यदि करोड़पति बन गया, तो ऐसे लेखक भी हुए जो लखपति कहला सके।

किन्तु, अपने देश में ऐसा सामंजस्य आया नहीं। हिन्दी में तो और भी धाँगागर्दी है। इसका सबसे बड़ा प्रमाण यह है कि हिन्दी के अधिकांश अच्छे लेखकों ने अपना प्रकाशन स्वयं प्रारम्भ किया है।

क्या यह स्थिति वांछनीय है ? हम बिना हिचक के कहेंगे, कदापि नहीं !

अरे इन दोउन राह न पाई !

हाँ, इस समय हिन्दी के लेखकों और प्रकाशकों के बीच जो तनाव है, उसे देखकर कबीर की यह उक्ति सहसा मुँह से निकल पड़ती है !

हमारी मान्यता है, जो सच्चा लेखक है, वह अच्छा प्रकाशक बन नहीं सकता।

प्रकाशन के पेशे में ऐसी झंझटें हैं, जिनमें पड़कर लेखक की लेखन-प्रतिभा कुंठित हुए बिना रह नहीं सकती। व्यापार का एक नियम होता है। अपने देश में वह नियम निम्नतम स्तर पर है। प्रकाशन एक व्यापार है। लेखक जब प्रकाशक बनेगा, तो उसे निम्न स्तर पर उतरना ही पड़ेगा और इतना उतरकर वह अच्छा लेखक बना रहेगा, यह विवादास्पद विषय है।

हम मानते हैं, हर नियम का अपवाद होता है किन्तु अपवाद नियम को काटता नहीं, वह उसे सिद्ध करता है।

हमारा खयाल है, कोई लेखक जब प्रकाशन की ओर प्रवृत्त होता है, तो वह आपद्धर्म की तरह ही उसे अपनाता है। यदि उसे मालूम हो जाए, उसे विश्वास हो जाए कि लेखक की हैसियत से भी वह सुखी जीवन व्यतीत कर सकता है, तो वह अपने सामान्य धर्म से कदापि विचलित नहीं होगा।

यदि हमारे आदरणीय लेखक स्वयं प्रकाशक बनते हैं, तो हमें सोचना पड़ेगा कि हमारे प्रकाशन-व्यवसाय में ही कोई त्रुटि है !

और, यह त्रुटि इतनी स्पष्ट है कि उसकी ओर अंगुलि-निर्देश करना भी व्यर्थ है !

हमारे प्रकाशकों को सोचना पड़ेगा कि उस त्रुटि का निवारण कैसे हो कि लेखकों और प्रकाशकों के बीच स्वाभाविक सामंजस्य स्थापित हो सके।

यह प्रकाशकों के लिए एक चुनौती है कि हिन्दी के अधिकांश चोटी के लेखक स्वयं प्रकाशक बन गए हैं। जब तक वे उन्हें अपने निकट नहीं लाते हैं, तब तक हिन्दी का प्रकाशन-व्यवसाय उन्नतिशील होकर संसार के प्रकाशन-व्यवसाय के समक्ष खड़ा होने के योग्य बन नहीं सकता !

किसी भी व्यवसाय की आधारशिला है विश्वास ! यह दुख की बात है कि हिन्दी-लेखकों का विश्वास प्रकाशकों से उखड़ गया है !

यह सौभाग्य की बात है कि हिन्दी के प्रकाशन-क्षेत्र में कुछ ऐसे लोग आए हैं जो काफी उदार और दूरदर्शी हैं और जिनकी चेष्टा इस ओर उन्मुख हुई है और इसमें वे सफल भी हो रहे हैं।

किन्तु हिन्दी को राष्ट्रभाषा के रूप में इतना अधिक करना है कि कच्छपगति से कोई काम करने से सुफल नहीं प्राप्त होगा, हमारा यह विश्वास है।

लेखक-प्रकाशक-सम्मिलन

हमारा एक सुझाव है कि हिन्दी के चार-पाँच अच्छे प्रकाशक एक साथ बैठें और इस प्रश्न पर गम्भीरता से विचार करें।

फिर वे हिन्दी के उन चार-पाँच लेखकों को चुनकर आमन्त्रित करें, जिन्होंने आपद्धर्म की तरह प्रकाशन-क्षेत्र में प्रवेश किया है।

लगभग एक दर्जन लेखकों और प्रकाशकों की यह गोष्ठी, हमारा विश्वास है, कुछ ऐसे निर्णय पर आ सकेगी, जिससे लेखकों और प्रकाशकों के बीच सामंजस्य का श्रीगणेश हो सकेगा !

अच्छे प्रकाशक अच्छे लेखकों के अभाव में जिस-तिस से लिख-लिखाकर अंटसंट पुस्तकें चमक-दमक के साथ प्रकाशित करें और अपने संगठन के बल पर उनकी दो-चार हजार प्रतियाँ बेचकर अपने प्रयत्न की चरम सीमा समझ लें, यह उनके लिए शोभनीय नहीं। हिन्दी के व्यापक हित की दृष्टि से तो यह घातक है ही।

यों ही अच्छे लेखकों को भी समझना है कि प्रकाशन उनका 'स्वधर्म' नहीं। किसी भी व्यवस्था का उन्हें स्वागत करना चाहिए, जिससे उनके परिश्रम और प्रतिभा के अनुरूप, बिना झंझट-झमेले के, निश्चित आय का प्रबन्ध हो जा सके।

यदि इसका श्रीगणेश हो सका, तो होनहार और भावी लेखकों के लिए भी साहित्य के माध्यम से आजीविका का स्थायी प्रबन्ध हो जाएगा।

हमें विश्वास है, हमारे इस सुझाव पर लेखक और प्रकाशक दोनों विचार करेंगे और कोई ऐसा राह निकाल सकेंगे, जिससे इनके बीच का तनाव दूर हो जाए और हिन्दी की उन्नति द्रुतगति से हो सके।

[**नई धारा**, जनवरी 1957]

चुनाव और साहित्य

बर्नार्ड शॉ ने एक जगह कहा है—ब्रिटेन का आम चुनाव एक क्रान्ति ही है। क्रान्ति में राज्य-परिवर्तन होता है। आम चुनाव भी राज्य-परिवर्तन कर सकता है, किया है। अतः आम चुनाव को क्रान्ति कहने में कोई भूल या क्रान्ति नहीं है।

कार्ल मार्क्स ने भी कहा था, इंग्लैंड में समाजवादी राज्य बनाने के लिए क्रान्ति की आवश्यकता नहीं हो सकती है, वहाँ जनतन्त्र से ही राज्य-परिवर्तन हो जा सकता है। यों कार्ल मार्क्स ने भी, अप्रत्यक्ष रूप से, चुनाव को क्रान्ति का प्रतिरूप स्वीकार किया था।

जब आम चुनाव क्रान्ति है, तो आम चुनाव के साहित्य को क्रान्ति का साहित्य क्यों नहीं कहा जा सकता है ?

क्रान्ति के समय जन-मानस उद्वेलित हो उठता है, उद्वेलित मानस से जो उच्छ्वास निकलते हैं, वे जब शब्दरूप धारण करते हैं, तो उन शब्दों से पृथक् होते हैं, जो साधारणतः मानवकंठ से निकला करते हैं।

इन शब्दों में उद्वेग होता है, आक्रोश होता है ! उनकी काट तलवार की काट से भी अधिक गहरी और क्षिप्र होती है !

छातियाँ फूल उठी हैं, नसें तन गई हैं, मुट्ठियाँ बँधकर आप-से-आप उछल रही हैं, और गले को फाड़ती-चीरती शब्दों की धारा, गोमुखी की गंगा की तरह, आपसे आप फूटी पड़ती, पत्थरों से टकराती, कलकल छलछल करती बहती जा रही है।

इसीलिए क्रान्ति का साहित्य बड़ा प्रखर होता है, प्रबल होता है। कोई ऐरावत उसके सामने टिक नहीं सकता।

आम चुनाव में भी ऐसा ही होता है। हम कितने ऐरावतों को इसके प्रवाह में गिरते, बहते और दहते देख चुके हैं ! बेचारों की हड्डियाँ ऐसी चूर-चूर हुई हैं कि उनमें से कितने फिर खड़े हो सकेंगे, इस प्रश्न का उत्तर तो समय ही दे सकेगा !

क्या ऐसे साहित्य का संकलन साहित्य-भंडार के लिए एक अद्भुत धरोहर नहीं हो सकता है?

क्रान्ति का साहित्य मुख्यतः मौखिक साहित्य

किन्तु दिक्कत यह है कि क्रान्ति का साहित्य मुख्यतः मौखिक साहित्य होता है ! सब लोग उसके प्रवाह में बहते होते हैं। किसे फुर्सत कि उन्हें लिपिबद्ध करे !

इस आम चुनाव में इन पंक्तियों के लेखक ने चाहा था कि संक्षिप्त रूप में कुछ लिखता चले। किन्तु ज्योंही मतदान की तिथि निकट आई, दो-चार पंक्ति भी लिखना मुश्किल हो गया !

इस प्रकार यह दुर्लभ साहित्य जिस प्रकार अनायास प्रकट होता है, उसी प्रकार अचानक विलीन भी हो जाता है।

कभी कोई विक्टर ह्यूगो या ट्राट्स्की मिल गया, तो उसकी टूटी-फूटी कड़ियों को जोड़कर कुछ चीजें तैयार कर दीं ! किन्तु हमेशा याद रखिए, यह लिखित साहित्य भी बासी साहित्य होता है ! जब तक लिखा जाए, तब तक उसकी गन्ध और स्वाद बहुत कुछ लुप्त हो गया होता है।

क्रान्ति का साहित्य तो कुछ लिखा भी गया, किन्तु चुनाव के साहित्य को लिखित रूप पाने का कम सौभाग्य प्राप्त हुआ है !

द्वितीय महायुद्ध के बाद ब्रिटेन की लेबर पार्टी ने कंजरवेटिव पार्टी से राजसत्ता छीन ली और कुछ वर्षों के बाद फिर कंजरवेटिव पार्टी ने लेबरपार्टी के हाथों से उसे झटक लिया। यदि क्रान्ति के द्वारा यह हुआ रहता, तो 'ब्रिटेन की क्रान्ति और प्रतिक्रान्ति' पर कितनी पुस्तकें निकल गई होतीं। किन्तु यह आम चुनाव द्वारा हुआ, इसलिए कोई भी उल्लेखनीय साहित्य इस पर तैयार नहीं हुआ !

तेलंगाना में कम्युनिस्टों ने जो कुछ किया, उस पर कितना साहित्य बना ! किन्तु एक पूरे प्रदेश केरल पर आम चुनाव द्वारा उन्होंने अपनी सत्ता स्थापित की है, क्या इस पर वैसा साहित्य वे तैयार करा सकेंगे ?

बात यों है कि चुनाव के क्रान्तिकारी रूप को देखने के लिए बर्नाड शॉ ऐसे मनीषी की दृष्टि चाहिए। क्रान्ति के रक्तरंजित रूप को तो साधारण आँखें भी देख पाती हैं !

किन्तु, हमें सोचना है, अब रक्तरंजित क्रान्ति के दिन लद रहे हैं। ज्यों-ज्यों जनतान्त्रिक भावना बढ़ती जाएगी, आम चुनाव को ही क्रान्ति के कर्तव्य करने पड़ेंगे।

अतः हमें चुनाव-साहित्य को भी साहित्य का एक अंग स्वीकार करना चाहिए और उसके संकलन और संचयन की ओर ध्यान देना चाहिए।

यदि समर्थ लेखनी का प्रसाद पा जाए, तो किसी एक क्षेत्र का चुनाव ही साहित्य को एक अनमोल रत्न दे डाले !

चुनाव-साहित्य के तीन रूप

चुनाव में जन-मानस उद्वेलित हो उठता है। इस उद्वेलन का प्रथम प्रकटीकरण होता है नारों के द्वारा। चुनाव के समय ऐसे-ऐसे नारे सुनने में आते हैं, जिनकी साधारण समय में कल्पना भी नहीं की जा सकती।

अपने दल के आदर्शों और उद्देश्यों को लोग ऐसी खूबी से कुछ शब्दों में बाँध देते हैं कि थोड़े ही समय में वे दूर-दूर तक ध्वनित-प्रतिध्वनित होने लगते हैं।

एक पार्टी है जो ज़मीन का बँटवारा चाहती है। एक दिन भोर-भोर लोगों ने यह नारा सुना—

नया बनाएगा खतियान और नक्शा
× × 1 का × × 2 बक्सा

यहाँ 1 पार्टी का नाम है और 2 में चुनाव चिन्ह का नाम है ! यह नारा किसने बनाया ? निस्सन्देह ही किसी विद्वान के चिन्तन का यह फल नहीं, जन-मानस का उद्वेलन किसी एक के मुँह से यह नारे के रूप में फूट उठा।

उम्मीदवारों के कार्यकलाप, रूपरंग तथा शील-स्वभाव को लेकर भी नारे बनने में देर नहीं लगती। ऐसी हू-ब-हू तस्वीर चार-पाँच शब्दों में खींच दी जाती है कि सुनकर अचानक मुँह से वाह-वाह निकल पड़ती है !

कभी-कभी ऐसे नारों में अश्लीलता भी आ जाती है और वीभत्सता भी, लेकिन किसको क्या कहने से कौन रोके ?

नारों के प्रतिनारे भी बनते रहते हैं। इन जवाबी नारों के तीखेपन का क्या कहना ?

नारों के बाद गीतों का नम्बर आता है। उद्वेलित जन-मानस अपनी-अपनी भाषा में ऐसे गीत रच लेते हैं कि उनमें उनकी सारी आशाएँ, आकांक्षाएँ, क्रोध, प्रतिहिंसा, वेदनाएँ, कामनाएँ कुछ कड़ियों में सिमट आता है। इनके सुर-ताल से बिलकुल ज़मीन की गन्ध आती है, मौसम की रंगीनी उन्हें और दिलचस्प बना देती है।

इस बार का चुनाव फाग के मौके पर हुआ था; ऐसे-ऐसे फाग और कबीर सुनने को आए कि मुग्ध हो जाना पड़ा। गाँव में ही नहीं, खेत-खलिहानों में भी ऐसे फागों की धूम रही। सरसों के फूलों से लगे खेतों में ये फाग जैसे ऊपर से अबीर छिड़क जाते। एक चुनाव-क्षेत्र में संयोगवश तीन पार्टियाँ लड़ रही हैं, जिनके झंडों में क्रमशः एक रंग, दो रंग और तीन रंग हैं। झट कबीर बन गया—

भला जी भला !
अरे, एकरंगा पूछे दोरंगा से तिरंगा कहाँ गेल!
गाछ काट के नाव बनैलक झीझरी खेले गेल!

यहाँ गाछ और नाव इन दो चुनाव चिन्हों की ओर इशारा है। "हो हो झिझरी खेले गेल", "हो हो झिझरी खेले गेल" की रट से सारा वायुमंडल गूँज उठा जैसे!

कहीं धूम मच रही है, "झोंपड़ी में वोट गिरैहे भैया, झोंपड़ी में" तो कहीं "तोह बैल हौ निशान, भूलि जनि जैह हो किसन में !" की धूम है !

एक तो फागुन का जन-मानस स्वयं मस्ती में पग जाता है, फिर इस चुनाव ने तो उसे पूरा अलमस्त बना छोड़ा था !

चुनाव का व्याख्यान स्वयं एक अलग साहित्य में स्थान पा सकता है ! चुनाव जिन्हें बोलने का अवसर मिला है, वे जानते हैं, अचानक कैसी-कैसी सूझ और सूक्तियाँ उनकी जिह्वा पर आपसे आप आ जाया करती हैं। इस चुनाव में पं. नेहरू ने लगभग एक दर्जन ऐसी बातें की हैं, जो साधारण समय में वह ज़बान पर चाहकर भी नहीं ला सकते थे।

इन नारों को, गीतों को, व्याख्यानों को लिखित रूप देना साहित्य की एक बड़ी सेवा

होगी, इसमें शक नहीं। दुख की बात है, इन बातों की ओर अभी लोगों का ध्यान ही नहीं जाता है !

चुनाव पर स्थायी साहित्य की सृष्टि

इस उद्वेलित जन-मानस का चित्रण कहानी, उपन्यास, नाटक, प्रहसन, रेखाचित्र और रिपोर्ताज में करके स्थायी साहित्य की भी सृष्टि की जा सकती है !

यह हमारी भ्रमपूर्ण धारणा है कि स्थायी साहित्य के लिए किसी शाश्वत समस्या को लेना अनिवार्य है।

किसी खास समय और परिस्थिति में घटी किसी खास घटना पर हम ऐसा साहित्य रच सकते हैं, जो अमरता का अधिकारी बन जाए !

जो घटना हमारे देश के बीस करोड़ बालिग स्त्री-पुरुषों के हृदय और मस्तिष्क को मथ डाले, उसका सही चित्रण स्थायी साहित्य में स्थान नहीं पाएगा, ऐसा सोचना भी मूर्खता है।

सबसे बड़ी दिक्कत यह है कि हमारे अधिकांश साहित्यकारों की आँखों पर पट्टी बँधी है और पाँवों में महावर लगे हैं। वे अपने कल्पना-महल से न निकल पाते हैं, न दीन-दुनिया कुछ देख पाते हैं। शाश्वत समस्या की खोज में वे कोल्हू के बैल की तरह एक वृत्त पर ही चक्कर काटते रहते हैं।

यह वृत्त कौन तोड़े, कैसे टूटे, समस्या यह है !

[**नई धारा**, मार्च 1957]

बिहार-राष्ट्रभाषा-परिषद्

अपने जीवन के छह वर्षों की अवधि में ही बिहार-राष्ट्रभाषा-परिषद् ने इतना काम कर लिया है कि जिनके मन में ज़रा भी साहित्यानुराग है, ऐसे बिहार-निवासियों का हृदय इस गौरव पर आनन्द से फूल उठ सकता है। परिषद् ने हिन्दी-संसार में बिहार का सिर ऊँचा किया है। बिहार ने इस परिषद् द्वारा अन्य प्रदेशों के समक्ष एक साहित्यिक आदर्श उपस्थित किया है। परिषद् की कार्यावली से यह सिद्ध हुआ है कि यदि साहित्य और शासन का समान धरातल पर सहयोग सम्भव हो जाए, तो क्या चमत्कार उपस्थित हो सकता है।

11 मार्च, 1951 को परिषद् का जन्म हुआ। संयोग से इसे आचार्य शिवपूजन सहाय ऐसे योग्य, तपस्वी और श्रद्धास्पद मन्त्री मिल गए। स्वभावतः ही सारे साहित्य-संसार का ध्यान इस ओर गया, सबने हृदय खोलकर इस संस्था को सहयोग दिया ! शिवजी के व्यक्तित्व में एक चुम्बकत्व है, उनकी ओर साहित्यिकों की श्रद्धा अपने आप खिंच आती है। इस सहयोग और श्रद्धा को शिवजी ने एक कार्यकुशल मन्त्री की तरह परिषद् के उत्थान में लगाया। फलतः परिषद् आज हिन्दी की ही नहीं, देश की उत्तम, सुसंचालित, कार्यशील साहित्यिक संस्थाओं में स्थान पा चुकी है।

इन छह वर्षों में परिषद् 25 उत्तमोत्तम ग्रन्थों का प्रकाशन कर चुकी है। ये ग्रन्थ आए दिन प्रकाशित होनेवाले तथाकथित ग्रन्थों की कोटि के नहीं हैं, बल्कि अधिकारपूर्वक कहा जा सकता है कि हिन्दी-संसार में आज जो अध्ययन, अन्वेषण, मनन और चिन्तन चल रहे हैं, उनके उत्कृष्ट उदाहरण आप इन ग्रन्थों में पा सकते हैं। ये ग्रन्थ किसी सरकारी संस्था की फरमाइश पर जैसे-तैसे तैयार किए गए वैसे ग्रन्थ नहीं हैं जिनकी मुटाई-मात्र उनके ग्रन्थ होने की सूचना

देती है। अपने-अपने क्षेत्र के विशेषज्ञों के वर्षों के परिश्रम के ये फल हैं। भारत की किसी भी साहित्यिक संस्था द्वारा इतनी छोटी अवधि में ऐसे पच्चीस ग्रन्थ निकले हों, यह खोजने से भी शायद ही मिले।

परिषद् ने ग्रन्थ-प्रकाशन के अतिरिक्त इन छह वर्षों में लगभग दो दर्जन साहित्य-सेवियों को डेढ़ हजार रुपए से पाँच सौ रुपए तक के पुरस्कार वितरण किए, लगभग डेढ़ दर्जन विद्वानों से एक-एक हजार रुपए का पारिश्रमिक देकर भिन्न-भिन्न विषयों पर व्याख्यान कराए, तथा अनेक साहित्यिक संस्थाओं को सत्साहित्य के प्रकाशन के लिए तीस हजार रुपए से अधिक के अनुदान दिए। परिषद् का एक अनूठा प्रयत्न यह रहा है कि वह अपने वार्षिकोत्सव के समय देश की भिन्न-भिन्न भाषाओं के योग्य विद्वानों को सादर आमन्त्रित करती और उनके द्वारा उनकी भाषाओं पर निबन्ध-पाठ कराती रही है। संविधान द्वारा स्वीकृत भारत की चौदह भाषाओं पर तैयार कराए गए निबन्धों को वह पुस्तकाकार प्रकाशित कराने जा रही है, जो भारतीय साहित्य का एक अनमोल ग्रन्थ सिद्ध होगा, इसमें सन्देह नहीं !

परिषद् ने बिहार में पहली बार अनुसन्धान के काम का श्रीगणेश किया है; अब तक हजारों हस्तलिखित और अप्राप्त पुस्तकों का उद्धार किया जा चुका है। बिहार की बोलियों पर भी अनुसन्धान और अनुशीलन किया जा रहा है—सहस्रों-सहस्रों लोकगीतों, लोकोक्तियों और लोककथाओं को प्रथम बार लिपिबद्ध होने का सौभाग्य प्राप्त हो चुका है। परिषद् का पुस्तकालय भी इतना सुसम्पन्न और सुसज्जित हो चुका है कि अनुशीलन-कर्ताओं के लिए इधर-उधर भटकने की कम आवश्यकता रह गई है। शिक्षणालयों के विद्यार्थियों को भिन्न-भिन्न विषयों के अपने ज्ञान को हिन्दी में लिपिबद्ध करने में उत्साहित करने के लिए प्रतिवर्ष निबन्ध-प्रतियोगिता कराकर उन्हें पुरस्कृत करने की योजना व्यापक रूप में प्रचलित कर परिषद् ने आगे भी हिन्दी-सेवा का पथ प्रशस्त कर दिया है।

परिषद् के कार्यसंचालन के लिए 33 सदस्यों की एक समिति है और 13 सदस्यों का एक संचालक-मंडल। बिहार के प्रायः सभी योग्य विद्वानों का सहयोग इस प्रकार परिषद् को सदा सुलभ है।

परिषद् के दो काम और उल्लेख-योग्य हैं। एक, विद्यापति-स्मारक-समिति द्वारा विद्यापति की सभी कृतियों का संचयन, सम्पादन और प्रकाशन की ओर प्रवृत्त होना तथा उनके जन्मस्थान बिस्फी-गाँव में उनका स्मृति-मन्दिर बनवाने के लिए प्रयत्न करना, जहाँ एक संग्रहालय और अतिथि-निवास भी हो। और दूसरा काम है, अभावग्रस्त साहित्यिकों को आर्थिक सहायता देना। जब राष्ट्रपति डॉ. राजेन्द्रप्रसादजी को उनकी 'आत्मकथा' पर एक सहस्र रुपए का पुरस्कार दिया गया, तो उसमें एक हजार रुपए और जोड़कर उन्होंने उस काम के लिए एक निधि की स्थापना कर दी। बिहार सरकार ने भी एक अच्छी रक़म दी। राजेन्द्र-निधि के नाम से अभिहित इस निधि द्वारा परिषद् ने कई अभावग्रस्त साहित्यिकों को गाढ़े अवसर पर सहायता दी है।

इस प्रकार इस छोटे-से काल-भाग में ही बिहार-राष्ट्रभाषा-परिषद् ने अनेक दिशाओं में इतना अधिक काम कर दिखलाया है कि वह हमारे लिए सचमुच गौरव का कारण बन गया है। इसकी कीर्ति-सुरभि देश के कोने-कोने तक पहुँच चुकी है और बहुत-सी राज्य-सरकारों ने सरकारी कोष से स्थापित तथा प्रमुख साहित्यिकों द्वारा संचालित इस संस्था की कार्यपद्धति का अनुकरण करना प्रारम्भ किया है। यह संस्था दिन-दिन विकास पाए, उसके छठे वार्षिकोत्सव के समय हमारी यही शुभकामना है।

त्रुटियों का परिमार्जन : नई दिशा की ओर निष्क्रमण !

यह बात नहीं है कि परिषद् की कल्पना या कार्यावली में त्रुटियाँ नहीं हैं। सबसे पहले तो इसका नाम ही भ्रामक है। 'राष्ट्रभाषा' शब्द के कारण, जब कांग्रेस-सभापति श्री ढेबर इसके वार्षिक समारोह का सभापतित्व कर रहे थे, अपने लिखित भाषण में, उन्होंने देश के भिन्न-भिन्न भागों में हिन्दी-प्रचार के लिए स्थापित संस्थाओं में से ही इसे एक समझ लिया और उसी आधार पर समूचा भाषण दे डाला। अब जिस रूप में इसका विकास हो रहा है और हो चुका है, इसके नाम में अविलम्ब संशोधन होना चाहिए। 'बिहार-साहित्य-परिषद्' ही इसका उपयुक्त नाम होना चाहिए। कोई कारण नहीं दिखता कि ऐसा क्यों नहीं किया जाए ?

फिर इसके संचालन के लिए जो समिति बिहार सरकार ने गठित की है, उसमें वृद्धि की नितान्त आवश्यकता है। प्रदेश के कई प्रमुख विद्वानों और साहित्यसेवियों को इस समिति में नहीं पाकर खेद होता है। 33 की संख्या को बढ़ाकर 51 कर देना चाहिए और भिन्न-भिन्न विषयों के योग्य विद्वानों को समिति में लाना चाहिए। प्रिंसिपल जर्नादनप्रसाद झा द्विज, श्री गोरखनाथ सिंह, आचार्य शारदा वेदालंकार, श्री केदारनाथ मिश्र 'प्रभात', पं. श्रीकान्त ठाकुर, प्रोफेसर देवेन्द्रनाथ शर्मा आदि ख्यातिलब्ध व्यक्तियों का समिति में नहीं रहना किसे नहीं खलता है ? कुछ नए प्राध्यापकों और लेखकों को भी लेना चाहिए, जो पूरे उत्साह से इसके कामों में भाग ले सकें तथा इसकी परम्परा को अक्षुण्ण रखें।

प्रकाशन के क्षेत्र में तो हमें नए ढंग से सोचना ही पड़ेगा। अभी तक ऐसा ही होता रहा है कि कहीं से हमें अच्छे ग्रन्थ मिल गए, हमने प्रकाशित कर दिया। निस्सन्देह हमने उत्तमोत्तम ग्रन्थ ही लिये, जिनसे हमारा और हिन्दी का गौरव बढ़ा है। किन्तु अब हमें एक निश्चित योजना बनाकर ग्रन्थ लेने या लिखवाने चाहिए। अच्छी बात हो कि हम पंचवर्षीय योजना बना लें। व्याख्यानों के सम्बन्ध में भी ऐसी ही योजना बना लेना आवश्यक है। एक निश्चित योजना के आधार पर पाँच भिन्न-भिन्न विषयों पर पाँच-पाँच उत्तमोत्तम ग्रन्थ हम आगामी पाँच वर्षों में हिन्दी को दे सकेंगे, तो हम गर्व से यह कह सकेंगे कि साहित्यिक क्षेत्र में भी योजनाएँ अधिक काम की सिद्ध हो सकती हैं !

सिद्ध सरहपा का दोहा-कोश तथा सदल मिश्र ग्रन्थावली हम प्रकाशित करने जा रहे हैं। किन्तु सरहपा तथा सदल मिश्र के बीच के बिहार के साहित्यिक रत्नों के संकलन और प्रकाशन के लिए भी एक योजना बन जानी चाहिए।

साहित्यिक संस्थाओं को जो अनुदान हमने दिए, उनमें भी योजना के अभाव के कारण हमारी निधि का कुछ अंशों में अपव्यय ही हुआ है। फिर जिन संस्थाओं ने हमसे अनुदान लिये और अनुदान की शर्तों का पालन नहीं किया, उनके प्रति कोई कठोर कार्रवाई नहीं करना तो अन्य संस्थाओं को अनुत्तरदायित्व के लिए प्रोत्साहन देना है। इस ओर परिषद् का ध्यान तुरत ही जाना चाहिए।

परिषद् के कार्यक्षेत्र का विकास हो रहा है, नई-नई नियुक्तियाँ हो रही हैं, आगे भी होंगी। अभी से यह भनक आने लगी है कि नियुक्तियों में निष्पक्षता नहीं बरती जा रही है। जिन प्रेसों में परिषद् के ग्रन्थ छपते हैं, उनमें से कुछ के प्रति विशेष कृपा की भी भनक आती है। एक नई और विकासशील संस्था के प्रति ऐसी बातें कही-सुनी जाएँ, यह भी बुरी बात है। संचालक-मंडल तथा परिषद् के पदाधिकारियों को इस ओर विशेष ध्यान रखना पड़ेगा, तभी आगे का काम सुचारु रूप से चल पाएगा।

सबसे आवश्यक काम यह है कि बिहार सरकार से परिषद् के वार्षिक व्यय की राशि को बढ़वाने का प्रयत्न किया जाए। जिस सरकार का सत्तर करोड़ का आय-व्ययक है वह डेढ़

लाख साहित्यिक कार्यों के लिए देकर सन्तोष की साँस ले, यह क्या उचित है ? कम से कम 10 लाख की वार्षिक राशि परिषद् को मिलनी ही चाहिए। भवन, प्रेस, आवास आदि के लिए, इसके अतिरिक्त अच्छी राशियाँ अलग मिलनी चाहिए। बिहार सरकार को यह सदा याद रखना चाहिए कि परिषद् ने ठोस सेवा की है और उसके यश को बढ़ाया है। उसके किसी विभाग ने इतनी छोटी राशि में इतना अधिक काम कर लिया हो, वह स्वयं ढूँढ़े से नहीं पा सकती!

[**नई धारा**, अप्रैल 1957]

लेखक और राज्यसंरक्षण

प्रयाग का 'परिमल' एक जागरूक और क्रियाशील प्रतिष्ठान है। उसे कुछ ऐसे लेखकों का सहयोग प्राप्त है, जो नौजवान हैं, निष्ठावान हैं, जो तह तक सोच सकते हैं, उभरकर, ऊँची आवाज में बोल सकते हैं ! चुप-चुप की झूठी मर्यादा से जो परे हैं; डरे हुए, सहमे हुए, दुबके हुए लोगों की हीनभावना से जो दूर, बहुत दूर हैं। जो बात को बतंगड़ नहीं बनाते, अपनी बात डंके की चोट कहते हैं !

'परिमल' ने अभी-अभी प्रयाग के लेखकों की एक मंडली जुटाई थी और उन लोगों के सामने आज के साहित्य के एक ज्वलन्त प्रश्न को रखा था। भारत की कई भाषाओं के साहित्यिकों को भी उसने आमन्त्रित किया था, जिससे अखिल भारतीय दृष्टि से उस प्रश्न पर विचार-विमर्श किया जा सके। एक विस्तृत प्रश्नावली वितरित कर इस प्रश्न के भिन्न-भिन्न पहलुओं की ओर उसने अंगुलि-निर्देश भी किया था।

वह प्रश्न क्या है ? निस्सन्देह यह नया प्रश्न है और स्वराज्य होने के बाद यह अपने ज्वलन्त रूप में हमारे सामने आया है। जब तक विदेशी राज्य था, हमें दुख होता था, आह, अपना राज्य नहीं रहा जो हमारे साहित्य की, साहित्यिकों की दुरवस्था की ओर ध्यान दे ! और, आज जब हम स्वराज्य प्राप्त कर चुके हैं, हम चौकन्ना होकर देखने लगे हैं, अरे, यह राज्य अपने संरक्षणों की मृगतृष्णा में हमारे साहित्य को, साहित्यिकों को कहाँ लिये जा रहा है !

अच्छे-अच्छे लेखक और कवि राज्य के प्रचार-विभागों में घुसते नज़र आते हैं। कभी 'आकाशवाणी' का अर्थ होता था, देवताओं के सन्देशों को जनश्रुति तक पहुँचानेवाली वाणी, आज की 'आकाशवाणी' देव-सन्देश के बदले राज्यादेश की वाणी बन गई है और उस कर्कश वाणी को श्रुतिमधुर बनाने के लिए लेखकों और कवियों की एक पूरी फौज वहाँ इकट्ठी कर ली गई है ! विधानसभा, लोकसभा, राज्यसभा में भी लेखकों और कवियों को आमन्त्रित किया जा रहा है—कभी राजाओं को जगाने के लिए चारण और वैतालिक होते थे, आज उनसे मन्त्रियों, मुख्यमन्त्रियों और प्रधानमन्त्रियों को सुलाने के लिए लोरियाँ सुनवाई जा रही हैं।

जो बचे-खुचे रहे, उन्हें सांस्कृतिक प्रतिनिधि-मंडलों के जाल में फँसाया जाता है—जाओ पट्ठे, अरे ज़रा विदेश की सैर कर आओ, देश के वायुमंडल में तुम्हारा दिमाग़ सड़ने लगा है, नई हवा की ताज़गी तुम्हें तुरत आश्वस्त कर देगी ! और देखा गया है, सचमुच कितने सड़े दिमाग़ हरे हो गए हैं !

राज्य की ओर से पुरस्कार-प्रदान, पुस्तकों का प्रकाशन, पुस्तकों की खरीद-बिक्री, आदि के भी मकड़जाले बने हैं ! बेचारी मक्खियाँ उड़ी नहीं कि फँसी ! तड़पते रहो, पंख फड़फड़ाते रहो—अब जाओगी कहाँ ?

यह क्या हो रहा है, सभी स्वाधीन-चेता सोच-विचार रहे हैं। 'नई धारा' ने कितनी बार

इस ओर लेखकों और साहित्यिकों का ध्यान आकृष्ट किया है। उचित था, इस ओर सामूहिक रूप से विचार हो—'परिमल' ने यह उत्तरदायित्व लेकर एक शुभ कर्म किया है !

× × ×

"राज्यसंरक्षण की परिभाषा और परिधि क्या मानी जाए और किन आधुनिक सन्दर्भों के कारण यह एक विशिष्ट वर्तमान समस्या बन गई है ? सामान्यतया राज्यसंरक्षण के क्या प्रभाव पड़ते हैं ? वे प्रभाव कहाँ तक लेखक को विचलित करनेवाले होते हैं ? क्या उन प्रभावों की अन्तिम परिणति अनिवार्य है ? भारत में आज संरक्षण के क्या-क्या रूप हैं ? क्या उनसे लेखकों के सरकारी अभिरक्षण के एक व्यापक ढाँचे की तैयारी या किसी समुचित सरकारी नीति का आभास मिलता है ? भारत में लेखकों की स्थिति और समस्त संसार में लेखकों की स्थिति को ध्यान में रखते हुए भी क्या आप इस सम्बन्ध में अपने ठोस सुझाव दे सकते हैं कि सरकारी संरक्षण के प्रति लेखक का क्या रवैया होना चाहिए ?"

'परिमल' द्वारा वितरित प्रश्नावली का यह मूल आधार है। इसके बाद पारितोषिक, राजकीय सेवा, सांस्कृतिक शिष्टमंडल, लेखक और आयोजन, लेखक और सरकारी प्रकाशन, लेखकों के हित की समस्या—इन छह शाखाओं पर प्रश्न उपस्थित किए गए हैं। इस प्रश्नावली के जो उत्तर आए होंगे, उनका प्रकाशन निस्सन्देह ही भारतीय लेखकों के लिए एक आवश्यक दस्तावेज सिद्ध होगा। 'परिमल' उन्हें प्रकाशित करने का हौसला रखता है, यह और भी अच्छी बात है।

हम बार-बार कह चुके हैं, जिस रूप में आज लेखकों को राज्यसंरक्षण प्राप्त हो रहा है, वह न लेखकों की पदगरिमा के अनुकूल है और न इससे साहित्य की ही श्रीवृद्धि हो सकती है। यह धीरे-धीरे साहित्यिकों की स्वाधीनता का भी अपहरण कर लेगा; सन्देह है, वे थोड़े दिनों में सरकार के गुलाम-मात्र रह जाएँगे। इसके लक्षण अभी से दिखाई पड़ रहे हैं। हमारे कितने ही अगढ़धत्त साहित्यकार सरकारी साँभर-झील में पड़कर नमक के ढेले बनते जा रहे हैं।

यदि सरकार सचमुच राष्ट्रीय सरकार है, तो देश के हर अंग के विकास की ओर उसे ध्यान देना ही चाहिए। साहित्य के प्रति भी वह उपेक्षा नहीं रख सकती। प्राचीन साहित्य की रक्षा और नए साहित्य की वृद्धि के लिए उसे समुचित उपाय करने ही हैं। इसी भावना से प्रेरित होकर, ज्यों ही राष्ट्रीय सरकार बनी, उसका ध्यान इस ओर खींचा गया। लेकिन उसने थोड़े ही दिनों में बता दिया है, किसी अच्छे काम को भी बुरे ढंग से करके उसे किस प्रकार बर्बाद और बदनाम किया जा सकता है। दिल्ली, कलकत्ता, मद्रास, बम्बई, पटना, लखनऊ, जयपुर और भोपाल—सबने ऐसे रवैए अख्तियार किए, कि 'परिमल' ऐसी संस्था के लिए इस समस्या को देश के साहित्यिकों के समक्ष इस व्यापक रूप में उपस्थित करना एक आवश्यक कर्तव्य बन गया। आज राज्य-संरक्षण की परिभाषा खोजी जा रही है और उसकी परिधि कितनी बड़ी या छोटी हो, यह भी विचारणीय विषय बन गया है !

सुयोग्य शासकों ने सदा साहित्य को संरक्षण दिया है। मास्को पर धावा बोलते समय भी नेपोलियन को पेरिस की प्रसिद्ध नाट्यसंस्था 'कोमोदिए फ्रांसिस' की सुव्यवस्था की याद रही। पेरिस के चार नाट्यगृह अब भी सरकारी संरक्षण में चलते हैं। वहाँ की 'अकादमी' ऐसी साहित्य-संस्था है जिसकी सदस्यता पाना लेखकों के लिए परम गौरव का विषय समझा जाता है। राज्यसंरक्षण के ऐसे उत्तम उदाहरण एक साथ कहाँ मिलेंगे ?

किन्तु एक हमारा देश है कि यहाँ सिर मुँड़ाते ही ओले गिरे ! यहाँ तो अकादमियों की भरमार हो गई है। दिल्ली से लेकर हर छोटी-बड़ी राजधानियों में अकादमी-पर-अकादमी खोली जा रही हैं। किन्तु जरा उनकी सदस्य-सूची देखिए ! अधिकांश सदस्य सरकारों द्वारा नामजद

किए गए हैं; कुछ विश्वविद्यालयों द्वारा या उन संस्थाओं द्वारा जो सरकार की कृपापात्र हैं। जैसे इनकी परिधि के बाहर साहित्य और कला के उपासक हैं ही नहीं। जो एकान्त साधक हैं, उन्हें कौन पूछता है ? नतीजा यह है कि इन अकादमियों की कोई भी प्रतिष्ठा सच्चे साहित्यकारों और कलाकारों की दृष्टि में नहीं रह गई है ! कोई भी इनकी सदस्यता के गौरव के लिए आतुर नहीं है—जैसा कि होना चाहिए।

जो साहित्यिक बड़ी ललक से 'आकाशवाणी' में पहुँचे थे, वे भी बोरिया-बँधना सम्हालकर कूच करने की तैयारी में हैं !

सरकार द्वारा पुरस्कृत होनेवाली पुस्तकों की सूची देखकर कम आश्चर्य नहीं होता ! इन पुरस्कारों के निर्णायक सरकार के कृपापात्र लोग हैं ! सरकार द्वारा पाई कृपा को यदि वे लोग उदारता से बाँटकर बहती गंगा में पैर पखारने का पुण्य लूटना चाहें, तो आश्चर्य क्या ?

जो साहित्यिक, सरकार के प्रचार-विभाग में गए, उनकी स्थिति क्या धोबी के कुत्ते से बढ़कर है—बेचारे वे घर के रहे, न घाट के !

अब बड़े पैमाने पर सरकारी प्रकाशन होने जा रहा है ! होड़ मचेगी, वहाँ किसकी पुस्तक छपे ? सरकारी पक्ष के साहित्यिक चाँदी काटेंगे। मन्त्रियों के पास दौड़-धूप मचेगी। साहित्यकार साहित्यकार की पगड़ी उछालेंगे। जो दुर्गत बाकी है, वह भी होकर रहेगी।

शिष्टमंडलों की एक ताज़ा घटना है। विदेश में कलाकारों का एक शिष्टमंडल जा रहा था। उस मंडल के साथ एक मन्त्री भी जा रहे थे। प्रश्न हुआ, इस शिष्टमंडल का नेता कौन हो ! मन्त्री हुए और नेता न हुए, तो फिर नाक कटने से बचेगी ? उधर कलाकारों में एक ऐसा तगड़ा आदमी है, जिसके रहते मन्त्रीजी नेता बना दिए जाएँ, तो उनकी भद्द होकर रहेगी ! और उस कलाकार को शिष्टमंडल में नहीं लिया जाए, तब दुनिया क्या कहेगी ? अतः एक अच्छी तरकीब निकाली गई। उसका नाम तो शिष्टमंडल में रख दिया गया, किन्तु प्रस्थान करने की तिथि की सूचना तब दी गई, जब दो-तीन दिन ही बाकी रह गए थे। कोई लखपति या मन्त्री तो वह था नहीं कि इतने थोड़े समय में कोई प्रबन्ध कर पाता। बस, मन्त्रीजी को नेता के रूप में विदेश में अपना प्रदर्शन करने का मौक़ा मिल गया।

इस प्रकार इस राज्यसंरक्षण से साहित्यकारों और कलाकारों की ऐसी दुर्गत हो रही है कि तंग आकर वे अब इसकी 'परिभाषा' और 'परिधि' खोजने को लाचार हैं ! कैसी दयनीय स्थिति !

× × ×

किन्तु हम परिभाषा के प्रपंच में नहीं भी पड़ें, तो भी परिधि का निर्णय तो हमें करना ही पड़ेगा—हम एक ऐसी लक्ष्मणरेखा बना लें जिसके बाहर हम पैर नहीं रखें, नहीं तो हमारी मर्यादा की सीता का हरण होकर रहेगा, उसें राक्षस-पुरी की वीभत्सताओं को सहन करना पड़ेगा और प्रायश्चित रूप में अग्नि-स्नान की यातना भी भुगतनी पड़ेगी।

हम शासकों से कह दें, बस, यहीं तक, इसके आगे हम बढ़ नहीं सकते!

तुम हमें सम्मान देना चाहते हो, दो; तुम हमें पुरस्कृत करना चाहते हो, करो ! जनसेवा की दृष्टि से हमारी सेवा भी तुम्हें अर्पित हो सकती है। तुम्हारे सांस्कृतिक दूत के रूप में हम तुम्हारे शिष्टमंडलों में भी सम्मिलित हो सकते हैं। तुम्हारी विधानसभा, लोकसभा या राज्यसभा से भी हमें घृणा नहीं है। जन-जीवन से सम्बद्ध कई विषय ऐसे हैं, जिन पर हमीं साधिकार कह सकते हैं। यदि हमारी उन सम्मतियों का उपयोग जन-जीवन को उन्नत और समृद्ध करने के लिए तुम करना चाहते हो, तो हमें इसमें क्या उज्र हो सकता है ?

किन्तु तुम अपनी सीमा और हमारी मर्यादा को समझो—यदि इतनी समझ तुममें नहीं

है, तो तुम अपने घर, हम अपने घर ! तुम्हें पाँचों पकवान मुबारक, हमें चना-चबेना मुबारक !

इसके लिए शासकों के निकट अपनी माँग पेश करने की उतनी ज़रूरत नहीं है, जितनी अपने गौरव का अनुभव करने की !

हमारे साहित्यकारों और कलाकारों के लिए यह संकट का समय है। हमारी उपयोगिता शासकों की समझ में आ रही है, किन्तु हम स्वयं अपनी अनिवार्यता का अनुभव नहीं कर पाते। हम उनके निकट हाथ पसारने नहीं जाएँ, तो भी वे हमारे पास पहुँचने को बाध्य होंगे ही ! आज दिक्कत यह हो रही है कि देश में फैले हुए भ्रष्टाचार का आंशिक प्रभाव हम पर भी पड़ रहा है। जो एक मुट्ठी लोग इस भ्रष्टाचार के चलते औज-मौज की जिन्दगी के लुत्फ़ उठा रहे हैं, हम उनकी पाँत में खड़े होने को लालायित हो उठे हैं। आज लक्ष्मी नाना भावभंगी से सरस्वती को अपने स्वर्ण-सिंहासन की ओर खींचने की चेष्टा में है—हंसों के पंख कतरकर उन्हें उल्लू बनाने पर तुली है ! क्या हम वैसा होने देंगे ?

हमारा राष्ट्रकवि राष्ट्रपति की एक मुस्कान पाने के लिए क्या-क्या नहीं करता है; फिर यदि हमारे छुटभैयों का ईमान मन्त्रियों के घर की एक प्याली चाय पर बिकने को ललच उठे, तो इसमें अचरज की कौन-सी बात ?

आज लेखक के सामने जो सौ सवाल उठ खड़े हैं, उनका एक हल है—लेखक में आत्मसम्मान की ज्वलन्त भावना का उदय ! यदि यह नहीं हुआ, तो फिर एक लम्बी प्रश्नावली तैयार कर उसके एक-एक सन्दर्भ पर घंटों विचार-विमर्श करते रहिए, कुछ होगा नहीं, विक्रम के वैताल की तरह वह फिर पीपल की डाल से जा लटकेगी !

हमें विश्वास है, 'परिमल' के आमन्त्रण पर जो साहित्यकार प्रयाग पहुँचे थे, उन्होंने इस पहलू पर भी सोचा होगा। कम-से-कम 'परिमल' के सदस्यों को तो इस दिशा में पथ-प्रदर्शन करना ही चाहिए।

[**नई धारा**, अप्रैल 1957]

बिहार के राजकाज का हिन्दीकरण

हमने कई बार कहा है कि जब तक हम पटना, लखनऊ, जयपुर, भोपाल के सचिवालय के सारे राजकाज का हिन्दीकरण नहीं कर लेते, तब तक हमें कोई अधिकार नहीं है कि कलकत्ता, मद्रास, मैसूर या बम्बई की राज्यसरकारों से यह अपेक्षा रखें कि वे अपने राज्यों में शीघ्रताशीघ्र हिन्दी का प्रवेश कराएँ।

और साथ ही साथ यह भी कहा है कि जब तक बिहार, उत्तरप्रदेश, राजस्थान और मध्यप्रदेश के नागरिक अपने सारे काम हिन्दी में नहीं करने लगें, तब तक इनके सचिवालयों को सारे राजकाज हिन्दी में करने के लिए हम बाध्य नहीं कर सकते !

जब तक इन चार हिन्दीभाषी राज्यों की राजधानियों में दुकानों पर अँगरेजी में साइनबोर्ड लटकते हैं और भले-मानस अपने पत्र-व्यवहार और बातचीत में अँगरेजी को तरज़ीह देते हैं, तब तक यह उपहासास्पद लगता है कि हम इनकी सरकारों को उलाहना दें कि आप अपने सारे राजकाज में हिन्दी का ही व्यवहार क्यों नहीं करते ?

स्वराज्य के बाद सबसे बुरी बात यह हो गई है कि हम लोगों में स्वतः कुछ करने की प्रवृत्ति ही नहीं रह गई है। हमें जो कुछ करना है, वह सरकार से ही कराना चाहते हैं।

इन चारों राज्यों में हिन्दी की अच्छी से अच्छी संस्थाएँ हैं ! क्या उनका कर्तव्य यह नहीं

था कि वे देखें कि उनके राज्य के नगरों में जहाँ दृष्टि जाए, वहाँ हिन्दी-ही-हिन्दी का बोलबाला हो ! हिन्दी की सबसे प्रतिष्ठित दो संस्थाएँ जहाँ विद्यमान हैं, उस काशी और प्रयाग के नागरिक जीवन का क्या हिन्दीकरण हो चुका—क्या यह प्रश्न स्वभावतया ही नहीं उठता है ?

यदि हम अपनी सरकारों से हिन्दीकरण के लिए माँग करते हैं, तो यह भी आवश्यक है कि जहाँ हमारा क्षेत्र है, वहाँ के हिन्दीकरण के लिए हम बद्धपरिकर हों। जब हम अपना कर्तव्य पूरा कर लेंगे, तो हमारे प्रतिनिधियों की सरकारें स्वतः उस ओर अग्रसर होंगी। किसी माँग के लिए जन-आन्दोलन ठीक है, किन्तु यह आन्दोलन तभी सफलता प्राप्त कर सकता है, जब जनता बतला दे कि उसने अपने हिस्से का काम पूरा कर लिया है।

जब हम अपने कर्तव्य का पालन नहीं करते तो हमारी सरकारें किस प्रकार शिथिलता से काम करती हैं, उसका सबसे अच्छा उदाहरण बिहार सरकार का हिन्दी-सम्बन्धी रुख है।

× × ×

1947 में हमें स्वराज्य मिला। बिहार-विधानसभा ने तुरत ही एक प्रस्ताव स्वीकृत कर हिन्दी को अपनी राज्यभाषा के रूप में ग्रहण किया। फलतः 4 जून, 1948 की सरकार ने सूचना निकाली कि जो लोग हिन्दी का साधारण ज्ञान नहीं रखते, उन्हें सरकारी नौकरियाँ नहीं मिल पाएँगी।

उसके तीन सप्ताह के बाद ही 26 जून को राज्यपाल की एक घोषणा निकली कि कचहरियों की भाषा नागरी लिपि में लिखी हिन्दी होगी।

फिर 9 मार्च को बिहार सरकार के मुख्य सचिव ने सरकार के सभी विभागों के सचिवों को सूचित किया कि सितम्बर 1949 तक सभी राज्य-कर्मचारी हिन्दी का ज्ञान प्राप्त कर लें। इसके बाद सभी कर्मचारियों को हिन्दी-ज्ञान की परीक्षा देनी पड़ेगी !

इस प्रकार काम आगे बढ़ाया जा रहा था कि यह आवश्यकता अनुभव की गई कि इस सम्बन्ध में एक कानून भी बन जाना चाहिए। सोचा गया था कि हिन्दीकरण का काम तीन या पाँच साल में ही समाप्त कर दिया जाए, किन्तु कुछ अहिन्दीभाषियों के आग्रह पर सात साल की अवधि रखी गई। 29 नवम्बर, 1950 को राज्यपाल की घोषणा प्रकाशित हुई कि सात साल के अन्दर इस काम को पूरा कर लिया जाए।

इस सात साल के अन्दर काम तो होता रहा किन्तु, उसकी प्रगति बड़ी धीमी रही। इस काम में सहायता पहुँचाने के लिए बिहार सरकार ने श्री लक्ष्मीनारायण 'सुधांशु' की अध्यक्षता में एक हिन्दी-समिति बनाई। उस समिति की सिफारिशों पर भी योग्य ध्यान नहीं दिया जा सका।

बार-बार सरकारी अफसरों को हिन्दी सीखने के लिए समय दिया जाता रहा। परीक्षाओं में उत्तीर्ण होने पर पुरस्कार देने की व्यवस्था भी की गई। यहाँ तक रियायत की गई कि वे अँगरेजी के विशेषार्थ शब्दों का प्रयोग देवनागरी लिपि में कर सकते हैं, किन्तु काम तो भी मन्थर गति से ही बढ़ता रहा।

पहले कहा गया, हिन्दी के टाइपराइटर नहीं मिलते, न अच्छे टाइपिस्ट या शौर्टहैंड जाननेवाले लिपिक मिल पाते हैं। अभी हाल ही में पता चला है कि पन्द्रह सौ हिन्दी टाइपराइटर खरीदे गए, जिनमें सिर्फ एक-दो सौ ही प्रयोग में लाए गए, बाकी सरकारी गोदाम में सड़ रहे हैं। यही नहीं, यद्यपि सरकार का निश्चय था कि अँगरेजी टाइपराइटर नहीं खरीदे जाएँ, तो भी बड़ी संख्या में वे खरीदे गए। यों ही हिन्दी शौर्टहैंड जाननेवाले टापते रह गए, अँगरेजी के टाइपिस्टों की बहालियाँ होती रहीं।

ऐसा क्यों हुआ ? क्या इसमें दोष सिर्फ अहिन्दीभाषी अफसरों का है ? यदि यह बात

होती, तो एक बात रहती। देखा तो यह गया है कि हिन्दीभाषी अफसरों ने ही हिन्दीकरण के काम को रोका है।

× × ×

ऐसा क्यों हुआ ? बात यों है कि हिन्दीभाषी अफसर हिन्दी में लिखना-पढ़ना अपनी शान के खिलाफ समझते हैं।

शायद वे समझते हैं कि यदि हिन्दी में ही वे लिखा-पढ़ा करें, तो उनमें और साधारण लोगों में अन्तर क्या रह जाए ? अँगरेजी ने उन्हें 'देवत्व' दे रखा है, इस देव-पद से अपदस्थ होना उन्हें क्यों सह्य हो ?

हमारे मन्त्रिगण भी इसमें कम दोषी नहीं हैं। 6 जुलाई, 1956 के पत्रक से पता चलता है कि "मन्त्रियों के दौरे का कार्यक्रम अभी तक अँगरेजी में ही होता आ रहा है।" क्या मन्त्रियों का यह कर्तव्य नहीं था कि सबसे पहले वे ही हिन्दीकरण की ओर अग्रसर होते ? छह वर्षों तक उन्होंने अपने कार्यक्रम को क्यों अँगरेजी में होने दिया ?

मन्त्री या अफसर दोनों की कठिनाई भी है, जिसे स्वीकार करने में वे अपनी तौहीनी समझते हैं। असल में उनकी शिक्षा-दीक्षा अँगरेजी में ही हुई। हिन्दी की ओर उन्होंने न प्रारम्भ में ध्यान दिया और न आज देना चाहते हैं। बिहार में भिन्न-भिन्न बोलियाँ प्रचलित हैं, घरों में उन्हीं का व्यवहार चलता है। अन्य हिन्दी-राज्यों में भी यही बात है। हिन्दी के शब्द नहीं, लेकिन उसका व्याकरण तो सीखना ही पड़ता है। व्याकरण का ज्ञान प्राप्त किए बिना शुद्ध रूप में हिन्दी लिखने में दिक्कत पड़ती है ! अब अशुद्ध हिन्दी में लिखकर वे अपनी भद्द क्यों कराएँ और इस उम्र में शुद्ध हिन्दी के लिए थोड़ी मेहनत क्यों करें ? बस गाड़ी अटकी हुई है।

हमारे मन्त्रियों और अफसरों को कौन समझाए, कि शुद्ध हिन्दी लिखना-बोलना कोई कठिन काम नहीं। बस, थोड़ी मेहनत चाहिए, थोड़ा अभ्यास चाहिए। जनता को वे दिन-रात मेहनत करने का उपदेश देते हैं। स्वयं भी अन्य कार्यों में मेहनत करते ही हैं। फिर थोड़ी मेहनत वे इस काम में क्यों नहीं करें ? और क्या यह सच नहीं कि राज्य-संचालन में जितनी उलझनें हैं, हिन्दी-व्याकरण में उतनी उलझनें कदापि नहीं हैं। यों तो किसी भाषा का व्याकरणाचार्य बन जाना किसी आदमी के लिए भी आसान काम नहीं। कभी उन्होंने यह सोचा है कि जिस अँगरेजी में वे लिखते हैं वह क्या शुद्ध अँगरेजी है ? अपने देश में सिर्फ मुट्ठी भर लोग होंगे, जो स्टैंडर्ड इंगलिश लिख सकें ! फिर हिन्दी में लिखने में झिझक क्यों ?

उनकी अशुद्ध हिन्दी आज उनकी कितनी भद्द कराती है, काश, वे जान पाते ! जब कभी हमारे मन्त्री कालेजों या विद्वानों की सभाओं में जाते हैं; अपनी अशुद्ध भाषा के कारण वे क्या प्रभाव डाल आते हैं, उनके प्रशंसक यदि उन्हें बता दें, तो वे शर्म से गड़ जाएँ ! उनकी अशुद्ध भाषा की नकल करके कालेजों के मनचले लड़के लोगों को हँसाते-हँसाते लोट-पोट कर देते हैं !

और यदि कहीं अन्य राज्यों में जाकर वे बोल आएँ, तब तो बिहार के साहित्यिकों की फब्तियाँ सुनकर सिर नीचा कर लेना पड़ता है।

× × ×

राज्यपाल की उक्त घोषणा के अनुसार बिहार के सारे राजकाज 30 नवम्बर 1957 से हिन्दी में ही होने चाहिए। अब सिर्फ छह महीने रह गए हैं। क्या इन छह महीनों में हम ऐसा करने में समर्थ हो सकेंगे ?

बिहार विधानसभा में इन पंक्तियों के लेखक ने इस प्रश्न को अभी-अभी उठाया था।

लगता है, हमारे मुख्यमन्त्री का ध्यान इस ओर आकृष्ट हुआ है। उन्होंने उसके बाद ही हिन्दी-समिति के सदस्यों को बुलाया था और इस सम्बन्ध में सारे पहलुओं पर विचार-विमर्श किया था। उन्होंने शिक्षा आदि कई विभागों के सारे काम जुलाई से हिन्दी में ही किए जाने का आदेश भी दे दिया है।

निस्सन्देह इस समाचार से बिहार की जनता को बड़ी प्रसन्नता होगी।

किन्तु प्रश्न तो यह है कि जो काम सात वर्षों में सम्पन्न नहीं किया जा सका, वह छह महीने में कैसे पूरा कर लिया जा सकेगा ?

क्या इस अवधि को फिर बढ़ाना पड़ेगा ? यदि हाँ, तो कितने दिनों के लिए?

इसका उत्तर सरकार को नहीं, बिहार की हिन्दी-प्रेमी जनता को देना है। जैसा हम ऊपर कह चुके हैं, जनता ने भी वैसा हिन्दी-प्रेम नहीं दिखलाया, जैसा उससे अपेक्षा की गई थी। यदि आनेवाले छह महीनों के अन्दर उसने सारे बिहार से, एक-एक नगर से, उसकी एक-एक गली से साइनबोर्डों के रूप में लटकती हुई अँगरेजी भाषा की गुलामी की तख्ती को, सदा के लिए उतार फेंका तथा हर पेशे में लगे नागरिकों को उनका सारा काम हिन्दी में करने के लिए राजी कर लिया, तो फिर कोई कारण नहीं है कि सरकार इस अवधि को बढ़ा सके।

हमारी सरकार जन-तन्त्री सरकार है। जनता की इच्छा की उपेक्षा कर वह कितने दिनों के लिए टिकी रह सकती है।

इस काम में जनता का नेतृत्व बिहार के हिन्दी-साहित्य-सम्मेलन को करना चाहिए। खबर है, वह बिहार के कोने-कोने में हिन्दी-दिवस मनाने का आयोजन करने जा रहा है। ठीक है, यह दिवस अवश्य मने और धूमधाम से मने।

लेकिन आवश्यकता तो यह है कि एक दिवस मनाकर ही हम सन्तोष नहीं कर लें। हमें तो आगामी छह महीनों के 180 दिनों को विशेष दिवस के रूप में मनाना है; एक नहीं, 180 दिवस मनाना है।

सम्मेलन एक योजना तैयार करे और एक-एक नगर को लेकर वहाँ के नागरिक जीवन से अँगरेजी के भूत को सदा के लिए भगाने की चेष्टा करे।

यह काम पहले राजधानी से ही प्रारम्भ किया जाए। एक पखवारे में हम सड़क-सड़क, गली-गली घूमकर अँगरेजी साइनबोर्डों को हटवा दें और हर पेशे के नागरिकों से मिलकर उनसे सारे कारोबार हिन्दी में ही करने की प्रतिज्ञा लें !

यदि पटना ने सही नेतृत्व दिया, तो सारे राज्य में उसका अनुकरण आप ही होने लगेगा !

फिर सरकार के कामों में भी ऐसी तेजी आ सकती है कि असम्भव सम्भव होकर रहेगा ! और 30 नवम्बर को हम हिन्दीकरण-महोत्सव मनाकर बिहार के इतिहास में इस तिथि को अमरता प्रदान कर सकेंगे।

[**नई धारा**, जून 1957]

नए लेखकों से दो-दो बातें

हमारा कहना है, हिन्दी में लेखकों की कमी है। और जब हम यह कहते हैं, तो लेखकों से हमारा मतलब उन लोगों से होता है, जिन्होंने लेखन-कला को जीविका की तरह ग्रहण किया है। नौकरी कर रहे हैं, अफसरी कर रहे हैं, प्रोफेसरी कर रहे हैं और जब कभी मौज में आए या जरूरत महसूस की तो कुछ लिख दिया—ऐसे लोग सही अर्थ में लेखकों की गिनती में नहीं

लिए जा सकते। हिन्दी में ऐसे ही लोगों की बहुतायत है। हमें शक है कि हिन्दी में, पत्रकारिता को छोड़ दीजिए, तो दो सौ आदमी ही ऐसे हैं जिन्होंने पेशे के रूप में लेखनकला को वरण किया है और यदि एक लाख की जनसंख्या पर भी एक लेखक चाहिए, तो हिन्दी के पेशेवर लेखकों की संख्या दो हजार होनी ही चाहिए।

तो हिन्दी में लेखकों की संख्या कम, बहुत कम है। इनकी संख्या बढ़े, यह आवश्यक है। इसीलिए, यदि नए लेखक अपनी कृति लेकर हमारे पास आते हैं, या हम उनकी कृति पाते हैं, तो हमें प्रसन्नता होती है। हमने प्रायः यह दुख अनुभव किया है कि हमारे पास इतनी फुरसत नहीं कि उनकी कृतियों को अच्छी तरह देख जाएँ, उनमें संशोधन कर सकें, या उन्हें ब्यौरे के साथ सलाह दे सकें, या उनके शब्दों में, उनका पथप्रदर्शन कर सकें। द्विवेदी-युग बीत चुका है। घड़ी की सूई को पीछे की ओर मोड़ा नहीं जा सकता। हम चाहकर भी अपने नए लेखकों के साथ उतना समय दे नहीं सकते, जितना हमारे पूर्ववर्ती आचार्य देते थे।

अपनी इस लाचारी को हम बहुत दिनों से अनुभव कर रहे थे। उसी का यह फल है कि हम इन पंक्तियों में उनसे दो-दो बातें करना चाहते हैं।

लेखक एक सामान्य मानव-प्राणी है !

सबसे पहले नए लेखकों को जानना चाहिए कि लेखक कोई किंरूप किमाकार जीव नहीं है। दिक्कत यह होती है कि ज्यों ही कोई नौजवान दो-चार पंक्तियाँ जोड़ लेता है, वह समझता है, वह कोई अलौकिक कर्म कर रहा है। वह अपने को अपने साथियों से पृथक् समझने लगता है। यदि उसकी कोई चीज किसी पत्र-पत्रिका में छप गई, तो फिर क्या कहना ? उसके पैर जमीन पर पड़ते ही नहीं। और, यदि नहीं छपी, तो भी क्या हुआ ? वह समझता है, दुनिया मूर्ख है, सम्पादक द्वेषी है कि उसकी क़द्र अभी नहीं हो पाती है। यह धारणा बिलकुल व्यर्थ है, नए लेखक के लिए परम घातक है। उसे मान लेना चाहिए कि जिस तरह दुनिया के अन्य कर्म हैं और उनमें किसी कर्म के प्रति किसी का झुकाव अधिक होता है, वह लेखन-कला भी उन्हीं कर्मों में से एक है। लुहार, बढ़ई, सुनार, दर्जी और कवि, कथाकार, आलोचक, लेखक—इनमें कोई फर्क नहीं है। न कर्म की दृष्टि से, न आजीविका की दृष्टि से। एक निश्चित संस्कार या वातावरण किसी को लेखक बनाता है, तो किसी को दर्जी ! और मानव-विकास के लिए दोनों ही कर्म आवश्यक हैं। यदि कविता नहीं हो, तो दुनिया कितनी सूखी लगे ! बात ठीक है, किन्तु यदि दर्जी न हो, तो आदमी कितना भद्दा लगे, क्या यह कभी सोचा गया है ? और यह भी याद रखिए, यह दुनिया बड़ी प्रपंची है, यह उपयोगिता की दृष्टि से ही कदर करती है। यह दर्जी को खोजती फिरती है, और कवि को नहीं पूछती, तो कवि को सोचना पड़ेगा कि उसके कर्मकौशल में कहीं कोई कमी जरूर है। दुनिया अच्छे दर्जी की तरह अच्छे कवि और लेखक को भी खोजती है, उसकी कद्र करती है, सिर-आँखों पर बिठाती है, पत्रपुष्प अर्पित करने में भी नहीं हिचकती ! बुरे दर्जियों ने दर्जी के पेशे को बदनाम कर रखा है, बरसाती घास की तरह हाट-बाट में जहाँ-तहाँ उगे हमारे किंरूप किंमाकार लेखकों और कवियों ने लेखनकला की महिमा घटा दी है। यदि आपमें लेखन-कला की ओर प्रवृत्ति है, तो यह कोई बुरी बात नहीं। समाज में आपकी भी आवश्यकता है और ज्यों-ज्यों निरक्षरता दूर होती जाएगी, शिक्षा का विस्तार बढ़ता जाएगा, आपकी कद्र बढ़ती जाएगी। किन्तु, यह कद्र तभी मिलेगी, जब आप अपने को समाज का एक साधारण, किन्तु आवश्यक अंग समझें। यदि आप पुच्छल तारा बनकर आकाश में थोड़ी देर तक जगमगाने की ही आकांक्षा रखते हैं, तो फिर इस पृथ्वी के प्राणी को मत कोसिए कि आह ! 'गुन न हिरानो, गुनगाँहक हिरानो है।' जहाँ मधु होगा,

भौंरा जाएगा ही। पहले अपने में गुण पैदा कीजिए, ग्राहक आपको खोज ही लेंगे।

लेखनकला भी अभ्यास खोजती है !

दूसरी बात नए लेखकों को यह याद रखनी चाहिए कि सभी पेशों की तरह लेखनकला भी अभ्यास खोजती है। बढ़ई अपने सभी औजारों को अच्छी तरह चलाना सीखता है, यही नहीं, सभी प्रकार की लकड़ियों को भी पहचानता है और यह भी जानता है कि किस लकड़ी से कौन-सी वस्तु अच्छी बन सकती है। पेरिस के दर्जी सिर्फ कपड़ों की अच्छी सिलाई-कटाई ही नहीं करते, वे यह भी जानते हैं कि जिस्म के किस रंग पर किस रंग की पोशाक चाहिए और शरीर के गठन के अनुसार ही पोशाक के आकार-प्रकार का चुनाव कर देते हैं। लेकिन यह लेखनकला को ही बदा है कि इसमें अभ्यास और गहरी जानकारी की आवश्यकता नहीं महसूस की जाती है। यहाँ बिना छन्दशास्त्र के ज्ञान के कविता रची जाती है, बिना संगीत की जानकारी के गीत रचे जाते हैं, बिना व्याकरण जाने लेख लिखे जाते हैं, बिना सींग-पूँछ के, कहानी की क्या बात, बड़े-बड़े उपन्यास तक लिख दिए जाते हैं। हमारे पास नए लेखकों की जो रचनाएँ आती हैं, उनमें प्रायः ही ऐसी बात पाई जाती है। स्वभावतः ही हम उन्हें रद्दी की टोकरी में डाल देते हैं, लेकिन ऐसा करते हुए हम कम दुख नहीं अनुभव करते ! यदि किसी नए लेखक और कवि से साक्षात्कार हुआ और उनसे हमने अभ्यास की बात कही, तो प्रायः देखा है, उनका चेहरा उतर जाता है, वे समझते हैं, हम उन पर धौंस जमाना चाहते हैं। किसी भी दूसरे पेशे को वे अपनाना चाहें, तो उनका अभ्यास करना वे आवश्यक समझेंगे, किन्तु यहाँ तो 'काते और ले दौड़े' की कहावत चरितार्थ करना पसन्द करते हैं ! हमारे यहाँ प्रतिभा की कमी नहीं है, कभी-कभी टूटी-फूटी रचनाओं में भी प्रतिभा की ऐसी झलक मिलती है कि हम उन्हें प्रोत्साहित करना आवश्यक समझते हैं, उनकी चीजें छाप देते हैं। फिर तो 'एक तितलौकी, दूसरे नीमचढ़ी' की कहावत सोलह आने सार्थक हो जाती है। बस, अब तो वे दूसरे पर भी धौंस जमाना शुरू कर देते हैं ! लेकिन यह धौंस कब तक काम दे—उनका विकास रुक जाता है, कली फूटने के पहले ही कुम्हलाकर झड़ जाती है ! अभ्यास, अभ्यास, सतत अभ्यास नए लेखकों के लिए मोटो यह है ! किन्तु काश, हमारे नौनिहाल इस पर ध्यान दे पाते !

एकला चलो, एकला चलो, एकला चलो रे !

नए लेखकों में एक बीमारी बुरी तरह घर कर रही है, वह है सिफारिश की। साहित्य में इसका रूप है भूमिका लिखवाना। एक बार किसी नए लेखक ने बर्नार्ड शॉ से अपनी नाट्यकृति पर भूमिका लिख देने की प्रार्थना की। उन्होंने साफ इन्कार कर दिया—नहीं, नहीं; मैं ऐसा नहीं करूँगा; तुम्हें तो उसी अग्निपरीक्षा से गुजरना चाहिए, जिसमें मैंने अपने को इतना तपाया था ! किन्तु हिन्दी में शॉ ऐसे अगड़धत्त, फक्कड़ लोगों की कमी है। एक बार, दो बार इन्कार किया, फिर मुरौव्वत या दबाव में आ गए, दो-चार पंक्तियाँ लिख दीं। और जब लिखना है, तो प्रशंसा छोड़कर और क्या लिखा जाए ? हमारा अनुमान है, इस भूमिका-लेखन क्रिया ने हमारे नए लेखकों को बहुत बर्बाद किया है। अब तो इतनी भूमिकाएँ लिखी जाने लगी हैं कि भूमिका ने अपना महत्त्व भी खो दिया है। क्या कालिदास ने अपनी पुस्तकों की भूमिका लिखवाई थी ? शेक्सपीयर और तुलसीदास की पुस्तकों पर किन लोगों ने भूमिकाएँ लिखीं ? पहले भूमिका लिखी ही नहीं जाती थी; फिर ऐसा युग आया कि लेखकों ने स्वयं भूमिका लिख ली। यह भी सम्भव है कि किसी खास विषय की किसी खास पुस्तक पर उस विषय के विशेषज्ञ से भूमिका लिखवाई गई। किन्तु आजकल जो भूमिकाएँ लिखी जाती हैं, वे भूमिका नहीं, सिफारिशी

चिट्ठियाँ होती हैं। हमारे नए लेखकों को समझना चाहिए, जिन्दगी के लम्बे दौर में सिफारिशी चिट्ठियाँ काम नहीं आती हैं। आदमी बढ़ता है—अपनी प्रतिभा से, परिश्रम से, उद्योग से। आपमें कुछ चीज है, तो वह प्रकट होगी ही। मान लिया स्वयं प्रयास के कारण वह देर से प्रकट हो, किन्तु तब उसमें बाँध में घिरे पानी का वह जोर होगा कि ज्यों ही जरा सुराग पाई कि उसके प्रवाह को कोई रोक नहीं सकता। संसार के बड़े-बड़े साहित्य-महारथियों के जीवन को देखिए। उनमें से एक भी ऐसा नहीं है, जिसे किसी दूसरे ने बढ़ाया हो। यदि प्रारम्भ में किसी का वरद-हस्त मिल भी गया हो, तो भी वह बढ़ा है तो अपने करतबों से। इस वरद-हस्त की मृगतृष्णा में दौड़ने से बहुतों ने अपना भी खो दिया है। अतः अपने पैरों पर खड़े होइए—धक्के खाइए, धूल फाँकिए। ये धक्के आपके पैर में ताकत देंगे, यह धूल एक दिन आपके मस्तक पर विजय-तिलक बन जाएगी।

[**नई धारा**, जुलाई 1957]

बख्शीजी की मनोव्यथा

श्री पदुमलाल पुन्नालाल बख्शी हिन्दी के उन साहित्यकारों में हैं, जिनकी उपलब्धि और प्रतिष्ठा युग-युग तक अक्षुण्ण रहेगी ! हिन्दी-साहित्य-सम्मेलन ने उन्हें 'साहित्य-वाचस्पति' की उपाधि देकर हिन्दी-संसार की ओर से उनके प्रति श्रद्धा और भक्ति की एक तुच्छ अंजलि-मात्र अर्पित की है। बख्शीजी हिन्दी को बनाने और सँवारनेवाले, उँगलियों पर गिने जानेवाले योग्य मनीषियों और तपस्वियों में हैं। उन्होंने हिन्दी-साहित्य के मापदंड को ऊँचा किया; उसे नए दृष्टिकोण और नई दिशा दी। आचार्यप्रवर पं. महावीरप्रसाद द्विवेदी के बाद 'सरस्वती' का सफल सम्पादन कर उन्होंने अपने को पूज्य द्विवेदीजी का सुयोग्यतम उत्तराधिकारी सिद्ध किया था ! अफसोस, वह 'सरस्वती' में अधिक दिनों तक नहीं रह सके। हिन्दी-संसार को बड़ी निराशा और अपने पर खीझ हुई थी, जब उसने सुना, वह अब किसी देशी राजघराने में अध्यापक का काम करने को बाध्य हुए हैं ! निराशा इसलिए हुई थी कि जब द्विवेदीजी विश्राम लेने जा रहे थे, बख्शीजी ऐसे सुधी, और सुविज्ञ के साथ ही नई दृष्टि और नई रुचि के एक सुयोग्य प्रहरी की आवश्यकता थी ! और, खीझ इसलिए कि हिन्दी की पत्रकारिता ऐसी सक्षम और शक्तिशाली नहीं हुई है कि बख्शीजी को अपने वृत्त के अन्दर रख पाए।

नई दृष्टि : नई रुचि

आज से लगभग तीस वर्ष पहले की बात है। मुजफ्फरपुर में हिन्दी-साहित्य-सम्मेलन का अधिवेशन पं. पद्मसिंह शर्मा की अध्यक्षता में होने जा रहा था। उन दिनों सम्मेलन के साथ सम्पादक-सम्मेलन भी हुआ करता था, जिसके अध्यक्ष का चुनाव स्वागत-समिति पर ही मुख्यतः निर्भर करता था। हम लोगों की इच्छा थी कि बख्शीजी को इस आसन पर आसीन कराएँ। स्वागत-समिति की ओर से इन पंक्तियों का लेखक प्रयाग गया, बख्शीजी से स्वीकृति लेने को। उन दिनों श्री सुमित्रानन्दन पन्त की कविताएँ 'सरस्वती' में, प्रायः प्रथम पृष्ठ में ही, निकला करती थीं। उन कविताओं की धूम थी। श्री इलाचन्द्र जोशी की कहानियाँ भी 'सरस्वती' में आ रही थीं। बातचीत के दरम्यान बख्शीजी ने बताया कि किस प्रकार हिन्दी के आचार्य उन्हें इसके लिए कोस रहे हैं और कई लोगों ने तो असहयोग-सा भी कर रखा है। लेकिन बख्शीजी का कहना था, सम्पादक का काम सिर्फ बड़े-बड़े लेखकों को लेकर पत्र-पत्रिका को परम्परा

की लीक पर चलना-भर नहीं है। उसे नई प्रतिभाओं को उभाड़ना और प्रमुखता देना; समय की पुकार, युग की पुकार पर ध्यान रखना तथा साहित्य में अंकुर लेनेवाली नई-नई प्रवृत्तियों को पोषण देना और पुष्ट करना है। फिर साहित्य के भिन्न-भिन्न अंगों पर अपने विचार, उसी सिलसिले में प्रकट किए। हमारे ही घर के एक अद्‌भुत प्रतिभावान व्यक्ति की ओर उन्होंने ही मेरा ध्यान आकृष्ट किया—वह थे स्वर्गीय बाबू पारसनाथ सिंह ! बख्शीजी ने अपने सम्पूर्ण उत्तरदायित्व के साथ कहा कि हिन्दी में इस समय यथार्थतः दो ही लेखक हैं, जिन्हें इस शब्द में सम्पूर्ण अर्थों में लेखक कहा जाए—एक हैं, पं. महावीरप्रसाद द्विवेदी और दूसरे हैं बाबू पारसनाथ सिंह। ये लोग जिस भी विषय को लेते हैं, उसको चमका देते हैं। 'सरस्वती' में ही प्रकाशित द्विवेदीजी द्वारा एक छद्‌मनाम से लिखित पागलखाने की सरकारी रिपोर्ट पर टिप्पणी और पारस बाबू द्वारा लिखित एक गौरांगी महिला की कुतिया के शब्दचित्र को उदाहरणस्वरूप उन्होंने पेश किया था। बहुत देर तक बातें होती रहीं। बख्शीजी अपने को एकान्त में ही रखना चाहते थे, फलतः उन्होंने उस पद को अस्वीकार कर दिया ! लेकिन, मैं जब निराश लौट रहा था; मुझे लग रहा था, मैं प्रयागस्थित किसी साहित्यिक त्रिवेणी में स्नान करके लौट रहा हूँ—प्रफुल्ल और पवित्र ! अतः जब वही बख्शीजी 'सरस्वती' को छोड़कर किसी अज्ञात, निभृत स्थान पर चले जाएँ, तो मेरी ही तरह, सारे हिन्दी-संसार को निराशा और खीझ का अनुभव हो, तो आश्चर्य क्या ?

साहित्यकार और राज्याश्रय

बख्शीजी जन्मजात साहित्यकार हैं, साहित्य उनकी नसों में रमा हुआ है। वह जहाँ रहेंगे, न वह साहित्य को छोड़ सकेंगे, न साहित्य उनको छोड़ सकेगा—ऐसा विश्वास लोगों को था ही। साहित्यकार को राज्य का प्रश्रय सदा मिलता रहा है, इसका इतिहास भी था। विक्रम और हर्ष ऐसे राजा इस देश में भी हो चुके हैं, जिनके आश्रय में कालिदास और बाणभट्ट ऐसे साहित्यकारों की प्रतिभा को प्रस्फुटित और विकसित होने का सुअवसर मिला। शिवसिंह, जयसिंह और छत्रसाल ऐसे राजा हिन्दी को भी मिल चुके थे। लेकिन पद्‌माकर और पजनेस के बाद के कवियों ने ही आजकल के राजाओं की गुणग्राहकता पर व्यंग्य करना शुरू कर दिया था। जब हरिश्चन्द्र ऐसे युगप्रवर्तक साहित्यकार को उदयपुर का दरबार छोड़कर भागना पड़ा तो बेचारे बख्शीजी की क्या दशा होगी; लोग ऐसा प्रायः सोचा करते थे। तो भी यह बख्शीजी की खूबी रही कि अपनी जवानी ही नहीं, बुढ़ापे तक को खैरागढ़ की सेवा में बलिदान कर दिया। बख्शीजी वहाँ के दरबार को ही गौरव नहीं देते रहे, गाढ़ी मेहनत की कमाई खाते रहे। बुढ़ापे तक राजकुमारियों को पढ़ाने-लिखाने का काम तो करते ही रहे, दरबार के सचिव के लिए पाठ्‌यपुस्तकें तक तैयार करने और उनकी स्वीकृति दिलाने के लिए पाठ्‌यसमिति के सदस्यों तक दौड़-धूप करने से भी नहीं हिचके ! यही नहीं, जब नया युग आया, तो दरबार के लिए भाषण और मानपत्र लिखकर ही उन्होंने अपने कर्तव्य की इतिश्री नहीं समझी, उनके लिए वोट भी माँगते फिरे ! और, इन सबका अन्तिम फल क्या मिला ? 'नई धारा' के पिछले अंक में उनका वक्तव्य देखिए ! हम सच कहें, सबसे पहले तो हमें बख़्शी के सूधेपन पर क्रोध हो आया, साथ-साथ लज्जा भी आई कि हमारा यह साहित्याचार्य कितना गऊ है और उसे किस गन्दे पानी के गड्ढे तक घसीटकर ले जाया जा सकता था। लेकिन खैरागढ़ के दरबार ने जो उनके साथ व्यवहार किया है, क्या हम साहित्यिक उसे यों ही जाने देंगे ? खासकर इस परिस्थिति में जबकि खैरागढ़ की अधिकारिणी रानीसाहिबा ने लोकमत को अपने पक्ष में बताकर भारतीय जनतन्त्र के एक मुख्य भाग की मन्त्रिपरिषद् में गौरव का स्थान भी पा लिया है ?

और इस घटना ने यह तो सिद्ध कर ही दिया कि अब साहित्यकारों के लिए राज्याश्रय किसी भी हालत में सुखद या श्रेयस्कर नहीं रहा।

प्रश्न व्यक्तिगत नहीं !

यह प्रश्न खैरागढ़ की रानीसाहिबा या बख्शीजी के लिए अब व्यक्तिगत नहीं रह गया है। बख्शीजी ने अपने वक्तव्य के अन्त-अन्त तक रानीसाहिबा के प्रति अपनी कृतज्ञता प्रकट की है और अब भी अपने को उनका सेवक माना है ! जहाँ अपने अपमान, लांछन, कुत्सा की बात है, उन्होंने उसे छिपाने की कोशिश की है—जिस तरह कोई संयमी और धीर पुरुष बिच्छू के डंक की मार्मिक पीड़ा को भी चुपचाप सहने का प्रयत्न करता है ! यह नहीं, यह भी लक्षणा से लिखा है कि शायद रानीसाहिबा की गैरजानकारी में उनके निजी सचिव के कारण ही उसके साथ ऐसा व्यवहार किया जा रहा है ! उन्हें इसकी भी आशा है कि रानीसाहिबा के हस्तक्षेप से अन्ततः उनके साथ न्याय किया जा सकेगा। लेकिन बख्शीजी के इस वक्तव्य के प्रकाशित हो जाने के बाद हम उन्हें रानीसाहिबा की कृपा पर ही नहीं छोड़ दे सकते—खासकर जब हम जानते हैं कि राजघरानों में इन सचिवों की कैसी और कितनी चलती है। बख्शीजी का अभियोग क्या है—यही, कि उन्हें कहा गया था कि जब रानीसाहिबा चुनाव में जीत जाएँगी (उस हालत में उन्हें मन्त्रिपरिषद् में अवश्य लिया जाएगा) तो बख्शीजी को उनकी पुरानी और इस अवसर की सेवाओं के लिए छह हजार नक़द पुरस्कार और एक मकान दिया जाएगा, जिस मकान में वह अब तक रहते आए हैं। इसी आशा में उन्होंने उस मकान की मरम्मत भी करा ली है। लेकिन अब छह हजार रुपए को हवा में उड़ा देने के साथ ही चेष्टा यह हो रही है कि उस मकान से भी उन्हें अलग फेंक दिया जाए ! हमारा ख्याल है कि बख्शीजी के इस वक्तव्य के बाद रानीसाहिबा के सचिव ऐसी चेष्टा करेंगे कि उन्हें जल्द-से-जल्द उस मकान से हटा दिया जाए। क्या बख्शीजी के साथ यह दुर्व्यवहार हो और हम टुकर-टुकर देखा करें ?

मध्यप्रदेश के साहित्यिकों से

कहाँ हैं पं. माखनलाल चतुर्वेदी, सेठ गोविन्ददासजी, पं. द्वारकाप्रसाद चतुर्वेदी, पं. बलदेवप्रसाद मिश्रजी, श्री विनयमोहन शर्माजी, और भाई भवानीप्रसाद तिवारी, श्री रामानुज श्रीवास्तव, कविवर अंचल, कविवर मिलिन्द, श्री नर्मदा प्रसाद खरे आदि साहित्य की पुरानी और नई पीढ़ी के कर्णधार और प्रहरी ! हमें मालूम है, जब बख्शीजी बीमार थे, मध्यप्रदेश के साहित्यिकों ने उन्हें उस दुर्दान्त रोग से बचाने के लिए कितने प्रयत्न किए। वे लोग कहाँ हैं; क्यों चुपचाप बैठे हैं ? उन्हें दो प्रश्नों पर लड़ना है—(1) बख्शीजी को जो वचन दिया गया, वह पूरा किया जाए। (2) जो या जिसका कर्मचारी, एक वृद्ध साहित्यमहारथी के साथ ऐसा व्यवहार करने पर उतारू हो, उसे मन्त्रिपद में स्थान पाने का क्या अधिकार है ? उसे तुरत इस उत्तरदायित्वपूर्ण पद से हटाया जाए ! हम यह सुनने को तैयार नहीं हैं कि रानीसाहिबा या उनके सचिव क्या कैफियत देते हैं ! किस प्रकार क्या कैफियतें दी जाती हैं, हमें मालूम है। एक तितलौकी, दूसरे, नीमचढ़ी ! खैरागढ़ का दरबार ही काफी था, अब उस पर भोपाल का रंग चढ़ गया है। बख्शीजी के इस वक्तव्य की सत्यता पर जो तनिक भी सन्देह उत्पन्न करना चाहेगा, वह हिन्दी-संसार के सभी साहित्यिकों को अपमानित करने का अपराधी होगा। बख्शीजी का यह वक्तव्य पढ़ जाने पर स्पष्ट लगता है, यह स्याही से नहीं, आँसुओं से लिखा गया है। ये आँसू एक तपस्वी, त्यागी, सरल और सात्विक पुरुष के आँसू हैं ! इनकी उपेक्षा की नहीं जा सकती ! हमें इन आँसुओं को पोंछना है। मध्यप्रदेश के मुख्यमन्त्री काटजू-साहब तथा उनके मन्त्रिपरिषद् के

माँडलोईजी, शर्माजी आदि का ध्यान भी हम इसकी ओर आकृष्ट करते हैं ! रानीसाहिबा ने या उनके सचिव ने यह सिद्ध कर दिया है कि वह एक लोकतन्त्री शासन की मन्त्रिपरिषद् में स्थान पाने के योग्य नहीं हैं। उन्हें वहाँ से हटाया जाना चाहिए, साथ ही, बख्शीजी को रुपए और मकान अविलम्ब दिला देना चाहिए। अब तो विन्ध्यप्रदेश भी मध्यप्रदेश में सम्मिलित है—कहाँ हैं पं. बनारसीदासजी चतुर्वेदी। वह आगे बढ़ें और अपनी विरद सम्हालें। दुखित-पीड़ित साहित्यिकों के अलमबरदार के रूप में उन्हें हिन्दी-संसार जानता है। दिल्ली छोड़कर वह भोपाल पहुँचे और यदि वहाँ से काम न बने, तो खैरागढ़ में जाकर एक साहित्यिक-सत्याग्रह का श्रीगणेश करें। सारा हिन्दी-संसार उनका साथ देगा, उनके जत्थे का पहला सिपाही इन पंक्तियों का लेखक होगा ! लेकिन यदि चतुर्वेदीजी का आसन दिल्ली से नहीं डोले, तो क्या मध्यप्रदेश के साहित्यिक बैठे रहेंगे ? अन्ततः इस अध्याय के परिहार का उत्तरदायित्व तो उन्हीं पर है !

[**नई धारा**, अगस्त 1957]

अरे, इन दोउन राह न पाई !

हिन्दी साहित्य-सम्मेलन, प्रयाग की दुर्गति हम देख चुके हैं। जब यह शुभ समाचार आ रहा है कि सम्मेलन का संकटकाल समाप्त-प्राय है, आशा है, अब शीघ्र ही वहाँ का कारबार स्वाभाविक गति से चलने लगेगा, तो काशी से खबर मिल रही है, वहाँ की नागरी प्रचारिणी सभा में फिर एक विस्फोट होनेवाला है। न जाने इन दो संस्थाओं का जन्म किस बुरी साइत में हुआ था कि जब इन दोनों संस्थाओं का पूर्ण विकास का समय आया, तब अचानक, भारी जवानी में टी.बी. की तरह, इनमें रोग के कीटाणु लग गए। एक बार आचार्य नरेन्द्रदेवजी ने सभा को संकट से बचा लिया था। अब कौन है जो इसकी रक्षा कर सकेगा !

यह सर्वविदित बात है कि काशी नागरी प्रचारिणी सभा के पालन, पोषण, संवर्धन का सारा श्रेय स्वर्गीय बाबू श्यामसुन्दरदासजी को प्राप्त है। अपने जीवन की सारी गठनशक्ति उन्होंने सभा के पल्लवित-पुष्पित करने में लगा दी थी। उन्हीं बाबू श्यामसुन्दरदासजी को काशी के छुटभैयों ने कितना तंग किया, यह जानना हो, तो बाबू साहब की आत्मकथा पढ़िए। लगता तो यह है कि अपने प्रति किए गए अत्याचार को प्रकट करने के लिए ही उन्होंने यह आत्मकथा लिखी थी ! यह अच्छी बात हुई है कि श्रद्धेय टंडनजी ने अपनी व्यथाकथा नहीं लिखी—नहीं तो सम्मेलन के कारण उन्हें कितनी बड़ी दिमागी परेशानी उठानी पड़ी है, यह जानकर हिन्दी-संसार दहल उठता और हिन्दी के विरोधियों को उँगली उठाने का मौका मिल जाता कि देखो, हिन्दी के लोग ऐसे ही टुच्चे और ओछे होते हैं !

लगता तो ऐसा है कि काशी और प्रयाग की भूमि में ही कुछ विजातीय द्रव्य हैं कि वहाँ कोई बड़ी संस्था खड़ी की नहीं जा सकती। वहाँ आप बेर और अमरूद ही लगा सकते हैं ! रसाल या अश्वत्थ ऐसे विशाल वृक्षों के लिए वहाँ पोषणतत्त्व ही नहीं है ! ऐसा कहकर हम काशी और प्रयाग के मित्रों का क्रोध अपने ऊपर बुला रहे हैं, किन्तु कभी-कभी आवश्यकता होती है कि सही बातें साफ ढंग से कही जाएँ ! बेर-बेर-बेर, अमरूद-अमरूद-अमरूद ! आज रोपे गए, कल फले और परसों झड़े ! जिनके नीचे आप सिर ऊँचा करके खड़े भी नहीं हो सकते ! छोटे-छोटे पेड़—झाड़झंखाड़ ! और सच बात तो यह है कि इन दो स्थानों में जिन्होंने इन दो बड़ी संस्थाओं के बीज डाले, वे भी तो मूलतः इन दो स्थानों के नहीं थे। उन्होंने शायद भूल से इस भूमि पर वे वृक्ष रोपे !

नई काशी : नए काशिकेय !

यह कोई बात नहीं हुई कि हरिश्चन्द्र, प्रेमचन्द या प्रसाद का नाम लेकर हम पर रोब जमाया जाए ! कभी वह भी काशी थी। किन्तु आज की काशी रुद्र काशिकेय ऐसे लोगों की है। हम नहीं जानते कि यह रुद्र काशिकेय कौन हैं, जिनका एक लेख 'हिन्दी प्रचारक' में छपा है। यद्यपि उस लेख में उन्होंने अपना परिचय प्रारम्भ में ही दे दिया है। हिन्दी के वयोवृद्ध साहित्यसेवी पं. किशोरीदास वाजपेयी को सभा का एक 'वैतनिक' कर्मचारी बताते हुए उन्होंने अपने को उसकी प्रबन्ध-समिति का 'अवैतनिक' सदस्य, बिड़ला ग्रन्थमाला का 'अवैतनिक' प्रधान सम्पादक और प्रेमचन्द-स्मारक-मंडल का नवनिर्वाचित 'अवैतनिक' संयोजक बताया है ! रुद्र-रुद्र-रुद्र ! अवैतनिक-अवैतनिक-अवैतनिक ! हाँ, जो अपने को तीन-तीन बार अवैतनिक बताता है उसका महत्त्व तो वाजपेयीजी ऐसे 'वैतनिक' लोगों से बड़ा और ऊँचा होगा ही। यह तो हमारा दुर्भाग्य है कि एक ऐसे महत्त्वपूर्ण व्यक्ति को अब तक नहीं जान सके ! किन्तु ऐसे महत्त्वपूर्ण व्यक्ति की बातों पर तो ध्यान देना ही होगा—हमें ही नहीं, सारे हिन्दी-संसार को !

तो लीजिए, सौ बात की एक बात यह है कि काशिकेयजी और उनके साथी 'वाराणसेय' साहित्यकारों ने यह तय कर लिया है कि काशी नागरी प्रचारिणी सभा में पं. हजारीप्रसाद द्विवेदी तथा डॉक्टर राजबली पांडेय ऐसे लोगों को, जो सभा के सर्वोच्च पदाधिकारी बने हुए हैं, निकालकर ही दम लेंगे। आप पूछ सकते हैं, क्यों ? तो, इसका उत्तर उन्होंने एक पूरे लम्बे-चौड़े लेख में दिया है जिसके कुछ उपशीर्षक यों हैं—(1) मैं बैरी सुग्रीव पियारा (2) अवैधानिकता और अनर्थ की भूमिका (3) कुत्ते का मांस कुत्ता नहीं खाता (4) यह धुरीहीनता (5) व्यर्थ जलन नहीं (6) दिए लोभ चश्मा चखनि ! और, जिसमें इसके लिए सबसे बड़ा तर्क यह पेश किया गया है चूँकि सभा की नियमावली के अनुसार "कोई नगरस्थ ही उस पद पर बैठेगा, जिस पर पांडेयजी और द्विवेदीजी नगर के बाहर हिन्दू विश्वविद्यालय में रहते हुए आसीन हैं। नगर की सीमा म्युनिसिपल सीमा के भीतर रहती है, यह बताने की आवश्यकता नहीं !" कहिए, है किसी के पास इस अकाट्य तर्क का कोई भी उत्तर !

यही नहीं, यह भी धमकी दी गई है कि ये 'वाराणसेय' साहित्यकार इस प्रश्न को फिर सरकारी अदालत में ले जाने को प्रस्तुत हैं। अतः हमें तैयार रहना चाहिए कि फिर सम्मेलन की तरह ही सभा के दरवाजे पर भी ताले लगते नज़र आएँगे, जिन्हें कभी-कभी कोई सरकारी रिसीवर आकर खोलेगा ! निश्चय ही नए 'काशिकेय' उस सरकारी रिसीवर को द्विवेदीजी और पांडेयजी से अधिक आदरणीय और सम्माननीय मानकर सादर अपनाएँगे ! क्योंकि पं. हजारीप्रसादजी द्विवेदी इनकी दिव्य दृष्टि में क्या हैं—सिर्फ ज्योतिष पढ़कर साहित्यिक कहलानेवाले या बिना परीक्षा में बैठे ही डॉक्टर की उपाधि मुफ्त में पानेवाले ! और डॉक्टर पांडेय ने परीक्षा से डॉक्टरी ली तो क्या हुआ—वह तो डॉक्टर इतिहास के न हैं ? और द्विवेदीजी को वाराणसेय साहित्यकार इसलिए भी बर्दाश्त नहीं कर सकते, क्योंकि बिना विज्ञापन के ही वह हिन्दू विश्वविद्यालय में चुपचोरी घुस आए और अब वहाँ पहुँचकर भारत सरकार से भी सम्मान और प्रतिष्ठा वसूल कर रहे हैं ! यह अनर्थ नहीं है तो क्या है ?

हम कहाँ जा रहे हैं ?

हिन्दी में लेखकों की कमी है, जनसंख्या के हिसाब से पत्र-पत्रिकाओं की भी कमी है। किन्तु जब हम ऐसे लेखों को पत्र-पत्रिकाओं में छपा हुआ देखते हैं, तो स्वभावतः मन में प्रश्न उठता है, कहीं हममें 'अकिल अजीरन' रोग तो नहीं लग गया है। न शिष्टता है, न सज्जनता है। न बड़ों की इज्जत है, न छोटे-बड़े की तमीज है ! हाथ में लेखनी क्या हुई, कतरनी हुई ! किसी

का चेहरा बिगाड़ दीजिए; किसी की जेब तरास लीजिए। पत्र-पत्रिकाएँ क्या हुईं, सड़क पर की कूड़े की टोकरियाँ हो गईं—जो चाहिए उनमें डाल दीजिए। विद्या मिली तो क्या यदि विनय नहीं मिली, पात्रता नहीं आई !

हम हिन्दीवालों ने यह तो सिद्ध कर ही दिया कि हम संस्थाएँ भले ही बना लें, उन्हें अच्छी तरह चला नहीं सकते। न सम्मेलन चला सके, न सभा चला रहे हैं। संस्थाओं में, संगठनों में अवहेलना की आवश्यकता है; लेकिन उसकी सीमा है। आलोचना सुधार के लिए; न कि संहार के लिए ! हर संस्था की नियमावली में ऐसी गुंजाइश है कि हम लगातार कोशिश करें, तो उसमें सुधार लाया जा सकता है। लेकिन यहाँ तो किसी का सगुन बिगाड़ने के लिए अपनी नाक कटा डालने की मूर्खता का ही हम प्रदर्शन करते हैं ! उजड्डता का नाम हमने निर्भीकता दिया है और उच्छृंखलता का नाम स्वाधीनता। इस कहाँ जा रहे हैं—हम कभी सोचते भी नहीं !

भारत की अन्य भाषाओं में भी साहित्यिक संस्थाएँ हैं, वहाँ भी मतभेद हैं—किन्तु यह तूफाने बदतमीजी हिन्दी के ही बाँटे पड़ी है। हमें शायद यह अहसास भी नहीं है कि हिन्दी के खिलाफ किस तरह की साज़िशें देश के कुछ अंचलों और केन्द्रों में चल रही हैं। हिन्दी का अस्तित्व खतरे में है। हम मिलकर जहाँ इस सम्बन्ध में कुछ सोचते, करते, वहाँ एक-दूसरे की पगड़ी उछालने में ही अपनी सारी शक्ति बर्बाद कर रहे हैं। हिन्दी की रक्षा अब भगवान के ही हाथ है !

[**नई धारा**, सितम्बर 1957]

बिहार-राष्ट्रभाषा-परिषद्

बिहार-राष्ट्रभाषा-परिषद् का पष्ठ वार्षिकोत्सव परिषद् के वर्तमान अध्यक्ष कुमार गंगानन्द सिंह के सभापतित्व में 16 सितम्बर 1957 को, सम्मेलन-भवन, कदमकुआँ, पटना में धूमधाम से मनाया गया। अभी तक ऐसा होता आया था कि परिषद् के अध्यक्ष का काम स्वागताध्यक्ष का होता था; किसी बाहरी विद्वान या जनसेवी को वार्षिकोत्सव का सभापति बनाया जाता था। लेकिन पिछले चुनाव के कारण इसका षष्ठ अधिवेशन 1956 के अन्त में नहीं मनाया जा सका; जैसा कि अब तक होता आया था। अतः ज्योंही चुनाव समाप्त हुआ, सोचा गया, शीघ्र ही वार्षिकोत्सव मनाया जाए और इसी शीघ्रता को ध्यान में रखकर परिषद् के तत्कालीन अध्यक्ष, उस समय के शिक्षामन्त्री, आचार्य बदरीनाथ वर्माजी के ही सभापतित्व में षष्ठ वार्षिकोत्सव मनाने का निश्चय किया गया। किन्तु, राजनीति का कुछ ऐसा चक्र चला कि बदरीबाबू नए कांग्रेसी मन्त्रिमंडल में स्थान नहीं पा सके; कुमार साहब को यह गौरवमय पद मिला। इसलिए परिषद् के पूर्वनिश्चय के सुधरे रूप के अनुसार नए शिक्षामन्त्री कुमार गंगानन्द सिंह को ही सभापति के मंच पर आसीन किया गया।

कुमार साहब का भाषण बड़ा ही अच्छा रहा; बिहार की साहित्यिक परम्परा के अतिरिक्त बिहार में हिन्दी की स्थिति तथा भविष्य की रूपरेखा पर भी आपने सम्यक् विचार उपस्थित किए। इस वर्ष पुरस्कारों की संख्या भी बड़ी रही। कुल मिलाकर ग्यारह सज्जनों को हम सम्मानित कर सके ! पुस्तक-प्रकाशन में भी प्रगति रही। परिषद् के अन्य कार्यकलाप की जो रिपोर्ट परिषद् के संचालक आचार्य शिवपूजन सहाय ने पेश की; उससे परिषद् की दिनानुदिन उन्नति की ही सूचना मिलती है। इसमें सन्देह नहीं कि परिषद् ने छह-सात साल की इस छोटी अवधि में ही जितना कर लिया है, वह किसी भी साहित्यिक संस्था के लिए गौरवास्पद माना

जा सकता है। जिन्हें इस परिषद् की स्थापना का श्रेय है; भूतपूर्व शिक्षामन्त्री आचार्य बदरीनाथ वर्मा तथा भूतपूर्व शिक्षासचिव श्री जगदीशचन्द्र माथुर को हम इस अवसर पर भूल नहीं सकते। हम दावे के साथ कह सकते हैं, इसकी प्रारम्भिक अवस्था में, यदि इन दो महानुभावों की सहृदय सहानुभूति और सहायता नहीं मिली होती; तो परिषद् का ऐसा सुन्दर विकास नहीं हो पाता !

नाम में 'राष्ट्रभाषा' शब्द क्यों ?

जिस समय यू.पी. में 'हिन्दोस्तानी एकेडमी' की स्थापना हुई, बिहार में भी सरकारी स्तर पर एक वैसी ही संस्था गठित करने की बात चली और उस समय की विधानसभा में एक प्रस्ताव भी इस सम्बन्ध का स्वीकृत हुआ। सरकारी कामों में देर होती ही है; जब तक उस प्रस्ताव को काम में लाने का प्रयत्न हो, 'हिन्दोस्तानी' के विरुद्ध एक जबर्दस्त देशव्यापी आन्दोलन शुरू हुआ। हमारा ख्याल है, राष्ट्रपिता गाँधीजी को जीवन में जो सबसे बड़ी हार स्वीकार करनी पड़ी, वह इसी भाषा के क्षेत्र में। हिन्दोस्तानी के प्रमुख समर्थक और पोषक गाँधीजी ही थे। बिहार गाँधीजी का प्रान्त है, तत्कालीन शिक्षामन्त्री कट्टर गाँधीवादियों में गिनती पाते थे; लेकिन, वह भी इस शब्द को बिहार में नहीं चला सके। और न हिन्दोस्तानी की जगह पर हिन्दी शब्द को रखाया जा सकता था। अतः बीच का रास्ता निकाला गया 'राष्ट्रभाषा' शब्द रखकर। और राष्ट्रभाषा के साथ 'एकेडमी' जोड़ना तो भोंड़ा लगता, इसलिए 'परिषद' पर ही सन्तोष कर लिया गया।

थोड़े ही दिनों के बाद इसके नाम की सार्थकता और यथार्थता पर प्रश्न उठने लगे। 'राष्ट्रभाषा' के नाम से देश में जितनी संस्थाएँ हैं, वे सब-की-सब मुख्यतः हिन्दी-प्रचार का काम करती हैं। अतः इस शब्द के कारण इस संस्था को साहित्यिक नहीं समझा जाकर प्रायः ही हिन्दी-प्रचार की संस्था माना जाने लगा। इसका सबसे बड़ा उदाहरण तो तब मिला, जब हमने कांग्रेस के अध्यक्ष श्री ढेबर साहब को वार्षिकोत्सव का सभापति बनाकर बुलाया। ढेबर साहब जब अपना लिखित भाषण सुनाने लगे, श्रोता एकटक उनका मुँह ताकते रहे—क्योंकि उन्होंने भी इस संस्था को हिन्दी-प्रचार की संस्था मान लिया था और तदनुसार ही राष्ट्रभाषा की आवश्यकता आदि पर धड़ल्ले से अपने विचार रख रहे थे। कई बार संचालक-मंडल में भी यह प्रश्न उठाया गया और इसके नाम में परिवर्तन के झुकाव रखे गए।

नया नाम : बिहार-साहित्य-परिषद्

इन छह-सात वर्षों में परिषद् के रूप में जैसा विकास हुआ है, अब आवश्यक हो गया है कि इसके नाम में परिवर्तन कर दिया जाए। इसका काम मुख्यतः भाषा के क्षेत्र में नहीं होकर साहित्य के क्षेत्र में होता है। कुछ ऐसे लोग हैं जो नाम-परिवर्तन के पक्ष में तो हैं, किन्तु 'राष्ट्रभाषा' के स्थान में 'हिन्दी' शब्द रख देना ही वे यथेष्ट समझते हैं। किन्तु परिषद् जिस दिशा में बढ़ रही है, उसके उपयुक्त यह परिवर्तित नाम नहीं। परिषद् को कालक्रम से बिहार की समस्त साहित्यिक साधना की केन्द्रस्थली तथा उसकी सम्पूर्ण साहित्यिक परम्परा की धरोहर का रूप लेना है। इसका विकास उस स्तर तक पहुँचे कि यह 'फ्रेंच-एकादमी' की प्रतिष्ठा और मर्यादा प्राप्त कर ले, जिसकी सदस्यता ही उच्चकोटि की साहित्यसाधना की सर्टिफिकेट मानी जाती है। इसलिए इसका उपयुक्त नाम 'बिहार-साहित्य-परिषद' ही हो सकता है। परिषद् का भाषा-माध्यम हिन्दी हो, उसके सारे काम हिन्दी में हों, यह ठीक है। किन्तु, हिन्दी के अतिरिक्त बिहार में जितनी अन्य भाषाएँ और बोलियाँ हैं, उनमें रचे गए साहित्य का प्रतिनिधित्व भी इस परिषद् को करना ही चाहिए। इस दृष्टि से भी यह नाम बहुत ही उपयुक्त है।

बिहार में कई भाषाएँ और बोलियाँ बोली जाती हैं। इन सभी भाषाओं और बोलियों के लोगों ने हिन्दी को अपने पारस्परिक व्यवहार तथा राजकाज की भाषा स्वीकार कर लिया है। किन्तु इन भाषाओं और बोलियों में भी सदा साहित्य की रचनाएँ होती आई हैं—उत्तमोत्तम साहित्य की भी। यह क्रम आज भी जारी है। क्या यह उचित नहीं है कि कहीं एक स्थान पर इन सभी भाषाओं और बोलियों की साहित्यिक परम्पराओं और प्रवृत्तियों का समागम हो ? परिषद् से बढ़कर और कौन स्थान हो सकता है ? आज भी परिषद् इस ओर प्रयत्न कर रही है। अतः यह सर्वथा ही उपयुक्त है कि इसे बिहार की समस्त साहित्य-साधना के प्रतीक रूप में 'बिहार-साहित्य-परिषद' का उपयुक्त नाम अविलम्ब प्रदान किया जाए। व्यर्थ के तर्क-वितर्क और सन्देह-आशंका से हमें ऊपर उठना चाहिए। एक स्थान तो हो, जहाँ हम एक मन से एकत्र हो सकें, और एक स्वर से सरस्वती के भिन्न-भिन्न रूपों की उपासना कर सकें। यह गौरव परिषद् को ही इस नए नाम से मिलना चाहिए।

सामान्य समिति और संचालक-मंडल

परिषद् का दिनानुदिन का कार्यसंचालन संचालक-मंडल द्वारा होता है और उसके निर्देशन के लिए सामान्य समिति संगठित की गई है। सामान्य समिति एक बड़ी समिति है और प्रान्त के प्रमुख साहित्य-सेवियों को उसमें सामान्य स्थान दिया गया है। कुछ सदस्य बिहार के दो विश्वविद्यालयों से तथा बिहार हिन्दी-साहित्य-सम्मेलन से आते हैं। विश्वविद्यालयों और सम्मेलन के प्रतिनिधियों के अतिरिक्त सभी सदस्यों का मनोनयन सरकार के शिक्षा-विभाग द्वारा हुआ है। इसमें शक नहीं कि सरकार ने यथासम्भव सभी प्रमुख साहित्यिकों को इसमें रखने का प्रयत्न किया है। किन्तु यह भी निर्विवाद है कि प्रान्त के कितने ही साहित्यसेवी छूट गए हैं, जिन्हें सम्मिलित किए बिना इस परिषद् को बिहार की साहित्यसेवा की पूर्णतः प्रतिनिधि-संस्था नहीं माना जा सकता। इस सम्बन्ध में भी प्रायः प्रश्न उठते रहे हैं। परिषद् के कुछ ऐसे भी सदस्य हैं, जिन्हें देखकर, छूटे हुए साहित्यसेवियों का अभाव और भी खटकता है।

हमारा विचार है कि परिषद् की सदस्यता की अनिवार्य शर्त होनी चाहिए, ठोस साहित्यसेवा। जिन्होंने साहित्य की सेवा का प्रमाण सृजनात्मक, आलोचनात्मक या शोधात्मक प्रामाणिक कृतियों द्वारा उपस्थित किया हो, उन्हें ही सरस्वती के इस महामन्दिर के पुजारी के रूप में स्वीकृति मिलनी चाहिए। इस दृष्टि से वर्तमान सदस्यों की सूची का पुनरावलोकन किया जाए, यदि यह कहने में हम संकोच भी अनुभव करें, तो आगे से इस पर ध्यान तो रखा ही जाना चाहिए।

सिर्फ हिन्दी के साहित्यसेवियों की संख्या में ही अभिवृद्धि अपेक्षित नहीं। भिन्न-भिन्न भाषाओं और बोलियों के माध्यम से जो लोग उच्च साहित्य-सेवा कर रहे हैं, उन्हें भी समिति और मंडल में स्थान मिलना चाहिए। उराँव, मुंडा, सन्ताली, हो आदि आदिवासी भाषाओं का, बंगला और उर्दू का, तथा मैथिली, मागधी या भोजपुरी का प्रतिनिधित्व परिषद् में नहीं हो, तो फिर इसे बिहार की साहित्यिक प्रतिभा का प्रतिनिधित्व करने का गौरव किस प्रकार प्राप्त होगा ? हाँ, हमने बंगला और उर्दू का नाम भी जान-बूझकर लिया है। क्या यह सही नहीं है कि 'वनफूल' या विभूतिबाबू, और मज़हरी या उरैनवी बिहार के साहित्यिक प्रतिभा के उज्ज्वल नक्षत्र हैं और इनके कारण बंगला और उर्दू के साहित्याकाश में बिहार की प्रतिभा को उच्च स्थान प्राप्त है ? किन्तु, इन भाषाओं और बोलियों से किसी को सदस्यता देते समय हमें उपयुक्त कसौटी को ही काम में लाना चाहिए—जो लोग इन भाषाओं और बोलियों के नाम पर सिर्फ शोर मचाना ही अपना कर्तव्य समझते हैं, उनसे परिषद् को बचाए रखने में ही कल्याण

है। हमारा विश्वास है, शुद्ध साहित्यिक व्यक्ति कभी कलह में नहीं फँसता; यह तो भाषा के नाम पर शोर मचानेवालों का काम है कि अपने सिर पर भैंसे के सींग बाँधे हरबोंग मचाते फिरें। किसी भी साहित्यिक संस्था में ऐसे लोगों को स्थान नहीं मिलना चाहिए।

सरकारी नियन्त्रण : कहाँ तक ?

परिषद् की रूपरेखा बिहार के शिक्षा-विभाग ने तैयार की थी। नियमावली उसी ने बनाई; सदस्यों का मनोनयन उसी ने किया; संचालक-मंडल और सामान्य समिति का गठन भी मुख्यतः उसी ने किया। इस प्रकार मूलतः इसका रूप सरकारी संस्था का है। तो भी हम अपने भूतपूर्व शिक्षा-मन्त्री आचार्य बदरीनाथ वर्मा और भूतपूर्व शिक्षा-सचिव श्री जगदीशचन्द्र माथुर के अनुग्रहीत हैं कि प्रारम्भ से ही उन्होंने इसके संचालन में कभी सरकारीपन की बू नहीं आने दी—संचालक-मंडल या सामान्य-समिति के गैर-सरकारी सदस्यों को उन्होंने ऐसा अनुभव करने का अवसर नहीं दिया कि वे किसी सरकारी संस्था में बैठे हैं या उनके ऊपर कोई अलग की प्रभुसत्ता है। हमारे नए शिक्षा-मन्त्री कुमार गंगानन्द सिंहजी भी इस परम्परा का निर्वाह करेंगे, यह निर्विवाद है, किन्तु हम परिषद् को, जिस गरिमा तक पहुँचाना चाहते हैं, उसे दृष्टि में रखते हुए यह सोचना ही पड़ेगा कि कहाँ तक इस पर सरकारी नियन्त्रण रहे।

परिषद् के लिए पूरी रक़म अब तक सरकार ही देती रही है, अतः इसके आय-व्यय पर देखरेख का पूरा अधिकार सरकार को मिलना चाहिए। परिषद् के सभी कर्मचारी शिक्षा-विभाग के कर्मचारी समझे जाएँ, किसी हद तक हम इसे भी स्वीकार कर ले सकते हैं। किन्तु शिक्षासचिव या शिक्षा-निर्देशक इसके संचालक-मंडल में अवश्य ही रहें, यह बात समझ में नहीं आती। हमने देखा है, माथुर साहब के बाद शिक्षा-सचिवों ने संचालक-मंडल को अपनी उपस्थिति से गौरवान्वित करने में संकोच ही किया है, यही दशा शिक्षा-निर्देशकों की रही है ! सभी शिक्षा-सचिव या शिक्षा-निर्देशक साहित्य के भी प्रेमी होंगे, यह सोचना ही गलत है। लेकिन सबसे आपत्तिजनक बात तो है—शिक्षामन्त्री का ही सदा परिषद् का अध्यक्ष होना। संयोग से जब से परिषद् की स्थापना हुई, साहित्यसेवी व्यक्ति ही शिक्षा-मन्त्री के पद को सुशोभित करते रहे। लेकिन, मन्त्रिमंडल तो सदा बदलते रहते हैं और किसी विभाग का मन्त्रिपद किसी को प्रदान किए जाने में राजनीतिक दावपेंच को ही प्रधानता मिलती है। अतः परिषद् की रीतिनीति तथा संचालन में स्थायित्व लाने की दृष्टि से परिषद् के अध्यक्ष-पद को सरकारी मन्त्रिपद से पृथक् करना आवश्यक है। हम यह नहीं कहते कि मन्त्रिपद को परिषद् के अध्यक्षपद के लिए वर्जनीय माना जाए किन्तु उसे अनिवार्य तो नहीं ही बनाया जाए। सामान्य समिति अपना अध्यक्ष चुन ले, आदर्श व्यवस्था तो यह हो।

किन्तु, यदि सरकार ही किसी को इस पद के लिए मनोनीत कर दे, तो भी वर्तमान परिस्थिति में इसे स्वीकार कर लिया जा सकता है। जिस प्रकार विश्वविद्यालयों के लिए उपकुलपति का मनोनयन सरकार करती है, उसी प्रकार परिषद् के अध्यक्षपद के लिए भी किसी अनुभवी सुयोग्य साहित्यसेवी को, एक निश्चित काल—पाँच या सात साल—के लिए वह मनोनीत कर दिया करे, तो परिषद् के हित में, वर्तमान परिस्थिति से, कहीं अच्छा हो।

परिषद् अपनी शैशवावस्था पार कर चुकी है। सभी साहित्य-सेवियों को उसकी भावी रूपरेखा पर विचार करना चाहिए। हमने इन पंक्तियों में कुछ सुझाव इसलिए दिए हैं कि विचार-विमर्श में सहायता मिले।

[**नई धारा,** अक्टूबर 1957]

नए लेखकों से दो-दो बातें

हम एक बार अपने नए लेखक साथियों से दो-दो बातें कर चुके हैं। लगता है, वे बातें लोगों को रुचीं। कई पत्र-पत्रिकाओं ने उन्हें उद्धृत किया; कई लेखकों ने हमें पत्र भेजे। उस सूत्र को हम आगे बढ़ाना चाहते हैं—

नए लेखकों की शिकायत है कि उनकी चीजें नहीं छपतीं। उनकी यह शिकायत जायज़ है। जिस साहित्य में नए लेखकों का तिरस्कार होता है, उस साहित्य का भविष्य निस्सन्देह अन्धकारमय है लेकिन खेद की बात है कि हमारे नए लेखक बड़े लेखकों का अनुकरण करने लगते हैं। एक तो वे अनुकरण कर नहीं पाते; जानते नहीं कि उनकी चीजें क्यों तिरस्कृत होती हैं। उसका सबसे बड़ा कारण यह है कि हमारे नए लेखक फिर यह सोचते नहीं कि अनुकरण की चीजें लोग क्यों पसन्द करेंगे; यदि वे बड़े लेखक ही उनके लिए सुलभ हैं जिनका अनुकरण किया जा रहा है ?

कविता को ही लीजिए। निराला, पन्त, महादेवी, दिनकर, बच्चन को इतना सम्मान क्यों मिला ? क्योंकि उन्होंने विषय और छन्द दोनों में नवीनता का समावेश किया है ! उनकी चीज़ें आईं नहीं कि ग्राहक टूट पड़े उन पर ! निराला का बादल-राग, पन्त का कलरव, महादेवी के करुण गीत, दिनकर की शंखध्वनि और बच्चन की मधुबाला का शिंजन—सबमें नवीनता थी; मनोहारिता थी, मौलिकता थी। इन कवियों ने अपने लिए नई राह बनाई; फलतः इन्हें तुरत ही स्वीकृति मिली, सम्मान मिला। यह स्वीकृति और सम्मान देखकर नए लेखक ललके, लपके। छन्द की आत्मा पहचानी नहीं, रबड़-छन्द बना बैठे ! प्रकृति में अपने को लीन किया नहीं, चेंचें-चूँचूँ करना शुरू कर दिया ! हृदय में कभी पीड़ा का अनुभव नहीं हुआ, आँसुओं के मोती पिरोने लगे ! कभी रक्त में उबाल आया नहीं, और लगे पागल-सा चिंग्घाड़ने ! होंठों की शराब को ही सबकुछ समझकर मधुशाला में चुक्कड़ लेकर बैठ गए ! भला ऐसी नकली चीज़ों को लोग क्यों पसन्द करें ? 'इक़बाल' ने जैसा कि अपने बेटे को लिखा था, कोई इनसे कहनेवाला नहीं हुआ—

> दयारे इश्क़ में अपना मुकाम पैदा कर,
> नया ज़माना नए सुबहो-शाम पैदा कर !

शेली और कीट्स ने क्या मिल्टन और शेक्सपीयर का अनुकरण किया ? साहित्य की आत्मा है मौलिकता—जहाँ मौलिकता नहीं, वहाँ साहित्य कहाँ ? फिर पूछ किसकी की जाए ? खासकर जो लेखक जीवित हैं, उनका अनुकरण तो और भी उपहासास्पद हो जाता है। जिस बाज़ार में असली माल मिलते हों, वहाँ नकली माल चलाने की चेष्टा भी मूर्खता है।

हम यह नहीं कहते कि बड़े लेखकों से कुछ नहीं सीखा जाए। सीखना एक बात है, अनुकरण करना दूसरी बात। हो सकता है, जैसे उर्दू-लिपि पर हाथ बैठाने के लिए 'मश्क़' की शरण ली जाती है, शुरू में किसी पसन्द के लेखक का अनुकरण, कुछ दिनों तक किया जाए, किन्तु उसे 'मश्क़' ही समझा जाए—'मश्क़' की पट्टियों को बाज़ार में बेचने की चेष्टा नहीं की जाए। 'इक़बाल' ने उसी प्रसंग में क्या मज़े का कहा है—

> मैं बर्गे ताक हूँ, मेरी ग़ज़ल है मेरा समर,
> इसी समर से मये लालाफ़ाम पैदा कर !

हमारे पूर्वजों ने अंगूर की वाटिका लगा रखी है; अब हमारा काम है, अंगूर के गुच्छों

को 'मये लालाफाम' में परिणत करना ! जैसे तुलसी ने किया, सूर ने किया ! नतीजा : वाल्मीकि और व्यास की तरह तुलसी और सूर भी अमर हो गए !

किन्तु क्या अंगूर के गुच्छों को 'मये लालाफाम' में परिणत करना आसान काम है ? इसी से हम कहते हैं, जिस तरह हर पेशे में 'ऐपरिन्टीसी' की जरूरत है, उसी तरह लेखन के पेशे में भी ! हाँ, हम मानते हैं, साहित्य और कला के क्षेत्र में ऐसी प्रतिभाएँ भी आई हैं, जिनमें शुरू से कुछ ऐसी व्युत्पन्नता पाई गई, जिसे बड़े-बूढ़ों में भी पाना मुश्किल रहा। किन्तु वहाँ भी देखा गया, ऐसी प्रतिभाओं में भी अमरता उन्हें मिली, जिन्हें योग्य शिक्षण और संगति मिली—जिन्होंने अपनी प्रतिभा पर परिश्रम का परवान चढ़ाया। सबसे बड़ा दुख तब होता है, जब हम देखते हैं, ऐसी अलौकिक प्रतिभाएँ, क्षणिक प्रसिद्धि पाकर, असमय में ही विलीन हो गईं ! उनकी ठठरियाँ घूमती रहीं और संसार को कृतघ्न और गुणग्राहिता से हीन कहकर कोसती फिरीं !

अरे, अनुकरण क्यों किया जाए ! क्या विषयों की कमी है, छन्दों की कमी है, रागों की कमी है, लयों की कमी है, शब्दों की कमी है, झंकारों की कमी है ?—अब तक साहित्य और कला में जो हो चुका है, वह तो कभी बच्चों का खेलवाड़ समझा ही जाएगा ! मानवता दिन-दिन विकसित होती जा रही है, उसके मस्तिष्क और हृदय नए-नए विचारों, अनुसन्धानों, भावनाओं और प्रेरणाओं की ओर तीव्र वेग से बढ़ते जा रहे हैं ! पृथ्वी का कुत्ता मानव के चन्द्रमा में बैठकर गगन-मंडल की सैर कर रहा है ! फिर साहित्य और कला क्यों अब तक के भेदों-उपभेदों, अंगों-उमंगों में ही अवरुद्ध रखे जा सकेंगे ? सारे बन्धन टूटेंगे ! यदि नई प्रतिभाएँ छलाँग नहीं भर सकें, तो उन्हें कोई क्यों पूछेगा ?

आज भी जिन नए लेखकों ने अपने लिए नई राह बनाई है, उन्हें स्नेह, सम्मान और आशीर्वाद मिला है, मिल रहा है ! हमें इस बात पर गर्व है कि हिन्दी में ऐसे लेखकों की संख्या में दिन-दिन वृद्धि होती जा रही है। कितने ही नए लेखकों ने साहित्य में ऐसी नई चीजें दी हैं, जिनकी कल्पना भी पुराने लेखक नहीं कर सकते थे। विषय में, टेकनिक में, ऐसी-ऐसी उद्भावनाएँ आ रही हैं, कि देखकर चकित हो जाना पड़ता है। नए और पुराने लेखकों के बीच कोई खाई नहीं है। जो आज नए हैं, वे ही कल पुराने होंगे। कल के नए ही आज पुराने कहला रहे हैं। यही होता आया है, यही होता रहेगा। नए लेखक यदि यह समझ बैठे हैं कि पुराने लेखक उनके आड़े आ रहे हैं, उनके लिए पथ अवरुद्ध करके बैठे हैं, तो यह उनकी खामख्याली है। अरे, ओ हमारे नौनिहालो, बढ़ो और कूदकर हमारे कन्धों पर चढ़ो, तब भी हमें आनन्द ही आएगा ! हमारा कन्धा तुम्हें ऊँचाई दे, यह हमारा सौभाग्य होगा, बशर्ते कि यह ऊँचाई तुम्हें हमसे दूर तक देखने की शक्ति भी दे सके !

नए लेखकों में एक और कमी का अनुभव हमने किया है। वह है अध्ययन की ओर उनकी उपेक्षा की दृष्टि ! इधर-उधर पत्र-पत्रिकाओं की चलती चीज़ें पढ़ीं और फिर उनके अन्धानुकरण पर लगे दनादन कलम चलाने ! कविता करते हैं, किन्तु पिंगल का क ख ग भी नहीं जानते ! नाटक लिख रहे हैं, लेकिन रंगमंच किस चिड़िए का नाम है, यह नहीं मालूम ! कहानी लिखना तो सबसे आसान, उपन्यास पर हाथ साफ करने में भी नहीं झिझकते। प्राचीन आकर ग्रन्थों से तो उनका लगाव भी नहीं ! हिन्दी के कवि बने हैं; किन्तु तुलसीदास की रचनाओं के नाम भी नहीं गिना सकते; पढ़ने की कौन-सी बात ! लेखक हैं, किन्तु भारतेन्दु, पं. महावीरप्रसाद द्विवेदी की रचनाओं के कभी पास भी नहीं फटके ! कितने ऐसे कहानी लेखक हैं, जिन्होंने प्रेमचन्द को पूरा पढ़ा हो ! और यदि कहिए, तो नाक-भौं सिकोड़ने लगेंगे—पुराणपंथी कहकर खिल्ली उड़ाने में भी नहीं चूकेंगे !

दूसरी भाषाओं को जानने और उनकी उत्कृष्टतम कृतियों से परिचित होने का भी प्रयत्न नहीं किया जाता। लेखनकला की टेकनिक में दिन-दिन नए-नए प्रयोग होते जा रहे हैं ! कहानी, उपन्यास, नाटक, एकांकी, निबन्ध, शब्दचित्र, जीवनचरित, आलोचना आदि में ऐसे-ऐसे अद्‌भुत प्रयोग हो रहे हैं कि पढ़कर अचरज होता है ! किन्तु इन्हें देखने और इन पर ध्यान देने की जरूरत भी वे अनुभव नहीं करते। नतीजा यह होता है कि अपनी जिन चीजों को वे बिलकुल नवीन समझते हैं, वे बासी से भी बदतर और बेजायका होती हैं और यदि किसी सुपठित सम्पादक ने उन्हें नाली में फेंक दिया, तो वे आग-बबूला हो उठते हैं; गालियाँ देने से भी नहीं चूकते !

लिखने से पहले पढ़ना आवश्यक है, हमारे नए लेखक जितना शीघ्र इस बात को हृदयंगम कर लेंगे, उतना ही अपनी भाषा और साहित्य का गौरव बढ़ा सकेंगे। अब हिन्दी भारत ऐसे एक महादेश की राज्यभाषा है ! हमें अपने साहित्य की प्रतिष्ठा कलकत्ता, मद्रास या बम्बई में ही स्थापित नहीं करना है—लन्दन, पेरिस, मास्को, पेकिंग, टोकियो, न्यूयार्क में भी हिन्दी की गौरव-पताका को ऊँचे उड़ाना है ! क्या यह तब तक सम्भव है, जब तक हम संसार की प्रमुख भाषाओं की साहित्यिक गतिविधि से अछूते रहें ?

नए लेखकों की नई जिम्मेदारी है। उन्हें अपने पैरों पर चलना है, अपने लिए स्वयं रास्ता बनाना है। पिटी-पिटाई राह पर बैसाखी के सहारे चलने में न उनका गौरव है, न उनकी भाषा का। उनकी भाषा अब वह नहीं रही, जो कुछ साल पहले थी। अब वह विश्व की प्रमुख भाषाओं में है। उन भाषाओं में गहरे डुबकी लगाए बिना, अपने सीप को ही मोती के बाज़ार में ले जाकर क्या वे अपने को, अपने साहित्य को उपहासास्पद नहीं बना लेंगे ? उनका मुकाबला अब उनके अपने पुराने लेखकों से नहीं है; उन्हें अब संसार की चुनौती का जवाब देना है ! है तुममें ऐसा दमख़म !—तो बढ़े चलो पट्ठे ! हम लोगों की शुभाशीष की छाँव सदा तुम्हारे सिर पर है। इक़बाल के ही शब्दों में—

सितारों से आगे जहाँ और भी है,
अभी इश्क के इम्तिहाँ और भी हैं,
क़नायत न कर आलमे रंगोबू पर,
जमीं और भी, आस्माँ और भी है।

[नई धारा, नवम्बर 1957]

हिन्दी के प्रति बिहार का कर्तव्य

राष्ट्रीयता की नई प्रेरणा ने जब हिन्दी को भारत की भावी राष्ट्रभाषा के रूप में उन्मुख किया, बिहार ने उसे आगे बढ़कर गले लगाया। यह जानी-मानी बात है कि बिहार में कई बोलियाँ प्रचलित हैं जो अब भी मातृभाषाओं का काम करती हैं; इनमें कुछ बोलियाँ तो ऐसी हैं जिनकी प्रकृति और प्रवृत्ति हिन्दी से भिन्न रही है। किन्तु आज से साठ-सत्तर साल पहले सारे बिहार में एक स्वर में हिन्दी को द्वितीय-मातृभाषा के रूप में ग्रहण किया और इसके बदले हिन्दी ने सारे बिहार को एक इकाई के रूप में आबद्ध किया, एक ही भाषा में शिक्षा-दीक्षा का मार्ग प्रशस्त कर यहाँ के निवासियों में अटूट एकात्मता भरी, राँची से रक्सौल और राजमहल से बक्सर तक की इस विशाल भूमि में एकप्राणता का संचार किया।

हिन्दी की इस देन को बिहार भूल नहीं सकता। बिहार ही क्या, आज जो चार बड़े-बड़े राज्य हिन्दीभाषी के रूप में प्रसिद्ध हैं, उन पर भी यही बात लागू है। उत्तरप्रदेश, मध्यप्रदेश, राजस्थान—इन तीनों ने भी मातृभाषाओं के रूप में प्रचलित कुछेक समृद्ध और सम्पन्न बोलियों तक को परित्याग कर हिन्दी को अपनाया और इस प्रकार अपनी इकाइयों को ही पुष्ट नहीं किया, देश की एकता की ओर भी एक जबर्दस्त कदम रखा। आज देश के सोलह करोड़ लोग एक भाषा में सोचते हैं, एक भाषा बोलते हैं, एक भाषा में लिखते-पढ़ते हैं। देवघर से जैसलमेर और जालन्धर से इन्दौर तक के विशाल भूभाग में फैले एक महान भाषाभाषी जनसमूह का हम एक अंश हैं, यह कल्पना किस हिन्दी-प्रेमी को आनन्द से उच्छ्वसित नहीं कर देती है ?

हिन्दी राज्यभाषा क्यों बनाई गई ?

जब देश के लिए राष्ट्रभाषा की आवश्यकता अनुभव की गई, तो हिन्दी सबसे आगे आई, इसका एक कारण यह भी था कि इतने बड़े भूभाग की इतनी बड़ी जनसंख्या ने उसे एक स्वर से अपनी भाषा के रूप में स्वीकार कर लिया था। हिन्दी की कुछ और खूबियाँ भी थीं; यह भारत-भर में साधुभाषा के रूप में स्वीकृति पा चुकी थी; स्वामी दयानन्द, केशवचन्द्र सेन, लोकमान्य तिलक, महात्मा गाँधी ऐसे महात्माओं का आशीर्वाद इसे मिल चुका था, देश के कुछ महान सन्तों की वाणी का प्रसाद इसे प्राप्त था तथा देश के कोने-कोने में इसके समझने और बोलनेवाले लोग थे ही। फलतः जब देश स्वतन्त्र हुआ, 'राज्यभाषा' के रूप में भी स्वभावतः ही हिन्दी को सर्वसम्मति से स्वीकृति प्राप्त हो गई।

लेकिन हिन्दी की यह गरिमा कुछ लोगों के लिए अनेक कारणों से असह्य हुई : हिन्दीभाषियों ने भी इसके अनुकूल आचरण नहीं किया, यह हमें मान ही लेना चाहिए। क्या हमने कभी सोचा कि हिन्दी का झगड़ा किसी से है, तो सिर्फ अँगरेजी से और यदि हमने अपने घर से अँगरेजी को नहीं निकाला, तो हम कैसे आशा कर सकते हैं कि अन्य भाषा-भाषी अँगरेजी की जगह पर हिन्दी को स्वीकार कर लेंगे ? हिन्दी का यह दावा कभी नहीं रहा, न रहना चाहिए कि वह अन्य राज्यों की मातृभाषाओं का पद प्राप्त करेगी। उसका दावा सिर्फ यह था और है कि स्वतन्त्र भारत में अँगरेजी ऐसी विदेशी भाषा के लिए जगह नहीं रह गई है, अँगरेजी की जगह पर सारे देश में हिन्दी को अधिष्ठित किया जाना चाहिए।

विधान के आदेशानुसार राष्ट्रपति ने भाषा-आयोग संगठित किया, तो उसके सामने यही प्रश्न था कि अँगरेजी की जगह लेने में हिन्दी ने कितनी प्रगति की है और कौन-सा उपाय किया जाए कि भारतीय संविधान द्वारा स्वीकृत पन्द्रह वर्ष की अवधि में यह कार्य पूरा कर दिया जा सके। आयोग की रिपोर्ट अब देश के सामने है। उसने क्या सिफारिश की है, उन पर विचार करने के बदले एक नया प्रश्न यहाँ तक खड़ा किया जा रहा है कि विधान की वह धारा ही निकाल दी जाए जहाँ हिन्दी को राज्यभाषा के रूप में स्वीकार कर लिया गया है। पन्द्रह वर्ष की अवधि को बढ़ाकर तीस या पचास वर्ष कर दिया जाए, इसकी सलाह तो मामूली बात हो गई है और इसका औचित्य वे भी स्वीकार करने लगे हैं, जो हिन्दी के समर्थक, उन्नायक और पोषक माने जाते हैं।

ऐसा क्यों हो रहा है ? दूसरे लोग भी क्या सोचते हैं, हम उसे छोड़ें। हम स्वयं सोचें कि ऐसी स्थिति लाने में हमारा भी कुछ हाथ है या नहीं। हम बिहार ही को लें और हमने क्या किया, हमसे क्या भूल हुई और आगे हमें क्या करना चाहिए।

बिहार : राजाजी के हाथ में हिन्दी-विरोधी अस्त्र !

आज हिन्दी के विरोध में सबसे जबर्दस्त आवाज उठ रही है श्री राजगोपालाचारी की। राजाजी देश के मूर्धन्य नेताओं में से हैं। उनकी आवाज को नजरअन्दाज़ नहीं किया जा सकता। हिन्दी के खिलाफ जब-जब वह बोलते हैं, बिहार की चर्चा जरूर करते हैं। उनका तर्क सीधा है—बिहार ऐसा हिन्दीभाषी राज्य सात वर्षों की अवधि लेकर भी काम नहीं कर सका, जब उसे तीन साल की अवधि और लेनी पड़ी है, तो फिर क्यों पूरे देश से पन्द्रह वर्षों के अन्दर ही हिन्दी में सारे राजकाज करने को कहा जाता है। राजाजी ने हमारे मुख्यमन्त्री के भाषण का भी हिन्दी के विरोध में उपयोग किया है। वे अब तो यहाँ तक कहने लगे हैं, बिहार पर भी हिन्दी लाद दी गई है, वहाँ की भाषाएँ तो भिन्न हैं ! क्या हमारे काम राजाजी के इस तर्क को सिद्ध नहीं करते ?

ज्यों ही देश स्वतन्त्र हुआ, बिहार की सरकार ने हिन्दी को राज्यभाषा के रूप में स्वीकार करने की घोषणा की। सभी हिन्दी-प्रेमियों को इससे आनन्द हुआ। इसके बाद उसने अपनी विधान-सभा में एक प्रस्ताव स्वीकार किया कि सात वर्षों के अन्दर ही राजकाज हिन्दी में ही होने लगें ! यह सात वर्ष की अवधि 1957 के नवम्बर में पूरी होने जा रही थी। लेकिन हुआ क्या ? तरह-तरह के बहाने करके इस काम को रोका जाता रहा। जब पिछले बजट अधिवेशन के समय इन पंक्तियों के लेखक ने विधानसभा में सरकार का ध्यान इस ओर आकृष्ट किया, तो मुख्यमन्त्री ने स्पष्ट आज्ञा दी कि सचिवालय में बारह विभागों के सारे काम जुलाई, 57 से ही हिन्दी में किए जाएँगे। लेकिन किया क्या गया ? मुख्यमन्त्रीजी की आज्ञा भी खटाई में पड़ी फूल रही है, कुछ इधर-उधर काम करके बेगार टाला जा रहा है। इधर नवम्बर की अवधि पूरी हो रही थी, अतः सरकार को फिर तीन साल का समय लेना पड़ा है।

खैर, यह अवधि भी सही ! 1960 तक भी यदि बिहार के सारे राजकाज हिन्दी में होने लगें, तो एक बात हो जाए। किन्तु राज्य के अधिकारियों और कर्मचारियों का जो रुख रहा है, उसे देखते ऐसा लगता है कि तीन क्या तीस वर्षों में भी बिहार के राजकाज में हिन्दी का पूर्ण प्रवेश नहीं हो पाएगा, जब तक कि हमारे मुख्यमन्त्रीजी अपनी बात पर डट न जाएँ और बिहार की जनता इसके लिए कमर कस तैयार नहीं हो जाए। हमारे मुख्यमन्त्री का हिन्दीप्रेम प्रसिद्ध है, बिहार की जनता की हिन्दी के प्रति भावना का भी उन्हें ज्ञान है, यदि अधिकारियों और कर्मचारियों को ज्ञात हो जाए कि अब इस सम्बन्ध में उनकी असावधानता को मुख्यमन्त्री सहन नहीं कर सकेंगे, तो थोड़े ही दिनों में सारे राजकाज में हिन्दी ही हिन्दी दिखाई पड़े। लेकिन इस सम्बन्ध में जनता का भी कुछ कर्तव्य है। यदि जनता सजग नहीं हो, तो कोई भी सरकार अपने कर्तव्य का अच्छी तरह पालन नहीं कर सकती !

अपने मुख्यमन्त्री से हमारा निवेदन है !

हमारे मुख्यमन्त्री को चाहिए कि देखें, जिन बारह विभागों को उन्होंने हिन्दी में सारे राजकाज के काम चलाने का आदेश दिया है, उनमें अब से भी सारे काम हिन्दी में होने लगें। तीन वर्ष की अवधि का यह मतलब तो नहीं ही था कि इन बारह विभागों को भी छूट दे दी गई है। लेकिन इन विभागों ने भी ऐसा ही मान लिया है। मुख्यमन्त्री की आज्ञा के बाद इन विभागों के हिन्दीकरण में जो प्रगति आई थी, घटती हुई अगति की सीमा तक पहुँच रही है ! मुख्यमन्त्री की मंशा के सर्वथा विपरीत इन विभागों के अधिकारियों का यह काम हो रहा है, यह स्पष्ट है। ऐसे अधिकारी को क्या सजा मिलनी चाहिए—मुख्यमन्त्री को स्वयं सोचना है। इन बारह विभागों के अतिरिक्त जो विभाग बचे हैं, वे दो वर्षों के अन्दर हिन्दीकरण को सम्पन्न कर

दें। हर विभाग के अधिकारी और कर्मचारी को यह मालूम होना चाहिए कि आगामी छह महीनों के अन्दर उसे कहाँ तक हिन्दीकरण को पहुँचाना है। अन्त का एक वर्ष इसलिए भी रखा जाना चाहिए, कि जहाँ-कहीं थोड़ी-सी त्रुटि दिखाई पड़े, दूर कर ली जाए।

यह तो सचिवालय की बात हुई। हर जिले के लिए भी इसी प्रकार का कार्यक्रम बनाया जाना चाहिए। नीचे-से-नीचे स्तर के क्लर्क से लेकर ऊँचे-से-ऊँचे अधिकारी के मन में यह बात बैठ जानी चाहिए कि हमारे मुख्यमन्त्री ने हिन्दीकरण के लिए जो अवधि ले ली है, अब वह आगे बढ़नेवाली नहीं है। यह तीन वर्ष की अवधि लेकर ही हमारे मुख्यमन्त्री ने श्री राजगोपालाचारी ऐसे आदमी के सामने अपने को आलोचना का पात्र बना लिया है, सारे देश में बिहार की ओर उँगली उठाई जा रही है; अतः अब बिहार के, उसकी सरकार के और सबसे बढ़कर उसके माननीय मुख्यमन्त्री के आत्मसम्मान और पद-मर्यादा का तक़ाजा है कि इस अवधि के अन्दर ही बिहार हिन्दीकरण के काम को पूरा कर देश के सामने एक आदर्श उपस्थित करे ! अनजाने ही हमने अपने मस्तक पर कलंक का एक टीका लगा लिया है, उसे शीघ्र-से-शीघ्र धोना ही है।

हमारी समझ से मुख्यमन्त्रीजी को चाहिए कि इस काम को प्राथमिकता और प्रमुखता देने के लिए एक विशेष अधिकारी को नियुक्त करें जो हिन्दी का अच्छा विद्वान् हो, जिसमें इस काम के लिए पूरा उत्साह हो, जो सरकारी कामों की पेचीदगी को समझता हो तथा जिसमें सब विभागों के उच्चाधिकारियों से मिल-जुलकर इस काम में प्रगति लाने की पटुता हो। बिहार में ऐसे लोगों की कमी नहीं। अलग से आदमी लाने की जरूरत नहीं, सचिवालय में ही ऐसे कई लोग हैं जो मुख्यमन्त्री के द्वारा दी गई इस जिम्मेवारी को सहर्ष और सोत्साह निभा लेंगे। इस प्रधान हिन्दी अधिकारी का काम सचिवालय तक ही परिमित नहीं हो, पूरे राज्यभर को इसका कार्यक्षेत्र समझा जाए। यदि आगे आवश्यकता अनुभव की जाए, तो सचिवालय और जिलों के लिए इन्हें कुछ सहायक भी दिए जाने चाहिए।

एसेम्बली तथा कौंसिल शब्द हटाइए !

यह तो तय किया ही जा चुका है कि अब विधानसभा में सारे विधेयक और प्रस्ताव हिन्दी में ही पेश किए जाएँगे। अध्यक्ष महोदय को चाहिए कि सभा की सारी रिपोर्टं, सूचनाएँ आदि हिन्दी में ही प्रकाशित किए जाने का आदेश दें। यों ही 'एसेम्बली' और 'कौंसिल' शब्दों को हटाकर 'विधानसभा' और 'विधानपरिषद्' शब्द को ही प्रामाणिकता दी जाए। उत्तरप्रदेश में ऐसा हो चुका है। दिल्ली में भी अब 'राज्यसभा' और 'लोकसभा' की ही धूम है। इस सम्बन्ध की घोषणा तो तुरत हो जानी चाहिए।

किन्तु हिन्दीकरण का काम सिर्फ सरकार का नहीं है। इस सम्बन्ध में जनता का भी कर्तव्य है और प्रमुख कर्तव्य है ! सरकार के काम में भी प्रगति आएगी, जब जनता इसके निए उपयुक्त वातावरण उपस्थित करे। कचहरियों के काम में हमारे वकीलभाई बहुत मददगार हो सकते हैं। 1921 में जिस देशभक्ति का परिचय उन्होंने दिया था, यदि वैसा ही हिन्दी-क्षेत्र के लोग इस समय दिखाएँ, तो कचहरियों से तो अँगरेजी का पूर्ण बहिष्कार दो वर्षों के अन्दर हो ही जाए। क्या हम आशा करें, हमारे वकीलभाई इस दिशा में क़दम उठाएँगे ? और यदि कचहरी जानेवाली जनता ही सजग हो जाए, तो फिर तो बात-बात में यह काम पूरा हो जाए। हमारे कागज हिन्दी में लिखे जाएँ, हमारी बहस हिन्दी में की जाए, हमें फैसला हिन्दी में सुनाया जाए—यदि जनता यह माँग करे, तो इस प्रजातन्त्र में कौन उसकी उपेक्षा कर सकता है ? किन्तु ऐसी माँग करने के पहले जनता को कुछ और भी करना होगा। पहले उसे अपने घर से, दुकान

से, गाँव से, शहर से अँगरेजी को निकाल बाहर करना पड़ेगा। हिन्दीभाषी शहरों की दुकानों पर अँगरेजी के साइनबोर्ड वहाँ की जनता के लिए कलंक के टीके हैं, इन्हें तो तुरत ही दूर किया जाना चाहिए। कारबार, पत्राचार, बातचीत, बही-खाता; सबका सम्पूर्ण हिन्दीकरण तुरत-से-तुरत हो ही जाना चाहिए।

क्या यह लज्जा की बात नहीं है कि जब हम अपनी भाषा को कलकत्ता, मद्रास, त्रिवेन्द्रम और बम्बई में स्थापित होना देखना चाहते हैं, तो हम अपने शहर में जहाँ नजर उठाएँ, वहाँ अँगरेजी-ही-अँगरेजी पाएँ ! सरकार ने तो भारतभर के रेलवे स्टेशनों पर हिन्दी को स्थान दे दिया, किन्तु हमारी दुकान पर अँगरेजी के साइनबोर्ड टँग रहे हैं, कैशमेमो अँगरेजी में कटते हैं, बिल हिन्दी में बनते हैं, चिट्ठियाँ अँगरेजी में लिखी जाती हैं, अरे हम बातचीत में भी अँगरेजी को ठूँसना अपनी काबिलियत का एक प्रमाण मानते हैं। हमने हिन्दी-प्रोफेसरों को अपने बच्चों को 'डैडी' कहलाने में आनन्द अनुभव करते देखा है। सरकार ने हिन्दी में तार भेजने का प्रबन्ध कर रखा है; किन्तु हममें से कितने हैं जो हिन्दी में तार भेजते हैं ? अँगरेज तो गए, अँगरेजी हमारे दिमाग की भीतरी तहों को भी छेदती जा रही है, जैसे !

हर नगर में हिन्दीकरण समितियाँ संगठित हों ?

हम चाहेंगे कि जिस प्रकार हमने प्रारम्भ में शहर-शहर में नागरी प्रचारिणी या हिन्दी सम्बद्धिणी सभाएँ कायम की थीं; उसी प्रकार हम फिर हर कस्बे और शहर में सम्पूर्ण हिन्दीकरण समितियों का संगठन करें, जिनमें हर तबके के लोग लिए जाएँ, जिनकी हर पखवारे में बैठकें हों, उन बैठकों में हिन्दीकरण की प्रगति की रिपोर्टों पर विचार हो, आगे के कार्यक्रम निश्चित किए जाएँ। ये समितियाँ जीती-जागती संस्थाएँ हों—नौजवानों और विद्यार्थियों का पूरा सहयोग ले सकें। इस समय कोई ऐसा कस्बा या शहर नहीं जहाँ हिन्दी की संस्थाएँ नहीं हों। ये संस्थाएँ स्वयं और अन्य संस्थाओं से मिलकर, ऐसी समितियाँ गठित करें। हिन्दी के लेखकों, कवियों, प्राध्यापकों, शिक्षकों तथा हिन्दी के उत्साही सेवकों और समर्थकों के लिए यह परीक्षा का समय आया है। अपने-अपने क्षेत्रों में ऐसी समितियों के गठन के लिए वे तुरत तैयार हो जाएँ और तीन महीने के अन्दर बिहार के कोने-कोने में ऐसी समितियों का जाल बुन दें—हमारा उनसे यही निवेदन है !

अब रही शिक्षा के हिन्दीकरण की बात। सेकेन्डरी बोर्ड तक की शिक्षा का हिन्दीकरण प्रायः पूरा कर लिया गया है। यद्यपि इधर अँगरेजी की पढ़ाई पर अधिक ज़ोर दिया जा रहा है। इसका कारण है विश्वविद्यालय की पढ़ाई में अँगरेजी को मिलनेवाली प्रमुखता। अतः इस समय समस्या रह गई है तो विश्वविद्यालय की पढ़ाई की ही। क्या यह दुख की बात नहीं कि जिस पटना विश्वविद्यालय ने एक बार हिन्दीभाषी सभी राज्यों के विश्वविद्यालयों के प्रतिनिधियों को आमन्त्रित कर हिन्दीकरण के लिए एक विस्तृत योजना बनवाई थी; उसी के वर्तमान उपकुलपति ने अँगरेजी का नारा जोरों से बुलन्द करना शुरू कर दिया है ? और यह भी क्या एक विचित्र बात नहीं कि बिहार के, विश्वविद्यालय के कर्ताधर्ताओं ने इस सम्बन्ध में चुप लगा जाना ही उचित समझा है ? लगता है, हिन्दी का पक्ष लेना गुनाह है, जिससे बचना ही लोग अपना कर्तव्य समझते हैं।

बिहार विश्वविद्यालय देश का पथप्रदर्शन करे !

यदि पटना और बिहार विश्वविद्यालयों का यही रुख रहा तो हिन्दी को अखिल भारत के लिए राज्यभाषा का पद मिलने से रहा ! यह तो हिन्दी राज्यों के विश्वविद्यालयों को ही सिद्ध करके

दिखाना होगा कि हिन्दी के माध्यम से उच्चतम शिक्षा का प्रबन्ध किया जा सकता है। अतः इन दोनों विश्वविद्यालयों से सम्बद्ध शिक्षाशास्त्रियों, प्राध्यापकों और सज्जनों का कर्तव्य स्पष्ट है। जिस तरह बिहार सरकार ने अपने लिए तीन वर्षों की अवधि ले ली है; यदि ये दोनों विश्वविद्यालय भी तीन वर्षों का समय और ले लें तो किसी को आपत्ति नहीं हो सकती लेकिन इसके अन्दर ही पूरा हिन्दीकरण कर दें, इसकी गारंटी तो होनी ही चाहिए ! हम जानते हैं, इन दोनों विश्वविद्यालयों में हिन्दी-प्रेमियों की बड़ी संख्या है, वे हिन्दीकरण के पक्ष में भी हैं, उनमें कितने ही प्राध्यापकों ने भिन्न-भिन्न विषयों की पढ़ाई हिन्दी में करके उदाहरण भी उपस्थित किया है; लेकिन अभी इस ओर वैसी तत्परता नहीं दिखाई जा सकी, जैसी चाहिए थी। लेकिन अब तो मद्रास के शिक्षामन्त्री ने ही सभी हिन्दीभाषियों को चुनौती दे दी है कि पहले आप हिन्दीकरण कर लीजिए तब हमें कहिए। अतः अब इस प्रश्न को अधिक दिनों तक नहीं टाला जा सकता, अब तत्परता और शीघ्रता की आवश्यकता आ गई है।

उन्नीस सौ साठ तक—तीन वर्षों के अन्दर, बिहार के सम्पूर्ण जीवन में हिन्दी का बोलबाला हो—बाजारों में, कचहरियों में, शिक्षणसंस्थाओं में, विधानमंडलों में, सचिवालयों में जहाँ नजर उठाइए, हिन्दी-ही-हिन्दी दीख पड़े—हमें इसके लिए प्रतिज्ञा करनी चाहिए; प्रयत्न करना चाहिए। समय की पुकार, देश की पुकार, हिन्दी की पुकार यही है। बिहार ने देश को स्वतन्त्रता दिलाने में सबसे आगे बढ़कर नाम कमाया था; आशा है देश को राष्ट्रभाषा देने और दिलाने में भी वह अग्रदूत का काम कर दिखाएगा।

मौलाना आज़ाद न रहे !

गत 22 फरवरी को भारत के शिक्षामन्त्री मौलाना अबुलकलाम आज़ाद के अचानक निधन से राष्ट्र की आत्मा को जो कठोर आघात पहुँचा है, उसे शब्दों में आँकना असम्भव है। देश के उन चोटी के पाँच-सात नेताओं में वह एक थे जिन्होंने सभी संकीर्णताओं से स्वयं ऊपर उठकर देश को दासता के पाश से मुक्त किया और संसार के बड़े राष्ट्रों के सम्मुख गौरवशाली बनाया। उनकी विद्वत्ता लाख में एक थी। आज सचमुच देश ने उन्हें खोकर जो खोया उसकी पूर्ति असम्भव है। परमात्मा दिवंगत आत्मा को शान्ति और शोकसंतप्त राष्ट्र को बल दें।

[**नई धारा**, दिसम्बर 1957]

हिन्दीभाषियों को एक चुनौती !

आज मद्रास और बंगाल में हिन्दी के विरोध में जो कुछ हो रहा है, वह हिन्दीभाषियों के लिए एक चुनौती है। हाँ, यह चुनौती हिन्दी को नहीं है, हिन्दीभाषियों को है। हिन्दी तो अपने गुण से, अपनी लोकप्रियता से कब न सारे भारत की गलहार बन चुकी थी—महात्मा गाँधी की कृपा से वह राष्ट्रभाषा का पद भी प्राप्त कर चुकी है ! भारत सरकार ने तो उसे सिर्फ 'दफ्तरी भाषा' का पद दिया है, जिसको लेकर इतना तूफान उठाया जा रहा है।

यह चुनौती हिन्दीभाषियों के लिए इस रूप में है कि इस 'दफ्तरी भाषा' के पद पर हिन्दी को प्रतिष्ठित किए जाने को ही उन्होंने अपनी विजय मान ली, वे फूले नहीं समाए, उन्होंने अपने मस्तिष्क का सन्तुलन खो दिया, वे अपने कर्तव्य को भूल गए, उन्हें जो अपने घर में करना चाहिए, नहीं किया और हिन्दी की दिग्विजय की कल्पना में विभोर हो गए ! फलतः उन्हें यह दिन देखना पड़ा है कि राजगोपालाचारी ऐसे वरेण्य नेता की सहानुभूति खोकर आज

वे समझ नहीं पाते कि उन्हें क्या करना है, किस दिशा में, किस प्रकार बढ़ना है। हमें भय है, इस बौखलाहट में वे कुछ ऐसा नहीं कर बैठें जिससे हिन्दी के पथ में और भी काँटे बिछ जाएँ। उसके लक्षण भी दिखाई दे रहे हैं। हम हिन्दी-विरोधियों को तर्कों में, तथ्यों से पराजित करना चाहते हैं, जबकि यह बात सर्वस्वीकृत है कि सन्देह के वातावरण में तर्क और तथ्य सर्वथा व्यर्थ सिद्ध होते हैं।

हम हिन्दीभाषियों से पूछना चाहते हैं—स्वराज्य के दस वर्ष हो गए; इन दस वर्षों में, अपने-अपने राज्यों, हिन्दीभाषी राज्यों में, उन्होंने हिन्दी के लिए क्या किया, जो अहिन्दीभाषी राज्यों में हिन्दी को स्थान दिलाने के लिए इतने बेचैन हैं ? क्या वे हिन्दी-राज्यों के सचिवालयों, कचहरियों में, विश्वविद्यालयों में, शिक्षणसंस्थाओं में, अपने दिनदिन के कामकाज में हिन्दी को पूर्ण स्थान दिला सके ? देवघर से जैसलमेर और जालन्धर से इन्दौर तक के इस विस्तृत व्यापक हिन्दी-क्षेत्र से क्या वे अँगरेजी को बिदा दे सके, कि सारे भारत में हिन्दी के प्रचार और प्रसार के लिए व्याकुल हो उठे हैं ? और जब कोई उन क्षेत्रों में अँगरेजी पक्ष या हिन्दी के विरोध में आवाज उठाता है, तो होशहवास खो देते हैं ! जब तक पटना, लखनऊ, जयपुर और भोपाल में हिन्दी पूर्णरूप से प्रतिष्ठित न हो जाए, तब तक हिन्दीभाषियों के लिए कलकत्ता, मद्रास, हैदराबाद और बम्बई में हिन्दी को प्रतिष्ठित करने की चिन्ता करना क्या वांछनीय या शोचनीय है ? प्यारे, पहले घर में चिराग जलाइए, फिर मस्जिद को रोशन करने की बात सोचिएगा !

हिन्दीभाषी राज्यों से अँगरेजी को हटाइए !

हिन्दी के विरोध में जो आवाज इधर-उधर से सुनाई पड़ रही है, उसका एकमात्र उत्तर यह है कि हम तुरत-से-तुरत हिन्दीभाषियों से अँगरेजी को निकाल बाहर कर हिन्दी को पूर्णरूप से प्रतिष्ठित करें। यदि हमने यह कर लिया, तो इसी की प्रक्रिया में हम हिन्दी को इतना समृद्ध, सम्पन्न और जनप्रिय बना सकेंगे कि विरोध की आवाज आपसे आप मन्द होती जाएगी, लोगों का भ्रम दूर होता जाएगा, हमारी सद्भावना और शुभाकांक्षा की छाप विरोधियों पर पड़कर रहेगी और हिन्दी को वह पद प्राप्त होकर रहेगा जिस पद पर उसे अधिष्ठित करने में हिन्दीभाषियों की अपेक्षा अहिन्दीभाषियों ने ही अधिक प्रयत्न किए हैं जिनमें श्री राजगोपालाचारी भी प्रमुख रहे हैं।

सबसे बड़ा प्रश्न हो गया है, राजकाज की भाषा के रूप में हिन्दी को स्थान दिलाने का : अतः सबसे पहले और सबसे अधिक प्रयत्न इस दिशा में होना चाहिए। स्वराज्य होने के बाद ही सबसे पहले बिहार, उत्तर प्रदेश और मध्यप्रदेश की सरकारों ने हिन्दी को राज्यभाषा के रूप में स्वीकार किया। बिहार सरकार ने 1950 में एक विधेयक द्वारा निर्णय किया कि सात वर्षों के अन्दर वह अपने राजकाज हिन्दी में करने लगेगी। ऐसा नहीं हो सका और उसे फिर तीन वर्षों का समय इसके लिए लेना पड़ा है। अन्य हिन्दी-राज्यों में भी इससे अच्छी स्थिति नहीं है। यदि 1960 तक भी हम इस काम को पूरा नहीं कर लें, तो फिर हम किस प्रकार यह आशा कर सकते हैं कि 1965 से चौदह भाषाओं पर एक समान दृष्टि रखनेवाली दिल्ली की केन्द्रीय सरकार के सारे राजकाज हिन्दी में चलाए जा सकेंगे !

हिन्दीभाषियों को हिन्दी के लिए आन्दोलन करना है, तो हिन्दी-राज्यों में ही। हमें ऐसा वातावरण बनाना है कि सभी हिन्दी-राज्यों के सम्पूर्ण राजकाज 1960 से हिन्दी में ही होने लगें। पारिभाषिक शब्दों के अभाव का रोना हम कब तक रोते रहेंगे ? पारिभाषिक शब्द इतने बन चुके हैं कि हमें इस दिशा में कठिनाई नहीं हो सकती। हम तो वहाँ तक जाने को तैयार हैं कि जहाँ उपयुक्त शब्दों का अभाव हो, वहाँ अँगरेजी भाषा के ही शब्द नागरीलिपि में लिख

दिए जाएँ—फिर धीरे-धीरे उपयुक्त शब्द बनते और मिलते जाएँगे। सबसे बड़ा अभाव पारिभाषिक शब्दों का नहीं, दृढ़ इच्छाशक्ति का है। हमने दुख के साथ देखा है, हिन्दीभाषी मिनिस्टर या अफसर भी हिन्दी में लिखने, बोलने में अपनी हेठी समझते हैं। संसद और विधानसभा के कुछ सदस्यों पर भी यह बात लागू है। हिन्दीभाषी जनता उनसे माँग करे कि वे लोग इस कुप्रवृत्ति को छोड़ें। यदि आवश्यकता आ पड़े तो इसके लिए प्रदर्शन किए जाएँ, कचहरियों के, सचिवालयों के, विधानसभाओं के निकट हजारों, लाखों की संख्या में एकत्र होकर हिन्दीप्रेमी यह बता दें कि वे अँगरेजी को अपने राजकाज में चालू रखा जाना बर्दाश्त नहीं कर सकते। यही नहीं, ऐसे मिनिस्टरों, संसद-सदस्यों और विधायकों के निर्वाचन-क्षेत्रों में मतदाताओं की बड़ी-बड़ी सभाएँ करके उन्हें निर्देश दिया जाए कि वे अँगरेजी के मोह को छोड़ें, हिन्दी को अपनाएँ। हमारा विश्वास है, यदि हिन्दीभाषी जनता तुल जाए, डट जाए, तो फिर कोई कारण नहीं कि हिन्दी-राज्यों में राजकाज के हिन्दीकरण को तुरत-से-तुरत क्यों नहीं सम्पन्न किया जा सकता है।

अँगरेजी साइनबोर्डों की होली जले !

किन्तु, जब कि हिन्दी-भाषी लोग स्वयं के कामकाज में हिन्दी को पूर्ण स्थान नहीं देंगे, तब तक अपनी सरकारों से राजकाज में हिन्दी के प्रयोग की माँग वे किस मुँह से कर सकेंगे ? हिन्दीभाषी विशाल क्षेत्र के एक भी नगर में जब तक अँगरेजी में साइनबोर्ड टँगे हैं, अँगरेजी में कैशमेमो छपते हैं, अँगरेजी में पत्रव्यवहार होते हैं, अरे, हिन्दीभाषी पिता अपने को 'डैडी' कहलाने में गर्व अनुभव करते हैं; तब तक कचहरियों से, सचिवालयों से अँगरेजी के हटाए जाने की माँग क्या मख़ौल बनकर नहीं रह जाएगी ? हिन्दी-प्रेमियों का पहला कर्तव्य तो यह होगा कि अपने-अपने शहरों से, मुहल्लों से, घरों से इस कलंक को दूर करें। हमें आनन्द आएगा उस दिन, जिस दिन समाचारपत्रों में हम यह समाचार छपते देखेंगे कि हिन्दीप्रेमी नौजवानों की ऐसी टोलियाँ बाजारों में निकली हैं जो अँगरेजी साइनबोर्डों को एकत्र कर हर चौराहे पर उनकी होली जला रही हैं। गाँधीजी ने विदेशी कपड़ों की होली जलाई थी, अँगरेजी को भगाने के लिए; हम अँगरेजी को भगाने के लिए अँगरेजी में छपे साइनबोर्डों, कैशमेमो, लेटरहैड की होली जलावें, तो इसमें अनौचित्य क्या है ? हमारा विश्वास है, हिन्दीप्रेमी व्यापारी और नागरिक भी इस काम में पूर्ण सहयोग और सहायता देंगे !

विश्वविद्यालयों की शिक्षा का माध्यम क्या हो, इसी को लेकर तो यह सारी खुराफात शुरू हुई है। दिल्ली के कुछ प्रभुओं ने, जिनके हाथ में शिक्षा की बागडोर है, शिक्षा के माध्यम के नाम पर यह प्रपंच खड़ा किया है। अभी-अभी कुंजरू-समिति रिपोर्ट निकली है, जिसने अँगरेजी के पक्ष में फैसला दे दिया है। हमें प्रसन्नता हुई यह देखकर कि गुजरात विश्वविद्यालय के उपकुलपति श्री मगन देसाई ने इसका विरोध किया है। कलकत्ता विश्वविद्यालय के उपकुलपति श्री सिद्धान्त ने भी भारतीय भाषाओं का ही समर्थन किया है। काका कालेलकर ने इसके विरोध में सबसे जबर्दस्त आवाज उठाई है। गाँधीजी जीवन भर कहते रहे कि अँगरेजी को शिक्षा का माध्यम रखना हमारी दिमागी गुलामी को स्थायी होने का पट्टा देना है। लेकिन, अब उनकी बातों पर कौन ध्यान देता है—तरह-तरह के बहाने पेश किए जा रहे हैं ! इन सारे प्रपंचों, खुराफातों की तह में है हिन्दी को उसके स्वाभाविक पद से वंचित रखना। क्या हिन्दीभाषी क्षेत्र के विश्वविद्यालय इस प्रपंच-जाल में अपने को फँसा लेंगे ! क्या वे सम्मिलित प्रयत्न से यह सिद्ध नहीं कर सकते कि हिन्दी के माध्यम से भी सफलतापूर्वक ऊँची-से-ऊँची शिक्षा दी जाती है ? हिन्दी-क्षेत्र में लगभग एक दर्जन विश्वविद्यालय हैं। यदि वे तत्पर हों,

तो हिन्दी उच्चशिक्षा के माध्यम होने का अपना दावा सिद्ध कर दे। कई विश्वविद्यालयों ने इस बारे में बहुत ही अच्छा काम किया है। घड़ी की सूई को पीछे की ओर घुमाया नहीं जा सकता। आवश्यकता यह है कि शीघ्र ही इन विश्वविद्यालयों के हिन्दी-प्रेमी कहीं एक जगह एकत्र हों; अब तक जो काम हो चुके हैं, उनका आदान-प्रदान करें और जो काम बाकी हैं, हर विश्वविद्यालय थोड़ा-थोड़ा बाँट लें, तो तीन वर्षों के अन्दर उसे पूरा कर दिया जा सकता है। पटना विश्वविद्यालय ने एक बार ऐसा सम्मेलन बुलाया था; अब अविलम्ब एक ऐसे सम्मेलन की आवश्यकता आन पड़ी है। अच्छी बात हो, इलाहाबाद का विश्वविद्यालय इस सम्बन्ध में नेतृत्व करे; वह हिन्दीक्षेत्र के मध्यबिन्दु पर भी है।

देश के एक दर्जन विश्वविद्यालय अपना सारा अध्ययन-अध्यापन हिन्दी द्वारा कर सकें, यह हिन्दी के पक्ष में सबसे बड़ा तर्क होगा। इस सिलसिले में हिन्दी के हर विषय के उत्तमोत्तम ग्रन्थ तथा आकर-ग्रन्थ भी तैयार हो जाएँगे। हिन्दी का साहित्य-भंडार भी समृद्ध होगा। यों तो आज भी हम हिन्दी के साहित्य-भंडार को किसी भी भारतीय भाषा से कम समृद्ध नहीं मानते; तुलना करने पर यह स्पष्ट हो जाएगा। किन्तु इसके लिए यहाँ स्थान नहीं।

हिन्दीभाषी एक अन्य भारतीय भाषा सीखें !

हिन्दी-क्षेत्र के विश्वविद्यालयों को एक काम और भी करना चाहिए। हर विश्वविद्यालय एक अन्य भारतीय भाषा को भी अपने पाठ्यक्रम में अवश्य स्थान दे। हमारे एक दर्जन विश्वविद्यालयों में इस प्रकार भारत की प्रायः सभी प्रमुख भाषाओं को स्थान मिल जाएगा। फिर किसी भारतीय भाषा को यह कहने का अवसर नहीं मिलेगा कि हिन्दी-क्षेत्र में हमारी पूछ नहीं है। ऊपर प्रस्तावित सम्मेलन में ही तय कर लिया जाए कि किस विश्वविद्यालय में कौन-सी भारतीय भाषा अनिवार्य विषय के रूप में पढ़ाई जाएगी।

सरकारों और विश्वविद्यालयों के साथ ही हिन्दी संस्थाओं तथा हिन्दी प्रकाशकों का भी इस दिशा में उत्तरदायित्व है। भारत की सभी भाषाओं के उत्तमोत्तम ग्रन्थों के प्रामाणिक अनुवाद हिन्दी में यथाशीघ्र प्रकाशित हो जाने चाहिए। इससे हिन्दी का गौरव बढ़ेगा और जिस किसी को भी सम्पूर्ण भारतीय साहित्य के अध्ययन की इच्छा होगी उसे अनिवार्य रूप से हिन्दी सीखने की ओर प्रेरित होना पड़ेगा। अँगरेजी भाषा सीखने की प्रेरणा में यह बात भी निहित है कि संसार में जो कोई भी अच्छा ग्रन्थ निकलता है, उसका अनुवाद तुरत-से-तुरत उस भाषा में आ जाता है। संसार के प्राचीनतम ग्रन्थों के अनुवाद भी आप अँगरेजी में पा जाते हैं। हिन्दी को भारतीय भाषाओं पर अपनी विशिष्टता सिद्ध करने के लिए आवश्यक है कि इस काम की ओर तुरत ही प्रवृत्त हुआ जाए।

भारत के सभी भाषा-क्षेत्रों में हिन्दी की प्रचार-संस्थाएँ हैं। वे संस्थाएँ हिन्दी के प्रचार के साथ ही यदि अपने क्षेत्र की भाषाओं के उत्तमोत्तम ग्रन्थों का अनुवाद भी प्रकाशित करें, तो हिन्दी की यह बहुत बड़ी सेवा हो। दक्षिण-हिन्दी-प्रचार सभा अपने विस्तृत साधनों के बल पर, यदि चाहे, तो कुछ वर्षों में ही तेलगू, तमिल, मलयालम और कन्नड़ के ग्रन्थरत्नों के अनुवाद से हिन्दी-साहित्य-भंडार को मालामाल कर दे। महाराष्ट्र-राष्ट्रभाषा-प्रचार-सभा ने इस ओर सराहनीय प्रयत्न प्रारम्भ किया है। हम हिन्दी-क्षेत्र की सरकारों से अनुरोध करेंगे कि अपने राज्यों के पुस्तकालयों के लिए ऐसी पुस्तकों की खरीद पर सबसे अधिक ध्यान दें।

हिन्दीभाषी राज्यों के मुख्यमन्त्री एकत्र हों !

मध्यप्रदेश की सरकार ने पारिभाषिक शब्दों के निर्माण में पथप्रदर्शन किया था। बिहार और

उत्तरप्रदेश की सरकारें हिन्दी में उत्तम पुस्तकों के प्रकाशन की दिशा में बहुत अच्छा काम कर रही हैं। राजस्थान की सरकार भी हिन्दी के लिए प्रयत्नशील है। किन्तु क्या ऐसा समय नहीं आया है कि इन सारे हिन्दीभाषी राज्यों की सरकारें मिल-जुलकर राजकाज के हिन्दीकरण तथा उत्तमोत्तम साहित्य के प्रकाशन के लिए सम्मिलित प्रयत्न कर सकें ? क्या यह अच्छी बात नहीं होगी कि इन चार राज्यों के मुख्यमन्त्री, अपने-अपने राज्यों के कुछ हिन्दीसेवी विद्वानों को लेकर एक स्थान पर मिलें और इस सम्बन्ध में योजना बनाकर काम करें ? पारिभाषिक शब्दों में एकता लाने तथा कानूनों तथा मैन्युयलों के अनुवाद एवं ग्रन्थों के प्रकाशन में व्यर्थ की दुहराहट से बचने के लिए भी यह आवश्यक है।

हाँ, हिन्दीभाषियों को एक चुनौती दी गई है। अभी यह कभी नहीं का सवाल हमारे सामने आ खड़ा हुआ है। हमारा हिन्दी-प्रेम कसौटी पर चढ़ा दिया गया है। यदि हिन्दीभाषी इस चुनौती को इस रूप में लें, तो हिन्दी-विरोध में उठनेवाला यह तूफान हिन्दी के लिए वरदान ही सिद्ध होगा। खीझने, खिजलाने, गुस्सा करने और ईंट का जवाब पत्थर से देने से मामला बिगड़ेगा ही। हम संयम से काम लें, धैर्य से काम लें। हम अब हिन्दी के लिए वकालत करने की प्रवृत्ति को छोड़कर हिन्दी-क्षेत्र में ठोस काम करने पर तुल जाएँ। हम अँगरेजी की पूतना का वध हिन्दी-क्षेत्र में ही कर दें। फिर सारे भारत में इस राक्षसी का नामलेवा भी कोई नहीं रह जाएगा। और राष्ट्रभाषा के स्वर्ण-सिंहासन पर आसीन माँ-हिन्दी भारतीय एकता की रक्षिका और भारत की सभी भाषाओं की पोषिका के रूप में विश्वभारती की वन्दना प्राप्त कर सकेगी !

[**नई धारा,** जनवरी 1958]

गेहूँ सड़ रहा है : गुलाब सूख रहा है !

आज की राजनीति की विचित्र गति है। शोर मचा—सूखा है, सूखा है। सरकार ने कहा—लो, गेहूँ लो गेहूँ। गेहूँ के लिए होहल्ला मचा ही हुआ है कि खबरें छप रही हैं, गोदाम में गेहूँ सड़ रहा है। क्यों ? क्योंकि कोई खरीदार नहीं। जो खरीद करते, वे कह रहे हैं—क्या करें, पैसे नहीं। गेहूँ सड़ रहा है, लोग भूखों मर रहे हैं।

गेहूँ का जब यह हाल, तो गुलाब को कौन पूछे ? लेकिन यह गुलाब की जादूगरी है कि गेहूँ के अभाव में छटपटाता हुआ मानव भी गुलाब की रंगीनी देखते ही आज क्षण भर के लिए ठिठककर खड़ा हो जाता है। बस, क्षण भर के लिए; फिर वही गेहूँ की हाय ! हाय !

आदमी का हाल, वही सरकारों का हाल। बिहार की सरकार ने भी गुलाब के लिए कुछ किया है, यह तो कहा ही जा सकता है। किन्तु जो सरकार गेहूँ की समस्या न सुलझा पाए उसमें गुलाब का पोषण-रक्षण अच्छी तरह होगा, क्या यह सम्भव है ?

बेचारे शहीदों का बेचारा मज़ार !

पटना में, विधान-भवन के सामने, शहीदों का स्मारक खड़ा किया गया है। 1942 में कुछ विद्यार्थी यहाँ शहीद हुए। उन्हीं की स्मृति में मूर्तियों का एक विशाल पैनला बनाया गया है। छः लाख रुपए लगे हैं इस पर : भारत की उत्तमोत्तम मूर्तियों में यह स्थान पाएगा। संसार की श्रेष्ठ मूर्तियों में भी यह गणना पा सकता है। इसकी स्थापना भी बड़े धूमधाम से राष्ट्रपति के हाथों कराई गई। किन्तु, आज क्या हाल है ?

दिनभर इन मूर्तियों पर धूल पड़ती रहती है और पंछी बैठ-बैठकर गन्दा किए देते हैं।

कोई आदमी नहीं रखा गया कि वह ज़रा इनकी धो-पोंछ कर दे। यहाँ तक कि इर्द-गिर्द की सड़कों पर जब बिजली के बल्ब चमकते हैं, यहाँ काला-घुप्प अन्धकार छाया रहता है—शहीदों के इस कलामय मज़ार पर कोई एक चिराग भी नहीं जला देता।

यह अकादमी का मखौल है !

हमारी सरकार ने एक नृत्य-नाट्य-संगीत-अकादमी की स्थापना की है। बिहार में ऐसी अकादमी की आवश्यकता थी। बिहार में नृत्य, नाटक और संगीत की प्राचीन काल से ही परम्परा रही है। हमारे आदिवासी भाइयों और बहनों के नृत्य तो दो बार दिल्ली से पुरस्कार प्राप्त कर चुके हैं। कालिदास के पहले भास ने इसी पाटलिपुत्र में नाट्यकला की नींव डाली। लोकभाषा के विकास के साथ मिथिला में जो नाट्य-परम्परा प्रचलित हुई उसने आसाम तक प्रभाव डाला। आज भी बिहार में नाट्य-प्रतिभा का भंडार भरा पड़ा है। संगीत की भी यही कहानी है। एक प्रसिद्ध संगीतज्ञ ने स्वीकार किया था कि बिहार में आज भी शास्त्रीय संगीत के इतने विशेषज्ञ हैं, जितने बम्बई छोड़कर अन्यत्र मिल नहीं सकते। उचित था, यह अकादमी ललित कला के इन तीन अंगों की वृद्धि और पुष्टि में सहायक बनती।

लेकिन हो क्या रहा है ? बस, नाम ही नाम है—न इस अकादमी में आप नृत्य पाएँगे, न नाट्य, न संगीत। अरे, अकादमी नाम का भी मखौल ही उड़ाया जा रहा है। कुछ बूढ़े लोग जो कभी महफिलों में बैठते थे, और कुछ मनचले नौजवान, जो कला को खुराक का ज़रिया बनाने से भी नहीं हिचकते, इस अकादमी के सर्वेसर्वा बन बैठे हैं। उनका एकमात्र काम है, साल में सिर्फ एक बार, राज्यभवन में 'नौराज' बनवा देना। मुगल जमाने के ऐशोइशरत का वह प्रतीक अब हमारे जनतन्त्र-दिवस के कार्यक्रम का एक महत्त्वपूर्ण अंग बन गया है।

न एक मूर्तिकार : न एक चित्रकार

हमारे राज्य में एक आर्ट स्कूल है—नाम बड़ा सुहावना है—पटना स्कूल ऑफ आर्ट् ! कला के क्षेत्र में बिहार की शानदार देन रही है। चित्रकारी में मुगल जमाने तक पटना की एक खास क़लम रही है; चित्रण की एक अपनी प्रणाली रही है, जिसकी खूबियों में एक खूबी यह थी कि यह चित्रण-प्रणाली जनसाधारण के जीवन के चित्रण पर अधिक ध्यान देती थी। मूर्तिकला की तो आदिभूमि ही रही है यह बिहार की भूमि ! मूर्तिकला का विकास बौद्धयुग में हुआ। बिहार ही तो बौद्धधर्म का आदिक्षेत्र था। नालन्दा में प्राप्त हुई काँसे की, ताँबे की, पत्थर की, चूने की मूर्तियों को देखिए, आप चकित हो रहेंगे। क्या यह आशा नहीं की जा सकती थी कि यह आर्ट स्कूल इन भिन्न-भिन्न कलाओं में निष्णात युवकों को निकाल सकेगा ? किन्तु एक युग से यह स्कूल काम कर रहा है, पर न तो एक अच्छा मूर्तिकार, न चित्रकार वह दे सका। एक सर्वांग सुन्दर मूर्ति या चित्र भी दे पाता, तो हम सन्तोष करते।

सन्त विनोबा जब बिहार में भ्रमण कर रहे थे, तो यहाँ के बेसिक स्कूलों को देखकर कहा था कि यह तो बुनियादी तालीम का 'बानरी-करण' है। हम कह सकते हैं, बिहार में कला का भी बानरी-करण हो रहा है।

जहाँ कुछ अच्छा काम भी होता है, वहाँ उसका कोई उपयोग नहीं। शिल्प अनुसंधान संस्थान के नाम से एक संस्था सुप्रसिद्ध कलाकार श्री उपेन्द्र महारथी में नेतृत्व में चलाई जा रही है। यदि आप इस संस्थान में जाएँ, तो आप देखकर चकित हो रहेंगे कि मिट्टी के, बाँस के, लकड़ी के, सभी धातुओं के, सूती, ऊनी और रेशमी कपड़ों के कैसे-कैसे डिजाइन यहाँ तैयार किए गए हैं। यदि इन डिजाइनों का उपयोग किया जाए, तो बिहार की शिल्पकला सारे देश

ही नहीं विदेश को भी अपनी ओर आकृष्ट कर सके। किन्तु हो क्या रहा है, हजारों रुपए खर्च कर डिजाइन तैयार कराए जा रहे हैं, और वे सिर्फ प्रदर्शनी के ही काम आ रहे हैं।

जो कला की स्थिति, वही साहित्य की

जो कला की स्थिति है, वही साहित्य की भी। बिहार-राष्ट्रभाषा-परिषद् के रूप में सरकार ने एक आदर्श साहित्य-संस्था तो कायम की; किन्तु धीरे-धीरे वह संस्था भी अपनी गरिमा से उतरती नजर आ रही है। जरूरत अब यह है कि इसे 'बिहार-साहित्य-अकादमी' के रूप में परिणत किया जाए तथा शिक्षा-विभाग के दुमछल्ले से इसकी मुक्ति दिलाई जाए, किन्तु क्या सरकार ऐसा कर सकेगी ? बिहार के कितने ही प्रमुख साहित्यिकों को इसकी सदस्यता से पृथक् रखा गया है; इधर कितने ऐसे सरकारी अफसर इसके सदस्य पदेन बनाए गए हैं, जो इसकी बैठकों में सम्मिलित होना भी अपना अपमान समझते हैं।

वे तीन संस्थाएँ : किस ओर !

बिहार सरकार ने तीन और संस्थाएँ बनाई हैं; जिन पर बिहार को गर्व हो सकता था। नालन्दा-संस्थान, वैशाली-संस्थान और मिथिला-संस्थान के नाम से ये तीनों संस्थाएँ क्रमशः पाली, प्राकृत और संस्कृत-साहित्य के अनुसंधान और अध्ययन-अध्यापन की दिशा में काम करती है। ये तीनों संस्थाएँ प्रारम्भ में बहुत अच्छा काम करती रहीं; लेकिन अब तीनों में धीरे-धीरे वे ही अवगुण घर कर रहे हैं जिनके कारण बिहार की शिक्षण-संस्थाएँ अपनी मर्यादा खोती जा रही हैं। नालन्दा-संस्थान में हिसाब-किताब की गड़बड़ी की बातें सुनी जाने लगी हैं, वैशाली-संस्थान में उस जगदीशचन्द्र जैन ऐसे विद्वान की नियुक्ति को रोक दिया गया और मिथिला-संस्थान तो गुटबन्दी का अखाड़ा बनता जा रहा है।

यों जिस ओर देखिए, कला, साहित्य, संस्कृति के क्षेत्र में भी बानरी-करण का दौरदौरा हो रहा है। कला, साहित्य और संस्कृति का ही प्रतीक है गुलाब। इसीलिए हमने प्रारम्भ में कहा है, गेहूँ सड़ रहा है, गुलाब सूख रहा है। हमारी इस आलोचना का उद्देश्य सिर्फ यह है कि इनके विकास और वृद्धि की ओर सरकार का ध्यान अधिकाधिक जा सके और बिहार की जनता भी सोचे कि इन संस्थाओं के प्रति उसका भी कुछ कर्तव्य है या नहीं। न गेहूँ की समस्या, न गुलाब की समस्या—बिलकुल सरकार पर छोड़ी नहीं जा सकती।*

[**नई धारा,** अगस्त 1958]

* बिहार विधानसभा में दिए व्याख्यान के आधार पर।

साहित्यकार और पक्षाघात !

बिहार के सुप्रसिद्ध तरुण कवि श्री अरुण को पक्षाघात मार गया है; वह लाचार बिस्तरे पर पड़े हैं; उनकी चिकित्सा का कोई सुप्रबन्ध होना चाहिए; ऐसी अपीलें उनके कुछ मित्रों तथा उनके साहित्य के प्रेमियों ने समाचारपत्रों में प्रकाशित कराई हैं।

अरुण बिहार के तरुण कवियों में अपना विशिष्ट स्थान रखता है; जबकि सभी कवि मुक्तकों में लगे थे, इसने प्रबन्धकाव्य की ओर पग पढ़ाया और इस दिशा में उसकी उपलब्धि हिन्दी-संसार में अनुपम स्थान रखती है। विद्यापति, विदेह, कालिदास—इन तीन सुन्दरतम कृतियों के साथ लगभग एक दर्जन प्रबन्धकाव्य उसने हिन्दी को दिए हैं। इन प्रबन्धकाव्यों में

उसने विषय और टेकनिक—दोनों में अपूर्व मौलिकता दिखाई है। इस छोटी-सी उम्र में उसने जितना किया है, हिन्दी को जितना दिया है, किसी के लिए भी यह गौरव की बात हो सकती है।

अरुण की सबसे बड़ी खूबी यह रही है कि वह बिहार के एक छोटे-से कस्बे—समस्तीपुर की सीमा में ही अपने को आबद्ध रखकर, अनवरत साहित्य-साधना करता रहा ! बड़े नगरों, राजधानियों का प्रलोभन उसे कभी मोह नहीं सका। उस छोटे-से क़स्बे में एक छोटे-से मकान में, शान्त-एकान्त बैठकर, वह काव्य की मुक्ता-मालाएँ पिरोता रहा ! यही नहीं, प्रकाशकों के कुचक्रों से बचने के लिए अपनी कृतियों का प्रकाशन भी स्वयं किया और कहा जा सकता है कि इसमें भी वह सफल रहा है।

अरुण अभी बिलकुल तरुण है। उसका स्वास्थ्य भी सदा अच्छा रहा है। हमें यह जानकर ही आश्चर्य हुआ कि अरुण बहुत बीमार है। और पक्षाघात की बात सुनकर तो थोड़ी देर के लिए हम स्तब्ध रह गए। हमें अरुण को बचाना है; उसके लिए जो सम्भव हो, करना है, कराना है।

अरुण ने कभी किसी से कुछ नहीं चाहा। उसने अपने को अपने पौरुष से, अपनी प्रतिभा से पाला-पोसा है। उसकी आत्मगौरव की भावना अब भी किसी के सामने हाथ पसारने से हिचकती होगी। किन्तु हमें तो अपने कर्तव्य का पालन करना ही है। राष्ट्रभाषा-परिषद् की राजेन्द्र-निधि ऐसे ही अवसरों के लिए, ऐसे ही लोगों के लिए ही तो स्थापित की गई है। और उसे समस्तीपुर से हटाकर पटना या दरभंगा के बड़े अस्पताल में अविलम्ब ले जाना चाहिए। हमारा विश्वास है, यदि उपयुक्त चिकित्सा की जाए, तो हम अरुण को फिर पूर्ण स्वस्थ देख सकते हैं। अरुण में जीने की उत्कट इच्छा है; उसे अभी भाषा और साहित्य को बहुत देना रह गया है; वह अपने उत्तरदायित्व से भाग नहीं सकता। आवश्यकता यह है कि हम इस नाजुक मौके पर उसकी सहायता के लिए आगे बढ़ें।

सौभाग्यवश बिहार के शिक्षा-मन्त्री भी उसी अंचल के हैं और डाक्टर शीतल प्रसाद सिंह ऐसे सुयोग्यतम चिकित्सक उसी अंचल में हैं। क्या हम यह आशा नहीं करें कि इन दोनों का ध्यान इस ओर गया होगा और यदि कारणवश ऐसा नहीं हो सका हो, तो तुरन्त ही इस ओर जाएगा।

फूल और कीड़े !

अरुण की यह दुखद स्थिति साहित्यकारों पर युग-युग से फट पढ़नेवाले ऐसे अनेक आकस्मिक संकटों की याद दिलाती है। आह, इन संकटों ने कितने फूलों को कुचल दिया, कितनी कलियों को मसल दिया। साहित्यकारों में बर्नार्ड शॉ की तरह कम सौभाग्यशाली रहे हैं, तो पूर्णायु का उपभोग कर सके हों। अधिक का भाग्य तो यही रहा कि 'बेखिले कुम्हला गए।' आधुनिक हिन्दी के जो पिता हैं, भारतेन्दु हरिश्चन्द्र को तैंतीस वर्ष की अवस्था में ही चल देना पड़ा। कविरत्न सत्यनारायण को, उनके अकाल निधन के बावजूद, पं. बनारसीदास चतुर्वेदी की कृपा से, हिन्दी-संसार याद रखे हुए है; किन्तु लक्ष्मणसिंह क्षत्रिय मयंक, मन्नन द्विवेदी गजपुरी, बागीश्वर मिश्र आदि को काल ने प्रारम्भ में ही इस प्रकार कवलित कर लिया कि अब कहीं उनकी चर्चा भी नहीं दिखाई पड़ती। जिनके बारे में कभी सोचा जाता था कि एक दिन उनकी प्रतिभा से सारा साहित्यकाश जगमगा उठेगा, वे स्वयं, न जाने अन्धकार के किस गम्भीर स्तर तक जा पहुँचे कि उनके अस्तित्व का पता तक नहीं चलता।

कीट्स और शेली की करुण कहानी तो विश्वसाहित्य की एक अमर धरोहर है।

कवीन्द्र-रवीन्द्र ने ताजमहल को 'काल के गाल पर एक अश्रुबिन्दु' कहकर चर्चा की है; क्या इन दोनों को काल के युगल कपोल पर पड़े दो अश्रुबिन्दु कहकर अभिहित नहीं किया जा सकता ?

साहित्यकार स्वभावतः ही एक कोमल प्राणी होता है। उसके हृदय की कोमलता का प्रभाव उसके शरीर पर भी परिलक्षित होता है। यह कोमल काया धूप-ताप से भी पिघल जानेवाली होती है, फिर यदि अचानक वज्रपात हो जाए, तो उसे कौन बचा सकता है। अतः हम साहित्य के इतिहास में उन लोगों की एक लम्बी सूची पाते हैं, जिन्हें अकाल मृत्यु का शिकार होना पड़ा। यदि कभी साहित्यिकों की औसत आयु निकालने की कोशिश की जाए तो वह शायद ही पच्चीस-तीस वर्ष से अधिक जा सके।

साहित्यकारों की यह औसत आयु कैसे बढ़े; इस पर विचार किया जाना, समाज के शुभचिन्तकों के लिए क्या एक आवश्यक और पवित्र कर्तव्य नहीं है ?

साहित्यकार और कलाकार समाजवृक्ष के फूल हैं—जिनसे समाज के अन्तर्हित रंगों और सुगन्धों का पता चलता है। यदि फूल न हों, तो पेड़ों की श्री कितनी सूनी लगे ! फूल ही बताते हैं, इन तनों, डालों और पत्तियों के भीतर रंग और सुगन्ध का कैसा दरिया लहरा रहा है। अतः आवश्यक है कि इन फूलों की उन कीड़ों से रक्षा की जाए जो असमय ही इन्हें क्षत-विक्षत करने पर तुले रहते हैं। इसकी उपेक्षा करके कोई समाज अपने लिए श्री और शोभा की कल्पना कर नहीं सकता, अन्ततः वह अपना अस्तित्व भी खो दे सकता है।

साहित्यकार क्या करें ?

साहित्यकारों की औसत आयु बहुत कम है और वह कैसे बढ़े; इस पर विचार किया जाना चाहिए। इस सम्बन्ध में दो मोटी बातें तो तुरत ही सामने आती हैं। इनमें से एक का सम्बन्ध समाज से है, दूसरे का स्वयं साहित्यकार से।

समाज का यह कर्तव्य है कि वह देखे कि जो उसके लिए गीत देता है, कविता देता है, कहानी देता है, नाटक देता है, इतिहास देता है, दर्शन देता है, विज्ञान देता है, वह सुखी रहे, सम्पन्न रहे, दीर्घजीवी हो, चिरंजीवी हो। वह जितना अधिक सुखी-सम्पन्न रहेगा उतना ही मधुर गीत या कविता दे सकेगा; उसकी कहानी और नाटक में उतनी ऊँची कल्पना होगी; वह उतने ही मुक्तकंठ से उसके इतिहास का वर्णन करेगा और दर्शन और विज्ञान के क्षेत्र में वह उतनी लम्बी उड़ान भर सकेगा। वह अधिक दिनों जीवित रहे, जिसमें अधिक-से-अधिक दे सके, यह भी तो समाज के अपने हित में है।

साहित्यकार को सुखी और सम्पन्न रखने के लिए समाज ने अब तक जो किया वह क्या किसी समाज के लिए शोभनीय है ? किसी समाज ने भी इस ओर योग्य ध्यान नहीं दिया है, यह मजे में कहा जा सकता है। जीवन-संघर्ष के इस घोर युग में भेड़ियों के झुंड के बीच बेचारे मेमनों को फेंककर यह आशा करना कि वे अपनी रक्षा आप कर सकेंगे, क्या पागलपन नहीं है ? आज समाज का चप्पा-चप्पा निरीहों के रक्त से रंजित है।

किन्तु, दोष सिर्फ समाज का नहीं है, क्या साहित्यकार भी अपने उत्तरदायित्व को समझते हैं ? समाज के प्रति उनका जो उत्तरदायित्व है, उसे छोड़िए; अपने प्रति जो उनका कर्तव्य है, काश, उसे भी वे समझ पाते।

मोम की काया लेकर आग से लिपटने का हौसल करना—क्या पागलपन नहीं है। किन्तु इसी पागलपन को हर साहित्यकार अपने लिए स्वाभाविक कर्म समझता है। वह जानता है कि वह गलेगा, जलेगा, तो भी वह उसी ओर बढ़ता है और मन-ही-मन अनुभव करता है कि यही

उसका कर्म है, धर्म है। पागलपन देखने में लोगों को मजा आता है—लोग तालियाँ पीटते हैं, किलकारियाँ भरते हैं, और ये लोग इसको प्रशंसा समझ और भी तेजी से अपने सर्वनाश की दिशा में दौड़ते हैं।

साहित्य का इतिहास पागलपन की इन गाथाओं से भरा पड़ा है। यदि साहित्यकारों ने अपने कर्तव्यों को समझा होता, तो आज साहित्य का इतिहास और भी विशाल, रंगीन और प्रेरणाप्रद होता।

हमने अपने को जलाया है, गलाया है; तो भी जो हो सके हैं, उस पर समाज मुग्ध है, संसार मुग्ध है। यदि हम अपने को समझें, अपने कर्तव्य को समझें, अपने को अकारण नष्ट होने से बचाएँ, संयम से काम लें, नियम से चलें, तो हम अनेक संकटों से अपने को स्वयं बचा ले सकते हैं और संसार को, समाज को कुछ ऐसी चीजें दे सकेंगे जिनकी अभी कल्पना भी नहीं की जा सकती—वैसी महान और उदात्त चीजें, जो स्वर्ग को इस पृथ्वी पर उतारने में समर्थ हो सकें। पृथ्वी पर स्वर्ग : शाश्वत यौवन, अपूर्व सौन्दर्य; अविराम नृत्य और अनहद संगीत का संसार।

[**नई धारा,** मई 1958]

जब लेखनी इन्कार करती है !

हर लेखक के सामने यह समस्या आती है। जब वह कुछ लिखना चाहता है, लिख नहीं पाता। उसकी लेखनी कुछ अड़ियल घोड़े की तरह बर्ताव करने लगती है। वह आगे बढ़ने से क़तई इन्कार कर देती है।

अभी डाक्टर जान्सन की एक सूक्ति सामने आई, सच्चा लेखक जब चाहे लिख सकता है, उसकी लेखनी सदा उसकी इच्छा का अनुगमन करती है।

क्या यह बात सच है ? वह साधना सचमुच वन्दनीय है, जो सदा-सर्वदा फलदायिनी हो। किन्तु ऐसे कितने साधक हैं, जिन्हें ऐसी साधना प्राप्त हो सकी हो।

कहना बड़ा आसान है कि जब मस्तिष्क में विचार है और हाथ में लेखनी है, तो फिर आदमी लिख क्यों नहीं सकता ? तुम लिख नहीं सकते, इसका मतलब यह हुआ कि तुम्हारे दिमाग का दिवाला पिट चुका है, तुम्हारी लेखनी भोथरी हो चुकी है।

ऊपर से देखने पर यह सही लगता है, किन्तु, यह भी सही बात है कि जब दिमाग दुरुस्त हो और लेखनी में भी कुछ नुक्स नहीं हो, तो भी, कभी-कभी चाहकर भी, लेखक कुछ लिख नहीं पाता।

लगता है, चलता-चलाता इंजिन अचानक रुक जाए।

दिमाग में जैसे आप-आप जाम लग जाए।

आप छटपट कर रहे हैं, मस्तिष्क के विचारों को व्यूहबद्ध कर लेते हैं, एकान्त में बैठते हैं, सामने कागज रख लेते हैं, अपने मूड को ठीक करने के लिए सिगरेट के धुएँ घोल रहे हैं, पान की गिलौरियाँ चबा-चबा रहे हैं, किन्तु यह लेखनी है, जो आगे बढ़ना नहीं चाहती, नहीं बढ़ती।

ऐसा क्यों होता है ? नियम नहीं हो, अपवाद तो यह है ही। और सुधी समाज कहता है, अपवाद नियम को सिद्ध करता है।

और यह कसूर सिर्फ लेखनी का ही नहीं है—कभी-कभी हमारे हाथ, पैर, अँगुलियाँ, कंठ,

जिह्वा आदि भी अड़ियल घोड़े की गति पकड़ लेते हैं !

संगीतज्ञ गाना चाहता है, गा नहीं पाता; वादक बजाना चाहता है, बजा नहीं पाता; नर्तक नाचना चाहता है, नाच नहीं सकता।

चित्रकार कूँची भिगोए बैठा है, उसके दिमाग़ में एक चित्र भी उमड़ आया है किन्तु अँगुलियाँ इन्कार कर रही हैं आगे बढ़ने से।

मनोविश्लेषक कह सकते हैं ऐसा इसलिए होता है कि आप वह लिखना, गाना, नाचना या चित्रण करना चाहते हैं जिसे आपका अन्तर्मन स्वीकार नहीं कर पाता; वह टेक लगाकर बैठा है, आप छटपटा रहे हैं।

काश, यही हो पाता। तब तो हम अन्तर्मन के कृतज्ञ होते कि उसने हमें कुकर्म से बचाया !

कभी अन्तर्मन में ऐसी शक्ति रही हो, या हो जाए, लेकिन अधुना तो इसका प्रमाण नहीं मिल पाता है।

यदि यह बात होती, तब तो मानव कभी कुकर्म कर नहीं पाता।

कम-से-कम कला और साहित्य तो विशुद्ध, पवित्र और निष्पाप बने रहते।

तो फिर ऐसा होता क्यों है ? हम भी तो आपसे यही पूछ रहे हैं। ऐसा होता है, वह एक तथ्य है। अभी बहुत से 'कार्य' हैं, जिनके 'कारण' नहीं ढूँढ़े जा सके हैं। क्या उन्हीं में इसकी गणना की जाए ?

हम नया सेतुबन्ध बनाएँ—1

ओ हिन्दीवालो, तीन धाम को भूलो, रामेश्वरम् चलो, रामेश्वरम्।

तुम्हारे हिस्से में एक ही धाम मिला था—बदरीनाथ। लेकिन पुरी और द्वारका ने भी तुम्हें अपना लिया है।

किन्तु रामेश्वरम् सिर हिला रहा है।

यह जो चक्रवर्ती राजगोपालाचार्य हैं न ? रामेश्वरम् के प्रतीक वही हैं।

वह कहते हैं, हिन्दीवाले चेतें, नहीं तो भारत में भी लंका की दशा होगी।

लंका में क्या हो रहा है ?—भाषा के प्रश्न को लेकर वहाँ भयानक संघर्ष छिड़ गया है—और उस संघर्ष का एक पक्ष तमिल-भाषावालों का ही है।

जो लंका में संघर्ष छेड़ सकते हैं, वे क्या भारत में चुप बैठेंगे ?

किन्तु संघर्ष तो तब होता है, जब दोनों पक्ष तने रहें। क्या हम हिन्दीवाले यही करेंगे जो सिंहलभाषाभाषी कर रहे हैं। नहीं; कदापि नहीं।

हम रामेश्वरम् जाएँगे, लड़ने-झगड़ने नहीं, कुछ सीखने, सिर्फ सीखने। सिखाने का हमारा शौक पूरा हो चुका है।

हम वहाँ सीखेंगे, उनकी भाषाओं को। सीखेंगे और उन भाषा महार्णवों में डुबकियाँ लगाकर कुछ ऐसे रत्न निकाल लाएँगे जिनसे हिन्दी का साहित्य-भंडार और भी जगमग हो उठेगा।

हम हिन्दी पढ़ाने के लिए वहाँ बहुत दिनों तक जाते रहे; अब वहाँ की भाषाओं को पढ़ने के लिए हमें अभियान प्रारम्भ करना है।

दक्षिण-हिन्दी-प्रचार-सभा क्यों नहीं ऐसी कुछ छात्रवृत्तियों की घोषणा करती है, जो दक्षिण की भाषाओं को पढ़नेवाले उत्तर भारत के लोगों के लिए हो।

भारत सरकार ही ऐसी कुछ वृत्तियों की घोषणा क्यों नहीं करती ?

क्या हिन्दी में कोई ऐसी पुस्तक है जिसमें दक्षिण भारत के साहित्य, कला और संस्कृति के सम्बन्ध में पूरी जानकारी प्राप्त की जाए ?

हिन्दी के लेखको, रामेश्वरम् की ओर चलो और अपनी लेखनी से एक नया सेतुबन्ध का निर्माण करो—वह सेतुबन्ध जो उत्तर को दक्षिण से मिला दे।

हाँ, उत्तर के लेखकों का एक अभियान तो अविलम्ब दक्षिण की ओर जाना चाहिए।

नए युग की नई पुकार है—नया सेतुबन्ध बनाओ।

[**नई धारा,** जून 1958]

नया सेतुबन्ध बनाओ–2

भूशास्त्र बताता है—उत्तर और दक्षिण भारत के बीच कभी समुद्र लहराता था। समुद्र—ऊची लहरोंवाला समुद्र।

भूगर्भ में एक हलचल हुई : जहाँ समुद्र था, वहाँ एक पहाड़ खड़ा हो गया—पहाड़ : अलंघ्य।

कभी समुद्र, कभी पहाड़ : उत्तर और दक्षिण में व्यवधान बना रहा—सहस्राब्दियों तक, लक्षाब्दियों तक।

कि एक ऋषि उत्तर में पैदा हुए। उन्होंने पहाड़ को झुका दिया। दक्षिण की यात्रा की। महायात्रा ही कहिए—फिर उत्तर नहीं लौटे।

समुद्र सोख जाने की क्षमता का भी आरोप उन पर किया जाता है।

अगस्त ऋषि : जिन्होंने विन्ध्यपर्वत को बढ़ने से रोक दिया। समुद्र को सोख लिया। उत्तर-दक्षिण को एक किया।

राम ने भारत और लंका के बीच जो सेतु बनाया, वह अगस्त ऋषि के उस सेतु के निकट कितना तुच्छ था।

अगस्त का महासेतु हो, या राम का लघुसेतु—सेतु की महिमा हमारे देश में सदा बड़ी रही है—धन्य वे जिन्होंने सेतु बनाए, दो भूभागों को जोड़ा, दो भूभागों के रहनेवालों को एक किया।

हम उनका यश गाते रहे हैं, उनका जय-जयकार करते रहे हैं।

× × ×

उत्तर और दक्षिण एक तो हुए; लेकिन अब भी कभी-कभी अतीत का वह समुद्र फुंकार कर उठता है—चारों ओर ढेहू-ढेहू; फेन-फेन; गर्जन-तर्जन।

या वह नतशिर पर्वतश्रेणी उठती-सी, बढ़ती-सी, राह रोकती-सी नजर आती है।

शरीर में परिवर्तन तो हुआ; हृदय के कोने में कहीं कोई चोर छुपा बैठा है। वह रह-रहकर सुगबुगा उठता है; औचक में छापे मारना चाहता है। हमसे वह करा लेना चाहता है, जिसे हम होश-हवास में कर नहीं सकते।

पुरानी, दबी प्रवृत्तियाँ जब उमड़ती हैं, तो बड़ों-बड़ों के पैर भी स्थिर नहीं रहने देतीं।

हमें इन प्रवृत्तियों को समझना है; उस चोर को पकड़ना है।

जो काम अगस्त या राम ने पार्थिव जगत् में कर दिखाए थे; उन्हें मानसिक या आध्यात्मिक सतह तक पहुँचाना है।

हमें नया सेतुबन्ध बनाना है।

नया सेतुबन्ध—जो हृदयों को जोड़े, आत्माओं को एक करे; जो हमारी चेतना में, चिन्तन में एकरसता लाए।

इसके लिए चेष्टाएँ भी होती रही हैं और आश्चर्य की बात है कि अधिक चेष्टाएँ दक्षिण की ओर से ही हुई हैं।

शंकराचार्य, रामानन्द, बल्लभाचार्य—इनसे बढ़कर सेतु-निर्माता कौन होंगे ?

आश्चर्य की बात यह है कि इनके बाद भी उत्तर-दक्षिण का कोई भेदभाव रह जाए।

बहुत-कुछ भेदभाव मिट चुका है; जो रहा-सहा दुर्भाव कभी-कभी उमड़ आता है, उसके लिए भी हमें सचेष्ट रहना है।

नई खाई नया सेतु चाहती है।

भाषा के प्रश्न को लेकर यह जो नई खाई बन रही, या बनाई जा रही है, हमें उसे पाटना ही है।

ओ नए सेतु के निर्माताओ, कहाँ सोए हो ? जगो, बढ़ो, यह नई खाई तुम्हें पुकार रही है।

× × ×

भाषा की यह खाई। गाँधीजी ने सबसे पहले इसे पाटने की चेष्टा की। अपने सबसे प्यारे बेटे देवदासजी को, किशोरपन में ही, उन्होंने इस पुनीत अभियान में भेजा।

गाँधीजी का यह अभियान कितना सफल रहा, दक्षिण में जाकर देखिए : दक्षिण के हर प्रमुख नगर में हिन्दी का केन्द्र है। हर पढ़ा-लिखा आदमी कुछ-न-कुछ हिन्दी समझ ही लेता है।

दक्षिण ने हिन्दी को अपनाया—दिल खोलकर अपनाया। स्वभावतः ही दान प्रतिदान चाहता है।

यह प्रश्न कभी उठने ही वाला था कि हमने तो तुम्हारी भाषा सीखी; तुमने हमारी भाषा के बारे में क्या किया ?

यह स्वाभाविक प्रश्न था। इसके बदले हिन्दी बनाम अँगरेज़ी का जो प्रश्न उठाया गया है; अस्वाभाविकता इसमें है, विकृति इसमें है।

विकृति का उत्तर विकृति से नहीं दिया जा सकता।

हम स्वाभाविक हल ढूँढ़े। हम सोचें, दक्षिण की भाषाओं को सीखने-समझने के लिए हमने क्या किया है, कितना किया है।

क्या हम जानते हैं कि भारतीय जनभाषाओं में सबसे पुरानी और समृद्ध भाषा तमिल है ?

क्या हम जानते हैं कि तेलगु की मधुरिमा पर मुग्ध होकर यूरोपीय विद्वान उसे भारत की इतालवी भाषा मानते हैं ?

मलयालम भाषा संस्कृत से ओतप्रोत है, और कन्नड़ उत्तर और दक्षिण की जनभाषाओं के बीच सेतु का काम करती है—यह तथ्य हममें से कितने लोग जानते हैं ?

हमारे साहित्यिकों में से हर व्यक्ति चाहता है कि उसकी रचनाएँ दक्षिण के घर-घर में पहुँच जाएँ। लेकिन उनमें से किसी भी विज्ञ और बहुज्ञ से पूछिए कि दक्षिण के आधे दर्जन साहित्य-महारथियों के नाम बताइए, तो वह निस्सन्देह ही बगलें झाँकने लगेगा।

यही नहीं, कभी हमने स्वयं इस तथ्य को हृदयंगम करने तथा दक्षिण के अपने भाइयों के समक्ष स्पष्ट रखने की चेष्टा भी की कि यदि दक्षिण के सूत्र दो आचार्यों—रामानन्द और बल्लभाचार्य—की प्रेरणा नहीं होती तो हिन्दी को तीन महान साहित्याचार्य—कबीर, सूर, तुलसी

के पाने का सौभाग्य भी प्राप्त नहीं होता।

"जो कुछ रहा सो अँधरे कहिया,
कठवो कहेसि अनूठो;
बचा-खुचा सो जुलहा कहिगा
अब जो कहै सो झूठी।"

और 'झूठी या जूठी' ही पर हमें सन्तोष करना पड़ता, 'अनूठी' का हम सपना भी नहीं देख पाते।

सच बात तो यह है कि दक्षिण के प्रति हमारा रुख कोई अच्छा नहीं रहा है। हम एकांगी रहे हैं—व्यापक दृष्टि हमने रखी नहीं।

यही कारण है कि फिर एक बार उत्तर-दक्षिण के बीच का समुद्र उफना उठा है!

यही कारण है कि विन्ध्य के नतशिर शिखर फिर आकाश की ओर बढ़ते नजर आ रहे हैं।

एक छोटी-सी बात।

अभी कुछ दिन हुए, लंका में तमिलभाषा को लेकर एक दंगा ही खड़ा हो गया था।

शासन ने दंगे को दबा दिया, किन्तु यह प्रश्न क्या डंडे से दबाया जा सकता है ?

हमारे तमिलभाषी भाई बड़ी संख्या में लंका में जा बसे हैं।

यदि उस देश में वे अपनी भाषा की मान्यता के लिए माँग करते हैं, तो क्या वे कोई अपराध करते हैं ?

किन्तु क्या उत्तर की किसी भी भाषा के बोलनेवालों के मन में यह भावना उठी कि लंका के अपने तमिलभाषी भाइयों के प्रति हम सहानुभूति के दो शब्द तो भेजें ?

चूँकि हिन्दी को राष्ट्रभाषा बनने की आकांक्षा है, तो उसके लिए तो यह परम कर्तव्य था कि अपनी बहन—उम्र में सबसे बड़ी—की इस संकट की घड़ी में वह सबसे आगे बढ़े।

जो ऊँचे आसन की आकांक्षा रखे, उसके विचार भी ऊँचे चाहिए।

मीठा-मीठा गप्प; कड़वा-कड़वा थू—यह बड़प्पन की निशानी नहीं।

× × ×

इन नए सेतु के निर्माण की जिम्मेवारी हिन्दी पर, हिन्दीवालों पर, हिन्दी के लेखकों और कवियों पर है।

हिमालय पर कविता करनेवालो ! ज़रा कन्याकुमारी के चरणों पर भी अपनी अर्घांजलि अर्पित करो।

दिल्ली के खँडहरों पर तो बहुत सिर धुन चुके; महाबलीपुरम् के वे मन्दिर अपनी अक्षय कलाकृतियों के साथ तुम्हारी वन्दना की प्रतीक्षा में अब भी समुद्र-तट पर खड़े हैं।

क्या यह हमारे लिए शोक और दक्षिणवालों के लिए क्षोभ का विषय नहीं है कि हिन्दी में एक भी ऐसा ग्रन्थ नहीं जो दक्षिण के बहुरंगी जनजीवन, संस्कृति और कलाकृति की एक झलक भी दिखा सके।

क्या हिन्दी का कोई ऐसा विद्वान् है जो गर्व से कह सके, मैंने दक्षिण की अमुक-अमुक भाषाओं में व्युत्पन्नता प्राप्त की है—जब कि हममें ऐसे अनेक लोग हैं जो अँगरेजी तो क्या, फ्रेंच, जर्मन, रशियन, चीनी, जापानी, फारसी, अरबी के प्रकांड विद्वान समझे जाते हैं।

उपेक्षा की यह हद है—जिसने राजगोपालाचारी ऐसे ऋषि-तुल्य व्यक्ति के मस्तिष्क का सन्तुलन भी खो दिया है।

हिन्दी-प्रान्तों में एक दर्जन विश्वविद्यालय हैं, उनमें से कितने विश्वविद्यालयों में दक्षिण की भाषाओं के पढ़ने-पढ़ाने की अभिरुचि भी है, व्यवस्था की बात छोड़िए।

दक्षिण में हिन्दी का सन्देश पहुँचाने के लिए हर संस्था आकुल-व्याकुल है; किन्तु दक्षिण का सन्देश हिन्दीवालों तक पहुँचाने के लिए किस संस्था ने कितना प्रयत्न किया है ?

अब यह एकतरफा व्यापार टूटे। इसी में हिन्दी का कल्याण है; भारत का कल्याण है।

× × ×

हिन्दी के सपूतो, भारत की भावी राष्ट्रभाषा के बेटे-बेटियो। चलो, हम दक्षिण चलें। हमें रामेश्वरम् पुकार रहा है। उसकी वाणी में आक्रोश भले ही हो, घृणा नहीं है।

भाई भाई को पुकार रहा है; बहन बहन को पुकार रही है।

भाइयो और बहनो ! चलो, दक्षिण चलो।

हम नए सेतुबन्ध का निर्माण करें—वह सेतुबन्ध जो हृदयों को जोड़े, आत्माओं को एक करे।

हम चलें, भक्ति से, श्रद्धा से; स्नेह से, प्रेम से। हमारी आँखों में आँसू हों, हमारे कंठों में विनय-वाणी हो, हमारे हाथों में श्रद्धांजलियाँ हों।

भाई भाई से मिलने चले, बहन बहन से मिलने चले। भाई-भाई का हृदय एक हो, बहन-बहन का हृदय एक हो।

भाई के छन्द भाई सीखे; बहन के गीत बहन सीखे। फिर सब मिलकर एक स्वर से गाएँ-बजाएँ।

हम वहाँ से लौटें इस गर्व के साथ नहीं कि हमने वहाँ हिन्दी का ढोल इतने जोरों से पीटा; इतने लोगों को हिन्दीभक्त बनाया; बल्कि इस विनय के साथ कि हम वहाँ से इतना जानकर, सीखकर आए हैं और उससे हिन्दी का भंडार इसी परिमाण में भरने की चेष्टा करेंगे।

हिन्दी को राष्ट्रभाषा बनाना है तो हिन्दी को सम्पूर्ण राष्ट्र के जनजीवन, कला, साहित्य, संस्कृति का प्रतिनिधित्व करना होगा।

हिन्दी के साहित्यकारों को स्वतः साधना का वरण करना पड़ेगा।

पहाड़ को झुका देना और समुद्र को सोख लेना आसान है; किन्तु हृदयों को जोड़ना और आत्माओं का एकीकरण करना बड़ा ही कठिन और दुष्कर कार्य है।

हम अपने को इसके योग्य साबित करें।

नए युग की पुकार है—हम नए सेतुबन्ध का निर्माण करें।

[**नई धारा,** जुलाई 1958]

हम नया सेतुबन्ध बनाएँ–3

हमें प्रसन्नता है, कि इस ओर हिन्दी-संसार का ध्यान अधिकाधिक आकृष्ट होता जा रहा है। हिन्दी के धुरन्धर साहित्यिक और सेवक पं. किशोरीदास वाजपेयी ने इस सम्बन्ध में लिखा है—'नई धारा' के पिछले दो अंकों में भाई बेनीपुरीजी की जोरदार टिप्पणियाँ पढ़ीं—जान डालनेवाली टिप्पणियाँ। एक सहृदय पाठक की राय भी पढ़ी कि 'हिन्दीवालों को दल बनाकर दक्षिण भारत जाना चाहिए। हिन्दी पढ़ाने और वहाँ की भाषाएँ सीखने।' बेनीपुरीजी ने जो कुछ कहा है, उस पर दो रायें हो नहीं सकतीं। दक्षिण-यात्रा पर हमारा कुछ संशोधन है, जो अभी आगे प्रकट करेंगे। पहले कुछ प्रासंगिक निवेदन।

दक्षिण भारत में हिन्दी के प्रति जिन लोगों में राष्ट्रीयतामूलक प्रेम था, जिन्होंने तन-मन-धन लगाकर हिन्दी को अपनाया, वे अब भी उसी तरह अपने मिशन में जुटे हुए हैं। अभी पिछले दिनों भोपाल में 'अ.भा. राष्ट्रभाषा प्रचार सम्मेलन' हुआ था, जिसका उद्घाटन स्वयं राष्ट्रपति ने किया था और जिसके स्वागताध्यक्ष थे श्री कैलाशनाथ काटजू (म.प्र. के मुख्यमन्त्री)। इसी से 'सम्मेलन' के महत्त्व का अन्दाजा लगा सकते हैं। यह 'सम्मेलन' अहिन्दी-भाषी जनों का था; इसलिए मैं भी देखने गया था कि क्या होता है। लगभग चार सौ प्रतिनिधि एकत्रित हुए थे, जिनमें गुजराती, मराठी, तमिल, तेलगू, कन्नड़, मलयालम, उड़िया, असमिया, बँगला, मणिपुरी आदि सभी भाषाओं के प्रतिनिधि थे। खास मद्रास के भी प्रतिनिधि थे और इम्फाल तक के थे। एकदम राष्ट्रीय वातावरण था। वहाँ मैंने किसी को किसी से अँगरेजी में बात करते नहीं देखा। आपस में वे अपनी प्रादेशिक भाषा में बातचीत करते थे और भिन्न प्रदेशवालों से हिन्दी में। ऐसा लगता था कि वे लोग हम हिन्दीवालों को हिन्दी के प्रति निष्ठावान् बनाने ही भोपाल आए हैं। तबीयत खुश हो गई। हिन्दी-प्रदेश के बात-बघारू साहित्यिक और 'हिन्दी-प्रेमी' वहाँ न थे। सेठ गोविन्ददास को छोड़, कोई और न दिखाई दिया। सेठजी ने मुझे भी प्रतिनिधि बनवा दिया था, यद्यपि मैं (हिन्दी-भाषी) वहाँ अतिथि-रूप में ही था। जो लोग कहते हैं कि दूसरों पर हिन्दी लादनी न चाहिए, वे यदि इस 'सम्मेलन' में होते, तो आँखें खुल जातीं।

इस 'सम्मेलन' ने एक प्रस्ताव पास करके यह माँग की कि भारतीय भाषाओं को ही शिक्षा का माध्यम बनाना चाहिए और अँगरेजी पढ़ने की अनिवार्यता हटा देनी चाहिए। प्रस्ताव के उत्तरार्द्ध का विरोध हिन्दी-भाषी दो सज्जनों ने किया—शिक्षामन्त्री श्री माली (राजस्थानी) ने और सेठ गोविन्ददास (म.प्र.) ने। श्री मालीजी 'सम्मेलन' के अध्यक्ष थे और सेठजी निवृत्त अध्यक्ष। परन्तु 'सम्मेलन' ने अपने इन दोनों अध्यक्षों की बात न मानी और अँगरेजी की अनिवार्यता हटाने का प्रस्ताव पास कर दिया। वे आँखें रखते हैं—राह जानते हैं। अहिन्दीभाषी को अध्यक्ष-पद केवल सम्मानार्थ। वे गुमराह नहीं हो सकते।

यह है अहिन्दीभाषी जनों की राष्ट्रीयता और राष्ट्रभाषा-प्रेम।

दक्षिण भारत के कुछ लोगों ने जो हिन्दी-विरोध की आवाज उठाई, उसके दो कारण हैं। उन दो कारणों से दो वर्ग हिन्दी के प्रति विरोध प्रकट करने लगे।

पहला कारण है अहिन्दीभाषी प्रदेशों में उस तरह हिन्दीभाषियों के शिष्टमंडलों का जाना और दूसरा कारण है कुछ हिन्दीभाषी नेताओं का बार-बार यह कहना कि अहिन्दीभाषियों पर हिन्दी को लादना न चाहिए।

संविधान में नागरी-हिन्दी स्वीकृत हो जाने पर हिन्दी साहित्यिकों के कई 'शिष्टमंडल' दक्षिण भारत गए। इन शिष्टमंडलों में ऐसे कवि और साहित्यिक गए, जो पहले कभी भी, हिन्दी-प्रेम लेकर, उधर न गए थे—'सम्मेलन' के (मद्रास-हैदराबाद) अधिवेशनों पर भी न गए थे। यदि कवि और साहित्यिक न जाते, प्रत्युत डा. अमरनाथ झा जैसे लोग जाते, तो बात कुछ और होती। परन्तु ऐसा न हुआ। हिन्दी के इन साहित्यिकों का वहाँ खूब सम्मान हुआ। इनका यह सम्मान वहाँ के साहित्यिकों को अच्छा न लगा। वे लोग साहित्य में बहुत ऊँची स्थिति रखते हैं; परन्तु उन्हें (इधर आने पर) कभी किसी ने कोई सम्मान न दिया था। स्वभावतः यह भाव पैदा हुआ कि यह हिन्दी की गुलामी है। उन भाषाओं के ऊँचे दर्जे के साहित्यिक, जो हिन्दी के प्रति पहले तटस्थ थे, अब विरोधी बन गए।

दूसरे, कुछ राजनीतिज्ञ विरोधी बन गए। उन्होंने श्री नेहरूजी के मुँह से बार-बार जो सुना कि हिन्दी को अहिन्दीभाषियों पर लादना न चाहिए, तो यह समझा कि वे (नेहरूजी)

संविधान के उस अंश से असहमत हैं, जिसमें हिन्दी को मान्यता दी गई है। इसी भरोसे पर हिन्दी का विरोध शुरू हुआ और पहले ही हिन्दी-विरोधी वक्तव्य में कहा गया—"केवल एक ही व्यक्ति हमारे साथ है और वह है हमारा प्रधानमन्त्री।"

परन्तु बाद में नेहरूजी के जो वक्तव्य निकले, उनसे वे ठंडे पड़ गए। अब सब ठीक है।

बेनीपुरीजी की सलाह ठीक है—"हमें अपनी दक्षिणी भाषाएँ पढ़नी-पढ़ानी चाहिए। परन्तु हिन्दीभाषियों को—हिन्दी के साहित्यिकों को—टोली बनाकर, दक्षिण भारत पुजवाने न जाना चाहिए—फूल-माला पहनकर, तस्वीरें उतरवाकर, अपनी कृतियों के प्रचार-गीत गाने न जाना चाहिए। यह सबसे बड़ा हिन्दी-विरोध का कारण है। वहाँ जाना है, तो जाकर बस जाइए। वहाँ घुल-मिल जाइए। सीखिए और सिखाइए। कम-से-कम दो-दो, चार-चार बरस तो रहिए। तब लाभ है। शिष्ट-मंडल जाने-आने से हिन्दी का विरोध हुआ है, होगा भी।"

आदरणीय वाजपेयीजी ने शिष्ट-मंडलों के बारे में जो लिखा है, हम उससे अक्षरशः सहमत हैं। शिष्ट-मंडलों के भेजने का सिलसिला हिन्दी-साहित्य-सम्मेलन ने शुरू किया था, और उसके मंडलों में वही पक्षपात काम करता रहा, जिसके कारण आज सम्मेलन का अस्तित्व तक खतरे में पड़ गया है। दुख है, नागरी-प्रचारिणी सभा ने स्वर्गीय पंडित अमरनाथ झा जी के नेतृत्व में एक शिष्टमंडल भेजने का निश्चय किया था, वह भी, कई आपसी विवादों के कारण, समय पर नहीं भेजा जा सका और इधर श्रद्धेय झा जी का निधन हो गया।

फूल-मालाओं और प्रशस्ति-पत्रों के द्वारा अपना या अपनी संस्था के प्रचार करनेवाले शिष्टमंडलों का समय लद गया। अब तो सेवकों और साधकों की आवश्यकता है, जो दक्षिण और उत्तर भारत के बीच सांस्कृतिक सेतुबन्ध बनाने के काम का श्रीगणेश करें।

दक्षिण की भाषाओं के सीखने का प्रयास तो होना ही चाहिए, इसके लिए सरकारी और गैर-सरकारी दोनों ओर से प्रयत्न होना चाहिए—किन्तु आवश्यकता यह भी है कि दक्षिण के सांस्कृतिक जीवन का—साहित्य, कला, स्थापत्य, अनुश्रुति आदि का संकलन और संग्रह हिन्दी भाषा में व्यापक रूप से लाया जाए।

हिन्दी लेखकों और सेवकों के ऊपर महान दायित्व आ पड़ा है। कविवर बच्चन और श्रद्धेय वाजपेयीजी ऐसे लोगों का ध्यान इस ओर गया है; यह हिन्दी के लिए सौभाग्य की बात है। दक्षिण-उत्तर के बीच हम यह नया सेतुबन्ध बनाकर रहेंगे, बनाकर रहेंगे; यह हमारा दृढ़ विश्वास है।

[**नई धारा,** अगस्त 1958]

क्या हिन्दी-साहित्य का गत्यवरोध दूर हो गया ?

कुछ दिन पहले, यह शोर मचाया गया था कि हिन्दी-साहित्य में गत्यवरोध आ गया है। 'कामायिनी' के बाद कोई अच्छा काव्यग्रन्थ नहीं निकला; 'गोदान' के बाद कोई अच्छा उपन्यास नहीं आया। शुक्लजी के समान आलोचक कहाँ मिलते हैं ? द्विवेदीजी के ऐसे सम्पादक कहाँ दीख पड़ते हैं ? जो कुछ हैं, वह कूड़ा-कूड़ा है। हिन्दी-साहित्य दिन-दिन बौना होता जा रहा है, भले ही इस बौने की तोंद कुछ अस्वाभाविक रूप में फैलती जा रही हो।

यह शोर खूब फैला। एक बीमारी आ गई है, उसे दूर किया जाना चाहिए। डाक्टर आला लेकर दौड़े, वैद्यजी पुड़िया लेकर पहुँचे। छाती की धड़कन और नाड़ी की गति की परीक्षा होने

लगी। एक्सरे और कार्डियोग्राम का यह युग। बीमार के भीतर क्या-क्या है, खोज-ढूँढ़ की जाने लगी। तरह-तरह के प्रमाण और अनुमान उपस्थित किए गए। किन्तु कोई बता नहीं सका कि निश्चित रोग क्या है, कहाँ है। फिर उपचार की बात क्या।

हाँ, धीरे-धीरे यह शोर दबता गया और अब यह भी कहा जाने लगा है कि वह गत्यवरोध बहुत-कुछ दूर हो चुका है। अब कविता, कहानी, नाटक, उपन्यास, आलोचना, सबमें गति दिखाई पड़ने लगी है। देखते नहीं हैं, हिन्दी में ऐसे मासिक पत्र दिन-दिन निकलते जा रहे हैं, जो नए-नए ग्रन्थों के प्रकाशन की सूचनाओं से ही भरे पड़े रहते हैं। यदि गत्यवरोध रहता, तो इतने सारे ग्रन्थ कहाँ से आते और इतनी सजधज से वे प्रकाशित क्यों किए जाते ?

यदि यह कथन ठीक है, तो हिन्दी-संसार को मूसल से ढोल पीटना चाहिए। हिन्दी-साहित्य का गत्यवरोध दूर हुआ; वह क्षिप्र गति से आगे बढ़ रहा है, उन्नति की चोटी पर चढ़ रहा है। ढोल पीटिए, उत्सव मनाइए; हिन्दी का, उसके साहित्य का जयजयकार कीजिए।

सरकारी प्रकाशनों की भरमार !

कभी गत्यवरोध था या नहीं, था तो उसका कारण क्या था और यदि दूर हुआ, तो उसके प्रमाण क्या हैं—इन बारीक बातों पर हम क्यों जाएँ। हाँ, इधर दो बातें ऐसी आई हैं, जिनसे हिन्दी-साहित्य की श्रीवृद्धि का अनुमान लगाया जा सकता है। उनमें पहली चीज़ है, सरकारी प्रकाशन।

हर प्रादेशिक सरकार प्रकाशन करती है या कराती है। केन्द्रीय सरकार की तो बात ही अलग। हिन्दी को तीन बड़ी-बड़ी और तीन छोटी-छोटी सरकारें मिली हैं। यदि इन आधी दर्जन सरकारों द्वारा प्रकाशित साहित्य को लीजिए, तो आप मजे में कह सकते हैं कि इस विशाल परिमाण में हिन्दी-साहित्य का सृजन कभी नहीं हुआ था। सरकारी पत्रिकाओं और पत्रों की भरमार है। ये बढ़िया से बढ़िया कागज पर, रंग-बिरंगी रोशनाइयों में छपते हैं। इनके सम्पादन-विभाग को अधिक-से-अधिक वेतन मिलता है, इनके लेखकों और कवियों को पैसे भी खूब मिलते हैं। ये बड़ी-से-बड़ी संख्या में छपते हैं। इनका मूल्य कम-से-कम रखा जाता है। यद्यपि मुख्यतः ये मुफ्त ही बँटते हैं। अभी यह सूचना छपी है कि एक दिल्ली की सरकार ही एक सौ से अधिक पत्र-पत्रिकाएँ निकालती है। अब शासन का हर विभाग अपना पत्र निकाल रहा है।

बिहार की तो बात ही अलग है, किन्तु, उत्तर-प्रदेश की 'त्रिपथगा', मध्यप्रदेश का 'मध्यप्रदेश-सन्देश' और पंजाब सरकार की 'जागृति' को देखिए—क्या यह सही नहीं है कि इन सरकारी पत्र-पत्रिकाओं के मुकाबले में इन प्रदेशों में अब कोई गैरसरकारी पत्र-पत्रिका पनप नहीं सकती ? दिल्ली का 'आजकल' हिन्दी का गौरव भले ही हो, वह हिन्दी-पत्रिकाओं के लिए 'आज' 'काल' भी सिद्ध हो रहा है। चिकने कागज पर, चित्रों से चकमक, यह पत्रिका जब आठ आने में मिलती है, तो फिर दूसरी पत्रिका कोई क्यों खरीदेगा ?

अच्छे-से-अच्छे लेखक और कवि इन सरकारी पत्र-पत्रिकाओं के इर्दगिर्द चक्कर काट रहे हैं।

बिहार और उत्तर प्रदेश की सरकारों ने ग्रन्थ-प्रकाशन की ओर भी ध्यान दिया है। बिहार-राष्ट्रभाषा-परिषद् के प्रकाशनों को देखिए। बिहार का कौन प्रकाशक उसका मुकाबला कर सकता है ? यों ही उत्तर प्रदेश की सरकार ने भी थोड़े ही दिनों में अच्छी पुस्तकों का अम्बार लगा दिया है। लेखकों के बड़े-बड़े नाम; बढ़िया-से-बढ़िया कागज और छपाई; पक्की जिल्द, मनोहारी आवरण—और मूल्य इतना कम। इन सरकारी प्रकाशनों के अम्बार को एक

बार जो देख लेगा, क्या वह कभी सोच भी सकता है कि हिन्दी-साहित्य में गत्यवरोध है।

ये सरकारें सिर्फ साहित्य का प्रकाशन ही नहीं करतीं, बड़े पैमाने पर साहित्य खरीदती भी हैं। इन्हीं की कृपा पर ऐसी पत्र-पत्रिकाएँ चल रही हैं, जिन्हें एक दिन के लिए भी बाजार में टिकना असम्भव हो सकता है। और इन्हीं सरकारों की कृपा है कि आजकल नए-नए प्रकाशन-गृह खुलते और तरह-तरह की पुस्तकों से बाजारों को पाटते जा रहे हैं।

व्यापारी प्रकाशन : कोढ़ में खाज !

हाँ, दूसरी बात यही है, जिनसे लोग अनुमान लगा रहे हैं कि हिन्दी-साहित्य का गत्यवरोध दूर हुआ। भला बताइए, जहाँ सस्ता-साहित्य-मंडल, आत्माराम ऐंड संस, राजकमल प्रकाशन, राजपाल ऐंड संस, ज्ञानमंडल लिमिटेड और हिन्दी प्रचारक पुस्तकालय ऐसी प्रकाशन-संस्थाएँ हों, जो हर महीने एक-दो दर्जन पुस्तक हिन्दी-संसार के सिर पर थोप देती हों, वहाँ गत्यवरोध की बात कैसी ?

हम प्रारम्भ में ही स्पष्ट कर देना चाहते हैं कि हम प्रकाशन को भी एक व्यापार ही समझते हैं और यदि इसमें अच्छे-अच्छे व्यापारी आते और अच्छी पूँजी लगाकर प्रकाशन के स्तर को ऊँचा करते हैं, तो यह हिन्दी-साहित्य की वृद्धि और विकास के लिए एक कल्याणकारी बात है। किन्तु हम देख यह रहे हैं कि हमारी ये प्रकाशन-संस्थाएँ भी दिन-दिन अपने को सरकारी कृपा पर निर्भर बनाती जा रही हैं। क्या यह उचित है ? वांछनीय है ?

सस्ता-साहित्य-मंडल और ज्ञानमंडल को ही लीजिए। इन दो प्रकाशन-संस्थाओं ने हिन्दी के लिए प्रकाश-स्तम्भ का काम किया था। ज्ञानमंडल ने ज्ञान के भिन्न-भिन्न क्षेत्रों में हिन्दी-पाठकों का प्रवेश कराने का व्रत लिया था और उस युग में ऐसी-ऐसी पुस्तकें निकाली थीं, जिन्हें देखकर हिन्दी-संसार ने गौरव अनुभव किया था। और सस्ता-साहित्य-मंडल ने सस्ते मूल्य में गाँधी-साहित्य को घर-घर पहुँचाकर राष्ट्रीय चेतना को उद्‌बुद्ध किया था। किन्तु, आजादी के बाद इन दोनों प्रकाशन-संस्थाओं की क्या स्थिति है ? इन्होंने कौन-सी नई चीज़ हिन्दी-संसार को दी है ? अपनी पिछली कमाई को भँजाकर, सरकारी कृपा के बल पर, अपने व्यापार को फैलाते जाना, जैसे यही उद्देश्य रह गया है इनका!

सरकारी कृपा। और सरकारी कृपा की प्राप्ति के लिए आज कौन-कौन-से तिकड़म न करने पड़ते हैं। आज तो ऐसा लग रहा है कि बिना सरकारी कृपा के कोई प्रकाशन चल ही नहीं सकता। यह बड़ी दयनीय स्थिति है। इस स्थिति को हमारी बड़ी प्रकाशन-संस्थाएँ ही बदल सकती थीं; किन्तु उनके बीच तो उसी के लिए होड़ाहोड़ी मची है। क्लर्क से लेकर मिनिस्टर तक के दरबार के दरबार में इनकी जीहजूरी चल रही है।

इसका स्वाभाविक परिणाम यह है कि वैसा ही साहित्य आज पनप रहा है, जिसे सरकार पसन्द करे, जिसके मूल में सरकार का कृपा-वारि अनवरत पड़ता रहे, जो सरकार की जी-हजूरियों द्वारा लिखा जाए, जो सरकार के गुणगान से भरा हो। आज साहित्य में भी भ्रष्टाचार का बोलबाला हो चला है। क्या इस भ्रष्टाचार में हमारे प्रकाशकों का हाथ नहीं है ?

साहित्य का व्यापार कीजिए, ठीक। किन्तु इस व्यापार के चलते कोढ़ में खाज मत पैदा कीजिए। समाज भ्रष्टाचार से तबाह है। कहीं एक जगह भी तो हो, जहाँ शुचिता, पवित्रता का नामलेवा अपने को खड़ा रख सके।

गत्यवरोध बना हुआ है : उसे दूर करना है !

यदि इस दृष्टि से देखिए, तो गत्यवरोध बना हुआ है। साहित्य के प्रति सरकार का जो रुख

रहा है, उसके कारण इस गत्यवरोध में वृद्धि ही हुई है। हम एक बार कह चुके हैं, फिर दुहराते हैं—सोचना यह है कि क्या बात है कि 1937 में ज्यों ही हमारे अपने हाथ में शासन-सूत्र आया, तभी से इस गत्यवरोध का प्रारम्भ हुआ ?

यह गत्यवरोध तभी दूर होगा, जब जनता में शुद्ध साहित्य के प्रति आदर और प्रेम पैदा हो; जब हमारे लेखकों और कवियों में आत्मसम्मान की भावना ज्वलंत शिखा-सी धधकती रहे, जब हमारे प्रकाशक तुरत के लाभ के नाम पर अपने पैरों में स्वयं कुठार नहीं मारें।

बहुत-सी पुस्तकें या पत्र-पत्रिकाएँ ठाठ-बाट से प्रकाशित होती जाएँ, यही साहित्य की प्रगति की सूचना के रूप में नहीं पेश किया जा सकता।

जिसके मूल में सिर्फ सरकार या व्यापार हो, वह पुस्तक न पुस्तक है और वह पत्र-पत्रिका न पत्र-पत्रिका।

पुस्तक के प्रारम्भ में, मध्य में और अन्त में मूलाधार ज्ञान होना चाहिए। ज्ञान का निरूपण, ज्ञान का प्रसार। अन्य सारी बातें इसके बाद ही आनी चाहिए।

साहित्य की वृद्धि का मतलब सत्साहित्य की वृद्धि है—कूड़े-कर्कट को साहित्य नहीं कहा जा सकता।

सत्साहित्य के निर्माण में लेखक की अन्तःप्रेरणा प्रमुख वस्तु है। अन्तःप्रेरणा से हीन, सिर्फ रुपए के मोह में, किसी सरकारी या व्यापारी आदेश या निर्देश पर निर्मित साहित्य सत्साहित्य की पंक्ति में नहीं बैठ सकता।

आज लेखकों में मुह्यता आ गई है और प्रकाशक मोह में फँसे हैं, इसीलिए साहित्य में गत्यवरोध आ गया है।

यह मोह और मुह्यता जनता ही तोड़ सकती है। वही साहित्य को दलदल से निकाल सकती है।

[**नई धारा**, सितम्बर 1958]

साहित्यिक अराजकता

थोरो ने कहा है—सबसे अच्छा शासक वह है, जो सबसे कम शासन करता है। जिस साहित्य का नियमन सबसे कम किया जाए, क्या वह सबसे अच्छा साहित्य नहीं समझा जाएगा ?

यदि हाँ, तो हिन्दी का साहित्य आजकल भारत का सबसे सौभाग्यशाली साहित्य है; क्योंकि इसमें न कोई ऐसी संस्था है, न कोई ऐसी पत्रिका है, न कोई ऐसा व्यक्तित्व है, जो इसका नियमन कर सके। चारों ओर उच्छृंखलता है, मनमानी-घरजानी है, अराजकता है; कोई किसी को कुछ कहनेवाला, अंकुश देनेवाला या समझा-बुझाकर एक निश्चित पथ पर चलानेवाला नहीं है। और ऊपर से मार अलग पड़ रही है।

हिन्दी-साहित्य-सम्मेलन मर चुका; नागरी-प्रचारिणी-सभा गृह-युद्ध का अखाड़ा बनी है, प्रादेशिक सम्मेलनों के नाम पर अब तमाशा ही रचाया जाता है, छिटपुट साहित्यिक संस्थाएँ सरकारी अनुदान प्राप्त करने और उसके लिए मन्त्रियों की जी-हजूरी करने में ही होड़ा-होड़ी बद रही हैं। न 'सरस्वती' ऐसी पत्रिका रही, जो सारे हिन्दी-संसार की गतिविधि पर सम्यक् ध्यान दे सके और न पं. महावीरप्रसाद द्विवेदी या जगन्नाथप्रसाद चतुर्वेदी ऐसे साहित्य-महारथी रहे कि एक शब्द के गलत प्रयोग पर जमीन-आसमान के कुलाबे मिला दे सकें। अब चाहे जो लिखो, जैसे लिखो, जब लिखो, कोई रोक-टोक करनेवाला नहीं। प्रगति का युग

है, बस गति चाहिए, चाहे वह गति तुम्हें पहाड़ से टकरा दे या गड्डलिका-प्रवाह-न्याय से गड्ढे में गिरा दे।

हिन्दी-साहित्य-सम्मेलन

क्षमा किया जाए यह कहने को—हिन्दी-साहित्य का इतिहास पं. जयचन्द विद्यालंकार को भुला नहीं सकता, जिनके सिर पर सम्मेलन ऐसी संस्था को जमींदोज़ करने का सौभाग्य लादा जा सका। कभी का क्रान्तिकारी, कभी देश का एक प्रमुख प्राध्यापक, कभी भारतीय इतिहास का एक सुभाग्य अन्वेषक और शोधक—हिन्दी-संसार ने किस ललक से इस व्यक्ति को सम्मेलन के सिंहासन पर बिठलाया था। किन्तु कैसा तमाशा—इस सिंहासन पर पैर रखा नहीं कि जैसे इस आदमी का सिर फिर गया। और, सम्मेलन को जमींदोज़ कर वह आज कहाँ किस कब्र में सोया है, हिन्दी-संसार को पता तक नहीं। एक उल्का !—जो चमककर चौंधियाकर, एक बड़ी इमारत पर गाज गिराकर, स्वयं भूमिस्थ हो गया। उफ, हिन्दी ने इस व्यक्ति से क्या-क्या न आशाएँ लगाई थीं, क्या उनका परिपाक यही होना था।

किन्तु सम्मेलन को इस स्थिति में लाने के लिए क्या एकमात्र उत्तरदायित्व जयचन्दजी पर ही थोपा जा सकता है ? इसके लिए वे सब लोग दोषी हैं, जो सम्मेलन के त्रिकास के बाद भी उसे उसी पुराने खोपड़े में सीमित रखना चाहते थे—यानी, वे सभी लोग, जो सम्मेलन को 'प्रयागीय' संस्था बनाकर रखने और उस पर एकाधिपत्य जमाने के लिए तरह-तरह की तिकड़म करने में बाज नहीं आते थे। बेचारा दारागंज बदनाम किया गया,—'किन्तु को बड़ छोट कहत अपराधू।'

बेचारे टंडनजी। गाँधीजी की ही तरह जीवन के अन्तिम क्षणों में उन्हें कितनी पीड़ा मिल रही है। सम्मेलन को पुनर्जीवित करने के लिए वह क्या-क्या नहीं कर रहे हैं। कभी उत्तर-प्रदेशीय मन्त्रिमंडल के दरवाजे खटखटाते हैं, कभी इलाहाबाद हाइकोर्ट की पैरवी की सोचते हैं। लगता है, वृद्ध गजराज अचानक दलदल में फँस गया है। और यह दलदल क्या उनके ही कभी के चेलों के द्वारा नहीं रचा गया है ?

नागरी-प्रचारिणी-सभा

पं. राजबली पांडेयजी के समय में नागरी-प्रचारिणी-सभा ने निस्सन्देह कुछ नुमायाँ काम किए हैं। सभा के भवन का विस्तार हुआ है, उसकी कार्यावली का विस्तार हुआ है। हिन्दी के विशाल इतिहास के निर्माण की दिशा में काफी प्रगति हुई है। किन्तु स्वर्गीय बाबू श्यामसुन्दरदासजी के जीते-जी जिन शक्तियों ने उन्हें तंग किया, वे शक्तियाँ बार-बार भिन्न-भिन्न रूप में उमड़ती हैं। पद-लिप्सा के साथ प्राप्ति-लिप्सा का जब गठबन्धन होता है, तो क्या-क्या न अनर्थ किए जा सकते हैं ? गुड़ इकट्ठा किया न गया कि चींटे आन पहुँचे।

सभा भले ही कुछ उच्चकोटि के साहित्यिक काम कर ले, किन्तु हिन्दी-संसार को नेतृत्व देने की क्षमता तो वह खो ही बैठी है। नियमन और दिशादर्शन की क्षमता से हीन हिन्दी की यह प्राचीनतम संस्था भी क्या हिन्दी-संसार की इस अराजकता को रोक सकेगी ?

पत्र-पत्रिकाएँ

देवघर से जैसलमेर और जालन्धर से इन्दौर तक फैले इस सुविस्तृत विशाल हिन्दी-संसार के कोने-कोने में अपनी आवाज़ पहुँचा सके, ऐसी एक भी पत्र-पत्रिका हिन्दी में नहीं है। कुछ ऐसी पत्र-पत्रिकाएँ अवश्य हैं, जिनका बहुत व्यापक प्रचार है। किन्तु उनके पास अपनी कोई

आवाज नहीं। विशुद्ध मनोरंजन या जन-मन-हरण ही उनका उद्देश्य है। उनके सम्पादकों में भ्रमर-वृत्ति का अभाव नहीं, अनेक पुष्पों से लेकर मधुचक्र बना लेने में वे उस्ताद हैं, किन्तु साहित्य या भाषा के किसी प्रश्न पर वे नेतृत्व दे सकें, इसकी क्षमता का उनमें सर्वदा अभाव ही देखा गया है। 'सरस्वती' आज भी जीवित है और जहाँ कभी द्विवेदीजी का नाम छपता था, वहाँ चतुर्वेदीजी का नाम है, लेकिन उसी प्रसिद्ध प्रेस से निकलती हुई भी क्या वह अपने पूर्व गौरव की छाया भी छू सकती है ?

आधुनिक आचार्य

और, अब कोई ऐसा साहित्य-महारथी भी नहीं जो कुछ बिगड़ैल ऊँटों की नकेल थाम सके। सब डरते हैं कि कहीं स्वयं ऊँट की पकड़ में न आ जाएँ—सब कतरिया कर निकलना चाहते हैं। मालूम होता है, बालमुकुन्द गुप्त, महावीरप्रसाद द्विवेदी, जगन्नाथप्रसाद चतुर्वेदी या पं. पद्मसिंह शर्मा का नामलेवा कोई न रहा—एक परम्परा थी, जो नष्ट हो गई। कौन किसको डाँट सके—सरकारी जुए में जुते या सरकारी नाद में भुस्सा खानेवाले हमारे आधुनिक आचार्यों में वह दमखम कहाँ कि इस मनमानी-घरजानी के खिलाफ आवाज भी उठा सकें।

आशा-केन्द्र—टंडनजी

क्या किया जाए, कुछ समझ में नहीं आता। जब हिन्दी के लिए इतना कुछ करना था, जब हिन्दी को बाहरी प्रहारों और भीतरी अव्यवस्थाओं से बचाना था, तब वह बिलकुल नेतृत्व-शून्य हो गई है। इस संकट की घड़ी में बार-बार एक व्यक्ति की ओर ध्यान जाता है—वही वृद्धवशिष्ठ हमारे लिए, हिन्दी के लिए, कुछ कर सकते हैं। वह हैं पूज्य टंडनजी। यदि टंडनजी 'प्रयागीय' सम्मेलन का मोह छोड़ दें और सम्पूर्ण हिन्दी-संसार का आह्वान करें, तो सभी भेदभाव भुलाकर लोग उनके चरणों के निकट एकत्र हो सकते हैं। यह अराजकता सबको अखर रही है; किन्तु किसी को कोई राह सूझ नहीं रही है। एक बार जहाँ लोग एकत्र हुए, तो टंडनजी की छत्रछाया में फिर एक जबर्दस्त नेतृत्व स्थापित होकर रहेगा। इस नेतृत्व के उदय होते ही आज की साहित्यिक अराजकता दूर हो जाएगी और हम एक ऐसा संगठन बना सकेंगे जो हिन्दी को योग्य नेतृत्व देता रहे।

शुभस्य शीघ्रम्

और इस काम में जल्दी की जानी चाहिए। हाईकोर्ट के फैसले या विधानसभा के विधेयक के लिए कब तक प्रतीक्षा की जाएगी ? और कौन कहे, फिर कोई कानूनी दाँव-पेंच लगाकर फिर गत्यवरोध नहीं खड़ा कर दिया जाए। कुछ लोग तुले पड़े हैं कि सम्मेलन को सत्यनाश तक पहुँचाकर ही दम लेंगे। हम अपने को कब तक उनकी मर्जी पर छोड़े रहेंगे ?

टंडनजी पुकार दें, हिन्दी-संसार के कोने-कोने से लोग उनके आदेश पर एक जगह आ जुटेंगे। एक जगह एकत्र होकर हम हिन्दी के लिए एक ठोस कार्यक्रम बना सकेंगे और उस कार्यक्रम को काम में लाने के लिए एक जबर्दस्त कार्यकारी संस्था संगठित कर सकेंगे। उस कार्यक्रम में निर्माण की ओर तो प्रमुख ध्यान रहेगा ही, घर के कूड़ा-करकट की झाड़-बुहार और बाहरी विध्वंसक तत्त्वों के सम्हाल-संहार की दिशा में भी कुछ ठोस कदम उठाया जा सकेगा। लिपि और भाषा के भी कितने प्रश्न धरे पड़े हैं जिन पर सार्वदेशिक निर्णय आवश्यक हो चला है। हमें इस पर भी विचार-विमर्श करना होगा।

हमारा विश्वास है, यदि टंडनजी ने हिन्दी-संसार को ऐसा आह्वान दिया तो एक वर्ष में

ही हिन्दी-संसार में नवजीवन लहरा उठेगा। क्या हमारी यह आशा पूरी होगी ?

[**नई धारा,** अक्टूबर 1958]

बिहार : हिन्दी : सम्मेलन

बिहार हिन्दीभाषी प्रदेश है। इसके भिन्न-भिन्न भागों में भिन्न-भिन्न बोलियाँ बोली जाती हैं। उनमें से कई बोलियाँ बहुत समृद्ध हैं, बहुत प्राचीन हैं। वे अपने लिए भाषापद का भी दावा करती हैं। किन्तु इन सबके बावजूद सारे बिहार ने हिन्दी को आपस के साधारण व्यवहार, शिक्षा तथा राजकाज की भाषा के रूप में एक स्वर से ग्रहण किया है। जब भारत स्वतन्त्र हुआ, स्वभावतः ही बिहार की सरकार ने घोषित किया—हिन्दी इस प्रदेश के राजकाज की भाषा है।

इस घोषणा को वैधानिक रूप देने के लिए यहाँ की विधानसभा ने 1950 में एक प्रस्ताव भी स्वीकृत किया, जिसमें स्पष्ट उल्लेख था कि सात वर्षों के अन्दर सरकार के सारे काम-काज हिन्दी में होने लगेंगे। इस काम में प्रगति लाने के लिए एक समिति भी गठित की गई। किन्तु इसे दुर्भाग्य कहिए, या सरकार की उपेक्षा-नीति, वे सात वर्ष बीत भी गए, बिहार के सिर पर अँगरेजी का कलंक-टीका लगा हुआ है। सचिवालय में, विधानमंडल में, शिक्षण-संस्थाओं में, कचहरियों में अँगरेजी का बोलबाला बना हुआ है।

सबसे दुर्भाग्य की बात तो यह है कि जहाँ हिन्दी का प्रवेश हो चुका था, वहाँ से भी उसे हटाया जा रहा है। बिहार-विश्वविद्यालय और पटना-विश्वविद्यालय में अब हिन्दीकरण की बात की जगह अँगरेजीकरण की बातें करते हुए उनके उच्चाधिकारी लज्जा का अनुभव नहीं करते। वहाँ प्रारम्भ में हिन्दीकरण के लिए जो उत्साह था, वह नष्ट ही नहीं हो चुका है; चेष्टाएँ ऐसी हो रही हैं कि जहाँ तक हो सके, हिन्दी को हटाकर अँगरेजी को प्रधानता दी जाए। हमारे दोनों विश्वविद्यालयों के उपकुलपति संसारभर के प्रमुख विश्वविद्यालयों को देखकर हाल में ही लौटे हैं। उन्होंने अपने अनुभव हमें सुनाए हैं, कुछ नए सुझाव भी पेश किए हैं। बिहार की जनता क्या उनसे इतना नहीं पूछ सकती है—महानुभावो, क्या संसार में कोई ऐसा भी विश्वविद्यालय है, जहाँ सात समुद्र पार की एक विदेशी भाषा के माध्यम से उच्चशिक्षा का अध्ययन-अध्यापन होता हो ?

अब बिहार की पब्लिक सर्विस कमीशन ने भी हिन्दी के विरोध में एक क़दम बढ़ाया है। अब तक उसकी परीक्षाओं में हिन्दी का भी एक प्रश्न-पत्र रहता था। उसे हटा दिया गया है। इसके लिए क्या तर्क पेश किया जा सकता है ? यही न कि इस प्रश्न-पत्र के कारण हिन्दीभाषियों को कुछ विशेष सुविधा मिल जाती थी। जो इंग्लैंड की सेवा करना चाहे, उस फ्रांसीसी या जर्मन भाषाभाषी को अँगरेजी सीखने की असुविधा का सामना करना पड़े, तो इसमें अचरज की कौन-सी बात हुई ? बिहार ने हिन्दी को अपनी राजकाज की भाषा के रूप में स्वीकृत कर लिया है। बिहार पब्लिक सर्विस कमीशन उन्हीं लोगों का चुनाव करती है, जिन्हें बिहार की जनता की सेवा में प्रवृत्त होना है। बिहार की राजकाज की भाषा के ज्ञान के बिना वे इस सेवा को किस प्रकार अच्छी तरह सम्पन्न कर सकते हैं ?

इस प्रकार हम देख रहे हैं, बिहार में हिन्दी पर प्रहार होना प्रारम्भ हो गया है। बिहार के कुछ हिन्दी-प्रेमियों ने इस पर भी क्षोभ प्रकट किया है कि पटना रेडियो स्टेशन, जो अपने को पूर्णतः हिन्दी-स्टेशन कहता था, अब उर्दू में कुछ चीजें देने लगा है। यह क्षोभ उचित नहीं है। हमारे प्रदेश में उर्दूभाषियों की काफी संख्या है। उनके मनोरंजन के लिए यदि पटना रेडियो

स्टेशन कुछ देता है, तो क्या बुरा हुआ ? वहाँ भी हमें यह देखना है कि इस 'विशुद्ध' हिन्दीभाषी स्टेशन में अब भी अँगरेजी के लिए कितना समय बर्बाद किया जाता है ?

हमें यह सदा ध्यान रखना है कि हिन्दी का विरोध किसी भी भारतीय भाषा या बोली से नहीं है। हिन्दी अपनी किसी बहन-भाषा से, ललकारे जाने पर भी, झगड़ा करने को तैयार नहीं हो सकती। हिन्दी का विरोध या झगड़ा है तो अँगरेजी से। हमने अँगरेजों को भगा दिया; अब अँगरेजों के लिए हमारे घर में जगह नहीं। अँगरेजी साम्राज्यवाद के इस घिनौने अवशेष को हमें झाड़ू से बुहारकर अपने घर से दूर, घूरे पर फेंक देना है, या राजगोपालाचारी या सुकुमार चटर्जी के दरवाजे पर रख देना है, जहाँ वे उसकी पूजा-अर्चा करते रहें।

× × ×

बिहार में हिन्दी पर जो प्रहार होने लगा है, उसका मुकाबला कैसे किया जाए, कौन करे ? यही नहीं, हिन्दीकरण में प्रगति आए, जल्द-से-जल्द अँगरेजी के पाप को हम अपने पावन प्रदेश से निकाल बाहर करें, इसके लिए हमें क्या करना है, इस पर भी तो हमें अब विचार कर लेना और एक जबर्दस्त कार्यक्रम बनाकर उसे काम में लाना है। इस दिशा में कौन आगे बढ़े ?

बिहार का यह सौभाग्य रहा कि यहाँ बिहार-हिन्दी-साहित्य-सम्मेलन ऐसी एक संस्था है, जो चालीस वर्षों से लगातार हिन्दी की सेवा करती आई है। हिन्दी के काम को उसने सदा आगे बढ़ाया है। हिन्दी पर होनेवाले अनेक प्रहारों को उसने रोका है। क्या स्वभावतः ही यह प्रश्न नहीं उठता कि उसके अतिरिक्त दूसरा कौन-सा जरिया हो सकता है जिसकी ओर हम इस गाढ़े अवसर पर आँखें उठाएँ ?

पटना में सम्मेलन का अपना शानदार भवन है जिसमें आए दिन भिन्न-भिन्न संस्थाओं की सभाएँ होती रहती हैं। सम्मेलन की शाखाएँ प्रदेश के कोने-कोने में फैली हैं। प्रदेश के प्रायः सभी प्रमुख साहित्य-सेवी उसकी स्थायी समिति और कार्यसमिति में हैं। इस साल पं. मोहनलाल महतो 'वियोगी'-सरीखे उत्साही और धुरंधर साहित्य-महारथी इसके सभापति हैं। श्री व्रजशंकर वर्मा ऐसे कर्मठ मन्त्री सम्मेलन को प्राप्त हैं। तो भी क्या यह आश्चर्य की बात नहीं कि हिन्दी पर इस तरह प्रहार होता रहे और सम्मेलन टुकुर-टुकुर देखता रहे ? एक बार स्थायी समिति बुलाई गई; कुछ गरमागरम बातें कहीं गईं, एक जोरदार प्रस्ताव भी पास हुआ, किन्तु फिर वही ढाक के तीन पात।

हम स्पष्ट कह देना चाहते हैं कि यदि इस समय सम्मेलन कर्मशील नहीं होता, तो फिर इसके अस्तित्व का ही कोई औचित्य नहीं। सम्मेलन का काम यदि सिर्फ यह हो कि सभापति के चुनाव के समय उछल-कूद की जाए, अपने-अपने घोड़े कागजी मैदान में दौड़ाए जाएँ और जो जीत जाए उसके गले में माला डालकर दो दिनों का तमाशा कर लिया जाए, तो फिर ऐसी संस्था रहे या जहन्नुम में जाए, बिहार के हिन्दी-प्रेमी क्यों परवाह करने लगे। सम्मेलन के प्रति हिन्दीप्रेमियों का काफी असन्तोष है। वह असन्तोष धीरे-धीरे रोष में परिणत हो रहा है; सम्मेलन के वर्तमान कर्णधारों को यह समझ लेना चाहिए।

सम्मेलन यदि अपने अस्तित्व की सार्थकता सिद्ध करना चाहता है, तो उसे अविलम्ब पटना में प्रदेश के हिन्दी-प्रेमियों का एक कन्वेन्शन बुलाना चाहिए। हिन्दोस्तानी के आन्दोलन के समय सम्मेलन का एक विशेष अधिवेशन किया गया था। इस समय हिन्दी पर उससे भी एक गम्भीर संकट आ गया है। सरकार की हिन्दी-सम्बन्धी नीति उदार भी हो, तो उसके नौकरशाहों ने उस नीति को खटाई में डालने में ही अपनी चरम चातुरी समझ रखी है। विश्वविद्यालयों में हिन्दी के खिलाफ उल्टी हवा बह रही है। जनता में भी हिन्दी के लिए वह उत्साह नहीं रह गया; वह समझती है, अब जो कुछ करना है, सरकार कर देगी। वही नहर

खुदाए, पोखर उड़ाहे, वही सड़क बनाए, बाँध बँधाए। वही साहित्य रचाए, वही भाषा को बनाए या बिगाड़े। बस, सारा काम सरकार करे, हम आराम करें !

हमें जनता को भी झकझोरना है और सरकार तथा विश्वविद्यालय को भी बता देना है कि हिन्दी की यह उपेक्षा या विरोध हमारे लिए सह्य नहीं। इस सम्बन्ध में एक निश्चित कार्यक्रम बनाकर यदि हम छः महीने काम कर सकें, तो बिहार में हिन्दी के लिए एक ऐसा वातावरण पैदा कर सकेंगे कि 1960 तक सारे बिहार में सम्पूर्ण रूप से हिन्दीकरण सम्पन्न हो जाए। सरकार ने भी इसके लिए यही अवधि रखी है।

सम्मेलन के सिर पर एक महान उत्तरदायित्व आया है। वियोगी एवं वर्माजी के कन्धों पर समय ने एक नए नेतृत्व का बोझ रख दिया है। हमें विश्वास है, हमारे ये दो साथी इस बोझ के वहन के लिए उपयुक्त बल और साहस रखते हैं। उन्होंने पुकार दी और सारे बिहार के हिन्दी-प्रेमी सम्मेलन के प्रांगण में उपस्थित हो जाएँगे। तब हम एक अच्छा कार्यक्रम बना सकेंगे और उसे पूरा करके ही दम लेंगे, हमें इसमें भी तनिक सन्देह नहीं है। आज देशभर में हिन्दी-विरोधी भावनाएँ जग रही हैं। यदि बिहार में हम इस भावना को कुचल सके, तो सारे देश के लिए भी हम पथ-प्रदर्शन दे सकेंगे। माँ-हिन्दी की यही माँग है।

[नई धारा, नवम्बर 1958]

माँ हिन्दी, तुम्हारे बेटे कहाँ हैं ?

कवीन्द्र रवीन्द्र ने बंगालियों की अकर्मण्यता पर आँसू बहाते हुए कहा था—

सप्त कोटि संताने रे तव बंग जननी,
रखेछे बंगाली करे मानुष करोनी।

बंग-माता, सात करोड़ तुम्हारे बेटे हैं; उन्हें सिर्फ बंगाली बनाकर तुमने रखा है, मनुष्य नहीं बनाया !

आज बीस करोड़ लोग जो अपने को हिन्दीभाषी कहते हैं, क्या उन्हें सम्बोधित कर कुछ ऐसा ही नहीं कहा जा सकता है ?

देवघर से जैसलमेर और जालन्धर से इन्दौर तक हिन्दी की ध्वजा फहरा रही है—कहने में कितना अच्छा लगता है, सुनकर गर्व से छाती फूलने लगती है, किन्तु बाहर की बात छोड़िए, इस भूभाग के अन्दर भी हिन्दी की क्या स्थिति है, क्या गौर से सोचा जा सका है ?

ज्यों ही स्वराज्य हुआ, इस भूभाग के अन्दर के सभी राज्यों ने एक स्वर से घोषित किया, हमारी राज्यभाषा हिन्दी है।

बिहार, उत्तरप्रदेश, विन्ध्यप्रदेश, मध्यभारत, मध्यप्रदेश, राजस्थान, दिल्ली, पूर्वी पंजाब, हिमाचल प्रदेश—नौ प्रदेशों की राज्यभाषा बनकर हिन्दी ने कितना गर्व अनुभव किया होगा।

और इस घोषणा के बाद बारह वर्ष बीत गए। कहा जाता है, बारह वर्ष पर घूरे का भी भाग्य पलटता है, लेकिन जिसका भाग्य अनायास और अचानक ही उस दिन चमक उठा था, वह बेचारी हिन्दी इस भूभाग में कहाँ है ?

विश्वविद्यालयों ने तो जैसे क़सम खा ली है कि हम अपना हिन्दीकरण नहीं होने देंगे। स्वराज्य के बाद ही, पटना विश्वविद्यालय ने सभी हिन्दीभाषी भूभागों के विश्वविद्यालयों के प्रतिनिधियों को आमन्त्रित किया था और अलग-अलग विश्वविद्यालयों ने अलग-अलग विषयों

के लिए हिन्दी में पाठ्यग्रन्थ तैयार करने का उत्तरदायित्व भी ले लिया था; लेकिन तब से कोई खोज-खबर भी नहीं ली जा सकी कि यह काम कहाँ तक हुआ, कहाँ रुका है।

अब तो पटना विश्वविद्यालय तेजी से अँगरेजी की ओर दौड़ रहा है, क्योंकि उसके उपकुलपति का विश्वास है कि यदि भारत को एक रहना है, तो उसे उच्च शिक्षा का माध्यम अँगरेजी को ही रखना चाहिए।

भारत को एक रहना है, इसकी बलिवेदी पर यदि उच्च शिक्षा को बलिदान कर दिया जाए, तो हर्ज क्या है ?

जब शिक्षा-शास्त्री शासक की भाषा में बोलने की चेष्टा करता है, तो वह अपने को कैसा उपहासास्पद बना लेता है, काश, वह इसकी कल्पना कर पाता।

भारत एक रहे, ठीक; इसके लिए अँगरेजी ही एक माध्यम हो सकती है, यह भी मान लिया जाए। लेकिन इसीलिए सारी शिक्षा का माध्यम ही अँगरेजी बनी रहे, यह कौन-सी दलील हुई।

लेकिन ऐसी दलील दी जाती है और स्वीकृति भी पाती है।

इलाहाबाद विश्वविद्यालय हिन्दी का गढ़ समझा जाता था। उस गढ़ की एक भी दीवाल क्या साबुत बची है। •

हिन्दू विश्वविद्यालय की स्थापना के मूल में यह भावना थी कि यहाँ सारी पढ़ाई हिन्दी के माध्यम से की जा सकती। क्या वह भावना पूरी की जा सकी ? अब तो चेष्टा यह है कि इस विश्वविद्यालय से हिन्दीभाषियों के प्रभाव को भी दूर कर दिया जाए। हिन्दी के समुद्र में यह अँगरेजी के एक द्वीप के रूप में काम करता रहे, नई दिल्ली की नई चेष्टा यह है।

मालवीयजी की आत्मा आज क्या कह रही होगी ?

आगरा विश्वविद्यालय तो विशुद्ध परीक्षाओं का विश्वविद्यालय रहा—अनावश्यक रूप से लम्बा-चौड़ा फलतः ढीलाढाला। राजस्थान विश्वविद्यालय की नींव भी नहीं दृढ़ हो पाई है।

नागपुर विश्वविद्यालय तो अब हिन्दी के क्षेत्र से बाहर हो चुका है। जबलपुर विश्वविद्यालय तो कल बना है। सागर विश्वविद्यालय से बड़ी आशा रही है। जब त्रिपाठीजी उपकुलपति थे, तब भी। अब पं. द्वारकाप्रसाद मिश्र के कुशल हाथों में उसका नेतृत्व है। मिश्रजी हिन्दी के जाने-माने लेखक और कवि हैं। एक दुर्द्धर्ष नेता हैं। उनका प्रभाव हिन्दी को पूर्णरूपेण मिल सके, तो क्या नहीं हो जाए। सागर-विश्वविद्यालय एक आदर्श हिन्दी विश्वविद्यालय में परिणत हो सकता है।

दिल्ली और पंजाब के विश्वविद्यालयों में हिन्दी के लिए वह उत्साह नहीं रहा, तो कोई आश्चर्य की बात नहीं।

हिन्दी के विरोधियों का मुख्य अखाड़ा बन गए हैं हमारे विश्वविद्यालय। विश्वविद्यालय-अनुदान-आयोग ने कोड़ में खाज पैदा कर रखी है। कहीं हमने हिन्दी के लिए आगे कदम बढ़ाया, तो ऐसा न हो कि हमारे विश्वविद्यालय को मिलनेवाली अनुदान की रकम में भारी कमी कर दी जाए, इस डर के मारे हिन्दी-प्रेमी उपकुलपति की भीगी बिल्ली बन रहे हैं।

उपकुलपति-पद के साथ मुख्यमन्त्रित्व से भी डेढ़ी-दुगुनी रक़म मासिक वृत्ति में बँधी है, इसका भी असर विश्वविद्यालयों की स्वतन्त्रता पर पड़ रहा है।

कहने को हर विश्वविद्यालय स्वतन्त्र है, किन्तु थैली की रस्सी ने उसे सरकार की दुम में बाँध रखा है।

जब विश्वविद्यालयों की यह हालत, तो फिर सरकारी महक़मों की बात क्या पूछना ?

बिहार सरकार ने 1950 में ही तय किया कि वह 1957 से अपने सारे कामकाज हिन्दी

में ही करने लगेगी। हिन्दीकरण की प्रगति देखने के लिए उसने दो समितियाँ भी बनाईं, उन दो समितियों में हिन्दी के समर्थकों का ही बहुमत रहा, किन्तु सारी चेष्टाओं के बावजूद 1957 तक मुश्किल से आधे सरकारी विभागों में एक चौथाई काम भी होने पाया।

क्या तीन वर्षों में यह काम पूरा कर लिया जाएगा ? एक वर्ष उनमें भी बीत गया किन्तु हिन्दी का छकड़ा जहाँ का तहाँ खड़ा है।

दिल्ली में 'लोकसभा' और 'राज्यसभा' चल गई, पटना में अब तक 'असेम्बली' और 'कौंसिल' जारी है।

नाम की यह हालत, तो काम की क्या बात ? सरकारी कचहरियों में, सचिवालय के मुहकमों में अँगरेजी का दौर-दौरा है। बहुत शोर करने पर इधर-उधर हिन्दी के दर्शन हो जाया करते हैं। कुत्ते की पूँछ—पकड़े रहिए तो सीधी, नहीं तो फिर टेढ़ी की टेढ़ी।

और जहाँ हिन्दी भी है, तो वह हिन्दी कि कुछ न पूछिए। उसका अर्थ समझने के लिए फिर उसी डिक्शनरी की ज़रूरत पड़ेगी, जिसकी प्रतियाँ सरकारी अनुवाद-विभाग में प्रचुरता से रख दी गई हैं, किन्तु जिस डिक्शनरी को साधारण पाठक छूता भी नहीं है। सरकारी कृपा से वह तैयार हुई, सरकारी कृपा से छपी और सरकार ने ही कृपा कर उसकी सारी प्रतियाँ खरीदकर अपने विभागों में बँटाईं। बाजार में वह मिलती कहाँ है ? उसे पूछता भी कौन है ?

हिन्दीकरण के विरुद्ध जो आज वातावरण है, उसका मुख्य कारण है यह डिक्शनरी और उसके रचयिता का शान्तिगान आज भी सुनाई पड़ता है।

हिन्दी की निस्सीम हानि करने के लिए जिसे कालापानी मिलना चाहिए था, वह इस स्वतन्त्र भारत में पद्मश्री प्राप्त कर लेता है—कैसा आश्चर्य।

यदि कोई हिन्दीसेवी संस्था एक प्रतिनिधि-मंडल भेजकर पता लगाए कि हिन्दीभाषी प्रान्तों में, स्वराज के इन बारह वर्षों में, हिन्दीकरण कहाँ तक हो पाया है, तो वह आँकड़ा ऐसा होगा कि हमें लज्जा से सिर झुका लेना पड़ेगा।

1965 तक सारे भारत में हिन्दी की ध्वजा लहराते देखने की इच्छावाले यदि अपने घरों में भी तब तक हिन्दी की ध्वजा फहरा लें, तो एक ग़नीमत की बात हो।

और ऐसा नहीं होगा, नहीं होगा, नहीं होगा—हम दावे के साथ कह सकते हैं।

क्योंकि हिन्दीमाता ने बीस करोड़ हिन्दीभाषी ही पैदा किए, उन्होंने मनुष्य पैदा किया ही नहीं।

मनुष्य, जिसमें आन हो, शान हो, इज्जत हो, ग़ैरत हो। सरकारी रुख पर घुँघरू बाँधकर नाचनेवाले दाँत-निपोड़ों को मनुष्य नहीं कहा जा सकता, नहीं कहा जा सकता।

[**नई धारा**, दिसम्बर 1958]

स्वराज्य और साहित्य

बारह वर्ष हो गए हमें स्वतन्त्र हुए : हमारी स्वतन्त्रता का कौन-सा प्रभाव हमारे साहित्य पर पड़ा है ?

इसमें कोई सन्देह नहीं कि स्वराज्य ने ही साहित्य-अकादमी ऐसी संस्था हमें दी है जो भारत-भर की सभी भाषाओं के साहित्य और साहित्यकार को यथोचित सम्मान दे रही है, उनकी उत्तमोत्तम कृतियों को अन्य भारतीय भाषाओं में अनूदित कर देशव्यापी प्रचार का और प्रसार का पथ प्रशस्त कर रही है। साहित्य-अकादमी की भारतीय साहित्य की यह सेवा कभी भुलाई

नहीं जा सकेगी।

यही नहीं, स्वराज्य के बाद प्रायः सभी प्रादेशिक सरकारों ने अपनी-अपनी भाषाओं की सेवा करने की चेष्टा की है। अच्छी-अच्छी पुस्तकें प्रकाशित की गई हैं; लेखकों और कवियों को सम्मानित किया गया है। पत्र-पत्रिकाओं तथा साहित्यिक संस्थाओं को भी यथायोग्य सहायता करने की कोशिश की गई है।

अब भारत की कोई भी भाषा अपने को अनाथ नहीं समझ सकती है। सबके सिर पर किसी-न-किसी राज्य-सरकार का वरद हाथ है।

स्वराज्य तो हिन्दी के लिए वरदान रहा ही। स्वराज्य की लड़ाई के दरम्यान ही इसे राष्ट्रभाषा के रूप में स्वीकार किया जा चुका था। ज्यों ही स्वतन्त्र भारत के लिए संविधान स्वीकृत किया गया, उसमें हिन्दी को राज्यभाषा के रूप में स्वीकृति दी गई। प्रश्न सिर्फ यह रहा या है कि किस अवधि के भीतर भारत-भर में अँगरेजी के स्थान में सम्पूर्ण रूप से हिन्दी का प्रवेश हो।

सारे देश में हिन्दी के प्रचार और प्रसार के लिए केन्द्रीय सरकार तथा राज्य सरकारों की ओर से चेष्टा जारी है। जहाँ से विरोध की आवाज उठती है, वहाँ भी इसके लिए चेष्टा हो रही है। हाँ, सिर्फ गति का फर्क है—कहीं तेजी से, कहीं धीमे-धीमे।

स्वराज्य के बाद हिन्दी पुस्तकों के प्रणयन और प्रकाशन में भी बड़ी गति आई है। इन बारह वर्षों के अन्दर संस्था, गुण और परिमाण में हिन्दी-साहित्य की श्रीवृद्धि किसी भी युग की अपेक्षा अत्यधिक हुई है, इसमें सन्देह नहीं। खासकर लोकोपयोगी साहित्य में तो कमाल कर दिखलाया गया है।

स्वराज्य सिर्फ जनता की सुख-सुविधा के ही लिए आवश्यक नहीं है, साहित्य और कला के विकास के लिए भी वह एक अनिवार्य उपादान है; इन बाहर वर्षों ने इसे सिद्ध कर दिखलाया है।

किन्तु इस वृद्धि और विकास के साथ कुछ ऐसी बातें भी आई हैं, यदि हम उनकी ओर ध्यान नहीं दें, तो भाषा और साहित्य दोनों के लिए एक संकटकाल आ सकता है।

जो भाषा कल जनता के बीच में थी, उसे दरबार में जगह मिली है। दरबार के खास नियम, कायदे होते हैं। खास पोशाक और पहनावा होता है। डर रहता है कि दरबार में जाकर कहीं आप अपने को नहीं भूल जाएँ। थोड़े ही दिनों में हिन्दी पर यह बात लागू होने लगी है। वह जनता की भाषा का रूप छोड़कर दरबारी रूप धारण करने लगी है। वह जनता से दूर पड़ने लगी है। थोड़े ही दिनों में वह जनता के लिए बोधगम्य भी नहीं रह जाएगी—ऐसी आशंका होने लगी है।

कहा जाता है, विज्ञान की, शास्त्र की, कानून की भाषा बनने के लिए हिन्दी को विशिष्ट शब्दावली और शैली अपनानी ही होगी। गँवारू बोली में नागरिक भावों की अभिव्यक्ति कैसे सम्भव है ? बाजार की भाषा को हाईकोर्ट के कमरों और कालेजों की कक्षाओं की भाषा बनाने के पहले उसमें काफी परिवर्तन लाना ही पड़ेगा।

यही भावना है, जिसने उस सुदूर समय की प्राकृत भाषा को 'संस्कृत' के रूप में परिणत किया होगा। आज हिन्दी को संस्कृत किया जा रहा है—उसका संस्कार कर नया रूप दिया जा रहा है। किन्तु इस संस्कृत हिन्दी का भी क्या वही हश्र नहीं होगा, जो 'संस्कृत' का हुआ ? वह मुट्ठीभर दरबारियों, शास्त्रियों, पंडितों की भाषा बनकर रह जाएगी और फिर कोई नई प्राकृत भाषा उसे अपदस्थ कर छोड़ेगी।

हर जीवित भाषा के शब्दों में वृद्धि और शैली में तब्दीली होती रहती है। शेक्सपीयर

के जमाने में तीस-चालीस हजार शब्दों की जो भाषा थी, वह वेल्स और शॉ के जमाने में डेढ़ लाख शब्दों की भाषा हो गई। शैली में भी परिवर्तन हुए। किन्तु अँगरेजी ने अपनी अँगरेजियत नहीं छोड़ी, फलतः वह जीवित भाषा है—एक ही साथ जनता की भाषा भी है और दरबार की भाषा भी।

पार्लियामेंट में ऐसी भाषा का व्यवहार नहीं होता, जिसे लंदन की गलियों में रहनेवाली जनता नहीं समझ पाती। यहाँ तो लिखित संसदीय भाषण या उत्तर की भाषा का अर्थ पढ़नेवाले मन्त्री, उपमन्त्री भी नहीं समझ पाते।

भाषा के साथ एक मजाक किया जा रहा है। आज हिन्दी उपहास की भाषा हो गई है। कुछ मजाकिए नए-नए शब्द गढ़कर समूचे हिन्दी-संसार को मजाक का पात्र बना रहे हैं।

डाक्टर रघुवीर और पंडित सुन्दरलाल—इन दो मजाकियों और उनके कुछ चेले-चाटियों ने हिन्दी को मजाक की चीज बना रखा है।

भाषा पर जैसे इन दो साढ़सातियों ने सवारी कस रखी है; उसी तरह हमारे कुछ साहित्यिकों ने, जिस साहित्य को तुलसी और सूर ने, प्रसाद और प्रेमचन्द ने इतने ऊँचे स्थान तक पहुँचाया, उसे दरबार की चाटुकारिता के साहित्य के निम्नस्तर पर ला दिया है। एक कविता लिखी नहीं कि किसी दरबार में सुनाने को दौड़ पड़े। एक पुस्तक छपी नहीं कि किसी मन्त्रीजी के श्रीचरणों में अर्पित करने को व्याकुल हो उठे।

सरकार द्वारा किताबों की खरीद-बिक्री में ईमान और आत्मसम्मान की खरीद-बिक्री भी शामिल हो गई है। सरकारी पुरस्कार साहित्यिक-कृतियों पर नहीं, बल्कि साहित्यिकों की आकृति और अनुकृति पर मिलते हैं। दिलीश्वरी वा जगदीश्वरी वा—का पुराना स्वर नए झंकार में गूँजने लगा है।

'गोदान' के लेखक और 'कामायिनी' के कवि को मरे बीस-बाईस साल हो गए; उनके वंशधर कहाँ हैं, कौन हैं, चिराग लेकर खोजने पर भी नहीं दिखाई पड़ते।

क्या यह स्थिति साहित्य की श्रीवृद्धि के लिए वांछनीय है।

अच्छी नौकरियों द्वारा, विधान-मंडल या संसद की सदस्यता के द्वारा साहित्यिकों को खरीदने की चेष्टा की जाती है, यह दूसरी बात है कि वे कीमत देने पर भी खरीदे नहीं जा सके; किन्तु दुर्दशाग्रस्त साहित्यिकों की ओर कृपादृष्टि डालने में पूरी कृपणता से काम लिया जाता है। एक ही प्रयाग के तीन साहित्य-महारथियों को देखिए—पंतजी रेडियो में नौकरी पा गए; महादेवीजी एम.एल.सी. हो गईं, किन्तु निरालाजी की तकदीर में दारागंज की गन्दी गली ही बदी रही।

इसी प्रकार हर बड़े शहर में सरकारी कृपा और कोष के अधिकारी साहित्यिकों की दो विपरीत कतारें आप पाएँगे।

कहीं लड्डू बँट रहे हैं; कहीं ढेले फेंके जा रहे हैं। और दोनों ही की नैतिकता चूर हो रही है—एक की, अभाव के कारण; दूसरे की, प्रभाव के कारण।

साहित्यिकों का कोई प्रभावशाली संगठन नहीं रह गया। जो संस्थाएँ बची-खुची हैं, उन्हें सरकारी राशि के लिए दौड़धूप करने से कहाँ फुर्सत। नई-नई संस्थाएँ जो बनती हैं, उनका ध्यान भी उसी राशि पर टँगा रहता है।

इस तरह हम देखते हैं कि स्वराज्य ने साहित्य को कुछ दिया है, तो उससे छीना भी कम नहीं है। लेखा-जोखा इस बात का लगाया जाना चाहिए कि इनमें अधिकता किसकी है। लेकिन ऐसा करने की फुर्सत किसको है ? सभी बहती गंगा में दो डुबकियाँ लगा लेने को उत्सुक हैं।

जब सूखी नदी में पहली बाढ़ का पानी आता है, तो उसके साथ कीचड़ और खरपात की भरमार होती ही है—यह तर्क ही पेश किया जा सकता है।

ठीक है; लेकिन उस गन्दे जल को पीने के पहले छान लेना होता है, नहीं तो न सिर्फ पेट की बीमारियाँ होंगी, बल्कि कभी-कभी जान भी खतरे में पड़ जा सकती है, हमें यह भूलना नहीं चाहिए।

स्वराज्य निस्सन्देह, वरदान है, समाज के लिए, साहित्य के लिए—मानव के लिए, उसके हर क्रिया-कलाप के लिए। किन्तु हर वरदान अभिशाप बन जा सकता है, यदि उसके उपयोग पर विवेक से नहीं काम लिया जाए। आवश्यकता है कि हम समय-समय पर अपने को कसौटी पर रखकर जाँच लिया करें और इस जाँच का जो फल हो, उसे वीरतापूर्वक स्वीकार करें।

स्वतन्त्रता की हर वर्षगाँठ हमें इसके लिए सुअवसर देती है—हम उसे उत्सव में ही नहीं, चिन्तन में भी बिताएँ।

दिनकर को सम्मान

प्रकृति के परिवार में तो आकाश के दिनकर अनादिकाल से ही स्वयं पद्म को धरती पर कवि की भावना का भूषण बनानेवाले रहे हैं, पर बिहार के साहित्यिक परिवार को यह जानकर एक अपूर्व गौरव का अनुभव हुआ है कि इस वर्ष गणतन्त्र-दिवस के अवसर पर स्वतन्त्र भारत के स्वनामधन्य राष्ट्रपति ने बिहार के मूर्धन्य कवि श्री रामधारी सिंह दिनकर को 'पद्मभूषण' की उपाधि से विभूषित किया है। यों तो सरकारी उपाधियाँ व्यक्तिगत सम्मान की सूचक हो सकती हैं पर राष्ट्रीय दृष्टि से यह सम्मान एक राष्ट्रकवि के रूप में बिहार के इस लोकप्रिय साहित्यकार के पार्श्व से समस्त साहित्य-जगत् को मिला है।

'नई धारा'-परिवार इस शुभ अवसर पर पद्मभूषण श्री दिनकरजी का हार्दिक अभिनन्दन करता है।

[**नई धारा**, जनवरी 1959]

"श्रीमन्, आपके राज्य में कला और साहित्य का विकास नहीं हो रहा !"

नेपोलियन एक विचित्र शासक था। एक ओर उसने इतिहास की गति को पीछे की ओर ठेल दिया, प्रजातन्त्र का विलोप कर फिर से राजतन्त्र की स्थापना की; दूसरी ओर उसने प्रगति के कई क्षेत्रों में कमाल कर दिखाया; उनमें एक क्षेत्र कला और साहित्य का भी था। जिस समय वह मास्को के युद्ध-क्षेत्र में था, जीवन-मरण के संग्राम में रत था, उस समय ही वहीं से उसने एक फरमान भेजकर फ्रांस में राष्ट्रीय रंगमंच की परम्परा स्थापित की।

कहा जाता है, एक दिन किसी कलाकार से उसकी भेंट हुई। उसने अपने शासन के बारे में उससे राय पूछी। कलाकार पहले तो भौचक हो रहा; क्या कहे, क्या न कहे ? फिर साहस बटोरकर उसने कह ही दिया—"श्रीमन्, आपके राज्य में कला और साहित्य का विकास नहीं हो रहा !"

"क्या सच ? तो, मैं अपने गृहमन्त्री से पूछूँगा !" नेपोलियन ने सहज स्वर मे उत्तर दिया !

पता नहीं, नेपोलियन ने अपने गृह-मन्त्री से पूछा या नहीं; किन्तु उसका ध्यान इस ओर आकृष्ट हुआ यह मास्कोवाले उसके फरमान से ही सिद्ध हो जाता है !

हमारे आज के शासक भी कलाकारों और साहित्य-सेवियों से प्रायः मिलते रहते हैं। किन्तु पता नहीं ऐसे प्रश्न उन्होंने कभी पूछे हों. और न इसी का पता है कि उन कलाकारों या साहित्यकारों ने इस प्रकार दो टूक बातें उनसे कहीं हों ! आज के कलाकार या साहित्यकार अधिकतर उनके समक्ष अपनी कला का प्रदर्शन करने और बदले में उनसे पुरस्कार ही पाने को जाते हैं ! ज्यादा-से-ज्यादा कोर्निश और मिजाजपुर्शी तक ही बात ख़त्म हो जाती है !

काश, आज के जनतन्त्री शासकों में वह सदाशयता और समदर्शिता होती, कला और साहित्य के प्रति वह अनुरक्ति और भक्ति होती, जो नेपोलियन ऐसे निरंकुश शासकों में भी पहले पाई जाती थी, तो कला और साहित्य उस ऊँची चोटी पर पहुँच चुके होते, जहाँ से आनन्द और कल्याण की किरणें बिखेरकर वे मानवता को और भी भव्य एवं दिव्य बना चुके होते ! या नहीं, तो हमारे कलाकारों और साहित्य-सेवियों में ही अपनी कृतियों के प्रति वैसी निष्ठा और प्रतिष्ठा होती तो वे खुलेआम उन शासकों को वस्तुस्थिति का पता देते रहते कि एक-न-एक दिन उनकी अन्धी आँखों का पटल भी खुल पाता और वे देख पाते वे किस भूलभुलैया की दुनिया में चक्कर काट रहे हैं।

आज जिन लोगों के हाथों में शासन की बागडोर है उनमें कला और साहित्य के प्रति रुचि या आकर्षण नहीं है, यह बात नहीं है। उनमें से कुछ तो स्वयं कलाकार या साहित्यकार रहे हैं या आज भी हैं। कभी उनसे एकान्त में बातें कीजिए कि कला और साहित्य के नाम पर उसाँसें भरने या आँसू बहाने से भी नहीं चूकेंगे; यह भी नहीं है कि वे आँसू घड़ियाल के आँसू हैं; किन्तु जहाँ कला और साहित्य के लिए कुछ ठोस काम करने की बात है, वे या तो बगलें झाँकने लगेंगे या कुछ फुसलाने-बहलाने की बात शुरू करेंगे ! और, यदि कहीं इस ओर कोई काम शुरू भी किया गया, तो वह खेलवाड़-मात्र बनकर रह जाता है ! करोड़ों, अरबों के व्ययक में दस-बीस हजार या दो-चार लाख साहित्य और कला के नाम पर देकर वे अपने को धनधन्य समझने लगते हैं !

समाज के नवनिर्माण की बात हो ही रही है। दूसरी पंचवर्षीय योजना भी समाप्त होने जा रही है। नवनिर्माण के बहुत से काम पूरे किए गए, यह भी दावा किया जाने लगा है। किन्तु समाज के नवनिर्माण के साथ-साथ मानव का नवनिर्माण भी होना चाहिए; क्या इस ओर भी उतना ही ध्यान दिया जा रहा है ? सोने की पुरी बना लीजिए; लेकिन भूलिए मत कि जहाँ एकमात्र ध्यान सोने पर ही गया, तो वह पुरी लंका बनकर रहेगी, वहाँ राक्षसता का वास होगा और कभी-न-कभी किसी हनुमान की पूँछ की आग से उसे जलना पड़ेगा, गलना पड़ेगा और—"रहा न कुल कोउ रोवन हारा"—तुलसी के इस कथन की चरितार्थता को स्वीकार करना पड़ेगा !

हम उसके लक्षण आज भी देख रहे हैं। जितना थोड़ा-बहुत भौतिक नवनिर्माण हमने कर लिया है, क्या उसी अनुपात में हमारा नैतिक पतन नहीं हुआ है ? अँगरेजी राज के ज़माने में भी क्या ऐसा भ्रष्टाचार हमारे देश में था ? अनाचार, कदाचार, अत्याचार के कारण देश में हाहाकार मचा हुआ है ! चोरी, डकैती, बलात्कार, अपहरण, लूट, हत्या, घूसखोरी, सीनाजोरी का बोलबाला है ! यह सब क्यों बढ़ रहा है—क्या कभी सोचा जा रहा है ? ऊसर भूमि में पानी पहुँचाने से ही क्या हुआ, यदि हृदय की करुणधारा ही सूख गई ? घर-घर में बिजली जगमगा दीजिए; लेकिन यदि मानस में अन्धकार ही छाया रहा, तो इस ऊपरी प्रकाश का क्या मोल ?

साहित्य और कला का सच्चा उपयोग यहीं है। ये हमारे मन के मैल को धोते हैं। ये हमारे हृदय में ममता की मन्दाकिनी बहाते हैं। ये हमारी भावनाओं को ऊर्ध्वगामी बनाते हैं। ये हमारे विचारों को सन्तुलित करते हैं। एक वाक्य में—ये मानव के हृदय में मानवता की स्थापना करते हैं।

अतः हर शासक जो अपने देश या समाज का नवनिर्माण चाहेगा, वह कला और साहित्य को भी उतना ही महत्त्व देगा, जितना अन्य योजनाओं को !

क्या आज के हमारे शासक ऐसा कर रहे हैं ? इसकी यथार्थता उनका व्ययक सिद्ध करता है ! करोड़ों, अरबों के व्ययक में देखिए, साहित्य और कला के अभ्युदय के लिए कितनी रक़म रखी गई है !

इस समय देशभर की विधानसभाओं में और केन्द्रीय संसद में व्ययक पेश किए गए हैं और उन पर बहसें हो रही हैं। यही समय है कि हम जान सकते हैं कि राज्य सरकारें या केन्द्रीय सरकार कला और साहित्य के लिए क्या और कितना करने जा रही है !

यह देखने पर निराशा ही निराशा मिलती है !

अतः हर साहित्यसेवी और कलाकार का यह धर्म हो जाता है कि वह शासकों के समक्ष निर्भीकता से कहे—श्रीमान्, आपके राज्य में कला और साहित्य का विकास उस परिमाण में नहीं हो रहा है, जितना होना चाहिए !

जो वाणी के वर-पुत्र हैं, उनकी वाणी की उपेक्षा अधिक दिनों तक नहीं की जा सकती। किन्तु वे बोलें तो, मुँह खोलें तो !

दो-चार अंकोंवाले सिक्के हमारे सामने फेंककर जो हमारा मुँह बन्द कर देने का सपना देखते हैं, उनका सपना हम तोड़ें तो !

एक-न-एक दिन शासकों का यह सपना टूटकर रहेगा; हमारा मुँह खुलकर रहेगा ! हमें डर है तो यही कि इसमें इतनी देर न हो जाए कि हमारी वाणी चिनगारियाँ बनकर निकले, एक विस्फोट हो, और इस विस्फोट में शासकों का सिंहासन सबसे पहले भस्मीभूत हो जाए !

संसार के सभी विप्लवों में वाणी के वर-पुत्रों की जिह्वा और लेखनी ने जो कमाल किए हैं, कम-से-कम उन्हें सदा ध्यान में रखा जाए, हमारा नम्र निवेदन यह है !

[**नई धारा**, मार्च 1959]

विद्यापति पदावली

[1925 ई.]

संपादन और शब्दार्थ

श्रीरामवृक्ष बेनीपुरी

कुछ बातें

बेनीपुरीजी ने विद्यापति पदावली 1925 में संकलित और संपादित की थी। 1925 में पहले उन्होंने विद्यापति की संक्षिप्त जीवनी लिखी। वह जीवनी इस ग्रंथावली के जीवनी खंड (पाँचवाँ खंड) में शामिल है। बेनीपुरी ने यही संक्षिप्त जीवनी 'विद्यापति पदावली' की भूमिका के रूप में लगभग जस की तस दे दी थी। इसलिए वह भूमिका पदावली के साथ नहीं दी जा रही है। पदावली की इस भूमिका से पहले अयोध्यासिंह उपाध्याय का लिखा प्राक्कथन 'मैथिल कोकिल' तथा बेनीपुरी की लिखी 'विशेष सूचना' थी। उसे यथावत जाने दिया जा रहा है। विद्यापति की जीवनी के शुरू में एक टिप्पणी लिखकर बेनीपुरी ने पदावली के लिए मिथिला क्षेत्र के लोगों से विद्यापति की प्रचलित रचनाएँ आमंत्रित की थीं। वह टिप्पणी यहाँ दी जा रही है। इससे विद्यापति पदावली को लेकर बेनीपुरी की विस्तृत योजना का पता चलता है। टिप्पणी इस प्रकार है :

सूचना

विद्यापति की पदावली का एक विस्तृत सुंदर और सुलभ संस्करण निकालने का आयोजन किया जा रहा है। अभी तक विद्यापति के बहुत से ऐसे पद, जिन्हें स्त्रियाँ विवाह के अवसर पर गाती हैं, एवं बहुत-सी नचारियाँ अप्रकाशित हैं। मैं मिथिला-देशवासी, मैथिली के प्रेमियों से सांजलि, सविनय, सादर और साग्रह अनुरोध करता हूँ कि वे कृपा कर ऐसे पदों को हिंदी-पुस्तक-भंडार, लहेरियासराय के पते पर भेज दें। पूरी पदावली निकलने पर उनके नाम उसमें सधन्यवाद प्रकाशित किए जाएँगे एवं पदावली की एक-एक प्रति उन्हें भेंट की जाएगी। विद्यापति हिंदी के जयदेव हैं—भाषा का कोई कवि उनके मधुर वर्णन की छाया तक नहीं छू सकता। किंतु हम लोगों की अकर्मण्यता के कारण हिंदी-कवियों में उन्होंने अभी तक अपना उचित स्थान नहीं प्राप्त किया है। इस कलंक-मोचन के लिए हमें तैयार हो जाना चाहिए। आपको उचित है कि जब आप किसी स्त्री-पुरुष को विद्यापति का कोई पद गाते हुए सुनें, शीघ्र उसे लिखकर उक्त पते से भेज दें। टिकट खर्च करने की भी आवश्यकता नहीं। बस, बैरिंग ही भेजिए, हाँ, उस पर 'विद्यापति के पद' इतना अवश्य लिख दें, जिससे कोई गड़बड़ न हो।

आपका तुच्छ सेवक—
श्रीरामवृक्ष शर्मा बेनीपुरी

बेनीपुरी ने विद्यापति की पदावली का जो संकलन प्रकाशित किया उससे इस महत्त्वपूर्ण हिंदी कवि की नई पहचान बनी। हरिऔध ने उस समय इस पुस्तक के 'प्राक्कथन' में यह बात एक प्रकार से स्वीकार भी की है। हरिऔध का 'मैथिल कोकिल' शीर्षक प्राक्कथन आगे दिया गया है। उसके बाद बेनीपुरी की लिखी विशेष सूचना दी जा रही है जो पदावली के बाद के संस्करणों में नहीं दी जाती रही है।

—सुरेश शर्मा

मैथिल-कोकिल

कोकिल की कलकंठता कितनी मधुर, कितनी सरस और कितनी हृदय-ग्राहिणी होती है; इसका परिचय इसी से मिलता है कि जब संस्कृत के सहृदय विद्वानों को कविकुलगुरु महर्षि वाल्मीकि की वंदना के लिए जिह्वा खोलनी पड़ी तब उन्होंने यही कहा–

कूजन्तं रामरामेति मधुरं मधुराक्षरम्।
आरुह्य कविता-शाखां वंदे वाल्मीकि-कोकिलम्।।

इस एक श्लोक ही में–जो समस्त गुण आदिकवि की रचनाओं में हैं उनका व्यापक निरूपण है–थोड़े से शब्दों में ही बहुत कुछ कह दिया गया है। इसी प्रकार भारती के वरपुत्र विद्यापति की लोकोत्तर रचनाओं का परिचय देने, उनके माधुर्य, प्रसाद, सरसता और मनोमुग्धकारिता की व्याख्या करने के लिए उनको 'मैथिल-कोकिल' कह देना ही पर्याप्त है। आप मैथिली भाषा-राकारजनी के राकेश और कविता-कामिनी के कमनीय कांत हैं। आपकी कोकिल-काकली-कलित मधुमयता, कोमल-कांत पदावली, भावुक-हृदयविमोहिनी भावुकता और नव-नव भावोन्मेषिणी प्रतिभा देखकर चित्त विमुग्ध हो जाता है। आपके इन्हीं गुणों की आकर्षिणी शक्ति का यह प्रभाव है कि केवल मैथिली भाषा को ही आपका गर्व नहीं है, बंगभाषा और हिंदी भाषा-भाषी भी आपको अपनाने में अपना गौरव समझते हैं, और आज भी हृदय से आपका अभिनंदन करते हैं। तीन-तीन प्रांतों में समान भाव से समादृत होने का गुण यदि किसी कविता में है, तो आपकी ही कविता में है, अन्य किसी की कविता में आज तक यह महत्त्व नहीं प्राप्त हुआ। खेद है, ऐसी अपूर्व रचना का समुचित प्रचार अब तक प्रत्येक प्रांत में नहीं हुआ। इसी उद्देश्य की पूर्ति के लिए यह संग्रह तैयार किया गया है। संग्रहकर्ता ने उनकी उत्तमोत्तम रचना-कुसुमावली में से सरस-से-सरस सुमन के संग्रह करने में जिस मधुप-वृत्ति का परिचय दिया है, उसकी भूयसी प्रशंसा की जा सकती है। पाद-टिप्पणियाँ तो सोने में सुगंध हैं। यदि आप लोगों ने इसका समुचित समादर किया तो अतीव सुंदर आकार-प्रकार में उक्त कविपुंगव की अधिकांश रचनाएँ आप लोगों के कर-कमलों में अर्पित की जाएँगी। उस समय मैं एक वृहत् भूमिका द्वारा इसी महान् कवि की रचनाओं पर समुचित प्रकाश डालने की चेष्टा करूँगा। आज इन कतिपय पंक्तियों को लिखकर ही संतोष ग्रहण करता हूँ।

–अयोध्यासिंह उपाध्याय

हिंदू विश्वविद्यालय
काशी

विशेष सूचना

विद्यापति के आश्रयदाता राजा शिवसिंह की राजधानी गजरथपुर में थी। यह गजरथपुर कहाँ है ? दरभंगा से 4-5 मील पूर्व दक्षिण कोने पर सिबईसिंहपुर नामक एक गाँव है, लोगों का कहना है, उसी का दूसरा नाम गजरथपुर था। वहाँ जाकर पता लगाने पर एक वृद्ध ब्राह्मण से मालूम हुआ कि यहीं शिवसिंह की राजधानी थी। वृद्ध ने बतलाया कि इधर भी उस गढ़ को खोदने से कभी-कभी सोना-चाँदी आदि द्रव्य मिलते थे। किंतु अब गढ़ का कहीं पता नहीं है—जहाँ पहले गढ़ था, वहाँ खेत लहरा रहे हैं।

इसी प्रकार राजा शिवसिंह के मित्र राजा पुरादित्य के विषय में भी कुछ विशेष बातें मालूम हुई हैं। आप द्रोणबार-कुल के भूमिहार-ब्राह्मण थे। आप बड़े ही प्रतापशाली थे और अपने बाहुबल से सप्तरी-परगना जीतकर उसमें अपना राज्य स्थापित किया था। विद्यापति अपनी 'लिखनावली' में लिखते हैं—

जित्वा शत्रुकुलं तदीय वसुभिर्येनार्थिनस्तर्पिता
दोर्दर्पार्जित सप्तरी जनपदे राज्य स्थितिः कारिता।
संग्रामेऽर्जुन भूपतिर्विनिहतो बंधोनृशंसायितः।
तेनेयं लिखनावली नृपपुरादित्येन निर्मापिता।।

हमें यह सूचित करते अपार हर्ष होता है कि विद्यापति-लिखित 'पुरुष-परीक्षा' नामक नीति-विषयक उत्कृष्ट संस्कृत-ग्रंथ का अनुवाद हिंदी-पुस्तक-भंडार प्रकाशित करने जा रहा है। इस पुस्तक का महत्त्व इसी से प्रकट होता है कि इसका अनुवाद बँगला की कौन कहे, अँगरेजी में भी हो चुका है। यही नहीं, यह ग्रंथ बहुत दिनों तक कोर्स की तरह बंगाल के कालेजों में पढ़ाया जाता था, और सुनने में आया है कि सिविल-सर्विस-परीक्षा में भी पाठ्य है।

—श्रीरामवृक्ष शर्मा बेनीपुरी

विद्यापति पदावली

(टिप्पणी-सहित)

वंदना

(1)

नंदक नंदन कदम्बेरि तरु-तर, धिरे-धिरे मुरलि बोलाब।
समय सँकेत-निकेतन बइसल, बेरि-बेरि बोलि पठाब।।2।।
सामरि, तोरा लागि, अनुखन बिकल मुरारि।।3।।
जमुनाक तिर उपवन उद्वेगल, फिर-फिर ततहि निहारि।
गोरस बिकनिके अबइत जाइत, जनि-जनि पुछ बनमारि।।5।।
तोंहे मतिमान, सुमति मधुसूदन बचन सुनह किछु मोरा।
भइन विद्यापति सुन बरजौवति बंदह नंद- किसोरा।।7।।

शब्दार्थ–1. नंदक नंदन = नंद के बेटे, श्रीकृष्ण। तर = तले, नीचे। 2. सँकेत-निकेतन = मिलने का सांकेतिक स्थान। बइसल = बैठे हुए। बेरि-बेरि = बार-बार। संकेत-स्थान में बैठे (मिलन का समय आया जान) बार-बार बुला रहे हैं (वंशी में पुकार रहे हैं) = "नामसमेतं कृत-संकेतं वादयते मृदु वेणुम्"–गीतगोविंद। 3. सामरि = श्यामा, सुंदरी–"शीते सुखोष्णसर्वाङ्गी ग्रीष्मे च सुखशीतला। तप्तकाञ्चनवर्णाभा सा स्त्री श्यामेति कथ्यते।" तोरा लागि = तुम्हारे लिए। अनुखन = प्रतिक्षण। 4, 5. तिर = तट। उद्वेगल = उद्विग्न हुए। ततहि = उसी ओर। जनि-जनि = प्रत्येक स्त्री से (पुल्लिंग–जन, स्त्री.–जनि)। यमुना के किनारे उपवन में (भ्रमण करते हुए) व्याकुल (होकर) पुनः-पुनः उसी ओर (तुम्हारे आगमन पथ की ओर) देखते हैं, और दूध-दही बेचने को आने-जानेवाली प्रत्येक जनी से वनमाली (श्रीकृष्ण तुम्हारे विषय में) पूछते हैं। 6. मतिमान = समझदार। 7. भनइ = कहते हैं। जौवति = युवती। बंदह = बंदना करो।

राधा की वंदना

(2)

देख देख राधा रूप अपार।
अपरुब के बिहि आनि मेराओल खिति-तल लावनि सार।।2।।
अंगहि अंग अनँग मुरछाएत हेरए पड़ए अथीर।
मनमथ कोटि-मथन करु जे जन से हेरि महि-मधि गीर।।4।।
कत-कत लखिमि चरन-तल नेओछए रंगिनि हेरि बिभोरि।
करु अभिलाख मनहि पदपंकज अहनिसि कोर अगोरि।।6।।

शब्दार्थ–2. अपरुब = अपूर्व। बिहि = विधि, ब्रह्मा। आनि मेराओल = ला मिलाया, रच दिखाया, खिति-तल = क्षिति–पृथ्वी पर। लावनि = लावण्य। 3. अनँग = कामदेव। अथीर = अस्थिर, चंचल। 4. मनमथ = कामदेव। मधि = में। जो करोड़ों कामदेवों को (अपने सौंदर्य

से) मथन करते हैं। (वह श्रीकृष्ण भी) जिसे देखकर (मूर्च्छित हो) पृथ्वी पर गिर पड़ते हैं। 5. लखिमि = लक्ष्मी। नेओछए = न्योछावर होती है। रंगिनि = सुंदरी। बिभोरि = बेसुध होकर। 6. अहनिसि = अहर्निश, दिन-रात। कोर = गोद। अगोरि (मैथिली) = पहरा देकर रखना। मन में अभिलाषा होती है कि इस पद-कमल को रात-दिन गोदी में 'अगोरकर' रखें।

देवी-वंदना

(3)

जय जय भैरवि असुर- भयाउनि, पसुपति-भमिनि माया।
सहज सुमति बर दिअ हे गोसाउनि, अनुगति गति तुअ पाया।।2।।
बासर -रैनि सबासन सोभित चरन, चंद्रमनि चूड़ा।
कतओक दैत्य मारि मुँह मेलल, कतेक उगिलि करु कूड़ा।।4।।
सामर बरन, नयन अनुरंजित, जलद-जोग फुल कोका।
कट कट विकट ओठ-पुट पाँड़रि, लिधुर-फेन उठ फोका।।6।।
घन घन घनन घुघुर कत बाजए, हन हन कर तुअ काता।
विद्यापति कवि तुअ पद सेवक, पुत्र बिसरु जनि माता।।8।।

शब्दार्थ–2. दिअ = दो। गोसाउनि = गोस्वामिनी, भगवती। पाया = पैर। 3. बासर = दिन। रैनि = रात। सबासन = शवासन = मुर्दे का आसन। चंद्रमनि = चंद्रकांतमणि। चूड़ा = शिखर; एक प्रकार का गहना। 4. कतओक = कितना ही। मेलल = रखा। कूड़ा = कुल्ला। 6. अनुरंजित = रँगा हुआ, लाल। जलद-जोग फुल कोका = बादल में लाल कमल फूले हों। पाँड़रि = एक लाल फूल। फोका = बुदबुद। 7. काता = कत्ता, तलवार।

"ते सुकृती रस-सिद्ध कबि, बंदनीय जग माहिं !
जिनके सुजस-सरीर कह, जरा मरन-भय नाहिं।।"

वयः-संधि

(4)

सैसव जौवन दुहु मिलि गेल, स्रवनक पथ दुहु लोचन लेल।।2।।
वचनक चातुरि लहु-लहु हास, धरनिये चाँद कएल परगास।।4।।
मुकुर हाथ लए करए सिंगार, सखि पूछइ कइसे सुरत-बिहार।।6।।
निरजन उरज हेरइ कत बेरि, बिहँसइ अपन पयोधर हेरि।।8।।
पहिलें बदरि-सम पुन नवरंग, दिन-दिन अनँग अगोरल अंग।।10।।
माधव पेखल अपरुब बाला, सैसव जौवन दुहु एक भेला।।12।।
विद्यापति कह तोहें अगेआनि, दुहु एक जोग इह के कह सयानि।।14।।

शब्दार्थ–2. सैसव = शिशुता, बचपन। जौवन = जवानी। दोनों आँखों ने कानों की राह पकड़ी = कटाक्ष करना प्रारंभ किया। 3. लहु-लहु = मंद-मंद। हास = हँसी। 4. परगास = प्रकाश। 5. मुकुर = आईना। 6. सुरत-बिहार = काम-क्रीड़ा। 7. निरजन = एकांत में। उरज = पयोधर—स्तन। हेरइ = देखती है। "स्मितं किञ्चिद्वक्रं सरलतरलो दृष्टिविभवः परिस्पंदो वाचामपि

नवविलासोक्तिसरसः। गतीनामारंभः किसलयितलीलापरिकरः, स्पृशंत्यास्तारुण्यं किमिह नहि रम्यं मृदगृशः।" 9. बदरि = बैर का फल। नवरंग = नारंगी, नींबू। कुच पहले बेर के समान छोटे थे, पुनः नारंगी-से हुए। 10. अनंग = कामदेव। अगोरल = पहरा देने लगा, डेरा डाल दिया। 11. पेखल = देखा। अपरुब = अपूर्व। 12. भेला = भया, हुआ। 14. के कह = कौन कहता है ?

(5)

सैसव जौवन दरसन भेल, दुहु दल-बलहि दंद-परि गेल।।2।।
कबहुँ बाँधए कच कबहुँ बिथार, कबहुँ झाँपए अंग कबहुँ उघार।।4।।
थीर नयान अथिर किछु भेल, उरज उदय-थल लालिम देल।।6।।
चपल चरन, चित चंचल भान, जागल मनसिज मुदित नयान।।8।।
विद्यापति कह करु अवधान, बाला अंग लागल पंचबान।।10।।

शब्दार्थ–2. दंद = द्वंद्व-युद्ध। परि गेल = पड़ गया, शुरू हो गया, ठन गया। दोनों (शैशव और यौवन) के सैन्यबल में द्वंद्व-युद्ध छिड़ गया। 3. कच = केश। बिथार = खोल देना। 4. अंग = देह (यहाँ छाती)। 6. अथिर = चंचल। उरज = कुच। उदयथल = उगने का स्थान। देल = दिया। कुचों के उत्पन्न होने के स्थान में लालिमा छा गई। 7. भान = मालूम होता है। पैर चंचल थे ही, अब चित्त भी चंचल मालूम होता है। 8. मुदित = बंद। नयान = आँखें। कामदेव जग तो गया पर उसकी आँखें बंद ही हैं, अभी पूरी नहीं खुलीं।

(6)

सैसव जौवन दरसन भेल, दुहु पथ हेरइत मनसिज गेल।।2।।
मदनक भाव पहिल परचार, भिन जन देल भीन अधिकार।।4।।
कटिकेर गौरब पाओल नितंब, एकक खीन अओक अबलंब।।6।।
प्रगट हास अब गोपित भेल, उरज प्रगट अब तन्हिकर लेल।।8।।
चरन चपल गति लोचन पाव, लोचन धैरज पदतल जाव।।10।।
नव कविसेखर कि कहए पार, भिन भिन राज भीन बेवहार।।12।।

शब्दार्थ–2. मनसिज = काम। शैशव और यौवन दोनों राहों को देखते हुए कामदेव ने (बाला के शरीर में) गमन किया। 3. पहिल परचार = पहले प्रचारित हुआ। 6. कटिकेर = कमर की। गौरब = गुरुता। नितंब = चूतड़। खीन = क्षीण, पतला। अओक = अन्य का, दूसरे का। 7, 8. गोपित = गुप्त। तन्हिकर = उसका। प्रकट हँसी अब लुप्त हुई और उसकी प्रकटता अब कुचों ने ले ली। 10. धैरज = धीरता। 'काव्यप्रकाश' में कहा है–श्रोणीबंधस्त्यजति तनुतां सेवते मध्यभागः। पद्भ्यां मुक्तास्तरलगतयः संश्रिता लोचनाभ्याम्। वक्षःप्राप्तं कुचसचिवतामद्वितीयन्तु वक्त्रम्। तद्गात्राणां गुणविनिमयः कल्पितो यौवनेन। 12. नव कविसेखर = विद्यापति का उपनाम।

(7)

कुच-जुग अंकुर उतपति भेल, चरन-चपल-गति लोचन लेल।।2।।
अब सब खन रह आँचर हाथ, लाजे सखीजन न पुछए बात।।4।।
कि कहब माधव बयसक संधि, हेरइत मनसिज मन रहु बंधि।।6।।

तइअओ काम हृदय अनुपाम, रोपल कलस ऊँच कए ठाम।।8।।
सुनइत रस-कथा थापए चीत, जइसे कुरंगिनि सुनए सँगीत।।10।।
सैसब जौवन उपजल बाद, केओ नहि मानए जय-अबसाद।।12।।
विद्यापति कौतुक बलिहारि, सैसब से तनु छोड़नहि पारि।।14।।

शब्दार्थ–3. खन = क्षण। 5, 6. माधव ! वयः-संधि (की बातें) क्या कहूँ–देखते ही कामदेव का मन भी बँध गया तथापि (बंदी होने पर भी) काम ने उसके अनुपम हृदय पर ऊँचा स्थान बनाकर कलस स्थापित कर दिया। 9. थापए = स्थापित करती है। कुरंगिनि = हरिणी। 11. उपजल बाद = होड़ मची, झगड़ा आरंभ हुआ। 12. केओ = कोई। अबसाद = पराजय। 14. शैशव को उसका शरीर छोड़ना ही पड़ेगा।

(8)

पहिलें बदरि कुच पुन नवरंग, दिन-दिन बाढ़ए पिड़ए अनंग।।2।।
से पुन भए गेल बीजकपोर, अब कुच बाढ़ल सिरिफल जोर।।4।।
माधव पेखल रमनि संधान, घाटहि भेटलि करइत असनान।।6।।
तनसुक सुबसन हिरदय लाग, जे पए देखब तन्हिकर भार।।8।।
उर हिल्लोलित चाँचर केस, चामर झाँपल कनक महेस।।10।।
भनइ विद्यापति सुनह मुरारि, सुपुरुख बिलसए से बर नारि।।12।।

शब्दार्थ–1. बदरि = बेर (फल)। नवरंग = नारंगी। पिड़ए = पीड़ा देता है। 3. बीजकपोर = बीजपुर, बड़ा (टाभ) नींबू। 4. सिरिफल = श्रीफल, बेल। जोर = जोड़ा। एक संस्कृत श्लोक है–उद्भेदं प्रतिपद्यपक्वबदरीभावं समेता क्रमात्। पुन्नगाकृतिमाप्य पूगपदबीमारुह्य बिल्वश्रियम्।। लब्ध्वा तालफलोपमां च ललितामासाद्य भूयोधुना। चञ्चत्काञ्चनकुम्भजम्भनमिमावस्याः स्तनौ बिभ्रतः।। 5. पेखल = देखा। 6. असनान = स्नान। 7. तनसुक = एक प्रकार का महीन कपड़ा। 9, 10. हिल्लोलित = झूलता हुआ। चाँचर = छितराया हुआ, झाँझर। हृदय पर झाँझरी-से बने हुए बाल डोल रहे हैं, मानो सोने के महादेव को चँवर से ढँग दिया हो। 13. बिलसए = विलास करे।

(9)

खने-खने नयन कोन अनुसरई; खने-खने बसन-धूलि तनु भरई।।2।।
खने-खने दसन-छटा छुट हास, खने-खने अधर आगे करु बास।।4।।
चउँकि चलए खने-खने चलु मंद, मनमथ-पाठ पहिल अनुबंध।।6।।
हिरदय-मुकुल हेरि हेरि थोर, खने आँचर देअ खने होए भोर।।8।।
बाला सैसव तारुन भेट, लखए न पारिअ जेठ कनेठ।।10।।
विद्यापति कह सुन बर कान, तरुनिम सैसव चिन्हए न जान।।12।।

शब्दार्थ–1. खने-खने = क्षण-क्षण। क्षण-क्षण में आँखें कोण का अनुसरण करती हैं। 2. क्षण-क्षण में अस्तव्यस्त वस्त्र (अंचल धूलि में गिरकर) शरीर को धूलि से भरते हैं। 3. दसन = दाँत। हास = हँसी। 4. अधर = होंठ। बास = आश्रय। 6. अनुबंध = भूमिका। 7. हिरदय-मुकुल = हृदय की कली, कुच। 8. भोर = भूल जाना। 9, 10. तारुन = तरुणाई, जवानी। कनेठ =

कनिष्ठ, छोटा। बाला के शरीर में बचपन और जवानी की भेंट हुई है—मुकाबला हुआ है। इन दोनों में कौन बड़ा और कौन छोटा (कौन निबल और कौन सबल) है, यह जान नहीं पड़ता। 12. कान = कान्ह, कृष्ण। तरुनिम = जवानी।

नखशिख

(10)

पीन पयोधर दूबरि गता, मेरु उपजल कनक लता।।2।।
ए कान्ह ए कान्ह तोरि दोहाई, अति अपरुब देखलि राई।।4।।
मुख मनोहर अधर रँगे, फुललि माधुरी कमलक संगे।।6।।
लोचन जुगल भृङ्ग अकारे, मधुक मातल उड़ए न पारे।।8।।
भउँहेरि कथा पूछह जनू, मदन जोड़ल काजर-धनू।।10।।
भन विद्यापति दूतिबचने, एत सुनि कान्ह करु गमने।।12।।

शब्दार्थ—1. पीन = पुष्ट। पयोधर = कुच। गता = गात, शरीर। मेरु = सुमेरु पर्वत। दुबली (तन्वी) के शरीर में पुष्ट कुच है, मानो सोने की लता (देह) में सुमेरु पर्वत (कुच) उत्पन्न हुआ हो। 4. अपरुब = अपूर्व। राई = राधा। 5, 6. अधर = ओष्ठ। रंगे = रँगे हुए, लाल। मधुरी = एक तरह का सुंदर लाल फूल जो मिथिला में विशेष होता है। सुंदर मुख पर रंगीन (लाल) अधर है, मानो कमल के फूल के साथ मधुरी फूली हो। 7-8. भृंग = भौंरा। मधुक मातल = मधु पीकर मस्त बना हुआ। (उस मुख-कमल में) दोनों लोचन भौरे के समान हैं (जो मुख-कमल का) मधु पीकर मस्त होने से उड़ नहीं सकते।

(11)

कि आरे ! नव जौवन अभिरामा।
जत देखल तत कहए न पारिअ, छओ अनुपम एक ठामा।।2।।
हरिन इंदु अरबिंद करिनि हिम, पिक बूझल अनुमानी।
नयन बदन परिमल गति तन रुचि, अओ अति सुललित बानी।।4।।
कुच जुग उपर चिकुर फुजि पसरल, ता अरुझाएल हारा।
जनि सुमेरु ऊपर मिलि ऊगल, चाँद बिहुनि सबे तारा।।6।।
लोल कपोल ललित मनि-कुंडल, अधर बिंब अध जाई।
भौंह भमर, नासापुट सुंदर, से देखि कीर लजाई।।8।।
भनइ विद्यापति से बर नागरि, आन न पाबए कोई।
कंसदलन नाराएन सुंदर तसु रंगिनि पए होई।।10।।

शब्दार्थ—1-2. अहा, कैसी सुंदर नई जवानी है ! जितना देखा, उतना कह नहीं सकता, छह अनुपम (पदार्थ) एक ही स्थान पर हैं। 4. इंदु = चंद्र। अरविंद = कमल। करिनि = हथिनी। हेम = सोना। पिक = कोयल। 4. परिमल = सुगंध। तन रुचि = शरीर की कांति। हरिन, चंद्र, कमल, हथिनी, सोना, कोयल—ये छहों क्रमशः आँख, मुख, शरीर की सुगंध, मस्तानी चाल, शरीर की कांति और मीठी बोली के उपनाम हैं। 5-6. चिकुर = केश। फुजि = खुलकर।

बिहिन = विहीन। दो कुचों से ऊपर केश खुलकर छिटके हुए हैं जिनसे (मुक्ता की) माला उलझी हुई है, मानो सुमेरु पर्वत पर चंद्रमा को छोड़कर (क्योंकि केश-रूपी अंधकार भी है) सब तारे मिलकर उगे हों। 7. लोल = चंचल। कपोल = गाल। अधर = ओष्ठ। बिंब = बिंबफल (लाल होता है)। अध = अधः, नीचे। अधर बिंब अध जाई = ओष्ठ की लालिमा देख बिंबफल नीचे जाता है, हीन मालूम होता है। 8. भमर = भौंरा। भौंह भमर = भौंहें भ्रमर के समान, काली हैं। नासापुट = नाक। कीर = सुग्गा। 10. कंसदलन नाराएन = (1) मिथिला के राजा, (2) श्रीकृष्ण। तसु = उसकी। रंगिनि = स्त्री।

"इश्क को दिल में दे जगह 'अकबर' इल्म से शायरी नहीं आती।"

नोट–'अद्‌भुत का एक अनुपम बाग' शीर्षक सूरदास का एक प्रसिद्ध पद्य है। साहित्य-संसार में उसकी बड़ी प्रशंसा होती है। सूरदास से डेढ़ सौ वर्ष पहले रची गई यह कविता पढ़कर पाठक विद्यापति की प्रतिभा का अंदाजा लगाएँ !

(12)

माधव कि कहब सुंदरि रूपे।
कतन जतने बिहि आनि समारल, देखल नयन सरूपे।।2।।
पल्लव-राज चरन-युग सोभित, गति गजराजक भाने।
कनक-कदलि पर सिंह समारल, तापर मेरु समाने।।4।।
मेरु उपर दुइ कमल फुलाएल, नाल बिना रुचि पाई।
मनि-मय हार धार बहु सुरसरि, तें नहि कमल सुखाई।।6।।
अधर बिम्ब सन, दसन दाड़िम-बिजु, रवि ससि उगथिक पासे।
राहु दूर बसु निअरे न आबथि, तें नहि करथि गरासे।।8।।
साराँग नयन बयन पुनि साराँग साराँग तसु समधाने।
साराँग उपर उगल दस साराँग, केलि करथि मधु पाने।।10।।
भनइ विद्यापति सुन बर जौबति एहन जगत नहि आने।
राजा सिवसिंह रूपनराएन, लखिमा देह प्रतिभाने।।12।।

शब्दार्थ–1. कि = क्या। 2. बिहि = बिधि ब्रह्मा। सरूपे = सत्य, प्रत्यक्ष। 4. पल्लव-राज = कमल। 4. कनक-कदलि = सोने के केले का थंभ (जाँघ की उपमा)। सिंह = (कटि की उपमा)। मेरु = पहाड़ (उभरी हुई छाती)। 5. दुइ कमल = दो कमल (दोनों कुच)। नाल = डंटी। रुचि = शोभा। 6. (कुचों पर) मणि-मालारूपी गंगा की धारा बह रही है। इसी से–उनके स्रोत में–(बिना नाल के भी दोनों कुच-रूपी) कमल नहीं मुरझाते। 7. अधर = ओष्ठ। सन = ऐसा। दसन = दाँत। दाड़िम = अनार। बिजु = बीज, दाना। रवि ससि उगथिक पासे = सूर्य-चंद्र एक जगह उगे हैं (चंद्रमा-से मुख में बाल सूर्य-सा लाल सिंदूर है)। 8. राहु (केश की उपमा)। निअर = निकट। 9. साराँग = (1) हरिण। साराँग = (2) कोयल। साराँग = (3) कामदेव। साराँग तसु समधाने = उसके संधान में, कटाक्ष में–काम बसता है। 10. साराँग = (4) कमल (ललाट)। दस (यहाँ बहुवाची)। साराँग = (5) भौंरा (केशों के लटके हुए गुच्छे। (मुखरूपी) कमल पर भौंरे (रूपी लटें लटकी) हैं, जो मधुपान की केलि कर रहे हैं। एहन = ऐसा। आने = दूसरा।

(13)

जुगल सैल-सिम हिमकर देखल, एक कमल दुइ जोति रे।।1।।
फुललि मधुरि फुल सिंदुर लोटाइलि, पाँति बइसलि गज-मोति रे।।2।।
आज देखल जत के पतिआएत, अपुरुब बिहि निरमान रे।।3।।
बिपरित कनक-कदलि-तर सोभित, थल-पंकज अपरूप रे।।4।।
तथहु मनोहर बाजन बाजए, जागए मनसिज भूप रे।।5।।
भनइ विद्यापति पुरुबक पुन तह, ऐसनि भजए रसमंत रे।।6।।
बुझए सकल रस राजा सिवसिंह, लखिमा देइ केर कंत रे।।7।।

शब्दार्थ–1. जुगल सैल = दो पहाड़ (कुचों की उपमा)। सिम = शिखर पर। हिमकर = चंद्रमा (मुख की उपमा)। कमल (मुख की उपमा)। दुई जोति = दो ज्योतियाँ (दो आँखें)। 2. मधुरि फुल = एक तरह का लाल फूल। फूली हुई मधुरी (अधर) सिंदूर पर लोटती है, और दाँत क्या है, गजमुक्ताओं की पंक्ति बैठी है। 4. विपरीत = उलटा। कनक-कदलि (जाँघ की उपमा)। थल-पंकज = स्थल-कमल (पैरों की उपमा); 5. तथहु = वहाँ भी। मनसिज = कामदेव। 6. पुन = पुण्य। ऐसनि = ऐसा। रसमंत = रसज्ञ, सुरसिक।

(14)

चाँद-सार लय मुख घटना करु, लोचन चकित चकोरे।
अमिअ धोए आँचर धनि पोछल, दह दिसि भेल उँजोरे।।2।।
कामिनि कओने गढ़ली।
रूप सरूप हमे कहए न पारिअ, लोचन लागि रहली।।4।।
गुरु नितंब भरे चलए न पारए, माझहि खीनि निमाई।
भाँगि जाएत मनसिज धरि राखलि, त्रिबलि लता अरुझाई।।6।।
भनइ विद्यापति अद्भुत कौतुक, ई सब बचन सरूपे।
रूपनराएन ई रस जानथि, सिवसिंह मिथिला भूपे।।8।।

शब्दार्थ–1. चंद्रमा का सार भाग लेकर (विधाता ने राधा के) मुख की रचना की, (जिसे देखते ही) चकोर की आँखें चकित हुईं। बाला ने (अपने मुख-चंद्र को) अंचल से पोंछकर जो अमृत को बहाया, वही (चाँदनी के रूप में) दसों दिशाओं में प्रकाशित हुआ। 3. कओने = किसने। गढ़ली = गढ़ा, रचना की। 4. भरे = भार से। माझहि = मध्य भाग में (कटि)। खीनि = क्षीण, पतली। निमाई = निर्माण की। 6. त्रिबलि लता = त्रिबली = पेट में पड़ी तीन रेखाएँ।

(15)

सुधामुखि के बिहि निरमलि बाला।
अपरुब रूप मनोभवमंगल, त्रिभुवन विजयी माला।।2।।
सुंदर बदन चारु लोचन-युग, काजर-रंजित भेला।
कनक-कमल माझे काल-भुजंगिनि श्रीयुत खंजन खेला।।4।।
नाभि-बिबर सएँ लोम लतावलि, भुजगि निसास-पिआसा।
नासा खगपति-चंचु भरम भयें, कुच-गिरि-संधि निबासा।।6।।
तिन बान मदन तेजल तिन भुवने, अवधि रहल दुइ बाने।

बिधि बड़ दारुन बधए रसिकजन, सोंपल तोहर नयाने।।8।।
भनइ विद्यापति सुन बर जौबति, ई रस केओ पए जाने।
राजा सिवसिंह रूपनराएन, लखिमा देइ रमाने।।10।।

शब्दार्थ–1. के बिहि = किस विधाता ने। निरमलि = निर्माण किया। मनोभवमंगल = कामदेव का शुभ स्वरूप–"मनोभवमंगलकलशसहोदरे"–गीतगोविंद। त्रिभुवन विजयी माला = तीनों भुवनों को पराजित करनेवाली माला के समान। 3-4. बदन = मुखड़ा। भेला = हुआ। सुंदर मुख में सुंदर काजल लगी आँखें हैं, मानो सोने के कमल (मुख) में काल-सर्पिणी (अंजन) खंजन के साथ क्रीड़ा कर रही हो। 5-6. बिवर = बिल, छेद। सएँ = से। रोमावलि = पंक्तिबद्ध बाल। भुजगि = सर्पिणी। निसास = साँस। खगपति = गरुड़। चंचु = चोंच। नाभि रूपी बिल से पंक्तिबद्ध बालरूपी सर्पिणी (नायिका की सुगंधित) साँसों की प्यास में आगे बढ़ी, किंतु नुकीली नाक को गरुड़ की चोंच समझकर डर से कुच रूपी दो पर्वतों के बीच के (संकीर्ण) मिलन-स्थान में आ बसी। 7-8. तिन = तीन। तेजल = छोड़ा। अँबधि = अवशिष्ट, बाकी। रहल = रहा। बधए = बधने को, हत्या करने को। तोहर = तुम्हारे। नयाने = आँखें। कामदेव को पंचबाण कहते हैं, सो मदन ने अपने (पाँच बाणों में से) तीन बाण तो तीनों लोकों में छोड़े, शेष उसके दो बाण रह गए। ब्रह्मा बड़ा ही निष्ठुर है, (उन बचे हुए दो बाणों को) रसिकों की हत्या करने के लिए तुम्हारे नयनों को सौंप दिया। 9. ई रस केओ पए जाने = यह रस कोई-कोई ही जानता है। 10. देइ = देवी। रमाने = रमण, पति।

•

"हृदय-सिंधु मति सीप समाना। स्वाती सारद कहहि सुजाना।।
जो बरसै बर बारि-बिचारू। होहिं 'कवित' चिंतामनि चारू।।"

(16)

जाइत देखलि पथ नागरि सजनि गे, आगरि सुबुधि सेयानि।
कनक-लता सनि सुंदरि सजनि गे, बिहि निरमाओलि आनि।।2।।
हस्ति-गमन जकाँ चलइति सजनि गे, देखइति राज-कुमारि।
जनिकर एहनि सोहागिनि सजनि गे, पाओल पदारथ चारि।।4।।
नील बसन तन घेरलि सजनि गे, सिर लेल चिकुर सँभारि।
तापर भमरा पिबय रस सजनि गे, बइसल पाँखि पसारि।।6।।
केहरि सम कटि-गुन अछि सजनि गे, लोचन अंबुज धारि।
विद्यापति कवि गाओल सजनि गे, गुन पाओल अवधारि।।8।।

शब्दार्थ–1. नागरि = नगर-निवासिनी; सुचतुरा। आगरि = अग्रगण्या। 2. सनि = समान। निरमाओलि आनि = लाकर बनाया। 3. जकाँ = ऐसा। 4. जनिकर = जिसकी। एहनि = ऐसी। 5. चिकुर = केश। 6. तापर = उस पर। भमरा = भौंरा। 7. केहरि = सिंह। अछि = (अस्ति) है। अंबुज = कमल। धारि = धारण करो, समझो (?)। अवधारि = निश्चय करके।

(17)

चिकुर-निकर तम-सम, पुनु, आनन पुनिम ससी।
नयन-पंकज के पतिआओब, एक ठाम रहु बसी।।2।।
आज मएँ देखलि बारा।
लुबुध मानस, चालक मयन, कर की परकारा।।4।।
सहज सुंदर गोर कलेवर, पीन पयोधर सिरी।
कनक-लता अति बिपरित, फरल जुगल गिरी।।6।।
भन विद्यापति बिहिक घटन, के न अदबुद जाने।
राजा सिवसिंह रूपनराएन, लखिमा देइ रमाने।।8।।

शब्दार्थ–1-2. चिकुर-निकर = केश-समूह। पूनिम = पूर्णिमा। ठाम = स्थान। केश-समूह अंधकार के समान हैं, फिर, मुख पूर्णिमा के चंद्र के समान और नयन कमल के (समान)–कौन विश्वास करेगा (कि ये सब परस्पर-विरोधी पदार्थ) एक स्थान पर बसते हैं। मएँ = मैंने। बारा = बाला। 4. लुबुध = लुब्ध, अनुरक्त। चालक = प्रेरित करनेवाला। मयन = काम। की परकारा = क्या उपाय। 5. सिरी = श्री, शोभायुक्त। 6. फरल = फला। 7. घटन = सृष्टि।

(18)

सजनी, अपरुब पेखलि रामा।
कनक-लता अवलंबन ऊअल, हरिन-हीन हिमधामा।।2।।
नयन-नलिन दुइ अंजन रंजित, भौंह बिभंग-बिलासा।
चकित चकोर-जोर विहि बाँधल, केवल काजर पासा।।4।।
गिरिबर गरुअ पयोधर-परसित, गिम गज-मोतिम हारा।
काम कंबु भरि कनक-संभु परि, ढारय सुरसरि-धारा।।6।।
पैसि पयाग जाग सत जागए, सोइ पाबए बहुभागी।
विद्यापति कह गोकुल-नायक, गोपी जन अनुरागी।।8।।

शब्दार्थ–1. अपरुब = अपूर्व। पेखलि = देखा। रामा = सुंदरी। 2. कनकलता = सोने की लता (देह)। ऊअल = उदित हुआ। हरिन-हीन हिमधामा = निष्कलंक चंद्र (मुख)। 3. नलिन = कमल। भौंह बिभंग-बिलासा = कुटिल कटीली भौंहों–भवों में भाव-भंगिमा। 5. जोर = जोड़ा। बाँधल = बाँधा है। पासा = पाश में, रस्सी में। 5-6. गिरिबर-गरुअ = पहाड़ के ऐसे भारी। पयोधर = कुच। गिम = ग्रीवा, कंठ गजोमोतिम = गजमुक्ता की। कंबु = शंख। कनक = सोना। पहाड़ ऐसे उत्तुंग कुचों को स्पर्श करती हुई गले में गजमुक्ताओं की माला है, मानो, कामदेव शंख (कंठ) में भरकर, सोने के महादेव (कुचों) पर गंगा की धारा (माला) ढार रहा हो। 7. पैसि = पैठकर, जाकर। पयाग = प्रयाग में। जाग = यज्ञ। सत = शत, सौ। (जो) प्रयाग में जाकर सैकड़ों यज्ञ करे, वही बहुभाग्यशाली (इस रमणी को) प्राप्त करे।

(19)

कनक-लता अरबिंदा। दमना माझ उगल जनि चंदा।।2।।
केओ कह सैबल छपला। केओ बोल नहि नहि मेघ झपला।।4।।

केओ कह भमए भमरा। केओ बोल नहि नहि चरए चकोरा।।6।।
संसय परु सब देखी। केओ बोलए ताहि जुगुति बिसेखी।।8।।
भनइ विद्यापति गावे। बड़ पुने गुनमति पुनमत पावे।।10।।

शब्दार्थ–1-2. दमना = द्रोणलता। माझ = में। उगल = उदित हुआ। जनि = मानो। सोने की लता पर कमल खिला है या द्रोणलता पर चंद्रमा उगा हुआ है। 3. केओ कह = कोई कहता है। सैबल = सेंवार। छपला = छिपा हुआ। 4. झपला = ढँका हुआ। 5. भमए भमरा = भौंरा भ्रमण कर रहा है। 6. चरए = चर रहा है, दाना चुग रहा है। 7. परु = पड़ गया। 10. पुने = पुण्य से। पुनमत = पुण्यवंत।

(20)

कबरी-भय चामरि गिरि-कंदर, मुख-भय चाँद अकासे।
हरिनि नयन-भय, सर-भय कोकिल, गति-भय गज बनबासे।।2।।
सुंदरि, किए मोहि सँभासि न जासि।
तुअ डर इह सब दूरहि पड़ाएल, तोहें पुन काहि डरासि।।4।।
कुच-भय कमल-कोरक जल मुदि रहु, घट परबेस हुतासे।
दाड़िम सिरिफल गगन बास करु, संभु गरल करु ग्रासे।।6।।
भुज-भय पंक मृनाल नुकाएल, कर-भय किसलय काँपे।
कबि-सेखर भन कत कत ऐसन, कहब मदन परतापे।।8।।

शब्दार्थ–1. कबरी = केश। चामरि = चँवरवाली गौ। 2. सर = स्वर, बोली। 3. किए = क्यों। सँभासि = बातचीत करके। जासि = जाती हो। सुंदरी, क्यों मुझसे बातें नहीं कर जाती ? 4. पड़ाएल = भाग गया। 5. कमल-कोरक = कमल की कली। घट परबेस हुतासे = घड़ा अग्नि में प्रवेश करता है। 6. दाड़िम = अनार। सिरिफल = बेल। गगन = आकाश। संभु = शिव। गरल = विष। मृनाल = कमल-नाल। नुकाएल = छिप गया। कर = हाथ। किसलय = नवीन पत्ता।

(21)

रामा, अधिक चंगिम भेलि।
कतन जतन कत अद्भुत, बिहि निधि तोहि देलि।।2।।
सुंदर बदन सिंदुर-बिंदु सामर चिकुर भार।
जानि रवि-ससि संगहि ऊगल पाछु कए अंधकार।।4।।
चंचल लोचन बाँक निहारए अंजन शोभा पाए।
जनि इंदीबर पवन-पेलल अलि भरें उलटाए।।6।।
उनत उरोज चीरें झपाबए पुनु पुनु दरसाए।
जइओ जतने गोअए चाहए हिमगिरि न नुकाए।।8।।
एहनि सुंदरि गुनक आगरि पुनें पुनमत पाव।
ई रस बिंदक रूपनराएन कवि विद्यापति गाव।।10।।

शब्दार्थ–1. रामा = सुंदरी। चंगिम = शोभामयी। भेलि = हुई। 2. कतन = कितना। कत =

कितना। बिहि = विधि, ब्रह्मा। निधि = खजाना। देलि = दिया। 3. बदन = मुख। सामर = काला। चिकुर = केश। 4. ऊगल = उदित हुआ। पाछु = पीछे। कए = करके। 5. बाँक = तिरछा। निहारए = देखती है। 6. इंदीबर = कमल। पवन-पेलल = पवन द्वारा प्रेरित। अलि भरें = भौंरे के भार से। उलटाए = उलट रहा हो। 7. उनत = उन्नत, उभड़े हुए। उरोज = कुच। चीरे = चीर से, साड़ी से। 8. जइओ = यद्यपि। जतने = यत्न से। गोअए = गोपन करना, छिपाना। हिम = बर्फ, साड़ी। गिरि = पहाड़ (कुच)। अथवा हिमगिरि = हिमालय पहाड़ (कुच)। नुकाए = छिपता। 9. एहनि = ऐसी। पुनें = पुण्य से ही। पुनमत = पुण्यवंत। 10. बिंदक = ज्ञाता।

(22)

सहज प्रसन मुख दरस हृदय सुख, लोचन तरल तरङ्ग।
अकास पताल बस सेओ कइसे भेल अस, चाँद सरोरुह संग।।
बिहि निरमलि रामा दोसरि लछमि समा, भल तुलाएल निरमान।। 3।।
कुच-मंडल सिरि हेरि कनक-गिरि, लाजे दिगंतर गेल।
केओ अइसन कह सेहो न जुगुति सह, अचल सचल कइसे भेल।। 5।।
माझ-खीनि तनु भरे भाँगि जाए जनु, बिधि अनुसए भेल साजि।
नील पटोर आनि अतिसे सुदृढ़ जानि, जतने सिरिजु रोमराजि।। 7।।
भन कबि विद्यापति काम-रमनि रति, कउतुक बुझ रसमंत।
सिरि सिवसिंह राउ पुरुब सुकृतें पाउ, लखिमा देवि रानि कंत।। 9।।

शब्दार्थ–3. लछमि = लक्ष्मी। तुलाएल = तुल्य हुआ, समान हुआ। 4. सिरि = श्री, शोभा। 6. माझ-खीनि = बीच में पतली (कटि)। भरे = बोझ से। भाँगि जाए = टूट जाए। अनुसए = चिंता। 6. पटोर = रेशम। अतिसे = अतिशय, परम। सिरिजु = बनाया। रोमराजि = केश-समूह।

सद्यःस्नाता

(23)

कामिनि करए सनाने, हेरितहि हृदय हनए पँचबाने।। 2।।
चिकुर गरए जलधारा, जनि मुख-ससि डरें रोअए अँधारा।। 4।।
कुच-जुग चारु चकेवा, निअ कुल मिलत आनि कोने देवा।। 6।।
ते संकाएँ भुज पासे, बाँधि धएल उड़ि जाएत अकासे।। 8।।
तितल बसन तनु लागू, मुनिहुक मानस मनमथ जागू।। 10।।
सुकवि विद्यापति गावे, गुनमति धनि पुनमत जन पावे।। 12।।

शब्दार्थ–2. हेरितहि = देखते ही। हनए = मारता। पँचबाने = कामदेव। 3-4. चिकुर = केश। गरए = गिरती है। जनि = मानो। रोअए = रोता है। अँधारा = अंधकार। केशों से जल की धारा गिर रही है, मानों (मुखरूपी) चंद्रमा के डर से (केश रूपी) अंधकार रो रहा है। 6. निअ = निज। मिलत = मिलेगा। आनि कोने देवा = कौन ला देगा। 7-8. कहीं ये कुच रूपी चकेवा आकाश में न उड़ जाएँ, इसी शंका से अपनी भुजाओं से उन्हें बाँध रखा है।

9. तितल = भीगा हुआ। 10. मानस = मन। मनमथ = कामदेव। धनि = रमणी। 12. जन = पुरुष।

(24)

आजु मझु सुभ दिन भेला, कामिनि पेखल सिनानक बेला।।2।।
चिकुर गरए जलधारा, मेह बरिस जनु मोतिम हारा।। 4।।
बदन पोंछल परचूरे, माजि धएल जनि कनक-मुकूरे।। 6।।
तइ उधसल कुच-जोरा, पलटि बैसाओल कनक-कटोरा।।8।।
निबि-बंध कएल उदेस, विद्यापति कह मनोरथ सेस।।10।।

शब्दार्थ–1. मोर = मेरा। भेला = हुआ। पेखल = देखा। बेला = समय। 3-4. चिकुर = केश। गरए = गिरती है। (काले) केशों से (उज्ज्वल) जल की धारा गिर रही है, मानो बादल (केश) मोती की माला (जलधारा) की वर्षा कर रहे हों। 5. बदन = मुख। पोछल = पोंछा, परिमार्जित किया। परचूरे = प्रचुर रूप से, अच्छी तरह। 6. माजि धएल = माँजकर रख दिया, साफ कर रख दिया। कनक मुकूरे = सोने का दर्पण। 7. तइ = उससे (मुख धोते समय)। उधसल = उकस गया, प्रकट हुआ। जोरा = जोड़ा, युगल। 8. पलटि = उलटकर। बैसाओल = बिठला दिया, रख दिया। 9. निबि = कोंचा, फुफनी। कएल = किया। उदेश = इंगित। 10. सेस = चरम सीमा पर पहुँचा।

(25)

जाइत पेखलि नहाएलि गोरी, कत सएँ रूप धनि आनल चोरी।। 2।।
केस निगारइत बह जल-धारा, चमर गरए जनि मोतिम-हारा।। 4।।
तीतल अलक बदन अति सोभा, अलिकुल कमल बेढ़ल मधुलोभा।।6।।
नीर निरंजन लोचन राता, सिंदुर मंडित जनि पंकज-पाता।। 8।।
सजल चीर रह पयोधर-सीमा, कनक-बेल जनि पड़ि गेल हीमा।।10।।
तूल कि करइते चाहे के देहा, अबहि छोड़ब मोहि तेजब नेहा।। 12।।
ऐसन रस नहि पाओब आरा, इथे लागि रोइ गरए जल धारा।। 14।।
विद्यापति कह सुनह मुरारि, बसन लागल भाव रूप निहारि।। 16।।

शब्दार्थ–2. कतसएँ = कहाँ से। आनल चोरी = चुरा लाई। 3. निगारइत = गारते समय; पानी निचोड़ते समय। 4. चमर = चँवर से। 5. अलक = केश। तीतल = भीगा हुआ। 6. अलिकुल = भ्रमरगण। बेढ़ल = घेर लिया। 7. पानी में स्नान करने के कारण आँखें अंजनहीन और लाल हो गई हैं। 8. पंकज-पाता = कमल का पत्ता। 9. पयोधर-सीमा = कुचों पर। 10. कनक-बेल = सोने का बिल्व फल। पड़ि गेल = पड़ गया। हीमा = बर्फ। 11. किए = क्यों। 13. ऐसन = ऐसा। आरा = अन्यत्र। 14. इथे लागि = इसलिए।

(26)

नहाए उठलि तीरे राइ कमलमुखि, समुख हेरल वर कान।
गुरुजन संग लाज धनि नत-मुखी, कइसन हेरब बयान।।2।।
सखि हे, अपरुब चातुरि गोरि।

सब जन तेजि कए अगुसरि संचरु, आड़ वदन तँह मोड़ि।। 4।।
तहाँ पुन मोति-हार तोरि फेंकल, कहइत हार टुटि गेल।
सब जन एक-एक चुनि संचरु, स्याम-दरस धनि लेल।। 6।।
नयन-चकोर कान्ह मुख ससि-वर, कएल अमिय-रस-पान।
दुहु दुहु दरसन रसहु पसारब, कवि विद्यापति भान।। 8।।

शब्दार्थ–1. राइ = राधा। हेरल = देखा। कान = कृष्ण। 2. नत = नीचे। बयान = बदन, मुख। 4. अगुसरि संचरु = अग्रसर हो चलने लगी। आड़ = ओट। 5. तोरि फेंकल = तोड़कर फेंक दिया। टुटि गेल = टूट गया। 6. लेल = लिया। 7. कएल = किया। अमिय = अमृत।

प्रेम-प्रसंग

श्रीकृष्ण का प्रेम

(27)

पथ-गति नयन मिलल राधा कान। दुहु मन मनसिज पुरल संधान।। 2।।
दुहु मुख हेरइत दुहु भेल भोर। समय न बूझए अचतुर चोर।। 4।।
बिटगधि संगिनी सब रस जान। कुटिल नयान कएल समधान।। 6।।
चलल राज-पथ दुहु उरझाई। कह कबि-सेखर दुहु चतुराई।। 8।।

शब्दार्थ–1-2. पथगति = राह में जाते हुए। कान = कृष्ण। मनसिज = कामदेव। पुरल = पूरा किया। संधान = वाण का संचालन। पथ में जाते हुए राधा-कृष्ण दोनों आँखों से मिले–एक-दूसरे को देखा। दोनों के मन में कामदेव ने अपने बाणों का संचालन किया–दोनों के हृदय में काम का संचार हुआ। 3. हेरइत = देखते ही। भेल भोर = बेसुध हुए। 4. समय न बूझए = अवसर नहीं समझता। 5. बिटगधि = विदग्ध, सुरसिका। 6. कुटिल नयान = टेढ़ी चितवन से–इशारे से। कएल = कर दिया। समधान = सावधान। 7. उरझाई = उलझकर।

●

"चरन धरत चिन्ता करत, चहत न नेकहु सोर।
ढूँढ़त हैं सुबरन सदा, कवि व्यभिचारी चोर।।"

(28)

सजनी, भल कए पेखल न भेल।
मेघ-माल सँग तड़ित-लता जनि, हिरदय सेल दए गेल।। 2।।
आध आँचर खस आध वदन हँस, आधिहि नयन तरङ्ग।
आध उरज हेरि आध आँचर तरे, तबधरि दगधे अनङ्ग।। 4।।
एके तनु गोरा कनक कटोरा, अतनु कोंचला उपाम (?)
हार हारल मन जनि बूझि ऐसन, फाँस पसारल काम।। 6।।
दसन मुकुता पाँति अधर मिलाएल, मृदु मृदु कहितहि भासा।
विद्यापति कह अतए से दुख रह, हेरि हेरि न पुरल आसा।। 8।।

शब्दार्थ–1. भल कए = अच्छी तरह। पेखल न भेल = देख न सका। 2. सँग = संग में, साथ में। तड़ित लता = बिजली। जनि = मानो। 3. नयन तरङ्ग = कटाक्ष। 4. उरज = कुच। तबधरि = तब से। दगधे = जलता है। अनंग = काम। 5. कनक कटोरा = सोने का कटोरा (कुच)। अतनु = कामदेव। एक तो शरीर गौरवर्ण है और उस पर से (कुच) मानो मदन (अतनु) सोने के कटोरे में कोंच (बलपूर्वक भर) दिया गया है, ऐसा प्रतीत होता है। 6. जनि बूझि ऐसन = ऐसा समझ पड़ता है मानो। 7. दसन = दाँत। अधर = ओंठ। भासा = भाषा, वचन। 8. अतए = इसीलिए।

(29)

ससन-परस खसु अंबर रे, देखल धनि देह।
नव जलधर-तर चमकए रे, जनि बिजुरी-रेह।। 2।।
आज देखलि धनि जाइत रे, मोहि उपजल रंग।
कनक-लता जनि संचर रे, महि निर अवलंब।। 4।।
ता पुन अपरुब देखल रे, कुच-जुग अरबिंद।
बिसगति नहि किछु कारन रे, सोझाँ मुख-चंद।। 6।।
विद्यापति कवि गाओल रे, रस बुझ रसमंत।
देवसिंह नृप नागर रे, हासिनि देइ कंत।। 8।।

शब्दार्थ–1. ससन = श्वसन, पवन। परस = स्पर्श से। खसु = गिर पड़ा। अंबर = कपड़ा, अंचल। देखल = देखा। धनि = बाला। 2. जलधर = बादल। तर = तले, नीचे। जनि = मानो। रेह = रेखा। 3. जाइते = जाती हुई। उपजल रंग = प्रतीत हुआ। 4. संचर = चल रही है। निर अवलंब = बिना अवलंब का। 5. ता = उस पर भी। पुन = पुनः। जुग = दो। अरबिंद = कमल। 6. बिगसित = खिला हुआ। सोझाँ = सम्मुख।

(30)

अलखिते हमे हेरि बिहुँसलि थोर। जनि रयनी भेल चाँद इँजोर।। 2।।
कुटिल कटाख लाट पड़ि गेल। मधुकर-डंबर अंबर भेल।। 4।।
काहिक सुंदरि के ताहि जान। आकुल कए गेल हमर परान।। 6।।
लीला कमल भमर धरु बारि। चमकि चललि गोरि चकित निहारि।। 8।।
तें भेल बेकत पयोधर सोभ। कनक कमल हेरि काहि न लोभ।। 10।।
आध नुकाएल आध उगास। कुच कुंभे कहि गेलि अप्पन आस।। 12।।
से अब अमिल निधि दए गेल सँदेस। किछु नहि रखलन्हि रस परिसेस।। 14।।
भनइ विद्यापति दुहु मन जागु। बिसम कुसुम-सर काहु जनु लागु।। 16।।

शब्दार्थ–1. अलखिते = अलक्ष्य रूप से = बिना दूसरे के देखे। हेरि = देखकर। बिहुँसलि = मुस्कुराई। 2. रयनी = रजनी, रात। इँजोर = उजाला। 5. काहिक = किसकी। के = कौन। 7. धरु बारि = निवारण कर–कौतुक से भ्रमर को कमल से निवारण कर। 9. तें = इससे। बेकत = व्यक्त, प्रकट। 11-12. नुकाएल = छिपा हुआ। उगास = प्रकट। कुंभ = घड़ा। आधा छिपा हुआ और आधा प्रकट कुच-कुंभ (दिखाकर) वह अपनी आशा कह गई (कि मिलूँगी)। 13. अमिल = अप्राप्य। निधि = खजाना। 14. परिसेस = परिशेष, बाकी। 16. बिसम = विषम, कठोर। कुसुमसर = कामदेव का शर।

(31)

अंबर बिघटु अकामिक कामिनि, कर कुच झाँपु सुछंदा।
कनक-संभु जनि अनुपम सुंदर, दुह पंकज दस-चंदा।। 2।।
कत रूप कहब बुझाई।
मन मोर चंचल लोचन विकल भेल, ओतहि अनाइत आई।। 4।।
आड़ बदन कए मधुर हास दए, सुंदरि रहु सिर नाई।
अओंधा कमल कांति नहि पूरए, हेरइत जुग बहि जाई।। 6।।
भनइ विद्यापति सुनु वर जौबति, पुहबी नव पँचबाने।
राजा सिवसिंह रूपनराएन, लखिमा देइ रमाने।। 8।।

शब्दार्थ–1. अंबर = वस्त्र, अंचल। बिघटु = हट गया। अकामिक = अकस्मात्। कर = हाथ। झाँपु = ढँक लिया। सुछंदा = सुंदर। अकस्मात् अंचल हट गया, (तब) कामिनी ने अपने दोनों हाथों से सुंदर कुचों को ढक लिया। 2. कनक-संभु = सोने के महादेव (कुच)। दुइ पंकज = दो कमल (दोनों हाथ)। दस चंदा = चंद्रमा (दस नख)। 3. कत = कितना। 4. अनाइत = अनायत्त, विवश हो वहीं दौड़ता है। 5. आड़ = ओट। 6. अओंधा = उलटकर रखा हुआ। जुग बहि जाई = युग बीत जाते हैं। 7. पुहबी = पृथ्वी। नब = नवीन। पँचबाने = कामदेव। 8. रमाने = रमण, पति।

(32)

गेलि कामिनि गजहु गामिनि, बिहसि पलटि निहारि।
इंद्रजालक कुसुम-सायक, कुहकि भेलि बर नारि।। 2।।
जोरि भुज जुग मोरि बेढ़ल, ततहि बदन सुछंद।
दाम-चंपक काम पूजल, जइसे सारद चंद।। 4।।
उरहि अंचल झाँपि चंचल, आध पयोधर हेरु।
पवन पेलल सरद-घन जनि, बेकत कएल सुमेरु।। 6।।
पुनहि दरसन जिब जुड़ाएब, टुटब बिरहक ओर।
चरन जाबक हृदय पाबक, दहए सब अँग मोर।। 8।।
भनये विद्यापति सुनह जदुपति, चित्त थिर नहि होय।
से जे रमनि परम गुनमनि, पुनु किए मिलब मोय।। 10।।

शब्दार्थ–1. गेलि = गई। गजहु गामिनि = हाथी के समान मस्तानी चालवाली। बिहसि = मुस्कुराकर। निहारि = देखकर। 2. इंद्रजालक = ऐंद्रजालिक, जादूगर। कुसुम-सायक = कामदेव। कुहुकि = मायाविनी नटी। भेलि = हुई। मानो वह श्रेष्ठ नारी काम ऐंद्रजालिक की मायाविनी नटी हो। अर्थात् उसकी हँसी ने अद्‌भुत चमत्कार का अनुभव कराया। 3-4. मोरि = मोड़कर। बेढ़ल = घेरा। ततहि = वहीं। बदन = मुख। दाम = रस्सी (माला)। चंपक = चंपे की। जइसे = जैसे। सुछंद = सुंदर। दोनों हाथों को जोड़कर उनसे अपना सुंदर मुख लपेट लिया, मानो कामदेव ने चंपे की माला (हाथ) से (शरद-चंद्रमुख) की पूजा की हो। 5-6. उरहि = वक्षःस्थल को। झाँपि = ढँककर। पयोधर = स्तन, कुच। हेरु = देखती है। पवन पेलल = हवा से प्रेरित हुए। जनि = मानो। बेकत = व्यक्त, प्रकट। कएल = किया। सुमेरु = पर्वत। वक्षःस्थल को

चंचल अंचल से ढाँककर आधे कुच को देखती हैं, मानो पवन द्वारा हटाए शरद के मेघ (अंचल) ने सुमेरु (कुच) को प्रकट किया हो—जिस प्रकार पवन के झोंके से मेघ हट जाने पर सुमेरु दीख पड़ता है। उसी प्रकार⋯। 7. जिब = प्राण। जुड़ाएब = शीतल होंगे। ओर = सीमा। 8. जाबक = महावर। पावक = आग। दहए = जलाती है। उसके पैर का महावर (मेरे) हृदय में आग (लगा रहा) है जैसे मेरे सब अंग जल रहे हैं। 10. से = वह। पुनु = फिर। मिलब = मिलेगी। मोय = मुझे।

(33)

सहजहि आनन सुंदर रे, भउँह सुरेखलि आँखि।
पंकज मधु पिबि मधुकर रे, उड़ए पसारल पाँखि।। 2।।
ततहि धाओल दुहु लोचन रे, जेहि पथें गेलि बर नारि।
आसा लुबुधल न तेजए रे, कृपनक पाछु भिखारि।। 4।।
इंगित नयन तरंगित रे, बाम भउँह भेल भंग।
तखन न जानल तेसर रे, गुपुत मनोभव रंग।। 6।।
चंदन चरचु पयोधर रे, ग्रिम गज मुकुताहार।
भसम भरल जनि संकर रे, सिर सुरसरि जलधार।। 8।।
बाम चरन अगुसारल रे, दाहिन तेजइत लाज।
तखन मदन सर पूरल रे, गति गंजए गजराज।। 10।।
आज देखलि धनि जाइत रे, रूप रहल मन लागि।
तेहि खन सब गुन गौरब रे, सब धैरज गेल भागि।। 12।।
रूप लागि मन धाओल रे, कुच-कंचन-गिरि साँधि।
तें अपराधें मनोभव रे, ततहि धएल जनि बाँधि।। 14।।
विद्यापति कवि गाबिह रे, गुण बुझ रसिक सुजान।
राजाहुँ रूपनराएन रे, लखिमा देवि रमान।। 16।।

शब्दार्थ—1. आनन = मुख। भउँह सुरेखलि = भौंहों द्वारा अच्छी तरह चित्रित की गई, सुंदर बनाई गई। 2. पंकज = कमल (मुख)। मधु = पुष्परस। पिबि = पीकर। मधुकर = भौंरा (नयन)। उड़ए = उड़ने को। पसारल = पसार दिया, फैला दिया। पाँखि = पंख पर (भौंह)। 3. ततहि = वहीं। धाओल = दौड़ गया। जेहि पथे = जिस रास्ते से। गेलि = गई। 4. आसा लुबुधल = आशा में लुब्ध हुआ, चूर हुआ। आशा में चूर भिखारी जिस प्रकार कृपण (सूम) का पीछा भी नहीं छोड़ता। 5. इंगित = इशारे से। तरंगित = चंचल। बाम = बाईं। भउँह भेल भंग = भौंहें भंग हुईं, भवें टेढ़ी कीं। 6. तखन = उस समय। तेसर = तीसरा व्यक्ति। मनोभव = कामदेव। 7. चरचु = चर्चित किया। पयोधर = कुच, स्तन। ग्रिम = गले में। भरल = भरा हुआ। सुरसरि = गंगा। कुच चंदन से चर्चित हैं, जिन पर गजमुक्ताओं की माला (झूल रही है) है, मानो भस्म का लेप किए हुए महादेव के सिर पर गंगा की धारा (बह रही) हो। 9. अगुसारल = अग्रसर किया, आगे किया। दाहिन तेजइत लाज = दाहिने पैर को आगे रखते लज्जा होती है। 10. तखन = उस समय। मदन = कामदेव। गति = चाल। गंजए = पराजित करती है। गजराज = हाथी। 11. रूप रहल मन लागि = रूप मन से लग रहा है = सौंदर्य हृदय में बैठ गया। 12. खन = क्षण। गेल = गए। 13-14. लागि = लिए। कुच-कंचन-गिरि साँधि = रतन रूपी दो सोने के पहाड़ों के संधि-स्थान में—बीच में। तें = उस। बाँधि धएल =

बाँध रखा। रूप के लिए—सौंदर्य के लोभ में मेरा मन उसके कुच-रूपी दो पहाड़ों के बीच में जा दौड़ा, मानो इसी अपराध से कामदेव ने उसे वहीं बाँध रखा। 15. बूझ = जानते हैं। रसिक सुजान = रसिक।

•

"हे सज्जनाः श्रृणुत मद्वचनं समस्ता,
स्वर्गे सुधाऽस्ति सुलभा न तु सा भवद्भिः।
कुर्मस्तदत्र भवतामुपकारकारी
काव्यामृतं पिबत तत् परमादरेण।।"

(34)

पथ-गति पेखलि मएँ राधा।
तखनुक भाव परान पए पीड़ए, रहल कुमुद-निधि साधा।। 2।।
ननुआ नयन नलिन जनि अनुपम, बंक निहारए थोरा।
जनि सृंखल में खगबर बाँधल, दीठि नुकाएल मोरा।। 4।।
आध बदन ससि बिहसि देखाओल, आध पिहल निअ बाहू।
किछु एक भाग बलाहक झाँपल, किछुक गरासल राहू।। 6।।
कर जुग पिहित पयोधर-अंचल, चंचल देखि चित भेला।
हेम कमल जनि अरुनित चंचल, मिहिर-तरे निंद गेला।। 8।।
भनइ विद्यापति सुनह मधुरपति, इह रस की पए बाधा।
हास दरस रस सबहु बुझाएल, नाल कमल दुइ आधा।। 10।।

शब्दार्थ—1-2. पथ-गति = पथ में जाती हुई। पेखलि = देखा। मएँ = मैं। तखनुक = उस समय का। परान पए = प्राण भी। पीड़ए = पीड़ित कर रहा है। रहल = रह गया। कुमुद-निधि = कुमुद का सर्वस्व (चंद्र)। साधा = साध, इच्छा। मैंने राह में जाती हुई राधा को देखा। उस समय की उसकी भावभंगी ने प्राणों तक को पीड़ित किया, उस चंद्र (मुख) को देखने की साध बनी ही रह गई। 3. ननुआ = सुंदर। नलिन = कमल। जनि = जैसे। बंक = टेढ़ा। निहारए = देखती है। 4. सृंखल = श्रृंखला, जंजीर। खगबर = पक्षिश्रेष्ठ, खंजन। बाँधल = बाँधा। नुकाएल = छिप गया। 5. बदन ससि = मुखरूपी चंद्रमा। देखाओल = दिखलाई। पिहल = ढाँप दिया। निअ = निज। बाहू = बाँह से, भुजा से। 6. झाँपल = ढाँप दिया। बलाहक = मेघ। गरासल = ग्रस लिया। 7-8. पिहित = आवृत, ढँका। पयोधर = स्तन। अंचल = विभाग, तट। हेम = सोना। जनि = मानो। अरुनित = लालिमा-युक्त। तरे = नीचे। मिहिर = सूर्य। निंद गेला = सो रहा। दोनों हाथों से ढँके हुए स्तनों के तट-भाग देखकर चित्त चंचल हो गया, मानो सोने के कमल (दोनों कुच) लालिमा-युक्त चंचल सूर्य (लाल हथेली) के नीचे सो रहे हों। 9-10, सुनह = सुनो। मधुर-पति = मथुरापति। इह = यह। की = कौन। हास = हँसी। दरस = दर्शन। बुझाएल = बूझ पड़ा, मालूम हुआ। नाल = (कमल की) डंडी। हे मथुरापति श्रीकृष्ण (तुम्हारे) इस रस में कौन बाधा होगी ? तुम्हारी पारस्परिक हँसी और दर्शन के रस से ही सबको मालूम हो गया कि मृणाल और कमल (तुम्हारे हाथ रूपी मृणाल और उसके कुच रूपी कमल) ये दोनों (एक ही पदार्थ) के दो भाग हैं—अर्थात् उसके कुच के लिए तुम्हारे हाथ ही उपयुक्त हैं।

(35)

जहाँ-जहाँ पद-जुग धरई। तहिं-तहिं सरोरुह झरई।।2।।
जहाँ-जहाँ झलकए अंग। तहिं-तहिं बिजुरि-तरंग।।4।।
कि हेरलि अपरुब गोरि। पइठलि हिअ मधि मोरि।।6।।
जहाँ-जहाँ नयन विकास। ततहिं कमल परकास।।8।।
जहाँ लहु हास संचार। तहिं-तहिं अमिअ-बिथार।।10।।
जहाँ-जहाँ कुटिल कटाख। ततहिं मदन-सर लाख।।12।।
हेरइत से धनि थोर। अब तिन भुवन अगोर।।14।।
पुनु किए दरसन पाब। अब मोर ई दुख जाब।।16।।
विधापति ऩह जानि। तुअ गुन देहब आनि।।18।।

शब्दार्थ–1-2. पद-जुग = दोनों पैर। धरई = धरती है, रखती है। तहिं = वहीं। सरोरुह = कमल। झरई = झड़ते हैं। 3, 4. झलकए = झलकते हैं, चमकते हैं। अंग = शरीर। बिजुरि-तरंग = बिजली का चंचल प्रकाश। 5, 6. कि = क्या। हेरलि = देखा। गोरि = गौर-वंदना, सुंदरी। पइठलि = पैठ गई, घुस गई। हिअ-मधि = हृदय में। मोरि = मेरे। 9-10. लघु = मंद। हास = हँसी। अमिअ = अमृत। 11-12. कुटिल = टेढ़े। कटाख = कटाक्ष। ततहिं = वहाँ ही। मदन = कामदेव। सर = बाण। 13-14. हेरइत = देखते ही। से = वह। धनि = बाला, सुंदरी। अगोर = प्रतीक्षा करना। 15-16. पुनु = पुनः। किए = क्या। 11. क्या अब मेरा यह दुख जाएगा ? 18. तुअ = तुम्हारे। देहब आनि = ला दूँगा।

राधा का प्रेम

(36)

ए सखि पेखलि एक अपरूप। सुनइत मानब सपन-सरूप।।2।।
कमल जुगल पर चाँदक माला। तापर उपजल तरुन तमाला।।4।।
तापर बेढ़लि बीजुरि-लता। कालिंदी तट धिरें-धिरें जाता।।6।।
साखा-सिखर सुधाकर पाँति। ताहि नब पल्लब अरुनिम काँति।।8।।
बिमल बिंबफल जुगल विकास। तापर कीर थीर करु बास।।10।।
तापर चंचल खंजन-मोर। तापर साँपिनि झाँपल मोर।।12।।
ए सखि रंगिनि कहल निसान। हेरइत पुनि मोर हरल गेआन।।14।।
कवि विधापति एह रस भान। सुपुरुख मरम तोहें भल जान।।16।।

शब्दार्थ–3. कमल-जुगल = दो पैर। चाँदक माला = नखों की पंक्ति। 4. तरुन तमाला = काला शरीर। 5. बेढ़लि = लिपटी हुई। बीजुरिलता = पीतांबर। 7. साखा-सिखर = तमालरूपी शरीर की शाखा रूपी बाहुओं के अग्र भाग में। सुधाकर-पाँति = नखों की पंक्ति। 8. नब पल्लब = हथेली। अरुनिम काँति = लाल। 9. बिंबफल = ओष्ठ। 10. कीर = नाक। 11. खंजन जोर = आँखों का जोड़ा। साँपिनि = केश। मोर-मयूर = मुकुट।

(37)

की लागि कौतुक देखलहुँ सखि, निमिष लोचन आध।
मोर मन-मृग मरम बेधल, बिषम-बान बेआध।। 2।।
गोरस बिरस बासी बिसेखल, छिकहि छाड़ल गेह।
मुरलि निसान मो मन मोहल, बिकहु भेल संदेह।। 4।।
तीर तरंगिनि कदंब-कानन, निकट जमुना घाट।
उलटि हेरइत बिपथ जाइत, चरन चीरग काँट।। 6।।
सुकृत सुफल सुनह सुंदरि, विद्यापति भन सार।
कंसदलन गोपाल सुंदर, मिलल नंद कुमार।। 8।।

शब्दार्थ–1. की लागि = किसलिए। निमिष = एक क्षण। लोचन आध = आधी आँखों से, कनखियों से। 2. मरम = हृदय का भीतरी भाग। 3. बिरस = रसहीन। बिषम बान बेआध = कामदेव रूपी व्याध। छिकहि = छींकने पर। 5. तरंगिनि = नदी।

(38)

अवनत आनन कए हमे रहलिहु, बारल लोचन-चोर।
पिआ मुख-रुचि पिबए धाओल, जइसे चाँद चकोर।। 2।।
ततहु सयँ हठे हटि मोञे आनल, धएल चरन राखि।
मधुप मातल उड़ए न पार, तैओ पसारए पाँखि।। 4।।
माधवे बोललि मधुर बानी, से सुनि मुँदु मोञे कान।
ताहि अवसर बिहि बाम भेल, धरु धनु पँचबान।। 6।।
तनु पसेब पसाहनि भासलि, पुलक तइसन जागु।
चूनि चूनि भए काँचुअ फाटलि, बाहु बलआ भाँगु।। 8।।
भन विद्यापति कंपित कर हो, बोल न बोलल जाए।
राजा सिबसिंघ रूपनराएन, साम सुंदर काए।। 10।।

शब्दार्थ–1-2. अवनत = नीचे। बारल = निवारण किया, रोक रखा। मुख-रुचि = मुख की शोभा। पिबए = पीने के लिए। धाओल = दौड़ पड़ा। मैंने अपने मुख को नीचे कर लिया और नयन रूपी चोरों को (उनकी ओर जाने से) रोक दिया; किंतु प्रीतम के मुख की शोभा का पान करने के लिए वे दौड़ पड़े, जिस प्रकार चाँद की ओर चकोर दौड़ते हैं। 3-4. ततहु = वहाँ। सयँ = से। हटि = हटाकर। मोञे = मैं। आनल = लाया। धएल राखि = धर रखा। मधुप = भौंरा। मातल = मत्त बना, पागल। उड़ए न पार = नहीं उड़ सकता। तैओ = तो भी। पसारए = पसारता है। वहाँ से = मुख की ओर से–मैं (आँखों को) हठपूर्वक रोककर हटा लाई और अपने चरणों पर धर रखा–नीचे की ओर देखने लगी। (किंतु जिस प्रकार) मधु पीकर मस्त बना भौंरा नहीं उड़ सकता तो भी पंख पसारता है उसी तरह मेरी आँखें बराबर उसी ओर जाने लगीं। 5. मुँदु = मूँद लिया। बिहि = ब्रह्मा। बाम भेल = विरुद्ध हुआ, बैरी हुआ। पँचबान = कामदेव। 6. उसी समय विधाता बाम हो गए और कामदेव ने धनुष धारण किया–मुझ पर बाणों की बौछार करने लगा। 7. पसेब = पसीना। पसाहनि = प्रसाधनी, ललाट पर की सजावट, अंगराग। भासलि = बह गया, धो गया। पुलक = रोमांच। तइसन =

उसी प्रकार। 8. चूनि-चूनि भए = खंड-खंड होकर, चिथड़े-चिथड़े होकर। काँचुअ = कंचुकी, चोली। बलआ = चूड़ी। भाँगु = फूट गई। [प्रेमातिरेक से शरीर फूल उठा, जिस कारण चोली फट गई और चूड़ियाँ फूट गईं।] 9. कंपित कर हो = हाथ काँप रहा है। बोल न बोलल जाए = बात कही नहीं जाती।

(39)

सामर सुंदर ए बाटें आएल, तें मोरि लागलि आँखि।
आरति आँचर साजि न भेल, सब सखीजन साखि।। 2।।
आध पयोधर तें मोर देखल, नगर-जन समाजे।
कठिन हिरदय भेदि न भेले, जाओं रसातल लाजे।। 4।।
कि मोरा जीवन कि मोरा जौवन, कि मोरा चतुरपने।
मदन-बान मुरुछलि अछओं, सहओं जीब अपने।। 6।।
कहहि मो सखि कहहि मो सखि, कथाँ ताहेरि बासा।
दूरहु दुगुन, एड़ि मएँ धाबओं, पुनु दरसन आसा।। 8।।
सुरपति-पाए लोचन माँगओं, गरुड़ माँगओं पाँखि।
नंदक नंदन मएँ देखि आबओं, मन मनोरथ राखि।। 10।।

शब्दार्थ–1. ए बाटें = इस रास्ते। तें = इसी कारण। 2. आरति = आर्त्तावस्था से, व्याकुलता से। साखी = साक्षी, गवाह। व्याकुलता से–प्रेमावेश से–मैं आँचल को सँभाल भी न सकी–अपने कुचों को भली-भाँति ढँक भी न सकी, इस बात की गवाह सभी सखियाँ हैं। 3-4. नागर-जन = चतुर लोग। भेदि = विदीर्ण होना। पर मेरा कठिन हृदय फट नहीं गया, इच्छा हुई कि मैं लज्जावश पाताल में धँस जाऊँ। 5-6. मुरुछलि = मूर्च्छित। अछओं = हूँ। मेरी जिंदगी क्या, जवानी क्या और चतुराई क्या–ये सब मिथ्या हैं, काम के बाणों से मैं मूर्च्छित हूँ और (उसकी मार्मिक पीड़ा) अपने प्राणों में सह रही हूँ। 7-8. मो = मुझसे। कथाँ = कहाँ। ताहेरि = उसका। बासा = निवास-स्थान। दूरहु दुगुन = दुगुनी दूरी। एड़ि = अतिक्रमण कर। धाबओं = दौड़ चलूँ। पुनु = पुनः। कहो, ऐ मेरी सखी, कहो, उसका निवास-स्थान कहाँ है ? दुगुनी दूरी (होने पर भी उसे) अतिक्रम कर मैं पुनः दर्शन पाने की आशा में दौड़ चलूँ। 9. सुरपति = इंद्र। पाए = चरण में। पाँखि = पंख। इंद्र के चरणों में मैं उनसे सहस लोचन माँगती हूँ, गरुड़ से पंख माँगती हूँ। 10. देखि आबओं = देख आऊँ।

•

Poetry is that which lifts the veil from the hidden beauty of the world.
–Shelly

(40)

कानु हेरब छल मन बड़ साध। कानु हेरइत भेल एत परमाद।। 2।।
तबधरि अबधि मुगुधि हमे नारि। कि कहि कि सुनि किछु बुझए न पारि।। 4।।
साओन घन सम झर दु नयान। अबिरत धक धक करए परान।। 6।।
की लागि सजनी दरसन भेल। रभसें अपन जिब परहाथ देल।। 8।।
न जानिअ किए करु मोहन चोर। हेरइत जिब हरि लए गेल मोर।। 10।।
एत सब आदर गेली दरसाए। जत बिसरिअ तत बिसरि न जाए।। 12।।

विद्यापति कह सुन बर नारि। धैरज धरु चित मिलब मुरारि।। 14।।

शब्दार्थ–1. कानु = कृष्ण। हेरब = देखूँगी। छल = था। साध = इच्छा। 2. एत = इतना। परमाद = प्रमाद, आपत्ति। 3. तबधरि = तबसे। मुगुधि = मुग्धा। 4. कि = क्या। बुझए न पारि = नहीं समझ सकती। 5. साओन घन = श्रावण का मेघ। नयान = नयन, आँख। 6. अविरत = हरदम। 8. रभसें = कौतुक में ही। परहाथ = दूसरे के हाथ में। 9. किए = क्या। 10. गेल दरसाए = दिखला गया, बतला गया। 11. जत = जितना। बिसरिअ = भुलाती हूँ। बिसरि न जाए = भूला नहीं जाता।

(41)

कि कहब हे सखि इह दुख ओर। बाँसि-निसास-गरल तनु भोर।। 2।।
हठ सएँ पइसए स्रवनक माझ। तहि खन बिगलित तनमन लाज।। 4।।
बिपुल पुलक परिपूरए देह। नयन न हेरि हेरए जनु केह।। 6।।
गुरु-जन समुखहि भाव-तरंग। जतनहि बसन झाँपिअ अब अंग।। 8।।
लहु-लहु चरण चलिअ गृह माझ। आजु दइबें मोहि राखल लाज।। 10।।
तन मन बिबस खसए निबि बंध। कि कहब विद्यापति रहु धंद।। 12।।

शब्दार्थ–1. कि = क्या। 2. बाँसि-निसास-गरल = वंशी के निःश्वास के विष से–वंशी की आवाज की मादकता से। तनु भोर = शरीर बेसुध है। 3. हठ सयँ = हठपूर्वक। पइसए = पैठता है। स्रवनक = कानों के। माझ = मध्य में। 4. तहि खन = उसी समय। बिगलित = दूर गई, जाती रही। 5. विपुल = अधिक, असंख्य। पुलक = रोमांच। 6. आँखों से (कृष्ण की ओर) नहीं देखती हूँ कि कहीं कोई ऐसा करते देख न ले। 7. गुरुजन = अपने से श्रेष्ठ व्यक्ति। भाव-तरंग = भावना की लहर। 9. लहु-लहु = धीरे-धीरे। दइब = दैव, ब्रह्मा। 11. खसए = गिर पड़ता है। 12. धंद = फिक्र।

(42)

कतन बेदन मोहि देसि मदना। हर नहि बाला मएँ जुबति जना।। 2।।
बिभूति-भूषन नहि चाननक रेनू। बघछाल नहि सिर नेतक बसनू।। 4।।
नहि मोरा जटाभार चिकुरक बेनी। सुरसरि नहि सिर कुसुमक स्रेनी।। 6।।
चाननक बिंदु मोरा नहि इंदु छोटा। ललाट पाबक नहि सिंदुरक फोटा।। 8।।
नहि मोरा कालकूट मृगमद चारु। फनिपति नहि मोरा मुकुता-हारु।। 10।।
भनइ विद्यापति सुन देब कामा। एक पए दूखन नाम मोर बामा।। 12।।

शब्दार्थ–अरे कामदेव ! मुझे कितनी वेदना देते हो, मैं महादेव नहीं वरन् नवयुवती हूँ। (शरीर में लगे) ये विभूति के भूषण (लेप) नहीं, वरन् चंदन के रेणु हैं, यह बाघछाला नहीं, वरन् नेतक (एक उत्तम कोटि का वस्त्र-विशेष का नाम) है। (सिर पर) यह जटा का भार नहीं, वरन् केशों की गुँथी हुई वेणी है। गंगा नहीं, वरन् वेणी में गूँथे गए (उजले) फूलों की कतार है। (कपाल पर) चंदन की बेंदी अथवा माँगटीका है, द्वितीया का छोटा चंद्रमा नहीं। ललाट में (तृतीय नेत्र की) अग्नि नहीं, सिंदूर का टीका है। यह विष नहीं, चिबुक पर सुंदर (काला) मृगमद है। (गले में) अजगर नहीं, किंतु मेरी मुक्ताओं की माला है। विद्यापति कहते हैं, हे

कामदेव, सुनो मुझमें दोष है तो केवल एक यही कि मेरा नाम 'वामा' (रमणी) है (जो महादेव के 'वामदेव' नाम से मिलता है)।

(43)

मनमथ तोहि की कहब अनेक।
दिठि अपराध परान पए पीड़सि, ते तुअ कओन बिबेक।। 2।।
दाहिन नयन पिसुन गन बारल, परिजन बामहि आध।
आध नयन-कोने जें हरि पेखल, तें भेल एत परमाद।। 4।।
पुर-बाहर पथ करैत गतागत, के नहि हेरए कान।
तोहर कुसुम-सर कतहु न संचर, हमरे हृदय पाँचो बान।। 6।।

शब्दार्थ–1-2. मनमथ = कामदेव। दिठि = दृष्टि, नजर। पीड़सि = पीड़ा देते हो। 3-4 पिसुन = दुष्ट। बारल = मना किया। परिजन = घर के लोग। परमाद = प्रमाद, झंझट। दाहिने नेत्र को दुष्टों के कारण मना करना पड़ा–दाहिने नेत्र से दुष्टों के डर से नहीं देखती–परिवारवालों के कारण बाएँ नेत्र के आधे को निवारण किया। रह गया बाएँ नेत्र का आधा भाग–सो आधे नेत्र से ही बाएँ नेत्र के कटाक्ष से ही–जब कृष्ण को देखा तो इतना पागलपन मुझमें आ गया। 5. पथ = राह। करैत गतागत = आते-जाते। कान = कृष्ण। 6. कुसुम-सर = फूलों के बाण।

(44)

एक दिन हरि हेरि हँसि हँसि जाए। अओ दिन नाम धए मुरलि बजाए।। 2।।
आजु अति नियर कएल परिहास। न जानिअ गोकुल ककर बिलास।। 4।।
साजनि ओ नागर-सामराज। मूल बिनु परधन माँग बेआज।। 6।।
परिचय नहि देखि आनक काज (?) न करए संभ्रम न करए लाज।। 8।।
अपन निहारि निहार तनु मोर। देअ आलिंगन भाव बिभोर।। 10।।
खन-खन बेदगधि कला अनुपाम। अधिक उदार देखिअ परिनाम।। 12।।
विद्यापति कह आरति ओर। बुझिओ न बूझए एह रस भोर।। 14।।

शब्दार्थ–2. अओ = और, अन्य। 3. नियर = निकट। परिहास = हँसी, मजाक। ककर = किसका। 5-6. नागर-सामराज = चतुरों का सम्राट्। मूल = मूलधन। सखि, वह चतुरों का बादशाह है, देखो तो, दूसरे की संपत्ति पर बिना मूलधन के सूद माँगता है। (एक तो धन दूसरे का; उसमें भी मूलधन गायब, फिर सूद कैसा !) 7. दूसरे का काम देखकर भी नहीं परिचय करता–नहीं समझता। 8. संभ्रम = डर। 11. प्रतिक्षण अनुपम विदग्धतापूर्ण कला दिखाता है। 14. यह रस में बेसुध (कृष्ण) समझकर भी नहीं समझता।

दूती

कृष्ण की दूती

(45)

धनि-धनि रमनि जनम धनि तोर।
सब जन कान्ह-कान्ह करि झूरए से तुअ भाव बिभोर।। 2।।

चातक चाह पिआसल अंबुद, चकोर चाहि रहु चंदा।
तरु लतिका अबलंबन कारी मोर मन लागल धंदा।। 4।।
केस पसारि जखन तोहें राखल, उर पर अंबर आधा।
से सब सुमिरि कान्ह भेल आकुल, कह धनि इथे कि समाधा।। 6।।
हँसइत कब तोहें दसन देखाओल, करे कर जोरहि मोर।
लखित दिठि कब हृदय पसारलि, पुनु हेरि सखि करु कोर।। 8।।
एतहु निदेस कहल तोहि सुंदरि, जानि तोहें करह बिधान।
हृदय-पुतलि तुहु से सून कलेबर, कवि विद्यापति भान।। 10।।

शब्दार्थ–2. धनि = धन्य। रमनि = रमणी, स्त्री। तोर = तुम्हारा। 2. जन = आदमी। कान्ह = कृष्ण। झूरए = जलते, व्याकुल होते। से = वह। तुअ = तुम्हारे। बिभोर = बेसुध। 3-4. चातक = पपीहा। चाह = देखना। पिआसल = तृषित, प्यासा। अंबुद = बादल। तरु = वृक्ष। लतिका = लता। लागल = लगा। धंदा = संदेह। (कैसी विचित्रता है !) तृषित मेघ आज पपीहे की ओर देख रहा है, चंद्रमा चकोर को देखता है और वृक्ष लतिका का अवलंबन कर रहा है; इन विरोधी बातों को देख मेरे मन में संशय हो रहा है। (कवि का तात्पर्य यह है कि जैसी व्याकुलता आज तुममें होनी चाहिए थी, वह श्रीकृष्ण में है।) 5. पसारि = पसारकर, खोलकर। राखल = रखा। उर = छाती, वक्षस्थल। अंबर = वस्त्र, अंचल। 6. से = वह। भेल = हुआ। इथे = यहाँ। धनि = बाले। समाधा = उपाय। 7-8. दसन = दाँत। करे कर जोरहि = हाथ से हाथ जोड़ लिये। अलखिते = अलक्ष्य रूप से, बिना देखे। पुन = पुनः। हेरि = देखकर। करु कोर = कोड़ में करना-रखना, आलिंगन करना। (हाथ से जोड़कर अँगड़ाइयाँ लेती हुई) कब तुमने हँसती हुई, अपने दाँतों की छटा दिखाई, मेरे हाथ से हाथ जोड़ने लगी एवं अलक्ष्य दृष्टि कब उनके हृदय में प्रसारित की, पुनः उनकी ओर देखकर, सखी का आलिंगन किया। 9. एतहु = इतना। निदेश = इशारा। कहल = (मैंने) कहा। तोहि = तुम्हें। जानि = जानकर। करह = करो। विधान = निर्णय। 10. हृदय पुतलि = हृदय की पुतली, प्राण। से = वह (कृष्ण)। सून = शून्य। कलेबर = शरीर। भान = कहता है।

(46)

सुन सुन ए सखि कहए न होए। राहि राहि कए तन मन खोए।। 2।।
कहइत नाम पेम होअ भोर। पुलक कंप तनु ढारहि नोर।। 4।।
गद-गद भाखि कहए बर-कान। राहि दरस बिनु निकस परान।। 6।।
जब नाहि हेरब तकर से मुख। तब जिउ-भार धरब कोन सुख।। 8।।
तुहु बिनु आन इथे नहि कोइ। बिसरए चाह बिसरि नहि होइ।। 10।।
भनइ विद्यापति नाहि बिखाद। पूरब तोहर सबहि मन साध।। 12।।

शब्दार्थ–1. कहए न होए = कहा नहीं जाता। 2. राहि = राधा। कए = करके, कहकर। खोए = खोना, भुला देना। 3. पेम = प्रेम। भोर = बेसुध। 4. पुलक = रोमांच। ढारहि = बहाता है। नोर = आँसू। शरीर रोमांच होकर काँपने लगता है, और आँसू प्रवाहित होने लगते हैं। 5. गदगद = रुँधे हुए कंठ से। भाखि = कहना। कान = कृष्ण। 6. निकस = निकलता है। 7. तकर = उसका। से = वह। 8. धरब = धरूँगा। 9. इथे = यहाँ, तुम्हारे सिवा यहाँ दूसरा कोई नहीं–तुम्हें छोड़कर कृष्ण अन्य किसी को प्यार नहीं करते। 10. बिसरए = विस्मरण होना, भूल जाना। 12. पूरब = पूरी होगी। मन साध = मनकामना।

(47)

कंटक माझ कुसुम परगास। भमर बिकल नहि पाबए पास।। 2।।
भमरा भेल घुरए सबे ठाम। तोहि बिनु मालति नहि बिसराम।। 4।।
रसमति मालति पुनु पुनु देखि। पिबए चाह मधु जीब उपेखि।। 6।।
ओ मधुजीवी तोहें मधुरासि। साँचि धरसि मधु मने न लजासि।। 8।।
अपनेहु मने धनि बुझ अबगाहि। तोहर दुषन बध लागत काहि।। 10।।
भनहि विद्यापति तओं पए जीब। अधर सुधारस जओं पए पीब।। 12।।

शब्दार्थ–1. परगास = प्रकाश। 2. पाबए = पाता है, जा सकता है। 3. भमरा (माधव)। 4. मालति (राधा)। 6. जीव उपेखि = जीवन की उपेक्षा करके अर्थात् मरेंगे या जिएँगे इसका कुछ भी खयाल न करके। 8. साँचि धरसि = संचित करके रखा है। 9. अबगाहि = डूबकर अर्थात् इस बात को अपने मन में भी भली-भाँति सोचो, समझो। 11. तओं पए जीब = तब ही जी सकता है। 12. जओं पए पीब = जभी वह पी सकेगा।

(48)

आजु हमे पेखल कालिंदी कूले। तुअ बिनु माधव बिलुठए धूले।। 2।।
कत सत रमनि मनहि नहि आने। किए बिष दाह समय जल-दाने।। 4।।
मदन-भुजंगम दंसल कान। बिनहि अमिअ-रस कि करब आन।। 6।।
कुलबति धरम काँच समतूल। मदन दलाल भेल अनुकूल।। 8।।
आनल बेचि नीलमनि हार। से तोहें पहिरब करि अभिसार।। 10।।
नील निचोल झाँपबि निज देह। जनि घन भीतर दामिनि-रेह।। 12।।
चौदिसि चतुर सखी चलु संग। आज निकुंज करह रस-रंग।। 14।।

शब्दार्थ–1. पेखल = देखा। कालिंदी = यमुना। कूल = किनारे में। 2. बिलुठए = लोट रहे हैं। 3. कत = कितने। सत = सौ। आने = लाता है। 4. विष की ज्वाला के समय जल देने से क्या–विष की ज्वाला कहीं पानी से शांत होती है ? 5. भुजंगम = सर्प। दंसल = काँटा। कान = कृष्ण। 6. अमिअ = अमृत। कि करब = क्या करेगा। आन = अन्य। 6. समतूल = समान। 10. से = वह। अभिसार = प्रियतम के पास गमन। 11. निचोल = चोली। 12. घन = मेघ। दामिनि = बिजली। रेह = रेखा। चौदिसि = चारों ओर।

(49)

आज पेखल नंद-किशोर।
केलि-बिलास सबहु अब तेजल, अह निसि रहए बिभोर।। 2।।
जब धरि चकित बिलोकि बिपिन-तट, पलटि आओल मुख मोरि।
तबधरि मदनमोहन तरु-कानन, लोटल धैरज छोरि।। 4।।
पुनु फिरि सोइ नयन जदि हेरब, पाओब चेतन नाह।
भुजंगिनि दंसि पुनहि जदि दंसए, तबहि समए बिष-धाह।। 6।।
अब सुभ खन धनि मनिमय भूषण, भूषित तनु अनुपाम।
अभिसरु बल्लभ हृदय बिराजह, जनि मनि कांचन-दाम।। 8।।

शब्दार्थ–2. अहनिसि = दिन-रात। बिभोर = बेसुध। 3. जब धरि = जब से। 4. तब धरि = तब से। लोटए = लोटते हैं। 4. पाओब चेतन = चेतना पाएँगे, सुध में आएँगे। नाह = नाथ (कृष्ण)। 6. भुजंगिनि = साँपिनि। दंसि = काटकर। तबहि = उसी समय–उसी हालत में। समए = शांत होता है। धाह = ज्वाला। 8. अभिसरु = अभिसार करो–गुप्त मिलन-स्थान में जा मिलो। बल्लभ = प्यारा। जनि मनि कांचन-दाम = जैसे सोने के धागे में मणियों की माला पिरोई गई हो।

(50)

प्रथम सिरीफल गरबें गमओलह, जे गुनें गाहक आबे।
गेल जौबन पुनु पलटि न आबए केवल रह पछताबे।। 2।।
सुंदरि, बचन करह समधाने।
तोहि सनि नारि दिबस दस अछलिहुँ, ऐसन उपजु मोहि भाने।। 4।।
जौबन रूप ताबे धरि छाजए, जाबे मदन अधिकारी।
दिन दस गेले सखि सेहओ पराएत, सकल जगत परचारी।। 6।।
विद्यापति कह जुवति लाख लह, पड़ल पयोधर तूले (?)
दिन-दिन आहे सखि ऐसनि होएबह, घोसिनि घोरक मूले।। 8।।

शब्दार्थ–1. सिरीफल = श्रीफल, बेल (कुच)। गमओलह = गँवा दिया, खो दिया। जे गुनें = जिसके लोभ से। 2. करह समधाने = समाधान करो, विचार करो। 4. सनि = समान। अछलिहुँ = मैं थी। भाने = अनुमान। 5. छाजए = शोभता है। 6. गेले = जाने पर। सेहओ = वह भी। पराएत = भागेगा। 8. पयोधर-तूले = स्तन रुई के समान शिथिल। 8. आहे सखि = अरी सखि ! होएबह = हो जाओगी। घोसिनि = ग्वालिन। घोरक = मट्ठा के। मूले = मूल्य की।

(51)

ए धनि कामिनि सुनु हितबानि। पेम करब जब सपुरुष जानि।। 2।।
सुजनक पेम हेम समतूल। दहइत कनक दुगुन होअ मूल।। 4।।
टुटइत नहिं टुट पेम अदभूत। जइसन बढ़ए मृनालक सूत।। 6।।
सबहु मतंग मोति नहि मानि। सकल कंठ नहि कोइल-बानि।। 8।।
सकल समय नहि रीतु बसंत। सकल पुरुषनहि होअ गुनबंत।। 10।।
भनइ विद्यापति सुन बर नारि। पेमक रीति अब बुझह बिचारि।। 12।।

शब्दार्थ–1. धनि = बाला। बानि = वाणी, बात। 2. जब प्रेम करो तो सुपात्र ही जानकर। 3. सुज़नक = सज्जन का। हेम = सोना। समतूल = समान। 4. दहइत = जलने पर। कनक = सोना। दुगुन = दो गुणा। मूल = मूल्य। 6. जइसन = जिस प्रकार। बढ़ए = बढ़ता है। मृनालक = मृणाल का, कमल की डंडी का। सूत = सूत्र, धागा, भीतर का रेशा। 8. मतंग = हाथी। मोती = मुक्ता। 9. कोइल-बानि = कोयल की काकली। 10. सभी पुरुष गुणवंत ही नहीं होते।

(52)

सुनु मनमोहन कि कहब तोए। मुगुधिनि रमनी तुअ लागि रोए।। 2।।
निसि-दिन लागि जपए तुअ नाम। थर-थर काँपि पड़ए सोइ ठाम।। 4।।
जामिनि आध अधिक जब होइ। बिगलित लाज उठए तब रोइ।। 6।।
सखिगन जत परबोधए जाए। तापिनि ताप ततहिं अधिकाए।। 8।।
कह कविसेखर ताक उपाए। रचइत तबहि रयनि बहि जाए।। 10।।

शब्दार्थ–1. कि = क्या। कबहु = कहूँ। तोए = तुझे। 2. मुगुधिनि = मुग्धा, प्रेमासक्ता। रमनी = रमणी, स्त्री। तुअ लागि = तेरे लिए। रोए = रोती है। 4. पड़ए = (गिर) पड़ती है। ठाम = जगह। 5. जब रात आधी से अधिक बीत जाती है। 6. बिगलित लाज = लाज से रहित होकर। उठए तब रोइ = तब रो उठती है। 7. जत = जितना। परबोधए = प्रबोध करती है, समझाती है। 8. तापिनि = ज्वाला से जली हुई। ताप = ज्वाला। ततहिं = उतना ही। अधिकाए = बढ़ता है। (वह विरह-ज्वाला से) जली हुई बाला ज्वाला से और भी अधिकाधिक जलती है। 9. ताक = उसका। 10. बहि जाए = बह जाती है, बीत जाती है।

(53)

माधव ! कि कहब से बिपरीते।
तनु भेल जरजर भरमए अंतर, चित्त रहल तछु भीते (?)।। 2।।
निरस कमल-मुख कर अबलंबए, सखि माझे बइसए राई।
नयनक नीर थीर नहि बाँधए, पंक कएल महि रोई।। 4।।
मरमक बोल, बयने नहि बोलए, तनु भेल कुहु-ससि-खीना।
अबनि उपर धनि उठइ न पारइ, धएलि ध्वजा करि दीना।। 6।।
तपत कनया जनु काजर भेल तनु, अतिसए बिरह हुतासे।
कवि विद्यापति मने अभिलाखए, कान्ह चलह तसु पासे।। 8।।

शब्दार्थ–2. जरजर = जर्जर, अत्यंत क्षीण। भरमए = भटकता है। अंतर = हृदय। बाढ़ल = बढ़ गया। तछु = उसका। 3. निरस = रसहीन, उदास। कर = हाथ। अबलंबए = अवलंबन करती है। माझे = मध्य। बइसए = बैठती है। राई = राधा। 4. नयनक नीर = आँसू। थीर = स्थिरता। 5. मरमक बोल = मर्म कथा, हृदय के भाव। कुहु-ससि = अमावस्या का चंद्र। 6. उठइ न पारइ = उठ नहीं सकती। पृथ्वी पर वह बाला स्वयं उठ नहीं सकती, (सखियाँ) उस दीना की भुजा पकड़कर (धरती पर से) उठाती है। 7. तपत = तप्त, तपे हुए। कनक = सोना। जनु = जलकर। हुतासे = अग्नि। 8. तसु = उसके।

(54)

लोटए धरनि, उठए धरि सोई। खने खन साँस खने खन रोई।। 2।।
खने खन मुरछइ कंठ परान। इथि पर की गति दैव से जान।। 4।।
हे हरि पेखलिहुँ से बर नारि। न जिउति बिनु कर-परसें तोहारि।। 6।।

केओ केओ जपए बेद दिठि जानि। केओ नब ग्रह पुज जोतिअ आनि।। 8।।
केओ केओ कर धरि धातु बिचार। बिरह-बिखिन कोइ लखए न पार।। 10।।

शब्दार्थ–1. लोटए = लोटती है। धरनि = पृथ्वी। सोई = वह। 2. खने-खन = क्षण-क्षण में। साँस = उसाँसें लेती है। रोई = रोती है। 3. क्षण-क्षण में वह मूर्च्छित हो जाती है, और प्राण कंठ तक चले आते हैं। (मृतप्राय हो जाती है)। 4. इथि = इसके। पर = बाद। की = क्या। से = वह। 5. पेखलिहुँ = (मैंने) देखा। 6. जिउति = जिएगी। कर-परसें = हाथ का स्पर्श। 7. केओ = कोई। दिठि = नजर लगना। 8. पुज = पूजता है। जोतिअ = ज्योतिषी। आनि = ले आकर, बुलाकर। 9. धातु = नाड़ी। 10. बिरह-बिखिन = विरह-विखिन्न, बिरह से क्षीण हुई। लखए न पार = लख नहीं सकती।

(55)

अविरल नयन गरए जल-धार। नव-जल बिंदु सहए के पार।। 2।।
कि कहब माधव ताहेरि कहिनी। कहए न पारिअ देखलि जहिनी।। 4।।
कुच-जुग ऊपर आनन हेरु। चाँद राहु डर चढ़ल सुमेरु।। 6।।
अनिल अनल बम मलयज बीख। जेहो छल सीतल सेहो भेल तीख।। 8।।
चाँद सताबए सबिताहु जीनि। नहि जीवन एकमत भेल तीनि।। 10।।
किछु उपचार मात्र नहि आन। ताहि बेआधि भेषज पँचबान।। 12।।
तुम दरसन बिनु तिलाओ न जीब। जइओ कलामति पीउख पीब।। 14।।

शब्दार्थ–1. अविरल = लगातार। गरए = गिरता है। 2. नब-जल बिंदु = नवीन जल के कण, आँसू। 3. ताहेरि = उसकी। कहिनी = कहानी। 4. जहिनी = जैसी। 5. आनन = मुख। 7. अनिल = वायु। अनल = आग। बम = वमन करता है, उगलता है। मलयज = चंदन। बीख = विष। 8. छल = था। तीख = तीक्ष्ण। 9. सबिताहु = सूर्य को भी। जीनि = जीतकर, सूर्य से बढ़कर। 10. एकमत भेल तीनि = (वायु, चंदन, चंद्र) एकमत हुए। 11. उपचार = औषधादि। 12. भेषज = दवा। पँचबान = कामदेव। 13. तिलाओ = तिलमात्र भी, एक क्षण भी। जीब = जिएगी। 14. पीउख = पीयूष, अमृत।

(56)

लाखे तरुअर कोटिहि लता, जुवति कत न लेख।
सब फुल मधु मधुकर नहि फुलहु फुल बिसेख।। 2।।
जे फुल भभर निंदहु सुमर, बासि न बिसरि पार।
जाहि मधुकर उड़ि-उड़ि पड़, सेहे संसारक सार।। 4।।
सुंदरि, अबहु बचन सून।
सबे परिहरि, तोहि इछ हरि, आपु सराहहि पून।। 6।।
तोहरे चिंता तोहरे कथा, सेजहु तोहरे ठाम।
सपनहु हरि पुनु पुनु लए, उठए तोहरे नाम।। 8।।
आलिंगन दए पाछु निहारए, तोहि बिनु सुन कोर।
पाछिल कथा अकथ कथा लाजें न तेजए नोर।। 10।।

राहि राहि नाम जाहि मुँह सुन, ततहि आपए कान।
सिरि सिवसिंह ई रस जानए, कवि विद्यापति भान।। 12।।*

शब्दार्थ—1-2. तरुअर = तरुवर, वृक्ष-श्रेष्ठ। कत = कितना। न लेख = संख्या नहीं, असंख्य। मधु = पुष्परस। लाखों पेड़ हैं, करोड़ों लताएँ हैं, (यों ही) कितनी युवतियाँ हैं (जिनकी) गिनती नहीं। किंतु सभी फूलों पर भौंरा नहीं जाता—फूलों में भी कोई विशेष फूल होते हैं। 3. जे = जिस। भमर = भौंरा। निंदहु = नींद में भी। सुमर = स्मरण करता है। बासि = बसिया। न बिसरि पार = नहीं विस्मरण कर सकता, नहीं भूल सकता। 4. मधुकर = भौंरा। पड़ = पड़ता, बैठता। सेहे = वही। जिस पर भौंरा उड़-उड़कर बैठे वही (फूल) संसार का सार है—संसार में उसी का खिलना सार्थक है। 5. सून = सुनो। 6. सबे = सबको। परिहरि = छोड़कर। इछ = इच्छा करता है। आपु = अपनी। सराहहि = सराहना करो। पून = पुण्य। 7. तोहरे = तुम्हारा ही। सेजहु तोहरे ठाम = शय्या पर भी तुम्हारे लिए स्थान रखता है। 8.. सपनहु = सपने में भी। पुनु पुनु = बारंबार। लए उठए = ले उठते हैं। 9. पाछु = पीछे। निहारए = देखते हैं। सुन = शून्य, खाली। कोर = गोद। 10. अकथ = न कहने योग्य। नोर = आँसू। 11. राहि = राधा। आपए = अर्पण करते हैं। 12. भान = कहते हैं।

*रागतरंगिणी में इस प्रकार लिखा है—

सरस कवि विद्यापति गाओल निअ मने अवधारि।
जकर पेमे पराधीन बालँमु सेहे कलामति नारि।।

(57)

आसाएँ मंदिर बैसि निसि गमाबए, सुखे न सत सयान।
जखन जतए जाहि निहारए, ताहि ताहि तोहि भान।। 2।।
मालति ! सफल जीबन तोर।
तोर बिरहे भुअन भमए, भेल मधुकर भोर।। 4।।
जातकि केतकि कत न अछए सबहि रस समान।
सपनहु नहि काहु निहारए, मधु कि करत पान।। 6।।
बन उपबन कुंज कुटीरहि सबहि तोहि निरूप।
तोहि बिनु पुनु-पुनु मुरुछए, अइसन पेम सरूप।। 8।।
साहर निबह सउरभ न सह, गुजरि गीत न गाब।
चेतन पापु चिंताएँ आकुल, हरख सबे सोहाब।। 10।।
जकर हिरदय जतहि रतल, से धसि ततहि जाए।
जइओ जतने बाँधि निरोधिअ, निमन नीर थिराए।। 12।।
ई रस राय सिवसिंह जानए, कवि विद्यापति भान।
रानि लखिमा देइ बल्लभ, सकल गुननिधान।। 14।।

शब्दार्थ—1. आसाएँ = आशा में। गमाबए = बिताता है। सूत = सोता है। सयान = शयन पर, बिछावन। जखन = जब। जतए = जहाँ। जाहि = जिसे। निहारए = देखता है। जब जहाँ जिसे देखता है, उसे-उसे ही तुम्हें भान करता है—भ्रमवश सभी को तुम्हें ही समझता है। भुअन = भुवन, संसार। भमए = भ्रमण करता है। मधुकर = भौंरा। भोर = विभोर, व्याकुल। 5. जातकि = चमेली। कत = कितना। अछए = है। 6. स्वप्न में भी किसी को देखता तक नहीं, फिर उसका

मधु क्यों पान करने चला। 7. सबहि = सभी स्थानों में। निरूप = निरूपण करता है, देखता है। 7. पुनु-पुनु = पुनः पुनः, बारंबार। मुरुछए = मूर्च्छित होता है। अइसन = इस प्रकार का। 9. साहर = सहकार, आम। निबह = समूह। सउरभ = सौरभ, सुगंध। गुजरि = गुंजार करके। गाब = गाता है। 10. चेतन = चैतन्य, जीव। पापु = पापी। चिंताएँ = चिंता से। हरख सबे सोहाब = आनंद में ही सबकुछ सुहाता है। 11. जकर = जिसका। जतहि = जहाँ। रतल = अनुरक्त हुआ। से = वह। धसि = घुसकर। ततहि = वहाँ ही। 12. जइओ = यद्यपि। निरोधिअ = रोक रखिए। निमन = नीची जगह। नीर = पानी। थिराए = स्थिर होत: है।

नोक-झोंक

(58)

कर धए करु मोहि पारे। देब मएँ अपरुब हारे, कन्हैआ।। 2।।
सखि सबे तेजि चलि गेलि। न जानु कओन पथ भेली, कन्हैआ।। 4।।
हमे न जाएब तुअ पासे। जाएब औघट घाटे, कन्हैआ।। 6।।
विद्यापति एहो भाने। गूजरि भजु भगवाने, कन्हैआ।। 8।।

शब्दार्थ–1. कर = हाथ। धरि = धरकर। करु = करो। पारे = उस पार। 2. देब = दूँगी। हारे = माला। 3. तेजि = छोड़कर। चलि गेली = चली गई। 4. न जानु = न मालूम। कओन पथ भेली = किस रास्ते गई ? जाएब = जाऊँगी। तुम = तेरे। पासे = निकट। 6. औघट घाटे = जिस घाट से कोई आता-जाता न हो। 7. एही = यह। भाने = कहते। 8. गूजरि = बाला, गोपी।

इस पद में प्रेमिका के हृदय का खासा चित्र विद्यमान है। जहाँ एक ओर कहती है–'हम न जाएब तुअ पासे', तो दूसरी ओर मुँह से निकलता है–'जाएब औघट घाटे' यानी जा रही हूँ निश्चित स्थान में ही, अर्थात् चलो, उस एकांत स्थान में केलि-क्रीड़ा करें। यों ही इसके अन्य पदों में भी अपूर्व बारीक भाव विद्यमान है। रसिक पाठक गौर करें।

•

Poetry has some thing divine in it. –Bacon

(59)

कुंज-भवन सएँ निकसलि रे, रोकल गिरधारी।
एकहि नगर बसु माधब हे, जनि करु बटमारी।। 2।।
छाड़ कान्ह मोर आँचर रे, फाटत नव-सारी।
अपजस होएत जगत भरि हे, जनि करिअ उघारी।। 4।।
संगक सखि अगुआइलि रे, हम एकसरि नारी।
दामिनी आए तुलाएलि हे, एक राति अँधारी।। 6।।
भनहि विद्यापति गाओल रे, सुनु गुनमति नारी।
हरिक संग किछु डर नाहि हे, तोंहे परम गमारी।। 8।।

शब्दार्थ–1. सएँ = से। निकसलि = निकली। रोकल = रोक लिया। 2. बसु = रहते हो।

जनि = मत। बटमारी = डकैती, राहजनी। 3. नव-सारी = नवीन साड़ी। 4. उघारी = नग्न। संगक = साथ की। अगुआइलि = आगे गई। एकसरि = अकेली। 6. दामिनि आए तुलाएलि = बिजली भी चमकने लगी = मेघ छा गए। अँधारी = अँधेरी, कृष्णपक्ष की। 8. हरिक = श्रीकृष्ण के। गमारी = गँवारी, बेवकूफ।

(60)

कुल गुन गौरब सील-सोभाओ। सबे लए चढ़लिहु तोहरि नाओ।। 2।।
हठ तेजि माधव कर मोहि पार। सब तहँ बड़ थिक पर-उपकार।। 4।।
आइलि सखि सब साथ हमार। से सबे भेलि निकहि बिधि पार।। 6।।
हमरा भेल कान्ह तोहरहि आस। से न करिअ जे होअ उपहास।। 8।।
भल मंद जानि करिअ परिनाम। जस अपजस पए रहत गए ठाम।। 10।।
हमे अबला कत कहब अनेक। आइति पड़लें बुझिअ बिबेक।। 12।।
तोहें पर नागर हमे पर नारि। काँप हृदय तुअ रीति बिचारि। 14।।
भनइ विद्यापति तोहें गुनमान। हाथिमहते नब के नहि जान।। 16।।

शब्दार्थ–2. लए = लेकर। 4. सब तहँ = सबसे। थिक = है। 6. भेलि = हुई। निकहि बिधि = अच्छी तरह से। 11. कत = कितना। 12. आइति पड़ले = वश में पड़ने पर ही, विवशता का अवसर आने पर ही। बुझिअ बिबेक = विवेक की परख होती है। 13 पर नागर = अन्य पुरुष। 14. रीति = स्वभाव। 16. नब = झुकता है।

(61)

नाब डोलाब अहीरे, जिबइत न पाओब तीरे, खर नीरे लो।
खेबा न लेअए मोले, हँसि हँसि की दहु बोले, जिब डोले लो।। 2।।
किए बिके अएलिहु आपे, बेढ़ल मोहि बड़ सापे, मोरे पापे लो।
करितहुँ पर उपहासे, परलिहुँ तहिं बिधि-फाँसे, नहिं आसे लो।। 4।।
न बुझसि अबुझ गोआरी, भजि रहु देब मुरारी, नहि गारी लो।
कबि विद्यापति भाने, नृप सिवसिंह रस जाने, नव कान्हे लो।। 6।।

शब्दार्थ–1. जिबइत = जीती हुई। खर नीरे = तीक्ष्ण धारा। 2. मोले = मूल्य में, रुपए-पैसे में। कीदहु = न जाने क्या। 3. किए = क्यों। अएलिहुँ = मैं आई। बेढ़ल = आ घेरा। 4. तहिं = उसी से। 5. गोआरी = ग्वालिन। गारी = गाली। 6. नव = नवीन, युवक।

सखी-शिक्षा

राधा को शिक्षा

(62)

प्रथमहि अलक तिलक लेब साजि। चंचल लोचन काजरें आँजि।। 2।।
जाएब बसन आँग सब गोए। दूरहि रहब तें अरथित होए।। 4।।

मोड़ि बदन सखि रहब लजाए। कुटिल नयन देब मदन जगाए।। 6।।
झाँपब कुच दरसाओब आध। खन खन सुदिढ़ करब निबि-बाँध।। 8।।
मान करब, दरसाओब भाब। रस राखब तें पुनु-पुनु आब।। 10।।
हमे कि सिखउबि आओर रंग। अपनहि गुरु भए कहत अनंग।। 12।।
सुकवि विद्यापति ई रस गाब। नागरि कामिनि भाव बुझाब।। 14।।

शब्दार्थ–1. अलक = केश। तिलक = टीका, बेदी। लेब = लेना। 2. आँजि = लगा देना। 3. बसन = कपड़ा। आँग = अंग। गोए = छिपाकर। 4. तें = इससे। अरथित = अर्थित, चाहक। 5. मुख मोड़कर लाज करना। 6. कुटिल = टेढ़े। झाँपब = ढकना। निबि बाँध = नींवी का बंधन। 9. मान करने के बाद ही भाव प्रकट करना। 12. अनंग = कामदेव। 14. नागरि-कामिनि = सुचतुरा स्त्री।

(63)

प्रथमहि सुंदरि कुटिल कटाख। जिबि जोखि नागर देअ दस लाख।।2।।
केओ देअ हास सुधा सम नीक। जइसन परहोंक तइसन बीक।। 4।।
सुनु सुंदरि नव मदन-पसार। जनि गोपह आओब बनिजार।। 6।।
रोस दरसि रस राखब गोए। धएलें रतन अधिक मूल होए।। 8।।
भलहि न हृदय बुझाओब नाह। आरति गाहक महँग बेसाह।। 10।।
भनइ विद्यापति सुनह सयानि। सुहित बचन राखब हिय आनि।।12।।

शब्दार्थ–1-2. जोखि = तोलकर। पहले, हे सुंदरि, कुटिल कटाक्ष करना जिससे (मूल रूप में) नागर दस लाख प्राण तौलकर देगा। 3. केओ = कोई। हास = हँसी। नीक = अच्छा। 4. परहोंक = बोहनी। बीक = बिक्री होती है। 5. मदन-पसार = कामदेव की दूकान। 6. गोपह = छिपाओ। बनिजार = व्यापारी। 7, 8. रोष प्रकट कर प्रेम छिपाए रखना, क्योंकि सँजोए हुए रत्न की कीमत अधिक होती है। 9. भलहि = अच्छी तरह। हृदय = अभिप्राय। 10. आरति = आर्त्त, आग्रहपूर्ण। महँग = महँगा। बेसाह = खरीद करता है। 12. सुहित बचन = भलाई की बातें। हिय = हृदय।

(64)

सुनु सुनु ए सखि बचन बिसेस। आजु देब हमे ताहि उपदेस।। 2।।
पहिलहि बैठबि सयनक सीम। हेरइत पिया मुख मोड़बि गीम।। 4।।
परसइत दुहु करें बारबि पानि। मौन रहबि पहु करइत बानि।। 6।।
जब हमें सोंपब करे कर आपि। साधस धरबि उलटि मोहि काँपि।।8।।
विद्यापति कह एह रस ठाठ। भए गुरु काम सिखाओब पाठ।। 10।।

शब्दार्थ–3. सयनक-सीम = शय्या की एक ओर। 4. गीम = ग्रीवा, गरदन। जब प्रीतम मुख देखने लगे तब अपनी गरदन (दूसरी ओर) मोड़ लेना। 5. परसइत = स्पर्श करते। करें = हाथ से। बारबि = वारण करना, मना करना। पानि = हाथ। जब वे अंग स्पर्श करने लगें तब दोनों हाथों से उनके हाथ को रोकना। 6. पहु = प्रभु, प्रीतम। करइत बानि = बातचीत करते समय। 7-8. करे = हाथ में। हाथ = हाथ। आपि = अर्पण कर। साधस = भय। जब

मैं उनके हाथ में तुम्हारा हाथ अर्पण कर तुम्हें सौपूँगी, तो तुम संभ्रम से उलटकर काँपते हुए मुझे पकड़ना। 9. रस-ठाठ = रस की रीति। 10. भए = होकर।

"वाक्यं रसात्मकं काव्यम्"–साहित्यदर्पणः

(65)

परिहर, ए सखि, तोहि परनाम। हमे नहि जाएब से पिया-ठाम।। 2।।
बचन-चातुरि हमे किछु नहि जान। इंगित न बूझिअ न जानिअ मान।। 4।।
सहचरि मीलि बनाएब भेस। बाँधए न जानिअ अपनुक केस।। 6।।
कहिओ सुनिअ नहि सुरतक बात। कइसे मिलब हमे माधब साथ।। 8।।
से बर नागर रसिक सुजान। हमे अबला अति अलप गेआन।। 10।।
विद्यापति कह कि बोलब तोए। आजुक मीलब समुचित होए।। 12।।

शब्दार्थ–1. ए सखि (मुझे) छोड़ो, मैं तुम्हें प्रणाम करती हूँ। 2. ठाम = स्थान। 4. इंगित = इशारा। न मैं इशारा समझती हूँ और न मान करना जानती हूँ। 5. सहचरि = सखियाँ। बनाबए भेस = भेस बनाती हैं–मेरा श्रृंगार कर देती हैं। 6. अपनुक = अपना। 7. सुरतक बात = कामक्रीड़ा की बातें। 8. कइसे = किस प्रकार। 9. नागर = चतुर। 10. अलप = अल्प, थोड़ा। 11. तोए = तुम्हें। 12. आजुक = आज का। मीलब = मिलना।

•

शेर दर अस्ल है वही 'हसरत'
सुनते ही दिल में जो उतर जाए।

(66)

काहे डरसि सखि चलु हमे संग। माधब नहि परसब तुअ अंग।। 2।।
एह रजनी फुल-कानन माझ। केओ एक भमए साजि बहु साज।। 4।।
कुसुमक घोर धनुष धरि पानि। मारए सर बाला जन-जानि।। 6।।
अतए चलह सखि भीतर कुंज। जहाँ रहए हरि महाबल पुंज।। 8।।
एत कहि आनलि धनि हरि पास। पूरल बल्लभ सुख-अभिलास।। 10।।

शब्दार्थ–1. काहे = किसलिए, डरसि = डरती हो। 2. परसब = स्पर्श करेंगे। 3-6. रजनी = रात। फुल-कानन = पुष्प-वन। माझ = में। एक = अकेले। कुसुमक = फूलों का। पानि = हाथ। इस रात में, पुष्प-वन में, यों नाना प्रकार शृङ्गार करके कोई एक व्यक्ति घूमता है और फूलों का कठोर धनुष हाथ में धरकर बाला स्त्रियों को खोज-खोजकर बाण मारता है। 7. अतए = अतएव, इसलिए। 8. हरि = श्रीकृष्ण। महाबलपुंज = बड़े बलशाली। 'महाबलपुंज' कहकर सखी धैर्य देती है कि श्रीकृष्ण तुम्हें काम के बाण की चोट से बचाएँगे। 9. एत = इतना। आनलि = लाई। धनि = बाला। पास = निकट। 10. पूरल = पूरा हुआ।

(67)

परिहर संका न कर तरास। साधस नहि कर, चल पिय पास।। 2।।
दुर कर दुरमति कहल मो तोए। बिनु दुख सुख कहिओ नहि होए।। 4।।

तिल आध दूख जनम भरि सुख। इथे लागि धनि किए ओअह बिमुख।। 6।।
तिला एक मूँदि रहहु दु नयान। रोगि करए जइसे औषध पान।। 8।।
चल चल सुंदरि करह सिंगार। विद्यापति कह एहे सुबिचार।। 10।।

शब्दार्थ–1. परिहर = छोड़ो। तरास = त्रास, डर। 2. साधस = भय। 3. दुर कर = दूर करो। दुरमति = दुर्बुद्धि। मो = मैं। तोए = तुझे। तिल आध = (मैथिली मुहावरा) एक क्षण के लिए। 6. इथे = इसलिए। किए = क्यों। होअह = होती हो। बिमुख = विमुख, विपक्ष। 7. मूँदि रहहु = मूँद रखो। दु = दो। नयान = आँखें। 8. जइसे = जिस प्रकार। 9. करह = करो। 10. एहे = यही।

•

A poet is not only a dreamer of dreams, his heart is the mirror of the world's emotion, his songs of gladness are the echoes of the world's laugh, his songs of sorrow reflect the tears of humanity.

–Sarojini

श्रीकृष्ण को शिक्षा

(68)

हमे दरसबइत कतन बेस करु, हमे हेरइत तनु झाँप।
सुरते सिंगारि आज धनि आइलि, परसइत थर थर काँप।।2।।
सुनु हे कान्हु कहिअ अवधारि।
सकल काज हम बुझल बुझओलें, न बुझल अंतर नारि।।4।।
अभिनव काम नाम पुनु सुनइत, रोखए गुन दरसाइ।
अरि सम गंजए मन पुनु रंजए, अपन मनोरथ साइ।।6।।
अंतर जीउ अधिक करि मानए बाहर न गन तरासे।
कह कबि सेखर सहज विषय-रत विदगधि केलि बिलासे।।8।।

शब्दार्थ–1. दरसइत = दिखा करती हुई। कतन = कितना ही। बेस करु = श्रृंगार करना। हेरइत = देखते। झाँप = ढाँप लेना। 2. सुरते = काम-क्रीड़ा। 3. अवधारि = निश्चय करके। 4. बुझल-बुझओलें = समझाने से समझ लिया है। अंतर = हृदय। 5. अभिनब = नवीन। रोखए = रोष प्रकट करती है। गुन दरसाइ = गुण दिखाकर, कला प्रकट करके, चूँकि बिलकुल ही नवीना है, अतः काम का नाम सुनते ही कला प्रकट करती हुई क्रोधित हो उठती है। 6. गंजए = गंजना करती है। रंजए = प्रसन्न करती है। साइ = वह। 7. हृदय से तो (तुम्हें) प्राणों से अधिक चाहती है, किंतु बाहर डर से प्रकट नहीं करती।

(69)

सुन-सुन सुंदर कन्हाई। तोहि सोंपलि धनि राई।। 2।।
कमलिनि कोमल कलेबर। तुहु से भूखल मधुकर।। 4।।
सहज करबि मधु पान। भूलह जनि पँचबान।। 6।।
परबोधि पयोधर परसह। मधुकर जइसे सरोरुह।। 8।।

गनइत मोतिम हारा। छलें परसब कुच भारा।। 10।।
न बुझए रति-रस-रंग। खन अनुमति खन भंग।। 12।।
सिरिस-कुसुम सम तनु। थोरि सहब फुल-धनु।। 14।।
विद्यापति कवि गाब। दूतिक मिनति तुअ पाब।। 16।।

शब्दार्थ–2. धनि = बाला। राई = राधा। 3. कलेबर = शरीर। 4. भूखल = भूखा हुआ। मधुकर = भौंरा। 5. सहज = स्वाभाविक ढंग से, धीरे-धीरे। करब = करना। जनि = नहीं। पँचबान = कामदेव। 7. परबोधि = प्रबोधकर, समझा-बुझाकर। पयोधर = कुच, स्तन। परसह = स्पर्श करना। 8. कुंजर = हाथी। सरोरुह = कमल। जिस प्रकार भौंरा कमल को छूता है उस प्रकार। 9. गनइत = गिनते हुए। 10. छलें = छल से। 12. अनुमति = राजी होना। 13. सिरिस कुसुम = एक कोमल फूल। 14. फुलधनु = काम का धनुष। 16. मिनति = विनती। पाब = पैर।

(70)

प्रथम समागम भूखल अनंग। धनि बल जानि करब रतिरंग।। 2।।
हठ नहि करबे आइति पाए। बड़हु भुखल नहि दुहु करें खाए।। 4।।
चेतन कान्ह तोंहहि जदि आथि। के नहि जान महते नब हाथि।। 6।।
तुअ गुन-गन कहि कत अनुबोधि। पहिलहि सबहि हललि परबोधि।। 8।।
हठे नहि करब रति-परिपाटि। कोमल कामिनि बिघटित साटि।। 10।।
जाबे रभस सह ताबे बिलास। बिमति बुझिअ जओं न जाएब पास।। 12।।
परिहरि कबहु धरबि नहि बाहु। उगिलल चाँद गिलए जनि राहु।। 14।।
भनइ विद्यापति कोमल काँति। कौसल सिरिस-सुमन अलि भाँति।। 16।।

शब्दार्थ–1. अनंग = कामदेव। 3. आइति पाए = वश में पाकर। 4. करें = हाथ से। 5. चेतन = चतुरा। आथि = अस्ति, हो। 6. महते = महाउत। नब = नवता है, नम्र होता है। 7. अनुबोधि = समझा-बुझाकर। 9. रति-परिपाटि = रति क्रीड़ा की परिपाटी। 10. बिघटित साटि = सट्टी-घट्टी में विघटन होगा, मेल में अंतर पड़ेगा। 11. रभस = कामक्रीड़ा। सह = सहन करे। 12. बिमति = राजी नहीं। जओं = यदि। 13. एक बार छोड़कर पुनः धँसकर दोबारा आगे बढ़कर उसकी बाँह मत पकड़ना। 14. गिरय = निगल जाना। 16. जिस प्रकार भौंरा बड़े कौशल से सिरिस के फूल का रस चूसता है, उसी प्रकार।

(71)

बुझब छएलपन आज।
राहि मनि रतने आनलि अति जतने, बंचि सब रमनि-समाज।। 2।।
सिरिस कुसुम जनि अति सुकुमारि धनि, आलिंगब दिढ़ अनुरागे।
**निर्भय करब केलि नहि बुझए एह, भौंरा भरें माजरि न भाँगे।। 4।।*
पिरितिक बोल बोलि नियरे बइसाओब, नख हनि आनब कोल।
नहि-नहि कर धनि कपट भुलब जनि, यदि कह कातर बोल।। 6।।

शब्दार्थ–1. छएलपन = रसिकता। 2. राहि = राधा। मनि रतने = रत्नों में मणि। आनलि =

लाई। बंचि = छल करके। जनि = ऐसा। आलिंगब = आलिंगन करना; छाती लगाना। 4. निर्भय होकर केलि करना, यह किसे नहीं मालूम है कि भौंरे के शरीर के भार से कोमल मंजरी नहीं टूटती। 5. नियरे = निकट। नख हनि आनब कोल = नख से हनन कर, नख से कुचों को क्षत-विक्षत कर उसे गोदी बैठा लेना। 6. नहि-नहि कर धनि = वह बाला यदि नहीं-नहीं करे। कातर बोल = दीन वचन।

•

पहले ऐसा पाठ था—'निर्भय करब केलि केह नहि बूझे गेलि।'*

मिलन

(72)

सुंदरि चललिह पहु-घर ना। चहुदिस सखि सब कर धर ना।। 2।।
जइतहु लागु परम डर ना। जइसे ससि काँप राहु डर ना।। 4।।
जाइतहि हार टुटिए गेल ना। भूखन बसन मलिन भेल ना।। 6।।
रोए-रोए काजर दहाए देल ना। अदँकहि सिंदुर मेटाए गेल ना।। 8।।
विद्यापति कवि गाओल ना। दुख सहि सहि सुख पाओल ना।। 10।।

शब्दार्थ—1. चललिह = चली। पहु = स्वामी। 2. चहुदिस = चारों ओर। कर = हाथ। जइतहु = जाने दो। 4. ससि = चंद्रमा। 7. रोए = रोकर। दहाए देल = दहा दिया। 8. अदँकहि = आतंक से ही, डर से।

स कविः कथ्यते स्रष्टा रमते यत्र भारती।
रसभावजुषैर्भूतैरलंकारैर्गुणोदयैः।।

—वेंकटाचार्य

(73)

कौतुक चललि भवन कए सजनि गे, सँग दस चौदिस नारि।
बिच-बिच सोभित सुंदरि सजनि गे, जाहि घर मिलत मुरारि।। 2।।
लय अभरन कए षोड़स सजनि गे, पहिरि उतिम रँग चीर।
देखि सकल मन मोहित सजनि गे, मुनिहुक चित नहि थीर।। 4।।
नील बसन तन घेरल सजनि गे, सिर लेल घोघट सारि।
लहु-लहु पहु घर चलइत सजनि गे, सँकुचलि अंकम नारि।। 6।।
सखि सभ देल भवन कए सजनि गे घुरि आइलि सभ नारि।
कर धए लेल पहु लग कए सजनि गे हेरए बसन उघारि।। 8।।
भए बर सनमुख बोलए सजनि गे लागल करए बिलास।
नब रस रीति पिरिति भेल सजनि गे दुहु मन परम हुलास।। 10।।
विद्यापति कवि गाओल सजनि गे ई थिक नब रस रीति।
बएस जुगल समुचित थिक सजनि गे दुहु मन परम पिरीति।। 12।।

शब्दार्थ–1. कौतुक = कुतूहलपूर्वक। चौदिस = चारों ओर। 2. बिच-बिच = मध्य भाग में। 3. अभरन = आभरण, गहने। कए षोड़स = सोलह श्रृंगार करके। उतिम रँग = अच्छे रंग की। चीर = साड़ी। 4. मुनिहुक = ऋषियों का भी। थीर = स्थिर। नील बसन = नीले रंग का कपड़ा। तन घेरलि = शरीर को लपेटे हुई। घोघट = घूँघट। सारि लेल = सँभाल लिया। 6. लहु-लहु = धीरे-धीरे। पहु = प्रीतम। सँकुचलि = सकुचा गई। अंकम = गोदी। प्रीतम के निकट जाने में बाला का हृदय सकुच गया। 7. देल भवन कए = भवन कए देल = घर में ला रखा। घुरि आइलि = लौट आई। 8. कर धए = हाथ धरकर। पहु लग गए लेल = प्रीतम निकट ले आए। हेरए = देखता है। बसन = वस्त्र (आँचल), उघारि = उघारकर, आँचल हटाकर। 9. भए = होकर। बर = प्रीतम। लागल करए = करने लगा। बिलास = काम-क्रीड़ा। 10. नब = नवीन। हुलास = आनंद। 11. ई = यह। थिक = है। 12. बरस = अवस्था। जुगल = दोनों को। समुचित = योग्य।

•

Poetry is spontaneous over flow of powerfull feelings.

(74)

आहे सखि आहे सखि लए लनि जाह। हम अति बालिका निरदए नाह।। 2।।
बोल भरोसे दस सखि गेली लेआए। पहुक पलंग पर देलन्हि बैसाए।। 4।।
गोट-गोट सखि सब गेलि बहराए। बजर केबाड़ हुनि देलन्हि लगाए।। 6।।
ताहि अबसर सखि जागल कंत। चीर सँभारइत जिब भेल अंत।। 8।।
नहि नहि करिअ नयन ढर नोर। काँच कमल भमरा झिकझोर।। 10।।
जइसे डगमग नलिनिक नीर। तइसे डगमग धनिक सरीर।। 12।।
भन विद्यापति सुनु कविराज। आगि जारि पुनि आगिक काज।। 14।।

शब्दार्थ–1. लए जाह = ले जाओ। जनि = मत, नहीं। 2. नाह = नाथ, प्रीतम। 3. लेआए = लिवा ले गई। 5. गोट-गोट = एक-एक कर (मैथिली मुहावरा)। गेलि = गई। बहराए = बाहर हो गई। 6. बजर = बज्रतुल्य। पहु = प्रभु, प्रीतम। देलन्हि = दिया। 8. वस्त्र हटाने का उपक्रम करते ही मालूम हुआ, मेरे प्राण निकल गए। 9. नोर = आँसू। 10. काँच कमल = अधखिला कमल। भमरा = भौंरा। 11. डगमग = हिलता-डुलता। नलिनिक नीर = कमल (के पत्ते पर) का पानी। 12. धनिक = धनि के, बाला के। 14. आग जला देती है तो फिर आग की आवश्यकता होती ही है। भनिता कहीं-कहीं यों है–"भनहि विद्यापति तखनुक रीति। जुग-जुग बाढ़ओ पहुक पिरीति"।

(75)

कत अनुनय अनुगत अनुरोधि। पति-घर सखि पहुँचाओलि बोधि।। 2।।
बिमुखि सुतलि धनि समुखि न होए। भागल दल बहुराबए कोए।। 4।।
बालँमु बेसनि बिलासिनि छोटि। मेल न मिलए देलहु हेम कोटि।। 6।।
बसन झपाए बदन धर गोए। बादर तर ससि बेकत न होए।। 8।।
भुज-जुग चापि जीब जओं साँच। कुच कञ्चन कोरी फल काँच।। 10।।
लग नहि सरए, करए कसि कोर। करे कर बारि करए कर-जोर।। 12।।
एत दिन सैसब लाओल साठ। अब गए मदन पढ़ाओब पाठ।। 14।।

गुरुजन परिजन दुअओ निबार। मोहर मुदल अछि मदन-भंडार।। 16।।
भनइ विद्यापति इहो रस भान। सिवसिंह लखिमा देइ रमान।। 18।।

शब्दार्थ–1. कत = कितना। अनुनय = विनती। अनुगत = खुशामद। अनुरोधि = अनुरोध करके। 3. विमुखि = दूसरी तरफ मुँह करके। 4. बहुराबए = फेरना। कोए = कौन। 5. बेसनि = व्यसनी, कामुक। बिलासिनि = नायिका। 6. हेम = सोने का सिक्का। 7. गोए = छिपाकर। 8. बेकत = व्यक्त, प्रकट। 9-10. चापि = दबाकर। साँच = संचय करना। कोरो = कोरा, अछूता। सोने के समान कुचों को कच्चे और अछूते फल समझकर दोनों हाथों से दबाकर प्राणों के समान जुगाती है। 11. लग = निकट। सरए = आती है। कोर = कोड़, गोदी। 12. करे कर बारि = अपने हाथ से (नायक) के हाथ रोककर। करए करजोर = हाथ जोड़ती है, प्रार्थना करती है। सैसव = बचपन। साठ लाओल = संगत निभाई। निबार = निवारण किया हुआ। मोहर = मुहर देकर।

(76)

सखि परबोधि सयन-तल आनि। पिय हिय हरषि धयल निज पानि।। 2।।
छुबइत बालि मलिन भए गेलि। बिधु-कर मलिन कमलिनि भेलि।। 4।।
नहि नहि कहए नयन झर नोर। सूति रहलि राहि सयनक ओर।। 6।।
आलिंगए नीवि-बँध-बिनु खोरि। कर कुच परस सेह भेल थोरि।। 8।।
आँचर लेइ बदन उर झाँप। थिर नहि होअए थर-थर काँप।। 10।।
भनइ विद्यापति धैरज सार। दिन दिन मदनक होए अधिकार।। 12।।

शब्दार्थ–1. आनि = लाई। 2. धएल = पकड़ा। पानि = हाथ। 3. बालि = बाला। 4. विधुकर = चंद्रमा की किरणों से। 5. नोर = आँसू। 6. सूति रहलि = सो रही। राहि = राधा। ओर = छोर पर (एक ओर)। खोरि = खोलना। 8. सेह = वही।

(77)

प्रथमहि गेलि धनि प्रीतम पास। हृदय अधिक भेल लाज तरास।। 2।।
ठाढ़ि भेलि धनि अंगो न डोले। हेम-मुरति सनि मुखहु न बोले।। 4।।
कर धए लेल पहु पास बइसाए। रहलि अचलि धनि बदन झुकाए।। 6।।
मुख हेरि ताकए भमर झाँपि लेल।
अंकम भरिकँ कमल मुखि लेले (?)।। 8।।
भनइ विद्यापति देह इ सुमति मति।
रस बूझ हिंदूपति हिंदूपति (?)।। 10।।

शब्दार्थ–1. धनि = नायिका 3. भेलि = हुई। 4. हेम = सोना। सनि = समान। 5. पहु = प्रभु, प्रीतम। बइसाए = बैठा लिया। 6. रहलि अचलि = निश्चल रही। 7-8. अंकम = गोद। भरिकँ = भरकर, भौंरा (कृष्ण) उसका मुख देखता था; अतः नायिका ने उसे ढाँप लिया। किंतु ज्यों ही उसने अपना मुँह ढाँपा कि मौका पाकर, नायक ने उसे गोद में ले लिया। 9. देह = दो। विद्यापति कहते हैं कि हे सुमति, अब यह (मति) अनुमति दो–कृष्ण की प्रार्थना स्वीकार करो। हिंदूपति = राजा शिवसिंह (?)।

(78)

जतने आएलि धनि सयनक सीम। पाँगुर लिखि खिति रहु नतगीम।। 2।।
सखि हे, पिया पास बैठलि राहि। कुटिल भौंह करि हेरए काहि।। 4।।
नबि बर नारि पहिल पिया मेलि। अनुनय करइत राति आध गेलि।। 6।।
कर धरि बालमु बइसाओल कोर।
एक पए कह धनि नहि नहि बोल।। 8।।
कोर करइत मोड़ए सब अंग। प्रबोध न मानु, जनि बाल भुजंग।। 10।।
भनइ विद्यापति नागरि रामा। अंतर दाहिन बाहर बामा।। 12।।

शब्दार्थ–1. सयनक सीम = शय्या की सीमा में, शय्या के निकट। 2. पाँगुर = पदांगुलि, पैर की अंगुलि। खिति = पृथ्वी। नतगीम = गरदन नीची किए। 3. राहि = राधा। 4. हेरए = देखती है। 5. नबि = नवीना। नवीना सुंदरी नायिका को प्रथम-प्रथम प्रीतम से भेंट हुई। 6. अनुनय = विनय। 7. कर धरि = हाथ धरकर। बइसाओल कोर = गोदी में बिठलाया। 8. नहि नहि बोल = बस, 'नहीं-नहीं' का वचन कहती है—सदा 'नहीं-नहीं' बोलती है। 9. गोदी में बिठलाते ही अपने अंगों को ऐंठती है—भावभंगी दिखलाती है। 10. जनि = मानो। बालभुजंग = बच्चा साँप। 12. अंतर = हृदय से। दाहिन = अनुकूल। बाहर = बाहर से, ऊपर से। बामा = प्रतिकूल।

(79)

अधर मँगइते अओंध कर माथ। सहए न पार पयोधर हाथ।। 2।।
बिघटलि नीबी करें धर जाँति। अँकुरल मदन, धरए कत भाँति।। 4।।
कोमल कामिनि नागर नाह। कओन परि होएत केलि निरबाह।। 6।।
कुच कोरक तब कर गहि लेल। काँच बदरि अरुनिम रुचि भेल।। 8।।
लाबए चाहए नखर बिसेख। भउँह न आँटए (?) चाँदक रेख।। 10।।
तसु मुख सोभा लोभे रहु हेरि। चाँद झपाब बसन कत बेरि।। 12।।

शब्दार्थ–1. अओंध कर = नीचे करता है। 2. सहए न पार = सह नहीं सकती। पयोधर = कुच। 3. विघटित = खुली हुई। नीबी = कोंचा, फुफनी। कर धर जाँति = हाथ से दबाकर रखती है। 4. अँकुरल = अंकुरित हुआ, पैदा हुआ। भाँति = रूप, आकार। 5. नागर = चतुर। नाह = नाथ, प्रीतम। 6. कओने परि = किस प्रकार। 7. कुच-कोरक = स्तन रूपी कली। 8. बदरि = बैर (छोटे-छोटे कुचों की उपमा)। अरुनिम रुचि = लाल रंग की छटा। 9-10. नखर = नख की रेखा। बिसेख = उत्तम, सुंदर। आँटए = बराबरी करती। (जब प्रीतम) कुच पर नख-रेखा देना चाहता है, तब भौंह की (वक्रता) की बराबरी चंद्र-लेखा नहीं कर पाती (?)। 11. तसु = उसका। 12. चाँद = चंद्रमा (मुख)। बसन = कपड़ा (आँचल)।

(80)

जखन लेल हरि कँचुअ अछोड़ि। कत परि जुगुति कएलि अँग मोरि।। 2।।
तखनुक कहिनी कहल न जाए। लाजे सुमुखि धनि रहलि लजाए।। 4।।
कर न मिझाए दूर जर दीब। लाजे न मरए नारि कठजीब।। 6।।

अंकम कठिन सहए के पार। कोमल हृदय उखड़ि गेल हार।। 8।।
भनइ विद्यापति तखनुक भान। कओन कहए सखि होएत बिहान।। 10।।

शब्दार्थ–1. जखन = जिस समय। कँचुअ = कंचुकी, चोली। अछोड़ि लेल = उतार लिया। कत परि = कितना। जुगुति = युक्ति, उपाय। 3. कहिनी = कहानी, कथा। 4. लाजे = लाज से। 5. कर = हाथ। मिझाए = बुझता है। जर = जलता है। दीब = दीपक। दीपक (शय्या से) दूर पर जल रहा है, अतः वह नायिका के हाथ से नहीं बुझता। कवि-कुलगुरु कालिदास के मेघदूत में एक ऐसा ही पद्य है, जिसका अनुवाद यों है–"नीवी ग्रंथी शिथिल करके वस्त्र प्रेमी छुटावे। मुग्धा प्यारी अरुण-अधरा काम क्रीड़ा दिखावे। भोली लज्जाविवश तब हो चूर्ण मुष्ठी चलावे। पै होती है विफल मणि का दीप कैसे बुझावे।" 6. लाजे = लाज से। कठजीब (मैथिली मुहावरा) = कठोर-प्राण। 7-8. अंकम = आलिंगन। सहए के पार = कौन सह सकता है ? उखड़ि गेल = उखड़ गया, निशान पड़ गया। 9. तखनुक = उस समय का। 10. बिहान = प्रातःकाल।

(81)

ए हरि बलें यदि परसब मोहि। तिरि-बध पातक लागत तोहि।। 2।।
तोहें रस आगर नागर ढीठ। हमें न बुझिअ रस तीत कि मीठ।। 4।।
रस परसंग उठए मोहि काँप। बान हरिनि जनि करए निझाँप।। 6।।
असमय आस न पूरए काम। भल जन न कर बिरस परिनाम।। 8।।
विद्यापति कह बुझलहुँ साँच। फल पए मीठ होअए नहि काँच।। 10।।

शब्दार्थ–1. बलें = बलपूर्वक। परसय = स्पर्श करना। मोहि = मुझे। 2. तिरिबध-पातक = स्त्री के बध का पाप। तोहि = तुझे। 3. आगर = आग्रणी, श्रेष्ठ। नागर = चतुर। 4. तीत = तिक्त, कड़वा। कि = या। 5. परसंग = चर्चा। 6. मानो बाण से बेधी जाकर हरिणी उछल उठती हो। 7. कुसमय में कामदेव आशा पूरी नहीं करते हैं। 8. भलजन = भला आदमी। न कर = नहीं करते। बिरस = रसहीन, बुरा। परिनाम = अंतिम फल। अच्छे आदमी (ऐसा काम) नहीं करते जिसका परिणाम बुरा हो। 9. बुझलहुँ = मैं समझी। 10. कच्चा फल भी मीठा नहीं होता।

(82)

रति-सुबिसारद तुहु राख मान। बाढ़लें जौवन तोहि देब दान।। 2।।
आबे से अलप रस न पुरब आस। थोर सलिल तुअ न जाब पियास।। 4।।
अलप अलप रति एह चाह नीति। प्रतिपद चाँद-कला सम रीति।। 6।।
थोर पयोधर न पुरब पानि। नहि देह नख-रेख हरि रस जानि।। 8।।
भनइ विद्यापति कइसनि रीति। काँच दाड़िम फल ऐसनि पिरीति।। 10।।

शब्दार्थ–1. रति-सुबिसारद = कामक्रीड़ा में परम चतुर। तुहु = तुम। मान = मर्यादा। 3-4. आबे = इस समय। से = वह। अलप = थोड़ा। पुरब = पूरेगा। सलिल = पानी। तुअ = तेरी। न जाब = नहीं जाएगी। 5-6. जिस प्रकार प्रतिपदा से चंद्रमा थोड़ा-थोड़ा बढ़ता है, उसी प्रकार रति भी थोड़ी-थोड़ी करके बढ़नी चाहिए, यही नीति है। 7. थोर = छोटा। पयोधर =

कुच। पानि = हाथ। अभी कुच छोटे हैं, उनसे तुम्हारे हाथ भी नहीं भरेंगे। 8. हे हरि, उन पर नख की रेखा मत दो—उन्हें नखों से मत बकोटो, तुम तो स्वयं रस की बात जानते हो। 9. कइसनि = किस प्रकार की। 10. दाड़िम = अनार (कुचों की उपमा)। ऐसनि = इस प्रकार।

"जहाँ न जाय रवि, तहाँ जाय कवि।"

(83)

निबि-बंधन हरि किए कर दूर। एहो पए तोहर मनोरथ पूर।। 2।।
हेरने कओन सुख न बुझ बिचारि। बड़ तुहु ढीठ बुझल बनमारि।। 4।।
हमर सपथ जओं हेरह मुरारि। लहु-लहु तब हमे पारब गारि।। 6।।
बिहर से रहसि हेरह जनु कान। से नहि सहबे हमर परान।। 8।।
कतहु न सुनिअ एहन परकार। करए बिलास दीप लए जार।। 10।।
परिजन सुनि सुनि तेजब निसास। लहु-लहु रमह, सखीजन पास।। 12।।
भनइ विद्यापति एहो रस जान। सिवसिंह लखिमा-देबि रमान।। 14।।

शब्दार्थ–1. निबि-बंधन = कोंचे का बंधन। किए = क्यों ? 2. एहो पए = इससे भी। 4. बुझल = मैं समझ गई। 5. हेरह = देखो। 6. लहु-लहु = धीरे-धीरे। पारब गारि = गाली दूँगी। 7. बिहर से रहसि = एकांत में (चुपचाप) बिहार करो, देखो नहीं। 9. एहन परकार = ऐसा ढंग। 10. क्या जार (परपुरुष) दिया जलाकर काम-क्रीड़ा करता है ? 11. परिजन = पड़ोसी। तेजब निसास = निःश्वास लेना। पड़ोसी निंदा करेंगे। 12. रमह = संभोग करो। पास = निकट।

(84)

सुन-सुन नागर निबि-बंध छोर। गाँठिते नाहि सुरत धन मोर।। 2।।
सुरतक नाम सुनल हमे आज। न जानिअ सुरत करए कोन काज।। 4।।
सुरतक खोज करब जहाँ पाब। घर कि अछए नहि सखि रे सुधाब।। 6।।
बेरि एक माधब सुन मोर बानि। सखि सयँ खोजि माँगि देब आनि।। 8।।
बिनति करए धनि माँगे परिहार। नागरि-चातुरि भन कवि-कंठहार।। 10।।

अर्थ–इस पद्य में राधा का विचित्र परिहास, बड़ी सफाई से वर्णित है। कृष्ण राधा से 'सुरत' माँग रहे हैं।—राधा से काम-क्रीड़ा करने को कह रहे हैं—इस पर राधा कहती हैं—"अरे चतुर, सुनो, मेरी नीवी का बंधन छोड़ो। इसकी गाँठ में 'सुरत' रूपी धन नहीं छिपा पड़ा है। मैंने 'सुरत' का नाम तो आज ही सुना है, न जाने 'सुरत' (कौन है और) क्या काम करता है ? हाँ, आज से मैं, जहाँ पाऊँगी, सुरत की खोज करूँगी। सखियों से पूछूँगी (सखि रे सुधाब) कि मेरे घर में है कि नहीं। माधव, एक बार मेरी बात सुन लो, सखियों से यदि प्राप्त कर सकूँगी तो खोज-ढूँढ़कर तुम्हें ला दूँगी।" यों (नायिका) विनती करती और मना कर रही है, कवि कंठहार विद्यापति नागरी नायिका की इस चातुरी का (चतुरतापूर्ण) वर्णन करते हैं।

(85)

हरि-कर हरिनि-नयनि धनि सोंपलि, सखिगन गेलि आन ठाम।
अबसर पाइ धनि-कर धरि नागर, विनति करए अनुपाम।। 2।।

हरिनि-नयनि धनि रामा।
कानुक सरस परस संभाषन, मेटल लाजक नामा।। 4।।
सुखद सेज पर नागरि, नागर बइसल नबरति-साधे।
प्रति अंग चुंबन रस अनुमोदन, थर-थर काँपए राधे।। 6।।
मदन-सिंहासन कएल अरोहन, मोहन रसिक सुजान।
भय-गढ़ तोड़ल अलप समाधल, राखल सकल समान।। 8।।
कह कवि-सेखर गरुअ भूख पर, करु जत थोर अहार।
अइसन दुहु तन तलफइ पुन पुन, उपजल अधिक बिकार।। 10।।

शब्दार्थ–4. सरस-परस = रसमय स्पर्श, आलिंगन। 5. कएल अरोहन = आरोहण किया चढ़े। 8. अलप समाधल = थोड़े से संतुष्ट किया। समान = मानसहित। 9. गरुअ = अधिक।

(86)

**सुरत समापि सुतल बर नागर, पानि पयोधर आपी।*
कनक संभु जनि पूजि पुजारी; धएल सरोरुह झाँपी।। 2।।
सखि हे माधव केलि बिलासे।
मालति रमि अलि ताहि अगोरए, पुनु रति-रंगक आसे।। 4।।
बदन मेराए धएल मुख-मंडल, कमल मिलल जनि चंदा।
भमर चकोर दुअओ अलसाएल, पीबि अमिअ-मकरंदा।। 6।।
भनइ अमिअँकर सुनह मधुरपति, राधा-चरित अपारे।
राजा सिवसिंह रूपनरायन, लखिमा देह कंठहारे।। 8।।

शब्दार्थ–1. सुरत = काम-क्रीड़ा। समापि = समाप्त कर। सुतल = सो गया। पानि = हाथ। पयोधर = कुच। आपी = अर्पित कर, रख। 2. कनक-संभु = सोने का महादेव। सरोरुह = कमल। 4. अलि = भौंरा। अगोरए = अगोरे रहता है। 5. मेराए = मिलाकर। धएल = रखा। बदन-मंडल = कृष्ण ने अपना मुख राधा के मुख से सटाकर रखा। 6. दुअओ = दोनों। अलसाएल = अलसा गए। 7. अमिअँकर = शिवसिंह के मंत्री।

*रागतरङ्गिनी के अनुसार इस पद के रचयिता अमृतकर हैं, न कि विद्यापति।

(87)

हे हरि हे हरि सुनिअ स्रवन भरि, अब न बिलासक बेरा।
गगन नखत छल से अबेकत भेल, कोकिल कुल कर फेरा।। 2।।
चकबा मोर सोर कए चुप भेल, उठिअ मलिन भेल चंदा।
नगरक धेनु डगर कए संचर, कुमुदनि बस मकरंदा।। 4।।
मुख केर पान सेहो रे मलिन भेल, अबसर भल नहि मदा।
विद्यापति भन एहो न उचित थिक, जग भरि होएत निंदा।। 6।।

शब्दार्थ–1. स्रवन भरि = कान भरकर अच्छी तरह। बिलासक बेरा = केलि का समय। 2. गगन = आकाश। नखत = नक्षत्र, तारे। छल = थे। से = वह। अबेकत भेल = अव्यक्त हुए, छिप गए। फेरा = फेरा कर रही है, इधर-उधर घूम रही है। 3. सोर कए = शोरगुल

करके। चुप भेल = चुप हो गए। 4. धेनु = गौ। डगर = राह। संचर = जा रही है। कुमुदिनि बस मकरंदा = कुमुदिनियों के वश में मकरंद हो गया अर्थात् ये मुँद गईं। 5. मुख केर = मुख का। सेहो = वह भी। भल = भला, अच्छा। मंदा = बुरा। थिक = है।

(88)

रयनि समापलि फूलल सरोज। भमि भमि भमरी भमरा खोज।। 2।।
दीप मंद रुचि अंबर रात। जुगुतहि जानल भेल परात।। 4।।
अबहु तेजह पहु मोहि न सोहाए। पुनु दरसन होत मदन दोहाए।। 6।।
नागर राख नारि मन-रंग। हठ कएलें पहु हो रस-भंग।। 8।।
ततबे करिअ जत फाबए चोरि। पर धन लए नहि रहिअ अगोरि।।10।।

शब्दार्थ–1. रयनि = रात। समापलि = बीत गई। सरोज = कमल। 2. भ्रमरी घूम-घूमकर भ्रमर की खोज कर रही है–क्योंकि भ्रमरी को छोड़कर भ्रमर पराग के लोभ से रात भर कमलिनि-कोष में कैद था और अब उसके निकलने का समय आ गया है। 3. दीप = दीपक। मंद रुचि = क्षीण कांति, मलिन। अंबर = आकाश। रात = लाल हुआ। 4. जुगुतहि = युक्ति से ही। जानल = जान गई। 5. तेजह = छोड़ो। पहु = प्रभु, प्रीतम। 6. मदन दोहाए = कामदेव की दुहाई। 7. नागर = चतुर। मनरंग = मन की रुचि। 9. फाबए = लहे।

•

"The beauty of poetry is to paint the human life truly."

सखी-संभाषण

(89)

आजु बिपरित धनि देखिअ तोहि। बुझए न पारिअ, संसय मोहि।। 2।।
तुअ मुख-मंडल पुनिमक चाँद। का लागि भए गेल ऐसन छाँद।। 4।।
नयन-जुगल भेल काजर बिथार। अधर निरस करु कओन गमार।। 6।।
पीनपयोधर नखरेख देल। सोनक कुंभ भगन जनि भेल।। 8।।
अंग बिलेपन कुंकुम भार। पीतांबर धरु इथे कि बिचार।। 10।।
सुजन रमनि तुहु कुलबति बाद। का सयँ भूँजलि मरमक साध।। 12।।
कामिनि कहिनी कह संबाद। कह कवि-सेखर नहि परमाद।। 14।।

शब्दार्थ–1. बिपरित = बदली हुई। 3. पुनिमक = पूर्णिमा का। 4. का लागि = किसलिए। ऐसन छाँद = ऐसी छवि अर्थात् ऐसा मलिन रूप। 5. बिथार = विस्तार, फैल जाना। 6. अधर = ओष्ठ। 7. पीन-पयोधर = पुष्ट कुच। 8. सोनक कुंभ = सोने के घड़े (कुच)। भगन = टूटा हुआ। कुंकुम भार = केशर से भरा हुआ अर्थात् पीतवर्ण। 10. पीतांबर धारण किए हुए हो = शरीर पीला पड़ गया है। इथे = इसका। कि = क्या। 12. का सयँ = किसके संग। भूँजलि = भोग किया। मरमक साध = हृदय की इच्छा। 14. परमाद = शिकायत।

(90)

आज देखलिसि कालि देखलिसि सखि, आज कालि कत भेद।
सैसबे बापुर सीमा छाड़ल, जउबन बाँधल फेद।। 2।।
सुंदरि कनककेआमुति गोरी।
दिन-दिन चाँद कला सम बाढ़लि, जउबन सोभा तोरी।। 4।।
बाल पयोधर वदर सहोदर, अनुमानिअ अनुरागे।
कओन पुरुष करें परसए पाओल, जे तनु जिनल परागे।। 6।।
मंद हास बंकिम कए दरसए, चंगिम भौंह विभंगे।
लाजे बेआकुलि सँमुख न हेरए, आउल नयन-तरंगे।। 8।।
विद्यापति कविवर एहु गाबए, नब जौबन नब कंता।
सिवसिंह राजा ए रस जानए, मधुमति देबि सुकंता।। 10।।

शब्दार्थ–2. बापुर = बेचारा। फेद (अस्पष्ट)। 3. कनककेआमुति = स्वर्णवर्ण का एक प्रकार का फूल। 5-6. बाल पयोधर = छोटे-छोटे कुच। बदर सहोदर = बेर के सदृश लाल। तुमने ऐसे किस पुरुष के हाथ का स्पर्श पाया है जिसने अपने पराग (सौरभ) से तुम्हारे शरीर को जीत लिया है। अनुमानिअ = अनुमान करते हैं। जिनल परागे = पराग को जीत लिया = पीला पड़ गया। 7. चंगिम = सुंदर। 8. सँमुख = सामने।

(91)

सामरि हे झामरि तोर देह। कह-कह का सए लाओल नेह।। 2।।
नींद भरल छलि लोचन तोर। अमिञ भरमे जनि लुबुध चकोर।। 4।।
निरस धुसर करु अधर पँवार। कओने कुबुधि लुटु मदन-भंडार।। 6।।
कोन कुमति कुच नख-खत देल। हा-हा संभु भगन भए गेल।। 8।।
दमन-लता सम तनु सुकुमार। फूटल बलय टुटल गृम हार।। 10।।
केस कुसुम झड़ु सिरक सिंदूर। अलक तिलक हे सेहओ गेल दूर।। 12।।
भनइ विद्यापति रति अबसान। राजा सिवसिंह ई रस जान।। 14।।

शब्दार्थ–1. सामरि = श्यामा, सुंदरी। झामरि = मलिन। 2. का सयँ = किससे। लाओल = लगाया। 3. अछि = है। 5. धुसर = धूसर, भूरा। पँवार = प्रवाल, मूँगा। 7. खत = क्षत, घाव। 9. दमन-लता = द्रोण पुष्प की लता। 10. बलय = हाथ की चूड़ी। गृम = ग्रीवा, गला। 11. कुसुम = फूल। 12. अलक = आलता, महावर। 13. अवसान = समाप्ति।

(92)

ए धनि ऐसन कहब मोहि। आजु जे कैसन देखिय तोहि।। 2।।
नयन बयन आनहि भाँति। कहइत कहिनि भूलसि पाँति।। 4।।
सुरँग अधर बिरँग भेलि। का सयँ कामिनि कएलि केलि।। 6।।
बेकत भए गेल गुपुत काज। अतए ककर करह लाज।। 8।।
सघन जघन काँपए तोर। मदन मथन कएल जोर।। 10।।
गोर पयोधर रातुल गात। नखर आँचर झापसि हाथ।। 12।।

अमिअ-सागर तुहु से राहि। मुकुंद मातंग बिहर ताहि।। 14।।
कह कबि-सेखर कि कर लाज। कह न कहिनी सखि समाज।। 16।।

शब्दार्थ–1. आनहि = अन्य की। 5. सुरंग = लाल। बिरंग = मलिन। 7. बेकत = व्यक्त, प्रकट। अतए = अतएव। ककर = किसकी। 9. सघन = पुष्ट। जघन = जाँघ। 11-12. रातुल = लाल। गोर कुचों का रंग लाल हो गया है। नखर = नखों की रेखा। 13. अमिअ = अमृत। राहि = राधा। 14. मुकुंद-मातंग = कृष्ण रूपी मत्त हाथी।

(93)

आजु देखिअ सखि बड़ि अनमनि सनि, बदन मलिन सन तरा।
मंद बचन तोहि कओने कहल अछि, से न कहिअ किअ मोरा।। 2।।
आजुक रयनि सखि कठिन बितलि अछि, काम रभस कर मंदा।
गुन-अवगुन पहु एकओ न बुझलन्हि, राहु गरासल चंदा।। 4।।
अधर सुखाएल केस अरुझाएल, घामे तिलक बहि गेला।
बारि बिलासिनि केलि न जानथि, भाल अरुन उड़ि गेला।। 6।।
भनइ विद्यापति सुन बर जौबति, ताहि कहबें किअ बाधे।
जे किछु पहु देल आँचल बाँधि लेल, सखि सभ कर उपहासे।। 8।।

शब्दार्थ–1. अनमनि = अनमनी, उदासीन। सनि = समान। बदन = मुख। 3. मंद = बुरा। अछि = है। रयनि = रात। रभस = कामक्रीड़ा। मंदा = बुरी तरह से। 4. पहु = प्रीतम। 5. अधर = ओष्ठ। घामे = पसीने से। तिलक = टीका। 6. बारि = बालिका। भाल अरुन उड़ि गेला = मस्तक का सिंदूर-विंदु नष्ट हो गया। 7. किअ = क्यों। बाधे = बाधा देना, रोकना। 8. उपहासे = निंदा।

(94)

न कर न कर सखि मोहि परिबोध। जिब किअ देब तन्हिक अनुरोध।। 2।।
अलप बयस हम कान्ह से तरुना। अतिहि लाज डर अतिसे करुना।। 4।।
लोभे निठुर हरि कएलन्हि केलि। कि कहब जामिनि जत दुख देलि।। 6।।
हठ भेल रस-रङ्ग हरल गेआन। निबि-बँध तोड़ल कखन के जान।। 8।।
देल आलिंगन भुज-जुग चापि। तखन हृदय मोर ऊठल काँपि।। 10।।
नयन बारि दरसाओलि रोइ। तबहु कान्ह उपसम नहि होइ।। 12।।
अधर सुरस मोर कएलन्हि मंद। राहु गरसि निसि तेजल चंद।। 14।।
कुच-जुग देलन्हि नख-परहार। केहरि जनि गज-कुंभ बिदार।। 16।।
भनइ विद्यापति रसवति नारि। तुहु से चेतन लुबुध मुरारि।। 18।।

शब्दार्थ–6. जामिनि = रात। जत = जितना। 7. कखन = कब। भुज-जुग = दोनों हाथ। चापि = दबाकर। 10. तखन = उस समय। 11. उपसम = शांत, ठंडा। 13. अधर = ओष्ठ। 14. तेजल = छोड़ दिया। 15. नख-परहार = नखों का प्रहार। 16. केहरि = सिंह। गज-कुंभ = हाथी का मस्तक। बिदार = फाड़ना। 18. चेतन = चतुरा। लुबुध = लुब्ध, लुभाया।

(95)

कि कहब हे सखि आजुक बिचार, से सुपुरुष मोहि कएल सिंगार (?)।। 2।।
हँसि-हँसि पहु आलिंगन देल, मनमथ अंकुर कुसुमित भेल।। 4।।
आँचर परसि पयोधर हेरु, जनम पंगु जनि भेटल सुमेरु।। 6।।
जब निबि-बंध खसाओल कान, तोहर सपथ हम किछु जदि जान।। 8।।
रति-चिन्हे जानल कठिन मुरारि, तोहर पुने जीअलि हमे नारि।। 10।।
कह कवि-रंजन सहज मधु राई, न कह सुधामुखि गेल चतुराई।। 12।।

शब्दार्थ–2. कएल = किया। 3. पहु = प्रीतम। 4. मनमथ = कामदेव। कुसुमित = फूला हुआ। कामदेव रूपी अंकुर फूल उठा–काम का पूर्ण विकास हुआ। 5. आँचर = अंचल। पयोधर = कुच। हेरु = देखना। 6. पंगु = पगहीन। जनि = मानो। 7. खसाओल = (खोलकर) गिरा दिया। कान = कृष्ण। 9. रति के चिन्ह से जाना कि कृष्ण बड़े कठोर-हृदय हैं। 10. पुने = पुण्य से। जीअलि = जीती बची। 11. सहज मधु राई = राई (राधा) स्वभावतः ही मधु (सदृश) है। 12. गेल चतुराई = चतुरता गई।

(96)

दिढ़ परिरंभन पीड़लि मदने। उबरि अइलिहुँ सखि पुरबक पुने।। 2।।
टुटि छिड़ियाएल मोतिम हार। वसन लोटाएल सुरंग पँवार।। 4।।
सुंदर कुच-जुग नख-खत भरी। जनि गज कुंभ बिदारल हरी।। 6।।
अधर दसन देखि जिब मोरा काँपे। चाँद-मंडल जनि राहुक झाँपे।। 8।।
समुद्र ऐसन मिसि न पारिए ऊर। कखन उगत मोर हित भए सूर।। 10।।
हमे न जाएब सखि तन्हि पिया-ठाम। बरु जिब मारि नड़ाबथि काम।। 12।।
भनइ विद्यापति तेज भय लाज। आगि जारए पुनु आगिक काज।। 14।।

शब्दार्थ–1. दिढ़ परिरंभन = गाढ़ आलिंगन। पीड़लि = पीड़ित हुई। मदने = काम द्वारा। 2. उबरि अइलिहुँ = मैं बच गई। पुने = पुण्य से। 3. छिड़ियाएल = बिखर पड़ा। 4. सुरंग = लाल। पँवार = प्रवाल, मूँगा। 5. कुच = स्तन। युग = दो। नख-खत = नखों द्वारा किए गए घाव। 6. गजकुंभ = हाथी का मस्तक। बिदारल = विदीर्ण किया, चीर-फाड़ डाला। हरी = सिंह। ओष्ठ पर दाँतों के आक्रमण करना देख मेरे प्राण काँप उठे। राहुक झाँपे = राहु का आक्रमण। 9. समुद = समुद्र, सागर। ऐसन = समान। ऊर = ओर, सीमा। 10. उगत = उगेगा। सूर = सूर्य। 11. हमें = मैं। तन्हि = उस। 12. बरु = भले ही। नड़ाबथि = छोड़ दे। 14. आग जलाती है, किंतु पुनः आग ही की जरूरत होती है।

(97)

कि कहब हे सखि रातुक बात। मानिक पड़ल कुबानिक हाथ।। 2।।
काच कंचन नहि जानए मूल। गुंजा रतन करए समतूल।। 4।।
जे किछु कमु नहि कला रस जान। नीर खीर दुहु करए समान।। 6।।
तन्हि सएँ कैसन पिरिति रसाल। बानर-कंठ कि मोतिम माल।। 8।।
भनइ विद्यापति एह रस जान। बानर-मुँह की सोभए पान।। 10।।

शब्दार्थ–1. कि कहब = क्या कहूँ। रातुक = रात की। 2. मानिक = माणिक्य, मणि। पड़ल = पड़ गया। कुबानिक = अपटु व्यापारी। 3. कंचन = सोना। मूल = मूल्य की। 4. गुंजा = एक प्रकार का लाल फल जो जंगल में विशेष होता है, वनवासी इसकी माला बनाते हैं, घूँघची। रतन = रत्न, मणि। समतूल रसाल = समान। 6. नीर = पानी। खीर = क्षीर, दूध। 7. तन्हि सय = उनसे। रसाल = रसमय। 8. बानर = बंदर। कि = क्या। 9. एह = यह। 10. की = क्या। सोभए = शोभता है।

(98)

पहिलुक परिचय पेमक संसय, रजनी आध समाजे।
सकल कला-रस सँभरि न भेले, बैरिन भेलि मोरि लाजे।। 2।।
साए-साए, अनुसए रहलि बहुते।
तन्हिहि सुबंधु पुनि कहिअ पठाइअ, जओं भमरा होअ दूते।। 4।।
खनहि चीर धर खनहि चिकुर गह, करए चाह कुच भंगे।
एकलि नारि हमे कत अनुरंजब, एकहि बेरि सब रंगे।। 6।।
तखन बिनय जत से सब कहब कत, कहए चाहल कर जोली।
नब रस-रंग भंग भए गेल सखि, ओर धरि भेल नहि बोली।। 8।।
भनइ विद्यापति सुनु बरजौबति, पहु अभिमत अभिमाने।
राजा सिवसिंह रूपनराएन, लखिमा देइ रमाने।। 10।।

शब्दार्थ–1. पहिलुक = प्रथम बार का। परिचय = जान-पहचान। पेमक = प्रेम का। रजनी = रात। पहली बार का परिचय था, आधी रात को भेंट हुई थी। 2. सँभरि न भेले = मैं सँभल न सकी। भेलि = हुई। 3. साए = सखि। अनुसाए = अनुताप, पछतावा। रहलि = रह गया। 4. तन्हिहि = उनके। कहिअ पठाइअ = बोल पठाना, बुला भेजना। जओं = यदि। भमरा = भ्रमर, भौंरा। 5. खनहि = कभी। चीर = साड़ी। चिकुर = केश। गह = पकड़ता। कुच-भंगे = कुच को विदीर्ण करना। 6. एकलि = अकेली। कत = कितना। अनुरंजब = अनुरंजन करूँगी, प्रेम निबाहूँगी। बेरि = बार। 7. तखन = उस समय। जत = जितना। से = वह। कहब = कहूँगो। कत = कितना। कहए चाहल = कहना चाहा। कर-जोली = हाथ जोड़कर। 8. नव = नवीन, नया। भंग भए गेल = भंग हो गया। ओर = अंत। ओर धरि भेल न बोली = अंत तक कह भी न सके--साफ-साफ बात भी नहीं कह सके। 7-8. इस पद का तात्पर्य यह है कि समागम के समय श्रीकृष्ण यह देखकर कि राधा उनकी प्रत्येक चेष्टा का यथोचित समाधान नहीं करती, दोनों हाथ जोड़कर उस समय उनकी प्रार्थना करने लगे। यों, ऐन मौके पर दोनों हाथ प्रार्थना के लिए जोड़े जाने के कारण रति-रंग में भंग हो गया। फिर तो कृष्ण के मुख से बोली तक न निकली। इस पद का यथार्थ मर्म विदग्ध पाठक ही समझ सकेंगे। 9. पहु = प्रभु, प्रीतम। अभिमत = युक्ति-युक्त।

कौतुक

(99)

उठ उठ माधव कि सुतसि मंद। गहन लाग देखु पुनिमक चंद।। 2।।
हार- रोमाबलि यमुना-गंग। त्रिबलि त्रिबेनी बिप्र अनंग।। 4।।

सिंदुर-तिलक तरनि सम भास। धूसर मुख-ससि नहि परगास।। 6।।
एहन समय पूजह पँचबान। होअ उगरास देह रतिदान।। 8।।
पिक मधुकर पुर कहइत बोल। अलपओ अबसर दान अतोल।। 10।।
विद्यापति कवि एहो रस भान। राए सिवसिंघ सब रसक निधान।। 12।।

शब्दार्थ–1. मंद = असमय। 2. गहन = ग्रहण। 3-4. रोमाबलि = कमर के निकट केशों की पंक्ति। त्रिबलि = पेट में पड़ी तीन रेखाएँ। अनंग = कामदेव। हार और रोमावली क्रमशः गंगा और यमुना हैं, त्रिवली ही त्रिवेणी है और कामदेव ही विप्र है। 5. सिंदुर-तिलक = सिंदूर का टीका। तरनि = सूर्य। भास = प्रकाशित। 6. धूसर = धूमिल, प्रभाहीन। परगास = प्रकाश। 7. एहन = ऐसा। पँचबान = कामदेव। 8. होअ उगरास = उगरह होगा, ग्रहण छूटेगा। देह रतिदान = रति का दान दो। 9. पिक = कोयल। मधुकर = भौंरा। पुर कहइत बोल = गाँव में कहता फिरता है। 10. अलपओ = थोड़ा भी। अतोल = अनंत।

(100)

त्रिबलि तरंगिनि पुर दुग्गम जानि, मनमथे पत्र पठाउ।
जौबन-दलपति तोहि समर लागि, ऋतुपति दूत पठाउ।। 2।।
माधव, आब साजिए दह बाला।
तसु सैसबे तोहें जे संतापल, से सरिआउति बाला।। 4।।
कुंडल चक्क तिलक अंकुस कए, चंदन कबच अभिरामा।
नयन कटाख बान गुन धनु दए, साजि रहल अछि बामा।। 6।।
सुंदरि साजि खेत चलि आइलि, विद्यापति कवि भाने।
राजा सिवसिंह रूपनराएन, लखिमा देइ बिरमाने।। 8।।

शब्दार्थ–1. त्रिबलि = पेट में पड़ी तीन रेखाएँ। तरंगिनि = नदी। त्रिबली रूपी नटी के तट पर (बसे हुए) नगर को दुर्गम जान कामदेव रूपी राजा ने (उसे विजय करने को) पत्र भेजा। 2. दलपति = सेनापति। समर लागि = युद्ध के लिए। ऋतुपति = बसंत। 4. तसु = उसके। 6. तोहें = तुमने। संतापल = दुःख दिया। 5. कुंडल चक्क = कुंडल (कर्णफूल) चक्र है। तिलक अंकुस = टीका ही अंकुश है। चंदन कबच = चंदन लेप ही शरीर त्राण है। 6. कमान = धनुष। 7. खेत = युद्धभूमि।

(101)

अंबरे बदन झँपाबह गोरि। राज सुनइ छिअ चाँदक चोरि।। 2।।
घरें घरें पहरि गेल अछि जोहि। अबही दूखन लागत तोहि।। 4।।
कतए नुकाएत चाँदक चोरि। जतहि नुकाएत ततहि उजोरि।। 6।।
सुन-सुन सुंदरि हित उपदेस। सपनहु जनु हो विपद कलेस।। 8।।
हास-सुधारस न कर उजोर। बनिक धनिक धन बोलब मोर।। 10।।
अधर समीप दसन कर जोति। सिंदुरक सीम बैसाउलि मोति।। 12।।
भनइ विद्यापति होहु निरसंक। चाँदहु काँ थिक भेद कलंक।। 14।।

शब्दार्थ–1. अंबरे = वस्त्र में। बदन = मुख। झँपाबह = ढाँप लो। 2. चाँदक = चंद्रमा की। 3. पहरि = पहरी, पहरुआ। गेल अछि जोहि = ढूँढ़ गया है। 4. दूषन = दोष, कलंक।

5. कतए = कहाँ। नुकाएत = छिपेगा। 6. उजोरि = प्रकाश। 9-10. हास = [illegible] ुधारस = अमृत का रस। दसन = दाँत। बैसाउलि = बैठाया। हँसकर प्रकाश मत करो, धनी व्यापारी कहेंगे कि ये मेरे ही धन हैं (क्योंकि) ओष्ठ के निकट दाँत प्रकाश फैला रहे हैं (जो मुक्ता के समान हैं) सिंदूर-विंदु मोती-से चमक रहे हैं। 13. होहु = होओ। 14. थिक = है। चाँद (और तुम्हारे मुख) में भेद है, क्योंकि उसमें कुछ कलंक लगा हुआ है।

(102)

नोनुअ बदन-सिरी अछि धनि तोरि। जनु लागहि तोहि चाँदक चोरि।। 2।।
दरसि हलह (?) जनु हेरह काह। चाँद भरम मुख गरसत राहु।। 4।।
धवल नयन तोर काजरें कार। तीख तरल तेहि कटाखक धार।। 6।।
निरड़ि निहारि फाँस गुन जोलि। बाँधि हलत तोहि खंजन बोलि।। 8।।
सागर-सार चोराओल चंद। ता लागि राहु करए बड़ दंद।। 10।।
भनइ विद्यापति होउ निरसंक। चाँदहु काँ किछु लागु कलंक।। 12।।

शब्दार्थ–1. नोनुअ = सुंदर। बदन-सिरी = बदनश्री, मुख की शोभा। अछि = अस्ति, है। धनि = स्त्री। 2. जनु = नहीं। 3-4. दरसि हलह = देखकर (झटपट) हट जाओ (?) 'शृंगार तिलक' में यों लिखा है–"झटिति प्रविश गेहे मा बहिस्तिष्ठ कांते, ग्रहण-समय-वेला वर्त्तते शीतरश्मेः। तव मुखमकलङ्कं वीक्ष्य नूनं स राहुः, ग्रसति तव मुखेंदुं पूर्णचंद्रं विहाय।" 5. धवल = उजला। काजरें = काजल से। कार = काला। 6. तीख = तीक्ष्ण। कटाखक = कटाक्ष की। 7-8. निरड़ि = बहेलिया। फाँस गुन = गुण रूपी फाँस में। जोलि = जोड़कर, बाँधकर। बाँधि हलब = बाँध लेगा। बोलि = समझकर। 9. सागरसार = अमृत। 10. दंद = द्वंद्व।

(103)

साँझक बेरि उगल नब ससधर। भरम बिदित सबताहु।
कुंडल-चक्र तरास नुकाएल। दूर भेल हेरथि राहु।। 2।।
जनु बइससि रे बदना हाथ चढ़ाई।
तुअ मुख चंगिम अधिक चपल भेल, कति खन धरब लुकाई।। 4।।
रातोपल जनि कमल बइसाओल, नील नलिनि दल तहु।
तिलक कुसुम माझ देखि कहु, भमर आबथि लहु लहु।। 6।।
पानि पलब-गत अधर बिंब-रत, दसन दाड़िम बिज तोरे।
कोर दूर भेल पास न आबए, भौंह धनुहि के भोरे।। 8।।

शब्दार्थ–1. सबताहु = सर्वत्र ही। सर्वत्र ही यह भ्रम फैल गया कि संध्या के समय नवीन चंद्र का उदय हुआ। 2. कुंडल-चक्र = कुंडल (कर्णफूल) रूपी चक्र। नुकाएल = छिपा हुआ। 3. बदना हाथ चढ़ाई = मुख हाथ पर रखकर। 4. चंगिम = सुंदरता। कति खन = कब तक। 5. रातोपल = लाल कमल (हाथ)। कमल = (मुख)। नील नलिनी = नील कमल (आँखें)। तहु = वहाँ भी। 6. लहु-लहु = धीरे-धीरे। 7. पानि-पलब-गत = हाथ पल्लव के समान है। अधर = ओष्ठ। बिंब-रत = बिंब फल के समान लाल। दाड़िम बिज = अनार के दाने। 8. कीर = सुग्गा। भोरे = भ्रम में।

(104)

बड़ कौसल तुअ राधे ! किनल कन्हाई लोचन आधे।। 2।।
ऋतुपति हटबए नहि परमादी। मनमथ मधथ उचित मूलबादी।। 4।।
द्विज पिक लेखक मसि मकरंदा। काँप भमर-पद साखी चंदा।। 6।।
बहि रति-रंग लिखापन माने। श्री सिवसिंह सरस कवि भाने।। 8।।

शब्दार्थ–1. कौसल = चतुरता। किनल = क्रय किया, खरीदा। 3. लोचन आधे = आधी आँख से; एक कटाक्ष से। ऋतुपति = बसंत। हटबए = हाट का मालिक (मैथिली प्रयोग) = तौलनेवाला। नहि परमादी = प्रमादी नहीं, बुद्धिमान। 4. मनमथ = कामदेव। मधथ = मध्यस्थ, दलाल। मूल = मूल्य। बादी = कहनेवाला। द्विज पिक लेखक = कोयल-रूपी ब्राह्मण लेखक है। मसि = रोशनाई। मकरंदा = पराग। 6. काँप = काँड़े की कलम। भमर-पद = भौरे का पैर। साखी = साक्षी, गवाह। बहि = दस्तावेज। रति-रंग = काल-विलास। लिखापन माने = मान ही लिखाने का शुल्क है। इस पद्य का संस्कृतानुवाद स्वयं विद्यापति ने (?) यों किया है–"रत्नाकरसुता भार्या यस्य कृष्णस्य राधिके। लोचनार्द्धेन स क्रीतस्त्वया ते कौशलम्महत् हट्टाधिपो वसंतर्तुरप्रमादी विचक्षणः। योग्यमूल्यार्थवादी च मध्यस्थो मन्मथोऽभवत्। भ्रमरस्य पदं कर्पो लेखकः कोकिलो द्विजः। अभूत् कृष्ण-क्रये राधे शशी पात्रं मसी मधु। बहिर्नतिरतिक्रीडा मानो वेदन-लेखकः। कृष्णस्य शिवसिंहेन वाणी विद्यापतेः कवेः।।"

(105)

कंचन गढ़ल हृदय हथिसार। तें थिर थंभ पयोधर भार।। 2।।
लाज-सिकर धर दृढ़ कए गोए। आनक बचन फोलह जनु कोए।। 4।।
दूर कर आगे सखि चिंता आन। जउबन-हाथि करिअ अबधान।। 6।।
मनसिज-मदजल जओं उमताए। धरिहसि, पियतम-आँकुस लाए।। 8।।
जाबे सुमत नहि ताबे अगोर। मुसइते निबारिहसि मानस चोर।। 10।।
भन विद्यापति सुनु मतिमान। हाथि महते नब के नहि जान।। 12।।

शब्दार्थ–1. कंचन = सोना। हथिसार = हस्तीशाला। 2. थिर = स्थिर। थंभ = स्तंभ, खंभा। पयोधर = कुच। 3. सिकर = शृंखला, जंजीर। गोए = छिपाकर। 4. आनक = दूसरे के। फोलह जनु कोए = कोई मत खोलो। 6. जवानी रूपी हाथी के विषय में सावधानता रखो। 7. मनसिज = कामदेव। मदजल = हाथी के मस्तक से चूनेवाला पानी। उमताए = पागल हो। पिअतम-आँकुस = प्रीतम रूपी अंकुश। 9. सुमत = मत में आ जाए। 10. मुसइते = (मुच् धातु) खोलने से। मनिहसि = मना करना। 12. महते = महावत से।

(106)

कउड़ि पठाओलेँ पाव नहि घोर। घीव उधार माँग मतिभोर।। 2।।
बास न पाबए माँग उपाति। लोभक रासि पुरुष थिक जाति।। 4।।
कि कहब आज की कौतुक भेल। अपदहि कान्हक गौरब गेल।। 6।।
आएल बइसक पाब पोआर। सेजक कहिनी पूछए बिचार।। 8।।
ओछाओन खँड़तरि पलिया चाह। आओर कहब कत अहिरिनि नाह।। 10।।
भनइ विद्यापति एहु गुनमंत। सिरि सिबसिंघ लखिमा देइ कंत।। 12।।

शब्दार्थ–1. कउड़ि = कौड़ी। पठाओलेँ = भेजने पर। घोर = मट्ठा। घीव = घी। मतिभोर = मूर्ख। 3. बास = रहने की जगह। उपाति = खाद्यसामग्री, जो आदरणीय अतिथि को भोजनार्थ समर्पित की जाती है। लोभक रासि = लोभ का खजाना। थिक = है। 6. अपदहि = कुस्थान पर, बुरी जगह। 7. पोआर = पयाल, पुआल। 8. ओछाओन-ओछावन = बिछावन। खँड़तरि = (मैथिली प्रयोग) जीर्ण-शीर्ण चटाई। पलिया = पलंग।

अभिसार

(107)

धनि धनि चलु अभिसार।
सुभ दिन आजु राजपथ मनमथ, अपन किरीति बिथार।। 2।।
गुरुजन नयन अंध करि आओल, बांधब तिमिर बिसेख।
तुअ उर फुरत बान कुच लोचन, महुमंगल करि लेख (?)।। 4।।
कुलबति धरम करम भय अब सब, गुरु-मंदिर चलु राखि।
प्रियतम संग रंग करु चिर दिन, फलत मनोरथ साखि।। 6।।
नीरद बिजुरि बिजुरि सँग नीरद, किंकिनि गरजन जान।
हरखए बरखए फुल सब साखी, सिखि-कुल दुहु गुन गान।। 8।।

शब्दार्थ–1. अभिसार = गुप्त मिलन। 2. मनमथ = काम। बिथार = विस्तार। 3. गुरुजन = बड़े लोग। बांधव, मित्र। तिमिर = अंधकार। 4. फुरत = फड़कना। उर = हृदय। लेख = समझो। 6. साखि = शाखी, वृक्ष। 7. नीरद = मेघ। संग = साथ। मेघ बिजली के साथ रहता है और बिजली मेघ के साथ (यों ही राधा कृष्ण के साथ और कृष्ण राधा के साथ)। 8. साखी = वृक्ष। सिखिकुल = मोर।

(108)

कह-कह सुंदरि न कर बेआज। देखिअ आज तुअ अपरुब साज।। 2।।
मृगमद पंक करसि अंगराग। कोन नागर परिनत होअ भाग।। 4।।
पुन-पुन उठसि पछिम दिसि हेरि। कखन जाएत दिन कत अछ बेरि।। 6।।
नूपुर उपर करसि कसि थीर। दृढ़ कए पहिरसि तम सम चीर।। 8।।
उठसि बिहँसि हँसि तेजिअ सार। तोर मन भाव सघन अँधियार।। 10।।
भनइ विद्यापति सुनु बर नारि। धैरज धरु मन मिलत मुरारि।। 12।।

शब्दार्थ–1. बेआज = बहाना। 3. मृगमद पंक = कस्तूरी का लेप (जो काला होता है)। 4. किस नायक का भाग्य परिणत हुआ = किसका भाग्योदय हुआ है। 5. हेरि = देख। 6. कखन = कब। कत = कितना। अछि-अस्ति = है। बेरि = समय। 7. नूपुर को पैर के ऊपरी भाग में कसकर स्थिर करती हो जिसमें चलने पर शब्द न हो। 8. तम-सम = अंधकार के समान काला। 9. तेजिए सार = गंभीरता त्यागकर। 10. तोर = तुम्हारे। भाव = अच्छा लगता है। अँधियार = अंधकार।

(109)

माधव, धनि आएलि कत भाँति।
प्रेम-हेम परखाओल कसौटी, भादब कुहु-तिथि राति।। 2।।
गगन गरज घन ताहि न गन मन, कुलिस न कर मुख बंका।
तिमिर-अंजन जलधार घोए जनि, ते उपजाबति संका।। 4।।
भाँग भुजग सिर, करि अभिनय करें, झाँपए फनिमनि दीप।
जानि सजल घन से देअ चुंबन, तें तुअ मिलन समीप।। 6।।
नारि-रतन धनि नागर ब्रजमनि, रचि गुन पहिरल हार।
गोविंद चरन मन कह कविरंजन, सफल भेल अभिसार।। 8।।*

शब्दार्थ–1. हेम = सोना। कसौटी भादब कुहु-तिथि राति = भादों की अमावस्या की रात-रूपी कसौटी पर। 3. गगन = आकाश। कुलिस = बज्र, ठनका। मुख बंका = मुख टेढ़ा करना, विमुख करना। 4. तिमिर-अंजन = अंधकार-रूपी अंजन का। जनि = मानो। सर्प को मणि को हाथ से ढाँप लेती है। 6. इस भाव का पद गीतगोविंद में यों है–श्लिष्यति चुंबति जलधर-कल्पम्। हरिरुपगत इति तिमिरमनल्पम्।। 7. धनि = बाला (राधे)। नागर = नायक (कृष्ण)।

*भनिता से प्रतीत होता है, यह पद विद्यापति रचित नहीं है।

(110)

चंदा जनि उग आजुक राती। पिया के लिखिए पठाउबि पाँती।। 2।।
साओन सएँ हम करब पिरीती। जल अभिमत अभिसारक रीती।। 4।।
अथवा राहु बुझाएब हँसी। पिबि उगिलह सीतल ससी।। 6।।
कोटि रतन जलधर तोहें लेह। आजुक रयनि घन तम कए देह।। 8।।
भनइ विद्यापति सुभ अभिसार। भल जन करथि परक उपकार।। 10।।

शब्दार्थ–1. जनि = मत। उर = उदित होओ। 2. पठाउबि = पठाऊँगी, भेजूँगी। पाँती = पत्र। 3. साओन सएँ = श्रावन मास से। 4. अभिमत = मनोऽनुकूल। जो अभिसार करने की निश्चित रीति है–निश्चित काल है। 6. पिबि = पीकर। उगिलह = उगल दो। ससी = चंद्रमा। 7. जलधर = मेघ। लेह = लो। 8. रयनि = रजनी, रात। घन = घना, निबिड़। तम = अंधकार। देह = दो। 10. करथि = करते हैं। परक = दूसरे का।

•

Poetry is an emotion realized in tranquility. –Wordsworth

(111)

आज मएँ हरि-समागम जाएब, कत मनोरथ भेल।
घर गुरुजन निंद निरूपइते, चंदाएँ उदय देल।। 2।।

चंदा भलि नहि तुअ रीति।
एहि मति तोहि कलंक लागल, तैओ न गुनह भीति।। 4।।

जगत नागरि मुह जिनइते, गेलाह गगन हारि।
ततहु राहु गरास पड़ला, देब तोहि कि गारि।। 6।।
एक मास बिहि तोहि सिरिजए, कतन जतन बले।
दोसर दिन पुर न रहसि, एही पापक फले।। 8।।
भन विद्यापति सुन तोञे जुबति, चाँदक न कर साति।
दिना सोरह चाँदक आइति, ताहि पर भलि राति।। 10।।

शब्दार्थ–2. निंद निरूपइते = नींद की प्रतीक्षा करते। 4. भीति = डर। 5. संसार की नागरियों के मुख को जीतने के प्रयास में हारकर आकाश में भाग गए। 7. पुर = पूर्ण। 9. साति = शास्ति, निंदा। 10. आइति = आयत्त, वश। ताहि पर = उसके बाद।

(112)

गगन अब घन मेह दारुन, सघन दामिनि झलकई।
कुलिस पातन सबद झनझन, पवन खरतर बलगई।। 2।।
सजनी, आजु दुरदिन भेल।
क़ंत हमर नितांत अगुसरि, संकेत-कुंजहि गेल।। 4।।
तरल जलधर बरिख झरझर, गरज घन घनघोर।
साम नागर कइसे एकसर पंथ हेरए मोर।। 6।।
सुमरि मोर तनु अबस भेल जनि अतिसे थर थर काँप।
इ मोर गुरुजन नयन दारुन, घोर तिमिरहि झाँप।। 8।।
तुरित चल अब किए बिचारसि, जिबन हरि अनुसार।
कबीसेखर बचन अभिसर, किए से बिघिन-बिथार।। 10।।

शब्दार्थ–1. गगन = आकाश। घन = निबिड़। दामिनि = बिजली। 2. कुलिस-पातन = बज्र का गिरना, ठनके की ठनक। खरतर बलगई = अत्यंत तेजी से सनसनाती हुई बहती है। 4. अगुसरि = अग्रसर होकर, आगे लाकर। संकेत = गुप्त मिलन-स्थान। 5. तरल = अस्थिर, चलायमान। जलधर = मेघ। बरिख = बरस रहा है। 6. साम = श्याम, श्रीकृष्ण। 7. मोर = मेरा। अतिसे = अतिशय। 8. ई = यह। गुरुजन = बड़े, श्रेष्ठ पुरुष। तिमिरहि = अंधकार। 9. तुरित = तुरत। किए = क्या। बिचारसि = बिचारती हो। जिबन हरि अनुसार = जीवन में हरि का अनुसरण करो। 10. अभिसार = अभिसार करो। बिथार = विस्तार।

●

नोट–जीवन में हरि का स्मरण और अनुसरण एक ही चीज है।

(113)

रयनि काजर बम भीम भुअंगम, कुलिस पड़ए दुरबार।
गरज तरज मन, रोसे बरिस घन, संसअ पड़ अभिसार।। 2।।
सजनी, बचन छाड़इते मोहि लाज।
जे होए से होअ बरु सब हमे अंगिकरु, साहस मन देल आज।। 4।।
अपन अहित चित परतेख देखइत, पेमक न पारिअ ओर।
चाँद हरिन बह राहु कबल सह, प्रेम पराभव थोर।। 6।।

चरन बेढ़ल फनि हित मानलि धनि, नेपुर न करत रोर।
सुमुखि पुछओं तोहि सरुप कहसि मोहि, सिनेहक कत दुर ओर।। 8।।
ठामहि रहिअ घुमि परस चिन्हिअ भूमि, दिग मग उपजु संदेह।
हरि हरि सिव सिव ताबे जा इह जिव, जाबे न उपजु सिनेह।। 10।।
भनइ विद्यापति सुनहु सुचेतनि, गमने न करह बिलंब।
राजा सिवसिंह रूपनराएन, सकल कला अवलंब।। 12।।

शब्दार्थ–1. रयनि = रात। बम = वमन करती है। रयनि काजर बम = रात अंधकारपूर्ण है। भीम = विशाल, भयानक। भुअंगम = सर्प। कुलिस = वज्र, ठनका। दुरबार = जिससे बचना मुश्किल है। 2. रोस = रोष, क्रोध। 4. जे होए से होअ बरु = जो होना होगा, वह भले ही हो जाए। अंगिकरु = अंगीकार करूँगी। 5. अहित = बुराई। परतेख = प्रत्यक्ष। ओर = सीमा, अंत। चित्त में अपना अहित प्रत्यक्ष देखती हुई भी मैं प्रेम का अंत न पा सकी, प्रेम को दबा न सकी। 6. हरिन = चंद्रमा में जो हरिण के आकार का काला धब्बा है। बह = धारण करना। कबल = कौर, ग्रास। सह = साथ, सहता है। पराभव = हार। राहु का ग्रास हो जाने पर भी चंद्रमा हरिण को धारण किए रहता है, प्रेम के आगे पराभव (कष्ट) कुछ नहीं है। 7. बेढ़ल = लपेटा, घेरा। फनि = सर्प। रोर = शब्द, झंकार। पैर में सर्प लिपट जाने पर बाला ने उसे अपना हित समझा, क्योंकि (सर्प लिपट जाने से) नूपुर झंकार नहीं करते थे। 8. सरुप = सत्य। ओर = अंत। सुंदरी, मैं तुमसे पूछती हूँ, सच-सच बताओ, प्रेम की अंतिम सीमा कहाँ पर है ? 9. दिग = दिशा। घूम-घूमकर एक ही स्थान पर चली आती हूँ। स्पर्श से ही पृथ्वी जानी जाती है (अंधकार के कारण दीख नहीं पड़ती)। दिशा और राह के विषय में संदेह है। मालूम होता है कि दिग्भ्रम हो गया है जिससे मैं राह भूल गई हूँ। 10. ताबे = तब तक। जाबे = जब तक। 11. सुचेतनि = बुद्धिमती, सुचतुरा। गमने = जाने में।

(114)

सखि हे, आज जाएब मोहि।
घर गुरुजन डर न मानब, बचन चूकब नहि।। 2।।
चानन आनि आनि अँग लेपब, भूषन कए गजमोति।
अंजन बिहुन लोचन-जुगुल, धरत धबल जोति।। 4।।
धबल बसने तनु झँपाओब, गमन करब मंदा।
जइओ सगर गगन ऊगत, सहस सहस चंदा।। 6।।
न हम काहुक डीठि निबारब, न हम करब भीति।
अधिक चोरी पर सएँ करिअ, एहे सिनेहक रीति।। 8।।
भन विद्यापति सुनह जुबती, साहसे सफल काज।
बूझ सिबसिंह रस रसमय, सोरम देबि समाज।। 10।।

शब्दार्थ–1. चानन = चंदन। आनि = लाकर। 4. बिहुन = रहित। धबल = उजला। 5. मंदा = धीरे-धीरे। 6. सगर = समग्र, समूचे। गगन = आकाश। 7. निबारब = बचा दूँगी। ओत = ओट। 8. सोत = स्रोत।

(115)

प्रथम जउबन नव गरुअ मनोभव, छोटि मधुमास रजनि।
जागे गुरुजन गेह राखए चाह नेह, संसअ पड़लि सजनि।। 2।।
नलिनि दल निर चित न रहए थिर, तत घर तत हो बहार।
बिहि मोर बड़ मंदा उगि जनु जाए चंदा, सुति उठि गगन निहार।। 4।।
पथहु पथिक संका पय पय धय पंका, कि करति ओ नब तरुनी।
चलत चाह धसि पुनु पड़ खसि-खसि, जालक छेकलि हरिनी।। 6।।
साए-साए कओन बेदन तसु जाने।
निकुंज बनहि हरि जाइति कओन पर, अनुखन हन पँचबाने।। 8।।
विद्यापति भन कि करत गुरुजन, नींद निरूपन लागी।
नयन नीर भरि चीर झँपाबए, रयनि गमाबए जागी।। 10।।

शब्दार्थ–1. मधुमास = चैत्र। 3. नलिनि दल निर = कमल के पत्ते पर के पानी के समान। बहार = बाहर। 4. सुति = सोकर। 5 पय = पग। पंका = कीचड़। 6. जालक छेकलि = जाल में घिरी हुई। 7. साए = सखी। 8. हन = मारना।

(116)

अबहु राजपथ पुरुजन जाग। चाँद-किरन नभमडल लाग।। 2।।
सहए न पारए नब नब नेह। हरि हरि सुंदरि पड़लि संदेह।। 4।।
कामिनि कएल कतहु परकार। पुरुषक बेसें कयल अभिसार।। 6।।
धम्मिल लोल झोंट कए बंध। पहिरल बसन आन करि छंद।। 8।।
अंबर कुच नहि संबरि भेल। बाजन-जंत्र हृदय करि लेल।। 10।।
अइसे मिलिल धनि कुंजक माझ। हेरि न चीन्हए नागर राज।। 12।।
हेरइत माधब पड़ला धंद। परसइत भाँगल हृदयक दंद।। 14।।
भनइ विद्यापति सुन बर नारि। दूध-समुद जनि राज-मरालि।। 16।।*

शब्दार्थ–3. सहए न पारए = सह नहीं सकती। नब = नया। 5. परकार = प्रकार, उपाय। 7. धम्मिल = केश, वेणी। लोल = चंचल। झोंट = झोंटा, जूड़ा। चंचल वेणी को (साधुओं के ऐसा) जूड़े के समान बाँधा। 8. आन छंद करि = दूसरी तरह से। 9. अंबर = कपड़ा। संबरु = सँभालना। किंतु कपड़े के कसे जाने पर भी कुछ सँभल न सके–छिप न सके। 10. बाजन जंत्र = सितार। हृदय करि लेल = हृदय पर रख लिया। 13. धंद = संदेह। 14. दंद = द्वंद्व, दुविधा। 16. समुद = समुद्र। राज-मरालि = राजहंसिनी।

*पदकल्पतरु के अनुसार यह पद गोविंददास-रचित है।

(117)

चरण नूपुर ऊपर सारि। मुखर मेखल करें निबारि।। 2।।
अंबर सामर देह झपाई। चलहि तिमिर पथ समाई।। 4।।
समुद कुमुद रभस रसी। अबहि उगत कुगत ससी।। 6।।
आएल चाहिअ सुमुखि तोरा। पिसुन लोचन भम चकोरा।। 8।।

अलक तिलक न कर राधे। आंग बिलेपन करहि बाधे।। 10।।
कुसुम कानन कालिंदी-तीर। तहाँ चलि आओल गोकुल बीर।। 12।।
तएँ अनुरागिनि ओ अनुरागी। भूषण लागत दूषन लागी।। 14।।
भनहि विद्यापति सरस कवि। नृपति-कुल-सरोरुह रवि।। 16।।

शब्दार्थ–1-2. पैर के नुपूर को ऊपर चढ़ाकर और मुखरा (शब्द करनेवाली) करधनी को हाथ से निवारण करके। 3. अंबर = वस्त्र। तिमिरपथ = अंधकारपूर्ण राह। समाई = घुसकर। 5. समुद = समुद्र। कुमुद = कुइँ। रभस = केलि-विलास। रसी = रसिक। 6. कुगत = जिसका आगमन अशुभ हो। ससी = चंद्रमा। 8. पिसुन = दुष्ट। भम = भ्रमण कर रहे हैं। 9. अलक-तिलक = महावर और टीका। 10. आंग-बिलेपन = शरीर में अंगराग लगाना। करह बाधा = बाधा कर दो, मत लगाओ।

(118)

गुरुजन घरहि नींदे भेल भोर। सेज तेजल उठि नंद-किशोर।। 2।।
सघन गगन हेरि नखतक पाँति। अबधि न पाओल छूटल राति।। 4।।
जलधर रुचिहर सामर काँति। जुबति-मोहन बेस धरु कत भाँति।। 6।।
धनि अनुरागिनि जानि सुजान। घोर अँधियारहि कएल पयान।। 8।।
पर-नारी पिरितिक ऐसनि रीति। चलल निभृत पथ न मानए भीति।। 10।।
कुसुमित कानन कालिंदी-तीर। तहँ चलि आएल गोकुल बीर।। 12।।
कबिसेखर पथ मीलल जाई। आएल नागर भेटलि राई।। 14।।

शब्दार्थ–1. नींदे भेल भोर = निद्रा में बेसुध हो गए। 3. नखत = नक्षत्र, तारे। 4. रात कितनी बीती, इसका अंदाज़ न पाया। 5. जलधर = मेघ। रुचि-हर = शोभा हरनेवाला। 6. जुबतिमोहन = युवतियों को मोहनेवाला। 10. निभृत = सुनसान, अंधकारपूर्ण। 14. राई = राधा।

(119)

तपनक ताप तपत भेल महि तल, तातल बालू दहन समान।
चढ़ल मनोरथ भामिनि चलु पथ, ताप तपत नहि जान।। 2।।
प्रेमक गति दुरबार।
नबिन जौबनि धनि चरन कमल जनि, तइओ कएल अभिसार।। 4।।
कुल-गुण-गौरव सति जस-अपजस, तृन करि न मानए राधे।
मन मधि मदन महोदधि उछलल, बूड़ल कुल मरजादे।। 6।।
कत कत बिघिन जितल अनुरागिनि, साधल मनमथ तंत।
गुरुजन-नयन निबारइत सुबदनि, पाठ करए मन मंत।। 8।।
केलि कलावति कुसुम-सरिस-अति, कौशल कएल पयान।
जत छल मनोरथ पूरल मनमथ, इह कबिसेखर भान।। 10।।

शब्दार्थ–1. तपनक = सूर्य की। ताप = गर्मी। तपत = तप्त, जलता हुआ। तातल = गर्म हो गया। दहन = अग्नि। 2. मनोरथ = इच्छा रूपी रथ। भामिनि = स्त्री। 3. दुरबार = अटल। 4. जनि = समान। तइओ = तो भी। 5. सति = सती स्त्रियों का। 6. मधि = मध्य में। महोदधि = महासमुद्र। उछलल = उछलने लगा, तरंगित होने लगा। 7. मनमथ = कामदेव।

तंत = तांत्रिक क्रिया। निबारइत = बचती हुई। मंत = मंत्र। 9. कुसुम = फूल। कौसल = छल से। 10. छल = था।

(120)

निअ मंदिर सएँ पद दुइ चारि। घन घन बरसि मही भर बारि।। 2।।
पथ पीछर बड़ गरुअ नितंब। खसु कत बेरि न किछु अवलंब।। 4।।
बिजुरि-छटा दरसाबए मेघ। उठय चाह जल धारक थेघ।। 6।।
एक गुन तिमिर लाख गुन भेल। उतरहु दखिन भान दुर गेल।। 8।।
ए हरि करिअ मोहि जनि रोस। आजुक बिलंब दइब दिअ दोस।। 10।।

शब्दार्थ–1. निअ = अपना। सएँ = से। पद = डेग। 2. घन घन = घने बाल। मही भर बारि = पृथ्वी जल से भर गई। 3. पीछर = जिस पर फिसल जाएँ। गरुअ = भारी। नितंब = चूतड़। 4. खसु कत बेरि = कितनी बार गिर पड़ी। 6. जलधारक थेघ = मूसलाधार बरसना चाहता है। 7. तिमिर = अंधकार। 8. उत्तर और दक्षिण का ज्ञान दूर हो गया, दिशा-ज्ञान नहीं रहा।

(121)

माधब, करिअ सुमुखि समधाने !
तुअ अभिसारे कएल जत सुंदरि, कामिनि करु के आने।। 2।।
बरसि पयोधर धरनि बारि भर, रयनि महाभय भीमा।
तइओ चललि धनि तुअ गुन मने गुनि, तसु साहस नहि सीमा।। 4।।
देखि भवन-भिति लिखित भुजँग पति, जसु मने परम तरासे।
से सुबदनि करें झपइत फनिमनि, बिहुसि आइलि तुअ पासे।। 6।।
निअ पहु परिहरि संतरि विषम नरि, आँगिरि अपन कुल गारी।
तुअ अनुराग मधुर मदे मातलि, किछु न गुनल बर नारी।। 8।।
ई रस-रसिक बिनोदक बिंदक, कवि विद्यापति गाबे।
काम पेम दुहु एकमत भए रहु, कखने की न कराबे।। 10।।

शब्दार्थ–2. के = कौन। 3. आने = दूसरा। 4. पयोधर = बादल। भीमा = डरावनी। 5. भिति = दीवाल। भुजँग = सर्प। 7. कर = हाथ। फनिमनि = सर्प की मणि को। 7. पहु = प्रभु, प्रीतम। गारी = गाली, शिकायत। 10. कखने की कराबे = कब क्या नहीं कराता।

(122)

राहु मेघ भए गरसल सूर। पथ परिचय दिबसहि भेल दूर।। 2।।
घन बरिसए अबसर नहि होए। पुर परिजन संचर नहि कोए।। 4।।
चल चल सुंदरि कर गए साज। दिवस समागम सपरत आज।। 6।।
गुरुजन परिजन डर करु दूर। बिन साहस अभिमत नहि पूर।। 8।।
एहि संसार सार बथु एह। तिल एक संगम जाब जिब नेह।। 10।।
भनइ विद्यापति कविकंठहार। कोटिहुँ न घट दिबस-अभिसार।। 12।।

शब्दार्थ–1. मेघ ने राहु बनकर सूर्य को ग्रस लिया है–मेघ के कारण सूर्य हीनप्रभ हो गए। 2. पथ-परिचय = राह की पहचान। दिवसहि = दिन में ही। 4. गाँव में लोग नहीं आते-जाते। 5. कर गए साज = जाकर साज करो–शृंगार करो। 6. दिवस-समागम = दिन का मिलन। सपरत = संपूर्ण होगा। 8. अभिमत = मनोवांछा। 9. सार = तत्त्व। बथु = वस्तु। 10. एक क्षण के लिए रति-क्रीड़ा और जीवन-भर प्रेम करना। 11. कोटिहुँ = करोड़ों उपाय करने पर भी। न घट = न घट सकता, न हो सकता।

(123)

आज पुनिम तिथि जानि मएँ अइलिहुँ, उचित तोहर अभिसार।
देह-जोति ससि-किरन समाइति, के विभिनाबए पार।। 2।।
सुंदरि अपनहु देखह बिचारि।
आँखि पसारि जगत हमे देखलिहुँ, के जग तुअ सम नारि।। 4।।
तोहें जनि तिमिर हीत कए मानह, आनन तोर तिमिरारि।
सहज विरोध दूर परिहरि धनि, चल उठि जतए मुरारि।। 6।।
दूती बचन हीत कए मानल चालक भेल पँचबान।
हरि-अभिसार चललि बर कामिनि, विद्यापति कवि भान।। 8।।

शब्दार्थ–1. पुनिम = पूर्णिमा। अइलिहुँ = मैं आई। 2. देहजोति = शरीर की कांति। ससि-किरन = चंद्रमा की किरण (में)। समाइति = घुस जाएगी, मिल जाएगी। के = कौन। बिभिनाबए पार = विभिन्न कर सकता है, अलग कर सकता है। 5. जनि = मत। तिमिर = अंधकार। हीत = मित्र। आनन = मुख। तिमिरारि = अंधकार का शत्रु, चंद्र। 6. जतए = जहाँ। 7. चालक = प्रेरक। पँचबान = काम। हरि-अभिसार = कृष्ण से गुप्त मिलन करने को।

(124)

अरुन किरन किछु अंबर देल। दीपक सिखा मलिन भए गेल।। 2।।
हठ तेज माधव जएबा देह। राखए चाहिअ गुपुत सनेह।। 4।।
दुरजने जाएत परिजन कान। सगर चतुरपन होएत मलान।। 6।।
भमर कुसुम रमि न रह अगोरि। केओ नहि बेकत करए निअ चोरि।। 8।।
अपनहु धन हे धनिक धर गोइ। परक रतन परगट कर कोइ।। 10।।
फाब चोरि जओं चेतन चोर। जागि जाएत पुर परिजन मोर।। 12।।
भनइ विद्यापति सखि कह सार। से जीवन जे पर उपकार।। 14।।

शब्दार्थ–1. अरुन = सूर्य। अंबर = आकाश। 2. सिखा = लौ, टेम। 3. तज = छोड़ो। जएबा देह = जाने दो। 4. गुपुत = गुप्त, छिपा हुआ। 6. सगर = सब। मलान = म्लान, मलिन। 7. भमर = भौंरा। रमि = रमण कर, विहार कर। अगोरि = अगोरकर रखना। 8. बेकत = व्यक्त, प्रकट। 9-10. धनी लोग अपने धन को भी छिपाकर रखते हैं। फिर दूसरे के धन को कहीं कोई प्रकट करता है ? 11. फाब = फबना, शोभना। चेतन = चतुर। 13. सार = सत्य।

(125)

दुहु रुप लाबनि मनमथ मोहनि, निरखि नयन भूलि जाए।
रजनि-जनित रति विशेष अलापन, अलस रहल दुहु गाए।। 2।।
चाँचर कुंतल ताहि कुसुम-दल, लोलए आनहि भाँति।
दुहु दुहु हेरि मुख हृदय बाढ़य सुख, बोलत भूलत पाँति।। 4।।
निज निज मंदिर नागरि नागर, चलइत करु अनुबंध।
बिरह-बिषानल दुह तनु जारल, लोचन लाग धंद।। 6।।
भीतक चीत पुतुलि सन दुहु जन, रहल बिदाइक बेला।
प्रेम-पयोनिधि उछलि-उछलि पड़, चेतन अचेतन भेला।। 8।।
दुहु जन चीत-रीत हेरि सहचरि, छन छन गगनहि चाए।
रजनि पोहाएल सब जन जागल, से उर अधिक डराए।। 10।।
सेखर बुझि तब करि कत अनुभव, दुहु संग भंग कराब।
निज निज मंदिर गमन कएल दुहु, गुरुजन भेद न पाब।। 12।।

शब्दार्थ–2. गाए = गात्र, देह। 3. चाँचर = छितराया हुआ। लोलए = झूलता है। 5. अनुबंध = पारस्परिक प्रतिज्ञा। 7. चीत पुतुलि = चित्रलिखित मूर्ति। 9. चाए = निहारते हैं। 10. पोहाएल = बीती।

छलना

(126)

मंदिर अछिलिहुँ सहचरि मेलि। परसंगे रजनि अधिक बहि गेलि।। 2।।
जब सखि चललिहुँ आपन गेह। तब मोहि नींदे भरल सबे देह।। 4।।
सूति रहलिहुँ हमे करि एक चीत। दैव-बिपाके भेल बिपरीत।। 6।।
न बोल सजनि, सुन सपन-संबाद। हँसए केओ जनि कए परिवाद।। 8।।
विषाद पड़ल मोर हृदयक माँझ। तुरित घोंचओलहुँ नीबिक काज।। 10।।
एक पुरुष पुनु आओल आगे। कोप अरुन आँखि अधरक दागे।। 12।।
से भयें चिकुर चिर आनहि गेल। कपाल-काजर मुख सिंदूर भेल।। 14।।
कतये करब केओ अपजस गाब। विद्यापति कह के पतिआब।। 16।।

शब्दार्थ–1. अछलिहुँ = मैं थी। सहचरि = सखी। 2. परसंगे = प्रसंग में, बातचीत में। रजनि = रात। 5. सूति रहलिहुँ = सो रही। एक करि चीत = चित्त एकाग्र करके। 6. बिपाक = फल। 7. सपन = स्वप्न। 8. परिबाद = प्रवाद, शिकायत। 10. घोंचओलहुँ = शिथिल कर दिया। नीबिक काज = नीबी का बंधन (?)। 12. अरुन = लाल। अधरक दागे = क्रोधवश स्वयं अपने अधर को दाँत से काटकर दाग बना दिया। 13. भय = उस डर से। चिकुर = केश। चीर = साड़ी। आनहि गेल = दूसरे ही ढंग का हो गया। 14. कपाल = मस्तक। 15. अंतर = हृदय की बात। 16. पतिआब = विश्वास करेगा।

(127)

कुसुम तोरए गेलिहुँ जहाँ। भमर अधर खंडल तहाँ।। 2।।
तें चलि अएलिहुँ जमुना तीर। पवन हरल हृदय चीर।। 4।।
ए सखि सरुप कहल तोहि। आन किछु जनि बोलसि मोहि।। 6।।
हार मनोहर बेकत भेल। उजर उरग संसअ लेल।। 8।।
तें धँसि मजूर जोड़ल झाँप। नखर गाड़ल हृदय काँप।। 10।।
भन विद्यापति उचित भाग। बचन पाटवें कपट लाग।। 12।।

शब्दार्थ–1. कुसुम = फूल। गेलहुँ = मैं गई। 2. भमर = भौंरा। अधर = ओष्ठ। 3. तें = तहाँ से। 4. हृदय चीर = वक्षःस्थल की साड़ी, आँचल। 5. सरुप = सत्य। आन = अन्य। 7. बेकत = व्यक्त, प्रकट। उजर = उज्ज्वल। उरग = सर्प। 9. झाँप जोड़ल = झपट पड़ा। 10. नखर गाड़ल = नख गड़ा गया। 12. पाटव = पटुता, चतुरता।

(128)

सखि हे तोहि, हमर बहु सेबा।
ऐसनि बानि कबहु जनि बोलबि, जाति कुल किए मोर लेबा।। 2।।
गोकुल नगर कान्ह रति लंपट, जौवन सहज हमारा।
तोहें सखि रभसि मोहि जनि बोलबि, लोक करब पतिआरा।। 4।।
केसर कुसुम हेरि हमे कौतुक, भुज जुग मेरल ताहि।
दाड़िम भरम पयोधर ऊपर, दौड़ल कीर लोभाइ।। 6।।
चकित उभय भुज इति-उति फेकल, तें बेष भए गेल आन।
इथे परिबाद कहसि मोहि बैरनि, एह कबि सेखर भान।। 8।।

शब्दार्थ–1. हे सखि, मैं तुम्हारी बहुत सेवा करूँगी। 2. बानि = बोली। जाति कुल = मेरा जाति-कुल क्यों लोगी, क्यों नष्ट करोगी। 4. रभसि = दिल्लगी में। पतिआरा = विश्वास। 5. केशर के फूल देखकर, कौतुकवश, उसे दोनों हाथों से मसल दिया [जिस कारण मेरे अंगों में अंगराग लगे दीख पड़ते हैं]। 6. अनार समझकर सुग्गा मेरे कुचों पर लुभाकर दौड़ा। [उसकी चोंचों के आघात से कुच क्षत-विक्षत हो गए, जिसे तुम नख-रेखा समझ रही हो] 6. उभय = दोनों। भुज = हाथ। तें = इससे। बेष = रूप। आन = दूसरा।

(129)

खरि नरि बेगे भासलि नाई। धरए न पारए बाल कन्हाई।। 2।।
तें धसि जमुना भेलहुँ पार। फूटल बलआ टूटल हार।। 4।।
ए सखि ए सखि न बोल मंद। बिरुह बचन बाढ़ल दंद।। 6।।
कुंडल खसल जमुन माँझ। ताहि जोहइते पड़लि साँझ।। 8।।
अलक तिलक तें बहि गेल। सुध सुधाकर बदन भेल।। 10।।
तटनि तट न पाइअ बाट। तें कुच गड़ल कठिन काँट।। 12।।
भन विद्यापति नहि अवसाद। बचन-कउसले जिनिअ बाद।। 14।।

शब्दार्थ–1. खरि = तीव्र। नरि = नदी। भासलि = भस गई, बह चली। नाई = नाव, नौका। 3. धसि = पैठकर। 4. बलआ = चूड़ी। 5. मंद = बुरी बात। 6. विरुह = विरुद्ध, विपरीत। दंद = झगड़ा। 7. खसल = गिर पड़ा। 8. जोहइते = खोजने में। 9. अलक = आलता, महावर। तिलक = टीका। 10. सुध = शुद्ध निष्कलंक। सुधाकर = चंद्रमा। 11. तटिनि = नदी। बाट = राह। 12. गड़ल = गड़ गया। 13. अवसाद = पराजय। 14. जिनिअ = जीता जा सकता है। बाद = मुकदमा। 15. बचन-कउसले = वचन-चातुरी से। बाद = मुकदमा।

(130)

ननदी सरूपें निरूपह दोसे।
बिनु बिचार बेभिचार बुझओबह, सासु करएबह रोसे।। 2।।
कौतुकें कमल नाल सञ तोरल, करए चाहल अबतंसे।
रोषे कोष सए मधुकर धाओल, तेहि अधर करु दंसे।। 4।।
सरबर-घाट बाट कंटक-तरु, देखए न पारल आगू।
साँकर बाट उबटि कहु चललिहुँ, तें कुच कंटक लागू।। 6।।
गरुअ कुंभ सिर थिर नहि थाकए, तें उधसल केस-पास।
सखि जन सएँ हम पाछे पड़लिहुँ, तें भेल दीघ निसास।। 8।।
पथ अपबाद पिसुन परचारल, तथिहु उतर हम देला।
अमरख बसें धैरज नहि रहल, तें गदगद सर भेला।। 10।।
भनइ विद्यापति सुन बर जौबति, ई सभ राखह गोई।
ननदि संग रस-रीति बढ़ाबह, गुपुत बेकत नहि होई।। 12।।

शब्दार्थ–1. सरूपें = स्वरूप से, आकृति से। निरूपह = निरूपण करती हो। मेरी ननद, तुम आकृति देखकर मुझे दोष लगाती हो। 2. बेभिचार = व्यभिचार, पापकर्म। बुझओबह = समझाओगी। रोसे = क्रोध। 3. नाल सञ = मृणाल से। अबतंसे = सिर का आभूषण। 4. रोष = क्रोधित होकर। कोष = कमल का भीतरी भाग। मधुकर = भौंरा। तेहि = उसी ने। करु दंसे = काट लिया। (जिससे ओष्ठ मलिन हो गया)। 5. सरबर = तालाब। बाट = राह। कंटक तरु = काँटों के पेड़। देखहि न पारल = देख न सकी। 6. साँकरि = संकीर्ण, पतली। तें = इसमें। कुच = स्तन। 7. गरुअ = भारी। कुंभ = घड़ा। सिर थिर नहि थाकए = सिर स्थिर नहीं रहता। उधसल = अस्तव्यस्त हो गया। 8. सएँ = से। पीछे पड़लिहुँ = पीछे पड़ गई। भेल दीघ = तीव्र हुआ। निसास = ऊँची साँस, उच्छ्वास। मैं सखियों से पीछे पड़ गई, अतः दौड़कर उन्हें पाने की चेष्टा करने के कारण साँस जल्दी-जल्दी आ रही है। 9. पथ = राह। अपबाद = शिकायत। पिसुन = दुष्ट। परचारल = प्रचारित किया, फैलाया। तथिहु = वहाँ। उतर देला = उत्तर दिया। 10. अमरख बसें = आमर्षवश, क्रोध के आवेग से। गदगद सर = भर्राई आवाज। 11. ई सभ = यह सब। गोई = छिपाकर। 12. ननद से प्रीति बढ़ाओ, उसे मेल में रखो तो गोपनीय (बात) प्रकट न होगी।

(131)

जाहि लागि गेलि हे ताहि कहाँ लइलि हे, ता पति बैरि पितु कहाँ।
अछलि हे दुखे सुखे कहह अपन मुखे, भूसन गमओलह जहाँ।।2।।
सुंदरि, कि कए बुझाओब कंते।
जन्हिका जमन होइत तोहें गेलिह, अइलिह तन्हिका अते।।4।।

जाहि लागि गेलहुँ से चलि आएल, तें हमे रहलि नुकाई।।
से चलि गेल ताहि लए चललिहु, तें पथ भेल अनेआई।।6।।
शंकर-बाहन खेड़ि खेलाइत, मेदिनि-बाहन आगे।।
जे सबे अछलिसँग से सबे चलिल भँग, उबरि अइलिहुँ अति भागे।।8।।
जाहि दुई खोज करइ छथि सासुड़ि, से मिलु अपना संगे।।
भनइ विद्यापति सुन बर जौबति, गुपुत नेह रति-रंगे।।10।।

शब्दार्थ–1. जाहि लागि = जिसके लिए (जल के लिए)। गेलि = गई। ताहि = उसे। कहाँ लाइलि = कहाँ लाई (नहीं लाई)। ता पति बैरि पितु कहाँ = उसके (जल के) पति = समुद्र, समुद्र का बैरी = अगत्स्य, अगत्स्य का पिता = घट, घड़ा; कहाँ है ? 2. अछलि = थी। भूसन = अंगराग, आदि। गमओलह = खो दिया। जहाँ अंगराग आदि (रतिक्रीड़ा की मस्ती में) नष्ट हो गए, वहाँ के सुख-दुख अपने ही मुख से कहो। 3. कि कए = क्योंकर। बुझाओब = समझाओगी। 4. जन्हिका जनम होइत = जिसके (दिन के) जन्म होते ही प्रातःकाल ही। अइलिह तन्हिका अंते = उसके (दिन के) अंत में–संध्या को आई। 4. जिसके लिए (जल के लिए) मैं गई, वह (जल-वृष्टि वर्षा) चली आई–वर्षा होने लगी, जिससे मैं छिप रही। 6. से = वह (जलवृष्टि) चली गई तब उसे (जल) लेकर चली। तें = इस कारण। पथ = राह। अनेआई = अन्याय। 7. संकर-बाहन = बैल। खेड़ि खेलाइत = खेल कर रहा था, आपस में लड़ रहा था। मेदिनि-बाहन = सर्प। आगे = आगे था। 8. अछलि = थी। भँग = छिटककर। उबरि अइलिहुँ = उबर आई। भागे = भाग्य से ही। 9. जिन दोनों (जल और घड़ा) की खोज सासुजी कर रही हैं, वे दोनों अपने साथियों से मिल गए–(वर्षा हो रही थी कि घड़ा फूट गया–घड़े का पानी वर्षा में मिल गया और मिट्टी का घड़ा मिट्टी में मिल गया)। 10. जौबति = युवती। गुपुत नेह = गुप्त प्रेम। रति-रंग = रति-क्रीड़ा।

•

When passion and philosophy meet in a single individual we have a great poet.
–Browning.

मान

(132)

खनहि खन महघि भए कछु अरुन नयन कए,
कपटे धरि मान सम्मान लेही।
कनक जएँ पेम कसि पुनु पलटि बाँक हसि,
आधि सय (?) अधर मधु-पान देहि।। 2।।
अरेरे इंदुमुखि अढ़ न कर पिअ हृदय खेद हर,
कुसुम-सर रंग संसार सारा।। 3।।
बचन बस होसि जनु ससरि भीन होइते तनु,
सहज बरु छाड़ि देब सयन सीमा।
प्रथम रस-भंग भेले लोभे मुख-सोभ गेले,
बाँधि भुज-पास पिअ धरब गीमा।। 5।।

जदि नयन-कमल कर मुकल केर कांति घर,
खर नखर-घात करु सेहे बेला।
परम पद लाभ सम मोद चिर हृदय रम,
नागरि सुरत-सुख अमिअ मेला।। 7।।
सरसकवि सरस भन चारुतर चतुरपग,
नारि अराहिअइ पँचबाने।
सकल जन सुजन गति रानि लखिमाक पति,
रूपनराएन सिवसिंह जाने।। 9।।

शब्दार्थ–1. महघि = महँगा। 3. अढ़ = ओट, टालमटूल। कुसुम-सर = कामदेव। 5. गीम = ग्रीवा, गरदन। 6. यदि नयन रूपी कमल कली का रूप धारण करे–आँखें झिपने लगें–तो उस समय नख का विकट प्रहार करना।

(133)

लोचन अरुन बुझल बड़ भेद। रयनि उजागर गरुअ निबेद।। 2।।
ततहि जाह हरि न करह लाथ। रयनि गमाओलह जन्हिके साथ।। 4।।
कुच कुंकुम माखल हिअ तोर। जनि अनुरागे राँगि करु गोर।। 6।।
आनक भुसन लागल तुअ अंग। बड़ओ मंद मंदक परसंग।। 8।।
चिटि-गुड़ चुपड़लि राड़क पोरि। लाओले लाथ बेकत भेल चोरि।।10।।
भनइ विद्यापति बजबहु बाध। बड़ अपराध मौन पए साध।। 12।।

शब्दार्थ–1-2. उजागर = जागरण। निवेद = जनाता है। लाल आँखों को देखकर मैंने सारा भेद समझ लिया; वे रात का अधिक जागरण प्रकट करती हैं। "रजनिजनित-गुरुजागर-राग-कषायितमलस-निमेषम्"–गीतगोविंद। 3. ततहि जाह = वहीं जाओ। लाथ = बहाना। 5-6. (उसके) कुच का लगा केसर तुम्हारे हृदय में लिपटा हुआ है। मानो अनुराग के रंग में रँगकर (काले वक्षःस्थल को) गोरा बना दिया हो। 7. आनक = दूसरे का। 8. परसंग = प्रसंग, संगति। 9. चिटि-गुड़ = गुड़-चींटी। राड़ = शूद्र की एक उपजाति। पोरि = घर। लओले लाथ = बहाना करने पर। बेकत = व्यक्त। 11. बजबहु = बोलना।

(134)

कुंकुमे लओलह नख-खत गोइ। अधरक काजर अएलह धोइ।। 2।।
तइओ न छपल कपट-बुधि तोरि। लोचन अरुन बेकत भेल चोरि।। 4।।
चल चल कान्ह बोलह जनु आन। परखत चाहि अधिक अनुमान।। 6।।
जानओं प्रकृति बुझओं गुनशीला। जत तोर मनोरथ मनसिज-लीला।। 8।।
बचन नुकाबह बेकतओ काज। तोहें हँसि हेरह मोहि बड़ लाज।। 10।।
अपथहु सपथ बुझाबह राधे। कोन परि खेमओं सठ अपराधे।। 12।।
भनइ विद्यापति पिअ अपराध। उदघट न कर मनोरथ साध।। 14।।

शब्दार्थ–1. नायिका ने जो अपने नखों से बकोटकर तुम्हारे वक्षःस्थल पर चिन्ह बना दिया था, उसे कुंकुम लगाकर छिपा लाए हो। 2. अधरक = ओष्ठ का। अएलहु = आए हो। 3. छपल = छिप सका। 4. अरुण = लाल। बेकत = व्यक्त, प्रकट। 5. आन = अन्य।

6. परतख = प्रत्यक्ष। 7. प्रकृति = स्वभाव। 8. जस = जैसा। मनसिज = कामदेव। 9. नुकाबह = छिपाते हो। 10. तुम हँसकर (मेरी ओर) देखते हो, किंतु मुझे लज्जा आती है। 11. अपथहु = बुरी राह जानकर भी। 12. कोन परि = किस प्रकार। खेमओं = क्षमा करूँगी। 14. उदघट = प्रकाश। साध = साधना।

(135)

आध आध मुदित भेल दुहु लोचन, बचन बोलत आध आधे।
रति-आलस सामर तनु झामर, हेरि पुरल मोर साधे।। 2।।
माधव, चल चल चल तन्हि ठाम।
जसु पद-जाबक हृदयक भूषन, अबहु जपह तसु नाम।। 4।।
कत चंदन कत मृगमद कुंकुम, तुअ कपोल रहु लागि।
देखि सौतिन अनुरूप कएल बिहि, अतए मानिअ बहु भागि।। 6।।

शब्दार्थ–1. मुदित = मुँदे हुए। 2. रति-आलस = काम-क्रीड़ा में अलसाया। सामर = श्यामला। झामर = मलिन। हेरि = देखकर। साधे = हौसला। 3. चल = जाओ। तन्हि ठाम = उसके यहाँ। 4. जसु = जिसके। पद-जाबक = पैर का महावर तुम्हारे हृदय का आभूषण हुआ है, उसी का नाम तुम अब भी जप रहे हो। [अकस्मात् कृष्ण के मुँह से उस नायिका का नाम निकल गया था।] 5. कत = कितना। मृगमद = कस्तूरी। कुंकुम = केशर। कपोल = गाल। 6. अनुरूप = समान। 7. मैं तो इसी में अपना सौभाग्य मानती हूँ कि ब्रह्मा ने मुझे एक योग्य सौत दी है।

(136)

सुन सुन सुंदरि कर अबधान। बिन अपराध कहसि काहे आन।। 2।।
पुजलहुँ पसुपति जामिनि जागि। गमन बिलंब भेल तेहि लागि।। 4।।
लागल मृगमद कुंकुम दाग। उचरइत मंत्र अधर नहि राग।। 6।।
रजनि उजागर लोचन घोर। ताहि लागि तोहें बोलसि चोर।। 8।।
नवकविसेखर कि कहब तोए। सपथ करह तब परतित होए।। 10।।

शब्दार्थ–1. अबधान = मनोयोग, ध्यान देना। कहसि काहे आन = दूसरी बात क्यों कह रही हो ? पसुपति = महादेव। जामिनि = रात। 4. गमन = आने में, चलने में। तेहि लागि = इसलिए। 5-6. उचरइत = उच्चारण करते-करते। राग = लालिमा। कस्तूरी और केशर से शिव की पूजा की। शरीर पर उन्हीं के चिन्ह हैं। बराबर मंत्र उच्चारण करने के कारण ओष्ठ की ललाई नष्ट हो गई। 7. रजनि = रात। उजागर = जागरण। घोर = भयानक (लाल)। 8. इसीलिए तुम मुझे चोर कहती हो। 9-10. विद्यापति कहते हैं–तुम क्या कहोगे, जब सपथ करो, तो तुम्हारी बातों पर विश्वास हो।

[अगले पद में श्रीकृष्ण की विचित्र शपथ पढ़िए और गौर कीजिए।]

(137)

ए धनि मानिनि करह संजात।
तुअ कुच हेम-घट हार भुजंगिनि। ताक उपर धरु हाथ।। 2।।

तोहें छाड़ि जदि हम परसब कोए। तुअ हार-नागिनि काटब मोए।। 4।।
इमर बचन यदि नहि परतीत। बूझि करह साति जे होए उचीत।। 6।।
भुज-पास बाँधि जघन-तले तारि। पयोधर-पाथर अदेह भारि।। 8।।
उर-कारा बाँधि राखह दिन-राति। विद्यापति कह उचित इ साति।। 10।।

शब्दार्थ–1. धनि = बाला। करह संजात = संयत करो (?), क्रोध छोड़ो। 2. हेम-घट = सोने का पहाड़। भुजंगिनि = सर्पिणी। ताक = उसके। [यदि विश्वास न हो तो शपथ करा लो। सोना छूकर शपथ खाना प्रामाणिक माना जाता है, सो] तेरे कुच-रूपी सोने के घड़े तथा हाररूपी सर्पिणी के ऊपर हाथ रखकर शपथ खाता हूँ। 3. छोड़ि = छोड़कर। परसब = स्पर्श करूँगा। कोए = किसी को। 6. साति = शास्ति, दंड। 7. भुज-पास = भुजा-रूपी जंजीर। जघन तले = जाँघों के तले। तारि = ताड़ना करके, खूब ठोंक-पीट के। 8. स्तनरूपी भारी पत्थर हृदय पर रख दो। 9. उरकारा = हृदय रूपी जेलखाने में। राख = रखो। 10. इ = यह। साति = शास्ति, दंड।

(138)

**अरुण पुरब दिशा बहलि सगरि निसा, गगन मलिन भेल चंदा।*
मुँदि गेलि कुमुदिनि तइओ तोहर धनि, मूँदल मुख अरबिंदा।। 2।।
चाँद बदन कुबलय दुहु लोचन, अधर मधुरि निरमान।
सगर सरीर कुसुमें तुअ सिरिजल, किए दहु हृदय पखान।। 4।।
असकति कर कंकन नहि पहिरसि, हार हृदय भेल भार।
गिरिसम गरुअ मान नहि मुंचसि, अपरुब तुअ बेवहार।। 6।।
अबगुन परिहरि हेरह हरखि धनि, मानक अबधि बिहान।
राजा सिवसिंह रूपनराएन, कवि विद्यापति भान।। 8।।

शब्दार्थ–1. अरुण = लाल। बहलि = बीत गई। सगरि = समग्र, समूची। 2. अरबिंदा = कमल। 3. बदन = मुख। कुबलय = कमल। मधुरि = एक लाल फूल। 4. कुसुम = फूल। सिरिजल = बनाया। किए दहु = क्यों। पखान = पत्थर। 5. असकति = (मैथिली प्रयोग) आलस। 6. गरुअ = भारी। मुंचसि = छोड़ती हो। 7. बिहान = प्रातःकाल।

*यह पद उमापति रचित 'पारिजात-हरण' में पाया जाता है, अतः इसके रचयिता विद्यापति नहीं, उमापति हैं।

(139)

मदन-कुंज तर बइसल नागर, वृंदा सखि मुख चाहि।
जोड़ि जुगल कर बिनति करए कत, तुरित मिलाबह राहि।। 2।।
मोहि पर रोखि बिमुख भए सुंदरि, जबहु चललि निज गेहा।
मदन हुतासन मोर मन जारल, जीब न बाँधए थेहा।। 4।।
तुअ अति चतुर सिरोमनि नागरि, तोहें कि सिखाओब बानि।
तोहि बिनु हमर मरम कओने जानब, कइसे मिलाएब आनि।। 6।।
चंदन चाँद पवन भेल रिपु सम, वृंदाबन बन भेल।
कोकिल मयूर झंकार करए कत, मोर मन मनमथ सेल।। 8।।
छल-छल नयन बयन भरि रोअए, चरण पकड़ि रहि जाब।
हा हा से धनि हमहि न हेरब, सिंह भूपति रस गाब।। 10।।

शब्दार्थ–1. चाहि = देखकर। 2. राहि = राधा। 4. मदन-हुतासन = कामदेवरूपी अग्नि। जीव न बाँधए थेहा = जीव स्थैर्य नहीं बाँधते, प्राण स्थिर नहीं होते। 8. मनमथ = कामदेव।

(140)

माधब, ई नहि उचित विचार।
जनिक एहनि धनि काम-कला सनि, से किअ करु बेभिचार।। 2।।
प्रानहु चाहि अधिक कए मानए, हृदयक हार समाने।
कोन परि जुगुति आनकें ताकह, की थिक तोहर गेआने।। 4।।
कृपिन पुरुषकें केओ नहि निक कह, जग भरि कर उपहासे।
निज धन अछइत नहि उपभोगब, केवल परहिक आसे।। 6।।
भनइ विद्यापति सुनु मथुरापति, ई थिक अनुचित काज।।
माँगि लाबए बित से जदि हो नित, अपन करब कोन काज।। 8।।

शब्दार्थ- 2. जनिक = जिनकी। एहनि = ऐसी। सनि = समान। 4. जुगुति = तर्क। आनकें ताकह = दूसरे को देखते हो। की = क्या। थिक = है। 5. कृपिन = सूम। निक = नीक, अच्छा। उपहास = हँसी। 7. अछइत = रहते। परहिक = दूसरे की ही। 8. यदि माँगा हुआ धन नित्य रहता—यदि मँगनी की चीज से काम चल जाता—तो लोग अपने धन के लिए क्यों कष्ट उठाते ?

(141)

बिरह ब्याकुल बकुल तरुतर, पेखल नंद-कुमार रे।।
नील नीरज सयन सएँ सखि, ढरए नीर अपार रे।। 2।।
पेखि मलयज-पंक मृगमद, तामरस घनसार रे।।
निज पानि पल्लव-मूँदि लोचन, धरनि पडु असँभार रे।। 4।।
बहए मंद सुगंधि सीतल, मंद मलय-समीर रे।।
जनि प्रलय कालक प्रबल पाबक, दहए सून सरीर रे।। 6।।
अधिक बेपथु टूटि पड़ खिति, मसृन मुकुता-माल रे।।
अनिल तरल तमाल तरुबर, मुंच सुमनस जाल रे।। 8।।
मान मनि तजि सुदति चलु जहि, राय रसिक सजान रे।।
सुति सुखद अति सरस दंडक, कवि विद्यापति भान रे।। 10।।

शब्दार्थ–1. बकुल = मौलिश्री, मनसरी। 2. नीरज = कमल। 3. मलयज = चंदन। मृगमद = कस्तूरी। तामरस = कमल। घनसार = कपूर। 4. पानि = हाथ। 6. पाबक = अग्नि। सून = शून्य। बेपथु = कंप। खिति = पृथ्वी। मसृन = चिकना। 8. अनिलतरल = वायु द्वारा आंदोलित। मुंच = गिराता है। सुमनस = फूल। 9. सुदति = सुंदरी। 10. स्रुतिसुखद = सुनने में अच्छा। दंडक = इस छंद का नाम दंडक है।

(142)

रामा, कि आब बोलसि आन।
तोहर चरन सरन से हरि, आबहु मेटह मान।। 2।।

गोबर्धन गिरि बाम करे धरि, कएल गोकुल पार।।
बिरह खिन से करक कंकन, गरुअ मानए भार।। 4।।
काल-दमन कएल जे जन, चरन-जुगल-तरे।।
आब भुजंगम भरमे भूलल, हृदय हार न धरे।। 6।।
सहज चातक छाड़ न बरत, बैसल नदी तीर।।
नव नहि जलधर-बारि बिनु, पिबए तकर नीर।। 8।।

शब्दार्थ–1. रामा = सुंदरी। आन = अन्य। 4. करक = हाथ का। गरुअ = भारी, कठिन। 6. भुजंगम = सर्प। 7. बरत = व्रत। बैसल = बैठा। 8. जलधर = बादल।

(143)

सखि हे बूझल कान्ह गोआर।
पितरक टाँड़ काज दहु कओने लहु, ऊपर चकमक सार।। 2।।
हमे तौ कएल मन गेलहि होएत भल, हमे छलि सुपुरुख भाने।।
तोहर बचन सखि कएल आँखि देखि, अमिअ-भरम विष पाने।। 4।।
पसुक संग हुनि जनम गमाओल, से कि बुझ रतिरंगे।।
मधु-जामिनि मोरि आज बिफल गेलि, गोप गमारक संगे।। 6।।
तोहर बचने कूप धसि जाएब, तें हमे गेलिहुँ अबाटे।।
चंदन भरम सिमर आलिंगल, सालि रहल हिअ काँटे।। 8।।
भनइ विद्यापति हरि बहुबल्लभ, कएल बहुत अपमाने।।
राजा सिवसिंह रूपनराएन, लखिमा पति रस जाने।। 10।।

शब्दार्थ–2. पितरक = पीतल का। टाँड़ = हाथ का एक गहना। काज दहु कओने लहु = कौन-सा काम करेगा ? 3. गेलहि = जाने से ही। छलि = थी। मधु-जामिनि = बसंत की रात। 7. अबाटे = कुपथ में। 8. सिमर = सेमल। 9. बहुबल्लभ = बहुत स्त्रियों का पति।

(144)

मधु सम बचन कुलिस सम मानस, प्रथमहि जानि न भेला।
अपन चतुरपन पिसुन हाथ देल, गरुअ गरब दुर गेला।। 2।।
सखि हे, मंद पेम परिनामा।
बड़ कए जीवन कएल पराधिन, नहि उपसम एको ठामा।। 4।।
झाँपल कूप देखिहि नहि पाओल, आरति लिचलिहुँ धाई।
तखन गरुअ लहु किछु नहि गूनल, अब पछताबक जाई।। 6।।
एत दिन अछलिहुँ आन भान हमे, आब बुझल अबगाहि।
अपन मूँड़ अपनेहि हम चाँछल, दोख देब गए काहि।। 8।।
भनइ विद्यापति सुनु बर जौबति, चीत गनब नहि आने।
पेमक कारन जीब उपेखिअ, ई जग के नहि जाने।। 10।।

शब्दार्थ–1. कुलिस = वज्र। 2. पिसुन = दुष्ट। 3. उपसम = शांत। 5. आरति = आर्तिवश। 6. गूनल = समझा। 7. आन मान = दूसरी धारणा में। अबगाहि = भीतर से सोचकर। 8. चाँछल = छील लिया। 10. उपेखिअ = उपेक्षा करें।

(145)

माधव, दुरजए मानिनि-मानि,
बिपरित चरित पेखि चकरित भेलि, न पुछलि आधहु बानि।। 2।।
तुअ रूप साम आखर नहि सूनए, तुअ रूप रिपु सम मानि।
तुअ जन सँग संभास करए नहि, कइसे मिलाएब आनि।। 4।।
नील बसन बर, कांचन चुरि कर, पौतिक ? माल उतारि।
करि-रद चुरि कर, मोति माल बर, पहिरलि अरुनिम सारि।। 6।।
असित चित्र उर ऊपर मेटल, मलयज देह लगाए।
मृगमद तिलक धोए दृग अंजन, कच लेल बसन छिपाए।। 8।।
एक तील छल चारु चिबुक पर, निदित मधुप-सम सामा।
तृन-अग्रे करि मलयज रंजल, ताहि छपाओल रामा।। 10।।
जलधर देखि चंद्रातप झाँपल, सामरि सखि नहि पास।
तमाल तरु गन चूना लेपल, सिखि पिक दूरि निवास।। 12।।
मधुकर डरे धनि चंपक तरु तर, लोचन जल भरिपूर।
सामर चिकुर हेरि मुकुर पटकि टेल, टूटि भए गेल सत चूर।। 14।।
तुअ गुन-गान करए सुक पंडित, सुनितहि उठल रोसाइ।
पिंजर झटकि फटिक पर पटकल, धाए धएल तहि जाइ।। 16।।
मेरु सम मान कोप सुमेरु सम, देखि भेल रेनु समान।
विद्यापति कह राहि मनाबए, आपु सिधारह कान।। 18।।

शब्दार्थ–2. बिपरित = उलटा। चकरित = चक्रित, चक्कर आ गया। 3. साम = श्याम (कृष्ण)। आखर = अक्षर। 4. सँग = साथ। सम्भास = बातचीत। कांचन चुर कर = हाथों की सोने की चूड़ी। पौतिक = पिरोजा, नीलमणि। 6. करि-रद चुरि = हाथी के दाँत की चूड़ी। अरुनिम = लाल। सारि = साड़ी। 7. असित चित्र = काला गोदना। मलयज = चंदन। 8. मृगमद = कस्तूरी (काली होती है)। दृग = आँख। कच = केश। 9. तील = तिलवा। चिबुक = ठुड्डी। निद्रित भौरे के समान श्याम। 10. खर की नोक से चंदन लगाकर उस सुंदरी ने उसे मिटा दिया। 11. जलधर = मेघ। चंद्रातप = चँदोबा। 12. काले तमाल के वृक्ष को चूने से पोत दिया और (काले) मयूर तथा कोयल को खदेड़ दिया। 13. चिकुर = केश। मुकुर = आईना। 14. सत चूर = सौ टुकड़े। 15. सुक = सुग्गा। रोसाइ = क्रोधित होकर। फटिक = स्फटिक पत्थर। 16. रेनु = धूल।

(146)

मानिनि, हमे कहिए तुअ लागी।
नाह निकट सुख जे जन बंचित, तन्हिकर बड़हि अभागी।। 2।।
दिनकर-बंधु कमल सब जानए, जल तसु जीबन होई।
पंक बिहिन तनु भानु सुखाबए, जल पटाब बरु कोई।। 4।।
नाह समीप सुखद जत बैभव, अनुकुल होएत जोई।
तन्हिकर बिरह सकल सुख संपद, खन खन दगधए सोई।। 6।।
तुहु धनि गुनमति बूझि करह रति, परिजन ऐसन भास।
सुनइते राहि हृदय भेल गदगद, अनुमति कएल प्रगास।। 8।।

शब्दार्थ–1. तुअ लागि = तुम्हारे लिए। 2. नाह = पति। 3. दिनकर = सूर्य। 4. बिहिन = हीन। भानु = सूर्य। पटाब = छिड़के। 6. दगधए = जलता है।

(147)

मानिनि आब उचित नहि मान।
एखनुक रंग एहन सन लागए, जागल पए पँचबान।। 2।।
जूड़ि रयनि चकमक करु चाँदनि, एहन समय नहि आन।।
एहि अवसर पिय-मिलन जेहन सुख, जकरहि होए से जान।। 4।।
रभसि-रभसि अलि बिलसि-बिलसि कलि, करए मधुर मधु पान।।
अपन-अपन पहु सबहु जेमाओल, भूखल तुअ जजमान।। 6।।
त्रिबलि तरंग सितासित संगम, उरज संभु निरमान।।
आरति पति मँगइछ परतिग्रह, करु धनि सरबस दान।। 8।।
दीप-बाति सम थिर न रह मन, दिढ़ करु अपन गेआन।।
संचित मदन बेदन अति दारुन, विद्यापति कवि भान।। 10।।

शब्दार्थ–2. इस समय का समाँ (रंग) कुछ ऐसा मालूम होता है मानो कामदेव सोते से जाग पड़ा हो। 3. जूड़ि = शीतल। 4. जेहन = जैसा। जकरहि = जिसी को। 5. रभसि = उमंग में आकर। अलि = भौंरा। 6. पहु = प्रीतम। जेमाओल = खिलाया। 7. त्रिबली की तरंग में गंगा-यमुना (हार और रोमावलि) का संगम हुआ है, जहाँ कुच-रूपी शिव की स्थापना है। 8. आरति = आर्ति, व्याकुलता। परतिग्रह = दान। 9. दीप-बाति = दीपक की शिखा, लौ। 10. मदन = कामदेव।

(148)

अखिल लोचन तम-ताप-बिमोचन, उदयति आनंद कंदे।।
एक नलिनि मुख मलिन करए जदि, इथे लागि निंदह चंदे।। 2।।
सुंदरि, बूझल तुअ प्रतिभाति।
गुन-गन तेज दोष एक घोषसि, अंत अहीरिनि जाति।। 4।।
सकल जीव-जन जीब समीरन, सीत सुगंध सुधीरे।।
दीपक-जोति परसे जदि नासए, इथे लागि निंदह समीरे।। 6।।
स्थावर जंगम कीट पतंगम, सुखद जे सकल सरीरे।।
कागद पत्र परसें जओं नासए, इथे लागि निंदह नीरे।। 8।।
खन-खन सकल कुसुम मन तोषय, निसि रहु कमलिनि संगे।।
चंपक एक जइओ नहि चुंबए, इथे लागि निन्दह भृंगे।। 10।।
पाँच-पाँच गुन दस गुन चौगुन, आठ दुगुन सखि माझे।।
विद्यापति भन आकुल तुअ बिनु, बिसरि न पाबसि लाजे।। 12।।

शब्दार्थ–1. अखिल = समूचा (संसार)। तम = अंधकार। ताप = गर्मी, ज्वाला। बिमोचन = नाश करनेवाला। उदयति = उगता है। कंद = मूल; जड़। 2. नलिनि = कमलिनी। इथे लागि = इसलिए। निंदह = निंदा करती हो। 3. प्रतिभाति = बुद्धि। 'परिपाटि' पाठ उचित जँचता है। 4. घोषसि = कहती हो। 5. जीव-जन = प्राणी। जीव = प्राण। समीरन = वायु। 6. परस =

स्पर्श। समीरे = पवन को। 7. स्थावर = वृक्ष आदि अचल जीव। जंगम = मनुष्य आदि चलनेवाले जीव। कीट = कीड़े। पतंगम = फनगे आदि। 8. कागद पत्र = कागज के पन्ने। परस = स्पर्श। जओं = यदि। नीर = पानी। 9. खन = क्षण। कुसुम = फूल। तोषए = संतुष्ट करता है। निसि = रात। 10. चंपक = चंपा। जइओ = यद्यपि। भृंगे = भौरे को। 11. $(5 \times 5 \times 10 \times 4 \times 8 \times 2) = 16000$ सखियों के मध्य में। 12. बिसरि = भूलकर। पावसि = पाती हो।

•

"सा कविता सा वनिता यस्याः श्रवणेन दर्शनेनापि।
कविहृदयं विटहृदयं सरलं तरलं च सत्वरं भवति।।"

(**149**)

चानन भरमे सेबल हमे सजनी, पूरत सब मनकाम।
कंटक दरस परस भेल सजनी, सीमर भेल परिनाम।। 2।।
एकहि नगर बसु माधब सजनी, पर-भामिनि बस भेल।।
हमे धनि एहनि कलावति सजनी, गुन गौरब दुरि गेल।। 4।।
अभिनव एक कमल फुल सजनी, दोना नीमक डारि।।
सेहो फुल ओतहि सुखाएल सजनी, रसमय फुलल नेबारि।। 6।।
बिधि बस आज आएल पुनि सजनी, एत दिन ओतहि गमाए।।
कोन परि करब समागम सजनी, मोर मन नहि पतिआए।। 8।।
भनइ विद्यापति गाओल सजनी, उचित आओत गुनसाह (?)।।
उठ बधाव करु मन भरि सजनि, आज आओत घर नाह।। 10।।

शब्दार्थ–1. चानन = चंदन। भरमे = भ्रम से। सेबल = सेवा की। 2. कंटक = काँट। सीमर = सेमल। 3. पर-भामिनि = दूसरे की स्त्री। 4. एहनि = ऐसी। दुरि गेल = दूर हो गया। 5. एक नए कमल के फूल को (अर्थात् मुझे) नीम की डाली पर डाल दिया, वह यहीं सूख गया, और नेवार का फूल रसयुक्त होकर खिला। 7. ओतहि = वहीं। 8. समागम = भेंट। 10. आओत = आवेगा।

(**150**)

सजनी अपद न मोहि परबोध।
तोड़ि जोड़िअ जहाँ गाँठ पड़ए तहाँ, तेज तम परम बिरोध।। 2।।
सलिल सनेह सहज थिक सीतल, ई जानए सब कोई।
से जदि तपत कए जतने जुड़ाइअ, तइओ बिगत-रस होई।। 4।।
गेल सहज हे कि रिति उपजाइअ, कुल-ससि नीली रंग (?)।
अनुभवि पुनु अनुभवए अचेतन, पड़ए हुतास पतंग।। 6।।

शब्दार्थ–1. अपद = अस्थान, अनुचित रूप से। परबोध = समझाओ। 3. सहज थिक सीतल = स्वभावतः ही ठंडा है। 4. तपत कए = गर्म करके। जतने = यत्नपूर्वक। जुड़ाइअ = ठंडा कीजिए। तइओ = तो भी। बिगत-रस = रसहीन। 5. कुल रूपी चंद्रमा में नीला धब्बा पड़ जाने पर कितना भी प्रयत्न करने पर क्या उसमें स्वाभाविक रंग उत्पन्न हो सकता है ?

6. अनुभवि = अनुभव करके। पुनु = पुनः। अनुभवए = अनुभव करता है। हुतास = अग्नि।

(151)

कबहु रसिक सएँ दरसन होअ जनु, दरसन होअ जनु नेह।
नेह बिछोह जनु काहुक उपजओ, बिछोह धरओ जनु देह।। 2।।
सजनी दुर करु ओ परसंग।
पहिलहि उपजइते प्रेमक अंकुर, दारुन विधि देल भंग।। 4।।
दैबक दोष प्रेम जदि उपजए, रसिक संग जनु होए।
कान्ह सएँ गुपुत नेह करि अब एह, सबहु सिखाओल मोए।। 6।।
एहन औषध सखि कतहु न पाइअ, जेहि जौवन जरि जाब।
असमंजस रस सहए न पारिअ, एह कवि सेखर गाब।। 8।।

शब्दार्थ–1. सएँ = से। जनु = नहीं। 2. बिछोह = जुदाई। काहुक = किसी को। 3. दुर करु = अलग करो, बंद करो। परसंग = विषय, बातचीत। 4. दारुन = कठोर। देल भंग = तोड़ डाला, कुचल डाला। 5. दैबक दोष = विधि-विडंबना से। 6. कृष्ण से गुप्त प्रेम करके मैं एक शिक्षा लोगों को देती हूँ। 7. ऐसी दवा मैं कहीं भी नहीं पाती, जिसके खाने से यह जवानी जल जाती है। 8. असमंजस = दुविधा। सहए न पारिअ = सहा नहीं जाता।

(152)

जनम होअए जनु, जओं पुनि होइ। जुबती भए जनमए जनु कोइ।। 2।।
होइए जुबति जनु हो रसमंति। रसओ बुझए जनु हो कुलमंति।। 4।।
निधन माँगओं बिहि एक पए तोहि। थिरता दिहह अबसानहु मोहि।। 6।।
मिलओ सामि नागर रसधार। परबस जनु होअ हमर पिआर।। 8।।
परबस होइह बुझिह बिचारि। पए बिचार हार कओन नारि।। 10।।
भनइ विद्यापति अछि परकार। दंद-समुद होअ जिब दए पार।। 12।।

शब्दार्थ–1. जओं = यदि। 2. जनु = नहीं। जुबती = नौजवान स्त्री। 4. यदि युवती होकर जन्म मिले तो सुरसिका न हो, और यदि सुरसिका हो तो ऊँचे कुल की नहीं हो। 5. निधन = मृत्यु। बिहि = ब्रह्मा। एक पए = एक ही। 6. थिरता = स्थिरता। दिहह = देना। अबसानहु = अंतिम अवस्था में भी। 7. सामि = स्वामी, पति। नागर = चतुर। रसधार = रसिक। 8. परबस = दूसरे के वश। 9-10. यदि परवश भी हो जाए तो कुछ समझ-बूझ रखे, क्योंकि समझ-बूझ होने पर कौन स्त्री हार सकती है अर्थात् पति विचारवान् हो तो कोई स्त्री हार न सकती। 11. अछि = है। परकार = उपाय। दंद = कलह। समुद = समुद्र। प्राण देकर कलहरूपी समुद्र से पार हो जाओ।

(153)

चरन-नखर मनि-रंजन छाँद। धरनि लोटाएल गोकुलचाँद।। 2।।
ढरकि-ढरकि परु लोचन नोर। कतरुप मिनति कएल पहु मोर।। 4।।
लागल कुदिन कएल हमे मान। अबहु न निकसए कठिन परान।। 6।।
रोस तिमिर अत बेरि किए जान। रतने भेल मोहि गेरुक भान।। 8।।

नारि जनम हमे कएल अभागि। मरन सरन भेल मानक लागि।। 10।।
विद्यापति कह सुन धनि राइ। रोअसि काहे कह भल समुझाइ।। 12।।

शब्दार्थ–1-2. मेरे चरण की नख-रूपी मणि को रंजित करने के बहाने वह गोकुलचंद (श्रीकृष्ण) पृथ्वी में लोट गया। 3. नोर = आँसू। 4. कतरुप = कितने प्रकार से। मिनति = विनय। पहु = प्रीतम। 6. निकसए = निकलता है। 7-8. क्रोध रूपी अंधकार में मैं उस समय क्या जानने गई, रत्न को मैंने गेरू-मिट्टी समझा। 9. अभागि = अभाग्य। 10. मान के कारण मुझे मृत्यु की शरण लेनी पड़ी। 11. राइ = राधा। 12. रोअसि = रोती है। काहे = किसलिए ? भल समुझाइ = अच्छी तरह समझाकर।

(154)

धनि भेलि मानिनि सखि गन माँझ। अनुनय करइत उपजए लाज।। 2।।
पिरितक आरति बिरति न सहई। इंगित-भंगिएँ दुहु सब कहई।। 4।।
राहि सुचेतनि कान्ह सयान। मनहि समाधल मन अभिमान।। 6।।
अधर मुरलि जब धरए मुरारि। फोइ कबरि धनि बाँध समारि।। 8।।
जब निज पुर-पथ धरए मुरारि। सखि लखि अनतए चलु बर नारि।। 10।।
हरि जब छाया कर धनि पाए। धनि संभ्रमे बइसलि कर लाए।। 12।।
कह कबिसेखर बुझए सयान। इंगितें रस पसार पँचबान।। 14।।

शब्दार्थ–1. धनि = बाला। 3. आरति = आतुरता। प्रेम की आतुरता उदासीनता नहीं रहती। 4. इंगित-भंगिएँ = इशारे से। 5. राहि = राधा। सुचेतनि = सुचतुरा। 6. समाधल = समाधान किया। 8. फोइ = खोलकर। कबरि = केश। धनि = बाला। समारि = सँभालकर। 9. पुर-पथ = गाँव का रास्ता। 10. अनतए = अन्यत्र। सखियों की ओर देखकर (वह चतुर स्त्री) दूसरी ओर चली। 11. जब कृष्ण ने (रास्ते में), राधा को पाकर, उस पर छाया की तब राधा झटपट उनका हाथ पकड़ बैठ गई।

श्रीकृष्ण का मान

(155)

राधा-माधब रतनक मंदिर, निबसए सयनक सूखे।
रसें-रसें दारुन दंद उपजल पुन, कान्ह चलल तब रोखे।। 2।।
नागर-अंचल कर धरि नागरि, हँसि मिनती करु राधा।
नागर-हृदय पाँचसर हनलक, उरज दरसि मन बाधा। 4।।
देख सखि झूठक मान।
कारन किछु ओ बुझए नहि पाइअ, तब काहे रोखल कान।। 6।।
रोख समापि पुन रभस पसारल, भेल मधथ पँचबान।
अवसर जानि मनाबथि राधा, कवि विद्यापति भान।। 8।।

शब्दार्थ–1. रतनक = रत्न का बना। निबसए = निवास करते हैं। सयनक सूखे = शय्या के सुख में–मिलनानंद में। 2. रसें-रसें = धीरे-धीरे। दारुण = कठोर। दंद = कलह। 2. अंचल = चादर का खूँट। कर = हाथ। 4. पाँचसर = कामदेव। हनलक = मारा। उरज = कुच। दरसि =

देखकर। मन-बाधा = मन में बाधा उपस्थित हुई, मन चंचल हो उठा। 6. रोखल = क्रुद्ध हुआ। 7. समापि = समाप्त कर। रभस पसारल = काम-क्रीड़ा में लगा। मधथ = मध्यस्थ, पंच। 8. (उपयुक्त) समय जानकर राधा मनाने लगीं। भान = कहते हैं।

(156)

एत दिन छलि नब रीति रे। जल मिन जेहनि पिरीति रे।। 2।।
एकहि बचने बिच भेल रे। हँसि पहु उतरो न देल रे।। 4।।
एकहि पलँग पर कान रे। मोरे लेखें दुर देस भान रे।। 6।।
जाहि बन केओ नहि डोल रे। ताहि बन पिया हँसि बोल रे।। 8।।
धरब जोगिनिआक भेस रे। करब मएँ पहुक उदेस रे।। 10।।
कवि विद्यापति भान रे। सुपुरुष न कर निदान रे।। 12।।

शब्दार्थ–1. एत = इतने। छलि = थी। नब = नवीन। 2. मिन = मछली। जेहनि = जैसा। 3. बिच भेल = अंतर पड़ गया। 4. पहु = प्रीतम। उतरो = उत्तर भी। 5. कान = कन्हैया, कृष्ण। 6. मोर लेखें = मेरे लिए। भान = मालूम होता है। 7. केओ = कोई। डोल = आता-जाता है। 9. धरब = धरूँगी। जोगिनिआ = जोगिन। 10. पहुक = प्रीतम का। उदेस = तलाश। 11. निदान = अंत, मर्यादा का अतिक्रमण।

(157)

जतहि पेम रस ततहि दुरंत। पुनु कर पलटि पिरिति गुनमंत।। 2।।
सबतहु सुनिअ अइसन बेवहार। पुनु टूटए पुनु गाँथिअ हार।। 4।।
ए कान्ह ए कान्ह तोहहि सयान। बिसरिए कोप करह समधान।। 6।।
पेमक अंकुर तोहें जल देल। दिन-दिन बाढ़ि महातरु भेल।। 8।।
तुअ गुने न गुनल, सउतिनि आछ। रोपि न काटिअ बिषहुक गाछ।। 10।।
जे नेह उपजल प्रानक ओल। से न करिअ दुर दुरजन बोल।। 12।।
जगत बिदित भेल तोहे-हमे नेह। एक परान कएल दुइ देह।। 14।।
भनइ विद्यापति न कर उदास। सुपुरुख बचन करिअ बिसबास।। 16।।

शब्दार्थ–1-2. जहाँ प्रेम-रस है, वहीं कलह भी है। अतः गुणवान एक बार टूटने पर पुनः प्रीति करते हैं। 3. सबतहु = सर्वत्र ही। 6. समधान = समाधान। 7. तोहें = तुमने। गुन न गनल = तुमने गुण कुछ न देखा। सउतिनि आछ = (और) सौतिन कर लाए। 10. विषहुक गाछ = विष का भी वृक्ष। 11. प्रानक ओल = प्राणों की ओर, अंतस्तल में। 12. दुर = दूर, भंग। 13. तोहे = हमे = तुम्हारा और मेरा।

(158)

की हमे साँझक एकसरि तारा, भादब चौठिक ससी।
इथि दुहु माझ कओन मोर आनन, जे पहु हेरसि न हँसी।। 2।।
साए साए, कहह कहह कान्हु कपट करह जनु, कि मोरा भेल अपराधे।
न मएँ कबहु तुअ अनुगति चुकलिहुँ, बचन न बोलल मंदा।
सामि समाज पेम अनुरंजिअ, कुमुदिनि सन्निधि चंदा।। 5।।

भनइ विद्यापति सुनु बर जौबति, मेदिनि मदन समाने।
राजा सिवसिंह रूपनराएन, लखिमा देवि रमाने।। 7।।

शब्दार्थ–1-2. क्या मैं संध्याकाल की अकेली तारा हूँ (जिसे लोग देखना नहीं चाहते) या मैं भादों शुक्ला चतुर्थी का चंद्रमा हूँ (जिसे देखने से कलंक लगता है) ? मेरा मुख इन दोनों में क्या है, जो हे प्रियतम, उसे तुम हँसकर नहीं देखते ? (कैसा अच्छा तर्क है) 3. साए = सखि। कहह = कहो। 4. अनुगति = पीछे जाना, आज्ञा मानना। 5. सामि = स्वामी, पति। अनुरंजिअ = अनुरंजन करती हूँ, निभाती हूँ। सन्निधि = निकट। 6. मेदिनि मदन = पृथ्वी के कामदेव।

(159)

करतल कमल नयन ढर नीर। न चेतए अभरन कुंतल चीर।। 2।।
तुअ पथ हेरि-हेरि चित नहि थीर। सुमिरि पुरुब नेहा दगध सरीर।। 4।।
कत परि माधब साधब मान। बिरही जुबति माँग दरसन दान।। 6।।
जल-मध कमल गगन-मध सूर। आँतर चान कुमुद कत दूर।। 8।।
गगन गरज मेघ सिखर मयूर। कत जन जानि सिनेह कत दूर।। 10।।
भनइ विद्यापति बिपरित मान। राधा बचनें लजाएल कान।। 12।।

शब्दार्थ–1. करतल = हथेली। कमल = (मुख)। नीर = आँसू। 2. चेतए = सँभालती है। अभरन = आभरण, गहने। कुंतल = केश। चीर = वस्त्र। 3. तुअ पथ = तेरी राह। हेरि-हेरि = देख-देखकर। थीर = स्थिर। 4. पुरुब = पहला। दगध = जलता है। 5. कत परि = कब तक। साधब मान = मान किए रहोगे। कुमुद = कुईं, कुमुदिनी। 7. मध = मध्य। सूर = सूर्य। आँतर = अंतर, बीच। चान = चंद्रमा। कत = कितना। 9. गरज = गरजता है। सिखर = पहाड़ की चोटी। 10. जन = आदमी। जान = जानते हैं। 11-12. यह विपरीत मान कैसा ? (मान स्त्रियाँ करती हैं, पुरुष नहीं)। राधा का यह वचन सुन श्रीकृष्ण लज्जित हुए।

मान-भंग

(160)

बड़ रे चतुर मोर कान। साधन बिनहि भाँगल मोर मान।। 2।।
जोगी बेस धरि आओल आज। के इह समुझब अपरुब काज।। 4।।
सासु बचनें हमे भीख आनि देल। मोर मुख हेरइते गदगद भेल।। 6।।
कह तब–'मान-रतन देह मोय'। समुझल तब हमे सुकपट सोय।। 8।।
जे किछु कयल तब कहइते लाज। केओ नहि जानल नागर-राज।। 10।।
विद्यापति कह सुंदरि राई, किए तोहें समुझबि से चतुराई।। 12।।

शब्दार्थ–2. भाँगल = तोड़ा। 3. आओल = आया। 4. के = कौन। अपरुब = अपूर्व। 5. सासु बचनें = सास के कहने से। आनि देल = ला दिया। 6. हेरइते = देखते। 7. तब कहा–मुझे मानरूपी रत्न दो। 8. सोए = वह। 10. जानल = जाना। नागर-राज = चतुरों का बादशाह। 11. राई = राधा। 12. किए = कैसे ?

"सुभाषितेन गीतेन युवतीनां च लीलया।
मनो न भिद्यते यस्य स योगी ह्यथवा पशुः।"

(161)

जटिला सासु फुकरि तहि बोलल, बहुरि बेरि काहे ठाढ़ि।
ललिता कहल अमंगल सूनल, सति पतिभय अबगाढ़ि।। 2।।
सुनि कह जटिला घटक की अकुसल, घर सएँ बाहर होहि।
बहुरिक पानि धरि हरह जोगी, किए अकुसल कह मोहि।। 4।।
जोगेस्वर फेरि बहुरिक पानि धरि, कुसल करब बनदेब।
इहे एक अंक बंक बिसंकओं, बन मधि पसुपति सेब।। 6।।
पुजनक तंत्र-मंत्र बहु आछए, से हम किछु नहि जान।
जटिला कह आन देव कहाँ पाओब, तुहु बीज कर इह दान।। 8।।
एत सुनि दुहु जन मंदिर पइसल, दुहु जन भेल एक ठाम।
मनमथ मंत्र पढ़ाओल दुहु जन, पूरल दुहु मनकाम।। 10।।
पुनु दुहु जन मंदिर सएँ निकसल, जटिला सएँ कह भाखी।
जब इह गौरि अराधन जाओब, बिधवा जन घर राखी।। 12।।
एत कहि सबहु चलिलि निज मदिर, जोगी चरन प्रनाम।
विद्यापति कह नटबर सेखर, साधि चलल मन काम।। 14।।

शब्दार्थ–1. फुकरि = चिल्लाकर। बहुरि = बहुरिया, पतोहू। बेरि = विलंब। 2. अबगाढ़ि = निश्चय। जटिला सास चिल्लाकर बोली—बहुरिया, उतनी देर से वहाँ क्यों खड़ी हो ? ललिता ने कहा—कुछ अमंगल सुना है। सती को पति-भय निश्चय है। 3. घटल की अकुशल = कौन-सा अमंगल घटा है। 4. बहुरिक पानि = बहुरिया के हाथ। हेरह = देखो। 5-6. अंक = रेखा। बंक = टेढ़ा। बिसंकओं = शंका करती हूँ। मधि = में। तब योगेश्वर ने बहुरिया का हाथ धरकर कहा—वन-देवता कुशल करें, यही हाथ की एक रेखा कुछ टेढ़ी है, जिससे अकुशल की आशंका है। इसके निवारण के लिए वन में पशुपति की सेवा करनी होगी। 7-8. पूजा के बहुत से मंत्र-तंत्र हैं। हम कुछ नहीं जानते। जटिला सास ने कहा—तुम्हारे ऐसा देवता फिर कहाँ मिलेगा—तुम इसे बीजदान दो—मंत्र की दीक्षा दो। 9. पइसल = प्रवेश किया। 11. सएँ = से। 12. जब यह गौरी की आराधना करने जाए, तब विधवा को घर में ही रख ले—विधवा इसके साथ न जाए। [बेचारी सास विधवा थी, अतः बहू अकेली जाएगी, तो मिलने में सुविधा होगी।] 14. मनकाम = मनःकामना, इच्छा।

(162)

गोकुल देवदेयासिनि आइलि, नगरहि ऐसे पुकारि।
अरुन बसन पैन्हि जटिल बेस धरि, कान्ह द्वार माझ ठारि।। 2।।
सुनि धनि जटिला तुरत चलि आइलि, हेरइत चमकित भेल।
हमर बधुक रीति देखि जनि आनमति, कहि मदिर लए गेल।। 4।।
देवदेयासिनि कान।
जटिला बचन सुधामुखि नियरहि, एक दिठि हेरइ बयान।। 6।।

कह तब अतनु देव इये पाओल, हृदि-मधि पइसल काल।
निरजन होई मंत्र जब झाड़िअ, तब इह होएब भाल।। 8।।
एत सुनि जटिला घर दोहे लेअल, निरजन दुहु एक ठाम।
सब जन निकसल बाहर बइसल, पुरल कान्ह मनकाम।। 10।।
बहु खन अतनु मंत्र पढ़ि झाड़ल, भागल तब सेहो देवा।
देवदेयासिनि घर सएँ निकसलि, चातुरि बूझब केबा।। 12।।
जटिला बहुत भकति करि हरखलि, कतक भीख आनि देल।
कह कबिसेखर भीख लइए तब, सेहो देयासिनि गेल।। 14।।

शब्दार्थ–1. देवदेयासिनि = वह स्त्री जो झाड़-फूँक करती है। आइलि = आई। नगरहि = नगर में। 2. अरुन = लाल। बसन = वस्त्र। पैन्हि = पहनकर। जटिल = योगिनी। माझ = में। 3. जटिला धनि = सास। चमकित = आश्चर्यित। 4. बधुक = वधू की, पतोहू की। जनि = जैसे। आनमति = कुछ दूसरी ही तरह की। लए गेल = (श्रीकृष्ण को) ले गई। 6. जटिला = सास। सुधामुखि = चंद्रवदनी (बाला)। नियरहि = निकट ही। एकदिठि = एकटक। बयान = मुख। 7. अतनुदेव = कामदेव। इथे = इसे। हृदिमधि = हृदय में। पइसल = प्रवेश किया। 8. निरजन = एकांत में। झाड़िअ = झाड़-फूँक करूँ। इह = यह। भाल = अच्छी। 9. एत = इतना। जटिला = सास। घर दोहे लेअल = दोनों को घर में ले आई। ठाम = जगह। 10. निकसल = निकल गई। बइसल = बैठी। मनकाम = मनःकामना, इच्छा। 11. भागल = भाग गया। सेहो = वह। 12. केबा = किसने ? अर्थात किसी ने नहीं। 13. भकति = भक्ति। कतक = कितना (बहुत)। आनि देल = ला दिया। 14. गेल = गई।

●

"कलेजे की सबसे गुप्त एवं मधुर रागिणी का नाम कविता।"

(163)

बर नागर साजए नागरि बेसा।
मुकुट उतारि सीमंत सँवारल, बेनी बिरचल केसा।। 2।।
चंदन धोए सिंदुर भाल रंजल, लोचन अंजन अंका।
कुंडल खोलि करनफूल पहिरल, भरि तनु केसर-पंका।। 4।।
बेसर खचित सतेमरि पहिरल, कनक चूड़ि कर कंजे।
चरन-कमल पास जाबक रंजल, तापर मजिर गंजे।। 6।।
कंचुकि माँझ कदंब-कुसुम भरि, आरंभल कुच आभा।
अरुनांबर बर साड़ी पहिरल, वस्त्र बिलोकन सोभा।। 8।।
धरि परिबादिनि स्याम मिलन हित, शुभ अनुकूल पयाने।
पहिलहि बाम चरण तुलि मोहन, त्रियागति लच्छन भाने।। 10।।
ऐसन चरित मिलन जहाँ सुंदरि, दूरहि एकलि ठारि।
कर धरि मत्रक तंत्र सँवारत, केओ पए लखए न पारि।। 12।।
राइक निकट बजाओल सुंदरि, सुनइत भए गेल साधा।
ए नव-यौवनि नबिन बिदेसिनि, आबह पुकारए राधा।। 14।।
सुनइत स्याम हरखि चित आएल, उठि धनि आदर देल।
बाँहि पकड़ि निज आसन बइसाओल, कत कत हरखित भेल।। 16।।

जबहि बजाओल बीन सुमाधुरि, रीझि देहल मनि-माल।
अइसे बजाबए हमर जंतरिया, मोहन जंत्र रसाल।। 20।।
नाम गाम कह कुल अबलंबन, ब्रज आगम किए काजा।
सुखमइ नाम मथुरापुर जदुकुल, गुनिजन पीड़ए राजा।। 22।।
धनि कह तुअ गुन रीझि प्रसन्न भेल, माँगह मानस जोए।
मनोरथ कर्म जाँचलि जदि सुंदरि, मान रतन देह मोए।। 24।।
हँसि मुख मोड़ि पीठि दए बइसल, कान्ह कएल धनि कोर।
टूटल मान बढ़ल कत कौतुक, भूपति के करु और।। 26।।

शब्दार्थ–1. चतुर कृष्ण स्त्री का वेष बना रहे हैं। 2. सीमंत = माँग। बिरचल = बनाया। 3. रंजल = अनुरंजित किया, लगाया। अंका = रेखा। 4. केसर पंक = केशर का लेप। 5. कनक चूड़ि कर कंजे = कमल-रूपी हाथों में सोने की चूड़ियाँ। 6. जाबक = महावर। गंजे = गुंजार कर रहा है। 7. चोली में कदंब के फूल रखकर कुचों का आभास बनाया। 8. अरुनांबर = लाल कपड़ा। 9. परिबादिनि = वीणा। पयाने = जाना। 10. पहले बायाँ पैर बढ़ाया, क्योंकि स्त्रियों की यही रीति है। 11. एकलि = अकेली। 12. कर = हाथ। यंत्र = वीणा। तंत्र = तार। केओ पए = कोई भी। लखए न पारि = देख नहीं सकती। 13. राइक = राधा के। साधा = इच्छा। 15. धनि = बाला। 16. बाँहि = बाँह। कत-कत = कितना। 19. देहल = दिया। 20. बजाबए = बजाता है। 21. जंतरिया = वीणा बजानेवाला। यंत्र = वीणा। 22. मेरा नाम सुखमयी है, गाँव मथुरा, कुल यदुवंश, वहाँ के राजा गुणियों को पीड़ा देते हैं, इसलिए आई हूँ। 23. मानस = हृदय। 24. मान रतन = मानरूपी रत्न। देह = दो। 25 कोर = गोद। 26. भूपति = शिवसिंह।

विदग्ध-विलास

(164)

आजुक लाज तोहें कि कहब माई। जल दए धोइ जदि तबहु न जाई।। 2।।
नहाई उठलि हमे कालिंदि तीर। अंगहि लागल पातल चीर।। 4।।
तें बेकत भेल सकल सरीर। ताहि उपनीत समुख जदुबीर।। 6।।
बिपुल नितंब अति बेकत भेल। पलटि ताहि पर कुंतल देल।। 8।।
उरज उपर जब देहल दीठ। उर मोरि बइसलिहुँ हरि करि पीठ।। 10।।
हँसि मुख मोड़ए दीठ कन्हाई। तनु-तनु झाँपइते झाँपल न जाई।। 12।।
विद्यापति कह तोहें अगेआनि। पुनु काहे पलटि न पैसलि पानि।। 14।।

शब्दार्थ–1. आजुक = आज का। माई = अरी दैया। 2. जल दए = जल देकर। 2. नहाई = स्नान कर। 4. पतली साड़ी शरीर से सट गई। 5. तें = इससे। बेकत = व्यक्त, प्रकट। 3. ताहि = वहाँ। उपनीत = आ पहुँचा। जदुबीर = कृष्ण। 7-8. पलटि = पर्दा (?) ताहिपर = उस पर। कुंतल = केश। 9. देहल दीठ = (श्रीकृष्ण) ने दृष्टि डाली। 10. मोरि = मोड़कर। बइसलिहुँ = मैं बैठ गई। हरि करि पीठ = कृष्ण की ओर पीठ करके। 12. तनु-तनु = अंग-अंग। 14. पुनः लौटकर पानी में क्यों न पैठ गई ?

(165)

हमे अबला सखि किअ गुन जान। से रसमय तनु रसिक सुजान।। 2।।
कतहु जतने मोहि कर बइसाए। बाँधल बेनि से कबरि खसाए।। 4।।
कंचुक देल हृदय पर मोर। परसि पयोधर भए गेल भोर।। 6।।
कंठ पहिराओल मनिमय हार। अंग बिलेपन कुंकुम भार।। 8।।
बसन पेन्हाओल कए कत छंद। किंकिनि जालहि नीबि निबंध।। 10।।
निज कर पल्लव मोर मुख माज। नयनहि कयल सु-काजर साज।। 12।।
अलक तिलक दए चोलि निहारि। कह कविसेखर जाओं बलिहारि।। 14।।

शब्दार्थ–1. किअ गुन गान = क्या गुन जानने गई। से = वह। 3. कतहु = कितने। कोर बइसाए = गोद में बिठलाकर। 4. कबरि = केश। खसाए = खोलकर। 5. कंचुक = चोली। 6. परसि = स्पर्श कर, छूकर। पयोधर = कुच। भोर = बेसुध। 8. बिलेपन = लेप किया। कुंकुम = केसर। 9. पेन्हाओल = पहनाया। कए कत छंद = कितने छल करके। 10. नीबि निबंध = नीबी को बाँधा। 11. माँज = माँजना, पोंछना। 13. अलक तिलक = महावर और टीका। चोलि = कंचुकी।

(166)

ए धनि रंगिनि कि कहब तोए। आजुक कौतुक कहल न होए।। 2।।
एकलि सुतलि छलि कुसुम सयान। दोसर मनमथ कर धनुबान।। 4।।
नुपूर झुन-झुन आएल कान। कौतुके मुँदि हमे रहलि नयान।। 6।।
आएल कान्ह बइसल मोर पास। पास मोड़ि हमे नुकाओल हास।। 8।।
कुंतल कुसुमदाम हरि लेल। बरिहा माल पुनहि मोहि देल।। 10।।
नासा मोतिम गीमक हार। जतने उतारल कत परकार।। 12।।
कंचुकि फोअइते पहु भेल भोर। जागल मनमथ बाँधल चोर।। 14।।
कवि विद्यापति एह रस भान। तोहि रसिका पहु रसिक सुजान।। 16।।

शब्दार्थ–1. रंगिनि = सुरसिका। 3. एकलि = अकेली। सुतलि छलि = सोई थी। कुसुम सयान = पुष्पशय्या पर। 4. मनमथ = कामदेव। कर = हाथ। 5. आएल = आया। 7. बइसल = बैठा। मोर = मेरे। 8. करवट फेरकर मैंने अपनी हँसी छिपाई। 9. कुंतल = केश। कुसुमदाम = फूल की माला। हरि लेल = हर लिया, उतार लिया। 10. बरिहा = मयूर की पूँछ। 11. गीमक = गले का। 13. फोअइते = खोलते ही। पहु = प्रीतम। भोर = बेसुध। 15. भान = कहते हैं।

(167)

हरि धरु हार चओंकि परु राधा। आध माधब कर गिम रहु आधा।। 2।।
कपट कोप धनि दिठि धरु फेरी। हरि हँसि रहल बदन बिधु हेरी।। 4।।
मधुरिम हास गुपुत नहि भेला। तखने सुमुखि-मुख चुंबन देला।। 6।।
कर धरु कुच, आकुल भेलि नारी। निरखि अधर-मधु पिबए मुरारी।। 8।।
चिकुरचमर झरु कुसुमुक धारा। पिबि कहु तम जनि बम नव तारा।। 10।।
विद्यापति कह सुंदरि बानी। हरि हँसि मिललि राधिका रानी।। 12।।

शब्दार्थ–1-2. राधिका सोई हुई थी कि कृष्ण ने चुपके निकट जाकर उसका हार पकड़ लिया। राधिका चौंक पड़ी। हार टूट गया। आधा हार कृष्ण के हाथ में रहा और आधा राधिका के गले में। 3. कपट कोप = झूठमूठ का क्रोध। दिठि धरु फेरी = आँखें फेर लीं। 4. बदनबिधु = मुखचंद। हेरी = देखना। 5-6. राधा की मधुर मुस्कान छिप न सकी; उसी समय कृष्ण ने उसके मुख को चूम लिया। 8. अधर = नीचे का ओष्ठ। 9. चिकुर = केश। 10. मानो अंधकार तारे को निगलकर पुनः उसे उगल रहा हो।

(168)

सासु सुतलि छलि कोर अगोर। तहि अति ढीठ पीठ रहु चोर।। 2।।
कत कर-आखर कहल बुझाई। आजुक चातुरि कहल कि जाई।। 4।।
नहि कर आरति ए अबुझ नाह। अब नहि होएत बचन निरबाह।। 6।।
पीठ आलिंगन कत सुख पाब। पानि पियास दूध किए जाब।। 8।।
कत मुख मोरि अधर रस लेल। कत निसबद कए कुच कर देल।। 10।।
समुख न जाए सघन निसोआस। किए कारन भेल दसन विकास।। 12।।
जागलि सासु चलल तब कान। न पूरल आस विद्यापति भान।। 14।।

शब्दार्थ–1. सुतलि छलि = सोई थी। कोर-अगोर = अपनी गोद में लेकर। 2. तहि = वहाँ। 3. हाथ के अक्षरों (संकेतों) द्वारा कितनी ही बातें बुझाईं। 4. कहल की जाई = क्या कहा जाता है ? 5. आरति = आतुरता, शीघ्रता। 6. नाह = प्रीतम। 7-8. मेरी पीठ के आलिंगन से उन्हें क्या सुख मिला–पानी की प्यास कहीं दूध से जाती है ? 9. मोरि = मोड़कर। 10. निसबद कर = निःशब्द होकर, चुपचाप। 11. निसोआस = निःश्वास, साँस। ऊँची साँस सम्मुख नहीं छोड़ती कि कहीं उस साँस के स्पर्श से मेरी सास न जग जाए। 12. न मालूम क्यों, उसी समय दाँत चमक उठे। 13. कान = कृष्ण। 14. न पूरल आस = आशा नहीं पूरी हुई।

(169)

कि कहब हे सखि आजुक रंग। सपनहि सूतल कुपुरुष संग।। 2।।
बड़ सुपुरुख बलि आएल धाई। सूति रहल मोर आँचर झँपाई।। 4।।
काँचलि खोलि आलिंगन देल। मोहि जगाए आपु निंद गेल।। 6।।
हे बिहि हे बिहि बड़ दुख देल। से दुख रे सखि अबहु न गेल।। 8।।
भनइ विद्यापति एह रस धंद। भेक कि जान कुसुम-मकरंद।। 10।।

शब्दार्थ–1. रंग = रस-वार्त्ता। 2. आज मैं स्वप्न में–भ्रम में आकर–कुपुरुष के साथ सोई। 3. बलि = समझकर। आएल धाई = दौड़कर आया। 4. आँचर झँपाई = आँचल से ढँककर। 5. काँचलि = चोली। आलिंगन देल = छाती से लगाया। 6. मुझे जगाकर पुनः आप सो रहा। 7. बिहि = ब्रह्मा। 9. रस धंद = रस की विचित्रता। 10. भेक = मेढ़क, बेंग। कि = क्या। कुसुम-मकरंद = फूल का पराग।

•

"भ्रमरहिता सा कचवत्स्त्रीणां कुचवच्च सरसहिता।
लसदक्षरपीयूषाधरवत्कविता महात्मनां जीयात्।।'

(170)

आकुल चिकुरें बेढ़ल मुख सोभ। राहु कएल ससि-मंडल लोभ।। 2।।
बड़ अपरुब दुहु चेतन मेलि। बिपरित रति कामिनि कर केलि।। 4।।
कुच बिपरीत बिलंबित हार। कनक कलस बम दूधक धार।। 6।।
पिआ मुख सुमुखि चुंब तेजि ओज। चाँद अधोमुख पिबए सरोज।। 8।।
किंकिनि रनित नितंबहि छाज। मदन-महासिधि बाजन बाज।। 10।।
उभरल चिकुर माल धरु रंग। जनि जमुना जल गांगतरंग।। 12।।
बदन सोहाओन स्रम-जल बिंदु। मदन मोति लए पूजल इंदु।। 14।।
भनइ विद्यापति मने अनुमानि। नागरि रम पिआ अनुमत जानि।। 16।।

शब्दार्थ–1. आकुल = व्यग्र, चंचल, छिटके हुए। चिकुर = केश। बेढ़ल = घेरा हुआ। 3. दुहु चेतन = दो चतुर (राधा-कृष्ण)। 5. बिलंबित = लटका हुआ। 6. बम = वमन करता है, उगलता है। 7. ओज = संकोच, लाज। 9. रनित = रुनझुन आवाज। नितंबहि = नितंब पर। छाज = शोभती है। 11. उभरल = खुले हुए। 16. रम = रमती है।

(171)

बिगलित चिकुर मिलित मुखमंडल, चाँद बेढ़ल घनमाला।
मनिमय कुंडल स्रवन दुलित भेल, घाम तिलक बहि गेला।। 2।।
सुंदरि तुअ मुख मंगल-दाता।
रति-बिपरीत समर जदि राखब, कि करब हरि हर धाता।। 4।।
किंकिनि किनिकिनि कंकन कनकन, घनघन नूपुर बाजे।
रति-रन मदन पराभव मानल, जय-जय दुंदुभि बाजे।। 6।।
तिल एक जघन सघन रब करइत, होअल सैनक भंग।
विद्यापति कवि ई रस गाबए, जामुन मीलति गंग।। 8।।

शब्दार्थ–1. बिगलित = बिखरे हुए। घनमाला = मेघसमूह। 2. स्रवन = कान। दुलित = डोलता हुआ। 4. समर = युद्ध। राखब = रक्षा करोगी। धाता = ब्रह्मा। 6. युद्ध में कामदेव हार गया है, उसी की जय-भेरी बज रही है। 7. तिल एक = एक क्षण के लिए। सघन जघन = पुष्ट जाँघ। रव = शब्द। होअल = हो गया। 8. जमुन = यमुना।

(172)

सखि हे कि कहब किछु नहि फूर।
सपन कि परतेख कहए न पारिअ, किअ नियरहि किअ दूर।। 2।।
तड़ित-लता तल जलद समारल, आँतर सुरसरि धारा।
तरल तिमिर ससि सूर गरासल, चौदिस खसि पड़ु तारा।। 4।।
अंबर खसल धराधर उलटल, धरनी डगमग डोले।
खरतम बेग समीरन संचरु, चंचरिगन करु रोले।। 6।।
प्रनय-पयोधि-जलहि तन झाँपल, ई नहि जुग अवसान।
के बिपरीत कथा पतिआएत, कवि विद्यापति भान।। 8।।

शब्दार्थ–1. किछु नहि फूर = कहने की स्फूर्ति नहीं होती। 2. परतेख = प्रत्यक्ष। किअ = क्या। नियर = निकट। 3. तड़ित-लता = बिजुली (राधा)। तल = नीचे। जलद = मेघ (कृष्ण)। आँतर = बीच में। सुरसरि धारा = गंगा की धारा (हार)। 4. तरल तिमिर = चंचल अंधकार (केश)। ससि = चंद्रमा (मुख)। सूर = सूर्य (सिंदूर-बिंदु)। खसि पडु = गिर पड़े। तारा = नक्षत्र (माथे पर के फूल) 5. अंबर = (1) आकाश, (2) वस्त्र। धराधर = (1) पर्वत, (कुच)। उलटल = उलट पड़ा। धरनी = (1) पृथ्वी, (2) नितंब। 6. खरतम = तीव्र। समीरन = (1) हवा, (2) निःश्वास। चंचरिगन = (1) भ्रमर, (2) किंकिणी आदि। रोले = शोर। 7. प्रनय-पयोधि = (1) प्रेम का समुद्र, पसीना। (2) प्रलय काल का समुद्र। जुग अवसान = युग का अंत, प्रलय। विपरीत रति का अद्‌भुत वर्णन है।

(173)

दुहुक संजुत चिकुर फूजल। दुहुक दुहू बलाबल बूझल।। 2।।
दुहुक अधर दसन लागल। दुहुक मदन चौगुन जागल।। 4।।
दुअओ अधर करए पान। दुहुक कंठ आलिंगन दान।। 6।।
दुअओ केलि समे समे भेली। सुरत सुखे बिभावरि गेलि।। 8।।
दुअओ सअन चेत न चीर। दुहु पिआसल पीबए नीर।। 10।।
भन विद्यापति संसय गेल। दुहुक मदन लिखन देल।। 12।।

शब्दार्थ–1. संजुत = साथ ही साथ। चिकुर = केश। फूजल = खुल गया। 2. बलाबल = ताकत और कमजोरी। 3. अधर = नीचे का ओष्ठ। दसन = दाँत। 7. केलि = कामक्रीड़ा। समे-समे = साथ ही साथ। 8. विभावरि = रात। 9. दोनों ही शय्या पर अपने-अपने वस्त्र तक नहीं सँभालते। 10. पिआसल = प्यासा।

वसंत

(174)

माघ मास सिरिपंचमि गँजाइलि, नवम मास पंचम हरुआई हे।
अति घन पीड़ा दुख बड़ पाओल, बनसपती भेलि धाई हे।। 2।।
सुभ खन बेरा सुकुल पक्ख हे, दिनकर उदित समाई हे।
सोरह सम्पुन बतिस लखने सह, जनम लेल ऋतुराई हे।। 4।।
नाचए जुवतिजना हरखित मन, जनमल बाल मधाई हे।
मधुर महारस मंगल गाबए, मानिनि मान उड़ाई हे।। 6।।
बह मलयानिल ओत उचित हे, नव घन भउ उजिआरा।
माधवि फूल भेल गजमुकुता तुल, तें देल बंदनवारा।। 8।।
पीअरि पाँड़रि महुअरि गाबए, काहरकार धतूरा।
नागेसर कलि संख धूनि पुर, तगर ताल समतूरा।। 10।।
मधु लए मधुकर बालक दए हलु, कमल पखुरिया लाई।
पौंअनार तोरि कटि सुत बाँधल, केसु कएल बघनाई।। 12।।
नव-नव पल्लव सेज ओछाओल, सिर देल कदँबक माला।

बैसली भमरी हरउद गाबए, चक्का चाँद निहारा।। 14।।
कनक केआसुति पत्र लिखिए हलु, रासि नछत कए मेला।
कोकिल गनित-गुनित भल जानए, रितु वसंत नाम देला।। 16।।
दखिन पवन घन आँग उगारए, कुवलए कुसुम परागे।
सुललित हार मँजरि घन कज्जल, आँखिहि आँजन लागे।। 20।।
नव वसंत रितु अनुसर जौबति, विद्यापति कवि गावे।
राजा सिवसिंह रूपनराएन, सकल कला मनभावे।। 22।।

शब्दार्थ–1. सिरिपंचमि = माघशुक्ल पंचमी। गँजाइलि = पूर्ण-गर्भा हुई। नवम मास = बैसाख में वसंत का अंत होता है, जेठ से माघ तक नौ महीने हुए। हरुआई = आसन्न-प्रसवा हुई (?)। 2. घन = अधिक। 3. खन = क्षण। बेरा = बेला, समय। सुकुल पक्ख = शुक्लपक्ष। दिनकर = सूर्य। उदित समाई = उदय के समय। 4. सोरह सम्पुन = सोलह अंगों से संपूर्ण। बतिस लखन = बत्तीस लक्षण। ऋतुराई = वसंत। 5. जनमल = जन्म लिया। मधाई = माधव (वसंत)। 6. उड़ाई = उड़ाकर, लुटाकर। 7. मलय पवन बह रहा है, उसे ओट करना उचित है। (क्योंकि शिशु को हवा लगने का भय है; अतः नवीन मेघ छा गए)। 8. गजमुकुता तुल = गजमुक्ता के समान। पीअरि पाँड़रि = फूल विशेष। महुअरि = गीत विशेष। काहरकार = तुरही बजानेवाला। तगर = एक प्रकार का फूल जिसका आकार ठीक झाल या मंजीर-जैसा होता है। समतूरा = समान। 11. (जन्म होने पर शिशु को पहले मधु चटाया जाता है)। दए हलु = दे दिया। 12. पौंअनार = पद्मनाल। कटि = कमर में (लड़के की कमर में सूत बाँधा जाता है)। बघनाई = बाघनख (लड़के की कमर में पहनाया जाता है)। 13. ओछाओल = बिछाया। कदंब की माला सिरहाने (तकिये के रूप में) रखी। 14. हरउद = पलने का गीत। भमरी = भ्रमरी। 15. कनक केआसुति = एक प्रकार का फूल। पत्र = जन्म पत्र। नछत = नक्षत्र। 16. कोकिल गणित की गणना खूब जानता था; उसी ने वसंत नाम रखा। 18. बीच में एक कड़ी गायब है। 19-20. दक्षिण पवन किसलय और पुष्प-पराग लेकर उस शरीर में उबटन लगाता है। मंजरी का सुंदर हार गले में है, मेघ ने उसकी आँखों में काजल लगा दिया।

(175)

आएल रितुपति राज वसंत। धाओल अलिकुल माधबि-पंथ।। 2।।
दिनकर-किरन भेल पौगंड। केसर कुसुम धएल हेमदंड।। 4।।
नृप-आसन नव पीठल पात। कांचन कुसुम छत्र धरु माथ।। 6।।
मौलि रसाल-मुकुल भेल ताए। समुखहि कोकिल पञ्चम गाए।। 8।।
सिखिकुल नाचए अलिकुल यंत्र। आन द्विजकुल पढ़ आसिख मंत्र।। 10।।
चंद्रातप उड़ कुसुम पराग। मलय पवन सह भेल अनुराग।। 12।।
कुंदबल्ली तरु धएल निसान। पाटल तून अशोक-दल-बान।। 14।।
किंसुक लवँग-लता एक संग। हेरि सिसिर रितु भेल दल भंग।। 16।।
सैन साजल मधु-मखिका कूल। सिसिरक सबहु कएल निरमूल।। 18।।
उधारल सरसिज पाओल प्रान। निज नव दल करु आसन दान।। 20।।
नव वृन्दावन राज बिहार। विद्यापति कह समयक सार।। 22।।

शब्दार्थ–1. आएल = आया। 2. धाओल = दौड़ा। अलिकुल = भ्रमरसमूह। माधबि-पंथ =

माधवी लता की ओर। 3. दिनकर = सूर्य। भेल = हुआ। पौगंड = किशोर, कुछ-कुछ तीव्र। हेमदंड = सोने का डंडा, आसा। "मदन-महीपति-कनकदंड-रुचि-केसर-कुसुमविकासे"—गीतगोविंद। 5. पीठल = वृक्ष-विशेष, पिठवा। पात = पत्ता। कंचनकुसुम = चंपा। 7. मौलि = किरीट। रसाल-मुकुल = आम की मंजरी। ताए = उसके। 9. सिखि = मोर। अलिकुल यंत्र = भौरे बाजा बजा रहे हैं। 10. द्विजकुल = (1) पक्षी, (2) ब्राह्मण (पक्षी को इसलिए कहा जाता है कि उसका भी जन्म दो बार होता है, एक बार अंडे के रूप में, पुनः पक्षी के रूप में)। आन = मोर से भिन्न। आसिख मंत्र = आशीर्वादात्मक श्लोक। 11. चंद्रातप = चँदोवा। फूलों के पराग ही चँदोवे-से उड़ रहे हैं। 12. मलयपवन = मलयाचल से आनेवाली हवा, दक्षिण पवन। सह = साथ। कुंदबल्ली = वृक्ष विशेष। निसान = पताका। पाटल तून = पाटल का फूल ही तूण (तरकस) है। असोक-दल बान = अशोक के पर्त्त बाण हैं। 15. किंसुक = पलास (धनुष के समान), लवँगलता (ताँत के समान)। 16. भेल दल भंग = सैन्यभंग हो गया। 17. कूल = कुल। 19. उधारल = उद्धार किया। पाओल = पाया। 20. दल = पत्ता।

•

नान्ध्रीपयोधर इवातितरां प्रकाशो
नो गुर्जरीस्तन इवातितरां निगूढ़ः।।
अर्थो गिरामपिहितः पिहितश्च कश्चित्
सौभाग्यमेति मरहट्टवधूकुचाभः।।

(176)

नव बृंदावन नव नव तरुगन, नव नव बिकसित फूल।
नवल बसंत नवल मलयानिल, मातल नव अलि कूल।। 2।।
बिहरए नवलकिशोर।
कालिंदि-पुलिन कुंज वन सोभन, नव-नव प्रेम-विभोर।। 4।।
नवल रसाल-मुकुल-मधु मातल, नव कोकिल कुल गाब।
नवयुवती गन चित उमताबए, नव रस कानन धाब।। 6।।
नव जुवराज नवल बर नागरि, मीलए नव नव भाँति।
नित नित ऐसन नव नव खेलन, विद्यापति मति माति।। 8।।

शब्दार्थ—1. नव = नवीन। बिकसित = खिले हुए। 2. मलयानिल = मलय पवन। मातल = पागल बना। अलिकूल = भौरे। 3. बिहरए = बिहार करता है। नवलकिशोर = युवक कृष्ण। 4. कालिंदि = यमुना। पुलिन = किनारे। सोभन = सुशोभित। प्रेम-विभोर = प्रेम में बेसुध। 5. नई आम की मंजरी के मधु में मस्त बनी कोयल गा रही है। 6. उमताबए = उन्मत्त हो जाता है। 8. ऐसन = इस प्रकार का। खेलन = केलि। माति = मत्त बनी।

(177)

लता तरुअर मंडप दीअ। निरमल ससधर भिति धब्लीअ।। 2।।
पऊअँ नाल अइपन भल भेल। रात पल्लव नव पहिरन देल।। 4।।
गाबह माइ हे मंगल आए। बसंत-बिबाह कानन-थलि जाए।। 6।।
मधुकर-रमनी मंगल गाब। दुजबर कोकिल मंत्र पढ़ाब।। 8।।
करु मकरंद हथोदक नीर। बिधु बरिआती धीर समीर।। 10।।

कनअ केआसुति तोरन तूल। लावा बिथरल बेलिक फूल।। 12।।
केसु कुसुम करु सिंदर दान। जौतुक पाओल मानिनि मान।। 14।।
केलि कुतूहल नव पँचबान। विद्यापति कवि दिढ़ कए भान।। 16।।
अभिनव नागर बुझए रसवंत। मंति महेस रेनुका देइ कंत।। 18।।

शब्दार्थ–1. लता और वृक्ष से मंडप बनाया गया। 2. निरमल = स्वच्छ। ससधर = चंद्रमा। धबलीअ = उज्ज्वल कर दिया (चूना पोत दिया)। भिति = दीवार। 3. पऊअँ नाल = पद्मनाल, कमल का नाल। अइपन = ऐपन (जमीन पर मांगलिक चित्र)। 4. रात = लाल। पहिरन = परिधान, वस्त्र। 5. माइ हे = अरी मैया। 6. कानन थलि = वनस्थली। 7. मधुकर-रमनी = भौंरा रूपी स्त्री। 8. दुजबर = द्विजश्रेष्ठ। 9. हथोदक = हस्तोदक, जो पानी हाथ में लेकर विवाह का संकल्प पढ़ा जाता है। 10. बिधु = चंद्रमा। समीर = पवन। 11. कनअ केआसुति = एक प्रकार का फूल। तोरन तूल = तोरण के समान। 12. लावा = शादी के समय धान का लावा (खील) छींटा जाता है। 14. जौतुक = दहेज। मंति = मंत्री।

(178)

नाचहु रे तरुनिहु तेजहु लाज। आएल बसंत रितु बनिक-राज।। 2।।
हस्तिनि, चित्रिनि, पदुमिनी नारि। गोरी सामरि एक बूढ़ि वारि।। 4।।
बिबिध भाँति कएलन्हि सिंगार। पहिरल पटोर गृम झूल हार।। 6।।
केओ अगर चंदन घसि भर कटोर। ककरहु खोइँछा करपुर तमोर।। 8।।
केओ कुमकुम रँग मरदाब आँग। ककरहु मोतिअ भल छाज माँग।। 10।।

शब्दार्थ–2. बनिक-राज = व्यापारी-श्रेष्ठ। 4. बारि = बाला, नवयुवती। 6. पटोर = रेशमी वस्त्र। गृम = गले में। 7. घसि = घिसकर। 8. ककरहु = किसी के। करपुर = कपूर। तमीर = पान। 9. कुमकुम = केशर। मरदाव = मर्दन कराती है, मलवाती है। 10. मोतिअ = मोती। छाज = शोभता है। माँग = सींथ, सीमंत।

●

Poets are long-lived race than heroes; they breathe more of the air of immortality.
–Hazlite

(179)

अभिनव पल्लव बइसक देल। धवल कमल फुल पुरहर भेल।। 2।।
करु मकरंद मंदाकिनि पानि। अरुन असोग दीप दहु आनि।। 4।।
माइ हे आज दिवस पुनमंत। करिअ चुमाओन राए बसंत।। 6।।
सँपुन सुधानिधि दधि भल भेल। भमि भमि भमर हँकारए गेल।। 8।।
केसु कुसुम सिंदुर सम भास। केतिक धूलि बिथरहु पटबास।। 10।।
भनइ विद्यापति कविकंठहार। रस बुझ सिबसिंह सिव अवतार।। 12।।

शब्दार्थ–1. अभिनव = नवीन। बइसक = बैठने के लिए आसन। 2. धवल = स्वच्छ। पुरहर = ब्याह का मांगलिक कलश जो चूने से पुता रहता है। 3. मकरंद = पुष्परस। मंदाकिनि-पानि = गंगा का पानी। 4. अरुण = लाल। असोग = अशोक। दीप = दीपक। दहु आनि = ला

दिया। 5. पुनमंत = पुण्यमय, शुभ। 6. वसंत रूपी दुलहे का चुमाओन करो, चुमाओ। 7. सँपुन = संपूर्ण, पूर्ण। सुधानिधि = चंद्र। दधि भेल = दही बना। 8. भमि = भ्रमण कर। भमर = भौंरा। हँकारए गेल = निमंत्रण देने चला। 9. केसु = पलास। कुसुम = फूल। भास = मालूम होता। 10. धूल = पराग। बिथरहु = बिखेर दिया है।

(180)

दखिन पबन बह दस दिस रोल। से जनि बादी भाषा बोल।। 2।।
मनमथ काँ साधन नहि आन। निरसाओल से मानिनि मान।। 4।।
माइ हे सीत-बसंत बिबाद। कओन बिचारब जय-अबसाद।। 6।।
दुह दिस मधथ दिवाकर भेल। दुजबर कोकिल साखी देल।। 8।।
नव पल्लव जयपत्रक भाँति। मधुकर-माला आखर-पाँति।। 10।।
बादी तह प्रतिबादी भीत। सिसिर-बिंदु हो अंतर हीत।। 12।।
कुंद-कुसुम अनुपम बिकसंत। सतत जीति बेकताओ बसंत।। 14।।
विद्यापति कवि एहो रस भान। राजा सिवसिंह एहो रस जान।। 16।।

शब्दार्थ–1. रोल = शोर करता हुआ। 4. निरसाओल = निःशेष कर दिया। 5. जय अबसाद = जीत और हार। 6. मधथ = मध्यस्थ। 8. दुजबर = (1) द्विजश्रेष्ठ, (2) पक्षी-श्रेष्ठ। 9-10. नए पल्लव जयपत्र (जिस पर फैसला लिखा जाता) है और भौंरों के समूह अक्षरों की पंक्तियाँ हैं। 11-12. मुद्दई (वसंत) से मुद्दालह डर गया और ओस की बूँदें अंतर्हित होने लगीं। 14. बेकताओ = प्रकट किया।

(181)

अभिनव कोमल सुंदर पात। सगर कानन पहिरल पट रात।। 2।।
मलय-पवन डोलए बहु भाँति। अपन कुसुम रसे अपनहि माति।। 4।।
देखि-देखि माधव मन हुलसंत। बिरिंदावन भेल बेकत बसंत।। 6।।
कोकिल बोलए साहर भार। मदन पाओल जग नब अधिकार।। 8।।
पाइक मधुकर कर मधु पान। भमि-भमि जोहए मानिनि-मान।। 10।।
दिसि-दिसि से भमि बिपिन निहारि। रास बुझाबए मुदित मुरारि।। 12।।
भनइ विद्यापति ई रस गाव। राधा-माधव अभिनव भाव।। 14।।

शब्दार्थ–1. अभिनव = नवीन। पात = पत्ते। 2. सगर = संपूर्ण। रात = लाल। मानो समूचे वन ने लाल वस्त्र पहन लिया हो। 3. डोलए = बह रहा है। 4. माति = मत्त होकर फूल अपने रस में आप ही पागल है। 5. हुलसंत = हुलसित हुआ। 6. बेकत भेल = प्रकट हुआ। 7. साहर = आम्रमंजरी। 8. मदन = कामदेव। 9. पाइक = पायक, पैकार, ग्राहक (?) दूत। मधुकर = भौंरा। 10. भमि-भमि = भ्रमण कर। जोहए = खोजता है। 11. बिपिन = वन। निहारि = देखकर। 12. प्रसन्न चित्त कृष्ण रासलीला कर रहे हैं।

(182)

चलु देखए जाऊ रितु बसंत। जहाँ कुंद-कुसुम केतिक हसंत।। 2।।
जहाँ चंदा निरमल भमर कार। जहाँ रयनि उजागर दिन अँधार।। 4।।

जहाँ मुगुधलि मानिनि करए मान। परिपंथिहि पेखए पँचबान।। 6।।
परिठबइ सरस कवि-कंठहार। मधुसूदन राधा बन बिहार।। 8।।

शब्दार्थ–3. निरमल = स्वच्छ। भमर = भ्रमर, भौंरा। कार = काला। 4. जहाँ रात उजली–प्रकाशमय (फूलों और चंद्र के कारण) और दिन अंधकारपूर्ण (भौंरों और गुल्म लताओं के कारण)। 6. परिपंथिहि = पथिकों को, विरोधियों को। पेखए = देखता है। पँचबान = कामदेव।

(183)

मधुरितु मधुकर पाँति। मधुर कुसुम-मधुमाति।।
मधुर वृंदाबन माँझ। मधुर मधुर रसराज।।
मधुर जुबति जन संग। मधुर मधुर रसरंग।।
मधुर मृदंग रसाल। मधुर मधुर करताल।।
मधुर नटन-गति भंग। मधुर नटनि नट संग।।
मधुर मधुर रस गान। मधुर विद्यापति भान।।

शब्दार्थ–मधुरितु = वसंत। मधुकर = भौंरा। मधुमाति = मधु से मत्त। माँझ = में। मधुकर नृत्य का गति भंग (भाव-भंगी) मधुर नाचनेवाली के साथ (मधुर) नट का (मधुर) संग।

(184)

बाजति द्रिगि द्रिगि धौद्रिम द्रिमिया।
नटति कलावति माति श्याम संग, कर करताल प्रबंधक धुनिया।। 2।।
डम डम डंफ डिमिक डिम मादल, रुनुझुनु मंजिर बोल।
किंकिनि रनरनि बलआ कनकनि, निधुबन रास तुमुल उतरोल।। 4।।
वीन रवाब मुरज स्वरमंडल, सा रि ग म प ध नि सा बहु विधि भाव।
घटिता घटिता धुनि मृदंग गरजनि, चंचल स्वरमंडल करु राव।। 6।।
स्रम भर गलित लुलित कबरीयुत, मालति माल बिथारल मोति।
समय बसंत रास-रस वर्णन, विद्यापति मति छोभित होति।। 8।।

शब्दार्थ–1. नटति = नाच रही है। माति = मत्त होकर। धुनिया = आवाज। 3. मादल = एक बाजा। 4. बलआ = कंगना। निधुबन = निधुवन में रासलीला जोश के साथ हो रही है। 5. रवाब = सारंगी ढंग का एक बाजा। 6. राव = स्वर। 7. परिश्रम के कारण शिथिल और दोलायमान केश में लगी मालती की माला मोती बिखेर रही है। 8. छोभित = क्षोभित, चंचल।

(185)

रितुपति-राति रसिक रसराज। रसमय रास रभस रस माँझ।। 2।।
रसमति रमनि-रतन धनि राहि। रास रसिक सह रस अबगाहि।। 4।।
रंगिनि गन रस रंगहि नटई। रनरनि कंकन किंकिनि रटई।। 6।।
रहि-रहि राग रचए रसवंत। रतिरत रागिनि रमन वसंत।। 8।।

रटति रवाब महति कपिनास। राधारमन करु मुरलि विलास।। 10।।
रसमय विद्यापति कवि भान। रूपनराएन भूपति जान।। 12।।

शब्दार्थ–1. महति = बड़ी वीणा। कपिनास = एक वाद्ययंत्र। खेपबि = बिताएगा।

(186)

मलय पवन बह। बसंत बिजय कह।।
भमर करए रोर। परिमल नहि ओर।।
रितुपति रँग देला। हृदय रभसँ भेला।।
अनंग मंगल भेलि। कामिनि करथु केलि।।
तरुन तरुनि संगे। रइनि खेपब रंगे।।
बिरहि बिपदि लागि। केसु उपजल आगि।।
कवि विद्यापति भान। मानिनि जीवन जान।।
नृत रुद्रसिंह बरु। मेदिनि कलपतरु।।

विरह

(187)

सखि हे बालँम जितब बिदेसे।
हम कुलकामिनि कहइते अनुचित, तोहहुँ दे हुनि उपदेसे।। 2।।
ई न बिदेसक बेलि।
दुरजन हमर दुख न अनुमापब, तें तोहे पिया जाह एलि।। 4।।
किछुदिन करथु निबासे।
हमे पूजल जे सेहे पए भुंजब, राखथु पर-उपहासे।। 6।।
होएताह किए बध-भागी।
जेहि खन हुनि मन जाएब चिंतब, हमहु मरब धसि आगी।। 8।।
विद्यापति कवि भाने।
राजा सिवसिंह रूपनराएन, लखिमा देइ रमाने।। 10।।

शब्दार्थ–1. जितब = जीतेंगे (अपशकुन समझकर 'जाएँगे' ऐसा नहीं कहती।)। 2. तोहहुं = तुम भी। हुनि = उनको। 3. बेलि = बेला, समय। 4. अनुमापब = समझेंगे। तें तोहे पिया जाह एलि = इसीलिए तुम प्रीतभ के निकट झट से जाओ। 5. करथु = करें। 6. जैसा मैंने किया है, वैसा फल मैं भोगूँगी, वे मुझे केवल दूसरे की निंदा से बचा लें। 7. होएताह = होएँगे। किए = क्यों। बध-भागी = हत्या का भागी। 8. जाएब चिंतब = जाने की सोचेंगे।

(188)

माधव, तोहें जनु जाह बिदेस।
हमरो रंग रभस लए जएबह, लएबअ कओन संदेस।। 2।।
बनहि गमन करु होइति दोसरि मति, बिसरि जाएब पति मोरा।

हीरा मनि मानिक एको नहि माँगब, फेरि माँगब पहु तोरा।। 4।।
जखन गमन करु नयन नीर भरु, देखहु न भेल पहु ओरा।
एकहि नगर बसि पहु भेल परबस, कइसे पुरत मन मोरा।। 6।।
पहु सँग कामिनि बहुत सोहागिनि, चाँद निकट जइसे तारा।
भनइ विद्यापति सुनु बर जौबति, अपन हृदय धरु सारा।। 8।।

शब्दार्थ–1. जनु जाह = मत जाओ। 2. रंग-रभस = आमोद-प्रमोद। 3. मोरा बिसरि जाएब = मुझे भूल जाओगे। 4. नीर = आँसू। पहु ओरा = प्रीतम की ओर। 6. पुरत = पूरा होगा। 8. सारा = (यहाँ) धैर्य।

"सत्सूत्रं सविधानं सदलङ्कारं सुवृत्तमच्छिद्रम्।
को धारयति न कण्ठे सत्काव्यं माल्यमध्वं च।।"

(189)

कालि कहल पिआ साँझहि रे, जाएब मएँ मारुअ देस।
हमे अभागलि नहि जानल रे, संगहि जइतहुँ सैह देश।। 2।।
हृदय मोर बड़दारुन रे, पिया बिनु बिहरि न जाए।। 3।।

× × ×

एकहि सयन सखि सूतल रे, अछल बालँम निसि मोर।
न जानल कखन तेजि गेल रे, बिछुरल चकबा चोर।। 5।।
सून सेज हिअ सालए रे, पिआ बिनु मरब मएँ आजि।
मिनति करओं सहलोलिनि रे, मोहि देह अगिहर साजि।। 7।।
विद्यापति कवि गाओल रे, आबि मिलब पिआ तोर।
लखिमा देह बर नागर रे, राए सिबसिंह नहि भोर।। 9।।

शब्दार्थ–1. मारुअ = मथुरा। 2. जइतहुँ = जाती। 3. दारुन = कठोर। बिहरि = फट जाना। 4. अछल = था। जोर = जोड़ा। 6. सालए = पीड़ा देती है। 7. सहलोलनि = सहेली। मोहि···मुझे अग्निचिता सजा दो, जिसमें जल जाऊँ।

(190)

मधुपुर मोहन गेल रे, मोरा बिहरत छाती।
गोपी सकल बिसरलन्हि रे, जत छलि अहिबाती।। 2।।
सूतलि छलहुँ अपन घर रे, गेलहुँ सपनाई।
करसएँ छुटल परसमनि रे, कओन लेल अपनाई।। 4।।
कत कहबों कत सुमिरबों रे, हमे मरिअ गरानि।
आनक धन सएँ धनबंति रे, कुबजा भेलि रानि।। 6।।
गोकुल चान चकोरल रे, चोरी गेल चंदा।
बिछुड़ि चललि दुहु जोड़ी रे, जिब दए गेल धंदा।। 8।।
काक भाख निज भाखह रे, पहु आओत मोरा।।
खीर खाँड़ भोजन देब रे, भरि कनक कटोरा।। 10।।

भनहि विद्यापति गाओल रे, धैरज धरु नारी।
*गोकुल होएत सोहाओन रे, पुनि मिलत मुरारी।। 12।।**

शब्दार्थ–1. मधुपुर = मथुरा। गेल = गया। मोरा = मेरा। बिहरत = फट जाएगी। 2. बिसरलन्हि = भूल गए। जत = जितनी। छलि = थीं। अहिबाती = सौभाग्यवती। 3. सूतलि = सोई। छलहुँ = (मैं) थी। अपन = अपने। गेलहुँ सपनाई = स्वप्न देखने लगी। 4. कर = हाथ। छूटल = छूट गया। परसमनि = स्पर्शमणि पारस। लेल अपनाई = अपना लिया। 5. कत = कितना। कहबों = कहूँगी। सुमिरबों = स्मरण करूँगी। मरिअ गरानि = ग्लानि से मर रही हूँ। आनक = दूसरे का। सएँ = से। भेलि = हुई। 7. गोकुल का चंद्रमा चकोर बन गया = जो यहाँ चंद्रमा के समान था–जिसे हजार-हजार गोपियाँ चकोरी की तरह देखती थीं–वही आज स्वयं चकोर बनकर दूसरी को–कुब्जा को देख रहा है। हा ! मेरा चंद्र चोरी चला गया। 8. बिछुड़ि = बिछुड़कर। चललि = चली। दुहु जोड़ी = दोनों (राधा-कृष्ण) की जोड़ी। जिब दए गेल धंदा = प्राणों में संदेह दे गया। 9. काक = काग, कौआ। भाख = बोली। भाखह = बोलो। पहु = प्रीतम। आओत = आएगा। 10. खीर = दूध। खाँड़ = मिश्री। देब = दूँगी। कनक = सोना। 12. सोहाओन = शोभायमान।

●

"सुभाषितरसास्वादबद्धरोमाञ्चकञ्चुकाः।
विनापि कामिनीसङ्गं कवयः सुखमासते।।"

*इस गीत की कुछ पंक्तियों के परिवर्तित रूप 'कृष्ण कवि' के नाम से प्राप्त है। व्याख्या के पृष्ठ में देखें। –दि. ला. आनंद

(191)

सरसिज बिनु सर सर बिनु सरसिज, की सरसिज बिनु सूरे।
जौबन बिनु तन तन बिनु जौबन, की जौबन पिअ दूरे।। 2।।
सखि हे मोर बड़ दैब विरोधी।
मदन बेदन बड़ पिआ मोर बोलछड़, अबहु देह परबोधी।। 4।।
चौदिस भमर भम कुसुम-कुसुम रम, नीरस माँजरि पीबे।
मंद पवन बह पिक कुहु-कुहु कह, सुनि बिरहिनि कइसे जीबे।। 6।।
सिनेह अछल जत हमे भेल न टूटत, बड़ बोल जत सब थीर।
अइसन के बोल दहु निज सिम तेजि कहु, उछल पयोनिधि नीर।। 8।।
भनइ विद्यापति अरेरे कमलमुखि, गुनगाहक पिया तोरा।
राजा सिवसिंह रूपनराएन, सहजे एको नहि भोरा।। 10।।

शब्दार्थ–1. की = क्या ? सूरे = सूर्य। 4. बोलछड़ = प्रतिज्ञा भंग करनेवाला। देह = दो। 5. भमर भम = भौंरे भ्रमण कर रहे हैं। 7. अछल = था। बड़ बोल जत सब थीर = बड़े लोग जो कुछ कहते हैं, पक्का होता है। 8. के = कौन। सिम = सीमा।

(192)

सखि हे कतहु न देखिअ मधाई।
काँप शरीर थीर नहि मानस, अबधि नियर भेलि आई।। 2।।

माधब मास तीथि भउ माधब, अबधि कइए पिआ गेला।
कुच-जुग संभु परसि कर बोललन्हि, तें परतिति मोहि भेला।। 4।।
मृगमद चानन परिमल कुंकुम, के बोल सीतल चंदा।
पिअ बिसलेख अनल जओं बरिसए, बिपति चिन्हिअ भल मंदा।। 6।।
भनइ विद्यापति सुन बर जौबति, चित जनु झाँखह आजे।
पिअ बिसलेख-कलेस मेटाएत, बालँम बिलसि समाजे।। 8।।

शब्दार्थ–1. मधाई = माधव, कृष्ण। 2. मानस = मन। अवधि = मिलने का दिन। नियर = निकट। 3. माधब मास = बैसाख। माधब तिथि = एकादशी। गेला = गए। 4. कर = हाथ। तें = उससे। 5. के = कौन। 6. बिसलेख = विश्लेष, विच्छेद। अनल = आग। 7. झाँखह = झाँखों, पश्चात्ताप करो।

(193)

लोचन धाए फेधाएल, हरि नहि आएल रे।
सिब-सिव जिबओ न जाए, आस अरुझाएल रे।। 2।।
मन करि तहाँ उड़ि जाइअ, जहाँ हरि पाइअ रे।
पेम -परसमनि जानि, आनि उर लाइअ रे।। 4।।
सपनहु संगम पाओल, रंग बढ़ाओल रे।
से मोर बिहि बिघटाओल, निंदओ हेराएल रे।। 6।।
सुकवि विद्यापति गाओल, धनि धइरज धरु रे।
अचिरें मिलत तोहि बालम, पुरत मनोरथ रे।। 8।।

शब्दार्थ–1. धाए = दौड़कर। फेधाएल = फेन सहित हो गए, (?) फूल गए। 2. जिबओ = प्राण भी। अरुझाएल = उलझ पड़े हैं। 3. मन कर = इच्छा होती है। उर लाइअ = छाती से लगा लूँ। 5. संगम = मिलन, भेंट। पाओल = पाया। 3. बिहि = ब्रह्मा। विघटाओल = नष्ट किया। निंदओ हेराएल = नींद भूल गई, जाती रही। 8. अचिरें = शीघ्र ही। पूरत = पूरा होगा।

(194)

सखि मोर पिआ।
अबहु न आएल कुलिस-हिआ।। 2।।
नखर खेलओलहुँ दिन लिखि-लिखि। नयन अँधाओलहुँ पिआपथ देखि।। 4।।
जब हम बाला परिहरि गेला। किए दोस गुन बुझिओ न भेला।। 6।।
अब हम तरुनि बुझब रस-भास। हेन जन नहि जे कहत पिआपास।। 8।।
आब एहेन करि पिआ मोरा गेला। पुरबक जत गुन बिसरित भेला।। 10।।
भनइ विद्यापति सुन अब राइ। कानु समुझाबइते अब चलि जाइ।। 12।।

शब्दार्थ–2. आएल = आया। कुलिस-हिया = वज्र के ऐसा कठोर हृदय। 3. नखर = नख। खेलओलहुँ = घिसा दिया। प्रीतम के आने का दिन लिखते-लिखते मेरे नख घिस गए। 4. अँधाओलहुँ = अंधा बना लिया। पिआपथ = प्रीतम की राह। 5. बाला = भोली-भाली

किशोरी। परिहरि गेला = छोड़कर चले गए। 6. किए = क्या। बुझिओ न भेला = कुछ न जान सकी। 7. तरुनि = युवती। रस-भाव = रस की बातें। 8. हेन = ऐसा। 10. पुरबक = पूर्व की। बिसरित = विस्मृत। 11. राइ = राधा। 12. कानु = कृष्ण।

(195)

आसक लता लगाओलि सजनी, नयनक नीर पटाए।
से फल अब तरुनत भेल सजनी, आँचर तर न समाए।। 2।।
काँच साँच पहु देखि गेल सजनी, तसु भन भेल कुह (?) भान।
दिन-दिन फल तरुनत भेल सजनी, अहुखन न करु गेआन।। 4।।
सबकर पहु परदेस बसि सजनी, आएल सुमिरि सिनेह।
हमर एहन पति निरदए सजनी, नहि मन बाढ़ए नेह।। 6।।
सुकवि विद्यापति गाओल सजनी, उचित आओत गुन साह।
उठि बधाब करु मन भरि सजनी, अब आओत घर नाह।। 8।।

शब्दार्थ–1-2. सखि, आँखों के पानी से सींचकर आशा की लता मैंने लगाई। अब उस लता का फल (कुच) जवानी में आ गया, पुष्ट हो चला, वह अंचल के नीचे समाता। 3. साँच = सचमुच। पहु = प्रीतम। तसु = उसके। कुह = कुहेसा (निराश)। अहुखन = इस समय भी। 6. एहन = ऐसा। 7. आओत = आएगा। गुनसाह = गुणवान्। 8. बधाव = बधैया। नाह = पति।

•

* मिथिला गीत-संग्रह में इस पद के रचयिता हैं, धैरजपति।

(196)

कौने गुने पहु परबस भेल सजनी, बुझल तनिक भल-मंद।
मनमथ मन मथ तनि बिनु सजनी, देह दहए निसि चंद।। 2।।
कहओ पिसुन सत अवगुन सजनी, तनि सम मोहि नहि आन।
कतन जतन कए मेटिअ सजनी, मेटए न रेखपखान।। 4।।
जओं दुरजन कटु भाखए सजनी, मोर मन न होए बिराम।
अनुभव राहु पराभव सजनी, हरिन न तेज हिमधाम।। 6।।
जइओ तरनि जल सोखए सजनी, कमल न तेजए पाँक।
जे जन रतल जाहि सओं सजनी, कि करत विहि भय बाँक।। 8।।
विद्यापति कवि गाओल सजनी, रस बूझए रसमंत।
राजा सिवसिंह मन दए सजनी, मोदवती देइ कंत।। 10।।

शब्दार्थ–1. तनिक = उनका। 2. मनमथ = कामदेव मन को मंथन कर रहा। तनि = उनके। 3. दुष्ट लोग भले ही उनके सैकड़ों अवगुण मुझसे कहें, किंतु मेरे लिए उनके समान दूसरा कोई नहीं है। 4. पखान = पत्थर। 5. विराम = ठहरना। राहु पराभव = राहु द्वारा पीड़ित होने पर, ग्रस लिए जाने पर। हिमधाम = चंद्रमा। 7. तरनि = सूर्य। 8. रतल = अनुरक्त। कि करत = ब्रह्मा बिमुख होकर क्या करेगा ?

(197)

माधब हमर रटल दुर देस। केओ न कहए सखि कुसल-सनेस।। 2।।
जुग-जुग जिबथु बसथु लाख कोस। हमर अभाग हुनक नहि दोस।। 4।।
हमरे करमे भेल बिहि बिपरीत। तेजल माधब पुरुब पिरीत।। 6।।
हृदयक बेदन बान समान। आनक दुख आन नहि जान।। 8।।
भनइ विद्यापति कवि जयराम। दैब लिखल परिनत फल बाम।। 10।।

शब्दार्थ–1. रटल = चला गया। 2. केओ = कोई। सनेस = संदेश। 3. जिबथु = जिएँ। बसथु = बसें। 4. हुनक = उनका। 5. बिहि = ब्रह्मा। 6. तेजल = छोड़ दिया। 7. बेदन = वेदना, दुःख। 8. आनन = दूसरे का। 10. बाम = विपरीत।

•

"कृतमन्दपदन्यासा विकचश्रीश्चारुशब्दभगवती।
कस्य न कम्पयते कं जरेव जीर्णस्य सत्कवेर्वाणी।"

(198)

जौबन रतन अछल दिन चारि। ताबे से आदर कएल मुरारि।। 2।।
आबे भेल झाल कुसुम रस छूछ। बारि बिहुन सर केओ नहि पूछ।। 4।।
हमरि ए बिनति कहब सखि रोए। सुपुरुष नेह अंत नहि होए।। 6।।
जाबे से धन रह अपना हाथ। ताबे से आदर कर संग-साथ।। 8।।
धनिकक आदर सबतहु होए। निरधन बापुर पुछ नहि कोए।। 10।।
भनइ विद्यापति राखब सील। जओं जग जिबिअ नबओ निधि मील।। 12।।

शब्दार्थ–1. अछल = था। 2. ताबे से = तब तक। कएलं = किया। झाल = कटु, गंधहीन। रस छूछ = रस से हीन। 4. बारि-बिहून = पानी से रहित। सर = तालाब। केओ = कोई। 5. रोए = रोकर। 8. जाबे = जब तक। ताबे = तब तक। संग-साथ = संगी-साथी, मित्र-कुटुंब। 9. धनिक = धनियों का। सबतहु = सर्वत्र। 10. बापुर = बेचारा। 11. सील = मर्यादा। 12. यदि जग में जीवित रहो तो नवो निधियाँ प्राप्त हो सकती हैं।

•

Poetry is at bottom a criticism of life. The greatness of a poet lies in his powerful and beautiful application of ideas to life.

–Mathew Arnold

(199)

सखि हे हमर दुखक नहि ओर।
ई भर बादर माह भादर, सून मंदिर मोर।। 2।।
झंपि घन गरजंति संतत, भुवन भरि बरसंतिया।
कन्त पाहुन काम दारुन, सघन खर सर हंतिया।। 4।।
कुलिस कत सत पात मुदित, मयूर नाचत मातिया।
मत्त दादुर डाक डाहुक, फाटि जाएत छातिया।। 6।।

तिमिर दिग भरि घोरि यामिनि, अथिर बिजुरिक पाँतिया।
विद्यापति कह कइसे गमाओब, हरि बिना दिन-रातिया।। 8।।

शब्दार्थ–2. (इस पद्य का चरण अत्यंत प्रसिद्ध है। स्वयं रवींद्रनाथ ठाकुर ने कई बार इसे उद्धृत किया है)। भर = भरा हुआ। बादर = मेघ। 3. संतत = सदा। 4. पाहुन = प्रवासी। खर = तेज वाण। हंतिया = मारता है। 5. कत सत = कई सौ। पात = गिरता है। माति = मत्त होकर। 6. डाक = पुकारता है। डाहुक = एक बरसाती पक्षी। 7. दिग = दिशा। अथिर = चंचल। 8. कइसे = किस प्रकार। गमाओब = बिताऊँगी।

(200)

मोर बन-बन सोर सुनइत, बढ़ए मनमथ पीर।
प्रथम छार असाढ़ आओल, अबहु गगन गँभीर।। 2।।
दिबस रयनी कइसे रे सखी, मन मोहन बिनु जाए।। 3।
आबए साओन बरिख भाओन, घन सोहाओन बारि।
पंचसर-सर छुटए कइसे, जिअए बिरहिनि नारि।। 5।।
आबए भादो बेगर माधो, काहि कहु एहो दूख।
निडर डर-डर डाक डाहुक, छुटए मदन बनूक।। 7।।
आबए आसिन गगन-भासिन (?), घनन घनघन रोल।
**सिंह भूपति भनइ ऐसन, चतुर मास कि बोल।। 8।।*

शब्दार्थ–1. भाऔन = जो मन को भावे। 5. पंचसर = कामदेव। 7. बेगर = बिना। काँसों = किससे। 7. डर-डर डाक डाहुक = डाहुक (पक्षि विशेष) डर-डर शब्द से पुकार रहा है–मानो कामदेव की बंदूक छूट रही हो।

*यह पद विद्यापति का नहीं प्रतीत होता।

(201)

फुटल कुसुम नव कुंज कुटिर बन, कोकिल पंचम गाबे रे।
मलयानिल हिमसिखर सिधारल, पिया निज देश ने आबे रे।। 2।।
चान चानन तन अधिक उतापए, उपबन अलि उतरोले रे।
समय बसंत कंत रहु दुर देस, जानल बिधि प्रतिकूले रे।। 4।।
अनिमिख नयन नाह मुख निरखइते, तिरपति न भेल नयाने रे।
ई सुख समय सहए एत संकट, अबला कठिन पराने रे।। 6।।
दिन-दिन खिन तनु हिम कमलिनि जनु, न जानि कि जिब परजंत रे।
विद्यापति कह धिकधिक जीवन, माधव निकरुन कंत रे।। 8।।

शब्दार्थ–1. फुटल = प्रस्फुटित हुआ, खिल उठा। 2. मलयानिल हिमसिखर सिधारल = मलय-पवन हिमालय की ओर चला–दक्षिण-पवन बहने लगा। 3. चान = चंद्रमा। चानन = चंदन। उतापए = उत्तप्त कर देता है, जलाता है। 4. अलि उतरोले रे = भौंरे गुंजार कर रहे हैं। 5. अनिमिख = अपलक। 7. हिम = बर्फ। परजंत = पर्यंत। 8. निकरुन = करुणा रहित, कठोर।

(202)

सजनी कान्ह कें कहब बुझाई।
रोपि पेम बिज अंकुर मड़ल, बाँचब कओने उपाई।। 2।।
तेल-बिंदु जैसे पानि पसारिअ, ऐसन मोर अनुराग।
सिकता जल जैसे छनहि सुखाए सखि, तैसन मोर सोहाग।। 4।।
कुल-कामिनि छलौं कुलटा भए गेलौं, तनिकर बचन लोभाई।
अपनेहि करें हमे मूड़ मुड़ाओल, कान्ह सओं पेम बढ़ाई।। 6।।
चोर-रमनि जनि मने-मने रोइअ, अंबर बदन झपाई।
दीपक लोभ सलभ जनि धाएल, से फल भुजइत चाई।। 8।।
भनइ विद्यापति ई कलिजुग रिति, चिंता करह न कोई।
अपन करम-दोष आपहि भुंजइ, जे जन पर-बस होई।। 10।।

शब्दार्थ–1. कान्हकें = कृष्ण को। 2. मूड़ल = तोड़ दिया। पसारिअ = फैलता है। 4. सिकता = बालू। तैसन = वैसा। सोहाग = सौभाग्य। 5. छलौं = थी। कुलटा = व्यभिचारिणी। तनिकर = उनके। 6. मूँड़ मुड़ाओल (मैथिली मुहावरा) = बदनामी हुई। 7. चोर-रमनि = चोर की स्त्री। अंबर = वस्त्र। ('चोरनारि जिमि प्रगट न रोई'—तुलसी) 8. सलभ = पतंग। जनि = ऐसा। भुजइत चाई = भोगना ही चाहिए। 10. भुंजइ = भोगता है।

(203)

के पतिआ लए जाएत रे, मोरा पिअतम पास।
हिए नहि सहए असह दुख रे, भेल साओन मास।। 2।।
एकसरि भवन पिआ बिनु रे, मोहि रहलो न जाए।
सखि अनकर दुख दारुन रे, जग के पतिआए।। 4।।
मोर मन हरि हरि लए गेल रे, अपनो मन गेल।
गोकुल तेजि मधुपुर बस रे, कत अपजस लेल।। 6।।
विद्यापति कवि गाओल रे, धनि धरु मन आस।
आओत तोर मन भावन रे, एहि कातिक मास।। 8।।

शब्दार्थ–1. के = कौन। भेल = हुआ, आया। 3. एकसरि = अकेली। 4. अनकर = दूसरे का। पतिआए = विश्वास करता है। 5. हरि लए गेल = हरकर ले गए। अपनो = स्वयं भी। 8. आओत = आवेगा।

(204)

सजनी, के कह आओब मधाई।
बिरह-पयोधि पार किअ पाओब, मोर मन नहि पतिआई।। 2।।
एखन-तखन करि दिवस गमाओल, दिवस-दिवस करि मासा।
मास-मास करि बरस गमाओल, छाड़लि जीवन-आसा।। 4।।
बरस-बरस करि समय गमाओल, तेजल कान्हक आसे।
हिमकर-किरिन नलिनि जदि जारब, कि कहब माधब मासे।। 6।।
अंकुर तपन-ताप जदि जारब, कि करब बारिद मेहे।

इह नव जौबन बिरह गमाओब, कि करब से पिआ गेहे।। 8।।
भनइ विद्यापति सुनु बर जौबति, आब नहि होअह निरासे।
से ब्रजनंदन हृदय-आनन्दन, तोरित मिलब तुअ पासे।। 10।।

शब्दार्थ–1. आओब = आवेंगे। 2. पयोधि = समुद्र। 3. एखन-तखन = अब-तब। 5. कान्हक = कृष्ण की। 6. हिमकर = चंद्रमा। नलिनि = कमलिनी। जारब = जलाएगा। कि = क्या। माधब मास = वैशाख (बसंत)। 7. तपन-ताप = सूर्य की ज्वाला। 9. होअह = होओ। 10. तोरित = शीघ्र।

(205)

अंकुर तपन ताप यदि जारब, कि कहब बारिद मेह।
ई नव जौबन बिरह गमाओब, कि करब से पिया गेह।। 2।।
हरि हरि के कह दैब-दुरासा।
सिन्धु निकट जदि कंठ सुखाएब, के दुर करब पिआसा।। 4।।
चंदन-तरु जब सौरभ छोड़ब, ससधर बरिखब आगि।
चिंतामनि जब निज गुन छोड़ब, की मोर करम अभागि।। 6।।
साओन माह घन-बिंदु न बरिखब, सुरतरु बाँझ कि छाँदे।
गिरिधर सेबि ठाम नहि पाएब, विद्यापति रहु धाँदे।। 8।।

शब्दार्थ–3. के = कौन। 4. दुर करब = दूर करेगा। 5. सौरभ = सुगंध। ससधर = चंद्रमा। बरिखब = वर्षा करेगा। 6. चिंतामणि = वह मणि, जिससे जो कुछ माँगे, दे दे। 7. घन-विंदु = मेघ की बूँद। सुरतरु = कल्पवृक्ष। बाँझ = बन्ध्या। कि छाँदे = किस प्रकार। 8. सेबि = सेवा कर। ठाम = जगह। धाँदे = चिंता।

(206)

चानन भेल विषम सर रे, भूषन भेल भारी।
सपनहुँ नहि हरि आएल रे, गोकुल गिरधारी।। 2।।
एकसरि ठाढ़ि कदम-तर रे, पथ हेरथि मुरारी।
हरि बिनु देह दगध भेल रे, झामर भेल सारी।। 4।।
जाह जाह तोहें ऊधव हे, तोहें मधुपुर जाहे।
चंद्रबदनि नहि जीउति रे, बध लागत काहे।। 6।।
भनइ विद्यापति मन दए रे, सुनु गुनमति नारी।
आज आओत हरि गोकुल रे, पथ चलु झट-झारी।। 8।।

शब्दार्थ–1. चानन = चंदन। विषम = कठोर। सर = बाण। भारी = भार-स्वरूप। 3. एकसरि = अकेले। पथ हेरथि = राह देख रही है। 4. दगध = दग्ध, जला हुआ। झामर = मलिन। 5. जाहे = जाओ। मधुपुर = मथुरा। 6. जीउति = जियेगी। बध = हत्या। काहे = क्यों। 8. झट-झारी = झटककर, शीघ्र-शीघ्र।

(**207**)

बिपत अपत तरु पाओल रे, पुन नव नव पात।
बिरहिनि-नयन बिहल बिहि रे, अबिरल बरिसात।। 2।।
सखि अंतर बिरहानल रे, नित बाढ़ल जाए।
बिनु हरि लाख उपचारहु रे, हिअ दुख न मेटाए।। 4।।
पिआ पिआ रटए पपिहरा रे, हिअ दुख उपजाब।
कुदिना हित जन अनहित रे, थिक जगत सोभाब।। 6।।
कवि विद्यापति गाओल रे, दुख मेटत तोर।
हरखित चित तोहि भेटत रे, पिअ नंदकिसोर।। 8।।

शब्दार्थ–1. विपत्ति-रूपी पत्रहीन वृक्ष ने पुनः (वर्षा आने पर) नए-नए पत्ते प्राप्त किए। 2. बिहल = विधान किया, बनाया। बिहि = ब्रह्मा। अबिरल = लगातार, निरंतर। 3. अंतर = भीतर, हृदय में। बिरहानल = बिरह-रूपी अग्नि। 4. उपचार = उपाय। 6. कुदिना = कुदिन आने पर। अनहित = शत्रु। सोभाब = स्वभाव। थिक = है। 7. मेटत = मिटेगा।

(**208**)

मोर पिअतम सखि गेल दुर देस। जौबन दए गेल साल सनेस।। 1।।
मास अषाढ़ उनत नव मेघ। पिआ बिसलेख रहओं निरथेघ।।
कोन पुरुष सखि कोन से देस। धरब तहाँ मएँ जोगिनि भेस।। 2।।
साओन मास बरिस घन बारि। पंथ न सूझए निसि आँधियारि।।
चौदिसि देखिअ बीजुरि रेह। हे सखि कामिनि जिवन संदेह।। 3।।
भादब मास बरिस घन घोर। सभ दिसि कुहुकए दादुर मोर।।
चिहुँकि चिहुँकि पिआ कोर समाए। गुनमति सूतलि अंग लगाए।। 4।।
आसिन मास आस धर चीत। निकरुन नाह भेल नहि हीत।।
सर-बर खेलए चकबा हास। बिरहिनि बैरि भेल आसिन मास।। 5।।
कातिक कंत दिगंतर बास। पिअ-पथ हेरि-हेरि भेलहुँ निरास।
सुख सुखराति सबहुँ काँ भेल। मोहि दुखसाल सोआमि दए गेल।। 6।।
अगहन मास जीब मोर अंत। आबहु न आएल निरदय कंत।।
एकसरि हमे धनि सूतओं जागि। आओत नाह देत मोहि आगि।। 7।।
पूस खीन दिन दीघरि राति। पिआ परदेस मिलन भेल काँति।।
हेरओं चौदिस झाँखओं रोए। नाह बिछोह काहु जनु होए।। 8।।
माघ-मास घन पड़ए तुसार। झिलमिल केचुआँ उनत थन हार।
पुनमति सूतलि पिअतम कोर। विधि बस दैव वाम भेल मोर।। 9।।
फागुन मास धनि जीव उचाट। बिरह बिखिनि भेलि हेरओं बाट।।
मधु मातल पिक पंचम गाब। से सुनि कामिनि जीबहु सँताब।। 10।।
चैत चतुरपन पिअ परबास। मालि जानए नहि कुसुम बिकास।।
भमि-भमि भमरा करु मधुपान। नागर भए पहु भेल अगेआन।। 11।
बैसाख तब खर मरन समान। कामिनि कंत हनए पँचबान।।
नहि जुड़ि छाहरि न बरिस बारि। हम जे अभागिनि पापिनि नारि।। 12।।

जेठ मास ऊजर नव रंग। कंत चाहए खेलु कामिनि-संग।।
रूपनरायण पूरथु आस। भनइ विद्यापति बारह मास।।13।।

शब्दार्थ–1. साल = काँटा। सनेस = भेंट। 2. उनत = उन्नत, चढ़ता हुआ। बिसलेख = विश्लेष, वियोग। रहओं = रहती हूँ। निरथेघ = निरवलंब। से = वह। 4. दादुर = मेढ़क। कोर = गोद। सूतलि = सोई। अंक = हृदय। 5. निकरुन = निष्करुण। 6. दिगंतर = दूर देश। बास = रहना। सुखराति = दीपावली की रात। सोआमि = स्वामी। 9. सूतओं जागि = जागकर सोती हूँ। जब मैं विरहज्वाला में मर जाऊँगी, तब प्रीतम मुझे आग देने के लिए आएँगे। 8. दीघरि = दीर्घ, बड़ी। झाँखओं = झँखती हूँ। 6. तुसार = बर्फ। झिलमिल = बारीक चोली में उभरे हुए कुच हैं जिनके ऊपर हार है। बाम भेल = विमुख हुआ। 10. धनि जीब उचाट = बाला का जी उचट गया। बिखिनि = विखिन्न। पिक = कोयल। से = वह। सँताब = सताता है। 11. परबास = प्रवास, विदेश में। कुसुम बिकास = फूल का खिलना। भमि = भ्रमण कर। भमर = भौंरा। नागर = चतुर। पहु = प्रीतम। 12. तब = तब जाता है, गरम हो उठता है। खर = तीक्ष्ण। जुड़ि = ठंडी। छाहरि = छाया। बरिस = बरसता है। बारि = पानी। 13. ऊजर नवरंग = नये रंग उजड़ गए। पूरथु = पूरा करें।

(209)

माधव देखलि बियोगिनि बामे।
अधर न हास बिलास सखी संग, अहनिस जप तुअ नामें।। 2।।
आनन सरद सुधाकर सम तसु, बोलए मधुर धुनि बानी।।
कोमल अरुन कमल कुम्हिलाएल, देखि मएँ अइलिहुँ जानी।। 4।।
हृदयक हार भार भेल सुबदनि, नयन न होय निरोधे।।
सखि सब आए खेलाओल रँग करि, तसु मन किछुओ न बोधे।। 6।।
रगड़ल चानन मृगमद कुंकुम, सभ तेजल तुअ लागी।।
धनि जलहीन मीन जकँ फिरइछ, अहनिस रहइछ जागी।। 8।।
दूतिक सुनि उपदेस सुमिरि गुन, तहिखन चललाह धाई।।
मोदवतीपति राघबसिंह गति, कवि विद्यापति गाई।। 10।।

शब्दार्थ–3. तसु = उसका। 4. कुम्हिलाएल = मुरझा गया। अइलिहुँ = मैं आई। 6. निरोधे = बन्द। 7. रगड़ल = घिसा। चानन = चंदन। मृगमद = कस्तूरी। कुंकुम = केशर। 8. जकँ = समान। फिरइछ = करती है। 9. तहिखन = उसी क्षण।

(210)

लोचन नीर तटिनि निरमाने। करए कलामुखि तथिहि सनाने।। 2।।
सरस मृनाल करइ जपमाली। अहोनिस जप हरिनाम तोहारी।। 4।।
वृंदाबन कान्हु धनि तप करई। हृदय-बेदि मदनानल बरई।। 6।।
जिब करि समिध समर कर आगी। करति हेम बध होएबह भागी।। 8।।
चिकुर सँभारि बरहि करि लेअई। फल उपहार पयोधर देअई।। 10।।
भनइ विद्यापति सुनह मुरारी। तुअ पथ हेरइत अछि बर नारी।। 12।।

शब्दार्थ–1-2. आँखों के आँसुओं से नदी का निर्माण कर वह चंद्रवदनी उसी में स्नान करती है। 3. मृनाल = कमल नाल। 5. करइ = बनाती है। जपमाली = जपमाला, सुमरिणी। 6. हृदय-स्वरूप वेदी पर काम की अग्नि धधक रही है। 7-8. अपने प्राणों को समिध (अग्निहोत्र की लकड़ी) बनाकर और स्मर कामदेव को अग्नि बना करके वह होम कर रही है, तुम इसकी हत्या के भागी बनोगे। 9. चिकुर = केश। बरहि = वहीं; कुश। सँभारि = सँभालकर। 10. पयोधर = कुच। 12. अछि = है।

(211)

अकामिक मन्दिर भेलि बहार। चहुँदिस सुनलक भमर-झंकार।। 2।।
मुरुछि खसलि महि न रहलि थीर। न चेतए चिकुर न चेतए चीर।। 4।।
केओ सखि बेनि धुन केओ धुरि झार। केओ चानन अरगजहि सँभार।। 6।।
केओ बोल मंत्र कान पर जोलि। केओ कोकिल खेद डाकनि बोलि।। 8।।
अरे अरे अरे कान्हु की रभसि बोरि। मदन-भुजँग डसु बालहि तोरि।। 10।।
भनइ विद्यापति एह रस भान। एहि विष गारुड़ि एक पए कान।। 12।।

शब्दार्थ–1. अकामिक = अकस्मात। भेलि बहार = बाहर हुई। 2. भमर = भौंरा। 3. खसलि = गिर पड़ी। थीर = स्थिर। 4. चेतए = सँभालती है। चिकुर = केश। चीर = साड़ी। 5. केओ = कोई। बेनि धुन = पंखा झलती है। धुरि झार = धूल झाड़ती है। 6. अरगजहि = कस्तूरी आदि के लेप से। सँभार = सँभालती है। 7. कान कर जोलि = कान में हाथ जोड़कर। 8. खेद = खदेड़ती है। 9. कि रभसि बोरि = क्या रभसकर बोल रहे हो ? 10. तुम्हारी प्रेमिका को (बालहि) कामदेव-रूपी सर्प ने काट लिया है। 11. एक कृष्ण ही इस विष के लिए गारुड़ि (विष उतारनेवाला) है।

(212)

माधब, कठिन हृदय परबासी।
तुअ पेअसि मएँ देखलि बराकिनि, अबहुँ पलटि घर जासी।। 2।।
हिमकर हेरि अवनत कर आनन, कर करुना पथ हेरी।
नयन कागज लए लिखए बिधुन्तुद, भयें रह ताहेरि सेरी।। 4।।
दखिन पवन बह से कइसे जुबति, सह, कर कबलित तसु अंगे।
गेल परान आस दए राखए, दस नख लिखए भुजंगे।। 6।।
मीनकेतन भएँ सिव सिव सिव कए, धरनि लोटाबए देहा।
कर-सरसिज लए कुच सिरिफल दए, सिव पूजए निज गेहा।। 8।।
दुतर पयोधि फेने नहि सन्तरु, विद्यापति कवि भाने।
राजा सिवसिंह रूपनराएन, लखिमा देइ रमाने।। 10।।

शब्दार्थ–1. परवासी = प्रवासी, विदेश में रहनेवाला। 2. पेअसि = प्रेयसि, प्रेमिका। जासी = जाओ। 3. हिमकर = चंद्रमा। अवनत = नीचे। बिधुन्तुद = राहु। ताहेरि सेरी = उसकी शरण में। 9. विरहरूपी समुद्र फेन के सहारे मत तैरो। 5. कवलित = ग्रस्त, खा जाना। 6. गेल = गया हुआ। भुजंगे = सर्प (सर्प वायु को खा जाएगा, यह समझकर)। 7. मीनकेतन = कामदेव। 8. कर-सरसिज लए = हाथ रूपी कमल लेकर। सिरिफल = बेल।

(213)

कुसुमित कानन हेरि कमलमुखि, मुँदि रहु दुअओ नयान।
कोकिल कलरब मधुकर धुनि सुनि, कर लए झाँपए कान।। 2।।
माधब सुन सुन बचन हमारा।
तुअ गुने सुंदरि अति भेलि दूबरि, गुनि गुनि पेम तोहारा।। 4।।
धरनी धरि धनि कत बेरि बइसए, पुन तहिं उठए न पारा।
कातर दिठि करि चौदिस हेरि हेरि, नयन ढारए जलधारा।। 6।।
तोहर बिरह दिन छन छन तनु छिन, चौदसि चाँद समान।
भनइ विद्यापति सिवसिंह नरपति, लखिमा देइ रमान।। 8।।

शब्दार्थ–1. कुसुमित कानन = खिला हुआ वन। 2. मधुकर = भौंरा। 4. पृथ्वी पकड़कर वह बाला कई बार बैठ जाती है और पुनः (चेष्टा करने पर) उठ नहीं सकती। 7. दिन = गरीब, असहाय। चौदसि = चतुर्दशी।

(214)

सरदक ससधर मुखरुचि सोंपलक, हरिनकें लोचन लीला।
केसपास लए चमरिकें सोंपलक, पाए मनोभव पीला।। 2।।
माधब, जानल न जिअति राही।
जतबा जकर लेले छलि सुंदरि, से सब सोंपलक ताही।। 4।।
दसन-दसा दाड़िमकें सोंपलक, बन्धुर अधर-रुचि देली।
देह-दसा सौदामिनि सोंपलक, काजर सनि धनि भेली।। 6।।
भौंहक-भंग अनंन-चाप देल, कोकिलकें देल बानी।
केवल देह नेह अछि लओले, एतबा अएलहुँ जानी।। 8।।
भनइ विद्यापति सुन बर जौबति, चित झाँखह जनु आबे।
राजा सिवसिंह रूपनराएन, लखिमा देइ रमाने।। 10।।

शब्दार्थ–1. ससधर = चंद्रमा। मुखरुचि = मुख की शोभा। सोंपलक = समर्पण किया। 2. चमरि = वह गाय जिसकी दुम का चँवर होता है। मनोभव = कामदेव। पीला = पीड़ा। 4. जतबा = जितना। जकर = जिसका। लेले = लिए हुई थी। 5. दाड़िम = अनार। बंधुर = बंधुली फूल। 6. सौदामिनि = बिजली। सनि = समान। 7. अनंग-चाप देल = कामदेव के धनुष को दिया। 8. अछि = है। एतबा = इतना। 9. झाँखह = झँखो।

(215)

आएल उनमद समय बसंत। दारुन मदन निदारुन कंत।। टेक।।
ऋतुराज आज बिराज हे सखि, नागरी जन बंदिते।
नव-रंग नव दल देखु उपवन, सहज सोभित कुसुमिते।
आरे कुसुमति कानन कोकिल साद। मुनिहुक मानस उपजु बिखाद।। 1।।
अति मत्त मधुकर मधुर रव कर, मालती मधु-संचिते।
समय कंत उदंत नहि किछु, हमहि बिधि-बस-बंचिते।।

बंचित नागर सेहे संसार। एहि रितुपति जे न कर बिहार।। 2।।
अति हार भार मनोज मारए, चाँद रबिसन भान ए।
पुरुष पाप संताप जत हो, मन मनोभव जान ए।।
जारए मनसिज मार सर साधि, चानन देह चौगुन ही धाधि।। 3।।
सब धाधि आधि बेआधि जाइति, धरिअ धैरज कामिनी।
सुपहु मन्दिर तुरित आओत, सुफल जाइति जामिनी।।
जामिनी सुफल जाइति अवसान, धैरज धरु विद्यापति भान।। 4।।

शब्दार्थ–1. उनमद = उन्मत्त, पागल। दारुन = कठिन। निदारुन = करुणाहीन। नागरी जन बंदिते = नागरी स्त्रियों द्वारा पूजित। नव = नवीन। दल = पत्ता। कुसुमित = खिले हुए। कानन = वन। साद = ध्वनि। 2. मधुकर = भौंरा। रव = आवाज। उदंत = वार्त्ता। सेहे = वही। 3. मनोज = कामदेव। चाँद रबि सन भान ए = चंद्रमा सूर्य के समान मालूम होता है। जत = जितना। मनसिज = कामदेव। मार = मारता है। चानन = चंदन। धाधि = ज्वाला। 4. आधि बेआधि = शोक और पीड़ा। जाइति = जाएगी। सुपहु = सुप्रभु, प्यारे प्रीतम। आओत = आवेगा। जामिनी = रात। अवसान = अंत। भान = कहते हैं।

(216)

माधब, कत परबोधब राधा।
हा हरि हा हरि कहितहि बेरि बेरि, अब जिब करब समाधा।। 2।।
धरनी धरि धनि जतनहि बइसए, पुनहि उठए नहि पारा।
सहजहि बिरहिनि जग महा तापिनि, बैरि मदन-सर-धारा।। 4।।
अरुन नयन नोरें तितल कलेबर, बिलुलित दीरघ केसा।
मन्दिर बाहिर करइत संसय, सहचरि गन तहि सेसा।। 6।।
आनि नलिनि केओ रमनि सुताओलि, केओ देअ मुख पर नीरे।
निसबद पेखि केओ साँस निहारए, केओ देअ मंद समीरे।। 8।।
कि कहब खेद भेद जनि अन्तर, घन घन उतपत साँस।
भनइ विद्यापति सेहो कलावति, जीव बाँधल आस-पास।। 10।।

शब्दार्थ–2. समाधा = समाप्त। 3. बइसए = बैठती है। 5. नोरें = आँसू। तितल = भीगा हुआ। 6. सेसा = अंत, मृत्यु। सुताओलि = सुलाई। 8. उतपत = उत्तप्त, गर्म। 10. आस-पास = आशा के बन्धन में।

(217)

अनुखन माधब माधब सुमरइते, सुंदरि भेलि मधाई।
ओ निज भाव सुभाबहि बिसरल, अपनेहि गुन लुबुधाई।। 2।।
माधब, अपरुब तोहर सिनेह।
अपनेहि बिरहें अपन तनु जरजर, जिबइते भेल संदेह।। 4।।
भोरहि सहचरि कातर दिठि हेरु, छल-छल लोचन पानि।
अनुखन राधा राधा रटइत, आधा आधा बानि।। 6।।
राधा सँग जब पुन तहि माधब, माधब सँग जब राधा।

दारुन प्रेम तबहि नहि टूटत, बाढ़त बिरहक बाधा। 8।।
दुहुदिस दारुन-दहन जैसे दगधइ, आकुल कीट परान।
ऐतन बल्लभ हेरि सुधामुखि, कवि विद्यापति भान।। 10।।

अर्थ–इस पद्य में प्रेम की पराकाष्ठा हो गई है। राधा विरहवश, प्रेम में तल्लीन हो, अपने ही को कृष्ण समझ लेती है और 'राधा-राधा' चिल्लाने लगती हैं। पुनः जब होश में आती हैं तब कृष्ण के लिए व्याकुल हो उठती हैं। यों दोनों अवस्थाओं में मर्म व्यथा सहती हैं।

(218)

रामा हे, से किअ बिसरल जाई।
कर धरि माथुर अनुमति मँगइत, ततहि परल मुरुछाई।। 2।।
किछु गदगद सरे लहु-लहु आखरे, कान्ह कहल बर रामा।
कठिन कलेबर तहिं चलि आओल, चित्त रहल ओहि ठामा।। 4।।
तनि बिनु राति दिबस नहि भावए, ताहि रहल मन लागी।
आन रमनि सँग राज सम्पद हमे, आछिअ जइसे बिरागी।। 6।।
दुइ एक दिवस निचय हम जाओब, तोहें परबोधह राई।
विद्यापति कह चित्त रहल नहि, पेम मिलाएब जाई।। 8।।

शब्दार्थ–1. रामा = सुंदरी (सखि)। से = वह। किअ = क्यों। बिसरल = भूलना। 3. सरे = स्वर में। लहु-लहु आखरे = मधुर शब्दों में। 4. तहिं = उसी से। 5. तनि = वह (राधा)। 6. आन = अन्य। आछिअ = हूँ। निचय = निश्चय। तोहें = तुम।

(219)

तिला एक सयन ओत जिब न सहए, न रहए दुहु तनु भीन।।
माँझे पुलक गिरि-अंतर मानए, अइसन रह निसि-दीन।। 2।।
सजनी कोन परि जीबए कान।
राहि रहलि दुर हमे मथुरापुर, एतवाहु सहए परान।। 4।।
अइसन नगर अइसनि नव नागरि, अइसन संपद मोर।।
राधा बिनु सब बाधा मानिअ, नयन न तेजिअ नोर।। 6।।
से जमुना जल से रमनीगन, सुनइते चमकित चीत।।
कह कबिसेखर अनुभवि जनलहुँ, बड़ जन बढ़िहि पिरीत।। 8।।

शब्दार्थ–1. तिला एक = एक क्षण के लिए भी। ओत = ओट। भीन = भिन्न। माँझे = मध्य में। 2. मिलने के समय रोमांच हो जाने से मिलने में किंचित् नाम-मात्र का व्याघात हो जाता था, अतएव, रोमांच हम लोगों को पहाड़ के समान मालूम पड़ता था, इस प्रकार हम दिन-रात मिले हुए थे। 3. कोन परि = किस प्रकार। 5. अइसन = ऐसा। 6. नोर = आँसू। अनुभवि = अनुभव करके। जनलहुँ = जान गया।

(220)

सरस बसंत समय भल पाओल, दछिन पबन बहु धीरे।।
सपनहुँ रूप बचन एक भाखिए, मुख सओ दुरि करु चीरे।। 2।।
तोहर बदन सन चान होअथि नहि, जइओ जतन बिहि देला।।
कए बेरि काटि बनाओल नव कए, तइओ तुलित नहि भेला।। 4।।
लोचन-तूल कमल नहि भए सक, से जग के नहि जाने।।
से फेरि जाए नुकाएल जल भए, पंकज निज अपमाने।। 6।।
भनइ विद्यापति सुनु बर जौबति, ई सभ लछमी समाने।।
राजा सिबसिंह रूपनराएन, लखिमा देइ रमाने।। 8।।

शब्दार्थ–1. पाओल = पाया। 2. स्वप्न में एक आदमी ने आकर कहा—अरी, मुख से अंचल हटाओ (?)। 3. बदन = मुख। चान = चंद्रमा। जइओ = यद्यपि। बिहि = विधाता। 4. कए = कितने। तइओ = तो भी। तुलित = तुल्य, समान। 5. तूल = तुल्य। भए सक = हो सकता। नुकाएल = छिप गया। जलभए = जल में। पंकज = कमल। ई सभ = यह सब।

(221)

सुतलि छलहुँ हमे घरबा रे, गरबा मोतिहार।।
राति जखन भिनुसरबा रे, पिआ आएल हमार।। 2।।
कर कौसल कर कपइत रे, हरबा उर टार।।
कर-पंकज उर थपइत रे, मुख-चंद्र निहार।। 4।।
केहनि अभागलि बैरिनि रे, भाँगलि मोर निंद।।
भल कए नहि देखि पाओल रे, गुनमय गोबिंद।। 6।।
विद्यापति कबि गाओल रे, धनि मन धरु धीर।।
समय पाए तरुबर फर रे, कतबो सिचु नीर।। 8।।

शब्दार्थ–1. सुतलि छलहुँ = सोई थी। गरबा = गले में। 2. जखन = जिस समय। भिनुसरबा = भोर, उषःकाल। आएल = आया। 3. चतुराई करते हुए काँपते हाथ से हृदय का हार हटाया। 4. कर-पंकज = कमल रूपी हाथ। थपइत = स्थापित करते, धरते। छाती पर हाथ देकर मुँह देखने लगे। 5. केहनि = कैसी। अभागलि = अभागिनी। 6. भल कए = अच्छी तरह। 8. फर = फरता है। कतबो सिचु नीर = कितना भी पानी पटाओ।

(222)

मोरा रे आँगना चानन केरि गछिआ, ताहि चढ़ि कुररए काग रे।
सोने चोंच बाँधि देब तोहि बायस, जओं पिआ आओत आज रे।। 2।।
गाबह सखि सब झूमरि लोरी, मयन-अराधए जाउँ रे।
चहुदिस चम्पा मउली फूललि, चान इजोरिआ राति रे।।
कइसे कए हमे मयन अराधब, होइति बड़ि रति-साति रे।। 5।।
विद्यापति कवि गाबए तोहर, पहु अछ गुनक निधान रे।
राअ भोगीसर सब गुन आगर, पदमा देइ रमान रे।। 7।।

शब्दार्थ–1. आँगना = आँगन में। चानन केरि = चंदन का। गछिआ = वृक्ष। कुररए = बोल रहा है। 5. सोने = स्वर्ण से। तोहि = तुझे। बायस = काग। 3. गाबह = गाओ। मयन-अराधए = कामदेव की आराधना करने। 4. मउली = मल्लिका। चान = चंद्रमा। इजोरिआ = चाँदनी। कइसे कए = किस प्रकार। होइति = होगी। रति-साति = रति-जनित पीड़ा। 6. पहु = प्रीतम। अछ = है। 7. रमान = पति।

(223)

आँगने आओब जब रसिआ। पलटि चलब हमे ईषत हँसिआ।। 2।।
रसति-नागरि रमानी। कत तक जुगति मनहि अनुमानी।। 4।।
आबेसे आँचर पिआ धरबे। जाएब हमे न जतन पहु करबे।। 6।।
केंचुआ धरब जब हठिआ। करे कर बारब कुटिल आध दिठिआ।। 8।।
रभस माँगब पिआ जबही। मुख मोड़ि बिहुँसि बोलब नहि तबही।। 10।।
सहजहि सुपुरुख भमरा। चिर धरि पिअब अधर-रस हमरा।। 12।।
तखन हरब मोर गेआने। विद्यापति कह धनि तुअ धेआने।। 14।।

शब्दार्थ–1. आँगने = आँगन में। आओब = आएँगे। 2. ईषत = थोड़ा-थोड़ा। 4. कत = कितनी। जुगति = युक्ति। 5. आबेसे = आवेश में; उत्तेजित होकर वे यत्न करेंगे, किंतु मैं न जाऊँगी। 7. केंचुआ = कंचुकी, चोली। हठिआ = हठकर। 8. (अपने) हाथ से (उनके) हाथ को रोकूँगी, और तिरछी एवं आधी चितवन से देखूँगी। 9. रभस = रति-क्रीड़ा। 10. बिहुँसि = हँसकर। 11. भमरा = भौंरा। पिअब = पिएगा। 13. तखन = उस समय। (काम-क्रीड़ा के समय) ज्ञान हर लेंगे।

(224)

आओब जखन पिआ मोर गेहे। मंगल जतन करब निज देहे।। 2।।
कनअ कुम्भ करि कुच जुग राखि। दरपन धरब काजर दए आँखि।। 4।।
बेदि बनाओब अंकम अपने। झाड़ि करब ताहि चिकुर बिछाने।। 6।।
कदलि रोपब हम गरुअ नितंब। आम पल्लब तोहे किंकिनि सुझंप।। 8।।
दिसि-दिसि आनब कामिनि ठाट। चौदिस पसारब चाँदक हाट।। 10।।
विद्यापति भन पूरब आस। दुइ एक पलके मिलब तुअ पास।। 12।।

शब्दार्थ–1. आओब = आवेंगे। गेहे = घर में। जितना मंगल करना होगा, अपने शरीर में करूँगी। 3. कनअ कुंभ = सोने के घड़े। कुच-जुग = दोनों कुच। 4. आँखों में काजर लगाकर उसे दर्पण-रूप में धरूँगी = मेरी आँखों में प्रीतम अपना रूप देखेंगे। 5. बेदी = चौका। अंकम = गोदी। 6. उसे झाड़कर बालों का बिछावन करूँगी। 6. कदलि = केला। गरुअ = विशाल। सुझंप = आंदोलित; शब्दित। 9. आनब = लाऊँगी। ठाट = समूह। हाट = बाजार (स्त्रियों के मुख-चंद्रमा ही चंद्रमा से दीख पड़ेंगे।)

(225)

दुहुक दुलभ दुहु दरसन भेल। बिरह जनित दुख सबे दुर गेल।। 2।।
कर धरि बइसाओल विचित्र आसन। रमन-रतन-स्याम रमनी रतन।। 4।।

बहु बिधि बिलसए बहु बिधि रंग। कमल मधुप जनि पाओल संग।। 6।।
नयन नयन दुहु बयन बयान। दुहु गुन दुहु गुन दुहुजन गान।। 8।।
भनइ विद्यापति नागरि भोरि। त्रिभुवन विजयी नागर चोरि।। 10।।

शब्दार्थ–1. दुलभ = दुर्लभ। 3. बइसाओल = बिठलाया। 9. भोरि = बेसुध।

(**226**)

चिर दिन से बिहि भेल अनुकूल रे। दुहु मुख हेरइत दुहु आकुल रे।। 2।।
बाहु पसारिए दुहु दुहु धरु रे। दुहु अधरामृत दुहु मुख भरु रे।। 4।।
दुहु तनु काँपए मदन उछल रे। किन किन किन करि किंकिनि रुचल रे।। 6।।
जइतहिं स्मित नव बदन मिलहु रे। दुहु पुलकावलि ते लहु-लहु रे।। 8।।
रस-मातल दुहु बसन खसल रे। विद्यापति रस-सिंधु उछलल रे।। 10।।

शब्दार्थ–7. स्मित = हँसते हुए। 8. पुलकावलि = रोमांच। 9. मातल = मत्त बना। खसल = गिर पड़ा।

(**227**)

सुनु रसिआ, आब न बजाउ बिपिन बँसिआ।। 2।।
बेरि बेरि चरनारबिंद गहि, सदा रहब बनि दसिआ।
कि छलहुँ कि होएब से नहि जानह, बृथा होएत कुल हँसिआ।। 4।।
अनुभव ऐसन मदन-भुजंगम, हृदय मोर गेल डँसिआ।
नंद-नंदन तुअ सरन न त्यागब, बरु जग होए दुरजसिआ।। 6।।
विद्यापति कह सुनु बनितामनि, तोर मुख जीतल ससिआ।
धन्य-धन्य तोर भाग गोआरिनि, हरि भजु हृदय हुलसिआ।। 8।।

शब्दार्थ–1. रसिआ = रसिक। 2. बँसिआ = वंशी। 3. दसिआ = दासी। 4. कि = क्या। छलहुँ = थी। होएब = होऊँगी, बनूँगी। से = यह बात। के = कौन। कुल हँसिआ = कुल की निंदा। 4. ऐसन = ऐसा। मदन-भुजंगम = काम रूपी सर्प। गेल डँसिआ = डस गया, काट गया। 6. बरु = भले ही, वरंच। दुरजसिआ = अपयश, कलंक। 7. बनितामनि = स्त्रियों में रत्न समान। जीतल = जीत लिया। ससिआ = चंद्रमा।

(**228**)

सखि हे, कि पुछसि अनुभव मोए।
सेह पिरिति अनुराग बखानिअ, तिल तिल नूतन होए।। 2।।
जनम अबधि हम रूप निहारल, नयन न तिरपित भेल।।
सेहो मधुर बोल स्रवनहि सूनल, स्रुति पथ परस न गेल।। 4।।
कत मधु-जामिनि रभस गमाओलि, न बूझल कइसन केलि।।
लाख लाख जुग हिअ हिअ राखल, तइओ हिअ जरनि न गेल।। 6।।
कत विदगध जन रस अनुमोदए, अनुभव काहु न पेख।।
विद्यापति कह प्रान जुड़ाइते, लाखे न मीलल एक।। 8।।

शब्दार्थ–1. कि पुछसि = क्या पूछती हो ? मोए = मुझसे। 2. सेह = वही। तिल तिल = क्षण-क्षण। निहारल = देखा। स्रवनहि = कानों से। परस = स्पर्श। 5. मधु-जामिनि = वसंत की रात। रभस = कामक्रीड़ा। गमाओलि = बिता दी। तइओ = तो भी। जरनि न गेल = जलन न गई। 7. विदगध = विदग्ध, रसिक। रस अनुमोदए = रस का उपभोग करते हैं। पेख = देखना। 8. लाख में एक न मिला।

प्रार्थना और नचारी

(229)

बिदिता देबी बिदिता हो (मोहि), अबिरल-केस सोहंती।
एक अनेक सहस को धारिनि, जरि रंगा पुरनन्ती ?।। 2।।
कज्जल रूप तुअ काली कहिअए, उज्जल रूप तुअ बानी।
रविमंडल परचंडा कहिअए, गंगा कहिअए पानी।। 4।।
ब्रह्मा-घर ब्रह्मानी कहिअए, हर-घर कहिअए गोरी।
नारायन-घर कमला कहिअए, के जान उतपति तोरी।। 6।।
विद्यापति कविवर एहो गाओल, जाचक जन के गति।
हासिनि देइ पति गरुड़नराएन, देवसिंह नरपति।। 8।।

(230)

कनक-भूधर-शिखर-बासिनि, चंद्रिका-चय-चारु-हासिनि।
दशन-कोटि-विकास-बंकिम, तुलित चंद्रकले।। 1।।
क्रुद्ध-सुररिपु-बलनिपातिनि, महिष-शुंभ-निशुंभघातिनि।
भीत-भक्त-भयापनोदन, पाटव-प्रबले।। 2।।
जय देवि दुर्गे दुरिततारिणि, दुर्गमारि-विमर्द-कारिणि।
भक्ति-नम्र-सुरासुराधिप, मंगलप्रवरे।। 3।।
गगन-मंडल-गर्भगाहिनि, समर-भूमिषु सिंहवाहिनि।
परशु-पाश-कृपाण-सायक, शंख-चक्र-धरे।। 4।।
अष्ट-भैरवि-संग शालिनि, स्वकर-कृत्त-कपाल-मालिनि।
दनुज-शोणित-पिशित-वर्द्धित, पारणा-रभसे।। 5।।
संसारबन्ध-निदानमोचिनि, चंद्र-भानु-कृशानु-लोचनि।
योगिनी-गण-गीत-शोभित, नृत्यभूभि-रसे।। 6।।
जगति पालन-जन्म-मारण, रूप-कार्य-सहस्र-कारण।
हरि-विरंचि-महेश-शेखर, चुम्ब्यमान-पदे।। 7।।
सकल-पापकला-परिच्युति, सुकवि-विद्यापति-कृतस्तुति।
तोषिते शिवसिंह-भूपति, कामना-फलदे।। 8।।

(231)

जय जय संकर जय त्रिपुरारि। जय अध पुरुष जयति अध नारि।। 2।।
आध धबल तनु आधा गोरा। आध सहज कुच आध कटोरा।। 4।।

आध हड़माल आध गजमोति। आध चानन सोह आध बिभूति।। 6।।
आध चेतन मति आधा भोरा। आध पटोर आध मुँजडोरा।। 8।।
आध जोग आध भोग बिलासा। आध पिधान आध दिग-बासा।। 10।।
आध चान आध सिंदुर सोभा। आध बिरुप आध जग लोभा।। 12।।
भने कविरतन बिधाता जाने। दुई कए बाँटल एक पराने।। 14।।

(232)

भल हर भल हरि भल तुअ कला। खन पित बसन खनहिं बघछाला।। 2।।
खन पंचानन खन भुजचारि। खन संकर खन देव मुरारि।। 4।।
खन गोकुल भए चराइअ गाए। खन भिखि माँगिए डमरु बजाए।। 6।।
खन गोबिंद भए लेअ महादान। खनहि भसम भरु काँख बोकान।। 8।।
एक सरीर लेल दुइ बास। खन बैकुंठ खनहि कैलास।। 10।।
भनइ विद्यापति बिपरित बानि। ओ नाराएन ओ सुलपानि।। 12।।

(233)

आगे माइ एहन उमत बर लएलाह हिमगिरि, देखि देखि लगइछ रंग।
एहन उमत बर घोड़बो न चढ़इक, जहाँ घोड़ रँग रँग जंग ?।। 2।।
बाघक छाल सओं बसहा पलानल, सापक लागल तंग।
डिमिक डिमिक जे डमरू बाजइन, खटर-खटर करु अंग।। 4।।
भकर भकर जे भाँग भकोसथि, छटर पटर करु गाल।
चानन सओं अनुराग न थिकइन, भसम चढ़ाबथि भाल।। 6।।
भूत पिसाच अनेक दल साजल, सिर सओं बहि गेल गंग।
भनइ विद्यापति सुनु ए मनाइनि, थिकाह दिगंबर अंग।। 8।।

(234)

बेरि बेरि अरे सिब हमे तोहि कइलहुँ, किरिषि करिअ मन लाए।
रहिअ निसंक भीख मँगइते सब, गुन गौरब दुर जाए।। 2।।
निरधन जन बोलि सब उपहासए, नहि आदर अनुकंपा।
तोहें सिव आक धतुर फूल पाओल, हरि पाओल फुल चंपा।। 4।।
खटँग* काटि हर हर जे बनाबिअ, तिरसुल तोड़ि करु फार।
बसहा धुरंधर हर लए जोतिअ, पाटिअ सुरसरि धार।। 6।।
भन विद्यापति सुनहु महेसर, इ लागि कएलि तुम सेबा।
एतए जे होएत से बरु होअओ, ओतए बिसरि जनि देबा।। 8।।

---

* खटँग = खट्वांग, सोंटा।

(235)

हम नहि आजु रहब एहि आँगन, जँ बुढ़ होएत जमाए, गे माइ।।
एक तँ बइरि भेल बीध बिधाता दोसर धिआ केर बाप।।
तेसरे बइरि भेल नारद बाभन, जे बुढ़ आनल जमाए, गे माइ।।

पहिलुक बाजन डामरु तोड़ब, दोसरे तोड़ब रुंडमाल।।
बड़द हाँकि बरिआत बैलाएब, धिआलए जाएब पड़ाए, गे माइ।।
धोती लोटा पतरा पोथी, सेहो सभ लेबन्हि छिनाए।।
जँ किछु बजता नारद बाभन, दाढ़ी धए लेब घिसिआए, गे माइ।।
भनइ विद्यापति सुनु हे मनाइनि, दिढ़ करु अपन गेआन।।
सुभ सुभ कए सिरी गौरी बिआहू, गौरी हर एक समान, गे माइ।।

(236)

नाहि करब बर हर निरमोहिआ।
बित्ता भरि तन बसन न तन्हिका, बाघ छाल काँख तर रहिआ।। 2।।
बन बन फिरथि मसान जगाबथि, घर आँगन ओ बनौलनि कहिआ।
सासु ससुर नहि ननदि जेठौनी, जाए बैसति धिआ ककरा ठहिआ।। 4।।
बूढ़ बड़द ढकढोल गोल एक, संपति भाँगक झोरिआ।
भनइ विद्यापति सुनु हे मनाइनि, सिव सन जग के कहिआ।। 6।।

(237)

कतए गेलाह मोर बुढ़बा जती। पीसल भाँग रहल सेह गती।। 2।।
आन दिन निकहि रहथि मोर पती। आज लगाए देल कओने उदगती।। 4।।
एकसरि जोहए जाएब कोन गती। ठेसि खसब होएत दुरगती।। 6।।
नंदनबन बिच मिलला महेस। गौरी हरखित भेली छुटल कलेस।। 8।।
भनइ विद्यापति सुनु हे सती। एहो जोगिआ थिका त्रिभुवन पती।। 10।।

(238)

जोगिआ एक हमे देखल गे माइ। अनहद रूप कहलो नहि जाई।। 2।।
पंच बदन तिन नयन बिसाला। बैसन बिहन ओढ़न बघछाला।। 4।।
सिर बह गंग तिलक सोह चंदा। देखि सरूप मेटल दुखदंदा।। 6।।
एही जोगिआ लए रहलि भवानी। मन आनल बर कोन गुन जानी।। 8।।
कुल नहि सिल नहि तात महतारी। बएस हिनक थिक लछ जुग चारी।। 10।।
भन विद्यापति सुनु ए मनाइनि। एहो जोगिया थिका त्रिभुवन दानि।। 12।।

(239)

सिव हो, उतरब पार कओन बिधि।
लोढ़ब कुसुम तोरब बेलपात। पुजब सदासिब गौरिक साथ।।
बसहा चढ़ल सिब फिरए मसान। भँगिआ जरठ दरदो नहि जान।।
जप तप नहि कएलहुँ किछु दान। बिति गेल तिन पन करइत आन।।
भन विद्यापति सुनह महेस। निरधन जानि मोर हरह कलेस।।

(240)

जखन देखल हर हो गुननिधी। पुरल मनोरथ मोर सब बिधि।। 2।।
बसहा चढ़ल हर हो बुढ़ जती। काने कुंडल सोभ गले गजमोती।। 4।।

बइसल महादेव चौका चढ़ी। जटा छिरिआओल माओलि भरी।। 6।।
बिधिकरु बिधिकरु बिधिकरी करू। बिधि न करए हर हो हठ धरू।। 8।।
बिधिए करइत हर हो घुमि खसु। ससरि खसल फनि सिरि गौरी हँसु।। 10।।
केओ नहि किछ सखि हिनका कह। पुरुब लिखल छला ई मोर पहू।। 12।।
कवि विद्यापति गाओल ना। गौरी उचित बर पाओल ना।। 14।।

(241)

हर जनि बिसरब मोर ममता, हम नर अधम परम पतिता।
तुअ सन अधमउघार न दोसर, हम सन जग नहि पतिता।। 2।।
जम के द्वार जवाब कओन देब, जखन पुछत कर धरिआ।। 4।।
जब जम किंकर कोपि पठाओत, तखन के होत धरहरिया।। 6।।
भन विद्यापति सुकवि पुनित मति, संकर बिपरीत बानी।
असरन सरन चरन सिर नाओल, दया करह सुलपानी।। 8।।

(242)

एत जप-तप हम की लागि कएलहुँ, कथिला कएल नित दान।
हमरि धिआ के एहो बर होएताह, अब नहि रहत परान।। 2।।
हर कें माए बाप नहि थिकइन, नहि छइन सोदर भाए।
मोर धिआ जओं सासुर जइती, बइसती ककर लग जाए।। 4।।
घास काटि लौती बसहो चरौती, कुटती भाँग धथूर।
एको पल गौरी बैसहु न पौती, रहती ठाढ़ि हजूर।। 6।।
भन विद्यापति सुनु ए मनाइनि, दिढ़ करु अपन गेआन।
तीन लोक के एहो छथि ठाकुर, गौरा देवी जान।। 8।।

(243)

कखन हरब दुख मोर,
हे भोलानाथ।
दुखहि जनम भेल दुखहि गमाओल,
सुख सपनहु नहि भेल, हे भोलानाथ।
एहि भव-सागर थाह कतहु नहि,
भैरव धरु करुआर, हे भोलानाथ।
भन विद्यापति मोर भोलानाथ गति,
देहु अभय वर मोहि, हे भोलानाथ।

(244)

एहि बिधि चलला बिआहए
मोर बाउर जोगी।
टपर टपर कए बसहा आएल, खटर खटर रुँडमाल।।
भकर भकर सिब भाँग भकोसथि, डमरू लेल कर लाए।।
ऐपन मेटल पुरहर फोड़ल, फेकल चौमुख दीप।।

धिया लय मनाइनि मंडप पइसलि, गाबहु जनु सखि गीत।।
भन विद्यापति सुनु ए मनाइनि, ई थिका त्रिभुवन ईस।।

(245)

आजु नाथ एक ब्रत महा सुख लागत हे।
तोहें सिव धरु नट बेष कि डमरू बजाबह हे।।
तोहें गौरी कहैछह नाचए हमे कोना नाचब हे।।
चारि सोच मोहि होए कोन बिधि बाँचब हे।।
अमिअ चबिअ भुमि खसत बघंबर जागत हे।।
होएत बघंबर बाघ बसहा धरि खाएत हे।।
सिरसँ ससरत साँप पुहुमि लोटाएत हे।।
कातिक पोसल मजूर सेहो धरि खाएत हे।।
जटासँ छिलकत गंग, भूमि भरि पाटत हे।।
होएत सहस मुखि धार, समेटलो न जाएत हे।।
मुंडमाल टुटि खसत, मसानी जागत हे।।
तोहें गौरी जएबह पड़ाए, नाच के देखत हे।।
सुकवि विद्यापति गाओल, गाबि सुनाओल हे।।
राखल गौरी केर मान, चारू बचाओल हे।।

(246)

आगे माइ, जोगिआ मोर जगत सुखदायक, दुख ककरहु नहि देल।
दुख ककरहु नहि देल महादेव, दुख ककरहु नहि देल।।
एहि जोगिआ के भाँग भुलओलक, धथुर खोआए धन लेल।।
आगे माइ, कातिक, गनपति दुह जन बालक, जग भरि के नहि जान।
तनिका अभरन किछुओ न थिकइन, रति एक सोन नहि कान।।
आगे माइ, सोना रूपा अनका सुत अभरन, आपन रुद्रक माल।
अपना सुत लए किछुओ न जुरइनि, अनका लए जंजाल।।
आगे माइ, छनमे हेरथि कोटि धन बकसथि, ताहि देबा नहि थोर।
भनइ विद्यापति सुनु हे मनाइनि, थिकाह दिगंबर भोर।।

(247)

जोगिआ भँगवा खाइत भेला रँगिआ, भोला बौड़हबा।
सबके ओढ़ाबे भोला साल दोसलबा, आप ओढ़ए मृगछलबा।।
सबके खिलावे भोला पाँच पकवनमा, आप खाए भाँग धथुरबा।
कोइ चढ़ाबे भोला अच्छत चानन, कोइ चढ़ावे बेलपात।।
जोगिनि भूतिनि सिव के सँपतिआ, भैरो बजाबे मिरदंगिआ।
भन विद्यापति जय जय संकर, पारबती रौरी सँगिआ।।

(248)

जओं हम जनितहुँ भोला भेला ठकना, होइतहुँ राम गुलाम, गे माइ।
भाइ बिभीखन बड़ तप कएलन्हि, जपलन्हि रामक नाम, गे माइ।

पूरुब पच्छिम एको नहि गेला, अचल भेला ठामे ठाम, गे माइ।
बीस भुजा दस माथ चढ़ाओल, भाँग देल भरि गाल, गे माइ।
नीच-ऊँच सिव किछु नहि गुनलन्हि, हरषि देलन्हि रुंडमाल गे माइ।
एक लाख पूत सवा लाख नाती, कोटि सोबरनक दान, गे माइ।
गुन अवगुन सिव एको नहि बुझलन्हि, रखलन्हि राबनक नाम, गे माइ।
भनइ विद्यापति तुकवि धुनित मति, कर जोरि विनमओं महेस, गे माइ।
गुन अवगुन हर मन नहि आनथि, सेवकक हरथि कलेस, गे माइ।

जानकी वंदना

(249)

रे नरनाह सतत भजु ताही। जाहि नहि जननि जनक नहि जाही।। 2।।
बसु नइहरा ससुरा के नाम। जननिक सिर चढ़ि गेलि ओही गाम।। 4।।
सासुक कोर मे सुतल जमाए। समधि विलह तँ बिलहल जाए।। 6।।
जाहि उदर सँ बाहर भेलि। से पुनि पलटि ततहि चलि गेलि।। 8।।
भनइ विद्यापति सुकवि सुजान। कविक मरम कें कवि पहिचान।। 10।

गंगा-स्तुति

(250)

कतसुख सार पाओल तुअ तीरे। छाड़इते निकट नयन बह नीरे।। 2।।
कर जोरि विनमओं बिमल तरंगे। पुन दरसन होअ पुनमति गंगे।। 4।।
एक अपराध छेमब मोर जानी। परसल माए पाए तुअ पानी।। 6।।
कि करब जप तप जोग धेआने। जनम कृतारथ एकहि सनाने।। 8।।
भनइ विद्यापति समदओं तोहि। अंत काल जनु बिसरह मोहि।। 10।।

(251)

ब्रह्मकमंडलु बास सुवासिनि, सागर नागर गृहबाले।
पातक महिष विदारण कारण, धृत करवाल बीचि-माले।।
जय गंगे जय गंगे, शरणागत भय भंगे।
सुर मुनि मनुज रचित पूजोचित, कुसुम विचित्रित तीरे।
त्रिनयन मौलि जटाचय चुंबित, भूति भूषित सित नीरे।।
हरिपद कमल गलित मधुसोदर, पुण्य पुनित सुरलोके।
प्रविलसदमरपुरी-पद गान, बिधान विनाशित शोके।।
सहज दयालुतया पातकि जन, नरकविनाशन निपुणे।
रुद्रसिंह नरपति वरदायक, विद्यापति कवि भणित गुणे।।

श्रीकृष्ण-कीर्तन

(252)

माधव, कत तोर करब बड़ाई।
उपमा तोहर कहब ककरा हम, कहितहुँ अधिक लजाई।।
जओ सिरिखंड सौरभ अति दुरलभ, तओं पुनि काठ कठोरे।
जओं जगदीस निसाकर तओं पुनि, एकहि पच्छ उजोरे।।
मनिक समान आन नहि दोसर, तनिकर पाथर नामे।
कनक कदलि छोटि लज्जित भय रह, की कहु ठामहि ठामे।।
तोहर सरिस एक तोहीं माधव, मन होइछ अनुमाने।
सज्जन जन सओं नेह उचित थिक, कवि विद्यापति भाने।

(253)

माधव, बहुत मिनति कर तोहि।
दए तुलसी तिल देह समरपल, दया जनि छाड़ब मोहि।।
गनइत दोस गुन-लेस न पाओब, जब तोहें करब बिचार।
तोहें जगनाथ जगत कहाओसि, जगबाहर नहि मुञि छार।।
किअ मानुस पसु पखि भए जनमिअ, अथवा कीट पतंग।
करम बिपाक गतागत पुनु पुनु, मति रह तुअ परसंग।।
भनइ विद्यापति अतिसय कातर, तरइते ई भव-सिंधु।
तुअ पद-पल्लव केर अवलंबन, तिला एक देह दिनबंधु।।

(254)

तातल सैकत बारि-बिंदु सम, सुत मित-रमनि-समाजे।
तोहि बिसारि मन नाहि समरपल, अब मझु होब कोन काजे।।
माधव, हम परिनाम निरासा।
तोहें जगतारन दीन दयामय, अतए तोहर बिसबासा।।
आध जनम हम नींद गोड़ायलुँ, जरा सिसु कत दिन गेला।
निधुबन रमनि रंग रसे मातलुँ, तोहि भजब कोन बेला।।
कत चतुरान मरि मरि जाओत, न तुअ आदि अवसाना।
तोहि जनमि पुनु तोहि समओत, साग लहरि समाना।।
भनइ विद्यापति शेष समन भय, तुअ बिनु गति नहि आरा।
आदि अनादिक नाथ कहओसि, भव तारन भार तोहारा।।

(255)

जतने जतेक धन पापें बटोरलुँ, मिलि-मिलि परिजन खाए।
मरनक बेरि हरि केओ नहि पूछत करम संग चलि जाए।।
ए हरि, बंदओं तुअ पद नाए।
तुअ पद परिहरि पाप-पयोनिधि पारक कओन उपाए।।
जावत जनम हम तुअ पद न सेविलुँ, मतिमय जुबती मेलि।

अमरित तेजि हालाहल पीयलुँ, संपद विपदहि भेलि।।
भनइ विद्यापति लेह मनहि गुनि, कहिलें कि जनि हय काज।
साँझक बेरि सेवकाई मँगइते, हेरइते तुअ पद लाज।।

विविध

व्यथा

(256)

माधब, कि कहब तिहरो गेआन।
सुपहु कहल जब रोष कएल तब करें मूँनल दुहु कान।। 2।।
आएल गमनक बेरि न नीन टरु तें किछु पुछिओ न भेला।
एहनि करमहिनि हम सनि के धनि, करसँ परसमनि गेला।। 4।।
जओं हम जनितहुँ एहन निठुर पहु, कुच-कंचन-गिरि-साँधि।
कौसल करतल बाहु-लता लए, दिढ़ करि रखितहुँ बाँधि।। 6।।
ई सुमिरिअ जब जाओं मरिए तब, बुझि पड़ हृदय पषाने।
हिमगिरि-कुमरि चरन हृदय धरि, कवि विद्यापति भाने।। 8।।

प्रेम

(257)

फुल एक फुलबाड़ी लाओल मुरारि। जतने पटाओल सुबचन बारि।।2।।
चौदिस बान्हल सीलक आरि। जिबे अबलंबन करु अवधारि।। 4।।
ततहु फुलल फुल अभिनव पेम। जसु मूल लहए न लाखहु हेम।।6।।
अति अपुरुब फल परिनत भेल। दुइ जिव अछल एक भए गेल।।8।।
पिसुन-कीट नहि लागल ताहि। साहसें फल देल बिहि निरबाहि।।10।।
विद्यापति कह सुंदर सेह। करिअ जतन फलमत होए जेह।। 12।।

शिवसिंह का युद्ध

(258)

दूर दुग्गम दमसि भंजेओ, गाढ़ गढ़ गूढ़िअ गंजेओ।
पातिसाह समीप सीमा, समर दरसेओ रे।। 1।।
ढोल तरल निसान सद्दहि, भेरि काहल संख नद्दहि।
तीनि भुवन निकेत केतकि, सान भरिओ रे।। 2।।
कोहे नीर पयान चलिओ, वायु मध्ये राअ गरुओ।
तरनि तेअ तुलाधरा, परताप गहिओ रे।। 3।।
मेरु कनक सुमेरु कंपिअ, धरनि पूरिअ गगन झंपिअ।
हाथि तुरअ पदाति, पअभर, कमन सहिओ रे।। 4।।
तरल तर तरवारि रंगे, बिज्जुदाम छटा तरंगे।

घोर घन संघात बारिस-काल दरसेओ रे।। 5।।
तुरय कोटिअ चाप चूरिअ, चारि दिसि चौ विदिस पूरिअ।
विषम सार असार धारा, धरनि भरिओ रे।। 6।।
अंध कूअ कबंध लाइअ, फेरबी फफ्फरिस गाइअ।
रुहिर मत्त परेत भूत, बेताल चलिओ रे।। 7।।
पार भइ परिपंथि गंजिअ, भूमि मंडल मुंडे मंडिअ।
चारु चंद्र कलेव कित्ति, सुकेत तुलिओ रे।। 8।।
राम रूप सुधम्म खिक्खिअ, दान दप्प दधीचि रक्खिअ।
सुकवि नव जयदेव, भनिओ रे।। 9।।
देवसिंह नरेंद नंदन, शत्रु नरवइ कुल निकंदन।
सिंह सम सिवसिंह राआ, सकल गुनक निधान गनिओ रे।।10।।

दृष्टकूट

(259)

हरि सम आनन हरि सम लोचन, हरि तहाँ हरि बर आगी।
हरिहि चाहि हरि हरि न सोहाबए, हरि हरि कए उठ जागी।।
माधब हरि रहु जलधर छाई।
हरि नयनी धनि हरि घरिनी जनि, हरि हेरइत दिन जाई।।
हरि भेल भार हार भेल हरि सम, हरिक बचब न सोहाबे।
हरिहि पइसि जे हरि जे नुकाएल, हरि चढ़ि मोर बुझाबे।।
हरिहि बचन पुनु हरि सएँ दरसन, सुकवि विद्यापति भाने।
राजा सिवसिंह, रूपनराएन, लखिमा देवि रमाने।।

(260)

माधव, आब बुझल तुअ साजे।
पाँच दुगुन दस गुन सए गुन पुनि, से देलह कोन काजे।।
चालिस चारि काटि चौठाइ, से हम से पिआ मोरा।
से निरखैत मुख पेखैत चौदिस, करत जनम के ओरा।।
साठिहु मह दह बिंदु बिबरजित, के से सहत उपहासे।
हम अबला अब पहुक दोससँ, दुइ बिंदु करब गरासे।।
नव बुंदा दए नवए वाम कए, से डर हमर पराने।
कपटी बालमु हेरि न हेरए, कारन के नहि जाने।।
भनइ विद्यापति सुनु बर जौबति, ताहि करथि के बाधा।
अपन जीब दए परक बुझाइअ, नाल कमल दुइ आधा।

(261)

कुसुमित कानन कुंजे बसी। नयनक काजर घोरि मसी।
नखसँ लिखल नलिनि दल पात। लीखि पठाओल आखर सात।।
प्रथमहि लिखलनि पहिल बसंत। दोसरें लिखलनि तेसरक अंत।

लिखि नहि सकलीहि अनुज बसंत। पहिलहि पद अछि जीवक अंत।।
भनइ विद्यापति आखर लेख। बुध-जन होथि से कहत बिसेख।।

(262)

द्विज आहर आहर सुत नंदन, सुत आहर सुत कामा।
बनज बंधु सुत सुत दए सुंदरि, चललि संकेतक ठामा।
माधब, बूझल कथा बिसेखी।
तुअ न लुबुधलि प्रेम पिआसलि, माधब आइलि उपेखी।।
हरि अरि अरि पति तातक वाहन, जुवति नामे से होई।
गोपति पति अरि वाहन दस मिलि, बिरमति कबहुँ न सोई।।
सायक जोगे नाम तसु नायक, हरि अरि अरि पति जाने।
नौमि दशा हे एक मिलु कामिनि, सुकवि विद्यापति भाने।

बाल-विवाह

(263)

पिआ मोर बालक हम तरुनी।
कोन तप चूकि भेलहुँ जननी।
पहिरि लेल सखि दछिनक चीर।
पिआ के देखैत मोर दगध सरीर।।
पिआ लेल गोद कए चललि बाजार।
हटिआक लोक पूछ के लागु तोहार।।
नहि मोर देंओर कि नहि छोट भाइ।
पुरब लिखल छल बालमु हमार।।
बाट रे बटोहिआ कि तुहु मोरा भाइ।
हमरो समाद नैहर लेने जाइ।।
कहिहुन बाबा के किनए धेनु गाइ।
दुधबा पिआइकें पोसता जमाइ।।
नहि मोरा टाका अछि नहि धेनु गाइ।
कोन बिधि पोसब बालक जमाइ।।
भनइ विद्यापति सुनु ब्रजनारि।
धैरज धए रहु मिलत मुरारि।।

परकीया (स्वयंदूतिका)

(264)

अपर पयोधि मगन भेल सूर।
नखि-कुल-संकुल बाट बिदूर।।
नरि परिहरि नाविक घर गेल।
पथिक गमन पथ संसय भेल।।

अनतए पथिक करिअ परबास। हमे धनि एकलि अंत नहि पास।।
एक चिंता अओक मनमथ सोस। दसनि दसा मोहि करमक दोस।।
रयनि न जाग सखी जन मोर। अनुखन सगर नगर भम चोर।।
तोहें तरुन हमे बिरहिनि नारि। उचितहु बचन उपज कुलगारि।।
बामा बचन बाम पथ धाव। अपन मनोरथ जुगुति बुझाव।।
भनइ विद्यापति नारि सयानि। भल कए रखलक दुहु अनुमानि।।

(265)

हमे जुबती पति गेलाह बिदेस। लग नहि बसए पड़ोसिअहु लेस।।
सासु ननंदि किछुओ नहि जान। आँखि रतौंधी सुनए न कान।।
जागह पथिक जाह जनु मोर। राति अँधार गाम बड़ चोर।।
भरमहु भौंरि न देख कोतबार। पओलहु नेओते न करए बिचार।।
अधिप न कर अपराधिहु साति। पुरुष महते सब हमरे सजाति।।
विद्यापति कवि एह रस गाब। उकुतिहि अबला भाव जनाब।।

(विद्यापति की मृत्यु)

(266)

दुल्लहि तोहर कतए छथि माए। कहुन्ह ओ आबथु एखन नहाए।।
बृथा बुझथु संसार बिलास। पल पल नाना भौतिक त्रास।
माए बाप जओं सदगति पाब। संतति काँ अनुपम सुख जाब।।
विद्यापतिक आयु अबसान। कातिक धवल त्रयोदसि जान।।

।। इति।।